Dirk Mertins, Jörg Neumann, Andreas Kühnel

SQL Server 2016
Das Handbuch für Entwickler

Liebe Leserin, lieber Leser,

mit diesem bewährten, umfassenden Handbuch lernen Sie auf praxisorientierte und anschauliche Weise, den SQL Server 2016 zu programmieren und sich die vielfältigen Möglichkeiten zu erschließen. Sowohl Einsteiger als auch erfahrene Datenbank-Entwickler profitieren von diesem Buch. Die siebte Auflage wurde vollständig auf die neueste Version des SQL Servers aktualisiert.

Sie erfahren, wie Sie den SQL Server 2016 installieren oder die Version 2014 aktualisieren können. Wichtige Grundlagen wie das Konzept relationaler Datenbanken und die Techniken des Datenbankentwurfs zeigen Ihnen praxisnah, wie Sie SQL professionell einsetzen.

Einen wesentlichen Teil des Buches bildet die Integration des .NET-Frameworks. Dadurch haben Sie bei der Entwicklung von Datenbankanwendungen neben dem Einsatz von SQL die Möglichkeit, Datenbankobjekte mit Sprachen wie C# oder Visual Basic zu verwalten. Wenn Sie sich als .NET-Entwickler entschieden haben, mit ADO.NET Entity Framework zu arbeiten, empfiehlt sich ein Blick in die letzten Kapitel, die Ihnen alle Feinheiten im Umgang mit der Klassenbibliothek und der Sprachergänzung von .NET zeigen.

Dieses Buch wurde mit großer Sorgfalt geschrieben, lektoriert und produziert. Sollte dennoch etwas nicht funktionieren, wie Sie es erwarten, dann scheuen Sie sich nicht, sich mit mir in Verbindung zu setzen. Ihre Fragen und Änderungswünsche sind jederzeit willkommen.

Ihr Stephan Mattescheck
Lektorat Rheinwerk Computing

stephan.mattescheck@rheinwerk-verlag.de
www.rheinwerk-verlag.de
Rheinwerk Verlag · Rheinwerkallee 4 · 53227 Bonn

Auf einen Blick

TEIL I	Grundlagen	37
TEIL II	SQL-Programmierung	151
TEIL III	.NET-Programmierung	797

Impressum

Wir hoffen, dass Sie Freude an diesem Buch haben und sich Ihre Erwartungen erfüllen. Bitte teilen Sie uns doch Ihre Meinung mit. Eine E-Mail mit Ihrem Lob oder Tadel senden Sie direkt an den Lektor des Buches: *stephan.mattescheck@rheinwerk-verlag.de*. Im Falle einer Reklamation steht Ihnen gerne unser Leserservice zur Verfügung: *service@rheinwerk-verlag.de*. Informationen über Rezensions- und Schulungsexemplare erhalten Sie von: *hendrik.wevers@rheinwerk-verlag.de*.

Informationen zum Verlag und weitere Kontaktmöglichkeiten finden Sie auf unserer Verlagswebsite *www.rheinwerk-verlag.de*. Dort können Sie sich auch umfassend und aus erster Hand über unser aktuelles Verlagsprogramm informieren und alle unsere Bücher versandkostenfrei bestellen.

An diesem Buch haben viele mitgewirkt, insbesondere:

Lektorat Stephan Mattescheck, Anne Scheibe
Korrektorat Marita Böhm, München
Einbandgestaltung Barbara Thoben, Köln
Coverbilder iStockimages: 46434720©D3Damon, 79820011©mapodile; Fotolia: 2674104©Konstantin Sutyagin
Typografie und Layout Vera Brauner
Herstellung Sebastian Gerber
Satz III-satz, Husby
Druck und Bindung C. H. Beck, Nördlingen

Dieses Buch wurde gesetzt aus der TheAntiquaB (9,35/13,25 pt) in FrameMaker. Gedruckt wurde es auf chlorfrei gebleichtem Offsetpapier (80 g/m²).

Bibliografische Information der Deutschen Nationalbibliothek
Die Deutsche Nationalbibliothek verzeichnet diese Publikation in der Deutschen Nationalbibliografie; detaillierte bibliografische Daten sind im Internet über *http://dnb.d-nb.de* abrufbar.

ISBN 978-3-8362-4063-5
© Rheinwerk Verlag GmbH, Bonn 2017
7., aktualisierte Auflage 2017

Das vorliegende Werk ist in all seinen Teilen urheberrechtlich geschützt. Alle Rechte vorbehalten, insbesondere das Recht der Übersetzung, des Vortrags, der Reproduktion, der Vervielfältigung auf fotomechanischem oder anderen Wegen und der Speicherung in elektronischen Medien.

Ungeachtet der Sorgfalt, die auf die Erstellung von Text, Abbildungen und Programmen verwendet wurde, können weder Verlag noch Autor, Herausgeber oder Übersetzer für mögliche Fehler und deren Folgen eine juristische Verantwortung oder irgendeine Haftung übernehmen.

Die in diesem Werk wiedergegebenen Gebrauchsnamen, Handelsnamen, Warenbezeichnungen usw. können auch ohne besondere Kennzeichnung Marken sein und als solche den gesetzlichen Bestimmungen unterliegen.

Für Cornelia und Kira

Inhalt

Vorwort 35

TEIL I Grundlagen

1 Installation und Aktualisierung von SQL Server 2016 ... 39

1.1 Überblick über die verfügbaren SQL-Server-2016-Versionen 39
1.2 Installationsvoraussetzungen 40
1.3 Installation von SQL Server 2016 41
1.4 Installation des Management Studios 49
1.5 Installation der SQL-Server-Beispieldatenbank 51
    1.5.1 Behandlung eines möglichen Fehlers während der Installation der Beispieldatenbank 54
1.6 Aktualisierung auf SQL Server 2016 55

2 Datenbankgrundlagen ... 61

2.1 Server und Client 61
2.2 Relationale Datenbanken 62
    2.2.1 Struktureller Aufbau von Tabellen 65
    2.2.2 Im Zusammenhang mit Tabellen gebräuchliche Fachbegriffe ... 66
    2.2.3 Schlüssel 67
    2.2.4 Beziehungsarten 77
2.3 Datenbankmanagementsystem 80
2.4 Integritätsarten 83

3 Logischer Datenbankentwurf — 85

3.1	Grundlagen des Datenbankentwurfs	85
3.2	Normalisierungsregeln (Normalformen)	86
	3.2.1 Erste Normalform	87
	3.2.2 Zweite Normalform	90
	3.2.3 Dritte Normalform	91
3.3	Normalisierung in der Praxis	93
3.4	Denormalisierung	96
3.5	Entity-Relationship-Diagramme	97

4 Die Oberfläche von SQL Server 2016 — 101

4.1	Das SQL Server Management Studio	101
	4.1.1 Der Objekt-Explorer	108
4.2	Das Bearbeiten von SQL-Anweisungen im Management Studio	118
	4.2.1 Der SQL-Abfrage-Editor	118
	4.2.2 Der Ergebnisbereich	125
	4.2.3 Der Abfrage-Designer	128
4.3	SQL-Server-Dokumentation und Hilfen zur Programmierung	130
	4.3.1 Die SQL-Server-Dokumentation	131
	4.3.2 SQL-Server-IntelliSense	132
	4.3.3 Der Vorlagen-Explorer	133
	4.3.4 Die Skriptgenerierung	136
4.4	Überblick über die SQL-Server-Dienste	138
4.5	Das Dienstprogramm »sqlcmd«	139
4.6	SQL-Server-Integration in die Windows PowerShell	142
	4.6.1 Allgemeiner Aufruf der PowerShell	143
	4.6.2 Aufruf der PowerShell mit SQL-Server-Integration	144
	4.6.3 Zugriff auf SQL Server mit der Windows PowerShell	145
	4.6.4 Die SQL-Server-Cmdlets	149

TEIL II SQL-Programmierung

5 Grundlegende Abfragetechniken — 153

5.1 Einführung in SQL — 153
5.2 SQL-Grundlagen — 154
- 5.2.1 Formatierung — 154
- 5.2.2 Bezeichner — 155
- 5.2.3 Systemdatentypen — 156
- 5.2.4 Informationen zu den Datentypen einer Tabelle — 161
- 5.2.5 Verwendung und Kennzeichnung von Zahlen, Zeichenketten und Datums-/Uhrzeitwerten — 162
- 5.2.6 Kommentare — 162

5.3 Grundlegende Operatoren — 163
- 5.3.1 Arithmetische Operatoren — 163
- 5.3.2 Zeichenkettenoperator — 164
- 5.3.3 Vergleichsoperatoren — 164
- 5.3.4 Logische Operatoren — 165

5.4 Einfache Abfragen — 167
- 5.4.1 »USE« — 167
- 5.4.2 »SELECT ... FROM« — 168
- 5.4.3 Berechnete Spalten in Abfragen — 171
- 5.4.4 »DISTINCT« — 172
- 5.4.5 »ORDER BY«-Klausel — 173
- 5.4.6 »WHERE«-Klausel — 176

5.5 Auswahloperatoren — 181
- 5.5.1 »IS (NOT) NULL«-Auswahloperator — 181
- 5.5.2 »BETWEEN«-Auswahloperator — 183
- 5.5.3 »IN«-Auswahloperator — 184
- 5.5.4 »LIKE«-Auswahloperator — 185

5.6 Aggregatfunktionen — 189

5.7 Unterabfragen — 192
- 5.7.1 Definition der Werteliste des »IN«-Operators durch eine Unterabfrage — 193
- 5.7.2 Verwendung der Operatoren »ALL« und »ANY« mit Unterabfragen — 195
- 5.7.3 Korrelierte Unterabfragen — 197

5.8	Zusammenfassung, Gruppierung und Beschränkung von Abfrageergebnissen	198
	5.8.1 Verknüpfung mehrerer Abfrageergebnisse durch »UNION«	198
	5.8.2 Beschränkung des Abfrageergebnisses mit »TOP (n)«	199
	5.8.3 Seitenweises Abrufen von Datensätzen	202
	5.8.4 »GROUP BY«-Klausel	204
5.9	Die Mengen-Operatoren »EXCEPT« und »INTERSECT«	209
	5.9.1 Der »EXCEPT«-Operator	210
	5.9.2 Der »INTERSECT«-Operator	210
5.10	Ausgaben mit »PRINT« und »SELECT«	211

6 Grundlagen der SQL-Programmierung 213

6.1	Das Stapeltrennzeichen »GO«	213
6.2	(Lokale) Variablen	215
	6.2.1 Variablendeklaration	215
	6.2.2 Wertezuweisung an eine Variable	216
	6.2.3 Kombinierte Deklaration und Wertezuweisung	217
	6.2.4 Inkrement und Dekrement	217
	6.2.5 Gültigkeitsbereich von Variablen	218
	6.2.6 Verwendung von Variablen	219
	6.2.7 Lokale und globale Variablen in SQL Server	219
	6.2.8 Wertezuweisung an Variablen durch Abfragen	220
6.3	Ablaufsteuerung	223
	6.3.1 Blöcke	223
	6.3.2 »IF ... ELSE«	224
	6.3.3 »IF EXISTS«	226
	6.3.4 »DROP IF EXISTS«	228
	6.3.5 »WHILE«-Schleife	228
	6.3.6 »RETURN«	231
	6.3.7 »GOTO«	231
	6.3.8 »WAITFOR«	232
6.4	Fallunterscheidungen	233
	6.4.1 Die »CASE«-Funktion	234
	6.4.2 Die »IIF«-Funktion	239
	6.4.3 Die »CHOOSE«-Funktion	240
	6.4.4 Die »ISNULL«-Funktion	240

6.5	Funktionen		241
	6.5.1	Konfigurationsfunktionen	241
	6.5.2	Datums-/Uhrzeitfunktionen	242
	6.5.3	Zeichenfolgenfunktionen	248
	6.5.4	Mathematische Funktionen	252
	6.5.5	Funktionen zur Statusabfrage	252
	6.5.6	Konvertierungsfunktionen	253
	6.5.7	Formatierung von Ausdrücken mit der »FORMAT«-Funktion	259
6.6	Dynamische SQL-Anweisungen		261
	6.6.1	Ausführung dynamischer Anweisungen mit »EXECUTE«	262
	6.6.2	Ausführung dynamischer Anweisungen mit »sp_executesql«	262
6.7	Fehler in SQL Server und ihre Behandlung		263
	6.7.1	Struktur von Fehlermeldungen in SQL Server	263
6.8	Fehlerbehandlung		266
	6.8.1	Fehlerbehandlung mit »TRY« und »CATCH«	266
	6.8.2	Funktionen zur Fehlerbehandlung	270
	6.8.3	Gegenüberstellung von »TRY ... CATCH« und »@@ERROR«	272
	6.8.4	Abbruchverursachende Fehler	275
	6.8.5	Erstellung benutzerdefinierter Fehlermeldungen	275
	6.8.6	Programmgesteuerte Fehlerauslösung	277
	6.8.7	Fehlerauslösung unter Verwendung von Parametern	279
	6.8.8	Löschen von benutzerdefinierten Fehlermeldungen	285

7   Mehrtabellenabfragen   287

7.1	Tabellen verknüpfen (»JOIN«-Anweisung)		287
	7.1.1	Einbindung zweier Tabellen in die »SELECT«-Anweisung	287
	7.1.2	Innere Verknüpfung (»INNER JOIN«)	289
	7.1.3	Äußere Verknüpfung (»OUTER JOIN«)	291
	7.1.4	Mehrfache »JOIN«-Anweisungen	293
	7.1.5	Kreuzverknüpfung (»CROSS JOIN«)	294
	7.1.6	Umkehrung der Funktionsweise von »INNER JOIN«	295
7.2	Abfragen unter Verwendung mehrerer Server		296
	7.2.1	Vollgekennzeichnete (vollqualifizierte) Namen	296
	7.2.2	Einrichtung eines Verbindungsservers	297

8 Erstellen und Ändern von Datenbanken 299

8.1	Erstellen einer einfachen Datenbank	299
8.2	Einfluss der »model«-Datenbank auf das Erstellen neuer Datenbanken	306
8.3	Löschen von Datenbanken	308
8.4	Erstellen einer Datenbank mit mehreren Dateien	308
8.5	Nachträgliche Änderungen an Datenbankdateien	311
	8.5.1 Dateien hinzufügen	311
	8.5.2 Dateieigenschaften ändern	312
	8.5.3 Dateien löschen	313
8.6	Erstellen einer Datenbank mit mehreren Dateigruppen	313
8.7	Datenbanken verkleinern	316
8.8	Datenbankdateien verkleinern	318
8.9	Gespeicherte Systemprozeduren (Stored Procedures) zur Datenbankverwaltung	319
8.10	Datenbank-Momentaufnahmen	320
	8.10.1 Erstellen einer Datenbank-Momentaufnahme	320
	8.10.2 Interne Verwaltung einer Datenbank-Momentaufnahme	323
	8.10.3 Erstellen eines Snapshots für eine Datenbank mit mehreren Datendateien	327
	8.10.4 Weitere Informationen zu Momentaufnahmen	328
	8.10.5 Datenbank-Momentaufnahme löschen	329
8.11	Transparente Datenverschlüsselung	329
	8.11.1 Die Struktur der transparenten Datenverschlüsselung in SQL Server	330

9 Erstellen von Tabellen 333

9.1	Die grundlegende Syntax zur Tabellenerstellung	333
	9.1.1 Berechnete Spalten	335
	9.1.2 Definition einer Identitätsspalte	336
	9.1.3 »SPARSE«-Eigenschaft einer Tabellenspalte	337
	9.1.4 Festlegung des physischen Speicherorts	341

	9.1.5	Verwendung von FILESTREAM zur Speicherung von Daten im Dateisystem	342
9.2	**Tabellen ändern**	350
	9.2.1	Spalten hinzufügen »ADD«	350
	9.2.2	Spalten ändern »ALTER COLUMN«	351
	9.2.3	Spalten löschen »DROP COLUMN«	352
9.3	**Löschen von Tabellen**	352
9.4	**Implementierung der Datenintegrität**	353
	9.4.1	Die Einschränkungsarten im Überblick	353
	9.4.2	Definition von Einschränkungen	354
	9.4.3	Eigenschaften von Constraints	355
	9.4.4	Lösch- und Änderungsweitergabe	359
9.5	**Anwendungsbeispiel zu Einschränkungen**	360
9.6	**Nachträgliche Definition von Einschränkungen**	362
9.7	**Verwaltung von Einschränkungen**	363
	9.7.1	Deaktivierung und Aktivierung von Einschränkungen	364
	9.7.2	Löschen einer Einschränkung	365
9.8	**Temporäre Tabellen**	365
	9.8.1	Lokale temporäre Tabellen	365
	9.8.2	Globale temporäre Tabellen	366
9.9	**Partitionierung von Tabellen**	367
	9.9.1	Erstellung einer Partitionsfunktion	369
	9.9.2	Erstellung eines Partitionsschemas	370
	9.9.3	Erstellung einer partitionierten Tabelle	372

10   Speicherung von Daten in FileTables   377

10.1	**Voraussetzungen für die Verwendung von FileTables**	377
	10.1.1 Aktivierung von FILESTREAM auf Serverebene	377
	10.1.2 Vorhandensein einer Datenbank mit einer FILESTREAM-Dateigruppe und konfiguriertem, nicht transaktionalem Zugriff	378
10.2	**Erstellung einer FileTable**	380
10.3	**Zugriff auf eine FileTable**	382
10.4	**Sichten zur Abfrage vorhandener FileTables in einer Datenbank**	384

11 Verwendung der räumlichen und hierarchischen Datentypen — 385

11.1 Räumliche Datentypen — 385
- 11.1.1 Der »geometry«-Datentyp — 386
- 11.1.2 Der »geography«-Datentyp — 386
- 11.1.3 Koordinatenübergabe an räumliche Datentypen — 386
- 11.1.4 Das Klassenmodell räumlicher Datentypen — 387
- 11.1.5 Grundlegende Techniken zur Verwendung räumlicher Datentypen — 393
- 11.1.6 Allgemeine Verwendung räumlicher Datentypen — 397
- 11.1.7 Methoden zur Verarbeitung räumlicher Daten — 398
- 11.1.8 Circular Arcs — 408
- 11.1.9 Beispiel für die Verwertung des »geography«-Datentyps — 412
- 11.1.10 Indizierung von Geodaten — 415

11.2 Der hierarchische Datentyp — 419
- 11.2.1 Die Methoden des hierarchischen Datentyps — 422

12 Daten verwalten — 429

12.1 Grundlegende Befehle zur Datensatzmanipulation — 429
- 12.1.1 Einfügen von Datensätzen mit »INSERT« — 429
- 12.1.2 Daten aktualisieren mit »UPDATE« — 434
- 12.1.3 Löschen von Daten mit »DELETE« — 437

12.2 Verwendung des Zeilenkonstruktors — 438

12.3 Kombinierte Auswahl-/Einfügeanweisungen — 439
- 12.3.1 »INSERT ... SELECT« — 439
- 12.3.2 »SELECT ... INTO« — 440

12.4 Die »MERGE«-Anweisung — 441
- 12.4.1 Grundlagen der »MERGE«-Anweisung — 442
- 12.4.2 Filterung von Datensätzen — 445
- 12.4.3 Die »OUTPUT«-Klausel — 447

12.5 Massenkopierprogramme — 448
- 12.5.1 »BULK INSERT« — 448
- 12.5.2 »bcp« — 449

13 Benutzerverwaltung und Schemas 451

13.1 Authentifizierung am Server 452
- 13.1.1 Einrichten eines Logins mit Windows-Authentifizierung 453
- 13.1.2 Einrichten eines Logins mit SQL-Server-Authentifizierung 454

13.2 Datenbankzugriff erteilen 456

13.3 Zusammenfassung von Benutzern zu Rollen 458
- 13.3.1 Feste Serverrollen 459
- 13.3.2 Feste Datenbankrollen 460
- 13.3.3 Hinzufügen eines Benutzers zu einer Rolle 463

13.4 Rechtevergabe an Benutzer und Rollen 465
- 13.4.1 Objektberechtigungen 465
- 13.4.2 Anweisungsberechtigungen 465
- 13.4.3 SQL-Anweisungen zur Rechtevergabe 467

13.5 Deaktivierung und Aktivierung von Logins und Datenbankbenutzern 471

13.6 Vordefinierte Konten auf Server- und Datenbankebene 473
- 13.6.1 Das Login »system administrator« (»sa«) 474
- 13.6.2 Der Datenbankbenutzer »guest« 474

13.7 Schema 476
- 13.7.1 Objektverwaltung bis SQL Server 2000 477
- 13.7.2 Objektverwaltung seit SQL Server 2005 478
- 13.7.3 Erstellen eines Schemas 478
- 13.7.4 Namensauflösung bei fehlender Schema-Angabe 481

14 Eigenständige Datenbanken 483

14.1 Das Konzept der eigenständigen Datenbanken 483

14.2 Konfiguration des Servers zur Verwendung eigenständiger Datenbanken 483

14.3 Erstellung einer eigenständigen Datenbank 484

14.4 Identifizierung eigenständiger Datenbanken 485

14.5 Besonderheiten der Benutzerverwaltung eigenständiger Datenbanken 486

14.6 Verbindungsaufbau zu einer eigenständigen Datenbank 487

14.7 Konvertierung einer Datenbank in eine eigenständige Datenbank 489
    14.7.1 Durchführung der Konvertierung 490
    14.7.2 Konvertierung von Benutzern 491
    14.7.3 Identifizierung datenbankübergreifender Elemente 491
14.8 Migration einer eigenständigen Datenbank auf einen anderen Server 492
    14.8.1 Sicherung einer eigenständigen Datenbank auf dem Quellserver 493
    14.8.2 Wiederherstellung einer eigenständigen Datenbank auf dem Zielserver 493

15 Sichten   495

15.1 Einsatz von Sichten 496
15.2 Verwalten von Sichten 498
    15.2.1 Erstellen einer Sicht 498
    15.2.2 Ändern einer Sicht 499
    15.2.3 Löschen einer Sicht 500
15.3 Datenmanipulationsanweisungen auf eine Sicht 500
    15.3.1 DML-Anweisungen auf eine Sicht ohne »WHERE«-Klausel 501
    15.3.2 DML-Anweisungen auf eine Sicht mit »WHERE«-Klausel 502
15.4 Systemsichten von SQL Server 506
    15.4.1 Informationsschemasichten 506
    15.4.2 Systemsichten im Schema »sys« 507

16 Programmierung von gespeicherten Prozeduren   509

16.1 Überblick über die Verwendung von gespeicherten Prozeduren in SQL Server 509
16.2 Erstellung und Aufruf von gespeicherten Prozeduren 513
    16.2.1 Grundlegende Syntax zu Erstellung einer gespeicherten Prozedur ... 513
    16.2.2 Verwendung von Eingabeparametern 515
    16.2.3 Die verschiedenen Arten der Parameterübergabe 518
    16.2.4 Verweisbezogene Übergabe 520
    16.2.5 Verwendung von Ausgabeparametern 522
    16.2.6 Verwendung eines Rückgabestatuscodes 526
16.3 Tabellenübergabe an eine gespeicherte Prozedur 530

16.4 Optionen von gespeicherten Prozeduren 532
    16.4.1   »ENCRYPTION« 532
    16.4.2   »RECOMPILE« 534
    16.4.3   »RESULT SETS« 536
    16.4.4   »EXECUTE AS« 537

17 Programmierung von benutzerdefinierten Funktionen 539

17.1 Überblick über benutzerdefinierte Funktionen 539
17.2 Skalare Funktionen (Skalarwertfunktionen) 540
17.3 Inlinefunktionen (Tabellenwertfunktionen) 544
17.4 Tabellenwertfunktion mit mehreren Anweisungen 547
17.5 Ändern und Löschen von benutzerdefinierten Funktionen 549
    17.5.1   Ändern einer benutzerdefinierten Funktion 549
    17.5.2   Löschen einer benutzerdefinierten Funktion 550
17.6 Verwendung des Datentyps »table« als lokale Variable 550
    17.6.1   Verwendung von Einschränkungen 552

18 Programmierung und Einsatz von Triggern 555

18.1 DML-Trigger 555
    18.1.1   Programmierung von DML-Triggern 557
18.2 DDL-Trigger 576
    18.2.1   DDL-Trigger mit Serverbereich 576
    18.2.2   DDL-Trigger mit Datenbankbereich 578
    18.2.3   Informationen zur Auslösung von DDL-Triggern 580

19 Nachverfolgung von Datenänderungen 583

19.1 Die Möglichkeiten zur Nachverfolgung von Datenänderungen: Change Data Capture und die Änderungsnachverfolgung 583
19.2 Change Data Capture 584
    19.2.1   Konfiguration der Datenbank zur Verwendung von Change Data Capture 585

		19.2.2	Konfiguration von Change Data Capture zur Überwachung einer Tabelle	586
		19.2.3	Die Aufzeichnungsinstanz	589
		19.2.4	Verwendung der Abfragefunktionen	591
		19.2.5	Zyklische Abfragen	596
		19.2.6	Abfragen auf einen Zeitbereich	596
		19.2.7	Erstellung von Datetime-Wrapperfunktionen für die Abfrage auf Zeitbereiche	597
	19.3	Änderungsnachverfolgung		598

20 Temporal tables 603

20.1	Die Funktionsweise von temporal tables		603
20.2	Erstellung von temporal tables		604
	20.2.1	Eine temporal table mit einer automatisch angelegten history table erstellen?	605
	20.2.2	Eine temporal table mit Anlegen einer benannten history table erstellen	606
	20.2.3	Eine temporal table unter Verwendung einer vorhandenen history table erstellen	607
20.3	Verwaltung der Einträge in der temporal und history table		608
20.4	Abfragen von temporal tables		611
	20.4.1	»AS OF«	612
	20.4.2	»BETWEEN...AND«	613
	20.4.3	»FROM...TO«	614
	20.4.4	»CONTAINED IN«	614
	20.4.5	»SYSTEM_TIME_ALL«	615
20.5	Löschen von temporal tables		615

21 Dynamische Datenmaskierung 617

21.1	Funktionen zur Maskierung von Spalteninhalten	617
21.2	Beispiel zur Erstellung einer Tabelle mit dynamischer Datenmaskierung	618
21.3	Zugriff auf dynamisch maskierte Spalteninhalte	620

22 Verschlüsselung von Spalten mit Always Encrypted — 621

- 22.1 Voraussetzungen einer Client-Applikation für die Verwendung von Always Encrypted — 622
- 22.2 Beispiel für die Konfiguration von Always Encrypted — 622
  - 22.2.1 Anlegen der Beispieltabelle — 623
  - 22.2.2 Erstellung des Spaltenhauptschlüssels — 623
  - 22.2.3 Erstellung des Spaltenverschlüsselungsschlüssels — 625
  - 22.2.4 Verschlüsselung zweier Spalten der Beispieltabelle — 626
  - 22.2.5 Abfrage auf die Beispieltabelle — 631
- 22.3 Schlüsselmanagement — 632

23 Zeilenbasierte Sicherheit — 633

- 23.1 Das Prinzip der zeilenbasierten Sicherheit — 633
  - 23.1.1 Die Filterfunktion — 633
  - 23.1.2 Die Sicherheitsrichtlinie — 634
- 23.2 Beispiel für die Implementierung der zeilenbasierten Sicherheit — 634
  - 23.2.1 Erstellung der Filterfunktion — 636
  - 23.2.2 Sicherheitsrichtlinie mit »FILTER«-Prädikat — 636
  - 23.2.3 Sicherheitsrichtlinie mit »BLOCK«-Prädikaten — 637

24 Ereignisbenachrichtigungen (Event Notifications) — 641

- 24.1 Konfiguration einer Datenbank zur Nutzung des Service Brokers — 642
- 24.2 Konfiguration des Zieldienstes — 643
  - 24.2.1 Einrichtung der Warteschlange — 643
  - 24.2.2 Erstellung des Dienstes — 643
  - 24.2.3 Einrichtung der Route — 644
- 24.3 Erstellen einer Ereignisbenachrichtigung — 645
- 24.4 Auslösen und Empfangen einer Ereignisbenachrichtigung — 646

24.5	Service-Broker-Aktivierung	647
	24.5.1 Erstellung der Aktivierungsprozedur	647
	24.5.2 Modifizierung der Warteschlange zur Verwendung der internen Aktivierung	650
24.6	Löschen der erstellten Objekte	651

25 Erstellung und Einsatz eines Cursors — 653

25.1	Funktionsweise eines Cursors	653
25.2	Erstellung eines Cursors	655
25.3	Öffnen eines Cursors	657
25.4	Das Abrufen von Datensätzen aus einem Cursor	658
	25.4.1 Aufruf einer »FETCH«-Anweisung ohne Verwendung von Variablen	658
	25.4.2 Aufruf einer »FETCH«-Anweisung unter Verwendung von Variablen	659
	25.4.3 Die Verwendung von Positionsangaben zum Abruf von Daten aus einem Cursor	659
25.5	Schließen und Löschen eines Cursors	666
25.6	Schleifenprogrammierung zum automatischen Durchlaufen eines Cursors	667
25.7	Daten in der Cursorauswahl aktualisieren und löschen	672
	25.7.1 Aktualisieren	673
	25.7.2 Löschen	673

26 Sequenzen — 675

26.1	Erstellung einer Sequenz mit Standardeinstellungen	675
26.2	Informationen zu den vorhandenen Sequenzen in einer Datenbank	676
26.3	Abrufen von Sequenzwerten	676
	26.3.1 Abruf einzelner Sequenzwerte	676
	26.3.2 Anfordern eines Wertebereichs	677

26.4 Die Verwendung der Parameter »AS«, »START«, »INCREMENT«, »MINVALUE«, »MAXVALUE«, »CYCLE« und »CACHE« 678
- 26.4.1 »AS«, »START« und »INCREMENT« 678
- 26.4.2 »MAXVALUE« 680
- 26.4.3 »CYCLE« 682
- 26.4.4 »MINVALUE« 682
- 26.4.5 »CACHE« 683

27 Indizes   685

27.1 Der nicht gruppierte Index auf einem Heap 686
- 27.1.1 Vorgehensweise beim Durchlaufen eines Index 689

27.2 Der gruppierte Index 689

27.3 Der nicht gruppierte Index auf einem gruppierten Index 693

27.4 Der Columnstore-Index 696

27.5 Erstellung von Indizes 696
- 27.5.1 Manuelle Erstellung eines Index 696
- 27.5.2 Automatische Erstellung von Indizes 699

27.6 Verwaltung von Indizes 700
- 27.6.1 Fragmentierung 700
- 27.6.2 Neuerstellung von Indizes 703
- 27.6.3 Löschen eines Index 703

27.7 Statistiken 704
- 27.7.1 Löschen einer Statistik 707
- 27.7.2 Aktualisieren einer Statistik 707
- 27.7.3 Informationen zu Statistiken abrufen 708

27.8 Planung des Einsatzes von Indizes 709
- 27.8.1 Verwenden des Datenbankmodul-Optimierungsratgebers 710
- 27.8.2 Optimierung von Indizes mithilfe von Systemsichten 717

27.9 Weitere Optimierungsmöglichkeiten mithilfe von Indizes 718
- 27.9.1 Indizes mit eingeschlossenen Spalten 718
- 27.9.2 Gefilterte Indizes 723
- 27.9.3 Indizierte Sichten 724
- 27.9.4 Partitionierte Indizes 725

28 Columnstore-Indizes ... 727

28.1 Das Grundprinzip von Columnstore-Indizes ... 727
28.2 Erstellung eines nicht gruppierten Columnstore-Index ... 729
    28.2.1 Beispiel für den Leistungsvergleich eines regulären nicht gruppierten Index mit einem nicht gruppierten Columnstore-Index ... 730
    28.2.2 Steuerung der Verwendung nicht gruppierter Columnstore-Indizes ... 733
28.3 Erstellung eines gruppierten Columnstore-Index ... 734
28.4 Abfragen von Informationen über vorhandene Columnstore-Indizes ... 737

29 Transaktionen ... 739

29.1 Einführung in Transaktionen ... 739
29.2 ACID ... 741
29.3 Interne Transaktionsverarbeitung ... 744
29.4 Verhalten bei Systemfehlern ... 745
29.5 Programmierung expliziter Transaktionen ... 747
29.6 Implizite Transaktionen ... 750
29.7 Sperren ... 752
    29.7.1 Sperrebenen ... 753
    29.7.2 Gemeinsame Sperren (Shared Locks) ... 753
    29.7.3 Exklusive Sperren (Exclusive Locks) ... 754
29.8 Isolationsstufen auf Verbindungsebene ... 755
    29.8.1 »READ UNCOMMITTED« ... 756
    29.8.2 »READ COMMITTED« ... 758
    29.8.3 »REPEATABLE READ« ... 759
    29.8.4 »SERIALIZABLE« ... 761
    29.8.5 Snapshot ... 762
    29.8.6 Zusammenfassung der Eigenschaften von Sperrstufen ... 763
    29.8.7 Setzen eines Timeout-Werts ... 764
29.9 Sperrhinweise auf Tabellenebene ... 764
29.10 Informationen zu Sperren ... 766
29.11 Deadlocks ... 766
    29.11.1 Vermeidung von Deadlocks ... 768

29.11.2	Beispiel zur Erzeugung eines Deadlocks	768
29.11.3	Erfassung von Deadlocks im Profiler	769

30 Speicheroptimierte Tabellen — 771

30.1 Grundlagen der speicheroptimierten Tabellen — 771
- 30.1.1 Vor- und Nachteile speicheroptimierter Tabellen — 772

30.2 Beständigkeit speicheroptimierter Tabellen — 772
- 30.2.1 Speicheroptimierte Tabellen mit nicht beständigen Inhalten — 773
- 30.2.2 Speicheroptimierte Tabellen mit beständigen Inhalten — 773

30.3 Konfiguration einer Datenbank zur Verwendung speicheroptimierter Tabellen — 773
- 30.3.1 Hinzufügen einer Dateigruppe zur Speicherung speicheroptimierter Tabellen — 774
- 30.3.2 Hinzufügen einer Datei zur Speicherung speicheroptimierter Tabellen — 775
- 30.3.3 Festlegung der Isolationsstufe für speicheroptimierte Tabellen — 776

30.4 Erstellung speicheroptimierter Tabellen — 777
- 30.4.1 Erstellung einer speicheroptimierten Tabelle mit beständigen Inhalten — 777
- 30.4.2 Erstellung einer speicheroptimierten Tabelle mit nicht beständigen Inhalten — 778

30.5 Vergleich des Verhaltens beider Arten von speicheroptimierten Tabellen — 779

31 Indizierung speicheroptimierter Tabellen — 781

31.1 Unterschiede zwischen der Indizierung speicheroptimierter und dateibasierter Tabellen — 781

31.2 Indexarten für die Verwendung mit speicheroptimierten Tabellen — 782
- 31.2.1 Nicht gruppierte Indizes — 782
- 31.2.2 Nicht gruppierte Hash-Indizes — 782

31.3 Überlegungen zur Verwendung nicht gruppierter Indizes oder nicht gruppierter Hash-Indizes — 787

31.4 Abfragen zu Indizes speicheroptimierter Tabellen — 787

32 Systemintern kompilierte gespeicherte Prozeduren — 789

- 32.1 Überblick über systemintern kompilierte gespeicherte Prozeduren und deren Verwendung 789
- 32.2 Erstellung systemintern kompilierter gespeicherter Prozeduren 790
  - 32.2.1 Erstellung einer systemintern kompilierten gespeicherten Prozedur für den lesenden Zugriff auf eine speicheroptimierte Tabelle 792
  - 32.2.2 Erstellung einer nativ kompilierten Prozedur zur Demonstration der Optionen »ATOMIC« und »LANGUAGE« 793
- 32.3 Ändern einer systemintern kompilierten gespeicherten Prozedur 794
- 32.4 Informationen zum Speicherort und den geladenen DLL-Dateien 795

TEIL III .NET-Programmierung

33 SQL Server als Laufzeitumgebung für .NET — 799

- 33.1 Die Programmiermodelle im Vergleich 799
  - 33.1.1 T-SQL 799
  - 33.1.2 Erweiterte gespeicherte Prozeduren 800
  - 33.1.3 Einbindung von COM-Objekten 801
  - 33.1.4 Einsatz von Managed Code 801
- 33.2 Die CLR-Integration im Detail 803
  - 33.2.1 CLR-Hosting 804
  - 33.2.2 Thread- und Speichermanagement 805
  - 33.2.3 I/O-Zugriffe 805
  - 33.2.4 Assemblies Loading 805
  - 33.2.5 Application Domain Management 806
- 33.3 Der Hosting-Layer 807
- 33.4 Verwaltung von Assemblies 809
- 33.5 Sicherheitsstufen 811

34 .NET-Programmierung 813

34.1 CLR-Unterstützung aktivieren ... 813
34.1.1 CLR-Unterstützung per Skript aktivieren ... 815

34.2 CLR-Prozeduren und Funktionen ... 815
34.2.1 CLR vs. T-SQL ... 815
34.2.2 Prozeduren vs. Funktionen ... 815
34.2.3 Veröffentlichung von Methoden ... 816
34.2.4 Implementierungsregeln ... 817
34.2.5 Parameter und Rückgabewerte ... 818
34.2.6 Sicherheitsaspekte ... 819

34.3 Gespeicherte Prozeduren ... 820
34.3.1 Eine gespeicherte Prozedur mit Visual Studio erstellen ... 820
34.3.2 Das »SqlProcedure«-Attribut ... 824
34.3.3 Parameter und Rückgabe ... 824
34.3.4 Temporäre Prozeduren ... 825
34.3.5 Assembly bereitstellen ... 825
34.3.6 Assembly ohne Visual Studio kompilieren ... 826
34.3.7 Installation mit »sqlcmd« durchführen ... 827
34.3.8 Prozeduren mit Visual Studio debuggen ... 827

34.4 Benutzerdefinierte Funktionen ... 828
34.4.1 Einschränkungen ... 828
34.4.2 Das »SqlFunction«-Attribut ... 829
34.4.3 Funktionen bereitstellen ... 830
34.4.4 Skalare Funktionen ... 831
34.4.5 Eine Skalarfunktion erstellen ... 831
34.4.6 Tabellenwertige Funktionen ... 832
34.4.7 Unterschiede zwischen T-SQL- und CLR-Funktionen ... 832
34.4.8 Eine tabellenwertige Funktion erstellen ... 833

34.5 Serverseitiger Datenzugriff mit ADO.NET ... 836
34.5.1 Der Kontext ... 837
34.5.2 Verbindung zur Datenbank herstellen ... 838

34.6 Pipes ... 838
34.6.1 Die »Send«-Methode ... 839
34.6.2 Die »ExecuteAndSend()«-Methode ... 841
34.6.3 Ausgabestrom steuern ... 842

34.7 Impersonalisierung ... 845

34.8 Benutzerdefinierte Typen ... 850
    34.8.1 »Das SqlUserDefinedType«-Attribut ... 851
    34.8.2 Einen benutzerdefinierten Datentyp erstellen ... 852
    34.8.3 Das »INullable«-Interface ... 852
    34.8.4 Die »ToString()«-Methode ... 853
    34.8.5 »Die Parse()«-Methode ... 853
    34.8.6 Erstellung des »CalendarWeek«-Datentyps ... 853
    34.8.7 Den »CalendarWeek«-Typ installieren ... 856
    34.8.8 Den »CalendarWeek-Typ« testen ... 856
    34.8.9 Validierungen ... 857
    34.8.10 Methoden implementieren ... 858
    34.8.11 Serialisierung ... 860
    34.8.12 Typen als Klassen abbilden ... 864
    34.8.13 Zugriff vom Client ... 864

34.9 Benutzerdefinierte Aggregate ... 866
    34.9.1 Das »SqlUserDefinedAggregate«-Attribut ... 866
    34.9.2 Die »Init()«-Methode ... 867
    34.9.3 Die »Accumulate()«-Methode ... 867
    34.9.4 Die »Merge()«-Methode ... 868
    34.9.5 Die »Terminate()«-Methode ... 868
    34.9.6 Ein Beispielaggregat ... 868
    34.9.7 Das »MaxRange«-Aggregat implementieren ... 869
    34.9.8 Hinweise zur Implementierung ... 872
    34.9.9 Aggregate installieren ... 873

34.10 Benutzerdefinierte Trigger ... 873
    34.10.1 Das »SqlTrigger«-Attribut ... 874
    34.10.2 Die »TriggerContext«-Klasse ... 875
    34.10.3 Trigger implementieren ... 876
    34.10.4 Hinweise zur Implementierung ... 879
    34.10.5 Trigger installieren ... 880

34.11 Administration und Monitoring von CLR-Objekten ... 880
    34.11.1 Informationen über die installierten Assemblies ermitteln ... 880
    34.11.2 Laufzeitinformationen von CLR-Objekten ermitteln ... 882

35 T-SQL: erweiterte Themen ... 885

35.1 Kompatibilität festlegen ... 885

35.2 Änderungen der Kompatibilität ab SQL Server 2008 ... 886

35.3	Änderungen bei nicht ANSI-konformen Abfragen	887
35.4	»CROSS APPLY« und »OUTER APPLY«	888
35.5	Kreuztabellen mit »PIVOT« erstellen	890
35.5.1	Entscheidungstabellen mit »PIVOT« erstellen	894
35.5.2	Kreuztabellen in flache Listen transformieren	895
35.6	Common Table Expressions	897
35.6.1	Verarbeitung von hierarchischen Daten	901
35.6.2	Maximale Rekursionsstufe einstellen	905
35.7	Fehlerbehandlung	905
35.7.1	Informationen über den Fehler ermitteln	907
35.7.2	Eigene Fehler auslösen	910
35.7.3	Verschachtelte Fehlerbehandlung	911
35.8	Ranking- und Windowing-Funktionen	912
35.8.1	Ergebnisse mit »RANK()« gewichten	913
35.8.2	Ranking ohne Lücken mit »DENSE_RANK()«	914
35.8.3	Gruppierte Ranglisten mit Windowing	914
35.8.4	Zeilen mit »ROW_NUMBER()« nummerieren	916
35.8.5	Paging mit »ROW_NUMBER()«	917
35.8.6	Daten mit »NTILE()« partitionieren	918
35.9	Die »OUTPUT«-Klausel	919
35.10	Die »TABLESAMPLE«-Klausel	921
35.11	»EXCEPT«- und »INTERSECT«-Statement	923
35.12	Tabellenwertparameter	925
35.12.1	Tabellenwertparameter definieren	925
35.12.2	Tabellenwertparameter verwenden	926
35.12.3	Prozeduren mit Tabellenwertparametern aufrufen	926
35.12.4	Aufruf vom Client mit ADO.NET	927
35.12.5	Limitationen	929

36   Einsatz von XML und JSON in der Datenbank   931

36.1	Warum XML?	932
36.2	HTML und XML	932
36.2.1	Auszeichnungssprachen	933
36.2.2	Auszeichnungen	934
36.3	XML-Fähigkeiten von SQL Server	936

36.4 Der XML-Datentyp ... 937
- 36.4.1 Vor- und Nachteile der XML-Datenspeicherung ... 937
- 36.4.2 XML-Felder anlegen ... 939
- 36.4.3 XML-Felder mit einem Schema verknüpfen ... 941

36.5 Auf gespeicherte XML-Daten zugreifen ... 943
- 36.5.1 Eine kurze Einführung in XPath ... 943
- 36.5.2 XQuery als Abfragesprache ... 945
- 36.5.3 Die Methoden des XML-Datentyps ... 946
- 36.5.4 Indizierung von XML-Feldern ... 951

36.6 Darstellung von Abfrageergebnissen im XML-Format ... 954
- 36.6.1 Der »RAW«-Modus ... 956
- 36.6.2 Allgemeine Optionen der »FOR XML«-Klausel ... 958
- 36.6.3 Der »AUTO«-Modus ... 961
- 36.6.4 Der »PATH«-Modus ... 963
- 36.6.5 Der »EXPLICIT«-Modus ... 964

36.7 XML-Schema ermitteln ... 970

36.8 XML-Daten in einem relationalen Modell speichern ... 972
- 36.8.1 Ein XML-Dokument in eine Tabelle importieren ... 973

36.9 Bereitstellung von Daten im JSON-Format ... 975
- 36.9.1 Eine kurze Beschreibung des JSON-Formats ... 975
- 36.9.2 Die »FOR JSON«-Direktive ... 976
- 36.9.3 Der »AUTO«-Modus ... 977
- 36.9.4 Der »PATH«-Modus ... 978
- 36.9.5 JSON-Daten mit »OPENJSON« konvertieren ... 982
- 36.9.6 Weitere JSON-Funktionen in SQL Server 2016 ... 986

37 Datenbankzugriff mit ADO.NET ... 989

37.1 Einleitung ... 989
- 37.1.1 Projekte anlegen und speichern ... 990
- 37.1.2 Die Beispieldatenbank ... 991

37.2 Die Datenprovider ... 992

37.3 Die Verbindung zu einer Datenbank herstellen ... 993
- 37.3.1 Die Verbindungszeichenfolge ... 994
- 37.3.2 Die Verbindung mit einer bestimmten SQL-Server-Instanz aufbauen ... 995
- 37.3.3 Öffnen und Schließen einer Verbindung ... 999

	37.3.4	Das Verbindungspooling	1003
	37.3.5	Die Ereignisse eines »Connection«-Objekts	1007
	37.3.6	Verbindungszeichenfolgen aus einer Konfigurationsdatei abrufen	1009
	37.3.7	Die Klasse »SqlConnection« im Überblick	1011
	37.3.8	Verbindungen mit dem OleDb-Datenprovider	1013
37.4	**Die Datenbankabfrage**		**1015**
	37.4.1	Das »SqlCommand«-Objekt	1015
	37.4.2	Abfragen, die genau ein Ergebnis liefern	1020
37.5	**Das »SqlDataReader«-Objekt**		**1021**
	37.5.1	Datensätze einlesen	1021
	37.5.2	Schließen des »SqlDataReader«-Objekts	1024
	37.5.3	MARS (Multiple Active Resultsets)	1024
	37.5.4	Batchabfragen mit »NextResult« durchlaufen	1026
	37.5.5	Das Schema eines »SqlDataReader«-Objekts untersuchen	1027
37.6	**Parametrisierte Abfragen**		**1029**
	37.6.1	Parametrisierte Abfragen mit dem SqlClient-Datenprovider	1030
	37.6.2	Die Klasse »SqlParameter«	1032
	37.6.3	Asynchrone Abfragen	1033
	37.6.4	Gespeicherte Prozeduren (Stored Procedures)	1036
37.7	**Der »SqlDataAdapter«**		**1043**
	37.7.1	Was ist ein »DataAdapter«?	1043
	37.7.2	Die Konstruktoren der Klasse »DataAdapter«	1045
	37.7.3	Die Eigenschaft »SelectCommand«	1046
	37.7.4	Den lokalen Datenspeicher mit »Fill« füllen	1046
	37.7.5	Tabellenzuordnung mit »TableMappings«	1050
	37.7.6	Das Ereignis »FillError« des »SqlDataAdapters«	1055
37.8	**Daten im lokalen Speicher – das »DataSet«**		**1056**
	37.8.1	Verwenden des »DataSet«-Objekts	1057
	37.8.2	Dateninformationen in eine XML-Datei schreiben	1061
	37.8.3	Dem »DataSet« Schemainformationen übergeben	1062
	37.8.4	Schemainformationen bereitstellen	1064
	37.8.5	Eigenschaften einer »DataColumn«, die der Gültigkeitsprüfung dienen	1064
	37.8.6	Die Constraints-Klassen einer «DataTable«	1065
	37.8.7	Das Schema mit Programmcode erzeugen	1066
	37.8.8	Schemainformationen mit »SqlDataAdapter« abrufen	1068
	37.8.9	Änderungen in einer »DataTable« vornehmen	1071
	37.8.10	Was bei einer Änderung einer Datenzeile passiert	1076
	37.8.11	Manuelles Steuern der Eigenschaft »DataRowState«	1080

37.9 Mit mehreren Tabellen arbeiten ... 1081
- 37.9.1 Der Weg über »JOIN«-Abfragen ... 1081
- 37.9.2 Mehrere Tabellen in einem »DataSet« ... 1083
- 37.9.3 Eine »DataRelation« erzeugen ... 1083
- 37.9.4 »DataRelations« und Einschränkungen ... 1084
- 37.9.5 In Beziehung stehende Daten suchen ... 1087
- 37.9.6 Ergänzung zum Speichern von Schemainformationen in einer XML-Schemadatei ... 1089

37.10 Aktualisieren der Datenbank ... 1089
- 37.10.1 Aktualisieren mit dem »CommandBuilder«-Objekt ... 1089
- 37.10.2 Manuell gesteuerte Aktualisierungen ... 1092
- 37.10.3 Aktualisieren mit »ExecuteNonQuery« ... 1093
- 37.10.4 Manuelles Aktualisieren mit dem »DataAdapter« ... 1101
- 37.10.5 Den zu aktualisierenden Datensatz in der Datenbank suchen ... 1104
- 37.10.6 Den Benutzer über fehlgeschlagene Aktualisierungen informieren ... 1109
- 37.10.7 Konfliktverursachende Datenzeilen bei der Datenbank abfragen ... 1112

38 LINQ ... 1119

38.1 Was ist LINQ? ... 1119
- 38.1.1 Verzögerte Ausführung ... 1121
- 38.1.2 LINQ-Erweiterungsmethoden an einem Beispiel ... 1121

38.2 LINQ to Objects ... 1125
- 38.2.1 Musterdaten ... 1125
- 38.2.2 Die allgemeine LINQ-Syntax ... 1127

38.3 Die Abfrageoperatoren ... 1129
- 38.3.1 Übersicht über die Abfrageoperatoren ... 1129
- 38.3.2 Die »from«-Klausel ... 1130
- 38.3.3 Mit »where« filtern ... 1132
- 38.3.4 Die Projektionsoperatoren ... 1134
- 38.3.5 Die Sortieroperatoren ... 1135
- 38.3.6 Gruppieren mit »GroupBy« ... 1137
- 38.3.7 Verknüpfungen mit »Join« ... 1138
- 38.3.8 Die Set-Operatoren-Familie ... 1142
- 38.3.9 Die Familie der Aggregatoperatoren ... 1144
- 38.3.10 Quantifizierungsoperatoren ... 1147
- 38.3.11 Aufteilungsoperatoren ... 1148

	38.3.12	Die Elementoperatoren	1150
	38.3.13	Die Konvertierungsoperatoren	1153

39 Einführung in das ADO.NET Entity Framework 1155

39.1	Kritische Betrachtung von ADO.NET		1156
	39.1.1	Die Organisation der Daten in Klassen	1157
39.2	Ein erstes Entity Data Model (EDM) erstellen		1158
39.3	Das Entity Data Model im Designer		1163
	39.3.1	Die übergeordneten Eigenschaften einer Entität	1163
	39.3.2	Eigenschaftstypen eines Entitätsobjekts	1164
	39.3.3	Assoziationen im Entity Data Model	1167
	39.3.4	Der Kontext der Entitäten	1167
39.4	Der Aufbau des Entity Data Models		1168
39.5	Die Klassen des Entity Data Models (EDM)		1172
	39.5.1	Die Klassen für die DbContext-API	1173
	39.5.2	Die Entitäten für .NET Framework-4-ObjectContext	1174
	39.5.3	Der »ObjectContext«	1178
39.6	Die Architektur des Entity Frameworks		1180
	39.6.1	Object Services	1180
	39.6.2	Die Schichten des Entity Frameworks	1181

40 Abfragen mit .NET 4 Framework-ObjectContext 1183

40.1	Abfragen mit LINQ to Entities		1184
	40.1.1	Allgemeine Begriffe in LINQ	1184
	40.1.2	Einfache Abfragen	1184
	40.1.3	Navigieren in Abfragen	1191
	40.1.4	Aggregatmethoden	1196
	40.1.5	Joins in LINQ definieren	1198
	40.1.6	In Beziehung stehende Daten laden	1201
40.2	Abfragen mit Entity SQL		1207
	40.2.1	Ein erstes Beispiel mit Entity SQL	1207
	40.2.2	Die fundamentalen Regeln der Entity-SQL-Syntax	1208
	40.2.3	Filtern mit Entity SQL	1209
	40.2.4	Parametrisierte Abfragen	1211

40.3	**Der EntityClient-Provider**	**1212**
	40.3.1 Verbindungen mit »EntityConnection«	1213
	40.3.2 Die Klasse »EntityCommand«	1214
40.4	**Abfrage-Generator-Methoden (QueryBuilder-Methoden)**	**1215**
40.5	**SQL-Direktabfragen**	**1216**

41 Entitätsaktualisierung und Zustandsverwaltung — 1219

41.1	**Aktualisieren von Entitäten**	**1219**
	41.1.1 Entitäten ändern	1219
	41.1.2 Hinzufügen neuer Entitäten	1221
	41.1.3 Löschen einer Entität	1225
41.2	**Der Lebenszyklus einer Entität im Objektkontext**	**1228**
	41.2.1 Der Zustand einer Entität	1228
	41.2.2 Das Team der Objekte im Überblick	1229
	41.2.3 Neue Entitäten im Objektkontext	1230
	41.2.4 Die Zustände einer Entität	1231
	41.2.5 Zusätzliche Entitäten in den Datencache laden	1233
41.3	**Das »ObjectStateEntry«-Objekt**	**1236**
	41.3.1 Die Current- und Originalwerte abrufen	1238
	41.3.2 Die Methode »TryGetObjectStateEntry«	1239
	41.3.3 Geänderte Entitäten mit »GetObjectStateEntries« abrufen	1240
	41.3.4 Die Methode »GetModifiedProperties«	1241
41.4	**Die Klasse »EntityKey«**	**1241**
	41.4.1 Die Methoden »GetObjectByKey« und »TryGetObjectByKey«	1242
41.5	**Komplexere Szenarien**	**1243**
	41.5.1 Die Methode »ChangeState«	1244
	41.5.2 Die Methoden »ApplyCurrentChanges« und »ApplyOriginalChanges«	1245

42 Konflikte behandeln — 1249

42.1	**Allgemeine Betrachtungen**	**1249**
	42.1.1 Das pessimistische Sperren	1250
	42.1.2 Das optimistische Sperren	1250

42.2 Konkurrierende Zugriffe mit dem Entity Framework ... 1251
42.2.1 Das Standardverhalten des Entity Frameworks ... 1251
42.2.2 Das Aktualisierungsverhalten mit »Fixed« beeinflussen ... 1252
42.2.3 Auf die Ausnahme »OptimisticConcurrencyException« reagieren ... 1253
42.2.4 Das ClientWins-Szenario ... 1254
42.2.5 Das StoreWins-Szenario ... 1257

43 Die DbContext-API   1259

43.1 Datenabfragen mit »DbContext« ... 1259
43.1.1 Eine Entität mit »DbSet<>.Find« suchen ... 1261
43.1.2 Lokale Daten mit »Load« und »Local« ... 1262
43.1.3 In Beziehung stehende Daten laden ... 1264

43.2 Ändern von Entitäten ... 1269
43.2.1 Entitäten ändern ... 1269
43.2.2 Hinzufügen einer neuen Entität ... 1270
43.2.3 Löschen einer Entität ... 1271

43.3 Change Tracking (Änderungsnachverfolgung) ... 1274
43.3.1 Snapshot Change Tracking ... 1275
43.3.2 Change Tracking Proxies ... 1278

43.4 Kontextlose Entitäten ändern ... 1280
43.4.1 Entitätszustände ... 1281
43.4.2 »DbContext« eine neue Entität hinzufügen ... 1282
43.4.3 »DbContext« eine geänderte Entität hinzufügen ... 1283
43.4.4 »DbContext« eine zu löschende Entität angeben ... 1284

Index ... 1287

Vorwort

Liebe Leserinnen und Leser,

vor Ihnen liegt die aktuelle Version des *Programmierhandbuches SQL Server* in der inzwischen 7. Auflage. Dass ein Buch zu so einem speziellen Thema wie der SQL-Programmierung so lange verlegt wird, ist nicht selbstverständlich. Daher möchten wir uns an dieser Stelle ganz herzlich bei allen Leserinnen und Lesern für ihre Unterstützung in den letzten Jahren bedanken! Wir haben uns wie immer bemüht, die wesentlichsten Neuerungen und Änderungen bezüglich der Programmierung in SQL Server 2016 zu beschreiben und Ihnen nahezubringen.

Zu diesen Neuerungen gehören sicherlich die *temporal tables*, mit denen sich zeitliche Änderungen an Datenbeständen nachvollziehen lassen. Aber auch andere Features wie die zeilenbasierte Sicherheit oder die dynamische Datenmaskierung sind interessante Konzepte in der neuen Version des Servers. Diese und weitere Neuerungen finden Sie in den in dieser Auflage neu hinzugekommenen Kapiteln beschrieben.

Bei einem umfangreichen Buch wie dem vorliegenden sind neben den Autoren viele weitere Mitarbeiter beschäftigt, denen der Dank der Autoren gebührt – angefangen bei den Korrektoren bis hin zu den Setzern und Druckern. Wenn sehr viele Personen an einem Werk arbeiten, können natürlich auch Missverständnisse und Fehler entstehen. Wir sind daher immer für Hinweise dankbar, wenn Sie eventuell eine vertauschte Grafik, einen sachlichen Fehler oder Ähnliches entdecken. Wie immer finden Sie unten die E-Mail-Adressen der Autoren für Fragen, Anregungen oder Hinweise auf mögliche Fehler. In diesem Zusammenhang danke ich – auch im Namen des Verlags – besonders unserem Leser Herrn Klaus-Peter Daubitz, der sich bei der letzten Auflage diesbezüglich sehr viel Mühe gegeben hat.

Wie immer können Sie die Autoren für Fragen und Vorschläge unter den folgenden E-Mail-Adressen erreichen:

Dirk Mertins (Kapitel 1–32)   *dirk.mertins@t-online.de*

Jörg Neumann (Kapitel 33–36)   *joerg.neumann@acando.de*

Andreas Kühnel (Kapitel 37–43)   *kuehnel@dotnet-training.de*

Für die Autoren
Dirk Mertins

TEIL I
Grundlagen

Grundlagen

Kapitel 1
Installation und Aktualisierung von SQL Server 2016

In diesem Kapitel erfahren Sie, wie Sie SQL Server 2016 installieren oder eine ältere Version von SQL Server aktualisieren.

Um alle in diesem Buch vorgestellten Beispiele nachvollziehen zu können, ist eine vorhandene Installation von SQL Server 2016 notwendig. In diesem Kapitel erhalten Sie zunächst einen Überblick über die verfügbaren Versionen von SQL Server 2016 sowie über die Installationsvoraussetzungen. Anschließend beschreiben wir eine SQL-Server-2016-Installation, wobei wir uns bewusst auf die wesentlichen Grundlagen beschränken, um auch Einsteigern eine erfolgreiche Installation zu ermöglichen. Danach erläutern wir die Installation der Beispieldatenbank und gehen im letzten Abschnitt auf die Aktualisierung einer älteren Version von SQL Server auf SQL Server 2016 ein.

1.1 Überblick über die verfügbaren SQL-Server-2016-Versionen

- **Enterprise Edition**
  Die Enterprise Edition umfasst alle verfügbaren Komponenten und Funktionen von SQL Server 2016.
- **Standard Edition**
  Verglichen mit der Enterprise Edition, verfügt die Standard Edition nicht über deren vollen Funktionsumfang. Detaillierte Informationen zu den von den einzelnen SQL-Server-Editionen unterstützten Funktionen finden Sie auf der am Ende dieses Abschnitts genannten Microsoft-Webseite zu SQL Server.
- **Evaluation Edition**
  Bei der Evaluation Edition handelt es sich um die SQL-Server-Testversion. Ihr Funktionsumfang entspricht der Enterprise Edition, jedoch mit einer auf 180 Tage beschränkten Laufzeit. Diese Version können Sie sich z. B. von der Adresse *https://www.microsoft.com/de-de/evalcenter/evaluate-sql-server-2016* herunterladen.
- **Developer Edition**
  Auch die Developer Edition verfügt über den vollen Funktionsumfang der Enterprise Edition. In früheren Versionen von SQL Server war die Developer Edition zu

einem geringen Preis käuflich zu erwerben, inzwischen kann diese Version kostenlos von Microsoft bezogen werden. Beachten Sie, dass diese Edition nur in einer Entwicklungs-, nicht aber in einer Produktionsumgebung eingesetzt werden darf.

- **Web Edition**
  Die Web Edition ist eine für den Einsatz im Bereich des Internets vorgesehene Version von SQL Server, die erstmalig mit SQL Server 2008 veröffentlicht wurde.

- **Express Edition**
  Die Express Edition ist eine der kostenlosen Versionen von SQL Server 2016. Sie kann in Applikationen eingesetzt werden, um diese mit Datenbankfunktionen zu versehen.

Eine weitere Version von SQL Server 2014 ermöglicht eine andere Art der Datenspeicherung:

- **SQL Server Azure**
  SQL Server Azure bietet die Möglichkeit, Daten dezentral, also in der Cloud, abzulegen.

1.2 Installationsvoraussetzungen

Softwarekomponenten

Für die Installation von SQL Server 2016 ist das .NET-Framework (Version 4.6 oder höher) erforderlich.

Hardware

Eine allgemeingültige Aussage über die erforderliche Hardware lässt sich aufgrund der Vielzahl von Editionen nicht treffen, die nachfolgend aufgeführten Empfehlungen können daher nur als Anhaltspunkt für die Installation dienen:

Komponente	Mindestens	Empfohlen
Prozessor	1,4 GHz	2 GHz oder höher
RAM	1 GB	4 GB oder mehr
freier Speicherplatz	6 GB	abhängig von den installierten Komponenten

Tabelle 1.1 Hardwarevoraussetzungen

Beachten Sie, dass sich SQL Server 2016 nur noch auf Systemen mit x64-Prozessor installieren lässt!

1.3 Installation von SQL Server 2016

Die Installation von SQL Server 2016 startet typischerweise nach Einlegen des Installationsmediums automatisch. Sollte dies nicht der Fall sein oder möchten Sie die Installation von einer anderen Quelle aus vornehmen, rufen Sie die in Abbildung 1.1 dargestellte Datei *setup.exe* auf. Kurz danach beginnt die Installation von SQL Server 2016 mit dem Aufruf des Installationscenters, das Sie in Abbildung 1.2 sehen.

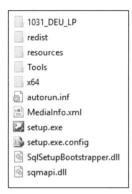

Abbildung 1.1 SQL-Server-2016-Installationsdateien

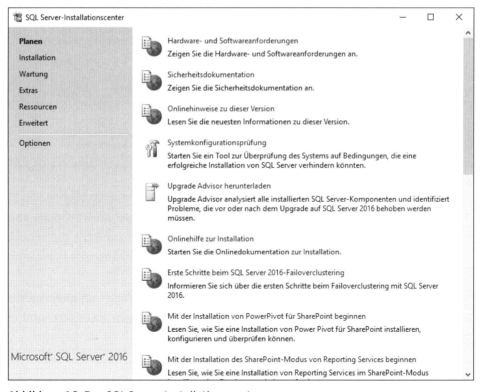

Abbildung 1.2 Das SQL Server-Installationscenter

Über den Verweis SYSTEMKONFIGURATIONSPRÜFUNG können Sie überprüfen lassen, ob der verwendete Rechner die Voraussetzungen zur Installation von SQL Server 2016 erfüllt. Wechseln Sie zur Durchführung der Installation auf die Seite INSTALLATION (siehe Abbildung 1.3), und folgen Sie dem obersten Verweis.

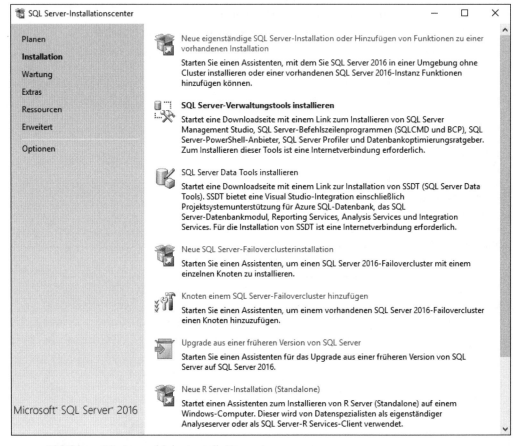

Abbildung 1.3 Auswahl der Installationsart

Anschließend erfolgt die Abfrage des Produktschlüssels bzw. die Auswahl einer kostenlosen Version wie in Abbildung 1.4 dargestellt. Wenn Sie zunächst die zeitlich befristete Version von SQL Server 2016 einsetzen möchten, können Sie diese auch nachträglich als Vollversion lizenzieren.

Nach Annahme der Lizenzbedingungen erfolgt die Überprüfung von globalen Regeln, es wird nach Updates gesucht, die Setup-Dateien werden installiert, und es erfolgt eine Überprüfung der Installationsregeln.

1.3 Installation von SQL Server 2016

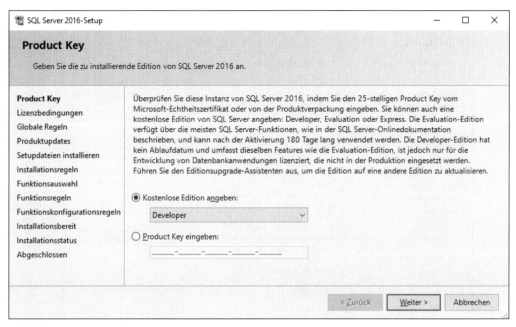

Abbildung 1.4 Auswahl einer kostenlosen Version bzw. Eingabe des Produktschlüssels

Im folgenden Dialog FUNKTIONSAUSWAHL können Sie die zu installierenden Komponenten auswählen. Stellen Sie sicher, dass die folgenden Komponenten in dem in Abbildung 1.5 dargestellten Dialog ausgewählt sind:

- DATABASE ENGINE SERVICES
- VOLLTEXT- UND SEMANTISCHE EXTRAKTION FÜR DIE SUCHE
- KONNEKTIVITÄT DER CLIENTTOOLS
- DOKUMENTATIONSKOMPONENTEN

Mit der hier für die Installation ausgewählten Funktion VOLLTEXT- UND SEMANTISCHE EXTRAKTION FÜR DIE SUCHE lassen sich in SQL Server Texte verschlagworten, um eine schnelle Suche nach Begriffen zu gewährleisten. Die Verwendung der Volltextsuche ist nicht Gegenstand dieses Buches, aber Sie müssen sie zur Installation auswählen, da die später zu installierende Beispieldatenbank diese Funktion verwendet.

Nachdem Sie die Auswahl mit WEITER bestätigt haben, gelangen Sie nach einer Überprüfung der Funktionsregeln zu dem in Abbildung 1.6 dargestellten Dialog INSTANZKONFIGURATION.

1 Installation und Aktualisierung von SQL Server 2016

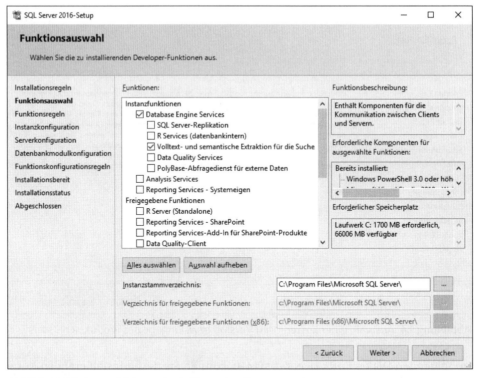

Abbildung 1.5 Auswahl der zu installierenden Komponenten

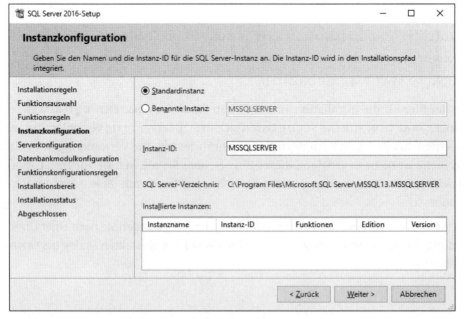

Abbildung 1.6 Konfiguration der zu installierenden Instanz

In diesem Dialog wählen Sie die Art der zu installierenden Instanz aus; zur Auswahl stehen hier STANDARDINSTANZ und BENANNTE INSTANZ.

Die Begriffe *Standardinstanz* und *benannte Instanz* wurden im Zusammenhang mit SQL Server 2000 eingeführt. Diese Version erlaubte erstmalig eine mehrfache Installation von SQL Server auf einem Rechner. Typischerweise wird die erste Installation von SQL Server als Standardinstanz ausgeführt, alle weiteren dann als benannte Instanzen. Die Installation einer benannten Instanz setzt jedoch nicht das Vorhandensein einer Standardinstanz voraus. Wird eine Standardinstanz von SQL Server erstellt, erhält der Datenbankserver den Namen des Computers, auf dem die Installation vorgenommen wird. Der Begriff *benannte Instanz* rührt nun daher, dass für alle weiteren installierten SQL Server ein zusätzlicher Instanzname angegeben werden muss, um sie von der Standardinstanz unterscheiden zu können.

Während also die Standardinstanz unter der Bezeichnung *computername* angesprochen wird, lautet die Bezeichnung einer benannten Instanz *computername\instanzname*. Benannte Instanzen können z. B. dann eingesetzt werden, wenn aus Sicherheitsgründen eine Trennung von Datenbeständen unterschiedlicher Benutzer in verschiedene Datenbanken eines Datenbankservers als nicht ausreichend angesehen wird oder wenn auf einem Computer ein SQL Server zu Testzwecken benötigt wird und das Risiko unbeabsichtigter Änderungen in der vorhandenen Standardinstanz vermieden werden soll. Behalten Sie in diesem Dialog die vorgeschlagene Option STANDARDINSTANZ bei.

Im nächsten Dialog SERVERKONFIGURATION erfolgt die Festlegung der DIENSTKONTEN (siehe Abbildung 1.7).

In der Praxis empfiehlt sich die Verwendung mehrerer speziell angelegter Domänenkonten bzw. Active-Directory-Konten, in deren Kontext die SQL-Server-Dienste ausgeführt werden. Bei einem Datenbankserver in einer Produktivumgebung würde außerdem typischerweise der SQL-Server-Agent-Dienst automatisch gestartet; in diesem Buch benötigen wir ihn jedoch nur selten, sodass Sie ihn gegebenenfalls später manuell starten können. Detaillierte Informationen zur Konfiguration eines SQL-Server-Dienstkontos finden Sie z. B. auf den entsprechenden Seiten von Microsoft im Internet.

Im folgenden Dialog wählen Sie zunächst den AUTHENTIFIZIERUNGSMODUS für die Anmeldung am Datenbankserver aus und legen über die Schaltfläche AKTUELLEN BENUTZER HINZUFÜGEN Ihr Anmeldekonto als SQL-Server-Administrator fest (siehe Abbildung 1.8).

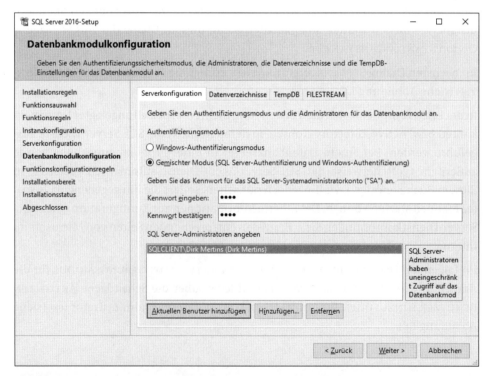

Abbildung 1.7 Festlegung der Dienstkonten

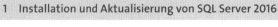

Abbildung 1.8 Angabe von Anmeldeinformationen und Festlegung eines Server-Administrators

SQL Server unterstützt zwei Arten der Authentifizierung: die von Windows bekannte Authentifizierung und die Authentifizierung über ein Login in Verbindung mit einem Passwort, die sogenannte *SQL-Server-Authentifizierung*. In der Praxis sollte – aus Gründen der Sicherheit – wenn möglich nur die Windows-Authentifizierung zugelassen werden, da im sogenannten *gemischten Modus* beide Authentifizierungsarten zulässig sind, was ein unnötiges Sicherheitsrisiko darstellt. Für die Arbeit mit diesem Buch können Sie, wie in Abbildung 1.8 dargestellt, die Option GEMISCHTER MODUS (SQL SERVER-AUTHENTIFIZIERUNG UND WINDOWS-AUTHENTIFIZIERUNG) auswählen und in den entsprechenden Textfeldern ein Kennwort vergeben und bestätigen. Dieses Kennwort dient zur Anmeldung am Server unter dem Konto *sa* (*system administrator*), also einem Konto mit umfangreichsten administrativen Berechtigungen auf dem Datenbankserver.

Wenn Sie anschließend auf den Reiter TEMPDB wechseln, sehen Sie eine Neuerung in SQL Server 2016. Für die temporäre Systemdatenbank von SQL Server werden vom Setup – in Abhängigkeit der vorhandenen logischen Prozessoren – mehrere Datendateien für diese Datenbank erstellt.

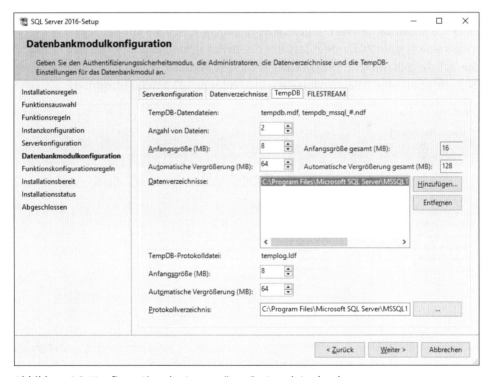

Abbildung 1.9 Konfiguration der temporären Systemdatenbank

Wählen Sie anschließend den Reiter FILESTREAM aus, und nehmen Sie die in Abbildung 1.10 gezeigte Einstellung vor.

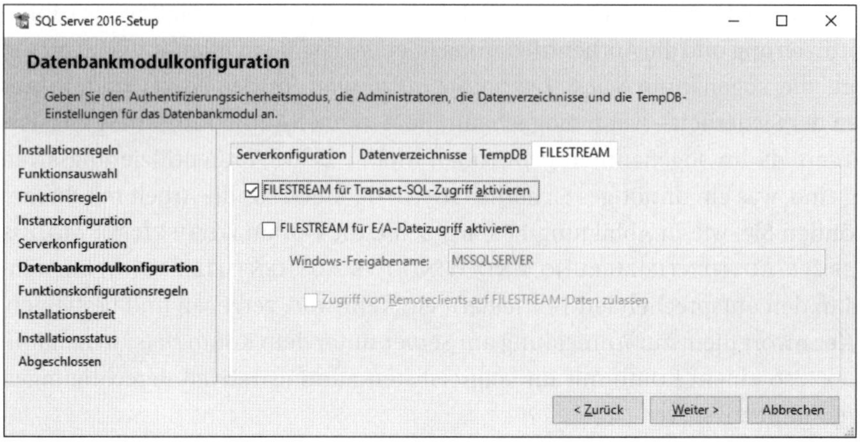

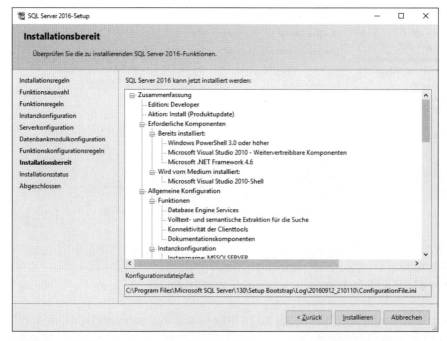

Abbildung 1.10 Aktivierung von FILESTREAM

FILESTREAM ist eine mit SQL Server 2008 eingeführte Technik, die es ermöglicht, Daten direkt im Dateisystem anstelle von Datendateien abzulegen. Auf diese Technik gehen wir in Kapitel 9, »Erstellen von Tabellen«, näher ein. Nachdem Sie diese Seite über die Schaltfläche WEITER geschlossen haben, sehen Sie auf der Seite INSTALLATIONSBEREIT eine Zusammenfassung der Installation (siehe Abbildung 1.11). Wenn Sie auf die Schaltfläche INSTALLIEREN klicken, startet die Installation, über deren Fortschritt Sie eine Balkenanzeige wie in Abbildung 1.12 gezeigt informiert.

Abbildung 1.11 Zusammenfassung der Installation

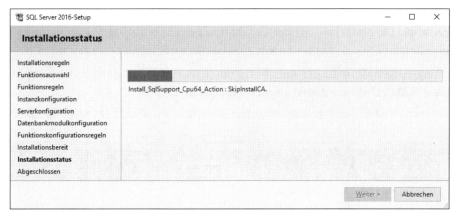

Abbildung 1.12 Fortschritt der Installation

Nach dem erfolgreichen Abschluss der Installation wird Ihnen der in Abbildung 1.13 dargestellte Dialog angezeigt.

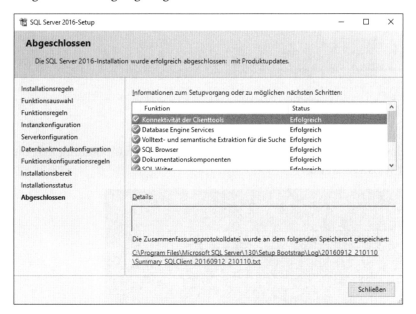

Abbildung 1.13 Erfolgreicher Abschluss der Installation

1.4   Installation des Management Studios

In den vorherigen Versionen von SQL Server wurde Ihnen bei der Auswahl der zu installierenden Komponenten der Punkt *Verwaltungstools* angeboten, durch dessen Auswahl Sie neben anderen Komponenten das Management Studio – also das zentrale Werkzeug zur Verwaltung von SQL Server – auswählen konnten.

Seit SQL Server 2016 sind die Verwaltungstools nicht mehr Bestandteil des Installationsmediums. Die einfachste Art der Installation besteht darin, den in Abbildung 1.3 dargestellten Link SQL SERVER-VERWALTUNGSTOOLS INSTALLIEREN auswählen.

Sie gelangen daraufhin zu der entsprechenden Webseite, auf der Sie die entsprechende .exe-Datei herunterladen können (Abbildung 1.14).

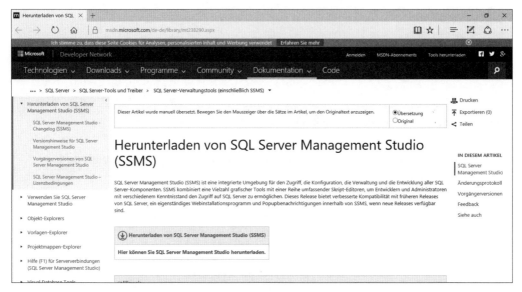

Abbildung 1.14 Download des Management Studios

Lassen Sie die heruntergeladene Datei anschließend ausführen (Abbildung 1.15), die Installation ist selbsterklärend.

Abbildung 1.15 Installation des Management Studios

1.5 Installation der SQL-Server-Beispieldatenbank

Bei den Beispieldatenbanken hat sich mit SQL Server 2016 eine weitere Neuerung ergeben: Microsoft wird die Beispieldatenbank der vorherigen Versionen (*AdventureWorks*) in Zukunft durch eine andere Beispieldatenbank ersetzen. Für die Beispiele in diesem Buch werden wir die letzte erschienene Version der herkömmlichen Datenbank (*AdventureWorks2016CTP3*) verwenden. Die für diese Datenbank erforderliche Sicherungsdatei können Sie unter folgendem Link herunterladen (siehe Abbildung 1.16):

https://www.microsoft.com/en-us/download/details.aspx?id=49502

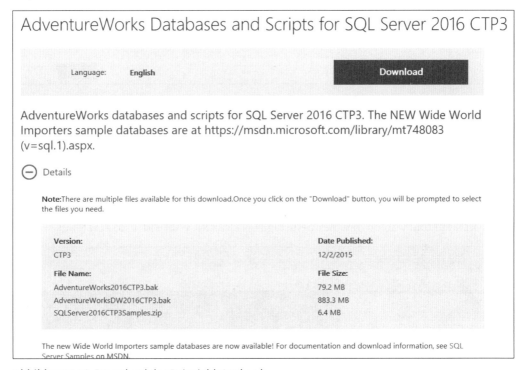

Abbildung 1.16 Download der Beispieldatenbank

Klicken Sie auf DOWNLOAD, und wählen Sie anschließend die Datei *AdventureWorks2016CTP3.bak* aus (Abbildung 1.17).

Speichern Sie die Datei an einem beliebigen Speicherort.

1 Installation und Aktualisierung von SQL Server 2016

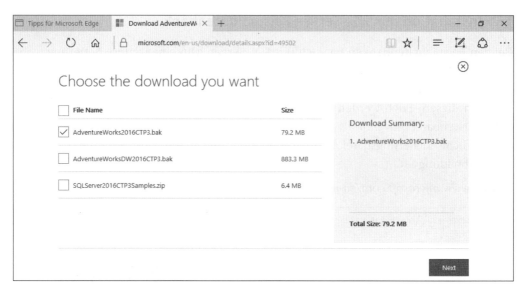

Abbildung 1.17 Auswahl der ».bak«-Datei der Beispieldatenbank

Öffnen Sie, nachdem der Download abgeschlossen ist, das *SQL Server Management Studio*. Sie finden es im Programmordner von SQL Server, dieser trägt die Bezeichnung *SQL Server 2016*. Nach der Authentifizierung am Server unter Verwendung der Windows-Authentifizierung rufen Sie in der Oberfläche des Management Studios im OBJEKT-EXPLORER (siehe Abbildung 1.18) das Kontextmenü des Eintrags DATENBANKEN auf und wählen den Menüeintrag DATENBANK WIEDERHERSTELLEN aus.

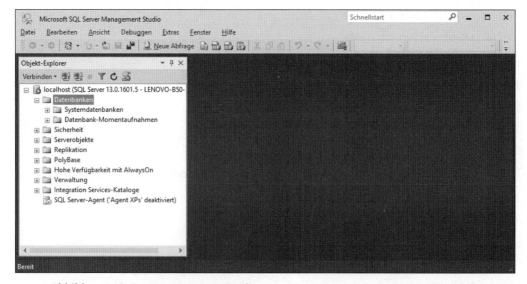

Abbildung 1.18 Das Management Studio

1.5 Installation der SQL-Server-Beispieldatenbank

Im darauf folgenden Dialog geben Sie den Speicherort der Backup-Datei an (siehe Abbildung 1.19).

Wählen Sie dazu zunächst die Option MEDIUM aus, und klicken Sie danach auf die Schaltfläche rechts mit den drei Punkten. Navigieren Sie zum Speicherort der Backup-Datei, und wählen Sie diese aus.

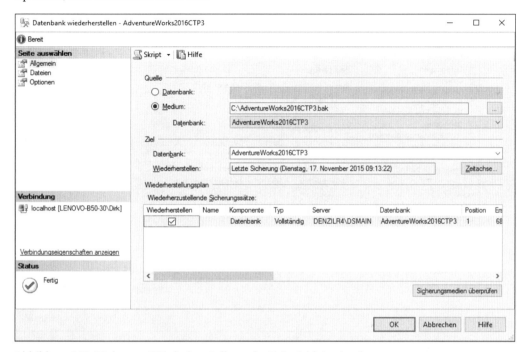

Abbildung 1.19 Dialog zur Wiederherstellung der Beispieldatenbank

Nach der Bestätigung des Dialogs wird die Datenbank in SQL Server 2016 wiederhergestellt und im OBJEKT-EXPLORER im Ordner DATENBANKEN dargestellt (siehe Abbildung 1.20).

Abbildung 1.20 Die Beispieldatenbank im Objekt-Explorer

> **Hinweis**
>
> Wenn die Wiederherstellung fehlerfrei verlaufen ist, aber die Datenbank nicht im OBJEKT-EXPLORER dargestellt wird, rufen Sie das Kontextmenü von DATENBANKEN auf und wählen AKTUALISIEREN aus.

Rufen Sie nun noch das Kontextmenü der Beispieldatenbank auf, und wählen Sie den Eintrag EIGENSCHAFTEN aus. Wechseln Sie im Eigenschaftendialog auf die Seite DATEIEN – wie in Abbildung 1.21 dargestellt –, und klicken Sie auf die Schaltfläche rechts neben dem Feld BESITZER. Wählen Sie danach als Datenbankbesitzer Ihr Konto aus, und bestätigen Sie anschließend die vorgenommenen Änderungen.

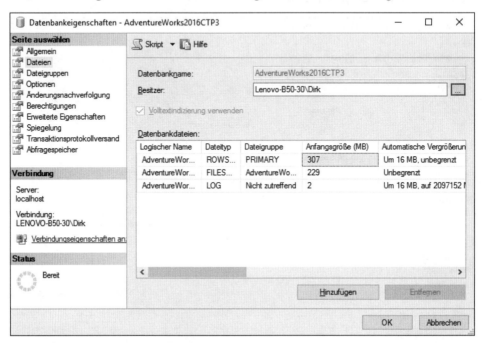

Abbildung 1.21 Datenbankeigenschaften

1.5.1 Behandlung eines möglichen Fehlers während der Installation der Beispieldatenbank

In SQL Server 2016 kann die Installation der Beispieldatenbank mit dem in Abbildung 1.22 gezeigten Fehler abbrechen.

Abbildung 1.22 Fehler bei der Installation der Beispieldatenbank

Wenn dieser Fehler auftritt, können Sie versuchen, vor der Installation das folgende Skript auszuführen und die Installation der Datenbank anschließend erneut in Angriff zu nehmen.

Beispiel:

```
-- disable resource governor
ALTER RESOURCE GOVERNOR DISABLE

-- change the value of MAX_MEMORY_PERCENT
ALTER RESOURCE POOL [default]
WITH
    ( MAX_MEMORY_PERCENT = 90 )
GO

-- reconfigure the Resource Governor
--     RECONFIGURE enables resource governor
ALTER RESOURCE GOVERNOR RECONFIGURE
GO
```

Wie Sie Skripte im Management Studio ausführen können, wird in Kapitel 4, »Die Oberfläche von SQL Server 2016«, beschrieben.

> **Wichtiger Hinweis:**
> Dieses Skript kann Auswirkung auf die Leistung von SQL Server haben, Sie sollten es nicht auf einem Produktivsystem ausführen!

1.6 Aktualisierung auf SQL Server 2016

Eine Aktualisierung auf SQL Server 2016 ist von den folgenden SQL-Server-Versionen aus möglich:

- SQL Server 2008
- SQL Server 2008 R2
- SQL Server 2012
- SQL Server 2014

Die anschließend beschriebene Aktualisierung geht von einer SQL-Server-2014-Installation mit installiertem SP2 aus (siehe Abbildung 1.23).

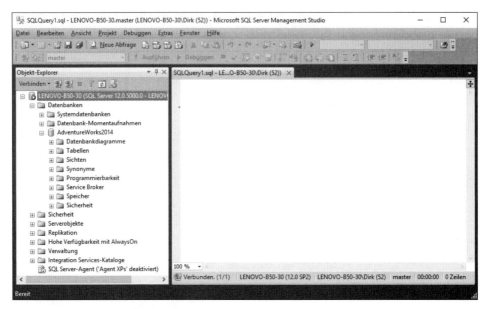

Abbildung 1.23 Vorhandene SQL-Server-2014-Installation

Rufen Sie zunächst, wie in Abschnitt 1.3, »Installation von SQL Server 2016«, beschrieben, das SQL-Server-2014-Setup auf. Danach können Sie dieses über den in Abbildung 1.3 dargestellten Verweis UPGRADE AUS EINER FRÜHEREN VERSION VON SQL SERVER vornehmen. Die Aktualisierung läuft in weiten Teilen wie die eingangs beschriebene Installation ab, weswegen im Folgenden nur ausgewählte Dialoge gezeigt werden. Im weiteren Verlauf werden Sie dann nach der zu aktualisierenden Instanz gefragt, wie in Abbildung 1.24 dargestellt.

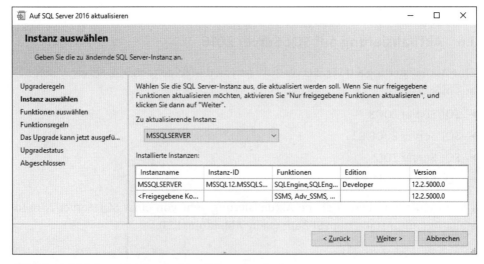

Abbildung 1.24 Auswahl der zu aktualisierenden Instanz

1.6 Aktualisierung auf SQL Server 2016

Der in Abbildung 1.25 gezeigte nächste Dialog ermöglicht es Ihnen, festzulegen, wie mit Volltextkatalogen während der Aktualisierung verfahren werden soll.

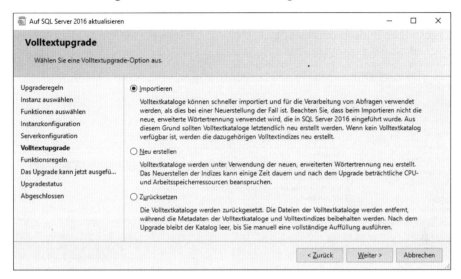

Abbildung 1.25 Aktualisierung der Volltextkataloge

Schließlich zeigt Ihnen der Assistent eine Zusammenfassung der vorzunehmenden Aktualisierung an (Abbildung 1.26).

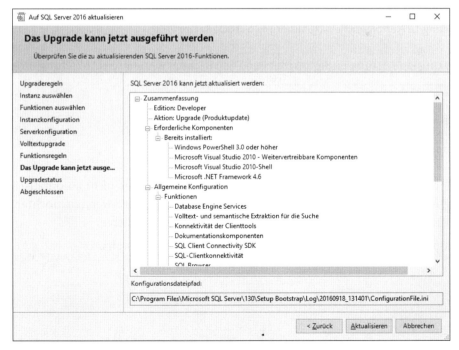

Abbildung 1.26 Zusammenfassung der Aktualisierung

57

Nachdem Sie die Zusammenfassung mit der Schaltfläche AKTUALISIEREN bestätigt haben, beginnt die Aktualisierung auf SQL Server 2016.

Der erfolgreiche Abschluss der Aktualisierung wird Ihnen durch den in Abbildung 1.27 dargestellten Bildschirm bestätigt.

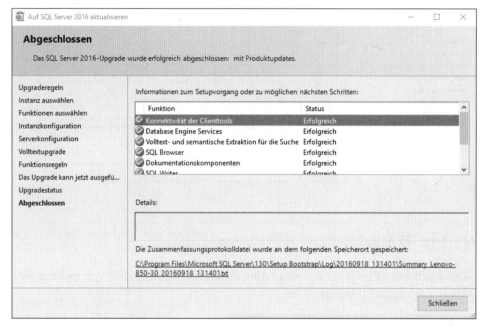

Abbildung 1.27 Erfolgreiche Aktualisierung auf SQL Server 2916

Unter Umständen müssen Sie anschließend den Rechner neu starten (Abbildung 1.28).

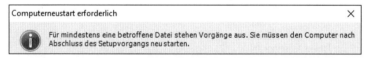

Abbildung 1.28 Aufforderung zum Neustart

Beachten Sie, dass die Aktualisierung des Management Studios nicht automatisch erfolgt. Wenn Sie das Management Studio von SQL Server 2016 verwenden möchten, müssen Sie es – wie eingangs beschrieben – nachträglich installieren.

Abbildung 1.29 zeigt die erfolgreich aktualisierte SQL-Server-Instanz.

1.6 Aktualisierung auf SQL Server 2016

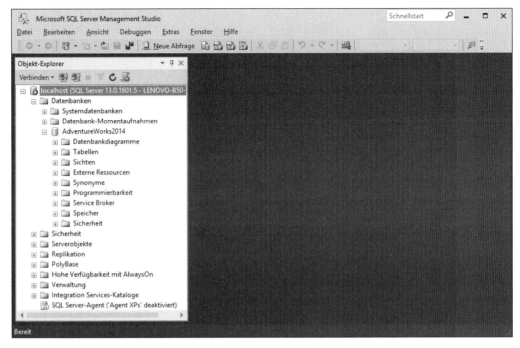

Abbildung 1.29 Aktualisierte SQL-Server-Instanz

Kapitel 2
Datenbankgrundlagen

In diesem Kapitel erläutern wir die für das Verständnis von Datenbanksystemen notwendigen grundlegenden Begriffe. Sie erhalten außerdem einen ersten Einblick in die Strukturen heutiger Datenbanksysteme.

Bevor wir im übernächsten Abschnitt näher auf die eigentlichen Datenbanksysteme eingehen, sollen noch zwei Begriffe geklärt werden, die damit in engem Zusammenhang stehen und immer wieder – gerade bei Anwendern, die zum ersten Mal mit einem solchen Datenbanksystem arbeiten – für Irritationen sorgen: die Begriffe *Server* und *Client*. Diese Irritationen rühren häufig daher, dass beide Begriffe sowohl für eine Hardware- als auch für eine Softwarekomponente verwendet werden. Dies betrachten wir näher am Beispiel eines Servers; für einen Client gelten ähnliche Überlegungen.

2.1 Server und Client

Wenn von einem Server (engl., *Diener*) die Rede ist, ist meistens ein in einem Netzwerk befindlicher Rechner gemeint, der anderen Rechnern Funktionen, Speicherplatz, Programme – im weitesten Sinne also Ressourcen – zur Verfügung stellt. Als einen Server bezeichnet man aber auch eine Software (wie SQL Server), die anderen Programmen über eine Schnittstelle Funktionen zur Verfügung stellt, im Falle von SQL Server also die Datenbankfunktionalität.

Dabei ist es unerheblich, ob das zugreifende Programm, das in diesem Fall als Client (engl., *Auftraggeber, Kunde, Klient*) bezeichnet wird, auf einem anderen Rechner innerhalb eines Netzwerks ausgeführt wird, über das Internet mit dem Server verbunden ist oder auf demselben Rechner wie die Serversoftware läuft.

Letzteres wird bei Ihnen der Fall sein, wenn Sie SQL Server auf Ihrem lokalen Computer installiert haben. Sie greifen mit den von SQL Server 2016 mitgelieferten Clientanwendungen auf das auf dem gleichen Rechner laufende Serverprogramm zu. Ganz allgemein lässt sich sagen:

> **Hinweis**
>
> Ein Server stellt Ressourcen bereit, die von einem Client benutzt werden können. Dabei ist es unerheblich, ob es sich um einen Hardware- oder einen Softwareserver bzw. -client handelt.

In diesem Buch ist, wenn nicht anders angegeben, mit *Server* immer das Datenbankprogramm, also SQL Server 2016, gemeint.

2.2 Relationale Datenbanken

Das Modell einer relationalen Datenbank wurde erstmals 1970 von Dr. Edgar Frank Codd (1923–2003) in seinem Artikel »A Relational Model of Data for Large Shared Data Banks« veröffentlicht.

> **Hinweis**
>
> Eine Kopie dieses Artikels finden Sie z. B. unter der Internetadresse
> *http://www.seas.upenn.edu/~zives/03f/cis550/codd.pdf*.

Mit diesem Artikel löste Codd eine der tiefstgreifenden Veränderungen in der Datenverarbeitung aus: den Übergang zu den relationalen Datenbanken.

Die ersten für Computer entwickelten Datenbanken unterschieden sich in ihrer Struktur grundlegend von der Struktur heutiger Datenbanksysteme. Eine der ersten Lösungen, Daten auf einem Computer zugänglich zu machen, beruhte auf der sequenziellen Speicherung der Daten in Textdateien. In der weiteren Entwicklung wurde der Ansatz verfolgt, die Daten in einer hierarchischen Struktur abzulegen. Abbildung 2.1 zeigt ein Beispiel für den Aufbau einer solchen Datenbank. Um einen Datensatz zu finden, musste eine Baumstruktur durchlaufen werden, an deren Ende der gesuchte Datensatz stand.

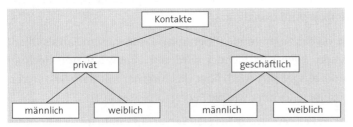

Abbildung 2.1 Prinzipieller Aufbau erster Datenbanklösungen

Codds Arbeit hingegen basiert auf einem wissenschaftlichen Ansatz, in dem er die Verwaltung von Daten durch mathematische Methoden der Mengenlehre beschreibt. Im Zusammenhang mit relationalen Datenbanken werden daher häufig die aus der Mengenlehre stammenden Fachbegriffe verwendet. Diese etwas »akademisch« klingenden Begriffe sind sicherlich ein Grund dafür, dass bei vielen Leuten immer noch eine hohe Hemmschwelle vor der Beschäftigung mit Datenbanken besteht. Einige dieser Fachbegriffe erwähnen und erklären wir weiter unten, da sie in anderen Publikationen verwendet werden. In diesem Buch verwenden wir – soweit es möglich ist – allgemein verständliche Bezeichnungen. Für manche Fachbegriffe gibt es jedoch kein Synonym, sodass diese dann im Buch Verwendung finden.

Was aber versteht man nun genau unter einer relationalen Datenbank?

Relationale Datenbanken arbeiten nach einem völlig anderen Prinzip als die oben beschriebenen Ansätze. Das wesentlichste Merkmal einer relationalen Datenbank besteht darin, dass die Daten in zueinander in Beziehung stehenden Tabellen (den sogenannten *Relationen*) abgelegt werden (siehe Abbildung 2.2). Auf welche Weise die Tabellen einer relationalen Datenbank zueinander in Beziehung gesetzt werden, behandeln wir in Abschnitt 2.2.3, »Schlüssel«.

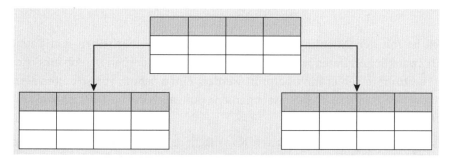

Abbildung 2.2 Schematischer Aufbau einer relationalen Datenbank

Die Aufteilung von Daten in zueinander in Beziehung stehende Tabellen ermöglicht eine sehr strukturierte Speicherung von Daten, da in eine Tabelle immer nur Informationen über eine Art von Objekten abgelegt werden sollten, wobei es sich bei diesen Objekten sowohl um reale Dinge wie z. B. Personen oder Fahrzeuge als auch um abstrakte Dinge wie beispielsweise Verleihvorgänge handeln kann.

Diese Art der Speicherung erfüllt einen weiteren wesentlichen Zweck: die Vermeidung von *Redundanz*. Dieser Begriff bezeichnet im Kontext von Datenbanken die mehrfache Speicherung der gleichen Information. Redundanz bedeutet nicht nur den unnötigen Verbrauch von Speicherplatz, sondern kann bei ihrem Vorhandensein innerhalb einer Datenbank ernsthafte Probleme verursachen, wie das folgende Beispiel aus der Praxis deutlich machen soll.

In vielen Firmen werden die Daten der Mitarbeiter an mehreren Stellen erfasst. Die Buchhaltung verfügt über ein eigenes Programm zur Gehaltsabrechnung mit den

Daten der Mitarbeiter, die Abteilungsleiter haben die Daten der Mitarbeiter ihrer Abteilung ebenfalls erfasst, und der Betriebsrat pflegt eine eigene Excel-Tabelle dieser Daten. Bereits bei dieser Speicherung von Daten an nur drei verschiedenen Stellen stellt man bei einer Überprüfung schnell fest, dass die Daten in den seltensten Fällen untereinander abgeglichen sind: Die neue Adresse eines Mitarbeiters wurde nach seinem Umzug nicht in allen drei Datenbeständen geändert, schon lange ausgeschiedene Mitarbeiter wurden nicht gelöscht und so weiter.

Übertragen auf eine Datenbank, entspräche dieses Beispiel der Tatsache, dass die Mitarbeiterinformationen dreimal innerhalb einer Datenbank abgespeichert worden wären, beispielsweise in verschiedenen Tabellen. Als Konsequenz daraus ergäbe sich die Tatsache, dass je nachdem, welche Tabelle zur Abfrage herangezogen wird, unterschiedliche Informationen zu einem Mitarbeiter zurückgeliefert würden, eben in Abhängigkeit davon, ob ein aktueller oder veralteter Datensatz als Quelle der Information diente. Mit anderen Worten: Die Korrektheit und Verlässlichkeit der Daten, die auch als *Datenintegrität* bezeichnet wird, wäre nicht mehr gewährleistet. Eine Datenbank, die nur zufällig korrekte Informationen ausgibt, ist aber praktisch wertlos.

Natürlich ist mit der Datenintegrität nicht die absolute Fehlerfreiheit von Daten gemeint: Zwar können Daten während der Eingabe von modernen Datenbanksystemen auf bestimmte Fehler hin überprüft werden, einen Schutz vor Schreibfehlern bei der Eingabe z. B. eines Vor- oder Nachnamens kann auch das beste Datenbanksystem nicht bieten.

Das Beispiel der dreifach erfassten Datensätze macht deutlich, welche Bedeutung die Vermeidung von Redundanz in Bezug auf die Datenintegrität hat: Wird Redundanz vermieden, also *eine* Information immer nur *einmal* an *einer* Stelle innerhalb der Datenbank gespeichert, entspricht diese Information immer dem letzten, aktuellsten Stand. Die Vermeidung von Redundanz sollte daher bei einem Datenbankentwurf – wie wir ihn in Kapitel 3, »Logischer Datenbankentwurf«, beschreiben – immer einen wichtigen Gesichtspunkt darstellen. Die Datenbanktheorie stellt Methoden und Hilfsmittel zur Verfügung, um dieses Ziel zu erreichen.

Nachdem wir den Zusammenhang zwischen dem Vorhandensein von Redundanz und der möglichen Auswirkung auf die Datenintegrität beschrieben haben, soll nun noch eine – in der praktischen Arbeit mit Datenbanken häufig gestellte – Frage beantwortet werden: Wann genau liegt Redundanz innerhalb einer Datenbank vor? Gerade bei der ersten Beschäftigung mit Datenbanken sorgt dieser Begriff immer wieder für Irritationen. Stellt schon die mehrfache Nennung eines Eintrags – des Wohnorts, der Steuerklasse und so weiter – bei den verschiedenen Datensätzen einer Tabelle schon Redundanz dar oder nicht? Die folgende Anmerkung soll diesen Aspekt erläutern:

> **Hinweis**
>
> Der Begriff *Redundanz* wird häufig falsch interpretiert. Ist z. B. in einer Tabelle, in der die Daten von Mitarbeitern erfasst werden, eine Spalte vorhanden, in der die Abteilung des Angestellten (Lager, Versand, Buchhaltung etc.) erfasst wird, so stellt das mehrfache Vorkommen dieser Begriffe in der Spalte keine Redundanz dar! Redundanz entstünde in diesem Fall erst dann, wenn an mehreren Stellen innerhalb der Datenbank die Information erfasst würde, dass ein bestimmter Angestellter seiner jeweiligen Abteilung zuzuordnen ist.

Auch wenn die Vermeidung von Redundanz ein Hauptmerkmal des Entwurfs von relationalen Datenbanken darstellt, so ist das Auftreten von Redundanzen nicht immer zu vermeiden. Innerhalb einer Firma könnten z. B. zwei oder mehrere Datenbanken Verwendung finden, deren Datenbestand sich teilweise überschneidet.

In diesem Fall muss sichergestellt sein, dass Änderungen von Datensätzen in der einen Datenbank auch auf die anderen redundanten Datensätze anderer Datenbanken übertragen werden. Man bezeichnet diesen Sachverhalt als die Wahrung der *Datenkonsistenz*.

2.2.1 Struktureller Aufbau von Tabellen

Da Tabellen die elementaren Bestandteile von relationalen Datenbanken darstellen, sollen anhand von Abbildung 2.3 einige mit Tabellen in Zusammenhang stehende Begriffe erklärt werden.

	ProductID	Name	ProductNumber	MakeFlag	FinishedGoodsFlag	Color	SafetyStockLevel	ReorderPoint
1	1	Adjustable Race	AR-5381	0	0	NULL	1000	750
2	2	Bearing Ball	BA-8327	0	0	NULL	1000	750
3	3	BB Ball Bearing	BE-2349	1	0	NULL	800	600
4	4	Headset Ball Bearings	BE-2908	0	0	NULL	800	600
5	316	Blade	BL-2036	1	0	NULL	800	600
6	317	LL Crankarm	CA-5965	0	0	Black	500	375
7	318	ML Crankarm	CA-6738	0	0	Black	500	375
8	319	HL Crankarm	CA-7457	0	0	Black	500	375
9	320	Chainring Bolts	CB-2903	0	0	Silver	1000	750
10	321	Chainring Nut	CN-6137	0	0	Silver	1000	750
11	322	Chainring	CR-7833	0	0	Black	1000	750
12	323	Crown Race	CR-9981	0	0	NULL	1000	750
13	324	Chain Stays	CS-2812	1	0	NULL	1000	750
14	325	Decal 1	DC-8732	0	0	NULL	1000	750
15	326	Decal 2	DC-9824	0	0	NULL	1000	750
16	327	Down Tube	DT-2377	1	0	NULL	800	600
17	328	Mountain End Caps	EC-M092	1	0	NULL	1000	750

Abbildung 2.3 Ausschnitt aus der Tabelle »Product«

Dargestellt ist der Auszug einer Tabelle aus der Beispieldatenbank *AdventureWorks-2016CTP3*. Diese Beispieldatenbank bildet die Vorgänge innerhalb einer Firma ab, die sich mit der Herstellung von Fahrrädern beschäftigt. Die abgebildete Tabelle enthält Informationen über Produkte, die von dem Fahrradhersteller eingekauft und verkauft werden.

Wie Sie erkennen, besteht eine Tabelle innerhalb einer relationalen Datenbank aus einer zweidimensionalen Struktur von Spalten und Zeilen, wobei jede Zeile innerhalb einer Tabelle einen *Datensatz* darstellt. Der grundsätzliche strukturelle Aufbau von Tabellen innerhalb einer relationalen Datenbank kann – vereinfacht – durch die folgenden Punkte beschrieben werden:

- **Tabellenname**
  Jede Tabelle muss über einen eindeutigen Namen verfügen, unter dem sie anzusprechen ist. Dieser Name wird im Datenbankkontext auch *Bezeichner* genannt.

- **Spaltenname**
  Die Spalten einer Tabelle müssen ebenfalls über eine Bezeichnung – also einen Namen – verfügen. Die Spaltennamen sind in Abbildung 2.3 in der obersten Zeile grau unterlegt. Spalten stellen innerhalb einer Tabelle die Möglichkeit bereit, die jeweiligen Informationen zu den Datensätzen geordnet abzuspeichern und – durch Angabe des Spaltennamens – in Abfragen gezielt anzusprechen.

- **Datentyp**
  Der Datentyp bezieht sich ebenfalls auf die jeweiligen Spalten einer Tabelle. Mit der Zuweisung eines Datentyps für eine Spalte legen Sie fest, welche Art von Daten in dieser Spalte abgelegt werden können. Der Datentyp wird also dadurch bestimmt, ob die Spalte beispielsweise Zahlen, Zeichenketten, Datumswerte oder andere Informationen enthalten soll.

Dieser kurze Überblick stellt – wie oben erwähnt – nur einen grundlegenden Einblick in die Struktur von Tabellen innerhalb einer relationalen Datenbank dar und wird in den entsprechenden Kapiteln dieses Buches vertieft werden.

2.2.2 Im Zusammenhang mit Tabellen gebräuchliche Fachbegriffe

Durch die mathematische Grundlage der relationalen Datenbanktheorie werden im Zusammenhang mit Tabellen häufig diverse Fachbegriffe verwendet, die wir an dieser Stelle erläutern:

- **Relation**
  Eine *Relation* stellt sicherlich den zentralen Begriff innerhalb der Datenbanktheorie dar, lässt sich doch der Name moderner Datenbanksysteme auf diesen Ausdruck zurückführen. Leider ist diese Bezeichnung etwas missverständlich, denn sie lässt vermuten, dass damit die oben schon erwähnten Beziehungen zwischen

den Tabellen gemeint sind. Dies ist jedoch nicht der Fall; der Begriff Relation bezeichnet eine Tabelle innerhalb einer Datenbank.

- **Entitätstyp/Relationstyp**
  Im engen Zusammenhang mit der Relation steht der Begriff *Entitätstyp*. Während die Relation die konkrete Implementierung in Form einer Tabelle innerhalb der Datenbank darstellt, bezeichnet der Entitätstyp (engl.: *entity*; Ding, Wesen) in abstrakter Weise das, was innerhalb einer Tabelle abgespeichert wird. Ein Beispiel soll diesen Umstand verdeutlichen: In einer Firmendatenbank gibt es eine Tabelle namens *tblAngestellte* (das Präfix *tbl* im Namen wird häufig zur Kennzeichnung einer Tabelle [engl.: *table*] verwendet). Die Tabelle stellt die Relation dar, also die Implementierung innerhalb der Datenbank, und die Angestellten selbst sind der Entitätstyp, also das, was in der Tabelle abgespeichert wird. Aufgrund der Ähnlichkeit beider Sachverhalte werden *Relation* und *Entitätstyp* (oder auch *Entität*, siehe unten) häufig als Synonym füreinander verwendet, auch wenn es sachlich nicht korrekt ist.

- **Tupel/Entität**
  Ein *Tupel* stellt in der Mathematik eine Folge zusammengehöriger Werte dar. Innerhalb einer Datenbank entspricht ein Tupel daher einem Datensatz, also einer Zeile innerhalb einer Tabelle, da innerhalb eines Datensatzes mehrere zugehörige Werte abgespeichert werden können. Ein anderer gebräuchlicher Begriff für einen Datensatz ist die Bezeichnung *Entität*, die – wie oben bereits erwähnt – auch als Synonym für eine Tabelle verwendet wird. Genau genommen ist mit Entität aber ein reales Objekt eines Entitätstyps gemeint, also ein Datensatz.

- **Attribut**
  Als *Attribute* werden die Spalten einer Tabelle bezeichnet, da in ihnen die Eigenschaften – also die Attribute – der Datensätze gespeichert werden.

- **Zelle**
  Ein Datenfeld innerhalb einer Tabelle, also beispielsweise das Feld mit dem Eintrag *Blade* in der fünften Zeile und der zweiten Spalte der Abbildung 2.3, wird als *Zelle* bezeichnet.

2.2.3 Schlüssel

Nachdem wir den grundlegenden Aufbau von Datenbanktabellen besprochen haben, bleibt noch die Frage zu beantworten, auf welche Weise die – in Abbildung 2.2 durch Pfeile angedeuteten – Verknüpfungen zwischen den Tabellen hergestellt werden, die ja ein weiteres wesentliches Merkmal relationaler Datenbanken sind. Die Grundlage dieser Verknüpfungen sind die sogenannten *Schlüssel*, die ein weiteres grundlegendes Element von Tabellen darstellen.

Primärschlüssel

Ein *Primärschlüssel* (engl.: *primary key*; häufig mit PK abgekürzt) dient dazu, einen Datensatz innerhalb einer Tabelle eindeutig zu identifizieren und anzusprechen. Im einfachsten Fall wird der Definition einer Tabelle die Information hinzugefügt, dass eine bestimmte Spalte den Primärschlüssel der Tabellen darstellt. Da – wie oben erwähnt – der Primärschlüssel die Eindeutigkeit der Datensätze sicherstellen soll, wird fortan vom Datenbankserver überprüft und sichergestellt, dass weder doppelte Werte noch leere Einträge in diese Spalte eingetragen werden können. Ein Datensatz, der diese Bedingungen nicht erfüllt, wird daher abgelehnt. Abbildung 2.4 zeigt einen Ausschnitt aus der Struktur der Tabelle *Product*.

Beachten Sie, dass die Spalten hier nicht waagerecht wie in Abbildung 2.3, sondern senkrecht angeordnet sind. Links neben der Spalte *ProductID* ist ein Schlüsselsymbol zu erkennen, das angibt, dass es sich bei dieser Spalte um den Primärschlüssel der Tabelle handelt. Bei einem Vergleich mit dem in Abbildung 2.3 dargestellten Inhalt der Tabelle wird deutlich, dass kein Datensatz so in die Tabelle eingetragen oder ein vorhandener Datensatz so geändert werden kann, dass ein weiterer Datensatz die Werte von beispielsweise *1, 2* oder *3* in der Spalte *ProductID* aufweisen würde, da diese Werte in der Primärschlüsselspalte bereits vorhanden sind. Außerdem wird durch die Definition als Primärschlüssel sichergestellt, dass in der Spalte *ProductID* kein einziger leerer Eintrag vorhanden ist. Der Versuch, einen Datensatz einzufügen oder so zu ändern, dass er gegen den Primärschlüssel verstieße, resultiert in einer Fehlermeldung und wird als *Primärschlüsselverletzung* bezeichnet.

Spaltenname	Datentyp	NULL-Werte...
🔑 ProductID	int	☐
Name	Name:nvarchar(50)	☐
ProductNumber	nvarchar(25)	☐
MakeFlag	Flag:bit	☐
FinishedGoodsFlag	Flag:bit	☐
Color	nvarchar(15)	☑
SafetyStockLevel	smallint	☐
ReorderPoint	smallint	☐

Abbildung 2.4 Struktur der Tabelle »Product« (Ausschnitt)

Sie werden häufig in Darstellungen wie Abbildung 2.4 mehrere Schlüsselsymbole in der linken Spalte entdecken. In diesen Fällen handelt es sich *nicht* um mehrere Primärschlüssel innerhalb einer Tabelle!

> **Hinweis**
>
> Pro Tabelle kann maximal ein Primärschlüssel vergeben werden!

Da es nur einen Primärschlüssel in einer Tabelle geben kann, muss es sich hierbei um einen Primärschlüssel handeln, der aus mehreren Spalten besteht. Man spricht in diesem Fall auch von einem *zusammengesetzten* oder *kombinierten Primärschlüssel*. Kombinierte Primärschlüssel können in SQL Server aus maximal 16 Spalten bestehen, wobei es in der Regel anzuraten ist, diese Grenze – wie im weiteren Verlauf noch deutlich werden wird – nicht unbedingt auszureizen. Ist ein Primärschlüssel über mehrere Spalten definiert, verhält er sich genau wie ein aus einer Spalte bestehender Primärschlüssel, nur wird nun nicht mehr die Eindeutigkeit eines einzelnen Spaltenwerts sichergestellt, sondern die Eindeutigkeit der Kombinationen von Spaltenwerten, deren Spalten am Primärschlüssel beteiligt sind. Abbildung 2.5 verdeutlicht diesen Sachverhalt. Dargestellt ist der schematische Aufbau einer Tabelle, deren erste zwei Spalten einen kombinierten Primärschlüssel (PK) bilden. Die Tabelle enthält Datensätze, deren Werte *1* bzw. *A* und *B* stellvertretend für numerische bzw. alphanumerische Werte stehen sollen. Die restlichen Komponenten der Datensätze sind nicht von Belang und lediglich durch Punktfolgen ange-deutet.

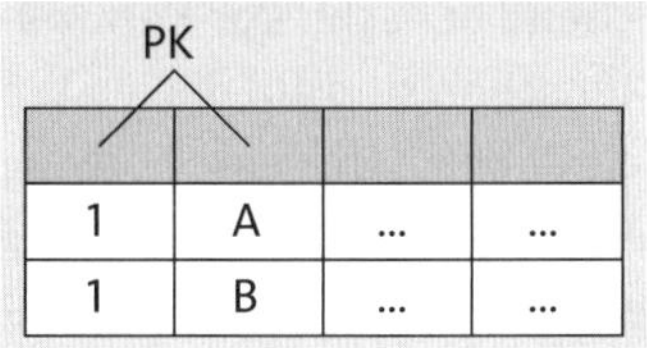

Abbildung 2.5 Tabelle mit kombiniertem Primärschlüssel

Wie an der ersten Spalte zu erkennen ist, können im Fall des kombinierten Primärschlüssels durchaus in einer zum Schlüssel gehörigen Spalte identische Werte vorliegen, da ja nicht der Inhalt *einer* Spalte, sondern die Kombination der Werte *aller* zum Primärschlüssel gehörenden Spalten eindeutig sein muss. Am Beispiel von Abbildung 2.5 hieße das, dass beispielsweise Datensätze, die über die Wertepaare (1,C) oder (2,A) in den ersten beiden Spalten verfügen, in die Tabelle eingefügt werden könnten; alle Datensätze jedoch, die als erste zwei Werte die Kombination (1,A) oder (1,B) enthalten, könnten nicht in die Tabelle eingefügt werden.

Die Wahl eines geeigneten Primärschlüssels für eine Tabelle ist von grundlegender Wichtigkeit für den späteren reibungslosen Betrieb der Datenbank. Bedenken Sie immer, dass der Primärschlüssel *das* Merkmal ist, durch das ein Datensatz in einer Tabelle eindeutig zu identifizieren ist, und dass daher dieser Wert – oder die Kombination der Werte – nur einmal in der jeweiligen Tabelle auftreten kann. Gerade bei der anfänglichen Beschäftigung mit relationalen Datenbanken werden an dieser Stelle häufig Fehler gemacht. Daher folgen an dieser Stelle einige Überlegungen zur Wahl eines korrekten Primärschlüssels einer Tabelle.

Einer der fatalsten Fehler, die sich bei der Wahl des Primärschlüssels einer Tabelle einschleichen können, wird durch den Gedanken ausgelöst, dass ein Umstand niemals eintreten wird. Betrachten wir einmal den Fall, dass Sie eine Datenbank zur Adressverwaltung für Ihren privaten Gebrauch entwerfen. Sie wählen als Primärschlüssel für die Tabelle, in der Sie die Informationen zu Ihren Bekannten speichern, einen zusammengesetzten Primärschlüssel aus Vorname und Nachname, da es ja mehr als unwahrscheinlich ist, dass Sie jemals einen zweiten Bekannten mit genau dem gleichen Namen kennenlernen. Aber kann der Fall wirklich absolut ausgeschlossen werden? Nein! Als Folge könnten Sie den zweiten Kontakt gleichen Namens nicht mehr in Ihre Datenbank aufnehmen, ohne die Datenbank – und die für sie bereits erstellten Anwendungen – in weiten Teilen umschreiben zu müssen.

Dass ein kombinierter Primärschlüssel aus Vor- und Nachname zur Identifizierung einer Person ungeeignet ist, wird offenkundig, wenn Sie statt an eine private Adressverwaltung an die Kundendatei eines Versandhauses denken. Dort ist es äußerst wahrscheinlich, dass es mehrere Kunden mit gleichem Vor- und Nachnamen gibt.

Zeitliche Änderungen werden ebenfalls oft nicht ausreichend bedacht. Das Kennzeichen eines Fahrzeugs oder die Ausweisnummer eines Menschen sind auf den ersten Blick zwar eindeutig, können sich aber im Laufe der Zeit ändern. Um ein Fahrzeug eindeutig zu identifizieren, ist beispielsweise die Fahrgestellnummer weitaus besser geeignet, da sie – im Gegensatz zum Kennzeichen – für *ein* bestimmtes Fahrzeug eindeutig vergeben wird. Gegen die Ausweisnummer zur Kennzeichnung einer Person spricht außerdem, dass Sie diese Information eventuell gar nicht erhalten können oder sie noch nicht vorhanden ist, wenn Sie in Ihre Adressverwaltung z. B. auch die Kinder Ihrer Bekannten aufnehmen wollen, die u. U. noch keinen Ausweis besitzen.

Da die Wahl eines geeigneten Primärschlüssels nicht immer trivial ist, wird häufig – auch in vielen Publikationen – von einer Möglichkeit Gebrauch gemacht, die jede moderne Datenbank zur Verfügung stellt: die Vergabe einer fortlaufenden Nummer für Datensätze, die dann als Primärschlüssel fungiert. In der Tat ist dies manchmal, wenn auch nicht immer, die beste Lösung zur Wahl des Primärschlüssels. Soll ein Primärschlüssel für Personen gefunden werden, steht man häufig vor dem Problem, dass – egal wie viele Spalten am Primärschlüssel beteiligt sind – sich zwei Personen nicht anhand des Primärschlüssels unterscheiden und identifizieren lassen. Selbst wenn eine Kombination aus Vor-, Nachname, Adresse und Geburtsdatum verwendet würde, würde diese Kombination zwingend zwei Menschen in einer Großstadt unterscheiden können?

In diesem Fall ist eine Art Nummerierung sicher sinnvoll. Nicht umsonst erhält ein Kunde, wenn er bei einem Versandhaus zum ersten Mal eine Bestellung aufgibt, eine Kundennummer, die ja nichts anderes als eine Art Nummerierung darstellt. An dieser Stelle stellt sich häufig die Frage nach der »Eindeutigkeit«: Wenn jemand bei einem Versandhaus zwei Kundennummern hat, dann ist sein Datensatz doch nicht mehr »eindeutig«, oder? Doch, ist er. Für die Datenbank stellen die zwei Datensätze zwei verschiedene Kunden dar, die eindeutig ansprechbar sind, was z. B. Rechnungsvorgänge angeht. Vor solchen »Fehleinträgen« kann selbst das modernste Datenbanksystem der Welt Sie nicht schützen!

Nicht immer jedoch stellt solch eine Spalte mit automatischer Nummerierung – wie sie leider zu häufig angewandt wird – die optimale Wahl des Primärschlüssels dar. Häufig besitzen Datensätze bereits ein Merkmal, das sich als Primärschlüssel eignet. Viele dieser Merkmale – und damit potenzielle Primärschlüssel – sind uns aus dem täglichen Leben sogar vertraut:

- **Bücher**
  Ein Buchtitel wird durch seine ISBN eindeutig gekennzeichnet. Die Angabe der ISBN reicht aus, um in der EDV einer Buchhandlung einen bestimmten Buchtitel zu finden. In der Datenbank der Buchhandlung genügt die ISBN, um ein Buch innerhalb der entsprechenden Tabelle als Datensatz zu identifizieren, auf diesen zuzugreifen und alle damit verbundenen Informationen wie Autor, Preis etc. zurückzuliefern.

- **Waren**
  Jede Ware ist heutzutage mit einem Barcode versehen. Dieser Code kennzeichnet einen Artikel eindeutig und wird an der Supermarktkasse dazu verwendet, den Preis des jeweiligen Artikels aus der Datenbank abzufragen. Gegebenenfalls wird ein Barcode nach einer gewissen Zeit für einen anderen Artikel wiederverwendet, was Sie in diesem Fall bei einem Datenbankentwurf berücksichtigen müssten.

- **Personal**
  Jeder Mitarbeiter einer Firma besitzt eine Personalnummer, durch die er eindeutig bestimmt wird.

- **Banken**
  Jede Bank verfügt über eine Bankleitzahl (BLZ). Durch die Angabe dieser Bankleitzahl kann jede Bank eindeutig identifiziert werden. Sehr schön ist dies beim Onlinebanking zu beobachten: Hier reicht die Angabe der Bankleitzahl aus; der Name der Bank wird automatisch eingetragen. Natürlich erfolgt dies über eine Abfrage auf eine Tabelle, in der die Spalte, die die Bankleitzahlen enthält, als Primärschlüssel definiert ist und die über eine weitere Spalte verfügt, in der der ausgeschriebene Name der Bank hinterlegt ist.

Eine häufig gestellte Frage im Zusammenhang mit Primärschlüsseln ist, ob eine Tabelle unbedingt über einen Primärschlüssel verfügen muss. Es gibt tatsächlich Fälle, in denen das Vorhandensein eines Primärschlüssels für die Funktion einer Tabelle innerhalb der Datenbank nicht zwingend notwendig wäre. Selbst diverse intern verwendete Tabellen von SQL Server 2000 – die inzwischen nicht mehr vorhanden sind – verfügten beispielsweise über keinen Primärschlüssel. In selbst angelegten Tabellen innerhalb einer Datenbank sollte die Eindeutigkeit der Datensätze immer durch die Definition eines Primärschlüssels (oder eine andere Methode zur Sicherstellung der Eindeutigkeit, wie später im Buch beschrieben) sichergestellt werden. Dies hat weniger einen datenbanktheoretischen als vielmehr einen praktischen Grund: Nur wenn eine Tabelle die Möglichkeit bietet, einen einzelnen Datensatz über ein eindeutiges Merkmal anzusprechen, um ihn zu verändern oder zu löschen, ist wirklich sichergestellt, dass nur dieser Datensatz von der entsprechenden Aktion betroffen ist.

Fremdschlüssel

Nachdem wir die Verwendung von Primärschlüsseln erläutert haben, besprechen wir nun eine zweite wesentliche Schlüsselart: den *Fremdschlüssel*. Fremdschlüssel (engl.: *foreign key*; häufig mit FK abgekürzt) dienen dazu, die schon erwähnten Beziehungen zwischen den Tabellen (die sogenannten *Referenzen*) einer Datenbank herzustellen. Auf welche Art und Weise diese Verknüpfungen hergestellt werden, lässt sich am einfachsten anhand eines Beispiels verdeutlichen. Zu diesem Zweck ist in Abbildung 2.6 ein Ausschnitt aus der Beispieldatenbank *AdventureWorks2016CTP3* dargestellt. Die in Klammern gesetzten Begriffe hinter den Tabellennamen ignorieren Sie bitte zunächst, sie beziehen sich auf eine logische Unterteilung der Datenbank.

Die Abbildung enthält die bereits bekannte Tabelle *Product*, in der – wie Sie oben bereits gesehen haben – die Datensätze der Produkte abgelegt sind, die Tabelle *Vendor* (engl., *Lieferant*) sowie die Tabelle *ProductVendor*, die zwischen den beiden Tabellen *Product* und *Vendor* platziert ist. Ausgehend von dieser Tabelle, sehen Sie zwei Verbindungslinien mit Schlüsselsymbolen an den Enden, die eine Verbindung zu den Tabellen *Product* und *Vendor* herstellen. Diese Verbindungslinien repräsentieren zwei Fremdschlüssel, die von der Tabelle *ProductVendor* auf die Tabellen *Product* und *Vendor* verweisen. Man sagt auch: Die Tabelle *ProductVendor* referenziert die Tabellen *Product* und *Vendor*. Auf welche Art und Weise stellen die Fremdschlüssel die bereits mehrfach erwähnte Verknüpfung zwischen den Tabellen her? Was bewirkt die Definition solcher Fremdschlüssel?

Zur Beantwortung dieser Fragen zeigt Abbildung 2.7 einen Ausschnitt der in Abbildung 2.6 in ihrer Struktur dargestellten drei Tabellen.

In dem vorliegenden Beispiel existiert zum einen ein Fremdschlüssel, der von der Spalte *ProductID* der Tabelle *ProductVendor* auf die gleichnamige Spalte der Tabelle *Product* verweist, die ja als Primärschlüssel dieser Tabelle definiert wurde. In Abbildung 2.7 ist dieser Fremdschlüssel durch den Pfeil zwischen diesen beiden Tabellen angedeutet. Dieser Fremdschlüssel bewirkt nun nichts anderes, als dass das Datenbanksystem überprüft, ob zu einem Eintrag in der Spalte *ProductID* der Tabelle *ProductVendor* ein entsprechender Eintrag in der Primärschlüsselspalte der Tabelle *Product* existiert. Mit anderen Worten: Es wird überprüft, ob die ID eines Produkts, das eingetragen werden soll, auch tatsächlich vorhanden ist. Ist dies nicht der Fall, kann ein entsprechender Datensatz nicht in die Tabelle *ProductVendor* eingetragen werden. Man spricht in diesem Fall von einer *Fremdschlüsselverletzung*.

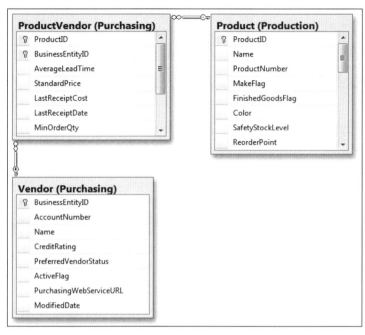

Abbildung 2.6 Ausschnitt aus der AdventureWorks2016CTP3-Datenbank

Der zweite Fremdschlüssel bewirkt eine ähnliche Überprüfung: Es wird festgestellt, ob die ID eines Lieferanten (*BusinessEntityID*) in der Primärschlüsselspalte der Tabelle *Vendor* existiert. Beachten Sie bei Abbildung 2.7 bitte, dass nur ein Bruchteil der Datensätze dargestellt ist. Der Datensatz mit der *BusinessEntityID 1688*, auf den aus der *ProductVendor*-Tabelle verwiesen wird, ist z. B. nicht in der Darstellung der *Vendor*-Tabelle, aber in der Tabelle selbst enthalten!

Auf diese recht einfache Weise werden in einer relationalen Datenbank die Beziehungen zwischen den einzelnen Tabellen hergestellt.

> **Hinweis**
> Verweise auf Datensätze innerhalb von Tabellen werden durch Angabe des Primärschlüssels realisiert.

Die Tabelle *ProductVendor* enthält also offensichtlich Informationen, die beschreiben, welches Produkt von welchen Lieferanten zu welchen Bedingungen geliefert werden kann. Man könnte nun einwenden, dass es doch sehr viel einfacher wäre, diese Informationen in einer Tabelle abzuspeichern, d. h. die Informationen zu den

Lieferanten, die Angabe zu den Produkten und so weiter, anstatt diese Informationen in drei Tabellen zu speichern, was zukünftige Abfragen sicher nicht leichter macht.

	ProductID	Name	ProductNumber	MakeFlag	FinishedGoodsFlag	Color	SafetyStockLevel
1	1	Adjustable Race	AR-5381	0	0	NULL	1000
2	2	Bearing Ball	BA-8327	0	0	NULL	1000
3	3	BB Ball Bearing	BE-2349	1	0	NULL	800
4	4	Headset Ball Bearings	BE-2908	0	0	NULL	800
5	316	Blade	BL-2036	1	0	NULL	800
6	317	LL Crankarm	CA-5965	0	0	Black	500

	ProductID	BusinessEntityID	AverageLeadTime	StandardPrice	LastReceiptCost	LastReceiptDate	MinOrderQty
1	1	1580	17	47,87	50,2635	2005-09-29 00:00:00.000	1
2	2	1688	19	39,92	41,916	2005-09-29 00:00:00.000	1
3	4	1650	17	54,31	57,0255	2005-09-29 00:00:00.000	1
4	317	1578	19	28,17	29,5785	2005-09-29 00:00:00.000	100
5	317	1678	17	25,77	27,0585	2005-09-25 00:00:00.000	100
6	318	1578	19	34,38	36,099	2005-09-29 00:00:00.000	100

	BusinessEntityID	AccountNumber	Name	CreditRating	PreferredVendorStatus	ActiveFlag
45	1580	LITWARE0001	Litware, Inc.	1	1	1
46	1582	INNERCI0001	Inner City Bikes	3	1	1
47	1584	TREYRE0001	Trey Research	3	1	1
48	1586	MITCHELL0001	Mitchell Sports	1	1	1
49	1588	SIGNATUR0001	Signature Cycles	2	1	1
50	1590	SUPERSAL0001	SUPERSALES INC.	1	1	1

Abbildung 2.7 Auszug von Datensätzen aus den drei Tabellen »Product«, »ProductVendor« und »Vendor« mit angedeuteten Fremdschlüsseln

Das vorliegende Beispiel weist allerdings einen ganz entscheidenden Vorteil auf: Würde man die Information, welcher Lieferant welchen Artikel liefern kann, in einer einzigen Tabelle speichern, hätte das zur Folge, dass – wenn z. B. ein Artikel von mehreren Lieferanten geliefert werden kann – bei jedem Lieferanten alle Details des Produkts erneut angegeben werden müssten. Es würden also zu jeder weiteren Kombination von Lieferant und Produkt redundante Informationen erfasst – mit den oben bereits erwähnten Auswirkungen auf die Datenbank.

Die auf den ersten Blick zwar etwas umständlichere Lösung in der *AdventureWorks2016CTP3*-Datenbank löst dieses Problem viel eleganter: Alle Produkte werden mit allen Details *einmal* in der Tabelle *Product* erfasst, und alle Lieferanten werden *einmal* in der Tabelle *Vendor* erfasst. Die Information, welcher Lieferant welches Produkt zu welchen Konditionen liefern kann, wird *einmal* in der Tabelle *ProductVendor* abgespeichert, was bedeutet, dass Redundanz vermieden wird. Betrachten Sie dazu die mittlere Tabelle in Abbildung 2.7. Der erste Datensatz dieser

Tabelle hat in der Spalte *ProductID* den Wert *1*. Da es sich bei diesem Wert um einen Eintrag des Primärschlüssels der *Product*-Tabelle handelt, kann innerhalb einer Abfrage später auf alle Einzelheiten des entsprechenden Datensatzes in der *Product*-Tabelle zugegriffen werden, er ist ja durch den Primärschlüsselwert eindeutig zu identifizieren. Es muss sich bei diesem Eintrag also um das Produkt namens *Adjustable Race* handeln. Entsprechendes gilt für den Hersteller: In dem Datensatz ist als Hersteller die *Business-EntityID 1580* angegeben, was dem Primärschlüsselwert des Herstellers *Litware, Inc.* entspricht. Durch die Kenntnis des Primärschlüsselwerts könnte eine Abfrage demzufolge auch alle Details des Herstellers ausgeben. Dieser wird ja durch seinen Primärschlüsseleintrag eindeutig identifiziert.

An diesem einfachen Beispiel erkennen Sie bereits klar die Vorteile der Speicherung von Daten in relationaler, redundanzvermeidender Form: Egal, wie viele Produkte ein Hersteller liefert, eine Änderung an seinen Daten muss nur an *einer* Stelle erfolgen. Alle Abfragen greifen dann automatisch über die Fremd-/Primärschlüsselbeziehungen auf den aktuellen Datenbestand des Herstellers zu.

Aus dem bisher Gesagten ergibt sich, dass Fremd- und Primärschlüssel zwar zusammenhängen, aber völlig unterschiedliche Funktionen innerhalb einer Datenbank erfüllen. Fremdschlüssel haben z. B. keine Auswirkung auf die Eindeutigkeit von Datensätzen, wie sie von Primärschlüsseln erzwungen und sichergestellt wird. An Abbildung 2.7 erkennen Sie, was für eine fatale Auswirkung es hätte, wenn dies der Fall wäre. Das Produkt mit der ID *317* kann sowohl von dem Lieferanten mit der ID *1578* wie auch von dem Lieferanten mit der ID *1678* geliefert werden. Wenn ein Fremdschlüssel Eindeutigkeit erzwingen würde, hieße das, dass ein Produkt nur von einem Lieferanten geliefert werden könnte oder dass ein Lieferant nur ein Produkt liefern könnte! Es ist also durchaus sinnvoll, dass ein Primärschlüsselwert von einem Fremdschlüssel mehrfach referenziert wird.

Abbildung 2.6 enthält ein weiteres in diesem Zusammenhang wichtiges Detail: Die Tabelle *ProductVendor* verfügt offensichtlich über einen geschickt gewählten kombinierten Primärschlüssel, der aus den Spalten *ProductID* und *BusinessEntityID* zusammengesetzt ist. Sie erkennen dies an dem Vorhandensein von zwei Schlüsselsymbolen in der Struktur der Tabelle. Warum ist die Wahl dieses kombinierten Primärschlüssels nun so elegant? Ganz einfach: Die Tabelle speichert Informationen, welcher Lieferant welches Produkt zu welchen Konditionen liefern kann, und diese Information sollte ebenfalls nur *einmal* in der Datenbank enthalten sein. Der aus den Spalten *ProductID* und *BusinessEntityID* zusammengesetzte Primärschlüssel der Tabelle erfüllt genau diesen Zweck: Der Zusammenhang zwischen *einem* Produkt und *einem* Lieferanten kann nur *einmal* abgespeichert werden, jede weitere Zuordnung würde eine Primärschlüsselverletzung verursachen!

Im Fall solcher kombinierter Primärschlüssel müssen Sie eine weitere Tatsache bei der Definition von Fremdschlüsseln beachten:

> **Hinweis**
> Ein Fremdschlüssel muss einen Primärschlüssel immer vollständig referenzieren!

Um bei dem Beispiel der Tabelle *ProductVendor* zu bleiben: Ein Fremdschlüssel einer anderen Tabelle, der sich auf den kombinierten Primärschlüssel dieser Tabelle bezieht, könnte nur dann erstellt werden, wenn er alle Spalten (*ProductID* und *BusinessEntityID*) des Primärschlüssels enthielte. Ein Fremdschlüssel, der sich nur auf einen Teil des Primärschlüssels – also z. B. lediglich auf die Spalte *ProductID* der *ProductVendor*-Tabelle – bezöge, ergäbe keinen Sinn und kann daher auch nicht erstellt werden!

Abschließende Bemerkungen zu Schlüsseln

Vielleicht haben Sie sich beim Lesen des Abschnitts über die Schlüssel gefragt, auf welche Weise Sie anhand von Abbildung 2.6 erkennen konnten, welche die Fremdschlüsselspalten in der Tabelle *ProductVendor* sind. Die Abbildung zeigt ja nur an, dass Fremdschlüsselbeziehungen zwischen den Tabellen bestehen – auf welche Spalten sich diese Beziehungen beziehen, können Sie aus Abbildung 2.6 nicht ablesen. Zu diesem Zweck stellt SQL Server andere Möglichkeiten zur Verfügung. Häufig sind – sowohl in der Beispieldatenbank *AdventureWorks2016CTP3* wie auch in der Praxis – Primär- und die entsprechenden Fremdschlüsselspalten gleich benannt, was die Übersichtlichkeit erhöht, aber nicht zwingend so sein muss. Abhängige – also an einem Fremdschlüssel beteiligte – Spalten können durchaus eine andere Bezeichnung besitzen als die entsprechenden Spalten des Primärschlüssels!

Im Zusammenhang mit Fremdschlüsseln stellt sich zudem immer wieder die Frage, auf welche Art Spalte sich ein Fremdschlüssel beziehen kann. Kann sich ein Fremdschlüssel auf eine beliebige Spalte beziehen bzw. diese referenzieren? Die Antwort auf diese Frage lautet ganz klar »Nein«, ein Fremdschlüssel kann nur auf eine Spalte gesetzt werden, die Eindeutigkeit sicherstellt.

In dieser Einführung sind wir immer davon ausgegangen, dass es sich bei dieser Eindeutigkeit sicherstellenden Spalte – bzw. Spalten im Fall eines kombinierten Primärschlüssels – um den Primärschlüssel einer Tabelle handelt. Streng genommen ist dies nicht korrekt, wie wir in Kapitel 9, »Erstellen von Tabellen«, erläutern. Da dies aber einen selten verwendeten Sonderfall darstellt und dieses Kapitel als grundlegende Einführung in die Struktur relationaler Datenbanken gedacht ist, soll diese Tatsache an dieser Stelle keine weitere Berücksichtigung finden.

2.2.4 Beziehungsarten

Dinge, die in einer Datenbank gespeichert werden sollen, können in verschiedenen Beziehungen zueinander stehen. Werden diese Dinge aus der realen Welt in Form von Tabellen in eine Datenbank implementiert, müssen diese Beziehungen beim Entwurf der Tabellen natürlich berücksichtigt werden und finden sich in der Beziehung zwischen den Tabellen wieder. In der Datenbanktheorie wird zwischen drei verschiedenen Beziehungsarten unterschieden, die wir im Folgenden anhand des bisher verwendeten Beispiels der Produkte und Lieferanten besprechen werden.

1:1-Beziehung

Eine 1:1-Beziehung liegt dann vor, wenn *ein* Objekt nur mit *einem* anderen Objekt in Beziehung stehen kann. Eine 1:1-Beziehung würde im vorliegenden Beispiel bedeuten, dass jeder Lieferant nur ein Produkt liefern könnte und dass – umgekehrt – ein Produkt nur von einem einzigen Lieferanten geliefert werden könnte. Abbildung 2.8 stellt diesen Sachverhalt grafisch dar.

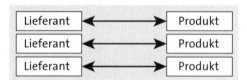

Abbildung 2.8 Schematische Darstellung einer 1:1-Beziehung

Dinge, die in einer 1:1-Beziehung zueinander stehen, kommen in der realen Welt wie auch in Tabellenform innerhalb einer Datenbank nur selten vor, wie an dem eben konstruierten Beispiel zu erkennen ist. Aus Datenbanksicht könnte man auch einwenden, dass, wenn zwischen den Lieferanten und den Produkten eine 1:1-Beziehung herrscht, die Informationen des Lieferanten und seines Produkts doch auch gleich in einer Tabelle abgespeichert werden könnten. Stellen Sie sich dazu die beiden Blöcke der Lieferanten und Produkte einfach zu einem großen Block – eben einer Tabelle mit beiden Informationsarten – zusammengeschoben vor. Interessanterweise entsteht eine 1:1-Beziehung zwischen Tabellen vor allem dann, wenn sie künstlich durch das genaue Gegenteil erzeugt wird: Eine Tabelle wird in zwei Tabellen aufgeteilt. Infrage kommt dieses Verfahren dann, wenn eine Tabelle über Spalten verfügt, die sehr große Datenvolumina enthalten. Falls diese Informationen nicht bei jeder Abfrage benötigt werden, können die entsprechenden Spalten in eine zweite Tabelle ausgelagert werden, um das Datenvolumen während Abfragen zu minimieren.

1:n-Beziehung

Die 1:n-Beziehung ist eine Beziehungsart, die in der realen Welt sehr häufig vorhanden ist. Eine relationale Datenbank besteht fast ausschließlich aus diesem Beziehungstyp der Tabellen untereinander. Eine 1:n-Beziehung liegt dann vor, wenn ein Objekt mit beliebig vielen anderen Objekten in Beziehung stehen kann. Das *n* in der Bezeichnung ist im Sinne von »beliebig viele«, also null bis unendlich, zu interpretieren. Für die Lieferanten und Produkte hieße das beispielsweise, dass ein Lieferant mehrere Produkte liefern kann, ein Produkt aber nur einen Lieferanten haben kann, wie in Abbildung 2.9 angedeutet.

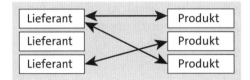

Abbildung 2.9 Schematische Darstellung einer 1:n-Beziehung

Realisiert würde so eine Beziehung zwischen den Tabellen, indem Sie in der Tabelle *Product* einen Fremdschlüssel einfügen, der auf den Primärschlüssel der Tabelle *Vendor* verweist.

m:n-Beziehung

Der m:n-Beziehungstyp kommt in der Realität ebenfalls häufig vor, bei der Umsetzung in Tabellenform stellt er eine Besonderheit dar, wie wir weiter unten noch ausführen werden. Eine m:n-Beziehung stellt quasi die doppelte Anwendung der 1:n-Beziehung dar: Ein Objekt kann mit mehreren Objekten in Beziehung stehen, und die Umkehrung – alle Objekte der zweiten Art können mit beliebig vielen Objekten der ersten Art in Beziehung stehen – trifft ebenfalls zu. Die Definition einer m:n-Beziehung mag vielleicht etwas komplex erscheinen, am Beispiel der Lieferanten und Produkte ist die in der *AdventureWorks2016CTP3*-Datenbank vorliegende m:n-Beziehung zwischen den Lieferanten und den Produkten aber über folgende Überlegung zu erkennen: Ein Lieferant kann mehrere Produkte liefern, und die Umkehrung gilt ebenfalls, ein Produkt kann also von mehreren Lieferanten geliefert werden. Abbildung 2.10 soll diesen Sachverhalt verdeutlichen.

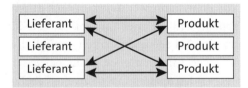

Abbildung 2.10 Schematische Darstellung einer m:n-Beziehung

Eine m:n-Beziehung zu erkennen ist im Grunde genommen nicht sonderlich schwer. Immer wenn Sie einen Satz wie einen der folgenden bilden können, liegt eine m:n-Beziehung vor:

- Ein Autor kann mehrere Bücher schreiben, ein Buch kann mehrere Autoren haben.
- Ein Fahrzeug kann von mehreren Kunden gemietet worden sein, ein Kunde kann mehrere Fahrzeuge gemietet haben.
- Eine Maschine kann aus mehreren Teilen bestehen, ein Teil kann in mehreren Maschinen verbaut sein.

Als Vorgriff auf den im nächsten Kapitel behandelten logischen Datenbankentwurf sei erwähnt, dass Sie bei der Feststellung einer m:n-Beziehung immer den Grundsatz beachten sollten, dass eine m:n-Beziehung durch drei Tabellen aufgelöst wird, wie es in der *AdventureWorks2016CTP3*-Datenbank am Beispiel der Tabelle *ProductVendor* geschehen ist. Nur durch diese dritte, mittlere Tabelle kann im Fall einer vorliegenden m:n-Beziehung effektiv Redundanz vermieden werden: Alle Datensätze der Lieferanten werden nur *einmal* in der entsprechenden Tabelle *Vendor* erfasst, alle Einzelheiten zu den Produkten werden nur *einmal* in der Tabelle *Product* erfasst, und jede Information, die sich auf den Zusammenhang zwischen einem Produkt und einem Lieferanten bezieht (wie z. B. Lieferzeit und Mindestbestellmenge) stellt nichts anderes als einen weiteren Datensatz in der zwischen den Tabellen *Product* und *Vendor* angeordneten Tabelle *ProductVendor* dar. Tabellen dieser Art werden auch als *assoziative Tabellen* bezeichnet, da sie den Zusammenhang zwischen zwei anderen Tabellen herstellen, und die Implementierung einer m:n-Beziehung in Form von drei Tabellen wird auch als *Auflösung einer m:n-Beziehung* bezeichnet.

Abschließend betrachten wir, welche Beziehungsart zwischen Tabellen einer relationalen Datenbank am häufigsten anzutreffen ist:

- **1:1-Beziehung**
  Diese Beziehungsart kann vorkommen, stellt aber sicherlich einen Sonderfall dar, wie oben bereits erwähnt wurde.

- **1:n-Beziehung**
  Praktisch alle Tabellen einer relationalen Datenbank stehen in einer 1:n-Beziehung zueinander. Deutlich wird dies, wenn Sie bedenken, dass 1:1-Beziehungen recht selten vorhanden sind und m:n-Beziehungen in drei Tabellen aufgelöst werden, was wiederum in 1:n-Beziehungen resultiert, wie im folgenden Punkt näher beschrieben wird.

- **m:n-Beziehung**
  Wird eine m:n-Beziehung in drei Tabellen aufgelöst, wie in Abbildung 2.6 gezeigt, resultiert dies in zwei 1:n-Beziehungen: Die ID eines Lieferanten kann beliebig häufig in der *ProductVendor*-Tabelle erscheinen, je nachdem, wie viele Produkte der Lieferant liefert, und ebenso kann die ID eines Produkts mehrfach erscheinen in Abhängigkeit davon, wie viele Lieferanten dieses Produkt liefern. Die Tabelle der Lieferanten steht also mit der *ProductVendor*-Tabelle in einer 1:n-Beziehung

(ein Lieferant kann mehrere Produkte liefern), ebenso steht die Tabelle der Produkte in einer 1:n-Beziehung mit der *ProductVendor*-Tabelle, da ein Produkt von mehreren Lieferanten geliefert werden kann. Eine aufgelöste m:n-Beziehung resultiert also in zwei 1:n-Beziehungen, was erklärt, dass in einer korrekt entworfenen Datenbank fast ausschließlich 1:n-Beziehungen vorhanden sind.

2.3 Datenbankmanagementsystem

Bis hierhin war in dieser Einleitung immer entweder von der Datenbank, dem Datenbankserver oder dem Datenbanksystem die Rede. An dieser Stelle soll ein weiterer Begriff eingeführt werden: der des *Datenbankmanagementsystems* (abgekürzt *DBMS*) oder, bezogen auf relationale Datenbanken, der Begriff des *relationalen Datenbankmanagementsystems* (abgekürzt *RDBMS*). Hierzu soll erläutert werden, was die Eigenschaften, Komponenten und Hauptaufgaben eines Datenbankmanagementsystems sind.

Betrachten Sie dazu Abbildung 2.11, die schematisch die Komponenten und den Aufbau eines Datenbankservers zeigt und die Struktur eines Datenbankmanagementsystems verdeutlichen soll.

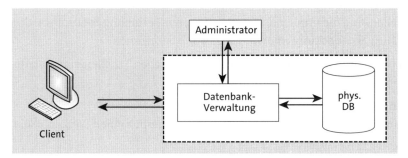

Abbildung 2.11 Aufbau eines Datenbankmanagementsystems

Die gezeigten Komponenten stehen nur symbolisch für einen bestimmten Sachverhalt und können beliebig erweitert (skaliert) werden. So können reale Anwendungen weitere Komponenten enthalten, auf die an dieser Stelle aber nicht eingegangen werden soll.

Die dargestellten Komponenten sind:

- **Der Client**
  Der Client repräsentiert eine Anwendung, die auf die Datenbank zugreift, indem sie z. B. eine Abfrage an die Datenbank stellt, was durch den auf das Datenbanksystem zeigenden Pfeil angedeutet ist. Die Abfrage resultiert in einer Antwort des Servers, symbolisiert durch den rückläufigen Pfeil. Die hier gezeigte Anordnung mit

nur einem Client ist natürlich nur als Beispiel gemeint und entspricht selten der Praxis. Heutige Datenbankserver können – in Abhängigkeit vom jeweils verwendeten Programm – bis zu mehrere Tausend Clients gleichzeitig unterstützen.

- **Die Datenbankverwaltung**

  Die Datenbankverwaltung repräsentiert das eigentliche Serverprogramm. Aus Sicht des Anwenders besteht die Hauptaufgabe des Servers darin, eine Abfrage – wie oben gezeigt – entgegenzunehmen, zu bearbeiten und ein Ergebnis zurückzuliefern. Diese auf den ersten Blick recht triviale Aufgabe bedeutet jedoch einen nicht unerheblichen internen Aufwand, wie an einigen Punkten deutlich werden soll:

  Bevor ein Benutzer eine Abfrage ausführen darf, muss das System überprüfen, ob er über die Berechtigung verfügt, die angeforderten Daten zu erhalten.

  Die Abfrage muss auf syntaktische Korrektheit hin überprüft werden, außerdem muss festgestellt werden, ob z. B. die angegebenen Tabellennamen innerhalb der Datenbank existieren.

  Außerdem arbeiten moderne Datenbanksysteme eine Abfrage nicht einfach stur ab, sondern legen eine Strategie fest, wie die Abfrage möglichst schnell ausgeführt werden kann.

  Neben der reinen Bearbeitung von Abfragen muss der Server zahlreiche interne Prozesse verarbeiten, die für die Funktion des Systems notwendig sind.

- **Der Administrator**

  Ein Administrator ist der Verwalter einer Datenbank bzw. des Datenbankservers. Typische Aufgaben eines Administrators sind die Vergabe von Benutzerrechten, die Durchführung von Sicherungen und so weiter. Aber auch viele andere Aufgaben – wie das Anlegen einer Tabelle – erfordern administrative Rechte. Im weiteren Verlauf dieses Abschnitts soll mit dem Begriff *Administrator* immer ein Benutzer mit allen zur Verfügung stehenden Berechtigungen gemeint sein.

- **Die (physische) Datenbank**

  Der in der Zeichnung dargestellte Zylinder wird normalerweise als Symbol für eine ganze Datenbankanwendung verwendet. Hier soll er nur für den physischen Speicherort der Datenbankdateien stehen. In der Praxis können aus Performancegründen verschiedene Datenbankdateien sogar auf verschiedene Datenträger verteilt sein.

Die gestrichelte Linie in Abbildung 2.11 soll die »äußere Grenze« des Datenbankmanagementsystems bezeichnen. Wie Sie erkennen können, ist dies auch die Grenze für den Client. Seine Abfrage wird an dieser Stelle an das System übergeben, und dieses liefert bei Erfolg ein Abfrageergebnis zurück. Der Administrator kann – durch die Pfeile angedeutet – tiefer in das System eingreifen, was für seine Aufgabe ja auch zwingend notwendig ist. Bei genauer Betrachtung wird Ihnen aber auffallen, dass weder der Client noch der Administrator direkten Zugriff auf die physischen Datenbankdateien hat. Zwar kann ein Administrator oder ein Benutzer – entsprechende Rechte vorausgesetzt – Datensätze aus der Datenbank löschen, hinzufügen oder verändern, aber er erhält niemals direkten Zugriff auf die Daten in den entsprechenden Dateien, sondern muss dem Datenbankmanagementsystem den Auftrag erteilen, die entsprechenden Modifikationen vorzunehmen.

Warum darf selbst ein Administrator, der ja über alle Rechte innerhalb des Systems verfügt, nicht direkt auf Daten zugreifen? Warum muss auch sein Zugriff über das Datenbankmanagementsystem erfolgen? Um diesen scheinbaren Widerspruch zu verstehen, muss man sich die wichtigste Aufgabe eines DBMS vor Augen halten:

> **Hinweis**
>
> Die Hauptaufgabe eines DBMS ist es, die Datenintegrität zu gewährleisten. Datenintegrität bedeutet die Zuverlässigkeit und Fehlerfreiheit von Daten in der Datenbank.

Gesetzt den Fall, ein Administrator hätte direkten Zugriff auf den physischen Datenspeicher und würde unter Umgehung des Datenbanksystems auf irgendeine Art und Weise eine größere Anzahl von Datensätzen verändern, was eine gewisse Zeit in Anspruch nimmt, und während dieses Vorgangs träte ein unvorhergesehenes Ereignis wie ein Hardwaredefekt oder eine Stromunterbrechung ein. Was wäre die Folge? Man wüsste nicht, ob der Vorgang vor der Störung abgeschlossen wurde oder – wenn dies nicht der Fall gewesen sein sollte – an welcher Stelle er abgebrochen wurde, also welche Datensätze bereits geändert wurden und welche nicht. Kurz gesagt, die Datenintegrität wäre nicht mehr sichergestellt, und es gäbe keine Möglichkeit (wenn keine Sicherung der Datenbank vor Beginn des Vorgangs durchgeführt wurde), die Datenbank wieder in einen definierten Zustand zu bringen – also z. B. in den Zustand vor Beginn der Operation. Im schlimmsten Fall wäre die Datenbank dadurch unbrauchbar geworden. Um dies zu vermeiden, verfolgen Datenbankmanagementsysteme relevante Änderungen an der Datenbank und speichern sie in einem *Protokoll* ab. Anhand solcher Protokolldateien können Sie durchgeführte Änderungen rückgängig machen und die Integrität der Daten wiederherstellen.

> **Hinweis**
>
> Datenbankmanagementsysteme ermöglichen durch Verwendung von Protokolldateien das Wiederherstellen von Daten.

Da eine solche Protokollierung auch für die von einem Benutzer mit administrativen Rechten vorgenommenen Änderungen durchgeführt werden muss, kann auch ein Administrator das Datenbankmanagementsystem nicht umgehen und daher nicht direkt auf die Datenbankdateien zugreifen.

2.4 Integritätsarten

Datenbankmanagementsysteme müssen die Möglichkeit bieten, Datensätze bei der Eingabe oder bei Änderungen auf ihre Gültigkeit hin zu überprüfen. Da sich diese Überprüfungen auf die Korrektheit der Daten beziehen, werden sie als *Integritätsarten* bezeichnet. Man unterscheidet zwischen drei festgelegten Integritätsarten (siehe Abbildung 2.12) und der benutzerdefinierten Integrität.

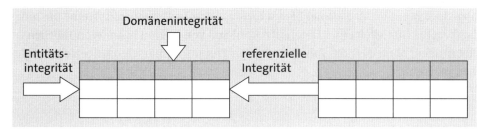

Abbildung 2.12 Die drei fundamentalen Integritätsarten

Entitätsintegrität

Die *Entitätsintegrität* bezieht sich auf die einzelnen Datensätze einer Tabelle. Die Forderung nach Entitätsintegrität ist dann erfüllt, wenn ein Datensatz eindeutig angesprochen werden kann. Bezogen auf ein Datenbanksystem heißt dies nichts anderes, als dass ein Datenbanksystem die Verwendung von Primärschlüsseln erlauben und die Eindeutigkeit der Schlüsselwerte sicherstellen muss.

Domänenintegrität

Die *Domänenintegrität* bezieht sich auf die Werte in einer Spalte. Als *Domäne* wird in der Datenbanktheorie die Menge der zulässigen Werte einer Spalte bezeichnet. Zur Sicherstellung der Domänenintegrität muss ein Datenbanksystem also die Möglichkeit bieten, Spaltenwerte auf ihre Gültigkeit hin zu überprüfen. So stellt ein Datenbanksystem grundsätzlich sicher, dass in eine numerische Spalte nur Zahlen eingetragen werden können. Diese können zusätzlich auf ihren Wertebereich hin überprüft werden. Ein anderes Beispiel ist die Überprüfung von alphanumerischen Werten auf ein bestimmtes Format.

Referenzielle Integrität

Die *referenzielle Integrität* bezieht sich auf die Verknüpfungen zwischen den Tabellen einer Datenbank. Zur Wahrung der referenziellen Integrität muss ein Datenbanksystem die Fehlerfreiheit der Fremd- und Primärschlüsselbeziehungen garantieren können. Ein Datenbanksystem muss also z. B. das Löschen eines Lieferanten in der *Vendor*-Tabelle verweigern, solange noch ein Eintrag in der *ProductVendor*-Tabelle als Fremdschlüssel auf diesen Lieferanten existiert. Dieser Fremdschlüsselwert würde sonst auf einen nicht mehr existierenden Primärschlüsselwert verweisen, also quasi ins Leere zeigen.

Benutzerdefinierte Integrität

Unter *benutzerdefinierte Integrität* fallen alle sonstigen in der Datenbank implementierten Regeln und Einschränkungen, die sich aus dem jeweiligen Einsatzzweck der Datenbank ergeben und nicht von den drei vorher besprochenen Integritätsarten abgedeckt werden. Als Beispiel hierzu bieten moderne Datenbanksysteme die Möglichkeit, die Gültigkeit eines Datensatzes anhand von Werten in anderen Tabellen zu überprüfen, ohne dass die Tabellen in einer Fremd-/Primärschlüsselbeziehung stehen müssen.

Kapitel 3
Logischer Datenbankentwurf

Ein Datenbankentwurf basiert in der Praxis hauptsächlich auf Erfahrung. Erfahrung beruht aber auch darauf, dass man die Grundlagen des Datenbankentwurfs, die Normalisierungsregeln, kennt. Diese stellen wir anhand eines Beispiels in diesem Kapitel Schritt für Schritt vor.

Bei der Entwicklung einer Datenbank kommt dem Datenbankentwurf eine besondere Bedeutung zu. Ein guter Datenbankentwurf sollte immer damit beginnen, die Vorgänge und Objekte, die später in der Datenbank abgebildet werden sollen, genau zu analysieren. Diese Analyse und Planung nimmt oft mehr Zeit in Anspruch als die physische Erstellung der Datenbank. Gerade bei komplexen Strukturen, die in eine Datenbank überführt werden sollen, sind diese Analyse und der daraus folgende Datenbankentwurf aber von immenser Wichtigkeit, da zum einen die spätere Leistung einer Datenbank zu einem nicht unerheblichen Teil von ihr abhängt und zum anderen nachträgliche Änderungen u. U. nur schwer vorzunehmen sind.

3.1 Grundlagen des Datenbankentwurfs

Das relationale Datenbankkonzept stellt für den logischen Datenbankentwurf eine Anzahl von Hilfsmitteln, die sogenannten *Normalisierungsregeln*, zur Verfügung. Das Ziel der Normalisierung ist es, Redundanz aus der Datenbank zu entfernen und einen Datenbankentwurf zu erhalten, der fast ausschließlich aus 1:n-Beziehungen besteht. Die Normalisierungsregeln basieren, wie das gesamte Modell der relationalen Datenbanken, auf einer mathematischen Grundlage. Und obwohl dies so ist, gibt es keinen Algorithmus, der es ermöglicht, *die* beste Lösung eines Datenbankentwurfs für eine bestimmte Anwendung zu erstellen. Selbst die Anwendung der Normalisierungsregeln ist nur *ein* Hilfsmittel, schwerwiegende Fehler im Datenbankentwurf aufzudecken; sie sind sozusagen die Basis eines korrekten Datenbankentwurfs. Daneben sind etliche andere Faktoren zu berücksichtigen. Ein Datenbankentwurf stellt in der Praxis daher auch immer ein Abwägen von Ressourcen dar mit dem Ziel, die Leistung eines Datenbanksystems zu optimieren.

Zur Normalisierung eines Datenbankentwurfs werden in der Regel die ersten drei Normalisierungsregeln angewandt. Es existieren zwar weitere Normalisierungsregeln, aber im Allgemeinen gilt ein Entwurf dann als normalisiert, wenn die Tabellen in der dritten Normalform vorliegen, also die ersten drei Normalisierungsregeln erfüllen. Die Normalisierungsregeln bauen aufeinander auf, d. h., eine Tabelle, die in der zweiten Normalform vorliegt, entspricht der ersten Normalisierungsregel, und eine Tabelle in der dritten Normalform entspricht der ersten und der zweiten Normalisierungsregel.

In den folgenden Abschnitten erläutern wir die Normalisierungsregeln und Normalformen und setzen sie anhand eines Beispiels um. Sie werden dabei erkennen, dass allein durch die formale Anwendung dieser Regeln ein funktioneller Datenbankentwurf zu erreichen ist und dass er zur Verwendung innerhalb einer relationalen Datenbank notwendig ist.

3.2 Normalisierungsregeln (Normalformen)

Um die Anwendung der Normalisierungsregeln zu verdeutlichen, gehen wir von einem Datenbankentwurf aus, der sich an einer in früheren Versionen von SQL Server verwendeten Beispieldatenbank – der Beispieldatenbank *pubs* – orientiert. Diese Datenbank diente dazu, einen Buchverlag abzubilden. Unter anderem waren daher in dieser Datenbank Informationen zu den Autoren und den von ihnen geschriebenen Büchern abgespeichert. Der zunächst vorliegende Entwurf der Datenbank soll den Zusammenhang von Autoren und Büchern abbilden und zunächst nur aus einer Tabelle bestehen, deren Spaltenüberschriften in Abbildung 3.1 wiedergegeben sind. Farblich hervorgehobene Felder in dieser und den folgenden Abbildungen kennzeichnen den Primärschlüssel einer Tabelle.

ID	Name	KontoNr	BLZ	Bank	ISBN1	Titel1	Preis1	Anteil1	ISBN2	Titel2	Preis2	Anteil2

Abbildung 3.1 Erster Entwurf

Die in diesem Entwurf dargestellten Spalten stellen natürlich nur einen Auszug aus den Informationen dar, die in solch einem Fall tatsächlich abzuspeichern sind, und haben die folgende Bedeutung:

- *ID*
  eindeutige ID für jeden Autor
- *Name*
  Vor- und Nachname des Autors
- *KontoNr*
  Kontonummer des Autors
- *BLZ*
  Bankleitzahl der Bank, bei der das Konto des Autors geführt wird

- *Bank*
  Name der Bank, bei der das Konto des Autors geführt wird
- *ISBN1, ISBN2*
  ISBN-Nummern der Bücher, an denen der Autor mitgewirkt hat
- *Preis1, Preis2*
  Preise der Bücher, an denen der Autor mitgewirkt hat
- *Anteil1, Anteil2*
  Beteiligung des Autors an den Verkäufen eines Buches in Prozent. Diese Information soll dazu verwendet werden, den Verkaufserlös eines Buches auf mehrere Autoren, die an einem Buch geschrieben haben (z. B. anhand der jeweils geschriebenen Seitenanzahlen), aufzuteilen.

In diesem Beispiel würde also für jeden Autor, den der Verlag beschäftigt, ein Datensatz angelegt, in dem jeweils Informationen zu dem Autor selbst und den Büchern abgespeichert werden, die er selbst oder zusammen mit anderen Autoren geschrieben hat. Die von eins bis zwei durchnummerierten Spalten im rechten Teil der Tabelle sollen dadurch begründet sein, dass jeder Autor des Verlags bisher maximal zwei Bücher geschrieben hat.

Auch ohne Kenntnis der Normalisierungsregeln ist unmittelbar zu erkennen, dass dieser Entwurf für den praktischen Einsatz absolut ungeeignet ist. Zum einen fällt sofort die Problematik auf, die eintritt, wenn ein Autor ein drittes Buch schreibt. Dies würde entweder einen neuen Datensatz mit (redundanten) Autoreninformationen erfordern, oder die Tabelle müsste um zusätzliche Spalten erweitert werden. Diese zusätzlichen Spalten wären jedoch den bisher schon geschriebenen und bereits verwendeten Anwendungen, mit denen auf die Datenbank zugegriffen wird, nicht bekannt, also müssten die Anwendungsprogramme auch entsprechend modifiziert, verteilt und auf den Clientrechnern installiert werden. Zum anderen enthielte dieser Entwurf zwangsläufig redundante Informationen bezüglich der Bücher: Jedes Mal, wenn ein Buch mehrere Autoren aufweist, müssten alle Informationen zu diesem Buch bei jedem Autor erneut hinterlegt werden.

Auch wenn wir dieses Beispiel umkehren, für jedes Buch einen Datensatz anlegen und die Informationen zu den Autoren in diesem Datensatz speichern würden, ergäben sich entsprechende Probleme.

3.2.1 Erste Normalform

Eine Tabelle erfüllt die erste Normalform, wenn folgende Forderung erfüllt ist:

> **Hinweis**
> Jeder Attributwert muss atomar (elementar) sein.

Die Forderung nach atomaren und elementaren Attributen – also den Eigenschaften von Datensätzen – sind wohl am einfachsten wie folgt zu erklären:

Atomar

Atomar im ursprünglichen Sinn bedeutet »unteilbar«. In genau diesem Sinn wird dieser Begriff im Kontext von Datenbanken verwendet. Einträge in Spalten einer Tabelle gelten dann als atomar, wenn sie sich nicht mehr in kleinere Informationseinheiten aufspalten lassen. Der vorliegende Entwurf entspricht dieser Forderung in mindestens einem Punkt nicht: Der Vor- und der Nachname eines Autors werden zusammen in der Spalte *Name* abgespeichert. Der Nachname eines Autors stellt aber eine völlig andere Information als der Vorname dar, also müssten diese beiden Informationen getrennt gespeichert werden, wie es in Abbildung 3.2 gezeigt ist.

ID	Vorname	Nachname	KontoNr	BLZ	Bank	ISBN1	Titel1	Preis1	Anteil1	ISBN2	Titel2	Preis2	Anteil2

Abbildung 3.2 Aufteilung des Autorennamens in Vor- und Nachname

Warum ist die Aufteilung des Namens in Vor- und Nachname und eine getrennte Speicherung dieser beiden Angaben sinnvoll? Ganz generell deswegen, weil es sich um zwei verschiedene Informationsarten handelt: Ein Vorname stellt eine andere Information als ein Nachname dar. Speziell in Bezug auf eine relationale Datenbank gibt es aber einen weitaus wichtigeren Grund: Nur durch eine getrennte Speicherung kann gezielt auf die einzelnen Informationen zugegriffen werden. Würde der Name eines Autors komplett in einer Spalte abgespeichert, müsste bei jeder Abfrage, die Autoren anhand des Nachnamens auswählen soll, entschieden werden, ob es sich bei einem Bestandteil des Namens um den Vor- oder um den Nachnamen handelt. Abgesehen davon, dass es nahezu unmöglich ist, eine entsprechende Funktion zu entwickeln, die einen Vor- von einem Nachnamen sicher unterscheiden kann, würde der Aufruf dieser Funktion innerhalb einer solchen Abfrage diese sicherlich verlangsamen, da diese Funktion auf jeden Datensatz angewandt werden müsste. Sind Vor- und Nachname getrennt gespeichert, liegen die Informationen in reiner Form vor. Eine Abfrage, die Datensätze anhand des Nachnamens auswählt, kann die Spaltenwerte direkt mit einem einfachen Vergleich auswerten.

Gegen die Forderung der ersten Normalisierungsregel nach Atomarität wird in der Praxis häufig verstoßen, und das zum Teil aus gutem Grund: In einer Tabelle, in der Kundendaten gespeichert werden, ist in der Regel eine Spalte enthalten, in der die Adresse eines Kunden erfasst wird. In dieser Spalte werden der Straßenname und die Hausnummer abgespeichert. Diese Information ist also streng genommen nicht atomar, sie ließe sich in *Strasse* und *Hausnummer* und daher in zwei Spalten aufteilen. Wäre diese Vorgehensweise aber sinnvoll? Für ein Versandhaus sicher nicht, denn dort wird die Adresse nur zu dem einen Zweck verwendet, eine Adresse für die Bestellung zu drucken. In der Datenbank eines Einwohnermeldeamts kann es dagegen durchaus sinnvoll sein, die Information von Straßenname und Hausnummer getrennt zu speichern.

An diesem Umstand erkennen Sie schon, dass die Normalisierungsregeln eine Art Leitfaden darstellen. Die Implementierung von Tabellen in einer Datenbank darf sich aber nicht allein auf diese Regeln stützen, sondern muss den Ansprüchen der jeweiligen Datenbank angepasst werden!

Elementar

Die Forderung nach elementaren Attributen lässt sich am besten dadurch beschreiben, dass in Tabellen keine Aufzählungen von Attributwerten erlaubt sind. Sollte ein Autor z. B. mehrere Bankverbindungen besitzen, wäre es nicht zulässig, die Daten der Bankverbindungen z. B. durch Kommas getrennt in den entsprechenden Spalten einzutragen. Diese Vorgehensweise würde ja außerdem bereits die Forderung nach Atomarität verletzen. Wenn es sich um Einträge innerhalb einer Spalte handelt, wird die Forderung nach elementaren Attributwerten in vielen Fällen bereits durch das Datenbanksystem selbst erfüllt, da z. B. in einer Spalte, die einen numerischen Datentyp besitzt, nicht mehrere Zahlen in ein Feld eingegeben werden können.

Eine Liste von Attributwerten kann aber auch in einem weiteren Fall vorliegen, nämlich dann, wenn Spalten gleichen Inhalts mehrfach in einer Tabelle existieren, sich Spalten also – wie in Abbildung 3.2 anhand der Buchinformationen dargestellt – durchnummerieren lassen. Auch in solchen Fällen existiert ja eine Aufzählung von Attributwerten, auch wenn diese in verschiedenen Spalten abgespeichert werden. Aus der Forderung nach elementaren Attributwerten lässt sich also auch die Forderung ableiten, dass sich in einer Tabelle Spalten gleichen Inhalts nicht wiederholen dürfen. Um auch die zweite Forderung der ersten Normalform zu erfüllen, müssen also doppelt vorhandene Spalten entfernt werden. Abbildung 3.3 zeigt den entsprechend abgeänderten Entwurf, der als weitere Änderung nun über einen kombinierten Primärschlüssel aus der Autoren-ID und der ISBN-Nummer verfügt. Dies ist notwendig, da durch das Entfernen der doppelt vorhandenen Spalten nun jede Zuordnung eines Buches zu einem Autor in einem eigenen Datensatz erfolgen muss. Schreibt ein Autor mehrere Bücher, müssten entsprechend mehrere Datensätze mit der gleichen Autoren-ID eingefügt werden, was unter Beibehaltung des bisher verwendeten Primärschlüssels nicht möglich wäre.

ID	Vorname	Nachname	KontoNr	BLZ	Bank	ISBN	Titel	Preis	Anteil

Abbildung 3.3 Entwurf nach dem Entfernen doppelt vorhandener Spalten

Warum es notwendig ist, mehrfach vorhandene Spalten gleichen Inhalts zu vermeiden, haben wir schon bei der Vorstellung des ersten Entwurfs besprochen: Diese

Speicherung verschwendet zum einen Speicherplatz, da für einen Autor mit nur einem Buch trotzdem ein kompletter Datensatz für zwei Bücher angelegt wird, außerdem ist der Entwurf zu unflexibel: Autoren mit drei Büchern können nicht erfasst werden, ohne die Tabellenstruktur zu ändern.

Leider wird auch gegen diesen Aspekt der ersten Normalform in der Praxis häufig verstoßen. Allzu häufig sind in Tabellen Spaltenüberschriften wie *Adresse1* und *Adresse2* oder *Tel_privat* und *Tel_geschäftlich* zu finden. Alle diese Aufzählungen machen eine Datenbank unflexibel! Vielen Datenbankentwürfen sieht man an, dass dem Entwickler klar war, dass solche Aufzählungen problematisch sein können. Typischerweise findet man in solchen Entwürfen dann eine Spalte mit der Bezeichnung *Bemerkungen* vor, in die dann eben die Rufnummer des dienstlich verwendeten Handys abgespeichert wird, da die geschäftliche Rufnummer schon durch den Festnetzanschluss belegt ist und man an das Aufkommen von Handys bei der Entwicklung der Datenbank vor mehreren Jahren noch nicht gedacht hatte. In dieser Spalte *Bemerkungen* sind Informationen für eine Datenbank natürlich mehr oder weniger verloren, da sie auf keinen Fall in strukturierter Form vorliegen.

3.2.2 Zweite Normalform

Einen Fortschritt gegenüber dem ursprünglichen Entwurf erkennen Sie an dem in der ersten Normalform vorliegenden Entwurf, wie er in Abbildung 3.3 abgebildet ist: Die Beschränkung, dass ein Autor maximal zwei Bücher schreiben kann, wurde aufgehoben. Zu einem Autor können nun beliebig viele Bücher erfasst werden. Die Wahl des Primärschlüssels stellt zudem sicher, dass eine bestimmte Kombination von Autor und Buch nur einmal in die Tabelle eingetragen werden kann. Bei näherer Betrachtung fällt allerdings auf, dass dieser Entwurf bei Weitem nicht optimal ist. Wenn eine Kombination eines Autors und eines Buches eingetragen wird, muss dies – wie im letzten Abschnitt bereits erwähnt wurde – durch das Hinzufügen eines neuen Datensatzes in der Tabelle erfolgen. Da jeder Datensatz in diesem Entwurf die kompletten Autoreninformationen enthält, hieße dies, dass ab dem zweiten Buch eines Autors in jedem Datensatz ein kompletter Satz redundanter Daten des Autors enthalten wäre. Das Ziel der zweiten Normalisierungsregel ist, solche Redundanzen aus Tabellen zu entfernen. Sie enthält daher die folgende Forderung:

> **Hinweis**
>
> Alle Spalten, die nicht zum eindeutigen Schlüssel einer Tabelle gehören, müssen von dem gesamten Schlüssel abhängig sein.

Betrachten Sie dazu noch einmal Abbildung 3.3. Der Vor- und der Nachname wie auch die Angaben der Bankverbindung eines Autors sind sicherlich nur von einem

Teil des Primärschlüssels abhängig, nämlich der Autoren-ID. Ähnlich verhält es sich mit dem Titel und dem Preis. Diese Angaben stehen nur mit dem zweiten Teil des Primärschlüssels in Beziehung, der ISBN-Nummer.

Diese Angaben müssen also aus der bisherigen Tabelle des Entwurfs herausgenommen und in anderen Tabellen implementiert werden. Zwar wird die oben angegebene Forderung der zweiten Normalisierungsregel primär auf Tabellen angewandt, die über einen kombinierten Primärschlüssel verfügen, generell sollte aber für jede Tabelle innerhalb einer Datenbank gelten, dass in ihr nur solche Informationen abgespeichert werden, die mit dem Primärschlüssel der Tabelle in Beziehung stehen. Die Informationen, die die Autoren betreffen, müssten also in einer Tabelle (Primärschlüssel: *ID*), die Informationen zu den Büchern in einer weiteren Tabelle (Primärschlüssel: *ISBN*) abgelegt werden. Als einzige Information, die sowohl von der Autoren-ID als auch von dem jeweiligen Buch – also der ISBN-Nummer – abhängt, bleibt die Spalte mit der Angabe des Anteils eines Autors in der ursprünglichen Tabelle übrig, nur sie hängt sowohl von dem jeweiligen Autor als auch von dem jeweiligen Buch ab. Abbildung 3.4 zeigt den bisherigen Entwurf in der zweiten Normalform mit den durch Pfeile angedeuteten Fremdschlüsseln zwischen den Tabellen.

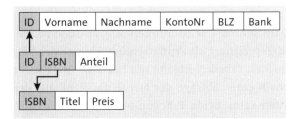

Abbildung 3.4 Entwurf in der zweiten Normalform

3.2.3 Dritte Normalform

Die Anwendung der zweiten Normalisierungsregel hat die Redundanz der Autorendatensätze eliminiert. Ein Autor wird nun *einmal* in der Autorentabelle gespeichert, genauso wie die Informationen zu einem Buch nur *einmal* in der Buchtabelle abgespeichert werden. Trotzdem ermöglicht der Entwurf immer noch, dass redundante Informationen gespeichert werden. Dies wäre immer dann der Fall, wenn zwei oder mehrere Autoren ihr Konto bei derselben Bank führen würden. In diesem Fall würde jedes Mal die Information, dass eine bestimmte Bank eine bestimmte Bankleitzahl besitzt, abgespeichert. Da eine Bank eindeutig anhand ihrer Bankleitzahl zu identifizieren ist, würde die mehrfache Speicherung von Bankleitzahlen und den entsprechenden Namen von Kreditinstituten wiederum redundante Informationen darstellen. Um auch solche Redundanzen aus einer Tabelle zu beseitigen, fordert die dritte Normalisierungsregel daher:

> **Hinweis**
>
> Alle Spalten einer Tabelle müssen vom Primärschlüssel der Tabelle und nicht bereits von anderen Spalten abhängig sein.

Solche inneren Abhängigkeiten, wie sie zwischen der Bankleitzahl und dem Namen der Bank bestehen, müssen also durch eine weitere Tabelle aufgelöst werden, wie Abbildung 3.5 zeigt.

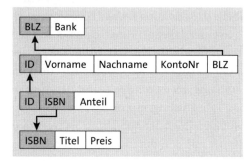

Abbildung 3.5 Entwurf in der dritten Normalform

In der neuen Tabelle wird für jede Bank einmal der Zusammenhang zwischen Bankleitzahl und dem Namen der Bank abgespeichert, als Primärschlüssel bietet sich hier die Bankleitzahl an. In der ursprünglichen Tabelle verbleibt nur noch die Angabe der Bankleitzahl, da durch diese innerhalb einer Abfrage der Name der Bank aus der zusätzlichen Tabelle ermitteln werden kann. Beide Tabellen werden durch den in Abbildung 3.5 dargestellten Fremdschlüssel verknüpft.

Wie im vorherigen Kapitel bereits erwähnt, müssen Sie bei einer Onlineüberweisung lediglich die Bankleitzahl des Empfängerkontos eingeben, der Name der Bank wird in der Regel automatisch in das Formular eingesetzt. Auch in diesem Fall existiert in der Datenbank des Kreditinstituts eine Tabelle, die alle Banken mit Bankleitzahl und Namen enthält und auf die in diesem Zusammenhang zugegriffen wird.

Mit der Auflösung der inneren Abhängigkeit liegt der Entwurf nun in der dritten Normalform vor. Neben der Vermeidung von Redundanz in allen vier Tabellen besitzt der Entwurf nach der Normalisierung den Vorteil, dass nun alle erdenklichen Situationen erfasst werden können: Hat ein Autor noch kein Buch verlegt, so erscheint sein Datensatz zwar in der Autorentabelle, aber es existiert kein ihn betreffender Eintrag in der Verknüpfungstabelle; hat ein Autor mehrere Bücher geschrieben, existieren entsprechend viele ihn betreffende Einträge in der Verknüpfungstabelle. Wesentlich dabei ist, dass, egal wie viele Bücher ein Autor geschrieben hat, niemals eine Änderung an den Tabellenstrukturen vorgenommen werden muss! Ein neues Buch von vier neuen Autoren bedeutet lediglich einen neuen Datensatz in der Buchtabelle, vier neue Datensätze in der Autorentabelle, vier neue Datensätze in der Verknüpfungstabelle und vielleicht noch neue Einträge in der Tabelle, in der die Banknamen und Bankleitzahlen erfasst sind, falls die entsprechenden Einträge zu den Banken der Autoren noch nicht existieren.

3.3 Normalisierung in der Praxis

Das in diesem Kapitel behandelte Beispiel sollte zeigen, dass ein erster, bei Weitem nicht perfekter Entwurf allein durch die Anwendung der Normalisierungsregeln in einen verwendbaren, der Theorie der relationalen Datenbanken entsprechenden Entwurf überführt werden kann. Wie aber schon an verschiedenen Stellen erwähnt, wäre es völlig falsch, die Normalisierungsregeln in der Praxis als absolute Gesetze anzusehen. Eine Datenbank, in der z. B. die Hausnummer getrennt vom Straßennamen abgespeichert wird, verursacht bei der späteren Ausgabe von Datensätzen zum Druck von Adressen mehr Umstände, als notwendig sind.

Mit wachsender Erfahrung im Entwurf von relationalen Datenbanken werden die Normalisierungsregeln kaum noch Schritt für Schritt nacheinander anwendet, wie es in diesem Kapitel bisher beschrieben worden ist. Wem die Quintessenz der Normalisierungsregeln deutlich geworden ist, der wird einen Datenbankentwurf eher intuitiv durchführen, die Normalisierungsregeln selbst werden dann häufig nur noch in Zweifelsfällen angewendet.

Die typische Vorgehensweise bei einem Datenbankentwurf lässt sich durch die folgenden Punkte beschreiben:

Analyse der zu erfassenden Informationen

Grundlage eines jeden Datenbankentwurfs ist die Analyse, welche Informationen später in der Datenbank erfasst werden sollen. Um bei dem bisherigen Beispiel zu bleiben: Hier sollte direkt am Anfang der Analyse feststehen, dass *mindestens* zwei Tabellen benötigt werden, eine zur Aufnahme der Autorendaten und eine zweite zur Aufnahme der Buchdaten.

Analyse der Beziehungen zwischen den Objekten

Die Analyse der vorliegenden Beziehungen zwischen den zu erfassenden Objekten, deren korrekte Bestimmung und die anschließende Umsetzung in die entsprechenden Tabellenstrukturen ist wohl der wesentlichste Punkt im Zuge der Datenbankentwicklung. Die korrekte Analyse und Umsetzung der vorliegenden Beziehungen allein garantieren noch nicht, dass quasi automatisch ein guter Datenbankentwurf entsteht; gerade bei komplexen Entwürfen können im Entwurfsstadium beispielsweise noch viele sachliche Unstimmigkeiten enthalten sein, weswegen der Entwurf möglicherweise nur bedingt geeignet ist, die realen Vorgänge abzubilden. Auch wenn die korrekte Analyse von Beziehungen keine Garantie für einen guten Datenbankentwurf liefert, so gilt doch ganz bestimmt die Umkehrung: Wenn an dieser zentralen Stelle Fehler begangen werden, führt dies mit ziemlicher Sicherheit dazu, dass der Entwurf früher oder später in der Praxis Schwierigkeiten verursachen wird – sei es, weil er zu unflexibel ist oder weil er so viele Redundanzen aufweist, dass der Server einen Teil der Prozessorzeit damit zubringt, diese Redundanzen zu verwalten.

Die Implementierung der in Kapitel 2, »Datenbankgrundlagen«, bereits besprochenen Beziehungsarten soll anschließend noch einmal verdeutlicht werden:

▶ **1:1-Beziehung**
Eine 1:1-Beziehung besteht äußerst selten und kommt meist nachträglich durch das Aufteilen einer Tabelle in zwei Tabellen zustande. Beide Tabellen verfügen dann über einen identischen Primärschlüssel, der sicherstellt, dass zu einem Datensatz in der einen Tabelle nur maximal ein anderer Datensatz in der anderen Tabelle existieren kann. In einem Datenbankdiagramm von SQL Server erkennen Sie eine 1:1-Beziehung daran, dass an beiden Enden der Verbindungslinie zwischen zwei Tabellen ein Schlüsselsymbol dargestellt wird. Für den grundlegenden Datenbankentwurf ist die Beziehungsart ansonsten von geringer Bedeutung; sie spielt häufig erst bei der Optimierung von Datenbanken eine Rolle.

▶ **1:n-Beziehung**
Die 1:n-Beziehung stellt die typische Beziehungsart in relationalen Datenbanken dar. Sie erfordert grundsätzlich zwei Tabellen: eine, in der die einmal abzuspeichernden Informationen abgelegt werden – z. B. die Autoren –, und eine zweite Tabelle, in der mehrfach auf die Werte der ersten Tabelle Bezug genommen werden kann. In unserem Beispiel wäre das also die Tabelle, in der die Beziehung zwischen den Autoren und den Büchern hergestellt wird: Ein Autor (1 Eintrag in der Autorentabelle) kann viele Bücher (n Einträge in der Verknüpfungstabelle) geschrieben haben. Beide Tabellen werden durch einen Fremdschlüssel verbunden, der sicherstellt, dass nur die IDs von Autoren in der zweiten Tabelle eingetragen werden können, die in der Autorentabelle existieren.

▶ **m:n-Beziehung**
Die m:n-Beziehung nimmt einen Sonderfall im Datenbankentwurf ein. Zum einen liegt sie in realen Vorgängen häufig vor, zum anderen gilt, dass eine m:n-Beziehung niemals unverändert in einen Datenbankentwurf übernommen werden darf:

> **Hinweis**
> Eine m:n-Beziehung muss in drei Tabellen aufgelöst werden!

Die Nichtbeachtung dieser Regel ist einer der häufigsten Gründe, warum ein Entwurf später nicht den praktischen Anforderungen entspricht. Bei der Analyse des Zusammenhangs zwischen Autoren und Büchern kann der folgende Satz gebildet werden: Ein Autor kann mehrere Bücher schreiben, ein Buch kann von mehreren Autoren geschrieben worden sein. Immer wenn solch ein Satz gebildet werden kann, liegt eine m:n-Beziehung vor, die im Datenbankentwurf in drei Tabellen aufgelöst werden muss, und im Beispiel in:

- eine Tabelle, in der die Autorendaten erfasst werden
- eine Tabelle, in der die Buchdaten abgespeichert werden
- eine Tabelle, die den Zusammenhang zwischen beiden herstellt und aus der mit Fremdschlüsseln auf die anderen beiden Tabellen verwiesen wird

Die Auflösung einer m:n-Beziehung resultiert also in zwei 1:n-Beziehungen. Die Beachtung dieser Regel – die ja eigentlich der Forderung der zweiten Normalform entspricht – ist eine wesentliche Voraussetzung für einen gelungenen Datenbankentwurf. Leider wird auch diese Regel häufig verletzt, worauf wir am Ende dieses Abschnitts noch eingehen.

▶ **Überprüfung auf redundante Daten**
Abschließend sollte überprüft werden, ob der Entwurf noch redundante Daten enthält, wie es bei der Bankleitzahl und den Banknamen der Fall wäre. Die einfachste Möglichkeit, solche redundanten Informationen zu identifizieren, besteht darin, sich die spätere Eingabe von Datensätzen zu vergegenwärtigen. Spätestens wenn ein Anwender der Datenbank zum wiederholten Male die Bankleitzahl und den Namen der jeweiligen Bank angeben muss, wird er sich fragen, warum die Datenbank diese Information nicht schon kennt und die Anwendung sie nicht zur Auswahl anbietet, er hat sie ja schließlich schon etliche Male eingegeben. In diesem Fall sollte also dem Datenbankentwurf, wie im Zusammenhang mit der dritten Normalform bereits besprochen, eine weitere Tabelle hinzugefügt werden, in der der Zusammenhang zwischen Bankleitzahl und Bankname erfasst wird.

Unter der Voraussetzung, dass in einer Datenbank unterschiedliche Informationen nicht innerhalb eines Feldes abgespeichert werden und damit gegen die Forderung der Atomarität verstoßen wird, bietet der besprochene Umgang mit den verschiedenen Beziehungsarten einen praktischen Ansatz, einen Datenbankentwurf ohne explizite Anwendung der Normalisierungsregeln in einer normalisierten Form zu erstellen, was weitaus mehr dem praktischen Entwurf entspricht, als die Normalisierungsregeln Schritt für Schritt anzuwenden.

Während des Datenbankentwurfs ist es außerdem hilfreich, sich den Umstand vor Augen zu halten, dass, auch wenn die Ist-Analyse und damit der Datenbankentwurf die Wirklichkeit genau abbilden, sich im Laufe der Zeit Änderungen ergeben können und höchstwahrscheinlich werden. Kaum eine Datenbank behält über ihre ganze Betriebsdauer die Struktur bei, die sie zum Zeitpunkt der Installation hatte. Der Gedanke, dass man eine Datenbank mit möglichst wenig Aufwand an geänderte Rahmenbedingungen anpassen können sollte, kann ebenfalls eine Hilfe während des

Entwurfs darstellen und dazu beitragen, spätere Probleme zu vermeiden. Generell sollte bei einem Datenbankentwurf der Gedanke vermieden werden, dass ein bestimmter Umstand sicher nicht eintreten wird. Dies gilt insbesondere bei der Wahl von Primärschlüsselspalten und bei nicht aufgelösten m:n-Beziehungen, um eine zusätzliche Spalte zu sparen. Überlegungen wie »Es ist absolut unwahrscheinlich, dass ein Benutzer dasselbe Buch zweimal ausleiht; als Primärschlüssel kann also die Kombination von Benutzer-ID und Inventarnummer verwendet werden« oder »Es ist noch nie vorgekommen, dass ein Projekt mehr als zwei Projektleiter hatte, der Projektdatensatz bekommt also die Spalten *Leiter_1* und *Leiter_2*« sollten in Verbindung mit einem Datenbankentwurf absolut tabu sein! Irgendwann tritt der doch so unwahrscheinliche Umstand ein, und dann muss die Datenbank mit vielleicht schon Tausenden Datensätzen umstrukturiert werden, und es müssen etwaige Anwendungen angepasst werden. Wenn es sich um eine im Betrieb befindliche Datenbank handelt, müssen diese Änderungen möglichst schnell umgesetzt werden. Spätestens an diesem Punkt wird die Einsparung der zusätzlichen Tabelle oder die sparsame Verwendung von Primärschlüsselspalten Sie teuer zu stehen kommen.

3.4 Denormalisierung

Die Überführung des ursprünglichen Entwurfs (siehe Abbildung 3.1) in die dritte Normalform (siehe Abbildung 3.5) resultiert in einer Anzahl zusätzlicher Tabellen: Der ursprünglich aus einer Tabelle bestehende Entwurf wurde im Zuge der Normalisierung so geändert, dass er nun vier Tabellen enthält. Die Zunahme der Tabellenanzahl ist ein typisches Merkmal, das mit der Normalisierung eines Entwurfs einhergeht. Oftmals kann man aus dem Datenbankdiagramm einer Datenbank erkennen, ob es sich um eine wenig oder stark normalisierte Datenbank handelt: Eine sehr stark normalisierte Datenbank zeichnet sich durch eine große Anzahl schmaler – also wenige Spalten umfassender – Tabellen aus, eine wenig normalisierte Datenbank weist dagegen eine kleine Anzahl breiter – also viele Spalten umfassender – Tabellen auf.

Ein Datenbankentwurf sollte in der Regel in die dritte Normalform überführt werden. Aber aus der durch die Normalisierung verursachten Zunahme der Tabellenanzahl können sich neue Probleme ergeben, was die Leistung der Datenbank – zumindest bei Abfragen – angeht. Für den Datenbankserver selbst wäre eine Abfrage, die alle Informationen zu einem Autor und den von ihm geschriebenen Büchern ausgeben muss, anhand des ersten Entwurfs unter Verwendung nur einer Tabelle sehr viel einfacher zu bearbeiten als in dem normalisierten Entwurf. Es müsste nur *ein* Datensatz aus *einer* Tabelle abgerufen werden, der alle benötigten Informationen enthält. Im normalisierten Entwurf muss zunächst der Autorendatensatz gefunden und der Name der Bank aus der entsprechenden Tabelle ermittelt werden, dann muss in der Verknüpfungstabelle nachgeschlagen werden, welche Bücher dieser

Autor geschrieben hat, um danach die entsprechenden Informationen aus der Buchtabelle zu ermitteln. Es ist offensichtlich, dass eine solche Abfrage (die sich über vier Tabellen erstreckt und in der Fremd-/Primärschlüsselbeziehungen auszuwerten sind und daher komplexe Verknüpfungen Anwendung finden) für den Datenbankserver eine weitaus höhere Belastung darstellt als der Zugriff auf eine einzelne Tabelle. Die Vorteile (wie Redundanzfreiheit), die die Normalisierung mit sich bringt, werden also mit einem Nachteil erkauft, der sich in der Zunahme der Tabellenanzahl, einer höheren Komplexität der Abfragen und damit längeren Antwortzeiten von Abfragen bemerkbar macht.

Wenn bei der Entwicklung einer Datenbank deutlich wird, dass sich durch die Normalisierung die Antwortzeiten von Abfragen über ein erträgliches Maß hinaus verlängern, können Sie dazu übergehen, den Entwurf zu denormalisieren. Unter dem Begriff der *Denormalisierung* versteht man den bewussten Verstoß gegen die Normalisierungsregeln. Praktisch heißt dies, dass innerhalb einer Tabelle oder an verschiedenen Stellen der Datenbank redundante Informationen begrenzt zugelassen werden, um die Abfragegeschwindigkeit zu verbessern. Wichtig ist in diesem Fall natürlich die Wahrung der Datenkonsistenz: Ist eine Information in einer Datenbank mehrfach vorhanden, muss sichergestellt sein, dass eine Änderung der Information an einer Stelle an allen anderen Vorkommen dieser Information ebenfalls vorgenommen wird. Datenbanksysteme stellen heutzutage entsprechende Mechanismen zur Verfügung, trotzdem sollten Sie eine Denormalisierung mit Bedacht durchführen.

Allgemein gilt die Regel, dass bei einer geringen Anzahl von Abfragen über mehr als vier Tabellen noch keine Denormalisierung erforderlich ist. Aber diese Aussage stellt nur einen Richtwert dar, der stark von der jeweiligen Datenbank, der verwendeten Hardware und der allgemeinen Anzahl von Abfragen abhängt.

3.5 Entity-Relationship-Diagramme

Neben den bereits bekannten Datenbankdiagrammen, in denen die Tabellen einer Datenbank – also die tatsächliche Implementierung innerhalb einer Datenbank – detailliert mit Spaltennamen und Beziehungen untereinander angezeigt werden können, findet gelegentlich noch eine weitere Diagrammart Verwendung: das *Entity-Relationship-Diagramm* (ER-Diagramm). Es wird vornehmlich beim Entwurf komplexer Datenbankprojekte genutzt. Überschaubare Datenbankprojekte erlauben es häufig, den Datenbankentwurf direkt mit den zu verwendenden Tabellen, Spalten und Beziehungen zwischen den Tabellen relativ schnell in einer bereits sehr detaillierten Form zu skizzieren. Im Fall von umfangreichen Datenbankprojekten ist ein schneller Entwurf kaum möglich; hier muss zunächst einmal ganz allgemein erfasst werden, welche Objekte (Entities) erfasst werden sollen und wie diese mit anderen Objekten zusammenhängen (Relationship). Entity-Relationship-Diagramme dienen also nicht dazu, die spätere physische Implementierung innerhalb der Datenbank abzubilden, sondern sie stellen die existierenden Beziehungen zwischen Objekten abstrakt dar.

Sollen z. B. die Arbeitsabläufe innerhalb einer Firma erfasst werden, um sie in Zukunft in einer Datenbank abzubilden, wären typische Vorgänge, die in einem Entity-Relationship-Diagramm erfasst würden, dass ein Mitarbeiter Aufträge entgegennimmt, dass ein Auftrag aus mehreren Posten bestehen kann und dass ein Auftrag zum Versand von Artikeln und zu einer Rechnungsstellung führt. Zu welcher Tabellenstruktur diese Vorgänge im späteren Datenbankentwurf führen werden, ist an dieser Stelle mehr oder weniger ohne Belang, im Entity-Relationship-Diagramm werden diese Vorgänge lediglich zusammengetragen und grafisch dargestellt.

Für E/R-Diagramme existiert keine genormte Darstellungsart, es werden jedoch häufig die folgenden Konventionen verwendet:

▶ Die in der Datenbank existierenden Entitäten werden durch Rechtecke dargestellt, die entsprechend beschriftet werden.
▶ Beziehungen werden durch Rauten dargestellt, die die Entitäten verbinden. Die Art der Beziehung kann an den Verbindungslinien vermerkt werden.
▶ Eigenschaften (Attribute) werden durch Ellipsen dargestellt.

Abbildung 3.6 stellt den Zusammenhang, dass Autoren eine Bankverbindung bei einer bestimmten Bank besitzen, in einem Entity-Relationship-Diagramm dar.

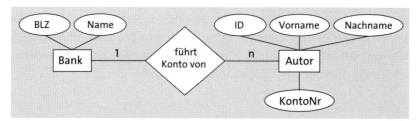

Abbildung 3.6 1:n-Beziehung im Entity-Relationship-Diagramm

Das zweite Beispiel (siehe Abbildung 3.7) zeigt den Zusammenhang zwischen Autoren und Büchern, also eine m:n-Beziehung, in einem Entity-Relationship-Diagramm.

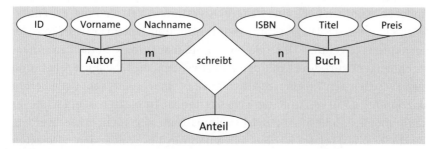

Abbildung 3.7 m:n-Beziehung im Entity-Relationship-Diagramm

Wie zu erkennen ist, unterscheiden sich beide Darstellungen nur durch Details, etwa durch die Angabe der Beziehungsart oder zusätzliche Attribute. So ist z. B. in Abbildung 3.7 die Angabe dargestellt, dass ein Autor eines Buches einen Anteil erhält, der mit der Verknüpfung von Autor und Buch in Zusammenhang steht. Diese Information muss im Datenbankentwurf in einer weiteren Tabelle abgespeichert werden, um die m:n-Beziehung aufzulösen; im Entity-Relationship-Diagramm jedoch wird – im Gegensatz zu einem Datenbankdiagramm – diese Tabelle überhaupt nicht berücksichtigt, da es sich nur um eine Darstellung der Zusammenhänge handelt. Der eigentliche Entwurf der Tabellen erfolgt erst im Anschluss an die Erstellung dieses Diagramms.

Kapitel 4
Die Oberfläche von SQL Server 2016

In diesem Kapitel erhalten Sie einen ersten Überblick über die zentrale Benutzeroberfläche von SQL Server 2016 sowie andere wichtige Werkzeuge für die Arbeit mit dem Datenbankserver.

Die Einführung des Management Studios vereinfacht bereits seit der Version von 2005 die Arbeit mit SQL Server in vielen Punkten. Auch mit der Einführung von SQL Server 2016 haben sich einige Änderungen ergeben, obwohl sich diese überwiegend auf Details beziehen. Im Folgenden lernen Sie die für die tägliche Arbeit mit SQL Server wichtigsten Werkzeuge kennen.

4.1 Das SQL Server Management Studio

Das Management Studio ist auch unter SQL Server 2016 das zentrale Werkzeug für die Administration von SQL Server und die Entwicklung von SQL-Code. Sie finden das Management Studio im Programmordner unter MICROSOFT SQL SERVER 2016 • Microsoft SQL SERVER MANAGEMENT STUDIO. Nach dem Aufruf des Management Studios öffnet sich zunächst der in Abbildung 4.1 gezeigte Anmeldedialog von SQL Server, über den die Anmeldung und damit die Authentifizierung am Datenbankserver erfolgt.

Abbildung 4.1 Der Anmeldedialog von SQL Server

Durch die in diesem Dialog dargestellten Optionen legen Sie fest, wie die Verbindung zu SQL Server hergestellt werden soll. Wie aus Abbildung 4.1 hervorgeht, verfügt jede Option über ein Dropdown-Listenfeld, das – je nach Option – verschiedene Einstellungen anbietet. Einen Überblick über die verschiedenen Verbindungsoptionen gibt Ihnen die folgende Auflistung.

Servertyp

SQL Server hat sich seit der Version 7.0 von einem reinen Datenbankserver hin zu einem Programmpaket entwickelt, das neben der Funktion als Datenbankserver viele weitere Komponenten bereitstellt, die – abhängig vom Kontext – ebenfalls als *Server*, als *Dienst* oder auch als *Modul* bezeichnet werden. Im Dropdown-Listenfeld dieser Option, dargestellt in Abbildung 4.2, werden diese Komponenten aufgelistet.

Abbildung 4.2 Die Auswahl des Servertyps

Die hier zur Auswahl stehenden Einträge haben die folgenden Bedeutungen:

▸ **Datenbankmodul**
Der Eintrag DATENBANKMODUL steht für den eigentlichen Datenbankserver, also den zentralen Bestandteil von SQL Server, durch den die Datenbankfunktionen auf einem Rechner bereitgestellt werden.

> **Hinweis**
> Für die in diesem Buch behandelten Themen stellt der standardmäßig vorgeschlagene Eintrag DATENBANKMODUL immer die richtige Auswahl dar.

▸ **Analysis Services**
Eine der grundlegenden Neuerungen von SQL Server 7.0 bestand in der Einführung der Analysis Services. SQL Server brachte damit erstmals eine zukunftswei-

sende Technologie, *OLAP* genannt, zu einem erschwinglichen Preis mit sich. Die Abkürzung OLAP steht für *Online Analytical Processing* und bezeichnet eine Technik, mit der umfangreiche Datenbestände durch Sammlung und Vorausberechnung der Daten schnell und umfassend analysiert werden können. In SQL Server wird diese Technologie unter dem Begriff *Analysis Services* zusammengefasst. Häufig genannte Stichwörter in diesem Zusammenhang sind *Data Warehouse* und *Data Mart*.

- **Reporting Services**
  Während es für jeden Microsoft-Access-Anwender selbstverständlich ist, direkt aus dem Datenbankprogramm heraus Formulare oder Berichte zu erstellen – also Abfrageergebnisse zu visualisieren und in übersichtlicher Form auszugeben –, verfügte SQL Server lange Zeit nicht über entsprechende Möglichkeiten. Mehrere Softwareanbieter erkannten diese Lücke und entwickelten Anwendungen zur Visualisierung von Datenbankinhalten. Zu den bekanntesten dieser Programme zählt Crystal Reports, das von Microsoft in das Visual Studio .NET integriert wurde. Um Auswertungen auch mit SQL-Server-eigenen Mitteln zu ermöglichen, veröffentlichte Microsoft im Jahr 2004 erstmals die Reporting Services nachträglich für SQL Server 2000.

- **Integration Services**
  Es ist kein Zufall, dass in SQL Server 7.0 zum ersten Mal die *Data Transformation Services* (DTS) enthalten waren, mit denen – etwas vereinfacht ausgedrückt – Im- und Exporte von Daten vorgenommen werden konnten, die in einer zumindest annähernd tabellenartigen Struktur vorlagen, wobei die unterstützten Formate von einer einfachen Textdatei bis zu einer Tabelle innerhalb eines Oracle-Servers reichten. Wegen ihrer einfachen Handhabung wurden die Data Transformation Services bei Bedarf gern für den Im- oder Export von Daten in oder aus einer Datenbank eingesetzt. Obwohl sie häufig zu diesem Zweck verwendet wurden, war der Grund ihrer Einführung ein anderer: Ein Werkzeug, das umfangreiche Daten, die aus heterogenen – also uneinheitlichen – Datenquellen stammen können, in SQL Server importieren kann, musste vorhanden sein, um die oben erwähnte OLAP-Fähigkeit von SQL Server zu unterstützen. Seit SQL Server 2005 gibt es die Data Transformation Services in ihrer alten Form nicht mehr. Die entsprechende Komponente von SQL Server wurde neu entwickelt und wird seitdem als *Integration Services* bezeichnet. Häufig wird auch die vollständige Bezeichnung *SQL Server Integration Services* oder die Abkürzung *SSIS* verwendet.

Ob Sie sich an einem der angegebenen Servertypen anmelden können, hängt davon ab, ob ein eventuell benötigter Dienst (siehe Abschnitt 4.4, »Überblick über die SQL-Server-Dienste«) gestartet wurde, und selbstverständlich davon, ob die entsprechende Komponente installiert ist. In der Auswahl des Kombinationsfeldes werden jedoch auch nicht installierte Servertypen angeboten. Der Versuch, eine Verbindung zu den nicht installierten Reporting Services aufzubauen, führt z. B. zu der in Abbildung 4.3 gezeigten Fehlermeldung.

Abbildung 4.3 Fehlermeldung aufgrund einer nicht installierten oder nicht erreichbaren Komponente

Servername

Über die Option SERVERNAME wählen Sie aus, zu welcher SQL-Server-Instanz eine Verbindung hergestellt werden soll. Da die überwiegende Anzahl der SQL-Server-Installationen nur über eine Instanz, die Standardinstanz, verfügt, ist der Name der SQL-Server-Instanz in der Regel mit der Bezeichnung des jeweiligen Computers identisch. Im Folgenden verwenden wir daher zur Vereinfachung den Begriff *Server* für eine SQL-Server-Instanz, um nicht zwischen verschiedenen Instanz- und Servernamen unterscheiden zu müssen.

Als Standard wird in diesem Feld der letzte Server eingetragen, zu dem eine Verbindung aufgebaut wurde. Falls die Installation von SQL Server auf dem lokalen Rechner erfolgte, wird an dieser Stelle der lokale Servername angezeigt. Soll eine Verbindung zu einem anderen Server als dem lokalen hergestellt werden, verwenden Sie den in Abbildung 4.4 dargestellten Eintrag <SUCHE FORTSETZEN...>.

Abbildung 4.4 Die Serverauswahl

Der erste Reiter, LOKALE SERVER, des sich daraufhin öffnenden Dialogs listet die lokal vorhandenen SQL-Server-Komponenten auf. Abbildung 4.5 zeigt den Dialog für einen SQL Server, der gemäß der Beispielinstallation aus Kapitel 1, »Installation und Aktualisierung von SQL Server 2016«, konfiguriert wurde und daher als einzig erweiter- und auswählbarer SERVERTYP das DATENBANKMODUL anbietet.

Abbildung 4.5 Die lokale Installation des Datenbankmoduls

Zugriff auf alle innerhalb eines Netzwerks verfügbaren Server bietet der zweite Reiter, NETZWERKSERVER. Durch die Auswahl dieses Reiters wird die Suche nach verfügbaren Servern im Netzwerk gestartet. Dieser Vorgang kann einige Sekunden dauern, danach wird eine nach Servertyp gruppierte Liste aller verfügbaren Server angezeigt, wie Abbildung 4.6 anhand eines weiteren Servers zeigt, der ebenfalls lediglich das DATENBANKMODUL zur Verfügung stellt.

Abbildung 4.6 Eine Liste der verfügbaren Server im Netzwerk

Durch die Auswahl eines Servers und die Bestätigung über die Schaltfläche OK wird daraufhin ein Anmeldedialog mit den Einträgen des Servertyps und des Servernamens generiert, die der getroffenen Auswahl entsprechen.

Im Gegensatz zu den beiden anderen, in Abbildung 4.4 aktiviert dargestellten Kombinationsfeldern können Sie im Feld SERVERNAME manuelle Eingaben vornehmen. Ist der Name eines Servers bekannt, können Sie ihn also auch manuell eintragen. Für den Zugriff auf den lokalen Server können Sie sogar auf die explizite Angabe des Servernamens verzichten. Als Platzhalter für den lokalen Servernamen werden auch ein Punkt, der Eintrag (local) oder localhost akzeptiert.

Authentifizierung

SQL Server stellt, wie bereits in Kapitel 1, »Installation und Aktualisierung von SQL Server 2016«, erwähnt, klassischerweise zwei verschiedene Möglichkeiten zur Authentifizierung am Server zur Verfügung: die Windows- und die SQL-Server-Authentifizierung. Beide Authentifizierungsarten werden, wie in Abbildung 4.7 dargestellt, im Anmeldedialog angeboten, unabhängig davon, ob der ausgewählte SQL Server tatsächlich so konfiguriert ist, dass er beide Authentifizierungsarten unterstützt. Als Standard wird in diesem Dialog die zuletzt erfolgreich verwendete Authentifizierungsart angeboten.

Abbildung 4.7 Die Auswahl der Authentifizierung an SQL Server

In der Abbildung sehen Sie, dass in SQL Server 2016 noch andere Möglichkeiten der Anmeldung am Server zur Verfügung stehen. Diese sind für die in diesem Buch behandelten Themen aber nicht relevant.

Wählen Sie die SQL SERVER-AUTHENTIFIZIERUNG zur Anmeldung an den Server aus, werden die bislang deaktivierten Felder BENUTZERNAME und KENNWORT aktiviert, wobei im Feld BENUTZERNAME der zuletzt verwendete Benutzer angezeigt wird. Die Eingabe des Kennworts erfolgt verdeckt. Die angebotene Option, das Kennwort zu speichern, sollten Sie aus Sicherheitsgründen besser nur in Ausnahmefällen verwenden.

Da – unabhängig von der Konfiguration des Datenbankservers – immer beide Authentifizierungsarten angeboten werden, ist es durchaus möglich, den Versuch zu unternehmen, sich mithilfe der SQL-Server-Authentifizierung an einem Server anzumelden, der ausschließlich die Windows-Authentifizierung zulässt. Solch ein Versuch resultiert in der in Abbildung 4.8 gezeigten Fehlermeldung.

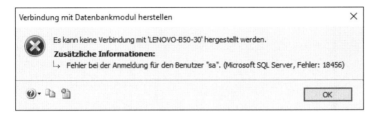

Abbildung 4.8 Fehlermeldung bei dem Versuch, eine SQL-Server-Authentifizierung an einem Server zu verwenden, der ausschließlich die Windows-Authentifizierung unterstützt

In früheren Versionen von SQL Server hatte diese Fehlermeldung dagegen die in Abbildung 4.9 gezeigte Form.

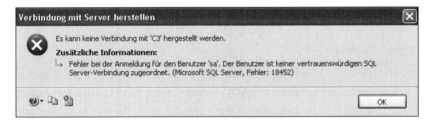

Abbildung 4.9 Ehemalige Version der Fehlermeldung

Als vertrauenswürdig werden bei einer entsprechenden Konfiguration des Servers lediglich Konten angesehen, die über eine Windows-Authentifizierung verfügen. Da die ehemalige Fehlermeldung Rückschlüsse darauf zuließ, ob ein SQL Server lediglich die Windows-Authentifizierung oder den gemischten Modus erlaubte, konnte dieses Verhalten unter dem Aspekt der Sicherheit durchaus kritisch betrachtet werden, da es einem potenziellen Angreifer einen Hinweis darauf liefern konnte, ob der Zugang zum Server durch das Ausprobieren verschiedener Kombinationen aus Benutzernamen und Kennwörtern möglich war. Insofern stellt die aktuelle Fehlermeldung sicherlich eine Verbesserung dar.

Sind die Verbindungsoptionen im Anmeldedialog gültig, öffnet sich nach dem Anklicken der Schaltfläche VERBINDEN das Management Studio, dessen Oberfläche in Abbildung 4.10 dargestellt ist.

Die folgende Einführung in die Oberfläche von SQL Server soll Sie mit den wesentlichen Elementen des Management Studios vertraut machen.

4 Die Oberfläche von SQL Server 2016

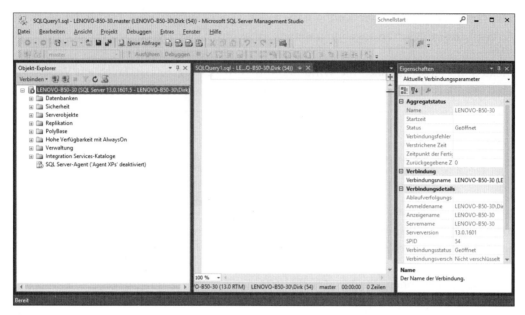

Abbildung 4.10 Das SQL Server Managament Studio mit geöffnetem Abfragefenster

4.1.1 Der Objekt-Explorer

Im OBJEKT-EXPLORER – in Abbildung 4.10 links dargestellt – werden in einer Baumstruktur die zentralen Komponenten des SQL-Server-Datenbankmoduls dargestellt. Im Stammverzeichnis dieser Baumstruktur wird angezeigt, zu welchem Server und unter welchem Benutzerkonto die Verbindung hergestellt wurde. Weitere Verbindungen können Sie über das Kombinationsfeld VERBINDEN aufbauen. Dazu wählen Sie aus dem Kombinationsfeld zunächst den Servertyp aus, zu dem eine Verbindung aufgebaut werden soll. Anschließend wird ein entsprechender Anmeldedialog generiert, mit dem die Verbindung zu dem gewünschten Server hergestellt wird.

Den OBJEKT-EXPLORER werden wir im weiteren Verlauf des Buches häufig verwenden, deshalb verzichten wir an dieser Stelle auf eine ausführliche Erläuterung.

Anzeige der Servereigenschaften

Über das Kontextmenü eines Server-Stammeintrags (also den in Abbildung 4.10 dunkel unterlegten Eintrag im OBJEKT-EXPLORER) können Sie weitere Informationen zu diesem Server abrufen. Dazu wählen Sie im Kontextmenü des Servers den Menüpunkt EIGENSCHAFTEN aus. Das sich daraufhin öffnende Fenster bietet ausführliche Informationen zu den Eigenschaften des Servers, u. a. zu den aktuellen Einstellungen und der Hardware. In Abbildung 4.11 ist z. B. die Seite SICHERHEIT des Fensters SERVEREIGENSCHAFTEN dargestellt, in der Sie u. a. festlegen, welche Arten der Authentifizierung zulässig sind.

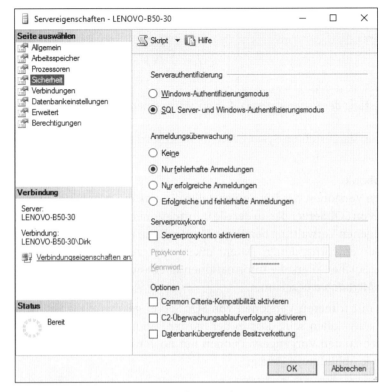

Abbildung 4.11 Sicherheitseinstellungen des Servers

Datenbanken

In SQL Server wird zwischen zwei verschiedenen Arten von Datenbanken unterschieden: den *benutzerdefinierten Datenbanken* – verkürzt auch *Benutzerdatenbanken* genannt – und den sogenannten *Systemdatenbanken*.

Benutzerdefinierte Datenbanken sind Datenbanken, die angelegt werden, um z. B. Daten einer Anwendung zu speichern und diese später abzufragen. Es handelt sich dabei also um spezielle Anwendungsdatenbanken.

SQL Server verwaltet generelle Informationen über den Server in einer für einen Datenbankserver typischen Weise: Er legt diese Informationen in speziellen Datenbanken ab. Diese Datenbanken werden als Systemdatenbanken bezeichnet. Sie sind für die Funktion des Datenbankservers von zentraler Bedeutung.

Übersicht über die Systemdatenbanken

Die Unterscheidung der beiden Datenbanktypen zeigt sich deutlich im OBJEKT-EXPLORER, in dem – wie aus Abbildung 4.12 hervorgeht – für die SYSTEMDATENBANKEN ein eigener Ordner existiert.

```
LENOVO-B50-30 (SQL Server 13.0.1601.5 - LENOVO-B50-30\Dirk)
  Datenbanken
    Systemdatenbanken
      master
      model
      msdb
      tempdb
```

Abbildung 4.12 Auflistung der Systemdatenbanken im Management Studio

Die Funktion der vier dargestellten Systemdatenbanken wird in der folgenden Auflistung erläutert.

- »master«-Datenbank

  In vielen früheren Versionen von SQL Server stellte die *master*-Datenbank die zentrale Datenbank von SQL Server dar, in der die Informationen enthalten waren, die SQL Server zur eigenen Verwaltung benötigte. Dazu zählten z. B. Informationen zu den auf dem Server vorhandenen Datenbanken oder zu den eingetragenen Anmeldekonten. Solche Daten, die Informationen über andere Daten enthalten, werden auch als *Metadaten* bezeichnet.

  Falls Sie bereits mit früheren Versionen von SQL Server gearbeitet haben, wird Ihnen vielleicht aufgefallen sein, dass in der *master*-Datenbank seit SQL Server 2005 im Vergleich zu den Vorgängerversionen nur noch wenige Systemtabellen enthalten sind, wie Abbildung 4.13 zeigt.

Abbildung 4.13 Die Systemtabellen der »master«-Datenbank

Das liegt daran, dass ein Großteil der ehemals in dieser Datenbank gespeicherten Daten dem direkten Zugriff des Anwenders entzogen wurde. Da ein Benutzer – anders als bei der *master*-Datenbank früherer Versionen von SQL Server – viele Informationen nicht mehr durch direkten lesenden Zugriff auf die *master*-Datenbank erhalten kann, werden diese Informationen über sogenannte *Systemsichten* zur Verfügung gestellt.

- »model«-Datenbank

  Die *model*-Datenbank stellt – wie durch den Namen bereits angedeutet wird – die Vorlage für jede neu erstellte Datenbank von SQL Server dar. Praktische Verwendung findet diese Datenbank relativ selten. In der Praxis erfolgt ein Zugriff auf die *model*-Datenbank typischerweise dann, wenn in jeder neu erstellten Datenbank bestimmte Datenbankobjekte bereits vorhanden sein sollen. Diese werden dann einmal in der *model*-Datenbank erstellt und sind somit in jeder danach neu erstellten Datenbank des Servers ebenfalls vorhanden.

- **»msdb«-Datenbank**
  Die *msdb*-Datenbank wird von SQL Server dazu verwendet, Aufträge zu verwalten, die er erledigen muss. In der Regel handelt es sich dabei um regelmäßige, zeitlich gesteuerte Vorgänge wie die Durchführung von Datenbanksicherungen oder Wartungsaufgaben. Eine entsprechende Aktion kann in SQL Server aber auch nur einmalig zu einem festgelegten Zeitpunkt ausgelöst werden oder wenn die Prozessorauslastung für längere Zeit unter einen bestimmten Wert fällt. Die für die Durchführung solcher Aufgaben notwendigen Informationen werden in der *msdb*-Datenbank vorgehalten.

- **»tempdb«-Datenbank**
  Auch der Name dieser Datenbank deutet bereits auf ihre Funktion hin: In ihr werden temporäre Datenbankobjekte abgelegt, die von Datenbankprogrammierern z. B. dazu verwendet werden können, Daten zwischenzuspeichern. SQL Server nutzt diese Datenbank auch für Sortiervorgänge. Die *tempdb*-Datenbank besitzt eine weitere Besonderheit, die sie von allen anderen System- oder Benutzerdatenbanken unterscheidet:

> **Hinweis**
> Die *tempdb*-Datenbank wird bei jedem Neustart von SQL Server neu erstellt.

Die Inhalte dieser Datenbank werden also bei jedem Neustart des Datenbankservers gelöscht. Sie ist daher nicht zur permanenten Speicherung von Daten geeignet. In einer Entwicklungsumgebung stellt dieses Verhalten jedoch häufig eine bequeme Möglichkeit dar, Datenbankobjekte wie Tabellen probeweise zu erstellen, ohne sie später explizit löschen zu müssen.

Die Systemdatenbanken sind – wie oben bereits erwähnt – für die Funktion des Datenbankservers von zentraler Bedeutung und werden daher immer zusammen mit dem Datenbankserver installiert und von ihm – und nur von ihm – verwaltet.

> **Hinweis**
> Sie sollten daher niemals versuchen, Systemdatenbanken zu manipulieren!

Informationen, die in den Systemdatenbanken abgespeichert sind, werden von SQL Server automatisch aktualisiert bzw. eingefügt, wenn dies erforderlich ist. Manipulationen an zentralen Komponenten des Servers sind daher niemals notwendig und werden von SQL Server ohnehin weitgehend verhindert. Sollte eine solche Manipulation trotzdem gelingen, kann dies fatale Auswirkungen auf die Funktion des Datenbankservers haben.

Der in Abbildung 4.14 dargestellte Eintrag DATENBANK-MOMENTAUFNAHMEN war eine mit SQL Server 2005 unter der Bezeichnung *Datenbanksnapshots* eingeführte Neuerung. In SQL Server 2016 werden Snapshots als *Momentaufnahmen* bezeichnet. Eine Datenbank-Momentaufnahme bildet den Zustand einer Datenbank zu einem bestimmten Zeitpunkt ab. Wir werden diese Technik in Kapitel 8, »Erstellen und Ändern von Datenbanken«, eingehend besprechen.

Anzeige der Struktur und der Inhalte einer Datenbank

Um Abfragen an eine Datenbank zu stellen und die Ergebnisse überprüfen zu können, müssen der Aufbau der Datenbank, die Struktur der verwendeten Tabellen und deren Inhalt – also die vorhandenen Datensätze – bekannt sein. Die dazu notwendigen Techniken werden wir im Folgenden anhand der Beispieldatenbank *AdventureWorks2016CTP3* verdeutlichen.

Durch die Erweiterung der Struktur bis auf die Datenbankebene der *AdventureWorks2016CTP3*-Datenbank erreichen Sie die in Abbildung 4.14 gezeigte Darstellung, in der die Komponenten der Beispieldatenbank aufgelistet werden und die als Ausgangspunkt für unsere weiteren Betrachtungen dienen soll.

Abbildung 4.14 Die Struktur der Beispieldatenbank »AdventureWorks2016CTP3«

Bei dieser Beispieldatenbank handelt es sich um eine Nachfolgerin der ursprünglichen, mit SQL Server 2005 eingeführten *AdventureWorks*-Datenbank. In der Folge hat Microsoft für jede Version von SQL Server eine spezielle Beispieldatenbank veröffentlicht und den Namen mit der Version des Servers gekennzeichnet. In diesem Buch werden wir diese Beispieldatenbank für viele Beispiele verwenden.

Erstellung eines Datenbankdiagramms

Die einfachste Möglichkeit, einen Überblick über die Struktur einer Datenbank zu erhalten, bietet ein Datenbankdiagramm. Neben der Anzeige im Management Studio kann auch die Ausgabe auf einen Drucker erfolgen. Zu einer Datenbank, die ja über eine durchaus komplexe Struktur verfügen kann, lassen sich beliebig viele Datenbankdiagramme erstellen, um entweder einen kompletten Überblick über die Datenbank oder über Teile davon zu erhalten.

Wurde für eine Datenbank noch kein Datenbankdiagramm erstellt, muss zuerst die Unterstützung für Datenbankdiagramme installiert werden. Dies erfolgt durch Aufruf des Kontextmenüs des in Abbildung 4.14 dargestellten Eintrags DATENBANKDIAGRAMME und die Auswahl des Menüpunkts DIAGRAMMUNTERSTÜTZUNG INSTALLIEREN. Ist diese Unterstützung bei dem Versuch, ein Datenbankdiagramm zu erstellen, nicht installiert, weist SQL Server auf diesen Umstand hin. In beiden Fällen wird der in Abbildung 4.15 dargestellte Dialog eingeblendet, mit dem Sie die Diagrammunterstützung installieren können. Der Menüpunkt DIAGRAMMUNTERSTÜTZUNG INSTALLIEREN wird anschließend im Kontextmenü nicht mehr angeboten, was eine Kontrolle darüber ermöglicht, ob die Unterstützung in der jeweiligen Datenbank bereits installiert wurde.

Abbildung 4.15 Dialog zur Installation der Diagrammunterstützung

Die Erstellung eines Datenbankdiagramms wird durch den Menüpunkt NEUES DATENBANKDIAGRAMM des Kontextmenüs eingeleitet. In dem sich öffnenden Fenster (siehe Abbildung 4.16) werden die verfügbaren Tabellen der Datenbank angezeigt. Diese können Sie über die Schaltfläche HINZUFÜGEN in das Datenbankdiagramm aufnehmen.

Abbildung 4.16 Auswahl der Tabellen eines Datenbankdiagramms

Für das im Folgenden verwendete Datenbankdiagramm wurden alle Tabellen mit dem Zusatz *Production* dem Diagramm hinzugefügt.

Sollte sich die im Assistenten vorgenommene Auswahl später als fehlerhaft erweisen, können Sie fehlende oder versehentlich hinzugefügte Tabellen im Datenbankdiagramm nachträglich hinzufügen bzw. entfernen.

Die hinzugefügten Tabellen werden bereits während der Auswahl im Hintergrund eingeblendet. Nach Abschluss der Tabellenauswahl durch die Schaltfläche SCHLIESSEN werden die Tabellen automatisch angeordnet. Je nach Umfang des zu erstellenden Diagramms kann dieser Vorgang durchaus etwas Zeit in Anspruch nehmen. Abbildung 4.17 zeigt einen kleinen Ausschnitt des neu erstellten Datenbankdiagramms.

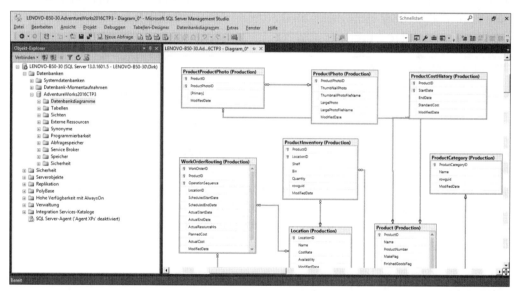

Abbildung 4.17 Ausschnitt des neu erstellten Datenbankdiagramms

Nachdem das Datenbankdiagramm erstellt wurde, sind in der Regel noch einige Nacharbeiten notwendig, um eine übersichtliche Darstellung zu erzielen.

Zwar bietet das Kontextmenü des Diagramms unter dem Punkt TABELLEN ANORDNEN die automatische Anordnung der Tabellen an, jedoch liefert diese Methode oftmals kein zufriedenstellendes Ergebnis, und die Tabellen müssen manuell platziert werden. Soll die Position aller Tabellen verändert werden, müssen Sie diese zunächst auswählen. Dazu verwenden Sie den Menüpunkt ALLE AUSWÄHLEN des Kontextmenüs oder ziehen mit gedrückter linker Maustaste einen Rahmen um die Tabellen auf. Im zweiten Fall müssen Sie die Darstellung eventuell in der Größe anpassen. In beiden Fällen erfolgt das Verschieben durch Anklicken der Titelleiste einer markierten Tabelle und Ziehen mit der Maus.

Soll die Position einer einzelnen Tabelle geändert werden, müssen Sie eine eventuell vorhandene Auswahl mehrerer Tabellen zunächst durch einen Mausklick auf die Hintergrundfläche des Diagramms aufheben und anschließend die gewünschte Tabelle durch einen Mausklick in der Titelleiste aktivieren und verschieben.

Ist eine übersichtliche Darstellung der Datenbank erreicht, sollten Sie überprüfen, wie diese Struktur bei der Ausgabe auf einem Drucker dargestellt wird, da Tabellen, die genau auf der Grenze zweier benachbarter Seiten ausgegeben werden, die Übersichtlichkeit des Ausdrucks negativ beeinflussen können.

Auch hier bietet das Kontextmenü des Datenbankdiagramms eine Hilfestellung durch den Menüpunkt SEITENUMBRÜCHE ANZEIGEN an. Bei Aktivierung dieser Option werden die Seitengrenzen der Druckausgabe in das Diagramm eingeblendet, was die Platzierung der Tabellen im Hinblick auf einen späteren Ausdruck erleichtert, wie Abbildung 4.18 verdeutlicht.

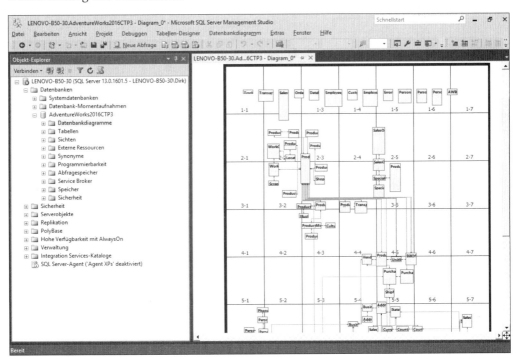

Abbildung 4.18 Eingeblendete Seitenumbrüche im Datenbankdiagramm

Die Möglichkeit, Tabellen aus dem Diagramm zu löschen bzw. in das Diagramm aufzunehmen, haben wir oben bereits erwähnt. Eine vorhandene Tabelle übernehmen Sie nachträglich über den Kontextmenüeintrag TABELLE HINZUFÜGEN in das Diagramm. Das Löschen einer Tabelle aus dem Diagramm erfolgt durch den Aufruf des Kontextmenüs der Tabelle und die Auswahl von AUS DIAGRAMM ENTFERNEN.

Eine weitere Möglichkeit, Tabellen in das Diagramm aufzunehmen, stellt der Menüpunkt VERKNÜPFTE TABELLEN HINZUFÜGEN aus dem Kontextmenü der Tabelle dar. So nehmen Sie alle Tabellen, die mit der markierten Tabelle in Beziehung stehen, mit in das Diagramm auf. Damit haben Sie eine sehr einfache Möglichkeit, Abhängigkeiten innerhalb der Datenbank zu erkennen.

Gespeichert werden kann ein Datenbankdiagramm über den Standarddialog. Beim Schließen des Diagrammfensters wird außerdem die Speicherung des Diagramms über den Dialog angeboten, der in Abbildung 4.19 dargestellt ist.

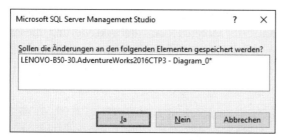

Abbildung 4.19 Nachfrage, ob die Änderungen am Diagramm gespeichert werden sollen

Anzeigen von Tabelleninhalten und -strukturen

Eine der häufigsten Aufgaben im Zusammenhang mit einer Datenbank besteht darin, sich den Inhalt von Tabellen anzeigen zu lassen, um deren Inhalt zu überprüfen, zu ändern oder um das Ergebnis einer SQL-Abfrage zu verifizieren. Im OBJEKT-EXPLORER erweitern Sie dazu die Struktur der entsprechenden Datenbank und anschließend den Eintrag TABELLEN. Danach wählen Sie aus dem Kontextmenü der entsprechenden Tabelle z. B. den Eintrag OBERSTE 200 ZEILEN BEARBEITEN aus. Daraufhin werden im rechten Fenster des Management Studios die Spaltennamen der Tabelle und die – wenn vorhanden – ersten 200 Datensätze der Tabelle ausgegeben. Abbildung 4.20 zeigt dies am Beispiel der Tabelle *Employee*.

In der in Abbildung 4.20 dargestellten Ausgabe können Sie Datensätze direkt verändern. Beachten Sie jedoch, dass die Änderungen erst dann übernommen werden, wenn Sie die geänderte Zeile verlassen.

Die andere Möglichkeit besteht darin, aus dem Kontextmenü den Eintrag OBERSTE 1000 ZEILEN AUSWÄHLEN aufzurufen. Abbildung 4.21 zeigt die Ausgabe dieses Menüpunkts ebenfalls am Beispiel der *Employee*-Tabelle.

Wie Sie der Abbildung entnehmen können, erfolgt in diesem Fall eine zweigeteilte Ausgabe. Im oberen Bereich sehen Sie die entsprechende SQL-Abfrage, mit der die Datensätze ausgewählt werden. Im unteren Bereich erfolgt die Darstellung der abgefragten Datensätze. Bei Auswahl dieses Menüpunkts können Sie an den ausgegebenen Datensätzen keine Änderungen vornehmen.

4.1 Das SQL Server Management Studio

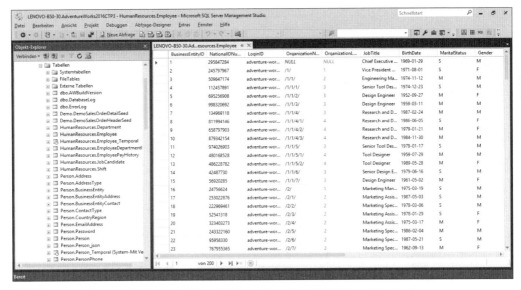

Abbildung 4.20 Ausgabe der ersten 200 Datensätze einer Tabelle zur Bearbeitung

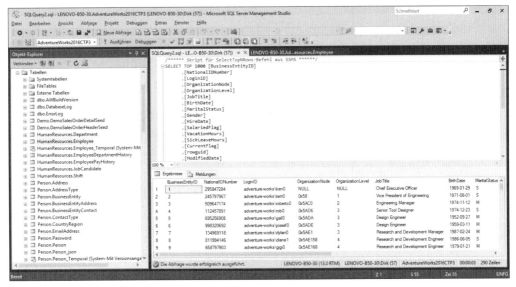

Abbildung 4.21 Rückgabe der obersten 1000 Datensätze einer Tabelle

Eine andere häufig benötigte Information betrifft den Aufbau – also die Struktur – einer Tabelle. Diese Anzeige erfolgt ähnlich; in diesem Fall wählen Sie im Kontextmenü der Tabelle lediglich den Eintrag ENTWERFEN aus. Abbildung 4.22 zeigt die Struktur der Tabelle *Employee*. Auf die in dieser Abbildung dargestellten Informationen gehen wir u. a. in Kapitel 9, »Erstellen von Tabellen«, näher ein.

4 Die Oberfläche von SQL Server 2016

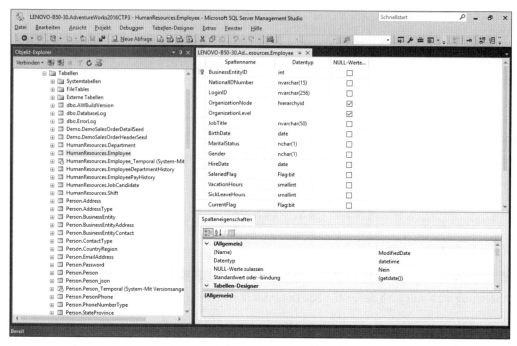

Abbildung 4.22 Anzeige der Struktur der Tabelle »Employee«

4.2 Das Bearbeiten von SQL-Anweisungen im Management Studio

Für die im ersten Teil dieses Buches behandelte Serverprogrammierung unter Verwendung von SQL-Syntax sind natürlich die Möglichkeiten von Interesse, die das Management Studio dazu bietet. Diese Möglichkeiten schauen wir uns in den nächsten Abschnitten näher an.

4.2.1 Der SQL-Abfrage-Editor

Zunächst soll die Voraussetzung geschaffen werden, eine Abfrage an SQL Server zu stellen. Zu diesem Zweck müssen Sie das entsprechende Editorfenster öffnen.

Ein neues Fenster für SQL-Anweisungen öffnen Sie über die Schaltfläche NEUE ABFRAGE ⬛ Neue Abfrage oder über die rechts davon platzierte Schaltfläche DATENBANKMODUL-ABFRAGE ⬛. Bei Verwendung der zweiten Möglichkeit müssen Sie sich sofort erneut am Server authentifizieren.

Mit dem Öffnen eines Abfragefensters wird eine weitere grafische Menüzeile zur Abfragebearbeitung eingeblendet (siehe Abbildung 4.23). Wie die Abbildung ebenfalls zeigt, wird im Management Studio ein Abfragefenster mit einem Reiter versehen, was die Arbeit mit mehreren geöffneten Abfragefenstern erheblich erleichtert.

4.2 Das Bearbeiten von SQL-Anweisungen im Management Studio

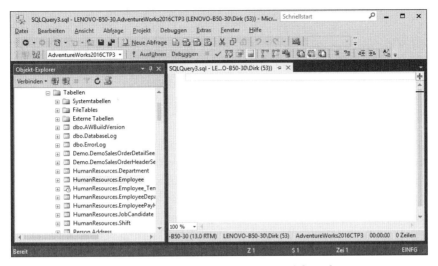

Abbildung 4.23 Das Management Studio mit leerem Abfragefenster

SQL Server verwendet im SQL-Abfragefenster eine farbige Markierung des Programmcodes. Da wir auf die SQL-Programmierung erst in Kapitel 5, »Grundlegende Abfragetechniken«, eingehen, soll ein vorhandenes SQL-Server-Skript an dieser Stelle zur Verdeutlichung dienen. Sie laden dieses Skript in ein Abfragefenster, indem Sie das Icon DATEI ÖFFNEN auswählen und in dem folgenden Dialog die unten angegebene Datei auswählen: *C:\Program Files\Microsoft SQL Server\MSSQL13.MSSQLSERVER\MSSQL\Install*. Das Skript wird in ein weiteres Abfragefenster geladen (siehe Abbildung 4.24).

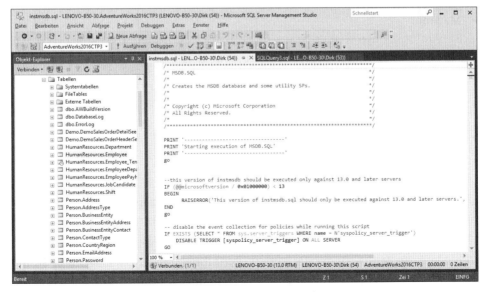

Abbildung 4.24 Das geladene Skript im Management Studio

119

> **Hinweis**
> Dieses Skript soll lediglich der Anschauung dienen, bitte führen Sie es nicht aus!

Die farbigen Markierungen im Skript haben die folgende Bedeutung:

- **Blau**
  Erkannte SQL-Schlüsselwörter werden blau markiert. Diese Kennzeichnung ist bei der Programmierung von SQL-Code hilfreich, da ein falsch geschriebenes Schlüsselwort relativ einfach dadurch identifiziert werden kann, dass es nicht blau dargestellt wird. Außerdem verrät diese Markierung in manchen Fällen mögliche Abkürzungen von SQL-Schlüsselwörtern. So wird etwa während der Eingabe der SQL-Anweisung EXECUTE sowohl nach der Eingabe von EXEC als auch nach der vollständigen Eingabe des Schlüsselworts eine blaue Markierung verwendet, da EXEC als Abkürzung von EXECUTE genutzt werden kann.

- **Rot**
  Zeichenketten (engl.: *strings*) – also Aneinanderreihungen von Zeichen, bestehend aus Buchstaben, Ziffern und Sonderzeichen – werden durch eine rote Hervorhebung gekennzeichnet.

- **Grün**
  Systemobjekte von SQL Server werden grün markiert.

- **Dunkelgrün**
  Kommentare – also Teile eines SQL-Skripts, die nur zur Dokumentation vorhanden oder zu Testzwecken deaktiviert sind und bei der Ausführung des Programmcodes nicht berücksichtigt werden sollen – werden dunkelgrün dargestellt.

- **Magenta**
  Systemfunktionen werden nun – im Gegensatz zu früheren Versionen von SQL Server – einheitlich in Magenta gekennzeichnet.

- **Rotbraun**
  Die Verwendung gespeicherter Systemprozeduren wird durch eine rotbraune Färbung angezeigt.

- **Dunkelgrau**
  Operatoren, die z. B. mathematische oder logische Verknüpfungen herstellen, werden dunkelgrau gekennzeichnet.

Die farbige Darstellung, die verwendete Schriftart und weitere Optionen können Sie unter dem Menüpunkt EXTRAS • OPTIONEN... unter dem Eintrag SCHRIFTARTEN UND FARBEN anpassen. Abbildung 4.25 zeigt den entsprechenden Dialog.

Verändern Sie den Quelltext des Skripts, wird Ihnen dies im Management Studio angezeigt. Links neben dem geänderten Programmcode wird ein gelber Balken eingeblendet, der erst dann seine Farbe in Grün ändert, wenn alle aktuellen Änderungen abgespeichert wurden. Nach der Speicherung werden danach erfolgte Änderungen wiederum gelb markiert. Zum Abspeichern eines SQL-Skripts können Sie die Schaltfläche ![] verwenden.

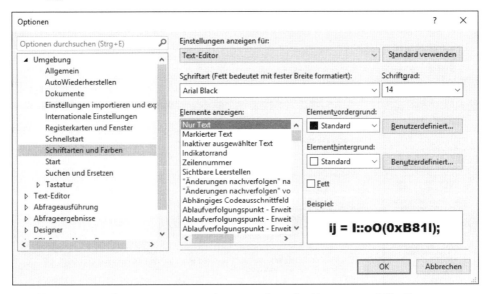

Abbildung 4.25 Dialog zur Anpassung der Darstellung im Management Studio

Während diese farbigen Markierungen als Hinweis auf geänderte Programmzeilen dienen, wird ein geänderter und noch nicht abgespeicherter Quelltext dadurch gekennzeichnet, dass dem Titel des Reiters ein Sternchen (*) angehängt wird.

Die Bearbeitung von Abfragen erfolgt im Management Studio im Wesentlichen über eine geringe Anzahl von Bedienelementen, die in der zusätzlichen Menüzeile eingeblendet werden. Die grundlegenden Bedienelemente für die Arbeit im Abfragefenster sind:

▶ **Verfügbare Datenbanken** `master`
Sie können die Datenbank, an die eine Abfrage gestellt werden soll, aus dem Kombinationsfeld VERFÜGBARE DATENBANKEN auswählen. Hier ist in diesem Kombinationsfeld die *master*-Datenbank ausgewählt, die in der Regel die Standarddatenbank von Benutzern ist. Erfahrungsgemäß ist dieser Umstand eine häufige Fehlerquelle, da bei der Definition von Abfragen oftmals übersehen wird, die entsprechende Datenbank auszuwählen. Falls Sie bei der Arbeit mit Abfragen unter SQL Server eine Fehlermeldung erhalten, die auf einen ungültigen Objektnamen hinweist, sollten Sie daher, neben der Überprüfung des Objektnamens, auch kontrollieren, ob an dieser Stelle die korrekte Datenbank eingetragen ist.

▶ **Ausführen** `! Ausführen`
Der Quelltext eines Abfragefensters wird durch die Befehlsschaltfläche AUSFÜHREN zur Bearbeitung an den Datenbankserver gesendet. Oftmals ist es jedoch

notwendig, nur einen gewissen Teil des Programmcodes an den Server zu übermitteln. Zu diesem Zweck markieren Sie den entsprechenden Programmcode mit der Maus und klicken dann auf die Schaltfläche AUSFÜHREN. Abbildung 4.26 soll dies verdeutlichen. In diesem Beispiel wird lediglich die markierte PRINT-Anweisung ausgeführt, nicht das gesamte Skript. Als Ergebnis erfolgt die in Abbildung 4.27 gezeigte Ausgabe.

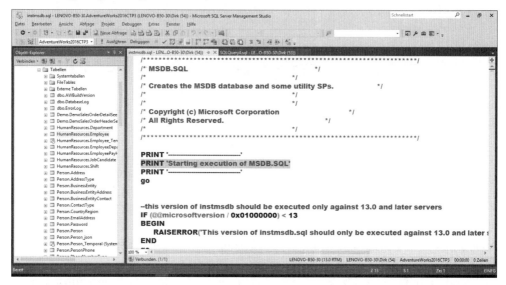

Abbildung 4.26 Ausführung eines Teils des Programmcodes

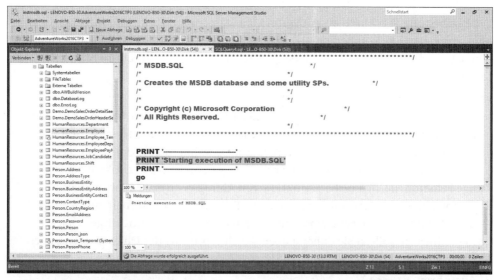

Abbildung 4.27 Ausgabe des markierten Programmcodes

▶ **Ausführung der Abfrage abbrechen**
Über diese Schaltfläche brechen Sie die Bearbeitung einer Abfrage ab. Dies ist z. B. dann notwendig, wenn eine Abfrage unerwartet lange zur Ausführung braucht oder wenn sich ein SQL-Programm in einer Endlosschleife befindet.

▶ **Analysieren**
Bevor eine Abfrage ausgeführt wird, können Sie eine Syntaxüberprüfung durchführen. In diesem Zusammenhang sollten Sie jedoch wissen, dass lediglich eine reine Syntaxprüfung erfolgt; ein Zugriff auf die entsprechende Datenbank findet nicht statt. Daher werden z. B. falsch geschriebene Tabellennamen über diese Funktion nicht erkannt; sie lösen erst bei der tatsächlichen Ausführung der Abfrage einen Fehler aus.

▶ **Ergebnisse in Raster**
Abfrageergebnisse werden in SQL Server standardmäßig in grafischer, dem Aussehen einer Tabelle entsprechender Form ausgegeben. Diese Ausgabeart wird als *Raster* bezeichnet. Abbildung 4.28 zeigt einen Teil eines Abfrageergebnisses auf die Tabelle *Product* in der Standarddarstellung von SQL Server.

	ProductID	ProductNumber	Name
1	1	AR-5381	Adjustable Race
2	2	BA-8327	Bearing Ball
3	3	BE-2349	BB Ball Bearing
4	4	BE-2908	Headset Ball Bearings
5	316	BL-2036	Blade

Abbildung 4.28 Das Ergebnis einer Abfrage in der Rasterdarstellung

▶ **Ergebnisse in Text**
Wird diese Darstellungsart gewählt, erfolgt die Ausgabe von Abfrageergebnissen in Textform. Gegenüber der Darstellung im Raster, wo durch zu geringe Spaltenbreiten häufig ein Teil der dargestellten Informationen nicht direkt einzusehen ist, werden in der Textdarstellung in der Regel alle Informationen ungekürzt dargestellt, da sich die Darstellung des Abfrageergebnisses an der Struktur der zugrunde liegenden Tabelle orientiert. Abbildung 4.29 zeigt das Ergebnis der in Abbildung 4.28 verwendeten Abfrage in der Textdarstellung.

```
ProductID   ProductNumber   Name
---------   -------------   ----
1           AR-5381         Adjustable Race
2           BA-8327         Bearing Ball
3           BE-2349         BB Ball Bearing
4           BE-2908         Headset Ball Bearings
316         BL-2036         Blade
```

Abbildung 4.29 Das Abfrageergebnis in Textdarstellung

▶ **Ergebnisse in Datei**
Diese Option stellt die dritte Möglichkeit der Ausgabe eines Abfrageergebnisses dar. Im Gegensatz zu den beiden bisher besprochenen Möglichkeiten erfolgt die

Ausgabe nicht auf dem Bildschirm, sondern nach einem Klick auf die Schaltfläche AUSFÜHREN öffnet SQL Server den Windows-Speicherdialog, in dem angeboten wird, das Abfrageergebnis als Berichtsdatei mit der Dateiendung *.rpt* abzuspeichern. Berichtsdateien sind vom Format her Textdateien, deren Inhalt sich daher relativ einfach in viele andere Anwendungen importieren lässt, wie in am Beispiel von Microsoft Excel dargestellt ist.

	A	B	C
1	ProductID	ProductNumber	Name
2	-----------	------------------	-------------------------
3	1	AR-5381	Adjustable Race
4	2	BA-8327	Bearing Ball
5	3	BE-2349	BB Ball Bearing
6	4	BE-2908	Headset Ball Bearings
7	316	BL-2036	Blade

Abbildung 4.30 Das in Microsoft Excel importierte Abfrageergebnis

> **Hinweis**
> Beachten Sie, dass sich ein Wechsel zwischen den drei Ausgabemodi erst bei der nächsten Ausführung einer Abfrage auswirkt.

▶ **Kommentiert die ausgewählten Textzeilen aus**
Kommentare dienen verschiedenen Zwecken. Grundsätzlich werden Programmteile, die als Kommentar gekennzeichnet sind, während der Ausführung des Programmcodes nicht berücksichtigt, also einfach übergangen. Als Kommentare gekennzeichnete Bemerkungen können daher zur Dokumentation eines SQL-Skripts verwendet werden, ohne einen Syntaxfehler auszulösen. Kommentare sind auch dann nützlich, wenn – etwa zu Testzwecken – bestimmte Passagen des Programmcodes von der Abarbeitung ausgeschlossen werden sollen. Über diese Schaltfläche können Sie die Zeile, in der sich der Cursor befindet, oder aber mehrere markierte Programmzeilen als Kommentar kennzeichnen oder, wie auch gesagt wird, *auskommentieren*. Auf die verschiedenen Arten von Kommentaren, die SQL Server unterstützt, gehen wir in Kapitel 5, »Grundlegende Abfragetechniken«, näher ein.

▶ **Hebt die Auskommentierung der ausgewählten Textzeilen auf**
Hinzugefügte Kommentarmarkierungen werden über diese Schaltfläche wieder entfernt.

▶ **Einzug vergrößern**
Obwohl SQL von sich aus fast keine Anforderungen an die Formatierung von Programmcode stellt, sollten Sie doch – wie auch in anderen Programmiersprachen üblich – den Quelltext durch Einrückungen strukturieren, um die Lesbarkeit zu erhöhen. Ein solcher Einzug wird schrittweise über diese Schaltfläche erzeugt bzw.

vergrößert. Auch bei der Verwendung dieser Schaltfläche gilt, dass es ausreicht, den Cursor in dieser Zeile zu platzieren, wenn der Einzug nur für eine Zeile gelten soll. Soll der Einzug auf mehrere Zeilen angewandt werden, müssen Sie alle betreffenden Zeilen markieren.

- **Einzug verkleinern**
  Diese Schaltfläche ermöglicht die schrittweise Verkleinerung vorhandener Einzüge.

4.2.2 Der Ergebnisbereich

Die Ausführung einer Abfrage im SQL-Editor bewirkt, dass ein weiteres Fenster in der Oberfläche des Management Studios dargestellt wird. Dabei handelt es sich um den sogenannten *Ergebnisbereich*, der in Abbildung 4.31 rechts unten dargestellt ist. Abbildung 4.28 und Abbildung 4.29 sind diesem Ergebnisbereich entnommen.

Die im Ergebnisbereich dargestellten Informationen sind – neben anderen Faktoren – abhängig davon, ob eine Abfrage erfolgreich ausgeführt wurde oder nicht.

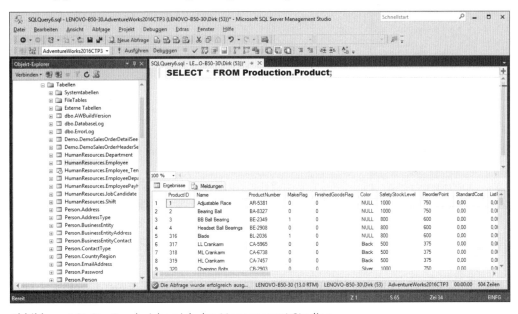

Abbildung 4.31 Der Ergebnisbereich des Management Studios

Erfolgreiche Abfrageausführung

Wurde eine Abfrage erfolgreich ausgeführt, werden im Ergebnisbereich standardmäßig zwei Reiter angezeigt: der Reiter ERGEBNISSE und der Reiter MELDUNGEN, wie in Abbildung 4.31 zu sehen ist. In diesem Fall generiert SQL Server ein Ergebnisset, in der Programmierung auch als *Recordset* bezeichnet, das in der Clientanwendung, von der die Abfrage ausgelöst wurde, weiterverarbeitet werden kann. Da auch das Management Studio einen Datenbankclient darstellt, empfängt es dieses Ergebnisset und stellt es unter dem Reiter ERGEBNISSE dar. Wurde von einer fehlerfrei ausgeführten Abfrage kein Datensatz zurückgeliefert, resultiert dies nicht in einer Fehlermeldung – die Abfrage selbst ist ja korrekt ausgeführt worden –, sondern in einem sogenannten *leeren Recordset*, durch das im Ergebnisbereich lediglich die Spaltenüberschriften, aber keine Datensätze ausgegeben werden.

Unter dem Reiter MELDUNGEN wird – etwas vereinfacht ausgedrückt – bei einer erfolgreichen Abfrage in der Form (X ZEILE(N) BETROFFEN) die Anzahl der ausgewählten Datensätze angezeigt, wobei das x für die Anzahl der betroffenen Datensätze steht, wie Abbildung 4.32 zeigt.

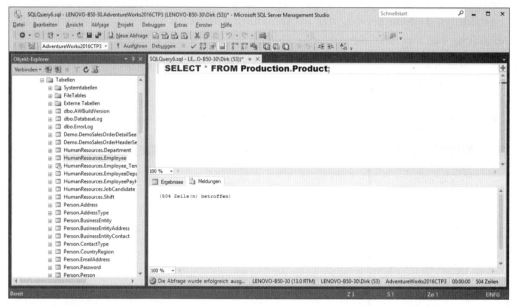

Abbildung 4.32 Der Reiter »Meldungen« bei einer erfolgreichen Abfrage

Nicht erfolgreiche Abfrageausführung

Tritt während der Ausführung einer Abfrage ein Fehler auf, wie Abbildung 4.33 am Beispiel eines falsch geschriebenen Tabellennamens zeigt, wird im Ergebnisbereich lediglich der Reiter MELDUNGEN angezeigt, der die entsprechende Fehlermeldung ausgibt.

Ein Doppelklick mit der Maus auf die Fehlermeldung setzt den Cursor in die Umgebung des aufgetretenen Fehlers, was die Eingrenzung des Fehlers erleichtert. Im Abfragefenster werden Sie auf ungültige Bezeichner auch durch den in Abbildung 4.33 dargestellten gezackten Unterstrich hingewiesen.

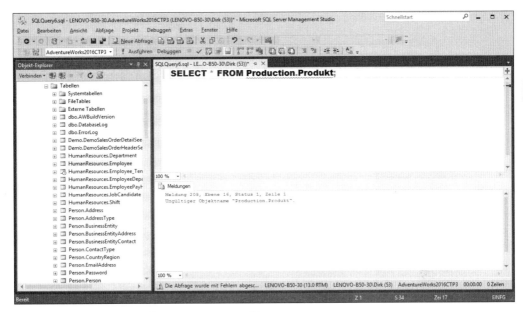

Abbildung 4.33 Fehlermeldung im Reiter »Meldungen«

Ob eine Abfrage erfolgreich oder fehlerhaft ausgeführt oder vom Anwender abgebrochen wurde, wird außerdem in der Fußzeile des Ergebnisbereichs durch die folgenden Icons und Meldungen angezeigt:

- ⊙ : Die Abfrage wurde erfolgreich ausgeführt.
- ⚠ : Die Abfrage wurde mit Fehlern abgeschlossen.
- ⊗ : Die Abfrage wurde abgebrochen.

Da der Ergebnisbereich nicht über eine Schaltfläche zum Schließen verfügt, müssen Sie ihn – falls notwendig – über das Hauptmenü ausblenden. Den entsprechenden Menüpunkt finden Sie unter FENSTER • ERGEBNISBEREICH AUSBLENDEN; wieder anzeigen lässt sich der Ergebnisbereich entsprechend unter dem Menüpunkt FENSTER • ERGEBNISBEREICH ANZEIGEN.

Weitere Informationen zur Ausführung einer Abfrage erhalten Sie über den Aufruf des EIGENSCHAFTEN-Fensters. Dieses Fenster aktivieren Sie über den Menüpunkt ANSICHT • EIGENSCHAFTENFENSTER. Durch Auswahl dieses Menüpunkts wird, wie Abbildung 4.34 zeigt, ein weiteres Fenster im Management Studio eingeblendet, das in diesem Fall Informationen zu der aktuellen Verbindung ausgibt, seinen Inhalt aber dynamisch dem aktuellen Kontext anpasst.

Da, wie Abbildung 4.34 zeigt, der verfügbare Platz des Desktops durch dieses Fenster sehr stark eingeschränkt wird, sollten Sie es bei Nichtbenutzung über seine Schaltfläche SCHLIESSEN wieder schließen.

4 Die Oberfläche von SQL Server 2016

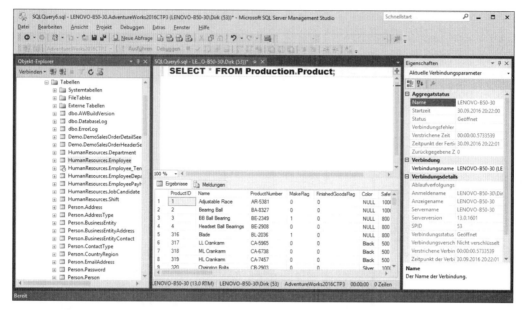

Abbildung 4.34 Das »Eigenschaften«-Fenster im Management Studio

4.2.3 Der Abfrage-Designer

Jeder Benutzer von Microsoft Access kennt den grafischen Abfrage-Editor dieses Programms. Unter Access stellt dieser das bevorzugte Mittel zur Erstellung von Abfragen an die Jet-Engine – also die Access-Datenbank – dar. Hier wird typischerweise nur in Ausnahmefällen auf die ebenfalls mögliche Formulierung von Abfragen mithilfe von SQL-Syntax zurückgegriffen. Für Benutzer, die über keine oder geringe Kenntnisse in SQL verfügen, stellt eine grafische Oberfläche zur Abfrageerstellung zunächst eine gut geeignete Möglichkeit dar, einfache Abfragen an eine Datenbank zu formulieren. Grafische Abfrage-Editoren stoßen jedoch schnell an ihre Grenzen, da sich bereits etwas komplexere SQL-Anweisungen nicht mehr grafisch darstellen lassen. Aus diesem Grund hat der auch in SQL Server verfügbare Abfrage-Editor bzw. *Abfrage-Designer* nie die Bedeutung seines Pendants in Microsoft Access erhalten.

Da in diesem Buch die SQL-Programmierung vermittelt werden soll, beschreiben wir im Folgenden die Verwendung des Abfrage-Designers nur kurz und beispielhaft. Die Möglichkeiten, die der Abfrage-Designer zur Erstellung von Abfragen bietet, sind von einem Anwender mit Kenntnis der zugrunde liegenden SQL-Anweisungen – die im Laufe dieses Buches vermittelt werden – schnell zu erfassen.

Der Aufruf des Abfrage-Designers erfolgt aus einem geöffneten Abfragefenster, in dem die abzufragende Datenbank ausgewählt ist, über den Menüpunkt ABFRAGE • ABFRAGE IN EDITOR ENTWERFEN. In dem daraufhin erscheinenden und in Abbildung 4.35 dargestellten Dialog wählen Sie die an der Abfrage beteiligten Tabellen, während im Hintergrund bereits die Oberfläche des Abfrage-Designers dargestellt wird.

4.2 Das Bearbeiten von SQL-Anweisungen im Management Studio

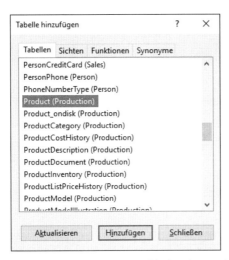

Abbildung 4.35 Die Auswahl abzufragender Tabellen

Nachdem Sie alle zur Abfrage benötigten Tabellen durch die Schaltfläche HINZUFÜ-GEN ausgewählt und den Auswahldialog geschlossen haben, können Sie die Abfrage in der in Abbildung 4.36 dargestellten Oberfläche des Designers bearbeiten.

In diesem Beispiel sollen alle Spalten der ausgewählten Tabelle ausgegeben werden, was z. B. durch die Aktivierung des entsprechenden Kontrollkästchens in der Tabellendarstellung erfolgt (siehe Abbildung 4.37). Bei einem Vergleich von Abbildung 4.36 und Abbildung 4.37 werden Sie feststellen, dass der im unteren Teil dargestellte Abfragetext automatisch angepasst wurde.

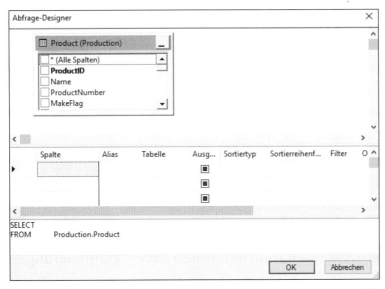

Abbildung 4.36 Die Oberfläche des Abfrage-Designers nach der Tabellenauswahl

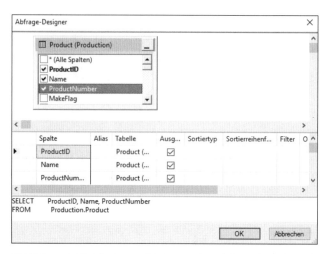

Abbildung 4.37 Die Auswahl der an der Abfrage beteiligten Spalten

Verlassen Sie den Designer nun über die Schaltfläche OK, wird die erstellte Abfrageanweisung in das Abfragefenster des Management Studios übernommen (siehe Abbildung 4.38). Von hier aus können Sie sie mit den bereits beschriebenen Methoden weiter bearbeiten und ausführen.

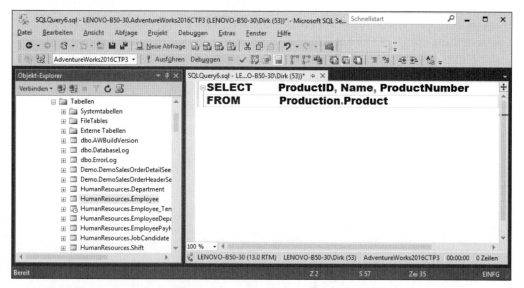

Abbildung 4.38 Die grafisch erstellte Anweisung im Abfragefenster

4.3 SQL-Server-Dokumentation und Hilfen zur Programmierung

Welche Hilfen Ihnen in SQL Server 2016 zur Verfügung stehen, werden Sie in diesem Abschnitt erfahren.

4.3 SQL-Server-Dokumentation und Hilfen zur Programmierung

4.3.1 Die SQL-Server-Dokumentation

Die SQL-Server-Dokumentation stellt die zentrale Hilfe in SQL Server 2016 dar. Sie finden diese Dokumentation unter dem Namen *SQL Server-Dokumentation* im Programmordner von SQL Server 2016. Abbildung 4.39 zeigt die SQL-Server-Dokumentation nach dem Aufruf.

Abbildung 4.39 Die SQL-Server-Dokumentation

Am selben Ort finden Sie ebenfalls das RESSOURCENCENTER (siehe Abbildung 4.40).

Abbildung 4.40 Das Ressourcencenter

131

4.3.2 SQL-Server-IntelliSense

Zu den wohl häufigsten Fehlern während der Programmierung – unabhängig von der verwendeten Sprache – gehören falsch geschriebene Bezeichner. Mit dem in SQL Server 2008 eingeführten *IntelliSense* können Sie das Auftreten dieser Art von Fehlern deutlich minimieren. Obwohl diese nützliche Hilfestellung – auch als *Autovervollständigung* bezeichnet – Benutzern der Microsoft-Windows-Entwicklungsumgebungen schon lange vertraut ist, mussten die Anwender von SQL Server bis zur oben angegebenen Version von SQL Server auf die Implementierung warten. Die Anwendung von IntelliSense ist denkbar einfach, wie das folgende Beispiel zeigt.

Verbunden mit der *AdventureWorks2016CTP3*-Datenbank wird eine Abfrage erstellt, über die die *Production.Products*-Tabelle abgefragt werden soll. Wie Sie in Abbildung 4.41 sehen, zeigt IntelliSense nach den ersten Buchstaben einen zutreffenden Vorschlag für den ersten Teil des Bezeichners an.

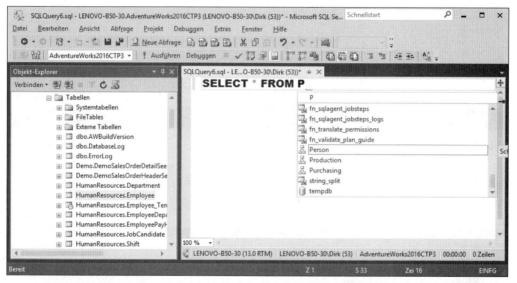

Abbildung 4.41 Angebotener Eintrag von IntelliSense für den ersten Teil des Bezeichners

Sollte der angebotene Eintrag nicht bereits richtig sein, setzen Sie entweder die Eingabe fort oder navigieren mit den Cursortasten zum entsprechenden Eintrag. Einen ausgewählten Eintrag von IntelliSense übernehmen Sie mit der ⇆ - oder der ⏎ -Taste.

Nachdem Sie den gewünschten Eintrag PRODUCTION ausgewählt haben, werden Ihnen nach Eingabe des Punkts als Trennzeichen die zugehörigen Tabellen zur Auswahl angeboten. Den in Abbildung 4.42 gezeigten Eintrag PRODUCT könnten Sie nun wie oben beschrieben übernehmen.

Da IntelliSense in manchen Fällen nicht gewollte Ergänzungen vornimmt, können Sie durch Druck auf [Esc] die Autovervollständigung während der Eingabe einer Anweisung unterdrücken. Über das Icon INTELLISENSE AKTIVIERT können Sie die Autovervollständigung dauerhaft aktivieren oder deaktivieren.

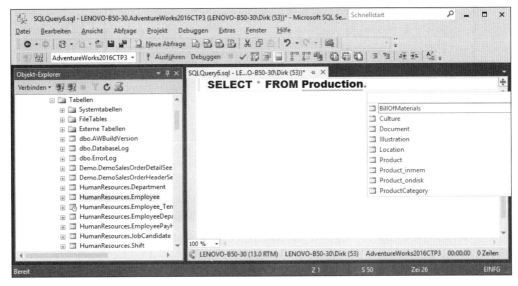

Abbildung 4.42 Anzeige der auswählbaren Tabellen

4.3.3 Der Vorlagen-Explorer

Eine weitere Hilfe zur Programmierung stellt im Management Studio der *Vorlagen-Explorer* dar, über den Sie das Grundgerüst einer Anweisung erzeugen, das Sie dann lediglich vervollständigen müssen. Vorlagen (auf Englisch auch als *Templates* bezeichnet) können Sie auch selbst erstellen und unter SQL Server verwenden. Den VORLAGEN-BROWSER rufen Sie über ANSICHT • VORLAGEN-EXPLORER auf, wodurch ein zusätzliches Fenster eingeblendet wird. Darin wird eine Zusammenstellung von Oberbegriffen angeboten, wie Sie in Abbildung 4.43 sehen.

Wollen Sie z. B. einer Tabelle eine Spalte hinzufügen, erweitern Sie den Eintrag TABLE der Struktur und wählen die entsprechende Aktion – in diesem Fall den in Abbildung 4.44 dargestellten Eintrag ADD COLUMN – durch einen Doppelklick aus.

Durch die Auswahl der Vorlage wird ein neues Abfragefenster geöffnet, in dem das Codefragment angezeigt wird, das in Abbildung 4.45 als typisches Beispiel für die Struktur einer Vorlage dargestellt ist.

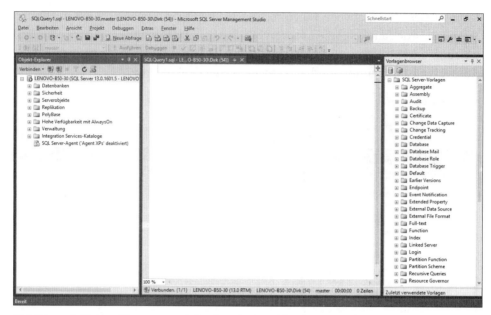

Abbildung 4.43 Das Management Studio mit eingeblendetem Vorlagen-Explorer

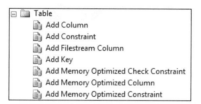

Abbildung 4.44 Einige der im Kontext einer Tabelle verfügbaren Vorlagen

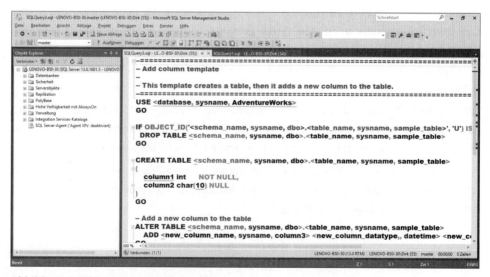

Abbildung 4.45 Generierte Vorlage

Beim Betrachten von Abbildung 4.45 fällt die Verwendung spitzer Klammern (<>) auf, die zur Kennzeichnung von Platzhaltern dienen und in der Abbildung in Verbindung mit den Einträgen schema_name und table_name verwendet werden.

Um die Parameter durch eigene Werte zu ersetzen, müssen Sie lediglich den entsprechenden Dialog über die Schaltfläche WERTE FÜR VORLAGENPARAMETER ANGEBEN aufrufen. In dem verwendeten Beispiel öffnet sich das in Abbildung 4.46 gezeigte Fenster, in dem Sie die angebotenen Parameterwerte ersetzen können.

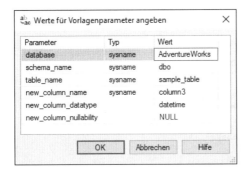

Abbildung 4.46 In der Vorlage verwendete Parameter

So werden durch das in Abbildung 4.46 dargestellte Ändern des Eintrags sample_table in TestTabelle, die Angabe des Spaltennamens Datum und die Änderung des Datenbanknamens in *AdventureWorks2016CTP3* alle Vorkommen dieser Platzhalter in der Vorlage an die neuen Werte angepasst, wie Abbildung 4.47 zeigt.

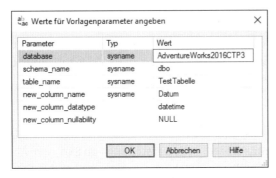

Abbildung 4.47 Geänderte Vorlagenparameter

So komfortabel die Verwendung von Vorlagen – vielleicht in besonderer Weise für einen in der SQL-Syntax nicht erfahrenen Benutzer – erscheinen mag, so risikoreich ist es, den angebotenen Beispielcode gedankenlos zu übernehmen.

Wie Sie z. B. Abbildung 4.48 entnehmen können, enthält die Vorlage eine DROP TABLE-Anweisung, die in SQL dazu dient, eine Tabelle zu löschen. Übernehmen Sie die im Beispiel verwendete Vorlage zum Hinzufügen einer Spalte unverändert, wird eine bestehende Tabelle zunächst gelöscht, um danach mit den Angaben der Vorlage neu erstellt zu werden. Abschließend wird der neu erstellten Tabelle eine weitere Spalte hinzugefügt, was wohl kaum der ursprünglichen Absicht – dem Hinzufügen einer Spalte zu einer bestehenden Tabelle – entsprechen dürfte.

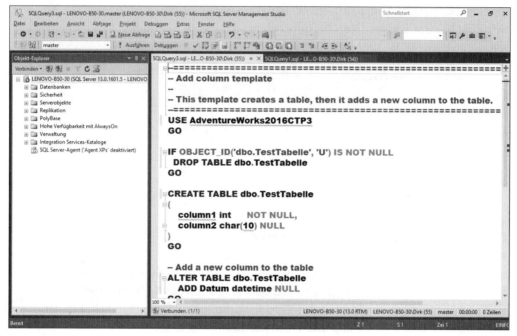

Abbildung 4.48 Übernahme der Parameter in das SQL-Skript

Seit SQL Server 2014 können Sie neben den vordefinierten Vorlagen auch sogenannte *Codeausschnitte* (engl.: *snippets*) verwenden. Die Verwaltung dieser Codeausschnitte rufen Sie über den Menüpunkt EXTRAS • CODEAUSSCHNITT-MANAGER auf.

4.3.4 Die Skriptgenerierung

SQL Server bietet viele Möglichkeiten zur automatischen Erstellung von Skripten. Als Beispiel betrachten wir eine Möglichkeit, die es erlaubt, Informationen darüber zu erhalten, welche Anweisungen aus einem grafischen Dialog an SQL Server gesendet würden, wenn der Dialog bestätigt würde. In vielen Fällen erhalten Sie mit dieser Vorgehensweise nützliche Informationen über verwendete gespeicherte Prozeduren oder zu anderen Details einer Abfrage. In diesem Beispiel soll der Dialog zum Löschen aus dem Kontextmenü der *AdventureWorks2016CTP3*-Datenbank aufgerufen werden, wie in Abbildung 4.49 dargestellt.

4.3 SQL-Server-Dokumentation und Hilfen zur Programmierung

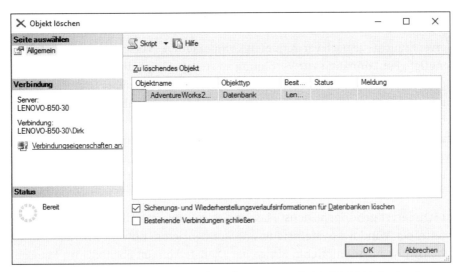

Abbildung 4.49 Dialog zum Löschen der AdventureWorks2016CTP3-Datenbank

Bitte bestätigen Sie diesen Dialog nicht, sondern klicken Sie auf die Schaltfläche SKRIPT. Dadurch werden Ihnen die Anweisungen in einem Abfragefenster dargestellt, die bei einem Klick auf die OK-Schaltfläche an SQL Server gesendet würden. Abbildung 4.50 zeigt die generierte Anweisung zum Löschen der *AdventureWorks2016CTP3*-Datenbank.

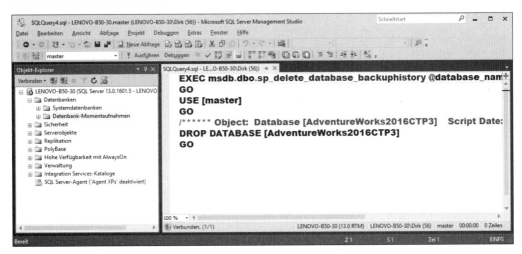

Abbildung 4.50 SQL-Anweisungen des Löschen-Dialogs

Da die Anzeige des Quellcodes an vielen Stellen innerhalb von SQL Server angeboten wird, stellt sie eine gute Möglichkeit dar, sich mit den verwendeten SQL-Anweisungen vertraut zu machen.

4.4 Überblick über die SQL-Server-Dienste

SQL Server braucht – je nach verwendeten Komponenten – verschiedene Dienste, um die benötigte Funktionalität zur Verfügung zu stellen. Einige dieser Dienste werden nach der Installation von SQL Server bei jedem Start des Betriebssystems automatisch gestartet, was bei einem in der Praxis betriebenen Datenbankserver durchaus sinnvoll ist. Bei einem SQL Server, der sich nicht in einer Produktivumgebung befindet, kann es sinnvoll sein, die Startart der Dienste zu ändern, um Ressourcen zu sparen, wenn SQL Server nicht verwendet wird. Aber auch auf einem Datenbankserver in einer Produktivumgebung ist es u. U. notwendig, Dienste zu aktivieren oder zu deaktivieren.

Die zu SQL Server gehörigen Dienste lassen sich selbstverständlich wie alle anderen Dienste in der Windows-Systemsteuerung konfigurieren, obwohl Microsoft diese Vorgehensweise nicht empfiehlt. Einige der Dienste können ebenfalls im Management Studio beeinflusst werden. Die in Abbildung 4.51 dargestellten Dienste SQL SERVER und SQL SERVER-AGENT z. B. lassen sich über ihr Kontextmenü direkt aus der Oberfläche heraus steuern. Die beste Möglichkeit zur Verwaltung der SQL-Server-Dienste bietet der *SQL-Server-Konfigurations-Manager*. Sie finden ihn im SQL-Server-Programmordner im Unterordner KONFIGURATIONSTOOLS unter dem Eintrag SQL SERVER-KONFIGURATIONS-MANAGER.

Nach dem Start des Konfigurations-Managers öffnet sich das in Abbildung 4.51 dargestellte Fenster, in dem die vorhandenen SQL-Server-Dienste angezeigt werden.

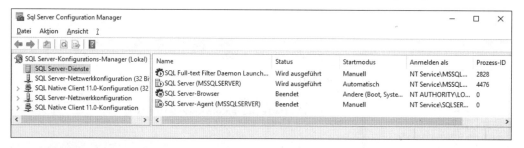

Abbildung 4.51 Auflistung der Dienste im Konfigurations-Manager

Die vier abgebildeten Dienste haben in SQL Server die folgenden Bedeutungen:

- SQL FULL-TEXT FILTER DAEMON LAUNCHER
  Durch diesen Dienst wird die Erstellung von Volltextindizes ermöglicht. Diese werden dazu verwendet, umfangreiche Texte, die in einer Datenbank hinterlegt sind, nach Schlüsselwörtern zu durchsuchen.

- SQL SERVER
  Dieser Dienst stellt den zentralen Datenbankdienst dar. Ohne ihn wäre der Rechner nicht fähig, Datenbankabfragen entgegenzunehmen und zu bearbeiten, also

als Datenbankserver zu fungieren. Dieser Dienst wird nach der Installation von SQL Server standardmäßig bei jedem Start des Rechners ausgeführt.

- SQL SERVER-BROWSER
  Der SQL-Server-Browser-Dienst dient dazu, einem Client zu ermöglichen, Eigenschaften der Verbindung abzufragen. So stellt der SQL Server-Browser z. B. bei benannten Instanzen dem Client Informationen darüber zur Verfügung, unter welchem Port eine spezifische Instanz angesprochen werden kann.

- SQL SERVER-AGENT
  Der SQL-Server-Agent-Dienst dient dazu, wiederkehrende Aufgaben innerhalb des Servers zu verwalten. Typischerweise wird dieser Dienst dazu verwendet, Datenbanksicherungen oder Wartungsaufgaben zu verwalten und sie auszulösen.

Die Bezeichnungen dieser vier Dienste entsprechen weitgehend den in der Windows-Systemsteuerung verwendeten Bezeichnungen, was ein Auffinden der Dienste vereinfacht.

Über das Kontextmenü eines jeden Dienstes können Sie diesen starten, beenden, anhalten, fortsetzen und neu starten. Durch den Aufruf der EIGENSCHAFTEN eines Dienstes können Sie ihn im Konfigurations-Manager konfigurieren.

4.5 Das Dienstprogramm »sqlcmd«

Es ist keine grafische Oberfläche wie das Management Studio erforderlich, um eine Verbindung zu SQL Server herzustellen. SQL Server können Sie auch über Dienstprogramme von der Kommandozeile aus ansprechen. Die dazu verwendeten Programme hießen in früheren Versionen von SQL Server *isql* bzw. *osql*; seit SQL Server 2005 lautet die Bezeichnung der Befehlszeilenanwendung *sqlcmd*.

Um sich mit den Möglichkeiten dieses Programms vertraut zu machen, können Sie es über die Eingabeaufforderung unter Angabe des Parameters -? zur Anzeige der Hilfe aufrufen. Dieser in Abbildung 4.52 dargestellte Aufruf liefert eine Liste der Parameter zurück, die zusammen mit *sqlcmd* verwendet werden können. Wie Sie sehen, wird bei der Angabe von Parametern zwischen Groß- und Kleinschreibung unterschieden.

Im Folgenden bauen wir als Beispiel mit *sqlcmd* eine Verbindung zu SQL Server auf, wählen eine Datenbank aus und setzen eine Abfrage auf eine Tabelle innerhalb der Datenbank ab. Die in diesem Beispiel verwendeten Abfragebefehle werden wir erst im weiteren Verlauf behandeln und erläutern. Als Vorgriff darauf sei erwähnt, dass die verwendeten Anweisungen die Datenbank *AdventureWorks2016CTP3* auswählen und den Inhalt der Tabelle *Product* abfragen. Dies entspricht der Anzeige eines Tabelleninhalts, wie wir weiter oben in diesem Kapitel am Beispiel des SQL Server Management Studios als grafische Oberfläche bereits gezeigt haben.

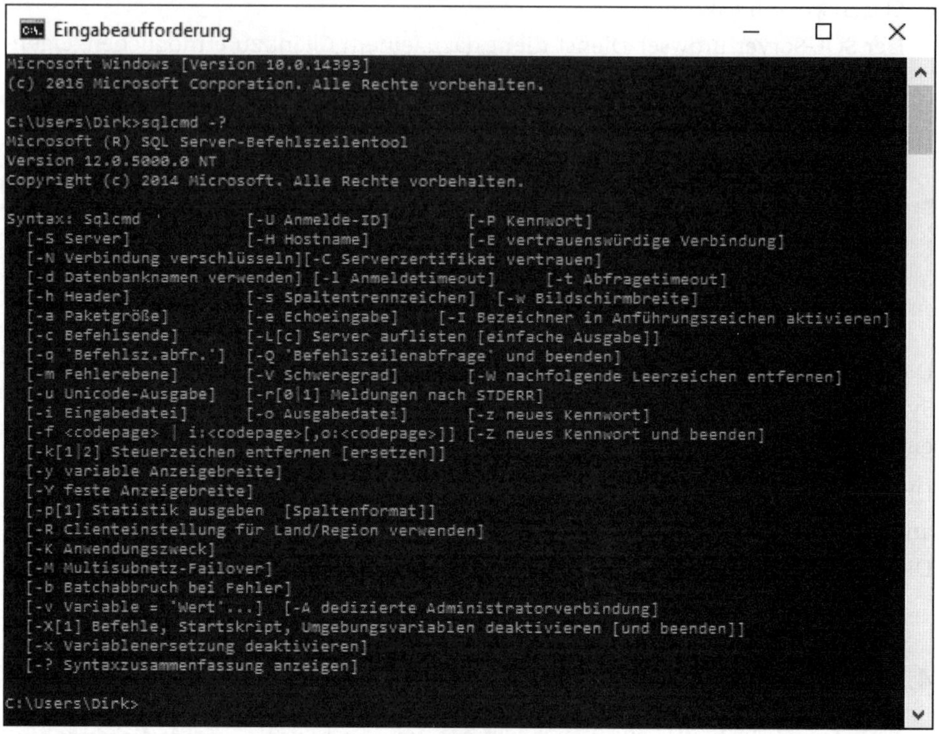

Abbildung 4.52 Die verfügbaren Parameter von »sqlcmd«

Um eine Abfrage unter *sqlcmd* auszuführen, ist zunächst eine erfolgreiche Anmeldung an den Datenbankserver notwendig. Ohne Angabe von Parametern geht *sqlcmd* von einer vertrauten Verbindung am lokalen Server aus. Genau das soll in diesem Beispiel erfolgen, weshalb wir *sqlcmd* ohne Angabe von Parametern aufrufen können, wie in Abbildung 4.53 dargestellt.

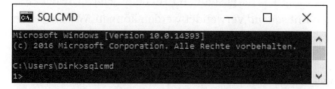

Abbildung 4.53 Erfolgreiche Verbindungsaufnahme zum Datenbankserver

Das Erscheinungsbild von *sqlcmd* ändert sich nun dahingehend, dass wie in der Abbildung eine Zeilennummer am Beginn jeder Zeile eingeblendet wird.

Um die Beispieldatenbank *AdventureWorks2016CTP3* auszuwählen, wird die folgende Anweisung verwendet, wie Abbildung 4.54 zeigt:

```
USE AdventureWorks2016CTP3;
```

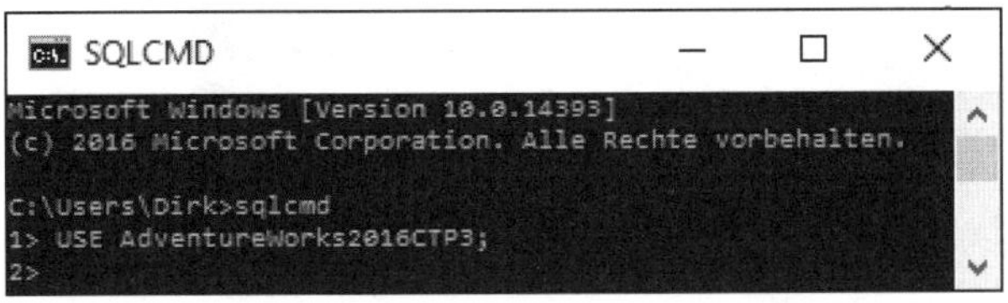

Abbildung 4.54 Auswahl der Beispieldatenbank »AdventureWorks2016CTP3«

Um den Inhalt der *Product*-Tabelle auszugeben, müssen Sie nun noch die folgende Anweisung an SQL Server stellen:

```
SELECT * FROM Production.Product;
```

In der Oberfläche von *sqlcmd* ergibt sich daher die in Abbildung 4.55 dargestellte Anweisungsfolge.

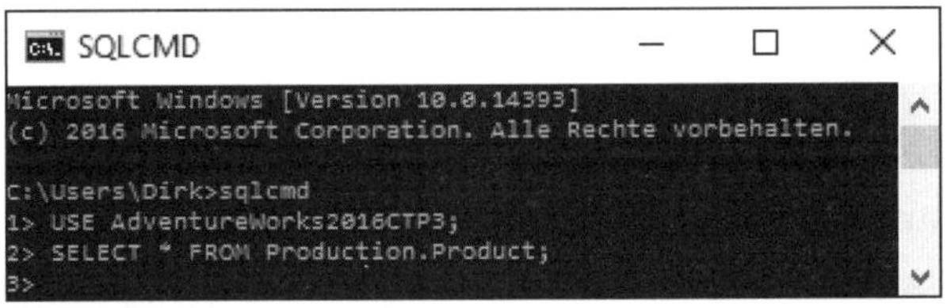

Abbildung 4.55 Die Oberfläche von »sqlcmd« mit der Anweisung zur Abfrage der »Product«-Tabelle

Die Ausführung der Anweisungen wird über die Eingabe von GO gestartet, wie in Abbildung 4.56 zu sehen ist. Durch die Eingabe der GO-Anweisung und einen Druck auf die ⏎-Taste werden die betreffenden Codezeilen an SQL Server übermittelt, was innerhalb von *sqlcmd* auch dadurch angezeigt wird, dass nach dem durch GO erfolgten Senden der Anweisungen an den Server die Nummerierung der Zeilen wieder bei der Zeilennummer 1 beginnt.

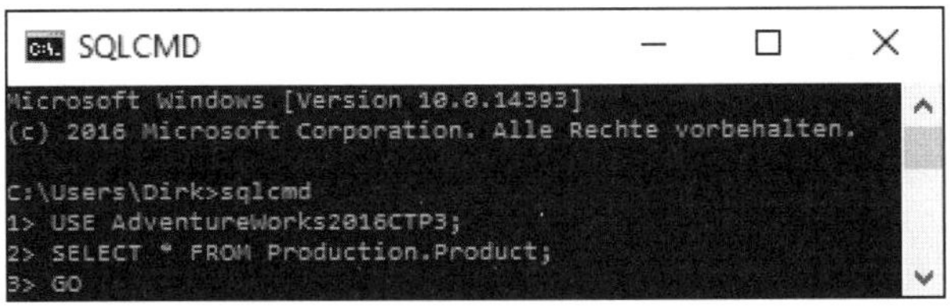

Abbildung 4.56 Das Starten des Abfragestapels durch das »GO«-Kommando

Als Ergebnis wird der Inhalt der *Product*-Tabelle zurückgegeben (Abbildung 4.57).

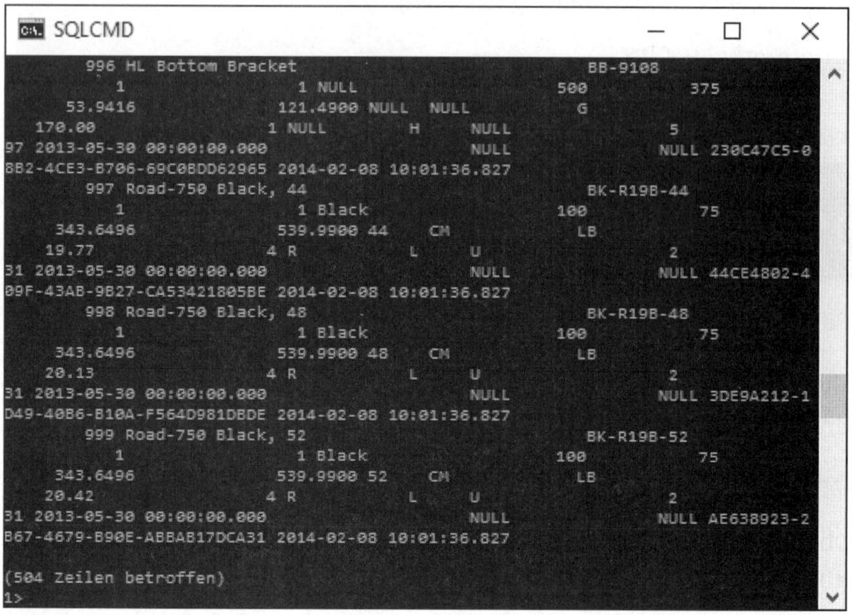

Abbildung 4.57 Das Abfrageergebnis in unformatierter Darstellung

Sicherlich entspricht die Ausgabe der Abfrage nicht den heutigen Standards, was moderne Programmierumgebungen angeht. Dieses Beispiel sollte Ihnen lediglich zeigen, dass es auch mit minimalen Mitteln und ohne grafische Oberfläche möglich ist, auf SQL Server zuzugreifen.

Sie beenden *sqlcmd* durch die Eingabe von `exit` oder `quit`.

4.6 SQL-Server-Integration in die Windows PowerShell

Die *Windows PowerShell* stellt eine Umgebung zur Skripterstellung dar, in der Ihnen eine objektorientierte, auf dem .NET Framework basierende Skriptsprache zur Verfügung steht. Mit der PowerShell-Skriptsprache verfügen Sie über weitaus komplexere Möglichkeiten als bei der Verwendung anderer Skriptsprachen. Die Windows PowerShell ist Bestandteil aller aktuellen Windows-Versionen, sie wird von Microsoft aber auch zum freien Download angeboten. Dadurch erhalten Administratoren z. B. die Möglichkeit, Wartungsskripte für eine Vielzahl von Rechnern mithilfe einer einzigen Skriptsprache zu erstellen. Die Verwendung der PowerShell-Skriptsprache ist auf diversen Microsoft-Seiten dokumentiert, für erfahrene Visual-Studio-Benutzer mag die PowerShell-Schnellreferenz für einen unkomplizierten Einstieg in die Skriptsprache ausreichend sein (siehe Abbildung 4.58).

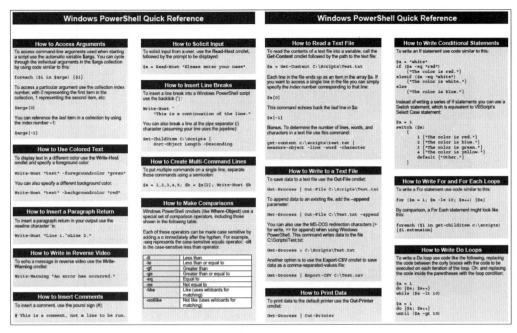

Abbildung 4.58 PowerShell-Schnellreferenz (Auszug)

Diese kurz gefasste Referenz können Sie sich aus dem Microsoft Download Center von der Seite *Windows PowerShell Quick Reference* (*http://www.microsoft.com/en-us/download/details.aspx?id=7097*) herunterladen.

4.6.1 Allgemeiner Aufruf der PowerShell

Um die Windows PowerShell aufzurufen, wechseln Sie zunächst in den Programmordner *Windows PowerShell*. Dort finden Sie den Eintrag WINDOWS POWERSHELL zum Start der in Abbildung 4.59 gezeigten PowerShell-Oberfläche.

Abbildung 4.59 Die PowerShell-Oberfläche

In dem Programmordner finden Sie einen weiteren, mit WINDOWS POWERSHELL ISE bezeichneten Eintrag vor. Die PowerShell ISE (*Integrated Scripting Environment*) stellt eine grafische Oberfläche zur Verfügung, die über mehr Funktionen als die nichtgrafische Oberfläche verfügt und damit ein komfortableres Arbeiten mit der PowerShell-Skriptsprache ermöglicht. Die Oberfläche der PowerShell ISE sehen Sie in Abbildung 4.60.

4 Die Oberfläche von SQL Server 2016

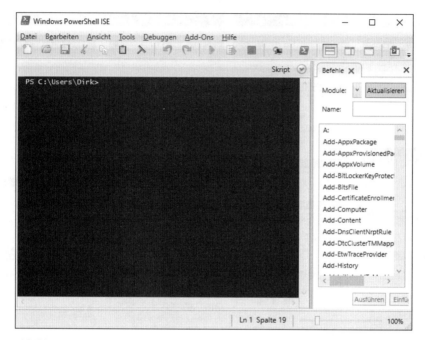

Abbildung 4.60 Die grafische Oberfläche der PowerShell ISE

4.6.2 Aufruf der PowerShell mit SQL-Server-Integration

Für die Verwendung der Windows PowerShell mit SQL Server stehen Ihnen verschiedene Möglichkeiten zur Verfügung. Zwei besonders komfortable Möglichkeiten besprechen wir im Folgenden.

Das Dienstprogramm »sqlps«

Um mit der Windows PowerShell auf SQL Server zuzugreifen, können Sie das Dienstprogramm *sqlps* verwenden. Dabei handelt es sich um eine speziell für die Verwendung mit SQL Server angepasste PowerShell-Oberfläche. An der Eingabeaufforderung können Sie das Programm aus jedem beliebigen Verzeichnis heraus aufrufen, da ein Pfad auf den Speicherort gesetzt ist. Abbildung 4.61 zeigt die Oberfläche von *sqlps*.

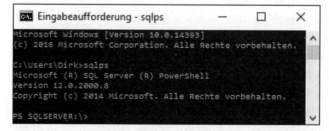

Abbildung 4.61 Start von »sqlps« an der Eingabeaufforderung

Aufruf der PowerShell aus dem Management Studio

Bei geöffnetem Management Studio steht Ihnen eine weitere Möglichkeit zur Verfügung, die PowerShell mit geladenen SQL-Server-Erweiterungen aufzurufen. Wählen Sie dazu für einen geeigneten Knotenpunkt im OBJEKT-EXPLORER aus dem Kontextmenü den Eintrag POWERSHELL STARTEN aus. Abbildung 4.62 zeigt die auf diese Weise für den Knoten DATENBANKEN geöffnete PowerShell-Oberfläche.

Abbildung 4.62 Aufruf der PowerShell für den Datenbankknoten

Welche der drei beschriebenen Möglichkeiten zum Aufruf der PowerShell mit SQL-Server-Unterstützung für Ihre Zwecke am besten geeignet ist, hängt von verschiedenen Faktoren ab. So liefert die erste Variante – also die Windows PowerShell mit registrierten SQL-Server-Erweiterungen – typischerweise viel mehr Detailinformationen als die anderen beiden Möglichkeiten zurück, was die Ausgabe für das menschliche Auge häufig unübersichtlich macht. Die PowerShell ISE hingegen bietet in Kombination mit der grafischen Oberfläche weitaus mehr Komfort bei der Erstellung von Skripten, z. B. durch die Möglichkeit, Haltepunkte zum Debuggen zu verwenden. Während der Arbeit mit dem Management Studio ist die Möglichkeit des Aufrufs der PowerShell aus der Programmumgebung heraus besonders praktisch. Auch die folgenden Abbildungen wurden auf diese Weise erstellt – wenn Sie einen anderen Aufruf verwenden, kann die Darstellung daher von den gedruckten Abbildungen abweichen.

4.6.3 Zugriff auf SQL Server mit der Windows PowerShell

Die Windows PowerShell stellt verschiedene Bereiche eines Windows-Rechners in einer an das Dateisystem angelehnten Form zur Verfügung. Wegen dieser Analogie werden diese Bereiche auch als *Laufwerke* bezeichnet. Einen Überblick über die zur Verfügung stehenden Laufwerke erhalten Sie über die Anweisung `Get-PSDrive`. Abbildung 4.63 zeigt eine mögliche Ausgabe dieses Befehls.

Wie Sie Abbildung 4.63 entnehmen können, werden neben den vorhandenen physischen Laufwerken u. a. auch Teile der Registry (HKCU, HKLM), Zertifikate bzw. Zertifikatspeicher (cert) und eben auch SQL Server (SQLSERVER) als Laufwerke dargestellt. Falls Sie auf das Laufwerk SQLSERVER nicht zugreifen können, überprüfen Sie, ob der SQL-Server-Dienst gestartet wurde und ob Sie die PowerShell mit installierten SQL-Server-Erweiterungen gestartet haben. Mithilfe der in Abbildung 4.64 dargestellten Anweisungen sowie der ebenfalls dargestellten Abkürzungen (Aliasse) können Sie durch die Struktur des SQLSERVER-Laufwerks navigieren und weitere Aktionen wie z. B. das Umbenennen von Objekten vornehmen.

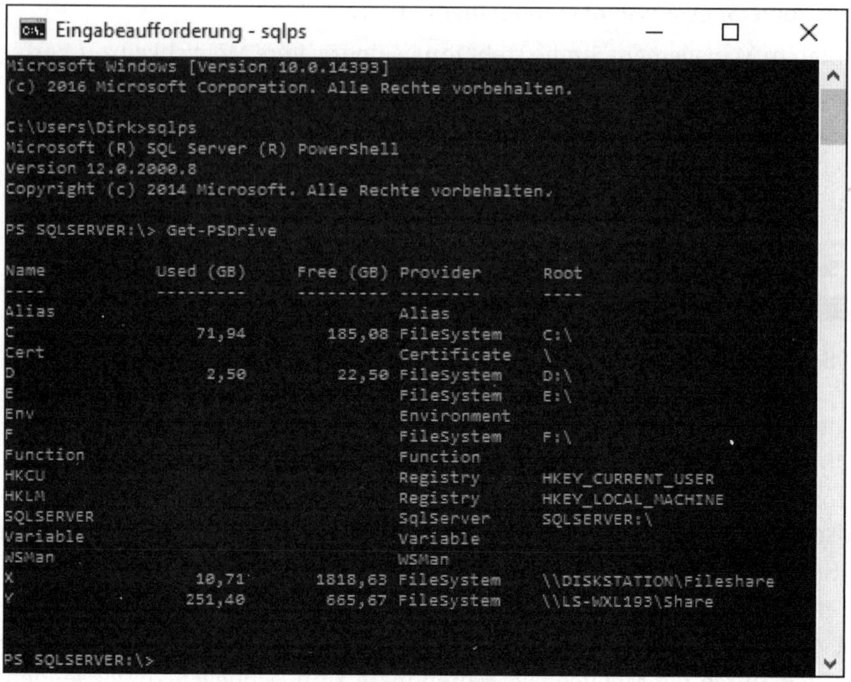

Abbildung 4.63 Mögliche Ausgabe von »Get-PSDrive«

Wie Sie bei einem Vergleich mit Abbildung 4.64 feststellen werden, stimmen viele der dargestellten Aliasse mit den Anweisungen überein, die Sie von der Arbeit am Dateisystem gewohnt sind. So können Sie z. B. mit der cd-Anweisung das aktuelle Verzeichnis wechseln und so die Struktur des SQLSERVER-Laufwerks durchlaufen. Die Verzeichnisstruktur des gesamten SQLSERVER-Laufwerks ist recht umfangreich, für den Zugriff auf die Datenbankebene von SQL Server ergibt sich jedoch ein relativ einfacher Pfad, wie er bereits in Abbildung 4.62 am Beispiel des Aufrufs der PowerShell aus dem Management Studio beispielhaft dargestellt wurde. Die Pfadangabe hat dabei die folgende Form:

SQLSERVER:\SQL\rechnername\instanzname\Databases

Der Rechnername lautet in dem in Abbildung 4.65 gezeigten Beispiel LENOVO-B50-30, die Angabe von DEFAULT als Instanzname verweist auf die SQL-Server-Standardinstanz. Da der aktuelle Pfad auf den Datenbankknoten verweist, können Sie sich nun – z. B. durch Eingabe von dir – den Ordnerinhalt und damit eine Auflistung der vorhandenen benutzerdefinierten Datenbanken anzeigen lassen (siehe Abbildung 4.65). In diesem Fall ist die einzig bislang vorhandene benutzerdefinierte Datenbank die *AdventureWorks2016CTP3*-Datenbank.

Cmdlet	Kanonischer Alias	Cmd-Alias	UNIX-Shell-Alias	Beschreibung
Get-Location	gl	pwd	pwd	Ruft den aktuellen Knoten ab.
Set-Location	sl	cd, chdir	cd, chdir	Ändert den aktuellen Knoten.
Get-ChildItem	gci	dir	ls	Listet die am aktuellen Knoten gespeicherten Objekte auf.
Get-Item	gi			Gibt die Eigenschaften des aktuellen Elements zurück.
Move-Item	mi	move	mv	Verschiebt ein Objekt.
Rename-Item	rni	rn	ren	Benennt ein Objekt um.
Remove-Item	ri	del, rd	rm, rmdir	Entfernt ein Objekt.

Abbildung 4.64 Anwendbare Befehle für ein SQLSERVER-Laufwerk

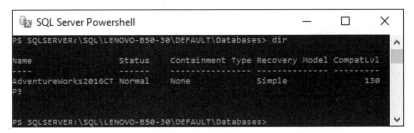

Abbildung 4.65 Auflistung der benutzerdefinierten Datenbanken

Wie wir oben bereits erwähnt haben, können Sie mithilfe der Laufwerksbefehle die Laufwerksinhalte ändern. So zeigt das folgende Beispiel die Möglichkeiten, mithilfe der ren-Anweisung die Datenbank *AdventureWorks2016CTP3* in *AW* umzubenennen.

> **Hinweis**
> Bitte führen Sie dieses Beispiel nicht aus, oder benennen Sie die Datenbank danach wieder mit ihrem ursprünglichen Namen.

Beispiel:

```
ren AdventureWorks2016CTP3 AW
```

Den Wechsel von Verzeichnissen können Sie ebenso, wie Sie es vom Dateisystem her gewohnt sind, mit dem cd-Befehl vornehmen. Mit der folgenden Anweisung wechseln Sie so von der Datenbankebene in den Ordner *Tables* der *AdventureWorks2016-CTP3*-Datenbank.

Beispiel:

```
cd AdventureWorks2016CTP3\Tables
```

Auch hier bewirkt der Befehl dir die Ausgabe des Verzeichnisinhalts, in diesem Fall also der Tabellen innerhalb der *AdventureWorks2016CTP3*-Datenbank, wie der in Abbildung 4.66 dargestellte Ausschnitt zeigt.

Abbildung 4.66 Ausschnitt der in der Datenbank vorhandenen Tabellen

Mit dem folgenden Beispiel können Sie sogar noch eine Ebene tiefer, nämlich in den Ordner der Tabelle *Production.Product*, wechseln.

Beispiel:

```
cd Production.Product
```

Ein erneuter Aufruf von dir liefert nun aber nicht, wie man vermuten könnte, den Tabelleninhalt – also die Datensätze – zurück, sondern eine Auflistung der mit der Tabelle verbundenen Objekttypen, wie Abbildung 4.67 zeigt.

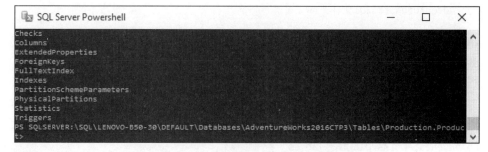

Abbildung 4.67 Der Inhalt des Ordeners der Tabelle »Production.Product«

Da kein entsprechender Laufwerksbefehl zum Anzeigen eines Tabelleninhalts existiert, müssen Sie zu diesem Zweck ein sogenanntes *SQL-Server-Cmdlet* verwenden.

4.6.4 Die SQL-Server-Cmdlets

Für die Ausführung von SQL-Anweisungen – wie die Abfrage eines Tabelleninhalts – aus der PowerShell verwenden Sie das Cmdlet *Invoke-Sqlcmd*, das wir an dieser Stelle beispielhaft für die SQL-Server-spezifischen Cmdlets betrachten. Im einfachsten Fall rufen Sie das Cmdlet unter Angabe der auszuführenden SQL-Anweisung auf, die Sie in Anführungszeichen setzen.

Syntax:

```
Invoke-Sqlcmd "sql-anweisung;"
```

Mit dem folgenden Beispiel fragen Sie den Inhalt der Tabelle *Production.Product* ab.

Beispiel:

```
Invoke-Sqlcmd "SELECT * FROM Production.Product;"
```

Einen von dieser Abfrage zurückgegebenen Datensatz sehen Sie in Abbildung 4.68.

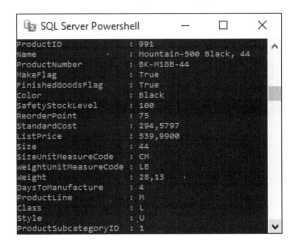

Abbildung 4.68 Ein im Abfrageergebnis enthaltener Datensatz

TEIL II
SQL-Programmierung

Kapitel 5
Grundlegende Abfragetechniken

Um Informationen aus einer Datenbank zu erhalten, müssen Sie grundlegende Abfragetechniken beherrschen. Diese stellen wir in diesem Kapitel vor.

Die strukturierte Abfragesprache SQL (*Structured Query Language*) hat sich in den letzten Jahrzehnten als der Standard in der Welt der professionellen Datenbanksysteme durchgesetzt. Dabei hat sicher die Tatsache geholfen, dass es sich bei SQL um eine normierte Sprache handelt, die zunächst vom ANSI (*American National Standards Institute*) normiert und später als Standard von der ISO (*International Standards Organization*) übernommen wurde. Sie werden in der Literatur häufig auf Begriffe wie *SQL-92* stoßen, die sich auf die Jahreszahl der Veröffentlichung der verschiedenen überarbeiteten Standards der Sprache beziehen; ebenfalls üblich ist auch eine Nummerierung der Standards wie z. B. *SQL2*. Eine weitere, heute gelegentlich noch verwendete Bezeichnung lautet *SEQUEL* als Kurzform der ehemaligen Sprachbezeichnung *Structured English Query Language*, die darauf hindeutet, dass es ein Entwicklungsziel von SEQUEL war, Abfragen zu erstellen, die an umgangssprachliches Englisch angelehnt sein sollten. Erst später wurde diese Bezeichnung in SQL abgewandelt.

5.1 Einführung in SQL

Die Normierung der Sprache hat sicher nicht unerheblich zu dem überwältigenden Erfolg von SQL beigetragen, zumal sich die Hersteller von Datenbanksystemen weitgehend an diesen Standard halten und es daher möglich ist, SQL-Kenntnisse auf jeder beliebigen Plattform umzusetzen. Eine Abfrage an eine Oracle-Datenbank ist in ihrer Struktur praktisch identisch mit einer Abfrage an eine SQL-Server-Datenbank. Leider haben die SQL-Normen auch einen negativen Aspekt: nämlich ihre Beschränkung auf grundlegende Befehle. Dieser Umstand hat zu der Situation geführt, dass alle Datenbanksysteme über einen gewissen Kern an grundlegenden Befehlen verfügen, die überall fast identisch umgesetzt sind, dass darüber hinaus aber Erweiterungen implementiert wurden, die natürlich herstellerspezifisch sind. Microsoft bezeichnet seine Erweiterung des Sprachumfangs z. B. als *Transact-SQL*. Als Folge dieser Entwicklung sind bereits die Namen von Standardfunktionen von Hersteller zu Hersteller unterschiedlich, sodass bei der Einarbeitung in ein anderes Datenbanksystem mit einem gewissen Zeitaufwand zu rechnen ist.

SQL lässt sich in vier Klassen unterteilen, deren Kurzbezeichnungen häufig verwendet werden, um einen bestimmten Funktionsumfang der Sprache SQL näher zu spezifizieren:

- **DQL – Data Query Language**
  Der Teilbereich *Datenabfragesprache* umfasst die SQL-Anweisungen, mit deren Hilfe Daten aus einer Datenbank abgefragt werden. Dieses Kapitel befasst sich im weiteren Verlauf mit den grundlegenden Anweisungen dieser Gruppe.

- **DDL – Data Definition Language**
  Unter der *Datendefinitionssprache* versteht man den Teil der SQL-Anweisungen, die zum Erstellen, Verändern oder Löschen von Datenbankobjekten – beispielsweise Tabellen – oder auch einer Datenbank selbst dienen.

- **DML – Data Manipulation Language**
  Die SQL-Befehle zum Einfügen, Verändern oder Löschen von Daten werden als *Datenmanipulationssprache* bezeichnet.

- **DCL – Data Control Language**
  Die Elemente der *Datensteuerungssprache* dienen zur Verwaltung von Benutzerrechten in einer Datenbank. Mit ihrer Hilfe legen Sie z. B. fest, ob einem Benutzer lesender Zugriff auf eine Tabelle erlaubt oder verweigert wird.

5.2 SQL-Grundlagen

Bevor wir näher auf die grundlegende Struktur von SQL-Anweisungen eingehen, zunächst noch ein Hinweis: Die Verwendung des Begriffs SQL bezieht sich im folgenden Teil dieses Kapitels und des Buches immer auf die in SQL Server verwendete Sprachvariante. Andere Datenbanksysteme können – wie oben bereits erwähnt – in ihrer Implementierung der Sprache zum Teil erheblich von dem Gesagten abweichen.

Eine einzelne SQL-Anweisung, die beispielsweise Daten aus einer Vielzahl von Tabellen abfragt, kann relativ komplex werden. SQL als Sprache dagegen ist – verglichen mit anderen Programmiersprachen – relativ unkompliziert in der Handhabung, was sich insbesondere bei der Formatierung zeigt.

5.2.1 Formatierung

SQL ist nicht *case sensitive*, d. h., dass nicht zwischen Groß- und Kleinschreibung unterschieden wird. Es macht also keinen Unterschied, ob Sie eine SQL-Anweisung beispielsweise in der Form SELECT, select oder SeLeCt in Ihren Abfragen verwenden. Bei Namen von Datenbankobjekten wie Tabellen wird ebenfalls nicht zwischen Groß-

und Kleinschreibung unterschieden. Man könnte diese Unterscheidung erzwingen, sie ist aber eher untypisch. Um die Lesbarkeit von SQL-Anweisungen zu erhöhen, existiert jedoch die Konvention, Schlüsselwörter in Großbuchstaben und Namen von Tabellen, Spalten etc. in Kleinbuchstaben anzugeben.

> **Hinweis**
> Bei dem Vergleich von Zeichenketten, der Angabe von Spalten- und Tabellennamen etc. wird in der Standardeinstellung einer SQL-Server-Datenbank grundsätzlich nicht zwischen Groß- und Kleinschreibung unterschieden!

Ein Zeilenendezeichen wie beispielsweise das Semikolon in C/C++ ist in SQL nicht zwingend vorgeschrieben und eigentlich auch nicht notwendig, da der Datenbankserver durch die festgelegte Struktur von SQL-Anweisungen das Ende einer Anweisung automatisch erkennt. Bis zur 2000er-Version von SQL Server war daher der Abschluss einer Zeile durch ein Semikolon zwar möglich, wurde aber praktisch nie eingesetzt. Interessanterweise nähert sich Microsoft SQL Server schon seit der Version 2005 in diesem Punkt der Syntax anderer Datenbanksysteme an (in Oracle beispielsweise ist das Semikolon zum Abschluss einer Zeile erforderlich). Zwar ist die Verwendung des Semikolons in SQL Server weiterhin fast immer optional, in vielen Beispielen der SQL-Server-Dokumentation findet es aber Verwendung.

Auch wenn es sich bei SQL um eine relativ formatfreie Sprache handelt – Anwendungsprogrammierer betten ihre SQL-Anweisungen teilweise in eine einzige Zeile Code ein, die dann als reiner Text an den Server geschickt wird –, sollten Sie bei der Formulierung von SQL-Anweisungen den Grundsatz berücksichtigen, in eine Zeile nur einen zusammenhängenden Befehl zu schreiben bzw. mit Einrückungen zu arbeiten. Gerade bei umfangreichen Skripten wird dadurch die Lesbarkeit deutlich erhöht.

5.2.2 Bezeichner

Bezeichner sind im Datenbankkontext die Namen von Datenbankobjekten, also z. B. Tabellennamen. Bezeichner können in zwei Gruppen unterteilt werden: in die regulären und die begrenzten Bezeichner.

▶ **Reguläre Bezeichner**
Die regulären Bezeichner entsprechen, wie der Name bereits zum Ausdruck bringt, den Regeln zur Benennung von Datenbankobjekten in SQL Server. Das heißt, sie entsprechen den folgenden Voraussetzungen:
   – Sie besitzen eine Länge von 1 bis 128 Zeichen.
   – Das erste Zeichen muss ein Buchstabe, ein Unterstrich (_), das At-Zeichen (@) oder das Nummernzeichen (#) sein.

- Alle weiteren Zeichen danach können Buchstaben, Ziffern und die oben angegebenen Sonderzeichen sein, zusätzlich ist das Dollarzeichen ($) zugelassen.
- Reservierte Wörter (Schlüsselwörter) sind nicht erlaubt.
- Leerzeichen dürfen nicht verwendet werden.

▶ **Begrenzte Bezeichner**
Als begrenzte Bezeichner, auch *Quoted Identifiers* genannt, bezeichnet man Benennungen, die nicht den oben angegebenen Regeln entsprechen. Sie müssen in doppelte Anführungszeichen oder eckige Klammern eingeschlossen werden. Das folgende Beispiel soll diesen Sachverhalt kurz erläutern: meine tabelle ist wegen des Leerzeichens im Namen kein gültiger regulärer Bezeichner. Um diesen Bezeichner in SQL Server zu nutzen, müssen Sie ihn entweder in der Form "meine tabelle" oder [meine Tabelle] angeben. Die Verwendung von begrenzten Bezeichnern sollten Sie vermeiden, jedoch ist dies manchmal notwendig, wenn Sie auf eine bereits vorhandene Datenbank zugreifen wollen, bei deren Erstellung andere Regeln für die Namensvergabe verwendet wurden.

5.2.3 Systemdatentypen

SQL Server stellt eine umfangreiche Auswahl verschiedener Datentypen zur Verfügung, die beispielsweise dazu dienen, bei der Definition einer Tabellenspalte zu bestimmen, welche Art von Information diese Spalte später aufnehmen soll. Einige dieser Datentypen sind nicht veränderbar, andere können Sie den jeweiligen Anforderungen anpassen. Tabelle 5.1 gibt einen Überblick über den Typ, Wertebereich und erforderlichen Speicherbedarf jener Datentypen, die häufig in Tabellenspalten Verwendung finden.

Viele der aufgelisteten Systemdatentypen sind sowohl vom Namen als auch von der Funktion her mit denen anderer Programmiersprachen identisch und werden daher als bekannt vorausgesetzt. Auf den Einsatz einiger spezieller Datentypen werden wir jedoch näher eingehen:

Typ	Wertebereich	Größe
Ganzzahlen		
bigint	-2^{63} bis $2^{63}-1$	8 Byte
Integer (int)	-2^{31} bis $2^{31}-1$	4 Byte
smallint	-2^{15} bis $2^{15}-1$	2 Byte
tinyint	0 bis 2^8-1	1 Byte

Tabelle 5.1 Ausgewählte SQL-Server-Datentypen

Typ	Wertebereich	Größe
bit	1, 0	byteweise
Festkommazahlen		
decimal	abhängig	5/9/13/17 Byte
numeric	abhängig	5/9/13/17 Byte
Gleitkommazahlen		
float	$-1{,}79E^{308}$ bis $1{,}79E^{308}$	4/8 Byte
real	$-3{,}40E^{38}$ bis $3{,}40E^{38}$	4 Byte
Währung		
money	-2^{63} bis 2^{63-1}	8 Byte
smallmoney	-2^{31} bis 2^{31-1}	4 Byte
Datum/Uhrzeit		
datetime	1. Jan. 1753 bis 31. Dez. 9999	8 Byte
smalldatetime	1. Jan. 1900 bis 6. Juni 2079	4 Byte
Zeichen		
char(n)	ASCII	n Byte
varchar(n)	ASCII	0 n Byte
nchar(n)	Unicode	n * 2 Byte
nvarchar(n)	Unicode	(0 – n) * 2 Byte
»max«-Datentypen		
varchar(max)	–	bis 2 GB
nvarchar(max)	–	bis 2 GB
varbinary(max)	–	bis 2 GB
XML		
xml	–	bis 2 GB

Tabelle 5.1 Ausgewählte SQL-Server-Datentypen (Forts.)

- decimal/numeric

    Die Datentypen decimal und numeric unterscheiden sich lediglich in ihrer Benennung, von der Funktion her sind beide identisch. Festkommazahlen können Sie durch Übergabe von zwei Parametern für die Genauigkeit und die Anzahl der Dezimalstellen an die jeweiligen Anforderungen anpassen. Daraus resultieren die in der Tabelle angegebenen verschiedenen Speicherbedarfsangaben. Am Beispiel von decimal soll der Einsatz dieser Datentypen erläutert werden: Ein decimal-Datentyp, der eine Zahl mit maximal drei Vorkomma- und vier Nachkommastellen aufnehmen könnte, würde über die Angabe von decimal(7,4) erstellt. Die beiden durch Komma getrennten Parameter innerhalb der Klammer haben dabei die folgende Bedeutung: Der erste Parameter – in diesem Fall 7 – gibt die Gesamtzahl der Stellen an (3 + 4). Diese Angabe wird als *Genauigkeit* bezeichnet. Der zweite Parameter – hier die Zahl 4 – steht für die Anzahl der darin enthaltenen Nachkomma-, also Dezimalstellen.

- money/smallmoney

    Bei der Verwendung der Datentypen money und smallmoney, die beide für die Aufnahme von Währungswerten konzipiert sind und sich nur im Wertebereich unterscheiden, sollten Sie stets berücksichtigen, dass die Genauigkeit beider Datentypen nur ein Zehntausendstel der Währungseinheit beträgt. Zur Speicherung von Preisen ist diese Genauigkeit in der Regel mehr als ausreichend, für eine Umrechnung zwischen zwei verschiedenen Währungen genügt diese Genauigkeit aber bei Weitem nicht!

- datetime/smalldatetime

    Zur Speicherung von Datums- und Uhrzeitwerten stellt SQL Server die beiden Datentypen datetime und smalldatetime zur Verfügung. Wie die Namen dieser beiden Datentypen bereits andeuten, werden Datum und Uhrzeit in SQL Server immer zusammen abgespeichert. Dies hat zur Folge, dass, wenn Sie z. B. nur ein Datum angeben, trotzdem eine Uhrzeit – nämlich 0 Uhr – mit abgespeichert wird. Das Nichtberücksichtigen des Zeitanteils von Datums-/Uhrzeitwerten ist gerade bei der anfänglichen Beschäftigung mit SQL eine häufige Fehlerquelle, die zu falschen Abfrageergebnissen führt.

- char(n)/varchar(n)/nchar(n)/nvarchar(n)

    Diese Datentypen gehören wohl zu den am häufigsten verwendeten Datentypen in SQL Server. Sie dienen dazu, alphanumerische Zeichenfolgen – sogenannte *Zeichenketten* – abzuspeichern. Bei diesen Datentypen wird während der Definition die maximale Anzahl abzuspeichernder Zeichen innerhalb einer Klammer angegeben: char(10) erzeugt so beispielsweise einen Datentyp, der maximal zehn Zeichen aufnehmen kann. Abbildung 5.1 zeigt schematisch einen so erzeugten Datentyp, in dem drei Zeichen abgespeichert wurden. Farblich hervorgehoben ist der verbrauchte Speicherplatz angedeutet.

Abbildung 5.1 »char(10)«-Datentyp mit drei Zeichen

Da im Fall des char-Datentyps jedes Zeichen mit einem Byte codiert und – unabhängig von der tatsächlichen Belegung – Speicherplatz für die während der Definition angegebene Zeichenanzahl reserviert wird, belegt der dargestellte Eintrag zehn Byte in der Datenbank, obwohl nur drei Zeichen abgespeichert wurden.

Abbildung 5.2 zeigt ein entsprechendes Beispiel unter Verwendung von varchar(10).

Abbildung 5.2 »varchar(10)«-Datentyp mit drei Zeichen

Auch in diesem Fall ist Platz für zehn Zeichen reserviert worden, dieser Eintrag belegt innerhalb der Datenbank aber lediglich drei Byte. Der Datentyp varchar passt also – im Gegensatz zu char – den Speicherbedarf der tatsächlichen Länge des Eintrags an.

Die Frage, wann ein char- und wann ein varchar-Datentyp die optimale Lösung darstellt, ist häufig schwierig zu beantworten. Beide Datentypen haben ihre Vor- und Nachteile, wenn sie z. B. als Spaltendatentyp innerhalb einer Tabelle verwendet werden: char verbraucht gerade bei Einträgen sehr unterschiedlicher Länge mehr Speicherplatz als notwendig, ist für den Datenbankserver aber weniger belastend, da die Speicherverwaltung des varchar-Datentyps nicht notwendig ist. Die Verwendung von varchar anstelle von char kann wiederum bei Tabellen mit sehr vielen Datensätzen den Speicherbedarf einer Tabelle erheblich reduzieren.

Die Datentypen nchar und nvarchar verhalten sich ähnlich wie die gerade beschriebenen Datentypen. Das führende n in den Bezeichnungen steht für *national* und soll andeuten, dass diese Datentypen zur Speicherung von Unicode gedacht sind. Unicode-Zeichen werden mit zwei Byte codiert, um die Verarbeitung von nationalen Sonderzeichen zu erlauben. Nähere Informationen zu Unicode finden Sie unter *http://unicode.org*.

Bei der Verwendung von nchar oder nvarchar ist zu beachten, dass auch hier der Parameter in Klammern die Anzahl der maximal abzuspeichernden Zeichen und nicht den Speicherbedarf angibt! Die in Abbildung 5.1 dargestellte Speicherstruktur zur Speicherung von zehn Zeichen würde also entsprechend über nchar(10) erzeugt werden, der verbrauchte Speicherplatz betrüge aber 20 Byte. Abbildung 5.2 entspräche nvarchar(10); in diesem Fall wären sechs Byte belegt.

Mit SQL Server 2008 wurde eine Reihe neuer Datentypen eingeführt:

- Datum-/Uhrzeit-Datentypen
- hierarchische Datentypen
- räumliche Datentypen

Einige dieser Datentypen – wie z. B. die Datum-/Uhrzeit-Datentypen – erweiterten bereits vorhandene Datentypen, während die hierarchischen und räumlichen Datentypen eine komplette Neuerung in SQL Server 2008 darstellten. Wegen der Komplexität dieser grundlegenden Datentypen behandeln wir sie in Kapitel 11, »Verwendung der räumlichen und hierarchischen Datentypen«. Die erweiterten Datum-/Uhrzeit-Datentypen stellen wir nachfolgend dar.

Die erweiterten Datum-/Uhrzeit-Datentypen

Die herkömmlichen Datum-/Uhrzeit-Datentypen sind wohl jedem SQL-Entwickler vertraut, gehören sie doch sicher zu den am häufigsten verwendeten Datentypen in einer SQL-Server-Datenbank. Beide Datentypen, `datetime` und `smalldatetime`, unterscheiden sich lediglich durch den Wertebereich (und in der Genauigkeit) der zu speichernden Daten. Beiden Datentypen ist gemein, dass – wie durch ihre Bezeichnungen bereits ausgedrückt wird – Datum und Uhrzeit immer zusammen abgespeichert werden. Während dieses Verhalten beispielsweise in einer Anwendung zur Zeiterfassung gewünscht sein kann, kann es auf der anderen Seite bei Abfragen hinderlich sein, die sich nur auf den Tag oder nur auf die Uhrzeit beziehen. Stellen Sie sich beispielsweise eine Abfrage vor, die alle Umsätze eines bestimmten Tages ausgeben soll. Eine Auswahl nach dem Kriterium `Datum='19.1.2009'` kann, muss aber nicht das richtige Ergebnis liefern. Hintergrund dieses Verhaltens von SQL Server ist, dass in der Abfrage keine Uhrzeit angegeben wurde. Für SQL Server ist das oben angegebene Datum gleichbedeutend mit 19.1.2009 um Mitternacht (0 Uhr). Liegen in der Tabelle nun Einträge mit Uhrzeiten vor, die nach Mitternacht liegen, sind diese für SQL Server nicht gleich dem Datum, sondern größer und würden daher nicht in das Abfrageergebnis aufgenommen. In vorherigen Versionen von SQL Server musste – wollte man nur den Datums- oder nur den Uhrzeitanteil eines der oben angegebenen Datentypen auswerten – das Datum bzw. die Uhrzeit über entsprechende Funktionen extrahiert werden, was zu etwas umständlichen Abfragen führen konnte, da SQL Server auch keine Systemfunktionen bereitstellt, die nur den Datums- oder Uhrzeitanteil als Ganzes zurückliefert. Der Einsatz der in SQL Server 2008 zusätzlich eingeführten Datentypen dieses Bereichs bietet sich an, wenn keine gemeinsame Speicherung von Datum und Uhrzeit notwendig oder erwünscht ist, was zu einer Vereinfachung und somit einer besseren Leistung von Abfragen führen kann. Im Einzelnen handelt es sich dabei um die folgenden Datentypen:

- date

  Wie der Name dieses Datentyps bereits vermuten lässt, dient er zur Aufnahme einer reinen Datumsangabe. Da keine Uhrzeit mit abgespeichert wird, können Sie durch Verwendung dieses Datentyps aufwendige Funktionsaufrufe zur Datensatzauswahl innerhalb von Abfragen vermeiden.

- time

  Zur Speicherung von Uhrzeiten ohne Datumsangabe können Sie seit SQL Server 2008 den time-Datentyp verwenden.

- datetime2

  Der datetime2-Datentyp stellt eine weitere Version der bisher vorhandenen Datentypen smalldatetime bzw. datetime dar. Auch im datetime2-Datentyp werden Datums- und Uhrzeitangaben gemeinsam gespeichert, allerdings mit einem weitaus größeren Wertebereich bzw. einer höheren Genauigkeit, als es bislang möglich war.

- datetimeoffset

  Der Datentyp datetimeoffset ermöglicht die Berücksichtigung von Zeitzonen.

5.2.4 Informationen zu den Datentypen einer Tabelle

Während der Erstellung von Abfragen ist häufig nicht auf den ersten Blick zu erkennen, welcher Datentyp sich hinter einer bestimmten Spalte verbirgt. Sie haben mehrere Möglichkeiten, dies festzustellen. Die einfachste Möglichkeit ist jedoch, im Management Studio die Struktur bis zu der jeweiligen Tabelle zu erweitern und dann den Eintrag SPALTEN auszuwählen, wie in Abbildung 5.3 gezeigt. Neben der Spaltendefinition wird hier zusätzlich angezeigt, ob eine Spalte einen Primär- oder Fremdschlüssel darstellt.

Die Spalte *ProductID* z. B. stellt den Primärschlüssel der Tabelle dar, was in der Originalansicht durch ein goldenes Schlüsselsymbol markiert wird und außerdem an dem Eintrag PS für *Primärschlüssel* in der Klammer nach dem Tabellennamen abzulesen ist. Fremdschlüssel – wie die beiden letzten in Abbildung 5.3 dargestellten Spalten – hingegen werden durch ein silbernes Schlüsselsymbol und in der Klammer durch den Eintrag FS für *Fremdschlüssel* gekennzeichnet.

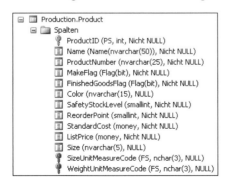

Abbildung 5.3 Spaltenansicht der »Product«-Tabelle

5.2.5 Verwendung und Kennzeichnung von Zahlen, Zeichenketten und Datums-/Uhrzeitwerten

Innerhalb von Abfragen müssen häufig Zahlenwerte, Zeichenketten oder Datums-/Uhrzeitwerte verglichen werden, um z. B. Datensätze auszuwählen. Hierbei gilt es, die folgenden Regeln zu beachten:

Zahlenwerte

Zahlenwerte müssen nicht besonders gekennzeichnet werden, die Zahl wird einfach als solche angegeben. Bei Zahlenwerten ist jedoch eine Besonderheit zu beachten: Als Dezimaltrennzeichen dient in SQL nicht das Komma, sondern der Punkt. Eine im Alltag *5,3* geschriebene Zahl muss in SQL also in der Form `5.3` angegeben werden.

Zeichenketten

Zeichenketten werden in einfache Hochkommas gesetzt. Soll innerhalb einer Abfrage das Produkt namens *Blade* gefunden werden, so müssen Sie diese Zeichenkette in der entsprechenden SQL-Anweisung als `'Blade'` angeben.

Datums-/Uhrzeitwerte

Diese Angaben werden ebenfalls wie Zeichenketten, also in einfache Hochkommas eingeschlossen, gekennzeichnet. Ein Beispiel wäre `'1.6.1998'`. Diese Angabe entspräche – entsprechend dem oben Gesagten – der Uhrzeit 0 Uhr dieses Datums. Bei Verwendung einer deutschen Version von SQL Server auf einer deutschen Version des Betriebssystems können Sie immer die gewohnte Schreibweise des Datums beibehalten. SQL Server verarbeitet selbst Monatsabkürzungen innerhalb einer Datumsangabe.

5.2.6 Kommentare

Gerade bei umfangreichen SQL-Projekten oder zu Testzwecken bietet sich die Möglichkeit an, Kommentare einzusetzen: zum einen, um den Quelltext für sich und andere Entwickler zu dokumentieren, zum anderen, um zu Testzwecken bestimmte Abschnitte des Codes von der Bearbeitung auszunehmen. SQL Server stellt dazu den Zeilen- und den Blockkommentar zur Verfügung. Ein *Zeilenkommentar* wird durch zwei Bindestriche eingeleitet und bewirkt, dass nach den Bindestrichen folgender Code innerhalb der gleichen Zeile während der Abarbeitung nicht berücksichtigt wird. Sollen mehrere Zeilen eines Quelltextes auskommentiert werden, kann dies durch die Verwendung eines Blockkommentars vereinfacht werden: Ein *Blockkommentar* wird durch die Zeichenkombination /* eingeleitet und durch die umgekehrte Zeichenfolge */ abgeschlossen. Das folgende Listing zeigt die Verwendung von Kommentaren:

Beispiel:

```
--SELECT * FROM Production.Product;
SELECT * FROM Production.Product --ORDER BY ProductID;
/*
SELECT * FROM Production.Product;
SELECT * FROM Production.Product;
*/
```

In diesem Fall würde lediglich die zweite Zeile bis zu den Bindestrichen ausgeführt. Das ebenfalls auskommentierte Semikolon am Zeilenende würde keinen Fehler verursachen, da es unter SQL Server nicht zwingend erforderlich ist. Die erste Zeile hingegen ist komplett auskommentiert, und die dritte bis sechste Zeile bestehen aus einem Blockkommentar.

Wie in Kapitel 4, »Die Oberfläche von SQL Server 2016«, bereits erwähnt, können Kommentare auch über die Schaltflächen und des grafischen Abfragemenüs eingefügt bzw. entfernt werden. Bei den auf diese Art hinzugefügten Kommentaren handelt es sich immer um Zeilenkommentare, auch wenn mehrere aufeinanderfolgende Zeilen auskommentiert werden.

5.3 Grundlegende Operatoren

Innerhalb von Abfragen können Sie eine Vielzahl von Operatoren verwenden, die es ermöglichen, Berechnungen oder Vergleiche vorzunehmen. Die grundlegenden Operatoren stellen wir im Folgenden vor.

5.3.1 Arithmetische Operatoren

SQL Server unterstützt die folgenden arithmetischen Operatoren:

+	Addition
-	Subtraktion
*	Multiplikation
/	Division
+=	Inkrement (siehe Kapitel 6, »Grundlagen der SQL-Programmierung«)
-=	Dekrement (siehe Kapitel 6, »Grundlagen der SQL-Programmierung«)
%	Modulo-Division

Tabelle 5.2 Übersicht über die arithmetischen Operatoren

Die Modulo-Division liefert als Ergebnis den ganzzahligen Rest einer Division. Denken Sie dabei an den Rechenunterricht in der Grundschule: Die Aufgabe *10 geteilt durch 3* lieferte als Ergebnis: *3 Rest 1*. Genauso verhält sich die Modulo-Division: 10 %3 ergibt als Ergebnis 1.

Die Rangfolge der Operatoren entspricht den üblichen mathematischen Regeln, und wie in der Mathematik üblich, wird die Auswertungsreihenfolge eines Ausdrucks durch runde Klammern beeinflusst. Gleichwertige Ausdrücke werden von links nach rechts ausgewertet. Als Operator zur Wertezuweisung dient, wie in den meisten Programmiersprachen, das Gleichheitszeichen.

5.3.2 Zeichenkettenoperator

Zur Verwendung mit Zeichenketten existiert unter SQL Server lediglich ein Operator:

+ Zeichenverkettung

Über das Pluszeichen werden also Zeichenketten miteinander verbunden. Alle anderen Operationen auf Zeichenketten werden über Funktionen ausgeführt. So steht Ihnen seit SQL Server 2012 eine Funktion zur Verkettung mehrerer Zeichenketten zur Verfügung, die wir im nächsten Kapitel besprechen werden.

5.3.3 Vergleichsoperatoren

Vergleichsoperatoren finden häufig in SQL-Abfragen Anwendung, wenn z. B. nach einer Person gesucht wird, deren Nachname mit dem Suchbegriff übereinstimmt, oder ein Buch gefunden werden soll, das nach einem bestimmten Termin erschienen ist – der zeitlich spätere Termin wäre in diesem Fall »größer« als das frühere Datum. In SQL Server 2014 stehen folgende Vergleichsoperatoren zur Verfügung:

=	gleich
>	größer
<	kleiner
>=	größer gleich
<=	kleiner gleich
<>	ungleich
!=	ungleich

Tabelle 5.3 Übersicht über die Vergleichsoperatoren

| !< | nicht kleiner |
| !> | nicht größer |

Tabelle 5.3 Übersicht über die Vergleichsoperatoren (Forts.)

Es fällt auf, dass sowohl die Schreibweise <> als auch != für eine Prüfung auf Ungleichheit zulässig ist. In der Tat sind beide Schreibweisen vollkommen kompatibel miteinander, häufig jedoch wird der Operator <> zum Vergleich von numerischen Werten verwendet, != hingegen eher bei Zeichenketten und Ähnlichem.

5.3.4 Logische Operatoren

Die logischen Operatoren haben ihren Ursprung in der klassischen, durch Aristoteles begründeten Logik und finden heute noch in unzähligen Bereichen moderner Technik Anwendung – nicht zuletzt im Computer. Die klassische Logik geht davon aus, dass eine Aussage nur zwei »Zustände« kennt: Entweder sie ist wahr (engl.: *true*), oder sie ist falsch (engl.: *false*). Verschiedene Aussagen können über logische Operatoren miteinander verknüpft werden. Abhängig von den Wahrheitswerten der Aussagen ist das Ergebnis der Verknüpfung wiederum entweder wahr oder falsch.

In SQL-Abfragen dienen logische Operatoren dazu, Bedingungen innerhalb einer Abfrage zu verknüpfen. Nur wenn die Verknüpfung dieser Bedingungen durch die logischen Operatoren als Ergebnis true ergibt, wird der jeweilige Datensatz in das Abfrageergebnis aufgenommen. Bei diesen grundlegenden Verknüpfungen handelt es sich um die drei Operatoren AND, OR und NOT, mit denen Sie jede beliebige logische Verknüpfung realisieren können.

UND-Verknüpfung (AND)

Eine UND-Verknüpfung liefert als Ergebnis nur dann den Wert true, wenn alle zur Verknüpfung herangezogenen Bedingungen ebenfalls wahr sind. Stellen Sie sich vor, Sie suchen in einer Datenbank eine Person, die mit Vornamen *Hans* und mit Nachnamen *Meier* heißt. Die UND-Verknüpfung bewirkt, dass nur die Datensätze als Ergebnis ausgegeben werden, bei denen sowohl die erste Aussage *Vorname ist Hans* als auch die zweite Aussage *Nachname ist Meier* wahr ist, wodurch die UND-Verknüpfung beider Aussagen ebenfalls wahr ist. Im Fall eines Datensatzes, der zwar im Feld *Nachname* den Wert *Meier* enthält, im Feld *Vorname* allerdings den Wert *Peter*, ergäbe der Vergleich der zweiten Bedingung false. Damit wäre das Ergebnis der Verknüpfung beider Aussagen ebenfalls falsch, was dazu führen würde, dass der entsprechende Datensatz nicht in das Ergebnis der Abfrage aufgenommen würde.

ODER-Verknüpfung (OR)

Im Fall der ODER-Verknüpfung reicht es aus, wenn eine Bedingung erfüllt ist, um den Datensatz in das Ergebnis aufzunehmen. Eine Abfrage, die nach Datensätzen sucht, die im Feld *Nachname* den Wert *Meier* ODER im Feld *Vorname* den Wert *Hans* enthalten, würde alle Datensätze zurückliefern, die die eine oder die andere Bedingung erfüllen. Ein Datensatz, der beide Bedingungen erfüllt, würde natürlich ebenfalls der ODER-Verknüpfung entsprechen.

NICHT-Operator (NOT)

Der NICHT-Operator wird nicht zur Verknüpfung von Aussagen verwendet, sondern dient dazu, den Wahrheitswert einer Aussage von *wahr* in *falsch* und umgekehrt zu ändern. Ein einfaches Beispiel dazu wäre die Auswahl von Datensätzen, deren Nachname nicht *Meier* ist. Eine Abfrage auf den Nachnamen *Meier* würde alle Datensätze mit diesem Nachnamen liefern, die Umkehrung durch NICHT allerdings nur die, in denen der Nachname nicht *Meier* lautet.

Operatorenrangfolge

Sie könnten nun berechtigterweise anmerken, dass eine Auswahl der Personen, die nicht *Meier* heißen, auch durch die weiter oben besprochenen Vergleichsoperatoren erfolgen könnte, und dies ist in der Tat so. Der NICHT-Operator wird tatsächlich vorrangig in der Kombination mit den anderen beiden logischen Operatoren eingesetzt, um z. B. das Ergebnis einer UND- oder ODER-Verknüpfung umzukehren. In diesem Fall stellt sich die Frage nach der Auswertungsreihenfolge. Entsprechend der Mathematik, wo der Ausdruck *10 / 2 + 3* unter Missachtung von Rechenvorschriften entweder *8* oder *2* ergeben kann, liefern auch logische Verknüpfungen bei Nichtbeachtung der Operatorenrangfolge – wie bei der Punkt- und Strichrechnung in der Mathematik – mehr oder weniger zufällige Ergebnisse. Das Fatale daran ist, dass eine Abfrage, die diesen Aspekt vernachlässigt, sogar fehlerfrei abgearbeitet wird, jedoch ein Ergebnis liefert, das mit der eigentlichen Intention der Abfrage nichts mehr zu tun hat. Anhand des Abfrageergebnisses ist dieser Umstand aber möglicherweise nicht oder nur schwer zu erkennen. Es muss also auch bei den logischen Operatoren eine Rangfolge geben, nach der sie ausgewertet werden. Diese Rangfolge lautet:

1. NOT
2. AND
3. OR

Wie auch in der Mathematik üblich, wird die Auswertungsreihenfolge durch Klammern beeinflusst. Gleichwertige Ausdrücke werden von links nach rechts ausgewertet. In Abbildung 5.4 sind die Logikdiagramme der logischen Operatoren dargestellt.

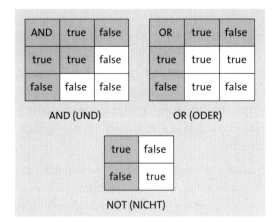

Abbildung 5.4 Logikdiagramme

5.4 Einfache Abfragen

In diesem Abschnitt werden Sie die grundlegenden Befehle und Techniken kennenlernen, die Sie benötigen, um eine Abfrage in SQL zu schreiben. Da die formale Definition von einigen SQL-Befehlen mit allen Optionen sehr umfangreich sein kann, verzichten wir hier bewusst darauf und zeigen die üblichen Verwendungen anhand von Beispielen auf.

5.4.1 »USE«

Die Anweisung USE wird verwendet, um die zu verwendende Datenbank auszuwählen. Standardmäßig ist im Management Studio die *master*-Datenbank aktiviert. Wenn Sie nun in die Beispieldatenbank *AdventureWorks2016CTP3* wechseln möchten, können Sie diese in dem entsprechenden Listenfeld im Management Studio natürlich manuell auswählen. Innerhalb eines automatisch ablaufenden Skripts kann es aber durchaus notwendig sein, die zu verwendende Datenbank durch eine Anweisung zu bestimmen.

Syntax:

```
USE datenbankname;
```

Beispiel:

```
USE AdventureWorks2016CTP3;
```

Nachdem Sie dieses Beispiel im Abfragefenster des Management Studios ausgeführt haben, wird im Listenfeld die *AdventureWorks2016CTP3*-Datenbank als aktuelle Datenbank angezeigt.

5.4.2 »SELECT ... FROM«

Die SELECT ... FROM-Anweisung – im Folgenden einfach als SELECT-Anweisung bezeichnet – stellt die zentrale Anweisung dar, um Informationen aus den Tabellen einer Datenbank zu erhalten. Wie Sie bei einem Vergleich mit der Onlinedokumentation feststellen können, kann die Syntax dieser Anweisung durchaus komplexe Formen annehmen. In den folgenden Abschnitten sollen daher zunächst die grundlegenden Komponenten dieser Anweisung beschrieben werden, die Ihnen zur Erstellung eigener einfacher Abfragen zur Verfügung stehen.

Soll der Inhalt einer Spalte von einer Abfrage zurückgegeben werden, so leiten Sie die Abfrage durch das Schlüsselwort SELECT ein und geben den gewünschten Spaltennamen an. Der zweite Teil der Anweisung besteht aus dem weiteren Schlüsselwort FROM, gefolgt von der Informationsquelle, in diesem Fall dem Tabellennamen, der mit einem Punkt vom vorangestellten Schemanamen getrennt wird.

Syntax:

```
SELECT spaltenname
FROM schemaname.tabellenname;
```

Beispiel:

```
SELECT Name
FROM Production.Product;
```

Das Beispiel liefert also den Inhalt der Spalte *Name* aus der Tabelle *Product* zurück. Der Zeilenumbruch innerhalb der Anweisungen soll nur der besseren Lesbarkeit dienen und ist natürlich für die Funktion nicht notwendig. Sie können die gesamte Anweisung auch in eine Zeile schreiben. Da aber – wie oben bereits erwähnt – eine SELECT- und andere SQL-Anweisungen relativ komplex und damit unübersichtlich werden können, ist es von Vorteil, SQL-Anweisungen strukturiert zu schreiben, auch wenn die Sprache selbst es nicht erfordert.

Falls Sie bereits mit früheren Versionen von SQL Server gearbeitet haben, wird Ihnen auffallen, dass eine Tabelle – seit SQL Server 2005 – einem Schema zugeordnet ist. Schemas, die ja eine Art logische Unterteilung der Datenbank darstellen, stellen für die Praxis sicherlich eine wesentliche Verbesserung dar. Innerhalb der Beispieldatenbank bewirken sie jedoch diesen etwas umständlichen Zugriff auf eine Tabelle. Zu welchem Schema eine Tabelle gehört, können Sie ebenfalls dem Objektkatalog (siehe Abbildung 5.3) entnehmen. Übernehmen Sie für eigene Abfragen einfach die dort angegebene Schreibweise der Tabellenbezeichnung.

Bei genauer Betrachtung der Abfrage im Abfragefenster des Management Studios wird Ihnen auffallen, dass der Spaltenname Name ebenfalls blau – also als Schlüsselwort – markiert ist. Tatsächlich ist Name ein Bestandteil einer anderen SQL-Anweisung, die

Abfrage wird aber trotzdem fehlerfrei ausgeführt. Sollte ein solcher Spaltenname in der Praxis doch einmal Schwierigkeiten bereiten, so muss er – wie oben bereits erwähnt – in eckige Klammern (`[Name]`) oder in Anführungszeichen (`"Name"`) gesetzt werden.

Soll eine Abfrage mehr als eine Spalte im Ergebnis liefern, so geben Sie eine Spaltenliste an, in der Sie die Spaltennamen durch Kommas getrennt aufführen.

Syntax:

```
SELECT spaltenliste
FROM schemaname.tabellenname;
```

Beispiel:

```
SELECT Name, ProductNumber
FROM Production.Product;
```

Mit diesem Beispiel werden also alle Einträge der beiden Spalten *Name* und *ProductNumber* ausgegeben.

Am Beispiel der Tabelle *Product* erkennen Sie, dass es sehr aufwendig wäre, alle Spaltennamen in einer Liste anzugeben, wenn eine Abfrage alle Spalten umfassen soll. In diesem Fall verwenden Sie als Platzhalter das Sternchen-Symbol (*).

Syntax:

```
SELECT *
FROM schemaname.tabellenname;
```

Beispiel:

```
SELECT *
FROM Production.Product;
```

In diesem Fall wird der gesamte Inhalt der *Product*-Tabelle ausgegeben.

Die Auswahl von an einer Abfrage beteiligten Spalten – wie sie in diesem Abschnitt durch die Auswahl einer Spalte, durch die Angabe einer Spaltenliste oder durch das Sternchen beschrieben wurde und in Abbildung 5.5 noch einmal schematisch dargestellt ist – wird auch mit dem Fachbegriff *Projektion* bezeichnet.

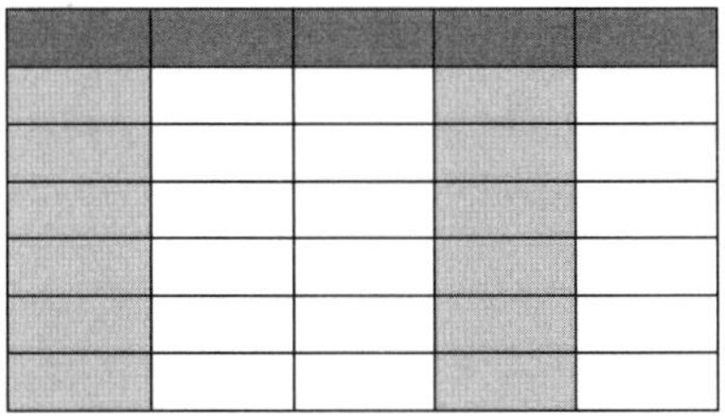

Abbildung 5.5 Spaltenauswahl (Projektion)

»AS«

Das Schlüsselwort AS wird verwendet, um in dem Abfrageergebnis andere Spaltenüberschriften anzuzeigen, als in der abgefragten Tabelle vorhanden sind – also um Aliasse zu vergeben. Aliasse können beispielsweise dazu dienen, englische Spaltenüberschriften in deutsche Bezeichnungen umzuändern. Dazu geben Sie einfach das Schlüsselwort AS zwischen dem Spaltennamen und dem Alias an.

Syntax:

```
SELECT spaltenname AS alias
FROM schemaname.tabellenname;
```

Beispiel:

```
SELECT Name AS Produktname
FROM Production.Product;
```

Abbildung 5.6 zeigt einen Teil des Ergebnisses dieser Abfrage.

Wichtig an dieser Stelle ist, sich zu vergegenwärtigen, dass ein Alias eine Spalte natürlich nur innerhalb der Abfrage umbenennt. In der Tabelle selbst bleibt der Spaltenname unverändert!

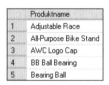

Abbildung 5.6 Vergabe eines Alias

Aliasse können auch in Verbindung mit einer Spaltenliste verwendet werden, wobei alle Spalten unabhängig voneinander Aliasse erhalten können oder auch nicht. Eine mögliche Syntax einer Abfrage auf drei Spalten mit einer zweifachen Aliasvergabe könnte daher folgendermaßen aussehen:

Syntax:

```
SELECT spaltenname AS alias, spaltenname, spaltenname AS alias
FROM schemaname.tabellenname;
```

Beispiel:

```
SELECT Name AS Produktname, ProductNumber, Color AS Farbe
FROM Production.Product;
```

In diesem Beispiel erhalten nur die erste und die dritte der an der Abfrage beteiligten Spalten ein Alias; die zweite Spalte erhält als Überschrift den Original-Spaltennamen.

Die Verwendung von AS zur Kennzeichnung eines Alias ist nicht zwingend notwendig, der Spaltenname und das Alias können auch lediglich durch ein Leerzeichen getrennt werden.

Beispiel:

```
SELECT Name Produktname
FROM Production.Product;
```

Diese Anweisung liefert ein mit Abbildung 5.6 identisches Ergebnis, jedoch wird die Lesbarkeit einer SELECT-Anweisung gerade in Verbindung mit einer umfangreichen Spaltenliste und gleichzeitiger Verwendung von Aliassen deutlich verbessert, wenn Sie durch Angabe von AS die Spaltennamen von den Aliassen trennen.

5.4.3 Berechnete Spalten in Abfragen

Innerhalb von Abfragen können nicht nur die eigentlichen Spalteninhalte in ihrer in der Tabelle vorliegenden Form ausgegeben werden. Sie können zum Abfragezeitpunkt durch Berechnungen oder Funktionen – auf die wir an späterer Stelle eingehen – auch verändert ausgegeben werden. Solche Spalten einer Abfrage werden als *berechnete* oder *virtuelle Spalten* bezeichnet. Als Beispiel soll in diesem Fall wiederum eine Spalte aus der Tabelle *Product* dienen, nämlich die Spalte *ListPrice*. Diese Spalte enthält die Verkaufspreise der einzelnen Produkte. Nehmen wir nun an, dass diese Spalte die Nettopreise enthält, die zum Abfragezeitpunkt auch mit dem zusätzlichen Mehrwertsteuerbetrag (19 %) als Bruttoverkaufspreise ausgegeben werden sollen.

In diesem Fall würde die Spaltenliste durch eine berechnete Spalte erweitert.

Syntax:

```
SELECT spaltenliste, berechnete spalte
FROM schemaname.tabellenname;
```

Beispiel:

```
SELECT Name, ListPrice, ListPrice * 1.19
FROM Production.Product;
```

Ein Teil des Ergebnisses dieser Abfrage ist in Abbildung 5.7 wiedergegeben.

	Name	ListPrice	(Kein Spaltenname)
187	LL Mountain Seat Assembly	133,34	158.674600
188	ML Mountain Seat Assembly	147,14	175.096600
189	HL Mountain Seat Assembly	196,92	234.334800

Abbildung 5.7 Abfrageergebnis mit berechneter Spalte

Es fällt auf, dass die Beschriftung der berechneten Spalte in Abbildung 5.7 mit *(Kein Spaltenname)* angegeben wird, was ja auch zutreffend ist, da die dargestellte Information nicht den Original-, sondern einen veränderten Spalteninhalt darstellt. Eine entsprechende Spaltenüberschrift lässt sich ebenfalls über ein Alias vergeben:

Beispiel:

```
SELECT Name, ListPrice, ListPrice * 1.19 AS Bruttopreis
FROM Production.Product;
```

Abbildung 5.8 zeigt einen Ausschnitt des Abfrageergebnisses mit dem Alias der berechneten Spalte.

	Name	ListPrice	Bruttopreis
187	LL Mountain Seat Assembly	133,34	158.674600
188	ML Mountain Seat Assembly	147,14	175.096600
189	HL Mountain Seat Assembly	196,92	234.334800

Abbildung 5.8 Abfrageergebnis mit berechneter Spalte und Alias

5.4.4 »DISTINCT«

Innerhalb einer Spalte können naturgemäß sehr viele unterschiedliche Werte vorhanden sein. In manchen Fällen soll nicht jeder einzelne Spaltenwert, sondern nur jeder in der Spalte vorkommende Wert einmal ausgegeben werden. Das heißt, Duplikate sollen ausgefiltert werden. Dieses Verhalten erzwingen Sie durch Angabe von DISTINCT.

Syntax:

```
SELECT DISTINCT spaltenname
FROM schemaname.tabellenname;
```

Beispiel:

```
SELECT DISTINCT CreditRating
FROM Purchasing.Vendor;
```

In diesem Beispiel wird in der Lieferantentabelle die Spalte *CreditRating*, in der die Kreditwürdigkeit vermerkt ist, abgefragt und von Duplikaten bereinigt. Aus den über hundert Einträgen innerhalb dieser Spalte werden nur die fünf unterschiedlichen Werte im Ergebnis aufgeführt, wie Abbildung 5.9 zeigt.

Abbildung 5.9 Die unterschiedlichen Werte der Spalte »CreditRating«

DISTINCT kann nicht nur in Verbindung mit einer Spalte, sondern auch in Kombination mit einer Spaltenliste Verwendung finden.

Syntax:

```
SELECT DISTINCT spaltenliste
FROM schemaname.tabellenname;
```

Beispiel:

```
SELECT DISTINCT CreditRating, PreferredVendorStatus
FROM Purchasing.Vendor;
```

Hier ist dem vorherigen Beispiel eine weitere Spalte hinzugefügt worden, die angibt, ob es sich bei einem Lieferanten um einen bevorzugten Lieferanten handelt. Abbildung 5.10 zeigt das Ergebnis dieser Abfrage.

	CreditRating	PreferredVendorStatus
1	1	0
2	1	1
3	2	0
4	2	1
5	3	1
6	4	0
7	4	1
8	5	1

Abbildung 5.10 »DISTINCT«-Anweisung unter Verwendung von zwei Spalten

Abbildung 5.10 zeigt, was die Kombination von DISTINCT mit einer Spaltenliste bewirkt: Es werden alle vorhandenen unterschiedlichen Kombinationen aus den angegebenen Spalten zurückgegeben. Das heißt, DISTINCT bezieht sich auf die gesamte Spaltenliste!

5.4.5 »ORDER BY«-Klausel

Häufig müssen Abfrageergebnisse nach bestimmten Kriterien sortiert ausgegeben werden. Zu diesem Zweck können Sie die SELECT-Anweisung durch den Zusatz ORDER BY erweitern:

Syntax:

```
SELECT spaltenliste
FROM schemaname.tabellenname
ORDER BY spaltenname [ASC | DESC];
```

Beispiel:

```
SELECT BusinessEntityID, CreditRating, Name
FROM Purchasing.Vendor
ORDER BY CreditRating;
```

Dieses Beispiel erzeugt eine nach der Spalte *CreditRating* sortierte Ausgabe, wobei die Sortierung aufsteigend erfolgt: Lieferanten mit einem *CreditRating* von 1 werden zuerst, Lieferanten mit einem *CreditRating* von 5 zuletzt im Abfrageergebnis aufgeführt.

Optional verwenden Sie die in der Syntax schon angedeuteten Parameter ASC (engl.: *ascending*; aufsteigend) und DESC (engl.: *descending*; absteigend), über die Sie eine aufsteigende oder absteigende Sortierung festlegen können.

Beispiel:

```
SELECT BusinessEntityID, CreditRating, Name
FROM Purchasing.Vendor
ORDER BY CreditRating ASC;
```

Dieses Beispiel erzeugt die gleiche Ausgabe wie das vorherige Beispiel. Geben Sie also keinen Parameter an, erfolgt eine aufsteigende Sortierung! Wünschen Sie wie im folgenden Beispiel eine absteigende Sortierung, müssen Sie DESC angeben!

Beispiel:

```
SELECT BusinessEntityID, CreditRating, Name
FROM Purchasing.Vendor
ORDER BY CreditRating DESC;
```

Eine Spalte, die zur Sortierung verwendet werden soll, müssen Sie nicht zwangsläufig über den Spaltennamen angeben. ORDER BY stellt eine alternative Möglichkeit bereit: die Angabe der Position der Spalte innerhalb der Spaltenliste (nicht innerhalb der Tabelle!).

Syntax:

```
SELECT spaltenliste
FROM schemaname.tabellenname
ORDER BY spaltenposition [ASC | DESC];
```

Beispiel:

```
SELECT BusinessEntityID, CreditRating, Name
FROM Purchasing.Vendor
ORDER BY 2;
```

Dieses Beispiel entspräche ebenfalls dem ersten Beispiel. Auch hier wird nach *CreditRating*, der zweiten Spalte der Spaltenliste, sortiert. Eingesetzt wird diese Möglichkeit eher selten; sie kann z. B. dann verwendet werden, wenn nach einer berechneten Spalte sortiert werden soll, für die kein Alias vergeben wurde, also keine Spaltenbezeichnung verfügbar ist.

In einem weiteren Schritt möchten wir zeigen, wie Sie ein Abfrageergebnis nach mehreren Kriterien sortieren. Zu diesem Zweck geben Sie nach ORDER BY eine Spaltenliste an:

Syntax:

SELECT *spaltenliste*
FROM *schemaname.tabellenname*
ORDER BY *spaltenliste*;

Im folgenden Beispiel wird die Sortierliste aus den Spalten *CreditRating* und *Name* gebildet.

Beispiel:

SELECT BusinessEntityID, CreditRating, Name
FROM Purchasing.Vendor
ORDER BY CreditRating, Name;

Abbildung 5.11 zeigt einen Teil des Abfrageergebnisses.

	BusinessEntityID	CreditRating	Name
98	1662	3	Northern Bike Travel
99	1584	3	Trey Research
100	1538	3	Vista Road Bikes
101	1678	4	Proseware, Inc.
102	1524	4	Recreation Place
103	1550	5	Merit Bikes
104	1652	5	Victory Bikes

Abbildung 5.11 Verschachtelte Sortierung

Auf den ersten Blick ist hier nur eine Sortierung nach der ersten Spalte, *CreditRating*, klar zu erkennen. Die Einträge der Spalte *Name* sind nicht alle in alphabetisch aufsteigender Reihenfolge angeordnet. Dieser Umstand lässt sich dadurch erklären, dass bei Angabe mehrerer Spalten als Sortierkriterien eine verschachtelte Sortierung – ähnlich der Sortierung innerhalb eines Telefonbuches – erfolgt: Es wird zuerst nach dem ersten Kriterium und bei dessen Gleichheit nach dem folgenden Kriterium und so weiter sortiert. Die Markierungen in Abbildung 5.11 sollen diesen Umstand verdeutlichen: Überall dort, wo die Spalte *CreditRating* identische Werte besitzt, liegt in den entsprechenden Werten der Spalte *Name* eine alphabetische Sortierung vor. Auch bei der Angabe von mehreren Sortierkriterien können Sie Sortierrichtungen festlegen, und zwar für jede einzelne Spalte, wie die folgende Abfrage verdeutlicht.

Beispiel:

SELECT BusinessEntityID, CreditRating, Name
FROM Purchasing.Vendor
ORDER BY CreditRating, Name DESC;

Das Ergebnis dieser Abfrage ist weiterhin nach *CreditRating* aufsteigend, dann aber nach *Name* absteigend sortiert, wie Abbildung 5.12 – wiederum mit eingefügter Markierung für das erste Sortierkriterium – zeigt.

BusinessEntityID		CreditRating	Name
98	1600	3	Federal Sport
99	1598	3	Continental Pro Cycles
100	1548	3	Consumer Cycles
101	1524	4	Recreation Place
102	1678	4	Proseware, Inc.
103	1652	5	Victory Bikes
104	1550	5	Merit Bikes

Abbildung 5.12 Abfrageergebnis mit unterschiedlichen Sortierungen

Die zwischen Abbildung 5.11 und Abbildung 5.12 unterschiedlichen Einträge in den Spalten *BusinessEntityID* und *Name* bei den Einträgen mit einer 3 in *CreditRating* sind dadurch begründet, dass sehr viel mehr Datensätze dieses Typs existieren, von denen in den Abbildungen aber nur drei angegeben sind – eben die drei alphabetisch letzten und die drei alphabetisch ersten.

Lassen Sie uns abschließend zu den Sortierungsmöglichkeiten innerhalb der SELECT-Anweisung noch einem Missverständnis vorbeugen, das sich aus den genannten Beispielen ergeben könnte: In den gezeigten Beispielen wurden alle Spalten, die zur Sortierung verwendet wurden, auch im Ergebnis der Abfrage aufgeführt. Dabei gibt es – abgesehen von dem Spezialfall der Angabe der Spaltenposition – keine Abhängigkeit zwischen den zur Sortierung und den zur Anzeige ausgewählten Spalten. In der praktischen Arbeit mit Datenbankservern kann durchaus der Fall eintreten, dass eine Abfrage nach einer Spalte sortiert werden muss, ohne diese anzuzeigen. Bei den Beispielen haben wir auf diese Möglichkeit verzichtet, um die Sortierung anschaulich zu machen.

5.4.6 »WHERE«-Klausel

Die bisher besprochenen Anwendungen der SELECT-Anweisung hatten eines gemeinsam: Es wurden immer Informationen aus allen Datensätzen der jeweiligen Tabelle im Ergebnis zurückgeliefert. Typischerweise sucht man in Tabellen einer Datenbank aber nur bestimmte Datensätze, die ein oder mehrere Kriterien erfüllen, um sie daraufhin in das Abfrageergebnis aufzunehmen. Typische Beispiele wären die Suche nach Personen eines bestimmten Nachnamens, nach Mitarbeitern einer Abteilung, nach Zahlungen, die in einem bestimmten Zeitraum erfolgt sind, und so weiter. Eine Datenbank muss also auch eine Möglichkeit bereitstellen, neben der Auswahl von Spalten – die ja als Projektion bezeichnet wird – die Ergebnismenge der Abfrage auch auf Datensatzebene einzuschränken. Das wird in der Datenbanksprache als *Selektion* bezeichnet und ist in Abbildung 5.13 schematisch dargestellt.

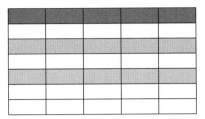

Abbildung 5.13 Datensatzauswahl (Selektion)

Die Kombination von Projektion und Selektion erlaubt also die gezielte Auswahl von Informationen aus einer Tabelle, sowohl was die Spalten als auch was die Zeilen einer Tabelle – die Datensätze – betrifft, ähnlich der Verwendung eines Koordinatensystems (siehe Abbildung 5.14).

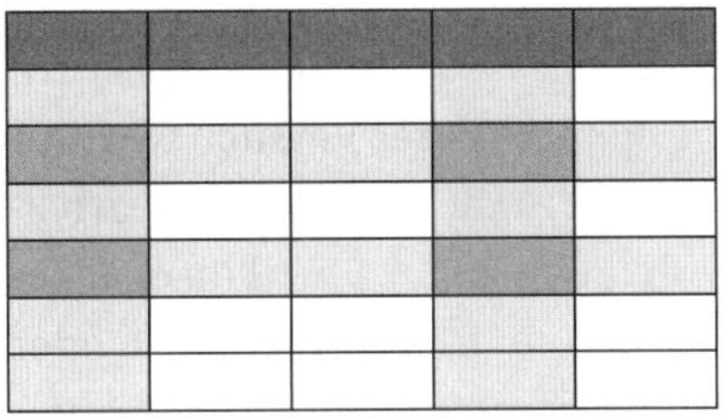

Abbildung 5.14 Gezielte Auswahl von Informationen durch die Kombination von Projektion und Selektion

Die Auswahl von Datensätzen wird durch eine Erweiterung der SELECT-Anweisung, die sogenannte WHERE-Klausel, ermöglicht. In ihr werden eine oder mehrere Bedingungen festgelegt, die zur Auswahl der Datensätze dienen sollen.

Syntax:

```
SELECT spaltenliste
FROM schemaname.tabellenname
WHERE auswahlbedingungen;
```

Beispiel:

```
SELECT Name
FROM Production.Product
WHERE ProductNumber = 'BL-2036';
```

Dieses Beispiel liefert die Produktbezeichnung *Blade* zurück, da dieser Datensatz als Einziger die Bedingung erfüllt, in der Spalte *ProductNumber* die Zeichenkette *BL-2036* zu enthalten. Dieses Beispiel zeigt anschaulich, dass eine in der WHERE-Klausel verwendete Spalte nicht unbedingt im Abfrageergebnis enthalten sein muss! Als Bedingung können Sie beliebig komplexe logische Verknüpfungen mit den oben angegebenen

Vergleichsoperatoren, den logischen Funktionen AND, OR und NOT sowie den anschließend besprochenen weiteren Operatoren formulieren. Eine weitere Abfrage soll z. B. alle Produktnamen und Produkt-IDs ausgeben, die die Produktnummer *BL-2036* oder *AR-5381* besitzen:

Beispiel:

```
SELECT Name, ProductID
FROM Production.Product
WHERE ProductNumber = 'BL-2036'
OR ProductNumber = 'AR-5381';
```

An diesem Beispiel wollen wir einen Fehler erläutern, der häufig bei der Definition von Auswahlbedingungen in der WHERE-Klausel gemacht wird. Dieser Fehler resultiert aus dem Versuch, die zweimalige Nennung des Spaltennamens in dem vorherigen Beispiel zu vermeiden und die Bedingung »umgangssprachlich« in der Form WHERE ProductNumber = 'BL-2036' OR 'AR-5381' zu formulieren. Dieser Versuch wird auf jeden Fall in einer Fehlermeldung resultieren. Warum? Um die Abfrage zu bearbeiten, muss für jeden Datensatz festgestellt werden, ob die in der WHERE-Klausel angegebenen Bedingungen für den jeweiligen Datensatz den logischen Wert true oder false ergeben. In diesem Beispiel wird diese Entscheidung anhand des ODER-Operators gefällt (andere Operatoren verhalten sich entsprechend). Der ODER-Operator erfordert als Eingabe zwei logische Werte, die anhand des jeweiligen Datensatzes gebildet werden müssen. Bei der fehlerhaften WHERE-Bedingung weiter oben ist der Teil links des ODER-Operators in Ordnung: Für jeden Datensatz kann festgestellt werden, ob in der Spalte *ProductNumber* die Zeichenkette *BL-2036* steht. Aber wie sieht das zweite Kriterium für die ODER-Verknüpfung aus? Rechts neben dem Schlüsselwort OR steht lediglich AR-5381! Dies ist kein Wert, der als logisch wahr oder falsch interpretiert werden kann, und er kann daher von der ODER-Verknüpfung nicht bearbeitet werden.

Verknüpfungen in der WHERE-Klausel können gerade in Verbindung mit logischen Operatoren sehr komplexe Ausmaße annehmen. In so einem Fall sollten Sie eine solche Abfrage immer an konkreten Datensätzen überprüfen! Fast nichts ist schlimmer als eine Abfrage, die mit Testdatensätzen zufällig das richtige Ergebnis zeigt, aber dennoch falsch formuliert ist und in der Praxis falsche Ergebnisse liefert. Die Voraussetzung, um fehlerfreie Abfragen zu schreiben, ist vor allem die Fähigkeit, die Rangfolge der logischen Operatoren zu analysieren. Zu diesem Zweck werden wir im Folgenden anhand eines bereits verwendeten Beispiels eine etwas komplexere WHERE-Klausel analysieren.

Als Ausgangspunkt dieser Betrachtungen dienen die in Abbildung 5.15 dargestellten Datensätze der *Product*-Tabelle.

	BusinessEntityID	CreditRating	Name
1	1524	4	Recreation Place
2	1538	3	Vista Road Bikes
3	1550	5	Merit Bikes
4	1584	3	Trey Research
5	1652	5	Victory Bikes
6	1678	4	Proseware, Inc.

Abbildung 5.15 Datenbestand zur Analyse der »WHERE«-Klausel

Diese sechs Datensätze stellen natürlich nur einen Auszug aus der *Product*-Tabelle dar, aber das Beispiel ist so konzipiert, dass andere Datensätze der Tabelle nicht beachtet werden müssen. Eine Abfrage auf die gesamte *Product*-Tabelle liefert daher ein mit den folgenden Betrachtungen identisches Ergebnis. Die folgende Abfrage soll an die Tabelle gestellt werden:

Beispiel:

```
SELECT BusinessEntityID, CreditRating, Name
FROM Purchasing.Vendor
WHERE Name = 'Trey Research'
OR NOT CreditRating < 4
AND BusinessEntityID > 1670
OR BusinessEntityID = 1652;
```

Die Zeilenumbrüche in der WHERE-Klausel sind auch an dieser Stelle nicht notwendig und sollen lediglich die Lesbarkeit verbessern. Auf welche Weise arbeitet der Server diese Abfrage nun ab? Auf keinen Fall einfach von links nach rechts, da innerhalb der WHERE-Klausel verschiedenwertige Operatoren vorhanden sind. Der höchstwertige logische Operator ist NOT; er kommt an einer Stelle der WHERE-Klausel vor und wird zuerst ausgewertet: CreditRating < 4 würde alle Datensätze auswählen, die ein *Credit-Rating* von 1 bis 3 haben, NOT führt jedoch dazu, dass diese Auswahl umgekehrt wird: »Nicht kleiner als vier« heißt ja nichts anderes als »größer gleich vier«. Die Datensätze, die das Zwischenergebnis nach diesem ersten Schritt darstellen, sind in Abbildung 5.16 grau unterlegt dargestellt.

	BusinessEntityID	CreditRating	Name
1	1524	4	Recreation Place
2	1538	3	Vista Road Bikes
3	1550	5	Merit Bikes
4	1584	3	Trey Research
5	1652	5	Victory Bikes
6	1678	4	Proseware, Inc.

Abbildung 5.16 Ergebnis nach Auswertung des »NOT«-Operators

Da kein gleichwertiger Operator mehr vorhanden ist, wird mit der Verarbeitung der nächstniedrigeren Verknüpfung fortgefahren, dem AND-Operator. Datensätze, die nach Anwendung der UND-Verknüpfung noch im Zwischenergebnis enthalten sind, müssen sowohl die Bedingung des NOT-Operators als auch die zweite Verknüpfungsbedingung – ein Wert in der Spalte *BusinessEntityID* größer als 1670 – erfüllen. Es werden also nur die in Abbildung 5.16 grau unterlegten Datensätze herangezogen, und von diesen erfüllt nur einer beide Kriterien (siehe Abbildung 5.17).

	BusinessEntityID	CreditRating	Name
1	1524	4	Recreation Place
2	1538	3	Vista Road Bikes
3	1550	5	Merit Bikes
4	1584	3	Trey Research
5	1652	5	Victory Bikes
6	1678	4	Proseware, Inc.

Abbildung 5.17 Ergebnis nach Auswertung des »AND«-Operators

Da die Abfrage keinen weiteren AND-Operator enthält, wird mit der Verarbeitung der ODER-Verknüpfungen fortgefahren. Der erste OR-Operator verknüpft das bisherige Ergebnis mit dem Kriterium, dass in der Spalte *Name* der Eintrag *Trey Research* vorhanden ist. Da im Fall der ODER-Verknüpfung die Erfüllung eines Kriteriums für die Aufnahme eines Datensatzes in die Ergebnismenge ausreichend ist, wird der entsprechende Datensatz dem Ergebnis hinzugefügt, auch wenn er den bisherigen Kriterien nicht entsprach (siehe Abbildung 5.18).

	BusinessEntityID	CreditRating	Name
1	1524	4	Recreation Place
2	1538	3	Vista Road Bikes
3	1550	5	Merit Bikes
4	1584	3	Trey Research
5	1652	5	Victory Bikes
6	1678	4	Proseware, Inc.

Abbildung 5.18 Ergebnis nach Auswertung des ersten »OR«-Operators

Entsprechendes gilt auch für den durch die zweite ODER-Verknüpfung hinzukommenden Datensatz, der lediglich deswegen in das Abfrageergebnis aufgenommen wird, weil bei ihm der Vergleich auf eine *BusinessEntityID* von 1652 true ergibt und damit die ODER-Verknüpfung mit dem bisherigen Zwischenergebnis ebenfalls true ergibt (siehe Abbildung 5.19).

	BusinessEntityID	CreditRating	Name
1	1524	4	Recreation Place
2	1538	3	Vista Road Bikes
3	1550	5	Merit Bikes
4	1584	3	Trey Research
5	1652	5	Victory Bikes
6	1678	4	Proseware, Inc.

Abbildung 5.19 Ergebnis nach Auswertung des zweiten »OR«-Operators

Da an diesem Punkt alle Elemente der WHERE-Klausel verarbeitet wurden, stellt Abbildung 5.19 gleichzeitig das Endergebnis der Abfrage dar. Zum Vergleich zeigt Abbildung 5.20 das Original-Abfrageergebnis des besprochenen Beispiels.

	BusinessEntityID	CreditRating	Name
1	1584	3	Trey Research
2	1652	5	Victory Bikes
3	1678	4	Proseware, Inc.

Abbildung 5.20 Abfrageergebnis der Beispielabfrage

ORDER BY und WHERE werden optional in einer SELECT-Anweisung verwendet, wichtig ist lediglich die Einhaltung der richtigen Reihenfolge der Komponenten der SELECT-Anweisung. Sie lautet bei Verwendung beider Klauseln:

- SELECT
- FROM
- WHERE
- ORDER BY

Die Reihenfolge der Klauseln der SELECT-Anweisung können Sie im Zweifelsfall in der Onlinedokumentation von SQL Server nachschlagen.

5.5 Auswahloperatoren

Neben den bisher erwähnten logischen, mathematischen und Vergleichsoperatoren existieren die Auswahloperatoren, die häufig innerhalb der WHERE-Klausel Anwendung finden. Einige dieser Operatoren stellen lediglich eine vereinfachte Schreibweise mehrfacher logischer Verknüpfungen dar, andere wiederum bieten Funktionen, die so nicht oder nur unter erheblichem Aufwand zu realisieren wären. Diese Operatoren stellen wir in diesem Abschnitt mit entsprechenden Beispielen vor.

5.5.1 »IS (NOT) NULL«-Auswahloperator

Vielleicht sind Ihnen beim Betrachten der Tabellen in der *AdventureWorks2016CTP3-* Datenbank Spalten aufgefallen, in denen der Ausdruck NULL eingetragen ist, wie Sie in Abbildung 5.21 in der Spalte *Color* sehen.

Diese Einträge stehen nicht etwa für die Zeichenkette 'NULL', die Ziffer 0 oder Ähnliches. Als NULL-Werte werden im Kontext von Datenbanken leere, nicht vorhandene Einträge bezeichnet (engl.: *null*; nicht vorhanden, nichtig). Um zu kennzeichnen, dass es sich um einen nicht vorhandenen Wert und nicht um eine Zeichenkette oder Ziffer handelt, wird in der Literatur die Großschreibweise NULL und im Sprachgebrauch die englische Aussprache (»nall«) verwendet. Das Management Studio ersetzt vorhandene leere Einträge, indem es solche Felder mit dem Eintrag NULL versieht; tatsächlich enthalten die in Abbildung 5.21 mit NULL gekennzeichneten Einträge in der Spalte *Color* keinen Wert.

	ProductID	Name	ProductNumber	MakeFlag	FinishedGoodsFlag	Color
1	1	Adjustable Race	AR-5381	0	0	NULL
2	2	Bearing Ball	BA-8327	0	0	NULL
3	3	BB Ball Bearing	BE-2349	1	0	NULL
4	4	Headset Ball Bearings	BE-2908	0	0	NULL
5	316	Blade	BL-2036	1	0	NULL
6	317	LL Crankarm	CA-5965	0	0	Black

Abbildung 5.21 »NULL«-Einträge in der Spalte »Color«

NULL-Werte nehmen in mehrfacher Hinsicht innerhalb einer Datenbank eine gewisse Sonderrolle ein. Zum einen gilt der Grundsatz, dass NULL-Werte möglichst vermieden werden sollten, da sie für einen Datenbankserver aufwendiger zu verarbeiten sind als reale Einträge. Es gibt allerdings Fälle, in denen sich NULL-Werte kaum vermeiden lassen. Denken Sie z. B. an eine Tabelle, in der Ausleihvorgänge einer Bibliothek erfasst werden. Dort wird eine Spalte vorhanden sein, in der das Ausleihdatum eingegeben wird. Daneben wird es ein Feld geben, in das das Rückgabedatum eingetragen wird. Dieses Feld wird, wenn ein Buch ausgeliehen wird, zunächst leer bleiben – also einen NULL-Wert enthalten –, da das Rückgabedatum noch nicht feststeht.

Um bei diesem Beispiel zu bleiben: Wenn eine Abfrage alle Bücher zurückgeben soll, die ausgeliehen sind, müsste festgestellt werden, bei welchen Datensätzen ein NULL-Wert im Rückgabedatum vorliegt. Das heißt nichts anderes, als dass in der WHERE-Klausel NULL-Werte verarbeitet werden müssen. An dieser Stelle kann – je nach den Einstellungen des Servers – der Fall eintreten, dass ein Vergleich auf NULL nicht die logischen Werte true oder false, sondern einen dritten Wert, unknown, zurückliefert. Die Auswirkungen auf das Ergebnis einer Abfrage sind in solch einem Fall kaum noch zu überblicken.

Um solche Probleme zu vermeiden, sollten Sie zum Überprüfen, ob ein NULL-Wert vorliegt oder nicht, immer den NULL-Operator bzw. seine Umkehrung IS NOT NULL verwenden. Nur dadurch ist sichergestellt, dass NULL-Werte korrekt behandelt werden.

Die Anwendung ist recht einfach; in der WHERE-Klausel setzen Sie den entsprechenden Operator hinter den Spaltennamen:

Syntax:

```
SELECT spaltenliste
FROM schemaname.tabellenname
WHERE spaltenname IS [NOT] NULL;
```

Die folgende Abfrage liefert beispielsweise alle Produktnamen zurück, die in der Spalte *Color* keinen Eintrag besitzen:

Beispiel:

```
SELECT Name
FROM Production.Product
WHERE Color IS NULL;
```

Die Umkehrung – alle Produkte, die einen Eintrag in der Spalte *Color* besitzen – würde folgende Abfrage erfordern:

Beispiel:

```
SELECT Name
FROM Production.Product
WHERE Color IS NOT NULL;
```

5.5.2 »BETWEEN«-Auswahloperator

In Abfragen muss häufig auf Bereiche verglichen werden: Bestellungen, die in einem bestimmten Zeitraum getätigt wurden, Fahrzeuge, deren Motorleistung zwischen zwei Werten liegt, Artikel, deren Preis innerhalb einer Unter- und Obergrenze liegt, und so weiter. Solche Intervalle zur Datensatzauswahl können sie mit den bereits bekannten Vergleichsoperatoren festlegen, wie die folgende Abfrage zeigt, die alle Produkte auflistet, deren Listenpreis zwischen 8,99 und 49,99 – jeweils einschließlich – liegt:

Beispiel:

```
SELECT Name, ListPrice
FROM Production.Product
WHERE ListPrice >= 8.99 AND ListPrice <= 49.99;
```

Alternativ verwenden Sie den BETWEEN-Operator, der sich zum Vergleich auf ein Intervall anbietet. Die Syntax dieser Anweisung und eine dem vorherigen Beispiel entsprechende Abfrage unter Verwendung von BETWEEN sind nachfolgend angegeben. Beachten Sie bitte, dass AND in diesem Fall nicht den UND-Operator darstellt, sondern ein Teil des BETWEEN-Operators ist.

Syntax:

```
SELECT spaltenliste
FROM schemaname.tabellenname
WHERE spaltenname BETWEEN untergrenze AND obergrenze;
```

Beispiel:

```
SELECT Name, ListPrice
FROM Production.Product
WHERE ListPrice BETWEEN 8.99 AND 49.99;
```

Abbildung 5.22 gibt einen Teil des Ergebnisses dieser Abfrage wieder.

5	Sport-100 Helmet, Blue	34,99
6	AWC Logo Cap	8,99
7	Long-Sleeve Logo Jersey, S	49,99
8	Long-Sleeve Logo Jersey, M	49,99
9	Long-Sleeve Logo Jersey, L	49,99
10	Long-Sleeve Logo Jersey, XL	49,99
11	LL Headset	34,20

Abbildung 5.22 Teilergebnis der Abfrage unter Verwendung von »BETWEEN«

Wie Sie erkennen, werden auch solche Datensätze ausgegeben, die einen Preis von genau 8,99 bzw. 49,99 aufweisen. Für die Verwendung des BETWEEN-Operators gilt also:

> **Hinweis**
>
> Die Bereichsgrenzen des BETWEEN-Operators gelten einschließlich!

Das Ergebnis der zuerst angegebenen Abfrage, in der die Vergleichsoperatoren <= und >= Verwendung fanden, ist daher identisch mit dem der Abfrage mithilfe von BETWEEN.

5.5.3 »IN«-Auswahloperator

Wie wir weiter oben in diesem Kapitel schon erwähnt haben, bedingt eine mehrfache ODER-Verknüpfung, dass zu jedem Vergleichswert der Spaltenname erneut angegeben wird. Das sehen Sie auch in der folgenden Abfrage, die die Bezeichnungen der Produkte liefert, die als Farbangabe *Black*, *Silver*, *Red* oder *Yellow* besitzen:

Beispiel:

```
SELECT Name
FROM Production.Product
WHERE Color = 'Black'
OR COLOR = 'Silver'
OR COLOR = 'Red'
OR COLOR = 'Yellow';
```

Der IN-Operator ermöglicht es, eine solche mehrfache ODER-Verknüpfung zu vereinfachen, indem Sie die Kriterien in Form einer Liste angeben. Diese Liste schließen Sie in runde Klammern ein. Die Trennung der einzelnen Listenelemente erfolgt – wie in der Spaltenliste und ansonsten in SQL üblich – durch Kommas. Die Syntax und eine dem vorherigen Beispiel entsprechende Abfrage lauten folgendermaßen:

Syntax:

```
SELECT spaltenliste
FROM schemaname.tabellenname
WHERE spaltenname IN (auswahlliste);
```

Beispiel:

```
SELECT Name, Color
FROM Production.Product
WHERE Color IN ('Black', 'Silver', 'Red', 'Yellow');
```

Schon der Vergleich der beiden relativ einfachen Beispiele dieses Abschnitts zeigt deutlich die Vorteile, die der IN-Operator dadurch bietet, eine mehrfache ODER-Verknüpfung in kompakter Schreibweise anzugeben. Stellen Sie sich das obige Beispiel mit zehn oder gar zwanzig Listeneinträgen als ausgeschriebene ODER-Verknüpfung vor – der Aufwand wäre ungleich größer!

5.5.4 »LIKE«-Auswahloperator

In vielen Fällen muss eine Abfrage auch dann die angeforderten Informationen in einer Tabelle finden, wenn kein exakter Suchbegriff vorliegt. So mag z. B. Unsicherheit über die genaue Schreibweise eines Begriffs herrschen oder der Suchbegriff nur teilweise bekannt sein. Abfragen müssen also eine Möglichkeit bereitstellen, eine Art Mustervergleich vorzunehmen. Büchershops im Internet stellen hierzu ein anschauliches Beispiel dar: Um ein Buch zu finden, reicht es aus, einen Teil des Titels anzugeben. Der im Hintergrund laufende Datenbankserver liefert dann alle dem Kriterium entsprechenden Buchtitel zurück. Mustervergleiche dieser Art werden in Abfragen über den LIKE-Operator realisiert.

Syntax:

```
SELECT spaltenliste
FROM schemaname.tabellenname
WHERE spaltenname LIKE 'vergleichsausdruck'
```

Die Flexibilität des LIKE-Operators liegt darin begründet, dass innerhalb des – als Zeichenkette anzugebenden – Vergleichsausdrucks drei verschiedene Platzhalter verwendet werden können: das Prozentzeichen, der Unterstrich und der Klammeroperator.

Prozentzeichen (%)

Das Prozentzeichen dient als Platzhalter für beliebig viele (0–n) Zeichen. Die folgende Abfrage verdeutlicht die Funktionsweise dieses Platzhalters:

Beispiel:

```
SELECT Name
FROM Purchasing.Vendor
WHERE Name LIKE '%Bike%';
```

Diese Abfrage liefert alle Datensätze zurück, in denen an beliebiger Stelle die Suchzeichenfolge *Bike* enthalten ist. Abbildung 5.23 gibt einen Teil des Abfrageergebnisses wieder.

In der ersten dargestellten Zeile des Abfrageergebnisses stand das erste Prozentzeichen offensichtlich für kein Zeichen, da die Suchzeichenfolge direkt am Anfang des Eintrags steht. In den darauf folgenden Einträgen stellten das erste und zweite Prozentzeichen verschiedene Anzahlen von Zeichen dar, und im letzten Eintrag ersetzte das zweite Prozentzeichen wiederum kein Zeichen. Hier steht die Suchzeichenfolge am Ende des Eintrags.

	Name
1	Australia Bike Retailer
2	Morgan Bike Accessories
3	Image Makers Bike Center
4	Cruger Bike Company
5	Vista Road Bikes
6	Green Lake Bike Company
7	Merit Bikes
8	Norstan Bike Hut
9	National Bike Association
10	Inner City Bikes
11	Beaumont Bikes
12	Bike Satellite Inc.
13	Aurora Bike Center
14	Competition Bike Training Systems
15	GMA Ski & Bike

Abbildung 5.23 Abfrageergebnis unter Verwendung von Prozentzeichen

Unterstrich (_)

Der Unterstrich dient innerhalb des LIKE-Operators als Platzhalter für genau ein beliebiges Zeichen. Das folgende Beispiel soll die Suche nach Lieferantennamen verdeutlichen, von denen lediglich die Information vorliegt, dass es sich beim zweiten Zeichen des Firmennamens um ein i und beim fünften Zeichen um ein o handelt. Über den Rest des Namens ist nichts bekannt, daher das nachfolgende Prozentzeichen im Vergleichsausdruck:

Beispiel:

```
SELECT Name
FROM Purchasing.Vendor
WHERE Name LIKE '_i__o%';
```

Diese Abfrage findet die in Abbildung 5.24 gezeigten zwei Datensätze.

Abbildung 5.24 Abfrageergebnis unter Verwendung von Unterstrichen

Klammeroperator ([ ])

Ähnlich dem Unterstrich dient auch der Klammeroperator als Platzhalter für ein einziges Zeichen. Im Gegensatz zum Unterstrich, der für beliebige Zeichen gilt, erlaubt der Klammeroperator anzugeben, welche Zeichen an dieser Stelle gültig sein sollen. Die gültigen Zeichen können Sie auf zwei grundsätzliche Weisen angeben: als diskrete Werte oder als Bereich.

Angabe diskreter Werte

In diesem Fall werden die zulässigen Werte nacheinander im Klammeroperator aufgeführt. Soll eine Abfrage z. B. alle Lieferanten ausgeben, deren Namen mit den Buchstaben A, C, E oder M beginnen, muss der Klammeroperator wie in der folgenden Abfrage definiert werden:

Beispiel:

```
SELECT Name
FROM Purchasing.Vendor
WHERE Name LIKE '[acme]%';
```

Die Angabe der vier Buchstaben innerhalb der eckigen Klammer ohne Verwendung von Trennzeichen, wie beispielsweise Kommas, mag zunächst irritierend wirken. Der Klammeroperator verwendet kein solches Trennzeichen, da er als Platzhalter für ein einzelnes Zeichen dient. Daher kann es sich bei den in der Klammer angegebenen Buchstaben nur um vier einzeln zu interpretierende Zeichen handeln!

Angabe eines Bereichs

Neben der Angabe einzelner Zeichen kann der Klammeroperator auch Bereichsangaben verarbeiten. Bereichsangaben werden innerhalb des Operators durch einen Bindestrich gekennzeichnet. Sollen alle Lieferanten gefunden werden, deren erster Buchstabe im Bereich von A bis E liegt, würde die folgende Abfrage die gewünschte Information liefern:

Beispiel:

```
SELECT Name
FROM Purchasing.Vendor
WHERE Name LIKE '[a-e]%';
```

Diese Möglichkeit wird häufig angewandt, um mithilfe des Klammeroperators zu überprüfen, ob an einer bestimmten Position ein Buchstabe ([a-z]) oder eine Ziffer ([0-9]) vorliegt.

Die Wirkung des Klammeroperators kann durch Angabe des Zirkumflex (^) als erstes Zeichen in der Klammer invertiert werden. Die folgende Abfrage liefert als Ergebnis alle Lieferanten, deren Name nicht mit A, C, M oder E beginnt, und stellt somit die Umkehrung des ersten Beispiels dar:

Beispiel:

```
SELECT Name
FROM Purchasing.Vendor
WHERE Name LIKE '[^acme]%';
```

Alle Lieferanten, deren erstes Zeichen im Firmennamen nicht im Bereich von A bis E liegt, können ebenfalls durch die entsprechende Abwandlung des zweiten Beispiels abgefragt werden:

Beispiel:

```
SELECT Name
FROM Purchasing.Vendor
WHERE Name LIKE '[^a-e]%';
```

Beide Möglichkeiten der Werteangabe, diskrete Werte und Bereichsangaben, können innerhalb des Klammeroperators beliebig kombiniert werden. Der Klammeroperator [adeh-k1-47] würde also die Buchstaben A, D, E, H, I, J und K sowie die Ziffern 1, 2, 3, 4 und 7 als gültige Zeichen erkennen. Ein häufig begangener Irrtum ist, die Zeichenkombination 47 im Sinne von »siebenundvierzig« zu interpretieren. Dies kann aber nicht der Fall sein, da der Klammeroperator – wie schon mehrfach erwähnt – nur stellvertretend für ein Zeichen steht!

Bei der Definition von Abfragen unter Verwendung des LIKE-Operators kann sich das Problem ergeben, dass der Suchbegriff selbst ein Zeichen enthält, das innerhalb des LIKE-Operators als Sonderzeichen interpretiert würde. Wenn ein Suchbegriff beispielsweise das Prozentzeichen oder den Unterstrich enthält, sollen ja tatsächlich diese Zeichen und nicht ein beliebiges oder beliebig viele Zeichen an dieser Stelle in den Abfrageergebnissen enthalten sein. Auch in diesen Fällen können Sie den Klammeroperator einsetzen: [%] und [_] definieren das Prozentzeichen bzw. den Unterstrich als gültiges Zeichen an der entsprechenden Position und lösen sie so aus ihrer Rolle als Platzhalter heraus.

5.6 Aggregatfunktionen

In der Technik beschreibt der Begriff *Aggregat* eine aus Einzelteilen zusammengesetzte Maschine, und der Duden definiert das Verb *aggregieren* als »vereinen, ansammeln, anhäufen«. Dies umschreibt recht gut die Aufgabe von Aggregatfunktionen: Sie dienen dazu, aus einer Menge von Spaltenwerten einen einzelnen Wert zu bilden, Werte also zusammenzufassen. Aggregatfunktionen können daher – bis auf einen Sonderfall in Abschnitt 5.8, »Zusammenfassung, Gruppierung und Beschränkung von Abfrageergebnissen« – nur auf eine Spalte angewendet werden, wobei eventuell vorhandene NULL-Werte grundsätzlich nicht berücksichtigt werden. Für die folgenden Beispiele verwenden wir die folgende Syntax. Aggregatfunktionen können aber auch an anderer Stelle eingesetzt werden, wie wir im nächsten Abschnitt beschreiben werden.

Syntax:

```
SELECT aggregatfunktion(spaltenname)
FROM schemaname.tabellenname;
```

Aggregatfunktionen in SQL Server sind AVG, SUM, MAX, MIN und COUNT.

»AVG«

Die Aggregatfunktion AVG (abgekürzt von engl.: *average*; Mittelwert) liefert den Mittelwert von numerischen Spaltenwerten. Der Durchschnitt aller Listenpreise von Produkten lässt sich also über die folgende Abfrage ermitteln:

Beispiel:

```
SELECT AVG(ListPrice)
FROM Production.Product;
```

»SUM«

Eine Summe von numerischen Einträgen wird über die SUM-Funktion gebildet.

Beispiel:

```
SELECT SUM(ListPrice)
FROM Production.Product;
```

In diesem Fall wird die Summe aller Preise in der Spalte *ListPrice* abgefragt.

»MAX«

Die MAX-Funktion liefert den maximalen Spaltenwert zurück. Sie kann auch auf Spalten mit alphanumerischen Werten angewandt werden.

Beispiel:

```
SELECT MAX(ListPrice)
FROM Production.Product;
```

»MIN«

Die MIN-Funktion stellt das Gegenteil der MAX-Funktion dar. Sie liefert den minimalen Spaltenwert zurück.

Beispiel:

```
SELECT MIN(ListPrice)
FROM Production.Product;
```

»COUNT«

Die COUNT-Funktion dient dazu, eine Anzahl von Datensätzen zu erfassen. In diesem Fall soll die Syntax zusätzlich um eine WHERE-Klausel erweitert werden, um die Anzahl aller Artikel zu erhalten, deren Farbangabe *Rot* lautet:

Beispiel:

```
SELECT COUNT (ListPrice)
FROM Production.Product
WHERE Color = 'Red';
```

Die COUNT-Funktion bietet noch zwei zusätzliche Verwendungsmöglichkeiten:

»COUNT(DISTINCT spaltenname)«

Die Angabe des Schlüsselwortes DISTINCT innerhalb der Klammer bewirkt, dass nun nicht mehr die Anzahl aller Einträge, sondern die Anzahl der unterschiedlichen Einträge ermittelt wird. An dieser Anweisung kann sehr anschaulich gezeigt werden, dass NULL-Werte von Aggregatfunktionen ignoriert werden. Vielleicht ist Ihnen bei der DISTINCT-Anweisung bereits aufgefallen, dass – wenn in der abgefragten Spalte NULL-Werte vorhanden sind – die Ausgabe ebenfalls einen NULL-Wert auflistet, wie das folgende Beispiel anhand der Spalte *Color* zeigt:

Beispiel:

```
SELECT DISTINCT Color
FROM Production.Product;
```

Abbildung 5.25 zeigt das Ergebnis dieser Abfrage.

Wie Sie erkennen, werden zehn unterschiedliche Werte ausgegeben, darunter ein NULL-Wert. Wenden Sie nun die COUNT-Funktion auf diese DISTINCT-Abfrage an, wie hier:

	Color
1	NULL
2	Black
3	Blue
4	Grey
5	Multi
6	Red
7	Silver
8	Silver/Black
9	White
10	Yellow

Abbildung 5.25 »DISTINCT«-Abfrage auf die Spalte »Color«

Beispiel:

```
SELECT COUNT(DISTINCT Color)
FROM Production.Product;
```

wird als Ergebnis 9 ausgegeben, der NULL-Wert also ignoriert!

»COUNT(*)«

Es mag verwunderlich klingen, aber in SQL Server – wie auch in vielen anderen Datenbanksystemen – gibt es keine spezielle Funktion, die nur dazu dient, die Anzahl der Datensätze in einer Tabelle zu ermitteln. Die Anwendung der COUNT-Funktion auf eine Spalte könnte ein falsches Ergebnis liefern, wenn in der verwendeten Spalte NULL-Werte enthalten wären. Um sicherzustellen, dass es sich um eine Spalte handelt, in der keine NULL-Werte enthalten sein können, muss die Struktur der Tabelle bekannt sein. Um diese Problematik zu umgehen, bietet die COUNT-Funktion die Möglichkeit, das Sternchen – das Symbol für alle Spalten einer Tabelle – als Argument zu übergeben, um die Anzahl der Datensätze einer Tabelle festzustellen. Natürlich kann die COUNT-Funktion wie alle Aggregatfunktionen ansonsten immer nur auf eine Spalte angewandt werden.

COUNT(*) ist nichts anderes als die Implementierung der nicht vorhandenen speziellen Funktion zur Ermittlung der Datensatzanzahl unter dem Namen der COUNT-Funktion. Warum in diesem Fall gerade das Sternchen als Argument verwendet wird, verdeutlichen die folgenden Überlegungen: Der Aufruf der COUNT-Funktion für eine einzelne Spalte einer Tabelle würde – bei Unkenntnis der Tabellenstruktur – immer das oben bereits beschriebene Risiko eventuell vorhandener NULL-Werte bergen.

Wäre es nun möglich, die COUNT-Funktion gleichzeitig auf alle Spalten einer Tabelle – eben über das Sternchen als Argument – aufzurufen, müsste das Ergebnis zwangsläufig der Anzahl der Datensätze in der Tabelle entsprechen, da ein Datensatz, der keinen Beitrag zu diesem Ergebnis liefern würde, aus lauter NULL-Werten bestehen müsste und daher gar nicht existieren würde.

Die Anweisung COUNT(*), die von SQL Server wie auch von vielen anderen Datenbanksystemen unterstützt wird, bietet also die universelle Möglichkeit, die Anzahl der Datensätze einer jeden Tabelle, unabhängig von ihrer Struktur, allein bei Kenntnis des Tabellennamens festzustellen.

5.7 Unterabfragen

Abfragen an Datenbanken müssen häufig Werte zur Auswahl von Datensätzen verwenden, die sich im Laufe der Zeit ändern können. Ein Beispiel wäre eine Abfrage, die solche Produkte ermittelt, deren Preis höher ist als der Durchschnittspreis aller Produkte. Da sich der Durchschnittspreis durch geänderte oder neu hinzugekommene Preise ändern kann, darf dieser Wert nicht fest programmiert werden, sondern muss – damit die Abfrage zu jedem Zeitpunkt das korrekte Ergebnis liefert – zum Abfragezeitpunkt jeweils aus den aktuellen Werten neu berechnet werden.

Der Versuch, eine diesem Beispiel entsprechende Abfrage zu schreiben, in der die Aggregatfunktion direkt in der WHERE-Klausel aufgerufen wird (in der Form WHERE ListPrice > AVG(ListPrice)), führt unweigerlich zu einer Fehlermeldung. Diese Fehlermeldung tritt auf, weil der Aufruf einer Aggregatfunktion eine Abfrage voraussetzt, über die der Wert der Aggregatfunktion gebildet werden kann. Der Mittelwert der Listenpreise wurde oben im Kapitel über die folgende Abfrage ermittelt:

Beispiel:

```
SELECT AVG(ListPrice)
FROM Production.Product;
```

Das Ergebnis dieser Abfrage lautet 438,6662. Mit diesem festen Wert ließen sich relativ einfach alle Produkte ermitteln, deren Preis oberhalb dieser Grenze liegt:

Beispiel:

```
SELECT Name, ListPrice
FROM Production.Product
WHERE ListPrice > 438.6662;
```

Diese Abfrage würde sich aber nicht dynamisch verändern, also nicht auf sich ändernde Preisangaben reagieren können. Anstelle des festen Werts in der WHERE-Klausel müssten Sie also die entsprechende Abfrage zur Ermittlung des Durchschnittswerts aufrufen.

Syntax:

```
SELECT spaltenliste
FROM schemaname.tabellenname
WHERE spaltenname > (unterabfrage);
```

Eine Abfrage, deren Ausführung innerhalb einer anderen Abfrage erfolgt, wird als *Unterabfrage* (engl.: *subquery*) bezeichnet. Als Vergleichsoperator kann natürlich nicht nur > verwendet werden, diesen Operator haben wir nur in Übereinstimmung mit dem besprochenen Beispiel in der Syntax angegeben. Die Abfrage, die zu jedem Zeitpunkt die richtige Ausgabe liefert, sieht also folgendermaßen aus:

Beispiel:

```
SELECT Name, ListPrice
FROM Production.Product
WHERE ListPrice > (SELECT AVG(ListPrice)
FROM Production.Product);
```

Beachten Sie, dass eine Unterabfrage, wie oben gezeigt, stets in runde Klammern eingeschlossen werden muss! Entsprechend der Verwendung von Klammern in mathematischen Ausdrücken wird hierdurch angezeigt, dass die Unterabfrage zuerst ausgeführt werden muss, um die übergeordnete Abfrage bearbeiten zu können. Außerdem ist bei einer Abfrage wie im letzten Beispiel – wo ein Vergleichsoperator vor der Unterabfrage steht – zu gewährleisten, dass die Unterabfrage nur einen einzigen Wert als Ergebnis liefert. Dies stellen Sie z. B. durch den Aufruf einer Aggregatfunktion oder den Vergleich mit einem Primärschlüsselwert innerhalb der Unterabfrage sicher. Warum diese Einschränkung besteht, verdeutlicht Abbildung 5.26.

	9,50
WHERE ListPrice >	49,99
	337,22

Abbildung 5.26 Unterabfrage mit mehreren Ergebnissen

Würde das Ergebnis der Unterabfrage – in Abbildung 5.26 durch die drei Werte rechts dargestellt – mehr als einen Wert bereitstellen, bestände für einen Vergleichsoperator keine Möglichkeit, diese Information eindeutig und korrekt auszuwerten. Ein Listenpreis von 50 entspräche sowohl der ersten als auch der zweiten Bedingung, aber nicht der dritten Bedingung. Die Verwendung von Unterabfragen, die mehrere Werte zurückliefern, ist allerdings auch möglich, und zwar dann, wenn der verwendete Operator mehrfache Wertangaben unterstützt, wie wir im folgenden Abschnitt beschreiben werden.

5.7.1 Definition der Werteliste des »IN«-Operators durch eine Unterabfrage

Ein Operator, der mehrfache Wertangaben unterstützt, ist der IN-Operator. Er kann eine Werteliste verarbeiten, die in dem entsprechenden Beispiel bei der Vorstellung des Operators fest angegeben wurde. Aber anstelle einer festen Werteliste ist an dieser Stelle ebenfalls die Verwendung einer Unterabfrage möglich, wie das folgende

Beispiel zeigt. Es soll eine Abfrage erstellt werden, die alle Namen und Preise der Produkte ausgibt, deren Listenpreise mit den Preisen der Produkte mit den IDs *709*, *713* und *722* übereinstimmen. Dazu müssen zunächst die Preise dieser drei Produkte ermittelt werden. Das heißt, Sie müssen zunächst die spätere Unterabfrage definieren:

Beispiel:

```
SELECT ListPrice FROM
Production.Product
WHERE ProductID = 709
OR ProductID = 713
OR ProductID = 722;
```

Diese Abfrage liefert die drei in Abbildung 5.26 bereits verwendeten Preise zurück. Sie kann nun als Unterabfrage zur Generierung der Werteliste des IN-Operators verwendet werden.

Syntax:

SELECT *spaltenliste*
FROM *schemaname.tabellenname*
WHERE *spaltenname* IN (*unterabfrage*);

Beispiel:

```
SELECT Name, ListPrice
FROM Production.Product
WHERE ListPrice IN
(SELECT ListPrice FROM Production.Product
WHERE ProductID = 709
OR ProductID = 713
OR ProductID = 722);
```

Abbildung 5.27 zeigt noch einmal schematisch die Umsetzung des Ergebnisses der Unterabfrage in die Liste des IN-Operators. Abbildung 5.28 stellt zur Kontrolle einen Teil des Abfrageergebnisses der Beispielabfrage dar.

Abbildung 5.27 Umsetzung des Abfrageergebnisses in eine Liste

	Name	ListPrice
1	Mountain Bike Socks, M	9,50
2	Mountain Bike Socks, L	9,50
3	Long-Sleeve Logo Jersey, S	49,99
4	Long-Sleeve Logo Jersey, M	49,99
5	Long-Sleeve Logo Jersey, L	49,99
6	Long-Sleeve Logo Jersey, XL	49,99
7	LL Road Frame - Black, 58	337,22
8	LL Road Frame - Black, 60	337,22
9	LL Road Frame - Black, 62	337,22

Abbildung 5.28 Teilergebnis der Beispielabfrage

5.7.2 Verwendung der Operatoren »ALL« und »ANY« mit Unterabfragen

Bei der Verwendung einer Unterabfrage können Sie die Operatoren ALL und ANY verwenden, um die von der äußeren Abfrage zurückgegebenen Werte abhängig vom kleinsten bzw. größten Wert des Ergebnisses der Unterabfrage einzuschränken. Für beide Operatoren gilt, dass sie nur in Verbindung mit den Vergleichsoperatoren >, >=, < und <= zur Definition des Auswahlkriteriums eingesetzt werden können. Um ALL oder ANY zu verwenden, schreiben Sie die entsprechende Unterabfrage so, dass sie eine Reihe einzelner Werte auswählt. Für die folgenden Beispiele verwenden wir die nachfolgend angegebene Abfrage als Unterabfrage.

Beispiel:

```
SELECT ProductID FROM Production.Product
WHERE ProductNumber LIKE 'CA%';
```

Abbildung 5.29 zeigt das Ergebnis dieser Abfrage, zur besseren Darstellung ist die Ausgabe sortiert dargestellt.

	ProductID
1	317
2	318
3	319
4	712

Abbildung 5.29 Ergebnis der in den Beispielen verwendeten Unterabfrage in sortierter Darstellung

Verwendung des »ANY«-Operators

Der ANY-Operator wird von SQL Server im Sinne von »jeder Wert von« interpretiert. Betrachten Sie dazu folgendes Beispiel.

Beispiel:

```
SELECT * FROM Production.Product
WHERE ProductID >= ANY
```

```
(
    SELECT ProductID FROM Production.Product
    WHERE ProductNumber LIKE 'CA%'
);
```

Im Ergebnis dieser Abfrage sind alle Produkte mit einer *ProductID* größer gleich 317 enthalten, also alle Produkte, deren *ProductID* größer oder gleich *jedem* Wert der Unterabfrage ist.

Dass der ANY-Operator jeden Wert der Unterabfrage auswählt, zeigt das folgende Beispiel. Es entspricht dem letzten Beispiel, lediglich der Vergleichsoperator >= wurde durch = ersetzt.

Beispiel:

```
SELECT * FROM Production.Product
WHERE ProductID = ANY
(
    SELECT ProductID FROM Production.Product
    WHERE ProductNumber LIKE 'CA%'
);
```

Das Ergebnis dieser Abfrage entspricht dem der Unterabfrage; es werden ja in der äußeren Abfrage alle Datensätze ausgewählt, deren *ProductID* mit einer von der Unterabfrage zurückgegebenen übereinstimmt.

Anwendung des »ALL«-Operators

Im Gegensatz zum ANY-Operator wird der ALL-Operator von SQL Server im Sinne von »alle Werte von« interpretiert. Das folgende Beispiel entspricht dem ersten Beispiel zum ANY-Operator, es wurde lediglich ANY durch ALL ersetzt.

Beispiel:

```
SELECT * FROM Production.Product
WHERE ProductID >= ALL
(
    SELECT ProductID FROM Production.Product
    WHERE ProductNumber LIKE 'CA%'
);
```

Als Ergebnis werden nun alle Produkte mit einer *ProductID* größer oder gleich 712 ausgegeben, also alle Produkte, deren *ProductID* größer oder gleich *allen* Werten der Unterabfrage ist.

5.7.3 Korrelierte Unterabfragen

Bei den bisher besprochenen Verwendungen von Unterabfragen wurde die Unterabfrage zum Abfragezeitpunkt nur einmal ausgeführt, um einen Wert oder mehrere Werte für die äußere Abfrage zur Verfügung zu stellen.

Im Gegensatz dazu zeigen die sogenannten *korrelierten Unterabfragen* ein anderes Verhalten. Korrelierte Unterabfragen zeichnen sich dadurch aus, dass sie für jeden Datensatz der äußeren Abfrage einen zugehörigen Wert der Unterabfrage generieren. Betrachten Sie dazu das folgende Beispiel, das alle Produkte ermittelt, zu denen mehr als ein Lieferant in der Tabelle *ProductVendor* eingetragen ist. Für diese Produkte gilt, dass mindestens zwei Datensätze mit der entsprechenden *ProductID* in dieser Tabelle vorhanden sein müssen. Zur besseren Anschauung zeigt Abbildung 5.30 einen Ausschnitt der *ProductVendor*-Tabelle.

	ProductID	BusinessEntityID	AverageLeadTime
1	1	1580	17
2	2	1688	19
3	4	1650	17
4	317	1578	19
5	317	1678	17
6	318	1578	19
7	318	1678	17
8	319	1556	19
9	319	1578	19

Abbildung 5.30 Ausschnitt aus der Tabelle »ProductVendor«

Beispiel:

```
SELECT * FROM Production.Product
WHERE 1 <
(
    SELECT COUNT(ProductID) FROM Purchasing.ProductVendor
    WHERE Production.Product.ProductID
    = Purchasing.ProductVendor.ProductID
);
```

In diesem Beispiel fragt die äußere Abfrage Daten aus der *Product*-Tabelle ab. Für jeden Datensatz dieser äußeren Abfrage wird die Unterabfrage ausgeführt, die die Anzahl der zugehörigen Datensätze aus der *ProductVendor*-Tabelle ermittelt, deren *ProductID* mit der *ProductID* der äußeren Abfrage übereinstimmt. Wie Sie bei einem Vergleich des Abfrageergebnisses mit Abbildung 5.30 sehen können, sind die in der Abbildung mit mehreren Einträgen dargestellten Produkte – also die Produkte mit mehr als einem Lieferanten – im Abfrageergebnis enthalten.

5.8 Zusammenfassung, Gruppierung und Beschränkung von Abfrageergebnissen

Die im Folgenden beschriebenen Anweisungen ermöglichen es Ihnen zum einen, von innerhalb der SELECT-Anweisung Einfluss auf die Form des Abfrageergebnisses zu nehmen. Zum anderen können Sie mit ihnen Abfrageergebnisse zusammenfassen, wie der folgende Abschnitt zeigt.

5.8.1 Verknüpfung mehrerer Abfrageergebnisse durch »UNION«

Durch die Verwendung von UNION können mehrere Abfrageergebnisse zu einem Ergebnis zusammengefasst werden. Als Beispiel sollen zwei Abfragen dienen, die jeweils eine Spalte mit Währungsdaten aus der *Product*-Tabelle ausgeben:

Beispiel:

```
SELECT StandardCost FROM Production.Product;
SELECT ListPrice FROM Production.Product;
```

Durch das Ausführen dieses Beispiels werden zwei Abfrageergebnisse erzeugt, da die Anweisungen einzeln ausgeführt werden. Beide Abfragen können durch Einfügen von UNION zu einer Abfrage verbunden werden:

Syntax:

```
SELECT spaltenliste
FROM schemaname.tabellenname
UNION
SELECT spaltenliste
FROM schemaname.tabellenname;
```

Beispiel:

```
SELECT StandardCost FROM Production.Product
UNION
SELECT ListPrice FROM Production.Product;
```

> **Hinweis**
>
> Falls Sie das Semikolon als Zeilenendezeichen verwenden, beachten Sie bitte, dass es nach der ersten SELECT-Anweisung entfernt werden muss, da das Anweisungsende nun erst am Ende der zweiten Abfrage erreicht wird.

Die Angabe von UNION führt zum einen dazu, dass nun lediglich ein Abfrageergebnis erzeugt wird, und zum anderen werden Duplikate aus dem Abfrageergebnis ausgefiltert! Wie Sie bei einem Vergleich mit dem Tabelleninhalt feststellen können, besitzen die beiden verwendeten Spalten z. B. eine große Anzahl von Einträgen mit dem Wert *0,00*. Wie Sie der in Abbildung 5.31 dargestellten sortierten Ausgabe entnehmen können, wird dieser Wert jedoch nur ein einziges Mal im Abfrageergebnis aufgeführt.

	StandardCost
1	0,00
2	0,8565
3	1,4923
4	1,8663
5	2,29

Abbildung 5.31 Sortierte Ausgabe des Beispiels

Abbildung 5.31 zeigt ebenfalls anschaulich, dass bei der Verwendung von UNION immer die Spaltenbezeichner der ersten Abfrage im Ergebnis Verwendung finden. Sollen Duplikate nicht aus dem Abfrageergebnis entfernt werden, so müssen Sie nach UNION das Schlüsselwort ALL angeben.

Syntax:

```
SELECT spaltenliste
FROM tabellenname
UNION ALL
SELECT spaltenliste
FROM tabellenname;
```

Beispiel:

```
SELECT StandardCost FROM Production.Product
UNION ALL
SELECT ListPrice FROM Production.Product;
```

Über UNION verknüpfen Sie beliebig viele Abfragen miteinander, wobei diese auch mehr als nur eine Spalte enthalten dürfen. Sie müssen jedoch beachten, dass die jeweiligen Spalten der verschiedenen Abfragen vergleichbare Datentypen aufweisen müssen.

5.8.2 Beschränkung des Abfrageergebnisses mit »TOP (n)«

Wenn Sie die Anzahl der im Abfrageergebnis enthaltenen Datensätze beschränken wollen, erreichen Sie dies durch Verwendung der TOP-Klausel. Diese fügen Sie innerhalb einer Abfrage zwischen SELECT und der Spaltenliste ein. Im Folgenden stellen wir sie in den Formen TOP (n), TOP (n) WITH TIES und TOP (n) PERCENT vor.

»TOP (n)«

Die Anweisung TOP (n) beschränkt die Anzahl der ausgegebenen Datensätze auf die angegebene Anzahl, die durch n symbolisiert wird. Der Platzhalter n steht hier also für eine absolute Anzahl.

Syntax:

```
SELECT TOP (anzahl) spaltenliste
FROM schemaname.tabellenname;
```

Beispiel:

```
SELECT TOP (5) ProductID, Name
FROM Production.Product;
```

In diesem Beispiel wird die Ausgabe des Ergebnisses auf die ersten fünf Datensätze beschränkt. Seit SQL Server 2005 können Sie den Wert für die Anzahl auch über eine Funktion berechnen lassen.

»TOP (n) PERCENT«

Im Gegensatz zur TOP (n)-Anweisung erlaubt TOP (n) PERCENT die Angabe einer Prozentzahl zur Beschränkung des Abfrageergebnisses. Der Platzhalter n steht hier also für den relativen Anteil an dem Ergebnis, das die Abfrage ohne die Verwendung von TOP geliefert hätte.

Syntax:

```
SELECT TOP (prozent) PERCENT spaltenliste
FROM schemaname.tabellenname;
```

Beispiel:

```
SELECT TOP (5) PERCENT ProductID, Name
FROM Production.Product;
```

Dieses Beispiel beschränkt die Ausgabe also auf die ersten 5 Prozent des gesamten Abfrageergebnisses.

Beide Möglichkeiten liefern also einen bestimmten Teil des Abfrageergebnisses zurück, das ohne die Verwendung von TOP (n) ausgegeben worden wäre. Es handelt sich dabei auch tatsächlich um die ersten Datensätze, die ohne TOP (n) ausgegeben worden wären. Die Reihenfolge, in der eine Abfrage Datensätze zurückliefert, ist von diversen Faktoren abhängig. Welche Datensätze durch die obigen Beispiele ausgegeben werden, ist also mehr oder weniger zufällig. Sie können dies nachprüfen, indem Sie im ersten Beispiel die Spaltenliste durch das Sternchen ersetzen, was zu einem anderen Abfrageergebnis führt. Die TOP (n)-Klausel wird daher häufig in Verbindung mit einer Sortierung verwendet, wobei wir im Folgenden nur die TOP (n)-Anweisung besprechen. TOP (n) PERCENT verhält sich entsprechend.

Syntax:

```
SELECT TOP (anzahl) spaltenliste
FROM schemaname.tabellenname
ORDER BY spaltenname [ASC | DESC];
```

Ein typisches Beispiel für die Verwendung von TOP (n) in Verbindung mit ORDER BY stellt das folgende Beispiel dar, das die sechs teuersten Artikel der Tabelle *Product* ermittelt:

Beispiel:

```
SELECT TOP (6) ProductID, Name, ListPrice
FROM Production.Product
ORDER BY ListPrice DESC;
```

Diese Abfrage liefert als Ergebnis sechs Datensätze zurück, die in Abbildung 5.32 dargestellt sind.

	ProductID	Name	ListPrice
1	749	Road-150 Red, 62	3578,27
2	750	Road-150 Red, 44	3578,27
3	751	Road-150 Red, 48	3578,27
4	752	Road-150 Red, 52	3578,27
5	753	Road-150 Red, 56	3578,27
6	771	Mountain-100 Silver, 38	3399,99

Abbildung 5.32 Ergebnis der »TOP (6)«-Abfrage

»TOP (n) WITH TIES«

Eine dem letzten Beispiel entsprechende Abfrage ohne TOP (6) hätte gezeigt, dass drei weitere Artikel einen Preis aufweisen, der identisch mit dem Preis des letzten, sechsten Datensatzes aus Abbildung 5.32 ist. Die Beschränkung auf sechs Datensätze ist in diesem Beispiel daher unglücklich gewählt, da die anderen drei Datensätze ja ebenso zu den sechs teuersten Artikeln gehören wie der mehr oder weniger zufällig ausgewählte letzte Datensatz in der Abbildung. Unter Umständen müssen Sie gewährleisten, dass in einem solchen Fall alle eventuell vorhandenen weiteren Datensätze ebenfalls ausgegeben werden, deren Werte in der Spalte, nach der sortiert wird, mit dem letzten von der TOP (n)-Anweisung zurückgegebenen Wert übereinstimmen. Dazu erweitern Sie die TOP (n)-Klausel um den Zusatz WITH TIES.

Syntax:

```
SELECT TOP (anzahl) WITH TIES spaltenliste
FROM schemaname.tabellenname
ORDER BY spaltenname [ASC | DESC];
```

Beispiel:

```
SELECT TOP (6) WITH TIES ProductID, Name, ListPrice
FROM Production.Product
ORDER BY ListPrice DESC;
```

Wie Sie in Abbildung 5.33 erkennen, werden nun die drei zusätzlichen Datensätze angezeigt. Die Angabe von WITH TIES kann also bewirken, dass eine Abfrage mehr Datensätze zurückliefert, als in der TOP-Klausel angegeben wurde. Ob dies der Fall ist oder nicht, hängt von den Datensätzen und der Wahl der nach TOP angegebenen Anzahl ab. Hätten wir im letzten Beispiel eine TOP (5)-Anweisung verwendet, hätte das Ergebnis auch nur fünf Datensätze enthalten.

	ProductID	Name	ListPrice
1	749	Road-150 Red, 62	3578,27
2	750	Road-150 Red, 44	3578,27
3	751	Road-150 Red, 48	3578,27
4	752	Road-150 Red, 52	3578,27
5	753	Road-150 Red, 56	3578,27
6	771	Mountain-100 Silver, 38	3399,99
7	772	Mountain-100 Silver, 42	3399,99
8	773	Mountain-100 Silver, 44	3399,99
9	774	Mountain-100 Silver, 48	3399,99

Abbildung 5.33 Ausgabe der drei zusätzlichen Datensätze durch Verwendung von »WITH TIES«

Verwenden Sie TOP (n) in Kombination mit WITH TIES, muss die Abfrage über eine ORDER BY-Klausel verfügen, anderenfalls erhalten Sie eine Fehlermeldung.

5.8.3 Seitenweises Abrufen von Datensätzen

Die SELECT-Anweisung wurde in SQL Server 2012 mit einer erweiterten Funktionalität ausgestattet, die es einer Clientanwendung ermöglicht, das Ergebnis einer Abfrage nicht als Ganzes, sondern in Schritten abzurufen.

Ein typisches Beispiel für eine solche Anwendung kennen Sie vielleicht von den Webseiten mancher Internetshops. Bei der Suche nach Artikeln können Sie häufig angeben, wie viele Artikel pro Seite dargestellt werden sollen. Um eine solche seitenweise Rückgabe von Ergebnissen – im Englischen als *paging* bezeichnet – zu ermöglichen, stehen Ihnen in Verbindung mit der ORDER BY-Klausel die Optionen OFFSET und FETCH zur Verfügung.

»OFFSET«

Durch die Angabe von OFFSET legen Sie fest, wie viele führende Datensätze übersprungen werden sollen.

Syntax:

```
SELECT spaltenliste
FROM schemaname.tabellenname
ORDER BY spaltenname [ASC | DESC]
OFFSET anzahl ROWS;
```

Das folgende Beispiel fragt alle Produkte der *Products*-Tabelle ab, wobei die ersten vier Einträge übersprungen werden.

Beispiel:

```
SELECT * FROM Production.Product
ORDER BY ProductID
OFFSET 4 ROWS;
```

Wie Sie bei einem Vergleich mit der Beispielabfrage ohne OFFSET-Klausel feststellen, werden durch diese Abfrage die vier Produkte mit der niedrigsten *ProductID* nicht in das Abfrageergebnis übernommen.

»FETCH«

Über den Parameter FETCH legen Sie fest, wie viele Datensätze die Abfrage zurückgeben soll.

Syntax:

```
SELECT spaltenliste
FROM schemaname.tabellenname
ORDER BY spaltenname [ASC | DESC]
OFFSET anzahl ROWS
FETCH NEXT anzahl ROWS ONLY;
```

Das folgende Beispiel liefert die nächsten fünf Datensätze zurück, die der Sortierung nach auf die vier – durch OFFSET unterdrückten – Datensätze folgen.

Beispiel:

```
SELECT * FROM Production.Product
ORDER BY ProductID
OFFSET 4 ROWS
FETCH NEXT 5 ROWS ONLY;
```

Durch die Kombination von OFFSET und FETCH können Sie also Ergebnisse seitenweise aus SQL Server abrufen. Wichtig bei der Anwendung von OFFSET und FETCH ist, zu beachten, dass nicht SQL Server den seitenweisen Abruf von Ergebnissen steuert, sondern dass dies in der Clientapplikation implementiert werden muss. Anders gesagt: Die mehrfache Ausführung des letzten Beispiels liefert immer dasselbe Ergebnis. Daraus folgt, dass eine Clientanwendung über eine entsprechende Anpassung der Werte für OFFSET und FETCH dafür Sorge tragen muss, dass der gewünschte Bereich von Datensätzen aus SQL Server abgerufen wird.

5.8.4 »GROUP BY«-Klausel

Die in Abschnitt 5.6 behandelten Aggregatfunktionen wurden in den dortigen Beispielen immer auf alle Datensätze der Tabelle angewandt. Das heißt, der Aufruf einer Aggregatfunktion lieferte z. B. den maximalen oder minimalen Wert einer Spalte aller Datensätze einer Tabelle. Es kann aber durchaus notwendig sein, Aggregatfunktionen nicht nur für eine gesamte Tabelle aufzurufen, sondern die Datensätze zuerst in Gruppen zusammenzufassen und dann die Aggregatfunktionen für die einzelnen Gruppen zu berechnen. Ein typisches Beispiel wäre die Bestimmung des höchsten und niedrigsten Preises von Artikeln, unterteilt nach der Produktgruppe. Die Gruppierung würde in diesem Fall nach der Produktgruppe vorgenommen, der die Artikel zugeordnet sind, und für jede dieser Produktgruppen würde die MIN- bzw. MAX-Funktion berechnet. Zu diesem Zweck können Sie in SQL die GROUP BY-Klausel verwenden:

Syntax:

```
SELECT auswahlliste
FROM tabellenname
WHERE auswahlbedingung
GROUP BY spaltenname;
```

> **Hinweis**
>
> Es sei an dieser Stelle angemerkt, dass die GROUP BY-Anweisung die einzige Möglichkeit in SQL darstellt, einen Spaltennamen und den Aufruf einer Aggregatfunktion zur Anzeige im Abfrageergebnis zu kombinieren. In jeder anderen Konstellation liefert diese Vorgehensweise einen Fehler!

Das folgende Beispiel zeigt eine Abfrage, mit der bestimmt wird, an welcher Position ein Produkt einer bestimmten Farbe zuerst und zuletzt in der Tabelle *Product* eingetragen ist.

Beispiel:

```
SELECT Color,
MIN(ProductID) AS Minimum, MAX(ProductID) AS Maximum
FROM Production.Product
WHERE Color IS NOT NULL
GROUP BY Color;
```

Die WHERE-Klausel schließt dabei alle Datensätze von der weiteren Bearbeitung – und damit von der Gruppierung – aus, die über einen NULL-Wert in der Spalte *Color* verfügen. Abbildung 5.34 zeigt das Ergebnis der Abfrage.

	Color	Minimum	Maximum
1	Black	317	999
2	Blue	711	979
3	Grey	842	842
4	Multi	712	857
5	Red	706	792
6	Silver	320	988
7	Silver/Black	935	941
8	White	709	875
9	Yellow	797	976

Abbildung 5.34 Anwendung von Aggregatfunktionen auf Gruppen

»GROUP BY ... HAVING«

Im vorherigen Beispiel wurde die WHERE-Klausel verwendet, um die Datensätze auszuwählen, für die eine Gruppierung und anschließende Berechnung der Aggregatfunktionen vorgenommen wurde. Eine der Auswahl von Datensätzen entsprechende Möglichkeit, Gruppen für das Abfrageergebnis auszuwählen, bietet das Schlüsselwort HAVING.

Syntax:

```
SELECT auswahlliste
FROM tabellenname
WHERE auswahlbedingung
GROUP BY spaltenname
HAVING auswahlbedingung;
```

Das folgende Beispiel verwirft alle Gruppen, deren erstes Auftreten unterhalb einer *ProductID* von 400 erfolgt:

Beispiel:

```
SELECT Color,
MIN(ProductID) AS Minimum, MAX(ProductID) AS Maximum
FROM Production.Product
WHERE Color IS NOT NULL
GROUP BY Color
HAVING MIN(ProductID) >= 400
```

Zum Vergleich mit Abbildung 5.34 ist das Ergebnis dieser Abfrage in Abbildung 5.35 dargestellt.

	Color	Minimum	Maximum
1	Blue	711	979
2	Grey	842	842
3	Multi	712	857
4	Red	706	792
5	Silver/Black	935	941
6	White	709	875
7	Yellow	797	976

Abbildung 5.35 Anwendung von »HAVING« zur Auswahl von Gruppen

Erweiterung der »GROUP BY«-Klausel durch mehrfache Aggregationen

Seit SQL Server 2008 stehen Ihnen die folgenden Optionen zur Verwendung mit GROUP BY zur Verfügung:

- GROUPING SETS
- ROLLUP
- CUBE

Bereits in älteren SQL-Server-Versionen war die Verwendung von zwei ähnlichen Optionen (WITH ROLLUP und WITH CUBE) möglich, Microsoft rät jedoch bei Neuentwicklungen davon ab, diese zu verwenden. Zur Verdeutlichung der Verwendung von GROUPING SETS, ROLLUP und CUBE verwenden wir einen Satz von Beispieldaten, der durch die folgende Abfrage definiert wird.

Beispiel:

```
SELECT ProductID, Color, ReorderPoint, Size, ListPrice
FROM Production.Product
WHERE ProductID IN (680, 717, 749, 796);
```

Die vier durch die Abfrage zurückgegebenen Datensätze zeigt Abbildung 5.36.

	ProductID	Color	ReorderPoint	Size	ListPrice
1	680	Black	375	58	1431,50
2	717	Red	375	62	1431,50
3	749	Red	75	62	3578,27
4	796	Black	75	58	2443,35

Abbildung 5.36 Beispieldatensätze

Beachten Sie im Zusammenhang mit den in Abbildung 5.36 dargestellten Datensätzen, dass in den Spalten *Color*, *ReorderPoint* und *Size* jeweils nur zwei unterschiedliche Werte enthalten sind, um eine anschauliche Interpretation der folgenden Beispielabfragen zu ermöglichen.

»GROUPING SETS«

Durch Verwendung von GROUPING SETS können Sie innerhalb einer Abfrage Aggregate nacheinander über verschiedene Spalten bilden, wobei eine Gruppierung entsprechend den Spaltenwerten erfolgt. Die an der jeweiligen Aggregation nicht beteiligten Spalten bekommen dabei den Wert NULL zugewiesen. Sie können GROUPING SETS z. B. in der folgenden Form verwenden.

Syntax:

```
SELECT auswahlliste
FROM tabellenname
WHERE auswahlbedingung
GROUP BY GROUPING SETS (spaltenliste);
```

Das folgende Beispiel wendet – wie oben beschrieben – die Aggregatfunktion SUM() auf die Spalte *ListPrice* an, wobei die Gruppierung nach den unterschiedlichen Werten der Spalten *Color*, *ReorderPoint* und *Size* erfolgt.

Beispiel:

```
SELECT Color, ReorderPoint, Size, SUM(ListPrice)
FROM Production.Product
WHERE ProductID IN (680, 717, 749, 796)
GROUP BY GROUPING SETS (Color, ReorderPoint, Size);
```

Das Ergebnis dieser Abfrage sehen Sie in Abbildung 5.37 dargestellt.

	Color	ReorderPoint	Size	(Kein Spaltenname)
1	NULL	NULL	58	3874,85
2	NULL	NULL	62	5009,77
3	NULL	75	NULL	6021,62
4	NULL	375	NULL	2863,00
5	Black	NULL	NULL	3874,85
6	Red	NULL	NULL	5009,77

Abbildung 5.37 Das Ergebnis der »GROUPING SETS«-Abfrage

GROUPING SETS wie auch ROLLUP und CUBE bieten die Möglichkeit, innerhalb der Spaltenliste weitere Klammerungen zu verwenden, wie die folgende Syntax beispielhaft zeigt.

Syntax:

```
SELECT auswahlliste
FROM tabellenname
WHERE auswahlbedingung
GROUP BY GROUPING SETS ((spalte 1, spalte2), ... spalte n);
```

Die zusätzliche Klammerung um die ersten beiden Spalten würde bewirken, dass die Kombination beider Spalten wie eine einzelne Spalte ausgewertet wird.

»ROLLUP«

ROLLUP berechnet Kombinationen aus den Gruppierungsspalten, indem für dieses Beispiel alle Aggregate aus der Kombination von *Color, ReorderPoint, Size* sowie aus *Color, ReorderPoint* und schließlich *Color* allein sowie eine Gesamtsumme gebildet werden. Das ROLLUP – also der schrittweise Übergang von Detailinformationen zu übergeordneten Daten – erfolgt durch Auswertung der Spaltenliste von rechts nach links.

Syntax:

```
SELECT auswahlliste
FROM tabellenname
WHERE auswahlbedingung
GROUP BY ROLLUP (spaltenliste);
```

Das folgende Beispiel verdeutlicht die Anwendung der ROLLUP-Klausel.

Beispiel:

```
SELECT Color, ReorderPoint, Size, SUM(ListPrice)
FROM Production.Product
WHERE ProductID IN (680, 717, 749, 796)
GROUP BY ROLLUP (Color, ReorderPoint, Size);
```

In Abbildung 5.38 sehen Sie das entsprechende Abfrageergebnis.

	Color	ReorderPoint	Size	(Kein Spaltenname)
1	Black	75	58	2443,35
2	Black	75	NULL	2443,35
3	Black	375	58	1431,50
4	Black	375	NULL	1431,50
5	Black	NULL	NULL	3874,85
6	Red	75	62	3578,27
7	Red	75	NULL	3578,27
8	Red	375	62	1431,50
9	Red	375	NULL	1431,50
10	Red	NULL	NULL	5009,77
11	NULL	NULL	NULL	8884,62

Abbildung 5.38 Das Ergebnis der »ROLLUP«-Abfrage

»CUBE«

Cube bildet eine Kombination aus allen Gruppierungsspalten (Permutation) sowie ein Gesamtergebnis.

Beispiel:

```
SELECT Color, ReorderPoint, Size, SUM(ListPrice)
FROM Production.Product
WHERE ProductID IN (680, 717, 749, 796)
GROUP BY CUBE (Color, ReorderPoint, Size);
```

Einen Teil des Abfrageergebnisses zeigt Abbildung 5.39.

	Color	ReorderPoint	Size	(Kein Spaltenname)
1	Black	75	58	2443,35
2	NULL	75	58	2443,35
3	Black	375	58	1431,50
4	NULL	375	58	1431,50
5	NULL	NULL	58	3874,85
6	Red	75	62	3578,27
7	NULL	75	62	3578,27
8	Red	375	62	1431,50
9	NULL	375	62	1431,50
10	NULL	NULL	62	5009,77
11	NULL	NULL	NULL	8884,62

Abbildung 5.39 Teilergebnis der »CUBE«-Abfrage

Die mit der GROUP BY-Anweisung verwandte COMPUTE-Anweisung steht Ihnen seit SQL Server 2012 nicht mehr zur Verfügung.

5.9 Die Mengen-Operatoren »EXCEPT« und »INTERSECT«

Ähnlich wie bei UNION verknüpfen Sie mit den Operatoren EXCEPT und INTERSECT zwei Abfragen. Mithilfe dieser beiden Operatoren können Sie dann die Ergebnisse beider Abfragen auf die in ihnen enthaltenen Datensätze vergleichen. Die in den folgenden Beispielen verwendeten Abfragen fragen die Spalte *ProductID* aus der Tabelle *Product* bzw. aus der Tabelle *ProductVendor* ab. In Abbildung 5.40 und Abbildung 5.41 sehen Sie einen Teil der jeweiligen Abfrage. In beiden Abbildungen ist die Ausgabe sortiert dargestellt, damit Sie die folgenden Beispiele besser nachvollziehen können.

	ProductID
1	1
2	2
3	3
4	4
5	316
6	317

Abbildung 5.40 Ausschnitt des Ergebnisses der Abfrage auf die »Product«-Tabelle

	ProductID
1	1
2	2
3	4
4	317
5	317

Abbildung 5.41 Ausschnitt des Ergebnisses der Abfrage auf die »ProductVendor«-Tabelle

5.9.1 Der »EXCEPT«-Operator

Bei der Verwendung des EXCEPT-Operators spielt die Reihenfolge der am Vergleich beteiligten Abfragen eine wesentliche Rolle. Der EXCEPT-Operator liefert als Ausgabe die Zeilen, die zwar im Ergebnis der ersten Abfrage enthalten sind, zu denen aber keine entsprechende Zeile im Ergebnis der zweiten Abfrage existiert. Die Syntax dieses Operators lautet wie folgt:

Syntax:

```
SELECT spaltenliste
FROM schemaname.tabellenname
EXCEPT
SELECT spaltenliste
FROM schemaname.tabellenname;
```

Das folgende Beispiel zeigt die Verwendung des EXCEPT-Operators anhand der oben beschriebenen Abfragen.

Beispiel:

```
SELECT ProductID FROM Production.Product
EXCEPT
SELECT ProductID FROM Purchasing.ProductVendor;
```

Einen Ausschnitt des Ergebnisses dieser Abfrage sehen Sie in Abbildung 5.42.

	ProductID
1	3
2	316
3	324
4	327

Abbildung 5.42 Ausschnitt des Abfrageergebnisses unter Verwendung des »EXCEPT«-Operators

Beachten Sie in Abbildung 5.42 insbesondere die Zeilen mit der *ProductID 3* bzw. *316*. Diese sind im Ergebnis der ersten, nicht jedoch im Ergebnis der zweiten Abfrage vorhanden und werden daher bei Verwendung des EXCEPT-Operators in das Abfrageergebnis aufgenommen.

5.9.2 Der »INTERSECT«-Operator

Der INTERSECT-Operator bietet Ihnen die Möglichkeit, eine Schnittmenge zwischen zwei Abfragen zu bilden, also zu überprüfen, ob eine Zeile in beiden Abfrageergebnissen vorhanden ist. Sie wenden den INTERSECT-Operator entsprechend dem EXCEPT-Operator an, wie Sie der Syntax entnehmen können.

Syntax:

```
SELECT spaltenliste
FROM schemaname.tabellenname
INTERSECT
SELECT spaltenliste
FROM schemaname.tabellenname;
```

Das folgende Beispiel zeigt die Verknüpfung beider Abfragen mit dem INTERSECT-Operator.

Beispiel:

```
SELECT ProductID FROM Production.Product
INTERSECT
SELECT ProductID FROM Purchasing.ProductVendor;
```

Abbildung 5.43 zeigt auszugsweise das Ergebnis dieses Beispiels.

Wie Sie der Abbildung entnehmen können, werden nun nur die Zeilen beider Abfragen zurückgegeben, deren *ProductID* in beiden Abfrageergebnissen enthalten ist. Beachten Sie bei einem Vergleich mit Abbildung 5.41, dass in der zweiten Abfrage z. B. die *ProductID 317* mehr als einmal vorhanden ist, während sie im Abfrageergebnis des INTERSECT-Operators nur einmal enthalten ist.

	ProductID
1	1
2	2
3	4
4	317
5	318

Abbildung 5.43 Ausschnitt des Abfrageergebnisses unter Verwendung des »INTERSECT«-Operators

5.10 Ausgaben mit »PRINT« und »SELECT«

Neben der Standardverwendung der SELECT-Anweisung, Werte aus einer Tabelle auszugeben, können Sie SELECT auch ohne die Angabe eines Tabellennamens verwenden. In diesem Fall ist der Zugriff auf die Daten einer Tabelle natürlich nicht möglich. Diese Vorgehensweise ist aber nützlich, um sich z. B. während einer Fehlersuche Werte ausgeben zu lassen:

Beispiel:

```
SELECT 'SQL Server';
```

Ein ähnliches Ergebnis liefert die Verwendung der Anweisung PRINT:

Beispiel:

PRINT 'SQL Server';

Auch die Anweisung PRINT ist – viel mehr als die oben angesprochene Verwendung der SELECT-Anweisung – dazu gedacht, Werte, Benachrichtigungen und Ähnliches auszugeben. Es stellt sich also die Frage, wodurch sich beide Anweisungen unterscheiden. Bei der Ausführung der beiden Befehle werden Sie einen Unterschied in der Darstellung im Ergebnisbereich des Management Studios erkannt haben: Die Ausgabe der SELECT-Anweisung erfolgt unter dem Reiter ERGEBNISSE, das Ergebnis der PRINT-Anweisung wird unter dem Reiter MELDUNGEN ausgegeben. Der Hintergrund dieses unterschiedlichen Verhaltens ist, dass beide Anweisungen verschiedene Kanäle zur Ausgabe verwenden, wie in Abbildung 5.44 dargestellt ist.

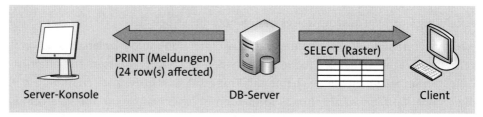

Abbildung 5.44 Ausgabekanäle

Die PRINT-Anweisung dient dabei lediglich zur Ausgabe an der lokalen Konsole. SQL Server verwendet diesen Mechanismus z. B. dazu, die Anzahl der von der letzten Anweisung betroffenen Datensätze auszugeben, wie in Abbildung 5.44 angedeutet ist. Meldungen, die mit PRINT erzeugt werden, können also angezeigt, aber nicht weiterverarbeitet werden. Im Gegensatz dazu erzeugt die SELECT-Anweisung – mit oder ohne Angabe einer Tabelle – immer ein Ergebnis. Recordsets – also die Ergebnisse von Abfragen – werden an den Client weitergeleitet und können auf diesem innerhalb von Anwendungen verarbeitet werden.

Kapitel 6
Grundlagen der SQL-Programmierung

In diesem Kapitel besprechen wir die Grundlagen der SQL-Programmierung, die als Voraussetzung für die in späteren Kapiteln behandelten Themen notwendig sind.

Die Abfragesprache SQL stellt nicht nur, wie der Name vermuten lässt, Befehle zur Abfrage von Datenbanken zur Verfügung, sondern ermöglicht auch die Erstellung von SQL-Programmen. Der Sprachumfang mag – im Vergleich zu anderen modernen Programmiersprachen – relativ gering sein, er ist aber ausreichend, um alle in der Datenbankprogrammierung auftretenden Aufgaben zu lösen.

6.1 Das Stapeltrennzeichen »GO«

Das sogenannte *Stapeltrennzeichen* GO ist eine Anweisung, die in SQL-Skripten häufig Verwendung findet. In Abbildung 6.1 ist es am Beispiel eines SQL-Skripts dargestellt.

```
SET NOCOUNT OFF;
GO

PRINT CONVERT(varchar(1000), @@VERSION);
GO

PRINT '';
PRINT 'Started - ' + CONVERT(varchar, GETDATE(), 121);
GO

USE [master];
GO
```

Abbildung 6.1 Verwendung des Stapeltrennzeichens »GO«

Das Stapeltrennzeichen, das auch Batch-Trennzeichen (engl.: *batch*; Stapel, Bündel) genannt wird, stellt *keine* SQL-Anweisung dar. Tatsächlich steht die Anweisung GO in keinem direkten Zusammenhang mit dem Datenbankserver, sondern ist ein Editor-Befehl, d. h. eine Steueranweisung, die eine Folge von SQL-Anweisungen in mehrere Abschnitte unterteilt, die dann einzeln zum Server gesendet werden. Ein solcher Abschnitt wird als *Stapel* oder *Batch* bezeichnet. Die folgenden beiden Abfragen werden also als ein Stapel an den Server gesendet:

Beispiel:

```
SELECT * FROM Production.Product;
SELECT * FROM Purchasing.Vendor;
```

Durch Einfügen einer GO-Anweisung werden diese Anweisungen in zwei Stapel aufgeteilt und dem Server getrennt übermittelt:

Beispiel:

```
SELECT * FROM Production.Product;
GO
SELECT * FROM Purchasing.Vendor;
```

Zum Vergleich: Der gleiche Effekt hätte ohne die Verwendung von GO erzielt werden können, indem man die Abfragen durch Markierung mit der Maus getrennt ausgeführt hätte. Auch in diesem Fall wären zwei Stapel an den Server gesendet worden.

Sie werden, falls Sie die beiden Beispiele ausprobiert haben, keinerlei Unterschiede in der Ausgabe festgestellt haben. Beide Ergebnisse sind vollkommen identisch, was die Frage aufkommen lässt, zu welchem Zweck GO verwendet werden kann, wenn keine unmittelbare Auswirkung dieser Anweisung festzustellen ist. Es gibt jedoch Fälle, in denen GO zwingend Verwendung finden muss.

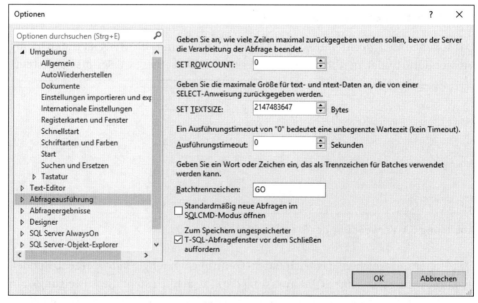

Abbildung 6.2 Möglichkeit der Trennzeichendefinition

Ein typisches Beispiel stellt ein automatisch ablaufendes Skript dar. Ein solches Skript kann Befehle enthalten, die nur dann ausgeführt werden können, wenn sie die erste Anweisung eines Stapels sind. Um die Aufteilung eines solchen Skripts in mehrere Dateien, die dann einzeln ausgeführt werden müssten, zu vermeiden, wird innerhalb des Skripts vor den entsprechenden Befehlen ein neuer Stapel durch die Angabe von GO erzwungen.

Da es sich bei dem Stapeltrennzeichen nicht um eine SQL-Anweisung handelt, können Sie auch einen anderen Ausdruck anstelle von GO als Stapeltrennzeichen definieren. Das entsprechende Dialogfeld ist in Abbildung 6.2 abgebildet. Sie finden es unter EXTRAS • OPTIONEN… unter dem Eintrag ABFRAGEAUSFÜHRUNG.

6.2 (Lokale) Variablen

Wie andere Programmiersprachen auch bietet SQL die Möglichkeit, Variablen zu verwenden. Eine Variable stellt einen Zwischenspeicher dar, in dem ein veränderlicher Wert abgespeichert und später wieder ausgelesen werden kann.

6.2.1 Variablendeklaration

Bei der Verwendung von Variablen unter SQL Server gibt es eine Besonderheit zu beachten, was die Variablennamen betrifft: Diese müssen mit dem @-Zeichen beginnen! Außerdem muss eine Variable, bevor sie verwendet werden kann, über die DECLARE-Anweisung deklariert werden:

Syntax:

```
DECLARE variablenname datentyp;
```

Beispiel:

```
DECLARE @zahl integer;
```

Die Deklaration einer Variablen – also die Zuweisung eines Datentyps – ist notwendig, da der Datenbankserver für die Verwendung einer Variablen Speicherplatz und andere Ressourcen reservieren muss, weil die verschiedenen Datentypen einen unterschiedlichen Speicherbedarf und Verwaltungsaufwand erfordern. Die Auswahl des Datentyps hängt dabei von der zu speichernden Information ab.

Mehrere Variablen in einer einzigen DECLARE-Anweisung erstellen Sie, indem Sie die Deklarationen in einer Liste, durch Kommas getrennt, angeben:

Syntax:

```
DECLARE deklarationsliste;
```

Beispiel:

```
DECLARE @zahl integer, @text varchar(20);
```

6.2.2 Wertezuweisung an eine Variable

Die Wertezuweisung an eine Variable erfolgt über die SET-Anweisung.

Syntax:

```
SET variablenname = wert;
```

Beispiel:

```
DECLARE @zahl integer, @text varchar(20);
SET @zahl = 42;
SET @text = 'zweiundvierzig';
```

Obwohl es möglich ist, mehrere Variablen innerhalb einer DECLARE-Anweisung zu erstellen, erlaubt die SET-Anweisung nicht die Wertezuweisung an mehrere Variablen. Das heißt, Sie müssen für jede Zuweisung eines Werts an eine Variable eine gesonderte SET-Anweisung verwenden. Ebenso wenig ist es zulässig – wie in anderen Programmiersprachen teilweise möglich –, eine Variable im Zuge der Deklaration mit einem Wert vorzubelegen. Die erste Wertezuweisung an eine neu erstellte Variable – auch als *Initialisierung* bezeichnet – muss in SQL in einer gesonderten SET-Anweisung erfolgen. Sie sollten es sich zur Regel machen, eine neu erstellte Variable immer zu initialisieren, es sei denn, Sie sind sich sicher, dass die Variable im späteren Programmablauf einen definierten Wert zugewiesen bekommt. Falls Sie mit nicht initialisierten Variablen arbeiten, sollten Sie sich immer der folgenden Tatsache bewusst sein:

> **Hinweis**
>
> Wird einer Variablen nach der Deklaration kein Wert mittels SET zugewiesen, enthält diese Variable keinen Wert, also NULL!

Die Nichtbeachtung dieser Tatsache resultiert schnell in Programmierfehlern, wie das folgende Beispiel zeigt:

Beispiel:

```
DECLARE @zahl integer;
SET @zahl = @zahl + 42;
SELECT @zahl;
```

Als Ausgabe erfolgt NULL, da zu einer nicht initialisierten Variablen – also einem NULL-Wert – eine Zahl addiert wird. Da NULL aber nicht der Zahl 0 entspricht, sondern einen nicht vorhandenen Wert repräsentiert, ist das Ergebnis ebenfalls NULL.

6.2.3 Kombinierte Deklaration und Wertezuweisung

Mit SQL Server 2008 wurde die Möglichkeit eingeführt, Variablen in einer einzelnen Anweisung zu deklarieren und zu initialisieren. Dies geschieht in der folgenden Form:

Syntax:

```
DECLARE variablenname datentyp = wert;
```

Das folgende Beispiel zeigt die Deklaration und Initialisierung einer einzelnen Variablen:

Beispiel:

```
DECLARE @zahl integer = 42;
```

Es lassen sich ebenfalls mehrere Variablen innerhalb einer Anweisung deklarieren und initialisieren, indem Sie die einzelnen Variablen durch Kommas trennen:

Syntax:

```
DECLARE variablenname datentyp = wert, variablenname datentyp = wert;
```

Das folgende Beispiel zeigt die kombinierte Deklaration und Initialisierung zweier Variablen.

Beispiel:

```
DECLARE @zahl integer = 42, @text varchar(20) = 'zweiundvierzig';
```

Um Lesern, die eine ältere Version von SQL Server verwenden, ein Umschreiben der Beispiele zu ersparen, verwenden wir im weiteren Verlauf des Buches die klassische Syntax.

6.2.4 Inkrement und Dekrement

Mit SQL Server 2008 wurden zwei neue Operatoren eingeführt, um einen Wert zu erhöhen (*Inkrement*) bzw. zu verringern (*Dekrement*). Gerade Variablen müssen häufig (z. B. beim Durchlaufen einer Schleife) im Wert erhöht oder verringert werden. Bisher war die Bildung des Inkrements und Dekrements in SQL Server nur in den nachfolgend am Beispiel einer Variablen gezeigten Formen möglich, die nicht mehr dem Stand moderner Programmiersprachen entsprachen:

Beispiel:

```
DECLARE @int integer;
SET @int=42;
SET @int=@int+1;
SET @int=@int-1;
```

Unter Verwendung der neuen Operatoren += und -= kann diese Zuweisung eleganter erfolgen. Für das Inkrement gilt die folgende Syntax:

Syntax:

wert+=vergrößerung

Für die Bildung des Dekrements entsprechend die nachstehende Syntax:

Syntax:

wert-=verminderung

Das oben angegebene Beispiel hat unter Verwendung dieser Operatoren das folgende Aussehen:

Beispiel:

```
DECLARE @int integer;
SET @int=42;
SET @int+=1;
SET @int-=1;
```

6.2.5 Gültigkeitsbereich von Variablen

Eine Variable stellt kein dauerhaftes Datenbankobjekt dar – wie z. B. eine Tabelle –, im Gegenteil: Variablen werden zu einem bestimmten Zweck erstellt, verwendet und danach automatisch gelöscht. Es ist also nicht notwendig (und auch nicht möglich), eine Variable manuell zu löschen. Es stellt sich also die Frage, was der Gültigkeitsbereich einer Variablen – der manchmal auch etwas lax als *Lebensdauer* einer Variablen bezeichnet wird – ist, bis zu welchem Punkt sie also nach ihrer Deklaration zu verwenden ist. Diese Frage ist eindeutig zu beantworten:

> **Hinweis**
> Der Gültigkeitsbereich einer Variablen ist der Stapel, in dem sie deklariert wurde!

Um diesen Umstand zu demonstrieren, sollen zunächst in einem Stapel eine Variablendeklaration, eine Wertzuweisung an die Variable und anschließend die Ausgabe des Variablenwerts erfolgen:

Beispiel:

```
DECLARE @zahl integer;
SET @zahl = 42;
SELECT @zahl;
```

Als Ergebnis wird – wie erwartet – die Zahl 42 ausgegeben. Nun wird dem Code eine zweite SELECT-Anweisung zur Ausgabe des Variablenwerts hinzugefügt, die durch das Stapeltrennzeichen GO abgetrennt wird:

Beispiel:

```
DECLARE @zahl integer;
SET @zahl = 42;
SELECT @zahl;
GO
SELECT @zahl;
```

Als Ergebnis der ersten Abfrage wird zwar weiterhin der Wert 42 ausgegeben, im Reiter MELDUNGEN erfolgt jedoch die folgende Ausgabe:

```
(1 Zeile(n) betroffen)
Meldung 137, Ebene 15, Status 2, Zeile 1
Die "@zahl"-Skalarvariable muss deklariert werden.
```

Die Variable @zahl ist also mit Beendigung des Stapels durch GO gelöscht worden und somit im zweiten Stapel nicht mehr bekannt!

6.2.6 Verwendung von Variablen

Variablen können Sie fast überall dort einsetzen, wo eine feste, ihrem Datentyp entsprechende Angabe ebenfalls zulässig wäre. Innerhalb einer SELECT-Anweisung können Sie eine Variable z. B. als Argument innerhalb der WHERE-Klausel verwenden:

Beispiel:

```
Declare @Number nvarchar(25);
SET @Number = 'AR-5381';
SELECT * FROM Production.Product
WHERE ProductNumber = @Number;
```

6.2.7 Lokale und globale Variablen in SQL Server

In der Überschrift dieses Abschnitts haben wir die bisher besprochene Variablenart als *lokale Variable* bezeichnet, daneben existiert aber auch die Bezeichnung *globale Variable*. Diese Bezeichnungen sind etwas irreführend, gerade da in anderen Programmiersprachen die Begriffe *lokal* und *global* eine andere Bedeutung besitzen als in SQL, wo sich diese Begriffe auf die Verbindung zum Server beziehen.

Wenn z. B. eine Variable in einer Verbindung zum Server deklariert wird, ist diese Variable für alle anderen Verbindungen unsichtbar. Aus ihnen heraus kann diese

Variable weder angesprochen noch ausgelesen werden, sie existiert nur für die Verbindung, in der sie definiert wurde. Es handelt sich daher um eine lokale Variable.

Als globale Variablen werden in SQL keine Variablen im oben beschriebenen herkömmlichen Sinne bezeichnet, sondern Funktionen. Auch diese können verschiedene Werte annehmen und zurückgeben. Die Namen vieler Funktionen beginnen daher – in Anlehnung an die Benennung einer lokalen Variablen – mit zwei @-Zeichen, wie Sie in Abschnitt 6.5 sehen werden. Funktionen können von jeder Verbindung aus aufgerufen und abgefragt werden. Daher werden sie auch als globale Variablen bezeichnet, obwohl ihnen kein Wert zugewiesen werden kann, es sich also nicht um Variablen im herkömmlichen Sinn handelt.

6.2.8 Wertezuweisung an Variablen durch Abfragen

Die Wertezuweisung an eine Variable kann in SQL auf verschiedene Weisen erfolgen. Eine Möglichkeit besteht darin, der Variablen einen bestimmten, vorgegebenen Wert zuzuweisen, wie wir weiter oben bereits beschrieben haben. Es kann in der Datenbankprogrammierung aber durchaus notwendig sein, den Wert einer Variablen im Programm nicht vorzugeben, sondern ihn aus Datensätzen zu ermitteln, was bedeutet, dass eine Wertezuweisung mit einer SELECT-Anweisung kombiniert werden muss, wozu in SQL zwei verschiedene Möglichkeiten existieren.

Wertezuweisung mit »SET« und Abfrage

Die erste Möglichkeit, den aus einer Abfrage ermittelten Wert einer Variablen zuzuweisen, orientiert sich an der bekannten Syntax der Zuweisung von diskreten Werten an eine Variable, nur geben Sie in diesem Fall statt des expliziten Werts eine Abfrage an:

Syntax:

```
SET variablenname = (abfrage);
```

Bei Verwendung dieser Methode der Wertezuweisung ist zu beachten, dass die Abfrage so definiert sein muss, dass sie als Ergebnis nur einen einzigen Wert zurückliefert. Im folgenden Beispiel wird dieser Umstand nicht beachtet:

Beispiel:

```
DECLARE @Number nvarchar(25);
SET @Number =
   (SELECT ProductNumber
   FROM Production.Product);
SELECT @Number;
```

6.2 (Lokale) Variablen

Dieses Beispiel erzeugt die folgende, auszugsweise wiedergegebene Fehlermeldung:

```
Meldung 512, Ebene 16, Status 1, Zeile 2
Die Unterabfrage hat mehr als einen Wert zurückgegeben.
```

Lauffähig wird dieser Code erst dann, wenn z. B. durch Verwendung der WHERE-Klausel nur ein einziger Datensatz ausgewählt wird. Zweckmäßigerweise geschieht dies durch einen Vergleich auf den Primärschlüssel der Tabelle, die Spalte *ProductID*:

Beispiel:

```
DECLARE @Number nvarchar(25);
SET @Number =
   (SELECT ProductNumber
   FROM Production.Product
   WHERE ProductID = 870);
SELECT @Number;
```

Als Ergebnis erhält die Variable den Wert WB-H098.

Abfrage mit kombinierter Wertezuweisung

Die zweite Möglichkeit, einer Variablen ein Abfrageergebnis zuzuweisen, besteht darin, die Zuweisung direkt innerhalb einer SELECT-Anweisung vorzunehmen. Diese zweite Möglichkeit unterscheidet sich in einem Punkt signifikant von der im letzten Abschnitt besprochenen Möglichkeit. Dieser Unterschied betrifft das Abfrageergebnis der verwendeten SELECT-Anweisung. Um diesen Unterschied zu verdeutlichen, soll die fehlerauslösende Abfrage ohne WHERE-Klausel aus dem letzten Abschnitt noch einmal gesondert ausgeführt werden:

Beispiel:

```
SELECT ProductNumber
FROM Production.Product;
```

Abbildung 6.3 zeigt die letzten Zeilen des Abfrageergebnisses. Beachten Sie bitte den grau unterlegten letzten Wert des Abfrageergebnisses, WB-H098.

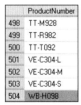

Abbildung 6.3 Abfrageergebnis auf die Produktnummern

Um einer Variablen einen Wert innerhalb einer Abfrage innerhalb der SELECT-Anweisung zuzuweisen, geben Sie den Variablennamen gefolgt von dem Gleichheitszeichen direkt nach SELECT an:

Syntax:

SELECT *variablenname* = *spaltenname*
FROM *schemaname.tabellenname*;

Interessant in diesem Zusammenhang ist, dass die gleiche Abfrage, die bei der Verwendung mit SET einen Fehler auslöste, innerhalb dieser Anweisung zulässig ist:

Beispiel:

DECLARE @Number nvarchar(25);
SELECT @Number = ProductNumber
FROM Production.Product;
SELECT @Number;

Die in diesem Beispiel verwendete Abfrage liefert – wie Sie oben gesehen haben – mehr als einen Wert, nämlich alle Produktnummern, zurück. Die Variable kann jedoch nur einen einzigen Wert abspeichern. Es stellt sich also die Frage, welchen Wert die Variable nach Abarbeitung des Codes enthält. Wie in Abbildung 6.3 gezeigt, ist der letzte zurückgegebene Wert der zugrunde liegenden SELECT-Anweisung der Eintrag WB-H098, und genau dieser Wert wird beim Auslesen des Variableninhalts im vorliegenden Beispiel zurückgegeben, wie Abbildung 6.4 zeigt.

Abbildung 6.4 Wert der Variablen nach Beendigung des Beispiels

Die Wertezuweisung an eine Variable innerhalb einer SELECT-Anweisung setzt also im Gegensatz zu der im letzten Abschnitt besprochenen SET-Anweisung nicht voraus, dass die verwendete Abfrage nur *einen* Wert als Ergebnis liefert, sondern es können auch *mehrere* Werte im Abfrageergebnis verarbeitet werden. Sie können sich dieses Verhalten so vorstellen, dass jeder innerhalb der Abfrage zurückgegebene Wert den vorherigen Wert der Variablen überschreibt, sodass am Ende der Ausführung die Variable den zuletzt von der Abfrage zurückgelieferten Wert enthält.

Die Wertezuweisung mittels einer Abfrage, die mehrere Ergebnisse zurückliefert, ist sicherlich ein Sonderfall. In der Regel wird auch bei dieser Methode die SELECT-Anweisung so definiert, dass das Abfrageergebnis nur aus einem Wert besteht, analog zu der im letzten Abschnitt besprochenen Verwendung der SET-Anweisung. In manchen Fällen können Sie diese Möglichkeit allerdings auch sehr geschickt einsetzen, wie das folgende Beispiel verdeutlicht. Hier wird die Aggregatfunktion MAX über eine entsprechende Abfrage nachgebildet:

Beispiel:

```
DECLARE @Price money;
SELECT @Price = ListPrice
FROM Production.Product
ORDER BY ListPrice;
SELECT @Price;
```

Der Inhalt der Variablen ist in diesem Fall identisch mit dem Wert der entsprechenden Aggregatfunktion.

6.3 Ablaufsteuerung

Innerhalb von Programmen ist es häufig notwendig, die Abarbeitung von Programmcode zu steuern, um auf bestimmte Umstände zu reagieren oder um einen Codeabschnitt mehrfach nacheinander auszuführen. Die entsprechenden Anweisungen einer Programmiersprache, die es ermöglichen, den Ablauf eines Programms zu beeinflussen, werden unter dem Begriff *Ablaufsteuerung* zusammengefasst. Auch in SQL stehen Sprachelemente zur Ablaufsteuerung zur Verfügung, allerdings ist ihre Anzahl im Vergleich zu anderen Programmiersprachen sehr gering. Es existieren nur wenige grundlegende Befehle. Diese geringe Auswahl an zur Verfügung stehenden Sprachmitteln erfordert in manchen Fällen eine – verglichen mit anderen Programmiersprachen – etwas umständlichere Programmierung.

6.3.1 Blöcke

Bei der Verwendung von Befehlen zur Ablaufsteuerung ist es oft notwendig, mehrere SQL-Anweisungen zu einer Einheit, einem sogenannten *Block*, zusammenzufassen. Ein Block wird in SQL mit BEGIN eingeleitet und mit END abgeschlossen:

Syntax:

```
BEGIN
    anweisungen;
END
```

Formal können Sie mehrere Anweisungen an beliebiger Stelle innerhalb eines SQL-Skripts mit BEGIN und END zu einem Block zusammenfassen. In der Regel wird dadurch kein Fehler ausgelöst, der Block hat aber auch keine Auswirkung auf die Abarbeitung des Quelltextes, er wird einfach ignoriert. Es gibt jedoch auch Fälle, in denen Blöcke in Verbindung mit Befehlen zur Ablaufsteuerung zwingend verwendet werden müssen, wie wir im Folgenden zeigen werden.

6.3.2 »IF ... ELSE«

Die IF ... ELSE-Anweisung stellt die Möglichkeit bereit, verschiedene Codeabschnitte in Abhängigkeit vom Wahrheitswert eines Ausdrucks auszuführen.

Syntax:

```
IF ausdruck
BEGIN
    anweisungen;
END
ELSE
BEGIN
    anweisungen;
END
```

Ergibt die Auswertung des nach IF angegebenen Ausdrucks den logischen Wert true, so wird der unmittelbar darauf folgende Codeabschnitt – auch *IF-Zweig* genannt – ausgeführt, der zweite Teil der Anweisung, also alles nach dem Schlüsselwort ELSE, wird ignoriert. Ergibt die Auswertung des Ausdrucks den Wert false, ist das Verhalten genau umgekehrt, der IF-Zweig wird übersprungen und der nach ELSE folgende Code – entsprechend auch *ELSE-Zweig* genannt – wird ausgeführt. In beiden Fällen wird dann mit der Abarbeitung von eventuell nach dem Ende der IF ... ELSE-Anweisung stehendem Code fortgefahren.

Im folgenden Beispiel wird die IF ... ELSE-Anweisung verwendet, um den Inhalt einer Variablen auf einen bestimmten Wert zu testen und mit einer entsprechenden Ausgabe zu reagieren:

Beispiel:

```
DECLARE @Zahl smallint;
SET @Zahl = 42;
IF @Zahl = 42
BEGIN
    PRINT '@Zahl gleich 42';
END
ELSE
BEGIN
    PRINT '@Zahl ungleich 42';
END
PRINT 'Ausführung beendet';
```

Dieses Beispiel erzeugt die folgende Ausgabe:

```
@Zahl gleich 42
Ausführung beendet
```

Da der Vergleich als Ergebnis true ergeben hat, wurde lediglich der IF-Zweig durchlaufen und dann die nach dem Ende von IF ... ELSE stehende PRINT-Anweisung ausgeführt. Im folgenden Beispiel wird durch die Initialisierung der Variablen mit einem anderen Wert die Ausführung des ELSE-Zweigs erzwungen:

Beispiel:

```
DECLARE @Zahl smallint;
SET @Zahl = 43;
IF @Zahl = 42
BEGIN
   PRINT '@Zahl gleich 42';
END
ELSE
BEGIN
   PRINT '@Zahl ungleich 42';
END
PRINT 'Ausführung beendet';
```

In diesem Fall kommt es zu folgender Ausgabe:

```
@Zahl ungleich 42
Ausführung beendet
```

Die Verwendung von IF ... ELSE muss nicht immer mit der oben angegebenen Syntax in ihrer vollständigen Form erfolgen. So ist insbesondere die Verwendung des ELSE-Zweigs optional. Wird er nicht benötigt, kann der zweite Teil der Anweisung – beginnend mit ELSE – einfach entfallen. Eine weitere Abwandlung der Syntax ist dann möglich, wenn der IF- oder ELSE-Zweig nur eine Anweisung umfasst. In diesem Fall können Sie auf die Angabe eines Blocks in dem jeweiligen Zweig verzichten. Das folgende Beispiel entspricht von der Funktionalität her also dem ersten Beispiel dieses Abschnitts, da in diesem Fall sowohl im IF- als auch im ELSE-Zweig nur eine Anweisung zu bearbeiten ist:

Beispiel:

```
DECLARE @Zahl smallint;
SET @Zahl = 42;
IF @Zahl = 42
   PRINT '@Zahl gleich 42';
ELSE
   PRINT '@Zahl ungleich 42';
PRINT 'Ausführung beendet';
```

Manche Programmiersprachen stellen die Möglichkeit zur Verfügung, weitere Vergleiche innerhalb der IF-Anweisung vorzunehmen, wenn die vorhergehenden Vergleiche nicht zutreffend waren. Solche zusätzlichen Vergleiche werden häufig mit `else if` oder ähnlichen Schlüsselwörtern eingeleitet. In SQL ist dies nicht möglich, allerdings können ELSE ... IF-Anweisungen geschachtelt werden, wodurch eine entsprechende Funktionalität nachgebildet wird, wie das folgende Beispiel zeigt:

Beispiel:

```
DECLARE @Zahl smallint;
SET @Zahl = 42;
IF @Zahl <= 50
BEGIN
   IF @Zahl = 42
   BEGIN
      PRINT '@Zahl gleich 42';
   END
   ELSE
   BEGIN
      PRINT '@Zahl ungleich 42';
   END
END
ELSE
BEGIN
  PRINT '@Zahl größer 50';
END
PRINT 'Ausführung beendet';
```

Die Ausgabe ist auch in diesem Fall:

```
@Zahl gleich 42
Ausführung beendet
```

Daran erkennen Sie, dass sowohl der Vergleich der äußeren IF ... ELSE-Anweisung (42 <= 50) als auch der Vergleich der eingebetteten IF ... ELSE-Anweisung (42 = 42) als Ergebnis `true` ergeben hat. Beide ELSE-Zweige sind in diesem Fall nicht ausgeführt worden.

6.3.3 »IF EXISTS«

Eine häufig verwendete Abwandlung der IF-Anweisung stellt die IF EXISTS-Anweisung dar, die in Verbindung mit einer SELECT-Abfrage feststellt, ob ein bestimmter Datensatz existiert. Oft wird diese Anweisung z. B. in Installationsskripten von Datenbanken verwendet, um durch Abfragen von Systeminformationen zu ermitteln, ob eine Datenbank gleichen Namens auf dem Server bereits existiert. Diese müsste dann vor der Installation der neuen Datenbank gelöscht werden.

Die Syntax dieser Anweisung ergibt sich durch die Ergänzung der IF ... ELSE-Anweisung um das Schlüsselwort EXISTS und um eine in Klammern angegebene Abfrage:

Syntax:

```
IF EXISTS (abfrage)
BEGIN
    anweisungen;
END
ELSE
BEGIN
    anweisungen;
END
```

Das folgende Beispiel überprüft, ob ein Datensatz mit der *Produkt-ID 870* in der Tabelle existiert, und reagiert entsprechend:

Beispiel:

```
IF EXISTS
(SELECT * FROM Production.Product WHERE ProductID = 870)
BEGIN
    PRINT 'Datensatz existiert';
END
ELSE
BEGIN
    PRINT 'Datensatz existiert nicht';
END
```

In der Abfrage wird typischerweise – wie im Beispiel gezeigt – kein Spaltenname, sondern das Sternchen als Symbol für alle Spalten angegeben. Die Angabe eines Spaltennamens wäre in diesem Zusammenhang auch nicht sinnvoll, da EXISTS nicht das Vorhandensein des Werts einer Spalte, sondern des Datensatzes prüft. Der im letzten Beispiel verwendete Datensatz enthält beispielsweise in der Spalte *Size* einen NULL-Wert. Wird die Abfrage auf diese Spalte gestellt, liefert sie trotzdem das korrekte Ergebnis zurück, wie das folgende Beispiel zeigt:

Beispiel:

```
IF EXISTS (SELECT Size FROM Production.Product
WHERE ProductID = 870)
BEGIN
    PRINT 'Datensatz existiert';
END
ELSE
```

```
BEGIN
   PRINT 'Datensatz existiert nicht';
END
```

Die Ausgabe dieses Beispiels ist:

```
Datensatz existiert
```

Die Tatsache, dass die entsprechende Spalte dieses Datensatzes einen NULL-Wert enthält, ist also vollkommen irrelevant, weshalb diese Möglichkeit nicht geeignet ist, auf das Vorhandensein von NULL-Werten zu testen. Dies sollte – wie immer – über den IS NULL-Operator erfolgen!

6.3.4 »DROP IF EXISTS«

Mit SQL Server 2016 wurde die IF EXISTS-Erweiterung für die DROP-Anweisung eingeführt. Die DROP-Anweisung verwenden Sie, um Objekte in SQL Server zu löschen, wie Sie im weiteren Verlauf dieses Buches sehen werden. Mit dieser Anweisung haben Sie die Möglichkeit, eine Fehlermeldung zu verhindern, falls das angegebene Objekt nicht existiert, ohne die IF EXISTS-Anweisung zu verwenden.

Das folgende Beispiel löscht die – angenommene – dbTest-Datenbank, falls sie existiert. Falls nicht, erfolgt keine Fehlerausgabe.

Beispiel:

```
DROP DATABASE IF EXISTS dbTest;
```

6.3.5 »WHILE«-Schleife

Innerhalb von Programmen ist es häufig notwendig, bestimmte Programmabschnitte wiederholt auszuführen. In der Programmierung wird eine solche wiederholte Ausführung als *Schleife* bezeichnet. In SQL steht lediglich *eine* Möglichkeit zur Schleifendefinition zur Verfügung: die WHILE-Anweisung. Die Syntax dieser Anweisung lautet:

Syntax:

```
WHILE schleifenbedingung
BEGIN
    anweisungen;
END
```

Bei der WHILE-Schleife handelt es sich um eine sogenannte *kopfgesteuerte Schleife*. Das bedeutet, dass bei dem Auftreten einer solchen Schleife zunächst die Schleifenbedingung ausgewertet wird. Nur wenn die Schleifenbedingung den logischen Wert true ergibt, wird die Schleife abgearbeitet, ansonsten wird direkt zum Ende der

Schleife gesprungen und eventuell vorhandener weiterer Code abgearbeitet. Ergibt die Auswertung der Schleifenbedingung als Ergebnis true, wird der im sogenannten *Schleifenkörper* – oben durch BEGIN und END gekennzeichnet – enthaltene Code so lange wiederholt abgearbeitet, bis entweder nach einem Durchlauf die Schleifenbedingung nicht mehr zutrifft oder die Schleife auf eine andere Art abgebrochen wird. Die Schleifenbedingung wird also nach jedem Durchlauf des Schleifenkörpers erneut überprüft. Auch bei der WHILE-Schleife gilt, dass die Angabe von BEGIN und END entfallen kann, wenn der Schleifenkörper lediglich aus einer Anweisung besteht.

Die WHILE-Schleife können Sie u. a. dazu einsetzen, einen Programmabschnitt beliebig häufig zu wiederholen, wie das folgende Beispiel zeigt:

Beispiel:

```
DECLARE @Zaehler tinyint;
SET @Zaehler = 0;
WHILE @Zaehler < 2
BEGIN
    PRINT 'Schleifendurchlauf';
    SET @Zaehler = @Zaehler + 1;
END
PRINT 'Ausführung beendet';
```

In diesem Beispiel wird zunächst eine Variable deklariert, die dazu dient, die Anzahl der Schleifendurchläufe zu erfassen. Eine solche Variable wird in der Programmierung auch als *Zählervariable* bezeichnet. Nach der Deklaration erfolgt die Initialisierung der Variablen mit 0. Als nächste Anweisung wird der Schleifenkopf verarbeitet, die Überprüfung ergibt einen wahren Ausdruck (0 < 2), und der Schleifenkörper, in dem eine Kontrollausgabe und das Erhöhen des Variablenwerts um 1 erfolgen, wird durchlaufen. Das Erreichen des Schleifenendes bewirkt den Sprung zum Schleifenkopf, wo erneut die Schleifenbedingung überprüft wird. Die Zählervariable hat jetzt den Wert 1 angenommen, sodass die Schleifenbedingung weiterhin erfüllt ist (1 < 2) und der Schleifenkörper erneut abgearbeitet wird. Nach diesem Durchlauf besitzt die Variable den Wert 2 und erfüllt nicht mehr die Schleifenbedingung (2 < 2). Nun wird vom Schleifenkopf an das Schleifenende gesprungen und die der Schleife folgende PRINT-Anweisung ausgeführt. Dieses Verhalten spiegelt sich auch in der Ausgabe des Beispiels wider:

```
Schleifendurchlauf
Schleifendurchlauf
Ausführung beendet
```

Neben der Steuerung einer Schleife durch die Schleifenbedingung können Sie das Verhalten der Schleife durch zwei weitere Schlüsselwörter beeinflussen, die innerhalb des Schleifenkörpers verwendet werden können: BREAK und CONTINUE.

»BREAK«

Die Angabe von BREAK bewirkt den sofortigen Abbruch der Abarbeitung einer Schleife. Um dies zu verdeutlichen, erweitern wir das vorherige Beispiel um eine BREAK-Anweisung:

Beispiel:

```
DECLARE @Zaehler tinyint;
SET @Zaehler = 0;
WHILE @Zaehler < 2
BEGIN
   PRINT 'Schleifendurchlauf';
   BREAK;
   SET @Zaehler = @Zaehler + 1;
END
PRINT 'Ausführung beendet';
```

In diesem Fall bewirkt die Angabe von BREAK, dass die Schleife direkt beim ersten Durchlauf des Schleifenkörpers verlassen und mit der Abarbeitung des sich an die Schleife anschließenden Codes fortgefahren wird, wie die Ausgabe dieses Beispiels zeigt:

```
Schleifendurchlauf
Ausführung beendet
```

»CONTINUE«

Im Gegensatz zur BREAK-Anweisung, die einen Sprung zum Schleifenende auslöst, bewirkt die Angabe von CONTINUE innerhalb des Schleifenkörpers einen Sprung zum Schleifenkopf. Allerdings findet nicht nur der Sprung zu dieser Stelle statt, es wird auch die Schleifenbedingung erneut überprüft. Bei einer Veränderung von Werten innerhalb des Schleifenkörpers, die für die weitere Ausführung der Schleife relevant sind, können Sie auf diese Weise eine direkte erneute Überprüfung der Schleifenbedingung vornehmen.

Das folgende Beispiel soll diesen Umstand demonstrieren:

Beispiel:

```
DECLARE @Zaehler tinyint;
SET @Zaehler = 0;
WHILE @Zaehler < 2
BEGIN
   PRINT 'Schleifendurchlauf';
   SET @Zaehler = @Zaehler + 1;
```

```
    IF @Zaehler = 1
    BEGIN
        SET @Zaehler = 2;
        PRINT '@Zaehler gleich 2';
        CONTINUE;
    END
END
PRINT 'Ausführung beendet';
```

Über die `IF`-Anweisung wird der Zählervariablen direkt beim ersten Durchlauf der Schleife der Wert 2 zugewiesen, und danach wird über die Angabe von `CONTINUE` eine erneute Überprüfung der Schleifenbedingung ausgelöst, die jetzt `false` ergibt (2 < 2). Der Schleifenkörper wird also nur einmal durchlaufen, wie die Ausgabe des Ergebnisses zeigt:

```
Schleifendurchlauf
@Zaehler gleich 2
Ausführung beendet
```

6.3.6 »RETURN«

`RETURN` bewirkt die sofortige Beendigung eines Stapels. Im folgenden Beispiel sind zwei Stapel durch `GO` getrennt. Nach der ersten Anweisung des ersten Stapels wird ein `RETURN` an den Server gesendet.

Beispiel:

```
PRINT 'Stapel 1, erste Anweisung';
RETURN;
PRINT 'Stapel 1, zweite Anweisung';
GO
PRINT 'Stapel 2, erste Anweisung';
```

Wie Sie an der Ausgabe des Beispiels erkennen, wurde die Ausführung des ersten Stapels durch `RETURN` abgebrochen, danach wurde jedoch mit dem Abarbeiten des zweiten Stapels begonnen:

```
Stapel 1, erste Anweisung
Stapel 2, erste Anweisung
```

6.3.7 »GOTO«

`GOTO` ist eine Anweisung, die schon in der Programmiersprache BASIC existierte und damals den Sprung zu einer Zeilennummer ermöglichte (`GOTO 30`). Diese Anweisung war unter Programmierern immer etwas verpönt, da sie zu einer verminderten Lesbarkeit des Programmcodes führte. Trotzdem wurde diese Anwendung in der Programmierung von SQL Server häufig verwendet, um auf aufgetretene Fehler zu reagieren und in diesem Fall zu einem bestimmten Punkt im Programm zu springen. Seit der Einführung der neuen Fehlerbehandlung in SQL Server 2005, die wir in Abschnitt 6.8 besprechen, dürfte sich die Anwendung dieser Anweisung auf ein Minimum reduziert haben. Trotzdem soll die Funktion dieser Anweisung kurz erläutert werden: Im Gegensatz zu der oben erwähnten Angabe der Zeilennummer müssen Sie in SQL eine Sprungmarke angeben, zu der verzweigt werden soll. Diese Sprungmarke muss sich in demselben Stapel wie die GOTO-Anweisung befinden und aus einem beliebigen Begriff, gefolgt von einem Doppelpunkt, bestehen.

Syntax:

sprungmarke:

Beispiel:

hell:

Tritt eine solche Marke innerhalb der Programmausführung auf, hat sie keine Auswirkung, sie wird einfach ignoriert. Bedeutung erlangt sie erst dann, wenn eine GOTO-Anweisung auf sie verweist, wobei es unerheblich ist, ob die Marke vor oder nach der Angabe von GOTO definiert wird. Initialisiert wird der Sprung über folgende Syntax:

Syntax:

GOTO *sprungmarke*;

Beispiel:

GOTO hell;

Beachten Sie, dass in diesem Fall kein Doppelpunkt nach der Bezeichnung der Sprungmarke angegeben werden darf!

6.3.8   »WAITFOR«

Die Anweisung WAITFOR kann im weiteren Sinne auch der Ablaufsteuerung zugerechnet werden. Im Gegensatz zu der IF ... ELSE-Anweisung oder der WHILE-Schleife dient diese Anweisung jedoch nicht dazu, Bedingungen auszuwerten und auf diese zu reagieren, sondern u. a. dazu – wie der Name bereits vermuten lässt –, eine zeitliche Verzögerung der Programmausführung zu ermöglichen. WAITFOR ermöglicht zu diesem Zweck die Kombination mit den Schlüsselwörtern DELAY und TIME.

»DELAY«

Mit `DELAY` geben Sie eine Verzögerung an, nach deren Ablauf mit der Abarbeitung des Programms fortgefahren wird. Die maximal verwendbare Verzögerung beträgt 24 Stunden.

Syntax:

```
WAITFOR DELAY 'verzögerung';
```

Im folgenden Beispiel wird die Ausführung der folgenden `SELECT`-Anweisung um eine Minute verzögert:

Beispiel:

```
WAITFOR DELAY '00:01';
SELECT * FROM Production.Product;
```

»TIME«

Im Gegensatz zu der relativen Verzögerung mit `DELAY` ermöglicht die Option `TIME` die Festlegung einer bestimmten Uhrzeit, zu der die Bearbeitung des Programmcodes fortgesetzt wird.

Syntax:

```
WAITFOR TIME 'zeitangabe';
```

Beispiel:

```
WAITFOR TIME '23:20';
SELECT * FROM Production.Product;
```

Dieses Beispiel bewirkt, dass die Ausführung der `SELECT`-Anweisung erst um 23 Uhr 20 Minuten erfolgt. Beachten Sie bitte, dass nur Zeitangaben erlaubt sind. Die Festlegung auf eine Uhrzeit eines bestimmten Datums wird nicht unterstützt!

6.4 Fallunterscheidungen

Neben der bereits besprochenen `IF ... ELSE`-Anweisung existieren weitere Anweisungen, die eine Fallunterscheidung ermöglichen. Während die `IF ... ELSE`-Anweisung jedoch eine Steueranweisung darstellt, liefern die im Folgenden besprochenen Befehle von Vergleichen abhängige Werte zurück. Es handelt sich bei ihnen also um *Funktionen*.

6.4.1 Die »CASE«-Funktion

Die CASE-Funktion wird typischerweise innerhalb einer SELECT-Abfrage zum Verarbeiten oder Ersetzen von Spaltenwerten verwendet, weshalb sich die folgenden Beispiele zunächst auf diesen Anwendungsfall beschränken. Sie kann jedoch auch außerhalb von Abfragen verwendet werden, wie wir nach Behandlung der Grundlagen zeigen. Von der CASE-Funktion existieren zwei Varianten: die *einfache* und die *komplexe* CASE-Funktion.

Die einfache »CASE«-Funktion

Mit der einfachen CASE-Anweisung können Sie einen Spaltenwert lediglich auf genaue Übereinstimmung mit vorgegebenen Werten vergleichen. In Abhängigkeit davon wird dann ein Rückgabewert ausgewählt.

Syntax:

```
CASE spaltenname
WHEN vergleichswert THEN rückgabewert
ELSE else-rückgabewert
END
```

Beachten Sie, dass die CASE-Funktion mit END abgeschlossen werden muss, obwohl innerhalb der Funktion kein BEGIN verwendet wird. Die mit WHEN eingeleiteten Vergleiche dürfen sich beliebig häufig wiederholen, die Angabe von ELSE ist wiederum optional. Das folgende Beispiel zeigt die Anwendung der einfachen CASE-Anweisung mit zwei Vergleichen unter Auslassung von ELSE. Der Originalinhalt der Spalte *Color* wird lediglich zur besseren Vergleichbarkeit noch einmal getrennt ausgegeben:

Beispiel:

```
SELECT ProductNumber,
Color,
CASE Color
   WHEN 'Black' THEN 'schwarz'
   WHEN 'Red' THEN 'rot'
END
AS Farbe,
ListPrice
FROM Production.Product;
```

Der grau unterlegte Block der Anweisung soll verdeutlichen, dass die CASE-Funktion – wie z. B. eine Aggregatfunktion auch – einfach um den entsprechenden Spaltennamen herum gebildet und die gesamte Funktion genau wie ein Spaltenname in der SELECT-Anweisung verwendet wird. Statt des Blocks könnte an derselben Stelle auch ein beliebiger Spaltenname stehen, was durch die Vergabe eines Alias am Ende der CASE-Funktion deutlich wird.

Die Ausführung des Beispielcodes zeigt die Funktionsweise der CASE-Anweisung: Liefert der Vergleich des Eintrags in der Spalte *Color* eine Übereinstimmung mit den in den WHEN-Zweigen angegebenen Spaltenwerten, so wird der nach THEN angegebene Wert zurückgegeben. Wird keine Übereinstimmung gefunden, liefert die CASE-Funktion einen NULL-Wert zurück, wie in Abbildung 6.5 gezeigt.

	ProductNumber	Color	Farbe	ListPrice
208	TP-0923	NULL	NULL	0,00
209	RC-0291	Silver	NULL	0,00
210	FR-R92B-58	Black	schwarz	1431,50
211	FR-R92R-58	Red	rot	1431,50
212	HL-U509-R	Red	rot	34,99

Abbildung 6.5 Ergebnis der einfachen »CASE«-Funktion mit »NULL«-Werten

Die Rückgabe von NULL-Werten können Sie durch die Angabe des ELSE-Zweigs vermeiden:

Beispiel:

```
SELECT ProductNumber,
Color,
CASE Color
    WHEN 'Black' THEN 'schwarz'
    WHEN 'Red' THEN 'rot'
    ELSE 'unbekannt'
END
AS Farbe,
ListPrice
FROM Production.Product;
```

Abbildung 6.6 zeigt den Unterschied zum vorherigen Beispiel. Hier wird für alle Spaltenwerte, für die keine Übereinstimmung gefunden wird, der Wert unbekannt ausgegeben.

	ProductNumber	Color	Farbe	ListPrice
208	TP-0923	NULL	unbekannt	0,00
209	RC-0291	Silver	unbekannt	0,00
210	FR-R92B-58	Black	schwarz	1431,50
211	FR-R92R-58	Red	rot	1431,50
212	HL-U509-R	Red	rot	34,99

Abbildung 6.6 Ergebnis der einfachen »CASE«-Funktion mit ersetzten »NULL«-Werten

Soll, falls keine Übereinstimmung gefunden wird, der Originaleintrag der entsprechenden Spalte ausgegeben werden, so erreichen Sie dies über die Angabe des Spaltennamens im ELSE-Zweig:

Beispiel:

```
SELECT ProductNumber,
Color,
CASE Color
    WHEN 'Black' THEN 'schwarz'
    WHEN 'Red' THEN 'rot'
    ELSE Color
END
AS Farbe,
ListPrice
FROM Production.Product;
```

Das in Abbildung 6.7 dargestellte Abfrageergebnis ähnelt sehr dem in Abbildung 6.5. Beachten Sie jedoch den unterschiedlichen Rückgabewert des Eintrags *Silver*. In Abbildung 6.5 liefert die CASE-Funktion für diesen Wert NULL zurück, während nun der Originaleintrag ausgegeben wird.

	ProductNumber	Color	Farbe	ListPrice
208	TP-0923	NULL	NULL	0,00
209	RC-0291	Silver	Silver	0,00
210	FR-R92B-58	Black	schwarz	1431,50
211	FR-R92R-58	Red	rot	1431,50
212	HL-U509-R	Red	rot	34,99

Abbildung 6.7 Ergebnis der einfachen »CASE«-Funktion mit Originalspaltendaten

Die komplexe »CASE«-Funktion

Während die einfache CASE-Funktion lediglich einen Vergleich auf Übereinstimmung ermöglicht, können Sie in der komplexen CASE-Funktion beliebige logische Ausdrücke verwenden. Dadurch unterscheidet sich die Syntax von der einfachen CASE-Funktion in einem wesentlichen Punkt.

Syntax:

```
CASE
WHEN ausdruck THEN rückgabewert
ELSE else-rückgabewert
END
```

Der Unterschied in der Syntax besteht darin, dass der Spaltenname, auf den die komplexe CASE-Funktion angewandt wird, in den WHEN-Zweigen verwendet und nicht – wie bei der einfachen CASE-Funktion – direkt nach dem Schlüsselwort CASE angegeben wird. Der Grund dafür ist, dass die einfache CASE-Funktion nur auf Gleichheit vergleicht. In der komplexen CASE-Funktion können Sie – wie der Name bereits andeutet – komplexe Ausdrücke im WHEN-Zweig bilden. In diesen komplexen Ausdrücken muss der Spaltenname enthalten sein, damit ein kompletter logischer Ausdruck vorliegt, der true oder false als Ergebnis liefert. Im folgenden Beispiel werden die Produkte nach der Spalte *Weight* in drei Bereiche (*leicht*, *mittel* und *schwer*) klassifiziert. Ist keine Gewichtsangabe vorhanden, wird ein Bindestrich ausgegeben. Zum Vergleich wird der Inhalt der Spalte *Weight* zuerst unverändert und danach das Ergebnis der CASE-Funktion ausgegeben:

Beispiel:

```
SELECT ProductNumber,
Weight,
CASE
   WHEN Weight < 100 THEN 'leicht'
   WHEN Weight BETWEEN 100 AND 1000 THEN 'mittel'
   WHEN Weight > 1000 THEN 'schwer'
   ELSE '-'
END
AS Gewicht
FROM Production.Product;
```

Ein Teil des Abfrageergebnisses, der alle vier möglichen Rückgabewerte umfasst, ist in Abbildung 6.8 dargestellt.

	ProductNumber	Weight	Gewicht
331	RW-R623	1050.00	schwer
332	RW-R762	1000.00	mittel
333	RW-R820	890.00	mittel
334	RW-T905	NULL	-
335	FR-M63B-40	2.77	leicht

Abbildung 6.8 Ergebnis der komplexen »CASE«-Funktion mit ersetzten »NULL«-Werten

Im letzten Beispiel sind die Bereiche, auf die verglichen werden soll, exakt eingegrenzt, sodass immer nur ein einzelner WHEN-Zweig oder aber der ELSE-Zweig als Ergebnis true liefern kann. Die WHEN-Zweige der CASE-Funktion könnten Sie aber auch so anlegen, dass die Ausdrücke mehrerer Zweige für einen bestimmten Spaltenwert zu true ausgewertet würden. Es stellt sich die Frage, welcher der möglichen Werte in diesem Fall zurückgegeben wird. Zu diesem Zweck schreiben wir die CASE-Funktion des letzten Beispiels um:

Beispiel:

```
SELECT ProductNumber,
Weight,
CASE
   WHEN Weight >= 0 THEN 'leicht'
   WHEN Weight >= 100 THEN 'mittel'
   WHEN Weight >= 1000 THEN 'schwer'
```

```
    ELSE '-'
END
AS Gewicht
FROM Production.Product;
```

Das Ergebnis dieser Abfrage ist, dass für alle Produkte, bei denen in der Spalte *Weight* ein Wert eingetragen ist, als Ausgabe `leicht` erfolgt. Liegt in dieser Spalte bei einem Datensatz ein `NULL`-Wert vor, wird als Ergebnis der Bindestrich ausgegeben. Abbildung 6.9 veranschaulicht die Veränderung gegenüber den in Abbildung 6.8 dargestellten Datensätzen.

	ProductNumber	Weight	Gewicht
331	RW-R623	1050.00	leicht
332	RW-R762	1000.00	leicht
333	RW-R820	890.00	leicht
334	RW-T905	NULL	-
335	FR-M63B-40	2.77	leicht

Abbildung 6.9 Ergebnis einer falsch definierten »CASE«-Funktion

Dieses Beispiel zeigt deutlich, dass die CASE-Funktion denjenigen WHEN-Zweig verwendet, der als Erster ein wahres Ergebnis liefert. Alle anderen Zweige, die ebenfalls wahre Ergebnisse liefern könnten, werden nicht mehr ausgewertet. Dieses Verhalten sollten Sie berücksichtigen, wenn Sie die CASE-Funktion auf umfangreiche Datenbestände anwenden: Werden die Vergleiche, die erwartungsgemäß am häufigsten als Ergebnis `true` ergeben, früh in der CASE-Funktion verwendet, resultiert dies in einer schnelleren Abarbeitung.

Nachfolgend noch einmal eine Zusammenfassung des Verhaltens der beiden Arten der CASE-Funktion:

> **Hinweis**
> Für beide Arten der CASE-Funktion gilt, dass die Verwendung des ELSE-Zweigs optional ist; WHERE-Zweige dürfen in beliebiger Anzahl angegeben werden. Der Rückgabewert der Funktion richtet sich zunächst nach dem ersten WHEN-Zweig, dessen Ausdruck als Ergebnis `true` liefert. Ist dies bei keinem WHEN-Zweig der Fall, wird der Rückgabewert des ELSE-Zweigs verwendet. Ist dieser nicht vorhanden, liefert die CASE-Funktion einen NULL-Wert zurück.

Weitere Möglichkeiten zur Anwendung der »CASE«-Funktion

Wie oben bereits erwähnt, wird die CASE-Funktion hauptsächlich in Verbindung mit Abfragen verwendet. Eine sehr typische Anwendung dieser Funktion besteht innerhalb von Datenbanken z. B. darin, das in einer Bit-Spalte codierte Geschlecht einer Person in die Anrede »Frau« bzw. »Herr« umzusetzen, um diese Angabe in einem Adressfeld einer Anwendung zu verwenden.

Die CASE-Funktion kann jedoch nicht nur innerhalb einer Abfrage verwendet werden. Bei dem zu verarbeitenden Wert muss es sich also nicht zwangsläufig um einen Spaltenwert handeln, andere Ausdrücke in anderen Zusammenhängen können ebenso über die CASE-Funktion ausgewertet werden. So können Sie z. B. auch eine Wertezuweisung an eine Variable in Verbindung mit SET und der CASE-Funktion realisieren, wie das folgende Beispiel zeigt:

Beispiel:

```
DECLARE @Eingabe smallint;
SET @Eingabe = 42;
DECLARE @Ausgabe CHAR(15);
SET @Ausgabe = CASE @Eingabe
WHEN 42 THEN 'zweiundvierzig'
ELSE 'unbekannt'
END;
PRINT @Ausgabe;
```

In diesem Beispiel wird der Variablen @Ausgabe über die CASE-Funktion ein Wert zugewiesen, der von dem Wert der Variablen @Eingabe abhängig ist.

6.4.2 Die »IIF«-Funktion

Falls Sie keine mehrfachen Vergleiche benötigen, wie sie die beiden Arten der CASE-Funktion ermöglichen, sondern lediglich einen von zwei Werten anhand einer Bedingung auswählen möchten, steht Ihnen dafür seit SQL Server 2012 die IIF-Funktion zur Verfügung. Die Syntax der IIF-Funktion lautet:

Syntax:

```
IIF (vergleich, wahr-wert, falsch-wert)
```

Ergibt die Auswertung des Vergleichs true, gibt die Funktion den ersten Rückgabewert zurück; ergibt die Auswertung des Vergleichs false, erfolgt die Ausgabe des zweiten Rückgabewerts. Im folgenden Beispiel wird die IIF-Funktion auf die Spalte *SafetyStockLevel* der Tabelle *Production.Product* ausgeführt, der Originalinhalt der Spalte wird in der Abfrage zur Kontrolle mit ausgegeben. Durch die IIF-Funktion wird ein Spaltenwert kleiner gleich 500 als *niedrig*, ein Wert größer als 500 als *hoch* klassifiziert.

Beispiel:

```
SELECT SafetyStockLevel,
IIF(SafetyStockLevel <= 500, 'niedrig', 'hoch')
FROM Production.Product;
```

6.4.3 Die »CHOOSE«-Funktion

Die CHOOSE-Funktion wurde ebenfalls mit SQL Server 2012 eingeführt. Mit ihrer Hilfe können Sie einen einzelnen Wert aus einer Werteliste anhand seiner Position in der Liste auswählen.

Die Syntax der CHOOSE-Funktion ist wie folgt:

Syntax:

CHOOSE (*index*, *werteliste*)

Über den index-Parameter legen Sie fest, welchen Wert aus der Werteliste die Funktion zurückgibt.

Das folgende Beispiel zeigt die Verwendung der CHOOSE-Funktion.

Beispiel:

SELECT CHOOSE(3, 'Mo','Di','Mi','Do','Fr','Sa','So');

In diesem Beispiel erfolgt als Ausgabe der Wert Mi.

Verweist der index-Parameter auf einen nicht in der Liste enthaltenen Wert, gibt die CHOOSE-Funktion den Wert NULL zurück wie im folgenden Beispiel.

Beispiel:

SELECT CHOOSE(8, 'Mo','Di','Mi','Do','Fr','Sa','So');

6.4.4 Die »ISNULL«-Funktion

Sollen lediglich NULL-Werte durch einen realen Wert ersetzt werden, bietet die ISNULL-Funktion ebenfalls eine einfachere Möglichkeit als die Verwendung einer der beiden CASE-Funktionen.

Syntax:

ISNULL(*ausdruck*, *ersatzwert*)

Im folgenden Beispiel soll diese Funktion auf die Spalte *Color* angewandt werden. Daher ist für den ersten Parameter der Spaltenname zu verwenden. Liegt ein NULL-Wert vor, soll statt diesem unbekannt ausgegeben werden. Dieser Wert wird als zweiter Parameter verwendet.

Beispiel:

SELECT ProductNumber,
Color,
ISNULL(Color, 'unbekannt')

```
AS Farbe,
ListPrice
FROM Production.Product;
```

Wie Abbildung 6.10 zeigt, ersetzt die `ISNULL`-Funktion lediglich vorhandene `NULL`-Werte. In allen anderen Fällen wird der Original-Spalteninhalt ausgegeben.

	ProductNumber	Color	Farbe	ListPrice
208	TP-0923	NULL	unbekannt	0,00
209	RC-0291	Silver	Silver	0,00
210	FR-R92B-58	Black	Black	1431,50
211	FR-R92R-58	Red	Red	1431,50
212	HL-U509-R	Red	Red	34,99

Abbildung 6.10 Abfrageergebnis unter Verwendung der »ISNULL«-Funktion

6.5 Funktionen

Neben den in Kapitel 5, »Grundlegende Abfragetechniken«, bereits behandelten Aggregatfunktionen und der oben besprochenen `CASE`-Funktion stellt SQL Server eine Reihe weiterer Funktionen zur Verfügung, von denen wir eine Auswahl in den folgenden Abschnitten vorstellen. Diese Funktionen sind an fast beliebiger Stelle einsetzbar. Das heißt, Sie können sie nicht nur in einer `SELECT`-Anweisung zur Bearbeitung von Spaltenwerten oder in der `WHERE`-Klausel verwenden, sondern auch in vielen anderen Bereichen der SQL-Programmierung. Bei all diesen Funktionen handelt es sich um sogenannte *skalare Funktionen*. Das bedeutet, dass diese Funktionen nur einen Wert pro Aufruf als Ergebnis zurückgeben. (Als *Skalar* wird in der Mathematik ein einzelner Wert bezeichnet.) Eine Funktion kann in SQL Server auch mehrere Werte als Ergebnis enthalten; diesen Umstand sprechen wir in einem späteren Kapitel an.

6.5.1 Konfigurationsfunktionen

Konfigurationsfunktionen werden verwendet, um Informationen über den Datenbankserver abzufragen.

Funktion	Ausgabe
@@CONNECTIONS	Anzahl der Verbindungsgesuche seit dem Start von SQL Server
@@MAX_CONNECTIONS	Anzahl der maximal zulässigen Verbindungen
@@LANGUAGE	Name der verwendeten Sprache

Tabelle 6.1 Konfigurationsfunktionen

Funktion	Ausgabe
@@OPTIONS	auf Bit-Ebene gesetzte Optionen
@@SERVERNAME	Name des Servers
@@VERSION	Informationen über die installierte Version von SQL Server sowie des Betriebssystems

Tabelle 6.1 Konfigurationsfunktionen (Forts.)

6.5.2 Datums-/Uhrzeitfunktionen

Berechnungen, die sich auf Datumsangaben beziehen, gehören zu den am häufigsten durchgeführten Vorgängen einer Datenbank. Typische Anfragen aus dem kaufmännischen Bereich sind z. B. die Ermittlung der Umsätze des letzten Quartals oder die Einnahmen des heutigen Tages. In solchen Fällen kommen Datums- und Zeitfunktionen zum Einsatz. Viele dieser Funktionen erfordern die Angabe einer der folgenden Datumseinheiten bzw. deren Abkürzungen:

Datumseinheit	Beschreibung	Bereich	Abkürzung
year	Jahr	1753–9999	yy, yyyy
quarter	Quartal	1–4	qq, q
month	Monat	1–12	mm, m
dayofyear	Tag (des Jahres)	1–366	dy, y
day	Tag (des Monats)	1–31	dd, d
week	Kalenderwoche	1–53	wk, ww
iso_week	Kalenderwoche (europäisch)	1–53	isowk, isoww
weekday	Wochentag	1–7	dw, w
hour	Stunde	0–23	hh
minute	Minute	0–59	mi, n
second	Sekunde	0–59	ss, s
millisecond	Millisekunde	0–999	ms

Tabelle 6.2 Abkürzungen für Datumseinheiten

Die Datumseinheiten beziehen sich in den Funktionen auf den Teil des Datums, auf den die entsprechende Funktion angewandt werden soll. Innerhalb der Funktionen können Sie sowohl die ausgeschriebenen Datumseinheiten als auch die in der Tabelle 6.2 angegebenen Abkürzungen verwenden. Werden Abkürzungen benutzt, so wird meistens die aus zwei Buchstaben bestehende Version verwendet, da diese für alle Einheiten existiert. Das in der folgenden Tabelle 6.3 verwendete Kürzel *de* bezeichnet die Angabe einer Datumseinheit, entweder in ausgeschriebener oder in abgekürzter Form.

Funktion	Syntax	Beschreibung
DATEADD	DATEADD(*de, anzahl, datum*)	Addiert oder subtrahiert einen Wert zu bzw. von einem Datum.
DATEDIFF	DATEDIFF(*de, startdatum, enddatum*)	Ergibt die Differenz zwischen zwei Datumswerten.
DATEPART	DATEPART(*de, datum*)	Gibt einen bestimmten Teil des Datums zurück.
DATENAME	DATENAME(*de, datum*)	Ähnelt der Funktion DATEPART, gibt aber, wenn möglich, den Teil des Datums ausgeschrieben als Zeichenfolge zurück.
DAY	DAY(*datum*)	Gibt die Zahl des Tages im Datum zurück.
MONTH	MONTH(*datum*)	Gibt die Zahl des Monats im Datum zurück.
YEAR	YEAR(*datum*)	Gibt die Jahreszahl des Datums zurück.
GETDATE	GETDATE()	Liefert das aktuelle Datum und die aktuelle Uhrzeit.
DATEFROMPARTS	DATEFROMPARTS (*jahr, monat, tag*)	Generiert einen date-Datentyp aus Datumskomponenten.
TIMEFROMPARTS	TIMEFROMPARTS (*stunde, minute, sekunde, sekundenbruchteil, genauigkeit*)	Generiert einen time-Datentyp aus Zeitkomponenten.
EOMONTH	EOMONTH (*datum, offset*)	Ermittelt den letzten Tag des Monats eines gegebenen Datums.

Tabelle 6.3 Datums- und Uhrzeitfunktionen

Anhand einiger Beispiele werden wir die Anwendung dieser Funktionen verdeutlichen und auf einige Besonderheiten eingehen. Dazu erläutern wir zunächst den Unterschied zwischen der DATEPART- und der DATENAME-Funktion. Beide Funktionen sollen verwendet werden, um den Wochentag eines Datums zu ermitteln. Der Aufruf der DATEPART-Funktion könnte für ein fest angegebenes Datum z. B. in der folgenden Form erfolgen:

Beispiel:

```
SELECT DATEPART(dw, '17.8.1966');
```

Das Ergebnis dieser Anweisung lautet 3. Zum Vergleich folgt nun ein entsprechender Aufruf der DATENAME-Funktion:

Beispiel:

```
SELECT DATENAME(dw, '17.8.1966');
```

In diesem Fall kann das Ergebnis in ausgeschriebener Form zurückgegeben werden und lautet Mittwoch.

Wie Sie anhand der DATEPART-Funktion erkennen, wird Mittwoch als dritter Tag der Woche ausgegeben, Montag entspräche also dem ersten Tag der Woche. Diese Festlegung bereitet beim Zugriff auf SQL Server mit anderer Spracheinstellung u. U. Probleme – so wird in den USA der Sonntag als erster Tag der Woche angesehen!

Der Aufruf von Datums-/Uhrzeitfunktionen erfolgt selten mit der Angabe von festen Werten, wie wir sie in den vorhergehenden Beispielen verwendet haben. Ihre Anwendung erfolgt häufig, wie die anderer Funktionen auch, innerhalb der Spaltenliste oder in der WHERE-Klausel einer Abfrage. Um beispielsweise den Monat der letzten Änderung eines Datensatzes der *Product*-Tabelle über die Spalte *ModifiedDate* zu ermitteln, könnten Sie die folgende Anweisung nutzen:

Beispiel:

```
SELECT DATEPART(mm, ModifiedDate)
FROM Production.Product;
```

Lasen Sie sich nicht durch die Tatsache irritieren, dass diese Abfrage für jeden Datensatz den Wert 3, also März, ausgibt. Das liegt daran, dass in dieser Spalte nur identische Werte vorhanden sind!

Eine andere Möglichkeit, den Monat eines Datums abzufragen, wäre der Aufruf der MONTH-Funktion:

Beispiel:

```
SELECT MONTH(ModifiedDate)
FROM Production.Product;
```

Diese Anweisung ist vom Ergebnis her identisch mit dem letzten Beispiel. Für die Bestimmung des Tages, Monats oder Jahres eines Datums sind die Funktionen DAY, MONTH und YEAR bereits vorhanden und müssen nicht über DATEPART nachgebildet werden. Für die Uhrzeiten existieren allerdings keine entsprechenden Funktionen. Soll z. B. eine Stundenangabe aus einem Datum extrahiert werden, müssen Sie auf die DATEPART-Funktion zurückgreifen!

Funktionsaufrufe lassen sich schachteln. Es ist also möglich, eine Funktion innerhalb einer anderen Funktion aufzurufen. Im folgenden Beispiel wird die Differenz der Monate ermittelt, die zwischen den Einträgen in der *ModifiedDate*-Spalte und dem aktuellen Systemdatum liegen, das über die Funktion GETDATE ermittelt wird:

Beispiel:

```
SELECT DATEDIFF (mm, ModifiedDate, GETDATE())
FROM Production.Product;
```

Werden Funktionen ineinandergeschachtelt, gilt generell, dass die Auswertung von innen nach außen erfolgt. In diesem Beispiel wird also zunächst der Wert der GETDATE-Funktion ermittelt, der dann zur Bearbeitung der DATEDIFF-Funktion verwendet wird.

Die Datums-/Uhrzeitfunktionen berücksichtigen alle Aspekte der Datumsberechnung, was auch bedeutet, dass Schaltjahre korrekt behandelt werden. Dies werden wir am Beispiel der DATEADD-Funktion zeigen. Diese Funktion dient – wie in der Tabelle oben angegeben – dazu, einen Wert zu einem Datum zu addieren oder davon zu subtrahieren. Um den letzten Tag des Monats Februar des Schaltjahrs 2000 zu ermitteln, könnten Sie also folgende Abfrage verwenden:

Beispiel:

```
SELECT DATEADD (dd, -1, '1.3.2000');
```

Da die DATEADD-Funktion nicht nur für das Addieren von Datumswerten, sondern auch für das Subtrahieren von Datumswerten verwendet werden kann, wird in diesem Beispiel -1 in Verbindung mit der Datumseinheit dd angegeben, um den letzten Tag des Vormonats, also Februar, zu ermitteln. Das Ergebnis der Abfrage liefert den 29. Februar 2000 zurück, was offensichtlich richtig ist.

Die komfortable Verarbeitung von Datums-/Uhrzeitwerten unter SQL Server kann aber auch zu Fehlern verleiten, wie wir im Folgenden anhand der DATEDIFF-Funktion zeigen. In einer Datenbankanwendung kann es z. B. notwendig sein, das Lebensalter einer Person zu bestimmen. Zur Ermittlung einer solchen Differenz zweier Datumswerte scheint sich ein einfacher Aufruf der DATEDIFF-Funktion anzubieten, und die zu verwendende Datumseinheit wäre das Jahr. Das folgende Beispiel stellt einen entsprechenden Aufruf dar, in dem zur besseren Anschaulichkeit zwei feste Datumswerte verwendet werden:

Beispiel:

```
SELECT DATEDIFF(yy, '30.6.2000', '1.1.2001');
```

Das Ergebnis dieser Anweisung lautet nicht, wie Sie vielleicht erwartet haben, *null*, sondern *eins*, die DATEDIFF-Funktion hat also lediglich die Differenz der Jahreszahlen gebildet. Zur Altersbestimmung genügt der im Beispiel dargestellte einfache Aufruf der `DATEDIFF`-Funktion also nicht. Bei Verwendung der `DATEDIFF`-Funktion ist es außerdem wichtig, die Reihenfolge der Datumswerte zu beachten. In der Regel wird das spätere Datum als zweiter Datumswert übergeben, da das Ergebnis ansonsten aus einer negativen Zahl besteht.

Die letzten drei in Tabelle 6.3 aufgeführten Funktionen (`DATEFROMPARTS`, `TIMEFROMPARTS` und `EOMONTH`) wurden mit SQL Server 2012 eingeführt und können bei der täglichen Arbeit mit SQL Server recht hilfreich sein, da sie häufig benötigte Funktionalitäten bereitstellen, die in früheren Versionen von SQL Server vom Anwender implementiert werden mussten.

Die `DATEFROMPARTS`-Funktion generiert einen `date`-Datentyp aus den als Argumenten angegebenen Datumskomponenten. Das folgende Beispiel zeigt die Verwendung dieser Funktion für das Datum 16.8.1977.

Beispiel:

```
SELECT DATEFROMPARTS(1977, 8, 16);
```

Eine entsprechende Funktionalität für `time`-Datentypen bietet die Funktion `TIMEFROMPARTS`. Mit den ersten drei Parametern geben Sie die Stunde, die Minute und die Sekunde an, die beiden weiteren Parameter werden nachfolgend besprochen und im folgenden Beispiel zunächst mit 0 belegt.

Beispiel:

```
SELECT TIMEFROMPARTS(12, 15, 30, 0, 0);
```

Die Ausgabe dieses Beispiels hat die Form 12:15:30.

Sollte für Ihre Zwecke die Genauigkeit von einer Sekunde nicht ausreichend sein, können Sie eine höhere Genauigkeit durch entsprechende Werte für die Parameter `sekundenbruchteil` und `genauigkeit` erreichen. Im folgenden Beispiel wird als Sekundenbruchteil der Wert 5 angegeben, die Genauigkeit wird auf 1 festgelegt.

Beispiel:

```
SELECT TIMEFROMPARTS(12, 15, 30, 5, 1);
```

Als Ausgabe erfolgt 12:15:30.5, die Kombination der angegebenen Werte für den Sekundenbruchteil und die Genauigkeit entspricht also 5 Zehntelsekunden. Dementsprechend erzeugt das folgende Beispiel durch die Angabe von 2 für den Parameter `genauigkeit` eine Ausgabe im Format 12:15:30.05, also eine Zeitangabe mit 5 Hundertstelsekunden.

Beispiel:

```
SELECT TIMEFROMPARTS(12, 15, 30, 5, 2);
```

> **Hinweis**
>
> Neben den beiden hier exemplarisch behandelten Funktionen DATEFROMPARTS und TIMEFROMPARTS existieren für die unterschiedlichen Rückgabetypen weitere entsprechende Funktionen seit SQL Server 2012, wie z. B. DATETIMEFROMPARTS oder SMALL-DATETIMEFROMPARTS.

Die EOMONTH-Funktion hingegen bietet Ihnen die Möglichkeit, den letzten Tag des Monats eines gegebenen Datums zu bestimmen. Im einfachsten Fall rufen Sie die Funktion lediglich mit einem Wert für das Datum auf, wie das folgende Beispiel unter Verwendung der GETDATE-Funktion zeigt.

Beispiel:

```
SELECT EOMONTH(GETDATE());
```

Die Ausgabe dieses Beispiels besteht in dem Datum des letzten Tags des Monats zum Ausführungszeitpunkt. Optional verwenden Sie den Parameter offset, um – ausgehend von dem verwendeten Datum – den letzten Tag eines anderen Monats zu bestimmen. Das folgende Beispiel liefert den letzten Tag des nächsten Monats zum Ausführungszeitpunkt.

Beispiel:

```
SELECT EOMONTH(GETDATE(),1);
```

Für vergangene Monate verwenden Sie einen negativen Wert für den Parameter offset. So liefert das folgende Beispiel den letzten Tag des vorhergehenden Monats zum Zeitpunkt der Abfrageausführung zurück.

Beispiel:

```
SELECT EOMONTH(GETDATE(),-1);
```

Universelles Datums-/Uhrzeitformat

Wie im letzten Kapitel bereits erwähnt und in diesem Kapitel verwendet, können Sie auf einem deutschen SQL Server bei den Datentypen wie datetime oder smalldatetime die gewohnte Schreibweise 'tt.mm.jjjj' verwenden.

Wenn Sie Abfragen schreiben, die auf SQL Servern mit unterschiedlichen Spracheinstellungen ausgeführt werden sollen, sollten Sie das universelle Datums-/Uhrzeitformat (*unseperated string format*) verwenden.

Datumswerte werden dabei in der Form 'jjjjmmtt' angegeben und von SQL Server unabhängig von der verwendeten Spracheinstellung richtig interpretiert.

Zeitanteile geben Sie durch Doppelpunkte getrennt an, wie z. B. 'jjjjmmtt ss:mm'.

6.5.3 Zeichenfolgenfunktionen

Neben den Datums-/Uhrzeitfunktionen stellen die Funktionen zur Bearbeitung von Zeichenketten eine häufig verwendete Funktionsgruppe dar. Eine sehr große Anzahl von Einträgen in Datenbanktabellen besteht typischerweise aus Zeichenketten. Entsprechend häufig finden diese Funktionen Verwendung. Tabelle 6.4 soll einen ersten Überblick über die Möglichkeiten geben, unter SQL Server Zeichenketten zu bearbeiten.

Funktion	Syntax	Beschreibung
ASCII	ASCII(*string*)	ASCII-Wert des ersten Zeichens von *string*
CHAR	CHAR(*ganzzahl*)	Zeichen mit dem ASCII-Wert von *ganzzahl*
CHARINDEX	CHARINDEX(*suchstring*, *string*)	erste Position von *suchstring* in *string*
PATINDEX	PATINDEX(*muster*, *string*)	erste Position von *muster* in *string*
LEFT	LEFT(*string*, *ganzzahl*)	linker Teil von *string* der Länge *ganzzahl*
RIGHT	RIGHT(*string*, *ganzzahl*)	rechter Teil von *string* der Länge *ganzzahl*
SUBSTRING	SUBSTRING(*string*, *start*, *länge*)	beliebiger Teil von *string*
LEN	LEN(*string*)	Anzahl der Zeichen in *string*
LOWER	LOWER(*string*)	Wandelt *string* in Kleinbuch-staben um.
UPPER	UPPER(*string*)	Wandelt *string* in Großbuch-staben um.
LTRIM	LTRIM(*string*)	Entfernt führende Leerzeichen in *string*.
RTRIM	RTRIM(*string*)	Entfernt nachfolgende Leerzeichen in *string*.
REVERSE	REVERSE(*string*)	*string* in umgekehrter Reihenfolge
DIFFERENCE	DIFFERENCE(*string*, *string*)	Maß der Ähnlichkeit der beiden Zeichenketten
SPACE	SPACE(*anzahl*)	Erzeugt *anzahl* von Leerzeichen.
CONCAT	CONCAT(*zeichenketten-liste*)	Ermöglicht die Verkettung einer Zeichenkettenliste.

Tabelle 6.4 Zeichenfolgenfunktionen

Auch für die Zeichenkettenfunktionen sollen einige Beispiele die Verwendung verdeutlichen. Zunächst wenden wir die ASCII-Funktion auf die Spalte *Name* der Tabelle *Product* an:

Beispiel:

```
SELECT Name, ASCII(Name)
FROM Production.Product;
```

Diese Abfrage liefert für den ersten Eintrag der Tabelle in der Spalte *Name*, der *Adjustable Race* lautet, den Wert 65 zurück. Anhand einer ASCII-Tabelle können Sie überprüfen, dass dies dem ASCII-Wert des ersten Zeichens im Namen entspricht, nämlich dem großen A. Eine andere Möglichkeit der Überprüfung wäre, die Umkehrfunktion CHAR aufzurufen, wie es im folgenden Beispiel über einen geschachtelten Funktionsaufruf geschieht:

Beispiel:

```
SELECT Name, ASCII(Name), CHAR(ASCII(Name))
FROM Production.Product;
```

Anhand des in Abbildung 6.11 gezeigten Ergebnisses des ersten Datensatzes erkennen Sie, dass die ASCII-Funktion tatsächlich nur das erste Zeichen einer Zeichenkette auswertet. Die restlichen Zeichen sind für die Anwendung dieser Funktion ohne Bedeutung.

Bei der Verarbeitung von Zeichenketten ist es häufig notwendig, die Position von Zeichen innerhalb einer Zeichenkette zu bestimmen. SQL Server stellt zu diesem Zweck die beiden Funktionen CHARINDEX und PATINDEX zur Verfügung, deren Verhalten die folgenden Beispiele verdeutlichen. Das erste Beispiel soll zur Ermittlung der Zeichenfolge Lock in der Spalte *Name* der *Product*-Tabelle dienen:

Beispiel:

```
SELECT Name, CHARINDEX ('Lock', Name)
FROM Production.Product;
```

	Name	(Kein Spaltenname)	(Kein Spaltenname)
1	Adjustable Race	65	A

Abbildung 6.11 Bildung des ASCII-Codes und die Anwendung der Umkehrungsfunktion »CHAR«

Ein Ausschnitt des Abfrageergebnisses ist in Abbildung 6.12 wiedergegeben.

	Name	(Kein Spaltenname)
251	Lock Washer 8	1
252	Lock Washer 9	1
253	Long-Sleeve Logo Jersey, L	0
254	Long-Sleeve Logo Jersey, M	0

Abbildung 6.12 Ergebnis der »CHARINDEX«-Funktion

Wie Sie erkennen, liefert die CHARINDEX-Funktion die Position des Auftretens der Suchzeichenfolge zurück. Sollte die Suchzeichenfolge mehrfach auftreten, wird das erste Auftreten im Funktionsergebnis berücksichtigt. Außerdem liefert Abbildung 6.12 zwei weitere Informationen:

- Die Zählung der Position innerhalb von Zeichenketten beginnt immer mit 1, nicht mit 0, wie in einigen anderen Programmiersprachen.
- Die Ausgabe von 0 zeigt bei der CHARINDEX- wie auch bei der PATINDEX-Funktion an, dass die Suchzeichenfolge in der untersuchten Zeichenkette nicht vorhanden ist.

Die PATINDEX-Funktion ermöglicht im Gegensatz zur CHARINDEX-Funktion einen Mustervergleich, entsprechend dem in Kapitel 5, »Grundlegende Abfragetechniken«, vorgestellten LIKE-Operator. Die folgende Abfrage soll die Position einer Zeichenkette ermitteln, die die folgenden Voraussetzungen erfüllt:

- Die Zeichenkette kann an beliebiger Stelle innerhalb der Zeichenfolge auftreten (Platzhalter: %).
- Die ersten beiden Zeichen müssen Lo sein.
- Nach Lo soll ein beliebiges Zeichen folgen (Platzhalter: _).
- Nach dem Unterstrich muss entweder das Zeichen k oder o folgen.

Der entsprechende Aufruf der PATINDEX-Funktion lautet also:

Beispiel:

```
SELECT Name, PATINDEX ('%Lo_[ko]%', Name)
FROM Production.Product;
```

	Name	(Kein Spaltenname)
251	Lock Washer 8	1
252	Lock Washer 9	1
253	Long-Sleeve Logo Jersey, L	13
254	Long-Sleeve Logo Jersey, M	13

Abbildung 6.13 Ergebnis der »PATINDEX«-Funktion

Sie erkennen, dass das Suchmuster in den dargestellten Ergebnissen sowohl an erster als auch an 13. Position gefunden wird.

Andere häufig verwendete Funktionen dienen dazu, einen bestimmten Teil einer Zeichenkette zu extrahieren. Neben den Funktionen LEFT und RIGHT, die dazu dienen, eine Anzahl Zeichen einer Zeichenkette beginnend von links oder rechts auszulesen, bietet die SUBSTRING-Funktion die Möglichkeit, einen beliebigen Teil einer Zeichenkette durch Angabe der Startposition sowie der Zeichenanzahl zu extrahieren.

Um z. B. die ersten beiden Zeichen der Spalte *ProductNumber*, die ein Kürzel des Produktnamens darstellen, zu erhalten, können Sie die folgende Anweisung verwenden:

Beispiel:

```
SELECT ProductNumber, SUBSTRING(ProductNumber, 1, 2)
FROM Production.Product;
```

Dieses Beispiel liefert, neben dem Originalinhalt der Spalte *ProductNumber*, eine weitere Spalte zurück, in der beginnend mit dem ersten Zeichen zwei Zeichen der Spalte ausgegeben werden. Da in diesem Beispiel die ersten beiden linken Zeichen ausgegeben werden, würde die folgende Abfrage ein identisches Ergebnis liefern:

Beispiel:

```
SELECT ProductNumber, LEFT(ProductNumber, 2)
FROM Production.Product;
```

Neben dem in bisherigen Versionen von SQL Server für die Zeichenverkettung bereits verfügbaren Operator + steht Ihnen seit SQL Server 2012 die CONCAT-Funktion zur Verfügung, mit der Sie auf einfache Art und Weise mehrere Zeichenketten miteinander verknüpfen können, wie das folgende Beispiel zeigt.

Beispiel:

```
SELECT CONCAT('SQL ','Server ','2014');
```

Das Ergebnis dieses Funktionsaufrufs lautet SQL Server 2014.

> **Hinweis**
>
> Gerade die eben besprochenen Datums-/Uhrzeit- und Zeichenkettenfunktionen werden in der Praxis oft in der WHERE-Klausel einer SELECT-Anweisung verwendet. Sie sollten sich jedoch bewusst sein, dass Sie damit Ihre Abfrage u. U. verlangsamen. Stellen Sie sich z. B. vor, Sie haben in einer Tabelle eine Spalte *Bestelldatum*, für die ein Index (also eine Suchhilfe, siehe Kapitel 23, »Zeilenbasierte Sicherheit«) vorhanden ist. Wenn Sie alle Bestellungen aus dem Jahr 2015 ermitteln wollen, erhalten Sie das Ergebnis natürlich durch eine WHERE-Klausel wie WHERE year(Bestelldatum) = 2015.
>
> Durch das Bilden der Funktion auf die indizierte Spalte verhindern Sie jedoch die Nutzung des Index!
>
> Effektiver wäre in diesem Fall, die WHERE-Klausel in der Form WHERE Bestelldatum >= '1.1.2015 AND Bestelldatum < '1.1.2016' zu schreiben. In diesem Fall kann SQL Server den Index nutzen, da die Spalte in der WHERE-Klausel in Reinform angesprochen wird. Weitergehende Informationen zur effektiven Abfragedefinition finden Sie im Internet unter dem Suchbegriff *sargable* (*search argumentable*).

6.5.4 Mathematische Funktionen

SQL Server stellt eine Vielzahl von mathematischen Funktionen zur Verfügung, von denen in Tabelle 6.5 nur einige als Beispiel aufgeführt sind.

Funktion	Syntax	Beschreibung
ABS	ABS(*wert*)	Liefert den absoluten Wert einer Zahl.
RAND	RAND(*startwert*)	Liefert eine Zufallszahl zwischen 0 und 1.
ROUND	ROUND(*wert, stelle*)	Dient zum Runden und Kürzen.
POWER	POWER(*wert, potenz*)	Potenziert eine Zahl.
SQRT	SQRT(*wert*)	Liefert die Quadratwurzel einer Zahl.

Tabelle 6.5 Mathematische Funktionen

Bei Verwendung der RAND-Funktion sollten Sie beachten, dass diese Funktion bei einem Aufruf mit einem konstanten Argument immer denselben Wert zurückliefert! Um eine Zufallsfolge zu erzeugen, muss das Funktionsargument also bei jedem Aufruf geändert werden.

6.5.5 Funktionen zur Statusabfrage

Die folgenden beiden Anweisungen ermitteln den Status der vorhergehenden SQL-Anweisung:

Funktion	Beschreibung
@@ERROR	Fehlernummer der letzten ausgeführten SQL-Anweisung
@@ROWCOUNT	Anzahl der von der letzten Anweisung betroffenen Zeilen

Tabelle 6.6 Funktionen zur Statusabfrage

Die @@ERROR-Funktion liefert den Wert null zurück, wenn die letzte Anweisung ohne Fehler beendet wurde, ansonsten wird als Ergebnis die Fehlernummer zurückgegeben. Auf die @@ERROR-Funktion und ihre Verwendung gehen wir in Abschnitt 6.8, »Fehlerbehandlung«, näher ein. Die @@ROWCOUNT-Funktion kann verwendet werden, um die Anzahl der von der letzten Anweisung betroffenen Datensätze zu ermitteln. Diese Anzahl entspricht der Angabe, die im Reiter MELDUNGEN angezeigt wird. Eine Abfrage auf alle Datensätze der *Product*-Tabelle resultiert in der folgenden Meldung:

```
(504 Zeile(n) betroffen)
```

Soll der Wert 504 im weiteren Programmverlauf weiterverwendet werden, weisen Sie ihn durch den sofort im Anschluss an die Abfrage erfolgenden Aufruf von @@ROWCOUNT z. B. einer Variablen zu.

6.5.6 Konvertierungsfunktionen

Bei der Verarbeitung von Daten, die in verschiedenen Formaten vorliegen, besteht häufig die Notwendigkeit, eine in einem bestimmten Datentyp vorliegende Information in einen anderen Datentyp umzuwandeln. Dieser Vorgang heißt *Konvertierung*. In vielen Fällen nimmt SQL Server eine Konvertierung automatisch vor. Dieser Vorgang wird als *implizite Konvertierung* bezeichnet. Wird die Umwandlung eines Datentyps durch eine Anweisung erzwungen, stellt dies eine *explizite Konvertierung* dar, wie wir sie im Folgenden besprechen. Die Notwendigkeit expliziter Konvertierungen zeigt das folgende Beispiel:

Beispiel:

```
SELECT * FROM Production.Product;
PRINT @@ROWCOUNT + ' Datensätze ausgegeben';
```

In diesem Beispiel sollen eine Abfrage der Tabelle *Product* und eine anschließende Meldung generiert werden, in der an den Aufruf von @@ROWCOUNT zur Ermittlung der Datensatzanzahl die angegebene Zeichenkette angehängt werden soll. Bei Ausführung des Codes wird durch die zweite Zeile jedoch die folgende Fehlermeldung ausgelöst:

```
Meldung 245, Ebene 16, Status 1, Zeile 2
Fehler beim Konvertieren des varchar-Werts ' Datensätze ausgegeben'
in den int-Datentyp.
```

Offensichtlich hat SQL Server an dieser Stelle versucht, eine implizite Konvertierung – nämlich die Umwandlung der Zeichenkette in eine Integerzahl – vorzunehmen, was fehlschlagen musste, da in der Zeichenkette Buchstaben enthalten sind, die nicht in Ziffern konvertiert werden können. Die eigentliche Ursache des auftretenden Fehlers wird beim Betrachten des Ausdrucks deutlich, der von PRINT ausgegeben werden sollte.

Der Rückgabewert von @@ROWCOUNT ist vom Datentyp integer, die Zeichenkette wird – laut Fehlermeldung – als varchar-Datentyp interpretiert. Es handelt sich also um eine Zahl und eine Zeichenkette, zwischen denen das Pluszeichen steht. Das Pluszeichen steht aber sowohl für die Addition als auch für die Zeichenverkettung, die ja eigentlich ausgeführt werden sollte. SQL Server hat das Pluszeichen aber als Addition interpretiert und – wie in der Fehlermeldung angegeben – versucht, die Zeichenfolge in eine Integerzahl umzuwandeln.

6 Grundlagen der SQL-Programmierung

Um eine fehlerfreie Ausführung des Codes zu erreichen, muss der Rückgabewert der @@ROWCOUNT-Funktion in eine Zeichenkette umgewandelt, also eine explizite Konvertierung vorgenommen werden, damit das Pluszeichen als Textverkettungsoperator interpretiert wird. Zu diesem Zweck stehen unter SQL Server zwei Funktionen zur Verfügung: CAST und CONVERT. Die Voraussetzung für die Anwendung dieser Funktionen ist, dass sich der zu bearbeitende Wert in den entsprechenden Zieldatentyp umwandeln lässt, was nicht immer der Fall ist, wie Sie oben bei dem Versuch der impliziten Konvertierung durch SQL Server gesehen haben. Welche Konvertierungen zwischen Datentypen möglich sind, können Sie der SQL-Server-Dokumentation entnehmen (siehe Abbildung 6.14).

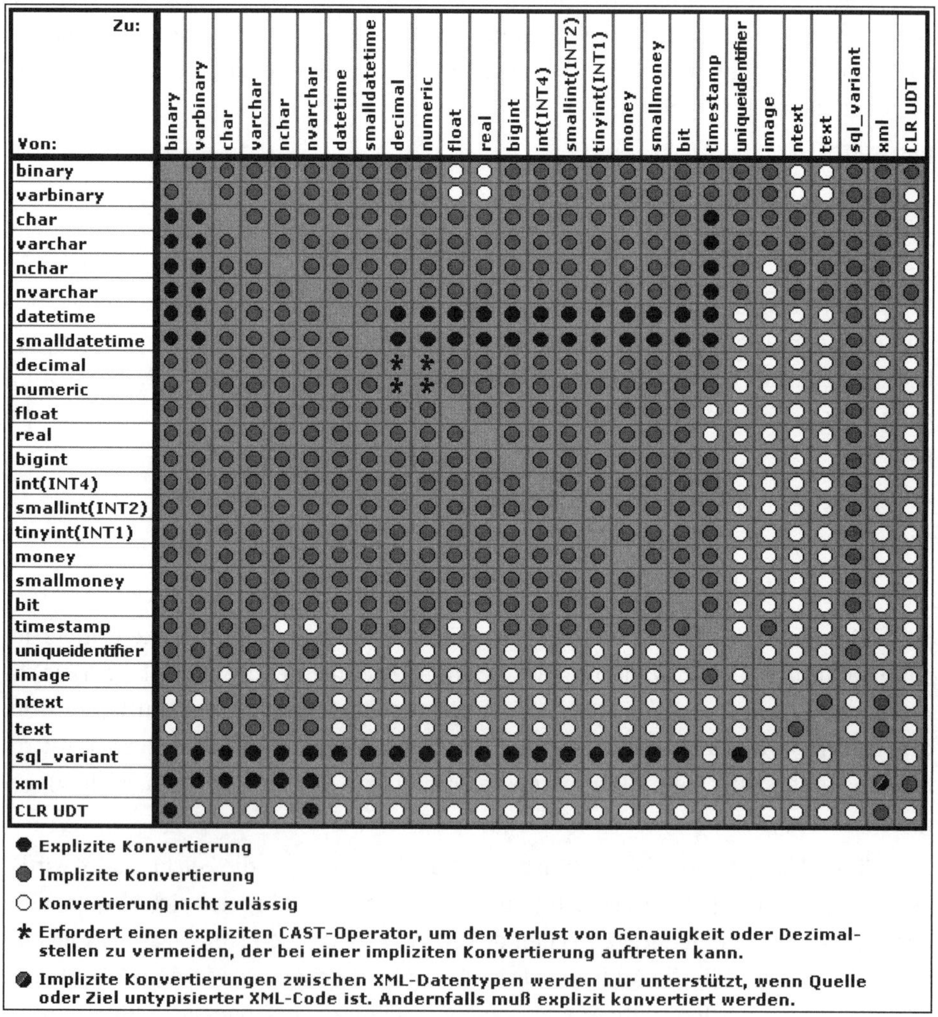

Abbildung 6.14 Übersicht über Datentypkonvertierungen in SQL Server (Quelle: Microsoft)

Die »CAST«-Funktion

Die CAST-Funktion dient ausschließlich zur Konvertierung eines Werts in einen bestimmten Datentyp. Die Syntax dieser Funktion lautet:

Syntax:

CAST(*wert* AS *datentyp*)

Um mit der CAST-Funktion das Auftreten des Fehlers im Beispielcode zu vermeiden, müssen Sie als ersten Parameter die @@ROWCOUNT-Funktion nutzen. Als Datentyp könnte z. B. char(3) Verwendung finden, wenn die Anzahl der Datensätze maximal dreistellig ist:

Beispiel:

```
SELECT * FROM Production.Product;
PRINT CAST(@@ROWCOUNT AS char(3))
+ ' Datensätze ausgegeben';
```

Über die nun erfolgte Konvertierung des Rückgabewerts von @@ROWCOUNT in eine Zeichenkette erfolgt die Abarbeitung des Beispielcodes ohne Fehler, und die Meldung wird in der gewünschten Form ausgegeben:

504 Datensätze ausgegeben

Die »CONVERT«-Funktion

Die CONVERT-Funktion unterscheidet sich in mehreren Punkten von der CAST-Funktion. Zum einen unterscheiden sie sich in der Syntax, zum anderen bietet CONVERT einen verglichen mit CAST etwas erweiterten Funktionsumfang. Zur reinen Konvertierung von Werten mittels CONVERT wird die folgende Syntax verwendet:

Syntax:

CONVERT(*datentyp*, *wert*)

Das Schlüsselwort AS der CAST-Funktion wird bei CONVERT nicht verwendet. Stattdessen benutzen Sie das Komma als Trennzeichen und geben die Parameter in umgekehrter Reihenfolge zur CAST-Funktion an. Würden Sie CONVERT zur Konvertierung verwenden, sähe das Beispiel folgendermaßen aus:

Beispiel:

```
SELECT * FROM Production.Product;
PRINT CONVERT(char(3), @@ROWCOUNT)
+ ' Datensätze ausgegeben';
```

CONVERT bietet die Verwendung eines optionalen Parameters an, mit dem Sie z. B. Einfluss auf die Formatierung des Ergebnisses der Konvertierung von Datums-/Uhrzeitwerten nehmen.

Syntax:

CONVERT(*datentyp, wert, format*)

Der Aufruf der GETDATE-Funktion zur Ermittlung des aktuellen Systemdatums und der aktuellen Systemzeit über die PRINT-Anweisung liefert eine Ausgabe in der folgenden Form:

Feb 15 2006   9:54PM

Wird diese Ausgabe über CONVERT in einen Zeichendatentyp überführt, bestimmen Sie durch den dritten Parameter das Format. Eine Übersicht über die verwendbaren Werte finden Sie in der SQL-Server-Dokumentation.

Als Beispiel soll der Wert 4 verwendet werden, der eine Konvertierung in das deutsche Datumsformat mit zweistelliger Jahresangabe bewirkt:

Beispiel:

PRINT CONVERT(varchar(20), GETDATE(), 4);

Die Ausgabe dieser Anweisung ist:

15.02.06

Die Verwendung des Werts 104 bewirkt eine vierstellige Ausgabe der Jahreszahl in deutscher Datumsschreibweise:

Beispiel:

PRINT CONVERT(varchar(20), GETDATE(), 104);

In diesem Fall erhalten Sie die folgende Ausgabe:

15.02.2006

Informationsverluste im Zusammenhang mit Konvertierungen

Sie sollten bei Konvertierungen stets beachten, dass bei einem nicht hinreichend gewählten Zieldatentyp die Möglichkeit besteht, dass Informationen abgeschnitten werden und damit verloren gehen! Das folgende Beispiel soll diesen Umstand verdeutlichen:

Beispiel:

```
DECLARE @Server AS CHAR(10);
SET @Server = 'SQL SERVER';
PRINT CAST(@Server AS CHAR(3));
```

Die Ausgabe dieses Beispiels lautet:

SQL

Obwohl die ursprüngliche Zeichenkette nach drei Zeichen abgeschnitten wurde, löst SQL Server in diesem Fall weder eine Fehlermeldung noch eine Warnung aus!

Neben den besprochenen Konvertierungsfunktionen gibt es eine weitere Möglichkeit der Konvertierung: nämlich die Konvertierung von Zeichenketten in Unicode, auf die wir in Abschnitt 6.6 eingehen.

Vermeidung von Konvertierungsfehlern mit »TRY_CAST« und »TRY_CONVERT«

Wie bereits oben besprochen, können Sie sowohl CAST als auch CONVERT zur Konvertierung von Datentypen verwenden. Das folgende Beispiel zeigt noch einmal die Verwendung beider Funktionen zur Konvertierung einer nur aus Ziffern bestehenden Zeichenkette in den integer-Datentyp.

Beispiel:

```
SELECT CAST('123' AS integer);
SELECT CONVERT(integer, '123');
```

Beide Anweisungen des Beispiels werden fehlerfrei ausgeführt, da die Zeichenkette jeweils problemlos in einen integer-Datentyp konvertiert werden kann.

Im folgenden Beispiel wurde in die Zeichenkette ein Buchstabe – X – eingefügt, der eine erfolgreiche Konvertierung der Zeichenkette in eine Zahl verhindert.

Beispiel:

```
SELECT CAST('X123' AS integer);
SELECT CONVERT(integer, 'X123');
```

In diesem Fall löst sowohl die CAST- wie auch die CONVERT-Funktion die Fehlermeldung 245 aus:

```
Meldung 245, Ebene 16, Status 1, Zeile 1
Fehler beim Konvertieren des varchar-Werts 'X123' in den int-Datentyp.
```

Um eine solche Fehlermeldung zu vermeiden, können Sie die in SQL Server 2012 eingeführten Funktionen TRY_CAST und TRY_CONVERT verwenden. Beide Funktionen liefern bei einem solchen Konvertierungsfehler lediglich einen NULL-Wert anstelle einer Fehlermeldung zurück. Sie können eine Fehlermeldung bezüglich der Konvertierung aber auch durch die Verwendung dieser beiden Funktionen nicht ganz ausschließen. So wird sowohl durch TRY_CAST wie auch durch TRY_CONVERT immer dann ein Fehler ausgelöst, wenn die Konvertierung des Quell- in den Zieldatentyp in SQL Server ausdrücklich nicht zulässig ist (siehe Abbildung 6.14).

Die Verwendung der TRY_CAST- wie auch der TRY_CONVERT-Funktion besprechen wir im Folgenden.

»TRY_CAST«

Die Syntax dieser Funktion lautet wie folgt:

Syntax:

TRY_CAST(wert AS datentyp)

Nachfolgend sehen Sie das oben verwendete Beispiel unter Angabe von TRY_CAST anstelle von CAST.

Beispiel:

SELECT TRY_CAST('X123' AS integer);

In diesem Fall erfolgt keine Fehlerauslösung, sondern die Anweisung gibt einen NULL-Wert zurück. Dieses Verhalten erklärt sich dadurch, dass eine Konvertierung einer Zeichenkette in eine Zahl – wie oben gesehen – prinzipiell zulässig ist. Im Beispiel ist es ja lediglich die Beschaffenheit der Zeichenkette selbst, durch die eine erfolgreiche Konvertierung verhindert wird.

Im folgenden Beispiel hingegen wird eine generell nicht zulässige Konvertierung eines integer- in einen date-Datentyp angefordert.

Beispiel:

SELECT TRY_CAST(42 AS date);

In diesem Fall wird die folgende Fehlermeldung ausgegeben:

Meldung 529, Ebene 16, Status 2, Zeile 1
Die explizite Konvertierung des int-Datentyps in date ist nicht zulässig.

»TRY_CONVERT(...)«

Die Syntax der TRY_CONVERT-Funktion lautet wie folgt:

Syntax:

TRY_CONVERT(datentyp, wert, format)

Der format-Parameter dieser Funktion entspricht dem der CONVERT-Funktion, weshalb wir auf ihn an dieser Stelle nicht erneut eingehen.

Das Verhalten der TRY_CONVERT-Funktion bezüglich der Konvertierungsfehler entspricht dem der TRY_CAST-Anweisung. So liefert das folgende Beispiel ebenfalls einen NULL-Wert zurück.

Beispiel:

```
SELECT TRY_CONVERT(int, 'X123');
```

Der Aufruf einer nicht zulässigen Konvertierung führt auch bei Verwendung von TRY_CONVERT zu einer Fehlermeldung.

Beispiel:

```
SELECT TRY_CONVERT(date, 42);
```

6.5.7 Formatierung von Ausdrücken mit der »FORMAT«-Funktion

Die weiter oben besprochene CONVERT-Funktion bietet Ihnen zwar die Möglichkeit, in begrenztem Maße Einfluss auf das Format des von der Funktion zurückgegebenen Ausdrucks zu nehmen, die primäre Aufgabe der CONVERT-Funktion besteht jedoch in der Konvertierung von Datentypen. Für die Formatierung von Ausdrücken wurde mit SQL Server 2012 mit der FORMAT-Funktion eine eigens für diesen Zweck entwickelte Funktion eingeführt, deren Syntax wir nachfolgend angeben:

Syntax:

```
FORMAT (wert, formatbezeichner, kultur)
```

Die angegebenen Parameter haben die folgende Bedeutung:

- wert
  der zu formatierende Wert
- formatbezeichner
  Über diesen Parameter geben Sie das gewünschte Ausgabeformat an. Die Werte für diesen Parameter leiten sich aus den im .NET Framework verwendeten Formatbezeichnern ab. Eine Übersicht über die verwendbaren Kürzel finden Sie unter der Adresse *http://msdn.microsoft.com/de-de/library/az4se3k1.aspx*, einen Ausschnitt dieser Seite zeigt Abbildung 6.15. Daneben können Sie auch benutzerdefinierte Formate angeben.
- kultur
  Dies ist ein optionaler Parameter, über den Sie die Ausgabe an verschiedene Kulturen anpassen. Wenn Sie diesen Parameter nicht angeben, wird dieser Parameter von SQL Server aus dem aktuellen Sitzungskontext hergeleitet.

Formatbezeichner	Beschreibung	Beispiele
"d"	Kurzes Datumsmuster.	15.06.2009 13:45:30 -> 6/15/2009 (en-US)
	Weitere Informationen finden Sie unter Der Formatbezeichner "d" für das kurze Datum.	15.06.2009 13:45:30 -> 15/06/2009 (fr-FR)
		15.06.2009 13:45:30 -> 2009/06/15 (ja-JP)
"D"	Langes Datumsmuster.	15.06.2009 13:45:30 -> Monday, June 15, 2009 (en-US)
	Weitere Informationen finden Sie unter Der Formatbezeichner "D" für das lange Datum.	15.06.2009 13:45:30 -> 15 июня 2009 г. (ru-RU)
		15.06.2009 13:45:30 -> Montag, 15. Juni 2009 (de-DE)
"f"	Vollständiges Datums-/Zeitmuster (kurze Zeit).	15.06.2009 13:45:30 -> Monday, June 15, 2009 1:45 PM (en-US)
	Weitere Informationen finden Sie unter Der Formatbezeichner "f" für vollständiges Datum und kurze Zeit.	15.06.2009 13:45:30 -> > Höhle 15 juni 2009 13:45 (sv-SE)
		15.06.2009 13:45:30 -> Δευτέρα, 15 Ιουνίου 2009 1:45 μμ (el-GR)
"F"	Vollständiges Datums-/Zeitmuster (lange Zeit).	15.06.2009 13:45:30 -> Monday, June 15, 2009 1:45:30 PM (en-US)
	Weitere Informationen finden Sie unter Der Formatbezeichner "F" für vollständiges Datum und lange Zeit.	15.06.2009 13:45:30 -> den 15 juni 2009 13:45:30 (sv-SE)
		15.06.2009 13:45:30 -> Δευτέρα, 15 Ιουνίου 2009 1:45:30 μμ (el-GR)
"g"	Allgemeines Datums-/Zeitmuster (kurze Zeit).	15.06.2009 13:45:30 -> 6/15/2009 1:45 PM (en-US)
	Weitere Informationen finden Sie unter Der allgemeine Formatbezeichner "g" für Datum und kurze Zeit.	15.06.2009 13:45:30 -> 15/06/2009 13:45 (es-ES)
		15.06.2009 13:45:30 -> 2009/6/15 13:45 (zh-CN)
"G"	Allgemeines Datums-/Zeitmuster (lange Zeit).	15.06.2009 13:45:30 -> 6/15/2009 1:45:30 PM (en-US)
	Weitere Informationen finden Sie unter Der allgemeine Formatbezeichner "G" für Datum und lange Zeit.	15.06.2009 13:45:30 -> 15/06/2009 13:45:30 (es-ES)
		15.06.2009 13:45:30 -> 2009/6/15 13:45:30 (zh-CN)

Abbildung 6.15 Ausschnitt der verfügbaren Formatbezeichner (Quelle: Microsoft)

In den folgenden Beispielen erläutern wir die Verwendung der Parameter der FORMAT-Funktion, als zu formatierenden Wert verwenden wir bei allen Beispielen den Rückgabewert der GETDATE-Funktion. Der Rückgabedatentyp der GETDATE-Funktion ist datetime, der zu formatierende Ausdruck enthält also das aktuelle Systemdatum und die aktuelle Systemzeit.

In dem ersten Beispiel soll lediglich das Datum – ohne Zeitangabe – ausgegeben werden. Wie Sie bei einem Vergleich mit Abbildung 6.15 feststellen werden, können Sie zu diesem Zweck den Formatbezeichner d verwenden.

Beispiel:

```
SELECT FORMAT(GETDATE(), 'd');
```

In diesem Fall erfolgt die Ausgabe in einem Format der Form 09.06.2014.

Möchten Sie die Ausgabe des letzten Beispiels ausgeschrieben formatieren, verwenden Sie als Formatbezeichner D.

Beispiel:

```
SELECT FORMAT(GETDATE(), 'D');
```

In diesem Fall erfolgt die Ausgabe mit ausgeschriebenem Wochentag, wie etwa Montag, 9. Juni 2014.

Um das Datum in ausgeschriebener Form samt Zeitangabe zu formatieren, verwenden Sie den Formatbezeichner f, wie das folgende Beispiel zeigt.

Beispiel:

```
SELECT FORMAT(GETDATE(), 'f');
```

Wenn Sie dieses Beispiel auf einer deutschen SQL-Server-Instanz ausführen, wird die Ausgabe dem Format Montag, 9. Juni 2014 20:12 entsprechen. Möchten Sie die Ausgabe an andere länderspezifische Gegebenheiten anpassen, geben Sie den entsprechenden Wert für den Parameter kultur an. Die Werte dieses Parameters basieren ebenfalls auf denen des .NET Frameworks. Das folgende Beispiel zeigt, wie Sie das vorherige Beispiel im US-amerikanischen Format ausgeben.

Beispiel:

```
SELECT FORMAT(GETDATE(), 'f', 'en-US');
```

Die Ausgabe dieses Beispiels erfolgt in der Form Monday, June 09, 2014 8:17:15 PM.

6.6 Dynamische SQL-Anweisungen

Variablen können Sie – wie Sie in Abschnitt 6.2, »(Lokale) Variablen«, gesehen haben – innerhalb einer SELECT-Anweisung z. B. in der WHERE-Klausel verwenden, um Datensätze abhängig vom Variableninhalt zu selektieren. Der Versuch, die Tabellenbezeichnung selbst durch eine Variable zu ersetzen, schlägt allerdings fehl:

Beispiel:

```
DECLARE @Tabellevarchar(20);
SET @Tabelle = 'Production.Product';
SELECT * FROM @Tabelle;
```

Anweisungen, deren Code für verschiedene Datenbankobjekte verwendet werden soll, die als Variablen übergeben werden, werden als *dynamische SQL-Anweisungen* bezeichnet. Der Versuch, dynamische SQL-Anweisungen wie im oben angegebenen Beispiel auszuführen, wird immer in einer Fehlermeldung resultieren. SQL Server bietet jedoch zwei verschiedene Möglichkeiten, dynamische Anweisungen auszuführen: EXECUTE und sp_executesql.

6.6.1 Ausführung dynamischer Anweisungen mit »EXECUTE«

EXECUTE dient in der Regel zum Aufruf von gespeicherten Prozeduren. Diese Anweisung erlaubt aber ebenfalls die Übergabe eines SQL-Strings an den Server, wobei innerhalb der Zeichenkette die Verwendung von Variablen zulässig ist.

Syntax:

```
EXECUTE (sql-string);
```

Beispiel:

```
DECLARE @Tabellevarchar(20);
SET @Tabelle = 'Production.Product';
EXECUTE ('SELECT * FROM ' + @Tabelle);
```

Die Variable @Tabelle wird hier mit dem Textverkettungsoperator + an die Zeichenkette angehängt, und die entstehende Anweisungsfolge wird an den Server übergeben. Das Ergebnis ist die Ausgabe der Tabelle *Product*. Beachten Sie bitte, dass Sie nach FROM ein Leerzeichen angeben müssen, da ansonsten ein Syntaxfehler ausgelöst wird. Die EXECUTE-Anweisung kann nun für beliebige Tabellennamen, die der Variablen @Tabelle zugewiesen werden, ausgeführt werden.

Beispiel:

```
DECLARE @Tabellevarchar(20);
SET @Tabelle = 'Production.Product';
EXECUTE ('SELECT * FROM ' + @Tabelle);
SET @Tabelle = 'Purchasing.Vendor';
EXECUTE ('SELECT * FROM ' + @Tabelle);
```

In diesem Beispiel werden durch die Zuweisung der jeweiligen Tabellenbezeichner an die Variable nacheinander die *Product*- und die *Vendor*-Tabelle ausgegeben.

6.6.2 Ausführung dynamischer Anweisungen mit »sp_executesql«

Eine andere Möglichkeit, dynamische Anweisungen ausführen zu lassen, bietet die gespeicherte Prozedur sp_executesql. Ein Aufruf des Inhalts der *Product*-Tabelle mithilfe dieser Prozedur erfolgt beispielsweise folgendermaßen (die Bedeutung des N vor den Zeichenketten erklären wir anschließend):

Beispiel:

```
DECLARE @Tabelle nvarchar(20);
DECLARE @SQLString nchar(100);
SET @Tabelle = N'Production.Product';
```

```
SET @SQLString = N'SELECT * FROM ' + @Tabelle;
EXECUTE sp_executesql @SQLString;
```

An diesem Beispiel fällt zum einen auf, dass die Verwendung von zwei Variablen notwendig ist, da in diesem Fall der gespeicherten Prozedur die komplette Anweisung übergeben werden muss. Die Textverkettung beim Aufruf der Prozedur durchzuführen ist also nicht zulässig. Der Vollständigkeit halber sei erwähnt, dass sp_executesql auch eine elegantere Methode bereitstellt, variable Parameter beim Aufruf an die Prozedur zu übergeben. Da dafür aber tiefer gehende Kenntnisse des Aufrufs von gespeicherten Prozeduren notwendig sind, die erst an späterer Stelle des Buches vermittelt werden, gehen wir darauf an dieser Stelle nicht näher ein. Bei Interesse finden Sie in der SQL-Server-Dokumentation unter dem Stichwort *sp_executesql* nähere Einzelheiten zu diesem Thema.

Außerdem fällt an diesem Beispiel auf, dass es sich bei der Zeichenkette, die an sp_executesql übergeben wird, um eine Unicode-Zeichenkette handelt. Erkennbar ist dies an der Wahl der Datentypen nchar bzw. nvarchar. In der Tat verlangt diese Prozedur die Übergabe einer Unicode-Zeichenkette. Wird im oben angegebenen Beispiel der Datentyp der Zeichenkette von nchar in char geändert, resultiert dies in der folgenden Fehlermeldung:

```
Meldung 214, Ebene 16, Status 2, Prozedur sp_executesql, Zeile 1
Die Prozedur erwartet den '@statement'-Parameter vom
'ntext/nchar/nvarchar'-Datentyp.
```

Eine explizite Umwandlung einer Zeichenkette in Unicode erreichen Sie – neben dem Aufruf einer Konvertierungsfunktion – auch, indem Sie den Buchstaben N vor die Zeichenkette stellen, wie das folgende Beispiel zeigt:

Beispiel:

```
EXECUTE sp_executesql N'SELECT * FROM Production.Product'
```

Ohne die Konvertierung durch Angabe von N wird auch hier die entsprechende Fehlermeldung ausgelöst!

6.7 Fehler in SQL Server und ihre Behandlung

6.7.1 Struktur von Fehlermeldungen in SQL Server

Alle von SQL Server ausgelösten Fehlermeldungen sind nach dem gleichen Prinzip aufgebaut und bestehen aus mehreren Angaben, wie die folgende Fehlermeldung zeigt, die z. B. durch die falsche Schreibweise eines Tabellennamens ausgelöst wird.

```
Meldung 208, Ebene 16, Status 1, Zeile 1
Ungültiger Objektname 'Production.Products'.
```

In den folgenden Abschnitten erläutern wir die Bedeutung der einzelnen Angaben in einer Fehlermeldung.

Meldung

Nach `Meldung` folgt die Angabe der Fehlernummer. Jeder Fehler besitzt eine eindeutige Fehlernummer, die von einer Anwendung dazu verwendet werden kann, den aufgetretenen Fehler zu identifizieren.

Ebene

Anhand der Zahl, die an dieser Stelle ausgegeben wird, können Sie abschätzen, wie schwerwiegend der aufgetretene Fehler ist. In früheren Versionen von SQL Server wurde dieser Wert – vielleicht zutreffender – als *Schweregrad* bezeichnet.

Die Fehlerebenen lassen sich in vier grundlegende Gruppen aufteilen:

Ebene	Bedeutung
0–10	einfache Meldungen und nicht schwerwiegende Fehler
11–16	vom Benutzer behebbare Fehler
17–19	vom Benutzer nicht behebbare Fehler, z. B. nicht ausreichende Ressourcen von SQL Server
20–24	schwerwiegende Fehler, z. B. Hardwaredefekte

Tabelle 6.7 Fehlerebenen

Die typischen Fehler beim alltäglichen Umgang mit SQL Server liegen im Bereich der Ebenen 11–16. So erzeugt ein Syntaxfehler innerhalb einer SQL-Anweisung z. B. eine Fehlermeldung der Ebene 15. Solch ein Fehler kann vom Benutzer behoben werden, weshalb er der zweiten Gruppe von Fehlerebenen zugeordnet ist.

Status

Der nach `Status` ausgegebene Wert besitzt keine feste Definition. Jeder Fehler hat zwar – wie oben bereits erwähnt – eine eigene Fehlernummer, diese reicht aber u. U. nicht aus, um den Kontext zu identifizieren, in dem der Fehler aufgetreten ist. Dies betrifft eigentlich weniger die von SQL Server automatisch ausgelösten Fehler, sondern eher die sogenannten *benutzerdefinierten Fehlermeldungen*, die wir in Abschnitt 6.8.5 besprechen werden. Mithilfe des `Status`-Werts können Sie also weitere – über die Fehlernummer hinausgehende – Informationen über das Auftreten des Fehlers an eine Anwendung übermitteln. Die Bedeutung der Werte, die im Zusammenhang mit Status verwendet werden, können und müssen Sie dabei individuell festlegen.

Zeile

Diese Angabe ist beim Auffinden eines Fehlers hilfreich, da sie die Zeile des Programmcodes angibt, in der ein Fehler aufgetreten ist. Erfahrungsgemäß sind solche Informationen nicht immer vollkommen exakt. Wenn Sie also in der angegebenen Zeile keinen Fehler entdecken können, lohnt sich u. U. auch ein Blick auf die vorherigen und folgenden Programmzeilen.

Meldungstext

In der zweiten Zeile der Fehlermeldung wird der eigentliche Meldungstext ausgegeben, der den aufgetretenen Fehler beschreibt. Leider sind fast keine Informationen zu den einzelnen Systemfehlern in der SQL-Server-Dokumentation vorhanden.

Die Fehlermeldungen von SQL Server gelten serverweit – sind also nicht für eine einzelne Datenbank definiert – und können über eine Abfrage auf *sys.messages* angezeigt werden. Die oben erwähnte Fehlermeldung findet sich ebenfalls in diesem Abfrageergebnis, wie der in Abbildung 6.16 gezeigte Auszug zeigt.

	message_id	language_id	severity	is_event_logged	text
1	208	1033	16	0	Invalid object name '%.*ls'.
2	208	1031	16	0	Ungültiger Objektname '%1!'.

Abbildung 6.16 Auszug aus »sys.messages«

Die dargestellten Spalten des Abfrageergebnisses haben die folgenden Bedeutungen:

▸ *message_id*
Die Spalte *message_id* gibt die Nummer eines Fehlers an.

▸ *language_id*
ID der Sprache der Fehlermeldung (Deutsch: 1031, US-Amerikanisch: 1033). Jede Fehlermeldung muss – auch auf einem anderssprachigen System – in US-amerikanischer Form vorhanden sein; zusätzlich können ländertypische Versionen der entsprechenden Fehlermeldung existieren. Auf diesen Umstand kommen wir später noch einmal zurück.

▸ *severity*
Der Schweregrad einer Fehlermeldung. Hier wird weiterhin diese Bezeichnung anstelle von Ebene verwendet.

▸ *is_event_logged*
Ein Eintrag von *1* in dieser Spalte zeigt an, dass das Auftreten dieses Fehlers im Windows-Anwendungsprotokoll wie auch in der Fehlerprotokolldatei von SQL Server vermerkt wird.

▶ *text*

Der Fehlertext in der jeweiligen Landessprache. Auf die in Abbildung 6.16 dargestellten Sonderzeichen gehen wir später ein.

6.8 Fehlerbehandlung

Eine der umfangreichsten Änderungen innerhalb der SQL-Programmierung erfolgte mit der Einführung der Fehlerbehandlung (engl.: *error handling*) in SQL Server 2005. Bis zur Version 2000 von SQL Server bestand die einzige Möglichkeit, auf einen Fehler zu reagieren, darin, mit der Systemfunktion @@ERROR nach jeder relevanten Anweisung festzustellen, ob ein Fehler aufgetreten war, und dann z. B. mit der Anweisung GOTO zu einer Sprungmarke zu verzweigen, an der eine entsprechende Fehlerbehandlung erfolgen konnte. Insbesondere bei Programmcode, wo es unerlässlich ist, für eine Reihe von Befehlen zu entscheiden, ob sie fehlerfrei abgearbeitet worden sind oder nicht – wie dies z. B. bei den in Kapitel 25 behandelten Transaktionen der Fall ist –, führt dieses Vorgehen zu einer immensen Zunahme der Programmzeilenanzahl und damit zu einer Aufblähung des Codes. Diese etwas anachronistisch anmutende Fehlerbehandlung wird seit SQL Server 2005 durch eine neue Fehlerbehandlungsmethode stark vereinfacht. Der grundlegende Gedanke dieser Methode ist, nicht nach einzelnen Befehlen das Auftreten eines Fehlers zu überprüfen, sondern stattdessen für eine Gruppe von SQL-Anweisungen eine Fehlerbehandlung einzuschalten, die dafür sorgt, dass bei einem Auftreten eines Fehlers an beliebiger Stelle des Codes in eine Routine verzweigt wird, in der der entsprechende Fehler analysiert und behandelt wird. Dieses Verfahren entspricht dem Standard anderer moderner Programmiersprachen und bietet eine sehr viel einfacher zu handhabende Fehlerbehandlung, als sie bis dahin unter T-SQL möglich war.

6.8.1 Fehlerbehandlung mit »TRY« und »CATCH«

Wie in anderen Programmiersprachen wird dieses Verfahren seitdem auch unter T-SQL als *try and catch* bezeichnet. Das Wort *try* (engl., versuchen) rührt daher, dass versucht werden soll, einen definierten Abschnitt des Programmcodes auszuführen. Tritt nun innerhalb der Abarbeitung von Programmcode ein Fehler auf, hat sich im Deutschen die entsprechende Bezeichnung des englischen Ausdrucks *throw an error* eingebürgert, man spricht daher oft davon, dass ein Programm einen Fehler »geworfen« hat. In Analogie dazu muss der »geworfene« Fehler »(ab)gefangen« werden, was auf Englisch mit *catch* bezeichnet wird. Diesem Modell der Fehlerbehandlung liegt also ein einfaches, aber auch sehr effektives Prinzip zugrunde: Es wird versucht, einen bestimmten Codeabschnitt auszuführen. Falls dieser nicht ohne Fehler ausgeführt werden konnte, wird der entsprechende Fehler »abgefangen« und behandelt.

6.8 Fehlerbehandlung

In den folgenden Beispielen sollen nacheinander drei Abfragen an den Server gesendet werden. Vor ihnen wird zur Kontrolle jeweils eine PRINT-Anweisung ausgegeben:

Beispiel:

```
PRINT 'erste Abfrage:';
SELECT * FROM Production.Product;
PRINT 'zweite Abfrage:';
SELECT ListPrice / StandardCost FROM Production.Product;
PRINT 'dritte Abfrage:';
SELECT * FROM Purchasing.Vendor;
```

Die erste Abfrage liest die Tabelle *Product* aus. Die zweite Abfrage bezieht sich ebenfalls auf diese Tabelle und wird bei der Abarbeitung einen Fehler verursachen, da innerhalb der Spalte *StandardCost*, die in der Division verwendet wird, Preise mit dem Wert null enthalten sind. Die dritte Abfrage liefert den kompletten Inhalt der Tabelle *Vendor*. Das Ausführen des Codes liefert unter dem Reiter ERGEBNIS den Inhalt der beiden Tabellen. Dazwischen wird – als Ergebnis der fehlerhaften Abfrage – ein leeres Ergebnisset ausgegeben. Der Reiter MELDUNGEN zeigt ein entsprechendes Bild:

```
erste Abfrage:

(504 Zeile(n) betroffen)
zweite Abfrage:
Meldung 8134, Ebene 16, Status 1, Zeile 4
Fehler aufgrund einer Division durch Null.
dritte Abfrage:

(104 Zeile(n) betroffen)
```

Die erste Abfrage wurde fehlerfrei ausgeführt, die zweite Abfrage resultierte in einer Fehlermeldung, und die dritte Abfrage wurde ebenfalls ohne Fehler ausgeführt.

Um den auftretenden Fehler abzufangen, müssen Sie eine Fehlerbehandlung implementieren, die aus einem TRY- und einem CATCH-Block besteht; dies geschieht über die folgende Syntax:

Syntax:

```
BEGIN TRY
    anweisungen;
END TRY
BEGIN CATCH
    anweisungen;
END CATCH;
```

Beachten Sie, dass es sich bei der TRY ... CATCH-Anweisung – auch wenn sie aus zwei Blöcken besteht – um eine zusammengehörige Anweisung handelt, wie dies auch durch das optionale Semikolon am Ende angedeutet wird. Das heißt, zu einem TRY-Block muss immer ein CATCH-Block gehören, der sich direkt an den TRY-Block anschließen muss. Zwischen den Ausdrücken END TRY und BEGIN CATCH dürfen also keine weiteren Anweisungen aufgeführt werden. Für das vorherige Beispiel soll nun eine solche Fehlerbehandlung implementiert werden. Der entsprechende Programmcode muss also in den TRY-Block eingefügt werden. Die Fehlerbehandlung im CATCH-Block soll zunächst nur aus einer PRINT-Anweisung bestehen, die die Verzweigung in diesen Block anzeigen soll. Im Anschluss soll eine weitere PRINT-Anweisung das Ende des Programmcodes markieren.

Beispiel:

```
BEGIN TRY
PRINT 'erste Abfrage:';
SELECT * FROM Production.Product;
PRINT 'zweite Abfrage:';
SELECT ListPrice / StandardCost FROM Production.Product;
PRINT 'dritte Abfrage:';
SELECT * FROM Purchasing.Vendor;
END TRY
BEGIN CATCH
PRINT 'im CATCH-Block';
END CATCH;
PRINT 'Bearbeitung abgeschlossen'
```

Auf welche Weise auf den Fehler der zweiten Abfrage durch die Fehlerbehandlung reagiert wurde und wie sich das Verhalten im Vergleich zu dem Beispiel ohne Fehlerbehandlung verändert hat, können Sie deutlich an der Ausgabe des Reiters MELDUNGEN ablesen:

erste Abfrage:

(504 Zeile(n) betroffen)
zweite Abfrage:

(0 Zeile(n) betroffen)
im CATCH-Block
Bearbeitung abgeschlossen

Zunächst wurde – wie im ersten Beispiel auch – die erste Abfrage erfolgreich ausgeführt. Ab dann unterscheiden sich die Ausgaben deutlich. Zunächst fällt auf, dass die Fehlermeldung Fehler aufgrund einer Division durch Null nicht mehr ausgegeben wird. Dieser Umstand liegt eben daran, dass im ersten Beispiel keine Fehlerbehandlung existiert hatte. SQL Server hatte festgestellt, dass ein Fehler aufgetreten ist und keine Fehlerbehandlung existiert. Daher wurde der Fehler an den Aufruf, also das Management Studio, zurückgegeben und dort angezeigt. Nun aber existiert eine Fehlerbehandlung, daher wird nur die Meldung ausgegeben, dass von dieser Anweisung keine Datensätze betroffen waren. Direkt nach dem Auftreten des Fehlers wurde die Abarbeitung des TRY-Blocks beendet, was daran zu erkennen ist, dass die dritte Abfrage offensichtlich gar nicht mehr bearbeitet, sondern sofort in den CATCH-Block verzweigt wurde, wie die entsprechende Meldung deutlich macht. Nach Bearbeitung der Anweisungen des CATCH-Blocks wird *nicht* wieder – wie man vermuten könnte – in den TRY-Block hinter die fehlerauslösende Zeile gesprungen, sondern es wird eventuell vorhandener Programmcode, der sich an die TRY ... CATCH-Anweisung anschließt, abgearbeitet, wie die Meldung, dass die Bearbeitung abgeschlossen ist, zeigt.

Es bleibt noch zu klären, wie mit einem CATCH-Block verfahren wird, wenn innerhalb des TRY-Blocks kein Fehler aufgetreten ist. In diesem Fall wird der CATCH-Block einfach ignoriert, wie Sie leicht überprüfen, indem Sie die fehlerauslösende Division aus der zweiten Abfrage entfernen:

Beispiel:

```
BEGIN TRY
PRINT 'erste Abfrage:';
SELECT * FROM Production.Product;
PRINT 'zweite Abfrage:';
SELECT ListPrice FROM Production.Product;
PRINT 'dritte Abfrage:';
SELECT * FROM Purchasing.Vendor;
END TRY
BEGIN CATCH
PRINT 'im CATCH-Block';
END CATCH;
PRINT 'Abarbeitung abgeschlossen'
```

Auch in diesem Fall liefert der Reiter MELDUNGEN eindeutige Informationen zur Bearbeitung des Codes:

erste Abfrage:

(504 Zeile(n) betroffen)
zweite Abfrage:

(504 Zeile(n) betroffen)
dritte Abfrage:

```
(104 Zeile(n) betroffen)
Abarbeitung abgeschlossen
```

Offensichtlich wurde der CATCH-Block einfach übersprungen, was ja auch sinnvoll ist, da kein Fehler aufgetreten ist.

6.8.2 Funktionen zur Fehlerbehandlung

Die in den letzten Beispielen verwendete PRINT-Anweisung innerhalb des CATCH-Blocks stellt natürlich keine sinnvolle Fehlerbehandlung dar und soll lediglich beliebige SQL-Anweisungen repräsentieren, die an dieser Stelle stehen könnten. Um eine Fehlerbehandlung zu implementieren, muss natürlich die Möglichkeit bestehen, detaillierte Informationen über den aufgetretenen Fehler zu erhalten, da verschiedene Fehler eine unterschiedliche Fehlerbehandlung erfordern.

Zu diesem Zweck wurde in SQL Server 2005 eine Reihe neuer Funktionen eingeführt, um einen aufgetretenen Fehler zu analysieren. Diese Funktionen können zwar, ohne einen Fehler auszulösen, an beliebiger Stelle eines SQL-Programms aufgerufen werden. Auswertbare Ergebnisse liefern sie jedoch nur beim Aufruf innerhalb eines CATCH-Blocks, da all diese Funktionen bei einem Aufruf außerhalb eines solchen Blocks einen NULL-Wert zurückgeben.

Bevor wir auf die Funktionen im Einzelnen eingehen, soll noch ein Begriff erläutert werden, den wir innerhalb der folgenden Beschreibungen der Vollständigkeit halber an mehreren Punkten verwenden, und zwar der Begriff *Trigger*. Ein Trigger ähnelt einer gespeicherten Prozedur. Er wird jedoch im Gegensatz zu dieser automatisch vom Datenbanksystem beim Eintreten bestimmter Ereignisse ausgelöst. Kapitel 18, »Programmierung und Einsatz von Triggern«, beschäftigt sich eingehend mit der Funktion und Programmierung von Triggern.

- ERROR_NUMBER()
  liefert die Fehlernummer des aufgetretenen Fehlers zurück.
- ERROR_MESSAGE()
  liefert die Fehlermeldung des aufgetretenen Fehlers zurück.
- ERROR_SEVERITY()
  liefert die Ebene (Schweregrad, engl.: *severity*) des aufgetretenen Fehlers zurück.
- ERROR_STATE()
  liefert den Status-Wert des aufgetretenen Fehlers zurück.
- ERROR_PROCEDURE()
  Falls der Fehler von einer gespeicherten Prozedur oder einem Trigger verursacht wurde, die bzw. der innerhalb des TRY-Blocks aufgerufen oder ausgelöst wurde, liefert diese Funktion den Namen der entsprechenden Prozedur oder des Triggers zurück. War dies nicht der Fall, wird ein NULL-Wert zurückgegeben.

- ERROR_LINE()
  Diese Funktion gibt die Zeilennummer der fehlerauslösenden Anweisung zurück. Hier müssen zwei Möglichkeiten unterschieden werden: Tritt der Fehler in einer regulären SQL-Anweisung innerhalb des TRY-Blocks auf, so bezieht sich die Angabe auf die Zeilennummer innerhalb des gesamten SQL-Codes und nicht auf die Zeilen des TRY-Blocks! Wurde der Fehler innerhalb einer gespeicherten Prozedur oder eines Triggers ausgelöst, bezieht sich die Angabe auf den Quellcode der Prozedur bzw. des Triggers.

Diese Funktionen stehen während der gesamten Abarbeitung des CATCH-Blocks zur Verfügung und liefern – auch bei mehrfachem Aufruf innerhalb dieses Blocks – immer die gleichen Werte des Fehlers zurück, der die Fehlerbehandlung auslöste.

Im folgenden Beispiel werden die Werte dieser Funktionen abgefragt und mithilfe von PRINT-Anweisungen ausgegeben, die jeweils eine kurze Beschreibung der Funktion und den Funktionswert selbst umfassen. Zu diesem Zweck wurde die zweite Abfrage wieder in die ursprüngliche Form gebracht, sodass sie einen Fehler und somit die Fehlerbehandlung auslöst:

Beispiel:

```
BEGIN TRY
    PRINT 'erste Abfrage:';
    SELECT * FROM Production.Product;
    PRINT 'zweite Abfrage:';
    SELECT ListPrice / StandardCost
    FROM Production.Product;
    PRINT 'dritte Abfrage:';
    SELECT * FROM Purchasing.Vendor;
END TRY
BEGIN CATCH
    PRINT 'Number: '+ CAST(ERROR_NUMBER() AS VARCHAR(5));
    PRINT 'Message: '+ERROR_MESSAGE();
    PRINT 'Severity: '+CAST (ERROR_SEVERITY() AS CHAR(2));
    PRINT 'State: '+CAST(ERROR_STATE() AS VARCHAR(3));
    PRINT 'Line: '+CAST(ERROR_LINE()AS VARCHAR(3));
    PRINT 'Procedure: '+ERROR_PROCEDURE();
END CATCH;
PRINT 'Abarbeitung abgeschlossen';
```

Die Ausgabe des Beispiels stellt sich folgendermaßen dar:

erste Abfrage:

(504 Zeile(n) betroffen)

zweite Abfrage:

```
(0 Zeile(n) betroffen)
Number: 8134
Message: Fehler aufgrund einer Division durch Null.
Severity: 16
State: 1
Line: 5
```

Abarbeitung abgeschlossen

Die ersten vier Ausgaben (Number, Message, Severity und State) entsprechen exakt den Angaben der anfänglich ausgegebenen Fehlermeldung. Die Angabe der Zeilenzahl hat sich jedoch um eins erhöht, da BEGIN TRY als Zeile hinzugekommen ist. Der Fehler wird nun in der fünften Programmzeile angezeigt, wo er ja auch tatsächlich auftritt. Interessant ist, dass die PRINT-Anweisung, in der das Ergebnis der ERROR_PROCEDURE-Funktion ausgegeben werden sollte, offensichtlich nur eine Leerzeile ausgibt: Nicht einmal der Ausdruck Procedure wird zurückgeliefert, wie es in der PRINT-Anweisung angegeben ist.

Die Erklärung dieser Tatsache ist zum einen recht einfach, zum anderen sehr aufschlussreich, was das Auftreten von NULL-Werten innerhalb von Anweisungen betrifft. Die ERROR_PROCEDURE-Funktion hat in diesem Beispiel tatsächlich einen NULL-Wert als Ergebnis ausgegeben, da der Fehler ja nicht innerhalb einer gespeicherten Prozedur (oder eines Triggers) aufgetreten ist.

Dieses Auftreten eines NULL-Werts hat offensichtlich dazu geführt, dass alles, was in der entsprechenden PRINT-Anweisung ausgegeben werden sollte, ebenfalls den Wert NULL angenommen hat. Mit anderen Worten: Die PRINT-Anweisung wurde ausgeführt, hat aber nichts (NULL) ausgegeben und somit lediglich eine Leerzeile erzeugt. Sie sehen also, wie wichtig es ist, das eventuelle Vorhandensein von NULL-Werten zu berücksichtigen und diese entsprechend zu verarbeiten, da nicht berücksichtigte und trotzdem vorhandene NULL-Werte – auch bei einer ansonsten korrekt formulierten Abfrage – zu völlig unerwarteten Ergebnissen führen können.

6.8.3 Gegenüberstellung von »TRY ... CATCH« und »@@ERROR«

@@ERROR liefert – wie weiter oben bereits erwähnt – ebenfalls eine Möglichkeit, das Auftreten eines Fehlers zu erkennen und dessen Fehlernummer zu identifizieren. Seit der Einführung der TRY ... CATCH-Anweisung wird die @@ERROR-Funktion wohl seltener verwendet, aber wenn nur eine einzige Anweisung auf Fehlerfreiheit überprüft werden soll, stellt sie weiterhin eine Alternative zur TRY ... CATCH-Anweisung dar. Beide Möglichkeiten der Fehlererkennung unterscheiden sich jedoch in einem wesentlichen Punkt: @@ERROR liefert immer den Fehlercode – also die Fehlernummer – der *direkt zuvor ausgeführten* Anweisung zurück und muss daher direkt im Anschluss an die zu überprüfende Anweisung aufgerufen werden, um einen eventuell aufgetretenen Fehler zu erkennen. Dieses Verhalten bedingt eine gewisse Vorsicht im Umgang mit dieser Funktion, wie das folgende Beispiel zeigt:

Beispiel:

```
SELECT 42/0;
IF @@ERROR <> 0
    PRINT @@ERROR;
ELSE
    PRINT 'kein Fehler aufgetreten';
```

Die Division durch null in der SELECT-Anweisung löst den Fehler 8134 aus, wie aus der Ausgabe abzulesen ist:

```
Meldung 8134, Ebene 16, Status 1, Zeile 1
Fehler aufgrund einer Division durch Null.
0
```

Offensichtlich ist das Auftreten dieses Fehlers in der Bedingung der IF-Anweisung erkannt worden, da nicht die im ELSE-Zweig enthaltene PRINT-Anweisung ausgeführt wird, sondern der erneute Aufruf von @@ERROR im IF-Zweig erfolgt. Allerdings liefert dieser Aufruf nicht – wie man vermuten könnte – den Wert 8134, sondern 0 zurück! Der durch die Division durch null erzeugte Fehlercode ist an dieser Stelle der IF-Anweisung also bereits gelöscht und mit null überschrieben worden! Um solche Probleme zu umgehen, empfiehlt es sich daher häufig, den Wert der @@ERROR-Funktion direkt nach dem Aufruf einer auf Fehlerfreiheit zu testenden Funktion in einer Variablen zu speichern, um ihn später zu verarbeiten:

Beispiel:

```
DECLARE @Fehler int;
SELECT 42/0;
SET @Fehler = @@ERROR
IF @Fehler <> 0
    PRINT @Fehler;
ELSE
    PRINT 'kein Fehler aufgetreten';
```

In diesem Fall erfolgt die Ausgabe der korrekten Fehlernummer:

```
Meldung 8134, Ebene 16, Status 1, Zeile 2
Fehler aufgrund einer Division durch Null.
8134
```

Natürlich wird die @@ERROR-Funktion auch in der aktuellen Version von SQL Server weiterhin unterstützt, und es gibt sicher Fälle, in denen sich eine Fehlererkennung durch den simplen Aufruf dieser Funktion einfacher bewerkstelligen lässt als über die TRY ... CATCH-Anweisung, insbesondere dann, wenn Sie nur eine Anweisung auf Fehlerfreiheit überprüfen müssen.

Soll das Ergebnis der @@ERROR-Funktion an späterer Stelle weiterverarbeitet werden, so hält sich der Aufwand einer Variablendeklaration und der Wertezuweisung an die Variable in etwa das Gleichgewicht mit der Definition einer TRY ... CATCH-Anweisung.

Soll ein ganzer Codeabschnitt auf Fehler hin überprüft werden, verschiebt sich das Gleichgewicht ganz eindeutig zur Verwendung von TRY ... CATCH! Eine Verwendung von @@ERROR – wie sie in früheren Versionen die einzige Möglichkeit der Fehlerbehandlung darstellte – führt in diesem Fall zu einem enormen Zuwachs der Zeilenzahl durch IF-Anweisungen, was die Lesbarkeit des Codes u. U. stark beeinträchtigt. Außerdem führt das oben beschriebene Verhalten der @@ERROR-Funktion z. B. bei der Verwendung innerhalb einer IF-Anweisung bei Nichtbeachtung schnell zu Programmierfehlern. Für die Verwendung von TRY ... CATCH bei der Fehlerüberprüfung eines Codeabschnitts gibt es aber noch weitaus mehr Argumente:

- **Detaillierte Informationen**
  Die @@ERROR-Funktion liefert nur die Fehlernummer zurück, falls ein Fehler aufgetreten ist (ist kein Fehler aufgetreten, ist der Rückgabewert null). Die oben angesprochenen Funktionen, die in einem CATCH-Block verwendet werden können, ermöglichen eine weitaus detailliertere Analyse des aufgetretenen Fehlers durch Auswertung der Fehlerebene, des Fehlerstatus und anderer Informationen.

- **Verfügbarkeit der Fehlerinformationen**
  Eine spätere Verarbeitung des Rückgabewerts von @@ERROR erzwingt – wie oben gesehen – die Verwendung einer Variablen. Die speziell im CATCH-Block verwendbaren Funktionen können dagegen an jeder beliebigen Stelle innerhalb des Blocks aufgerufen werden und behalten innerhalb des Blocks immer den durch die Fehlerauslösung bedingten Wert. Falls Sie trotzdem @@ERROR zur Ermittlung des Fehlercodes innerhalb eines CATCH-Blocks verwenden wollen, so ist dies ebenfalls zulässig. Die Auswertung der Funktion muss dann aber ebenfalls in der ersten Anweisung innerhalb des CATCH-Blocks erfolgen.

- **Vermeidung von nicht entdeckten Fehlern**
  @@ERROR muss nach jeder relevanten Anweisung abgefragt werden, und je nach Ergebnis muss eine Fehlerbehandlung erfolgen. Mit der Anzahl der Programmzeilen innerhalb des zu überprüfenden Codeabschnitts wächst proportional die Gefahr, dass eine wichtige Anweisung übersehen oder an anderer Stelle ein Fehler ausgelöst wird, dessen mögliches Auftreten während der Programmierung übersehen wurde. TRY ... CATCH ermöglicht es, auch solche Fehler auf einfache Weise festzustellen. Um dieses Ziel unter Verwendung von @@ERROR zu erreichen, müss-

ten Sie nach jedem Befehl eine `IF`-Anweisung programmieren, in der der Rückgabewert von `@@ERROR` ausgewertet werden müsste. Diese Vorgehensweise würde u. U. einen erheblichen Aufwand darstellen.

6.8.4 Abbruchverursachende Fehler

Für beide Mechanismen der Fehlerbehandlung, die Verwendung der `@@ERROR`-Funktion wie auch der `TRY ... CATCH`-Anweisung, stellen zwei Arten von Fehlern eine Ausnahme dar. Es handelt sich dabei um Fehler, die durch falsche Syntax oder den Bezug auf ein nicht existierendes Datenbankobjekt – also z. B. eine nicht existierende Tabelle – ausgelöst werden. Beim Auftreten eines solchen Fehlers wird die Abarbeitung des Programms abgebrochen, sodass eine vorhandene Fehlerbehandlung nicht mehr erfolgen kann. Zwar lässt sich dieser Umstand umgehen, die Beschreibung der entsprechenden Vorgehensweise würde an dieser Stelle allerdings zu weit führen. Die SQL-Server-Dokumentation stellt ausführliche Informationen zu diesem Thema bereit.

6.8.5 Erstellung benutzerdefinierter Fehlermeldungen

Bei der Kommunikation von SQL Server mit einer Anwendung müssen häufig spezielle anwendungsspezifische, von den vordefinierten Fehlern abweichende Fehlermeldungen generiert werden, die der Clientanwendung spezifische Zustände oder auch aufgetretene Fehler signalisieren, die keine Systemfehlermeldung auslösen. Solche benutzerdefinierten Fehlermeldungen werden von SQL Server wie die automatisch ausgelösten Systemfehlermeldungen behandelt und können daher in SQL Server abgespeichert werden wie die in Abbildung 6.14 gezeigte Fehlermeldung. Das Hinzufügen einer benutzerdefinierten Fehlermeldung geschieht über die Prozedur `sp_addmessage`; ihre Syntax lautet wie folgt:

Syntax:

```
sp_addmessage
fehlernummer,
schweregrad,
fehlertext,
sprache
protokollierung;
```

Wie Sie erkennen können, entsprechen die Parameter der gespeicherten Prozedur den Informationen aus Abbildung 6.16. Bei der Verwendung von `sp_addmessage` müssen Sie mehrere Dinge beachten: Zum einen muss die Fehlernummer einer benutzerdefinierten Fehlermeldung oberhalb von 50000 liegen, zum anderen müssen Sie eine Fehlermeldung zunächst in der Sprache `us_english` erstellen, bevor sie in der jeweiligen Landessprache angelegt werden kann. Versuchen Sie, eine Fehlermeldung beispielsweise nur in der deutschen Version zu erstellen, löst dies einen Systemfehler aus. Außerdem dürfen Sie zur Sprachbestimmung nicht die in Abbildung 6.16 dargestellte Sprach-ID verwenden. Beim Aufruf der Prozedur müssen Sie den Sprachnamen angeben, an dessen typischer Schreibweise in SQL Server sich das Beispiel unten orientiert. Im folgenden Beispiel wird daher eine Fehlermeldung mit der Fehlernummer 50001 und dem Schweregrad 11, deren Auftreten nicht in den Protokollen vermerkt wird, zunächst in der US-amerikanischen und dann in der deutschen Version dem Server hinzugefügt.

Beispiel:

```
EXECUTE sp_addmessage
    50001,
    11,
    'No record found',
    'us_english',
    'FALSE';
EXECUTE sp_addmessage
    50001,
    11,
    'Kein Datensatz gefunden',
    'German';
```

Wie Sie erkennen können, wurde bei dem zweiten Prozeduraufruf die Angabe FALSE zur Steuerung der Protokollierung ausgelassen, da diese Einstellung für alle Sprachversionen der gleichen Fehlermeldung identisch sein muss und eine erneute Angabe bei dem Aufruf der zweiten Prozedur einen Fehler auslösen würde. Leider verhält sich SQL Server an dieser Stelle nicht ganz konsequent, da der Schweregrad ebenfalls identisch gewählt werden muss. Seine Angabe in beiden Prozeduraufrufen löst aber keinen Systemfehler aus. Interessant in diesem Zusammenhang ist die Tatsache, dass die Angabe des Schweregrads für die spätere Auslösung des Fehlers relativ unerheblich ist. Das heißt, der Fehler kann später auch mit einem anderen Schweregrad ausgelöst werden als dem, der bei seiner Definition angegeben wurde!

Nach erfolgreicher Ausführung des Beispiels können mit der folgenden Abfrage die benutzerdefinierten Fehlermeldungen genau wie die Systemfehlermeldung angezeigt werden, wie Abbildung 6.17 zeigt.

Beispiel:

```
SELECT * FROM sys.messages
WHERE message_id = 50001;
```

	message_id	language_id	severity	is_event_logged	text
1	50001	1031	11	0	Kein Datensatz gefunden
2	50001	1033	11	0	No record found

Abbildung 6.17 Eingetragene benutzerdefinierte Fehlermeldung

Anders als ihr Name es vermuten lässt, können Sie die Prozedur sp_addmessage nicht nur zur Neuerstellung von Fehlermeldungen, sondern auch zum Überschreiben bestehender benutzerdefinierter Fehlermeldungen verwenden, und zwar über die Angabe von replace. Das folgende Beispiel ändert den Fehlertext der amerikanischen Meldung:

Beispiel:

```
EXECUTE sp_addmessage
   50001,
   11,
   'No record was found',
   'us_english',
   'FALSE',
   'replace';
```

6.8.6 Programmgesteuerte Fehlerauslösung

Soll aus einem SQL-Programm ein benutzerdefinierter Fehler ausgelöst werden, stellt SQL Server dazu verschiedene Möglichkeiten zur Verfügung. Seit SQL Server 2012 können Sie einen Fehler – neben den bisher verfügbaren Möglichkeiten – auch durch die Anweisung THROW auslösen.

Auslösung von vordefinierten Fehlermeldungen

Eine durch sp_addmessage eingetragene Fehlermeldung wird durch das Schlüsselwort RAISERROR, die Angabe der Fehlernummer, des Schweregrades und des Status aufgerufen:

Syntax:

```
RAISERROR (fehlernummer, schweregrad, status);
```

Über den Parameter status wird eine beliebige Zahl zwischen 1 und 127 übergeben, durch die weitere Informationen codiert werden können. Wie wir weiter oben bereits erwähnt haben, können Sie dadurch, falls ein Fehler mit identischer Fehlernummer an verschiedenen Stellen ausgelöst werden kann, einer Anwendung über diesen Parameter signalisieren, in welchem Kontext der Fehler ausgelöst wurde. Im Folgenden sind zwei Aufrufe der eben erzeugten Fehlermeldung und die entsprechenden Meldungstexte abgebildet, wobei jeweils ein anderer Schweregrad während des Aufrufs angegeben wird.

Schweregrad 10 (Statusangabe)

Beispiel:

```
RAISERROR (50001, 10, 2);
```

Als Ausgabe erfolgt in diesem Fall:

```
Kein Datensatz gefunden
```

Schweregrad 11 (Benutzerfehler)

Beispiel:

```
RAISERROR (50001, 11, 2);
```

Jetzt wird die folgende Meldung ausgegeben:

```
Meldung 50001, Ebene 11, Status 2, Zeile 1
Kein Datensatz gefunden
```

Sie erkennen, dass beide Meldungen in der deutschen Version ausgegeben werden. Die erste Meldung erfolgt als Statusangabe, also ohne Angabe eines Schweregrads oder von etwas Ähnlichem, die zweite in exakt derselben Form wie eine Systemfehlermeldung von SQL Server.

Auslösung von nicht vordefinierten Fehlermeldungen

Fehler können auch ausgelöst werden, ohne dass eine entsprechende Fehlermeldung über den Aufruf von `sp_addmessage` registriert wurde. Der Aufruf von RAISERROR unterscheidet sich in diesem Fall von den letzten Beispielen dadurch, dass der Aufruf nicht unter Angabe einer Fehlernummer, sondern des Fehlertexts erfolgt.

Syntax:

```
RAISERROR (fehlertext, schweregrad, status);
```

Beispiel:

```
RAISERROR ('Mehrere Datensätze gefunden',11,2)
```

Die Ausgabe dieses Beispiels lautet:

```
Meldung 50000, Ebene 11, Status 2, Zeile 1
Mehrere Datensätze gefunden
```

Auf den ersten Blick scheint diese Möglichkeit, einen Fehler auszulösen, sehr viel einfacher als die bisher beschriebene Methode zu sein, da keine Registrierung des Fehlers durch Aufruf von `sp_addmessage` notwendig ist, um einen Fehler auf diese Weise auszulösen. Bei genauer Betrachtung der Ausgabe ist jedoch ein gravierender Nachteil festzustellen: Da bei dieser Art des Aufrufs von RAISERROR keine Fehlernummer angegeben werden kann, verwendet SQL Server für alle Fehler, die auf diese Weise ausgelöst werden, die Fehlernummer 50000, was u. U. dazu führt, dass eine Unterscheidung von verschiedenen Fehlern durch eine Clientanwendung erschwert wird.

6.8.7 Fehlerauslösung unter Verwendung von Parametern

Viele Fehlermeldungen von SQL Server reagieren dynamisch auf ihre Auslösung. Das heißt, die ausgegebene Fehlernachricht ändert sich mit dem Anlass der Auslösung. Das folgende Beispiel löst die bereits erwähnte Fehlermeldung 208 aus, da die Angabe des Tabellennamens nicht korrekt ist:

Syntax:

```
SELECT * FROM Production.Products;
```

Hier erfolgt die folgende Ausgabe:

```
Meldung 208, Ebene 16, Status 1, Zeile 1
Ungültiger Objektname 'Production.Products'.
```

Offensichtlich kann eine Fehlermeldung also nicht nur festgelegten Text ausgeben, sondern muss auch in der Lage sein, variable Parameter – in diesem Fall den Objektbezeichner – zu verarbeiten. Diese Möglichkeit können Sie auch in benutzerdefinierten Fehlermeldungen nutzen, indem Sie in den Fehlertext ein Prozentzeichen, gefolgt von einer Kennzeichnung, eingeben. Die Kennzeichnung gibt dabei an, welcher Zeichentyp später an dieser Stelle ausgegeben werden soll. Eine Auswahl der zur Verfügung stehenden Kennzeichnungen finden Sie in Tabelle 6.8:

Kennzeichen	Zeichentyp
d	ganze Zahl (mit Vorzeichen)
u	ganze Zahl (ohne Vorzeichen)
s	Zeichenkette

Tabelle 6.8 Auswahl möglicher Kennzeichnungen

Auslösung von nicht vordefinierten Fehlermeldungen mit Parametern

Die Verwendung von Parametern in Fehlermeldungen lässt sich am einfachsten am Beispiel einer nicht vordefinierten Fehlermeldung demonstrieren. Simuliert werden soll, dass einer Variablen eine ungültige Produktnummer zugewiesen wurde und über eine Fehlermeldung eine entsprechende Ausgabe erfolgt:

Beispiel:

```
DECLARE @ProductNumber nvarchar(25);
SET @ProductNumber = 'AA-5381';
RAISERROR ('Ungültige Produktnummer %s',
16, 1, @ProductNumber);
```

Dieses Beispiel löst die nachfolgend dargestellte Meldung aus:

```
Meldung 50000, Ebene 16, Status 1, Zeile 3
Ungültige Produktnummer AA-5381
```

Die Angabe von %s im Meldungstext ermöglicht die Ausgabe einer Zeichenkette, deren Wert nach der Statusangabe über die Variable übergeben und während der Ausgabe an dieser Stelle eingesetzt wird. Auf dieselbe Weise können Sie mehrere variable Werte in der Fehlermeldung ausgeben. Die entsprechenden Werte werden einfach in der Reihenfolge ihrer Definition in der Fehlermeldung angefügt:

Beispiel:

```
DECLARE @ProductNumber nvarchar(25);
DECLARE @Name nvarchar(50);
SET @ProductNumber = 'AA-5381';
SET @Name = 'Adjustable Race';
RAISERROR ('Ungültige Produktnummer %s für Produkt %s',
16, 1, @ProductNumber, @Name);
```

In diesem Fall erfolgt die folgende Ausgabe:

```
Meldung 50000, Ebene 16, Status 1, Zeile 5
Ungültige Produktnummer AA-5381 für Produkt Adjustable Race
```

Auslösung von vordefinierten Fehlermeldungen mit Parametern

Soll eine vordefinierte Fehlermeldung mit Parametern auf einem nicht US-amerikanischen System in der jeweiligen Landessprache verwendet werden, müssen Sie diese Fehlermeldung ebenfalls über den zweimaligen Aufruf von sp_addmessage hinzufügen. Das Hinzufügen der Fehlermeldung in der Landessprache unter der Verwendung von Parametern unterscheidet sich jedoch von der bisher besprochenen Vorgehensweise. Um diesen Umstand zu verdeutlichen, erstellen wir zunächst eine Fehlermeldung mit zwei Zeichenkettenparametern in der US-amerikanischen Version:

Beispiel:

```
EXECUTE sp_addmessage
   50002,
   11,
   'Product Name %s does not fit Product Number %s',
   'us_english',
   'FALSE';
```

Soll eine in US-Amerikanisch definierte Fehlermeldung in der jeweiligen Landessprache eingetragen werden, so müssen Sie den Zeichentyp des Parameters nicht noch einmal angeben – dieser ist ja bereits in der US-amerikanischen Fehlermeldung definiert worden. Zu beachten ist allerdings, dass sich die Reihenfolge der Parameter je nach Sprache unterscheiden kann, wie die deutsche Fehlerbeschreibung zeigt:

Beispiel:

```
EXECUTE sp_addmessage
50002,
11,
'Ungültige Produktnummer %2! für Produkt %1!',
'German';
```

Die Parameter stehen im Fehlertext in einer anderen Reihenfolge als in der US-amerikanischen Version des Fehlers. Daher wird in diesem Fall nach dem Prozentzeichen die Ordnungszahl des Parameters der US-amerikanischen Fehlermeldung, gefolgt von einem Ausrufezeichen, angegeben. Der Vorteil dieser Vorgehensweise zeigt sich bei der Auslösung des Fehlers:

Beispiel:

```
RAISERROR (50002, 11, 2, 'Adjustable Race', 'AA-5381');
```

Die Ausgabe lautet jetzt:

```
Meldung 50002, Ebene 11, Status 2, Zeile 1
Ungültige Produktnummer AA-5381 für Produkt Adjustable Race
```

Wie Sie erkennen, werden – unabhängig von der Spracheinstellung des Servers – alle Parameter während der Fehlerauslösung immer in der Reihenfolge der US-amerikanischen Fehlermeldung übergeben und während der Ausgabe in der jeweiligen Landessprache in der richtigen Reihenfolge angegeben. Für die Programmierung von Fehlerauslösungen in SQL bedeutet dies, dass der entsprechende Code auf allen Servern, unabhängig von der eingestellten Landessprache, ohne Änderungen verwendet werden kann, solange die landesspezifische Fehlermeldung einmal mit sp_addmessage erstellt wurde.

Nachfolgend soll noch das Abfangen einer benutzerdefinierten Fehlermeldung in einer TRY ... CATCH-Anweisung gezeigt werden. Innerhalb des Beispiels wird überprüft, ob der angegebene Datensatz in der *Product*-Tabelle existiert. Falls er existiert, soll er ausgelesen werden. Da dies nicht der Fall ist, wird die benutzerdefinierte Fehlermeldung ausgelöst, die das Durchlaufen des CATCH-Blocks auslöst, in dem auf das Auftreten der Fehlernummer 50002 überprüft und eine entsprechende Meldung ausgegeben wird:

Beispiel:

```
DECLARE @ProductNumber nvarchar(25);
DECLARE @Name nvarchar(50);
SET @ProductNumber = 'AA-5381';
SET @Name = 'Adjustable Race';
BEGIN TRY
IF EXISTS (SELECT * FROM Production.Product
WHERE ProductNumber = @ProductNumber AND Name = @Name)
   SELECT * FROM Production.Product
   WHERE ProductNumber = @ProductNumber AND Name = @Name;
ELSE
   RAISERROR (50002, 11, 2, '@Name', '@ProductNumber');
END TRY
BEGIN CATCH
IF ERROR_NUMBER() = 50002
   PRINT 'Benutzerdefinierter Fehler aufgetreten';
END CATCH
```

Fehlerauslösung durch »THROW«

Seit SQL Server 2012 steht Ihnen – neben der Verwendung von RAISERROR – eine weitere Möglichkeit zur Fehlerauslösung zur Verfügung. Hierbei handelt es sich um die THROW-Anweisung. Der Name dieser Anweisung entstammt den im Englischen verwendeten Ausdrücken, einen Fehler zu »werfen« (engl.: *throw*) und zu »fangen« (engl.: *catch*).

Prinzipiell können Sie wahlweise sowohl die RAISERROR- wie auch die THROW-Anweisung verwenden, um einen Fehler auszulösen. Beide Anweisungen unterscheiden sich in ihrer Verwendung aber in wesentlichen Punkten, wie Sie bei einem Vergleich ihrer Anwendung sehen werden. Bevor wir auf diese Unterschiede weiter eingehen, besprechen wir zunächst die Syntax der THROW-Anweisung. Um einen Fehler mit THROW auszulösen, verwenden Sie die folgende Syntax:

Syntax:

```
THROW fehlernummer, fehlertext, status
```

Beachten Sie, dass die Argumente der THROW-Anweisung nicht in Klammern eingeschlossen werden dürfen!

Die Argumente der Anweisung haben folgende Bedeutung:

- fehlernummer:
  die Fehlernummer des auszulösenden Fehlers
- fehlertext:
  die Fehlernachricht
- status:
  der Status des Fehlers

Wie Sie erkennen, ähnelt die Syntax derjenigen, die Sie verwenden, um einen nicht vordefinierten Fehler mit RAISERROR auszulösen. Allerdings gibt es zwischen dieser Möglichkeit und der Verwendung von THROW einige Unterschiede:

- **Schweregrad**
  Sie können beim Aufruf von THROW keinen Schweregrad angeben. Fehlermeldungen, die mit THROW ausgelöst wurden, weisen immer einen Schweregrad von 16 auf!

- **Fehlernummer**
  Ein weiterer Unterschied betrifft die Verwendung der Fehlernummern. Wie Sie bereits wissen, weist eine durch RAISERROR erzeugte Ad-hoc-Fehlermeldung immer die Fehlernummer 50000 auf; benutzerdefinierte Fehler mit einer Fehlernummer oberhalb von 50000 müssen für den Aufruf mit RAISERROR zuvor auf dem Server registriert worden sein. Im Gegensatz dazu können Sie mit THROW einen Fehler mit einer beliebigen Fehlernummer größer gleich 50000 auslösen, ohne dass die entsprechende Fehlernummer zuvor in SQL Server registriert worden sein muss.

- **Abschluss der vorhergehenden Anweisung mit einem Semikolon**
  Bei der Verwendung der THROW-Anweisung müssen Sie einen weiteren Punkt beachten, der eher untypisch für SQL Server ist: Die der THROW-Anweisung vorhergehende Anweisung **muss** mit einem Semikolon abgeschlossen werden!

- **Formatierung**
  Die THROW-Anweisung unterstützt keine direkten Formatierungsangaben, wie Sie sie bei dem Aufruf einer registrierten Fehlermeldung mit RAISERROR für die Anpassung an verschiedene Landessprachen verwenden können.

Das folgende Beispiel zeigt die Auslösung eines Fehlers mithilfe der THROW-Anweisung.

Beispiel:

```
THROW 50010, 'Fehlermeldung durch THROW', 1
```

Diese Anweisung führt zur Auslösung der folgenden Fehlermeldung:

```
Meldung 50010, Ebene 16, Status 1, Zeile 1
Fehlermeldung durch THROW
```

Fehlerrückgabe mit »THROW«

Sie können die THROW-Anweisung innerhalb eines CATCH-Blocks dazu verwenden, den Fehler, der zum Eintritt in den CATCH-Block geführt hat, an den Aufruf zurückzugeben. Dieses Verfahren können Sie beispielsweise dann einsetzen, wenn die Behandlung des Fehlers im CATCH-Block nicht erfolgreich abgeschlossen werden konnte. In diesem Fall rufen Sie THROW ohne Angabe von Argumenten auf. Betrachten Sie dazu das folgende Beispiel:

Beispiel:

```
BEGIN TRY
    SELECT 42/0;
END TRY
BEGIN CATCH
    SELECT 'Fehlerbehandlung nicht möglich';
    THROW;
END CATCH;
```

Auch in diesem Beispiel wird ein Fehler durch eine Division durch null ausgelöst, wodurch der CATCH-Block durchlaufen wird. In diesem steht die SELECT-Anweisung stellvertretend für eine nicht erfolgreiche Fehlerbehandlung. Ohne die folgende THROW-Anweisung würde die Fehlermeldung unterdrückt, da durch das Verarbeiten des CATCH-Blocks der Fehler abgefangen wurde. Durch die THROW-Anweisung erfolgt jedoch die Rückgabe des ursprünglichen Fehlers an den Aufruf in der folgenden Form:

```
Meldung 8134, Ebene 16, Status 1, Zeile 2
Fehler aufgrund einer Division durch Null.
```

> **Hinweis**
>
> Beachten Sie in diesem Beispiel, dass, wie oben bereits erwähnt, die letzte Anweisung vor THROW mit einem Semikolon abgeschlossen werden muss! Falls Sie die SELECT-Anweisung im CATCH-Block nicht mit einem Semikolon abschließen, funktioniert die Übergabe des Fehlers an den Aufruf nicht. Falls Sie THROW mit Argumenten aufrufen, wie weiter oben beschrieben, und die vorhergehende Anweisung nicht mit einem Semikolon abschließen, führt dies zu einem Syntaxfehler.

Auslösung eines registrierten Fehlers mit »THROW«

Um eine mit sp_addmessage in SQL Server gespeicherte Fehlermeldung mit THROW aufzurufen, verwenden Sie die FORMATMESSAGE-Funktion. Mithilfe dieser Funktion können Sie eine registrierte Fehlermeldung z. B. mit einer anderen Fehlernummer als der eingetragenen auslösen oder aber Werte für Platzhalter angeben, was mit THROW allein ja nicht möglich ist, wie wir oben bereits erwähnt haben.

Das folgende Beispiel ruft die oben mit der Fehlernummer 50001 registrierte Fehlermeldung mit der Fehlernummer 50011 auf.

Beispiel:

```
DECLARE @Fehler nvarchar(2000);
SET @Fehler = FORMATMESSAGE(50001);
THROW 50011, @Fehler, 1
```

Als Ausgabe für dieses Beispiel erfolgt:

```
Meldung 50011, Ebene 16, Status 1, Zeile 3
Kein Datensatz gefunden
```

6.8.8 Löschen von benutzerdefinierten Fehlermeldungen

Wird eine benutzerdefinierte Fehlermeldung nicht mehr verwendet, können Sie sie durch den Aufruf von sp_dropmessage vom Server löschen. Die entsprechende Syntax lautet:

Syntax:

sp_dropmessage *fehlernummer, sprache*

In diesem Fall müssen Sie die Prozeduraufrufe genau entgegengesetzt zur Reihenfolge vornehmen, die bei der Erstellung des Fehlers angewandt wurde: Zunächst muss die Fehlermeldung in der Landessprache gelöscht, erst dann kann die amerikanische Version gelöscht werden. Das folgende Beispiel zeigt die Aufrufe von sp_dropmessage in der richtigen Reihenfolge, um die oben erstellte benutzerdefinierte Fehlermeldung 50001 zu löschen:

Beispiel:

```
EXECUTE sp_dropmessage 50001, 'German';
EXECUTE sp_dropmessage 50001, 'us_english';
```

Soll eine Fehlermeldung komplett inklusive aller vorhandenen Sprachvarianten vom Server gelöscht werden, kann dies über einen einzigen Aufruf von sp_drop-message erfolgen, in dem Sie statt einer Sprache den Ausdruck all angeben. Das folgende Beispiel könnte also anstatt des vorherigen verwendet werden, um die Fehlermeldung 50001 sowohl in der deutschen als auch in der amerikanischen Version vom Server zu löschen:

Beispiel:

```
EXECUTE sp_dropmessage 50001, 'all';
```

Kapitel 7
Mehrtabellenabfragen

Dieses Kapitel behandelt die Möglichkeiten, Daten aus mehreren Tabellen in einer Abfrage zusammenzufassen. Anschließend erläutern wir, wie Sie auf Daten anderer Server zugreifen.

Bei den bisher behandelten Techniken von Datenbankabfragen erfolgte der Zugriff *einer* SELECT-Anweisung immer nur auf *eine* Tabelle. Innerhalb von relationalen Datenbanken sind die zueinander in Beziehung stehenden Informationen aber in der Regel auf mehrere Tabellen aufgeteilt. Um diese getrennt gespeicherten, aber zueinander in Beziehung stehenden Informationen für eine Anwendung verfügbar zu machen, muss es also möglich sein, in *einer* Abfrage auf *mehrere* Tabellen zuzugreifen, diese Tabellen also innerhalb einer Abfrage zu verknüpfen.

7.1 Tabellen verknüpfen (»JOIN«-Anweisung)

Für die Verknüpfung von Tabellen innerhalb von Abfragen existiert in SQL das Schlüsselwort JOIN (engl.: *join*; verbinden, vereinen). Bevor wir näher auf die Verwendung von JOIN eingehen, wollen wir zunächst ein Beispiel betrachten, das sich näher an der bereits bekannten Syntax der SELECT-Anweisung orientiert.

7.1.1 Einbindung zweier Tabellen in die »SELECT«-Anweisung

Bisher haben wir nach FROM lediglich eine Tabelle angegeben. An dieser Stelle können Sie aber auch mehrere Tabellen durch die Angabe einer Tabellenliste in eine Abfrage einbinden. Die entsprechende Syntax dazu lautet:

Syntax:

```
SELECT spaltenliste
FROM tabellenliste
WHERE verknüpfungsbedingung;
```

Wie in SQL üblich, gilt auch bei der Angabe einer Tabellenliste, dass die einzelnen Einträge durch ein Komma voneinander getrennt werden.

Im folgenden Beispiel werden die Tabellen *Product* und *ProductVendor* so miteinander kombiniert, dass über die in der WHERE-Klausel angegebene Verknüpfungsbedingung nur die IDs von Händlern (*BusinessEntityID*) ausgegeben werden, die das entsprechende Produkt auch liefern können – wo also eine Übereinstimmung des Eintrags *ProductID* in der *Product*- und der *ProductVendor*-Tabelle gefunden wird:

Beispiel:

```
SELECT Name, ProductNumber, BusinessEntityID
FROM Production.Product, Purchasing.ProductVendor
WHERE Product.ProductID = ProductVendor.ProductID;
```

Abbildung 7.1 zeigt einen Teil der Ausgabe dieses Beispiels.

	Name	ProductNumber	BusinessEntityID
1	Adjustable Race	AR-5381	1580
2	Bearing Ball	BA-8327	1688
3	Headset Ball Bearings	BE-2908	1650

Abbildung 7.1 Abfrageergebnis mit Daten aus zwei Tabellen

Entsprechend der Möglichkeit, einer Spalte innerhalb einer Abfrage ein Alias zuzuweisen, können Sie auch einer Tabelle ein Alias zuweisen, um eine mehrfache komplette Angabe des Tabellennamens zu vermeiden und die Abfrage damit wesentlich kürzer und lesbarer zu gestalten. In der Regel wird als Alias ein Kürzel aus ein oder zwei Buchstaben verwendet, das sich aus dem Tabellennamen ableitet, also z. B. *p* für die *Product*- und *pv* für die *ProductVendor*-Tabelle, wie im folgenden Beispiel gezeigt:

Beispiel:

```
SELECT Name, ProductNumber, BusinessEntityID
FROM Production.Product AS p,
Purchasing.ProductVendor AS pv
WHERE p.ProductID = pv.ProductID;
```

Wie bei der Vergabe von Aliassen für Spalten gilt auch hier, dass die Angabe des Schlüsselworts AS optional ist:

Beispiel:

```
SELECT Name, ProductNumber, BusinessEntityID
FROM Production.Product p, Purchasing.ProductVendor pv
WHERE p.ProductID = pv.ProductID;
```

Zur besseren Lesbarkeit sollten Sie AS allerdings angeben. Beim Betrachten der letzten drei Beispiele ist Ihnen vielleicht aufgefallen, dass in der WHERE-Klausel jeweils ein Tabellenname bzw. Alias der Spaltenbezeichnung vorangestellt wurde, in der Spaltenliste jedoch nicht. Das liegt daran, dass die Angabe eines Tabellennamens oder

Alias nur dann zwingend notwendig ist, wenn der Spaltenname innerhalb der an der Abfrage beteiligten Tabellen nicht eindeutig ist. Die in der Spaltenliste aufgeführten Spalten existieren in den beiden Tabellen nur einmal, daher können Sie auf die Angabe eines Tabellennamens oder Alias verzichten. Die in der WHERE-Klausel verwendeten Spalten *ProductID* sind in beiden Tabellen vorhanden, daher muss durch die Angabe eines Tabellennamens oder Alias gekennzeichnet werden, welche Spalte welcher Tabelle angesprochen werden soll. Da es bei Abfragen, die auf mehrere Tabellen ausgeführt werden, nicht immer einfach ist, sicherzustellen, dass ein Spaltenname nicht ein zweites Mal in einer anderen Tabelle existiert, bietet es sich an, grundsätzlich das Alias vor dem Spaltennamen anzugeben:

Beispiel:

```
SELECT p.Name, p.ProductNumber, pv.BusinessEntityID
FROM Production.Product AS p, Purchasing.ProductVendor AS pv
WHERE p.ProductID = pv.ProductID;
```

Generell gilt bei der Vergabe eines Alias für eine Tabelle, dass die Tabelle durch diesen für die Dauer der Abfrage umbenannt wird. Das heißt: Wurde ein Alias vergeben, ist es nicht mehr möglich, die Tabelle unter ihrem ursprünglichen Namen anzusprechen, wie das folgende Beispiel zeigt:

Beispiel:

```
SELECT p.Name, p.ProductNumber, pv.BusinessEntityID
FROM Production.Product AS p, Purchasing.ProductVendor AS pv
WHERE p.ProductID = ProductVendor.ProductID;
```

In diesem Fall wird eine Fehlermeldung ausgelöst, da für die Tabelle *ProductVendor* das Alias *pv* vergeben, aber in der WHERE-Klausel nicht verwendet wurde.

7.1.2 Innere Verknüpfung (»INNER JOIN«)

Die im letzten Abschnitt behandelten Abfragen stellen *eine* Möglichkeit dar, innerhalb einer Abfrage zueinander in Beziehung stehende Daten auszugeben. Sie sind zum ersten Verständnis, wie Abfragen auf mehrere Tabellen funktionieren, sicher hilfreich, sie entsprechen aber nicht dem SQL-Standard. Daher ist anzuraten, die entsprechende Anweisung der SQL-Norm zu verwenden. In diesem Fall wäre dies die Anweisung INNER JOIN, die auch als *innere Verknüpfung* oder *Exklusionsverknüpfung* bezeichnet wird, da sie Datensätze ausfiltert, die die Verknüpfungsbedingung nicht erfüllen.

Die Verwendung von INNER JOIN erfolgt ähnlich den bisherigen Beispielen, allerdings wird zusätzlich INNER JOIN und anstatt WHERE das Schlüsselwort ON angegeben:

Syntax:

```
SELECT spaltenliste
FROM tabellenbezeichner INNER JOIN tabellenbezeichner
ON verknüpfungsbedingung;
```

Die oben verwendete Abfrage

```
SELECT p.Name, p.ProductNumber, pv.BusinessEntityID
FROM Production.Product AS p, Purchasing.ProductVendor AS pv
WHERE p.ProductID = pv.ProductID;
```

würde unter Verwendung von INNER JOIN also folgendermaßen geschrieben:

Beispiel:

```
SELECT p.Name, p.ProductNumber, pv.BusinessEntityID
FROM Production.Product AS p
INNER JOIN Purchasing.ProductVendor AS pv
ON p.ProductID = pv.ProductID;
```

Die Abkürzung von INNER JOIN durch die alleinige Angabe von JOIN wäre hier ebenfalls zulässig.

Beide Abfragen liefern ein absolut identisches Ergebnis, weshalb Sie sich vielleicht fragen, wo die Vorteile der Verwendung von INNER JOIN liegen. Ein wesentlicher Vorteil besteht darin, dass die Verknüpfungsbedingung nach ON angegeben wird und nicht in der WHERE-Klausel. Die Verwendung von INNER JOIN ermöglicht also eine Angabe der Verknüpfungsbedingung und, da es sich weiterhin um eine SELECT-Anweisung handelt, eine zusätzliche Angabe von WHERE. Dies erlaubt eine strikte Trennung von Verknüpfungs- und Auswahlbedingung, wie sie im ersten Beispiel nicht möglich wäre. Hier müssten Sie die Auswahl- und Verknüpfungsbedingung zusammen in der WHERE-Klausel anführen, was die Abfrage unübersichtlich machen würde.

Zum Verständnis, wie Datensätze verschiedener Tabellen über eine JOIN-Anweisung innerhalb einer Abfrage zusammengefasst werden können, betrachten wir das letzte Beispiel anhand von Datensätzen aus den entsprechenden Tabellen näher. Abbildung 7.2 zeigt zu diesem Zweck zunächst einen Ausschnitt aus der *Product*-Tabelle. In Abbildung 7.3 ist zum Vergleich ein Ausschnitt aus der *ProductVendor*-Tabelle dargestellt.

	ProductID	Name	ProductNumber
1	1	Adjustable Race	AR-5381
2	2	Bearing Ball	BA-8327
3	3	BB Ball Bearing	BE-2349
4	4	Headset Ball Bearings	BE-2908

Abbildung 7.2 Ausschnitt aus der Tabelle »Product«

	ProductID	BusinessEntityID	AverageLeadTime	StandardPrice
1	1	1580	17	47,87
2	2	1688	19	39,92
3	4	1650	17	54,31

Abbildung 7.3 Ausschnitt aus der Tabelle »ProductVendor«

Das Abfrageergebnis besteht aus der Kombination von Daten beider Tabellen, bei denen eine Entsprechung in der Spalte *ProductID* festgestellt wird, die also die Verknüpfungsbedingung erfüllen. Dies ist für die Datensätze mit den IDs 1, 2 und 4 der Fall. Daher werden die entsprechenden Informationen beider Tabellen in das Abfrageergebnis aufgenommen, wie Sie bei dem Vergleich mit Abbildung 7.1 feststellen können. Für den Datensatz mit der *ProductID* 3 wird keine Übereinstimmung gefunden, er wird daher im Abfrageergebnis nicht berücksichtigt.

Da zwischen der *Product*- und der *ProductVendor*-Tabelle eine 1:n-Beziehung besteht, kann in der Tabelle *ProductVendor* eine *ProductID* mehrfach eingetragen sein – eben dann, wenn ein Produkt von mehreren Händlern geliefert werden kann. In diesem Fall erzeugt jede gefundene Übereinstimmung eine weitere Zeile im Abfrageergebnis, wie das folgende Beispiel anhand der ID 319 zeigt:

Beispiel:

```
SELECT p.Name, p.ProductNumber, pv.BusinessEntityID
FROM Production.Product AS p INNER JOIN
Purchasing.ProductVendor AS pv
ON p.ProductID = pv.ProductID
WHERE p.ProductID = 319;
```

Dieses Beispiel erzeugt die in Abbildung 7.4 dargestellte Ausgabe, an der zu erkennen ist, dass das Produkt mit der Bezeichnung *HL Crankarm* von insgesamt drei Händlern geliefert werden kann.

	Name	ProductNumber	BusinessEntityID
1	HL Crankarm	CA-7457	1556
2	HL Crankarm	CA-7457	1578
3	HL Crankarm	CA-7457	1678

Abbildung 7.4 Ergebnis einer mehrfach gefundenen Übereinstimmung

7.1.3 Äußere Verknüpfung (»OUTER JOIN«)

Wie Sie im letzten Abschnitt gesehen haben, werden bei der inneren Verknüpfung die Kombinationen aus beiden Tabellen zurückgegeben, die der Verknüpfungsbedingung entsprechen – also alle Produkte, für die mindestens ein Lieferant eingetragen ist. Sollen nun Informationen zu *allen* einzelnen Produkten ausgegeben werden – unabhängig davon, ob für sie bereits ein Lieferant eingetragen wurde oder nicht –, muss eine andere JOIN-Art verwendet werden, die als *äußere Verknüpfung* oder auch *Inklusionsverknüpfung* bezeichnet wird, da sie auch Datensätze erfasst, für die keine Übereinstimmung in der Verknüpfungsbedingung gefunden wird. Diese JOIN-Art wird mit dem Oberbegriff OUTER JOIN bezeichnet. Es wird zwischen zwei verschiedenen Arten unterschieden: dem LEFT OUTER JOIN und dem RIGHT OUTER JOIN. Im Folgenden beschreiben wir die Funktionsweise von LEFT OUTER JOIN, RIGHT OUTER JOIN funktioniert analog. Die Syntax einer äußeren Verknüpfung entspricht der einer inneren Verknüpfung, nur wird statt INNER JOIN zum z. B.:

- LEFT OUTER JOIN
  für eine linke äußere Verknüpfung oder
- RIGHT OUTER JOIN
  für eine rechte äußere Verknüpfung

angegeben. Auch hier sind Abkürzungen, nämlich LEFT JOIN beziehungsweise RIGHT JOIN, zulässig.

Der Unterschied zwischen einem INNER JOIN und einem OUTER JOIN – in diesem Fall einem LEFT OUTER JOIN – kann anhand des oben behandelten Beispiels anschaulich erklärt werden. In der folgenden SELECT-Anweisung wurde – im Vergleich zum letzten Abschnitt – lediglich der INNER JOIN durch einen LEFT OUTER JOIN ersetzt:

Beispiel:

```
SELECT p.Name, p.ProductNumber, pv.BusinessEntityID
FROM Production.Product AS p LEFT OUTER JOIN
Purchasing.ProductVendor AS pv
ON p.ProductID = pv.ProductID;
```

Die ersten Zeilen des Abfrageergebnisses zeigt Abbildung 7.5.

	Name	ProductNumber	BusinessEntityID
1	Adjustable Race	AR-5381	1580
2	Bearing Ball	BA-8327	1688
3	BB Ball Bearing	BE-2349	NULL
4	Headset Ball Bearings	BE-2908	1650

Abbildung 7.5 Ergebnis von »LEFT OUTER JOIN«

Zum direkten Vergleich sehen Sie in Abbildung 7.6 noch einmal die ersten Zeilen des Ergebnisses von INNER JOIN.

	Name	ProductNumber	BusinessEntityID
1	Adjustable Race	AR-5381	1580
2	Bearing Ball	BA-8327	1688
3	Headset Ball Bearings	BE-2908	1650

Abbildung 7.6 Ergebnis von »INNER JOIN«

Wie zu erkennen ist, besteht der Unterschied zwischen dem INNER und dem LEFT OUTER JOIN in den dargestellten Abfrageergebnissen darin, dass der Artikel *BB Ball Bearing* im Ergebnis von INNER JOIN nicht enthalten, im Ergebnis von LEFT OUTER JOIN jedoch vorhanden ist. Dieser Datensatz hat also die Verknüpfungsbedingung nicht erfüllt, daher ist er im Ergebnis von INNER JOIN nicht enthalten. Der LEFT OUTER JOIN berücksichtigt jedoch alle Datensätze der Tabelle, die links des JOIN-Operators stehen – daher der Name LEFT OUTER JOIN – mindestens einmal, unabhängig davon, ob die Verknüpfungsbedingung erfüllt wurde oder nicht. Da für diesen Datensatz keine Übereinstimmung in der *ProductVendor*-Tabelle gefunden wird, wird als Wert der Spalte *BusinessEntityID*, die Bestandteil der *ProductVendor*-Tabelle ist, ein NULL-Wert ausgegeben.

7.1.4 Mehrfache »JOIN«-Anweisungen

Zwischen den Produkten und den Lieferanten besteht, wie schon erwähnt, eine m:n-Beziehung, die in der *AdventureWorks2016CTP3*-Datenbank in drei Tabellen aufgelöst wurde. Soll eine Abfrage, wie in den bisherigen Beispielen geschehen, nicht nur die *ID* eines Lieferanten, sondern detaillierte Informationen zu einem Produkt und dessen Lieferanten liefern, muss die Abfrage in diesem Beispiel drei miteinander verknüpfte Tabellen verarbeiten können. Es muss also auch möglich sein, mehr als zwei Tabellen in JOIN-Abfragen einzubinden.

Die entsprechende Technik wollen wir ausgehend von der bereits verwendeten INNER JOIN-Abfrage besprechen. Betrachten Sie dazu noch einmal das Abfrageergebnis von INNER JOIN, das in Abbildung 7.6 dargestellt ist.

Stellen Sie sich nun weiter vor, dass dies kein Abfrageergebnis, sondern eine Tabelle sei, die mit der *Vendor*-Tabelle über einen INNER JOIN verknüpft werden soll. Um die *Vendor*-Tabelle einzubinden, stünde also zwischen beiden eine INNER JOIN-Anweisung mit einer Verknüpfungsbedingung, die über die Spalte *BusinessEntityID* hergestellt würde. Auf genau diese Weise werden mehrere Tabellen in eine JOIN-Abfrage eingebunden:

Beispiel:

```
SELECT p.Name, p.ProductNumber, pv.BusinessEntityID, v.Name
FROM Production.Product AS p
INNER JOIN Purchasing.ProductVendor AS pv
ON p.ProductID = pv.ProductID
INNER JOIN purchasing.Vendor AS v
ON v.BusinessEntityID = pv.BusinessEntityID;
```

Der grau unterlegte Bereich der Abfrage soll den Teil der Abfrage symbolisieren, der zuvor als gedachte Tabelle interpretiert wurde.

Das Ergebnis dieser zweifachen JOIN-Verknüpfung ist in Abbildung 7.7 ausschnittweise dargestellt.

	Name	ProductNumber	BusinessEntityID	Name
1	Adjustable Race	AR-5381	1580	Litware, Inc.
2	Bearing Ball	BA-8327	1688	Wood Fitness
3	Headset Ball Bearings	BE-2908	1650	American Bicycles and Wheels

Abbildung 7.7 Abfrageergebnis der zweifachen »JOIN«-Anweisung

Mehrfache JOIN-Anweisungen sind selbstverständlich nicht nur mit INNER JOIN-Verknüpfungen möglich, andere JOIN-Arten können ebenfalls verwendet werden. Zur Verdeutlichung der Funktionsweise mehrfacher JOIN-Anweisungen eignet sich die INNER JOIN-Verknüpfung jedoch am besten, weshalb wir sie in diesem Beispiel verwendet haben.

7.1.5 Kreuzverknüpfung (»CROSS JOIN«)

Eine Kreuzverknüpfung – auch *kartesisches Produkt* genannt – gibt alle möglichen Kombinationen von Datensätzen der beteiligten Tabellen zurück. Das Schlüsselwort für diese Art der Verknüpfung lautet CROSS JOIN. Weil diese zurückgelieferten Informationen in keiner Weise aussagekräftig sind, da die zugrunde liegenden Datensätze einfach kombiniert werden, kann bei Verwendung von CROSS JOIN auch keine Verknüpfungsbedingung angegeben werden. Als Beispiel für die Anwendung von CROSS JOIN soll die Ermittlung aller möglichen Kombinationen von Produkten und Lieferanten stehen, unabhängig davon, ob zwischen diesen eine Beziehung besteht. Daher verwenden wir in der folgenden SELECT-Anweisung die Tabellen *Product* und *Vendor*, obwohl zwischen ihnen keine direkte Beziehung besteht:

Beispiel:

SELECT ProductID, BusinessEntityID
FROM Production.Product CROSS JOIN Purchasing.Vendor;

Das Ergebnis dieser Abfrage liefert 52.416 Ergebnisse, was sich aus dem Produkt der Datensatzanzahlen der *Produkt*- (504 Datensätze) und der *Vendor*-Tabelle (104 Datensätze) ergibt.

Der CROSS JOIN stellt sicherlich eine Ausnahme dar, was Datenbankabfragen angeht, da durch ihn Werte lediglich willkürlich kombiniert werden. Er findet jedoch in der Programmierung gelegentlich Verwendung und kann dazu dienen, eine große Anzahl von Datensätzen z. B. zu Testzwecken künstlich zu erzeugen. Mit einer mehrfachen Anwendung von CROSS JOIN, die wie bei den anderen JOIN-Arten möglich ist, lassen sich schnell mehrere Tausend bis Millionen Ergebnisse erzeugen, die auch über entsprechende Befehle, die wir bei den Datenmanipulations-Anweisungen behandeln werden, in Tabellen abgespeichert werden können, um die Leistung einer Datenbank bei stark gefüllten Tabellen zu testen.

7.1.6 Umkehrung der Funktionsweise von »INNER JOIN«

Die in Abschnitt 7.1.2 besprochene INNER JOIN-Verknüpfung liefert Daten zu allen Produkten und deren Lieferanten zurück, für die eine oder mehrere Übereinstimmungen in der Verknüpfungsbedingung gefunden werden – d. h. alle Produkte, für die mindestens ein Lieferant eingetragen ist. Es kann aber auch der umgekehrte Fall auftreten, dass eine Abfrage die Produkte ausgeben soll, für die kein Lieferant existiert. Eine solche Abfrage müsste also genau das Gegenteil von einem INNER JOIN bewirken, nämlich Daten von Produkten ausgeben, für die eben *keine* Übereinstimmung in den beiden Spalten *ProductID* der *Product*- und der *ProductVendor*-Tabelle gefunden wird. Dieses Abfrageverhalten ist auf zwei verschiedene Weisen zu erreichen: durch OUTER JOIN in Verbindung mit einem Vergleich auf NULL-Werte oder durch die Verwendung einer Unterabfrage in Kombination mit EXISTS.

»OUTER JOIN« in Verbindung mit einem Vergleich auf »NULL«-Werte

Die erste Möglichkeit stellt die Verwendung von OUTER JOIN in Kombination mit einem Vergleich auf NULL-Werte dar. Im folgenden Beispiel verwenden wir, wie weiter oben, als JOIN-Typ den LEFT OUTER JOIN; für den RIGHT OUTER JOIN gelten entsprechende Überlegungen. Wie ein Vergleich mit Abbildung 7.5 zeigt, wird bei den Datensätzen, die die Verknüpfungsbedingung nicht erfüllen, für die *BusinessEntityID* ein NULL-Wert ausgegeben. Diesen Umstand können Sie nutzen, indem Sie in einer zusätzlichen WHERE-Klausel den IS NULL-Operator anwenden:

Beispiel:

```
SELECT p.Name, p.ProductNumber, pv.BusinessEntityID
FROM Production.Product AS p LEFT OUTER JOIN
Purchasing.ProductVendor AS pv
ON p.ProductID = pv.ProductID
WHERE pv.BusinessEntityID IS NULL;
```

Die Angabe der Spalte *BusinessEntityID* in der Spaltenliste dient hier nur zur Verdeutlichung und hat keine Auswirkung auf die Funktionsweise der Abfrage; ihre Angabe in der Spaltenliste könnte daher auch entfallen.

Dieses Beispiel zeigt deutlich einen weiteren Vorteil der Verwendung des JOIN-Operators im Vergleich zu der in Abschnitt 7.1.1 verwendeten Syntax unter Verwendung einer Tabellenliste: Die Verwendung des JOIN-Operators ermöglicht es, die nach ON angegebene Verknüpfungsbedingung klar von den nach der WHERE-Klausel angegebenen Auswahlbedingungen zu trennen, was die Lesbarkeit komplexer Mehrtabellenabfragen deutlich erhöht.

Abbildung 7.8 zeigt einen Teil der Ausgabe des Beispiels.

	Name	ProductNumber	BusinessEntityID
1	BB Ball Bearing	BE-2349	NULL
2	Blade	BL-2036	NULL
3	Chain Stays	CS-2812	NULL

Abbildung 7.8 Ausgabe der Umkehrung von »INNER JOIN«

Verwendung einer Unterabfrage in Kombination mit »EXISTS«

Die zweite Möglichkeit, Produkte ohne zugeordneten Lieferanten zu finden, besteht in der Verwendung einer Unterabfrage, in der Sie über das Schlüsselwort EXISTS für jede *ProductID* der *Product*-Tabelle überprüfen, ob diese ID in der *ProductVendor*-Tabelle existiert; ist dies der Fall, wird das Produkt durch die Anwendung des NOT-Operators vom Abfrageergebnis ausgenommen:

Beispiel:

```
SELECT p.Name, p.ProductNumber
FROM Production.Product AS p
WHERE NOT EXISTS
(SELECT * FROM Purchasing.ProductVendor AS pv
WHERE p.ProductID = pv.ProductID);
```

Das Abfrageergebnis dieser Anweisung entspricht – bis auf die Angabe der Spalte *BusinessEntityID* – dem in Abbildung 7.8 dargestellten Ergebnis. Der Versuch, auch in diesem Beispiel die Spalte *BusinessEntityID* ausgeben zu lassen, resultiert in einer Fehlermeldung, da die Tabelle *ProductVendor* nicht über FROM in die Abfrage eingebunden wird und daher die Spalte *BusinessEntityID* in der Spaltenliste nicht ansprechbar ist!

7.2 Abfragen unter Verwendung mehrerer Server

In der Regel werden Abfragen auf Tabellen einer einzigen Datenbank gestellt. Es kann aber durchaus der Fall eintreten, dass eine Abfrage Daten aus mehreren Datenbanken eines Servers oder sogar aus Datenbanken auswerten muss, die auf verschiedenen Servern laufen. Die Voraussetzungen dafür behandeln wir in den folgenden Abschnitten.

7.2.1 Vollgekennzeichnete (vollqualifizierte) Namen

In den bisher besprochenen Beispielen haben wir eine Tabelle immer in der Form *schemaname.tabellenname* angesprochen. Eine Tabelle der Beispieldatenbank *Ad-*

ventureWorks2016CTP3 konnte somit eindeutig angesprochen werden. Dies war möglich, weil sich die Abfragen immer nur auf eine einzelne Datenbank bezogen, die auf dem lokalen Server vorhanden war. Soll eine Abfrage Tabellen aus anderen Datenbanken, eventuell auch auf anderen Servern, einbeziehen, ist diese Kennzeichnung nicht mehr ausreichend. Zu diesem Zweck besitzt jedes Datenbankobjekt einen *vollgekennzeichneten Namen*, auch *vollqualifizierter Name* genannt, der sich aus vier Elementen zusammensetzt:

- Server
- Datenbank
- Schema
- Objekt

Bei Verwendung des vollgekennzeichneten Namens werden die vier Elemente durch Punkte getrennt angegeben:

`server.datenbank.schema.objekt`

In den bisherigen Abfragen wurde allerdings nie dieser vollgekennzeichnete Name verwendet. Der Server- und der Datenbankname wurden nie erwähnt, daher muss es auch möglich sein, auf bestimmte Teile des vollgekennzeichneten Namens zu verzichten. In der Tat wurden die fehlenden Angaben zum Server- und Datenbanknamen durch den aktuellen Kontext ermittelt, es wurden also der lokale Server und die aktuelle Datenbank verwendet. Eine Verwendung des vollgekennzeichneten Namens ist z. B. dann notwendig, wenn ein Zugriff – wie im folgenden Abschnitt beschrieben – auf andere Server erfolgen soll.

7.2.2 Einrichtung eines Verbindungsservers

Um Daten von einem anderen Server in Abfragen zu verwenden, ist es notwendig, sich an dem jeweiligen Server anmelden zu können. SQL Server stellt dazu verschiedene Methoden bereit. Muss der Zugriff auf eine Datenbank eines anderen Servers häufig erfolgen, empfiehlt es sich, diesen Server als sogenannten *Verbindungsserver* zu registrieren, da in diesem Fall eine aufwendige Anmeldung am jeweiligen Server entfällt, falls das Konto, unter dem der Verbindungsserver eingerichtet werden soll, in dem jeweiligen Verbindungsserver bereits registriert ist. Bei diesem Server muss es sich nicht zwangsläufig um einen Microsoft SQL Server handeln. Als Verbindungsserver können Sie auch andere Programme wie Access und Oracle, aber auch Excel einrichten. Handelt es sich dabei aber um einen SQL Server, ist die Registrierung über den Aufruf der Prozedur `sp_addlinkedserver` jedoch besonders einfach:

Syntax:

EXECUTE sp_addlinkedserver *servername, datenquelle*

Der erste Parameter gibt dabei den Servernamen an und der zweite die Datenquelle, also das Programm, das als Server registriert werden soll. Handelt es sich dabei ebenfalls um einen SQL Server, geben Sie als Datenquelle einfach `'SQL Server'` an, wie das folgende Beispiel zeigt:

Beispiel:

EXECUTE sp_addlinkedserver 'DB_Server', 'SQL Server'

Zu beachten ist, dass sowohl der Servername – in diesem Beispiel als DB_Server angenommen – als auch die Datenquelle in Hochkommas eingeschlossen werden müssen.

Die Einrichtung eines Verbindungsservers – wie im Beispiel gezeigt – ist dann besonders einfach, wenn es sich bei diesem ebenfalls um einen SQL Server handelt. Bei der Herstellung einer Verbindung mit anderen Servertypen sind u. U. zusätzliche Argumente erforderlich. Einzelheiten dazu finden Sie in der SQL-Server-Dokumentation unter dem Stichwort *sp_addlinkedserver*.

Kapitel 8
Erstellen und Ändern von Datenbanken

Dieses Kapitel behandelt diejenigen SQL-Befehle, die zum Erstellen und späteren Ändern von Datenbanken und deren Eigenschaften notwendig sind.

Wie wir zu Beginn von Kapitel 5, »Grundlegende Abfragetechniken«, bereits erwähnt haben, bietet SQL nicht nur Anweisungen zur Definition von Abfragen, sondern auch eine Gruppe von Befehlen zum Erstellen und Verändern von Datenbankobjekten – wie beispielsweise Tabellen –, aber auch von Datenbanken selbst.

8.1 Erstellen einer einfachen Datenbank

Zum Erstellen einer Datenbank dient die CREATE DATABASE-Anweisung. Dieser Befehl erlaubt über die Angabe einer Vielzahl möglicher Parameter die genaue Spezifizierung der späteren Datenbank. Er kann in seiner einfachsten Form aber auch mit nur einem Parameter, nämlich dem Datenbanknamen, aufgerufen werden:

Syntax:

CREATE DATABASE *datenbankname*;

Beispiel:

CREATE DATABASE TestDB;

Durch dieses Beispiel wird eine Datenbank namens *TestDB* unter Verwendung von Standardeinstellungen erstellt, auf die wir im nächsten Abschnitt näher eingehen werden. Abbildung 8.1 zeigt die Darstellung der neu erstellten Datenbank im Objektkatalog.

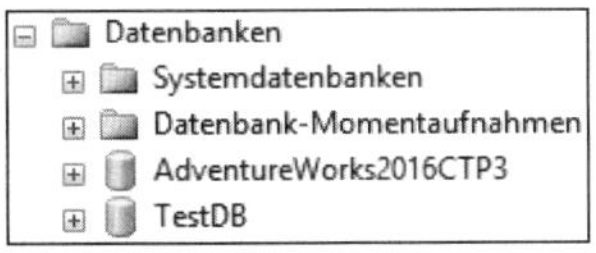

Abbildung 8.1 Die neu erstellte Datenbank »TestDB«

Falls das Beispiel fehlerfrei ausgeführt wurde, die Datenbank aber nicht im Objektkatalog angezeigt wird, rufen Sie bitte das Kontextmenü des Ordners DATENBANKEN auf und wählen den Menüpunkt AKTUALISIEREN aus. Die Datenbank sollte dann im Objektkatalog angezeigt werden.

Da die Parameter der CREATE DATABASE-Anweisung eine starke Auswirkung auf das spätere Verhalten und die Leistung der Datenbank haben können, wird eine Datenbank selten unter Auslassung dieser Parameter und damit unter Verwendung von Standardwerten erstellt. Oftmals wird daher die folgende Syntax verwendet:

Syntax:

```
CREATE DATABASE datenbankname
ON PRIMARY
(
 NAME = logischer dateiname,
 FILENAME = physischer dateiname,
 SIZE = anfangsgröße,
 MAXSIZE = maximalgröße,
 FILEGROWTH = vergrößerungsschrittweite
)
LOG ON
(
 NAME = logischer dateiname,
 FILENAME = physischer dateiname,
 SIZE = anfangsgröße,
 MAXSIZE = maximalgröße,
 FILEGROWTH = vergrößerungsschrittweite
);
```

In der ersten Zeile der Anweisung wird wiederum der Name der zu erstellenden Datenbank angegeben. Er muss den Regeln für Bezeichner in SQL Server (siehe Kapitel 5, »Grundlegende Abfragetechniken«) entsprechen und innerhalb des Datenbankservers eindeutig sein.

Eine Datenbank besteht in SQL Server aus *mindestens* zwei Dateien: der *primären Datendatei* und der *Protokolldatei*, wie in Abbildung 8.2 dargestellt.

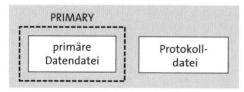

Abbildung 8.2 Minimaler Aufbau einer Datenbank in SQL Server

Neben der primären Datendatei, die nur einmal innerhalb einer Datenbank existiert, können weitere Datendateien und weitere Protokolldateien vorhanden sein.

Datendateien

Datendateien dienen als Speicherort für benutzerdefinierte Datenbankobjekte, wie beispielsweise Tabellen. Die primäre Datendatei einer Datenbank enthält außerdem Systeminformationen über die jeweilige Datenbank. Datendateien werden in Dateigruppen abgelegt, auf die wir im späteren Verlauf des Kapitels noch näher eingehen werden. In jeder Datenbank existiert mindestens eine Dateigruppe, die die Bezeichnung PRIMARY trägt und die primäre Datendatei enthält. Neben der primären Datendatei kann eine Datenbank über weitere Datendateien verfügen. Diese werden als *sekundäre Datendateien* bezeichnet.

Protokolldateien

Während die Datendateien also als eigentlicher Speicher der Datenbank dienen, haben Protokolldateien eine andere Aufgabe. Wie ihr Name bereits andeutet, wird in ihnen protokolliert, welche Änderungen beispielsweise am Datenbestand der Datenbank vorgenommen wurden, um Daten im Fehlerfall wiederherstellen zu können. Besondere Bedeutung hat diese Dateiart im Zusammenhang mit Transaktionen, weshalb sie vollständigerweise auch als *Transaktionsprotokolldatei* bezeichnet wird. Protokolldateien sind – wie in Abbildung 8.2 gezeigt – keiner Dateigruppe zugeordnet.

Diese Einteilung in Daten- und Protokolldatei spiegelt sich in der oben angegebenen Syntax durch die Aufteilung in zwei Blöcke wider. Der erste Block dient dabei der Definition der Datendatei, der zweite Block der Definition der Protokolldatei.

Der erste Block beginnt mit der Angabe von ON PRIMARY. ON ist dabei das formale Kennzeichen, dass anschließend die Definition einer Datendatei erfolgt. PRIMARY bezeichnet die Dateigruppe. Die nachfolgend definierte Datei wird in der Dateigruppe PRIMARY angelegt und stellt die primäre Datendatei der Datenbank dar.

Im zweiten Block erfolgt die Definition der Protokolldatei. Dieser Block wird daher mit LOG ON eingeleitet.

Die innerhalb der Blöcke verwendeten Parameter können in beliebiger Reihenfolge angegeben werden. Sie haben die folgenden Bedeutungen:

- NAME
  Gibt den logischen Dateinamen an, unter dem die Datei in SQL Server verwaltet und unter dem sie in SQL-Befehlen angesprochen wird. Dieser Name stellt quasi ein Alias oder Kürzel für die Pfadangabe und den Dateinamen des tatsächlichen, physischen Speicherortes der jeweiligen Datei dar.

▶ FILENAME

Gibt den eben erwähnten physischen Dateinamen an. Die Angabe umfasst die Pfadangabe und den Namen der jeweiligen Datei, wobei der angegebene Pfad bereits existieren und der Parameter FILENAME als Zeichenkette – also in Hochkommas eingeschlossen – angegeben werden muss. Der logische und der Dateiname können, müssen aber nicht identisch sein. Häufig werden Datendateien mit dem Datenbanknamen und dem Zusatz *data*, Protokolldateien mit dem Datenbanknamen und dem Zusatz *log* benannt. Den Standardspeicherort der Datenbankdateien können Sie sich im Windows-Explorer unter dem Pfad *C:\Program Files\ Microsoft SQL Server\MSSQL13.MSSQLSERVER\MSSQL\DATA* anzeigen lassen. Den Inhalt dieses Ordners zeigt Abbildung 8.3.

Abbildung 8.3 Datenbankdateien im Standardspeicherort von SQL Server

> **Hinweis**
>
> Falls Sie bereits mit früheren Versionen von SQL Server gearbeitet haben, beachten Sie bitte, dass sich der Standardspeicherpfad in SQL Server 2016 erneut geändert hat. Er lautet nun: *C:\Programme\Microsoft SQL Server\MSSQL13.MSSQLSERVER\ MSSQL\DATA* bzw. – je nach dem von Ihnen verwendeten Betriebssystem – *C:\Program Files\Microsoft SQL Server\MSSQL13.MSSQLSERVER\MSSQL\DATA*.

Für die Angabe des Dateityps der einzelnen Dateitypen gelten die folgenden Konventionen:

- primäre Datendatei: *mdf*
- sekundäre Datendatei(en): *ndf*
- Protokolldatei(en): *ldf*

- SIZE

  Über den Parameter SIZE geben Sie die Anfangsgröße an, also den anfänglich zu reservierenden Speicherplatz der zu erzeugenden Datei. Für alle absoluten Größenangaben wie diese gilt in der CREATE DATABASE-Anweisung, dass als Einheiten KB (Kilobyte), MB (Megabyte), GB (Gigabyte) und TB (Terabyte) verwendet werden können. Als Größenangabe sind nur ganze Zahlen zulässig. Geben Sie keine Einheit an, wird die angegebene Zahl als Wert in Megabyte interpretiert. Die Größe einer Datendatei muss mindestens der Größe der Datendatei *model*-Datenbank (2.240 KB) entsprechen.

- MAXSIZE

  Durch den Parameter MAXSIZE bestimmen Sie die maximale Größe, bis zu der die Datei vergrößert werden darf. Neben einer Größenangabe ist auch die Angabe von UNLIMITED möglich, was bewirkt, dass für die Datei keine Größenbeschränkung existiert.

> **Achtung**
>
> Eine in ihrer Größe nicht beschränkte Datei kann u. U. den gesamten verfügbaren Speicherplatz auf dem Datenträger belegen!

- FILEGROWTH

  Im laufenden Betrieb einer Datenbank kann der Fall eintreten, dass die aktuelle Größe einer Datenbankdatei erschöpft ist, die Datei also durch Zuweisung von zusätzlichem Speicherplatz vergrößert werden muss. Über den Parameter FILEGROWTH legen Sie die Schrittweite einer solchen Dateivergrößerung fest. Neben einer absoluten Schrittweite, also z. B. 1MB, ist an dieser Stelle auch eine relative Angabe wie z. B. 10 % zulässig. Ob Sie eine absolute oder eine relative Dateivergrößerung wählen, hängt nicht unerheblich von dem zukünftig zu erwartenden Datenvolumen ab. Jede Dateivergrößerung bedeutet eine zusätzliche Belastung des Servers durch die Bereitstellung neuen Speicherplatzes. Die Anzahl der Dateivergrößerungen sollten Sie daher möglichst minimieren. Für Datenbanken, deren Datenbestand nur geringen Änderungen unterliegt, ist daher eine absolute Angabe der Schrittweite vorteilhaft. Ausgehend von der Anfangsgröße der Datei – in Abbildung 8.4 durch das farblich hervorgehobene Feld dargestellt –, wird dieser bei jeder Vergrößerung ein konstanter Wert an zusätzlichem Speicherplatz zugewiesen, was einen linearen Anstieg der Dateigröße bewirkt.

Die Angabe einer absoluten Schrittweite ist dann von Vorteil, wenn eine Datei nur relativ selten vergrößert werden muss. Die Größe der Schrittweite müssen Sie anhand praktischer Werte abschätzen. Ein zu klein gewählter Wert kann zu häufigem Auftreten von Dateivergrößerungen führen, ein zu groß gewählter beansprucht u. U. unnötig viel Speicherplatz.

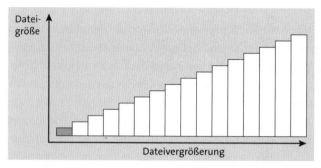

Abbildung 8.4 Dateivergrößerung bei Verwendung eines absoluten Werts für »FILEGROWTH«

Ist zu erwarten, dass der Speicherbedarf einer Datei ständig größer wird, ist in der Regel eine prozentuale Angabe der Dateivergrößerung vorteilhaft. Da bei einer Dateivergrößerung immer von der aktuellen Größe der Datei ausgegangen wird, bewirkt eine prozentuale Angabe eine exponenzielle Vergrößerung der Datei, wie in Abbildung 8.5 dargestellt. Dies führt – bei konstanter Zunahme des Speicherbedarfs – im Laufe der Zeit zu immer seltener auftretenden Dateivergrößerungen, da die Schrittweite bei jeder Vergrößerung anwächst. Nachteilig an dieser Methode kann daher sein, dass eine zukünftige Dateivergrößerung möglicherweise unerwartet groß ausfällt, falls die Datenbank uneingeschränkt vergrößerbar ist.

Soll keine Dateivergrößerung erfolgen können, geben Sie 0 als Wert für FILEGROWTH an.

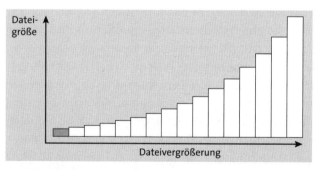

Abbildung 8.5 Dateivergrößerung bei Verwendung eines prozentualen Werts für »FILEGROWTH«

> **Achtung**
>
> Die Angabe von 0 als Schrittweite kann im Fall einer Datendatei dazu führen, dass in diese keine Datensätze mehr eingetragen werden können. Ist der Speicherplatz einer Protokolldatei erschöpft, hat dies noch weiter reichende Auswirkungen: Da jede Änderung an Daten im Protokoll vermerkt wird, können in diesem Fall auch keine Daten mehr gelöscht werden!

Das folgende Beispiel zeigt die Definition einer Datenbank, deren Datendatei mit einer Anfangsgröße von 5 MB erstellt wird. Die Vergrößerungsschrittweite beträgt 10 %, und die maximale Größe ist auf 10 MB beschränkt. Die Protokolldatei ist anfänglich 2 MB groß, kann auf bis zu 7 MB anwachsen und vergrößert sich in Schrittweiten von 1 MB.

Beispiel:

```
CREATE DATABASE GalileoDB
ON PRIMARY
(
NAME = Galileo_data,
FILENAME = 'C:\Program Files\Microsoft SQL Server\
MSSQL13.MSSQLSERVER\MSSQL\DATA\Galileo01.mdf',
SIZE = 5MB,
MAXSIZE = 10MB,
FILEGROWTH = 10%
)
LOG ON
(
NAME = Galileo_log,
FILENAME = 'C:\Program Files\Microsoft SQL Server\
MSSQL13.MSSQLSERVER\MSSQL\DATA\Galileo.ldf',
SIZE = 2MB,
MAXSIZE = 7MB,
FILEGROWTH = 1MB
);
```

> **Achtung**
> Die Umbrüche in den Pfadangaben des Parameters FILENAME sind drucktechnisch bedingt und dürfen im Management Studio nicht eingegeben werden. Schreiben Sie den Dateipfad daher bitte in eine Zeile, und tauschen Sie gegebenenfalls den Teilpfad Program Files durch Programme aus.

Beachten Sie außerdem, dass keine gleich benannten physischen Dateien in dem Zielverzeichnis existieren dürfen und dass es sich bei der Angabe der Parameter um eine Auflistung handelt, diese also durch Kommas zu trennen sind. Diese beiden Aspekte stellen eine häufige Quelle von Fehlermeldungen im Umgang mit der CREATE DATABASE-Anweisung dar.

Details zu der gerade erstellten Datenbank erhalten Sie, indem Sie die gespeicherte Prozedur sp_helpdb unter Angabe des Datenbanknamens aufrufen:

Beispiel:

```
EXECUTE sp_helpdb 'GalileoDB';
```

Ein Teil der Ausgabe dieser gespeicherten Prozedur ist in Abbildung 8.6 wiedergegeben.

Abbildung 8.6 Ein Teil der Augabe von »sp_helpdb«

In Abbildung 8.6 können Sie neben den Angaben zu den anderen Dateieigenschaften in der Spalte USAGE ablesen, ob es sich bei der betreffenden Datei um eine Daten- oder eine Protokolldatei handelt. Die Spalte FILEGROUP zeigt außerdem anschaulich, dass die Datendatei in der Dateigruppe PRIMARY erstellt wurde, die Protokolldatei hingegen keiner Dateigruppe zugeordnet wurde.

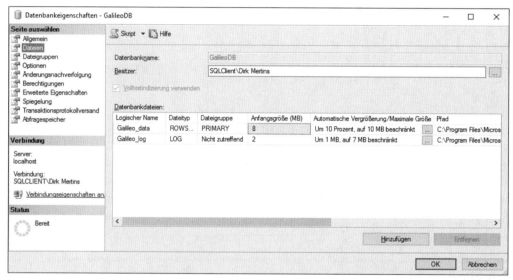

Abbildung 8.7 Die Eigenschaften der Datenbankdateien im Management Studio

Eine entsprechende grafische Ausgabe erreichen Sie im Management Studio über den Eintrag EIGENSCHAFTEN des Kontextmenüs der jeweiligen Datenbank und die Auswahl der Seite DATEIEN (siehe Abbildung 8.7).

8.2 Einfluss der »model«-Datenbank auf das Erstellen neuer Datenbanken

Für jede neu erstellte Datenbank in SQL Server gilt, dass als Vorlage die *model*-Datenbank verwendet wird. Das heißt, eine neue Datenbank wird zunächst als Kopie dieser Datenbank mit allen ihren Eigenschaften und vorhandenen Objekten erstellt.

Falls die *model*-Datenbank z. B. eine benutzerdefinierte Tabelle enthält, wird diese Tabelle also in allen neu erzeugten Datenbanken des Servers ebenfalls vorhanden sein. Wie im letzten Abschnitt gezeigt, können Sie die CREATE DATABASE-Anweisung mit einer Vielzahl von Parametern aufrufen, aber auch lediglich unter Angabe des Datenbanknamens. In diesem Fall werden die im folgenden Überblick beschriebenen Standardwerte verwendet, die teilweise aus den Eigenschaften der *model*-Datenbank hergeleitet werden:

- NAME

  Die Datendatei erhält als logischen Namen den Namen der Datenbank. Der logische Name der Protokolldatei wird in der Form *datenbankname_log* gebildet.

- FILENAME

  Als Standardspeicherpfad wird der oben bereits angegebene Pfad verwendet. Die Dateinamen entsprechen den logischen Dateinamen mit den Dateiendungen *mdf* bzw. *ldf*.

- SIZE

  Da die Datendatei eine Kopie der *model*-Datendatei darstellt, entsprechen sich ihre Größen. Die Standardgröße der *model*-Datendatei beträgt 2.240 KB, was also den Standardwert – sofern die *model*-Datendatei nicht in ihrer Größe verändert wurde – einer Datendatei in einer neu erstellten Datenbank darstellt. Der Standardwert einer Protokolldatei beträgt 560 KB.

- MAXSIZE

  MAXSIZE wird standardmäßig auf UNLIMITED – also unbeschränkt vergrößerbar – gesetzt. Beim Aufruf von sp_helpdb wird für eine Protokolldatei gelegentlich auch die Größe 2147483648KB angegeben, was der maximalen Größe einer Protokolldatei (2 TB) in SQL Server entspricht.

- FILEGROWTH

  Die Standarddateivergrößerung beträgt für Datendateien 1 MB, für Protokolldateien 10 Prozent.

Diese Standardwerte gelten beim oben erwähnten Aufruf der CREATE DATABASE-Anweisung ohne Parameter. Verwenden Sie die CREATE DATABASE-Anweisung mit Definition von Dateien, *müssen* Sie die Parameter NAME und FILENAME angeben. Die Parameter SIZE, MAXSIZE und FILEGROWTH sind optional. Die Standardwerte der optionalen Parameter weichen in diesem Fall von den oben angegebenen in einigen Punkten ab; so kann die Größe der Protokolldatei in diesem Fall von der Größe der Datendatei abhängen.

Das Erstellen einer Datenbank kann – gerade wenn ihr sehr viel Speicherplatz zugewiesen wurde – einige Zeit in Anspruch nehmen, da während der Ausführung von CREATE DATABASE innerhalb der Dateien die internen Speicherstrukturen angelegt werden.

8.3 Löschen von Datenbanken

Eine Datenbank wird durch die DROP DATABASE-Anweisung gelöscht.

Syntax:

```
DROP DATABASE datenbankname;
```

Beispiel:

```
DROP DATABASE TestDB;
```

Dieses Beispiel löscht die Datenbank *TestDB* vom Server. Anstatt einen einzelnen Datenbanknamen anzugeben, haben Sie auch hier die Möglichkeit, mehrere Datenbanken auf einmal zu löschen, indem Sie die Datenbanknamen durch Kommas getrennt als Liste angeben. Beachten Sie bitte, dass keine Datenbank gelöscht werden kann, die gerade verwendet wird. Eine Datenbank gilt bereits dann als verwendet, wenn sie beispielsweise im Management Studio als aktuelle Datenbank ausgewählt ist.

> **Achtung**
> Beachten Sie bitte außerdem, dass das Löschen einer Datenbank durch DROP DATABASE ohne Rückfrage erfolgt!

Im Management Studio können Sie eine Datenbank auch über den Menüpunkt LÖSCHEN des Kontextmenüs der Datenbank löschen.

8.4 Erstellen einer Datenbank mit mehreren Dateien

Wie eingangs erwähnt, besteht eine Datenbank in SQL Server mindestens aus der primären Datendatei und einer Protokolldatei. Eine Datenbank unter SQL Server kann aber auch mit mehreren Daten- bzw. Protokolldateien erstellt werden, wie wir im Folgenden zeigen werden, wobei sich die Beschreibung auf die Datendateien beschränkt; für Protokolldateien gilt Entsprechendes.

Soll eine Datenbank über mehr als eine Datendatei verfügen, weil z. B. der verfügbare Speicherplatz auf dem Datenträger, der die primäre Datendatei aufnehmen soll, fast erschöpft ist, können Sie zusätzliche, sekundäre Datendateien im Zuge der CREATE DATABASE-Anweisung angeben. Sie werden im Anschluss an die Definition der primären Datendatei definiert.

Syntax:

```
CREATE DATABASE datenbankname
ON PRIMARY
(
```

```
  NAME = logischer dateiname,
  FILENAME = physischer dateiname,
  SIZE = anfangsgröße,
  MAXSIZE = maximalgröße,
  FILEGROWTH = vergrößerungsschrittweite
),
(
  NAME = logischer dateiname,
  FILENAME = physischer dateiname,
  SIZE = anfangsgröße,
  MAXSIZE = maximalgröße,
  FILEGROWTH = vergrößerungsschrittweite
)
LOG ON
(
  NAME = logischer dateiname,
  FILENAME = physischer dateiname,
  SIZE = anfangsgröße,
  MAXSIZE = maximalgröße,
  FILEGROWTH = vergrößerungsschrittweite
);
```

Der grau unterlegte Teil kennzeichnet dabei die Definition der sekundären Datendatei, die genauso wie die primäre Datendatei definiert wird. Da es sich hierbei wieder um eine Aufzählung – in diesem Fall von Dateien – handelt, dürfen Sie nicht das Komma nach der schließenden Klammer am Ende der Definition der primären Datei vergessen. Das folgende Beispiel legt die Datenbank *GalileoDB* mit einer zusätzlichen Datendatei unter dem logischen Namen *Galileo_data1* an. Ihre Eigenschaften stimmen mit denen der primären Datendatei überein, sie wird aber im Hauptverzeichnis des Laufwerks *D* unter dem Dateinamen *Galileo1.nfd* angelegt.

Falls Ihr Rechner über kein Laufwerk *D* verfügt, können Sie natürlich auch einen zulässigen Pfad auf Laufwerk *C* angeben.

Beispiel:

```
CREATE DATABASE GalileoDB
ON PRIMARY
(
NAME = Galileo_data,
FILENAME = 'C:\Program Files\Microsoft SQL Server\
MSSQL13.MSSQLSERVER\MSSQL\DATA\Galileo.mdf',
SIZE = 5MB,
MAXSIZE = 10MB,
```

```
FILEGROWTH = 10%
),
(
NAME = Galileo_data1,
FILENAME = 'D:\Galileo1.ndf',
SIZE = 5MB,
MAXSIZE = 10MB,
FILEGROWTH = 10%
)
LOG ON
(
NAME = Galileo_log,
FILENAME = 'C:\Program Files\Microsoft SQL Server\
MSSQL13.MSSQLSERVER\MSSQL\DATA\Galileo.ldf',
SIZE = 2MB,
MAXSIZE = 7MB,
FILEGROWTH = 1MB
);
```

Die Definition der sekundären Datendatei wird auch in diesem Beispiel durch den grau unterlegten Block gekennzeichnet. Der Aufruf von sp_helpdb liefert nach Ausführung des Beispiels die in Abbildung 8.8 ausschnittsweise dargestellte Ausgabe.

	name	fileid	filename	filegroup	size	maxsize	growth	usage
1	Galileo_data	1	C:\Program Files\Microsoft SQL Server\MSSQL13.MSS...	PRIMARY	8192 KB	10240 KB	10%	data only
2	Galileo_log	2	C:\Program Files\Microsoft SQL Server\MSSQL13.MSS...	NULL	2048 KB	7168 KB	1024 KB	log only
3	Galileo_data1	3	D:\Galileo1.ndf		PRIMARY	5120 KB	10240 KB	10%	data only

Abbildung 8.8 Ein Teil der Ausgabe von »sp_helpdb« mit zusätzlicher Datendatei

Die sekundäre Datendatei *Galileo1* wurde also offensichtlich als weitere Datei der primären Dateigruppe zugeordnet, sodass sich die Datenbank nun in der in Abbildung 8.9 dargestellten Form befindet.

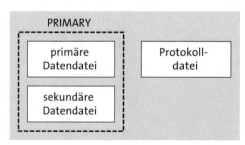

Abbildung 8.9 Die Datenbankstruktur mit sekundärer Datendatei in der »PRIMARY«-Dateigruppe

Würde in dieser Datenbank nun eine Tabelle erstellt und mit Daten gefüllt, würden die Daten gleichmäßig über beide Datendateien hinweg aufgeteilt. Dies würde bedeuten, dass sich der Tabelleninhalt je zur Hälfte in der primären und in der sekundären Datendatei befände.

8.5 Nachträgliche Änderungen an Datenbankdateien

Eine Datei kann einer Datenbank nicht nur zum Zeitpunkt der Erstellung, sondern auch nachträglich hinzugefügt werden. Die Anweisungen zur Änderung einer Datenbank werden mit ALTER DATABASE eingeleitet.

8.5.1 Dateien hinzufügen

Soll einer Datenbank nachträglich eine sekundäre Datendatei hinzugefügt werden, geschieht dies recht ähnlich wie beim Anlegen einer Datenbank. Da in diesem Fall eine existierende Datenbank geändert werden soll, verwenden Sie statt der CREATE DATABASE-Anweisung die ALTER DATABASE-Anweisung mit dem Zusatz ADD FILE:

Syntax:

```
ALTER DATABASE datenbankname
ADD FILE
(
 NAME = logischer dateiname,
 FILENAME = physischer dateiname,
 SIZE = anfangsgröße,
 MAXSIZE = maximalgröße,
 FILEGROWTH = vergrößerungsschrittweite
);
```

Soll also der *GalileoDB*-Datenbank eine weitere Datendatei auf Laufwerk *D* hinzugefügt werden, kann dies wie folgt geschehen:

Beispiel:

```
ALTER DATABASE GalileoDB
ADD FILE
(
    NAME = Galileo_data2,
    FILENAME = 'D:\Galileo2.ndf',
    SIZE = 5MB,
    MAXSIZE = 10MB,
    FILEGROWTH = 10%
);
```

Die Prozedur `sp_helpdb` liefert zu den Dateien der Datenbank die Ausgabe aus Abbildung 8.10.

	name	fileid	filename	filegroup	size	maxsize	growth	usage
1	Galileo_data	1	C:\Program Files\Microsoft SQL Server\MSSQL13.MSS...	PRIMARY	8192 KB	10240 KB	10%	data only
2	Galileo_log	2	C:\Program Files\Microsoft SQL Server\MSSQL13.MSS...	NULL	2048 KB	7168 KB	1024 KB	log only
3	Galileo_data1	3	D:\Galileo1.ndf	PRIMARY	5120 KB	10240 KB	10%	data only
4	Galileo_data2	4	D:\Galileo2.ndf	PRIMARY	5120 KB	10240 KB	10%	data only

Abbildung 8.10 Teil der Ausgabe von »sp_helpdb« mit nachträglich hinzugefügter Datei in der »PRIMARY«-Dateigruppe

Der Aufbau der Datenbank entspricht also dem in Abbildung 8.11 dargestellten Zustand mit einer primären und zwei sekundären Datendateien.

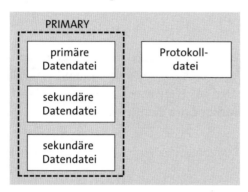

Abbildung 8.11 Datenbankaufbau mit einer primären und zwei sekundären Dateien und der Dateigruppe »PRIMARY«

8.5.2 Dateieigenschaften ändern

Eigenschaften von Dateien können auch nachträglich verändert werden. Auch dies geschieht über die Anweisung ALTER DATABASE, in diesem Fall mit dem Zusatz MODIFY FILE. Die Syntax dieser Anweisung lautet:

Syntax:

```
ALTER DATABASE datenbankname
MODIFY FILE
(
 NAME = logischer dateiname,
 option = neuer wert
);
```

Beispiel:

```
ALTER DATABASE GalileoDB
MODIFY FILE
```

```
(
NAME = Galileo_data2,
SIZE = 10MB
);
```

Durch dieses Beispiel wird die Dateigröße der sekundären Datendatei *Galileo_data2* auf 10 MB vergrößert, wie in Abbildung 8.12 gezeigt.

	name	fileid	filename	filegroup	size	maxsize	growth	usage
1	Galileo_data	1	C:\Program Files\Microsoft SQL Server\MSSQL13.MSS...	PRIMARY	8192 KB	10240 KB	10%	data only
2	Galileo_log	2	C:\Program Files\Microsoft SQL Server\MSSQL13.MSS...	NULL	2048 KB	7168 KB	1024 KB	log only
3	Galileo_data1	3	D:\Galileo1.ndf	PRIMARY	5120 KB	10240 KB	10%	data only
4	Galileo_data2	4	D:\Galileo2.ndf	PRIMARY	10240 KB	10240 KB	10%	data only

Abbildung 8.12 Teil der Ausgabe von »sp_helpdb« nach Vergrößerung der zweiten sekundären Datendatei auf 10 MB

Beachten Sie beim Verwenden dieser Anweisung bitte die folgenden Punkte:

- Der logische Dateiname, also der Parameter NAME, der zu ändernden Datei muss angegeben werden.
- Die Größe einer Datei kann mittels MODIFY nicht verringert werden. Geben Sie also den Parameter SIZE an, muss die neue Größe die aktuelle Größe der Datei übersteigen.

8.5.3 Dateien löschen

Das Löschen von leeren Dateien erfolgt ebenfalls über die ALTER DATABASE-Anweisung, und zwar in der folgenden Form:

Syntax:

```
ALTER DATABASE datenbankname
REMOVE FILE logischer dateiname;
```

Das folgende Beispiel entfernt die zweite sekundäre Datendatei aus der Datenbank:

Beispiel:

```
ALTER DATABASE GalileoDB
REMOVE FILE Galileo_data2;
```

8.6 Erstellen einer Datenbank mit mehreren Dateigruppen

Wie wir bereits erwähnt haben, verfügt jede Datenbank in SQL Server über *mindestens* eine Dateigruppe, die die Bezeichnung PRIMARY trägt. Genau wie eine Dateigruppe mehrere Dateien enthalten kann, kann eine Datenbank selbst aus mehreren

Dateigruppen bestehen, in denen jeweils eine oder mehrere Dateien in einer logischen Gruppierung zusammengefasst sind.

Die Verwendung von Dateigruppen kann mehrere Gründe haben. Im Falle sehr umfangreicher Datenbanken können Dateigruppen dazu dienen, während einer Datenbanksicherung nur einen Teil der Daten zu sichern. Dateigruppen erfüllen in SQL Server einen weiteren, für die praktische Arbeit mit einer Datenbank sehr wichtigen Zweck: Über sie kann – wie wir in Kapitel 9, »Erstellen von Tabellen«, zeigen werden – der physische Speicherort von Datenbankobjekten bestimmt werden.

Das Hinzufügen einer zusätzlichen Dateigruppe erfolgt im Anschluss an die Definitionen der ersten Dateigruppe durch das Schlüsselwort FILEGROUP und die Angabe des Dateigruppennamens. Die Definition der Dateien der zusätzlichen Dateigruppe erfolgt analog zu dem bekannten Vorgehen in der primären Dateigruppe.

In der folgenden Syntax ist die Definition der zweiten Dateigruppe grau unterlegt dargestellt; in beiden Dateigruppen wird der Übersichtlichkeit halber jeweils nur eine Dateidefinition angegeben:

Syntax:

```
CREATE DATABASE datenbankname
ON
PRIMARY
(
 NAME = logischer dateiname,
 FILENAME = physischer dateiname,
 SIZE = anfangsgröße,
 MAXSIZE = maximalgröße,
 FILEGROWTH = vergrößerungsschrittweite
),
FILEGROUP dateigruppenname
(
NAME = logischer dateiname,
FILENAME = physischer dateiname,
SIZE = anfangsgröße,
MAXSIZE = maximalgröße,
FILEGROWTH = vergrößerungsschrittweite
)
LOG ON
(
 NAME = logischer dateiname,
 FILENAME = physischer dateiname,
 SIZE = anfangsgröße,
```

```
MAXSIZE = maximalgröße,
FILEGROWTH = vergrößerungsschrittweite
);
```

Beachten Sie bitte, dass die vor FILEGROUP stehende Dateidefinition mit einem Komma abgeschlossen werden muss.

Das folgende Beispiel orientiert sich an dem bereits verwendeten Beispiel. Es legt jedoch eine weitere Dateigruppe – namens SECONDARY – an, in der eine sekundäre Datendatei erstellt wird.

Falls Sie das Beispiel ausführen wollen, löschen Sie bitte zuerst die im Beispiel weiter oben erstellte Datenbank gleichen Namens.

Beispiel:

```
CREATE DATABASE GalileoDB
ON PRIMARY
(
NAME = Galileo_data,
FILENAME = 'C:\Program Files\Microsoft SQL Server\
MSSQL13.MSSQLSERVER\MSSQL\DATA\Galileo.mdf',
SIZE = 5MB,
MAXSIZE = 10MB,
FILEGROWTH = 10%
),
(
NAME = Galileo_data1,
FILENAME = 'D:\Galileo1.ndf',
SIZE = 5MB,
MAXSIZE = 10MB,
FILEGROWTH = 10%
),
FILEGROUP SECONDARY
(
NAME = Galileo_data2,
FILENAME = 'D:\Galileo2.ndf',
SIZE = 5MB,
MAXSIZE = 10MB,
FILEGROWTH = 10%
)
LOG ON
(
NAME = Galileo_log,
FILENAME = 'C:\Program Files\Microsoft SQL Server\
MSSQL13.MSSQLSERVER\MSSQL\DATA\Galileo.ldf',
```

```
SIZE = 2MB,
MAXSIZE = 7MB,
FILEGROWTH = 1MB
);
```

Auch hier ist die Definition der zweiten Dateigruppe grau unterlegt. Wie die in Abbildung 8.13 gezeigte Ausgabe von `sp_helpdb` zeigt, besteht die Datenbank nun aus der primären Dateigruppe mit zwei Datendateien, der keiner Dateigruppe zugeordneten Protokolldatei und der zusätzlichen Datendatei in der zweiten Dateigruppe. Abbildung 8.14 zeigt den Aufbau der Datenbank in einer etwas übersichtlicheren Form.

	name	fileid	filename	filegroup	size	maxsize	growth	usage
1	Galileo_data	1	C:\Program Files\Microsoft SQL Server\MSSQL13.MSS...	PRIMARY	8192 KB	10240 KB	10%	data only
2	Galileo_log	2	C:\Program Files\Microsoft SQL Server\MSSQL13.MSS...	NULL	2048 KB	7168 KB	1024 KB	log only
3	Galileo_data1	3	D:\Galileo1.ndf	PRIMARY	5120 KB	10240 KB	10%	data only
4	Galileo_data2	4	D:\Galileo2.ndf	SECONDARY	5120 KB	10240 KB	10%	data only

Abbildung 8.13 Teil der Ausgabe von »sp_helpdb« mit einer Datei in der zweiten Dateigruppe

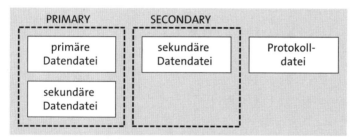

Abbildung 8.14 Die Datenbankstruktur mit der zweiten Dateigruppe »SECONDARY«

> **Hinweis**
>
> Um die Beispiele der nächsten Abschnitte nachzuvollziehen, stellen Sie an dieser Stelle bitte sicher, dass auf Ihrem SQL Server eine Datenbank namens *GalileoDB* existiert. Diese Datenbank sollte möglichst entsprechend dem letzten Beispiel erstellt worden sein, da wir im nächsten Kapitel von einer entsprechenden Datenbankstruktur ausgehen. Falls Ihr Rechner über kein Laufwerk *D* verfügen sollte, können Sie hier ebenfalls einen zulässigen Pfad auf Laufwerk *C* angeben. Abgesehen vom nächsten Kapitel ist für die weiteren Beispiele eine Datenbank, die mit der zu Beginn des Kapitels angegebenen minimalen Syntax erstellt wurde, ebenfalls ausreichend.

8.7 Datenbanken verkleinern

Mit den bisher in diesem Kapitel besprochenen Methoden konnten die Dateien einer Datenbank nur vergrößert, nicht aber verkleinert werden. Das Verkleinern einer

Datenbank werden wir anhand eines Beispiels diskutieren, dessen Ausgangszustand in Abbildung 8.15 schematisch gezeigt ist.

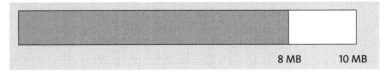

Abbildung 8.15 Nicht vollständig gefüllte Datendatei

Die Abbildung stellt eine Datendatei dar, deren Anfangsgröße mit SIZE auf 10 MB festgelegt wurde, die aber nur 8 MB an Datensätzen enthält. Lassen Sie uns zwei unterschiedliche Fälle, ausgehend von Abbildung 8.15, betrachten. In beiden Fällen soll die Datei durch Hinzufügen von Datensätzen und eine damit verbundene automatische Vergrößerung auf 13 MB angewachsen sein, die ursprüngliche Anfangsgröße von 10 MB soll sich aber nicht geändert haben. In dem einen Fall wurden viele Datensätze wieder gelöscht, sodass der aktuelle Datenbestand nur noch 6 MB ausmacht, wie Sie in Abbildung 8.16 sehen.

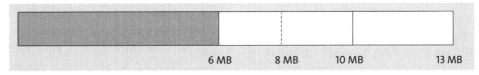

Abbildung 8.16 Vergrößerte Datei mit 6 MB Datenbestand

Im zweiten Fall sind zwar ebenfalls Daten gelöscht worden, der Datenbestand beträgt aber noch 9 MB. Diesen Fall stellt Abbildung 8.17 dar.

Abbildung 8.17 Vergrößerte Datei mit 9 MB Datenbestand

Zum Verkleinern *aller* Dateien einer Datenbank können Sie das Dienstprogramm DBCC (in SQL Server 2005 von *Database Consistency Checker* in *Database Console Commands* umbenannt) unter Angabe der Option SHRINKDATABASE verwenden.

Syntax:

DBCC SHRINKDATABASE ('*datenbankname*', *prozent*);

Beispiel:

DBCC SHRINKDATABASE ('GalileoDB', 25);

Die Prozentangabe gibt dabei den gewünschten freien Speicherplatz nach der Verkleinerung an. Das oben angegebene Beispiel würde also versuchen, alle Datenbankdateien so zu verkleinern, dass sie zu 75 % gefüllt und zu 25 % frei sind. (Größenänderungen an Protokolldateien werden u. U. erst später sichtbar.)

Zu beachten ist allerdings, dass damit Dateien nicht unter die mit SIZE angegebene Anfangsgröße verkleinert werden können. Da in der Datenbank noch keine Daten vorhanden sind, wird über das Beispiel natürlich keine Änderung an den Datendateien vorgenommen.

Betrachten Sie noch einmal Abbildung 8.16 und Abbildung 8.17. Durch eine dem letzten Beispiel entsprechende Anweisung würde im ersten Fall die Datei auf 10 MB (die durch SIZE festgelegte Größe) verkleinert, da ein freier Speicherplatz von 25 % auf Basis des Datenbestands eine Größe von 8 MB ergäbe (gestrichelt angedeutet), was weniger als die Anfangsgröße wäre. Im zweiten Fall würde die Datei auf 12 MB verkleinert (ebenfalls gestrichelt angedeutet), was genau 25 % freiem Speicher entspricht und über der mit SIZE angegebenen Anfangsgröße liegt.

8.8 Datenbankdateien verkleinern

Wie Sie im letzten Abschnitt gesehen haben, kann DBCC SHRINKDATABASE Dateien verkleinern. Verkleinerungen unter die mit SIZE angegebene Größe sind damit jedoch nicht möglich. Um dies zu erreichen, müssen Sie DBCC mit der Option SHRINKFILE verwenden. Nur so können Sie programmtechnisch eine Datendatei unter ihre ursprüngliche Größe verkleinern. Es besteht die Möglichkeit, DBCC SHRINKFILE nur mit dem logischen Namen der Datei aufzurufen.

Syntax:

DBCC SHRINKFILE ('*logischer dateiname*');

Beispiel:

DBCC SHRINKFILE ('Galileo_data');

In diesem Fall wird versucht, die angegebene Datei auf die Größe zum Zeitpunkt der Erstellung zu verkleinern. Da die angegebene Datei noch ihre Originalgröße besitzt, hat dieses Beispiel ebenfalls keine Auswirkung.

Zusätzlich können Sie einen expliziten Wert angeben, der die Größe der Datei nach der Verkleinerung in Megabyte festlegt:

Syntax:

DBCC SHRINKFILE (*logischer dateiname, neue größe*);

Beispiel:

```
DBCC SHRINKFILE ('Galileo_data', 4);
```

Durch dieses Beispiel wird die Größe der angegebenen Datei auf 4 MB verkleinert, was weniger als die ursprünglich mit SIZE definierte Größe ist. Geben Sie einen Wert an, der kleiner als der verwendete Speicherplatz ist, wird die Datei so weit verkleinert, wie es dem momentan verwendeten Speicherplatz entspricht. Es werden also auf keinen Fall Daten gelöscht.

DBCC SHRINKFILE kann noch in einem anderen Zusammenhang verwendet werden: Es handelt sich dabei um das Löschen von Dateien aus einer Datenbank. Wie bereits angemerkt, muss eine Datei leer sein, um gelöscht werden zu können. Dazu rufen Sie DBCC SHRINKFILE mit dem Parameter EMPTYFILE auf:

Syntax:

```
DBCC SHRINKFILE (logischer dateiname, EMPTYFILE);
```

Vorhandene Daten in dieser Datei werden dadurch auf andere Dateien innerhalb derselben Dateigruppe verteilt, und die Datei kann anschließend gelöscht werden.

Beispiel:

```
DBCC SHRINKFILE('Galileo_data1', EMPTYFILE);
```

8.9 Gespeicherte Systemprozeduren (Stored Procedures) zur Datenbankverwaltung

Um die Verwaltung von SQL Server zu vereinfachen, wird bei der Installation – neben sp_helpdb – eine große Anzahl von vordefinierten Systemprozeduren installiert. Tabelle 8.1 gibt einen Überblick über einige wichtige gespeicherte Prozeduren im Zusammenhang mit der Verwaltung von Datenbanken:

Name	Funktion
sp_help	Gibt Informationen über die Datenbankobjekte der aktuellen Datenbank aus.
sp_help 'objektbezeichner'	Gibt Informationen über das angegebene Datenbankobjekt aus.
sp_helpdb	Listet alle auf dem Server vorhandenen Datenbanken mit ihren Eigenschaften auf.

Tabelle 8.1 Gespeicherte Prozeduren zur Verwaltung von Datenbanken

Name	Funktion
sp_helpdb 'datenbankname'	Liefert Informationen zur angegebenen Datenbank.
sp_helpfile	Liefert Informationen zu allen Dateien der aktuellen Datenbank.
sp_helpfile 'logischer dateiname'	Gibt die Attribute der angegebenen Datei aus.
sp_spaceused	Gibt Informationen über die Speicherbelegung der aktuellen Datenbank aus.
sp_spaceused 'objektbezeichner'	Gibt den belegten Speicherplatz eines Datenbankobjekts in der aktuellen Datenbank aus.

Tabelle 8.1 Gespeicherte Prozeduren zur Verwaltung von Datenbanken (Forts.)

8.10 Datenbank-Momentaufnahmen

Mit SQL Server 2005 wurde es möglich, sogenannte *Datenbank-Snapshots* zu erstellen, wobei dies lediglich von der Enterprise- oder einer vergleichbaren Edition von SQL Server unterstützt wird.

8.10.1 Erstellen einer Datenbank-Momentaufnahme

Seit SQL Server 2008 R2 werden Snapshots als *Momentaufnahmen* bezeichnet. Wie die ursprüngliche deutsche Bezeichnung Schnappschuss bereits andeutet, handelt es sich dabei um eine statische Momentaufnahme einer Datenbank zum Zeitpunkt der Erstellung der Momentaufnahme. Die Betonung liegt hierbei auf dem Wort *statisch*: Eine Datenbank-Momentaufnahme kann zwar – wie eine reguläre Datenbank auch – über SELECT-Anweisungen abgefragt werden, Änderungen an den Datensätzen oder der Struktur der Momentaufnahme sind hingegen nicht zulässig. Wir werden auf diesen Umstand zurückkommen, wenn wir weiter unten in diesem Kapitel erläutern, wie der SQL Server Datenbank-Momentaufnahmen intern verwaltet. Auf dem Server vorhandene Momentaufnahmen werden im OBJEKT-EXPLORER des Management Studios unter DATENBANKEN im Ordner DATENBANK-MOMENTAUFNAHMEN angezeigt. Nach einer Neuinstallation von SQL Server ist dieser Ordner leer. Wie Sie an dem in Abbildung 8.18 dargestellten Aufruf des Kontextmenüs erkennen, bietet SQL Server Ihnen auch keine Möglichkeit an, eine Momentaufnahme mithilfe eines Dialogs oder gar eines Assistenten zu erstellen.

Abbildung 8.18 Das Kontextmenü des Momentaufnahmen-Ordners

Dies weist darauf hin, dass Sie eine Momentaufnahme in SQL Server nur durch Programmierung erstellen können. Zu diesem Zweck verwenden Sie die CREATE DATABASE-Anweisung und erweitern sie durch den Zusatz AS SNAPSHOT OF. Über den Zusatz geben Sie die Quelldatenbank an – also die Datenbank, von der ein Snapshot erstellt werden soll.

Syntax:

```
CREATE DATABASE snapshotname
ON
(
    NAME = logischer_quelldateiname,
    FILENAME = 'physischer_snapshotdateiname'
)
AS SNAPSHOT OF quelldatenbankname;
```

Obwohl die Syntax der bekannten, im Verlauf dieses Kapitels behandelten Anweisung zur Erstellung von Datenbanken stark ähnelt, haben die Parameter NAME und FILENAME hier eine andere Funktion: Sie stellen den Zusammenhang zwischen der Datendatei der Quelldatenbank und der Datendatei der Momentaufnahme her.

> **Hinweis:**
>
> Die in diesem Buch verwendete Beispieldatenbank *AdventureWorks2016CTP3* enthält speicheroptimierte Tabellen, die die Erstellung einer Momentaufnahme verhindern. Für die folgenden Beispiele wird daher ausnahmsweise die Vorgängerversion dieser Datenbank – *AdventureWorks2014* – verwendet, die Sie ebenfalls auf den Seiten von Codeplex herunterladen können.

Das folgende Beispiel zeigt daher die Erstellung einer Momentaufnahme der Datenbank *AdventureWorks2014*:

Beispiel:

```
CREATE DATABASE AdventureWorks_Snapshot
ON
(
NAME = AdventureWorks2014_Data,
FILENAME = 'C:\Program Files\Microsoft SQL Server\MSSQL13.MSSQLSERVER\MSSQL\
```

```
DATA\AdventureWorks.sns'
)
AS SNAPSHOT OF AdventureWorks2014;
```

Wie Sie erkennen, erfolgt die Erstellung einer Momentaufnahme ohne Definition einer Protokolldatei. Ein entsprechender Versuch würde in einer Fehlermeldung resultieren, da eine Momentaufnahme – wie eingangs erwähnt – schreibgeschützt ist und eine Protokolldatei daher keinen Sinn ergäbe. Die durch das Beispiel erstellte Momentaufnahme der *AdventureWorks2014*-Datenbank wird Ihnen im OBJEKT-EXPLORER innerhalb des Ordners DATENBANK-MOMENTAUFNAHMEN angezeigt.

Abbildung 8.19 Anzeige der Momentaufnahme im Objekt-Explorer

Während Sie den Dateinamen der Momentaufnahme-Datei und deren Dateiendung willkürlich wählen können, ist für das erfolgreiche Erstellen einer Datenbank-Momentaufnahme – wie das oben angegebene Beispiel verdeutlicht – die Kenntnis des logischen Namens der Quelldatendatei zwingend notwendig. Nach erfolgreicher Erstellung einer Momentaufnahme kann diese, wie es Abbildung 8.20 zeigt, im Management Studio wie jede reguläre Datenbank ausgewählt und abgefragt werden.

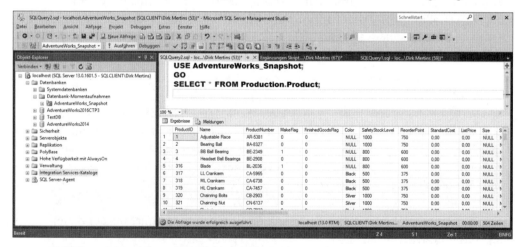

Abbildung 8.20 Abfrage der Momentaufnahme

Im Gegensatz zu SELECT-Anweisungen führt der Versuch, Datensätze zu manipulieren, zu einer Fehlermeldung. Abbildung 8.21 zeigt dies am Beispiel eines Versuchs, einen Datensatz der Datenbank-Momentaufnahme zu ändern.

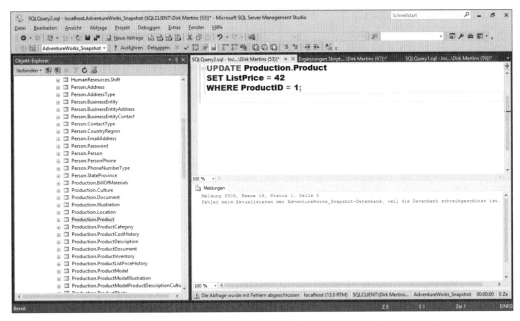

Abbildung 8.21 Fehlermeldung bei dem Versuch, einen Datensatz der Momentaufnahme zu ändern

8.10.2 Interne Verwaltung einer Datenbank-Momentaufnahme

Es wäre jedoch falsch, eine Datenbank-Momentaufnahme als reine Kopie einer bestehenden Datenbank oder sogar als Ersatz für eine Datenbanksicherung anzusehen. Der Grund hierfür liegt darin, wie SQL Server eine Datenbank-Momentaufnahme verwaltet. Entscheidend an dieser Stelle ist, dass SQL Server bei der Erstellung einer Momentaufnahme nicht eine Kopie der Quelldatenbank speichert, sondern lediglich den entsprechenden Speicherplatz auf dem Datenträger für die anzulegende Momentaufnahme reserviert! Dies erfolgt in Form einer sogenannten *Datei niedriger Dichte*, für die zwar Speicherplatz reserviert, aber nicht belegt wird. Sie überprüfen dies nach der Ausführung des oben angegebenen Beispiels, indem Sie sich die Eigenschaften der Momentaufnahme-Datendatei im Management Studio anzeigen lassen.

Wie Abbildung 8.22 zeigt, beträgt die Größe der erstellten Datendatei der Momentaufnahme 206 MB, was der Größe der Original-Datenbankdatei der *AdventureWorks2014*-Datenbank entspricht.

Eine Überprüfung der Dateigröße unter Verwendung des Windows-Explorers liefert hingegen die in Abbildung 8.23 dargestellte Information zum verwendeten Speicherplatz.

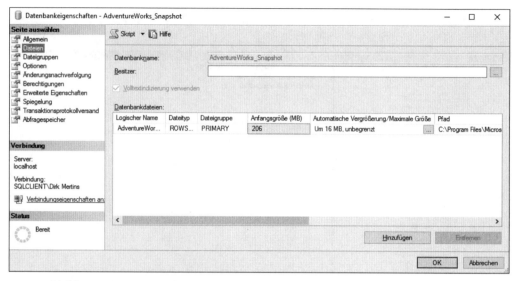

Abbildung 8.22 Dateigröße im Management Studio

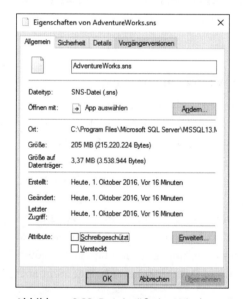

Abbildung 8.23 Dateigröße im Windows-Explorer

Wie Sie bei einem Vergleich der Speicherplatzangaben aus Abbildung 8.22 im Management Studio (206 MB) und der in Abbildung 8.23 angegebenen tatsächlich verwendeten Größe der Datei auf dem Datenträger (3,37 MB) feststellen, liegen beide Werte weit auseinander. Die Differenz zwischen der reservierten und der tatsächlich belegten Dateigröße direkt nach Erstellung der Momentaufnahme liegt in der Art und Weise begründet, wie SQL Server eine Datenbank-Momentaufnahme verwaltet.

Betrachten Sie dazu bitte zunächst Abbildung 8.24. Sie verdeutlicht den Zustand und damit die Speicherbelegung direkt nach der Erstellung einer Momentaufnahme.

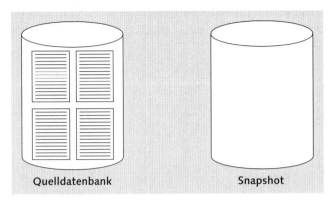

Abbildung 8.24 Momentaufnahme nach Erstellung

Wie Sie in Abbildung 8.24 erkennen, belegt die neu erstellte Momentaufnahme zunächst kaum Speicherplatz, was sich mit den Informationen aus Abbildung 8.23 deckt. Die Belegung des freien Momentaufnahme-Speicherplatzes wird von SQL Server nach der Erstellung einer Momentaufnahme mithilfe des sogenannten *Copy-on-Write*-Mechanismus (*Kopie bei Schreibvorgang*) gesteuert. Betrachten wir dazu zunächst den Fall, dass an der Quelldatenbank noch keinerlei Änderungen an Datensätzen vorgenommen wurden. In diesem Fall leitet SQL Server die Abfrage auf eine Datenbank-Momentaufnahme auf die Quelldatenbank um. Diese Umleitung erfolgt transparent für den Anwender, d. h., er stellt die Abfrage zwar auf die Momentaufnahme, in Wirklichkeit wird aber die Quelldatenbank abgefragt. Die Momentaufnahme reicht die Abfrage in diesem Fall also an die Quelldatenbank weiter. Abbildung 8.25 verdeutlicht diese Vorgehensweise.

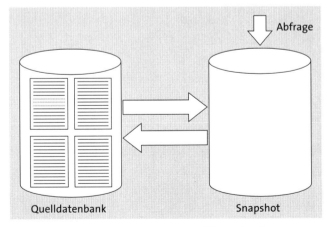

Abbildung 8.25 Verwendung der Quelldatenbank

Eine wesentliche Änderung ergibt sich, wenn der Datenbestand der Quelldatenbank manipuliert wird. In diesem Fall tritt der oben angegebene Copy-on-Write-Mechanismus in Kraft. Abbildung 8.26 zeigt beispielhaft, wie die (grau markierte) Änderung an einem Datensatz dazu führt, dass die entsprechende Seite in dem Zustand *vor* der Änderung in die Momentaufnahme kopiert wird.

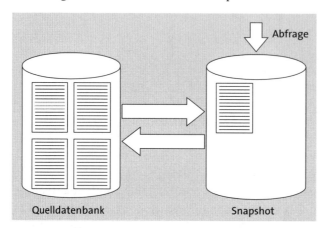

Abbildung 8.26 Das Anlegen einer »Kopie bei Schreibvorgang«

Wird nun eine Abfrage – wie in Abbildung 8.25 angedeutet – auf die Momentaufnahme gestellt, wird eine nach Erstellung der Momentaufnahme geänderte Seite aus dieser abgerufen. Alle anderen, unveränderten Seiten, die zur Bearbeitung der Abfrage notwendig sind, werden weiterhin aus der Quelldatenbank ausgelesen.

Da bei einer realen Datenbank davon auszugehen ist, dass im Laufe der Zeit alle Seiten Änderungen erfahren, stellt sich der in Abbildung 8.27 dargestellte Zustand ein, dass sich alle Originalseiten in der Momentaufnahme befinden.

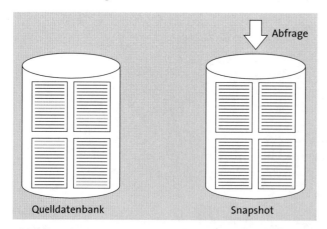

Abbildung 8.27 Momentaufnahme nach umfangreichen Änderungen in der Quelldatenbank

Auf diese Weise stellt SQL Server sicher, dass eine Datenbank-Momentaufnahme immer den Zustand der Datenbank zum Zeitpunkt ihrer Erstellung widerspiegelt. Der Copy-on-Write-Mechanismus bewirkt bei einer Datenbank, deren Datensätze Veränderungen unterworfen sind, dass sich die tatsächliche Größe des Snapshots auf dem Datenträger der Größe der Datenbank bei Erstellung des Snapshots immer mehr annähert.

8.10.3 Erstellen eines Snapshots für eine Datenbank mit mehreren Datendateien

Das zu Beginn des Kapitels gezeigte Beispiel zur Erstellung einer Momentaufnahme der *AdventureWorks2014*-Datenbank zeichnet sich durch seine Einfachheit aus, da diese Datenbank lediglich über eine Datendatei verfügt. In der Praxis enthalten SQL-Server-Datenbanken aber häufig mehrere Datendateien. Im Folgenden wollen wir daher die Vorgehensweise für einen solchen Fall am Beispiel der Datenbank aus Abschnitt 8.6, »Erstellen einer Datenbank mit mehreren Dateigruppen«, besprechen, die mit drei Datendateien angelegt wurde.

Die Syntax in einem solchen Fall entspricht der oben angegebenen. Sie müssen lediglich die Kombination der Parameter NAME und FILENAME für jede Datendatei der Quelldatenbank angeben:

Syntax:

```
CREATE DATABASE snapshotname
ON
(
    NAME = logischer_quelldateiname,
    FILENAME = 'physischer_snapshotdateiname'
),
.
.
.
(
    NAME = logischer_quelldateiname,

    FILENAME = 'physischer_snapshotdateiname'
)
AS SNAPSHOT OF quelldatenbankname;
```

Achten Sie darauf, dass Sie die einzelnen Kombinationen von NAME und FILENAME voneinander durch Kommas abtrennen, da es sich um eine Auflistung handelt. Das folgende

Beispiel zeigt eine Möglichkeit, einen Snapshot der oben angegebenen Datenbank zu erstellen.

Beispiel:

```
CREATE DATABASE GalileoDB_Snapshot
ON
(
    NAME = Galileo_data,
    FILENAME = 'C:\Program Files\Microsoft SQL Server\
    MSSQL13.MSSQLSERVER\MSSQL\DATA\Galileo.sns'
),
(
    NAME = Galileo_data1,
    FILENAME = 'C:\Program Files\Microsoft SQL Server\
    MSSQL13.MSSQLSERVER\MSSQL\DATA\Galileo1.sns'
),
(
    NAME = Galileo_data2,
    FILENAME = 'C:\Program Files\Microsoft SQL Server\
    MSSQL13.MSSQLSERVER\MSSQL\DATA\Galileo2.sns'
)
AS SNAPSHOT OF GalileoDB;
```

Bei einem Vergleich mit der Anweisung zur Erstellung der Quelldatenbank in Abschnitt 8.6, »Erstellen einer Datenbank mit mehreren Dateigruppen«, werden Sie feststellen, dass die Datenbank unter Verwendung einer zweiten Dateigruppe erstellt wurde, die Momentaufnahme jedoch nicht. Dies ist kein Zufall oder gar eine Vereinfachung, sondern es spiegelt die Tatsache wider, dass bei einer Momentaufnahme die Verwendung von Dateigruppen nicht zulässig ist.

8.10.4 Weitere Informationen zu Momentaufnahmen

Sie können von einer Datenbank beliebig viele Momentaufnahmen erstellen und diese wie gesicherte Zustände der Datenbank zum Zeitpunkt der Erstellung der Momentaufnahmen verwenden. Bedingt durch die enge Beziehung zwischen Quelldatenbank und Momentaufnahme müssen diese innerhalb derselben Instanz von SQL Server angelegt werden. Für die Datenbanken *master*, *model* und *tempdb* wird die Erstellung von Momentaufnahmen nicht unterstützt. Des Weiteren können Momentaufnahmen nicht wie reguläre Datenbanken gesichert werden. Im Hinblick auf die Datenbanksicherung sei noch bemerkt, dass z. B. versehentlich gelöschte Daten aus einer Datenbank-Momentaufnahme gegebenenfalls wiederhergestellt werden können. Sie sollten eine Momentaufnahme – aufgrund der weiter oben beschriebenen Zusammenhänge zwischen der Momentaufnahme und der Quelldatenbank – jedoch niemals als Ersatz für eine Datenbanksicherung ansehen oder verwenden.

8.10.5 Datenbank-Momentaufnahme löschen

Eine Datenbank-Momentaufnahme können Sie – wie von den regulären Datenbanken bekannt – mit der DROP DATABASE-Anweisung vom Server löschen:

Syntax:

```
DROP DATABASE snapshotname;
```

Beispiel:

```
DROP DATABASE AdventureWorks_Snapshot;
```

Beachten Sie, dass Sie Momentaufnahmen zuerst löschen müssen, falls Sie eine Datenbank löschen möchten, auf deren Basis Momentaufnahmen erstellt wurden. So führt der Versuch, die *AdventureWorks2014*-Datenbank ohne Löschen der erstellten Momentaufnahme vom Server zu entfernen, zu der folgenden Fehlermeldung:

```
Meldung 3709, Ebene 16, Status 1, Zeile 1

Löschen der Datenbank ist nicht möglich, solange der
Datenbanksnapshot "AdventureWorks_Snapshot" darauf verweist.
Löschen Sie zuerst diese Datenbank.
```

8.11 Transparente Datenverschlüsselung

Die transparente Datenverschlüsselung wurde mit SQL Server 2008 eingeführt. Diese Technik wird häufig mit dem Kürzel *TDE* (engl.: *Transparent Data Encryption*) bezeichnet. In deutschsprachigen Artikeln von Microsoft wird häufig auch die Bezeichnung *transparente Datenbankverschlüsselung* verwendet, was die Verwendung der TDE im eigentlichen Sinne besser beschreibt. So zielt die transparente Datenverschlüsselung nicht darauf ab, einzelne Spalten in einer Datenbank oder Clientverbindungen zu SQL Server zu verschlüsseln, sondern die gesamte Datenbank auf Seitenebene zu verschlüsseln. Die Verschlüsselung wird von SQL Server intern verwaltet und läuft für eine Applikation oder für einen Benutzer unbemerkt – also transparent – ab.

Wenn aber in einer SQL-Server-Datenbank die Rechtevergabe auf vertrauliche Tabellendaten ordnungsgemäß implementiert wurde, besteht auf den ersten Blick keine Notwendigkeit einer Verschlüsselung der gesamten Datenbank.

Für den regulären Betrieb einer Datenbank mag diese Sichtweise vom Standpunkt eines Datenbankadministrators aus sicher richtig sein, aber wie können Sie Ihre Daten schützen, wenn ein Unbefugter beispielsweise in den Besitz einer Datenbanksicherung gelangt? Die Datenbank könnte ohne großen Aufwand auf einem anderen SQL Server wiederhergestellt werden.

Die transparente Datenverschlüsselung in SQL Server ermöglicht es Ihnen, die Wiederherstellung von verschlüsselten Datenbanken ohne Vorhandensein der entsprechenden Schlüssel zu verhindern.

8.11.1 Die Struktur der transparenten Datenverschlüsselung in SQL Server

Die verschiedenen Möglichkeiten der Verschlüsselung in SQL Server stellen ein recht komplexes Thema dar. Wie Sie Abbildung 8.28 entnehmen können, basiert die Verschlüsselung auf einem hierarchischen Prinzip, das sich vom sogenannten Diensthauptschlüssel über einen Schlüssel in der *master*-Datenbank bis hin zu Zertifikaten in der benutzerdefinierten Datenbank erstreckt.

Das folgende Beispiel soll Ihnen demonstrieren, wie Sie die transparente Datenverschlüsselung konfigurieren können. Dazu erstellen wir zunächst eine neue Datenbank *dbEncryption*.

Beispiel:

```
CREATE DATABASE dbEncryption;
```

Anschließend erfolgt die Erstellung eines Datenbank-Hauptschlüssels in der *master*-Datenbank. Verwenden Sie dazu die CREATE MASTER KEY-Anweisung.

Beispiel:

```
USE master;
GO
CREATE MASTER KEY ENCRYPTION
BY PASSWORD = 'Pa$$w0rd';
```

Ebenfalls in der *master*-Datenbank wird nun mit der CREATE CERTIFICATE-Anweisung ein Zertifikat erstellt.

8.11 Transparente Datenverschlüsselung

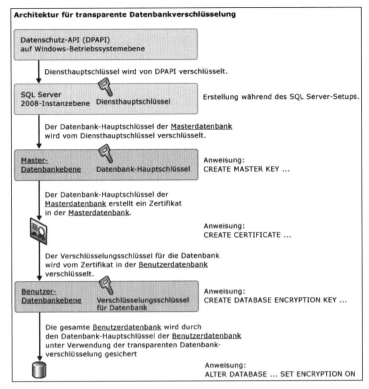

Abbildung 8.28 Die Struktur der transparenten Datenverschlüsselung in SQL Server (Quelle: Microsoft)

Beispiel:

```
CREATE CERTIFICATE certEncryption
WITH SUBJECT = 'Dirk Mertins';
```

In der zu verschlüsselnden Datenbank wird nun der entsprechende Schlüssel für die Verschlüsselung unter Angabe des gewünschten Algorithmus und des zu verwendenden Zertifikats erstellt.

Beispiel:

```
USE dbEncryption;
GO
CREATE DATABASE ENCRYPTION KEY
WITH ALGORITHM = AES_256
ENCRYPTION BY SERVER CERTIFICATE certEncryption;
```

Als Optionen für den Verschlüsselungsalgorithmus sind AES_128, AES_192, AES_256 und TRIPLE_DES_3KEY zulässig.

In der Praxis sollten Sie den nach Ausführung der Anweisungen angezeigten Warnhinweis befolgen:

Warnung: Das zum Verschlüsseln des Verschlüsselungsschlüssels für die
Datenbank verwendete Zertifikat wurde nicht gesichert. Sie sollten das
Zertifikat und den dem Zertifikat zugeordneten privaten Schlüssel sofort
sichern. Wenn das Zertifikat nicht mehr verfügbar ist oder wenn Sie die
Datenbank auf einem anderen Server wiederherstellen oder anfügen müssen,
benötigen Sie Sicherungen des Zertifikats und des privaten Schlüssels.
Andernfalls können Sie die Datenbank nicht öffnen.

In einem letzten Schritt muss die Verschlüsselung nun noch für die Datenbank aktiviert werden. Dies erfolgt über die ALTER DATABASE-Anweisung.

```
ALTER DATABASE dbEncryption
SET ENCRYPTION ON;
```

Beachten Sie, dass auch in einer verschlüsselten Datenbank FILESTREAM-Daten nicht verschlüsselt werden!

Der Versuch, diese Datenbank aus einer vollständigen Sicherung auf einem anderen Server wiederherzustellen, schlägt mit einer der Abbildung 8.29 entsprechenden Meldung fehl.

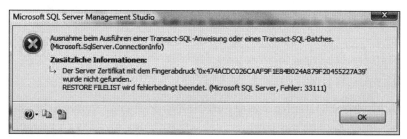

Abbildung 8.29 Fehlermeldung bei einer versuchten Wiederherstellung

Kapitel 9
Erstellen von Tabellen

Tabellen stellen den zentralen Speicherort von Daten innerhalb relationaler Datenbanken dar. In diesem Kapitel erläutern wir, wie Sie Tabellen erstellen und welche Möglichkeiten SQL Server dabei bietet, die Datenintegrität sicherzustellen. Anschließend gehen wir auf den Einsatz temporärer Tabellen und die Partitionierung von Tabellen ein.

Sie können Tabellen unter Verwendung verschiedener Optionen erstellen. Im folgenden Abschnitt befassen wir uns mit der grundlegenden Syntax zur Tabellenerstellung.

9.1 Die grundlegende Syntax zur Tabellenerstellung

Entsprechend der Syntax zur Erstellung einer Datenbank wird auch die Anweisung zur Tabellendefinition – wie auch aller anderen permanenten Datenbankobjekte – mit dem Schlüsselwort CREATE eingeleitet. Anders als bei der Erstellung einer Datenbank schließen sich hier allerdings das Schlüsselwort TABLE, der Tabellenname und in Klammern gesetzt die Spaltendefinition an, die sich beliebig häufig wiederholen kann:

Syntax:

```
CREATE TABLE tabellenname
(
    spaltenname datentyp
);
```

Die Spaltendefinitionen bestehen mindestens aus den Angaben des Spaltennamens und des Datentyps der Spalte. Mehrere Spaltendefinitionen werden durch Kommas voneinander getrennt:

Syntax:

```
CREATE TABLE tabellenname
(
    spaltenname datentyp,
    spaltenname datentyp
);
```

Nach Angabe des Datentyps können Sie durch NULL bzw. NOT NULL festlegen, ob die jeweilige Spalte NULL-Werte zulassen soll oder nicht. Machen Sie keine Angabe zur NULL-Zulässigkeit, erstellt SQL Server in der Standardeinstellung die Spalte mit NULL-Zulässigkeit, wie das folgende Beispiel einer Tabelle zeigt, die in der *GalileoDB*-Datenbank erstellt wird. Tabellennamen enthalten (wie in diesem Beispiel) häufig das Präfix *tbl*, um sie als Tabellen zu kennzeichnen.

Beispiel:

```
USE GalileoDB;
GO
CREATE TABLE tblTest1
(
    Spalte1 int,
    Spalte2 int NULL,
    Spalte3 int NOT NULL
);
```

Wie Abbildung 9.1 anhand der Darstellung im Objektkatalog des Management Studios zeigt, besitzen die ersten beiden Spalten der Tabelle NULL-Zulässigkeit. Lediglich die dritte Spalte würde keine NULL-Werte akzeptieren.

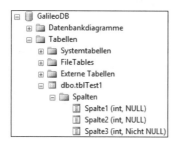

Abbildung 9.1 Spaltenansicht der Beispieltabelle

Die Angabe der NULL-Zulässigkeit ist zwar optional, sie ist jedoch in der Regel zu empfehlen, da in SQL Server eine Option existiert, mit der das diesbezügliche Standardverhalten geändert werden kann. SQL Server erstellt dann bei einer fehlenden Angabe zur NULL-Zulässigkeit diese Spalte mit NOT NULL.

> **Hinweis**
>
> Abbildung 9.1 zeigt, dass die Tabelle unter dem Schemanamen *dbo* erstellt wurde, da bei der Tabellendefinition kein Schemaname angegeben wurde. Er müsste durch einen Punkt vom Tabellennamen abgetrennt angegeben werden. Seit SQL Server 2005 ist jedem Benutzer ein Standardschema zugeordnet, in dem Datenbankobjekte ohne Schemaangabe erstellt werden – in diesem Fall eben das Schema *dbo*. Dieser Umstand bewirkt eine gewisse Vereinfachung innerhalb von Abfragen.

Um z. B. die oben erstellte Tabelle anzusprechen, ist die Angabe des Tabellennamens ohne Angabe des Schemas ausreichend.

9.1.1 Berechnete Spalten

Neben der bereits beschriebenen Möglichkeit, berechnete Spalten in Abfragen einzusetzen, können Sie berechnete Spalten auch in einer Tabellendefinition verwenden. Sie können eine berechnete Tabellenspalte auf zwei verschiedene Weisen definieren:

- Berechnung zum Abfragezeitpunkt

    In diesem Fall werden die Werte der berechneten Spalte nicht in der Tabelle abgespeichert, sondern während einer Abfrage berechnet.

    Die Syntax zur Erstellung einer solchen berechneten Spalte sehen Sie im Folgenden.

Syntax:

```
CREATE TABLE tabellenname
(
spaltenname AS berechnung
);
```

Das folgende Beispiel zeigt die Erstellung der Tabelle *tblPreise1*, deren berechnete Spalte *Bruttopreis* aus dem Inhalt der Spalte *Nettopreis* berechnet wird.

Beispiel:

```
CREATE TABLE tblPreis1
(
    Nettopreis money,
    Bruttopreis AS Nettopreis * 1.19
);
```

Beachten Sie, dass Sie für berechnete Spalten keinen Wert angeben dürfen, wenn Sie einen Datensatz einfügen.

Berechnete Spalten werden im OBJEKT-EXPLORER durch ein eigenes Symbol gekennzeichnet, wie Sie in Abbildung 9.2 sehen.

Abbildung 9.2 Darstellung einer berechneten Spalte im Objekt-Explorer

▶ Speicherung der berechneten Werte in der Tabelle

Um die Werte einer berechneten Spalte wie andere Spaltenwerte auch permanent in der Tabelle zu speichern, geben Sie das Schlüsselwort PERSISTED in der Spaltendefinition an.

Syntax:

```
CREATE TABLE tabellenname
(
spaltenname AS berechnung PERSISTED
);
```

Im folgenden Beispiel erfolgt die Speicherung der berechneten Werte in der Spalte *Nettopreis* der Tabelle *tblPreis2* permanent – also so wie auch in einer nicht berechneten Tabellenspalte.

Beispiel:

```
CREATE TABLE tblPreis2
(
    Nettopreis money,
    Bruttopreis AS Nettopreis * 1.19 PERSISTED
);
```

9.1.2 Definition einer Identitätsspalte

Kann aus den Daten einer Tabelle kein sinnvoller Primärschlüssel gewählt werden, wird der entsprechenden Tabelle häufig eine zusätzliche Spalte hinzugefügt, in der eine automatische Nummerierung der Spaltenwerte erfolgt. Eine solche Spalte wird über das Schlüsselwort IDENTITY angelegt und kann in einer Tabelle nur *einmal* vorhanden sein. IDENTITY wird nach dem Datentyp der Spalte angegeben und kann nur mit ganzzahligen Datentypen verwendet werden. Neben den Integer-Datentypen sind auch die Datentypen numeric und decimal zulässig, sofern sie ohne Nachkommastellen definiert werden. Eine mögliche Verwendung von IDENTITY zeigt das folgende Beispiel:

Beispiel:

```
CREATE TABLE tblTest2
(
    Spalte1 int IDENTITY,
    Spalte2 int NULL,
    Spalte3 int NOT NULL
);
```

Öffnen Sie die Tabelle im Management Studio, ist für die erste Spalte keine Eingabe zulässig. In die Spalte trägt SQL Server Werte mit dem Startwert und der Schrittweite 1 ein, wie Sie in Abbildung 9.3 sehen.

Spalte1	Spalte2	Spalte3
1	42	42
2	NULL	42
NULL	NULL	NULL

Abbildung 9.3 Über »IDENTITY« automatisch generierte Werte in der ersten Tabellenspalte

Eine Spalte, die mit der IDENTITY-Eigenschaft definiert wurde, kann ohne Angabe des Spaltennamens abgefragt werden. Da pro Tabelle nur eine Spalte über diese Eigenschaft verfügen kann, können Sie diese Spalte über das Schlüsselwort IDENTITYCOL ansprechen:

Beispiel:

```
SELECT IDENTITYCOL, Spalte3
FROM tblTest2;
```

Diese Abfrage liefert die erste und dritte Spalte aus Abbildung 9.3 zurück.

Soll ein anderer Startwert oder eine andere Schrittweite verwendet werden, verwenden Sie IDENTITY in der Form IDENTITY(*startwert*, *schrittweite*):

Beispiel:

```
CREATE TABLE tblTest3
(
Spalte1 int IDENTITY(10,5),
Spalte2 int NULL,
Spalte3 int NOT NULL
);
```

Der ersten Spalte der Tabelle werden in diesem Beispiel Werte ab 10 mit der Schrittweite 5 zugewiesen.

Bei der Verwendung von Identitätswerten sollten Sie beachten, dass SQL Server eventuell vorhandene Lücken in der Nummerierung nicht automatisch auffüllt! Würden z. B. die beiden in Abbildung 9.3 dargestellten Datensätze gelöscht – was im Management Studio über den Aufruf des Kontextmenüs erfolgen kann – und würde daraufhin ein neuer Datensatz eingetragen, würde diesem der Identitätswert 3 zugewiesen!

9.1.3 »SPARSE«-Eigenschaft einer Tabellenspalte

NULL-Werte sind in einer Tabellenspalte häufig unvermeidbar, denken Sie z. B. an die Kombination von Ausleihe- und Rückgabedatum einer Bibliotheksanwendung. Generell gilt jedoch, dass NULL-Werte in Tabellen möglichst vermieden werden sollten. Ein Grund dafür ist, dass die Behandlung von NULL-Werten in Abfragen einen erhöhten Bearbeitungsaufwand mit entsprechenden Leistungsverlusten darstellen kann. Ein anderer Grund besteht darin, dass eine große Anzahl von NULL-Werten in einer Tabelle u. U. zu einem erhöhten Speicherbedarf führt, ohne dass reale Informationen abgespeichert werden.

Das folgende Beispiel soll diesen Sachverhalt demonstrieren. Im Beispiel wird zunächst eine Tabelle in der *tempdb*-Datenbank erstellt, die aus lediglich zwei Spalten besteht. Der ersten Spalte *ID* wird der Datentyp integer zugewiesen, die zweite Spalte *Value* wird mit dem Datentyp char(255) und NULL-Zulässigkeit erstellt.

Anschließend werden in die Tabelle innerhalb einer Schleife 1.000 Datensätze eingefügt. Der Wert für die Spalte *ID* wird innerhalb der Schleife für jeden Datensatz um 1 erhöht, während der Spalte *Value* explizit NULL-Werte zugewiesen werden.

Beispiel:

```
USE tempdb;
GO
CREATE TABLE tblSparse
(
    ID int,
    Wert char(255) NULL
);

DECLARE @Counter smallint = 0;

WHILE @Counter < 1000
BEGIN
    INSERT INTO tblSparse
    VALUES (@Counter, NULL);
    SET @Counter += 1;
END;
```

Nehmen wir nun eine grobe Schätzung des von der Tabelle beanspruchten Speicherplatzes lediglich anhand der verwendeten Datentypen vor, ergibt sich die folgende Rechnung:

Pro Datensatz 4 Bytes (integer) + 255 Bytes (char(255))

Summe pro Datensatz: 259 Bytes

Hochgerechnet auf die Tabelle:

1.000 Datensätze: 259.000 Bytes

Über den Aufruf der Systemprozedur sp_spaceused lässt sich der tatsächliche Speicherbedarf der Tabelle ermitteln:

Beispiel:

EXECUTE sp_spaceused 'tblSparse';

Abbildung 9.4 zeigt die Ausgabe der Prozedur für die eben erstellte Tabelle.

name	rows	reserved	data	index_size	unused
tblSparse	1000	328 KB	280 KB	8 KB	40 KB

Abbildung 9.4 Speicherbedarf der Tabelle ohne »SPARSE«-Option

Wie Sie in Abbildung 9.4 sehen, belegt die Tabelle 280 KB Speicherplatz – was in etwa der oben angestellten Berechnung entspricht –, obwohl in die Tabelle neben den Werten für die *ID*-Spalte lediglich NULL-Werte eingefügt worden sind. Offensichtlich haben die der Spalte *Value* hinzugefügten NULL-Werte trotzdem einen dem Spaltendatentyp entsprechenden Speicherbedarf bewirkt.

Um eine optimierte Speicherung von Spalten mit einer großen Anzahl von NULL-Werten – auch als *Spalten mit geringer Dichte* bezeichnet – zu ermöglichen, wurde mit SQL Server 2008 die SPARSE-Spaltenoption (*sparse*, engl. für: spärlich, wenig) eingeführt.

Wenn Sie eine Tabellenspalte unter Verwendung dieser Option erstellen, führt dies dazu, dass ein NULL-Wert in dieser Spalte keinen Speicher belegt. Um die Verwendung von SPARSE zu demonstrieren, wird im nächsten Beispiel die eben erstellte Tabelle zunächst gelöscht und dann erneut, diesmal unter Verwendung der SPARSE-Option für die Spalte *Value,* erstellt. Ansonsten entspricht das nächste Beispiel funktional dem vorangegangenen Beispiel.

Beispiel:

```
DROP TABLE tblSparse;
GO
CREATE TABLE tblSparse
(
    ID int,
    Wert char(255) SPARSE NULL
);

DECLARE @Counter smallint = 0;

WHILE @Counter < 1000
BEGIN
```

```
    INSERT INTO tblSparse
    VALUES (@Counter, NULL);
    SET @Counter += 1;
END;
```

Eine erneute Ausführung von sp_spaceused zeigt nun einen deutlich verringerten Speicherbedarf der Tabelle (Abbildung 9.5).

Abbildung 9.5 Speicherbedarf der Tabelle mit »SPARSE«-Option

Im grafischen Tabellenentwurf können Sie die SPARSE-Option durch Setzen der Spalteneigenschaft IST VON GERINGER DICHTE aktivieren, wie es in Abbildung 9.6 gezeigt wird.

Abbildung 9.6 Die »SPARSE«-Option in den Spalteneigenschaften

Generell gilt, dass Sie SPARSE nicht in Verbindung mit geography-, geometry-, image-, ntext-, text-, timestamp- und benutzerdefinierten Datentypen verwenden können.

Wenn Sie SPARSE in Verbindung mit einem der zulässigen Datentypen verwenden möchten, sollten Sie sich einer weiteren Auswirkung von SPARSE auf den Speicherbedarf von Daten bewusst sein. Wie bereits erwähnt, belegt ein NULL-Wert in einer mit SPARSE definierten Spalte keinen Speicherplatz. Legen Sie jedoch einen Nicht-NULL-Wert in derselben Spalte ab, verbraucht dieser typischerweise 4 Byte mehr Speicherplatz als in einer Spalte ohne SPARSE-Eigenschaft. Ob sich ein verminderter Speicherbedarf durch die Verwendung der SPARSE-Option erzielen lässt, hängt also vom Verhältnis von NULL- zu Nicht-NULL-Werten in der Tabellenspalte unter Berücksichtigung des der Spalte zugewiesenen Datentyps ab.

Microsoft empfiehlt, SPARSE ab einer Speicherersparnis von mindestens 20 bis 40 Prozent einzusetzen. In der SQL-Server-Dokumentation finden Sie entsprechende Tabellen, die Sie bei der Entscheidung über die Zweckmäßigkeit des Einsatzes von SPARSE unterstützen können. Eine entsprechende Seite finden Sie z. B. auch unter der Adresse *http://msdn.microsoft.com/de-de/library/cc280604.aspx*.

In diesen Tabellen wird der Speicherbedarf von Nicht-NULL-Werten in Abhängigkeit vom jeweiligen Datentyp bei Speicherung in einer Spalte *ohne* im Vergleich zur Speicherung in einer Spalte *mit* SPARSE-Eigenschaft aufgeführt. Die in Abbildung 9.7 dargestellte Spalte *NULL-Prozentsatz* gibt den Prozentsatz von NULL-Werten an, ab dem für den jeweiligen Datentyp eine Speicherersparnis von 40 Prozent erreicht wird.

Datentypen fester Länge			
Datentyp	Bytes ohne geringe Dichte	Bytes mit geringer Dichte	NULL-Prozentsatz
bit	0.125	5	98%
tinyint	1	5	86%
smallint	2	6	76%
int	4	8	64%
bigint	8	12	52%
real	4	8	64%
float	8	12	52%
smallmoney	4	8	64%
money	8	12	52%

Abbildung 9.7 Tabelle zur Verwendung von »SPARSE« (Quelle: Microsoft)

9.1.4 Festlegung des physischen Speicherorts

Wie wir in Kapitel 8, »Erstellen und Ändern von Datenbanken«, bereits erwähnt haben, kann der physische Speicherort einer Tabelle nicht explizit angegeben werden. Indirekt ist dies jedoch durch die Angabe der Dateigruppe möglich. Die Zuordnung einer Tabelle zu einer Dateigruppe erfolgt durch die Erweiterung der CREATE TABLE-Anweisung durch das Schlüsselwort ON und die Angabe des Dateigruppennamens:

Syntax:

```
CREATE TABLE tabellenname
(
    spaltenname datentyp [NOT] NULL
)
ON dateigruppenname;
```

Wenn Sie die *GalileoDB*-Datenbank mit der zweiten Dateigruppe SECONDARY angelegt haben, können Sie mit dem folgenden Beispiel die Tabelle *tblTest4* in dieser Dateigruppe erstellen.

Beispiel:

```
USE GalileoDB;
GO
CREATE TABLE tblTest4
(
    Spalte1 int IDENTITY(10,5),
    Spalte2 int NULL,
    Spalte3 int NOT NULL
)
ON SECONDARY;
```

Da die Datendatei der Dateigruppe SECONDARY auf Laufwerk *D* erstellt wurde, erfolgt die Speicherung der Tabelle nun auf diesem Laufwerk. Die in den bisherigen Beispielen angelegten Tabellen wurden alle in der Dateigruppe PRIMARY erstellt, da sie die Standarddateigruppe der Datenbank darstellt, in der alle Objekte abgelegt werden, die nicht mittels ON einer anderen Dateigruppe zugewiesen werden.

9.1.5 Verwendung von FILESTREAM zur Speicherung von Daten im Dateisystem

Mit SQL Server 2005 erfolgte die Einführung der max-Datentypen, die eine einfachere Handhabung großer binärer Daten ermöglichte. Diese Art von Daten wird mit der Abkürzung *BLOB* (*Binary Large Object*) bezeichnet. Zu diesen Datentypen zählen varchar(max), nvarchar(max) und varbinary(max). Diese Datentypen haben gemeinsam, dass sie über eine maximale Größe von 2 GB verfügen, was die maximale Größe herkömmlicher Datentypen bei Weitem übersteigt. Trotz dieses enorm vergrößerten Speicherbereichs werden Daten, die diesen Datentypen zugewiesen sind, genau wie Daten konventioneller Datentypen in den Datendateien einer Datenbank abgelegt. Die mit SQL Server 2008 eingeführte FILESTREAM-Technologie ermöglicht eine alternative Art der Ablage großer Binärdaten durch die Speicherung der Daten direkt im NTFS-Dateisystem und damit außerhalb der Datendateien.

Die Verwendung von FILESTREAM kann einen positiven Effekt auf die Verarbeitung von BLOB-Daten haben, da der NT-Systemcache zur Zwischenspeicherung der Daten verwendet wird, während der Pufferpool von SQL Server für FILESTREAM-Daten nicht verwendet wird und damit SQL Server für andere Aufgaben zur Verfügung steht.

Der Einsatz von FILESTREAM anstelle der Speicherung in Datendateien wird von Microsoft z. B. in folgenden Fällen empfohlen:

- Ein schneller Lesezugriff auf BLOB-Daten ist erforderlich.
- Die Größe der BLOB-Daten liegt typischerweise über 1 MB. Bei kleineren BLOB-Daten kann die Speicherung innerhalb von Datendateien in Bezug auf die Leistung vorteilhafter sein.

▶ In Bezug auf die Sicherheit von Daten gibt es einen Aspekt, der gegen die Verwendung von FILESTREAM sprechen kann: FILESTREAM-Daten werden bei Verwendung der transparenten Datenverschlüsselung im Gegensatz zu den Daten in Datenbankdateien *nicht* verschlüsselt!

Aktivierung von FILESTREAM für eine Instanz

Bevor Sie FILESTREAM zur Speicherung von Daten verwenden können, muss FILESTREAM für die jeweilige Instanz von SQL Server aktiviert worden sein. Es handelt sich also um eine serverweite und keine datenbankspezifische Option. Sie können FILESTREAM bereits während der Installation von SQL Server durch den in Abbildung 9.8 dargestellten Reiter aktivieren.

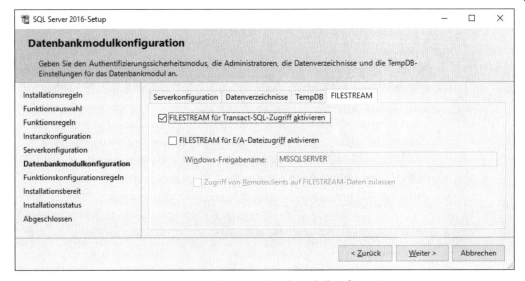

Abbildung 9.8 Reiter »FILESTREAM« in der Datenbankmodulkonfiguration

Wenn Sie FILESTREAM für eine bestehende Instanz von SQL Server aktivieren möchten, finden Sie den entsprechenden Dialog im SQL SERVER-KONFIGURATIONS-MANAGER (siehe Abbildung 9.9).

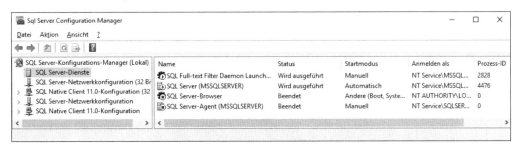

Abbildung 9.9 Dienste im Konfigurations-Manager

Rufen Sie über einen rechten Mausklick die Eigenschaften des SQL-Server-Dienstes auf, und wechseln Sie in dem Dialog zum Reiter FILESTREAM (siehe Abbildung 9.10).

Die in Abbildung 9.10 dargestellten Optionen haben die folgende Bedeutung:

- FILESTREAM FÜR TRANSACT-SQL-ZUGRIFF AKTIVIEREN
  Aktiviert FILESTREAM und ermöglicht den Zugriff auf FILESTREAM-Daten mittels Transact-SQL-Anweisungen. Sie müssen diese Option aktivieren, bevor die anderen beiden Optionen verfügbar sind.

- FILESTREAM FÜR E/A-DATEIZUGRIFF AKTIVIEREN
  Ermöglicht zusätzlich zu T-SQL-Abfragen den Zugriff auf lokale FILESTREAM-Daten über die WIN32-API. Dazu wird eine Windows-Freigabe verwendet, deren Namen Sie im Eingabefeld ändern können. Standardmäßig wird der in Abbildung 9.10 dargestellte Name MSSQLSERVER verwendet. Die Eigenschaften der Windows-Freigabe können Sie in der Systemsteuerung einsehen, wie Abbildung 9.11 beispielhaft zeigt.

Abbildung 9.10 Aktivierung von FILESTREAM in den Eigenschaften des SQL-Server-Dienstes

- ZUGRIFF VON REMOTECLIENTS AUF FILESTREAM-DATEN ZULASSEN
  Aktivieren Sie diese Option, wenn der Zugriff auf die FILESTREAM-Daten auch von anderen Rechnern (Remoteclients) möglich sein soll.

- Sie können die Verwendung von FILESTREAM auch über die Systemprozedur sp_configure mit der Option filestream_access_level steuern. Das folgende Beispiel entspricht der Aktivierung der ersten in Abbildung 9.10 dargestellten Option (FILESTREAM FÜR TRANSACT-SQL-ZUGRIFF AKTIVIEREN).

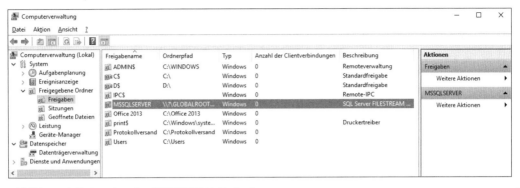

Abbildung 9.11 Anzeige der FILESTREAM-Freigabe

Beispiel:

```
EXECUTE sp_configure filestream_access_level, 1;
GO
RECONFIGURE;
```

Wenn Sie bereits bei der Installation von SQL Server wissen, dass Sie FILESTREAM verwenden möchten, können Sie die entsprechenden Einstellungen auch während der Installation in dem in Abbildung 9.8 dargestellten Dialog unter dem Reiter FILESTREAM vornehmen.

Konfiguration einer Datenbank für die Verwendung von FILESTREAM

Bevor Sie Daten unter Verwendung von FILESTREAM in einer Datenbank speichern können, müssen Sie die Datenbank zunächst entsprechend konfigurieren. Denn obwohl die Speicherung von FILESTREAM-Daten nicht in den Datendateien erfolgt, muss die Datenbank über eine Dateigruppe für die FILESTREAM-Daten verfügen.

In der grafischen Oberfläche des Management Studios können Sie eine FILESTREAM-Dateigruppe ähnlich einer konventionellen Dateigruppe definieren, wie Abbildung 9.12 zeigt.

Alternativ dazu können Sie die CREATE DATABASE-Anweisung verwenden, um Eigenschaften der FILESTREAM-Dateigruppe näher zu spezifizieren, als es in der grafischen Oberfläche des Management Studios möglich ist. Das folgende Beispiel erstellt die Datenbank *dbFILESTREAM* unter Angabe des Speicherorts der FILESTREAM-Dateigruppe.

9 Erstellen von Tabellen

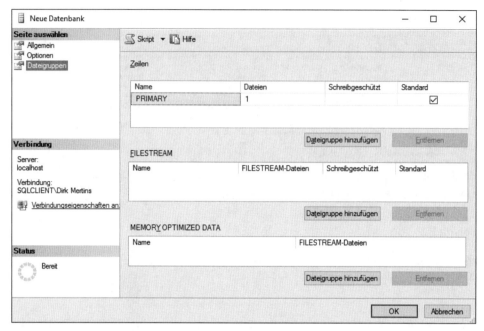

Abbildung 9.12 Möglichkeit, eine FILESTREAM-Dateigruppe in der grafischen Oberfläche des Management Studios zu definieren

Beispiel:

```
CREATE DATABASE dbFILESTREAM
ON PRIMARY
(
    NAME = dbData,
    FILENAME = 'C:\Program Files\Microsoft SQL Server\MSSQL13.MSSQLSERVER\
    MSSQL\DATA\dbData.mdf'
),
FILEGROUP fgFILESTREAM CONTAINS FILESTREAM
(
    NAME = FSData,
    FILENAME = 'C:\FSData'
)
LOG ON
(
    NAME = dbLog,
    FILENAME = 'C:\Program Files\Microsoft SQL Server\MSSQL13.MSSQLSERVER\
    MSSQL\DATA\dbLog.ldf'
);
```

In diesem Beispiel wird der im Parameter FILENAME angegebene Ordner FSDATA im Hauptverzeichnis des Laufwerks *C:* erstellt, um die Lesbarkeit der Anweisung nicht unnötig zu erschweren. In der Praxis können Sie einen beliebigen Pfad angeben, in dem der letzte Teil des Pfades (im Beispiel der Ordner FSDATA) jedoch nicht vorhanden sein darf.

In dem durch FILEPATH angegebenen Ordner finden Sie nach erfolgreicher Ausführung der Anweisung eine Struktur wie in Abbildung 9.13.

| $FSLOG | 02.10.2016 10:20 | Dateiordner | 10:20 |
| filestream.hdr | 02.10.2016 10:20 | HDR-Datei | 10:20 |

Abbildung 9.13 Struktur des FILESTREAM-Ordners

Die in Abbildung 9.13 dargestellte Datei *filestream.hdr* ist die von FILESTREAM verwendete Container-Headerdatei. Da es sich bei dieser Datei um eine Systemdatei handelt, sollten Sie sie auf keinen Fall manuell ändern oder gar löschen.

Sie können einer bestehenden Datenbank auch nachträglich eine FILESTREAM-Dateigruppe hinzufügen. Verwenden Sie dazu die ALTER DATABASE-Anweisung.

Beispiel:

```
ALTER DATABASE dbFILESTREAM
ADD FILEGROUP fgFILESTREAM CONTAINS FILESTREAM;
```

Erstellung einer Tabelle zur Speicherung von FILESTREAM-Daten

Eine Tabelle, die zur Speicherung von FILESTREAM-Daten vorgesehen ist, muss über bestimmte Eigenschaften verfügen. So muss neben der Spalte, die zur Aufnahme der BLOB-Daten dienen soll, eine weitere Spalte mit einem speziellen eindeutigen Bezeichner vorhanden sein. Auf die Eigenschaften beider Spalten gehen wir im Folgenden näher ein.

- **Spalte zur Aufnahme der FILSTREAM-Daten**
  Eine Spalte, die zur Aufnahme von FILESTREAM-Daten vorgesehen ist, muss mit dem Datentyp varbinary(max) definiert werden. Gegenüber einem Benutzer wie auch SQL Server stellt dieser Datentyp den Datentyp der Spalte dar, unabhängig von der Speicherung der Daten unter Verwendung von FILESTREAM. Die Speicherung als FILESTREAM legen Sie während der Definition der Spalte lediglich über die Angabe des Spaltenattributs FILESTREAM fest.

- **GUID-Spalte**
  SQL Server benötigt zur Verwaltung der FILESTREAM-Daten eine Spalte, die einen eindeutigen Bezeichner für die einzelnen BLOB-Daten bereitstellt. Dieser Bezeichner muss als *Globally Unique Identifier* (*GUID*) bereitgestellt werden, daher müssen Sie uniqueidentifier als Datentyp für diese Spalte wählen. Außerdem gilt für die

Spaltendefinition, dass durch sie die Eindeutigkeit der Einträge sichergestellt werden muss und kein NULL-Wert zulässig sein darf. Die Eindeutigkeit wiederum muss durch die Wahl einer geeigneten Einschränkung (CONSTRAINT) gewährleistet sein. Zusätzlich muss die Spalte mit dem Attribut ROWGUIDCOL erstellt werden. ROWGUIDCOL ist eine Spalteneigenschaft, die Eindeutigkeit anzeigt, aber nicht erzwingt. Deshalb können Sie auf die Definition der Einschränkung auch bei Angabe von ROWGUIDCOL nicht verzichten.

Das folgende Beispiel zeigt eine Tabellendefinition, die über eine Primärschlüsselspalte (ID), eine GUID-Spalte (GUIDcol) und die Spalte zur Aufnahme der FILESTREAM-Daten (FSData) verfügt.

Beispiel:

```
USE dbFILESTREAM;
GO
CREATE TABLE tblFS
(
    ID int
    CONSTRAINT pkID PRIMARY KEY,
    GUIDcol uniqueidentifier ROWGUIDCOL NOT NULL
    CONSTRAINT unGUIDcol UNIQUE,
    FSData varbinary(max) FILESTREAM
);
```

Zugriff auf FILESTREAM-Daten mit Transact-SQL

Da eine Tabellenspalte zur Speicherung von FILESTREAM-Daten formal mit dem systemeigenen Datentyp varbinary(max) deklariert wird, können Sie unter Verwendung von SQL-Anweisungen wie gewohnt auf den Inhalt der entsprechenden Tabelle zugreifen.

So zeigt das folgende Beispiel das Einfügen eines Datensatzes in die oben definierte Tabelle. Die einzufügende Zeichenkette wird dabei über die CAST-Funktion in den erforderlichen Datentyp varbinary(max) konvertiert.

Beispiel:

```
INSERT INTO tblFS
VALUES (1, NEWID(), CAST('abc' AS varbinary(max)));
```

Eine Abfrage auf den Tabelleninhalt liefert die in Abbildung 9.14 dargestellte Ausgabe.

ID	GUIDcol	FSData
1	F9100A37-9ACC-4EBA-9DB0-503DB70286DD	0x616263

Abbildung 9.14 Tabelleninhalt nach Einfügen eines Datensatzes

Wie Sie Abbildung 9.14 entnehmen können, liegt der Inhalt der FILESTREAM-Spalte nicht in lesbarer Form vor. Wie beim Einfügen des Datensatzes können Sie jedoch die CAST-Anweisung verwenden, um den Spalteninhalt – vorausgesetzt, es handelt sich dabei um Zeichenketten – in einer lesbaren Form auszugeben, wie das folgende Beispiel zeigt.

Beispiel:

```
SELECT ID, GUIDcol, CAST(FSData AS CHAR(3))
FROM tblFS;
```

Als Ausgabe sehen Sie nun das in Abbildung 9.15 dargestellte Abfrageergebnis.

ID	GUIDcol	(Kein Spaltenname)
1	1	52FF1736-0AB9-437A-99F1-CC3C020997C6	abc

Abbildung 9.15 Abfrageergebnis mit konvertierter FILESTREAM-Spalte

Ebenso ist ein UPDATE auf FILESTREAM-Daten möglich. Das folgende Beispiel ändert den Wert der Zeichenkette in xyz ab.

Beispiel:

```
UPDATE tblFS
SET FSData = CAST('xyz' AS varbinary(max))
WHERE ID=1;
```

Eine erneute Abfrage auf den Tabelleninhalt unter Verwendung der CAST-Funktion liefert nun das in Abbildung 9.16 gezeigte Abfrageergebnis.

ID	GUIDcol	(Kein Spaltenname)
1	1	5C63C464-C334-4576-92C4-A3E0FC0E5125	xyz

Abbildung 9.16 Tabelleninhalt nach der Aktualisierung

Das Löschen von Daten erfolgt ebenfalls über die entsprechende DML-Anweisung DELETE. Mit dem folgenden Beispiel löschen Sie den eingefügten Datensatz wieder aus der Tabelle.

Beispiel:

```
DELETE FROM tblFS
WHERE ID=1;
```

Das Löschen der von einer DELETE-Anweisung betroffenen Dateien aus dem Dateisystem erfolgt durch den FILESTREAM Garbage Collector.

Im Gegensatz zu den beschriebenen SQL-Anweisungen stellt sich der Zugriff auf FILESTREAM-Daten über die Win32-API wesentlich komplexer dar. Beispiele für den Zugriff auf FILESTREAM-Daten unter C# finden Sie z. B. auf der Internetseite *http://*

technet.microsoft.com/en-us/library/cc645940.aspx. Diese Seite enthält ebenfalls entsprechende Beispiele für andere Programmiersprachen.

9.2 Tabellen ändern

In einer Datenbank kann es durchaus vorkommen, dass eine Tabelle in ihrer Struktur geändert werden muss, sei es, weil ein Datentyp zu klein gewählt wurde oder weil zusätzliche Spalten notwendig geworden sind. Alle Anweisungen zur Änderung einer Tabelle werden mit ALTER TABLE eingeleitet.

9.2.1 Spalten hinzufügen »ADD«

Um einer Tabelle eine Spalte hinzuzufügen, verwenden Sie die ALTER TABLE-Anweisung in Verbindung mit ADD. Wie beim Anlegen einer Tabelle erfolgt danach die Angabe des Spaltennamens, des Datentyps und der Option NULL bzw. NOT NULL.

Syntax:

```
ALTER TABLE tabellenname
ADD spaltenname datentyp [NOT] NULL;
```

Das folgende Beispiel fügt der weiter oben in der Datenbank *GalileoDB* erstellten Tabelle *tblTest1* eine weitere Spalte vom Datentyp char(10) ohne NULL-Zulässigkeit hinzu:

Beispiel:

```
USE GalileoDB;
GO
ALTER TABLE tblTest1
ADD Spalte4 char(10) NOT NULL;
```

Ob die Spalte der Tabelle korrekt hinzugefügt wurde, können Sie im Objektkatalog überprüfen (siehe Abbildung 9.17).

Abbildung 9.17 Struktur der Tabelle nach dem Hinzufügen einer weiteren Spalte

Auch beim Hinzufügen einer Spalte zu einer bestehenden Tabelle ist die Angabe von NULL bzw. NOT NULL optional. Der Versuch, eine Spalte ohne NOT NULL-Zulässigkeit einer Tabelle hinzuzufügen, kann fehlschlagen, wenn die Tabelle bereits Datensätze enthält.

9.2.2 Spalten ändern »ALTER COLUMN«

Mit ALTER COLUMN ändern Sie den Datentyp und die NULL-Zulässigkeit einer Spalte. Der Spaltenname selbst kann damit nicht geändert werden. Eine Änderung des Spaltennamens ist aber mithilfe der Prozedur sp_rename möglich.

Bei der Verwendung von ALTER TABLE ... ALTER COLUMN gelten u. a. die folgenden Einschränkungen:

- Die Spalte darf nicht als Primärschlüssel oder Fremdschlüssel definiert sein.
- Wird der Spaltendatentyp geändert, muss der ursprüngliche Datentyp in den neuen Datentyp konvertierbar sein.
- NOT NULL kann nur dann aktiviert werden, wenn sich in der Spalte noch keine NULL-Werte befinden.
- Besitzt die Spalte eine IDENTITY-Eigenschaft, muss der neue Datentyp von IDENTITY nutzbar sein.

Die Syntax der Anweisung ist der von ALTER TABLE ... ADD sehr ähnlich:

```
ALTER TABLE tabellenname
ALTER COLUMN spaltenname datentyp [NOT] NULL;
```

> **Hinweis**
>
> Auch hier kann die Angabe von NULL bzw. NOT NULL entfallen. Dies kann aber gerade bei der Anwendung dieser Anweisung nicht bedachte Auswirkungen haben: Besitzt eine Spalte keine NULL-Zulässigkeit und wird ihre Spaltendefinition ohne Angabe von NULL oder NOT NULL geändert, wird das Standardverhalten von SQL Server wirksam, und die Spalte lässt nach der Änderung NULL-Werte zu.

Die folgende Anweisung ändert den Datentyp der eben hinzugefügten Spalte in char(20) ab und lässt explizit NULL-Werte zu:

Beispiel:

```
ALTER TABLE tblTest1
ALTER COLUMN Spalte4 char(20) NULL;
```

Abbildung 9.18 zeigt die geänderte Spaltendefinition.

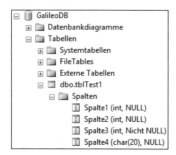

Abbildung 9.18 Tabellenstruktur mit geänderter Spalte

9.2.3 Spalten löschen »DROP COLUMN«

Beachten Sie beim Löschen einer Spalte bitte, dass Sie diese nicht wiederherstellen können! Gelöscht wird eine Spalte über DROP COLUMN und die Angabe des Spaltennamens:

Syntax:

```
ALTER TABLE tabellenname
DROP COLUMN spaltenname;
```

Das folgende Beispiel löscht die vierte Spalte aus der Tabelle:

Beispiel:

```
ALTER TABLE tblTest1
DROP COLUMN Spalte4;
```

▶ Die Ansicht im Objektkatalog entspricht nun wieder Abbildung 9.1.

9.3 Löschen von Tabellen

Wie bei allen permanenten Datenbankobjekten wird der Befehl zum Löschen mit DROP eingeleitet, und es erfolgt *keine* Rückfrage:

```
DROP TABLE tabellenname;
```

Beispiel:

```
DROP TABLE tblTest1;
```

Auch das Löschen mehrerer Tabellen mit einer Anweisung ist möglich. Dazu geben Sie die zu löschenden Tabellen in einer Liste an:

```
DROP TABLE tabellenliste;
```

Beispiel:

```
DROP TABLE tblTest2, tblTest3, tblTest4;
```

9.4 Implementierung der Datenintegrität

In Kapitel 2, »Datenbankgrundlagen«, haben wir bereits die Notwendigkeit angesprochen, dass ein Datenbankmanagementsystem Möglichkeiten bereitstellen muss, die verschiedenen Integritätsarten sicherzustellen – also z. B. die Verwendung von Primärschlüsseln und die Überprüfung von Fremdschlüssel- und Spaltenwerten. In Tabellen werden zu diesem Zweck sogenannte *Einschränkungen* (oder *Constraints*) definiert. Sie erhalten zunächst einen Überblick über die in SQL Server verfügbaren Einschränkungsarten.

9.4.1 Die Einschränkungsarten im Überblick

SQL Server stellt die folgenden fünf Einschränkungsarten zur Verfügung:

- PRIMARY KEY-Constraint: Definition eines Primärschlüssels
- UNIQUE-Constraint: Sicherstellung der Eindeutigkeit
- FOREIGN KEY-Constraint: Definition eines Fremdschlüssels
- CHECK-Constraint: Überprüfung von Eingaben
- DEFAULT-Constraint: Generierung von Standardwerten

Die Zuordnung der Einschränkungen zu den Integritätsarten können Sie Abbildung 9.19 entnehmen.

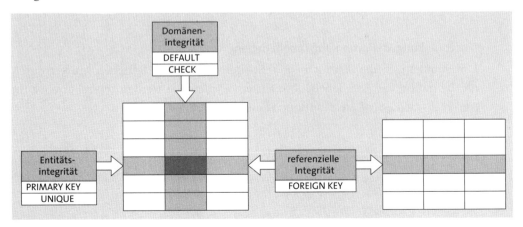

Abbildung 9.19 Zuordnung der Einschränkungen zu den Integritätsarten

9.4.2 Definition von Einschränkungen

Einschränkungen können Sie direkt bei der Erstellung einer Tabelle definieren oder aber später der Tabelle hinzufügen. Im Folgenden nehmen wir zunächst auf die während der Tabellenerstellung verwendete Syntax Bezug und erläutern im Anschluss daran die Möglichkeiten zur nachträglichen Definition.

Während der Tabellenerstellung wird zwischen der Definition auf Spalten- und Tabellenebene unterschieden.

Einschränkungsdefinition auf Spaltenebene

Einschränkungen auf Spaltenebene können sich nur auf *eine* Spalte beziehen. Ihre Definition erfolgt in der Zeile, in der die restliche Spaltendefinition vorgenommen wird. Die Definition einer Einschränkung wird durch das Schlüsselwort CONSTRAINT eingeleitet. Eine Spaltendefinition mit Erstellung einer Einschränkung während der Tabellenerstellung hat typischerweise die folgende Form:

Syntax:

```
CREATE TABLE tabellenname
(
    spaltenname datentyp [NOT] NULL CONSTRAINT constraintname
    constraintausdruck
);
```

Der CONSTRAINT-Ausdruck differiert in Abhängigkeit von der Einschränkung, die Sie erstellen wollen. Er wird bei der Erläuterung der verschiedenen Einschränkungsarten angegeben. Daneben erhält eine Einschränkung einen Namen, unter dem sie später angesprochen werden kann, falls sie gelöscht oder geändert werden muss.

Einschränkungsdefinition auf Tabellenebene

Einschränkungen, die sich auf *mehrere* Spalten einer Tabelle beziehen, müssen durch die Definition auf Tabellenebene realisiert werden. Sie werden typischerweise im Anschluss an die Spaltendefinitionen einer Tabelle angegeben:

Syntax:

```
CREATE TABLE tabellenname
(
    spaltenname datentyp [NOT] NULL,
    spaltenname datentyp [NOT] NULL,
    CONSTRAINT constraintname constraintausdruck
);
```

Beachten Sie das Komma als Trennzeichen zwischen der Spalten- und Einschränkungsdefinition. Wäre dieses Komma nicht vorhanden, würde es sich um eine CONSTRAINT-Definition auf Spaltenebene handeln.

9.4.3 Eigenschaften von Constraints

Für alle Einschränkungsarten – mit Ausnahme des Fremdschlüssels – gilt, dass sie nicht auf Spalten in anderen Tabellen verweisen können. Außer dem Fremdschlüssel beziehen sich alle Constraints immer auf die eigene Tabelle.

Die Angabe eines Namens für eine Einschränkung ist optional. Soll kein Name für einen Constraint angegeben werden, *müssen* Sie ebenfalls auf das Schlüsselwort CONSTRAINT in der Definition verzichten. SQL Server vergibt dann einen eindeutigen Namen für die Einschränkung.

Bei der folgenden Vorstellung der Einschränkungsarten verzichten wir auf die Angabe der kompletten Spaltendefinition und gehen nur noch auf die Deklaration der Einschränkung ab dem Schlüsselwort CONSTRAINT ein, um die wesentlichen Merkmale einer Einschränkung herauszustellen. Die angegebenen Beispiele beziehen sich auf die Definition auf Spaltenebene; die Definition auf Tabellenebene stellen wir Ihnen anschließend vor. Zur Benennung der Constraints verwenden wir ein typisches Kürzel in Verbindung mit Spaltennamen – und im Fall des Fremdschlüssels auch Tabellennamen – aus den bisherigen Beispielen dieses Kapitels.

»PRIMARY KEY«-Einschränkung

Die PRIMARY KEY-Einschränkung definiert den Primärschlüssel einer Tabelle und stellt damit eine Möglichkeit dar, die Entitätsintegrität sicherzustellen. PRIMARY KEY-Constraints werden häufig mit dem Präfix pk im Namen gekennzeichnet:

Syntax:

```
CONSTRAINT constraintname PRIMARY KEY
```

Beispiel:

```
CONSTRAINT pkSpalte1 PRIMARY KEY
```

> **Hinweis**
>
> Beachten Sie beim Verwenden der PRIMARY KEY-Einschränkung die folgenden Punkte:
> - In einer Tabelle darf nur eine PRIMARY KEY-Einschränkung vorhanden sein.
> - Durch den Primärschlüssel werden nur eindeutige Spaltenwerte zugelassen.
> - NULL-Werte sind in einer Primärschlüsselspalte nicht zulässig.
> - Ein Primärschlüssel kann maximal 16 Spalten umfassen.

»UNIQUE«-Einschränkung

Mit UNIQUE lässt sich die Eindeutigkeit von Spalten sicherstellen, die kein Primärschlüssel sind. Diese Einschränkung ist wie die PRIMARY KEY-Einschränkung der Entitätsintegrität zuzurechnen. Als Präfix für diese Einschränkungsart wird häufig un verwendet:

Syntax:

```
CONSTRAINT constraintname UNIQUE
```

Beispiel:

```
CONSTRAINT unSpalte3 UNIQUE
```

> **Hinweis**
>
> Beachten Sie beim Verwenden der UNIQUE-Einschränkung die folgenden Punkte:
> - Für eine Tabelle können mehrere UNIQUE-Einschränkungen definiert werden.
> - Durch UNIQUE wird ebenfalls die Eindeutigkeit der Spaltenwerte sichergestellt.
> - In einer UNIQUE-Spalte ist – im Gegensatz zum Primärschlüssel – *ein* einziger NULL-Wert zulässig.
> - Eine Spalte, die über eine UNIQUE-Einschränkung verfügt, kann – wie eine Primärschlüsselspalte – von Fremdschlüsseln referenziert werden.

»FOREIGN KEY«-Einschränkung

Die FOREIGN KEY-Einschränkung stellt die referenzielle Integrität sicher. Durch sie wird ein Verweis auf eine Spalte mit eindeutigen Einträgen erstellt. Gängiges Präfix für einen Fremdschlüssel ist die Zeichenfolge fk im Namen der Einschränkung. Die Angabe der Zieltabelle und Spalte erfolgt nach Angabe des Schlüsselworts REFERENCES:

Syntax:

```
CONSTRAINT constraintname FOREIGN KEY
REFERENCES tabellenname(spaltenname)
```

Beispiel:

```
CONSTRAINT fkSpalte2 FOREIGN KEY
REFERENCES tblTest1(Spalte1)
```

> **Hinweis**
>
> Beachten Sie beim Verwenden der FOREIGN KEY-Einschränkung die folgenden Punkte:

- Die Datentypen der Primär- und Fremdschlüsselspalte sollten sich entsprechen oder zumindest so gewählt werden, dass der Datentyp der Fremdschlüsselspalte die Werte der referenzierten Spalte aufnehmen kann.
- Die Bezeichner der Spalten müssen nicht übereinstimmen.
- NULL-Werte im Fremdschlüssel sind zulässig.
- Eine Fremdschlüsselspalte kann sich auf eine Primärschlüsselspalte oder eine Spalte, die über die UNIQUE-Einschränkung verfügt, beziehen. Der Schlüssel, auf den sich eine FOREIGN KEY-Einschränkung bezieht, muss zum Zeitpunkt der Erstellung des Fremdschlüssels existieren.

»CHECK«-Einschränkung

Die CHECK-Einschränkung dient dazu, die Domänenintegrität sicherzustellen. Zu diesem Zweck können Sie über eine CHECK-Einschränkung während der Eingabe eines Datensatzes feststellen, ob ein Spaltenwert der Bedingung der CHECK-Einschränkung entspricht. Ist dies nicht der Fall, wird der entsprechende Datensatz nicht in die Tabelle eingefügt. Als Präfix für den CHECK-Constraint wird häufig ck verwendet:

Syntax:

CONSTRAINT constraintname CHECK (spaltenname ausdruck)

Beispiel:

CONSTRAINT ckSpalte2 CHECK (Spalte2 BETWEEN 1 AND 1000)

Über diese CHECK-Einschränkung würde sichergestellt, dass in die entsprechende Spalte nur Werte von 1 bis 1.000 (jeweils einschließlich) eingetragen werden können.

> **Hinweis**
>
> Beachten Sie beim Verwenden der CHECK-Einschränkung die folgenden Punkte:
>
> - Sie kann nicht auf IDENTITY-Spalten angewandt werden.
> - Innerhalb der CONSTRAINT-Bedingung können Sie auf andere Spalten derselben Tabelle Bezug nehmen. Ein typisches Beispiel wäre die Überprüfung, ob ein Rückgabedatum größer als das in der Tabelle abgespeicherte Ausleihdatum ist.
> - Innerhalb einer CHECK-Einschränkung sind keine Abfragen zulässig.
> - Ist für eine Spalte mit CHECK-Einschränkung NULL-Zulässigkeit definiert, ist die Eingabe von NULL-Werten möglich. Das heißt: Dies stellt keinen Verstoß gegen eine CHECK-Einschränkung dar.

»DEFAULT«-Einschränkung

Die DEFAULT-Einschränkung ist ebenfalls der Domänenintegrität zuzuordnen. Sie dient zur Vergabe eines Standardwerts, falls der Anwender für eine Spalte keinen Wert übergibt. Das Standardpräfix für diese Einschränkungsart lautet de.

Syntax:

```
CONSTRAINT constraintname DEFAULT standardwert
```

Beispiel:

```
CONSTRAINT deSpalte4 DEFAULT 'unbekannt'
```

Über diese Einschränkung wird der Wert unbekannt in die entsprechende Spalte eingetragen, wenn für diese kein Spaltenwert übergeben wird.

> **Hinweis**
>
> Beachten Sie beim Verwenden der DEFAULT-Einschränkung die folgenden Punkte:
>
> ▶ Pro Spalte kann nur eine DEFAULT-Einschränkung definiert werden.
> ▶ DEFAULT kann nicht auf IDENTITY-Spalten angewandt werden.
> ▶ Eine DEFAULT-Einschränkung kann sich nur auf eine Spalte beziehen. Ihre Definition muss daher auf Spaltenebene erfolgen.
> ▶ DEFAULT-Werte werden nur bei der Eingabe eines Datensatzes automatisch vergeben. Wird der Feldinhalt einer Spalte mit DEFAULT-Einschränkung nachträglich gelöscht, wird der DEFAULT-Wert nicht vergeben.

Einschränkungsdefinition auf Tabellenebene

Einschränkungen müssen immer dann auf Tabellenebene vorgenommen werden, wenn sich eine Einschränkung auf mehr als eine Spalte bezieht. Da die Einschränkung auf Tabellenebene nicht innerhalb der Spaltendefinition erfolgt, muss angegeben werden, auf welche Spalten sich die Definition beziehen soll.

Dies hat zur Folge, dass sich die Syntax der CONSTRAINT-Definition in diesem Punkt von der verwendeten Syntax zur Definition auf Spaltenebene unterscheidet. Im Folgenden geben wir als Beispiel für jeweils zwei an der Einschränkung beteiligte Spalten die grundlegende Syntax zur Erstellung von Einschränkungen auf Tabellenebene an.

»PRIMARY KEY«-Einschränkung

```
CONSTRAINT constraintname PRIMARY KEY (spaltenname, spaltenname)
```

»UNIQUE«-Einschränkung

```
CONSTRAINT constraintname UNIQUE (spaltenname, spaltenname)
```

»FOREIGN KEY«-Einschränkung

```
CONSTRAINT constraintname FOREIGN KEY (spaltenname, spaltenname)
REFERENCES tabellenname (spaltenname, spaltenname)
```

Die Anzahl und die Spaltenreihenfolge des Fremdschlüssels müssen mit den referenzierten Spalten übereinstimmen. Im Besonderen heißt dies: Ein Fremdschlüssel kann nie Teile, also einzelne Spalten, eines Primärschlüssels referenzieren. Beim Bezug auf einen Schlüssel müssen alle Spalten des Schlüssels Verwendung finden.

»DEFAULT«-Einschränkung

Ein `DEFAULT`-Constraint kann *nicht* auf Tabellenebene definiert werden.

»CHECK«-Einschränkung

```
CONSTRAINT constraintname CHECK (spaltenname bedingung spaltenname)
```

Die bisher angegebenen `CONSTRAINT`-Definitionen mögen Ihnen etwas abstrakt erscheinen. In Abschnitt 9.5, »Anwendungsbeispiel zu Einschränkungen«, entwickeln wir daher ein praktisches Beispiel, das die Anwendung von Constraints verdeutlicht.

Bezieht sich eine Einschränkung nur auf eine Tabellenspalte, kann sie formal ebenfalls auf Tabellenebene definiert werden. In diesem Fall geben Sie innerhalb der Klammern nur einen Spaltennamen an.

9.4.4 Lösch- und Änderungsweitergabe

Die `FOREIGN KEY`-Einschränkung dient zur Überwachung der referenziellen Integrität. So ist es nicht möglich, einen Datensatz aus der referenzierten Tabelle (häufig *Mastertabelle* genannt) zu löschen, dessen Primärschlüsselwert in einer anderen Tabelle (der *Detailtabelle*) noch als Fremdschlüssel verwendet wird. Ebenso kann in der Regel der Wert des Primärschlüssels nicht geändert werden, da in diesem Fall die Werte im Fremdschlüssel auf einen nicht mehr vorhandenen Primärschlüsseleintrag verweisen würden.

In früheren Versionen von SQL Server bestand die einzige Möglichkeit, einen Primärschlüsseleintrag, der noch von anderen Datensätzen referenziert wurde, zu löschen oder zu ändern, darin, zunächst alle abhängigen Fremdschlüssel zu deaktivieren, die Änderungen am Primär- und an den Fremdschlüsselwerten vorzunehmen und danach die Einschränkung wieder zu aktivieren.

Dieses umständliche Vorgehen wurde mit der 2000er-Version von SQL Server durch die Einführung der Lösch- und Aktualisierungsweitergabe überflüssig. Die Löschweitergabe bewirkt, dass beim Löschen eines Eintrags aus einem Primärschlüssel automatisch die abhängigen Einträge im Fremdschlüssel entfernt werden.

Ebenso funktioniert die Aktualisierungsweitergabe: Abhängige Einträge werden bei der Änderung eines Primärschlüsseleintrags automatisch abgeglichen. Ob in einer Primär-/Fremdschlüsselbeziehung die Lösch- oder die Aktualisierungsweitergabe angewandt werden soll, legen Sie bei der Definition des Fremdschlüssels fest, indem Sie die Schlüsselwörter ON DELETE bzw. ON UPDATE mit dem Parameter CASCADE angeben.

> **Hinweis**
>
> DELETE und UPDATE sind die SQL-Befehle zum Löschen bzw. Verändern eines Datensatzes. Wir werden sie in Kapitel 12, »Daten verwalten«, besprechen.

Syntax:

```
CONSTRAINT constraintname FOREIGN KEY
REFERENCES tabellenname(spaltenname)
ON DELETE parameter
ON UPDATE parameter
```

Ein Beispiel zur Aktualisierungsweitergabe finden Sie im nächsten Abschnitt.

ON DELETE und ON UPDATE können zusammen oder einzeln angegeben werden, sodass es möglich ist, die Lösch- und die Aktualisierungsweitergabe getrennt zu aktivieren.

9.5 Anwendungsbeispiel zu Einschränkungen

In diesem Abschnitt zeigen wir Ihnen die CONSTRAINT-Definition an einem praktischen Beispiel. In der *GalileoDB*-Datenbank erstellen wir dazu die Tabellen des in Kapitel 3, »Logischer Datenbankentwurf«, hergeleiteten Datenbankentwurfs zur Erfassung von Autoren und den von ihnen geschriebenen Büchern.

> **Hinweis**
>
> Löschen Sie vor dem Ausführen dieses Beispiels alle eventuell noch vorhandenen Tabellen, die Sie im Laufe des Kapitels erstellt haben. Sie werden im weiteren Verlauf nicht mehr verwendet. Erstellen Sie die Tabellen dieses Entwurfs mit den folgenden Beispielen bitte in der *GalileoDB*-Datenbank.

Die Tabellendefinition schließt mehrere Constraints ein, um deren Anwendung zu verdeutlichen. Zu diesem Zweck zeigt Abbildung 9.20 noch einmal den umzusetzenden Entwurf.

Im Fall der Definition eines Fremdschlüssels müssen Sie beachten, dass die referenzierte Tabelle bereits bestehen muss, da sonst die Definition des Fremdschlüssels fehlschlägt. Bevor Sie also z. B. die Autorentabelle erstellen können, müssen Sie die durch sie referenzierte Tabelle anlegen, die die Informationen zu den Banken enthält:

Beispiel:

```
CREATE TABLE tblBank
(
   BLZ char(8)CONSTRAINT pkBLZ PRIMARY KEY,
   Bank varchar(50) NOT NULL
);
```

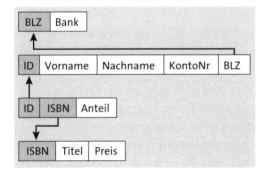

Abbildung 9.20 Datenbankentwurf aus Kapitel 3

Wie zu erkennen ist, wird die Spalte *BLZ* in dieser Anweisung durch eine Definition auf Spaltenebene als Primärschlüssel der Tabelle deklariert. Im Anschluss daran können Sie die Autorentabelle erstellen:

Beispiel:

```
CREATE TABLE tblAutor
(
   ID smallint IDENTITY(1,1)CONSTRAINT pkID PRIMARY KEY,
   Vorname varchar(20) NOT NULL,
   Nachname varchar(50) NOT NULL,
   KontoNr char(10) NULL CONSTRAINT ckKontoNr CHECK (KontoNr
   LIKE '[0-9][0-9][0-9][0-9][0-9][0-9][0-9][0-9][0-9][0-9]'),
   BLZ char(8) NULL CONSTRAINT fkBLZ REFERENCES
   tblBank(BLZ)
);
```

Auch in dieser Tabelle werden nur Einschränkungsdefinitionen auf Spaltenebene vorgenommen. Die Spalte *ID* wird zum Primärschlüssel der Tabelle erklärt, und für die Spalte *KontoNr* wird eine Überprüfung mithilfe des LIKE-Operators implementiert, was sicherstellt, dass die Kontonummer zehnstellig angegeben wird und nur aus Ziffern besteht. Anschließend wird die Spalte *BLZ*, ebenfalls auf Spaltenebene, zum Fremdschlüssel auf den Primärschlüssel der Tabelle *tblBank* definiert.

In der Tabelle *tblBuch* wird die ISBN-Nummer als Primärschlüssel definiert, und in der Spalte *Preis* wird ein DEFAULT-Constraint angelegt. Falls für das Buch kein Preis angegeben wird, erhält diese Spalte den Standardwert 0.

Beispiel:

```
CREATE TABLE tblBuch
(
   ISBN char(13) CONSTRAINT pkISBN PRIMARY KEY,
   Titel varchar (300) NOT NULL,
   Preis money CONSTRAINT dePreis DEFAULT 0
);
```

Die Verknüpfung zwischen den Tabellen *tblAutor* und *tblBuch* wird über die Tabelle *tblAutorBuch* hergestellt. Ihre ersten beiden Spalten verweisen als Fremdschlüssel auf die Primärschlüssel der Tabellen *tblAutor* und *tblBuch*. Der Fremdschlüssel auf die Spalte *ISBN* wird mit einer Änderungsweitergabe versehen, sodass die Änderung einer ISBN-Nummer in der Tabelle *tblBuch* automatisch im Fremdschlüssel erfolgt. Außerdem wird über einen CHECK-Constraint der Spalte *Anteil* sichergestellt, dass hier keine Werte größer als 100 eingetragen werden können. Nach Abschluss der Spaltendefinition wird der Primärschlüssel der Tabelle definiert. Da er mehr als eine Spalte umfasst, *muss* seine Definition auf Tabellenebene erfolgen.

Beispiel:

```
CREATE TABLE tblAutorBuch
(
   ID smallint NOT NULL CONSTRAINT fkID
   REFERENCES tblAutor(ID),
   ISBN char(13) NOT NULL CONSTRAINT fkISBN
   REFERENCES tblBuch(ISBN) ON UPDATE CASCADE,
   Anteil  decimal(5,2) CONSTRAINT ckAnteil CHECK (Anteil <= 100.00),
   CONSTRAINT pkIDISBN PRIMARY KEY(ID, ISBN)
);
```

9.6 Nachträgliche Definition von Einschränkungen

Die nachträgliche Definition einer Einschränkung wird grundsätzlich mit der ALTER TABLE-Anweisung durchgeführt.

Syntax:

```
ALTER TABLE tabellenname
ADD
CONSTRAINT constraintname constraintausdruck;
```

Die Syntax der CONSTRAINT-Anweisung entspricht der auf Tabellenebene. Soll sich eine Einschränkung nur auf eine Spalte beziehen, geben Sie auch in diesem Fall nur den einzelnen Spaltennamen bei der Definition auf Tabellenebene an. Weil die Definition der Erstellung auf Tabellenebene entsprechen muss, ergibt sich bei der Erstellung eines DEFAULT-Constraints ein Problem, da dieser, wie oben erwähnt, nicht auf Tabellenebene definiert werden kann. Daher müssen Sie hier die Syntax durch FOR und die Angabe des Spaltennamens ergänzen:

Syntax:

```
ALTER TABLE tabellenname
ADD
CONSTRAINT constraintname DEFAULT standardwert
FOR spaltenname;
```

9.7 Verwaltung von Einschränkungen

Wenn Sie eine Einschränkung für eine Tabelle definieren, die bereits Daten enthält, werden die Daten auf Übereinstimmung mit der Einschränkung hin getestet. Entsprechen die vorhandenen Daten nicht der Einschränkung – z. B. bei dem Versuch, eine Spalte, die bereits NULL-Werte enthält, zur Primärschlüsselspalte zu deklarieren –, schlägt das Hinzufügen der Einschränkung fehl.

Sie können die Überprüfung vorhandener Daten beim Hinzufügen einer Einschränkung für die beiden Einschränkungstypen CHECK und FOREIGN KEY deaktivieren. Bei einem nachträglichen Hinzufügen von PRIMARY KEY- und UNIQUE-Einschränkungen lässt sich die Überprüfung nicht deaktivieren. Um bei der nachträglichen Definition einer CHECK- oder FOREIGN KEY-Einschränkung eine automatische Datenüberprüfung zu unterdrücken, fügen Sie in die Definition den Ausdruck WITH NOCHECK ein:

Syntax:

```
ALTER TABLE tabellenname
WITH NOCHECK
ADD
CONSTRAINT constraintname constraintausdruck;
```

Wenn Sie eine Einschränkung mit der Option WITH NOCHECK implementieren, sollte sichergestellt sein, dass die vorhandenen Daten der Einschränkung genügen, um die

Datenintegrität zu gewährleisten. Ist dies nicht der Fall, schlägt eine spätere Aktualisierung eines nicht überprüften Datensatzes u. U. fehl.

Wenn Sie z. B. einer Tabelle eine Einschränkung für eine Spalte ohne Überprüfung hinzugefügt haben, bei der die Spaltenwerte der Einschränkung nicht entsprechen, werden die Datensätze zunächst akzeptiert. Aktualisieren Sie nun eine beliebige Spalte eines solchen Datensatzes, wird der gesamte Datensatz auf Gültigkeit hin geprüft. Falls der Datensatz nun nicht allen definierten Einschränkungen entspricht, ist die Aktualisierung nicht möglich.

9.7.1 Deaktivierung und Aktivierung von Einschränkungen

Einschränkungen vom Typ CHECK und FOREIGN KEY lassen sich einzeln oder gemeinsam für eine Tabelle aktivieren oder deaktivieren. Um eine einzelne Einschränkung zu deaktivieren, benutzen Sie die folgende Syntax mit dem Schlüsselwort NOCHECK:

Syntax:

```
ALTER TABLE tabellenname
NOCHECK CONSTRAINT constraintname;
```

Um die Einschränkung erneut zu aktivieren, verwenden Sie die folgende Syntax:

Syntax:

```
ALTER TABLE tabellenname
CHECK CONSTRAINT constraintname;
```

Die Schlüsselwörter NOCHECK und CHECK können auf CHECK- und FOREIGN KEY-Einschränkungen angewandt werden; die Gleichheit von Options- und Einschränkungsname ist zufällig.

Alle CHECK- und FOREIGN KEY-Einschränkungen einer Tabelle lassen sich auch unter Verwendung von ALL gleichzeitig deaktivieren:

Syntax:

```
ALTER TABLE tabellenname
NOCHECK CONSTRAINT ALL;
```

Dementsprechend lassen sich alle deaktivierten Einschränkungen wieder aktivieren:

Syntax:

```
ALTER TABLE tabellenname
CHECK CONSTRAINT ALL;
```

9.7.2 Löschen einer Einschränkung

Eine Einschränkung wird ebenfalls mit der Anweisung ALTER TABLE gelöscht.

Syntax:

```
ALTER TABLE tabellenname
DROP CONSTRAINT constraintname;
```

9.8 Temporäre Tabellen

Ähnlich dem Einsatz von Variablen können Sie in SQL Server Tabellen anlegen, die z. B. zur Zwischenspeicherung von Datensätzen dienen. Man spricht in diesem Fall von *temporären Tabellen*, d. h., diese Tabellen stellen, im Gegensatz zu den bisher erstellten Tabellen, keine permanenten Datenbankobjekte dar.

Sie erstellen eine temporäre Tabelle wie gewohnt mit der CREATE TABLE-Anweisung. Diese Anweisung bietet allerdings keine Möglichkeit, über ein Schlüsselwort das Erstellen einer temporären Tabelle zu erzwingen, vielmehr wird dies dem Server über den Namen der Tabelle mitgeteilt.

> **Hinweis**
> Bezeichner temporärer Tabellen beginnen mit dem Nummernzeichen (#).

9.8.1 Lokale temporäre Tabellen

Wenn Sie das folgende Beispiel in der aktuellen Datenbank ausführen, wird eine lokale temporäre Tabelle erstellt:

Beispiel:

```
CREATE TABLE #tempTabelle
(
   a INT
);
```

Obwohl ein anschließendes SELECT auf die Tabelle fehlerfrei funktioniert, erscheint die Tabelle nicht im Objektkatalog der Datenbank. Der Hintergrund dieses Verhaltens ist, dass SQL Server temporäre Objekte in der entsprechenden Systemdatenbank, der *tempdb*-Datenbank, abspeichert.

Wie ein Vergleich mit dem in Abbildung 9.21 gezeigten Ordner zeigt, speichert SQL Server die Tabelle unter dem Originalbezeichner am Anfang und einer Ziffernkombination am Ende ab (in der Abbildung aus Platzgründen nicht dargestellt). Der Zwischenraum wird mit Unterstrichen aufgefüllt. Diese Ziffernkombination wird dazu verwendet, gleichnamige temporäre Tabellen zu unterscheiden. Es wäre ja durchaus möglich, dass mit einem Programm von mehreren Anwendern der Datenbank gleichnamige temporäre Tabellen erstellt werden.

Abbildung 9.21 Lokale temporäre Tabelle

Eine Variable existiert nur für die Dauer des Stapels, in dem sie definiert wurde. Wie lange existiert aber eine temporäre Tabelle? Bei einer temporären Tabelle ist nicht der Stapel, sondern die Verbindung maßgeblich. Wird die Verbindung, in der die Tabelle definiert wurde, getrennt, wird auch die temporäre Tabelle gelöscht.

Überprüfen lässt sich dies, indem Sie das Fenster schließen, in dem Sie die CREATE TABLE-Anweisung gegeben haben. Die Verbindung zur Datenbank wird dadurch getrennt, und die temporäre Tabelle wird gelöscht, wie beim Vergleich des Objektkatalogs deutlich wird. Beachten Sie, dass Sie die Darstellung gegebenenfalls aktualisieren müssen. Soll eine temporäre Tabelle schon vor dem Abbruch der Verbindung gelöscht werden, können Sie auch hier die DROP TABLE-Anweisung verwenden.

9.8.2 Globale temporäre Tabellen

Globale temporäre Tabellen unterscheiden sich von lokalen temporären Tabellen in der Definition nur durch ein Detail: Ihr Name muss mit zwei Nummernzeichen (##) beginnen. Um den Unterschied im Verhalten zu demonstrieren, definieren wir ausgehend vom letzten Beispiel zwei identische Tabellen, die sich nur durch das zusätzliche #-Zeichen im Namen unterscheiden:

Beispiel:

```
CREATE TABLE #tempTabelle
(
a INT
);

CREATE TABLE ##tempTabelle
(
a INT
);
```

Beide Tabellen werden in der Datenbank *tempdb* angelegt, wie Abbildung 9.22 zeigt.

```
tempdb
  Tabellen
  Temporäre Tabellen
    dbo.##tempTabelle
    dbo.#tempTabelle
```

Abbildung 9.22 Eine lokale und eine globale temporäre Tabelle

Nun wollen wir eine weitere Verbindung, also ein zusätzliches Fenster, im Management Studio öffnen und versuchen, auf die beiden Tabellen zuzugreifen:

Beispiel:

```
SELECT * FROM #tempTabelle;
```

Diese `SELECT`-Anweisung löst die folgende Fehlermeldung aus:

```
Meldung 208, Ebene 16, Status 0, Zeile 1
Ungültiger Objektname '#tempTabelle'.
```

Die entsprechende Abfrage auf die globale temporäre Tabelle hingegen wird fehlerfrei ausgeführt:

Beispiel:

```
SELECT * FROM ##tempTabelle;
```

Die lokale temporäre Tabelle ist also nur der Verbindung bekannt, in der sie definiert wurde; die globale temporäre Tabelle ist für alle Verbindungen – unabhängig vom Benutzer – sichtbar. Da nicht zwei globale temporäre Tabellen gleichen Namens zur selben Zeit existieren können, erhält der Name der globalen temporären Tabelle keinen Zusatz, wie Sie in Abbildung 9.22 sehen.

9.9 Partitionierung von Tabellen

Tabellen, die über einen sehr großen Datenbestand verfügen, können sich negativ auf die Leistung einer Datenbank auswirken. In diesem Fall kann es von Vorteil sein, eine Tabelle zu partitionieren. Das Prinzip der Partitionierung einer Tabelle ist relativ einfach zu erklären: Anstatt alle Datensätze zusammenhängend abzuspeichern, wie es bei einer regulären Tabelle der Fall ist, werden bei der Verwendung von Partitionen die Daten anhand eines Spaltenkriteriums in einzelnen kleinen Tabellen, eben den Partitionen, abgelegt. Dieser Sachverhalt wird auch als *horizontale Partitionierung* bezeichnet, da die horizontalen Elemente einer Tabelle (die Datensätze) auf verschiedene Partitionen verteilt werden (siehe Abbildung 9.23). Nach außen hin stellt sich eine partitionierte Tabelle wie jede andere Tabelle dar. Aus der Sicht eines Anwenders ist die Partitionierung transparent, also nicht erkennbar.

Es ist unmittelbar einzusehen, dass die Aufteilung von Datensätzen im Falle eines sehr großen Datenbestands z. B. dann einen erheblichen Vorteil darstellen kann, wenn häufig Abfragen auf das Kriterium erfolgen, nach dem die Partitionierung vorgenommen wurde. In diesem Fall muss SQL Server nicht mehr die gesamte Tabelle, sondern nur noch die entsprechenden Partitionen durchsuchen. Die Partitionierung von Daten wurde auch von früheren Versionen von SQL Server unterstützt. Seit SQL Server 2005 ermöglicht jedoch ein neues Konzept eine wesentlich einfachere und komfortablere Verwendung von Partitionen. Da Partitionen bei kleinen und mittleren Datenbanken selten eingesetzt werden, wird dieses Feature lediglich von der Enterprise Edition (und damit der Evaluation Edition und der Developer Edition) unterstützt.

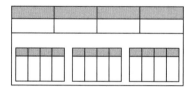

Abbildung 9.23 Das Prinzip der Partitionierung einer Tabelle

Im Folgenden soll als Beispiel der Datenbestand einer Tabelle aus der *AdventureWorks2016CTP3*-Datenbank partitioniert abgespeichert werden. Es handelt sich dabei um die Tabelle *Sales.SalesOrderDetail*, die über mehr als 120.000 Datensätze verfügt. Abbildung 9.24 zeigt einen Teil dieser Tabelle.

	SalesOrderID	SalesOrderDetailID	CarrierTrackingNumber	OrderQty	ProductID	SpecialOfferID	UnitPrice
1	43659	1	4911-403C-98	1	776	1	2024,994
2	43659	2	4911-403C-98	3	777	1	2024,994
3	43659	3	4911-403C-98	1	778	1	2024,994
4	43659	4	4911-403C-98	1	771	1	2039,994
5	43659	5	4911-403C-98	1	772	1	2039,994
6	43659	6	4911-403C-98	2	773	1	2039,994

Abbildung 9.24 Ein Ausschnitt aus der Tabelle »Sales.SalesOrderDetail«

Wie Sie sehen, enthält die Tabelle eine Spalte *ProductID*. Diese Spalte enthält Werte in einem Bereich zwischen ungefähr 700 und 1.000. Im folgenden Beispiel soll der Tabelleninhalt anhand dieser Werte partitioniert werden. Um diese Partitionierung vorzunehmen, müssen Sie zwei Datenbankobjekte erstellen:

- die Partitionsfunktion
- das Partitionsschema

Sowohl die Funktion als auch das Schema müssen Sie durch SQL-Anweisungen einrichten. Dies zeigen wir Ihnen in den folgenden beiden Abschnitten.

9.9.1 Erstellung einer Partitionsfunktion

Eine Partitionsfunktion dient dazu, die Datensätze in die verschiedenen Partitionen aufzuteilen. Der Gültigkeitsbereich einer Partitionsfunktion ist die jeweilige Datenbank, in der die Partitionen erstellt werden; sie sind demnach nicht serverweit verfügbar. Sie können eine vorhandene Partitionsfunktion allerdings für mehrere Partitionierungen verwenden. Die grundlegende Syntax zur Erstellung einer Partitionsfunktion lautet:

Syntax:

```
CREATE PARTITION FUNCTION partitionsfunktionsname (datentyp)
AS RANGE [LEFT|RIGHT]
FOR VALUES (grenzwertliste);
```

Im vorliegenden Beispiel soll die Partitionierung ja anhand von Einträgen in der Spalte *ProductID* erfolgen. Daher müssen Sie nach dem Funktionsnamen, über den die Funktion später angesprochen wird, den entsprechenden Datentyp in Klammern angeben. Wie Sie Abbildung 9.25 entnehmen können, handelt es sich in diesem Fall um den Datentyp integer. Die Angabe mehrerer Datentypen ist in der CREATE PARTITION FUNCTION nicht zulässig. Sie können eine Tabelle also immer nur nach dem Inhalt *einer* Spalte partitionieren. Diese Spalte wird auch als *Partitionierungsspalte* bezeichnet.

Abbildung 9.25 Die Struktur der Tabelle »Sales.SalesOrderDetail«

Mit den weiteren Parametern dieser Anweisung legen Sie fest, wie die Aufteilung der Datensätze in die einzelnen Partitionen erfolgen soll. Dazu müssen Sie, durch Angabe von Werten in der Grenzwertliste, die Bereichsgrenzen der späteren Partitionen festlegen. Im hier verwendeten Beispiel sollen diese Grenzen bei den Werten 800 und 900 liegen. Über die Angabe von LEFT oder RIGHT legen Sie fest, welcher Partition SQL Server diejenigen Datensätze zuweisen soll, deren Wert der Partitionierungsspalte einer Bereichsgrenze entspricht. Durch die Angabe von LEFT ordnen Sie einen solchen Datensatz der *links* von der Grenze liegenden Partition zu, durch RIGHT dementsprechend der *rechts* von der Grenze liegenden Partition. Wenn Sie weder LEFT noch RIGHT angeben, verwendet SQL Server LEFT als Standardwert.

Das folgende Beispiel zeigt die Definition einer Partitionierungsfunktion mit dem der Spalte *ProductID* entsprechenden Datentyp und den oben angegebenen Bereichsgrenzen:

Beispiel:

```
USE AdventureWorks2016CTP3;
GO
CREATE PARTITION FUNCTION fnProductID (integer)
AS RANGE RIGHT
FOR VALUES (800, 900);
```

Beachten Sie, dass durch die Angabe von *n* Werten in der Grenzwertliste die Aufteilung der Datensätze in *n + 1* Partitionsbereiche erfolgt, wie Abbildung 9.26 zeigt. Die Angabe von RIGHT in diesem Beispiel weist dem ersten Bereich alle Datensätze zu, deren Wert in der Partitionierungsspalte kleiner als 800 ist. Ein Wert von 800 führt dazu, dass der entsprechende Datensatz dem *rechts* der Grenze liegenden – also dem mittleren – Partitionsbereich zugeordnet wird. Alle weiteren Datensätze, deren Wert der Partitionierungsspalte kleiner als 900 ist, werden ebenfalls diesem Bereich zugeordnet. Für den zweiten Grenzwert gilt Entsprechendes: Alle Datensätze mit einem Wert größer gleich 900 der Partitionierungsspalte werden dem Partitionsbereich *rechts* der Grenze – also dem letzten – zugeordnet, sodass sich die in Abbildung 9.26 dargestellte Verteilung der Datensätze auf die Partitionsbereiche ergibt.

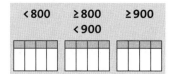

Abbildung 9.26 Die durch das Beispiel erstellten Partitionsbereiche

Nachdem Sie eine Partitionsfunktion erstellt haben, können Sie ein Partitionsschema anlegen, wie wir im folgenden Abschnitt zeigen.

9.9.2 Erstellung eines Partitionsschemas

Im Gegensatz zur Partitionsfunktion, die die Datensätze auf die verschiedenen Partitionsbereiche aufteilt, legen Sie durch ein Partitionsschema die physischen Speicherorte der späteren Partitionen fest und verknüpfen sie mit der zur Partitionierung zu verwendenden Funktion. Die grundlegende Form zur Erstellung eines Partitionsschemas lautet daher:

Syntax:

```
CREATE PARTITION SCHEME partitionsschemaname
AS PARTITION partitionsfunktionsname
TO (dateigruppenliste);
```

> **Hinweis**
>
> Beachten Sie, dass bei dieser Anweisung – im Gegensatz zu der sonst in SQL Server üblichen Schreibweise von »Schema« – die alternative Schreibweise SCHEME verwendet wird!

Auch ein Partitionsschema existiert lediglich innerhalb einer Datenbank, kann aber, wie eine Partitionierungsfunktion, für mehrere Partitionierungen verwendet werden. Um ein dem Beispiel entsprechendes Schema zu erstellen, lassen Sie z. B. den folgenden Code in der *AdventureWorks2016CTP3*-Datenbank ausführen:

Beispiel:

```
CREATE PARTITION SCHEME shProductID
AS PARTITION fnProductID
TO ([PRIMARY], [PRIMARY], [PRIMARY]);
```

Wie Sie sehen, wird in dem Beispiel auf die oben erstellte Funktion fnProductID Bezug genommen und den durch die Funktion erstellten drei Partitionierungsbereichen jeweils eine Dateigruppe als Speicherort zugewiesen. Da die Datenbank *AdventureWorks2016CTP3* lediglich über eine Dateigruppe, die Dateigruppe PRIMARY, verfügt, wird diese dreimal – also für jede Partition einmal – in der Dateigruppenliste angegeben. Da PRIMARY ein Schlüsselwort darstellt, sind die entsprechenden Ausdrücke im Beispiel in eckige Klammern gesetzt, da ihre Verwendung sonst einen Fehler erzeugen würde. Falls Sie alle Partitionen in einer Dateigruppe erstellen wollen oder müssen, erweitern Sie die oben angegebene Syntax durch das Schlüsselwort ALL:

Syntax:

```
CREATE PARTITION SCHEME partitionsschemaname
AS PARTITION partitionsfunktionsname
ALL TO (dateigruppe);
```

Auch das folgende Beispiel würde (wie das vorangegangene) alle drei Partitionen in der PRIMARY-Dateigruppe erstellen:

Beispiel:

```
CREATE PARTITION SCHEME shProductID
AS PARTITION fnProductID
ALL TO ([PRIMARY]);
```

Unabhängig davon, welches der Beispiele Sie verwendet haben, werden Ihnen die Partitionsfunktion und das Partitionsschema nach ihrer erfolgreichen Erstellung in der Datenbank *AdventureWorks2016CTP3* an der in Abbildung 9.27 dargestellten Stelle im OBJEKT-EXPLORER angezeigt.

Abbildung 9.27 Die Darstellung der Partitionsfunktion und des Partitionsschemas im Objekt-Explorer

Abschließend möchten wir noch anmerken, dass eine Datenbank wie die in diesem Beispiel verwendete *AdventureWorks2016CTP3* sicherlich nicht die besten Voraussetzungen für eine Partitionierung erfüllt, da sie über lediglich *eine* Dateigruppe verfügt. In der Praxis sollten Sie, um einen möglichst großen Leistungsgewinn zu erzielen, die Partitionen auf möglichst viele Dateigruppen verteilen, die über getrennte physische Laufwerke verfügen. Sollte dies nicht möglich sein, kann sich eine Partitionierung trotzdem positiv auf die Leistung der Datenbank auswirken, da der Vorteil kleinerer Partitionen gegenüber einer großen Tabelle auch in diesem Fall zum Tragen kommt.

9.9.3 Erstellung einer partitionierten Tabelle

Durch die Partitionsfunktion und das Partitionsschema haben wir die Aufteilung der Datensätze in Bereiche festgelegt, und über die Dateigruppen haben wir den Speicherort für die Datensätze bestimmt. Bislang haben wir aber noch keinen Bezug zu der Spalte hergestellt, nach der die Partitionierung vorgenommen werden soll. Dies geschieht während der Definition der partitionierten Tabelle, also in einer CREATE TABLE-Anweisung. Um einen Teil der Daten der Tabelle *Sales.SalesOrderDetail* partitioniert abzuspeichern, erstellen wir zunächst eine leere Tabelle, die – der Einfachheit halber – nur über die in Abbildung 9.24 dargestellten Spalten verfügt. Um die Tabelle partitioniert zu erstellen, müssen Sie das Partitionsschema anstelle einer Dateigruppe angeben. Die Angabe der Partitionierungsspalte erfolgt im Anschluss daran, wie die folgende Syntax verdeutlicht:

Syntax:

```
CREATE TABLE tabellenname
(
    spaltenname datentyp [NOT]NULL
)
ON partitionsschema (partitionsspalte);
```

Im folgenden Beispiel zur Erstellung der partitionierten Tabelle wird so festgelegt, dass die Tabelle im Partitionsschema *shProductID* partitioniert nach der Spalte *ProductID* angelegt wird.

Beispiel:

```
CREATE TABLE Sales.SalesOrderDetailPartition
(
SalesOrderID int NOT NULL,
SalesOrderDetailID int NOT NULL,
CarrierTrackingNumber nvarchar(25) NULL,
OrderQty smallint NOT NULL,
ProductID int NOT NULL,
SpecialOfferID int NOT NULL,
UnitPrice money NOT NULL
)
ON shProductID(ProductID);
```

> **Hinweis**
> Bei der Tabellendefinition dieses Beispiels haben wir auf die Definition eines Primärschlüssels verzichtet. Verfügt eine partitionierte Tabelle über einen eindeutigen Index, muss die Partitionierungsspalte Teil dieses Index sein.

Nachdem Sie das Beispiel ausgeführt und die Tabelle erfolgreich angelegt haben, können Sie die Partitionierung überprüfen, indem Sie die Seite SPEICHER der Tabelleneigenschaften aufrufen (siehe Abbildung 9.28).

Auch in der grafischen Entwurfsansicht können Sie nun im EIGENSCHAFTEN-Fenster im Bereich REGULÄRE DATENBEREICHSSPEZIFIKATION zusätzlich zu den vorhandenen Dateigruppen auf das Partitionsschema zugreifen, wenn die Tabelle eine vom Datentyp her geeignete Spalte aufweist (siehe Abbildung 9.29).

9 Erstellen von Tabellen

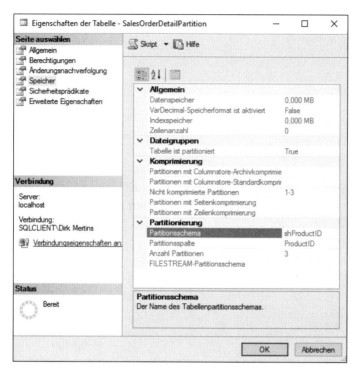

Abbildung 9.28 Anzeige der Partitionierung in den Tabelleneigenschaften

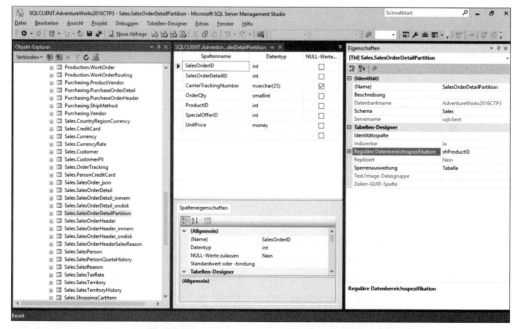

Abbildung 9.29 Anzeige des Partitionschemas in der grafischen Entwurfsansicht

Mithilfe der folgenden Anweisung übertragen Sie schließlich die Datensätze aus der Originaltabelle in die partitionierte Tabelle.

Beispiel:

```
INSERT INTO Sales.SalesOrderDetailPartition
(
    SalesOrderID,
    SalesOrderDetailID,
    CarrierTrackingNumber,
    OrderQty,
    ProductID,
    SpecialOfferID,
    UnitPrice
)
SELECT
SalesOrderID,
SalesOrderDetailID,
CarrierTrackingNumber,
OrderQty,
ProductID,
SpecialOfferID,
UnitPrice
FROM Sales.SalesOrderDetail;
```

Kapitel 10
Speicherung von Daten in FileTables

FileTables stellen eine interessante Erweiterung der FILESTREAM-Technologie dar. FileTables ermöglichen den Zugriff auf FILESTREAM-Daten sowohl durch SQL Server als auch durch das Betriebssystem.

FileTables waren eine Neuerung in SQL Server 2012, die auf dem Konzept der FILESTREAM-Technologie basiert, Daten im Dateisystem anstatt in den Datendateien einer Datenbank zu speichern. FileTables erweitern dieses Konzept dadurch, dass sie den Zugriff auf FILESTREAM-Daten sowohl über SQL Server als auch über den Dateizugriff des Betriebssystems ermöglichen. Textdateien z. B. können damit über SQL-Anweisungen auf Datenbankebene, aber auch mit einem Programm auf Betriebssystemebene gelesen, erstellt und geändert werden. Das heißt, die in einer FileTable gespeicherten Daten stellen sich dem Betriebssystem wie reguläre Windows-Dateien dar, die – obwohl in einer SQL-Server-Datenbank gespeichert – mit anderen Windows-Programmen verwendet werden können. Wichtig für das Verständnis dieser Technik ist, dass in einer FileTable Verzeichnisstrukturen und die in ihnen enthaltenen Dateien abgelegt werden können, diese Verzeichnisse auf Betriebssystemebene aber nur virtuell existieren. Wenn Sie also beispielsweise mit dem Windows-Explorer eine Datei aus einem Verzeichnis löschen, dem eine FileTable zugrunde liegt, wird diese Aktion von SQL Server erkannt und in eine Änderung des Inhalts der entsprechenden FileTable innerhalb von SQL Server umgesetzt.

10.1 Voraussetzungen für die Verwendung von FileTables

Für die Verwendung von FileTables müssen sowohl auf Server- wie auch auf Datenbankebene bestimmte Voraussetzungen erfüllt sein, die wir im Folgenden besprechen.

10.1.1 Aktivierung von FILESTREAM auf Serverebene

Da – wie oben erwähnt – FileTables auf dem FILESTREAM-Konzept aufbauen, muss auf Serverebene die Option für FILESTREAM mindestens auf der Ebene FILESTREAM FÜR E/A-DATEIZUGRIFF AKTIVIEREN eingeschaltet sein (siehe Abbildung 10.1).

10   Speicherung von Daten in FileTables

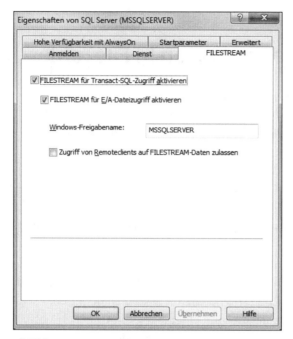

Abbildung 10.1 FILESTREAM-Konfiguration auf Instanzebene

Während der in Kapitel 1, »Installation und Aktualisierung von SQL Server 2016«, beschriebenen Installation von SQL Server wurde dies für die Instanz bereits entsprechend eingestellt. Sollte das auf Ihrem Rechner nicht der Fall sein, gehen Sie bitte folgendermaßen vor:

- Nehmen Sie die in Abbildung 10.1 gezeigte Einstellung vor, und ändern Sie gegebenenfalls den Namen der Windows-Freigabe. Den in Abbildung 10.1 dargestellten Dialog rufen Sie auf, indem Sie sich im Konfigurations-Manager die Eigenschaften des SQL-Server-Dienstes anzeigen lassen. Bestätigen Sie die Änderungen mit OK.
- Führen Sie dann im Management Studio die folgende Anweisung aus:

Beispiel:

```
EXECUTE sp_configure filestream_access_level, 2;
RECONFIGURE;
```

10.1.2   Vorhandensein einer Datenbank mit einer FILESTREAM-Dateigruppe und konfiguriertem, nicht transaktionalem Zugriff

Um FileTables verwenden zu können, muss die entsprechende Datenbank über mindestens eine FILESTREAM-Dateigruppe verfügen. Außerdem müssen Sie für die Verwendung von FileTables den *nicht transaktionalen Zugriff* auf Datenbankebene aktivieren. Dies ist notwendig, da FileTables den Zugriff auf die in ihnen gespeicherten Daten sowohl über das Datenbankmodul wie auch über das Betriebssystem ermöglichen. Während SQL Server innerhalb einer Transaktion sicherstellt, dass alle relevanten Änderungen entweder ganz oder gar nicht übernommen werden, stellt Windows keinen entsprechenden Mechanismus zur Verfügung. Sie müssen daher den nicht transaktionalen Zugriff für die Verwendung von FileTables zulassen. Für die Konfiguration des Zugriffs stehen Ihnen drei verschiedene Optionen zur Verfügung:

- FULL
  Gewährt lesenden und schreibenden nicht transaktionalen Zugriff.

- READ_ONLY
  Nur lesender Zugriff ist möglich.

- OFF
  Deaktiviert den nicht transaktionalen Zugriff.

Das folgende Beispiel zeigt, wie Sie eine Datenbank (*dbFileTable*) für die Verwendung von FileTables erstellen. Die Einstellung des nicht transaktionalen Zugriffs erfolgt am Ende der Anweisung in der WITH FILESTREAM-Klausel, in der für den Parameter NON_TRANSACTED_ACCESS der Wert FULL angegeben wird. In der WITH FILESTREAM-Klausel wird außerdem der Verzeichnisname auf Datenbankebene über den Parameter DIRECTORY_NAME angegeben.

Beispiel:

```
CREATE DATABASE dbFileTable
ON PRIMARY
(
    NAME = FTData,
    FILENAME = 'C:\Program Files\Microsoft SQL Server\MSSQL13.MSSQLSERVER\
    MSSQL\DATA\FTData.mdf'
),
FILEGROUP fgFilestream CONTAINS FILESTREAM
(
    NAME = fgFilestream,
    FILENAME = 'C:\Program Files\Microsoft SQL Server\MSSQL13.MSSQLSERVER\
    MSSQL\DATA\FilestreamFolder'
)
LOG ON
(
    NAME = FTLog,
    FILENAME = 'C:\Program Files\Microsoft SQL Server\MSSQL13.MSSQLSERVER\
    MSSQL\DATA\FTLog.ldf'
)
```

```
WITH FILESTREAM
(
    NON_TRANSACTED_ACCESS = FULL,
    DIRECTORY_NAME = 'FT_Verzeichnis'
);
```

10.2 Erstellung einer FileTable

Nachdem Sie die notwendigen Einstellungen auf Serverebene durchgeführt und eine zur Verwendung von FileTables geeignete Datenbank erstellt haben, können Sie in dieser Datenbank eine FileTable anlegen. Zur Erstellung einer FileTable verwenden Sie – wie bei regulären Tabellen auch – die CREATE TABLE-Anweisung, in diesem Fall mit der Erweiterung AS FILETABLE. Da eine FileTable eine festgelegte Struktur aufweist, entfällt bei der CREATE TABLE-Anweisung jedoch die Angabe der Spaltendefinitionen. Die Syntax zur Erstellung einer FileTable lautet:

Syntax:

```
CREATE TABLE tabellenname AS FILETABLE
WITH
(
    FILETABLE_DIRECTORY = 'verzeichnisname',
    FILETABLE_COLLATE_FILENAME = sortierung,
    FILETABLE_PRIMARY_KEY_CONSTRAINT_NAME = pk_name,
    FILETABLE_STREAMID_UNIQUE_CONSTRAINT_NAME = un_name,
    FILETABLE_FULLPATH_UNIQUE_CONSTRAINT_NAME = un_name
);
```

Die angegebenen Parameter haben die folgende Bedeutung:

- FileTable_Directory
  Gibt den Namen an, unter dem die FileTable im Betriebssystem angesprochen werden kann.

- FileTable_Collate_Filename
  Legt die Sortierreihenfolge fest, die für die Namen der in der FileTable gespeicherten Objekte verwendet wird. Da unter Windows bei Objektnamen nicht zwischen Groß- und Kleinschreibung unterschieden wird, ist die Angabe einer Sortierung, die zwischen Groß- und Kleinschreibung unterscheidet, nicht zulässig. Durch Angabe von database_default weisen Sie SQL Server an, die Sortierung der jeweiligen Datenbank zu verwenden, in der die FileTable erstellt wird.

- FILETABLE_PRIMARY_KEY_CONSTRAINT_NAME
  FILETABLE_STREAMID_UNIQUE_CONSTRAINT_NAME
  FILETABLE_FULLPATH_UNIQUE_CONSTRAINT_NAME

Bei diesen Parametern handelt es um die Benennung von Constraints, die SQL Server zur Verwaltung der FileTable benötigt.

Für alle Parameter mit Ausnahme von `FileTable_Directory` gilt, dass ihre Angabe nicht zwingend notwendig ist. Falls Sie für diese Parameter keine Werte bereitstellen, werden sie von SQL Server generiert bzw. zu `database_default` angenommen.

Um in der oben angelegten Datenbank die FileTable *tblFileTable* zu erstellen, können Sie das folgende Beispiel verwenden.

Beispiel:

```
USE dbFileTable;
GO
CREATE TABLE tblFileTable AS FILETABLE
WITH
(
    FILETABLE_DIRECTORY = 'FT_Tabelle',
    FILETABLE_COLLATE_FILENAME = database_default,
    FILETABLE_PRIMARY_KEY_CONSTRAINT_NAME = pkFT,
    FILETABLE_STREAMID_UNIQUE_CONSTRAINT_NAME = unStream,
    FILETABLE_FULLPATH_UNIQUE_CONSTRAINT_NAME = unFullpath
);
```

Die eben erstellte FileTable wird Ihnen im OBJEKT-EXPLORER in der DBFILETABLE-Datenbank im Ordner FILETABLES angezeigt (siehe Abbildung 10.2).

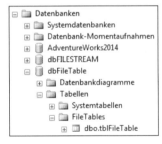

Abbildung 10.2 Darstellung der FileTable im Objekt-Explorer

Sie können eine FileTable wie jede andere Tabelle mit einer SELECT-Anweisung abfragen. Da in der FileTable jedoch zu diesem Zeitpunkt noch keine Dateien oder Verzeichnisse abgelegt wurden, gäbe eine Abfrage lediglich die Struktur der Tabelle mit einem leeren Ergebnisset zurück. Die Struktur einer FileTable können Sie sich im OBJEKT-EXPLORER anzeigen lassen, indem Sie den Ordner SPALTEN der FileTable erweitern, wie in Abbildung 10.3 gezeigt.

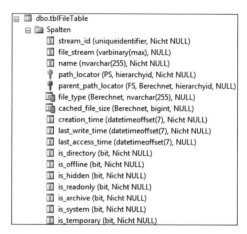

Abbildung 10.3 Die Struktur einer FileTable

Beachten Sie in Abbildung 10.3 im Besonderen die Spalte *file_stream*, die zur eigentlichen Speicherung der in der FileTable abgelegten Informationen dient, die Spalte *file_name*, die den Namen der entsprechenden Datei bzw. des entsprechenden Verzeichnisses angibt, die Spalte *file_type*, die den Dateityp speichert, die Spalte *is_directory*, die angibt, ob es sich bei dem jeweiligen Eintrag um ein Verzeichnis handelt, sowie die von Windows her bekannten Attributspalten wie z. B. *is_hidden* oder *is_archive*.

10.3 Zugriff auf eine FileTable

Da es sich bei einer FileTable um ein virtuelles Verzeichnis handelt, wird sie Ihnen nicht in der Ordnerstruktur des Windows-Explorers dargestellt. Sie können im Windows-Explorer aber trotzdem auf den Inhalt der FileTable zugreifen, indem Sie in die Adresszeile des Windows-Explorers einen Pfad zur FileTable in der folgenden Form angeben:

Beispiel:

*rechnername**windows-freigabe**DIRECTORY_NAME**FILETABLE_DIRECTORY*

Falls Sie die Benennungen dieses Beispiels übernommen haben, wäre die entsprechende Pfadangabe also:

*Rechnername**MSSQLSERVER**FT_Verzeichnis**FT_Tabelle*

Dabei müssen Sie für *Rechnername* den Namen Ihres Rechners einsetzen.

> **Hinweis**
>
> Bitte beachten Sie, dass Sie sich gegebenenfalls unter dem Konto *Administrator* anmelden müssen, um Zugriff auf die Freigabe zu erhalten.

Nachdem Sie den – noch leeren – Inhalt der FileTable angezeigt bekommen, kopieren Sie ein beliebiges Verzeichnis aus dem Dateisystem in die FileTable. Für dieses Beispiel verwenden wir das in Abbildung 10.4 dargestellte Verzeichnis, das eine Bilddatei und ein Word-Dokument enthält.

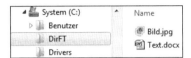

Abbildung 10.4 Im Beispiel verwendetes Verzeichnis

Nach dem Verschieben oder Kopieren des Verzeichnisses in den Ordner der FileTable ergibt sich eine Abbildung 10.5 entsprechende Darstellung.

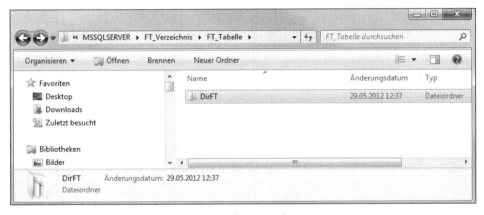

Abbildung 10.5 Inhalt der FileTable im Windows-Explorer

Wenn Sie sich nun den Inhalt der FileTable durch eine SELECT-Anweisung ausgeben lassen, werden Sie feststellen, dass das Verzeichnis mit seinen Inhalten in die Tabelle übernommen wurde, wie Abbildung 10.6 am Beispiel einiger ausgewählter Spalten der Tabelle zeigt.

	name	file_type	is_directory	path_locator	parent_path_locator
1	DirFT	NULL	1	0xFE9762F80F1C9B8FF411324180DB96FA3D9AB166A0	NULL
2	Bild.jpg	jpg	0	0xFE9762F80F1C9B8FF411324180DB96FA3D9AB166BFE5F2...	0xFE9762F80F1C9B8FF411324180DB96FA3D9AB166A0
3	Text.docx	docx	0	0xFE9762F80F1C9B8FF411324180DB96FA3D9AB166BFF08C...	0xFE9762F80F1C9B8FF411324180DB96FA3D9AB166A0

Abbildung 10.6 Abfrage auf den Inhalt der FileTable mit ausgesuchten Spalten

Die Spalten *path_locator* und *parent_path_locator* sind vom Datentyp *hierarchyid* und spiegeln die Struktur des Verzeichnisses wider.

Da Sie auf eine FileTable auch DML-Anweisungen ausführen können, soll nun der Inhalt der FileTable über eine DELETE-Anweisung gelöscht werden.

Beispiel:

```
DELETE FROM tblFileTable;
```

Wenn Sie Sich anschließend den Inhalt der FileTable im Windows-Explorer anzeigen lassen, werden Sie feststellen, dass das Verzeichnis nicht mehr dargestellt wird.

10.4 Sichten zur Abfrage vorhandener FileTables in einer Datenbank

Um Informationen über die in einer Datenbank vorhandenen FileTables zu erhalten, können Sie die Systemsichten *sys.filetables* und *sys.tables* abfragen. Hierbei listet Ihnen die erstgenannte Sicht ausschließlich in der jeweiligen Datenbank vorhandene FileTables auf, während die zweite Sicht alle Tabellen in der jeweiligen Datenbank ausgibt. Anhand der Spalte *is_filetable* in der zweiten Sicht können Sie auf FileTables filtern.

Kapitel 11
Verwendung der räumlichen und hierarchischen Datentypen

Auf der Common Language Runtime basierende Datentypen stellen eine der wesentlichsten Neuerungen in SQL Server 2008 dar.

Wie wir in Kapitel 5, »Grundlegende Abfragetechniken«, bereits angedeutet haben, wurden mit SQL Server 2008 die räumlichen Datentypen und der hierarchische Datentyp eingeführt. Beide Arten stellen SQL-Server-Implementierungen von *CLR-Datentypen* (CLR: *Common Language Runtime*) dar. Um an dieser Stelle Missverständnissen vorzubeugen: Auch wenn diese Datentypen von den entsprechenden CLR-Datentypen abgeleitet wurden, sind sie doch Bestandteil von SQL Server. Um sie zu nutzen, muss also keine .NET-Entwicklungsumgebung vorhanden sein. CLR-Datentypen basieren auf einer objektorientierten Entwicklungsumgebung (Visual Studio), während SQL klassischerweise keine Objektorientierung unterstützt. Um den Funktionsumfang der CLR-basierenden Datentypen auch in SQL Server zu nutzen, wird an verschiedenen Stellen eine an die objektorientierte Programmierung angelehnte Syntax verwendet, die eher untypisch für SQL-Anweisungen ist. Auch stellen diese Datentypen Methoden zur Verfügung, die ebenfalls aus der objektorientierten Programmierung stammen und deren Verwendung erstmals mit SQL Server 2008 möglich war. Dieses Kapitel soll Ihnen den Einstieg in die Arbeit mit diesen Datentypen erleichtern. Im Folgenden betrachten wir zunächst die räumlichen Datentypen und anschließend den hierarchischen Datentyp.

11.1 Räumliche Datentypen

Die Verwendung räumlicher Daten hat in den letzten Jahren stetig zugenommen, wie die zunehmende Verbreitung von GPS-Navigationssystemen eindrucksvoll beweist. Auch viele geschäftliche und militärische Anwendungen basieren heutzutage auf räumlichen Daten. Führend bei der Entwicklung von Standards räumlicher Daten ist das *Open Geospatial Consortium* (*OGC*), das 1994 gegründet wurde. Die Mitglieder setzen sich aus Regierungsstellen, Universitäten, Einzelpersonen und Unternehmen der Wirtschaft zusammen. Microsoft ist eines von mehreren Hundert Mitgliedern des OGC. Eine Liste aller Mitglieder finden Sie auf der Website des OGC (*http://www.opengeospatial.org*). Zu den vom OGC entwickelten Standards zählt die *Geography Markup Language (GML)*, ein XML-Dialekt zur Beschreibung räumlicher Daten. In Anlehnung an die Empfehlungen des OGC wurden in SQL Server 2008 zwei neue Datentypen eingeführt: geometry und geography.

11.1.1 Der »geometry«-Datentyp

Der Datentyp geometry verwendet, wie in Abbildung 11.1 angedeutet, ein planares – also flaches – Koordinatensystem. Punkte werden bei diesem Datentyp unter Verwendung kartesischer Koordinaten angegeben.

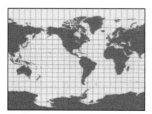

Abbildung 11.1 Planare Darstellung (Quelle: Microsoft)

11.1.2 Der »geography«-Datentyp

Im Gegensatz dazu berücksichtigt der geodätische Datentyp geography die Erdkrümmung (siehe Abbildung 11.2). Die Angabe von Positionen erfolgt in diesem Fall über Polarkoordinaten, also Angaben über den Längen- und Breitengrad.

Abbildung 11.2 Geodätische Darstellung (Quelle: Microsoft)

11.1.3 Koordinatenübergabe an räumliche Datentypen

Die Übergabe von Koordinaten an einen räumlichen Datentyp kann auf drei Arten erfolgen:

1. WKT (Well-known Text)
2. WKB (Well-known Binary)
3. GML (Geography Markup Language)

11.1 Räumliche Datentypen

Im weiteren Verlauf dieses Kapitels findet ausschließlich WKT Verwendung, da dieses Format die einfachste Darstellung von Koordinatenangaben ermöglicht und damit die Lesbarkeit der Beispiele gewährleistet.

11.1.4 Das Klassenmodell räumlicher Datentypen

Beide Datentypen haben gemeinsam, dass sie nur Oberbegriffe der eigentlich instanziierbaren – also verwendbaren – Datentypen darstellen. Betrachten Sie dazu das in Abbildung 11.3 dargestellte – in SQL Server 2008 verwendete – Klassenmodell des geometry-Datentyps, das mit dem des geography-Datentyps identisch ist.

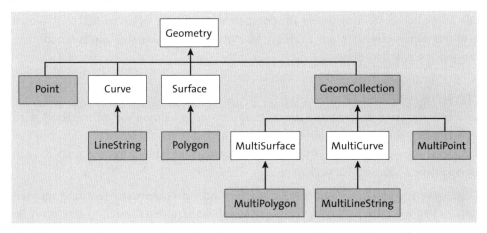

Abbildung 11.3 Klassenmodell der räumlichen Datentypen (Quelle: Microsoft)

Die instanziierbaren Datentypen sind in der Darstellung dunkel hinterlegt.

Seit SQL Server 2012 sind weitere instanziierbare Objekte hinzugekommen, wie die Übersicht in Abbildung 11.4 zeigt.

Geography	Geometry	Denali CTP	Minimum DB Compatibility Level
Point	Point		100
LineString	LineString		100
Polygon	Polygon		100
MultiPoint	MultiPoint		100
MultiLineString	MultiLineString		100
MultiPolygon	MultiPolygon		100
GeometryCollection	GeometryCollection		100
FullGlobe	na	CTP1	110
CircularString	CircularString	CTP1	110
CompoundCurve	CompoundCurve	CTP1	110
CurvePolygon	CurvePolygon	CTP1	110

Abbildung 11.4 Übersicht über die in SQL Server 2016 verwendbaren Objekttypen (Quelle: Microsoft)

Mit diesen neuen Objekttypen können Sie sogenannte *Circular Arcs* erzeugen, für die Abbildung 11.5 einige Beispiele zeigt und die in Abschnitt 11.1.8 näher beschrieben werden.

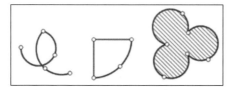

Abbildung 11.5 Beispiele für Circular Arcs (Quelle: Microsoft)

Die folgende Vorstellung dieser Datentypen wie auch die weiteren Beispiele dieses Kapitels orientieren sich am geometry-Datentyp, um die Darstellung nicht zu umfangreich werden zu lassen.

»Point«

In einem als Point deklarierten räumlichen Datentyp können die Informationen zu einem einzelnen Punkt hinterlegt werden. Ein Punkt wird also im einfachsten Fall über einen Ausdruck der Form Point(x y) beschrieben. Abbildung 11.6 zeigt das am Beispiel des Ausdrucks Point(10 20).

Die als Koordinaten verwendeten Parameter sind vom Datentyp float und müssen daher nicht wie in den Beispielen dieses Kapitels Ganzzahlen darstellen. Beachten Sie bitte auch, dass die Koordinaten nicht durch ein Komma, sondern lediglich durch ein Leerzeichen voneinander getrennt werden! Ein Ausdruck der Form Point(x y) ist hinreichend zur Definition eines Punkts; Punkte können in SQL Server jedoch auch mit bis zu vier Parametern in der Form Point(x y z m) beschrieben werden.

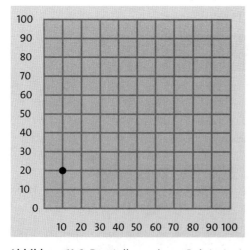

Abbildung 11.6 Darstellung einer »Point«-Instanz

Der Parameter z entspräche dabei – wie in dreidimensionalen Koordinatensystemen üblich – einer Höhenangabe, der Parameter m (für *measure*) könnte zur Angabe von Einheiten oder zur Angabe der vierten Dimension (Zeit) verwendet werden.

Diese beiden Parameter sind optional und stellen eine Microsoft-eigene Erweiterung dar. Bezogen auf die vom OGC normierten Methoden heißt dies, dass diese Parameter keine Verwendung finden. Anders ausgedrückt: Dieser Umstand bedeutet, dass die Entfernung zwischen zwei angenommenen Punkten mit den Koordinaten (10 10) und (10 20) immer zu zehn Einheiten ausgewertet wird, unabhängig davon, ob sie sich auf derselben Höhe befinden oder nicht. Aus diesem Grund beschreiben wir im weiteren Verlauf Punkte durch ein Koordinatenpaar – also x- und y-Koordinate –, was zusätzlich den Vorteil einer anschaulichen grafischen Darstellung bietet.

»MultiPoint«

Eine Instanz des Typs MultiPoint ermöglicht die Speicherung mehrerer Punkte. Die Beschreibung eines MultiPoint-Datentyps erfolgt in der Form MultiPoint(x1 y1, x2 y2, x3 y3, ...). Eine Menge von zwei Punkten, wie in Abbildung 11.7 dargestellt, lässt sich also etwa durch den Ausdruck MultiPoint((10 20),(80 40)) beschreiben.

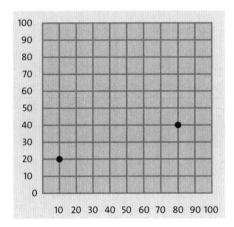

Abbildung 11.7 Darstellung eines »MultiPoint«-Objekts

Beachten Sie, dass die Koordinaten der einzelnen Punkte durch Kommas voneinander getrennt werden!

»LineString«

Wie MultiPoint erlaubt LineString die Speicherung mehrerer Punkte. Im Gegensatz zu MultiPoint werden diese jedoch nicht als eine Menge unabhängiger Punkte, sondern als Verlauf einer Linie interpretiert. Unabhängig davon ähnelt die Definition der eines MultiPoint-Typs entsprechend dem folgenden Ausdruck: LineString(x1 y1, x2 y2, x3 y3, ...). Abbildung 11.8 zeigt als Beispiel den Inhalt des durch LineString(10 20, 80 40, 30 70) definierten LineString-Datentyps.

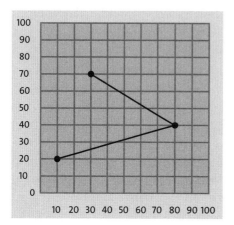

Abbildung 11.8 Ein aus drei Punkten bestehender »LineString«-Datentyp

Eine als LineString abgespeicherte Kurve kann, muss aber nicht geschlossen sein (siehe unten Abschnitt »Polygon«). Hat sie keine Schnittpunkte mit sich selbst – schneidet sich also nicht –, wird sie in der englischsprachigen Literatur als *simple* (einfach) bezeichnet.

»MultiLineString«

Der Datentyp MultiLineString erlaubt die Speicherung mehrerer Linien innerhalb einer Instanz. In der Definition dieses Datentyps werden die zu einer Linie gehörenden Koordinaten mit Klammern zusammengefasst, die wiederum durch Kommas getrennt werden, sodass sich ein Ausdruck der folgenden Form ergibt: MultiLineString((x1 y1, x2 y2), (x3 y3, x4 y4, x5 y5), ...). Eine gültige Definition eines MultiLineString-Datentyps ist z. B. MultiLineString((10 20, 80 40, 30 70), (10 10, 90 20)), dargestellt in Abbildung 11.9.

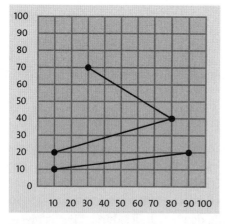

Abbildung 11.9 Darstellung eines »MultiLineString«-Objekts

»Polygon«

Während ein `LineString`-Datentyp eine geschlossene Kurve darstellen kann, muss ein `Polygon`-Datentyp geschlossen sein, d. h., der Endpunkt muss identisch mit dem Anfangspunkt sein und muss explizit angegeben werden, wie im folgenden Ausdruck angedeutet: `Polygon((x1 y1, x2 y2, x3 y3, ... x1 y1))`. Abbildung 11.10 zeigt ein Polygon, das durch den Ausdruck `Polygon((10 20, 80 40, 30 70, 10 20))` definiert wird.

Im Gegensatz zu einem geschlossenen `LineString` definiert ein `Polygon` eine Fläche, die in Abbildung 11.10 grau unterlegt dargestellt ist.

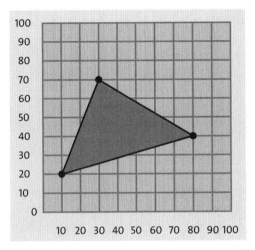

Abbildung 11.10 Polygon mit aufgespannter Fläche

Vielleicht ist Ihnen bei den beiden oben angegebenen Definitionen bereits die doppelte Klammerung aufgefallen. Der Sinn dieser doppelten Klammerung erschließt sich erst dann, wenn Sie die Tatsache berücksichtigen, dass die von einem `Polygon` aufgespannte Fläche Löcher enthalten kann, die wiederum durch Polygone dargestellt werden. Ein Polygon mit einem Loch wird in der folgenden Form angegeben: `Polygon((x1 y1, x2 y2, x3 y3, ... x1 y1), (x4 y4, x5 y5, x6 y6, ... x4 y4))`.

Die linke, erste innere Klammer gibt die Außengrenze des Polygons, die zweite innere Klammer das Polygon des Lochs an. Beachten Sie, dass die Klammerausdrücke durch ein Komma voneinander abgetrennt werden. Abbildung 11.11 zeigt das durch die Angabe `Polygon((10 20, 80 40, 30 70, 10 20), (30 40, 40 40, 40 50, 30 50, 30 40))` beschriebene Polygon mit einem Loch innerhalb der aufgespannten Fläche.

Ein Polygon kann über mehr als ein Loch in der Fläche verfügen; in diesem Fall wenden Sie die beschriebene Vorgehensweise mehrfach an.

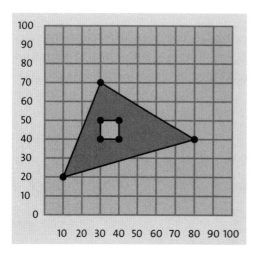

Abbildung 11.11 Polygon, dessen Fläche ein Loch enthält

»MultiPolygon«

Entsprechend der Verwendung von MultiPoint und MultiLineString kann ein MultiPolygon-Datentyp Informationen zu mehreren Polygonen enthalten. Um die Lesbarkeit nicht unnötig zu erschweren, zeigt der folgende Ausdruck die grundlegende Struktur zur Definition eines MultiPolygon-Datentyps mit lediglich zwei Polygonen, die über keine Löcher verfügen: MultiPolygon(((x1 y1, x2 y2, x3 y3, ... x1 y1)), ((x4 y4, x5 y5, x6 y6, ... x4 y4))). Abbildung 11.12 zeigt die grafische Darstellung des Beispielausdrucks MultiPolygon(((10 20, 80 40, 30 70, 10 20)), ((70 70, 80 70, 80 80, 70 80, 70 70))).

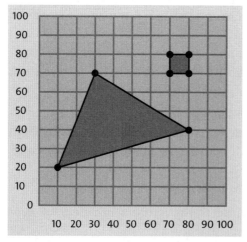

Abbildung 11.12 Ein aus zwei Polygonen bestehender »MultiPolygon«-Datentyp

»GeometryCollection«

Die bisher besprochenen Typen MultiPoint, MultiLineString und MultiPolygon hatten gemeinsam, dass sie lediglich die mehrfache Speicherung von Objekten desselben Typs – also mehrere Punkte, Linien oder Polygone – ermöglichten. Der Datentyp GeometryCollection hingegen ermöglicht die Speicherung mehrerer unterschiedlicher Objekte. So kann ein GeometryCollection-Datentyp z. B. Informationen über einen oder mehrere Punkte, Kurven und Polygone enthalten. Der allgemeine Ausdruck zur Definition eines GeometryCollection-Datentyps entspricht der folgenden Form: GeometryCollection(datentyp1, datentyp2, ...), wobei für die Datentypparameter die entsprechenden Definitionen des gewünschten Datentyps – wie in diesem Abschnitt beschrieben – eingesetzt werden müssen. Ein praktisches Beispiel wäre der Ausdruck GeometryCollection(Point(10 20), LineString(10 10, 90 20)), der den weiter oben verwendeten Punkt zusammen mit einer ebenfalls oben bereits verwendeten Linie dem Datentyp GeometryCollection zuweist. Abbildung 11.13 veranschaulicht den Inhalt dieses Datentyps.

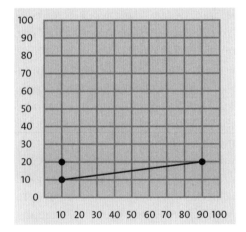

Abbildung 11.13 Aus einem »Point«- und einem »LineString«-Datentyp bestehende »GeometryCollection«

11.1.5 Grundlegende Techniken zur Verwendung räumlicher Datentypen

Aufgrund ihrer Abstammung von CLR-Datentypen unterscheidet sich die Handhabung räumlicher Datentypen in manchen Punkten von der Handhabung regulärer SQL-Datentypen. Im Folgenden werden wir zunächst als Beispiel eine Variable verwenden, um die Anwendung räumlicher Datentypen zu demonstrieren.

Variablendefinition

Definieren Sie dazu in der gewohnten Weise eine Variable, wie im folgenden Beispiel gezeigt.

Beispiel:

```
DECLARE @GeoVar geometry;
```

Beachten Sie, dass der Variablen zunächst lediglich der übergeordnete Datentyp – in diesem Fall geometry – zugewiesen wird. Welchen Untertyp die Variable darstellen soll, legen Sie in einem weiteren Schritt fest. Dazu stehen Ihnen verschiedene Möglichkeiten zur Verfügung:

Aufruf der »STGeomFromText«-Methode

Die STGeomFromText-Methode dient dazu, aus einer der oben angegebenen Definitionen den entsprechenden Datentyp zu erzeugen. Dazu übergeben Sie der Methode sowohl die Typdefinition im WKT-Format als auch die *Spatial Reference ID* (*SRID*) in der folgenden Form:

```
STGeomFromText('typdefinition', SRID)
```

Die SRID stellt die Angabe eines Koordinatenreferenzsystems dar. Diese Referenzsysteme wurden von der *European Petroleum Survey Group* (*EPSG*) entwickelt und mit vier- bis fünfstelligen Codes – den sogenannten *EPSG-Codes* – bezeichnet. Ohne näher auf die verschiedenen Referenzsysteme einzugehen, sei an dieser Stelle angemerkt, dass heutige GPS-Systeme immer noch den EPSG-Code mit der Bezeichnung 4326 verwenden, obwohl das *Surveying and Positioning Committee* der *International Association of Oil & Gas Producers* (*OGP*) im Jahr 2008 die Nachfolge der EPSG antrat. Umfassendere Informationen zu diesem Themenbereich finden Sie z. B. auf der Website *http://www.epsg.org*. In einer planaren Darstellung werden die EPSG-Codes typischerweise nicht verwendet und werden häufig als null angenommen. Wichtig im Zusammenhang mit EPSG-Codes ist die Tatsache, dass SQL Server räumliche Datentypen nur kombinieren kann, wenn sie über die gleiche SRID verfügen. Die Erstellung eines Point-Datentyps mithilfe der STGeomFromText-Methode zeigt das folgende Beispiel. Beachten Sie, dass dem Aufruf dieser Methode zwei Doppelpunkte vorangestellt werden.

Beispiel:

```
DECLARE @GeoVar geometry;
SET @GeoVar=geometry::STGeomFromText('POINT(10 20)',0);
SELECT @GeoVar;
```

Als Ausgabe erhalten Sie ein Abbildung 11.14 entsprechendes Abfrageergebnis.

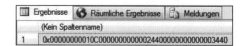

Abbildung 11.14 Anzeige des Variableninhalts

Zusätzlich wird im Ergebnisbereich der Reiter RÄUMLICHE ERGEBNISSE eingeblendet, der eine grafische Darstellung des Abfrageergebnisses bietet. Abbildung 11.15 zeigt den Inhalt dieses Reiters am Beispiel eines Dreiecks.

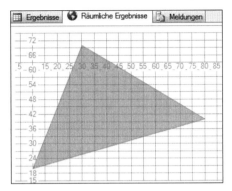

Abbildung 11.15 Grafische Darstellung im Ergebnisbereich

Ein besser lesbares Ergebnis erreichen Sie durch Verwendung der `ToString`-Methode, wie das folgende Beispiel zeigt.

Beispiel:

```
DECLARE @GeoVar geometry;
SET @GeoVar=geometry::STGeomFromText('POINT(10 20)',0);
SELECT @GeoVar.ToString();
```

Wie Sie in Abbildung 11.16 sehen, wird nun das Ergebnis als Klartext ausgegeben.

Abbildung 11.16 Ausgabe der »ToString«-Methode

Beachten Sie beim Methodenaufruf, dass je nach Art der Methode zwei Doppelpunkte oder aber ein einzelner Punkt vorangestellt werden. Die Verwendung der Doppelpunkte liegt darin begründet, dass ein Methodenaufruf in der objektorientierten Programmierung in der Form *Objekt.Methode* erfolgt, was in SQL-Syntax jedoch als Bezeichner der Form *Schema.Objekt* interpretiert würde. Beachten Sie bitte außerdem, dass beim Methodenaufruf zwischen Groß- und Kleinschreibung unterschieden wird!

Aufruf einer an den Datentyp angepassten Methode

Während die `STGeomFromText`-Methode für alle Datentypen aufgerufen werden kann, existieren zusätzliche Methoden für die einzelnen Datentypen. So könnten Sie zur Erstellung der `Point`-Variablen auch die speziell für diesen Datentyp vorhandene

STPointFromText-Methode verwenden. Sie ähnelt in ihrer Struktur der oben beschriebenen Methode:

```
STPointFromText('typdefinition', SRID)
```

Der folgende Code entspricht also dem oben angegebenen Beispiel.

Beispiel:

```
DECLARE @GeoVar geometry;
SET @GeoVar=geometry::STPointFromText('POINT(10 20)',0);
SELECT @GeoVar.ToString();
```

Expliziter Aufruf der »Parse«-Methode

Die Parse-Methode entspricht in ihrer Funktion weitgehend der STGeomFromText-Methode, auch sie kann also für alle Datentypen verwendet werden. Ihr Aufruf ist im Vergleich zur STGeomFromText-Methode etwas vereinfacht, da die Parse-Methode Standardwerte für die SRID verwendet. Bei Verwendung eines geometry-Datentyps ist der Standardwert 0, bei einem geography-Datentyp wird als Standardwert 4326 (siehe oben) verwendet. Die Parse-Methode wird daher mit nur einem Parameter – der Datentypdefinition – in der folgenden Form aufgerufen:

```
Parse('typdefinition')
```

Das entsprechende Beispiel zur Erstellung eines Point-Datentyps unter Verwendung der Parse-Methode lautet:

Beispiel:

```
DECLARE @GeoVar geometry;
SET @GeoVar=geometry::Parse('POINT(10 20)');
SELECT @GeoVar.ToString();
```

Impliziter Aufruf der »Parse«-Methode

Der Vollständigkeit halber sei an dieser Stelle erwähnt, dass Sie die Parse-Methode auch implizit aufrufen können. In diesem Fall übergeben Sie die Datentypdefinition in der folgenden Form direkt an die Variable:

```
SET variablenname = 'typdefinition';
```

Das Beispiel hätte also in seiner einfachsten Form das folgende Aussehen:

Beispiel:

```
DECLARE @GeoVar geometry;
SET @GeoVar=('POINT(10 20)');
SELECT @GeoVar.ToString();
```

Zu Testzwecken erlaubt diese Syntax sicherlich eine Vereinfachung, ansonsten stellt die explizite Methodenangabe die bessere Art der Programmierung dar.

11.1.6 Allgemeine Verwendung räumlicher Datentypen

Sie können räumliche Datentypen selbstverständlich nicht nur wie in den vorangegangenen Beispielen in Form von Variablen verwenden, sondern sie wie alle anderen Datentypen in SQL Server nutzen. Lediglich ihre Handhabung unterscheidet sich etwas von der herkömmlicher Datentypen, wie das folgende Beispiel zeigt, in dem ein räumlicher Datentyp zur Spaltendefinition innerhalb einer Tabelle verwendet werden soll. Die Tabelle soll mithilfe des folgenden Codes erstellt werden.

Beispiel:

```
USE tempdb;
GO
CREATE TABLE tblGeo
(
    Nr integer identity(1,1) constraint pkNr PRIMARY KEY,
    geoDaten geometry
);
```

Beachten Sie, dass die zweite Spalte lediglich mit dem allgemeinen Datentyp geometry erstellt wird. Der eigentliche Datentyp des entsprechenden Eintrags wird erst beim Einfügen eines Datensatzes in die Tabelle festgelegt, im folgenden Beispiel wird ein Point-Datentyp eingetragen.

Beispiel:

```
INSERT INTO tblGeo
VALUES (geometry::Parse('Point(10 20)'));
```

Der Vorteil dieser Vorgehensweise wird deutlich, wenn ein weiterer Datensatz in die Tabelle eingetragen wird.

Beispiel:

```
INSERT INTO tblGeo
VALUES (geometry::Parse('LineString(10 20, 80 40, 30 70)'));
```

In diesem Fall wird ein LineString-Datentyp eingetragen. Durch die Deklaration mit dem allgemeinen Datentyp geometry ist die Spalte also in der Lage, alle instanziierbaren Datentypen aufzunehmen, wie eine SELECT-Anweisung unter Verwendung der ToString-Methode deutlich macht.

Beispiel:

```
SELECT Nr, geoDaten.ToString()
FROM tblGeo;
```

Die Ausgabe sehen Sie in Abbildung 11.17.

Abbildung 11.17 Verschiedene Arten des Datentyps innerhalb einer Spalte

11.1.7 Methoden zur Verarbeitung räumlicher Daten

Die bisherigen Beispiele gaben im Wesentlichen den zur Erstellung des Datentyps verwendeten Ausdruck zurück, was auch mit einem regulären alphanumerischen Datentyp möglich gewesen wäre. Für die Verarbeitung räumlicher Daten stehen Ihnen in SQL Server jedoch teilweise mächtige Methoden zur Verfügung. Einige der zahlreichen zur Verfügung stehenden Methoden stellen wir Ihnen im Folgenden beispielhaft vor.

> **Hinweis:**
> Seit SQL Server 2012 kann bei dem Aufruf einiger der im Folgenden vorgestellten Methoden ein offensichtlich fehlerhaftes Verhalten auftreten. Abbildung 11.18 zeigt das (korrekte) Ergebnis eines Methodenaufrufs zur Schwerpunktberechnung eines Polygons in SQL Server 2008 R2.
>
> (Kein Spaltenname)
> 1 POINT (35 45)
>
> **Abbildung 11.18** Korrektes Ergebnis in SQL Server 2008 R2
>
> Dasselbe Beispiel führt seit SQL Server 2012 zu dem in Abbildung 11.19 dargestellten Ergebnis.
>
>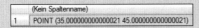
>
> **Abbildung 11.19** Fehlerhaftes Ergebnis in SQL Server 2014
>
> Sie sollten daher die Ergebnisse des Aufrufs von Methoden sehr genau kontrollieren und gegebenenfalls korrigieren.

Methoden zur Koordinatenrückgabe

Zur Abfrage der Koordinaten bzw. des z-Parameters eines Punkts stehen Ihnen vier Methoden zur Verfügung:

▶ »STX«

Gibt die x-Koordinate zurück.

▶ »STY«

Gibt die y-Koordinate zurück.

▶ »Z«

Gibt die z-Koordinate zurück.

▶ »M«

Gibt die m-Koordinate bzw. den m-Parameter zurück.

Beispiel:

```
DECLARE @Point geometry;
SET @Point=geometry::Parse('Point(10 20)');
SELECT @Point.STX, @Point.STY, @Point.Z, @Point.M;
```

Wie Sie an dem in Abbildung 11.20 dargestellten Abfrageergebnis sehen, wird sowohl für die z- wie auch für die m-Komponente ein NULL-Wert ausgegeben, da beide nicht definiert wurden.

	(Kein Spaltenname)	(Kein Spaltenname)	(Kein Spaltenname)	(Kein Spaltenname)
1	10	20	NULL	NULL

Abbildung 11.20 Koordinatenabfrage

Geometrische Methoden

Eine Auswahl der wichtigsten geometrischen Methoden stellen wir Ihnen nun beispielhaft vor.

»STLength«

STLength ermittelt die Gesamtlänge einer Instanz. Das folgende Beispiel ermittelt den Umfang des gegebenen Polygons; es handelt sich dabei um das innere Polygon aus Abbildung 11.11:

Beispiel:

```
DECLARE @Polygon geometry;
SET @Polygon=geometry::Parse('Polygon((30 40, 40 40, 40 50, 30 50, 30 40))');
SELECT @Polygon.STLength();
```

Als Ergebnis wird der Wert 40 zurückgeliefert.

»STArea«

STArea dient zur Berechnung des Flächeninhalts. Im folgenden Beispiel wird die Methode auf das im letzten Beispiel verwendete Polygon angewandt:

Beispiel:

```
DECLARE @GeoVar geometry;
SET @GeoVar=geometry::Parse('Polygon((30 40, 40 40, 40 50, 30 50, 30 40))');
SELECT @GeoVar.STArea();
```

Das Ergebnis wird zu 100 ausgewertet.

»STCentroid«

STCentroid ermittelt den Schwerpunkt eines oder mehrerer Polygone.

Beispiel:

```
DECLARE @GeoVar geometry;
SET @GeoVar=geometry::Parse('Polygon((30 40, 40 40, 40 50, 30 50, 30 40))');
SELECT @GeoVar.STCentroid().ToString();
```

»STPointOnSurface«

STPointOnSurface liefert einen Punkt zurück, der innerhalb der Instanz liegt.

Beispiel:

```
DECLARE @Polygon geometry;
SET @Polygon=geometry::Parse('Polygon((30 40, 40 40, 40 50, 30 50, 30 40))');
SELECT @Polygon.STPointOnSurface().ToString();
```

Einen durch den Methodenaufruf ermittelten Punkt zeigt Abbildung 11.21.

Abbildung 11.21 Punkt auf der Oberfläche

»STIsSimple«

STIsSimple dient zur Überprüfung, ob das Objekt einfach ist, also ob es sich nicht selbst schneidet.

Beispiel:

```
DECLARE @Line geometry
SET @Line=geometry::Parse('LineString(10 20, 80 40, 30 70)');
SELECT @Line.STIsSimple();
```

Als Ergebnis wird logisch 1 (für true) zurückgegeben, da die Kurve keinen Schnittpunkt mit sich selbst besitzt.

»STIsClosed«

STIsClosed ermittelt, ob ein Objekt geschlossen ist.

Beispiel:

```
DECLARE @Line geometry
SET @Line=geometry::Parse(' Polygon((30 40, 40 40, 40 50, 30 50, 30 40))');
SELECT @Line.STIsClosed();
```

Als Ergebnis erfolgt die Ausgabe 1, da das Polygon geschlossen ist.

»STCrosses«

STCrosses dient zur Überprüfung, ob zwei Objekte einen Schnittpunkt besitzen.

Beispiel:

```
DECLARE @Point geometry;
DECLARE @Line geometry
SET @Point=geometry::Parse('Point(10 20)');
SET @Line=geometry::Parse('LineString(10 20, 80 40, 30 70)');
SELECT @Point.STCrosses(@Line);
```

Das Ergebnis wird zu 0 (für false) ausgewertet, da beide Objekte einen gemeinsamen Punkt besitzen, der jedoch keinen Schnittpunkt darstellt.

»STTouches«

STTouches überprüft, ob sich zwei Objekte berühren, aber nicht schneiden.

Beispiel:

```
DECLARE @Point geometry;
DECLARE @Line geometry
SET @Point=geometry::Parse('Point(10 20)');
SET @Line=geometry::Parse('LineString(10 20, 80 40, 30 70)');
SELECT @Point.STTouches(@Line);
```

Im Gegensatz zum letzten Beispiel lautet das Ergebnis nun 1, da der Punkt auf der Linie liegt, sie aber nicht schneidet.

»STEnvelope«

STEnvelope gibt das ein Objekt umschließende Rechteck aus. Die Ausrichtung der Rechteckseiten erfolgt dabei an den Koordinatenachsen. Das folgende Beispiel ermittelt das Rechteck, das den LineString-Datentyp einschließt.

Beispiel:

```
DECLARE @Polygon geometry;
SET @Polygon=geometry::Parse('LineString(10 20, 80 40, 30 70)');
SELECT @Polygon.STEnvelope().ToString();
```

Das Ergebnis sehen Sie in Abbildung 11.22.

(Kein Spaltenname)
1	POLYGON ((10 20, 80 20, 80 70, 10 70, 10 20))

Abbildung 11.22 Das die Linie einschließende Rechteck

Abbildung 11.23 zeigt zur Verdeutlichung die ursprüngliche Kurve und das einhüllende Rechteck.

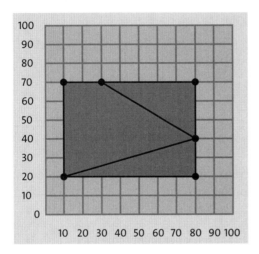

Abbildung 11.23 Einhüllendes Rechteck

»STContains«

STContains ermöglicht es, zu überprüfen, ob ein Objekt vollständig innerhalb eines anderen Objekts liegt. Das folgende Beispiel ermittelt, ob das zweite Polygon vollständig im ersten Polygon enthalten ist.

Beispiel:

```
DECLARE @Polygon1 geometry;
DECLARE @Polygon2 geometry
SET @Polygon1=geometry::Parse('Polygon((10 20, 80 40, 30 70,10 20))');
SET @Polygon2=geometry::Parse('Polygon((30 40, 40 40, 40 50, 30 50, 30 40))');
SELECT @Polygon1.STContains(@Polygon2);
```

Da beide Polygone in ihren Koordinaten den in Abbildung 11.11 gezeigten entsprechen, wird als Ergebnis 1 zurückgegeben.

»STWithin«

STWithin überprüft, ob das erste Objekt vollständig im zweiten Objekt enthalten ist. Dies entspricht dem umgekehrten Verhalten von STContains.

Beispiel:

```
DECLARE @Polygon1 geometry;
DECLARE @Polygon2 geometry
SET @Polygon1=geometry::Parse('Polygon((30 40, 40 40, 40 50, 30 50, 30 40))');
SET @Polygon2=geometry::Parse('Polygon((10 20, 80 40, 30 70, 10 20))');
SELECT @Polygon1.STWithin(@Polygon2);
```

Da beide Polygone im Vergleich zum letzten Beispiel vertauscht wurden, liefert die Abfrage ebenfalls 1 zurück.

»STIntersection«

STIntersection ermittelt die Schnittfläche zweier Datentypen. Im folgenden Beispiel werden zwei gleichförmige Polygone verglichen, die versetzt angeordnet sind.

Beispiel:

```
DECLARE @Polygon1 geometry;
DECLARE @Polygon2 geometry
SET @Polygon1=geometry::Parse('Polygon((30 40, 40 40, 40 50, 30 50, 30 40))');
SET @Polygon2=geometry::Parse('Polygon((35 45, 45 45, 45 55, 35 55, 35 45))');
SELECT @Polygon1.STIntersection(@Polygon2).ToString();
```

Abbildung 11.24 veranschaulicht den Zusammenhang; das Abfrageergebnis ist in der Darstellung schwarz unterlegt.

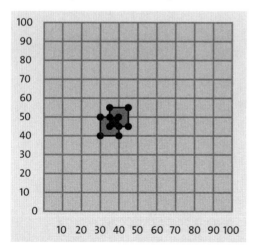

Abbildung 11.24 Schnittfläche zweier Polygone

»STIntersects«

STIntersects dient zur Feststellung, ob sich zwei Objekte überschneiden.

Beispiel:

```
DECLARE @Polygon1 geometry;
DECLARE @Polygon2 geometry
SET @Polygon1=geometry::Parse('Polygon((30 40, 40 40, 40 50, 30 50, 30 40))');
SET @Polygon2=geometry::Parse('Polygon((35 45, 45 45, 45 55, 35 55, 35 45))');
SELECT @Polygon1.STIntersects(@Polygon2);
```

Als Ausgabe erfolgt 1, da sich die Polygone – wie im letzten Beispiel gezeigt – überschneiden.

»STUnion«

STUnion generiert die Kombination zweier Instanzen:

Beispiel:

```
DECLARE @Polygon1 geometry;
DECLARE @Polygon2 geometry
SET @Polygon1=geometry::Parse('Polygon((30 40, 40 40, 40 50, 30 50, 30 40))');
SET @Polygon2=geometry::Parse('Polygon((35 45, 45 45, 45 55, 35 55, 35 45))');
SELECT @Polygon1.STUnion(@Polygon2).ToString();
```

Abbildung 11.25 zeigt das zurückgegebene Polygon grafisch.

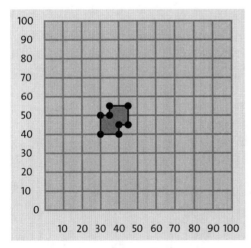

Abbildung 11.25 Grafische Darstellung der Vereinigung der beiden Polygone

»STSymDifference«

STSymDifference gibt als Ergebnis ein Objekt aus, das aus allen Punkten besteht, die nur in einem der beiden verglichenen Objekte enthalten sind.

11.1 Räumliche Datentypen

Beispiel:

```
DECLARE @Polygon1 geometry;
DECLARE @Polygon2 geometry
SET @Polygon1=geometry::Parse('Polygon((30 40, 40 40, 40 50, 30 50, 30 40))');
SET @Polygon2=geometry::Parse('Polygon((35 45, 45 45, 45 55, 35 55, 35 45))');
SELECT @Polygon1.STSymDifference(@Polygon2).ToString();
```

Die grafische Darstellung des Abfrageergebnisses können Sie Abbildung 11.26 entnehmen.

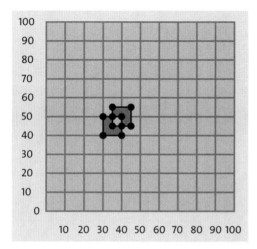

Abbildung 11.26 Grafische Darstellung des Abfrageergebnisses der »STSymDifference«-Methode

Methoden zur Auswahl einzelner Objekte und zur Abfrage von Eigenschaften
»STStartPoint«

Ermittelt den Startpunkt eines Objekts.

Beispiel:

```
DECLARE @Line geometry
SET @Line=geometry::Parse('LineString(10 20, 80 40, 30 70)');
SELECT @Line.STStartPoint().ToString();
```

Als Ergebnis wird der erste Punkt der Linie ausgegeben, wie Abbildung 11.27 zeigt.

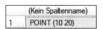

Abbildung 11.27 Startpunkt der Kurve

»STEndPoint«

Ermittelt den Endpunkt eines Objekts.

Beispiel:

```
DECLARE @Line geometry
SET @Line=geometry::Parse('LineString(10 20, 80 40, 30 70)');
SELECT @Line.STEndPoint().ToString();
```

Als Ergebnis wird der letzte Punkt der Linie ausgegeben. Abbildung 11.28 zeigt das entsprechende Abfrageergebnis.

(Kein Spaltenname)
1 POINT (30 70)

Abbildung 11.28 Endpunkt der Kurve

»STPointN«

STPointN liefert einen einzelnen Punkt aus einer Instanz zurück. Das folgende Beispiel ermittelt den zweiten Punkt der LineString-Instanz.

Beispiel:

```
DECLARE @Line geometry
SET @Line=geometry::Parse('LineString(10 20, 80 40, 30 70)');
SELECT @Line.STPointN(2).ToString();
```

Abbildung 11.29 zeigt das entsprechende Abfrageergebnis.

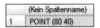

Abbildung 11.29 n-ter Punkt der Instanz

»STNumPoints«

STNumPoints ermittelt die Anzahl der in einer Instanz enthaltenen Punkte.

Beispiel:

```
DECLARE @Polygon geometry;
SET @Polygon=geometry::Parse('Polygon((10 20, 80 40, 30 70, 10 20))');
SELECT @Polygon.STNumPoints();
```

Das Ergebnis der Abfrage lautet 4. Beachten Sie, dass im vorliegenden Beispiel des Polygons der doppelte Punkt (10, 20) mitgezählt wird.

»STDimension«

STDimension dient zur Ermittlung, ob ein Objekt 0-, 1- oder 2-dimensional ist.

Beispiel:

```
DECLARE @Line geometry
SET @Line=geometry::Parse('LineString(10 20, 80 40, 30 70)');
SELECT @Line.STDimension();
```

Da eine Linie eindimensional ist, liefert die Ausgabe den Wert 1 zurück.

»STSrid«

STSrid dient zur Ermittlung der SRID einer Instanz räumlicher Datentypen.

Beispiel:

```
DECLARE @Point geometry;
SET @Point=geometry::Parse('Point(10 20)');
SELECT @Point.STSrid;
```

Beachten Sie, dass der Aufruf der STSrid-Methode ohne Angabe von Klammern erfolgt! Da im Beispiel ein geometry-Datentyp in Kombination mit der Parse-Methode verwendet wird, ist das Ergebnis der Abfrage 0.

»STGeometryType«

STGeometryType dient zur Ermittlung des Datentyps einer Instanz räumlicher Datentypen, wie das folgende Beispiel zeigt.

Beispiel:

```
DECLARE @Point geometry;
SET @Point=geometry::Parse('Point(10 20)');
SELECT @Point.STGeometryType()
```

Die entsprechende Ausgabe zeigt Abbildung 11.30.

Abbildung 11.30 Ermittlung des Typs einer Instanz

»STGeometryN«

Der Datentyp GeometryCollection kann, wie oben besprochen, mehrere Objekte enthalten. Die STGeometryN-Methode ermöglicht die Auswahl einzelner Objekte innerhalb dieses Datentyps. Das folgende Beispiel dient zur Auswahl der Linie als zweites im Datentyp enthaltenes Objekt.

Beispiel:

```
DECLARE @GeoCol geometry;
SET @GeoCol=geometry::Parse('GeometryCollection(Point(10 20),
```

```
LineString(10 20, 80 40, 30 70))');
SELECT @GeoCol.STGeometryN(2).ToString();
```

Das Ergebnis zeigt Abbildung 11.31, als Ausgabe erfolgt – als zweites Objekt innerhalb der Collection – die Definition des `LineString`-Datentyps.

(Kein Spaltenname)
1 LINESTRING (10 20, 80 40, 30 70)

Abbildung 11.31 Das n-te Objekt innerhalb der Collection

»STNumGeometries«

`STNumGeometries` ermittelt die Anzahl der in einem Datentyp enthaltenen Geometrien.

Beispiel:

```
DECLARE @MPoint geometry;
SET @MPoint=geometry::Parse('MultiPoint((10 20),(80 40))');
SELECT @MPoint.STNumGeometries();
```

Da die `MultiPoint`-Instanz zwei Punkte enthält, lautet das Ergebnis des Methodenaufrufs 2.

11.1.8 Circular Arcs

Mit den bisher besprochenen geografischen Datentypen lassen sich Kurven – aufgrund der endlichen Anzahl von Punkten – nur näherungsweise darstellen. Daher wurden in SQL Server 2014 den geografischen Datentypen drei weitere Untertypen zur Darstellung von Kurven hinzugefügt:

- CIRCULARSTRING
- COMPOUNDCURVE
- CURVEPOLYGON

Diese werden im Folgenden beschrieben.

»CIRCULARSTRING«

Für die Definition einer Instanz vom Typ `CIRCULARSTRING` benötigen Sie mindestens drei Argumente, also Punkte: Der erste Punkt legt den Anfangspunkt, der dritte Punkt den Endpunkt und der zweite Punkt einen Punkt auf der Kurve zwischen Anfangs- und Endpunkt fest. Der Kurvenverlauf zwischen diesen drei Punkten wird von SQL Server interpoliert, entspricht also dem, was in der Mathematik als *Spline* bezeichnet wird.

Betrachten Sie dazu das folgende Beispiel.

11.1 Räumliche Datentypen

Beispiel:

```
DECLARE @String geometry = 'CIRCULARSTRING (0 0, 3 1, 5 5)'
SELECT @String;
```

Abbildung 11.32 zeigt die grafische Darstellung des Abfrageergebnisses.

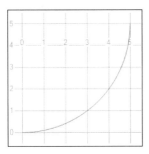

Abbildung 11.32 Ein »CIRCULARSTRING« mit drei Punkten

Ein CIRCULARSTRING kann auch über mehrere Segmente verfügen, dabei bildet der letzte Punkt des vorangegangenen Segments den ersten Punkt des folgenden Segments. Die Anzahl der Argumente, also der Punkte, eines CIRCULARSTRING ist also immer ungerade und größer gleich drei. Im folgenden Beispiel wird das letzte Beispiel um zwei Punkte erweitert, sodass fünf Punkte als Argumente übergeben werden.

Beispiel:

```
DECLARE @String geometry = 'CIRCULARSTRING (0 0, 3 1, 5 5, 7 9, 10 10)';
SELECT @String;
```

Die Darstellung dieses Beispiels sehen Sie in Abbildung 11.33.

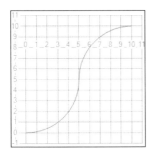

Abbildung 11.33 »CIRCULARSTRING« aus fünf Punkten

»COMPOUNDCURVE«

Mit einer Instanz des Typs COMPOUNDCURVE können Sie z. B. mehrere Objekte des Typs CIRCULARSTRING zu einem Objekt zusammenfassen. Bei der Verwendung von COMPOUNDCURVE muss ebenfalls der Startpunkt eines Segments dem Endpunkt des vorangegangenen Segments entsprechen.

Im folgenden Beispiel werden zwei Objekte des Typs CIRCULARSTRING in einem COMPOUNDCURVE-Objekt zusammengefasst.

Beispiel:

```
DECLARE @CURVE geometry =
'COMPOUNDCURVE
(
   CIRCULARSTRING (0 0, 3 1, 5 5),
   CIRCULARSTRING (5 5, 7 9, 10 10)
)';
SELECT @Curve;
```

Die beiden Elemente dieses Beispiels entsprechen dem CIRCULARSTRING des vorangegangenen Beispiels, daher entspricht die Ausgabe auch der in Abbildung 11.33.

Sie können einem COMPOUNDCURVE-Objekt nicht nur Objekte des CIRCULARSTRING-Typs hinzufügen, sondern auch Objekte des Typs LINESTRING. Dabei müssen Sie eine Besonderheit beachten: LINESTRING-Objekte müssen ohne das Schlüsselwort LINESTRING angegeben werden wie im folgenden Beispiel gezeigt.

Beispiel:

```
DECLARE @Curve geometry =
'COMPOUNDCURVE
(
   CIRCULARSTRING (0 0, 3 1, 5 5),
   (5 5, 7 9, 10 10)
)';
SELECT @Curve;
```

Die verwendeten Koordinaten entsprechen dem vorangegangenen Beispiel, das zweite Segment entspricht in diesem Beispiel jedoch einem LINESTRING-Typ. Dies zeigt sich auch deutlich in der grafischen Ausgabe des Abfrageergebnisses (Abbildung 11.34), in der das zweite Segment nicht interpoliert wird.

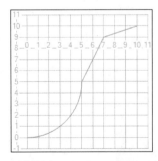

Abbildung 11.34 »COMPOUNDCURVE« als Kombination aus »CIRCULARSTRING« und »LINESTRING«

»CURVEPOLYGON«

Die Definition eines Objekts vom Typ CURVEPOLYGON verläuft ähnlich der des bereits bekannten Polygons. Das folgende Beispiel zeigt die Definition eines Polygons des Typs CURVEPOLYGON.

Beispiel:

```
DECLARE @Polygon geometry =
'CURVEPOLYGON
(
   COMPOUNDCURVE
   (
      CIRCULARSTRING (1 0, 0 1, 1 2),
      (1 2, 2 2),
      CIRCULARSTRING (2 2, 3 1, 2 0),
      (2 0, 1 0)
   )
)';
SELECT @Polygon;
```

Das grafische Abfrageergebnis sehen Sie in Abbildung 11.35.

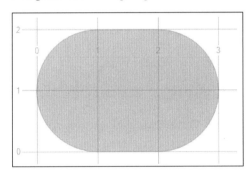

Abbildung 11.35 Beispiel für ein »CURVEPOLYGON«

Auch bei dieser Art von Polygon können Sie Löcher innerhalb der Polygonfläche definieren. Das folgende Beispiel zeigt das oben definierte Polygon mit einem Loch innerhalb der Polygonfläche.

Beispiel:

```
DECLARE @Polygon geometry =
'CURVEPOLYGON
(
   COMPOUNDCURVE
   (
```

```
        CIRCULARSTRING (1 0, 0 1, 1 2),
        (1 2, 2 2),
        CIRCULARSTRING (2 2, 3 1, 2 0),
        (2 0, 1 0)
    ),
    (1 1.5, 2 1.5, 2 0.5, 1 0.5, 1 1.5)
)';
SELECT @Polygon;
```

Das grafische Abfrageergebnis zeigt Abbildung 11.36.

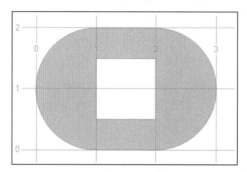

Abbildung 11.36 »CURVEPOLYGON« mit Loch in der Fläche., Beispiel für die Verwendung des »geography«-Datentyps

11.1.9 Beispiel für die Verwertung des »geography«-Datentyps

Die bisherigen Beispiele zu den geografischen Datentypen bezogen sich auf den geometry-Datentyp, um die Anschaulichkeit der Beispiele sicherzustellen. Ergänzend dazu zeigen wir Ihnen nun noch exemplarisch die Verwendung des geography-Datentyps. Sie werden sehen, dass sich in der Anwendung keine größeren Unterschiede in der Verwendung beider Datentypen ergeben.

Die in diesem Beispiel verwendeten Daten beziehen sich auf die Verwaltungsgrenzen Deutschlands und stammen vom *Bundesamt für Kartographie und Geodäsie* (BKG), das die Daten auf seiner Internetseite *http://www.geodatenzentrum.de* für nicht kommerzielle Zwecke kostenlos zum Download anbietet (siehe Abbildung 11.37).

Als Basis für die folgenden Beispiele wird die Verwaltungsgrenzen-Datei mit der Georeferenzierung *GEO84* verwendet, die Polarkoordinaten basierend auf WGS 84 (SRID 4326) enthält und im Format *ArcInfo-Shape* angeboten wird. Ein kostenloses Programm zum Import von ArcInfo-Dateien in SQL Server (*Shape2Sql.exe*) finden Sie im Internet. Der Name des Programms lautet *Shape2SQL*. Abbildung 11.38 zeigt die Oberfläche dieses Programms.

11.1 Räumliche Datentypen

Abbildung 11.37 Internetseite des Bundesamts für Kartographie und Geodäsie

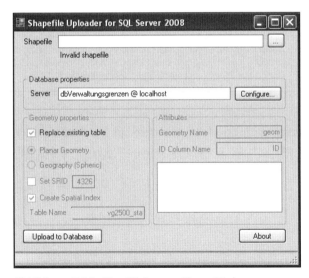

Abbildung 11.38 Oberfläche von Shape2Sql

Hinweis

Beachten Sie, dass SQL Server nur eine beschränkte Anzahl von SRIDs unterstützt. Die unterstützten SRIDs erhalten Sie durch eine Abfrage auf die Systemsicht *sys.spatial_reference_systems*. Einen Ausschnitt aus dieser Sicht sehen Sie in Abbildung 11.39. Wie Sie feststellen werden, unterstützt SQL Server lediglich SRIDs im Bereich

4xxx. Daher bietet es sich an, zur Verwendung mit SQL Server die Standard-SRID 4326 zu nutzen.

	spatial_reference_id	authority_name	authorized_spatial_reference_id	well_known_text
1	4120	EPSG	4120	GEOGCS["Greek", DATUM["Greek", ELLIPSOID["Bessel 1...
2	4121	EPSG	4121	GEOGCS["GGRS87", DATUM["Greek Geodetic Reference ...
3	4122	EPSG	4122	GEOGCS["ATS77", DATUM["Average Terrestrial System 19...
4	4123	EPSG	4123	GEOGCS["KKJ", DATUM["Kartastokoordinaattijarjestelma (1...
5	4124	EPSG	4124	GEOGCS["RT90", DATUM["Rikets koordinatsystem 1990", ...
6	4127	EPSG	4127	GEOGCS["Tete", DATUM["Tete", ELLIPSOID["Clarke 1866...

Abbildung 11.39 Ausschnitt aus der »sys.spatial_reference_systems«-Sicht

Für das folgende Beispiel wurden die Umrisse der Bundesländer aus der oben angegebenen Datei in die dafür angelegte Datenbank *dbVerwaltungsgrenzen* importiert. Die angelegte Tabelle erhielt die Bezeichnung *tblLänder*. Für den Importvorgang wurde die SRID 4326 verwendet. Abbildung 11.40 zeigt einen Ausschnitt aus der *tblLänder*-Tabelle mit für die Darstellung in Text konvertierten Geodaten.

	ID	GEN	(Kein Spaltenname)
1	1	Hamburg	MULTIPOLYGON (((9.7297523061769713 53.5571352537244820 0, 9.7739689652931734 53.5545545220...
2	2	Niedersachsen	MULTIPOLYGON (((8.11775854762506 53.7152331727795270 0, 8.1177604353246391 53.713534262003...
3	3	Bremen	MULTIPOLYGON (((8.4813576727350437 53.2268389845846390 0, 8.4838687372359249 53.2230408680...
4	4	Nordrhein-Westfalen	POLYGON ((8.6667282665464516 52.521489581073766, 8.6503339150298313 52.531035148757134, 8.62...
5	5	Hessen	POLYGON ((9.5055989583935965 51.627765744654155, 9.5026033953624918 51.628577233042535, 9.50...
6	6	Rheinland-Pfalz	POLYGON ((7.8465722419228356 50.878605636590521, 7.8376433081473182 50.880949333387264, 7.82...
7	7	Baden-Württemberg	MULTIPOLYGON (((8.659944686898823 47.690958781336704 0 0, 8.6599445793158036 47.690248629430...
8	8	Bayern	POLYGON ((10.454578888068282 47.555864171603623, 10.461045560521175 47.552542152510007, 10.4...
9	9	Saarland	POLYGON ((7.0685259027024765 49.623491638383115, 7.0575123354615847 49.631073350586121, 7.02...

Abbildung 11.40 Ausschnitt aus der »tblLänder«-Tabelle

Wie Sie an den Geowerten ablesen können, handelt es sich um sphärische Koordinaten. Eine grafische Darstellung des Inhalts der *tblLänder*-Tabelle zeigt Abbildung 11.41 in einer Mercator-Projektion.

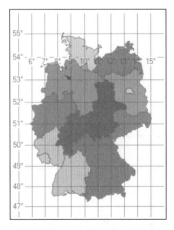

Abbildung 11.41 Ländergrenzen

Das folgende Beispiel wählt das zu Nordrhein-Westfalen gehörende Polygon aus (siehe Abbildung 11.42) und berechnet durch Aufruf der STArea-Methode die Fläche des Bundeslandes.

Beispiel:

```
SELECT geom.STArea()
FROM tblLänder
WHERE GEN = 'Nordrhein-Westfalen';
```

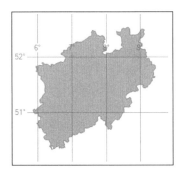

Abbildung 11.42 Umrisspolygon von Nordrhein-Westfalen

Das Ergebnis dieser Abfrage zeigt Abbildung 11.43.

	(Kein Spaltenname)
1	34108733407,4749

Abbildung 11.43 Flächenberechnung mit »STArea«

Entsprechend der von der SRID 4326 verwendeten Maßeinheit erfolgt die Ausgabe in Quadratmetern.

11.1.10 Indizierung von Geodaten

Sie können Spalten der Geodatentypen – ähnlich wie Spalten anderer SQL-Server-Datentypen – indizieren. Bedingt durch die Natur der Geodatentypen, ergeben sich einige Besonderheiten, die beide Datentypen betreffen. Zusätzlich unterscheiden sich die beiden Datentypen in einigen Punkten bei der Indizierung.

Gemeinsamkeiten der Indizierung beider Geodatentypen

Beide Geodatentypen haben gemeinsam, dass ein räumlicher Index nur dann erstellt werden kann, wenn in der Tabelle ein gruppierter Primärschlüssel existiert. Darüber hinaus können Sie bis zu 249 Indizes für eine räumliche Spalte erstellen.

Da eine Instanz eines Geodatentyps – abgesehen von Punkten – eine räumliche Ausdehnung besitzt, reicht es für eine Indizierung nicht aus, die Position der Instanz nur durch eine einzelne Koordinate zu beschreiben. Vielmehr muss die Ausdehnung der Instanz berücksichtigt werden. Dazu verwendet SQL Server spezielle Algorithmen und ein Modell aus vier Ebenen, das Sie in Abbildung 11.44 sehen.

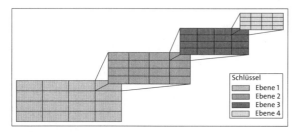

Abbildung 11.44 Ebenen der räumlichen Indizierung (Quelle: Microsoft)

Wie Sie Abbildung 11.44 entnehmen können, werden die verschiedenen Ebenen in einzelne Segmente aufgeteilt. Dies ermöglicht eine detaillierte Beschreibung der Ausdehnung von Instanzen, während Segmente, die keine Instanzen enthalten, von der Indizierung ausgenommen werden. Die Einteilung einer Ebene in Segmente zeigt Abbildung 11.45.

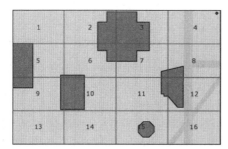

Abbildung 11.45 Rasterung einer Ebene (Quelle: Microsoft)

Welche Algorithmen SQL Server zur Zuordnung von Segmenten zu einer Instanz verwendet, wird in der SQL-Server-Dokumentation ausführlich beschrieben. An dieser Stelle sei erwähnt, dass Sie die maximale Anzahl von Segmenten festlegen können, die zur Beschreibung einer Instanz verwendet werden können. Als Standardwert verwendet SQL Server 16 Segmente pro Instanz. Darüber hinaus können Sie die Rasterung der einzelnen Ebenen festlegen. Dabei sind die folgenden Werte möglich:

Wert	Raster	Anzahl Segmente
LOW	4 × 4	16
MEDIUM	8 × 8	64
HIGH	16 × 16	256

Tabelle 11.1 Rasterung einer Ebene: mögliche Werte

Die Rasterung können Sie für jede Ebene getrennt festlegen, um den Index zu optimieren. Als Standardeinstellung verwendet SQL Server MEDIUM für alle Ebenen.

Unterschiede in der Indizierung beider Datentypen

Während ein Index für eine Spalte des geography-Datentyps immer für den gesamten Raum erstellt wird, deckt ein Index auf eine Spalte des geometry-Datentyps immer nur ein begrenztes Gebiet ab. Diese Begrenzung wird als *Bounding Box* bezeichnet. Es handelt sich dabei um ein Rechteck, das durch die Angabe des Eckpunkts links unten sowie des Eckpunkts rechts oben definiert wird.

Erstellung räumlicher Indizes

Für das folgende Beispiel wird zunächst eine Tabelle in der *tempdb*-Datenbank erstellt, die über einen gruppierten Primärschlüssel und jeweils eine Spalte der Datentypen geography und geometry verfügt.

Beispiel:

```
USE tempdb;
GO
CREATE TABLE tblGeoIndex
(
    x int PRIMARY KEY,
    a geography,
    b geometry
);
```

Index auf eine »geography«-Spalte

Zur Erstellung eines Index auf die *geography*-Spalte können Sie das folgende Beispiel verwenden.

Beispiel:

```
CREATE SPATIAL INDEX ixA ON tblGeoIndex(a)
USING GEOGRAPHY_GRID
WITH
(
GRIDS =
(
    LEVEL_1 = MEDIUM,
    LEVEL_2 = MEDIUM,
    LEVEL_3 = MEDIUM,
    LEVEL_4 = MEDIUM
),
CELLS_PER_OBJECT = 16
);
```

Auf der Seite RÄUMLICH des in Abbildung 11.46 dargestellten Dialogs zu den INDEX-EIGENSCHAFTEN können Sie die entsprechenden Einstellungen kontrollieren. Zu diesem Dialog gelangen Sie, indem Sie die Tabellenstruktur im OBJEKT-EXPLORER bis zu den Indizes erweitern und dann aus dem Kontextmenü des Index *ixA* den Menüpunkt EIGENSCHAFTEN aufrufen.

Die USING-Klausel in dem oben angegebenen Beispiel entspricht der Einstellung MOSAIKSCHEMA in Abbildung 11.46. Während die Angabe in SQL-Syntax optional ist – sie wird vom zugrunde liegenden Datentyp abgeleitet –, sollten Sie in der grafischen Oberfläche sicherstellen, dass das dem jeweiligen Datentyp entsprechende Mosaikschema ausgewählt ist.

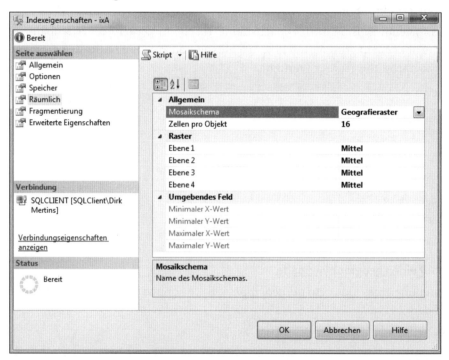

Abbildung 11.46 Einstellungen des »geography«-Index

Index auf eine »geometry«-Spalte

Wie oben erwähnt, müssen Sie zur Erstellung eines Index auf eine *geometry*-Spalte die entsprechenden Werte für die Bounding Box bereitstellen, wie das folgende Beispiel zeigt.

Beispiel:

```
CREATE SPATIAL INDEX ixB ON tblGeoIndex(b)
USING GEOMETRY_GRID
WITH
```

```
(
BOUNDING_BOX = (0, 0, 10, 10),
GRIDS =
(
    LEVEL_1 = MEDIUM,
    LEVEL_2 = MEDIUM,
    LEVEL_3 = MEDIUM,
    LEVEL_4 = MEDIUM
),
CELLS_PER_OBJECT = 16
);
```

Abbildung 11.47 zeigt die entsprechenden INDEXEIGENSCHAFTEN in der grafischen Oberfläche.

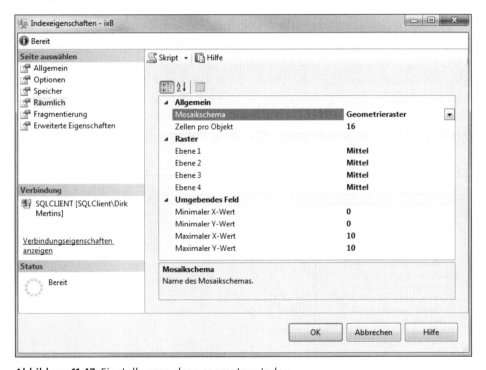

Abbildung 11.47 Einstellungen des »geometry«-Index

11.2 Der hierarchische Datentyp

Hierarchien lassen sich in relationalen Datenbanken durch sogenannte *Selbstreferenzierungen* abbilden. Ein Beispiel aus der früheren SQL-Server-Beispieldatenbank *Northwind* zeigt Abbildung 11.48.

Abbildung 11.48 Selbstreferenzierung der Tabelle »Employees«

Die in der Abbildung ausschnittsweise dargestellte Struktur der Tabelle *Employees* enthält – wie der Tabellenname bereits andeutet – Informationen über die angestellten Mitarbeiter. Den Primärschlüssel der Tabelle bildet die Spalte *EmployeeID*, in der als eindeutiges Kennzeichen die Personalnummer des jeweiligen Angestellten hinterlegt ist. Außerdem enthält die Tabelle die Spalte *ReportsTo* – in Abbildung 11.48 nicht dargestellt –, die eine Besonderheit aufweist: Sie verfügt über einen Fremdschlüssel auf die Spalte *EmployeeID*, sie referenziert also den Primärschlüssel der eigenen Tabelle. Beide Schlüssel zeigt Abbildung 11.49.

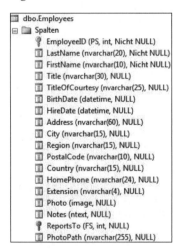

Abbildung 11.49 Primär- und Fremdschlüssel der Tabelle

Der englische Ausdruck *reports to* bedeutet so viel wie »ist Untergebener von«. Diese Spalte bildet also die hierarchische Struktur zwischen Vorgesetzten und Untergebenen in der Tabelle ab. Aus Abbildung 11.50 lässt sich so z. B. erkennen, dass die Angestellten *Suyama* und *King* dem Angestellten *Buchanan* unterstellt sind, da seine ID in der Spalte *ReportsTo* der beiden Datensätze eingetragen ist. Aus der Abbildung können Sie außerdem ablesen, dass *Andrew Fuller* der obersten Hierarchieebene zugeordnet ist, da sein Eintrag in der Spalte *ReportsTo* einen NULL-Wert enthält.

Mithilfe des hierarchischen Datentyps hierarchyid können Sie solche Strukturen in einer Tabelle ohne Verwendung einer Selbstreferenzierung verwalten. Auf welche Weise dieser Datentyp hierarchische Strukturen abbildet und welche Möglichkeiten zur Verarbeitung solcher Strukturen Ihnen der hierarchische Datentyp zur Verfügung stellt, erfahren Sie im Folgenden. Dazu betrachten wir zunächst einen Ausschnitt der in der *AdventureWorks2016CTP3*-Beispieldatenbank im Schema *HumanResources* enthaltenen Tabelle *Employee*. Hinweis: Beachten Sie bitte, dass dieser Tabellenname – im Gegensatz zu der oben angegebenen Tabelle – ohne s am Ende geschrieben wird!

	EmployeeID	FirstName	LastName	ReportsTo
1	1	Nancy	Davolio	2
2	2	Andrew	Fuller	NULL
3	3	Janet	Leverling	2
4	4	Margaret	Peacock	2
5	5	Steven	Buchanan	2
6	6	Michael	Suyama	5
7	7	Robert	King	5
8	8	Laura	Callahan	2

Abbildung 11.50 Ausschnitt aus der »Employee«-Tabelle

	BusinessEntityID	LoginID	OrganizationNode	OrganizationLevel	JobTitle
1	1	adventure-works\ken0	NULL	NULL	Chief Executive Officer
2	2	adventure-works\terri0	0x58	1	Vice President of Engineering
3	3	adventure-works\roberto0	0x5AC0	2	Engineering Manager
4	4	adventure-works\rob0	0x5AD6	3	Senior Tool Designer
5	5	adventure-works\gail0	0x5ADA	3	Design Engineer
6	6	adventure-works\jossef0	0x5ADE	3	Design Engineer
7	7	adventure-works\dylan0	0x5AE1	3	Research and Development Manager

Abbildung 11.51 Ausschnitt aus der »Employee«-Tabelle

Beispiel:

```
USE AdventureWorks2016CTP3;
GO
SELECT BusinessEntityID, LoginID, OrganizationNode, OrganizationLevel,
JobTitle
FROM HumanResources.Employee;
```

Abbildung 11.52 zeigt einen Teil der zurückgegebenen Datensätze.

Die Spalte *BusinessEntityID* stellt den Primärschlüssel der Tabelle dar, die Spalte *OrganizationNode* ist vom Datentyp hierarchyid. Genau wie bei den räumlichen Datentypen ist die Rückgabe dieses Datentyps nicht ohne Weiteres lesbar. Aber genau wie die räumlichen Datentypen stellt auch dieser Datentyp Methoden bereit, um u. a. die Ausgabe in ein lesbares Format umzuwandeln. Diese Methoden besprechen wir im folgenden Abschnitt.

	BusinessEntityID	LoginID	OrganizationNode	OrganizationLevel	JobTitle
1	1	adventure-works\ken0	0x	0	Chief Executive Officer
2	2	adventure-works\terri0	0x58	1	Vice President of Engineering
3	3	adventure-works\roberto0	0x5AC0	2	Engineering Manager
4	4	adventure-works\rob0	0x5AD6	3	Senior Tool Designer
5	5	adventure-works\gail0	0x5ADA	3	Design Engineer
6	6	adventure-works\jossef0	0x5ADE	3	Design Engineer
7	7	adventure-works\dylan0	0x5AE1	3	Research and Development Manager

Abbildung 11.52 Ausschnitt aus der »Employee«-Tabelle

11.2.1 Die Methoden des hierarchischen Datentyps

Der hierarchische Datentyp stellt Ihnen die folgenden Methoden zur Verfügung.

Die »ToString«-Methode

Die ToString-Methode dient zur Konvertierung eines hierarchyid-Datentyps in einen nvarchar(4000)-Datentyp.

Syntax:

instanz.ToString()

Mit *Instanz* ist an dieser Stelle ein beliebiges Objekt des Datentyps hierarchyid gemeint. Beachten Sie, dass in diesem Fall kein zweifacher Doppelpunkt, sondern ein einzelner Punkt als Trennzeichen dient! Durch Anwendung der ToString-Methode lassen sich nun die Werte der Spalte *OrganizationNode* in lesbarer Form ausgeben:

Beispiel:

SELECT BusinessEntityID, LoginID, OrganizationNode.ToString() AS Node, OrganizationLevel, JobTitle
FROM HumanResources.Employee;

Ein Teil des Ergebnisses der geänderten Beispielabfrage ist zum Vergleich mit dem vorangegangenen Beispiel in Abbildung 11.53 wiedergegeben.

	BusinessEntityID	LoginID	Node	OrganizationLevel	JobTitle
1	1	adventure-works\ken0	NULL	NULL	Chief Executive Officer
2	2	adventure-works\terri0	/1/	1	Vice President of Engineering
3	3	adventure-works\roberto0	/1/1/	2	Engineering Manager
4	4	adventure-works\rob0	/1/1/1/	3	Senior Tool Designer
5	5	adventure-works\gail0	/1/1/2/	3	Design Engineer
6	6	adventure-works\jossef0	/1/1/3/	3	Design Engineer
7	7	adventure-works\dylan0	/1/1/4/	3	Research and Development Manager

Abbildung 11.53 Anwendung der »ToString«-Methode

11.2 Der hierarchische Datentyp

> **Hinweis**
> Bei dem ersten in Abbildung 11.53 dargestellten Eintrag handelt es sich – wie Sie der Spalte *JobTitle* entnehmen können – um den höchsten in der Hierarchie angesiedelten Mitarbeiter. In früheren Versionen der *AdventureWorks*-Datenbank wurde für diesen Mitarbeiter in der Spalte *Node* das Zeichen / und in der Spalte *OrganizationLevel* der Eintrag 0 ausgegeben. In der aktuellen *AdventureWorks2016CTP3*-Datenbank sind für diesen Eintrag jeweils NULL-Werte vorhanden.

Wie Sie der Abbildung entnehmen können, werden die jeweiligen Hierarchieebenen durch einen einfachen Schrägstrich gekennzeichnet, untergeordnete Einträge durch eine Zahl, weitere Hierarchieebenen durch zusätzliche Schrägstriche.

Die »GetRoot«-Methode

Die GetRoot-Methode dient zur Generierung des Stammeintrags einer Hierarchie.

Syntax:

```
hierarchyid::GetRoot()
```

Die Ausgabe des Methodenaufrufs zeigt das folgende Beispiel, in dem zusätzlich die ToString-Methode aufgerufen wird.

Beispiel:

```
SELECT hierarchyid::GetRoot().ToString();
```

Wie Sie dem in Abbildung 11.54 dargestellten Ergebnis entnehmen können, entspricht der zurückgegebene Wert dem Stammeintrag einer Hierarchie.

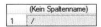

Abbildung 11.54 Ausgabe der »GetRoot«-Methode

Die »Parse«-Methode

Die Parse-Methode stellt die umgekehrte Funktion der ToString-Methode dar. Mit ihr lassen sich Zeichenketten in den Datentyp hierarchyid konvertieren.

Syntax:

```
hierarchyid::Parse('zeichenkette')
```

Im folgenden Beispiel wird der vorhandene Eintrag /1/1/7/ eines Angestellten in der Spalte *OrganizationNode* in den Wert /1/1/8/ geändert:

Beispiel:

```
UPDATE HumanResources.Employee
SET OrganizationNode = hierarchyid::Parse('/1/1/8/')
WHERE BusinessEntityID = 15;
```

Den geänderten Datensatz zeigt Abbildung 11.55.

BusinessEntityID	LoginID	Node	OrganizationLevel	JobTitle
1	15	adventure-works\sharon0	/1/1/8/	3	Design Engineer

Abbildung 11.55 Der geänderte Datensatz

Parse wird implizit aufgerufen, wenn einer hierarchyid-Instanz eine Zeichenkette zugewiesen wird. Das folgende Beispiel ist also vom Ergebnis her identisch mit dem oben angegebenen.

Beispiel:

```
UPDATE HumanResources.Employee
SET OrganizationNode = '/1/1/8/'
WHERE BusinessEntityID = 15;
```

Die »GetDescendant«-Methode

Die GetDescendant-Methode erzeugt zu einem gegebenen Eintrag einen Eintrag in der nächsttieferen Hierarchieebene. Der Aufruf dieser Methode lautet:

Syntax:

elternknoten.GetDescendant(*kindknoten_links*, *kindknoten_rechts*)

Über die Kindknoten steuern Sie dabei, in welchem Bereich der neue Knoten liegen soll. Im folgenden Beispiel wird als Elternknoten der Stammeintrag ermittelt. Dem linken Kindknoten wird die Kennziffer 6 zugewiesen, was dem höchsten Eintrag auf der zweiten Ebene entspricht, wie Sie bei einem Vergleich mit der Tabelle feststellen können. Der rechte Kindknoten wird mit NULL belegt.

Beispiel:

```
DECLARE @Parent hierarchyid;
DECLARE @Child1 hierarchyid;
DECLARE @Child2 hierarchyid;
SELECT @Parent = OrganizationNode FROM HumanResources.Employee WHERE
BusinessEntityID = 1;
SET @Child1 = hierarchyid::Parse('/6/');
SET @Child2 = NULL;
SELECT @Parent.GetDescendant(@Child1, @Child2).ToString();
```

Das Ergebnis zeigt Abbildung 11.56. Es wird ein neuer, rechts vom linken Kindknoten liegender Knoten erzeugt.

(Kein Spaltenname)
/7/

Abbildung 11.56 Der berechnete neue Knoten

Was aber gibt die Methode zurück, wenn zwei benachbarte Kindknoten angegeben werden, wie im folgenden Beispiel die Kindknoten der zweiten Ebene mit den Kennziffern 5 und 6?

Beispiel:

```
DECLARE @Parent hierarchyid;
DECLARE @Child1 hierarchyid;
DECLARE @Child2 hierarchyid;
SELECT @Parent= OrganizationNode FROM HumanResources.Employee WHERE
BusinessEntityID = 1;
SET @Child1 = hierarchyid::Parse('/5/');
SET @Child2 = hierarchyid::Parse('/6/');
SELECT @Parent.GetDescendant(@Child1, @Child2).ToString();
```

Das Ergebnis sehen Sie in Abbildung 11.57. Wenn zwischen zwei Kindknoten keine ganzzahlige Kennziffer vergeben werden kann, generiert die GetDescendant-Methode weitere Kennziffern innerhalb des Bereichs, deren Kennzeichnung durch Punkte erfolgt.

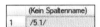

Abbildung 11.57 Der berechnete Zwischenknoten

Die »GetLevel«-Methode

GetLevel dient zur Feststellung der Ebene, in der sich ein Knoten innerhalb der Hierarchie befindet.

Syntax:

knoten.GetLevel()

Die Spalte *OrganizationLevel* aus Abbildung 11.52 zeigt entsprechende Einträge. Das folgende Beispiel erzeugt eine entsprechende Ausgabe.

Beispiel:

```
SELECT BusinessEntityID, OrganizationNode.ToString() AS Node,
OrganizationNode.GetLevel() AS [Level]
FROM HumanResources.Employee;
```

Einen Teil des Abfrageergebnisses sehen Sie in Abbildung 11.58.

	BusinessEntityID	Node	Level
1	1	NULL	NULL
2	2	/1/	1
3	16	/2/	1
4	25	/3/	1
5	234	/4/	1
6	263	/5/	1
7	273	/6/	1

Abbildung 11.58 Anwendung der »GetLevel«-Methode

Die »GetAncestor«-Methode

Die GetAncestor-Methode ermöglicht es, die einem Knoten zugeordneten Einträge in den darüber liegenden Hierarchieebenen zu ermitteln. Die Syntax der GetAncestor-Methode lautet:

Syntax:

knoten.GetAncestor(n)

Über den Parameter n legen Sie die abzufragende Hierarchieebene fest. In dem folgenden Beispiel wird zunächst der Knoteneintrag eines bestimmten Datensatzes abgefragt. Dieser Eintrag hat den Wert /1/1/. Mithilfe von GetAncestor(1) wird der direkte Vorgesetzte ermittelt.

Beispiel:

```
DECLARE @Child hierarchyid;
SELECT @Child = OrganizationNode FROM HumanResources.Employee WHERE
BusinessEntityID = 3;
SELECT @Child.GetAncestor(1).ToString();
```

Abbildung 11.59 zeigt das Ergebnis.

Abbildung 11.59 Ermittlung des übergeordneten Knotens

Das folgende Beispiel ermittelt den zwei Ebenen höher angesiedelten Vorgesetzten des Angestellten mit der BusinessEntityID 3.

Beispiel:

```
DECLARE @Child hierarchyid;
SELECT @Child = OrganizationNode FROM HumanResources.Employee WHERE
BusinessEntityID = 3;
SELECT @Child.GetAncestor(2).ToString();
```

In diesem Fall deutet das Abfrageergebnis, wie Abbildung 11.60 zeigt, auf den Stammeintrag der Tabelle.

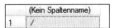

Abbildung 11.60 Ausgabe des Stammeintrags als zweite übergeordnete Ebene

Die »IsDescendantOf«-Methode

Während die `GetDescendantOf`-Methode der Erstellung eines Verweises auf ein untergeordnetes Element dient, ermöglicht die `IsDescendantOf`-Methode, festzustellen, ob ein Knoten einem anderen Knoten untergeordnet ist. Die Syntax für den Aufruf dieser Methode hat die folgende Form:

Syntax:

kindknoten.IsDescendantOf(*elternknoten*)

Im folgenden Beispiel wird geprüft, ob der Kindknoten mit dem Eintrag */1/1/* dem Stammelement untergeordnet ist:

Beispiel:

```
DECLARE @Parent hierarchyid;
DECLARE @Child hierarchyid;
SET @Parent = hierarchyid::GetRoot();
SELECT @Child = OrganizationNode FROM HumanResources.Employee WHERE
BusinessEntityID = 3;
SELECT @Child.IsDescendantOf(@Parent);
```

Da dies selbstverständlich der Fall ist, wird als Ergebnis 1 ausgegeben.

Die »GetReparentedValue«-Methode

Die `GetReparentedValue`-Methode dient zum Verschieben von Knoten innerhalb der hierarchischen Struktur.

Syntax:

kindknoten.GetReparentedValue(*elternknoten_alt*, *elternknoten_neu*)

Im folgenden Beispiel wird der Kindknoten auf den Eintrag */1/1/* festgelegt, der alte Elternknoten ist daher */1/*, der neue Elternknoten soll */2/* sein.

Beispiel:

```
DECLARE @Child hierarchyid;
DECLARE @ParentOld hierarchyid;
```

```
DECLARE @ParentNew hierarchyid;
SELECT @Child = OrganizationNode FROM HumanResources.Employee WHERE
BusinessEntityID = 3;
SET @ParentOld = hierarchyid::Parse('/1/');
SET @ParentNew = hierarchyid::Parse('/2/');
SELECT @Child.GetReparentedValue(@ParentOld, @ParentNew).ToString();
```

Abbildung 11.61 zeigt die Ausgabe dieses Beispiels.

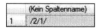

Abbildung 11.61 Ausgabe der
»GetReparentedValue«-Methode

Unter T-SQL nicht unterstützte Methoden des hierarchischen Datentyps

Der Vollständigkeit halber sei erwähnt, dass der CLR-Datentyp zwei weitere Methoden bereitstellt, die unter T-SQL nicht zur Verfügung stehen. Es handelt sich dabei um die Methoden Read und Write, die zum Lesen bzw. Schreiben von Daten aus einem oder in einen Binärstrom verwendet werden.

Kapitel 12
Daten verwalten

Zu den grundlegenden Aufgaben in einer Datenbank zählen das Einfügen, Ändern und Löschen von Datensätzen. In diesem Kapitel lernen Sie die Anwendung der entsprechenden Anweisungen kennen.

Da der Datenbestand einer Datenbank in der Regel einem ständigen Wandel unterworfen ist, gehören die SQL-Anweisungen zum Einfügen, Bearbeiten und Löschen von Datensätzen wohl – neben der SELECT-Anweisung – zu den Anweisungen, die am häufigsten an eine Datenbank gegeben werden.

12.1 Grundlegende Befehle zur Datensatzmanipulation

In diesem Abschnitt stellen wir Ihnen die drei grundlegenden Anweisungen der DML (*Data Manipulation Language*) vor, also des Teilbereichs von SQL, der sich mit den Anweisungen zur Datenpflege befasst.

12.1.1 Einfügen von Datensätzen mit »INSERT«

Wenn Daten in eine Tabelle eingefügt werden, geschieht dies grundsätzlich über das Schlüsselwort INSERT. In SQL Server stehen mehrere Möglichkeiten zum Einfügen von Datensätzen zur Verfügung, deshalb wird dieses Schlüsselwort in verschiedenen Anweisungen verwendet.

Wir stellen Ihnen zunächst die grundlegende klassische INSERT-Anweisung in der Form INSERT INTO ... VALUES vor, über die immer nur ein Datensatz einer Tabelle hinzugefügt werden kann. In Abschnitt 12.2, »Verwendung des Zeilenkonstruktors«, erfahren Sie, wie Sie mit dem in SQL Server 2008 eingeführten Zeilenkonstruktor auch mehrere Datensätze über eine INSERT INTO ... VALUES-Anweisung in eine Tabelle einfügen. Die in diesem Abschnitt behandelte INSERT INTO ... VALUES-Anweisung bezeichnen wir im Folgenden einfach als INSERT-Anweisung.

Verwendung von »INSERT« mit Angabe aller Spaltenwerte

Die einfachste Form der INSERT-Anweisung können Sie dann verwenden, wenn Sie für alle Spalten eines Datensatzes Werte angeben:

Syntax:

```
INSERT INTO tabellenname
VALUES (werteliste);
```

Der Tabellenname gibt die Tabelle an, in die der Datensatz eingefügt werden soll. In der Werteliste geben Sie die einzelnen Spaltenwerte des einzufügenden Datensatzes an.

Im folgenden Beispiel wird ein Datensatz in die Tabelle *tblBuch* geschrieben:

Beispiel:

```
USE GalileoDB;
GO
INSERT INTO tblBuch
VALUES ('3-89842-141-1', 'SELECT * FROM SQL Server 2000', 49.90);
```

Beachten Sie, dass die einzelnen Spaltenwerte durch Kommas voneinander abgetrennt werden. SQL Server gibt eine Fehlermeldung aus, falls in der Preisangabe ein Komma anstelle eines Punkts verwendet wird, da in diesem Fall der Nachkommaanteil als weiterer Spaltenwert interpretiert würde. Ist die Anweisung fehlerfrei abgearbeitet worden, gibt SQL Server die Meldung aus, dass *ein* Datensatz von der Anweisung betroffen war, und der Datensatz ist der Tabelle hinzugefügt worden. Eine SELECT-Anweisung auf die Tabelle liefert den eben eingefügten Datensatz zurück, wie Sie in Abbildung 12.1 sehen.

	ISBN	Titel	Preis
1	3-89842-141-1	SELECT * FROM SQL Server 2000	49,90

Abbildung 12.1 Neu eingefügter vollständiger Datensatz in der Tabelle »tblBuch«

Verwendung von »INSERT« mit Angabe eines Teils der Spaltenwerte

Im letzten Beispiel wurden alle Spaltenwerte des Datensatzes übergeben, daher konnten wir eine vereinfachte Version der INSERT-Anweisung verwenden. Sollen nicht für alle Spalten einer Tabelle Werte angegeben werden, ist die Angabe einer Spaltenliste notwendig, die festlegt, in welche Spalten der Tabelle die in der Werteliste übergebenen Daten eingetragen werden sollen.

Syntax:

```
INSERT INTO tabellenname (spaltenliste)
VALUES (werteliste);
```

Die Anzahl und die Reihenfolge der Elemente der Spalten- und Werteliste müssen dabei nicht der Tabellendefinition, aber sich untereinander entsprechen. Außerdem gilt, dass für alle Spalten der Tabelle, die über keine NULL-Zulässigkeit oder einen DEFAULT-Constraint verfügen, Werte angegeben werden müssen.

Das folgende Beispiel fügt einen Datensatz in die Tabelle *tblBuch* ein, für den kein Preis angegeben wird. Da die Spalte *Preis* einen DEFAULT-Constraint von 0 besitzt, wird dieser Standardwert in die entsprechende Spalte, für die kein expliziter Wert angegeben wird, eingetragen (siehe Abbildung 12.2).

Beispiel:

```
INSERT INTO tblBuch (ISBN, Titel)
VALUES ('3-89842-129-5', 'VB.NET');
```

	ISBN	Titel	Preis
1	3-89842-129-5	VB.NET	0,00
2	3-89842-141-1	SELECT * FROM SQL Server 2000	49,90

Abbildung 12.2 Neu eingefügter Datensatz mit Standardwert in der Spalte »Preis«

Es mag verwunderlich scheinen, dass der neu eingefügte Datensatz nicht nach, sondern vor dem ersten Datensatz eingefügt wurde. Die Erklärung dazu finden Sie in Kapitel 23, »Zeilenbasierte Sicherheit«.

Verwendung von »NULL« und »DEFAULT« in der Werteliste

Wenn nur für eine gewisse Anzahl von Spalten ein Wert angegeben werden soll, die entsprechende Tabelle aber über eine sehr große Anzahl von Spalten verfügt, die NULL-Zulässigkeit besitzen oder für die DEFAULT-Constraints definiert sind, dann kann es weniger aufwendig sein, auf die Angabe der Spaltenliste zu verzichten und stattdessen für die jeweiligen Spalten in der Werteliste die Schlüsselwörter NULL bzw. DEFAULT anzugeben. Die Verwendung dieser Schlüsselwörter kann aber auch zu unerwarteten Ergebnissen führen, wie wir im Folgenden zeigen werden.

In die Tabelle *tblBuch* soll ein weiterer Datensatz eingefügt werden, für den – wie im letzten Beispiel – keine Preisangabe erfolgen soll. Um die Angabe der Spaltenliste – wie im letzten Beispiel – zu vermeiden, geben wir für den Preis in der Werteliste den Wert NULL an.

Beispiel:

```
INSERT INTO tblBuch
VALUES ('3-89842-662-9', 'Visual C#', NULL);
```

Da für die Spalte *Preis* ein DEFAULT-Constraint definiert ist, könnte man meinen, dass dieser in die Spalte *Preis* eingetragen wird, was jedoch nicht der Fall ist, wie Abbildung 12.3 zeigt.

	ISBN	Titel	Preis
1	3-89842-129-5	VB.NET	0,00
2	3-89842-141-1	SELECT * FROM SQL Server 2000	49,90
3	3-89842-662-9	Visual C#	NULL

Abbildung 12.3 Umgehung des »DEFAULT«-Constraints durch Angabe eines »NULL«-Werts

Dieses Verhalten ist so zu erklären, dass für die Spalte *Preis* in der INSERT-Anweisung ja explizit ein Wert angegeben wurde, auch wenn es sich um einen NULL-Wert handelte.

Dieser Umstand macht noch einmal deutlich, wie sinnvoll es ist, für eine Tabellenspalte explizit die NULL-Zulässigkeit anzugeben, selbst wenn die entsprechende Spalte über einen DEFAULT-Constraint verfügt. Bei einem Vergleich mit dem in Kapitel 9, »Erstellen von Tabellen«, verwendeten Code zur Erstellung der Tabellen werden Sie feststellen, dass für die Spalte *Preis* keine Angabe zur NULL-Zulässigkeit gemacht wurde; SQL Server hat sie also standardmäßig mit NULL-Zulässigkeit erstellt. Wäre bei der Spaltendefinition NOT NULL angegeben worden, würde das letzte Beispiel zu einer Fehlermeldung führen, die besagt, dass für diese Spalte keine NULL-Werte zulässig sind.

Anstelle von NULL sollte in diesem Fall die Angabe von DEFAULT erfolgen, wodurch der Eintrag des Standardwerts erzwungen wird.

Beispiel:

```
INSERT INTO tblBuch
VALUES ( '3-89842-585-X', 'Visual Basic .NET', DEFAULT);
```

Abbildung 12.4 zeigt, dass in diesem Fall der Standardwert korrekt eingetragen wird.

	ISBN	Titel	Preis
1	3-89842-129-5	VB.NET	0,00
2	3-89842-141-1	SELECT * FROM SQL Server 2000	49,90
3	3-89842-585-X	Visual Basic .NET	0,00
4	3-89842-662-9	Visual C#	NULL

Abbildung 12.4 Erzwingung des Standardwerts durch »DEFAULT«

Das X in der ISBN-Nummer dieses Datensatzes dient zur Veranschaulichung in einem späteren Beispiel, in dem wir die Aktualisierung eines Datensatzes beschreiben.

Verwendung von »INSERT« in Verbindung mit Tabellen, die über eine »IDENTITY«-Spalte verfügen

Wird in einer INSERT-Anweisung eine Spaltenliste verwendet, muss die Anzahl der in der Spaltenliste angegebenen Spalten mit der Anzahl der übergebenen Werte übereinstimmen. Wird keine Werteliste angegeben, bedeutet dies in der Regel, dass eine Wertangabe für alle Spalten der Tabelle folgt.

Eine Ausnahme von dieser Regel stellen INSERT-Anweisungen auf eine Tabelle mit IDENTITY-Spalte dar. In diesem Fall entspricht die Anzahl der übergebenen Werte trotz Auslassung der Spaltenliste nicht der Anzahl der Tabellenspalten. Verwenden Sie INSERT in dieser Form, müssen Sie für alle Spalten der Tabelle – außer für die IDENTITY-Spalte – einen Wert angeben.

SQL Server erkennt in diesem Fall, dass innerhalb der Tabelle eine IDENTITY-Spalte existiert, generiert einen entsprechenden Spaltenwert und ordnet die übergebenen Werte den restlichen Spalten der Tabelle zu. Das folgende Beispiel zeigt diese Vorgehensweise. Es soll der Datensatz eines Autors eingetragen werden, dessen Bankverbindung noch unbekannt ist. Daher wird für die entsprechenden Felder NULL angegeben.

Beispiel:

```
INSERT INTO tblAutor
VALUES ('Hans Willi', 'Kremer', NULL, NULL);
```

Obwohl die Tabelle *tblAutor* aus fünf Spalten besteht, aber nur vier Werte übergeben werden, wird der Datensatz mit dem generierten IDENTITY-Wert in die Tabelle eingetragen (siehe Abbildung 12.5).

ID	Vorname	Nachname	KontoNr	BLZ
1	Hans Willi	Kremer	NULL	NULL

Abbildung 12.5 Eingetragener Autorendatensatz mit automatisch generiertem »IDENTITY«-Wert

Wie Sie aus diesem Beispiel erkennen, muss ein Fremdschlüssel – in diesem Beispiel die Bankleitzahl – keinen Wert enthalten, falls er mit NULL-Zulässigkeit definiert wurde. Die Angabe einer Bankleitzahl hätte in diesem Fall sogar einen Fehler erzeugt, da in der Tabelle *tblBank* noch keine Datensätze enthalten sind.

Das folgende Beispiel zeigt die Verwendung einer Spaltenliste zum Einfügen eines Datensatzes, der dem letzten Beispiel entspricht. Auch hier werden als explizite Werte lediglich der Vor- und der Nachname übergeben.

Beispiel:

```
INSERT INTO tblAutor (Vorname, Nachname)
VALUES ('Andreas', 'Kühnel');
```

Der Versuch, in einem entsprechenden Beispiel durch Angabe des Namens der IDENTITY-Spalte und einer entsprechenden Wertangabe einen bestimmten Wert der IDENTITY-Spalte zu erzwingen, ist nicht zulässig und resultiert in einem Fehler, da einer IDENTITY-Spalte kein expliziter Wert zugewiesen werden darf.

SQL Server bietet zwar eine Möglichkeit, einer IDENTITY-Spalte einen Wert zuzuweisen, die verwendet werden kann, um Lücken in der Nummerierung aufzufüllen; dies entspricht aber nicht dem Standardverhalten von SQL Server und wird an dieser Stelle nur der Vollständigkeit halber erwähnt.

Die INSERT-Anweisung kann in einem bestimmten Fall auch ohne Werteliste verwendet werden, nämlich dann, wenn für alle Spalten einer Tabelle gilt, dass sie entweder NULL-Zulässigkeit besitzen oder über einen Standardwert verfügen oder die Identitätsspalte der Tabelle darstellen.

In diesem Fall können Sie über die Angabe von DEFAULT *vor* VALUES einen Datensatz erzeugen, der aus den oben genannten Elementen besteht.

Syntax:

```
INSERT INTO tabellenname
DEFAULT VALUES;
```

12.1.2 Daten aktualisieren mit »UPDATE«

An den Datensätzen einer Datenbank müssen im laufenden Betrieb häufig Änderungen vorgenommen werden, sei es, weil Daten falsch eingegeben wurden, sei es, weil sie sich geändert haben. Diese Änderungen nehmen Sie über die UPDATE-Anweisung vor, deren minimale Syntax folgende Form hat:

Syntax:

```
UPDATE tabellenname,
SET spaltenname = wert;
```

Eine in dieser Art abgesetzte Anweisung ist syntaktisch korrekt, hat aber eine meistens nicht gewünschte Auswirkung: Durch diese Anweisung würde versucht, alle Werte in der angegebenen Spalte auf den entsprechenden Wert zu setzen! Wir raten Ihnen daher dringend, in Verbindung mit UPDATE eine WHERE-Klausel zu verwenden.

Syntax:

```
UPDATE tabellenname,
SET spaltenname = wert
WHERE auswahlbedingung;
```

Soll sichergestellt sein, dass tatsächlich nur ein Datensatz geändert wird, sollten Sie in der WHERE-Klausel einen Vergleich auf den Primärschlüssel vornehmen, wie es im folgenden Beispiel geschieht.

Beispiel:

```
UPDATE tblBuch
SET Preis = 49.90
WHERE ISBN = '3-89842-129-5';
```

Durch SET muss kein fester Wert vorgegeben werden, der Wert kann auch das Ergebnis einer Berechnung oder eines Funktionsaufrufs sein. Der Ausdruck SET Preis = Preis * 1.05 würde z. B. den Buchpreis um 5 % erhöhen. Außerdem sind hier – ähnlich wie bei der INSERT-Anweisung – die Schlüsselwörter DEFAULT und NULL zulässig, sofern die Spaltendefinition dies unterstützt. Das folgende Beispiel ersetzt den NULL-Wert im Preis des angegebenen Buches durch den Standardwert null.

Beispiel:

```
UPDATE tblBuch
SET Preis = DEFAULT
WHERE ISBN = '3-89842-662-9';
```

Über die UPDATE-Anweisung kann nicht nur der Inhalt einer Spalte, sondern auch der Inhalt mehrerer Spalten aktualisiert werden. Dazu geben Sie nach SET eine Zuweisungsliste an.

Syntax:

```
UPDATE tabellenname
SET zuweisungsliste;
WHERE auswahlbedingung;
```

Im folgenden Beispiel wird durch Anwendung des Textverkettungsoperators dem Titel des Buches *Visual Basic .NET* der noch fehlende Untertitel hinzugefügt und der Preis aktualisiert.

Beispiel:

```
UPDATE tblBuch
SET Titel = Titel + ' Das umfassende Handbuch',
Preis = 49.90
WHERE ISBN = '3-89842-585-X';
```

Abschließend wollen wir noch die Änderungsweitergabe des auf die Spalte *ISBN* verweisenden Fremdschlüssels näher betrachten. Zu diesem Zweck tragen wir in die Tabelle *tblAutorBuch* einen Datensatz ein, der das im vorangegangenen Beispiel verwendete Buch mit der ISBN-Nummer *3-89842-585-X* mit dem Autor *Andreas Kühnel* verknüpft, der in der Autorentabelle mit der Autoren-ID *2* aufgeführt ist. Falls Sie das Beispiel nachvollziehen möchten und eine Fehlermeldung wegen einer Fremdschlüsselverletzung erhalten, überprüfen Sie bitte, ob die vergebenen Identitätswerte der Autorentabelle Abbildung 12.6 entsprechen.

	ID	Vorname	Nachname	KontoNr	BLZ
1	1	Hans Willi	Kremer	NULL	NULL
2	2	Andreas	Kühnel	NULL	NULL

Abbildung 12.6 Nummerierung der Autoren-IDs

Falls während des Einfügens der Autorendatensätze ein Fehler aufgetreten ist, wurde für diesen Datensatz trotzdem bereits ein IDENTITY-Wert reserviert, der nicht wiederverwendet wird, obwohl er nicht in die Tabelle eingetragen wurde! Die Nummerierung der Autoren in Abbildung 12.6 muss also nicht der Nummerierung der Autoren auf Ihrem SQL Server entsprechen.

Stimmen die Nummerierungen überein, können Sie die Verknüpfung über die folgende INSERT-Anweisung vornehmen. Andernfalls müssen Sie die Autoren-ID im folgenden Beispiel entsprechend abändern.

Beispiel:

```
INSERT INTO tblAutorBuch
VALUES (2, '3-89842-585-X', 100.00);
```

Der Datensatz liegt in der Tabelle zunächst in der in Abbildung 12.7 dargestellten Form vor.

	ID	ISBN	Anteil
1	2	3-89842-585-X	100.00

Abbildung 12.7 Datensatz in »tblAutorBuch« vor Änderung des Primärschlüsselwerts

Im nächsten Schritt wird die ISBN-Nummer des Buches vom Wert *3-89842-585-X* in die reale ISBN-Nummer geändert.

Beispiel:

```
UPDATE tblBuch
SET ISBN = '3-89842-585-1'
WHERE ISBN = '3-89842-585-X';
```

Abbildung 12.8 zeigt die Tabelle *tblBuch* nach allen vorgenommenen Änderungen am Datenbestand.

	ISBN	Titel	Preis
1	3-89842-129-5	VB.NET	49,90
2	3-89842-141-1	SELECT * FROM SQL Server 2000	49,90
3	3-89842-585-1	Visual Basic .NET Das umfassende Handbuch	49,90
4	3-89842-662-9	Visual C#	0,00

Abbildung 12.8 Die Tabelle »tblBuch« nach allen vorgenommenen Änderungen

Die zuletzt ausgeführte Änderung des Primärschlüsselwerts hätte – wäre der Fremdschlüssel auf die Spalte *ISBN* ohne Aktualisierungsweitergabe definiert worden – zu einer Fehlermeldung geführt, da die ISBN-Nummer in der Tabelle *tblBuch* noch aus der Tabelle *tblAutorBuch* referenziert wird. Durch die Aktualisierungsweitergabe ist der Wert in der Tabelle *tblAutorBuch* jedoch entsprechend abgewandelt worden, wie Abbildung 12.9 zeigt, womit die referenzielle Integrität gewahrt blieb.

Abbildung 12.9 Durch die Aktualisierungsweitergabe geänderter Fremdschlüsselwert in der Spalte »ISBN«

12.1.3 Löschen von Daten mit »DELETE«

Datensätze einer Tabelle werden mit der DELETE-Anweisung gelöscht. Eine der einfachsten Formen der DELETE-Anweisung lautet:

Syntax:

```
DELETE FROM tabellenname;
```

Diese Syntax könnte sogar noch weiter vereinfacht werden, da bei der INSERT- und DELETE-Anweisung die Angabe der Schlüsselwörter INTO bzw. FROM optional ist. Auch in diesem Fall (wie schon bei der UPDATE-Anweisung) warnen wir Sie allerdings vor der Anwendung dieses Befehls ohne WHERE-Klausel, da durch diese Anweisung versucht würde, alle Datensätze einer Tabelle zu löschen! Daher wird die DELETE-Anweisung in der Regel ebenfalls mit einer WHERE-Klausel verwendet.

Syntax:

```
DELETE FROM tabellenname
WHERE auswahlbedingung;
```

Das folgende Beispiel löscht das Buch mit der ISBN-Nummer *3-89842-662-9* aus der Tabelle *tblBuch*.

Beispiel:

```
DELETE FROM tblBuch
WHERE ISBN = '3-89842-662-9';
```

Da auf den Primärschlüsselwert dieses Datensatzes kein Fremdschlüsselwert verweist, kann er ohne Weiteres gelöscht werden. Wären Fremdschlüsseleinträge für den Primärschlüsselwert dieses Datensatzes vorhanden, müssten sie zuerst gelöscht werden, oder der entsprechende Fremdschlüssel müsste mit Löschweitergabe definiert worden sein.

Zu Beginn dieses Abschnitts haben wir erwähnt, dass die Verwendung von DELETE ohne WHERE-Klausel dazu führen kann, dass alle Datensätze der angegebenen Tabelle gelöscht werden. Ist das Löschen aller Datensätze einer Tabelle tatsächlich beabsichtigt, ist – besonders bei umfangreichen Tabellen – die Verwendung des Befehls TRUNCATE TABLE effizienter als die Verwendung von DELETE ohne WHERE-Klausel. Dieser Befehl wird in der folgenden Form aufgerufen.

Syntax:

TRUNCATE TABLE tabellenname;

Der Vorteil von TRUNCATE TABLE gegenüber DELETE ergibt sich beim Löschen umfangreicher Tabelleninhalte dadurch, dass bei Verwendung von TRUNCATE TABLE nur minimale Informationen in das Transaktionsprotokoll geschrieben werden, während bei der Verwendung von DELETE das Löschen eines jeden Datensatzes im Protokoll vermerkt wird.

12.2 Verwendung des Zeilenkonstruktors

Wie Sie festgestellt haben, ist es durchaus möglich, innerhalb einer UPDATE- oder DELETE-Anweisung mehrere Datensätze anzusprechen, während eine INSERT-Anweisung in der bisher besprochenen Form immer nur einen Datensatz einfügen kann. Dieser Umstand wurde in SQL Server 2008 mit Einführung des *Zeilenkonstruktors* (engl.: *row constructor*) endlich behoben. Hinter der etwas kompliziert klingenden Bezeichnung verbirgt sich eine recht einfache Möglichkeit, innerhalb einer INSERT-Anweisung mehrere Datensätze einzufügen. Die grundlegende Syntax dieser Anweisung lautet wie folgt:

Syntax:

INSERT INTO tabellenname
VALUES (werteliste),
(werteliste),
.
.
.
(werteliste);

Das folgende Beispiel erstellt eine Tabelle in der *tempdb*-Datenbank und füllt diese mit drei Datensätzen durch den Aufruf einer INSERT-Anweisung, die den Zeilenkonstruktor verwendet.

Beispiel:

```
USE tempdb;
GO
CREATE TABLE tblPersonen
(
Vorname varchar(20),
Nachname varchar(20)
);
GO
INSERT INTO tblPersonen
VALUES ('Al', 'Bundy'),
('Homer', 'Simpson'),
('Alfred', 'Tetzlaff');
```

Damit die Beispiele in diesem Buch auch unter früheren Versionen von SQL Server unverändert übernommen werden können, verwenden wir im weiteren Verlauf des Buches die konventionelle Schreibweise der INSERT-Anweisung.

12.3 Kombinierte Auswahl-/Einfügeanweisungen

Sollen Informationen – also ganze Datensätze oder Teile davon – von einer Tabelle in eine andere kopiert werden, erreichen Sie dies in SQL Server auf verschiedene Weisen. Die wohl einfachste Möglichkeit bieten Befehle, die eine Auswahl- mit einer Einfügeanweisung kombinieren. SQL stellt dazu zwei verschiedene Befehle zur Verfügung – INSERT ... SELECT und SELECT ... INTO –, die Sie im Folgenden kennenlernen werden.

12.3.1 »INSERT ... SELECT«

Die INSERT ... SELECT-Anweisung erlaubt es, Daten aus einer Tabelle auszulesen und in eine andere Tabelle zu kopieren. Um dies zu demonstrieren, legen wir zunächst in der *GalileoDB*-Datenbank die leere Tabelle *tblAutor1* an, die zur Aufnahme der Autorenvor- und -nachnamen dienen soll. Die Spaltendatentypen wählen wir entsprechend der *tblAutor*-Tabelle.

Beispiel:

```
USE GalileoDB;
GO
CREATE TABLE tblAutor1
(
```

```
    Vorname varchar(20),
    Nachname varchar(50)
);
```

Die Syntax der zu verwendenden INSERT ... SELECT-Anweisung lautet:

Syntax:

```
INSERT INTO zieltabelle
select-anweisung;
```

Zum Kopieren der Namen müssen Sie also die folgende Anweisung ausführen.

Beispiel:

```
INSERT INTO tblAutor1
SELECT Vorname, Nachname
FROM tblAutor;
```

Nach der Ausführung enthält die gerade erstellte Tabelle alle in der *tblAutor*-Tabelle vorhandenen Vor- und Nachnamen.

12.3.2 »SELECT ... INTO«

SELECT ... INTO ermöglicht (ebenso wie die im letzten Abschnitt besprochene INSERT ... SELECT-Anweisung) das Kopieren von Daten. Beide Befehle unterscheiden sich jedoch in einem wichtigen Punkt: INSERT ... SELECT benötigt zur Ausführung eine vorhandene Zieltabelle. Bei Verwendung von SELECT ... INTO hingegen darf diese Zieltabelle nicht vorhanden sein, da sie von der Anweisung während der Ausführung erstellt wird. Geben Sie eine bereits vorhandene Zieltabelle an, führt dies zu einer Fehlermeldung! Die SELECT ... INTO-Anweisung besitzt die folgende Form:

Syntax:

```
SELECT spaltenliste
INTO zieltabelle
FROM quelltabelle;
```

Das folgende Beispiel kopiert ebenfalls die Vor- und Nachnamen der Autoren. Als Zieltabelle dient nun aber die noch nicht in der Datenbank vorhandene Tabelle *tblAutor2*.

Beispiel:

```
SELECT Vorname, Nachname
INTO tblAutor2
FROM tblAutor;
```

Die Spaltendatentypen der neu erstellten Tabelle entsprechen auch in diesem Fall denen der Originaltabelle, wie Sie in Abbildung 12.10 sehen.

Die Tabellen *tblAutor1, tblAutor2* sowie *tblPersonen* werden im weiteren Verlauf dieses Buches nicht mehr verwendet und können daher aus der Datenbank gelöscht werden.

Im Beispiel oben wurde die Zieltabelle erstellt, und die Datensätze wurden in die Zieltabelle kopiert. Sie können die SELECT ... INTO-Anweisung mit einem kleinen Trick auch dazu verwenden, eine (leere) Kopie einer Tabelle zu erstellen. Um lediglich die Tabellenstruktur zu erstellen, aber das Kopieren der Datensätze zu verhindern, müssen Sie der Anweisung eine WHERE-Klausel hinzufügen, die für jeden Datensatz der Quelltabelle zu logisch falsch ausgewertet wird, wie im folgenden Beispiel gezeigt.

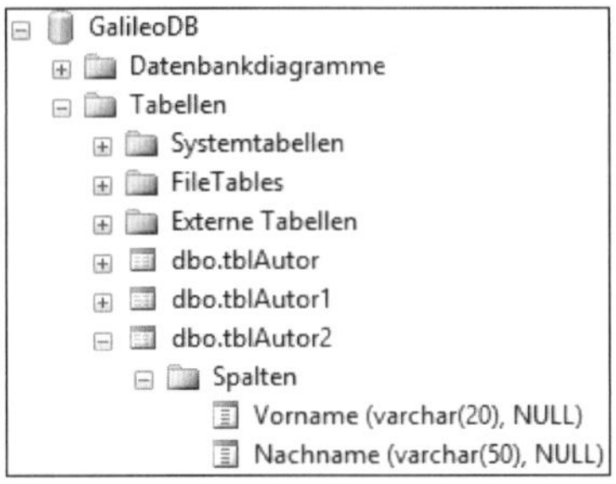

Abbildung 12.10 Datentypen der von der »SELECT ... INTO«-Anweisung generierten Tabelle »tblAutor2«

Beispiel:

```
USE AdventureWorks2016CTP3;
GO
SELECT *
INTO Production.ProductCopy
FROM Production.Product
WHERE 1<>1;
```

In der WHERE-Klausel des Beispiels wird die Bedingung 1<>1 verwendet. Diese Bedingung wird für jeden Datensatz zu logisch falsch ausgewertet. In der Folge wird zwar die Tabellenstruktur erstellt, aber keiner der Datensätze kopiert.

12.4 Die »MERGE«-Anweisung

Die MERGE-Anweisung stellt eine Erweiterung der klassischen DML-Befehle dar und wurde in SQL Server 2008 eingeführt. Sie dient dazu, die Inhalte zweier Tabellen zu vergleichen und – abhängig vom Vergleichsergebnis – Änderungen an Datensätzen vorzunehmen. Ein Beispiel für die Anwendung der MERGE-Anweisung wäre die Überprüfung, ob alle Datensätze der einen Tabelle auch in der anderen Tabelle vorhanden sind. Sollte dies nicht der Fall sein, werden sie der zweiten Tabelle hinzugefügt. Auch wenn sich dieses Beispiel relativ einfach anhört, würde es doch einen gewissen Aufwand erfordern, es konventionell zu implementieren. Mithilfe der MERGE-Anweisung lassen sich solche oder ähnliche Aufgaben sehr einfach umsetzen. Es sei an dieser Stelle erwähnt, dass die MERGE-Anweisung auch auf Sichten (siehe auch Kapitel 15, »Sichten«) angewandt werden kann. Da die Vorgehensweise prinzipiell die gleiche ist, beschränkt sich die folgende Darstellung auf die Verwendung von Tabellen.

12.4.1 Grundlagen der »MERGE«-Anweisung

Wie bereits erwähnt, wird die MERGE-Anweisung auf zwei Tabellen angewandt, die eine dieser Tabellen wird als *Quelltabelle* (SOURCE), die andere als *Zieltabelle* (TARGET) bezeichnet. Die Syntax der MERGE-Anweisung lautet in ihrer einfachsten Form:

Syntax:

```
MERGE zieltabelle
USING quelltabelle
ON (verknüpfungsbedingung)
WHEN bedingung THEN dml-anweisung
.
.
.;
```

Nach Definition der Ziel- und Quelltabelle erfolgt – eingeleitet durch ON – die Angabe der Verknüpfungsbedingung. Das Schlüsselwort ON erinnert an die Syntax von JOIN-Anweisungen, und in der Tat verknüpft der Abfrageoptimierer beide Tabellen über eine entsprechende JOIN-Abfrage miteinander, um festzustellen, ob ein Datensatz in beiden Tabellen oder aber nur in der Quelltabelle oder der Zieltabelle existiert. Die Angabe, auf welche dieser drei Bedingungen verglichen wird, erfolgt nach dem Schlüsselwort WHEN. Trifft die Bedingung auf einen Datensatz zu, wird die nach THEN angegebene DML-Anweisung ausgeführt. Die dargestellten Punkte sollen verdeutlichen, dass die MERGE-Anweisung über mehrere WHEN-Zweige verfügen kann.

> **Hinweis**
>
> Das nach dem letzten Punkt dargestellte Semikolon ist im Gegensatz zum SQL-Server-Standard nicht optional: Eine MERGE-Anweisung muss mit einem Semikolon abgeschlossen werden!

Um die Anwendung der MERGE-Anweisung zu verdeutlichen, erstellen wir zunächst zwei Tabellen in der *tempdb*-Datenbank:

12.4 Die »MERGE«-Anweisung

Beispiel:

```
USE tempdb;
GO
CREATE TABLE tblTest1
(
    ID tinyint CONSTRAINT pkID1 PRIMARY KEY,
    Wert varchar(20)
);
GO
CREATE TABLE tblTest2
(
    ID tinyint CONSTRAINT pkID2 PRIMARY KEY,
    Wert varchar(20)
);
```

Die Tabellen werden anschließend mithilfe der folgenden INSERT-Anweisungen mit Datensätzen gefüllt:

```
INSERT INTO tblTest1
VALUES(1,'abc');
INSERT INTO tblTest1
VALUES(2,'abc');

INSERT INTO tblTest1
VALUES(3,'abc');

INSERT INTO tblTest2
VALUES(1,'ibm');

INSERT INTO tblTest2
VALUES(2,'xyz');

INSERT INTO tblTest2
VALUES(4,'abc');
```

Abbildung 12.11 zeigt zur Veranschaulichung den Inhalt der Quelltabelle, Abbildung 12.12 den Inhalt der Zieltabelle.

	ID	Wert
1	1	abc
2	2	abc
3	3	abc

Abbildung 12.11 Inhalt der Quelltabelle

ID	Wert
1	ibm
2	xyz
4	abc

Abbildung 12.12 Inhalt der Zieltabelle

Wie Sie den Abbildungen entnehmen können, verfügen beide Tabellen über einen unterschiedlichen Datenbestand. Während der erste Datensatz in beiden Tabellen identisch ist, unterscheiden sich die zweiten Datensätze in der Spalte *Wert*. Der Datensatz mit der ID 3 existiert nur in der ersten Tabelle, während der Datensatz mit der ID 4 nur in der zweiten Tabelle vorhanden ist. Zur Analyse dieser Zustände stellt die MERGE-Anweisung drei Bedingungen zur Verfügung:

- MATCHED
  wählt anhand der Verknüpfungsbedingung diejenigen Datensätze aus, die in beiden Tabellen vorhanden sind.
- NOT MATCHED BY TARGET
  wählt anhand der Verknüpfungsbedingung diejenigen Datensätze aus, die in der Quelltabelle, aber nicht in der Zieltabelle vorhanden sind.
- NOT MATCHED BY SOURCE
  wählt anhand der Verknüpfungsbedingung diejenigen Datensätze aus, die in der Zieltabelle, aber nicht in der Quelltabelle vorhanden sind.

Unabhängig davon, welche Bedingung oder Bedingungen Sie in der MERGE-Anweisung angeben, gilt, dass durch die MERGE-Anweisung nur Änderungen in der Zieltabelle vorgenommen werden können! An einem Beispiel ausgedrückt, bedeutet dies, dass es durch Verwendung der MERGE-Anweisung nicht möglich ist, Tabellen vollständig zu synchronisieren. Zwar können fehlende Datensätze in die Zieltabelle eingefügt werden (NOT MATCHED BY TARGET), die Quelltabelle kann jedoch nicht mit Datensätzen gefüllt werden, die nur in der Zieltabelle existieren (NOT MATCHED BY SOURCE). Ihnen stehen daher je nach gewählter Bedingung folgende DML-Anweisungen innerhalb der THEN-Klausel zur Verfügung:

- WHEN MATCHED
  UPDATE, DELETE
- WHEN NOT MATCHED BY TARGET
  INSERT
- WHEN NOT MATCHED BY SOURCE
  UPDATE, DELETE

Betrachten wir zunächst ein einfaches Beispiel mit nur einer WHEN-Klausel. Mit der verwendeten MERGE-Anweisung soll sichergestellt werden, dass alle Datensätze in der Zieltabelle, die die Verknüpfungsbedingung erfüllen, denselben Eintrag in der Spalte *Wert* besitzen wie die Datensätze der Quelltabelle.

12.4 Die »MERGE«-Anweisung

Beispiel:

```
MERGE tblTest2 AS T2
USING tblTest1 AS T1
ON (T2.ID = T1.ID)
WHEN MATCHED THEN UPDATE SET T2.Wert=T1.Wert;
```

Wie der Inhalt der Zieltabelle in Abbildung 12.13 zeigt, wurde die entsprechende Änderung vorgenommen, erkennbar an den ersten beiden Datensätzen der Tabelle.

	ID	Wert
1	1	abc
2	2	abc
3	4	abc

Abbildung 12.13 Ergebnis der ersten »MERGE«-Anweisung

Wie bereits erwähnt, kann die MERGE-Anweisung über mehrere WHEN-Klauseln verfügen. Das folgende Beispiel soll folgende Funktionen erfüllen:

1. Datensätze, die der Verknüpfungsbedingung entsprechen, sollen aus der Zieltabelle gelöscht werden (entspricht der Bedingung MATCHED).
2. Die Einträge in der Spalte *Wert* sollen für Datensätze, die nicht in der Quelltabelle enthalten sind, in unbekannt geändert werden (entspricht der Bedingung NOT MATCHED BY SOURCE).
3. Datensätze, die in der Zieltabelle fehlen, sollen eingefügt werden (entspricht der Bedingung NOT MATCHED BY TARGET).

Die entsprechende Anweisung zeigt das folgende Beispiel.

Beispiel:

```
MERGE tblTest2 AS T2
USING tblTest1 AS T1
ON (T2.ID = T1.ID)
WHEN MATCHED THEN DELETE
WHEN NOT MATCHED BY SOURCE THEN UPDATE SET Wert='unbekannt'
WHEN NOT MATCHED BY TARGET THEN INSERT VALUES(ID, Wert);
```

Zum Vergleich zeigt Abbildung 12.14 den Inhalt der Zieltabelle nach der Ausführung des Beispiels.

	ID	Wert
1	3	abc
2	4	unbekannt

Abbildung 12.14 Ergebnis der »MERGE«-Anweisung mit mehreren »WHEN«-Zweigen

12.4.2 Filterung von Datensätzen

Die MERGE-Anweisung bietet zwei Möglichkeiten, Datensätze zu filtern:

Filterung in der »ON«-Klausel

Da der Abfrageoptimierer zur Anwendung der MERGE-Anweisung zunächst eine entsprechende JOIN-Abfrage bildet, bietet sich theoretisch die Möglichkeit an, die Anzahl der anschließend zu verarbeitenden Datensätze über eine entsprechende Bedingung in der ON-Klausel zu minimieren. Microsoft rät jedoch zur Vorsicht bei der Anwendung dieser Methode und empfiehlt, sie nur dann einzusetzen, wenn sich die Auswahl lediglich auf die an der Verknüpfung beteiligten Spalten bezieht. Wenn Sie diese Methode anwenden, sollten Sie das Abfrageergebnis genauestens kontrollieren, da es durchaus vorkommen kann, dass die Auswahlbedingung von SQL Server ignoriert wird. Ein funktionierendes, wenn auch nicht empfohlenes Beispiel finden Sie hier:

Beispiel:

```
MERGE tblTest2 AS T2
USING tblTest1 AS T1
ON (T2.ID = T1.ID AND T1.Wert='xyz')
WHEN MATCHED THEN UPDATE SET Wert='neuer Wert';
```

Die Auswahlbedingung in der ON-Klausel wird in diesem Fall richtig ausgewertet, und es werden keine Änderungen am Datenbestand vorgenommen, sodass der Inhalt der Zieltabelle weiterhin Abbildung 12.14 entspricht.

Filterung in der »WHEN«-Klausel

Die empfohlene Methode zur Filterung von Datensätzen besteht in der Angabe der Auswahlbedingung innerhalb der WHEN-Klausel. Das folgende Beispiel zeigt eine entsprechende Anwendung:

Beispiel:

```
MERGE tblTest2 AS T2
USING tblTest1 AS T1
ON (T2.ID = T1.ID)
WHEN MATCHED AND T1.Wert != 'xyz' THEN UPDATE SET Wert='neuer Wert';
```

Das Ergebnis dieses Beispiels zeigt Abbildung 12.15.

Abbildung 12.15 Ergebnis der Filterung in der »WHEN«-Klausel

Da sowohl die Verknüpfungsbedingung als auch die Auswahlbedingung erfüllt sind, wird die UPDATE-Anweisung auf den Datensatz mit der ID 3 in der Zieltabelle ausgeführt.

12.4.3 Die »OUTPUT«-Klausel

Die OUTPUT-Klausel bietet Ihnen die Möglichkeit, Informationen zu den vorgenommenen Änderungen ausgeben zu lassen, wobei jeder geänderte Datensatz der Zieltabelle eine Zeile zum Ergebnis von OUTPUT beiträgt. Die Syntax der MERGE-Anweisung unter Verwendung der OUTPUT-Klausel lautet folgendermaßen:

Syntax:

```
MERGE zieltabelle
USING quelltabelle
ON verknüpfungsbedingung
WHEN bedingung THEN dml-anweisung
.
.
.
OUTPUT ausgabeparameter;
```

Als Ausgabeparameter stehen Ihnen die Funktion $action sowie die beiden tabellenwertigen Ausdrücke inserted und deleted zur Verfügung. Die $action-Funktion liefert als Ausgabe, welche DML-Anweisung auf dem Datensatz ausgeführt wurde; inserted und deleted lassen die vorgenommenen Änderungen erkennen. Das folgende Beispiel soll dies verdeutlichen:

Beispiel:

```
MERGE tblTest2 AS T2
USING tblTest1 AS T1
ON (T2.ID = T1.ID)
WHEN MATCHED THEN DELETE
WHEN NOT MATCHED BY SOURCE THEN DELETE
OUTPUT $action, inserted.*, deleted.*;
```

Diese MERGE-Anweisung löscht die beiden verbliebenen Datensätze aus der Zieltabelle, die OUTPUT-Klausel liefert die in Abbildung 12.16 gezeigte Ausgabe.

	$action	ID	Wert	ID	Wert
1	DELETE	NULL	NULL	3	neuer Wert
2	DELETE	NULL	NULL	4	unbekannt

Abbildung 12.16 Ausgabe der »OUTPUT«-Klausel

Wie Sie der Abbildung entnehmen können, liefert $action für beide betroffenen Datensätze den Wert DELETE zurück, da beide gelöscht worden sind. Das erste Paar aus ID und Wert stellt den Inhalt von inserted dar und liefert NULL-Werte zurück, da kein INSERT oder UPDATE ausgeführt wurde. (Im Falle einer UPDATE-Anweisung enthielte inserted den neuen, deleted den alten Datensatz). Die letzten beiden Spalten geben den Inhalt von deleted wieder, hier sind die Details der gelöschten Datensätze enthalten. Die OUTPUT-Klausel wurde bereits mit SQL Server 2005 eingeführt und ist daher nicht nur in der MERGE-, sondern auch in anderen Anweisungen verfügbar. Sie ist insbesondere dann hilfreich, wenn eine Anweisung von sich aus kein Ergebnisset zurückliefert.

12.5 Massenkopierprogramme

Als *Massenkopieren* – häufig auch auf Englisch *Bulk Copy* (engl.: *bulk*; Masse, Menge) genannt – wird der Im- oder auch der Export von Daten zwischen der Datenbank und einer externen Datei bezeichnet. SQL Server stellt zu diesem Zweck mehrere Möglichkeiten zur Verfügung.

12.5.1 »BULK INSERT«

BULK INSERT ist eine SQL-Anweisung, die – wie der Name es bereits andeutet – nur zum Import von Daten in SQL Server verwendet werden kann. Ein Export von Daten ist mit BULK INSERT nicht möglich. Die Anwendung dieses Befehls soll an einem Beispiel erläutert werden, in dem aus einer Textdatei weitere Datensätze in die *tblAutorBuch*-Tabelle eingefügt werden. Die in diesem Beispiel verwendete Textdatei hat folgenden Inhalt:

```
1,3-89842-141-1,100;
2,3-89842-129-5,100;
2,3-89842-662-9,100
```

Sie soll im Beispiel unter dem Namen *AutorBuch.txt* im Hauptverzeichnis des Laufwerks *C* abgelegt sein. Die Syntax der BULK INSERT-Anweisung lautet:

Syntax:

```
BULK INSERT zieltabelle
FROM 'quelldatei'
WITH
(
    optionen
);
```

Als Optionen verwenden wir im folgenden Beispiel die Parameter FIELDTERMINATOR und ROWTERMINATOR, über die wir als Feldtrennzeichen das Komma und als Zeilentrennzeichen das Semikolon angeben. Beachten Sie, dass Sie in der letzten Zeile der Textdatei *kein* Semikolon angeben dürfen, da keine weitere Zeile folgt!

Das folgende Beispiel liest die Textdatei in die Datenbank ein:

Beispiel:

```
BULK INSERT tblAutorBuch
FROM 'C:\AutorBuch.txt'
WITH
(
    FIELDTERMINATOR = ',',
    ROWTERMINATOR = ';'
);
```

Nach Ausführung des Beispiels sollte der Inhalt der Tabelle *tblAutorBuch* Abbildung 12.17 entsprechen.

	ID	ISBN	Anteil
1	1	3-89842-141-1	100.00
2	2	3-89842-129-5	100.00
3	2	3-89842-585-1	100.00
4	2	3-89842-662-9	100.00

Abbildung 12.17 Tabelle »tblAutorBuch« mit importierten Datensätzen

12.5.2 »bcp«

Bei *bcp* (*Bulk Copy Program*) handelt es sich im Gegensatz zu BULK INSERT nicht um eine SQL-Anweisung, sondern um eine ausführbare Datei, die von der Eingabeaufforderung aus gestartet wird. Ein Aufruf in der Form bcp/? listet die verfügbaren Parameter des Programms auf, die in Abbildung 12.18 dargestellt sind.

```
Eingabeaufforderung                                           —    □    ×

Microsoft Windows [Version 10.0.14393]
(c) 2016 Microsoft Corporation. Alle Rechte vorbehalten.

C:\Users\Dirk Mertins>bcp/?
Syntax: bcp {dbtable | query} {in | out | queryout | format} Datendatei
  [-m Maxfehler]            [-f Formatdatei]        [-e Fehlerdatei]
  [-F erste Zeile]          [-L letzte Zeile]       [-b Batchgröße]
  [-n systemeigener Typ]    [-c Zeichentyp]         [-w Doppelbyte-Zeichentyp]
  [-N Nichttext systemeigen belassen] [-V Dateiformatversion] [-q Bezeichner in Anführungszeichen]
  [-C Codepageangabe]       [-t Feldabschlusszeichen]  [-r Zeilenabschlusszeichen]
  [-i Eingabedatei]         [-o Ausgabedatei]       [-a Paketgröße]
  [-S Servername]           [-U Benutzername]       [-P Kennwort]
  [-T vertrauenswürdige Verbindung]  [-v Version]   [-R regional aktivieren]
  [-k Nullwerte beibehalten]         [-E Identitätswerte beibehalten]
  [-h "Ladehinweise"]       [-x XML-Formatdatei generieren]
  [-d Datenbankname]        [-K Anwendungszweck]   [-l Anmeldungstimeout]

C:\Users\Dirk Mertins>
```

Abbildung 12.18 Mit »bcp« verwendbare Parameter

Zwar kann *bcp* im Gegensatz zur BULK INSERT-Anweisung auch zum Export von Daten in eine Datei verwendet werden, die Anwendung ist aber nicht zuletzt wegen der Vielzahl möglicher Parameter nicht sehr komfortabel.

Kapitel 13
Benutzerverwaltung und Schemas

Die Verwaltung von Datenbankbenutzern und ihrer Rechte stellt eines der wichtigsten Themen im Hinblick auf die Sicherheit eines Datenbankservers dar. Neben diesem Thema behandeln wir das Schema, das in engem Bezug zu den Benutzern einer Datenbank steht.

Fast jede Datenbank enthält vertrauliche Informationen, die vor dem Zugriff nicht befugter Personen geschützt werden müssen. Dazu muss zum einen sichergestellt werden, dass sich nur berechtigte Benutzer mit dem Datenbankserver verbinden können, und zum anderen, dass – bei erfolgreich verlaufender Authentifizierung – der Benutzer nur die Aktionen auf dem Server oder in einer Datenbank ausführen darf, die er für die Erfüllung seiner Aufgaben benötigt. Eine Übersicht über die Sicherheitshierarchie von SQL Server ist in Abbildung 13.1 dargestellt.

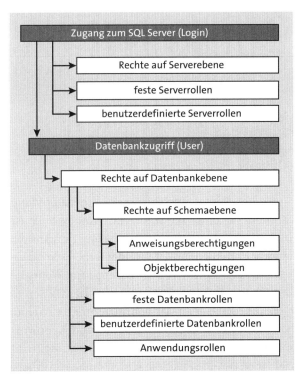

Abbildung 13.1 Hierarchische Struktur der Rechtevergabe in SQL Server

Wie die Abbildung zeigt, können SQL-Server-Berechtigungen in zwei große Gruppen unterteilt werden: Es gibt zum einen Rechte auf Serverebene – im oberen Teil der Abbildung angedeutet –, und zum anderen können in jeder Datenbank weitere Berechtigungen vergeben werden, wie der untere Teil der Abbildung zeigt. Welche Schritte notwendig sind, um einem Benutzer Zugang zum Server zu gewähren, und wie Sie die entsprechenden Rechte vergeben, zeigen wir in den folgenden Abschnitten.

13.1 Authentifizierung am Server

Die Grundvoraussetzung für alle Arbeiten eines Benutzers mit SQL Server ist eine erfolgreich verlaufene Authentifizierung am Datenbankserver. Für den Benutzer muss zuvor also auf dem Server ein Zugang, eine Art Konto, eingerichtet worden sein. Solch ein Zugangskonto zum Server wird als *Login* bezeichnet. Zur Überprüfung eines Logins unterstützt SQL Server zwei Arten der Authentifizierung: die *Windows-Authentifizierung* und die *SQL-Server-Authentifizierung*. Beide Möglichkeiten werden im Anmeldedialog angeboten, wie Sie in Abbildung 13.2 sehen.

Abbildung 13.2 Anmeldedialog von SQL Server

Die Windows-Authentifizierung – in SQL Server auch als *vertraute Verbindung* bezeichnet – entspricht dem bekannten Sicherheitskonzept von Windows. Sie ist unter SQL Server immer aktiviert und ermöglicht beispielsweise in einer Domäne die Einrichtung von Benutzern anhand ihrer Domänenkonten. In einer reinen Windows-Umgebung sollte diese Authentifizierungsart die einzig zugelassene sein. Wenn Sie Clients, die keine Windows-Authentifizierung unterstützen, Zugang zu SQL Server geben müssen, können Sie die sogenannte SQL-Server-Authentifizierung aktivieren, die eine Anmeldung über eine Kombination von Benutzername und Kennwort ermöglicht. Unterstützt ein Datenbankserver beide Authentifizierungsarten, wird dies auch als *gemischter Modus* bezeichnet. Ob ein Server die reine Windows-Authentifizierung oder den gemischten Modus unterstützt, können Sie am einfachsten feststellen – und gegebenenfalls ändern –, indem Sie im Objektkatalog die Eigenschaften des Servers über das Kontextmenü aufrufen. Abbildung 13.3 zeigt den Eintrag SICHERHEIT, unter dem Sie die entsprechende Einstellung ablesen können.

Abbildung 13.3 Anzeige der möglichen Authentifizierungsarten

> **Hinweis**
> Beachten Sie, dass eine Änderung der Serverauthentifizierung erst nach einem Neustart des SQL-Server-Dienstes wirksam wird!

In früheren Versionen von SQL Server erfolgte die Einrichtung eines Logins mit Windows- bzw. SQL-Server-Authentifizierung in SQL über den Aufruf von unterschiedlichen gespeicherten Prozeduren. Seit SQL Server 2005 wird einheitlich die CREATE LOGIN-Anweisung verwendet, die aus jeder Datenbank heraus aufgerufen werden kann, da es sich bei einem Login um ein Konto auf Serverebene handelt, das nicht an eine spezielle Datenbank gebunden ist. Ein Login wird in der SQL-Server-Dokumentation auch als *SQL-Server-Anmeldename* bezeichnet.

13.1.1 Einrichten eines Logins mit Windows-Authentifizierung

Das Erzeugen eines Logins mit Windows-Authentifizierung erfolgt in seiner einfachsten Form mit der folgenden Anweisung.

Syntax:

CREATE LOGIN [*domäne\domänenkonto*] FROM WINDOWS;

Beachten Sie bei dieser Anweisung, dass die Angabe des Benutzers, die die Domäne und das Domänenkonto einschließt, in eckige Klammern gesetzt werden muss. Für diese Anweisung können wir naturgemäß kein allgemeingültiges Beispiel angeben. Falls Sie die Anweisung trotzdem nachvollziehen wollen, können Sie – auch wenn Ihr Rechner nicht Mitglied einer Domäne ist – als Domäne den Rechnernamen und als Konto ein Benutzerkonto auf Ihrem Rechner angeben.

Ein Datenbankserver einer Firma – solche unter realen Bedingungen laufenden Datenbankserver werden auch als *Datenbankserver in einer Produktivumgebung* bezeichnet – ist in der Regel in die Firmendomäne eingebunden. In einer solchen

Domäne sind typischerweise bereits Domänengruppen angelegt, in der Firmenangehörige mit den gleichen Aufgaben – und damit den gleichen erforderlichen Rechten bezüglich SQL Server – zusammengefasst sind. In vielen Firmendomänen existieren solche Gruppen z. B. für die Buchhaltung oder die Geschäftsleitung.

Dieser Umstand kann den administrativen Aufwand der Verwaltung von Benutzern mit Windows-Authentifizierung erheblich vereinfachen, da in der obigen Anweisung nicht nur das Domänenkonto eines einzelnen Benutzers angegeben, sondern auch eine Domänengruppe, die genau wie ein einzelner Benutzer eingerichtet werden kann. Da einem Benutzer in diesem Fall der Zugang zu SQL Server nicht über sein persönliches Konto, sondern über die Mitgliedschaft in einer Domänengruppe erteilt wird, muss auf dem Datenbankserver keine Änderung vorgenommen werden, falls ein Mitarbeiter die Firma verlässt: Das Löschen seines Domänenkontos durch den Domänenadministrator reicht aus, um den Zugang zum Datenbankserver zu verweigern.

13.1.2 Einrichten eines Logins mit SQL-Server-Authentifizierung

Ein SQL-Server-Login besteht aus einem Benutzernamen und einem Kennwort, was sich in der Struktur der entsprechenden Anweisung widerspiegelt.

Syntax:

```
CREATE LOGIN benutzername WITH PASSWORD = 'passwort';
```

Beispiel:

```
CREATE LOGIN TestLogin WITH PASSWORD = 'ACME';
```

Abbildung 13.4 zeigt die Darstellung des neu erstellten Logins im OBJEKT-EXPLORER neben den automatisch während der Installation erstellten Logins.

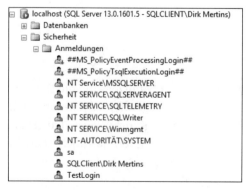

Abbildung 13.4 Anzeige des neu erstellten Logins im Objekt-Explorer

Über das Kontextmenü des Logins lassen sich die Eigenschaften anzeigen.

13.1 Authentifizierung am Server

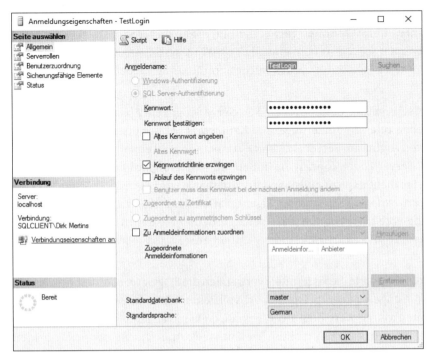

Abbildung 13.5 Eigenschaften des neu erstellten Logins

Wie Abbildung 13.5 zu entnehmen ist, wird das KENNWORT aus Sicherheitsgründen nicht angezeigt, sondern durch eine Folge von Punkten symbolisiert. Obwohl das im Beispiel vergebene Passwort nur vier Zeichen lang war, ist die Anzahl der dargestellten Punkte erheblich größer. Auch dies geschieht aus Sicherheitsgründen, um bereits Rückschlüsse auf die Passwortlänge zu verhindern. Mit dem eben erstellten Benutzerkonto können Sie sich nun an SQL Server anmelden, indem Sie im Anmeldedialog die SQL SERVER-AUTHENTIFIZIERUNG auswählen und den eben erstellten Benutzernamen und das KENNWORT in die entsprechenden Felder eintragen, wie Abbildung 13.6 zeigt.

Abbildung 13.6 Anmeldung mit dem neu erstellten SQL-Server-Login

Zum Erstellen sowohl eines Windows- als auch eines SQL-Server-Logins können Sie eine Vielzahl weiterer Optionen verwenden, auf die an dieser Stelle nicht weiter eingegangen werden soll, da sie zum einen nur ab Windows Server 2003 verfügbar sind und zum anderen den Rahmen des Buches an dieser Stelle bei Weitem sprengen würden.

Als Beispiel sei erwähnt, dass Sie für ein SQL-Server-Login ein Ablaufdatum des Kennworts angeben oder die Änderung eines Kennworts bei der ersten Anmeldung des neu erstellten Logins am Server erzwingen können; sowohl einem Windows- als auch einem SQL-Server-Login können Sie außerdem eine Standarddatenbank zuweisen. Definieren Sie nicht explizit eine Standarddatenbank, wird die *master*-Datenbank als Standard verwendet, wie Sie aus den Eigenschaften des SQL-Server-Logins sowie aus der Tatsache erkennen können, dass beim Öffnen eines neuen Editor-Fensters im Management Studio immer die *master*-Datenbank als aktuelle Datenbank ausgewählt ist.

Die folgenden Beispiele dieses Kapitels verwenden die SQL-Server-Authentifizierung, damit Sie die angegebenen Beispiele nachvollziehen können. Bei der Verwendung von Domänenkonten wäre dies nicht der Fall, da keine allgemeingültigen Beispiele angegeben werden könnten. Sollten wesentliche Unterschiede zwischen beiden Authentifizierungsarten bestehen, weisen wir an gegebener Stelle darauf hin.

13.2 Datenbankzugriff erteilen

Mit dem im letzten Abschnitt behandelten Erstellen eines Logins haben Sie die Voraussetzung dafür geschaffen, dass ein Benutzer sich mit dem Datenbankserver verbinden kann. Damit ein Benutzer sich nicht nur mit dem Server verbinden, sondern auch eine Datenbank verwenden kann, muss ihm der Zugriff auf die Datenbank gewährt werden. Sein Login muss also in der Datenbank als Benutzer eingetragen werden. Dies geschieht über die CREATE USER-Anweisung. Im Gegensatz zu CREATE LOGIN ist beim Verwenden von CREATE USER die aktuelle Datenbank von enormer Bedeutung, da der Benutzer in der aktuellen Datenbank angelegt wird! Für die folgenden Beispiele sollte daher die *GalileoDB* als aktuelle Datenbank im Management Studio ausgewählt sein.

> **Hinweis**
>
> In SQL Server wird zwischen einem *Login* (was einem Konto auf Serverebene entspricht) und einem *User* (was einem Benutzer innerhalb einer Datenbank entspricht) unterschieden. Im Deutschen steht die Bezeichnung *Benutzer* allgemein für einen Anwender, weshalb wir diesen Begriff auch in dem vorherigen Abschnitt für jemanden verwendet haben, der Zugriff auf den Datenbankserver hat.

Die `CREATE USER`-Anweisung erlaubt – neben der Angabe verschiedener Optionen – zwei grundlegende Arten, einen Datenbankbenutzer anzulegen, die sich dadurch unterscheiden, unter welchem Datenbankbenutzernamen das Konto in der Datenbank erstellt wird. Die erste Möglichkeit besteht darin, den Benutzer mit seinem Login-Namen in der Datenbank einzutragen.

Syntax:

```
CREATE USER login;
```

Beispiel:

```
USE GalileoDB;
GO
CREATE USER TestLogin;
```

Wollen Sie diesen Benutzer löschen, verwenden Sie die `DROP USER`-Anweisung.

Syntax:

```
DROP USER benutzername;
```

Beispiel:

```
DROP USER TestLogin;
```

Die zweite Möglichkeit erlaubt es, für das Konto einen von dem Login-Namen abweichenden Benutzernamen – also eine Art Alias – zu vergeben.

Syntax:

```
CREATE USER benutzername FOR LOGIN login;
```

Alternativ verwenden Sie `FROM` statt `FOR`:

Syntax:

```
CREATE USER benutzername FROM LOGIN login;
```

Ein Beispiel unter Verwendung von `FOR` wäre die Erstellung des Benutzers *TestUser* aus dem Login *TestLogin*.

Beispiel:

```
CREATE USER TestUser FOR LOGIN TestLogin;
```

Beachten Sie, dass bei dieser Form der `CREATE USER`-Anweisung das Login erst im zweiten Teil der Anweisung angegeben wird. Nach `USER` folgt immer die Angabe des Namens, unter dem der Benutzer in der Datenbank angesprochen wird! Die Vergabe eines Alias scheint in diesem Beispiel nicht sehr sinnvoll zu sein. Beachten Sie jedoch, dass es sich bei dem Login ebenfalls um ein Domänenkonto handeln kann. In diesem Fall kann das Alias dazu dienen, die aufwendige Angabe von [domäne\domänenkonto] – die übrigens auch in der CREATE USER-Anweisung verwendet werden müsste – zu vermeiden und stattdessen eine kürzere, eingängige Bezeichnung eines Datenbankbenutzerkontos zu verwenden.

Abbildung 13.7 zeigt das eben eingerichtete Benutzerkonto in der Datenbank. Soll einem Benutzer nachträglich eine Datenbank als Standarddatenbank zugewiesen werden, geschieht dies durch die ALTER LOGIN-Anweisung.

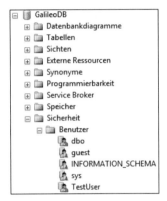

Abbildung 13.7 Der neu erstellte Datenbankbenutzer im Objekt-Explorer

Syntax:

```
ALTER LOGIN login
WITH DEFAULT_DATABASE = datenbankname;
```

Beispiel:

```
ALTER LOGIN TestLogin
WITH DEFAULT_DATABASE = GalileoDB;
```

Durch dieses Beispiel wird dem Login *TestBenutzer* die *GalileoDB*-Datenbank als Standarddatenbank zugewiesen. Bei der nächsten Anmeldung dieses Logins an den Server ist im Management Studio daher die *GalileoDB*- und nicht mehr die *master*-Datenbank als aktuelle Datenbank ausgewählt.

13.3 Zusammenfassung von Benutzern zu Rollen

Damit ein Anwender eine Datenbank nutzen oder administrative Tätigkeiten auf dem Server ausführen kann, reicht es nicht aus, dass er sich am Server bzw. an der Datenbank anmelden kann. Ihm müssen zusätzlich die für seine Tätigkeit notwendigen Berechtigungen erteilt werden, z. B. die Berechtigung, eine `SELECT`-Anweisung auf eine bestimmte Tabelle auszuführen.

Es kann ebenfalls notwendig sein, eine Berechtigung für bestimmte Benutzer explizit zu verweigern. Als Beispiel sei der Zugriff auf die Spalte einer Tabelle erwähnt, in der das Gehalt der Mitarbeiter angegeben ist. Der Buchhaltung müsste der Zugriff auf diese Spalte erlaubt werden, aber auf der anderen Seite müsste absolut sichergestellt werden, dass andere Mitarbeiter diese vertrauliche Information auf keinen Fall aus der Datenbank abrufen können.

Auf Serverebene können Sie einem Login ebenfalls Berechtigungen erteilen, z. B. das Recht, auf dem Server eine Datenbank zu erstellen. Solche Berechtigungen können Sie für jedes Login bzw. jeden Datenbankbenutzer einzeln detailliert vergeben. Bei einer großen Anzahl von Benutzern – um auf Datenbankebene zu bleiben – wäre aber die Wahrscheinlichkeit sehr hoch, dass einem Benutzer irrtümlich zu wenige oder auch zu viele Rechte gewährt werden. Unter Sicherheitsaspekten ist dieses Vorgehen, jedem Benutzer einzeln Rechte zu geben, außerdem sehr problematisch, da sich ein Benutzer sicher beschwert, wenn er aufgrund fehlender Rechte eine Abfrage nicht ausführen kann. Hat er versehentlich zu viele Rechte erhalten, also z. B. Zugriff auf die Gehaltsinformationen gewährt bekommen, wird er diese Tatsache vielleicht lieber für sich behalten.

Typischerweise können die Benutzer einer Datenbank, die weitgehend identische Rechte benötigen, aber in bestimmte Gruppen eingeteilt werden. Weiter oben haben wir bereits erwähnt, dass dann – wenn vorhanden – eine Domänengruppe wie ein einzelner Benutzer verwendet werden kann und es daher in diesem Fall ausreichen würde, die entsprechenden Berechtigungen einmal für die Gruppe zu vergeben. Alle Mitglieder der Gruppe verfügen dann über die für die Gruppe vergebenen Berechtigungen. Kann diese Möglichkeit nicht verwendet werden, stellt SQL Server ein Äquivalent zu den Windows-Gruppen zur Verfügung: die *Rollen*.c

Rollen ermöglichen es, Benutzer zu organisatorischen Einheiten zusammenzufassen. Eine Rolle kann – genau wie ein einzelner Benutzer – über Berechtigungen verfügen, die auf die Mitglieder der Rolle übertragen werden. Man sagt auch, die Mitglieder der Rolle *erben* die Rechte der Rolle.

SQL Server kennt drei verschiedene Arten von Rollen: Serverrollen, feste Datenbankrollen und benutzerdefinierte Datenbankrollen.

13.3.1 Feste Serverrollen

Serverrollen dienen dazu, einem Login durch die Zugehörigkeit zur Serverrolle festgelegte administrative Berechtigungen auf Serverebene zu erteilen. Serverrollen sind festgelegt, d. h., sie können weder verändert noch gelöscht oder hinzugefügt werden.

Die Serverrollen finden Sie im OBJEKT-EXPLORER auf Serverebene unter dem Eintrag SICHERHEIT im Ordner SERVERROLLEN. Abbildung 13.8 zeigt die Auflistung der festen Serverrollen.

Abbildung 13.8 Die festen Serverrollen von SQL Server

In Tabelle 13.1 sind die Berechtigungen der einzelnen Rollen aufgeführt.

Serverrolle	Berechtigungen
bulkadmin	Ausführen von Massenimporten über BULK INSERT
dbcreator	Löschen und Erstellen von Datenbanken
diskadmin	Verwaltung von Datenbankdateien
processadmin	Beenden von Prozessen innerhalb des Servers
securityadmin	Verwalten von Konten und Berechtigungen
serveradmin	Konfiguration und Herunterfahren des Servers
setupadmin	Verwaltung von Verbindungsservern
sysadmin	Alle Berechtigungen, Serveradministrator
public	Sehen aller vorhandenen Datenbanken

Tabelle 13.1 Serverrollen und Berechtigungen

Wie zu erkennen ist, sind die Rechte der einzelnen Serverrollen klar abgegrenzt. Eine Ausnahme stellt die Rolle *sysadmin* dar. Mitglieder dieser Rolle haben uneingeschränkten Zugriff auf den Datenbankserver. Die Rolle sysadmin schließt daher die Berechtigungen aller anderen Serverrollen ein.

13.3.2 Feste Datenbankrollen

Das Prinzip der Serverrollen wiederholt sich auf Datenbankebene. Auch hier existieren feste Rollen, über die Sie Datenbankbenutzern durch Rollenzugehörigkeit Rechte auf Datenbankebene zuweisen. Diese festen DATENBANKROLLEN sehen Sie in Abbildung 13.9.

Abbildung 13.9 Feste Datenbankrollen

Die festen Datenbankrollen umfassen allerdings nicht ausschließlich administrative Rechte, wie Tabelle 13.2 zeigt.

Datenbankrolle	Berechtigungen
db_accessadmin	Verwaltung von Datenbankbenutzern
db_backupoperator	Erstellung von Datenbanksicherungen
db_datareader	lesender Zugriff auf alle benutzerdefinierten Tabellen
db_datawriter	schreibender Zugriff auf alle benutzerdefinierten Tabellen
db_ddladmin	Ausführung aller DDL-Anweisungen
db_denydatareader	kein lesender Zugriff auf alle benutzerdefinierten Tabellen
db_denydatawriter	kein schreibender Zugriff auf alle benutzerdefinierten Tabellen
db_owner	alle Berechtigungen, Datenbankadministrator
public	siehe unten
db_securityadmin	Verwaltung von Berechtigungen und Rollenmitgliedschaften

Tabelle 13.2 Datenbankrollen und Berechtigungen

Die Rolle *db_owner* entspricht auf Datenbankebene der Rolle *sysadmin* auf Serverebene. Mitglieder der Datenbankrolle *db_owner* stellen die Administratoren der Datenbank dar.

Die Rolle *public* stellt einen Sonderfall innerhalb der Datenbankrollen dar: Während ein Benutzer den anderen Datenbankrollen in der Regel erst zugewiesen werden muss, ist jeder Benutzer der Datenbank automatisch und immer Mitglied der Rolle *public*.

Benutzerdefinierte Datenbankrollen

Neben den festgelegten Datenbankrollen können Sie in SQL Server benutzerdefinierte Datenbankrollen erstellen, um – wie oben erwähnt – Datenbankbenutzer zu Gruppen zusammenzufassen und die Rechtevergabe zu vereinfachen, indem Sie der Rolle Rechte zuweisen, die auf die Mitglieder der Rolle übertragen werden. Eine benutzerdefinierte Rolle legen Sie über die CREATE ROLE-Anweisung an.

Syntax:

CREATE ROLE rollenname;

Beispiel:

CREATE ROLE TestRolle;

Nach dem Erstellen der benutzerdefinierten Rolle wird diese im OBJEKT-EXPLORER im selben Ordner wie die festen Datenbankrollen aufgeführt, wie Abbildung 13.10 zeigt.

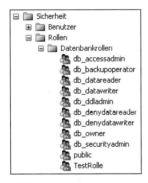

Abbildung 13.10 Benutzerdefinierte Datenbankrolle im Objekt-Explorer

Benutzerdefinierte Serverrollen

In SQL Server 2012 wurde eine Neuerung im Rollenkonzept des Servers eingeführt: die benutzerdefinierten Serverrollen. Benutzerdefinierte Serverrollen erlauben es Ihnen, Logins auf Serverebene zu Gruppen zusammenzufassen und ihnen gemeinsame Rechte zu geben.

Die Syntax zur Erstellung einer benutzerdefinierten Serverrolle ähnelt der einer Rollendefinition auf Datenbankebene:

Syntax:

CREATE SERVER ROLE `rollenname`;

Optional ist hierbei die Angabe eines Rollenbesitzers durch Angabe des Schlüsselworts AUTHORIZATION.

Das folgende Beispiel erstellt die Rolle *TestServerrolle* auf Serverebene.

Beispiel:

CREATE SERVER ROLE TestServerrolle;

Abbildung 13.11 zeigt die neu angelegte Serverrolle neben den festen Serverrollen.

Abbildung 13.11 Benutzerdefinierte Serverrolle

13.3.3 Hinzufügen eines Benutzers zu einer Rolle

Das Hinzufügen eines Benutzers zu einer Datenbankrolle kann seit SQL Server 2014 weiterhin über den Aufruf der gespeicherten Prozedur sp_addrolemember erfolgen; um Logins einer Serverrolle zuzuweisen, können Sie weiterhin die gespeicherte Prozedur sp_addsrvrolemember verwenden. Beide Möglichkeiten sind von Microsoft aber als veraltet gekennzeichnet und werden in nachfolgenden Versionen von SQL Server nicht mehr unterstützt. Sie sollten daher die Anweisungen ALTER ROLE bzw. ALTER SERVER ROLE verwenden, um Benutzer einer Rolle hinzuzufügen. Im Folgenden betrachten wir das Hinzufügen eines Benutzers zu einer Datenbankrolle auf beide Arten; die Zuweisung zu einer Serverrolle verläuft ähnlich. Die gespeicherte Prozedur sp_addrolemember rufen Sie in der folgenden Form auf.

Syntax:

EXECUTE sp_addrolemember '`rollenname`', '`benutzername`';

Beispiel:

EXECUTE sp_addrolemember 'TestRolle', 'TestUser';

In den Eigenschaften der Rolle wird nun der Benutzer als Mitglied der Rolle aufgeführt (siehe Abbildung 13.2).

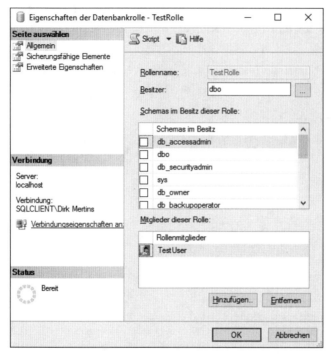

Abbildung 13.12 Der Benutzer »TestUser« als Mitglied der Rolle

Um einen Benutzer unter Verwendung von ALTER ROLE einer Rolle zuzuweisen, verwenden Sie die folgende Syntax.

Syntax:

```
ALTER ROLE rollenname
ADD MEMBER datenbankbenutzer;
```

Das folgende Beispiel entspricht also dem vorhergehenden Beispiel unter Verwendung von sp_addrolemember.

Beispiel:

```
ALTER ROLE TestRolle
ADD MEMBER TestUser;
```

Die ALTER ROLE-Anweisung können Sie auch dazu verwenden, einen Benutzer aus einer Rolle zu entfernen oder eine benutzerdefinierte Rolle umzubenennen.

13.4 Rechtevergabe an Benutzer und Rollen

In SQL Server können Rechte an Rollen sowie an Benutzer vergeben werden. Ein Benutzer erhält ein Recht entweder, indem es ihm explizit zugewiesen wird, oder er erbt das Recht durch Mitgliedschaft in einer oder mehreren Rollen. Die Mehrheit der in einer Datenbank zu vergebenden Rechte lässt sich in zwei Gruppen einteilen: in *Objektberechtigungen* und in *Anweisungsberechtigungen*.

13.4.1 Objektberechtigungen

Über Objektberechtigungen wird festgelegt, ob und wie ein Benutzer auf ein Datenbankobjekt zugreifen darf. Typische Objektberechtigungen sind z. B. das Recht, ein INSERT oder ein SELECT auf eine bestimmte Tabelle auszuführen oder eine bestimmte gespeicherte Prozedur aufzurufen.

13.4.2 Anweisungsberechtigungen

Anweisungsberechtigungen dagegen beziehen sich auf administrative Rechte eines Benutzers. Ein Beispiel für eine Anweisungsberechtigung ist das Recht, eine Tabelle zu erstellen.

Bisher haben wir die Ausdrücke *Recht* und *Berechtigung* immer im positiven Sinne – also in dem Sinne, dass einem Benutzer das Recht gewährt wird – verwendet. In SQL Server können Sie ein Recht aber auf insgesamt drei verschiedene Weisen vergeben:

- **Berechtigung gewähren** – (GRANT)
  Eine Berechtigung wird über das SQL-Schlüsselwort GRANT gewährt. Damit ein Benutzer ein Recht erhält, muss es ihm mindestens einmal gewährt worden sein. Auch hier gilt wieder, dass dies entweder durch eine persönliche Zuweisung oder durch eine Rollenmitgliedschaft erfolgt sein kann.

- **Berechtigung verweigern** – (DENY)
  Soll einem Benutzer ein Recht verweigert werden, so geschieht dies durch die SQL-Anweisung DENY. Bei der Verweigerung eines Rechts durch DENY ist der folgende Umstand besonders zu beachten: Ist einem Benutzer – z. B. durch Mitgliedschaft in einer oder mehreren Rollen – ein bestimmtes Recht bereits einmal oder mehrfach gewährt worden und wird es ihm an weiterer Stelle einmal durch DENY verweigert, so überwiegt dieses DENY alle bereits gewährten Berechtigungen!

- **Berechtigung entziehen** – (REVOKE)
  Über REVOKE wird eine über GRANT erteilte oder über DENY verweigerte Berechtigung zurückgesetzt. REVOKE setzt ein Recht also auf einen neutralen Zustand.

Das Beispiel in Abbildung 13.13 verdeutlicht die Rechtevergabe in SQL Server.

	SELECT	INSERT	UPDATE	DELETE
Rolle	REVOKE	REVOKE	REVOKE	DENY
Rolle	REVOKE	REVOKE	GRANT	GRANT
Benutzer	REVOKE	GRANT	GRANT	GRANT

Abbildung 13.13 Beispiel zur Rechtevergabe unter SQL Server

In diesem Beispiel soll ein Benutzer Mitglied der beiden angegebenen Rollen sein. Für die vier Objektberechtigungen SELECT, INSERT, UPDATE und DELETE einer beliebigen Tabelle sollen dem Benutzer bzw. den Rollen die angegebenen Rechte zugewiesen worden sein. Wir betrachten nun, welche der vier Anweisungen der Benutzer als Resultat der vergebenen Berechtigungen ausführen darf.

- SELECT

  Der Benutzer kann keine erfolgreiche SELECT-Anweisung an die Tabelle stellen, da die Rollen- und die persönlichen Rechte lediglich einen neutralen Zustand besitzen. Dies reicht aber zum Erlangen einer Berechtigung nicht aus, da ein Recht mindestens an einer Stelle gewährt werden muss.

- INSERT

  Das Recht, die INSERT-Anweisung auf die Tabelle auszuführen, erhält der Benutzer durch die ihm persönlich gewährte Berechtigung. Die vergebenen Rechte bezüglich der INSERT-Anweisung verdeutlichen anschaulich, warum es vorteilhaft sein kann, ein GRANT oder DENY in einer Rolle nicht zu vergeben, sondern der Rolle ein neutrales Verhalten zuzuweisen. Sind in den Rollen Mitglieder enthalten, von denen einige ein INSERT ausführen dürfen, andere aber nicht, kann das Recht nicht in der Rolle vergeben werden. In diesem Fall müsste das Recht, ein INSERT ausführen zu dürfen oder nicht, den Benutzern selbst zugewiesen werden. Als Alternative könnten Sie zwei weitere Rollen definieren, in denen Benutzer mit bzw. ohne INSERT-Berechtigung als Mitglieder aufgenommen werden. Nachdem Sie in beiden Rollen die INSERT-Berechtigung entsprechend angepasst haben, können Sie sie ebenfalls der ursprünglichen Rolle als Mitglieder zuweisen, da Rollen auch Mitglieder anderer Rollen sein können.

- UPDATE

  Der Benutzer hat die Berechtigung, ein UPDATE auf die Tabelle auszuführen, schon allein dadurch, dass ihm dieses Recht persönlich erteilt wurde. Zusätzlich erbt er die Berechtigung durch eine Rollenmitgliedschaft, was am Resultat nichts ändert.

- DELETE

  Ein ähnliches Bild ergibt sich zunächst bei der DELETE-Anweisung. Auch hier wird dem Benutzer das Recht einmal persönlich gewährt; zusätzlich erbt er es durch eine Rollenmitgliedschaft. Da den Mitgliedern der anderen Rolle die Berechtigung, eine DELETE-Anweisung auszuführen, aber explizit verweigert wurde, erbt er dieses DENY ebenfalls, was dazu führt, dass er keine DELETE-Anweisung auf die Tabelle ausführen darf. Ein einziges DENY reicht also aus, eine Berechtigung zu verweigern, auch wenn einem Benutzer das Recht schon mehrfach gewährt wurde.

> **Hinweis**
>
> Beachten Sie, dass für das Ändern und Löschen einzelner Datensätze neben der UPDATE- und DELETE-Berechtigung auch die SELECT-Berechtigung notwendig ist, da für die Auswahl lesend auf die Tabelle zugegriffen werden muss!

Das Zusammenfassen von Benutzern zu einer Rolle und die damit zur Verfügung stehende Möglichkeit, Rechte einmal für die Rolle und nicht einzeln für jedes Mitglied zu vergeben, kann die Benutzerverwaltung einer Datenbank erheblich vereinfachen. Voraussetzung dafür ist, dass der Einsatz von Rollen mit Bedacht erfolgt. Wenn der Benutzer im Beispiel Mitglied von weiteren Rollen wäre, die vielleicht noch andere Rollen als Mitglieder enthalten, wäre eine Analyse, welches Recht der Benutzer auf welche Weise erhält, kaum noch möglich. Dadurch erhöht sich wiederum die Gefahr, dass ein Benutzer durch eine Rollenzugehörigkeit ein Recht erbt, über das er eigentlich gar nicht verfügen sollte.

13.4.3 SQL-Anweisungen zur Rechtevergabe

Da die Rechtevergabe in SQL Server viele unterschiedliche Bereiche umfasst und die Anzahl der vergebbaren Rechte sehr groß ist, erläutern wir im Folgenden die Rechtevergabe unter Verwendung von SQL-Anweisungen an einigen typischen Beispielen.

Wir beginnen mit der Erteilung von Objektberechtigungen. Die grundlegende Syntax zur Gewährung, Verweigerung und Entziehung beginnt immer mit den entsprechenden SQL-Schlüsselwörtern GRANT, REVOKE und DENY (in der Syntaxangabe als *vergabeart* gekennzeichnet), und es folgt die Angabe der Berechtigungen, die gewährt, verweigert oder entzogen werden sollen. Nach ON geben Sie an, auf welches Datenbankobjekt sich die Rechtevergabe bezieht, und nach TO erfolgt die Angabe der Rechteempfänger, bei denen es sich um einzelne Benutzer oder um Rollen handeln kann.

Syntax:

vergabeart berechtigungsliste
ON *datenbankobjekt*
TO *rechtempfängerliste*;

Im folgenden Beispiel wird dem Benutzer *Test* das Recht gewährt, lesend auf die Tabelle *tblAutor* zuzugreifen.

Beispiel:

```
GRANT SELECT
ON tblAutor
TO TestUser;
```

Wollen Sie dem Benutzer die INSERT- und die UPDATE-Berechtigung gewähren, wäre das folgende Beispiel auszuführen.

Beispiel:

```
GRANT INSERT, UPDATE
ON tblAutor
TO TestUser;
```

Nach Ausführung beider Beispiele besitzt der Benutzer *Test* die Berechtigung für SELECT, INSERT und UPDATE. Die im ersten Beispiel gewährte INSERT-Berechtigung wurde also durch das zweite Beispiel nicht etwa gelöscht!

Im folgenden Beispiel wird allen Mitgliedern der Rolle *TestRolle* das Recht verweigert, Datensätze in die Tabelle einzutragen oder aus ihr zu löschen.

Beispiel:

```
DENY INSERT, DELETE
ON tblAutor
TO TestRolle;
```

Eine Berechtigung kann auch mehreren Benutzern oder Rollen zugewiesen werden. Im folgenden Beispiel werden sowohl dem Benutzer als auch der Rolle die für die INSERT-Anweisung erteilte bzw. verweigerte Berechtigung entzogen.

Beispiel:

```
REVOKE INSERT
ON tblAutor
TO TestUser, TestRolle;
```

Wird einem Benutzer eine Berechtigung gewährt, können Sie die GRANT-Anweisung um die Option WITH GRANT OPTION erweitern. Durch Angabe dieser Option erhält der Benutzer die Berechtigung, das Recht anderen Benutzern zu erteilen.

Syntax:

```
GRANT berechtigungsliste
ON datenbankobjekt
TO rechtempfängerliste
WITH GRANT OPTION;
```

13.4 Rechtevergabe an Benutzer und Rollen

Beispiel:

```
GRANT INSERT
ON tblAutor
TO TestUser
WITH GRANT OPTION;
```

Durch dieses Beispiel erhält der Benutzer *Test* sowohl das Recht, ein INSERT auf die Tabelle *tblAutor* auszuführen, als auch die Berechtigung, anderen Benutzern das Recht zu gewähren, eine INSERT-Anweisung auf die *tblAutor*-Tabelle auszuführen.

Die Information, welche Rechte dem Benutzer bzw. der Rolle bezüglich der Tabelle *tblAutor* gegeben wurden, erhalten Sie, indem Sie die Eigenschaften aus dem Kontextmenü der Tabelle aufrufen und BERECHTIGUNGEN auswählen. Abbildung 13.14 zeigt einen Ausschnitt der aus den letzten Beispielen resultierenden Berechtigungen des Benutzers *TestUser*. Wie Sie der Abbildung entnehmen können, wird Ihnen in der Spalte *Berechtigender* auch dargestellt, von welchem Konto diese Berechtigung erteilt wurde.

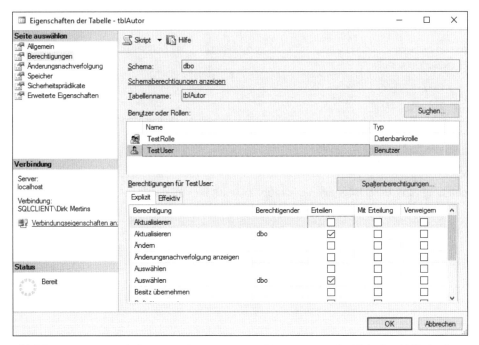

Abbildung 13.14 Berechtigungen des Benutzers »TestUser« an der Tabelle »tblAutor"

Wie Sie in der unteren Hälfte des Dialogs erkennen, wird eine erteilte Berechtigung – also ein GRANT – durch ein Häkchen in der Spalte ERTEILEN dargestellt. Wurde die Berechtigung unter Verwendung von WITH GRANT OPTION erteilt, wird in der Spalte MIT ERTEILUNG ebenfalls ein Häkchen angezeigt, wie Sie bei der INSERT-Anweisung sehen.

469

Ein vergebenes DENY wird durch ein Häkchen in der Spalte VERWEIGERN angezeigt. Wird sowohl in der Spalte ERTEILEN als auch in der Spalte VERWEIGERN ein leeres Kästchen dargestellt, wurde entweder keine Berechtigung für diese Anweisung vergeben oder eine Berechtigung durch REVOKE zurückgesetzt.

Die Rechte der benutzerdefinierten Rolle können Sie in dem in Abbildung 13.14 dargestellten Dialog durch Auswahl der Rolle statt des Benutzers anzeigen lassen, wie in Abbildung 13.15 zu sehen ist.

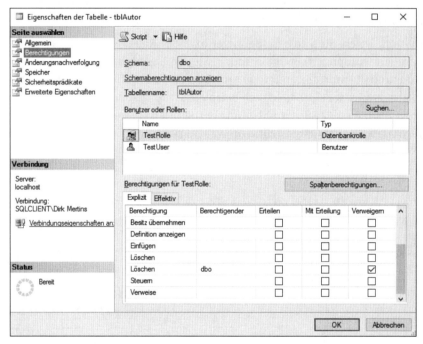

Abbildung 13.15 Berechtigungen der Tabelle »TestRolle« an der Tabelle »tblAutor«

Abschließend besprechen wir als Beispiel noch das Gewähren einer Anweisungsberechtigung, nämlich das Recht, in der Datenbank eine Tabelle zu erstellen. Da sich eine Anweisungsberechtigung nicht auf ein spezielles Datenbankobjekt bezieht, entfällt hierbei natürlich die Angabe des Objektnamens, sodass die zu verwendende Syntax die folgende Form hat:

Syntax:

```
vergabeart berechtigungsliste
TO rechtempfängerliste;
```

Als Beispiel wollen wir dem Benutzer *Test* das Recht erteilen, Tabellen in der Datenbank zu erstellen. Das entsprechende Recht ist die CREATE TABLE-Berechtigung; es heißt also wie die entsprechende SQL-Anweisung zum Erstellen einer Tabelle.

Beispiel:

```
GRANT CREATE TABLE
TO TestUser;
```

Die in diesem Abschnitt erwähnten Anweisungen stellen – wie oben bereits erwähnt – nur einen kleinen Ausschnitt der Möglichkeiten dar, Rechte in SQL Server zu vergeben. Allerdings ist gerade die Vergabe von SELECT-, INSERT-, UPDATE- und DELETE-Berechtigungen ein typisches Beispiel aus der Administration einer Datenbank, weshalb wir diese stellvertretend für viele andere Möglichkeiten ausgewählt haben.

13.5 Deaktivierung und Aktivierung von Logins und Datenbankbenutzern

Einen Datenbankbenutzer können Sie – wie weiter oben bereits erwähnt – über die DROP USER-Anweisung löschen. Entsprechend können Sie ein Login auf Serverebene durch die Anweisung DROP LOGIN entfernen. Soll ein Benutzer – z. B. weil er zeitweilig in eine andere Firmenabteilung versetzt wird und daher für diesen Zeitraum keinen Zugriff auf die Datenbank seiner alten Abteilung haben soll – deaktiviert werden, um später mit allen bereits definierten Berechtigungen wieder aktiviert werden zu können, geschieht dies über die Verweigerung des Rechts, sich mit der Datenbank zu verbinden. Die entsprechende Berechtigung heißt CONNECT.

> **Hinweis**
>
> Auch im Hinblick auf die Verwaltung von Logins und Benutzerkonten unterscheidet sich SQL Server seit 2005 von früheren Versionen. Zuvor erforderte die Aktivierung und Deaktivierung von Logins und Benutzern den Aufruf von gespeicherten Prozeduren.

Dem Benutzer *TestUser* wird also im folgenden Beispiel die Berechtigung entzogen, sich an der Datenbank *GalileoDB* anzumelden, vorausgesetzt, dies ist die aktuell ausgewählte Datenbank.

Beispiel:

```
DENY CONNECT
TO TestUser;
```

> **Hinweis**
>
> Wenn Sie das nachfolgende Beispiel nachvollziehen wollen, ändern Sie die Standarddatenbank des Logins bitte temporär in die *master*-Datenbank um.

Dass der Benutzer *Test* nun keinen Zugang mehr zur Datenbank *GalileoDB* besitzt, überprüfen wir, indem wir uns unter diesem Konto am Server anmelden und versuchen, auf die Datenbank zuzugreifen. Die einfachste Möglichkeit dazu besteht darin, die aktuellen Verbindungseigenschaften zum Server über das Icon (VERBINDUNG ÄNDERN) in der Oberfläche des Management Studios in das SQL-Server-Login *TestBenutzer* umzuändern. In dem darauf erscheinenden Anmeldedialog (siehe Abbildung 13.16) wählen wir nun zunächst als Authentifizierungsart die SQL SERVER-AUTHENTIFIZIERUNG aus, als ANMELDENAME verwenden wir *TestLogin* – also das Login auf Serverebene – und tragen das vergebene Kennwort ein.

Abbildung 13.16 Anmeldung unter dem SQL-Server-Login »TestLogin«

Da für diesen Benutzer die *GalileoDB*-Datenbank als Standarddatenbank eingetragen ist, resultiert der Anmeldeversuch in der in Abbildung 13.17 gezeigten Fehlermeldung.

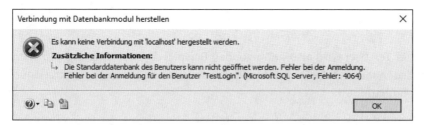

Abbildung 13.17 Fehlermeldung wegen deaktiviertem Benutzer

Um den Benutzer *Test* in der *GalileoDB*-Datenbank wieder zu aktivieren, müssen Sie in einer Verbindung mit administrativen Rechten dem Benutzer das Recht zur Anmeldung an die Datenbank wieder gewähren. Dazu reicht es, die Verbindungseigenschaften wieder auf die Windows-Authentifizierung umzustellen, die *GalileoDB*-Datenbank als aktuelle Datenbank auszuwählen und das folgende Beispiel auszuführen.

Beispiel:

```
USE GalileoDB;
GO
GRANT CONNECT
TO TestUser;
```

Soll einem Login die Berechtigung entzogen werden, sich mit dem Datenbankserver zu verbinden, entziehen Sie dem Login das Recht CONNECT SQL. Die entsprechende Anweisung müssen Sie in der *master*-Datenbank vornehmen.

Beispiel:

```
USE master;
GO
DENY CONNECT SQL
TO TestLogin;
```

Ein Versuch, sich mit dem deaktivierten Konto am Datenbankserver anzumelden, wird von SQL Server mit der Ausgabe aus Abbildung 13.18 quittiert.

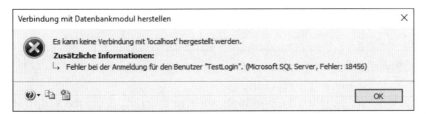

Abbildung 13.18 Fehlermeldung durch Verwendung eines deaktivierten Logins

Soll der Benutzer *TestLogin* wieder Zugriff auf den Server erhalten, müssen Sie ihm wieder das Recht CONNECT SQL gewähren.

Beispiel:

```
GRANT CONNECT SQL
TO TestLogin;
```

Das Login *TestLogin* bzw. der Benutzer *TestUser* ist nun wieder auf dem Server sowie in der Datenbank mit den vorher vergebenen Rechten aktiviert.

13.6 Vordefinierte Konten auf Server- und Datenbankebene

In Abbildung 13.7 sehen Sie neben dem benutzerdefinierten Login bzw. Datenbankbenutzer eine Vielzahl anderer Konten, die während der Installation von SQL Server angelegt wurden. Einige davon verwendet SQL Server rein intern, andere wiederum stehen im Zusammenhang mit den Benutzern des Servers bzw. mit den Datenbankbenutzern.

Auf der Serverebene ist vor allem ein besonderes Login hervorzuheben: das Login *system administrator* (*sa*).

13.6.1 Das Login »system administrator« (»sa«)

Bei dem Login *sa* (*system administrator*) handelt es sich um eine SQL-Server-Authentifizierung, die uneingeschränkte administrative Rechte in SQL Server besitzt. Dieses Login ist in SQL Server *immer* vorhanden, selbst wenn der Server für eine reine Windows-Authentifizierung konfiguriert wurde, und es *kann nicht gelöscht werden*. Der Versuch, das Login *sa* zu löschen, wird mit der in Abbildung 13.19 gezeigten Meldung verweigert.

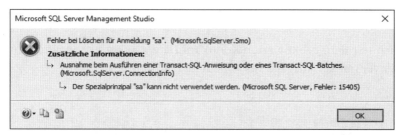

Abbildung 13.19 Weigerung von SQL Server, das Login »sa« zu löschen

Unterstützt SQL Server lediglich die Windows-Authentifizierung, kann das Konto *sa* selbstverständlich nicht zur Anmeldung am Server verwendet werden. Erlaubt die Serverkonfiguration jedoch beide Authentifizierungsmethoden, sollten Sie dem Login *sa* erhöhte Aufmerksamkeit widmen, da es einen beliebten Angriffspunkt für Hacker darstellt.

Dies liegt nicht unwesentlich daran, dass in früheren Versionen von SQL Server das Login *sa* mit einem leeren Kennwort erstellt werden konnte. Für das *sa*-Login sollten Sie also zum einen ein ausreichend komplexes Passwort wählen, zum anderen ist zu empfehlen, das Login umzubenennen, was z. B. im Management Studio über das Kontextmenü im Gegensatz zum Löschen möglich ist! Auf diese Weise unterbinden Sie Angriffe, die mit verschiedenen Kennwörtern eine Anmeldung unter dem Konto *sa* – das auf vielen Servern nicht umbenannt ist – versuchen.

13.6.2 Der Datenbankbenutzer »guest«

Damit ein Benutzer eine Verbindung zu einer Datenbank auf SQL Server herstellen kann, sind in der Regel zwei Voraussetzungen nötig:

13.6 Vordefinierte Konten auf Server- und Datenbankebene

- Für den Benutzer muss ein Login existieren, er muss also die Berechtigung besitzen, sich am Server anzumelden.
- In der jeweiligen Datenbank muss ein Benutzer für sein Login angelegt sein, durch das er das Recht erhält, sich an der Datenbank anzumelden.

Bei Verwendung des speziellen Datenbankbenutzers *guest* entfällt die zweite Voraussetzung: Ist in einer Datenbank ein aktivierter *guest*-Benutzer vorhanden, reicht eine erfolgreiche Anmeldung am Server aus, um sich an dieser Datenbank anzumelden. Das Login wird also, obwohl es nicht als Benutzer in der Datenbank eingetragen ist, auf den *guest*-Benutzer abgebildet und erhält die Berechtigungen in der Datenbank, die für *guest* vergeben worden sind. In früheren Versionen von SQL Server musste – wenn ein *guest*-Benutzer erwünscht war – dieser explizit in der Datenbank erstellt werden. Seit SQL Server 2005 hat sich dies grundlegend geändert.

> **Hinweis**
>
> Seit SQL Server 2005 ist der *guest*-Benutzer in jeder Datenbank vorhanden und kann nicht gelöscht werden!

Sie überprüfen dies, indem Sie sich die Benutzer der *GalileoDB* im OBJEKT-EXPLORER anzeigen lassen. Wie Abbildung 13.20 zeigt, ist der *guest*-Benutzer auch hier vorhanden, obwohl er nicht explizit angelegt wurde.

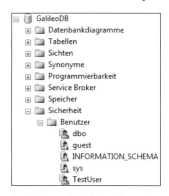

Abbildung 13.20 Die Benutzer der Datenbank »GalileoDB«

Standardmäßig ist der *guest*-Benutzer in neu erstellten Datenbanken deaktiviert; soll er Verwendung finden, muss er über GRANT CONNECT aktiviert werden. In den Systemdatenbanken sollten Sie am Status dieses Benutzers keine Änderungen vornehmen, da dieses Konto z. B. in der *master*-Datenbank benötigt wird, wie Sie leicht überprüfen können, indem Sie sich z. B. als *TestLogin* am Server anmelden und sicherstellen, dass die *master*-Datenbank als aktuelle Datenbank ausgewählt ist. Durch den Aufruf der USER-Funktion können Sie nun feststellen, in welchem Kontext Sie an der Datenbank angemeldet sind:

Beispiel:

PRINT USER;

Das Ergebnis des Funktionsaufrufs lautet:

guest

Da für die SQL-Server-Authentifizierung *TestBenutzer* in der *master*-Datenbank kein Benutzer existiert, wurde der *guest*-Zugang verwendet. Notwendig ist dies z. B. dann, wenn Sie einem Login noch keine Berechtigung auf eine Datenbank gegeben oder noch keine Standarddatenbank zugewiesen haben. Nach der Verbindung zum Server befindet sich ein solches Login zunächst in der *master*-Datenbank, wie Sie aus Erfahrung wissen.

13.7 Schema

Eine der fundamentalsten Änderungen in SQL Server 2005 war die Einführung des *Schemas*. Ein Schema ermöglicht die Unterteilung der Datenbank in logische Einheiten, bezieht sich also nicht auf die in Kapitel 8, »Erstellen und Ändern von Datenbanken«, im Zusammenhang mit den Datendateien einer Datenbank besprochene physische Speicherung der Daten. Abbildung 13.21 soll diesen Sachverhalt verdeutlichen. Der Einfachheit halber sind hier nur Tabellen in den Schemas angedeutet. Schemas können aber selbstverständlich auch andere Datenbankobjekte enthalten.

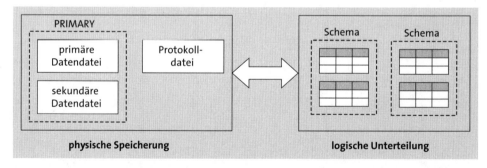

Abbildung 13.21 Physische und logische Struktur einer Datenbank seit SQL Server 2005

Die Unterteilung der Datenbank in logische Einheiten – was z. B. in einer Firma dazu genutzt werden kann, die Datenbankobjekte der verschiedenen Abteilungen in jeweils einem eigenen Schema abzulegen – ist allerdings nur ein positiver Nebeneffekt der Schemas. Der eigentliche Grund für ihre Einführung waren Schwierigkeiten bei der Objektverwaltung früherer Versionen von SQL Server, die wir nachfolgend kurz betrachten, um den Vorteil der Verwendung von Schemas zu verdeutlichen.

13.7.1 Objektverwaltung bis SQL Server 2000

Bis SQL Server 2000 war ein Datenbankobjekt, also z. B. eine Tabelle, in der Regel einem Benutzer zugeordnet und daher im Besitz dieses Benutzers. Normalerweise handelte es sich dabei um den Benutzer, unter dessen Konto das Objekt erstellt wurde. Es gab lediglich eine Ausnahme von dieser Regel (auf diesen Umstand gehen wir weiter unten ein). Diese Bindung eines Datenbankobjekts an einen Benutzer drückte sich auch in dem vollständigen Bezeichner des Objekts aus – der auch *vollqualifizierter Bezeichner* genannt wird. Bis einschließlich SQL Server 2000 lautete dieser vollqualifizierte Bezeichner:

servername.datenbankname.besitzer.objektname

In einer Datenbank konnten also zwei Objekte gleichen Namens existieren, wenn sie über einen unterschiedlichen Besitzer verfügten. Diese Zuordnung von Datenbankobjekten zu einem Besitzer verkomplizierte allerdings Abfragen, die Zugriff auf Objekte verschiedener Besitzer verlangten. Während sich alle Datenbankobjekte eines Besitzers untereinander vertrauten, also sich gegenseitig aufrufen ließen, war das bei unterschiedlichen Besitzern der Datenbankobjekte nicht der Fall, und es mussten explizite Berechtigungen vergeben werden.

Der Fall, dass auf ein Datenbankobjekt aufgrund unterschiedlicher Besitzverhältnisse nicht zugegriffen werden konnte, wurde auch als *gebrochene Besitzerkette* bezeichnet. Dieser Umstand führte dazu, dass noch in SQL Server 2000 in der Regel alle Datenbankobjekte unter dem Benutzer *dbo* (**Da**ta**b**ase **O**wner) erstellt wurden, um die erwähnten Probleme bei der Rechtevergabe zu vermeiden.

Dieser Benutzer stellte die oben erwähnte Ausnahme dar, da mehrere Benutzer unter dem Konto *dbo* zusammengefasst werden konnten. Neben den Problemen im Zusammenhang mit unterschiedlichen Besitzverhältnissen an Datenbankobjekten ergab sich durch die Bindung eines Datenbankobjekts an einen Benutzer ein weiteres Problem, nämlich dann, wenn ein Benutzer mit Besitzrechten an Datenbankobjekten aus der Datenbank gelöscht werden musste.

Um bei dem Beispiel der Firma zu bleiben: Es konnte vorkommen, dass ein Benutzer, unter dessen Benutzerkonto z. B. Tabellen in der Firmendatenbank erstellt wurden, die Firma verließ. In diesem Fall sollte sein Benutzerkonto aus Sicherheitsgründen aus der Datenbank und von dem Server entfernt werden. Dies war aber nicht ohne Weiteres möglich, da sich noch Datenbankobjekte im Besitz dieses Benutzers befanden. Nun konnten entweder die entsprechenden Objekte gelöscht – was bei Tabellen sicherlich nicht vorteilhaft gewesen wäre – oder aber das Besitzrecht an den Objekten durch einen Administrator an einen anderen Datenbankbenutzer übertragen werden, um das Benutzerkonto zu löschen. Das Übertragen der

Rechte an einen anderen Benutzer stellte auf der Datenbankseite kein Problem dar, allerdings konnte es sein, dass Clientanwendungen nicht mehr funktionierten, da sich durch den geänderten Besitzer auch der vollqualifizierte Name (siehe oben) des Objekts geändert hatte!

13.7.2 Objektverwaltung seit SQL Server 2005

Dieses Problem wurde mit der Einführung des Schemas ausgeräumt: Ein Datenbankobjekt wird nun einem Schema und nicht mehr einem Benutzer zugeordnet. Der vollqualifizierte Name eines Objekts lautet daher nun:

servername.datenbankname.schemaname.objektname

Der Vorteil der Verwendung von Schemas ergibt sich daraus, dass ein Schema mehrere Besitzer haben kann, die Bindung eines Objekts an einen Besitzer also aufgehoben wird. Aber selbst wenn ein Schema nur einen Besitzer hat, kann dieser ausgetauscht werden, ohne dass sich der vollqualifizierte Name eines Datenbankobjekts im Schema ändert!

13.7.3 Erstellen eines Schemas

Erstellt wird ein Schema über die CREATE SCHEMA-Anweisung.

Syntax:

```
CREATE SCHEMA schemaname
AUTHORIZATION schemabesitzer;
```

Als Schemabesitzer können Sie nicht nur ein Benutzerkonto, sondern z. B. auch eine Datenbankrolle angeben, sodass sich das Schema im Besitz mehrerer Benutzer befinden kann. Das folgende Beispiel erstellt das Schema *TestSchema*, das dem Benutzer *Test* gehört.

Beispiel:

```
CREATE SCHEMA TestSchema
AUTHORIZATION TestUser;
```

Das neu angelegte Schema wird daraufhin in der *GalileoDB*-Datenbank angezeigt, wie in Abbildung 13.22 dargestellt ist.

Weisen Sie einem Benutzer kein Standardschema zu, verwendet SQL Server das Schema *dbo*. Dies ist der Grund, warum alle bisher erstellten Tabellen in diesem Schema erstellt wurden, wie Abbildung 13.23 zeigt.

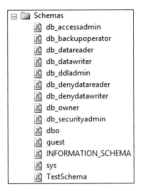

Abbildung 13.22 Benutzerdefiniertes Schema in der »GalieoDB«-Datenbank

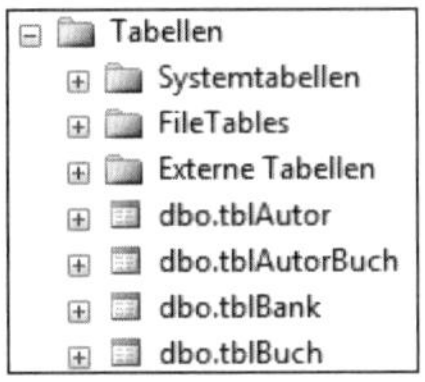

Abbildung 13.23 Tabellen im Schema »dbo«

Dem Benutzer *TestUser* wollen wir nun noch das eben erstellte Schema als Standardschema zuweisen. Dies erfolgt über die ALTER USER-Anweisung:

Syntax:

```
ALTER USER benutzername
WITH DEFAULT_SCHEMA = schemaname;
```

Um dem Benutzer *Test* das Schema *TestSchema* als Standardschema zuzuweisen, müssten Sie also das folgende Beispiel ausführen:

Beispiel:

```
ALTER USER TestUser
WITH DEFAULT_SCHEMA = TestSchema;
```

Rufen Sie nun die Eigenschaften dieses Benutzers auf, ist dort das eben definierte Schema als Standardschema angegeben. Eine andere Möglichkeit ergibt sich durch die Anmeldung als *TestBenutzer* am Server. Da für dieses Login die *GalileoDB*-Datenbank als Standarddatenbank eingerichtet wurde, für das Benutzerkonto in der Datenbank das Schema *TestSchema* als Standardschema definiert ist und der Benutzer das Recht erhalten hat, Tabellen zu erstellen, können Sie nun wie im folgenden Beispiel eine zweite Tabelle namens *tblAutor* in dem Schema *TestSchema* erstellen.

Beispiel:

```
USE GalileoDB;
GO
CREATE TABLE tblAutor
(
    Name VARCHAR (80)
);
```

Wie in Abbildung 13.24 zu sehen, wird die Tabelle unter dem Schema TESTSCHEMA im OBJEKT-EXPLORER angezeigt.

Abbildung 13.24 Gleichnamige Tabelle »tblAutor« im Standardschema des Benutzers

Rechtevergabe auf Schemas

Schemas können die Rechtevergabe vereinfachen, da Sie Rechte auch auf Schemas anstelle von einzelnen Tabellen vergeben können. So gewährt das folgende Beispiel dem Benutzer *TestUser* das Recht, auf alle Tabellen des Schemas *dbo* lesend zuzugreifen.

```
USE GalileoDB;
GO
GRANT SELECT ON SCHEMA::dbo
TO TestUser;
```

Beachten Sie die Erweiterung der Syntax durch das Schlüsselwort SCHEMA und die nachfolgenden zweifachen Doppelpunkte.

Verschieben von Objekten in ein anderes Schema

Um ein Datenbankobjekt in ein anderes Schema zu transferieren, verwenden Sie nicht – wie zu vermuten wäre – die ALTER-Anweisung des entsprechenden Objekts, sondern die ALTER SCHEME-Anweisung des Schemas, in dem sich das Objekt befindet.

Die Syntax zum Verschieben eines Objekts aus einem Schema in ein anderes Schema hat die folgende Form.

Syntax:

```
ALTER SCHEMA zielschema TRANSFER quellschema.objektname;
```

Das folgende Beispiel zeigt, wie Sie die Tabelle *Shift* aus dem Schema *Human-Resources* in das Schema *Production* überführen.

Beispiel:

```
USE AdventureWorks2016CTP3;
GO
ALTER SCHEMA Production TRANSFER HumanResources.Shift;
```

13.7.4 Namensauflösung bei fehlender Schema-Angabe

Als *Namensauflösung* wird die Identifizierung eines Datenbankobjekts bezeichnet. Wird für ein Objekt kein Schema in der Form *schema.objektname* angegeben, sondern lediglich der Objektname, erfolgt die Namensauflösung seit SQL Server 2005 in einer Art, die nicht unbedingt zu erwarten ist und die Sie bei einer fehlenden Schema-Angabe beachten müssen: Wurde einem Benutzer explizit ein Standardschema zugewiesen, versuchen Versionen seit SQL Server 2005 zunächst, das Objekt im Standardschema des jeweiligen Benutzers zu finden. Falls das Objekt dort nicht gefunden wird oder falls dem Benutzer kein Standardschema explizit zugeordnet wurde, wird die Suche im Schema *dbo* fortgesetzt.

Kapitel 14
Eigenständige Datenbanken

Eigenständige Datenbanken ermöglichen eine einfache Migration von Datenbanken zwischen verschiedenen Instanzen von SQL Server.

Falls Sie eine SQL-Server-Datenbank von einer SQL-Server-Instanz auf eine andere SQL-Server-Instanz migrieren möchten, treten typischerweise Konflikte auf, wenn auf der Zielinstanz z. B. die entsprechenden Anmeldungen auf Serverebene nicht vorhanden sind oder diese nicht mit den Benutzerkonten in der jeweiligen Datenbank übereinstimmen.

In SQL Server 2012 wurde daher das Konzept der *eigenständigen Datenbanken* eingeführt, das eine einfache Migration von Datenbanken zwischen verschiedenen SQL-Server-Instanzen ermöglicht. Ebenso können eingebettete Datenbanken auch im Kontext der Hochverfügbarkeit von SQL Server (AlwaysOn-Hochverfügbarkeitsgruppen) effektiv eingesetzt werden.

14.1 Das Konzept der eigenständigen Datenbanken

Das Konzept der eigenständigen Datenbanken basiert darauf, eine Datenbank als eine eigenständige Einheit mit nur minimalen – im Idealfall gar keinen – Verknüpfungen zu anderen Datenbanken oder dem Datenbankserver zu betrachten.

14.2 Konfiguration des Servers zur Verwendung eigenständiger Datenbanken

Bevor Sie eigenständige Datenbanken auf einem Server verwenden können, müssen Sie die Serveroption Contained Database Authentication einschalten.

Sie können diese Option auf zwei verschiedene Weisen aktivieren. Eine Möglichkeit besteht in der Verwendung der folgenden SQL-Anweisung.

Beispiel:

```
EXECUTE sp_configure 'contained database authentication', 1;
RECONFIGURE;
```

Alternativ dazu können Sie die Option auch in der grafischen Oberfläche des Management Studios aktivieren. Rufen Sie dazu im OBJEKT-EXPLORER die SERVEREIGENSCHAFTEN auf, und aktivieren Sie auf der Seite ERWEITERT die Option EIGENSTÄNDIGE DATENBANKEN AKTIVIEREN, wie in Abbildung 14.1 dargestellt.

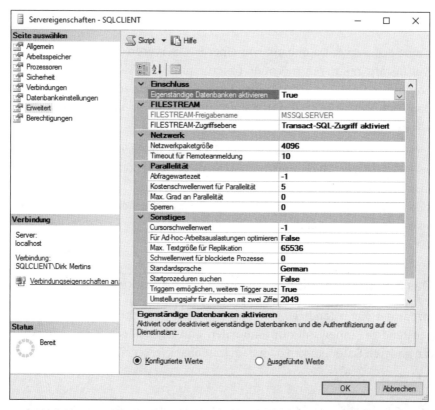

Abbildung 14.1 Aktivierung eigenständiger Datenbanken in den Servereigenschaften

Anschließend können Sie eigenständige Datenbanken in SQL Server erstellen bzw. bestehende Datenbanken in eigenständige Datenbanken umwandeln.

14.3 Erstellung einer eigenständigen Datenbank

Die Erstellung einer eigenständigen Datenbank erfolgt analog zu der weiter vorne im Buch bereits beschriebenen Vorgehensweise zur Erstellung einer Datenbank. Um eine eigenständige Datenbank zu erstellen, erweitern Sie die CREATE DATABASE-Anweisung lediglich um die Option CONTAINMENT = PARTIAL. Die folgende Syntax zeigt die minimal notwendige Anweisung zur Erstellung einer eigenständigen Datenbank.

Syntax:

```
CREATE DATABASE datenbankname
CONTAINMENT = PARTIAL;
```

Das folgende Beispiel erstellt die eigenständige Datenbank *dbEigenständig* unter Verwendung der oben angegebenen Syntax.

Beispiel:

```
CREATE DATABASE dbEigenständig
CONTAINMENT = PARTIAL;
```

14.4 Identifizierung eigenständiger Datenbanken

Informationen dazu, ob eine Datenbank eigenständig ist, können Sie sowohl in der grafischen Oberfläche des Management Studios als auch über eine Abfrage auf die Systemsicht *sys.databases* erhalten.

Um eigenständige Datenbanken über die Systemsicht *sys.databases* zu identifizieren, können Sie die Spalten *containment* und *containment_desc* zur Filterung verwenden.

Beispiel:

```
SELECT name, containment, containment_desc
FROM sys.databases
WHERE containment = 1;
```

Abbildung 14.2 zeigt das Ergebnis dieses Beispiels, in dem die oben erstellte eigenständige Datenbank ausgegeben wird.

	name	containment	containment_desc
1	dbEigenständig	1	PARTIAL

Abbildung 14.2 Abfrage auf eigenständige Datenbanken

Um eine eigenständige Datenbank im Management Studio zu identifizieren, rufen Sie die Eigenschaften der jeweiligen Datenbank auf und wechseln auf die Seite OPTIONEN, wie in Abbildung 14.3 dargestellt.

14 Eigenständige Datenbanken

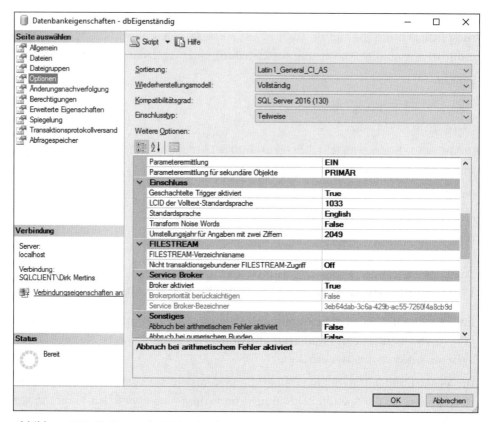

Abbildung 14.3 Optionen der Datenbank

Der Eintrag TEILWEISE im Listenfeld EINSCHLUSSTYP kennzeichnet hier eine eigenständige Datenbank.

14.5 Besonderheiten der Benutzerverwaltung eigenständiger Datenbanken

Während in SQL Server typischerweise eine Kombination eines *Logins* (Konto auf Serverebene) und eines *Benutzers* (Konto auf Datenbankebene) vorhanden ist, ist dies bei eigenständigen Datenbanken nicht der Fall. Um eine eigenständige Datenbank unabhängig von Servereinstellungen zu halten, werden lediglich Benutzerkonten verwendet, die in der eigenständigen Datenbank gespeichert werden. Das heißt im Umkehrschluss, dass Sie zu einem Benutzerkonto einer eigenständigen Datenbank kein entsprechendes Login auf Serverebene vorfinden werden.

Um ein Benutzerkonto in einer eigenständigen Datenbank in der grafischen Oberfläche des Management Studios zu erstellen, erweitern Sie den Eintrag SICHERHEIT der

Datenbank und rufen anschließend das Kontextmenü des Eintrags BENUTZER auf. Wählen Sie aus diesem den Eintrag NEUER BENUTZER aus. Abbildung 14.4 zeigt den entsprechenden Dialog für das Anlegen des Benutzers *dbUser* mit SQL-Server-Authentifizierung.

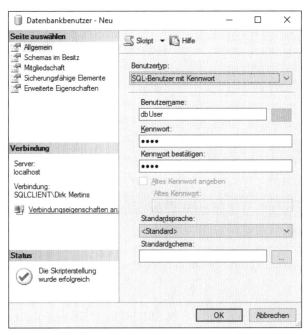

Abbildung 14.4 Anlegen eines Benutzers in einer eigenständigen Datenbank

Das folgende Beispiel zeigt das entsprechende Skript für das Anlegen dieses neuen Benutzerkontos.

Beispiel:

```
USE dbEigenständig;
GO
CREATE USER dbUser WITH PASSWORD = 'Test';
```

Dieses Konto werden wir im nächsten Abschnitt verwenden, um eine Verbindung zu der eigenständigen Datenbank herzustellen.

14.6 Verbindungsaufbau zu einer eigenständigen Datenbank

Wie oben bereits erwähnt, verwenden eingebettete Datenbanken nicht das klassische Sicherheitskonzept von SQL Server aus einer Kombination von Login und Datenbankbenutzer, sondern nur einen Datenbankbenutzer. Ein zugehöriges Login würde ja eine Schnittstelle zur Serverebene darstellen, was dem Grundgedanken eigenständiger Datenbanken widersprechen würde.

Dieser Umstand hat Auswirkungen auf die Anmeldung an eine eigenständige Datenbank. Abbildung 14.5 zeigt den Anmeldedialog des Management Studios unter Verwendung der Benutzerdaten des eben erstellten Benutzers.

Abbildung 14.5 Anmeldedialog mit dem Konto eines Benutzers einer eigenständigen Datenbank

Dieser Anmeldeversuch wird von SQL Server mit der in Abbildung 14.6 dargestellten Fehlermeldung beantwortet.

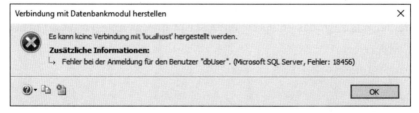

Abbildung 14.6 Fehler beim Anmeldeversuch mit dem Benutzerkonto aus einer eigenständigen Datenbank

Der Grund dafür ist, dass kein entsprechendes Login auf Serverebene existiert.

Um sich mit einem Benutzerkonto an einer eigenständigen Datenbank anzumelden, müssen Sie sich direkt mit der entsprechenden Datenbank verbinden.

Klicken Sie dazu im Anmeldedialog (siehe Abbildung 14.5) auf die Schaltfläche OPTIONEN, und tragen Sie anschließend in das Feld VERBINDUNG MIT DATENBANK HERSTELLEN den Namen der Datenbank ein (siehe Abbildung 14.7).

14.7 Konvertierung einer Datenbank in eine eigenständige Datenbank

Abbildung 14.7 Optionen für die Verbindung zu einer eigenständigen Datenbank

> **Hinweis**
>
> Sie müssen den Namen der eigenständigen Datenbank tatsächlich von Hand eintragen. Zwar bietet das Listenfeld zur Datenbankauswahl auch die Option <SERVER DURCHSUCHEN...> an, da das verwendete Konto aber nicht über Berechtigungen auf Serverebene verfügt, schlägt die Auswahl dieser Option mit einer ähnlichen wie der in Abbildung 14.6 dargestellten Fehlermeldung fehl.

Um eine Verbindung zu der eigenständigen Datenbank herzustellen, klicken Sie auf die in Abbildung 14.7 dargestellte Schaltfläche VERBINDEN.

14.7 Konvertierung einer Datenbank in eine eigenständige Datenbank

Neben der Neuerstellung einer Datenbank als eigenständige Datenbank können Sie auch eine bestehende konventionelle Datenbank in eine eigenständige Datenbank umwandeln.

Das folgende Beispiel erstellt zunächst die konventionelle Datenbank *dbNichtEigenständig*. Anschließend wird das Login *Login_User* auf Serverebene erstellt und ein gleichnamiger Benutzer in der Datenbank erzeugt. Zuletzt wird in dem Beispiel die gespeicherte Prozedur uspProduct erstellt, die über die Datenbankgrenze hinaus auf die *AdventureWorks2016CTP3*-Datenbank zugreift.

Beispiel:

```
CREATE DATABASE dbNichtEigenständig;
GO
USE master;
GO
CREATE LOGIN Login_User
WITH PASSWORD = 'Test',
DEFAULT_DATABASE = master,
CHECK_EXPIRATION = OFF,
CHECK_POLICY = OFF;
GO
USE dbNichtEigenständig
GO

CREATE USER DB_User
FOR LOGIN Login_User
GO
CREATE PROCEDURE uspProduct
AS

SELECT * FROM AdventureWorks2016CTP3.Production.Product;
```

In diesem Beispiel existieren also zwei Objekte, die einen Zugriff über die Grenzen der Datenbank erfordern:

- der mit dem Login auf Serverebene verknüpfte Benutzer *DB_User*
- die datenbankübergreifende Prozedur uspProduct

14.7.1 Durchführung der Konvertierung

Auch hier haben Sie wieder die Möglichkeit, die Konvertierung über eine SQL-Anweisung oder über die grafische Oberfläche des Management Studios vorzunehmen.

In der grafischen Oberfläche des Management Studios rufen Sie im OBJEKT-EXPLORER die Eigenschaften der entsprechenden Datenbank auf und wechseln anschließend auf die Seite OPTIONEN. Dort wählen Sie im Listenfeld EINSCHLUSSTYP den Eintrag TEILWEISE aus, wie bereits in Abbildung 14.3 dargestellt, und bestätigen die Änderung über die Schaltfläche OK.

Ein Beispiel für die Konvertierung der Datenbank mittels einer SQL-Anweisung zeigt das folgende Beispiel unter Verwendung der ALTER DATABASE-Anweisung.

Beispiel:

```
USE master;
GO
ALTER DATABASE dbNichtEigenständig
SET CONTAINMENT = PARTIAL;
```

Nach diesem Schritt haben Sie die Datenbank zwar formal in eine eigenständige Datenbank umgewandelt, die oben beschriebenen datenbankübergreifenden Objekte würden aber die Migration auf einen anderen Server verhindern. Sie müssen daher solche Datenbankobjekte, die einer Migration im Wege stehen, identifizieren und entsprechend behandeln.

14.7.2 Konvertierung von Benutzern

Um einen mit einem Login verknüpften Benutzer einer Datenbank in einen Benutzer einer eigenständigen Datenbank zu konvertieren, verwenden Sie die Systemprozedur sp_migrate_user_to_contained.

Das folgende Beispiel migriert den Benutzer *Login_User* in einen Benutzer einer eigenständigen Datenbank, ohne den Benutzernamen zu ändern und ohne das Login auf Serverebene zu löschen.

Beispiel:

```
USE dbNichtEigenständig;
GO
EXECUTE sp_migrate_user_to_contained

@username = N'DB_User',
@rename = N'keep_name',
@disablelogin = N'do_not_disable_login';
```

Beachten Sie, dass die Parameter der Prozedur als Unicode-Zeichenfolgen übergeben werden müssen. Dies erreichen Sie durch die Angabe von N vor den Parameterwerten.

14.7.3 Identifizierung datenbankübergreifender Elemente

Informationen darüber, welche Datenbankobjekte die Grenzen der Datenbank überschreiten, erhalten Sie durch eine Abfrage auf die Systemsicht *sys.dm_db_uncontained_entities*.

Beispiel:

```
USE dbNichtEigenständig;
GO
SELECT OBJECT_NAME (major_id),
class_desc, feature_name, feature_type_name
FROM sys.dm_db_uncontained_entities;
```

Für die in diesem Beispiel verwendete Datenbank liefert diese Abfrage das in Abbildung 14.8 dargestellte Ergebnis zurück.

	(Kein Spaltenname)	class_desc	feature_name	feature_type_name
1	uspProduct	OBJECT_OR_COLUMN	Server or Database Qualified Name	T-SQL Syntax
2	NULL	ROUTE	Route	Database Entity

Abbildung 14.8 Abfrage auf die Systemsicht zur Identifizierung datenbankübergreifender Objekte

> **Hinweis**
>
> Beachten Sie bei Abfragen auf diese Sicht, dass von ihr nur Informationen zu solchen Objekten zurückgeliefert werden, für die das abfragende Konto auch Berechtigungen besitzt. Um einen vollständigen Überblick über alle datenbankübergreifenden Objekte zu erhalten, sollten Sie die Sicht daher unter einem Konto mit administrativen Rechten abfragen.

Wie Sie an dem in Abbildung 14.8 gezeigten Abfrageergebnis sehen, ist die Prozedur uspProduct als datenbankübergreifendes Objekt erkannt worden. Dieser Umstand verhindert aber nicht die Migration der Datenbank auf einen anderen Server, d. h., Sie müssen die Prozedur nicht zwingend löschen.

Leider ist die Bedeutung des Eintrags *Route* in der Spalte *feature_name* des in Abbildung 14.8 gezeigten Abfrageergebnisses in der Dokumentation zu dieser Sicht nicht enthalten, dieser Eintrag wird aber für jede eigenständige Datenbank angezeigt und stellt kein Hindernis für die Migration eigenständiger Datenbanken dar.

14.8 Migration einer eigenständigen Datenbank auf einen anderen Server

Sie können eine eigenständige Datenbank durch eine vollständige Sicherung der Datenbank auf dem Quellserver und eine anschließende Wiederherstellung auf dem Zielserver vom Quellserver auf den Zielserver migrieren.

14.8.1 Sicherung einer eigenständigen Datenbank auf dem Quellserver

Um eine vollständige Sicherung auf dem Quellserver durchzuführen, können Sie das folgende Beispiel verwenden.

Beispiel:

```
BACKUP DATABASE dbNichtEigenständig
TO DISK = 'C:\Program Files\Microsoft SQL Server\MSSQL13.MSSQLSERVER\MSSQL\
Backup\dbNichtEigenständig.bak';
```

Den entsprechenden Dialog in der grafischen Oberfläche des Management Studios sehen Sie in Abbildung 14.9.

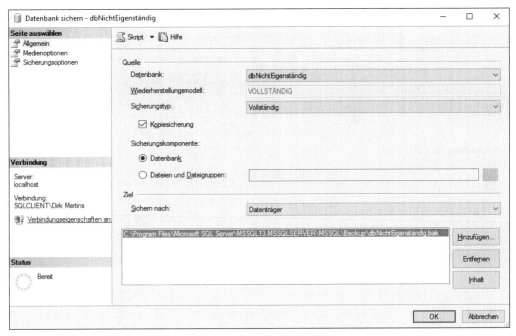

Abbildung 14.9 Durchführung der vollständigen Sicherung in der grafischen Oberfläche des Management Studios

14.8.2 Wiederherstellung einer eigenständigen Datenbank auf dem Zielserver

Im folgenden Beispiel wird davon ausgegangen, dass die oben erstellte Sicherungsdatei auf dem Zielserver im Stammverzeichnis *C:* abgelegt wurde.

Um die Datenbank aus dieser Sicherungsdatei auf dem Zielserver wiederherzustellen, verwenden Sie das folgende Beispiel.

Beispiel:

```
RESTORE DATABASE dbNichtEigenständig
FROM Disk = 'C:\dbNichtEigenständig.bak';
```

Abbildung 14.10 zeigt den entsprechenden Dialog in der grafischen Oberfläche des Management Studios zur Wiederherstellung der Datenbank.

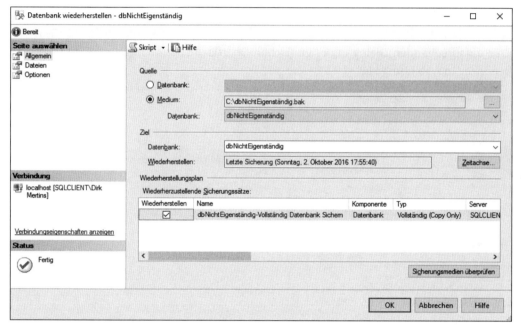

Abbildung 14.10 Dialog zur Wiederherstellung der Datenbank

Kapitel 15
Sichten

Sichten stellen prinzipiell nichts anderes als gespeicherte Abfragen dar. Trotz dieser einfachen Definition lassen sich Sichten innerhalb einer Datenbank zu vielen Zwecken sehr effektiv einsetzen, wie dieses Kapitel zeigt.

Eine Sicht, auch als *View* (engl.) bezeichnet, stellt eine in der Datenbank gespeicherte Abfrage dar. Die Funktionsweise einer Sicht lässt sich am einfachsten an einem Beispiel erklären. Dazu stellen wir eine einfache Abfrage auf die Tabelle *tbl-Autor*.

Beispiel:

```
USE GalileoDB;
GO
SELECT Vorname, Nachname
FROM tblAutor;
```

Das von dem Beispiel ausgegebene und in Abbildung 15.1 dargestellte Abfrageergebnis entspricht in seiner Struktur eigentlich doch vollkommen der Struktur einer Tabelle. Genau wie bei der zugrunde liegenden Tabelle sind Spalten, Spaltenbezeichner sowie Datensätze vorhanden.

	Vorname	Nachname
1	Hans Willi	Kremer
2	Andreas	Kühnel

Abbildung 15.1 Abfrageergebnis des Beispiels

Dieser Umstand spiegelt den Grundgedanken bei der Verwendung von Sichten wider: Da das Ergebnis einer Abfrage eine Struktur besitzt, die der Struktur einer Tabelle entspricht, müsste man es auch anstelle einer Tabelle verwenden können. Um die Abfrage wie eine Tabelle zu verwenden, müssen Sie für sie und somit auch für das Abfrageergebnis einen Namen – also einen Bezeichner – vergeben.

Diesen Namen erhält die Abfrage durch das Erstellen einer Sicht, die die Abfrage enthält. Sichten werden daher auch als *virtuelle Tabellen* bezeichnet, da sie wie eine reale Tabelle abgefragt werden können, aber keine Tabellen im eigentlichen Sinne darstellen. Die Funktionsweise einer Sicht ist in Abbildung 15.2 symbolisch dargestellt.

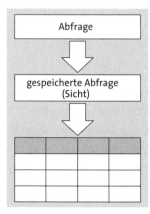

Abbildung 15.2 Abfrage auf eine Sicht

Die dargestellte Abfrage greift statt auf eine Tabelle auf eine Sicht zu. Diese wiederum führt die in ihr gespeicherte Abfrage aus und stellt das Ergebnis der ursprünglichen Abfrage wie eine Tabelle zur Verfügung.

> **Hinweis**
>
> Wichtig für das Verständnis der Funktionsweise von Sichten ist, dass eine Sicht bei jedem Aufruf die in ihr gespeicherte Abfrage ausführt und das aktuelle Abfrageergebnis zur Verfügung stellt. Eine Sicht stellt also keinen Speicher dar, in dem während der Erstellung der Sicht ein Abfrageergebnis wie das aus Abbildung 15.1 hinterlegt wird!

Da eine Sicht innerhalb einer Abfrage genau wie eine Tabelle verwendet werden kann, könnte das in Abbildung 15.2 dargestellte Prinzip so erweitert werden, dass die Sicht nicht direkt auf eine Tabelle zugreift, sondern wiederum auf eine andere Sicht. Am Ende einer solchen Kette müssen natürlich eine oder mehrere reale Tabellen stehen. Solche Tabellen, die die Daten für eine Sicht liefern, werden daher auch *Basistabellen* genannt.

15.1 Einsatz von Sichten

Obwohl Sichten letztlich nur aus gespeicherten Abfragen bestehen, können sie innerhalb einer Datenbank zu vielfältigen Zwecken eingesetzt werden. Einige mögliche Verwendungsarten von Sichten sind:

- **Filterung von Daten**
  Enthält eine Tabelle Spalten mit sensiblen Daten, die vor dem Zugriff eines Benutzers geschützt werden sollen, können Sie für die entsprechende Tabelle und den jeweiligen Benutzer die dazu erforderlichen Rechte auf Spaltenebene einrichten.

Einfacher kann es jedoch sein, eine Sicht zu erstellen, in der diese Spalten gar nicht enthalten sind, und dem Benutzer Rechte auf die Sicht statt auf die Basistabelle zu geben. Diese Vorgehensweise hat den weiteren Vorteil, dass durch die Verwendung einer WHERE-Klausel in der Sichtdefinition zusätzlich Datensätze vor dem Benutzer verborgen werden können, was durch die Rechtevergabe auf eine Tabelle nicht möglich ist.

▶ **Vereinfachter Aufruf komplexer Abfragen**
Anwendungsprogrammierern, die aus ihrer Anwendung heraus Daten aus der Datenbank auslesen müssen, kann der Zugriff dadurch erleichtert werden, dass z. B. eine JOIN-Abfrage in einer Sicht implementiert wird. Für den Programmierer erscheinen die Daten dann so, als ob sie in einer Tabelle vorliegen würden, was den Zugriff darauf vereinfacht. Diese Vorgehensweise hat den weiteren Vorteil, dass alle an einem Projekt beteiligten Programmierer durch Zugriff auf die Sicht dieselbe Abfrage verwenden. Das vereinfacht zum einen die Verwaltung des Quelltextes der Anwendung und kann zum anderen einen weiteren Vorteil bieten, wenn es sich bei der in der Sicht gespeicherten Abfrage um eine optimierte Abfrage handelt, die der Datenbankserver sehr schnell verarbeiten kann.

▶ **Strukturänderungen innerhalb der Datenbank**
Kaum eine Datenbank wird niemals in ihrer Struktur verändert. Unter Umständen werden einer Datenbank neue Tabellen hinzugefügt, andere gelöscht oder bestehende Tabellen in ihrer Struktur geändert. Die Verwendung von Sichten ermöglicht es, die Struktur der Datenbank und damit auch Änderungen an ihr vor den Anwendungen zu verstecken, die auf die Datenbank zugreifen. Ausgehend von Abbildung 15.2, werden wir den Fall betrachten, dass der Inhalt der dort dargestellten Tabelle nach einer Änderung der Datenbank nun in drei verschiedenen Tabellen vorliegt, wie Abbildung 15.3 zeigt.

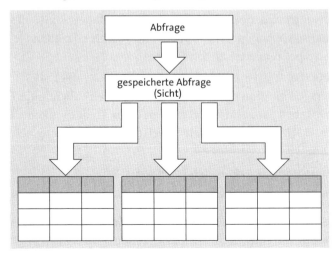

Abbildung 15.3 Strukturänderung der Datenbank

Würde der Zugriff auf die Daten der Basistabelle innerhalb einer Clientanwendung ohne Verwendung einer Sicht erfolgen und griffen die Anwendungen direkt auf den Datenbankserver zu, müsste im Quelltext der Anwendung jede Abfrage auf die ursprüngliche Tabelle neu geschrieben und danach die aktualisierte Version der Anwendung auf jedem Clientrechner installiert werden.

Bei einem Zugriff über eine Sicht müsste dagegen lediglich die Definition der Sicht so geändert werden, dass sie weiterhin dasselbe Ergebnis liefert wie vor der Strukturänderung. Dieses Verfahren würde also nur eine zentrale Änderung auf dem Datenbankserver als Speicherort der Sicht bedeuten!

15.2 Verwalten von Sichten

In diesem Abschnitt betrachten wir die Anweisungen, die Sie zum Erstellen, Ändern und Löschen von Sichten benötigen.

15.2.1 Erstellen einer Sicht

Dass eine Sicht nichts weiter als eine gespeicherte Abfrage darstellt, spiegelt sich in der Syntax zur Erstellung einer solchen Sicht wider:

Syntax:

```
CREATE VIEW sichtname
AS
selectanweisung;
```

Beim Erstellen einer Sicht gelten die folgenden Einschränkungen bzw. Regeln:

- Die CREATE VIEW-Anweisung muss die erste Anweisung eines Stapels sein! Soll eine Sicht in einem automatisch ablaufenden Skript erstellt werden, so sollten Sie vor dieser Anweisung das Stapeltrennzeichen GO angeben.
- ORDER BY-Klauseln ohne die Angabe von TOP, COMPUTE, COMPUTE BY oder SELECT ... INTO dürfen in der Abfragedefinition nicht enthalten sein. Da eine Sicht innerhalb einer Abfrage wie eine Tabelle angesprochen werden kann, stellt dies keine Einschränkung dar. Eine ORDER BY-Klausel beispielsweise geben Sie dann bei der Abfrage auf die Sicht an.
- Eine Sicht darf sich auf maximal 1.024 Spalten beziehen.
- Der Name der Sicht muss den Regeln für Bezeichner in SQL Server entsprechen.

Das folgende Beispiel zeigt die Implementierung der zu Beginn dieses Kapitels verwendeten SELECT-Anweisung in einer Sicht *vwAutor*. Sichten werden häufig mit einem Präfix wie *vw* für *View* bezeichnet, um sie als Sichten zu kennzeichnen.

Beispiel:

```
CREATE VIEW vwAutor
AS
SELECT Vorname, Nachname
FROM tblAutor;
```

Die Sicht wird nun im Objektkatalog der Datenbank dargestellt (siehe Abbildung 15.4) und kann wie eine Tabelle abgefragt werden.

Abbildung 15.4 Die neu erstellte Sicht im Objektkatalog

Eine Abfrage auf die eben erstellte Sicht könnte also wie im folgenden Beispiel erfolgen, indem Sie statt eines Tabellennamens den Sichtnamen angeben:

Beispiel:

```
SELECT Nachname
FROM vwAutor;
```

Abbildung 15.5 zeigt das Ergebnis dieser Abfrage auf eine Sicht. Wie Sie erkennen, entspricht es vollkommen dem Ergebnis einer Abfrage auf eine Tabelle.

Abbildung 15.5 Ergebnis der Abfrage auf die Sicht »vwAutor«

Da die Sicht nur über die Spalten *Vorname* und *Nachname* definiert wurde, können die anderen Spalten der Basistabelle über die Sicht nicht angesprochen werden. Ein Versuch, die in der Basistabelle enthaltene Spalte *BLZ* abzufragen, resultiert in der folgenden Fehlermeldung:

```
Meldung 207, Ebene 16, Status 1, Zeile 1
Ungültiger Spaltenname 'BLZ'.
```

15.2.2 Ändern einer Sicht

Die Änderung einer Sicht erfolgt fast genauso wie ihre Erstellung, es wird lediglich das Schlüsselwort CREATE durch ALTER ersetzt.

Syntax:

```
ALTER VIEW sichtname
AS
selectanweisung;
```

Das folgende Beispiel fügt der Sicht *vwAutor* eine Spalte hinzu, in der ein Kürzel des Autorennamens mit einem entsprechenden Spaltenalias ausgegeben wird.

Beispiel:

```
ALTER VIEW vwAutor
AS
SELECT Vorname, Nachname,
LEFT(Vorname,1) + '.' + LEFT(Nachname,1) + '.' AS Kürzel
FROM tblAutor;
```

Abbildung 15.6 zeigt eine Abfrage auf alle Spalten der Sicht.

	Vorname	Nachname	Kürzel
1	Hans Willi	Kremer	H.K.
2	Andreas	Kühnel	A.K.

Abbildung 15.6 Ergebnis der Abfrage auf die geänderte Sicht

15.2.3 Löschen einer Sicht

Eine Sicht wird über die Anweisung DROP VIEW gelöscht.

Syntax:

```
DROP VIEW sichtname;
```

Das folgende Beispiel löscht die Sicht *vwAutor* aus der Datenbank.

Beispiel:

```
DROP VIEW vwAutor;
```

15.3 Datenmanipulationsanweisungen auf eine Sicht

Bisher haben wir in diesem Kapitel Sichten nur in Abfragen unter Einsatz von SELECT-Anweisungen verwendet, in denen sie sich – wie Sie gesehen haben – genau wie real vorhandene Tabellen ansprechen ließen. Die Tabellen einer Datenbank können aber nicht nur in Abfragen, sondern auch mit DML-Anweisungen wie INSERT, UPDATE und DELETE verwendet werden. Da Sichten innerhalb von Abfragen dasselbe Verhalten wie Tabellen zeigen, stellt sich die Frage, ob dies auch für DML-Anweisungen gilt, ob also z. B. eine INSERT-Anweisung auf eine Sicht ausgeführt werden kann, wie symbolisch in Abbildung 15.7 dargestellt.

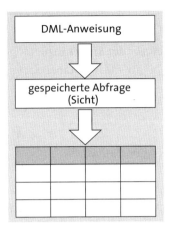

Abbildung 15.7 DML-Anweisung auf eine Sicht

Dies ist – unter Berücksichtigung einiger Einschränkungen – tatsächlich möglich! Auf eine dieser Einschränkungen, die dann zu beachten ist, wenn eine Abfrage auf mehrere Tabellen zugreift, gehen wir in einem späteren Kapitel ein. In den folgenden Abschnitten besprechen wir die verschiedenen Fälle von DML-Anweisungen auf eine Sicht.

15.3.1 DML-Anweisungen auf eine Sicht ohne »WHERE«-Klausel

Zunächst führen wir eine INSERT-Anweisung auf die Sicht *vwAutor* aus, die wir dazu in ihrer ursprünglichen Form neu erstellen.

Beispiel:

```
CREATE VIEW vwAutor
AS
SELECT Vorname, Nachname
FROM tblAutor;
```

Damit das Einfügen eines Datensatzes über eine Sicht, wie in Abbildung 15.7 zu sehen ist, erfolgreich verlaufen kann, muss die Sicht alle Spalten der Basistabelle enthalten, die weder über eine NULL-Zulässigkeit noch über einen Standardwert verfügen. Die Sicht *vwAutor* genügt dieser Bedingung, da die in ihr nicht enthaltenen Spalten in der Basistabelle NULL-Zulässigkeit aufweisen. Das folgende Beispiel fügt also einen weiteren Autorendatensatz über die Sicht *vwAutor* in die Tabelle *tblAutor* ein.

Beispiel:

```
INSERT INTO vwAutor
VALUES ('Jörg', 'Neumann');
```

Die Angabe einer Spaltenliste kann hier entfallen, da für alle in der Sicht enthaltenen Spalten ein Wert übergeben wird. Die auf die Sicht ausgeführte INSERT-Anweisung bewirkt, dass ein neuer Datensatz in der Basistabelle *tblAutor* der Sicht hinzugefügt wird, wie das in Abbildung 15.8 dargestellte Abfrageergebnis auf die Basistabelle zeigt.

ID	Vorname	Nachname	KontoNr	BLZ
1	1 Hans Willi	Kremer	NULL	NULL
2	2 Andreas	Kühnel	NULL	NULL
3	3 Jörg	Neumann	NULL	NULL

Abbildung 15.8 Basistabelle mit einem über eine Sicht eingefügten Datensatz

Ebenso kann ein Datensatz über eine Sicht aus der Basistabelle gelöscht oder abgeändert werden. Wird ein Datensatz über eine Sicht gelöscht, bezieht sich dieser Löschvorgang auf den kompletten Datensatz, also einschließlich der Spalten, die nicht in der Sicht enthalten sind. Über eine UPDATE-Anweisung auf eine Sicht können hingegen nur die in der Sicht vorhandenen Spalten geändert werden.

15.3.2 DML-Anweisungen auf eine Sicht mit »WHERE«-Klausel

Die im letzten Beispiel definierte Sicht enthielt keine WHERE-Klausel, weshalb alle in der Basistabelle enthaltenen Datensätze auch in der Sicht vorhanden waren. Das heißt, der Datenbestand von Tabelle und Sicht war – bis auf die in der Sicht nicht enthaltenen Spalten – identisch. DML-Anweisungen konnten daher für die Sicht in fast identischer Form zu den entsprechenden Anweisungen auf die Basistabelle ausgeführt werden.

Enthält die Abfrage der Sicht eine WHERE-Klausel, so ändert sich dieses Verhalten in bestimmten Punkten, was Sie zusätzlich durch die Option CHECK OPTION steuern können. Im Folgenden wollen wir beide Fälle untersuchen.

Definition ohne »CHECK OPTION«

Zunächst erstellen wir eine neue Sicht auf die Tabelle *tblBuch*; sie soll alle Bücher enthalten, deren Preis kleiner als 50 ist:

Beispiel:

```
CREATE VIEW vwBuch
AS
SELECT * FROM tblBuch
WHERE Preis < 50;
```

Die WHERE-Klausel hat auf die einzelnen DML-Anweisungen folgende Auswirkungen:

»INSERT«-Anweisung

Die `INSERT`-Anweisung ist von der `WHERE`-Klausel nicht betroffen. Das folgende Beispiel fügt z. B. einen Datensatz, der der `WHERE`-Klausel entspricht, über die Sicht in die Tabelle ein.

Beispiel:

```
INSERT INTO vwBuch
VALUES ('3-89842-684-X', 'Microsoft SQL Server 2005',
DEFAULT);
```

Die Angabe von `DEFAULT` erzwingt dabei die Vergabe des Standardwerts der Spalte *Preis*. Der Datensatz wird also mit der Preisangabe 0,00 in die Tabelle eingetragen, wie in Abbildung 15.9 zu erkennen ist.

	ISBN	Titel	Preis
1	3-89842-129-5	VB.NET	49,90
2	3-89842-141-1	SELECT * FROM SQL Server 2000	49,90
3	3-89842-585-1	Visual Basic .NET Das umfassende Handbuch	49,90
4	3-89842-684-X	Microsoft SQL Server 2005	0,00

Abbildung 15.9 Unter Verwendung des Standardwerts eingetragener Datensatz

Hätte der Datensatz in seiner Preisangabe nicht der `WHERE`-Klausel entsprochen, wäre er *trotzdem* in die Tabelle eingetragen worden. Er würde allerdings über die Sicht nicht ausgegeben.

»UPDATE«-Anweisung

Auch die `UPDATE`-Anweisung ist von der `WHERE`-Klausel nur insofern betroffen, als nur Datensätze geändert werden können, die in der Sicht enthalten sind. Es stellt kein Problem dar, einen Datensatz über die Sicht so zu ändern, dass er bei einer erneuten Abfrage auf die Sicht nicht mehr im Ergebnis vorhanden ist, wie das folgende Beispiel zeigt.

Beispiel:

```
UPDATE vwBuch
SET Preis = 59.90
WHERE ISBN = '3-89842-684-X';
```

Die Preisangabe des Buches wurde in der Tabelle geändert, wie Sie in Abbildung 15.10 sehen.

	ISBN	Titel	Preis
1	3-89842-129-5	VB.NET	49,90
2	3-89842-141-1	SELECT * FROM SQL Server 2000	49,90
3	3-89842-585-1	Visual Basic .NET Das umfassende Handbuch	49,90
4	3-89842-684-X	Microsoft SQL Server 2005	59,90

Abbildung 15.10 Über die Sicht geänderter Datensatz

Das Abfrageergebnis auf die Sicht ist in Abbildung 15.11 dargestellt. Hier wird der entsprechende Datensatz nicht ausgegeben.

	ISBN	Titel	Preis
1	3-89842-129-5	VB.NET	49,90
2	3-89842-141-1	SELECT * FROM SQL Server 2000	49,90
3	3-89842-585-1	Visual Basic .NET Das umfassende Handbuch	49,90

Abbildung 15.11 Abfrageergebnis der Sicht

»DELETE«-Anweisung

Auch für die DELETE-Anweisung gilt, dass ein Datensatz nur dann gelöscht werden kann, wenn er in der Sicht enthalten ist. Da dies, wie Abbildung 15.11 gezeigt hat, nicht mehr der Fall ist, kann der Datensatz nur noch durch ein DELETE auf die Tabelle gelöscht werden.

Definition mit »CHECK OPTION«

Die Angabe von Optionen erfolgt in der Definition einer Sicht nach dem Schlüsselwort WITH.

Syntax:

```
CREATE VIEW sichtname
AS
selectanweisung
WITH option;
```

Um die Auswirkung von CHECK OPTION zu verdeutlichen, löschen wir den eben eingefügten Datensatz aus der Tabelle und ändern die Definition der Sicht.

Beispiel:

```
DELETE FROM tblBuch
WHERE ISBN = '3-89842-684-X';
GO
ALTER VIEW vwBuch
AS
SELECT * FROM tblBuch
WHERE Preis < 50
WITH CHECK OPTION;
```

Beachten Sie, dass auch ALTER VIEW die erste Anweisung eines Stapels sein muss, weshalb in diesem Beispiel zwischen dem Löschen des Datensatzes und der ALTER VIEW-Anweisung ein GO angegeben werden muss! Durch die Angabe von CHECK OPTION verändert sich das Verhalten der Sicht folgendermaßen:

»INSERT«-Anweisung

Das Einfügen des Datensatzes unter Verwendung des Standardwerts funktioniert weiterhin, z. B.:

Beispiel:

```
INSERT INTO vwBuch
VALUES ('3-89842-684-X', 'Microsoft SQL Server 2005',
DEFAULT);
```

Eine erste Auswirkung der verwendeten Option zeigt sich jedoch, wenn in diesem Fall eine Preisangabe erfolgen würde, die nicht der WHERE-Klausel entspricht wie im folgenden Beispiel.

Beispiel:

```
INSERT INTO vwBuch
VALUES ('4-56437-365-2', 'Microsoft SQL Server 2012', 69.90);
```

Dies führt zu der folgenden Fehlermeldung:

```
Meldung 550, Ebene 16, Status 1, Zeile 1
Fehler beim Einfügen oder Aktualisieren, da die Zielsicht WITH CHECK OPTION
angibt oder sich auf eine Sicht erstreckt, die WITH CHECK OPTION angibt, und
mindestens eine Ergebniszeile nicht der CHECK OPTION-Einschränkung entsprach.
Die Anweisung wurde beendet.
```

»UPDATE«-Anweisung

Auch die UPDATE-Anweisung zeigt ein geändertes Verhalten, wenn ein Datensatz über die Sicht so geändert werden soll, dass er nicht mehr der Sichtdefinition entspricht. Die oben ohne Fehler ausgeführte UPDATE-Anweisung führt nun ebenfalls zu der angegebenen Fehlermeldung:

Beispiel:

```
UPDATE vwBuch
SET Preis = 59.90
WHERE ISBN = '3-89842-684-X';
```

»DELETE«-Anweisung

Auf die DELETE-Anweisung hat CHECK OPTION keine Auswirkung. Auch hier gilt, dass Sie über die Sicht nur Datensätze löschen können, die in der Sicht enthalten sind.

Wird eine Sicht mit CHECK OPTION verwendet, bewirkt dies also, dass keine Datensätze über die Sicht in die Basistabelle eingefügt werden können, die nicht der Sichtdefinition entsprechen. Vorhandene Datensätze können über die Sicht nicht so verändert werden, dass sie anschließend der Sichtdefinition nicht mehr entsprechen.

15.4 Systemsichten von SQL Server

SQL Server verwendet ebenfalls Sichten, um dem Benutzer den Zugriff auf Systemdaten, auch *Metadaten* genannt, zu ermöglichen. In SQL Server lassen sich diese Sichten in zwei Gruppen einteilen: in *Informationsschemasichten* und in *Systemsichten* im Schema *sys*.

15.4.1 Informationsschemasichten

Die Informationsschemasichten basieren auf der SQL-92-Norm und stellen dem Benutzer Metadaten bezüglich der aktuellen Datenbank zur Verfügung. Die Informationsschemasichten existieren daher in jeder Datenbank des Servers. Abbildung 15.12 zeigt die Informationsschemasichten am Beispiel der Datenbank *GalileoDB*.

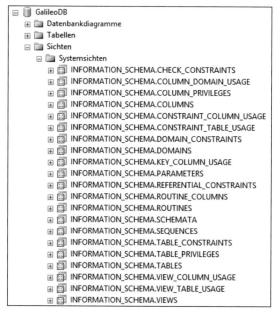

Abbildung 15.12 Informationsschemasichten in der »GalileoDB«-Datenbank

Einzelheiten über die Informationen, die von einer Informationsschemasicht geliefert werden, können Sie der SQL-Server-Dokumentation entnehmen.

Die Verwendung von Informationsschemasichten hat den Vorteil, dass sie – auch wenn in einer neueren Version von SQL Server umfangreiche Änderungen in der internen Speicherstruktur vorgenommen würden – trotzdem weiterhin die gleichen Informationen bereitstellen wie die Informationsschemasichten vorheriger Versionen.

Wenn Sie eine Abfrage auf eine Informationsschemasicht stellen wollen, müssen Sie vor dem Namen der Sicht, durch einen Punkt getrennt, zusätzlich den Schemanamen INFORMATION_SCHEMA angeben.

Beispiel:

```
SELECT *
FROM INFORMATION_SCHEMA.COLUMNS;
```

Dieses Beispiel liefert – in der *GalileoDB*-Datenbank ausgeführt – Informationen zu jeder Spalte in den von Ihnen erstellten Tabellen der Datenbank.

15.4.2 Systemsichten im Schema »sys«

Im Gegensatz zu früheren Versionen sind in SQL Server kaum noch direkte Abfragen auf Systemtabellen möglich. Die entsprechenden Informationen werden nun über Sichten bereitgestellt, die sich im Schema *sys* befinden. Abbildung 15.13 zeigt einen kleinen Ausschnitt der zur Verfügung stehenden Systemsichten.

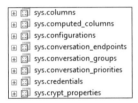

Abbildung 15.13 Einige Systemsichten im Schema »sys«

Auch bei diesen Sichten gilt, dass der Schemaname während des Aufrufs angegeben wird, wie das folgende Beispiel zeigt, das eine Auflistung der auf dem Server vorhandenen Datenbanken (und Momentaufnahmen) liefert.

Beispiel:

```
SELECT * FROM sys.databases;
```

Abbildung 15.14 zeigt einen Auszug der durch diese Sicht zurückgegebenen Informationen.

	name	database_id	source_database_id	owner_sid	create_date
1	master	1	NULL	0x01	2003-04-08 09:13:36.390
2	tempdb	2	NULL	0x01	2016-10-02 11:18:58.110
3	model	3	NULL	0x01	2003-04-08 09:13:36.390
4	msdb	4	NULL	0x01	2016-04-30 00:46:38.773
5	AdventureWorks2016CTP3	5	NULL	0x010500000000000515000000539CDB2DB09451290A7737...	2016-09-17 21:25:07.607
6	dbEigenständig	6	NULL	0x010500000000000515000000539CDB2DB09451290A7737...	2016-10-02 17:25:49.417
7	GalileoDB	7	NULL	0x010500000000000515000000539CDB2DB09451290A7737...	2016-10-01 20:38:40.033

Abbildung 15.14 Ausschnitt der von der Systemsicht »sys.databases« zurückgegebenen Informationen

Kapitel 16
Programmierung von gespeicherten Prozeduren

Gespeicherte Prozeduren stellen eine von mehreren Möglichkeiten dar, Funktionalitäten auf dem Datenbankserver zu implementieren. Dieses Kapitel erläutert die Programmierung benutzerdefinierter gespeicherter Prozeduren.

16.1 Überblick über die Verwendung von gespeicherten Prozeduren in SQL Server

In den bisherigen Kapiteln dieses Buches haben wir bereits an verschiedenen Stellen gespeicherte Prozeduren aufgerufen, so z. B. in Kapitel 13, »Benutzerverwaltung und Schemas«, in dem wir die gespeicherte Prozedur sp_addrolemember dazu verwendet haben, einen Benutzer einer Datenbankrolle hinzuzufügen. Die englische Bezeichnung gespeicherter Prozeduren lautet *Stored Procedures*, weshalb der Name von gespeicherten Prozeduren oftmals mit der Zeichenfolge sp eingeleitet wird. SQL Server enthält bereits direkt nach der Installation eine Vielzahl von gespeicherten Prozeduren, die in jeder Datenbank vorhanden sind. Dabei handelt es sich – wie im Fall der Prozedur sp_addrolemember – um gespeicherte Systemprozeduren, die zu administrativen Zwecken dienen. Diese gespeicherten Prozeduren können Sie sich im OBJEKT-EXPLORER durch Erweiterung der Ordner PROGRAMMIERBARKEIT, GESPEICHERTE PROZEDUREN und GESPEICHERTE SYSTEMPROZEDUREN anzeigen lassen. Wie Abbildung 16.1 am Beispiel des Ordners GESPEICHERTE PROZEDUREN der *AdventureWorks2016CTP3*-Datenbank zeigt, können Sie in SQL Server neben den vorhandenen Systemprozeduren auch eigene – also benutzerdefinierte – gespeicherte Prozeduren erstellen, die innerhalb einer Datenbank zur Erfüllung unterschiedlichster Aufgaben entwickelt und eingesetzt werden können.

> **Hinweis**
>
> Ein Einsatzgebiet von gespeicherten Prozeduren, das die Sicherheit einer Datenbank betrifft, ist die Verhinderung der unter dem Namen *SQL Injection* bekannten Möglichkeit, bösartigen Programmcode über die Eingabefelder einer Clientanwendung in eine Datenbank einzuschleusen und ausführen zu lassen.

> Nähere Informationen zu diesem Thema finden Sie unter dem Stichwort *SQL Injection* in der SQL-Server-Dokumentation und im Internet.

Abbildung 16.1 Gespeicherte Prozeduren in der AdventureWorks2016CTP3-Datenbank

Dabei stellen gespeicherte Prozeduren zunächst einmal – wie ihr Name bereits andeutet – nichts anderes als abgespeicherten SQL-Programmcode dar. Abbildung 16.2 zeigt als Beispiel einen Auszug des Quelltextes der in Abbildung 16.1 aufgeführten benutzerdefinierten Prozedur uspGetEmployeeManagers, die in der Beispieldatenbank *AdventureWorks2016CTP3* enthalten ist. Die in Abbildung 16.2 dargestellte Quellcodeansicht einer gespeicherten Prozedur rufen Sie über das Kontextmenü der Prozedur und die Auswahl der Menüpunkte SKRIPT FÜR GESPEICHERTE PROZEDUREN ALS • CREATE IN • NEUES ABFRAGE-EDITOR-FENSTER auf. Wie zu erkennen ist, kann eine gespeicherte Prozedur nicht nur aus Abfragen (wie die am unteren Bildrand beginnende SELECT-Anweisung), sondern aus nahezu beliebigem SQL-Programmcode bestehen, sodass sich innerhalb einer gespeicherten Prozedur auch komplexe Programmieraufgaben realisieren lassen.

16.1 Überblick über die Verwendung von gespeicherten Prozeduren in SQL Server

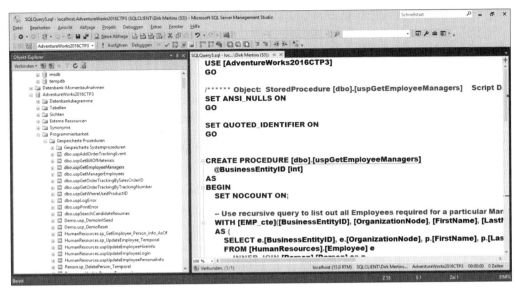

Abbildung 16.2 Quelltext einer benutzerdefinierten gespeicherten Prozedur

Wenn gespeicherte Prozeduren aus hinterlegten SQL-Anweisungen bestehen, stellt sich die Frage, welche Vorteile die Verwendung von gespeicherten Prozeduren mit sich bringt. Eine Clientanwendung könnte die entsprechenden Anweisungen ja auch direkt – ohne den Aufruf einer gespeicherten Prozedur – an den Datenbankserver senden. Die folgende Auflistung beschreibt die Vorteile der Verwendung von gespeicherten Prozeduren, wobei insbesondere die beiden letzten Punkte den Vorteil von gespeicherten Prozeduren gegenüber der Ausführung von SQL-Anweisungen, wie sie bisher im Management Studio erfolgt ist, zeigen.

- Der Aufruf einer gespeicherten Prozedur erfolgt – wie Sie bereits gesehen haben – in der einfachsten Form über das Schlüsselwort EXECUTE und die Angabe des Prozedurnamens. Da, wie wir oben bereits erwähnt haben, eine gespeicherte Prozedur durchaus komplexen Programmcode enthalten kann – die maximale Größe einer gespeicherten Prozedur ist in SQL Server 2014 oder 2016 nicht beschränkt –, kann durch den Aufruf einer gespeicherten Prozedur das Datenvolumen im Netzwerk im Vergleich zu dem Fall, dass der gesamte Programmcode vom Client an den Server gesendet wird, reduziert werden.

- Gespeicherte Prozeduren werden serverseitig gespeichert. Dies hat den Vorteil, dass – wie schon bei den Sichten erwähnt – eine eventuelle Änderung am Programmcode der gespeicherten Prozedur nur einmal an zentraler Stelle, also lediglich auf dem Server, erfolgen muss. Bestehende Applikationen können – solange nur der eigentliche Programmcode und nicht die Schnittstelle zur gespeicherten

Prozedur geändert wurde – die Prozedur in identischer Weise wie vor der Änderung aufrufen. Eine Anpassung der Clientapplikationen erübrigt sich daher.

- Gespeicherte Prozeduren bestehen zwar prinzipiell aus gespeichertem SQL-Code, sie ermöglichen aber – im Gegensatz zur Ausführung von SQL-Anweisungen z. B. im Management Studio – die Übergabe von Parametern (ähnlich den Argumenten einer Funktion), durch die Sie die Ausführung einer gespeicherten Prozedur beeinflussen können. Neben der Übergabe von Werten an die gespeicherte Prozedur kann diese auf mehrere Weisen Werte an den Aufrufer zurückliefern, wie wir im weiteren Verlauf dieses Kapitels zeigen.

- Den wohl wesentlichsten Vorteil des Einsatzes von gespeicherten Prozeduren stellt der mögliche Performancegewinn dar. Der Aufruf einer gespeicherten Prozedur kann – verglichen mit der Ausführung des identischen Codes z. B. aus dem Management Studio heraus – einen nicht zu unterschätzenden Geschwindigkeitsvorteil bieten, was sich insbesondere bei Verwendung von komplexen Abfragen auf umfangreiche Datenbestände zeigt. Dieser Umstand ist nicht darauf zurückzuführen, dass ein der Prozedur entsprechender Programmcode erst vom Client an den Server übermittelt werden muss, sondern darauf, wie SQL Server den Aufruf einer gespeicherten Prozedur bzw. die Abarbeitung einer Clientabfrage handhabt.

Wenn ein Client eine Abfrage an SQL Server stellt, erfolgt deren Ausführung – also im Falle einer SELECT-Anweisung der Zugriff auf die entsprechenden Tabellen – nicht unmittelbar nach Erhalt der Abfrage, sondern erst nach der Analyse der Anweisungen durch den Abfrageoptimierer von SQL Server. Der Abfrageoptimierer legt dabei anhand unterschiedlicher Faktoren, wie z. B. der in Kapitel 23 behandelten Indizes, eine Strategie fest, die eine möglichst schnelle Verarbeitung der Abfrage ermöglichen soll. Diese vom Abfrageoptimierer erstellte Strategie wird als *Ausführungsplan* bezeichnet. Für die in Kapitel 7, »Mehrtabellenabfragen«, verwendete JOIN-Abfrage

```
SELECT p.Name, p.ProductNumber, pv.BusinessEntityID
FROM Production.Product AS p
INNER JOIN Purchasing.ProductVendor AS pv
ON p.ProductID = pv.ProductID;
```

erstellt SQL Server beispielsweise den in Abbildung 16.3 dargestellten Ausführungsplan, dessen Anzeige Sie über den Menüpunkt ABFRAGE • TATSÄCHLICHEN AUSFÜHRUNGSPLAN EINSCHLIESSEN aktivieren können. Beachten Sie, dass diese Einstellung erst bei der nächsten Ausführung einer Abfrage wirksam wird. Der verwendete Ausführungsplan wird dann unter dem zusätzlich eingeblendeten Reiter AUSFÜHRUNGSPLAN im Ergebnisbereich des Management Studios angezeigt.

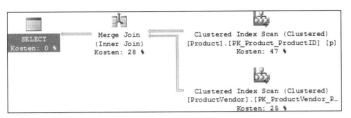

Abbildung 16.3 Ein von SQL Server erstellter Ausführungsplan

Der durch Verwendung von gespeicherten Prozeduren zu erzielende Performancegewinn liegt nun darin begründet, dass – im Gegensatz zur Übermittlung des entsprechenden Quelltextes ohne Verwendung einer Prozedur – der Ausführungsplan bei dem ersten Aufruf der gespeicherten Prozedur erstellt und *gespeichert* wird.

Bei einem wiederholten Aufruf der gespeicherten Prozedur kann SQL Server also auf den bereits vorhandenen Ausführungsplan zurückgreifen, wodurch er den Programmcode nicht erneut durch den Abfrageoptimierer analysieren muss. Eine Garantie, dass sich durch die Verwendung einer gespeicherten Prozedur ein Geschwindigkeitsvorteil erzielen lässt, gibt es allerdings nicht. In Abschnitt 16.4.2, »›RECOMPILE‹«, gehen wir näher auf diesen Aspekt ein.

16.2 Erstellung und Aufruf von gespeicherten Prozeduren

Die Erstellung einer gespeicherten Prozedur erfolgt immer in der aktuell ausgewählten Datenbank, innerhalb eines SQL-Skripts sollten Sie also durch die Angabe von USE sicherstellen, dass die richtige Datenbank ausgewählt ist. Außerdem muss die Anweisung zur Erstellung einer gespeicherten Prozedur die erste Anweisung innerhalb eines Stapels sein. Trennen Sie daher gegebenenfalls die Erstellung der Prozedur von anderem Programmcode durch die Angabe des Stapeltrennzeichens GO ab!

16.2.1 Grundlegende Syntax zu Erstellung einer gespeicherten Prozedur

Wie alle Anweisungen zur Erstellung von permanenten Datenbankobjekten wird auch die Erstellung einer gespeicherten Prozedur durch das Schlüsselwort CREATE eingeleitet. Für das darauf folgende Schlüsselwort PROCEDURE können Sie auch die Abkürzung PROC verwenden. Im einfachsten Fall hat die CREATE PROCEDURE-Anweisung die folgende Form:

Syntax:

```
CREATE PROCEDURE prozedurname
AS
anweisungen;
```

Durch das folgende Beispiel wird die Prozedur spAutor erstellt, die bei ihrem Aufruf den Inhalt der Tabelle *tblAutor* ausliest.

Beispiel:

```
USE GalileoDB;
GO
CREATE PROCEDURE spAutor
AS
SELECT * FROM tblAutor;
```

> **Hinweis**
>
> Das in diesem Kapitel in Ahnlehnung an die SQL-Server-eigenen Systemprozeduren verwendete Präfix sp im Prozedurnamen sollten Sie in der Praxis aus Leistungsgründen nicht verwenden. Eine Prozedur mit diesem Präfix wird von SQL Server bei der Namensauflösung immer zuerst im Katalog der Systemprozeduren und erst danach in den benutzerdefinierten Prozeduren gesucht. Als Präfix für benutzerdefinierte Prozeduren wird daher in der Praxis häufig usp (für **u**ser-defined **s**tored **p**rocedure) verwendet.

Gespeicherte Prozeduren werden, wie Sie schon in den bisherigen Kapiteln gesehen haben, durch die EXECUTE-Anweisung aufgerufen und ausgeführt. Da die eben erstellte Prozedur über keinerlei Parameter verfügt, kann der Aufruf durch EXECUTE und Angabe des Prozedurnamens erfolgen.

Syntax:

```
EXECUTE prozedurname;
```

Das folgende Beispiel ruft also die Prozedur spAutor auf.

Beispiel:

```
EXECUTE spAutor;
```

Abbildung 16.4 zeigt schematisch den eben behandelten Aufruf. Die EXECUTE-Anweisung ruft die gespeicherte Prozedur auf, was zur Abarbeitung ihres Programmcodes führt, der in diesem Fall lediglich aus einer SELECT-Anweisung besteht. Als Ergebnis dieser SELECT-Anweisung wird ein Ergebnisset an den Aufrufer zurückgegeben.

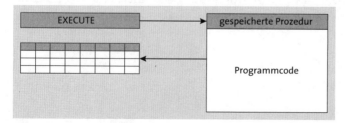

Abbildung 16.4 Einfacher Prozeduraufruf ohne Parameter

16.2.2 Verwendung von Eingabeparametern

Wie das letzte Beispiel gezeigt hat, können Sie eine Prozedur ohne Parameter erstellen und verwenden. Häufig ist es jedoch erwünscht, einer Prozedur während des Aufrufs einen oder mehrere Werte zu übergeben, auf die dann innerhalb der Prozedur zugegriffen werden kann. Solche Werte werden als *Eingabeparameter* bezeichnet. Die Deklaration eines Eingabeparameters ähnelt der einer Variablen: Das erste Zeichen des Parameternamens muss – wie bei einer Variablen – das @-Zeichen sein, und genau wie bei einer Variablendeklaration folgt auch hier die Angabe des Datentyps. Die folgende Syntax zeigt die CREATE PROCEDURE-Anweisung zur Erstellung einer Prozedur mit einem einzelnen Eingabeparameter.

Syntax:

```
CREATE PROCEDURE prozedurname
@parametername datentyp
AS
anweisungen;
```

Das folgende Beispiel erstellt die Prozedur spAutorSuche, die – ähnlich dem vorherigen Beispiel – eine SELECT-Anweisung auf die *tblAutor*-Tabelle ausführt; diese Prozedur erlaubt jedoch die Auswahl *eines* Autors, dessen ID Sie ihr während des Aufrufs übergeben müssen.

Beispiel:

```
CREATE PROCEDURE spAutorSuche
    @ID smallint
AS
SELECT * FROM tblAutor
WHERE ID = @ID;
```

Der Aufruf dieser Prozedur kann (es gibt noch eine zweite Möglichkeit, die wir später beschreiben werden) in der folgenden Weise erfolgen:

Syntax:

```
EXECUTE prozedurname wert;
```

Um die Daten des Autors mit der ID 1 zu erhalten, können Sie die Prozedur also wie im folgenden Beispiel aufrufen:

Beispiel:

```
EXECUTE spAutorSuche 1;
```

Abbildung 16.5 zeigt die Struktur dieses Aufrufs der gespeicherten Prozedur. Der Eingabeparameter wird der Prozedur beim Aufruf übergeben und kann innerhalb der gespeicherten Prozedur unter seinem Parameternamen ausgelesen werden. Das Ergebnis wird in diesem Beispiel wiederum in Form eines Ergebnissets an den Aufrufer zurückgegeben.

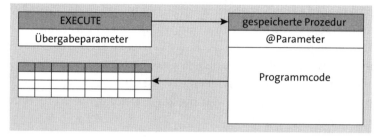

Abbildung 16.5 Proceduraufruf mit einem Eingabeparameter

Selbstverständlich können Sie eine Prozedur auch mit mehr als einem Eingabeparameter erstellen. Mehrfache Parameterdefinitionen trennen Sie – wie in SQL üblich – durch Kommas voneinander ab. Außerdem können Sie jedem Parameter optional einen Standardwert zuweisen, der dann Verwendung findet, wenn für den jeweiligen Parameter beim Aufruf der Prozedur kein Wert angegeben wird. Die Definition eines Standardwerts erfolgt dabei im Anschluss an die Deklaration, die Zuweisung selbst geschieht durch das Gleichheitszeichen, sodass für die Erstellung einer Prozedur mit mehreren Eingabeparametern und Verwendung von Standardwerten die folgende Syntax gilt:

Syntax:

```
CREATE PROCEDURE prozedurname
@parametername datentyp = standardwert,
@parametername datentyp = standardwert
AS
anweisungen;
```

Als Beispiel wollen wir eine Prozedur spAutorEinfügen erstellen, die einen Autorendatensatz in die Tabelle *tblAutor* einfügt. Hierbei berücksichtigen wir den Fall, dass zum Zeitpunkt der Anlage eines neuen Autorendatensatzes in der Tabelle *tblAutor* die Bankverbindung des Autors noch nicht bekannt ist. In diesem Fall soll in die Spalte *KontoNr* eine fiktive, nur aus Nullen bestehende Kontonummer eingetragen werden. In die Spalte *BLZ*, in der die Bankleitzahl erfasst wird, soll ein NULL-Wert eingetragen werden, um eine Fremdschlüsselverletzung bezüglich der Tabelle *tblBank* zu vermeiden. Das folgende Listing zeigt den Quellcode dieser Prozedur:

Beispiel:

```
CREATE PROCEDURE spAutorEinfügen
    @Vorname varchar(20),
    @Nachname varchar(50),
```

```
    @KontoNr char(10) = '0000000000',
    @BLZ char(8) = NULL
AS
INSERT INTO tblAutor
VALUES (@Vorname, @Nachname, @KontoNr, @BLZ);
```

Da für den dritten und vierten Eingabeparameter Standardwerte definiert wurden, müssen Sie für diese Parameter beim Aufruf der Prozedur keine Werte angeben. Wie das folgende Beispiel zeigt, können Sie die Prozedur nun auch unter Angabe lediglich der ersten beiden Parameter aufrufen.

Beispiel:

```
EXECUTE spAutorEinfügen 'Helmut', 'Vonhoegen';
```

Abbildung 16.6 stellt die Struktur des Aufrufs dieser Prozedur mit allen vier Parametern dar.

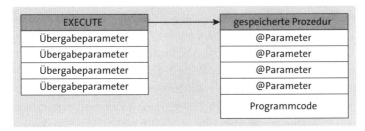

Abbildung 16.6 Prozeduraufruf mit vier Parametern

Der über den Aufruf der gespeicherten Prozedur neu erstellte Autorendatensatz ist in Abbildung 16.7 dargestellt.

	ID	Vorname	Nachname	KontoNr	BLZ
1	1	Hans Willi	Kremer	NULL	NULL
2	2	Andreas	Kühnel	NULL	NULL
3	3	Jörg	Neumann	NULL	NULL
4	4	Helmut	Vonhoegen	0000000000	NULL

Abbildung 16.7 Der Inhalt der Tabelle »tblAutor« nach dem Einfügen eines Datensatzes über die gespeicherte Prozedur

> **Hinweis**
> In diesem Beispiel ist im Prozedurnamen ein Umlaut, nämlich der Buchstabe ü, enthalten. Dies stellt insofern kein Problem dar, als sowohl das Betriebssystem wie auch SQL Server selbst in der deutschen Version installiert wurden. Trotzdem empfiehlt es sich, auf Umlaute in Bezeichnungen zu verzichten und stattdessen eine der Schreibweisen ae, oe und ue zu verwenden, was auch für andere ländertypische Zeichen gilt, um sprachspezifische Konflikte bereits im Vorfeld auszuschließen.

16.2.3 Die verschiedenen Arten der Parameterübergabe

Die Angabe von Parametern einer Prozedur kann grundsätzlich auf zwei verschiedene Arten erfolgen. Unabhängig davon, welche der zwei nachfolgend beschriebenen Methoden Sie verwenden, gilt für den Aufruf einer Prozedur mit Parametern die folgende Regel:

> **Hinweis**
>
> Der Aufruf einer gespeicherten Prozedur muss für alle Parameter Werte bereitstellen, für die kein Standardwert definiert wurde!

Bei den beiden Übergabearten handelt es sich um die *positionsbezogene* sowie um die *verweisbezogene Übergabe*. Die Besonderheiten dieser beiden Methoden betrachten wir nun näher.

Positionsbezogene Übergabe

Bei Verwendung der positionsbezogenen Übergabe werden die Parameter während des Aufrufs der Prozedur in der Reihenfolge übergeben, die der Reihenfolge ihrer Deklaration in der CREATE PROCEDURE-Anweisung entspricht. Alle bisher erwähnten Aufrufe von gespeicherten Prozeduren erfolgten unter Verwendung der positionsbezogenen Übergabe. Diese Übergabeart wird häufig dann angewandt, wenn für die überwiegende Mehrheit der Parameter eine Wertangabe erfolgt. Soll für einen Parameter innerhalb der Parameterliste kein Wert übergeben werden, dürfen Sie ihn nicht einfach auslassen und zwei Kommas (,,) angeben, wie dies in anderen Programmiersprachen teilweise üblich ist. Wird der zuletzt erwähnte Prozeduraufruf folgendermaßen abgewandelt:

Beispiel:

```
EXECUTE spAutorEinfügen 'Helmut', 'Vonhoegen',,NULL;
```

führt dies zu einer Fehlermeldung, da bei Verwendung der positionsbezogenen Übergabe ein fehlender realer Parameterwert durch NULL oder DEFAULT ersetzt werden muss, wenn nach ihm weitere Werte übergeben werden. Einen Parameter können Sie nur dann ersatzlos auslassen, wenn nach ihm keine explizite Wertangabe mehr erfolgt und für alle nachfolgenden Parameter Standardwerte definiert sind.

Dieses Verfahren haben wir bereits bei dem Aufruf der gespeicherten Prozedur spAutorEinfügen im letzten Abschnitt angewandt. Der Vor- und der Nachname mussten angegeben werden, da für diese Parameter kein Standardwert existiert; die Parameter @KontoNr und @BLZ konnten ausgelassen werden, da für beide Parameter in der Prozedur Standardwerte definiert wurden und nach ihnen kein weiterer Wert übergeben wurde.

Um diese vereinfachte Möglichkeit des Aufrufs einer gespeicherten Prozedur mit der verweisbezogenen Übergabe zu verwenden, empfiehlt es sich daher, Parameter, die zum Aufruf der Prozedur unbedingt angegeben werden müssen – also keinen Standardwert zugewiesen bekommen –, möglichst früh in der Parameterdeklaration anzugeben. Nachfolgende optionale Parameter – die einen Standardwert besitzen – müssen dann gegebenenfalls beim Aufruf der Prozedur nicht berücksichtigt werden.

Wir haben bereits erwähnt, dass Sie geeigneten Parametern einer gespeicherten Prozedur statt expliziter Werte auch die Werte NULL und DEFAULT zuweisen können, ähnlich wie Sie diese auch in der Werteliste der INSERT-Anweisung verwenden können. Genau wie bei der INSERT-Anweisung kommt es auch hier zu eventuell unerwarteten Ergebnissen, wie wir im Folgenden zeigen werden.

Wir verwenden die gespeicherte Prozedur spAutorEinfügen erneut, um einen Autorendatensatz in die Tabelle *tblAutor* einzufügen. In dieser Tabelle existiert keine DEFAULT-Einschränkung; alle eingetragenen Werte des Datensatzes werden allein von der gespeicherten Prozedur erstellt. Der Aufruf der Prozedur soll in der folgenden Form erfolgen:

Beispiel:

EXECUTE spAutorEinfügen 'Marcel', 'Gnoth', NULL, DEFAULT;

Der durch diesen Prozeduraufruf eingefügte Datensatz ist in Abbildung 16.8 dargestellt.

Dem vierten Parameter, der einen Wert für die Spalte *BLZ* bereitstellt, wurde während des Aufrufs das Schlüsselwort DEFAULT übergeben. Dadurch wurde der Standardwert der Prozedur für diesen Parameter – eben NULL – verwendet und in die Tabelle eingetragen. Dieses Verhalten ist auf den ersten Blick nachvollziehbar und war zu erwarten.

	ID	Vorname	Nachname	KontoNr	BLZ
1	1	Hans Willi	Kremer	NULL	NULL
2	2	Andreas	Kühnel	NULL	NULL
3	3	Jörg	Neumann	NULL	NULL
4	4	Helmut	Vonhoegen	0000000000	NULL
5	5	Marcel	Gnoth	NULL	NULL

Abbildung 16.8 Der Inhalt der Tabelle »tblAutor« nach dem Hinzufügen eines weiteren Autors

Etwas anders verhält es sich bei dem dritten Parameter, über den ein Wert für die Spalte *KontoNr* übergeben werden kann. Über den Prozeduraufruf wurde diesem Parameter der Wert NULL zugewiesen, worauf man erwarten könnte, dass auch hier der Standardwert des Parameters – die aus lauter Nullen bestehende fiktive Kontonummer – verwendet würde. Wie Abbildung 16.8 zeigt, ist dies mitnichten der Fall: In die Tabelle wird der übergebene Wert – also NULL – eingetragen. Beachten Sie daher bei der Verwendung von NULL und DEFAULT als Wertezuweisung an Parameter die folgenden Zusammenhänge:

> **Hinweis**
>
> Die Zuweisung von NULL an einen Parameter bewirkt, dass ein vorhandener Standardwert ignoriert wird. Dem Parameter wird daher der Wert NULL zugewiesen. Nur die Angabe von DEFAULT erzwingt die Verwendung des Standardwerts eines Parameters!

16.2.4 Verweisbezogene Übergabe

Die verweisbezogene Übergabe stellt die zweite Art dar, Werte an eine gespeicherte Prozedur zu übergeben. Wie gesagt, wird die positionsbezogene Übergabe häufig dann verwendet, wenn für alle erforderlichen Parameter des Prozeduraufrufs nacheinander Werte in einer der Deklaration entsprechenden Reihenfolge (gegebenenfalls unter Auslassung optionaler folgender Parameter, wie wir im letzten Abschnitt gezeigt haben) angegeben werden können. Die verweisbezogene Übergabe wird dagegen oft dann angewendet, wenn gezielt für nur einige Parameter einer Prozedur (unabhängig von der Reihenfolge ihrer Deklaration in der Prozedurdefinition) Werte übergeben werden sollen.

Ein unter SQL Server typisches Beispiel ist der Aufruf von gespeicherten Systemprozeduren. Abbildung 16.9 zeigt einen Auszug aus der SQL-Server-Dokumentation, in dem die Eingabeparameter der Systemprozedur sp_add_operator aufgelistet werden. (Über den Aufruf dieser Prozedur kann ein Operator eingerichtet werden, der z. B. bei auftretenden Fehlern innerhalb des Datenbankservers benachrichtigt wird.)

```
sp_add_operator [ @name = ] 'name'
    [ , [ @enabled = ] enabled ]
    [ , [ @email_address = ] 'email_address' ]
    [ , [ @pager_address = ] 'pager_address' ]
    [ , [ @weekday_pager_start_time = ] weekday_pager_start_time ]
    [ , [ @weekday_pager_end_time = ] weekday_pager_end_time ]
    [ , [ @saturday_pager_start_time = ] saturday_pager_start_time ]
    [ , [ @saturday_pager_end_time = ] saturday_pager_end_time ]
    [ , [ @sunday_pager_start_time = ] sunday_pager_start_time ]
    [ , [ @sunday_pager_end_time = ] sunday_pager_end_time ]
    [ , [ @pager_days = ] pager_days ]
    [ , [ @netsend_address = ] 'netsend_address' ]
    [ , [ @category_name = ] 'category' ]
```

Abbildung 16.9 Parameterliste der Systemprozedur »sp_add_operator«

Wie Abbildung 16.9 zeigt, können Prozeduren – gerade Systemprozeduren – über eine Vielzahl von Parametern verfügen, von denen in der Regel viele einen Standardwert haben, da sie (je nachdem, zu welchen Zweck der Aufruf der Systemprozedur erfolgt) von der Prozedur nicht verwendet werden.

Die Standardwerte der Parameter von Systemprozeduren werden – falls vorhanden – in der SQL-Server-Dokumentation für jeden Parameter aufgelistet.

Es wäre nun äußerst mühsam und aufwendig, für beispielsweise eine Systemprozedur, die über eine Vielzahl der in Abbildung 16.9 dargestellten Parameter verfügen kann, alle benötigten Parameter mithilfe der positionsbezogenen Übergabe bereitzustellen. In solch einem Fall wird daher typischerweise die verweisbezogene Übergabe verwendet. Sie erlaubt die Angabe von Parametern unabhängig von der Reihenfolge ihrer Deklaration in der gespeicherten Prozedur. Da nun die Zuordnung von Werten zu Parametern durch die Reihenfolge ihrer Angabe während des Aufrufs der Prozedur nicht mehr möglich ist, muss bei Verwendung der verweisbezogenen Übergabe im Aufruf die Information enthalten sein, für welchen Parameter ein Wert bestimmt ist. Dies erfolgt über die Angabe des Parameternamens, wie die folgende Syntax symbolisch für den Fall zeigt, dass während des Aufrufs zwei Parameter verweisbezogen übergeben werden.

Syntax:

```
EXECUTE prozedurname
@parametername = wert,
@parametername = wert;
```

Voraussetzung für die Anwendung der verweisbezogenen Übergabe ist die Kenntnis der zu verwendenden Parameternamen. Für Systemprozeduren können Sie die Parameternamen (wie in Abbildung 16.9 gezeigt) z. B. der SQL-Server-Dokumentation entnehmen. Eine andere Möglichkeit bietet sich im OBJEKT-EXPLORER des Management Studios, indem Sie die Struktur erweitern, wie Sie in Abbildung 16.10 am Beispiel der Prozedur spAutorEinfügen sehen.

Wie Abbildung 16.10 zu entnehmen ist, existieren für die Parameter @Vorname und @Nachname keine Standardwerte. Im folgenden Beispielaufruf der Prozedur müssen für diese Parameter also Werte übergeben werden.

Die Reihenfolge der Parameter können Sie nun allerdings frei wählen, wie das folgende Beispiel zeigt, in dem – entgegen der Deklarationsreihenfolge der Parameter – zuerst der Nachname und erst dann der Vorname übergeben wird. Für die beiden optionalen Parameter sollen keine Werte übergeben werden.

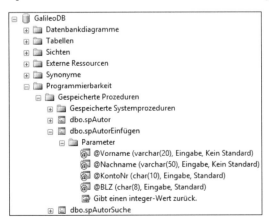

Abbildung 16.10 Anzeige von Prozedurparametern im Objekt-Explorer

Beispiel:

```
EXECUTE spAutorEinfügen
@Nachname = 'Mertins',
@Vorname = 'Dirk';
```

Dass die Zuordnung der Werte zu den Parametern durch die verweisbezogene Übergabe korrekt vorgenommen wurde, können Sie anhand von Abbildung 16.11 überprüfen, die den neu erstellten Datensatz mit der richtigen Zuordnung des Vor- und Nachnamens zeigt.

	ID	Vorname	Nachname	KontoNr	BLZ
1	1	Hans Willi	Kremer	NULL	NULL
2	2	Andreas	Kühnel	NULL	NULL
3	3	Jörg	Neumann	NULL	NULL
4	4	Helmut	Vonhoegen	0000000000	NULL
5	5	Marcel	Gnoth	NULL	NULL
6	6	Dirk	Mertins	0000000000	NULL

Abbildung 16.11 Die Tabelle »tblAutor« mit dem über die verweis-bezogene Übergabe hinzugefügten neuen Datensatz

Die positions- und die verweisbezogene Übergabe können in gewissem Maße innerhalb eines Aufrufs kombiniert werden. Diese Vorgehensweise ist jedoch nicht zu empfehlen, da sie die Lesbarkeit des Aufrufs sehr beeinträchtigen kann.

16.2.5 Verwendung von Ausgabeparametern

Neben der Möglichkeit, während des Aufrufs einer Prozedur Werte an deren Parameter zu übergeben, existiert ein entsprechender Mechanismus auch in umgekehrter Richtung. Das heißt, eine Prozedur kann ebenso Werte über Parameter an den Aufrufer zurückliefern. Solche Parameter werden als *Ausgabeparameter* bezeichnet. Sie ermöglichen, nicht nur ein Abfrageergebnis an den Aufrufer zurückzugeben, sondern Werte an Variablen des aufrufenden SQL-Programms zuzuweisen, die dann – nach Beendigung des Prozeduraufrufs – weiterverwendet werden können.

Die Definition eines Ausgabeparameters erfolgt ähnlich wie die Definition eines Eingabeparameters. Es wird lediglich das Schlüsselwort OUTPUT hinzugefügt, weshalb diese Parameterart gelegentlich auch als *OUTPUT-Parameter* bezeichnet wird. Das folgende Syntaxbeispiel demonstriert die Struktur einer CREATE PROCEDURE-Anweisung, in der die Definition einer Prozedur mit zwei Eingabeparametern und einem Ausgabeparameter erfolgt. Auf die Angabe von Standardwerten wird hierbei verzichtet.

Syntax:

```
CREATE PROCEDURE prozedurname
@parametername datentyp,
```

```
@parametername datentyp,
@parametername datentyp OUTPUT
AS
anweisungen;
```

Um die praktische Verwendung eines Ausgabeparameters zu demonstrieren, erstellen wir eine gespeicherte Prozedur `spAutorBuchEinfügen`, die zum einen Werte zum Eintrag in die Tabelle *tblAutorBuch* übergeben bekommen, zum anderen aber auch einen Wert an den Aufrufer in Form eines Ausgabeparameters zurückliefern soll. Den Quellcode dieser Prozedur sehen Sie im folgenden Listing.

Beispiel:

```
CREATE PROCEDURE spAutorBuchEinfügen
    @ID smallint,
    @ISBN char(13),
    @Anteil decimal(5,2),
    @SummeAnteil decimal(5,2) OUTPUT
AS
INSERT INTO tblAutorBuch
VALUES (@ID, @ISBN, @Anteil);
SELECT @SummeAnteil = SUM(Anteil) FROM tblAutorBuch
WHERE ISBN = @ISBN;
```

Innerhalb der Parameterdeklaration werden zunächst die drei Eingabeparameter (`@ID`, `@ISBN` und `@Anteil`) deklariert, deren beim Aufruf übergebene Werte durch die INSERT-Anweisung in die Tabelle *tblAutorBuch* eingetragen werden. Der vierte Parameter – `@SummeAnteil` – stellt einen Ausgabeparameter (erkennbar an der Angabe von OUTPUT) dar, dem innerhalb der Prozedur durch die SELECT-Anweisung die Summe aller Autorenbeteiligungen an dem Buch zugewiesen wird, das der Parameter `@ISBN` spezifiziert.

Da es sich bei diesem Parameter um einen Ausgabeparameter handelt, kann der durch ihn übergebene Wert innerhalb des aufrufenden Programms ausgewertet werden. So können Sie beispielsweise überprüfen, ob die Summe aller Autorenbeteiligungen an dem jeweiligen Buch nicht größer als 100 % ist.

Nun soll die eben erstellte Prozedur `spAutorBuchEinfügen` dazu verwendet werden, die entsprechenden Kombinationen von Autor, Buch und Anteil in der Datenbank abzuspeichern und die Summe der Beteiligungen an den Aufrufer zurückzugeben. Der Aufruf einer solchen gespeicherten Prozedur mit Ausgabeparametern erweist sich als etwas aufwendiger als ein Prozeduraufruf unter ausschließlicher Verwendung von Eingabeparametern. Das liegt daran, dass Variablen zur Aufnahme der Rückgabewerte definiert werden müssen, um diese Werte im aufrufenden Programm ansprechen und auswerten zu können. Die folgende Syntax zeigt ein Beispiel für den

Aufruf einer gespeicherten Prozedur mit zwei Eingabewerten und einem Ausgabewert unter Verwendung der positionsbezogenen Übergabe.

Syntax:

```
EXECUTE prozedurname
wert,
wert
@variablenname OUTPUT;
```

Wie zu erkennen ist, muss der dritte Parameter wiederum mit OUTPUT gekennzeichnet werden, damit die Werteübergabe aus der Prozedur heraus an ihn erfolgen kann. Das folgende Beispiel zeigt das Einfügen eines Datensatzes über den Aufruf der Prozedur spAutorBuchEinfügen, wobei der Wert des Ausgabeparameters in die vorher deklarierte Variable @Summe eingelesen und zur Kontrolle ausgegeben wird.

Beispiel:

```
DECLARE @Summe decimal(5,2);
EXECUTE spAutorBuchEinfügen
2,'3-89842-684-X',10.0, @Summe OUTPUT;
SELECT @Summe;
```

In Abbildung 16.12 ist der grundlegende Aufbau dieses Aufrufs wiedergegeben.

Ebenso wie die positionsbezogene Übergabe können Sie auch die verweisbezogene Übergabe im Zusammenhang mit Ausgabeparametern verwenden. Wie für die Eingabeparameter müssen Sie auch für Ausgabeparameter den Parameternamen, gefolgt von einem Gleichheitszeichen, angeben. Danach erfolgt allerdings keine Wertangabe, sondern wiederum die Angabe der Variablen, die den Wert übergeben bekommen soll, und des Schlüsselworts OUTPUT.

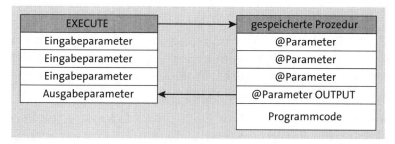

Abbildung 16.12 Proceduraufruf mit drei Eingabeparametern und einem Ausgabeparameter

Das folgende Syntaxbeispiel zeigt einen entsprechenden Aufruf mit zwei Eingabeparametern und einem Ausgabeparameter.

Syntax:

```
EXECUTE prozedurname
@parametername = wert,
@parametername = wert
@parametername = @variablenname OUTPUT;
```

Die Struktur der Angabe des Ausgabeparameters mag zunächst etwas gewöhnungsbedürftig sein. Auf den ersten Blick scheint hier eine Wertezuweisung von der Variablen an den Parameter vorzuliegen; durch die Angabe von OUTPUT wird die Zuweisung allerdings korrekt vorgenommen. Diese Schreibweise hat bei näherer Betrachtung außerdem den Vorteil, dass – unabhängig davon, ob es sich um einen Eingabe- oder einen Ausgabeparameter handelt – durchgängig immer zuerst die Angabe des Parameternamens erfolgt, was die Verwendung von Ein- und Ausgabeparametern vereinheitlicht. Auch für diese Art des Aufrufs geben wir ein Beispiel an, das die Verwendung der verweisbezogenen Übergabe demonstrieren soll.

Beispiel:

```
DECLARE @Summe decimal(5,2);
EXECUTE spAutorBuchEinfügen
@ID = 3,
@ISBN = '3-89842-684-X',
@Anteil = 20.0,
@SummeAnteil = @Summe OUTPUT;
SELECT @Summe;
```

Während in diesem Beispiel die Parameter noch in der Reihenfolge ihrer Deklaration in der Prozedur verwendet werden, ist es – da die verweisbezogene Übergabe Verwendung findet – nun selbstverständlich ebenfalls möglich, alle Parameter (unabhängig davon, ob es sich um Ein- oder um Ausgabeparameter handelt) in beliebiger Reihenfolge anzugeben, wie das folgende Beispiel zeigt.

Beispiel:

```
DECLARE @Summe decimal(5,2);
EXECUTE spAutorBuchEinfügen
@ISBN = '3-89842-684-X',
@SummeAnteil = @Summe OUTPUT,
@Anteil = 5.0,
@ID = 4;
SELECT @Summe;
```

Eine gespeicherte Prozedur kann selbstverständlich über mehr als einen Ausgabeparameter verfügen. In SQL Server 2014 oder 2016 gilt lediglich die Beschränkung, dass die Summe der Anzahl von Ein- und Ausgabeparametern einer Prozedur den Wert von 2.100 nicht überschreiten darf.

16.2.6 Verwendung eines Rückgabestatuscodes

Neben der Verwendung von mehreren Eingabe- und Ausgabeparametern bietet eine gespeicherte Prozedur die Möglichkeit, *einen* weiteren Wert, der auch als *Rückgabestatuscode* bezeichnet wird, an den Aufruf zurückzuliefern. Es handelt sich dabei um einen Integerwert, der – wie der Name bereits vermuten lässt – dazu verwendet werden kann, den Aufrufer über die erfolgreiche Ausführung der Prozedur, über aufgetretene Fehler etc. zu informieren.

Die Verwendung von Statusrückgabecodes erinnert etwas an die von DOS-Befehlen bekannte Möglichkeit, den Erfolg oder Misserfolg einer Anweisung durch einen Rückgabecode zu analysieren. Da der Rückgabestatuscode lediglich aus einer Integerzahl bestehen kann, muss selbstverständlich dokumentiert werden, welche eine Bedeutung die über diesen Mechanismus an den Aufrufer übermittelte Zahl hat.

Initialisiert wird die Rückgabe eines Statuscodes an den Aufrufer durch die aus Kapitel 6, »Grundlagen der SQL-Programmierung«, bekannte RETURN-Anweisung, die zur Beendigung der Abarbeitung eines Stapels und ebenfalls einer gespeicherten Prozedur führt. Der einzige Unterschied zwischen diesen beiden Verwendungen von RETURN ist, dass aus einer gespeicherten Prozedur heraus über die folgende Syntax ein Statusrückgabecode an den Aufrufer übermittelt werden kann.

Syntax:

RETURN *statusrückgabecode*;

Um die Verwendung solch eines Statusrückgabecodes zu verdeutlichen, ändern wir die Prozedur spAutorBuchEinfügen. Dies geschieht, wie bei allen permanenten Datenbankobjekten, über die Anweisung ALTER, in diesem Fall ALTER PROCEDURE. Falls Sie die Prozedur löschen und danach mit CREATE neu erstellen wollen, verwenden Sie die DROP PROCEDURE-Anweisung zum Löschen der Prozedur.

Die Prozedur soll nun so erweitert werden, dass über den Statusrückgabecode festgestellt werden kann, ob die Summe der Beteiligungen aller Autoren an einem Buch nach dem Einfügen eines neuen Datensatzes in die Tabelle *tblAutorBuch* fälschlicherweise die 100 %-Marke übersteigt. Das folgende Beispiel ändert die bestehende Prozedur entsprechend ab.

Beispiel:

```
ALTER PROCEDURE spAutorBuchEinfügen
    @ID smallint,
```

```
    @ISBN char(13),
    @Anteil decimal(5,2),
    @SummeAnteil decimal (5,2) OUTPUT
AS
INSERT INTO tblAutorBuch
VALUES (@ID, @ISBN, @Anteil);
SELECT @SummeAnteil = SUM(Anteil) FROM tblAutorBuch
WHERE ISBN = @ISBN;
IF @SummeAnteil <= 100
    RETURN 0;
ELSE
    RETURN 1;
```

Über die `IF`-Anweisung am Ende der Prozedur wird entschieden, ob der Statusrückgabecode 0 (falls die Summe der Anteile unter 100 % liegt) oder 1 (falls die 100 %-Grenze überschritten wurde) ist. Die Abfrage des Statusrückgabecodes einer gespeicherten Prozedur erfolgt ähnlich einer der bekannten Möglichkeiten, einer Variablen einen Wert über eine `SELECT`-Anweisung zuzuweisen. Sie setzen die entsprechende Variable einfach, gefolgt von einem Gleichheitszeichen, zwischen die Aufrufanweisung – also `EXECUTE` – und den Namen der Prozedur; der Einfachheit halber verzichten wir auf die Angabe eventueller Parameter.

Syntax:

`EXECUTE @variablenname = prozedurname;`

Ein Beispiel für den Aufruf der geänderten Prozedur `spAutorBuchEinfügen` und die Abfrage des Rückgabestatuscodes könnte also folgendermaßen aussehen:

Beispiel:

```
DECLARE @Status integer;
DECLARE @Summe decimal(5,2);
EXECUTE @Status = spAutorBuchEinfügen
5,'3-89842-684-X',65.0, @Summe OUTPUT;
SELECT @Status
SELECT @Summe;
```

Die Ausgabe von `@Status` zeigt als Wert 0 an, da die Summe aller Beteiligungen genau 100 % entspricht. Genau dieser Wert wird auch bei der Ausgabe der Variablen `@Summe` angezeigt. Abbildung 16.13 illustriert schematisch die Verwendung des Statusrückgabecodes.

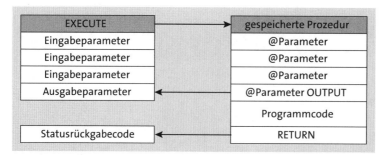

Abbildung 16.13 Prozeduraufruf unter Verwendung eines Statusrückgabecodes

Der Statusrückgabecode unterscheidet sich von Ein- und Ausgabeparametern neben der Art des Aufrufs und der Tatsache, dass eine Prozedur im Gegensatz zum Statusrückgabecode über mehrere Ein- und Ausgabeparameter verfügen kann, dadurch, dass die Auswertung des Statusrückgabecodes im Gegensatz zu Ein- und Ausgabeparametern *optional* ist.

Der oben erwähnte Aufruf der geänderten Prozedur spAutorBuchEinfügen hätte somit auch in der folgenden Form erfolgen können:

Beispiel:

```
DECLARE @Summe decimal(5,2);
EXECUTE spAutorBuchEinfügen
5,'3-89842-684-X',65.0, @Summe OUTPUT;
SELECT @Summe;
```

Dass die Verwendung des Statusrückgabecodes tatsächlich optional ist, lässt sich auch an der zu Beginn des Kapitels erwähnten Systemprozedur sp_addrolemember zeigen. Abbildung 16.14 zeigt ihre im OBJEKT-EXPLORER dargestellten Eigenschaften.

Abbildung 16.14 Darstellung der Parameter der Systemprozedur »sp_addrolemember« im Objekt-Explorer

Der untere Eintrag GIBT EINEN INTEGER-WERT ZURÜCK. steht für den von der Prozedur bereitgestellten Statusrückgabecode. Dieser wurde jedoch in Kapitel 13, »Benutzerverwaltung und Schemas«, – wo diese Prozedur dazu diente, einen Benutzer einer Rolle hinzuzufügen – niemals verwendet, was zeigt, dass die Auswertung des Statusrückgabecodes tatsächlich optional ist.

Um zu demonstrieren, dass eine gespeicherte Prozedur auch komplexere Programmiermöglichkeiten bietet, implementieren wir nun noch eine Fehlerbehandlung in die Prozedur. In ihrer bisherigen Form wird durch den erneuten Aufruf der Prozedur für eine bereits vorhandene Kombination aus Autoren-ID und ISBN-Nummer eine Fehlermeldung in der folgenden Form ausgelöst:

```
Meldung 2627, Ebene 14, Status 1, Prozedur spAutorBuchEinfügen, Zeile 7
Verletzung der PRIMARY KEY-Einschränkung 'pkIDISBN'. Ein doppelter Schlüssel
kann in das dbo.tblAutorBuch-Objekt nicht eingefügt werden. Der doppelte
Schlüsselwert ist (5, 3-89842-684-X).
Die Anweisung wurde beendet.
```

Diese Fehlermeldung mit der Meldungsnummer 2627, die durch die Verletzung des Primärschlüssels der Tabelle *tblAutorBuch* (der ja aus der Kombination der Spalten *ID* und *ISBN* besteht) ausgelöst wird, soll nun abgefangen und so behandelt werden, dass beim Auftreten dieses Fehlers der Statusrückgabecode den Wert 2 annimmt. Dazu schließen wir den bisherigen Prozedurrumpf – also die eigentlichen Anweisungen der Prozedur – in einen TRY-Block ein und implementieren im Anschluss daran den dazugehörigen CATCH-Block:

Beispiel:

```
ALTER PROCEDURE spAutorBuchEinfügen
    @ID smallint,
    @ISBN char(13),
    @Anteil decimal(5,2),
    @SummeAnteil decimal (5,2) OUTPUT
AS
BEGIN TRY
    INSERT INTO tblAutorBuch
    VALUES (@ID, @ISBN, @Anteil);
    SELECT @SummeAnteil = SUM(Anteil) FROM tblAutorBuch
    WHERE ISBN = @ISBN;
    IF @SummeAnteil <= 100
        RETURN 0;
    ELSE
        RETURN 1;
END TRY
BEGIN CATCH
    IF ERROR_NUMBER() = 2627
        RETURN 2;
    ELSE
        RETURN 3;
END CATCH;
```

Innerhalb des CATCH-Blocks wird über den Vergleich mit der ERROR_NUMBER-Funktion, die die Fehlernummer des auslösenden Fehlers ausgibt, festgestellt, ob eine Primärschlüsselverletzung, also ein Fehler mit der Fehlernummer 2627, aufgetreten ist. In diesem Fall wird die Prozedur durch RETURN 2 mit dem Statusrückgabecode 2 verlassen. Wird der Sprung in den CATCH-Block durch einen anderen Fehler ausgelöst, führt dies zur Zuweisung des Werts 3 an den Statusrückgabecode.

Wenn Sie nun das obige Beispiel mit Auswertung des Statusrückgabecodes erneut ausführen, werden Sie feststellen, dass keine Fehlermeldung mehr ausgegeben – der Fehler ist ja behandelt worden – und der im Beispiel verwendeten Variablen @Status der Wert 2 zugewiesen wird.

16.3 Tabellenübergabe an eine gespeicherte Prozedur

In einem relationalen Datenbanksystem wäre es sicherlich vorteilhaft, wenn die Möglichkeit bestünde, einer Prozedur einen Parameter in Tabellenform zu übergeben. Diese Möglichkeit wurde jedoch erst mit SQL Server 2008 eingeführt und soll im Folgenden betrachtet werden. Wesentlich für die Verwendung eines tabellenwertigen Übergabeparameters ist, dass es sich bei diesem um einen benutzerdefinierten Typ des Datentyps table handeln muss. Dieser Datentyp wurde ursprünglich im Kontext der benutzerdefinierten Funktionen (siehe nächstes Kapitel) eingeführt, findet nun aber auch Verwendung beim Einsatz gespeicherter Prozeduren. Benutzerdefinierte Typen existieren schon lange in SQL Server. Sie stellten bisher mehr oder weniger lediglich ein Alias für Systemdatentypen zur Verfügung. So war es z. B. schon lange möglich, einen char(10)-Datentyp in einer Datenbank unter dem Alias Personalnummer anzusprechen. Da die Tabellenübergabe an eine gespeicherte Prozedur über einen benutzerdefinierten Datentyp erfolgen muss, war es in SQL Server 2008 erstmals möglich, einen solchen Datentyp vom Typ table zu definieren. Dazu verwenden Sie die folgende Syntax:

Syntax:

```
CREATE TYPE typname
AS TABLE
(
    spaltendefinition,
    spaltendefinition,
    .
    .
    .
);
```

Das folgende Beispiel erstellt einen benutzerdefinierten Datentyp vom Typ table in der *tempdb*-Datenbank.

Beispiel:

```
USE tempdb;
GO
CREATE TYPE udtAddition
AS TABLE
(
    ID smallint IDENTITY(1,1) PRIMARY KEY,
    Wert integer NOT NULL
);
```

In diesem Beispiel haben wir auf die Angabe eines Namens und das Schlüsselwort CONSTRAINT während der Deklaration des Primärschlüssels verzichtet, da dies zu einer Fehlermeldung führt. Dieses Verhalten ist durchaus sinnvoll, da ein CONSTRAINT-Name innerhalb der Datenbank eindeutig sein muss, von einem benutzerdefinierten Datentyp jedoch mehrere Instanzen existieren können. Nach erfolgreicher Erstellung wird Ihnen der neue Datentyp im OBJEKT-EXPLORER an der in Abbildung 16.15 gezeigten Stelle angezeigt.

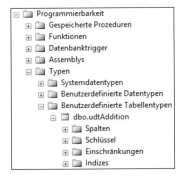

Abbildung 16.15 Benutzerdefinierter »table«-Datentyp

Nach Erstellung des benutzerdefinierten Typs können Sie eine gespeicherte Prozedur erstellen, die diesen Typ als Übergabeparameter akzeptiert. Das folgende Beispiel zeigt eine Prozedur, die die Inhalte der Spalte *Wert* addiert und das Ergebnis über eine SELECT-Anweisung ausgibt:

Beispiel:

```
CREATE PROCEDURE spAdditionTabelle
@Tabelle udtAddition READONLY
AS
SELECT SUM(Wert) FROM @Tabelle;
```

Beachten Sie, dass der Parameter des benutzerdefinierten Datentyps mit der Angabe READONLY deklariert werden muss, da keine Kopie, sondern ein Zeiger an den Aufrufer übergeben wird. Im letzten Schritt können wir nun eine Instanz des benutzerdefinierten Datentyps erstellen, ihr Werte zuweisen und danach die gespeicherte Prozedur aufrufen.

Beispiel:

```
DECLARE @Uebergabe udtAddition;
INSERT INTO @Uebergabe
VALUES (10);
INSERT INTO @Uebergabe
VALUES (32);
EXECUTE spAdditionTabelle @Uebergabe;
```

Als Ergebnis des Proceduraufrufs wird der Wert 42 zurückgegeben.

16.4 Optionen von gespeicherten Prozeduren

Während der Erstellung oder Änderung einer gespeicherten Prozedur können Sie diverse Optionen angeben, die mit dem Schlüsselwort WITH eingeleitet werden. WITH geben Sie unmittelbar im Anschluss an eventuell vorhandene Parameter an. Im Folgenden besprechen wir eine Auswahl der verfügbaren Optionen.

16.4.1 »ENCRYPTION«

Die Option ENCRYPTION kann nicht nur im Zusammenhang mit gespeicherten Prozeduren, sondern auch mit anderen Datenbankobjekten verwendet werden. Wie der Name dieser Option bereits vermuten lässt, dient sie dazu, den Quelltext beispielsweise einer benutzerdefinierten gespeicherten Prozedur zu verschlüsseln. Dies ist beispielsweise dann sinnvoll, wenn innerhalb des Quelltextes ein schützenswerter Algorithmus verwendet wird. Wurde eine gespeicherte Prozedur unverschlüsselt erstellt, können Sie ihren Quelltext z. B. durch den Aufruf der gespeicherten Prozedur sp_helptext anzeigen.

Beispiel:

```
USE GalileoDB;
GO
EXECUTE sp_helptext 'spAutorBuchEinfügen';
```

Ein Ausschnitt dieses Aufrufs ist in Abbildung 16.16 dargestellt.

Eine andere Möglichkeit, den Quelltext einer Prozedur anzeigen zu lassen, besteht in einer Abfrage auf die Systemsicht *sys.sql_modules*. Diese Systemsicht enthält u. a. die Spalte *object_id*, in der eine eindeutige, der Prozedur innerhalb der Datenbank zugewiesene Identifikationsnummer ausgegeben wird. Soll also der Quelltext einer bestimmten gespeicherten Prozedur ausgelesen werden, so müssen Sie in der WHERE-Klausel die gleichnamige Funktion OBJECT_ID verwenden, die dazu dient, die ID eines Datenbankobjekts zu ermitteln.

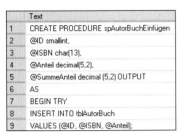

Abbildung 16.16 Ein Teil der Ausgabe von »sp_helptext«

Das folgende Beispiel zeigt eine entsprechende Abfrage auf die Systemsicht; die Spalte *object_id* ist dabei lediglich zur Verdeutlichung enthalten.

Beispiel:

```
SELECT object_id, definition FROM sys.sql_modules
WHERE object_id = OBJECT_ID ('spAutorBuchEinfügen');
```

Zum Vergleich stellt Abbildung 16.17 das Abfrageergebnis auszugsweise dar.

Abbildung 16.17 Auszug aus dem Ergebnis der Abfrage auf »sys.sql_modules«

Um die Prozedur spAutorBuchEinfügen so zu ändern, dass ihr Quellcode nicht mehr angezeigt werden kann, müssen Sie dem bisher verwendeten Beispielcode die grau unterlegte Zeile hinzufügen.

Beispiel:

```
ALTER PROCEDURE spAutorBuchEinfügen
    @ID smallint,
    @ISBN char(13),
    @Anteil decimal(5,2),
    @SummeAnteil decimal (5,2) OUTPUT
With Encryption
AS
BEGIN TRY
    INSERT INTO tblAutorBuch
    VALUES (@ID, @ISBN, @Anteil);
    SELECT @SummeAnteil = SUM(Anteil) FROM tblAutorBuch
    WHERE ISBN = @ISBN;
    IF @SummeAnteil <= 100
```

```
        RETURN 0;
    ELSE
        RETURN 1;
END TRY
BEGIN CATCH
    IF ERROR_NUMBER() = 2627
        RETURN 2;
    ELSE
        RETURN 3;
END CATCH;
```

Der Aufruf der gespeicherten Prozedur `sp_helptext` für diese Prozedur führt nun lediglich zur Ausgabe der folgenden Meldung:

```
Der Text für das spAutorBuchEinfügen-Objekt ist verschlüsselt.
```

Über die Abfrage auf *sys.sql_modules* ist der Quelltext der Prozedur ebenfalls nicht mehr zu sehen. Wie Sie in Abbildung 16.18 sehen, wird anstelle des Prozedurcodes nun lediglich ein NULL-Wert ausgegeben.

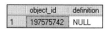

Abbildung 16.18 Unterdrückung der Quelltextanzeige einer verschlüsselten Prozedur

Während heutzutage – wie Sie gesehen haben – die Anzeige von verschlüsselten gespeicherten Prozeduren komplett unterdrückt wird, konnte deren verschlüsselter Quelltext in früheren Versionen von SQL Server über eine Abfrage auf eine Systemtabelle aufgerufen und angezeigt werden.

Da der Zugriff auf den (wenn auch verschlüsselten) Quelltext möglich war, fanden sich z. B. im Internet relativ schnell Anweisungen, wie die Codierung rückgängig gemacht werden konnte. Daher stellt die Ausblendung des verschlüsselten Codes sicherlich eine Verbesserung hinsichtlich der Sicherheit dar.

> **Hinweis**
>
> Falls Sie Datenbankobjekte verschlüsselt abspeichern wollen, sollten Sie immer eine Kopie des Originalquelltextes anfertigen, da eine Verschlüsselung unter SQL Server nicht rückgängig gemacht werden kann!

16.4.2 »RECOMPILE«

Obwohl eine gespeicherte Prozedur nach der Ausführung der CREATE PROCEDURE-Anweisung bereits komplett auf dem Server erstellt zu sein scheint, ist dies in der Tat nicht so. Bei einer gespeicherten Prozedur muss zwischen dem Anlegen – also der CREATE PROCEDURE-Anweisung – und (in der Regel, wie wir unten zeigen werden) dem ersten Aufruf – also der ersten EXECUTE-Anweisung – unterschieden werden.

Während der Erstellung einer gespeicherten Prozedur wird lediglich deren syntaktische Richtigkeit analysiert und – wenn kein Fehler auftritt – die Prozedur abgespeichert. Erst wenn eine Prozedur erstmalig aufgerufen wird, wird sie *kompiliert*. Erst zu diesem Zeitpunkt wird überprüft, ob die Tabellen, auf die eine Prozedur zugreifen soll, tatsächlich vorhanden sind. Es kann also durchaus vorkommen, dass eine Prozedur fehlerfrei erstellt wurde, aber bei ihrem ersten Aufruf einen Fehler verursacht, weil beispielsweise ein Tabellenname falsch angegeben wurde. Die Tatsache, dass erst beim Aufruf und nicht während des Erstellens das Vorhandensein der Tabellen überprüft wird, wird als *verzögerte Namensauflösung* bezeichnet.

Erst wenn eine gespeicherte Prozedur kompiliert wird, erfolgt außerdem das Anlegen des bereits erwähnten Ausführungsplans, der im Arbeitsspeicher abgelegt wird und daher wiederverwendet werden kann. Durch die Speicherung des Ausführungsplans kann – wie wir zu Beginn des Kapitels bereits erwähnt haben – die Verwendung einer gespeicherten Prozedur einen erheblichen Geschwindigkeitsvorteil mit sich bringen.

Es kann aber auch ein gegenteiliger Effekt auftreten, nämlich dann, wenn sich die Daten, die dem Ausführungsplan zugrunde liegen, eklatant verändert haben. Die Strategie, die beim ersten Aufruf der Prozedur im Ausführungsplan festgelegt wurde, ist nun eventuell nicht mehr optimal. Man spricht in diesem Zusammenhang auch von einem *veralteten Ausführungsplan*. In diesem Fall kann es sinnvoll sein, den Ausführungsplan bei jedem Aufruf der Prozedur neu erstellen zu lassen. Dazu geben Sie die Option RECOMPILE an, und zwar an gleicher Stelle wie die oben behandelte Option ENCRYPTION. Das folgende Beispiel zeigt den Quellcode der Prozedur unter Verwendung beider Optionen, die dann durch ein Komma getrennt werden:

Beispiel:

```
ALTER PROCEDURE spAutorBuchEinfügen
   @ID smallint,
   @ISBN char(13),
   @Anteil decimal(5,2),
   @SummeAnteil decimal (5,2) OUTPUT
WITH ENCRYPTION, RECOMPILE
AS
BEGIN TRY
   INSERT INTO tblAutorBuch
   VALUES (@ID, @ISBN, @Anteil);
   SELECT @SummeAnteil = SUM(Anteil) FROM tblAutorBuch
   WHERE ISBN = @ISBN;
   IF @SummeAnteil <= 100
      RETURN 0;
```

```
    ELSE
        RETURN 1;
END TRY
BEGIN CATCH
    IF ERROR_NUMBER() = 2627
        RETURN 2;
    ELSE
        RETURN 3;
END CATCH;
```

Die Verwendung von `RECOMPILE` sollten Sie sich gut überlegen, da diese Option den Geschwindigkeitsvorteil einer gespeicherten Prozedur zunichtemacht. Häufig ist es eine bessere Lösung, die Ausführungspläne entsprechender Prozeduren automatisch und regelmäßig in einem sogenannten *Wartungsplan* neu erstellen zu lassen. Zu diesem Zweck können Sie z. B. die gespeicherte Systemprozedur `sp_recompile` einsetzen.

16.4.3 »RESULT SETS«

Gespeicherte Prozeduren können in Datenbanken zu fast beliebigen Zwecken eingesetzt werden; oftmals dienen sie dazu, ein Abfrageergebnis (engl.: *result set*) zurückzugeben. Dieses Ergebnisset ist in seiner Struktur im Quellcode der gespeicherten Prozedur festgelegt und kann von einem Anwender ohne entsprechende administrative Rechte nicht geändert werden. Im Gegensatz dazu kann ein Anwender problemlos z. B. Spaltennamen in einer Abfrage durch die Verwendung von Aliassen umbenennen, also Einfluss auf die Struktur des Ergebnissets der Abfrage nehmen.

Mit der Option `RESULT SETS` steht seit SQL Server 2012 eine Möglichkeit bereit, Einfluss auf die Struktur eines von einer gespeicherten Prozedur zurückgegebenen Ergebnissets zu nehmen. So können Sie mit dieser Option z. B. die Spaltennamen sowie die Datentypen recht einfach an Ihre Bedürfnisse anpassen.

Zu diesem Zweck erweitern Sie die `EXECUTE`-Anweisung über diese Option, wie in der folgenden Syntax auszugsweise dargestellt.

Syntax:

```
EXECUTE prozedurname
WITH RESULT SETS
(
    (
        spaltenalias datentyp,
        ...
    )
);
```

Das folgende Beispiel zeigt den Aufruf der eingangs dieses Kapitels erstellten Prozedur spAutor, wobei die Spaltennamen und Datentypen mit dem Aufruf der Prozedur geändert werden.

Beispiel:

```
EXECUTE spAutor
WITH RESULT SETS
(
    (
        AutorID int,
        VName varchar(100),
        NName varchar(100),
        Konto char(20),
        Bank char(15)
    )
);
```

16.4.4 »EXECUTE AS«

Mit SQL Server 2005 wurde die Option EXECUTE AS eingeführt. Über sie können Sie steuern, in wessen Kontext die Anweisungen der Prozedur ausgeführt werden. Bis SQL Server 2000 war der entsprechende Kontext immer der Kontext des Benutzers, der die Prozedur aufrief. Dies können Sie inzwischen über die folgenden Angaben differenzierter steuern.

»EXECUTE AS CALLER«

Dies entspricht dem Verhalten von SQL Server 2000: Die Anweisungen der Prozedur werden unter dem Konto des Benutzers ausgeführt, der die Prozedur aufgerufen hat.

»EXECUTE AS SELF«

Als Kontext wird der Benutzer verwendet, der die Prozedur erstellt oder geändert hat.

»EXECUTE AS OWNER«

Die Prozedur wird im Kontext des Besitzers der Prozedur ausgeführt. Verfügt die Prozedur über keinen Besitzer, wird der Besitzer des Schemas verwendet, in dem die Prozedur angelegt wurde.

»EXECUTE AS benutzername«

Erlaubt die Festlegung eines bestimmten Benutzerkontos zur Ausführung der Prozedur.

EXECUTE AS ist nicht nur auf die Verwendung innerhalb einer gespeicherten Prozedur beschränkt, sondern kann auch an anderen Stellen eingesetzt werden. Der Identitätswechsel wird durch das Schlüsselwort REVERT rückgängig gemacht.

Kapitel 17
Programmierung von benutzerdefinierten Funktionen

Die Programmierung von benutzerdefinierten Funktionen stellt eine sinnvolle Ergänzung zu den im letzten Kapitel behandelten gespeicherten Prozeduren dar.

Die Programmierung von benutzerdefinierten Funktionen wurde in SQL Server relativ spät implementiert. SQL Server 2000 war die erste Version des Servers, die diese Möglichkeit unterstützte. Seit ihrer Einführung in SQL Server erfreuen sich die benutzerdefinierten Funktionen, die in der Literatur häufig auch abgekürzt als *UDF* (*User-defined Functions*) bezeichnet werden, allerdings steigender Beliebtheit, da sie in vielen Bereichen die Programmierung von SQL Server vereinfachen.

17.1 Überblick über benutzerdefinierte Funktionen

Die benutzerdefinierten Funktionen in SQL Server lassen sich in drei verschiedene Arten unterteilen (die sich wiederum in Skalar- und Tabellenwertfunktionen aufteilen lassen, die sich in ihren Rückgabewerten unterscheiden und in den folgenden Abschnitten besprochen werden).

Genau wie bei gespeicherten Prozeduren können Sie für Parameter Standardwerte definieren. Hier besteht ein wesentlicher Unterschied zu den gespeicherten Prozeduren: Das Auslassen der Angabe eines Parameters reicht nicht aus, um den Standardwert einzusetzen, dies *muss* über die Angabe von DEFAULT erzwungen werden!

Außerdem gilt, dass die Anweisung zur Erzeugung der Funktion die erste Anweisung eines Stapels sein muss. Sie muss also innerhalb eines SQL-Skripts durch die Angabe des Stapeltrennzeichens GO von bisherigen Anweisungen abgetrennt werden. Für die in einer Funktion verwendeten Befehle gilt die Einschränkung, dass nur Befehle erlaubt sind, deren Gültigkeitsbereich die Funktion selbst darstellt. Die Verwendung der Fehlerbehandlung über die TRY ... CATCH-Anweisung ist in benutzerdefinierten Funktionen leider nicht möglich. Eine benutzerdefinierte Funktion repräsentiert ihren Rückgabedatentyp, d. h., sie kann überall dort aufgerufen werden – teilweise sogar darüber hinausgehend –, wo auch ihr Rückgabedatentyp Verwendung finden könnte. Die folgenden Abschnitte werden dies näher erläutern.

17.2 Skalare Funktionen (Skalarwertfunktionen)

Als Skalar wird in der Mathematik ein einzelner Wert bezeichnet, wodurch diese Funktionsgruppe ihren Namen erhalten hat, da eine skalare Funktion – wie die Systemfunktionen von SQL Server – nur einen einzelnen Wert zurückliefern kann.

Die grundlegende Syntax einer skalaren Funktion lautet:

Syntax:

```
CREATE FUNCTION funktionsname
(
    @parametername datentyp
)
RETURNS rückgabedatentyp
AS
BEGIN
    anweisungen
RETURN rückgabewert
END;
```

In dieser Darstellung wird nur ein Parameter angegeben. Mehrere Parameter einer Funktion geben Sie – wie üblich – durch Kommas getrennt an.

Das folgende Beispiel verdeutlicht die Definition einer skalaren Funktion. Die Funktion fnAnzahlBuch soll als Parameter die ID eines Autors übergeben bekommen und als Ausgabe die Anzahl der Bücher liefern, die dieser Autor geschrieben hat.

Beispiel:

```
USE GalileoDB;
GO
CREATE FUNCTION fnAnzahlBuch
(@ID smallint)
RETURNS smallint
AS
BEGIN
DECLARE @Anzahl SMALLINT;
SELECT @Anzahl = COUNT(*) FROM tblAutorBuch
WHERE ID = @ID;
RETURN @Anzahl;
END;
```

Nach der Angabe des Funktionsnamens folgt in der zweiten Zeile die Definition des Eingabeparameters. Beachten Sie, dass diese Angabe in Klammern stehen muss! Danach geben Sie – eingeleitet mit RETURNS – den Rückgabedatentyp an, in diesem Fall smallint. Im eigentlichen Funktionskörper, der durch BEGIN und END begrenzt wird, erfolgt über die SELECT-Anweisung die Wertezuweisung an die vorher definierte Variable @Anzahl, deren Wert über das Schlüsselwort RETURN, das die letzte Anweisung des Blocks sein muss, an den Aufruf zurückgegeben wird.

Wie eine gespeicherte Prozedur wird auch die neu erstellte benutzerdefinierte Funktion mit ihrem Eingabeparameter unter dem in Abbildung 17.1 gezeigten Pfad im OBJEKT-EXPLORER dargestellt.

Abbildung 17.1 Darstellung der neu erstellten Funktion im Objekt-Explorer

Der Aufruf dieser Funktion kann nun beispielsweise über die folgende Syntax geschehen. Beachten Sie dabei, dass das Schema durch einen Punkt getrennt vor dem Funktionsnamen angegeben werden muss und dass der oder die Parameter in Klammern übergeben werden.

Syntax:

SELECT *schemaname.funktionsname* (*parameter*);

Beispiel:

SELECT dbo.fnAnzahlBuch(2);

Alternativ dazu können Sie eine skalare Funktion – ähnlich einer gespeicherten Prozedur – auch über EXECUTE aufrufen, wobei die Auswertung des Rückgabewerts analog zur Auswertung des Statusrückgabecodes einer gespeicherten Prozedur erfolgt:

Syntax:

EXECUTE @*variablenname* = *schemaname.funktionsname parameter*;

Beachten Sie, dass Sie in diesem Fall den oder die Parameter der Funktion nicht in Klammern setzen dürfen. Das folgende Beispiel zeigt einen dem letzten Beispiel entsprechenden Funktionsaufruf unter Verwendung von EXECUTE.

Beispiel:

```
DECLARE @Anzahl smallint;
EXECUTE @Anzahl = dbo.fnAnzahlBuch 2;
SELECT @Anzahl;
```

Im nächsten Schritt erläutern wir die Verwendung von Standardwerten für die Eingabeparameter benutzerdefinierter Funktionen. Standardwerte werden – ebenfalls ähnlich der Verwendung in gespeicherten Prozeduren – dem Parameter nach einem Gleichheitszeichen übergeben.

Syntax:

```
CREATE FUNCTION funktionsname
(
    @parametername datentyp = standardwert
)
RETURNS rückgabedatentyp
AS
BEGIN
    anweisungen
RETURN rückgabewert
END;
```

Die Funktion fnAnzahlBuch soll nun so abgeändert werden, dass als Standardwert des Eingabeparameters der Wert 2 verwendet wird. Dies geschieht über die Verwendung der ALTER FUNCTION-Anweisung. Gelöscht werden kann die Funktion wie alle Datenbankobjekte durch Verwendung von DROP, im Fall einer Funktion also mit der DROP FUNCTION-Anweisung. In Abschnitt 17.5.1, »Ändern einer benutzerdefinierten Funktion«, und Abschnitt 17.5.2, »Löschen einer benutzerdefinierten Funktion«, gehen wir auf die entsprechenden Anweisungen näher ein.

Beispiel:

```
ALTER FUNCTION fnAnzahlBuch
(@ID smallint = 2)
RETURNS smallint
AS
BEGIN
DECLARE @Anzahl SMALLINT;
SELECT @Anzahl = COUNT(*) FROM tblAutorBuch
WHERE ID = @ID;
RETURN @Anzahl;
END;
```

Nach der Änderung der Funktion wird das Vorhandensein eines Standardwerts auch im OBJEKT-EXPLORER angegeben, wie Abbildung 17.2 zeigt.

Abbildung 17.2 Anzeige eines vorhandenen Standardwerts im Objekt-Explorer

Der Versuch, die geänderte Funktion unter Verwendung des Standardwerts ausführen zu lassen, indem kein Eingabeparameter angegeben wird, also z. B. durch die nachfolgend angegebene Anweisung.

Beispiel:

SELECT dbo.fnAnzahlBuch();

führt zwangsläufig zu der folgenden Fehlermeldung:

Meldung 313, Ebene 16, Status 2, Zeile 1
Für die Prozedur oder Funktion dbo.fnAnzahlBuch wurden zu wenig
Argumente bereitgestellt.

Der Grund für die Auslösung dieser Fehlermeldung ist der weiter oben beschriebene Unterschied in der Verwendung von Standardwerten einer benutzerdefinierten Funktion im Vergleich zu gespeicherten Prozeduren. Soll ein Standardwert verwendet werden, reicht es bei benutzerdefinierten Funktionen nicht aus, keinen Wert für den entsprechenden Parameter zu übergeben. Die Verwendung des Standardwerts muss durch die explizite Angabe von DEFAULT erzwungen werden. Der angestrebte Aufruf wird also nur in der folgenden Form erfolgreich ausgeführt:

Beispiel:

SELECT dbo.fnAnzahlBuch(DEFAULT);

Das bisher verwendete Beispiel einer skalaren benutzerdefinierten Funktion deutet durch die Verwendung einer Variablen bereits an, dass diese Funktionsart – ähnlich einer gespeicherten Prozedur – komplexe Programmierungen ermöglicht. Die in diesem Beispiel erstellte Funktion hätte aber auch einfacher und ohne Verwendung einer Variablen erstellt werden können, nämlich durch die Kombination der Abfrage mit der RETURN-Anweisung, wie das folgende Beispiel zeigt.

Beispiel:

```
ALTER FUNCTION fnAnzahlBuch
(@ID smallint = 2)
RETURNS smallint
AS
BEGIN
RETURN (SELECT COUNT(*) FROM tblAutorBuch
WHERE ID = @ID);
END;
```

Der Körper dieser Funktion besteht also eigentlich aus nichts anderem als einer SELECT-Anweisung, was er mit der im nächsten Abschnitt beschriebenen Funktionsart gemeinsam hat.

17.3 Inlinefunktionen (Tabellenwertfunktionen)

Die Inlinefunktion gehört zur Gruppe der sogenannten *Tabellenwertfunktionen*. Um zu verdeutlichen, was unter diesem Ausdruck zu verstehen ist, zeigen wir zunächst die grundlegende Syntax der Inlinefunktion.

Syntax:

```
CREATE FUNCTION funktionsname
(parameterliste)
RETURNS TABLE
AS
RETURN (selectabfrage);
```

Bei einem Vergleich mit der Syntax der skalaren Funktion fällt auf, dass hier kein durch BEGIN und END begrenzter Funktionskörper vorhanden ist; ähnlich wie im letzten Beispiel wird lediglich ein Abfrageergebnis über RETURN an den Aufrufer zurückgegeben. Dies stellt eine Besonderheit der Inlinefunktion dar.

> **Hinweis**
>
> Die gesamte Funktionalität einer Inlinefunktion besteht aus einer einzigen SELECT-Abfrage. Es darf kein weiterer Programmcode vorhanden sein.

Eine weitere Besonderheit stellt der nach RETURNS angegebene, in SQL Server 2000 eingeführte Datentyp table dar. Offensichtlich ist der Rückgabewert dieser Funktion etwas, was eine Tabellenform besitzt.

Dies ist in der Tat so. Da die Inlinefunktion eigentlich nur aus einer SELECT-Anweisung besteht, über die ein Ergebnisset erzeugt wird, muss ein Datentyp vorhanden sein, der solch ein Ergebnisset aufnehmen und an den Aufrufer zurückgeben kann. Abbildung 17.3 verdeutlicht den grundlegenden Zusammenhang zwischen dem Aufruf und der Rückgabe einer Inlinefunktion.

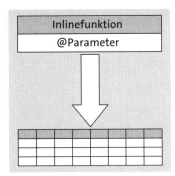

Abbildung 17.3 Die Rückgabe einer Inlinefunktion

Beim Aufruf der Funktion können Sie einen oder mehrere Parameter angeben, die das Verhalten der in der Funktion enthaltenen SELECT-Anweisung beeinflussen. Diese SELECT-Anweisung wird bei dem Aufruf der Funktion ausgeführt und liefert ein Ergebnisset zurück, das in einer Variablen vom Datentyp table übergeben wird. Ein ähnliches Prinzip, nämlich dass ein Datenbankobjekt aus einer SELECT-Anweisung besteht und ein Ergebnisset zurückliefert, ist bereits vom Konzept der Sichten her bekannt. Und tatsächlich kann – ähnlich einer Sicht – das Ergebnis der Inlinefunktion abgefragt werden, wie Abbildung 17.4 verdeutlicht.

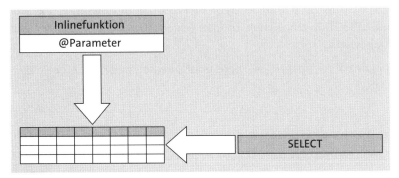

Abbildung 17.4 Abfrage des Ergebnisses einer Inlinefunktion

Wenn eine Inlinefunktion in ihrem Verhalten so stark einer Sicht ähnelt, muss man sie auch ähnlich einer Sicht aufrufen können. Dies ist in der Tat so: Inlinefunktionen können – genau wie Sichten – in einer SELECT-Anweisung anstelle eines Tabellennamens angegeben werden! Inlinefunktionen kombinieren also den unkomplizierten

Aufruf von Sichten mit der zusätzlichen Möglichkeit, das Verhalten der Funktion und damit der Abfrage durch Parameter zu steuern! Inlinefunktionen werden daher gelegentlich auch als *parametrisierte Sichten* bezeichnet.

Das folgende Beispiel zeigt die Programmierung und Verwendung einer Inlinefunktion fnAutorBuch, die dazu dienen soll, den Namen eines Autors und alle Informationen über die von ihm geschriebenen Bücher auszugeben. Die ID des Autors wird der Funktion dabei als Parameter übergeben.

Beispiel:

```
CREATE FUNCTION fnAutorBuch
(@ID smallint)
RETURNS TABLE
AS
RETURN
(SELECT a.Vorname, a.Nachname, ab.Anteil,
b.ISBN, b.Titel, b.Preis
FROM tblAutor AS a
INNER JOIN tblAutorBuch AS ab
ON a.ID = ab.ID
INNER JOIN tblBuch AS b
ON ab.ISBN = b.ISBN
WHERE a.ID = @ID);
```

Wie das Beispiel zeigt, besteht die Funktion im Wesentlichen aus der JOIN-Abfrage, in der die drei Tabellen *tblAutor*, *tblAutorBuch* und *tblBuch* verknüpft werden und in deren WHERE-Klausel die Auswahl des anzuzeigenden Autors über den Vergleich mit dem Parameter @ID erfolgt. Beachten Sie, dass diese Abfrage in Klammern gesetzt werden muss und mit RETURN eingeleitet wird, im Gegensatz zu RETURNS bei der Definition des Rückgabewerts.

Der Aufruf dieser Funktion kann nun, wie bereits angedeutet, innerhalb einer SELECT-Anweisung erfolgen.

Syntax:

```
SELECT spaltenliste
FROM funktionsname (parameterliste);
```

Beispiel:

```
SELECT * FROM
fnAutorBuch(2);
```

Abbildung 17.5 zeigt das Ergebnis dieser SELECT-Anweisung auf die Inlinefunktion fnAutorBuch.

	Vorname	Nachname	Anteil	ISBN	Titel	Preis
1	Andreas	Kühnel	100.00	3-89842-585-1	Visual Basic .NET Das umfassende Handbuch	49,90
2	Andreas	Kühnel	10.00	3-89842-684-X	Microsoft SQL Server 2005	0,00

Abbildung 17.5 Abfrageergebnis des Aufrufs der Inlinefunktion

Der Aufruf innerhalb einer SELECT-Anweisung ermöglicht eine sehr komfortable Methode, sowohl die Spalten als auch die Datensätze auszuwählen, indem Sie einfach die Spaltenliste der SELECT-Anweisung verwenden und der Funktion einen entsprechenden Parameter übergeben.

Beispiel:

```
SELECT Vorname, Nachname, Titel Preis
FROM fnAutorBuch(3);
```

Dieses Beispiel liefert das (in Abbildung 17.6 dargestellte) in der Spaltenliste angepasste Abfrageergebnis für den Autor mit der ID 3 zurück.

	Vorname	Nachname	Preis
1	Jörg	Neumann	Microsoft SQL Server 2005

Abbildung 17.6 Angepasstes Abfrageergebnis

17.4 Tabellenwertfunktion mit mehreren Anweisungen

Im letzten Abschnitt haben Sie gesehen, dass Inlinefunktionen den einfachen Aufruf einer Funktion – ähnlich einer Sicht – in einer SELECT-Abfrage ermöglichen. Nachteilig an diesem Funktionstyp ist u. U., dass der funktionelle Code der Funktion nur aus einer einzelnen SELECT-Anweisung bestehen kann.

Die Möglichkeit, den einfachen Aufruf einer Funktion mit komplexer Programmlogik zu verbinden, bietet die *Tabellenwertfunktion mit mehreren Anweisungen*. Während die Inlinefunktion in ihrer Struktur Ähnlichkeiten mit einer Sicht aufweist, ist die nun zu besprechende Funktionsart durch die in ihr mögliche Programmierung eher mit einer gespeicherten Prozedur zu vergleichen. Sie kombiniert also zwei Vorteile: den einfachen Aufruf einer Tabellenwertfunktion und die Programmiermöglichkeiten einer gespeicherten Prozedur. Die Syntax dieser Funktion ist daher im Vergleich zur Syntax der Inlinefunktion etwas komplexer.

Syntax:

```
CREATE FUNCTION funktionsname(parameterliste)
RETURNS @rückgabetabellenname TABLE
(
   spaltendefinition,
   .
```

```
        .
        .
)
AS
BEGIN
    anweisungen
RETURN
END;
```

Im Vergleich zur Syntax der Inlinefunktion fällt hierbei zunächst auf, dass im Funktionskopf explizit eine Rückgabetabelle definiert wird. Bei der Inlinefunktion war dies nicht notwendig, da die Struktur der `table`-Variablen über die `SELECT`-Abfrage festgelegt ist. Bei der Funktion mit mehreren Anweisungen muss dagegen eine Tabelle innerhalb des Funktionskopfs definiert werden, über die das Funktionsergebnis an den Aufrufer zurückgegeben wird.

Diese Tabelle kann innerhalb der Funktion auf beliebige Art und Weise mit Werten gefüllt werden, die aus Abfragen stammen oder erst in der Funktion generiert werden. Die Tabellendefinition selbst entspricht der Angabe der Spaltenliste in der `CREATE TABLE`-Anweisung. Der Tabellenname muss – da es sich um eine Variable handelt – mit dem @-Zeichen beginnen. Nach der Tabellendefinition und dem Schlüsselwort `AS` folgt ein mit `BEGIN` und `END` abgegrenzter Block, in dem die Programmlogik implementiert wird. Der Code wird mit `RETURN` abgeschlossen, worauf die im Funktionskopf definierte Tabelle mit ihrem Inhalt an den Aufrufer zurückgegeben wird.

Als Beispiel für diese Funktionsart erstellen wir die Funktion `fnAutorAnteil`, die für einen Autor, dessen ID Sie der Funktion beim Aufruf übergeben, die maximale und minimale Beteiligung an den von ihm geschriebenen oder mitgeschriebenen Büchern ausgibt.

Beispiel:

```
CREATE FUNCTION fnAutorAnteil
(@ID smallint)
RETURNS @Ausgabe TABLE
(
    Minimum decimal(5,2),
    Maximum decimal(5,2)
)
AS
BEGIN
    INSERT INTO @Ausgabe
    SELECT MIN(Anteil), MAX(Anteil)
    FROM tblAutorBuch
```

```
    WHERE ID = @ID;
RETURN
END;
```

Das Beispiel zeigt anschaulich, dass die im Funktionskopf definierte Tabelle wie eine reale Tabelle verwendet werden kann, der innerhalb der Funktion Datensätze zugewiesen werden können.

Der Aufruf der Funktion entspricht dem Aufruf der Inlinefunktion, beide haben ja den gleichen Rückgabetyp.

Beispiel:

```
SELECT * FROM fnAutorAnteil(2);
```

Abbildung 17.7 zeigt das Ergebnis für diesen Aufruf.

Abbildung 17.7 Ein mögliches Ergebnis des Aufrufs von »fnAutorAnteil«

Abbildung 17.8 zeigt abschließend die drei als Beispiele erstellten benutzerdefinierten Funktionen in den Ordnern TABELLENWERTFUNKTIONEN und SKALARWERTFUNKTIONEN des OBJEKT-EXPLORERS.

Abbildung 17.8 Die als Beispiel erstellten drei Funktionen im Objekt-Explorer

17.5 Ändern und Löschen von benutzerdefinierten Funktionen

Das Löschen und Ändern benutzerdefinierter Funktionen erfolgt wie bei den bisher besprochenen Datenbankobjekten.

17.5.1 Ändern einer benutzerdefinierten Funktion

Benutzerdefinierte Funktionen werden durch die ALTER FUNCTION-Anweisung geändert.

Syntax:

```
ALTER FUNCTION funktionsname
funktionscode
```

In diesem Fall wird also lediglich das Schlüsselwort CREATE durch ALTER ersetzt.

17.5.2 Löschen einer benutzerdefinierten Funktion

Eine benutzerdefinierte Funktion wird mit der DROP FUNCTION-Anweisung gelöscht.

Syntax:

```
DROP FUNCTION funktionsname;
```

17.6 Verwendung des Datentyps »table« als lokale Variable

Sie können den Datentyp table außer zur Rückgabe des Ergebnissets einer Funktion auch in der Form einer lokalen Variablen verwenden, was eine Alternative zur Erstellung einer temporären Tabelle darstellt. Da eine Variable vom Typ table Daten in Tabellenform aufnehmen kann, entspricht ihre Definition einer Kombination aus einer Variablendeklaration und der Syntax zur Tabellenerstellung.

Die Syntax sieht im einfachsten Fall also folgendermaßen aus:

Syntax:

```
DECLARE @tabellenname table
(
    spaltenname datentyp
);
```

Beispiel:

```
DECLARE @Autor table
(
    Name varchar(70)
);
```

Soll die Tabellenvariable über mehrere Spalten verfügen, so trennen Sie diese – wie gewohnt – durch Kommas voneinander.

Beispiel:

```
DECLARE @Autor table
(
    Vorname varchar(20),
```

```
    Nachname varchar(50)
);
```

Die `NULL`- bzw. `NOT NULL`-Zulässigkeit einer Spalte geben Sie ebenfalls entsprechend der bekannten Syntax zur Tabellenerstellung an.

Beispiel:

```
DECLARE @Autor table
(
    Vorname varchar(20) NOT NULL,
    Nachname varchar(50) NOT NULL
);
```

Ebenso ist die Verwendung von `IDENTITY` möglich:

Beispiel:

```
DECLARE @Autor table
(
    ID smallint IDENTITY(1,1),
    Vorname varchar(20) NOT NULL,
    Nachname varchar(50) NOT NULL
);
```

Der Gültigkeitsbereich einer `table`-Variablen ist – wie bei allen lokalen Variablen – der Stapel, in dem sie definiert wurde. Innerhalb dieses Stapels können Sie sie wie eine reale Tabelle verwenden und ihr Datensätze zuweisen, wie das folgende Beispiel zeigt, das – innerhalb eines Stapels ausgeführt – ohne Fehler ausgeführt wird.

Beispiel:

```
DECLARE @Autor table
(
    ID smallint IDENTITY(1,1),
    Vorname varchar(20) NOT NULL,
    Nachname varchar(50) NOT NULL
);

INSERT INTO @Autor
SELECT Vorname, Nachname
FROM tblAutor;

SELECT * FROM @Autor;
```

In diesem Beispiel werden die Vor- und Nachnamen aus der Tabelle *tblAutor* in die Tabellenvariable `@Autor` kopiert, deren Inhalt danach ausgelesen wird (siehe Abbildung 17.9).

	ID	Vorname	Nachname
1	1	Hans Willi	Kremer
2	2	Andreas	Kühnel
3	3	Jörg	Neumann
4	4	Helmut	Vonhoegen
5	5	Marcel	Gnoth
6	6	Dirk	Mertins

Abbildung 17.9 Der ausgelesene Inhalt der Tabellenvariablen »@Autor«

Die dargestellten Datensätze sehen wie eine exakte Kopie der Daten aus *tblAutor* aus. Beachten Sie jedoch, dass die Werte der Spalte *ID* nicht kopiert, sondern durch die IDENTITY-Eigenschaft der Tabellenvariablen generiert wurden!

17.6.1 Verwendung von Einschränkungen

Eine Variable vom Datentyp table erlaubt außerdem in gewissem Umfang den Einsatz von Einschränkungen ähnlich einer regulären Tabelle. Im Gegensatz zu einer realen Tabelle sind jedoch folgende Besonderheiten zu beachten:

▶ Erlaubt sind lediglich Einschränkungen vom Typ PRIMARY KEY, UNIQUE, DEFAULT und CHECK.

▶ Einschränkungen müssen ohne das Schlüsselwort CONSTRAINT definiert werden. Das heißt, eine Namensvergabe ist für Einschränkungen in diesem Zusammenhang nicht möglich. Das Schlüsselwort CONSTRAINT darf daher ebenfalls nicht angegeben werden!

Die folgenden Beispiele zeigen die Verwendung von Einschränkungen in Tabellenvariablen.

PRIMARY KEY-Beispiel:

```
DECLARE @Autor table
(
    ID smallint IDENTITY(1,1)PRIMARY KEY,
    Vorname varchar(20) NOT NULL,
    Nachname varchar(50) NOT NULL
);
```

UNIQUE-Beispiel:

```
DECLARE @Autor table
(
    ID smallint UNIQUE,
    Vorname varchar(20) NOT NULL,
    Nachname varchar(50) NOT NULL
);
```

17.6 Verwendung des Datentyps »table« als lokale Variable

DEFAULT-Beispiel:

```
DECLARE @Autor table
(
    ID smallint IDENTITY(1,1),
    Vorname varchar(20) DEFAULT 'unbekannt',
    Nachname varchar(50) NOT NULL
);
```

CHECK-Beispiel:

```
DECLARE @Autor table
(
    ID smallint IDENTITY(1,1),
    Vorname varchar(20) NOT NULL,
    Nachname varchar(50) NOT NULL CHECK (LEN(Nachname)>1)
);
```

Kapitel 18

Programmierung und Einsatz von Triggern

Trigger stellen Möglichkeiten bereit, auf Ereignisse in einer Datenbank oder auf dem Server zu reagieren. Sie werden dort eingesetzt, wo die Verwendung von Constraints nicht möglich ist.

Trigger bestehen – ähnlich den gespeicherten Prozeduren oder benutzerdefinierten Funktionen – aus abgespeicherten SQL-Anweisungen. Sie stellen also ebenso wie diese eine Art ausführbarer, gespeicherter SQL-Programme dar. Trigger unterscheiden sich aber in wesentlichen Punkten von gespeicherten Prozeduren und benutzerdefinierten Funktionen.

Der wesentlichste Unterschied besteht darin, dass Trigger nicht (wie Prozeduren und Funktionen) von einem Anwender aufgerufen werden können, sondern immer vom System – also SQL Server – ausgelöst werden. So ist auch die Bezeichnung *Trigger*, was im Englischen so viel wie *Abzug*, *Auslöser* oder *Anstoß* bedeutet, hergeleitet, da durch einen Trigger die Verarbeitung von Programmcode ausgelöst wird. Die Auslösung eines Triggers erfolgt, von SQL Server gesteuert, immer dann, wenn bestimmte Ereignisse in der Datenbank oder auf dem Server eintreten. Welches Ereignis einen Trigger auslöst, was im Englischen auch als *fire a trigger* bezeichnet wird, legen Sie bei der Erstellung des Triggers fest.

Mit SQL Server 2005 wurden die Anwendungsmöglichkeiten von Triggern durch die Einführung der DDL-Trigger erheblich erweitert. Diese Art von Triggern werden wir im zweiten Teil dieses Kapitels behandeln.

18.1 DML-Trigger

DML-Trigger stellen die klassische Triggerart unter SQL Server dar. Bis SQL Server 2000 waren sie die einzigen in SQL Server zur Verfügung stehenden Trigger. Wie aus der Bezeichnung DML-Trigger bereits hervorgeht, können diese Trigger durch DML-Anweisungen (**D**ata **M**anipulation **L**anguage), also INSERT-, UPDATE- und DELETE-Anweisungen, ausgelöst werden. Das Prinzip der Auslösung eines DML-Triggers ist in Abbildung 18.1 illustriert. Der hier dargestellte Trigger soll so erstellt worden sein, dass er auslöst – oder wie man auch sagt: *feuert* –, wenn eine INSERT-Anweisung für die dargestellte Tabelle ausgeführt wird. Immer wenn dieser Fall eintritt, wird der im Trigger enthaltene Programmcode ausgeführt. Wie dieser Programmcode aussieht, hängt natürlich wesentlich von dem Einsatzzweck des Triggers ab. An dieser Stelle sind fast alle SQL-Anweisungen zulässig, sodass Sie auch hier sehr komplexe Programmlogik implementieren können.

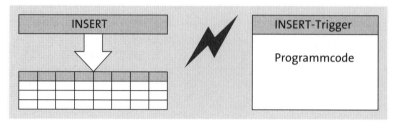

Abbildung 18.1 Prinzipielle Funktionsweise eines Triggers

Ein Trigger verhält sich also fast so wie eine automatisch von SQL Server ausgelöste gespeicherte Prozedur – mit dem wesentlichen Unterschied, dass, da die Auslösung durch SQL Server erfolgt, Sie keine Parameter zur Ein- oder Ausgabe verwenden können.

Abbildung 18.2 zeigt ein Beispiel für die praktische Anwendung eines Triggers.

tblPersonal				
Personal_Nr	Nachname	Vorname	Außendienst	...

tblSpesen				
Beleg_Nr	Personal_Nr	Datum	Betrag	Verwendung

Abbildung 18.2 Anwendungsbeispiel für einen Trigger

Dargestellt sind zwei gedachte Tabellen aus einer Firmendatenbank, die zur Personalverwaltung eingesetzt wird. In der einen Tabelle, als *tblPersonal* bezeichnet, sollen die persönlichen Daten der Mitarbeiter abgespeichert sein. Die drei Punkte in der letzten Spalte deuten an, dass in der Praxis zu einem Mitarbeiter noch weitaus mehr

Informationen abzuspeichern wären. Die andere Tabelle, *tblSpesen* genannt, soll dazu dienen, Spesen der Mitarbeiter zu erfassen.

Zwischen diesen beiden Tabellen ist durch eine Primär-/Fremdschlüsselbeziehung sichergestellt, dass nur Spesen für Mitarbeiter erfasst werden können, die auch in der Personaltabelle eingetragen sind. Außerdem soll aber gewährleistet werden, dass nur für Mitarbeiter des Außendienstes Spesen erfasst werden können. In der Spalte *Außendienst* der Tabelle *tblPersonal* soll dazu für jeden Mitarbeiter ein entsprechendes Merkmal vorhanden sein, das angibt, ob der jeweilige Mitarbeiter im Außendienst tätig ist oder nicht.

Es stellt sich in diesem Fall also das Problem, die Gültigkeit eines Datensatzes zu überprüfen, wenn dieser in eine Tabelle eingefügt wird. In Kapitel 9, »Erstellen von Tabellen«, haben wir bereits die Möglichkeit besprochen, die Datenintegrität mithilfe von Einschränkungen sicherzustellen. So konnte über die Definition eines CHECK-Constraints ein Datensatz vor dem Einfügen in eine Tabelle überprüft und gegebenenfalls abgelehnt werden, wenn er der im CHECK-Constraint definierten Bedingung nicht entsprach. Der Einsatz eines CHECK-Constraints würde in diesem Fall aber keine Lösung des Problems darstellen, da sich Einschränkungen – mit Ausnahme des FOREIGN KEY-Constraints – nur auf die Tabelle beziehen können, in der sie definiert wurden. In diesem Fall muss ein in die *tblSpesen* eingefügter Datensatz aber in Abhängigkeit von einem Datensatz in einer anderen Tabelle – nämlich der Tabelle *tblPersonal* – überprüft werden. Dies kann nicht über eine Einschränkung erfolgen. In solchen Fällen müssen Sie einen Trigger verwenden.

Trigger werden typischerweise auch zur Wahrung der Datenkonsistenz eingesetzt. Durch ihren Einsatz stellen Sie, wenn redundante Daten vorliegen, sicher, dass eine Änderung an einem Datensatz auch an allen weiteren Stellen erfolgt, wo die Information in redundanter Form vorliegt.

18.1.1 Programmierung von DML-Triggern

Ein DML-Trigger wird immer für *eine* bestimmte Tabelle definiert. Seine Auswirkungen können sich – wie oben im Beispiel besprochen – aber auch auf andere Tabellen erstrecken.

Zu einem Ereignis, also dem Auftreten einer INSERT-, UPDATE- oder DELETE-Anweisung, können Sie – bis auf eine weiter unten erwähnte Ausnahme – beliebig viele Trigger definieren, die ausgelöst werden, wenn das entsprechende Ereignis für die Tabelle eintritt. Mithilfe der Prozedur sp_settriggerorder können Sie in diesem Fall festlegen, welcher Trigger zuerst und welcher Trigger zuletzt ausgelöst wird. Die Auslösung anderer eventuell vorhandener Trigger für dieses Ereignis erfolgt zufällig. Außerdem können Sie einen Trigger für die Auslösung bei mehreren Ereignissen programmieren. Es ist also durchaus möglich, einen Trigger so zu erstellen, dass er sowohl bei einem INSERT als auch bei einem UPDATE auf eine Tabelle ausgelöst wird.

DML-Trigger können grob in zwei verschiedene Gruppen unterteilt werden, die wir im Folgenden besprechen: in AFTER-Trigger und in INSTEAD OF-Trigger.

»AFTER«-Trigger

Die Bezeichnung AFTER-Trigger leitet sich von der Verwendung des Schlüsselwortes AFTER in der Syntax ab, die zur Erstellung des Triggers verwendet wird. Das deutet darauf hin, dass dieser Trigger erst dann aufgerufen wird, wenn die auslösende Anweisung erfolgreich abgeschlossen worden ist.

Die Definition eines AFTER-Triggers hat die folgende grundlegende Struktur:

Syntax:

```
CREATE TRIGGER triggername
ON tabellenname
AFTER dml-anweisung
AS
anweisungen;
```

Wie bei der Definition einer gespeicherten Prozedur gilt auch hier, dass die CREATE-Anweisung der erste Befehl eines Stapels sein muss. Beachten Sie außerdem, dass die Bezeichnung eines Triggers innerhalb der Datenbank eindeutig sein muss.

Als Beispiel wollen wir einen Trigger auf die Tabelle *tblBank* erstellen, der bei einer INSERT-Anweisung auslöst und eine entsprechende Meldung ausgibt.

Beispiel:

```
USE GalileoDB;
GO
CREATE TRIGGER trBankINSERT
ON tblBank
AFTER INSERT
AS
PRINT 'INSERT-Trigger ausgelöst';
```

Eine INSERT-Anweisung auf diese Tabelle führt nun zur Auslösung des Triggers.

Beispiel:

```
INSERT INTO tblBank
VALUES ('44050199', 'Sparkasse Dortmund');
```

Die Auslösung des Triggers können Sie über den Reiter MELDUNGEN kontrollieren. Dort wird die Meldung

```
INSERT-Trigger ausgelöst
(1 Zeile(n) betroffen)
```

angezeigt.

Der Trigger selbst wird im OBJEKT-EXPLORER unter dem in Abbildung 18.3 angezeigten Pfad dargestellt.

Abbildung 18.3 Der erstellte Trigger im Objekt-Explorer

Soll ein Trigger für mehrere Ereignisse ausgelöst werden, geben Sie die entsprechenden DML-Anweisungen in der Triggerdefinition einfach als Liste an, also durch Kommas getrennt.

Syntax:

```
CREATE TRIGGER triggername
ON tabellenname
AFTER dml-anweisungsliste
AS
anweisungen;
```

Das folgende Beispiel erstellt einen Trigger, der sowohl bei einem INSERT als auch bei einem DELETE auf die Tabelle *tblBank* ausgelöst wird und ebenfalls eine entsprechende Meldung ausgibt.

Beispiel:

```
CREATE TRIGGER trBankINSERTDELETE
ON tblBank
AFTER INSERT, DELETE
AS
PRINT 'INSERT/DELETE-Trigger ausgelöst';
```

Auch die Funktion dieses Triggers überprüfen wir durch eine INSERT-Anweisung auf die Tabelle *tblBank*.

Beispiel:

```
INSERT INTO tblBank
VALUES ('59351040', 'Sparkasse Merzig-Wadern');
```

Der Reiter MELDUNGEN hat nach Ausführung dieser Anweisung den folgenden Inhalt:

```
INSERT-Trigger ausgelöst
INSERT/DELETE-Trigger ausgelöst
(1 Zeile(n) betroffen)
```

Wie Sie erkennen, wurden durch die INSERT-Anweisung beide Trigger ausgelöst, was ihrer Definition entspricht.

Die Tabellen »INSERTED« und »DELETED«

Nachdem die grundlegende Funktion von AFTER-Triggern erläutert wurde, betrachten wir nun, wie ein Trigger Zugriff auf die Datensätze erhalten kann, die die auslösende Anweisung eingefügt, gelöscht oder geändert hat. Ein Trigger soll ja in der Regel nicht nur Meldungen ausgeben, sondern muss die betreffenden Datensätze überprüfen oder bearbeiten können.

Zu diesem Zweck stehen innerhalb eines Triggers die Tabellen *inserted* und *deleted* zur Verfügung. Es handelt sich dabei um zwei von SQL Server bei der Auslösung eines Triggers generierte Tabellen, die in zwei Punkten eine Besonderheit in SQL Server darstellen:

- Die Tabellen *inserted* und *deleted* stehen nur während der Ausführung eines Triggers zur Verfügung. Außerhalb eines Triggers existieren diese Tabellen nicht, und es ist daher kein Zugriff auf sie möglich.
- Sie beziehen ihre Daten direkt aus dem Transaktionsprotokoll. Da an keiner anderen Stelle in SQL Server ein lesender Zugriff auf Inhalte des Transaktionsprotokolls möglich ist, stellen sie die einzige Möglichkeit dar, Inhalte des Protokolls zu verwerten.

Die Struktur dieser von SQL Server erstellten Tabellen (also Spaltenanzahl und Spaltenbezeichner) ist identisch mit der Struktur der Tabelle, in deren Kontext ein Trigger ausgelöst wird.

Zur Verdeutlichung der Eigenschaften und der Funktion der Tabellen *inserted* und *deleted* soll ein weiterer Trigger auf die Tabelle *tblBank* erstellt werden, der bei einer INSERT-, UPDATE- oder DELETE-Anweisung auf diese Tabelle auslöst und den Inhalt von *inserted* und *deleted* ausliest.

Beispiel:

```
CREATE TRIGGER trBankINSERTUPDATEDELETE
ON tblBank
AFTER INSERT, UPDATE, DELETE
AS
SELECT * FROM inserted;
SELECT * FROM deleted;
```

Wie das Beispiel zeigt, kann auf diese Tabellen während der Ausführung eines Triggers wie auf reale Tabellen durch eine SELECT-Anweisung zugegriffen werden. Den Trigger rufen wir nun jeweils durch eine INSERT-, DELETE- und UPDATE-Anweisung auf, um den Inhalt von *inserted* und *deleted* für die jeweiligen Anweisungen vergleichen zu können.

Zunächst fügen wir über INSERT einen weiteren Datensatz – mit einer falschen Bankleitzahl – in die Tabelle ein.

Beispiel:

```
INSERT INTO tblBank
VALUES ('42050000', 'Sparkasse Gelsenkirchen');
```

Abbildung 18.4 zeigt die Ausgabe des Triggers – und damit die Inhalte der *inserted*- und der *deleted*-Tabelle.

Abbildung 18.4 Ausgabe des Triggers
für eine »INSERT«-Anweisung

Über die nun folgende UPDATE-Anweisung soll die Bankleitzahl korrigiert werden. Dazu muss die fälschlicherweise an letzter Stelle angegebene Null in eine Eins geändert werden.

Beispiel:

```
UPDATE tblBank
SET BLZ = '42050001'
WHERE BLZ = '42050000';
```

Abbildung 18.5 zeigt die entsprechende Ausgabe.

Abbildung 18.5 Ausgabe des Triggers für eine »UPDATE«-Anweisung

Abschließend löschen wir nun noch den gerade eingefügten und geänderten Datensatz.

Beispiel:

```
DELETE FROM tblBank
WHERE BLZ = '42050001';
```

In diesem Fall erfolgt die in Abbildung 18.6 gezeigte Ausgabe.

Abbildung 18.6 Ausgabe des Triggers für eine »DELETE«-Anweisung

Wie die dargestellten Ausgaben der Triggeraufrufe, in denen der Inhalt der *inserted*-Tabelle an erster und der Inhalt der *deleted*-Tabelle an zweiter Stelle dargestellt ist, zeigen, wurde bei einem INSERT der eingefügte Datensatz in die Tabelle *inserted* eingetragen. Die *deleted*-Tabelle hingegen enthielt keinen Datensatz. Bei einem UPDATE enthielt die *inserted*-Tabelle den aktualisierten Datensatz, die *deleted*-Tabelle hingegen den ursprünglichen Datensatz, woraus abzulesen ist, dass bei einem UPDATE in der Protokolldatei tatsächlich der ursprüngliche und der geänderte Datensatz vermerkt werden, was in Kapitel 25, »Erstellung und Einsatz eines Cursors«, von Bedeutung sein wird. Bei einer DELETE-Anweisung erschien der gelöschte Datensatz in der *deleted*-Tabelle; in der *inserted*-Tabelle hingegen war kein Datensatz vorhanden.

Die in den bisherigen Beispielen zum Triggeraufruf verwendeten DML-Anweisungen betrafen jeweils immer nur einen Datensatz. Eine DELETE-Anweisung beispielsweise kann sich aber auf beliebig viele Datensätze beziehen. Für den Fall, dass eine DML-Anweisung mehrere Datensätze betrifft, stellt sich also die Frage, ob ein entsprechend programmierter Trigger nur einmal für die jeweilige INSERT-, UPDATE- oder DELETE-Anweisung ausgeführt wird oder ob jeder betroffene Datensatz einzeln zur Auslösung des Triggers führt. Dies können wir anhand des folgenden Beispiels leicht überprüfen.

Die Tabelle *tblBank* enthält noch zwei Datensätze, wie Abbildung 18.7 zeigt.

	BLZ	Bank
1	44050199	Sparkasse Dortmund
2	59351040	Sparkasse Merzig-Wadern

Abbildung 18.7 Verbliebene Datensätze in der Tabelle »tblBank«

Auf die Tabelle *tblBank* wenden wir nun eine `DELETE`-Anweisung ohne `WHERE`-Klausel an, wodurch *beide* Datensätze durch *eine* `DELETE`-Anweisung aus der Tabelle gelöscht werden.

Beispiel:

```
DELETE tblBank;
```

Die Ausgabe dieses Triggers ist in Abbildung 18.8 dargestellt. Aus ihr können Sie das Verhalten des Triggers deutlich ablesen.

BLZ	Bank

	BLZ	Bank
1	59351040	Sparkasse Merzig-Wadern
2	44050199	Sparkasse Dortmund

Abbildung 18.8 Ausgabe des Triggers für eine »DELETE«-Anweisung, von der zwei Datensätze betroffen waren

18

Hinweis

Ein DML-Trigger wird nur jeweils einmal für eine `INSERT`-, `UPDATE`- oder `DELETE`-Anweisung ausgelöst, unabhängig davon, wie viele Datensätze von der Anweisung betroffen waren. Hat sich eine Anweisung auf mehrere Datensätze ausgewirkt, führt dies zu mehreren Einträgen in der *inserted*- bzw. *deleted*-Tabelle.

Wenn der Fall eintreten kann, dass die *inserted*- oder die *deleted*-Tabelle mehrere Datensätze enthält und die Notwendigkeit besteht, diese Datensätze nacheinander – also seriell – zu kontrollieren oder zu bearbeiten, sollten Sie dazu einen Cursor einsetzen, dessen Anwendung wir in Kapitel 21, »Dynamische Datenmaskierung«, beschreiben.

Da die Trigger der Tabelle *tblBank* im weiteren Verlauf nicht mehr benötigt werden und sie sich teilweise störend auf nachfolgende Beispiele auswirken würden, deaktivieren Sie sie. Um einen einzelnen Trigger zu deaktivieren, verwenden Sie die folgende Anweisung:

Syntax:

```
DISABLE TRIGGER triggername
ON tabellenname;
```

18 Programmierung und Einsatz von Triggern

Sie können alle Trigger einer Tabelle gleichzeitig deaktivieren, indem Sie anstelle des Triggernamens das Schlüsselwort ALL angeben.

Syntax:

```
DISABLE TRIGGER ALL
ON tabellenname;
```

Beispiel:

```
DISABLE TRIGGER ALL
ON tblBank;
```

Der Einsatz eines AFTER-Triggers stellt in manchen Fällen, die die Verwendung eines Triggers erfordern, nicht die optimale Wahl dar. Gerade wenn die Gültigkeit eines Datensatzes, z. B. bei einem INSERT, überprüft werden soll, kann es nachteilig sein, dass der Trigger erst dann ausgelöst wird, wenn die eigentliche Aktion, also das Einfügen eines Datensatzes, bereits abgeschlossen wurde. Der bereits in die Tabelle eingetragene Datensatz muss dann, wenn die Überprüfung durch den Trigger ergibt, dass er ungültig ist, wieder aus der Tabelle gelöscht werden.

Das folgende Beispiel soll dies demonstrieren. Es wird ein Trigger trSummeAnteil erstellt, der bei einer INSERT-Anweisung auf die Tabelle *tblAutorBuch* ausgelöst wird und überprüfen und sicherstellen soll, dass die Summe der Anteile von Autoren an einem Buch die 100 %-Marke nicht überschreitet. Wird diese Grenze durch einen eingefügten Datensatz überschritten, soll dieser aus der Tabelle gelöscht und eine Fehlermeldung ausgegeben werden. Der Einfachheit halber gehen wir davon aus, dass durch die aufrufende INSERT-Anweisung immer nur ein Datensatz in die Tabelle eingefügt wird.

Beispiel:

```
CREATE TRIGGER trSummeAnteil
ON tblAutorBuch
AFTER INSERT
AS
DECLARE @ID smallint;
DECLARE @ISBN char(13);
DECLARE @Summe decimal(5,2);
SELECT @ID = ID FROM inserted;
SELECT @ISBN = ISBN FROM inserted;
SELECT @Summe = SUM(Anteil) FROM tblAutorBuch
WHERE ISBN = @ISBN;
IF @Summe > 100
BEGIN
    DELETE FROM tblAutorBuch
```

564

```
    WHERE ID = @ID AND ISBN = @ISBN;
    RAISERROR ('Summe der Anteile zu hoch!',16,1);
END;
```

Im Funktionskörper des Triggers werden zunächst die drei Variablen `@ID`, `@ISBN` und `@Summe` definiert. Über die Kombination einer Abfrage mit einer Wertezuweisung wird dann der Variablen `@ID` die Autoren-ID des Autors und der Variablen `@ISBN` die ISBN-Nummer des Buches zugewiesen, die in dem eingefügten Datensatz enthalten waren. Diese Informationen erhalten Sie daher durch eine Abfrage auf die *inserted*-Tabelle.

Da es sich bei dem verwendeten Trigger um einen `AFTER`-Trigger handelt, wurde die auslösende `INSERT`-Anweisung bereits vollständig ausgeführt. Der Datensatz ist zu diesem Zeitpunkt also bereits in die Tabelle *tblAutorBuch* eingetragen worden. Daher kann nun, über eine weitere `SELECT`-Anweisung auf die Tabelle *tblAutorBuch*, der Variablen `@Summe` die Summe aller Anteile an dem Buch zugewiesen werden, dessen ISBN-Nummer mit dem Inhalt der Variablen `@ISBN` übereinstimmt. Dazu verwenden Sie die Aggregatfunktion `SUM` innerhalb der Abfrage.

Da nun die Summe aller Anteile in der Variablen `@Summe` vorliegt, kann durch die `IF`-Anweisung überprüft werden, ob die Summe den Wert von 100 übersteigt. Ist dies der Fall, wird der Datensatz aus der Tabelle gelöscht. Dabei ist durch die Angabe der Autoren-ID und der ISBN-Nummer, die den kombinierten Primärschlüssel der Tabelle *tblAutorBuch* bilden, in der `WHERE`-Klausel sichergestellt, dass tatsächlich nur dieser eine Datensatz gelöscht wird. Abschließend wird über den Aufruf von `RAISERROR` noch eine Fehlermeldung erzeugt, auf die eine Clientanwendung entsprechend reagieren könnte. Danach wird der Trigger verlassen.

Durch die folgende `INSERT`-Anweisung würde die Anteilssumme für das angegebene Buch auf den Wert 110 erhöht.

Beispiel:

```
INSERT INTO tblAutorBuch
VALUES (1, '3-89842-684-X', 10);
```

An der ausgegebenen Meldung von SQL Server ist zu erkennen, dass der Trigger ausgelöst und innerhalb des Triggers festgestellt wurde, dass die Summe den Wert 100 überschritten hat:

```
(1 Zeile(n) betroffen)
Meldung 50000, Ebene 16, Status 1, Prozedur trSummeAnteil, Zeile 16
Summe der Anteile zu hoch!
(1 Zeile(n) betroffen)
```

Um zu zeigen, dass der Datensatz durch den Trigger wieder aus der Tabelle gelöscht wurde, ist in Abbildung 18.9 der Inhalt der Tabelle *tblAutorBuch* nach der Ausführung des Beispiels dargestellt.

ID	ISBN	Anteil
1	2	3-89842-585-1	100.00
2	2	3-89842-684-X	10.00
3	3	3-89842-684-X	20.00
4	4	3-89842-684-X	5.00
5	5	3-89842-684-X	65.00

Abbildung 18.9 Der nach Ausführung des Beispiels unveränderte Inhalt der Tabelle »tblAutorBuch«

Wie ein Vergleich zeigt, ist der Datensatz nicht mehr in der Tabelle enthalten – der Trigger hat also ordnungsgemäß funktioniert.

Trotzdem zeigt dieses Beispiel, dass die Verwendung eines AFTER-Triggers zur Gültigkeitsprüfung von Datensätzen nicht die optimale Lösung darstellt, da ein AFTER-Trigger eben erst dann auslöst, wenn die entsprechende Anweisung – in diesem Fall ein INSERT – schon abgearbeitet wurde.

In diesem Beispiel war der eigentlich ungültige Datensatz – wenn auch nur kurzzeitig – in der Tabelle *tblAutorBuch* vorhanden, bevor er durch den Trigger wieder gelöscht wurde. AFTER-Trigger eignen sich hervorragend dazu, auf Änderungen im Datenbestand zu reagieren und diese z. B. an andere Stellen weiterzugeben; zur Überprüfung von Datensätzen auf Gültigkeit sollten Sie aber besser die im folgenden Abschnitt vorgestellte Triggerart verwenden.

»INSTEAD OF«-Trigger

Die zweite in SQL Server verwendbare DML-Triggerart ist der sogenannte INSTEAD OF-Trigger. Die Definition eines solchen Triggers ähnelt der eines AFTER-Triggers sehr stark. Statt AFTER geben Sie in der Definition einfach INSTEAD OF an.

Syntax:

```
CREATE TRIGGER triggername
ON tabellenname
INSTEAD OF dml-anweisungsliste
AS
anweisungen;
```

Das INSTEAD OF (engl., *anstelle von*) in der Triggerbezeichnung ist durchaus wörtlich zu nehmen, wie das folgende Beispiel zeigen soll. Dazu löschen wir zunächst den Trigger des letzten Beispiels, und zwar über die DROP TRIGGER-Anweisung.

Syntax:

```
DROP TRIGGER triggername;
```

Da ein Triggername innerhalb einer Datenbank eindeutig sein muss, besteht hier keine Notwendigkeit zur Angabe der Tabelle, für die der Trigger definiert wurde. Der Trigger kann also über das folgende Beispiel gelöscht werden:

Beispiel:

```
DROP TRIGGER trSummeAnteil;
```

Nun erstellen wir unter dem gleichen Namen einen INSTEAD OF-Trigger, der wie der ursprüngliche Trigger bei einem INSERT auslöst und zunächst nur eine entsprechende Meldung ausgeben soll.

Beispiel:

```
CREATE TRIGGER trSummeAnteil
ON tblAutorBuch
INSTEAD OF INSERT
AS
PRINT 'INSTEAD OF INSERT-Trigger ausgelöst';
```

Die im letzten Beispiel verwendete INSERT-Anweisung

Beispiel:

```
INSERT INTO tblAutorBuch
VALUES (1, '3-89842-684-X', 10);
```

soll nun erneut ausgeführt werden, was SQL Server mit der Meldung

```
INSTEAD OF INSERT-Trigger ausgelöst

(1 Zeile(n) betroffen)
```

quittiert. Der Trigger wurde offensichtlich ausgelöst, und die Meldung (1 Zeile(n) betroffen) könnte – wie von der INSERT-Anweisung bekannt – so interpretiert werden, dass ein Datensatz in die Tabelle eingetragen wurde. Wenn Sie die INSERT-Anweisung nun nochmals ausführen, wäre zu erwarten, dass eine Primärschlüsselverletzung auftritt. Dies ist jedoch nicht der Fall, es erscheint lediglich erneut die oben angegebene Meldung, unabhängig davon, wie häufig Sie die INSERT-Anweisung aufrufen.

Aber dies ist nur das erste auf den ersten Blick nicht zu erklärende Phänomen im Zusammenhang mit INSTEAD OF-Triggern. Wenn Sie sich den Tabelleninhalt anzeigen lassen, werden Sie feststellen, dass keinerlei Änderungen vorgenommen wurden; der Datensatz wurde nicht ein einziges Mal in die Tabelle eingefügt.

Auch wenn dieses Verhalten zunächst nicht sinnvoll erscheinen mag, lässt es sich doch mit der an ihren Einsatzzweck angepassten Funktion von INSTEAD OF-Triggern erklären: INSTEAD OF-Trigger werden typischerweise dann eingesetzt, wenn – bevor eine DML-Anweisung tatsächlich ausgeführt wird – zunächst eine Überprüfung der Datensätze erfolgen soll. Das Beispiel aus dem letzten Abschnitt oder das zu Anfang des Kapitels würde in der Praxis nicht mit einem AFTER-, sondern unter Verwendung eines INSTEAD OF-Triggers realisiert. Abbildung 18.10 verdeutlicht die grundlegende Funktionsweise dieser Triggerart am Beispiel eines INSTEAD OF INSERT-Triggers.

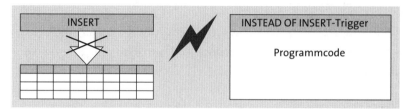

Abbildung 18.10 Grundlegende Funktionsweise eines »INSTEAD OF«-Triggers

> **Hinweis**
>
> Die den Trigger auslösende Anweisung – in diesem Fall ein INSERT – wird bei Vorhandensein eines entsprechenden INSTEAD OF-Triggers von diesem abgefangen, und stattdessen wird lediglich der Trigger aufgerufen!

Daher auch die Bezeichnung dieser Triggerart: Anstelle der Ausführung der eigentlichen Anweisung wird lediglich der Trigger aufgerufen. Das erklärt auch, warum im letzten Beispiel niemals ein Datensatz in die Tabelle *tblAutorBuch* eingefügt wurde: Durch die INSERT-Anweisung wurde zwar der Trigger aufgerufen, die eigentliche INSERT-Anweisung auf die Tabelle wurde aber – durch das Vorhandensein eines in dieser Art programmierten INSTEAD OF INSERT-Triggers – niemals ausgeführt. In der Tat würde ein auf diese Weise programmierter INSTEAD OF INSERT-Trigger verhindern, dass jemals ein Datensatz in eine Tabelle eingefügt werden kann, da jedes INSERT zwar den Trigger aufruft, aber niemals real ausgeführt würde und daher ins Leere liefe.

Dieses auf den ersten Blick vielleicht nicht ganz einsehbare Verhalten eines INSTEAD OF-Triggers bietet jedoch einen erheblichen Vorteil: Weil der Trigger anstelle der eigentlichen INSERT-, UPDATE- oder DELETE-Anweisung ausgeführt wird, ist es möglich, die Änderungen am Datenbestand, die Sie vornehmen wollen, zu kontrollieren und zu überprüfen, *bevor* diese tatsächlich in einer Tabelle vorgenommen werden. Gerade dies stellte ja das Problem bei dem im letzten Abschnitt behandelten Beispiel des AFTER-Triggers dar: dass hier eine Überprüfung erst vorgenommen werden konnte, *nachdem* der Datensatz bereits in die Tabelle eingetragen worden war.

Da ein INSTEAD OF-Trigger die auslösende Anweisung abfängt und ihre Ausführung unterbindet, ist bei der Programmierung dieser Triggerart eine Besonderheit zu beachten:

> **Hinweis**
>
> In einem INSTEAD OF-Trigger muss durch die Programmierung das Einfügen, Ändern oder Löschen von Daten erneut angestoßen werden, damit die gewünschten Änderungen tatsächlich in der Tabelle vorgenommen werden!

Abbildung 18.11 zeigt ein Beispiel für die korrekte Programmierung eines INSTEAD OF INSERT-Triggers. Nachdem durch den Programmcode des Triggers beispielsweise eine Gültigkeitsprüfung stattgefunden hat, wird im Trigger selbst das INSERT, also die ursprünglich gegebene Anweisung, erneut ausgelöst, und erst dadurch wird die Änderung in der Tabelle vorgenommen.

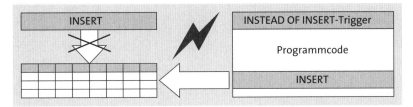

Abbildung 18.11 Korrekte Programmierung eines »INSTEAD OF INSERT«-Triggers

Die INSERT-Anweisung, die durch den INSTEAD OF-Trigger gegeben wird, führt natürlich nicht zur erneuten Ausführung dieses Triggers, obwohl ähnliche Probleme – die als *rekursive Triggeraufrufe* bezeichnet werden – bei Veränderung bestimmter Optionen auftreten können.

Neben diesem grundlegend anderen Verhalten des INSTEAD OF-Triggers im Vergleich zu einem AFTER-Trigger unterscheidet sich der INSTEAD OF-Trigger in folgenden Punkten vom AFTER-Trigger:

- Ist ein INSTEAD OF-Trigger für eine INSERT-, UPDATE- oder DELETE-Anweisung für eine Tabelle vorhanden, wird er vor für dieselbe Anweisung eventuell vorhandenen AFTER-Triggern auf die Tabelle ausgeführt.
- Im Gegensatz zu AFTER-Triggern kann für jede der Anweisungen INSERT, UPDATE oder DELETE nur ein INSTEAD OF-Trigger pro Tabelle definiert werden, was die eingangs von Abschnitt 18.1.1, »Programmierung von DML-Triggern«, erwähnte Ausnahme darstellt.

Neben den erwähnten Unterschieden entsprechen INSTEAD OF-Trigger ansonsten den AFTER-Triggern. Selbstverständlich bieten sie daher auch Zugriff auf die *inserted*- und die *deleted*-Tabelle.

Die Programmierung eines INSTEAD OF-Triggers soll nun an einem Beispiel gezeigt werden, das dem Beispiel des letzten Abschnitts entspricht. Auch in dem folgenden Beispiel gehen wir, um den Code übersichtlich zu halten, wieder davon aus, dass nur ein Datensatz pro Auslösung des Triggers eingefügt wird.

Den bereits erstellten Trigger trSummeAnteil ändern wir zu diesem Zweck ab, wozu wir die ALTER TRIGGER-Anweisung verwenden.

Syntax:

```
ALTER TRIGGER triggername
ON tabellenname
INSTEAD OF dml-anweisungsliste
AS
anweisungen;
```

Das folgende Listing zeigt den Quelltext der Änderung des Triggers:

Beispiel:

```
ALTER TRIGGER trSummeAnteil
ON tblAutorBuch
INSTEAD OF INSERT
AS
DECLARE @ISBN char(13);
DECLARE @Anteil decimal(5,2);
DECLARE @Summe decimal(5,2);
SELECT @ISBN = ISBN FROM inserted;
SELECT @Anteil = Anteil FROM inserted;
SELECT @Summe - SUM(Anteil) + @Anteil FROM tblAutorBuch
WHERE ISBN = @ISBN;
IF @Summe > 100
    RAISERROR ('Summe der Anteile zu hoch!',16,1);
ELSE
INSERT INTO tblAutorBuch
SELECT * FROM inserted;
```

Auch in diesem Beispiel werden zunächst die benötigten Variablen deklariert:

- @ISBN
  ist zur Aufnahme der ISBN-Nummer des eingetragenen Datensatzes gedacht.
- @Anteil
  soll den entsprechenden Wert des einzutragenden Datensatzes annehmen.
- @Summe
  soll die Summe der vorhandenen Anteile des Buches speichern.

Im Gegensatz z. B. des letzten Abschnitts werden in diesem Fall zwei Variablen – @Anteil und @Summe – für die Berechnung der Anteilssumme verwendet, da der Datensatz ja noch nicht in die Tabelle eingetragen wurde. @Anteil muss also ein Wert aus der *inserted*-Tabelle zugewiesen werden, und @Summe muss also einen Wert aus der Tabelle *tblAutorBuch* zuzüglich des Werts von @Anteil zugewiesen bekommen.

Diese Wertezuweisungen werden mithilfe der drei folgenden SELECT-Anweisungen vorgenommen, worauf wiederum eine IF-Anweisung folgt, in der festgestellt wird, ob der Wert von @Summe – also der Summe der bereits in der Tabelle für dieses Buch vorliegenden Anteile plus des im einzufügenden Datensatz enthaltenen Anteils – den Wert 100 überschreitet. Ist dies der Fall, wird der IF-Zweig der Anweisung durchlaufen und über RAISERROR eine Fehlermeldung ausgelöst. Eine Clientanwendung könnte diesen Fehler bearbeiten, den Benutzer auf das Problem hinweisen und ihn veranlassen, die Werte entsprechend zu ändern.

Wird der einzufügende Datensatz als gültig erkannt, wird der ELSE-Zweig abgearbeitet, in dem durch die grau unterlegte INSERT INTO ... SELECT-Anweisung das bereits besprochene und in Abbildung 18.11 schematisch dargestellte Einfügen des Datensatzes in die Tabelle erfolgt.

Eine solche oder ähnliche Anweisung ist typisch für die Programmierung eines INSTEAD OF-Triggers. Falls in der Praxis eine DML-Anweisung auf eine Tabelle anscheinend nicht ausgeführt wird, obwohl keine Fehlermeldung auftritt, sollten Sie daher immer kontrollieren, ob für die Tabelle ein INSTEAD OF-Trigger definiert wurde und ob dessen Programmierung korrekt ist! Eine Möglichkeit dazu besteht darin, zunächst im OBJEKT-EXPLORER den Pfad zu dem entsprechenden Trigger zu erweitern, wie Sie in Abbildung 18.12 am Beispiel des eben erstellten Triggers sehen.

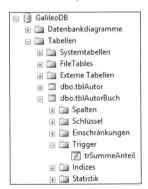

Abbildung 18.12 Pfad zu dem im Beispiel verwendeten Trigger im Objekt-Explorer

Über den Aufruf des Kontextmenüs und die Auswahl des Menüpunkts ÄNDERN öffnet sich im Management Studio ein neues Abfragefenster, in dem Sie den Quellcode des Triggers überprüfen und gegebenenfalls ändern können, da der Code bereits als ALTER TRIGGER-Anweisung dargestellt wird, wie Abbildung 18.13 zeigt.

```
USE [GalileoDB]
GO
/****** Object:  Trigger [dbo].[trSummeAnteil]    Script Date: 14.06.2012 22:02:22 ******/
SET ANSI_NULLS ON
GO
SET QUOTED_IDENTIFIER ON
GO
ALTER TRIGGER [dbo].[trSummeAnteil]
ON [dbo].[tblAutorBuch]
INSTEAD OF INSERT
AS
DECLARE @ISBN char(13);
DECLARE @Anteil decimal(5,2);
DECLARE @Summe decimal(5,2);
SELECT @ISBN = ISBN FROM inserted;
SELECT @Anteil = Anteil FROM inserted;
SELECT @Summe = SUM(Anteil) + @Anteil FROM tblAutorBuch
 WHERE ISBN = @ISBN;
IF @Summe > 100
 RAISERROR ('Summe der Anteile zu hoch!',16,1);
 ELSE
 INSERT INTO tblAutorBuch
 SELECT * FROM inserted;
```

Abbildung 18.13 Generiertes Skript zur Änderung eines vorhandenen Triggers

Verwendung eines »INSTEAD OF«-Triggers zur Datenmanipulation auf Sichten, die auf »JOIN«-Abfragen beruhen

Die bisherigen Beispiele dieses Kapitels bezogen sich alle auf die Triggerauslösung durch DML-Anweisungen auf eine *Tabelle*. Trigger können jedoch nicht nur für Tabellen, sondern auch für *Sichten* erstellt werden, auf die ebenfalls DML-Anweisungen ausgeführt werden können. In diesem Zusammenhang kommt INSTEAD OF-Triggern eine besondere Bedeutung zu, wie im Folgenden gezeigt werden soll.

Sichten können, wie in Kapitel 15, »Sichten«, erwähnt, Daten aus mehreren Tabellen – den sogenannten *Basistabellen* – so präsentieren, als ob sie aus einer Tabelle – eben der Sicht – stammen würden. Zur Verdeutlichung zeigt Abbildung 18.14 noch einmal die Funktionsweise einer Sicht während der Abfrage.

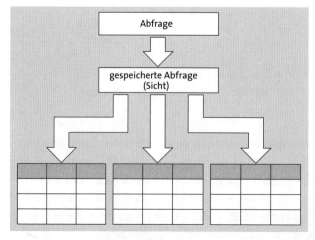

Abbildung 18.14 Funktionsweise einer Sicht während einer Abfrage

Die in Abbildung 18.14 dargestellte Sicht soll z. B. aus einer JOIN-Abfrage bestehen, die Daten aus den drei zugrunde liegenden Basistabellen kombiniert und ausgibt. Während einer Abfrage stellt dies kein Problem dar. Anders verhält es sich, wenn auf eine Sicht, die auf einer JOIN-Abfrage beruht, z. B. eine INSERT-Anweisung ausgeführt wird. Sind in der Sicht nur Daten aus einer Tabelle enthalten und werden über das INSERT auf die Sicht alle erforderlichen Daten zum Einfügen des Datensatzes in die Basistabelle bereitgestellt, kann die INSERT-Anweisung bearbeitet werden. Ein anderer Fall liegt vor, wenn eine INSERT-Anweisung auf eine Sicht ausgeführt wird, die Daten aus mehreren Basistabellen enthält, wie in Abbildung 18.15 angedeutet ist.

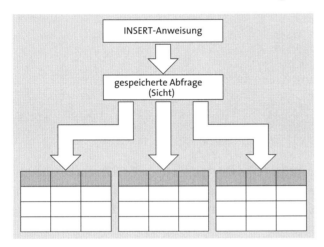

Abbildung 18.15 »INSERT« auf eine Sicht, die auf mehreren Basistabellen beruht

In diesem Fall tritt das Problem auf, dass SQL Server den einzufügenden Datensatz nicht ohne Unterstützung auf die zugrunde liegenden Basistabellen aufteilen kann.

Um dies zu verdeutlichen, erstellen wir eine Sicht *vwAutorBuch*, die alle wesentlichen Informationen der *tblAutor*-, *tblAutorBuch*- und *tblBuch*-Tabellen zu Autoren, die ein Buch geschrieben haben, enthält:

Beispiel:

```
CREATE VIEW vwAutorBuch
AS
SELECT a.Vorname, a.Nachname, ab.Anteil, b.ISBN, b.Titel, b.Preis
FROM tblAutor AS a
INNER JOIN tblAutorBuch AS ab
ON a.ID = ab.ID
INNER JOIN tblBuch AS b
ON b.ISBN = ab.ISBN;
```

Abbildung 18.16 zeigt das Ergebnis einer Abfrage auf diese Sicht.

18 Programmierung und Einsatz von Triggern

	Vorname	Nachname	Anteil	ISBN	Titel	Preis
1	Andreas	Kühnel	100.00	3-89842-585-1	Visual Basic .NET Das umfassende Handbuch	49,90
2	Andreas	Kühnel	10.00	3-89842-684-X	Microsoft SQL Server 2005	0,00
3	Jörg	Neumann	20.00	3-89842-684-X	Microsoft SQL Server 2005	0,00
4	Helmut	Vonhoegen	5.00	3-89842-684-X	Microsoft SQL Server 2005	0,00
5	Marcel	Gnoth	65.00	3-89842-684-X	Microsoft SQL Server 2005	0,00

Abbildung 18.16 Abfrageergebnis auf die »JOIN«-basierte Sicht

Wir versuchen nun, über diese Sicht einen Datensatz einzufügen.

Beispiel:

```
INSERT INTO vwAutorBuch
VALUES ('Mark', 'Lubkowitz', 100, '3-8984-2313-1',
'Webseiten programmieren und gestalten', 39.90);
```

SQL Server reagiert auf diese Anweisung mit der folgenden Meldung:

```
Meldung 4405, Ebene 16, Status 1, Zeile 1
Die Sicht oder Funktion 'vwAutorBuch' kann nicht aktualisiert
werden, da die Änderung sich auf mehrere Basistabellen auswirkt.
```

Um dem Server ein Hilfsmittel an die Hand zu geben, damit er die Daten auf die entsprechenden Basistabellen aufteilen kann, muss für die Sicht ein INSTEAD OF INSERT-Trigger programmiert werden, der das eigentliche INSERT abfängt und die Aufteilung der Daten auf die Tabellen übernimmt:

Beispiel:

```
CREATE TRIGGER trAutorBuchINSERT
ON vwAutorBuch
INSTEAD OF INSERT
AS
INSERT INTO tblAutor (Vorname, Nachname)
SELECT Vorname, Nachname FROM inserted;
INSERT INTO tblBuch(ISBN, Titel, Preis)
SELECT ISBN, Titel, Preis FROM inserted;
INSERT INTO tblAutorBuch (ID, ISBN, Anteil)
SELECT  @@IDENTITY, ISBN, Anteil FROM inserted;
```

Wie Sie erkennen, werden durch die INSERT INTO ... SELECT-Anweisungen die jeweiligen Daten aus der *inserted*-Tabelle auf die zugrunde liegenden Basistabellen aufgeteilt. Hierbei ist natürlich die Reihenfolge der INSERT-Anweisungen zu beachten, um keine Fremdschlüsselverletzung zu verursachen. Eine Besonderheit stellt der Aufruf der @@IDENTITY-Funktion dar: Da für den neu eingefügten Autor ein neuer IDENTITY-Wert vergeben wurde, wird dieser über die @@IDENTITY-Funktion abgefragt, um die Verknüpfung von Autor und Buch in der Tabelle *tblAutorBuch* vornehmen zu können.

Wird die eben erwähnte INSERT-Anweisung auf die Sicht nun erneut ausgeführt, erfolgt keine Fehlermeldung mehr, und die Daten werden durch den INSTEAD OF INSERT-Trigger korrekt in die Basistabellen eingefügt. Abbildung 18.17 bis Abbildung 18.19 zeigen den Inhalt der über die Sicht aktualisierten Tabellen.

	ID	Vorname	Nachname	KontoNr	BLZ
1	1	Hans Willi	Kremer	NULL	NULL
2	2	Andreas	Kühnel	NULL	NULL
3	3	Jörg	Neumann	NULL	NULL
4	4	Helmut	Vonhoegen	0000000000	NULL
5	5	Marcel	Gnoth	NULL	NULL
6	6	Dirk	Mertins	0000000000	NULL
7	7	Mark	Lubkowitz	NULL	NULL

Abbildung 18.17 Über die Sicht aktualisierter Inhalt der Tabelle »tblAutor«

	ID	ISBN	Anteil
1	2	3-89842-585-1	100.00
2	2	3-89842-684-X	10.00
3	3	3-89842-684-X	20.00
4	4	3-89842-684-X	5.00
5	5	3-89842-684-X	65.00
6	7	3-8984-2313-1	100.00

Abbildung 18.18 Über die Sicht aktualisierter Inhalt der Tabelle »tblAutorBuch«

	ISBN	Titel	Preis
1	3-89842-129-5	VB.NET	49,90
2	3-89842-141-1	SELECT * FROM SQL Server 2000	49,90
3	3-8984-2313-1	Webseiten programmieren und gestalten	39,90
4	3-89842-585-1	Visual Basic .NET Das umfassende Handbuch	49,90
5	3-89842-684-X	Microsoft SQL Server 2005	0,00

Abbildung 18.19 Über die Sicht aktualisierter Inhalt der Tabelle »tblBuch«

Abwägung des Einsatzes von Triggern und Einschränkungen

Trigger dienen, wie schon erwähnt, ebenso wie Einschränkungen dazu, die Datenintegrität sicherzustellen. Trigger können Sie außerdem zur Wahrung der Datenkonsistenz einsetzen. Oftmals stellt sich bei der Entwicklung einer Datenbank die Frage, ob eine Überprüfung durch einen Trigger oder durch einen Constraint implementiert werden soll.

In diesem Punkt gilt generell, dass die Verwendung von Einschränkungen – also Constraints – der Verwendung von Triggern vorzuziehen ist. Erst dann, wenn sich ein Constraint als nicht ausreichend erweist, kommen Trigger zum Einsatz, da Trigger – z. B. durch die Erstellung der *inserted*- und *deleted*-Tabelle – mehr Ressourcen beanspruchen als eine Einschränkung.

Die Wahrung der Datenintegrität durch Einschränkungen wird in der Fachsprache als *deklarative Integrität*, die Wahrung der Datenintegrität durch Trigger als *prozedurale Integrität* bezeichnet.

18.2 DDL-Trigger

Seit SQL Server 2005 besteht die Möglichkeit, DDL-Trigger (**D**ata **D**efinition **L**anguage) zu verwenden. Im Gegensatz zu DML-Triggern werden DDL-Trigger nicht durch Datensatzoperationen, sondern typischerweise über die mit CREATE, ALTER oder DROP eingeleiteten Befehle ausgelöst.

DDL-Trigger werden in zwei Gruppen aufgeteilt: in *DDL-Trigger mit Serverbereich* und in *DDL-Trigger mit Datenbankbereich*.

18.2.1 DDL-Trigger mit Serverbereich

DDL-Trigger mit Serverbereich können zur Reaktion auf Ereignisse verwendet werden, die auf Serverebene stattfinden. Beispiele hierfür sind das Anlegen oder Löschen einer Datenbank oder eines Logins.

Das Anlegen eines DDL-Triggers mit Serverbereich wird durch ALL SERVER in der Syntax ausgedrückt:

Syntax:

```
CREATE TRIGGER triggername
ON ALL SERVER
FOR ereignis
AS
anweisungen;
```

Um also einen Trigger mit Serverbereich zu erstellen, der beim Anlegen einer Datenbank ausgelöst wird und eine entsprechende Meldung ausgibt, muss das CREATE_DATABASE-Ereignis abgefangen werden. Diesen Trigger könnten Sie auf die folgende Art programmieren:

Beispiel:

```
CREATE TRIGGER trDatenbank
ON ALL SERVER
FOR CREATE_DATABASE
AS
PRINT 'trDatenbank ausgelöst';
```

Da es sich hierbei um einen Trigger handelt, der auf Serverebene erstellt wird, ist es unerheblich, aus welcher Datenbank heraus der Aufruf erfolgt. Der neu erstellte Trigger wird im OBJEKT-EXPLORER unter dem in Abbildung 18.20 dargestellten Pfad angezeigt.

Die Funktion des Triggers wollen wir nun überprüfen, indem wir eine CREATE DATABASE-Anweisung ausführen:

Beispiel:

```
CREATE DATABASE testDB;
```

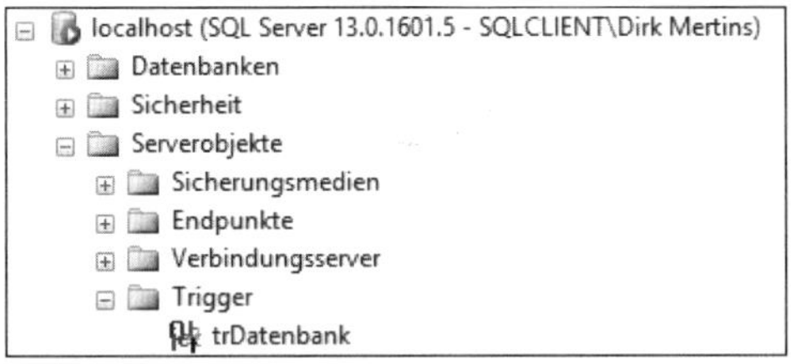

Abbildung 18.20 Trigger mit Serverbereich im Objekt-Explorer

Der Server antwortet darauf mit der Ausgabe der programmierten Meldung:

```
trDatenbank ausgelöst
```

Die Auslösung des Triggers über die CREATE DATABASE-Anweisung hat also offensichtlich funktioniert.

Die Ereignisse, die zur Auslösung von DDL-Triggern führen können, sind zu sogenannten *Ereignisgruppen* zusammengefasst. Das heißt, in der Syntax zur Erstellung eines DDL-Triggers können Sie statt eines einzelnen Ereignisses, das den Trigger auslöst, auch eine Ereignisgruppe angeben.

Syntax:

```
CREATE TRIGGER triggername
ON ALL SERVER
FOR ereignisgruppe
AS
anweisungen;
```

Eine Übersicht über die mit DDL-Triggern verwendbaren Ereignisse und ihre Zuordnung zu den Ereignisgruppen erhalten Sie am einfachsten, indem Sie in der SQL-Server-Dokumentation den Eintrag *DDL-Ereignisgruppen* suchen. Abbildung 18.21 zeigt einen Auszug aus dieser Seite der Dokumentation.

Die Verwendung dieser Ereignisgruppen ist nicht ganz unproblematisch. Die Ereignisgruppen sind geschachtelt, wobei eine übergeordnete Ereignisgruppe alle Ereignisse von untergeordneten Ereignisgruppen einbezieht.

parent_type	Typ	name
NULL	296	ALTER_SERVER_CONFIGURATION
NULL	10001	DDL_EVENTS
10001	10016	| DDL_DATABASE_LEVEL_EVENTS
10016	10027	| | DDL_ASSEMBLY_EVENTS
10027	102	| | | ALTER_ASSEMBLY
10027	101	| | | CREATE_ASSEMBLY
10027	103	| | | DROP_ASSEMBLY
10016	10029	| | DDL_DATABASE_SECURITY_EVENTS

Abbildung 18.21 Ausschnitt aus der Hilfe zum Thema Ereignisgruppen

Ein unter Verwendung einer Ereignisgruppe definierter Trigger kann daher auch durch eine Anweisung ausgelöst werden, die bei der Erstellung des Triggers nicht bedacht wurde.

Der Trigger trDatenbank soll nun vom Server gelöscht werden. Dies erfolgt über die DROP TRIGGER-Anweisung, die aber um den Zusatz ON ALL SERVER erweitert werden muss.

Syntax:

```
DROP TRIGGER triggername
ON ALL SERVER;
```

Beispiel:

```
DROP TRIGGER trDatenbank
ON ALL SERVER;
```

18.2.2 DDL-Trigger mit Datenbankbereich

DDL-Trigger mit Datenbankbereich können Sie ähnlich wie die DDL-Trigger mit Serverbereich programmieren und einsetzen. Ihre Gültigkeit ist jedoch auf die Datenbank begrenzt, in der sie definiert wurden.

Die Syntax zur Erstellung ähnelt der eines Triggers mit Serverbereich. Hier wird lediglich statt ON ALL SERVER der Ausdruck ON DATABASE verwendet.

18.2 DDL-Trigger

Syntax:

```
CREATE TRIGGER triggername
ON DATABASE
FOR ereignis
AS
anweisungen;
```

Auch für die Trigger mit Datenbankbereich werden Ereignisgruppen unterstützt.

Für diese Triggerart erstellen wir ebenfalls ein einfaches Beispiel; der Trigger trTabelle soll in der *testDB*-Datenbank erstellt werden und dann auslösen, wenn eine Tabelle angelegt wird.

Beispiel:

```
USE testDB;
GO
CREATE TRIGGER trTabelle
ON DATABASE
FOR CREATE_TABLE
AS
PRINT 'trTabelle ausgelöst';
```

Da die CREATE TRIGGER-Anweisung ebenfalls die erste Anweisung eines Stapels sein muss, wird nach dem Umschalten auf die Datenbank *testDB* durch USE das Stapeltrennzeichen GO angegeben. Datenbanktrigger werden unter dem in Abbildung 18.22 dargestellten Pfad im OBJEKT-EXPLORER angezeigt.

In der Datenbank erstellen wir nun eine Tabelle.

Beispiel:

```
CREATE TABLE tblTest
(
    test int
);
```

Abbildung 18.22 Trigger mit Datenbankbereich im Objekt-Explorer

Die Ausführung des Beispiels löst den Trigger aus, und die entsprechende Meldung wird ausgegeben:

```
trTabelle ausgelöst
```

Wie von den DML-Triggern her gewohnt, können Sie auch mehrere einzelne Ereignisse einem DDL-Trigger zuordnen. Um dies zu verdeutlichen, modifizieren wir den Trigger trTabelle über eine ALTER TRIGGER-Anweisung so, dass er sowohl bei einer CREATE TABLE- als auch bei einer DROP TABLE-Anweisung auslöst.

Beispiel:

```
ALTER TRIGGER trTabelle
ON DATABASE
FOR CREATE_TABLE, DROP_TABLE
AS
PRINT 'trTabelle ausgelöst';
```

Die Ausführung des folgenden Beispiels führt nun ebenfalls zur Auslösung des Triggers.

Beispiel:

```
DROP TABLE tblTest;
```

Abschließend soll der Trigger trTabelle aus der Datenbank gelöscht werden. Analog zum Löschen eines Triggers mit Serverbereich müssen Sie auch hier die DROP TRIGGER-Anweisung ergänzen, in diesem Fall um ON DATABASE.

Beispiel:

```
DROP TRIGGER trTabelle
ON DATABASE;
```

Die Datenbank *testDB* können Sie anschließend wieder löschen, da wir sie im Folgenden nicht mehr verwenden werden.

18.2.3 Informationen zur Auslösung von DDL-Triggern

Innerhalb eines DML-Triggers erhalten Sie durch Abfragen auf die *inserted*- und *deleted*-Tabellen Informationen zur Auslösung des Triggers, innerhalb eines DDL-Triggers steht Ihnen dazu die EVENTDATA-Funktion zur Verfügung. Um Informationen zur Triggerauslösung über diese Funktion zu erhalten, können Sie diese innerhalb eines DDL-Triggers aufrufen, wie das folgende Beispiel zeigt:

Beispiel:

```
CREATE TRIGGER trDatenbank
ON ALL SERVER
FOR CREATE_DATABASE
AS
SELECT EVENTDATA();
```

Erstellen Sie nun auf dem Server eine neue Datenbank, besteht das Ergebnis des Triggers in der Ausgabe der EVENTDATA-Funktion. Die Ausgabe dieser Funktion besteht aus einem XML-Dokument. Durch einen Mausklick auf die im Ergebnisbereich als Link dargestellte Ausgabe der Funktion können Sie sich das XML-Dokument in strukturierter Form anzeigen lassen, wie Abbildung 18.23 zeigt.

```
<EVENT_INSTANCE>
    <EventType>CREATE_DATABASE</EventType>
    <PostTime>2012-06-14T22:54:58.987</PostTime>
    <SPID>52</SPID>
    <ServerName>SQLCLIENT</ServerName>
    <LoginName>SQLClient\Dirk Mertins</LoginName>
    <DatabaseName>test</DatabaseName>
    <TSQLCommand>
        <SetOptions ANSI_NULLS="ON" ANSI_NULL_DEFAULT="ON" ANSI_PADDING="ON" QUOTED_IDENTIFIER="ON" ENCRYPTED="FALSE" />
        <CommandText>CREATE DATABASE test;</CommandText>
    </TSQLCommand>
</EVENT_INSTANCE>
```

Abbildung 18.23 Ausgabe der »EVENTDATA«-Funktion in Form eines XML-Dokuments

Kapitel 19
Nachverfolgung von Datenänderungen

Seit SQL Server 2008 bieten sich Ihnen zwei neue Möglichkeiten, Änderungen am Datenbestand nachzuvollziehen.

Eine häufige Anforderung an datenbankbasierte Anwendungen besteht darin, Änderungen am Datenbestand nachvollziehen zu können. In manchen Anwendungen ist es z. B. notwendig, die ursprüngliche Version eines Datensatzes in einer Archivtabelle verfügbar zu halten, wenn Änderungen an einem Datensatz vorgenommen werden. Eine solche Archivierung war in SQL Server bislang ein typisches Szenario für den Einsatz von DML-Triggern. Mit SQL Server 2008 wurden zwei weitere Mechanismen zur Nachverfolgung von Änderungen am Datenbestand eingeführt, die wir im Folgenden beschreiben.

19.1 Die Möglichkeiten zur Nachverfolgung von Datenänderungen: Change Data Capture und die Änderungsnachverfolgung

SQL Server bietet Ihnen die folgenden beiden Möglichkeiten, Änderungen an Datensätzen nachzuvollziehen: *Change Data Capture* und die *Änderungsnachverfolgung*. Nachfolgend finden Sie eine kurze Gegenüberstellung beider Techniken, die Ihnen erlauben soll, deren Einsatzmöglichkeiten abzuschätzen. In den beiden darauf folgenden Abschnitten erläutern wir die Anwendung beider Techniken dann im Detail. In diesen und den folgenden Abschnitten ist der Begriff *Änderung* immer im Sinne einer beliebigen DML-Anweisung gemeint und bedeutet nicht notwendigerweise die Änderung eines bestehenden Datensatzes.

- **Change Data Capture**
  Im Vergleich beider Techniken bietet Ihnen der Einsatz von Change Data Capture die bei Weitem detaillierteren Informationen über die vorgenommenen Änderungen. Ein Nachteil der Verwendung von Change Data Capture besteht darin, dass Änderungen am Datenbestand u. U. erst mit einer gewissen Verzögerung – also asynchron – in Change Data Capture zur Verfügung stehen. Dies ist dadurch bedingt, dass die Änderungsdaten durch die Analyse des Transaktionsprotokolls

generiert werden. Change Data Capture ist von allen für den Einsatz in einer Produktivumgebung vorgesehenen Versionen von SQL Server 2014 nur in der Enterprise Edition verfügbar.

- **Änderungsnachverfolgung**
  Bei Verwendung der Änderungsnachverfolgung stehen die Änderungsinformationen zwar synchron zur Verfügung, dafür sind sie im Vergleich zu Change Data Capture jedoch auch sehr limitiert. Etwas vereinfacht ausgedrückt, können Sie mit der Änderungsnachverfolgung lediglich feststellen, dass ein Datensatz geändert wurde, aber nicht, wie die Änderung im Detail ausgesehen hat.

19.2 Change Data Capture

Change Data Capture ermöglicht die Nachverfolgung von Datenänderungen durch die Auswertung der SQL-Server-Transaktionsprotokolle. Die Funktionsweise von Change Data Capture sehen Sie in Abbildung 19.1 dargestellt.

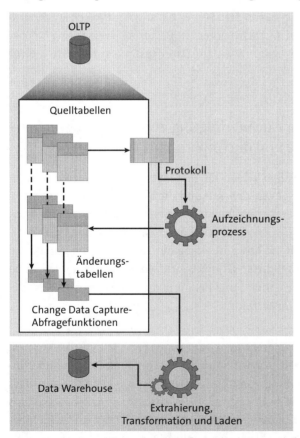

Abbildung 19.1 Struktur von Change Data Capture (Quelle: Microsoft)

Wie Sie der Abbildung entnehmen können, analysiert ein Agent das Transaktionsprotokoll und schreibt die an einer Quelltabelle vorgenommenen Änderungen in eine zugehörige Änderungstabelle.

Im Folgenden wollen wir Change Data Capture für eine Tabelle in der *AdventureWorks2014*-Datenbank einrichten, damit wir anschließend das Erfassen von Datenänderungen demonstrieren können. Beachten Sie, dass der SQL-Server-Agent-Dienst gestartet sein muss, um unter Verwendung von Change Data Capture Datenänderungen zu erfassen.

> **Hinweis**
>
> Die AdventureWorks2016CTP3-Datenbank verwendet speicheroptimierte Tabellen, die eine Verwendung von Change Data Capture verhindern. Das folgende Beispiel bezieht sich daher auf die Vorgänger-Version.

19.2.1 Konfiguration der Datenbank zur Verwendung von Change Data Capture

Um eine Änderungsverfolgung mit Change Data Capture einzurichten, müssen Sie zunächst sicherstellen, dass Change Data Capture für die entsprechende Datenbank aktiviert ist. Dies stellen Sie über eine Abfrage auf die Spalte *is_cdc_enabled* der Systemsicht *sys.databases* fest. Abbildung 19.2 zeigt einen Ausschnitt des Abfrageergebnisses auf diese Systemsicht für die *AdventureWorks2014*-Datenbank.

	name	database_id	create_date	compatibility_level	is_cdc_enabled
1	AdventureWorks2012	7	2012-06-06 15:38:31.123	110	0

Abbildung 19.2 Deaktiviertes Change Data Capture nach Einrichtung der »AdventureWorks2014«-Datenbank

Wie Sie der Abbildung entnehmen können, ist Change Data Capture für die *AdventureWorks2014*-Datenbank standardmäßig nicht aktiviert. Um Change Data Capture zu aktivieren, rufen Sie die Prozedur `sp_cdc_enable_db` aus einer Verbindung zu der *AdventureWorks2014*-Datenbank auf.

Beispiel:

```
USE AdventureWorks2014;
GO
EXECUTE sp_cdc_enable_db;
```

Nach erfolgreicher Ausführung der Prozedur wird Ihnen bei einer erneuten Abfrage auf die *sys.databases*-Systemsicht der Eintrag zur *AdventureWorks2014*-Datenbank mit aktiviertem Change Data Capture angezeigt (siehe Abbildung 19.3).

19 Nachverfolgung von Datenänderungen

name	database_id	create_date	compatibility_level	is_cdc_enabled
1 AdventureWorks2012	7	2012-06-06 15:38:31.123	110	1

Abbildung 19.3 Aktiviertes Change Data Capture in der »AdventureWorks2014«-Datenbank

Durch die Aktivierung von Change Data Capture wird in der Datenbank ein neues Schema mit der Bezeichnung *cdc* erstellt (siehe Abbildung 19.4). Dieses Schema dient zur Aufnahme verschiedener Objekte, die zur Verwaltung von Datenänderungen mit Change Data Capture benötigt werden. Darüber hinaus wird der Datenbank ein zusätzlicher Benutzer, ebenfalls *cdc* genannt, hinzugefügt (siehe Abbildung 19.5).

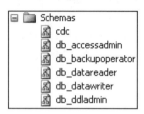

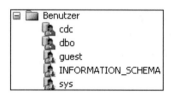

Abbildung 19.4 Durch die Aktivierung von Change Data Capture erstelltes Schema »cdc«

Abbildung 19.5 Durch die Aktivierung von Change Data Capture erstellter Benutzer »cdc«

19.2.2 Konfiguration von Change Data Capture zur Überwachung einer Tabelle

Nachdem Sie Change Data Capture für die Datenbank aktiviert haben, können Sie die Änderungsverfolgung für einzelne Tabellen der Datenbank einrichten.

In diesem Beispiel richten wir eine Änderungsverfolgung für die *Vendor*-Tabelle ein, deren Struktur in Abbildung 19.6 wiedergegeben ist.

Abbildung 19.6 Struktur der »Vendor«-Tabelle

Einen Ausschnitt aus dem Datenbestand der Tabelle zeigt Abbildung 19.7.

Zum Einrichten von Change Data Capture für eine Tabelle verwenden Sie die Prozedur `sys.sp_cdc_enable_table`, deren Syntax Sie nachfolgend mit ausgewählten Parametern dargestellt sehen.

Syntax:

```
sys.sp_cdc_enable_table
@source_schema = 'schemaname',
@source_name = 'objektname',
@role_name = 'datenbankrolle',
@capture_instance = 'aufzeichnungsinstanz',
@supports_net_changes = 0|1,
@index_name = 'indexname',
@captured_column_list = 'spaltenliste',
@filegroup_name = 'dateigruppe'
```

	BusinessEntityID	AccountNumber	Name	CreditRating	PreferredVendorStatus	ActiveFlag
1	1492	AUSTRALI0001	Australia Bike Retailer	1	1	1
2	1494	ALLENSON0001	Allenson Cycles	2	1	1
3	1496	ADVANCED0001	Advanced Bicycles	1	1	1
4	1498	TRIKES0001	Trikes, Inc.	2	1	1
5	1500	MORGANB0001	Morgan Bike Accessories	1	1	1
6	1502	CYCLING0001	Cycling Master	1	1	1
7	1504	CHICAGO0002	Chicago Rent-All	2	1	1
8	1506	GREENWO0001	Greenwood Athletic Company	1	1	1
9	1508	COMPETE0001	Compete Enterprises, Inc	1	1	1
10	1510	INTERNAT0001	International	1	1	1

Abbildung 19.7 Datensätze in der »Vendor«-Tabelle

Die angegebenen Parameter haben die folgende Bedeutung:

- @source_schema

  Gibt das Schema an, in dem sich die zu überwachende Tabelle befindet.

- @source_name

  Steht für den Bezeichner der Tabelle, für die Change Data Capture aktiviert werden soll.

- @role_name

  Der Name der sogenannten *Gatingrolle*. Damit ein Benutzer Änderungsdaten aus Change Data Capture abrufen darf, muss er zwingend über SELECT-Berechtigungen für die entsprechenden Spalten der Quelltabelle verfügen. Geben Sie hier den Namen einer Rolle an, muss ein Benutzer zusätzlich Mitglied dieser Gatingrolle sein, um Daten aus Change Data Capture abrufen zu können. Ist eine Rolle gleichen Namens nicht in der Datenbank vorhanden, wird sie erstellt. Möchten Sie keine Gatingrolle verwenden, übergeben Sie NULL an diesen Parameter.

- @capture_instance

  Der Name der Aufzeichnungsinstanz für die Tabelle. Auf die Aufzeichnungsinstanz gehen wir in Abschnitt 19.2.3, »Die Aufzeichnungsinstanz«, näher ein.

- @supports_net_changes

  Geben Sie für diesen Parameter den Wert 0 an, können Sie über Change Data Cap-

ture alle Änderungen, die am Datenbestand der Tabelle vorgenommen wurden, einzeln abfragen. Übergeben Sie für diesen Parameter den Wert 1, sind zusätzlich die resultierenden Änderungen – auch als *Nettoänderungen* bezeichnet – in Change Data Capture verfügbar.

- @index_name
  Wenn Sie durch den Parameter @supports_net_changes Nettoänderungen aktiviert haben, die Quelltabelle aber über keinen Primärschlüssel verfügt, müssen Sie an dieser Stelle den Namen eines anderen eindeutigen Index der Tabelle angeben.

- @captured_column_list
  Die Liste der zu überwachenden Spalten der Tabelle. Wenn Sie alle Spalten der Tabelle einschließen möchten, übergeben Sie NULL an diesen Parameter.

- @filegroup_name
  Über diesen Parameter können Sie die Dateigruppe angeben, in der die Änderungstabelle erstellt wird.

Als Beispiel für die Aktivierung von Change Data Capture für die *Vendor*-Tabelle werden wir den folgenden Prozeduraufruf verwenden. Bitte überprüfen Sie vor Ausführung der folgenden Beispiele, ob der SQL SERVER-AGENT (siehe Abbildung 19.8) gestartet wurde. Falls nicht, starten Sie den Dienst zuerst, da für das Change Date Capture zwei SQL SERVER-AGENT-Aufträge zur Erfassung der Änderungen ausgeführt werden müssen.

Abbildung 19.8 Gestarteter SQL-Server-Agent-Dienst

Beispiel:

```
EXECUTE sys.sp_cdc_enable_table
@source_schema = 'Purchasing',
@source_name = 'Vendor',
@role_name = 'cdcVendorRole',
@capture_instance = 'cdcVendor',
@supports_net_changes = 1,
@captured_column_list = 'BusinessEntityID, Name';
```

Nach erfolgreicher Ausführung des Prozeduraufrufs erfolgt im Reiter MELDUNGEN die folgende Ausgabe:

Der Auftrag 'cdc.AdventureWorks2014_capture' wurde erfolgreich gestartet.
Der Auftrag 'cdc.AdventureWorks2014_cleanup' wurde erfolgreich gestartet.

Die beiden erstellten Aufträge zum Erfassen von Datenänderungen und zum Löschen veralteter Einträge können Sie sich im OBJEKT-EXPLORER anzeigen lassen (siehe Abbildung 19.9).

Abbildung 19.9 Aufträge zur Verwaltung von Change Data Capture

Neben den Aufträgen zur Verwaltung von Change Data Capture wird durch die Aktivierung der Änderungsverfolgung für eine Tabelle eine Aufzeichnungsinstanz erstellt. Auf die Aufzeichnungsinstanz als zentrale Komponente von Change Data Capture gehen wir im nächsten Abschnitt detailliert ein.

19.2.3 Die Aufzeichnungsinstanz

Die Aufzeichnungsinstanz besteht – neben weiteren Elementen – zum einen aus einer Tabelle, die zur Speicherung der vorgenommenen Änderungen dient, zum anderen aus ein oder zwei Tabellenwertfunktionen. Die Tabelle wird als *Änderungstabelle* bezeichnet. Sie finden sie im Ordner SYSTEMTABELLEN der jeweiligen Datenbank. Der Bezeichner der Tabelle wird von dem Namen der Quelltabelle abgeleitet und mit dem Zusatz _TC versehen. Wie Sie Abbildung 19.10 entnehmen können, wurde die Änderungstabelle für die Aufzeichnungsinstanz im Schema *cdc* unter dem Namen *cdcVendorCT* erstellt.

Abbildung 19.10 Die Änderungstabelle der Tabelle »Vendor« in der Liste der Systemtabellen

Sie können die Änderungstabelle wie jede reguläre Tabelle abfragen, wobei der in Abbildung 19.11 dargestellte Spaltenkopf zurückgegeben wird.

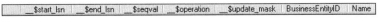

Abbildung 19.11 Spaltenkopf der Änderungstabelle

Wie Sie in Abbildung 19.11 sehen, enthält die Änderungstabelle neben den rechts angeordneten überwachten Spalten noch weitere Spalten, die Metadaten über eine Änderung zur Verfügung stellen:

- _$start_lsn

  Wie bereits erwähnt, werden die in Change Data Capture verfügbaren Informationen aus dem Transaktionsprotokoll extrahiert. SQL Server verwendet zur Kennzeichnung von Transaktionen intern eine Protokollfolgenummer, deren englische Bezeichnung *Log Sequence Number* häufig durch *LSN* abgekürzt wird. Die Spalte _$start_lsn enthält die LSN der jeweiligen Änderung.

- _$end_lsn

  Diese Spalte hat bislang keine Funktion (siehe *http://msdn.microsoft.com/de-de/library/bb500305.aspx*).

- _$seqval

  Eine Transaktion kann aus mehreren Änderungen bestehen. Die Spalte _$seqval gibt Informationen über die Reihenfolge einzelner Änderungen innerhalb einer Transaktion zurück.

- _$operation

  Die in _$operation ausgegebene Information ermöglicht es Ihnen, die geänderten Daten zu interpretieren. Folgende Werte sind möglich:
  - *1*: DELETE
  - *2*: INSERT
  - *3*: UPDATE (ursprüngliche Werte)
  - *4*: UPDATE (neue Werte)

- _$update_mask

  Die Spalte _$update_mask stellt eine Bitmaske zur Verfügung, anhand derer Sie bei einem UPDATE erkennen können, welche Spalten durch die Anweisung UPDATE geändert worden sind.

Anhand der Quellspalten- und Metadaten in der Änderungstabelle könnten Sie mit einer entsprechenden Abfrage die an der Quelltabelle vorgenommenen Änderungen nachvollziehen. Durch die Aktivierung von Change Data Capture für die Tabelle wurden aber – als zweite Komponente der Aufzeichnungsinstanz – entsprechende Funktionen generiert, die Sie für die Abfrage der Änderungsdaten verwenden können. In diesem Beispiel wurden zwei Funktionen im Schema *cdc* erstellt, siehe Abbildung 19.12.

Wie Sie der Abbildung entnehmen können, enden beide Funktionsnamen auf den Bezeichner der Aufzeichnungsinstanz, was eine einfache Zuordnung ermöglicht. Bei den Funktionen handelt es sich um Tabellenwertfunktionen, deren Verwendung wir nachfolgend besprechen.

- fn_cdc_get_all_changes_instanzname
  Diese Funktion gibt alle vorgenommenen Änderungen detailliert zurück. Sie wird bei der Aktivierung von Change Data Capture für eine Tabelle immer erstellt.

- fn_cdc_get_net_changes_instanzname
  Diese Funktion dient zur Abfrage der Nettoänderungen. Sie wird nur dann erstellt, wenn bei der Aktivierung von Change Data Capture durch den Parameter @supports_net_changes die Unterstützung für Nettoänderungen angefordert wurde.

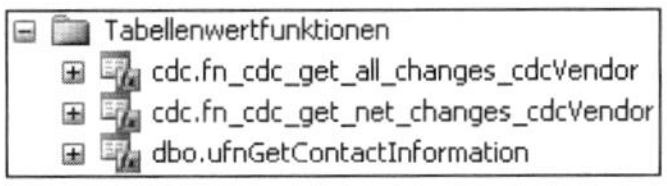

```
Tabellenwertfunktionen
    cdc.fn_cdc_get_all_changes_cdcVendor
    cdc.fn_cdc_get_net_changes_cdcVendor
    dbo.ufnGetContactInformation
```

Abbildung 19.12 Zwei Abfragefunktionen für Change Data Capture

Die Verwendung der Abfragefunktionen beschreiben wir im nächsten Abschnitt.

19.2.4 Verwendung der Abfragefunktionen

Um die Verwendung der Abfragefunktionen zu demonstrieren, nehmen wir zunächst mit dem folgenden Beispiel einige Änderungen in der *Vendor*-Tabelle vor.

Beispiel:

```
BEGIN TRANSACTION;

INSERT INTO Purchasing.Vendor
VALUES
(
    5000,
    42,
    'Simpson Bikes',
    1,
    0,
    0,
    NULL,
    GETDATE()
);

UPDATE Purchasing.Vendor
SET Name = 'Springfield Bikes'
WHERE BusinessEntityID = 5000;

COMMIT TRANSACTION;

UPDATE Purchasing.Vendor
```

```
SET BusinessEntityID = 5001
WHERE BusinessEntityID = 5000;

UPDATE Purchasing.Vendor
SET Name = 'El Barto Bikes'
WHERE BusinessEntityID = 1512;
```

Beachten Sie, dass die ersten beiden DML-Anweisungen innerhalb einer expliziten Transaktion ausgeführt werden. Die zweite UPDATE-Anweisung ändert den Primärschlüssel des soeben eingefügten Datensatzes, die letzte UPDATE-Anweisung ändert den Eintrag in der Spalte *Name* eines bereits vorher vorhandenen Datensatzes. Das Ergebnis einer Abfrage auf die Änderungstabelle sehen Sie in Abbildung 19.13.

	__$start_lsn	__$end_lsn	__$seqval	__$operation	__$update_mask	BusinessEntityID	Name
1	0x00000031000002900006	NULL	0x00000031000002900002	2	0x03	5000	Simpson Bikes
2	0x00000031000002900006	NULL	0x00000031000002900004	3	0x02	5000	Simpson Bikes
3	0x00000031000002900006	NULL	0x00000031000002900004	4	0x02	5000	Springfield Bikes
4	0x00000031000002920008	NULL	0x00000031000002920002	1	0x03	5000	Springfield Bikes
5	0x00000031000002920008	NULL	0x00000031000002920002	2	0x03	5001	Springfield Bikes
6	0x00000031000002940004	NULL	0x00000031000002940002	3	0x02	1512	Light Speed
7	0x00000031000002940004	NULL	0x00000031000002940002	4	0x02	1512	El Barto Bikes

Abbildung 19.13 Inhalt der Änderungstabelle nach Ausführung des Beispiels

Wie Sie der Abbildung entnehmen können, sind die ersten beiden Anweisungen INSERT (Operationstyp 2) und UPDATE (Operationstyp 3, 4) derselben LSN zugeordnet, da sie innerhalb einer expliziten Transaktion ausgeführt wurden. Die vierte und fünfte Zeile repräsentieren die Änderung am Primärschlüssel. Interessanterweise wird diese Änderung nicht als UPDATE gekennzeichnet, sondern als Löschen (Operationstyp 1) und anschließendes Einfügen (Operationstyp 2). Die letzten beiden Zeilen bilden die dritte UPDATE-Anweisung mit dem alten und neuen Wert der Spalte *Name* (Operationstyp 3, 4) ab.

Um die Änderungstabelle mithilfe der Abfragefunktionen abfragen zu können, müssen Sie die entsprechenden Protokollfolgenummern des abzufragenden Bereichs ermitteln. Diese werden den Funktionen als Argumente übergeben. Sie können die älteste für eine Aufzeichnungsinstanz zur Verfügung stehende LSN über die Funktion

```
sys.fn_cdc_get_min_lsn ('instanzname')
```

ermitteln, die aktuellste LSN können Sie durch die Funktion

```
sys.fn_cdc_get_max_lsn ()
```

abfragen.

Diese beiden Funktionen werden zunächst auch zur Demonstration der Anwendung beider Abfragefunktionen verwendet. Bei den Abfragefunktionen selbst handelt es sich um Tabellenwertfunktionen, die Sie einfach innerhalb einer SELECT-Anweisung abfragen können. Die Spaltenbezeichner der Abfrageergebnisse entsprechen denen der Änderungstabelle.

»fn_cdc_get_all_changes«

Der Aufruf der Funktion zur Abfrage aller Änderungen erfordert die Übergabe von drei Parametern.

Syntax:

```
sys.fn_cdc_get_all_changes_instanzname (
    minLSN,
    maxLSN,
    option
)
```

Als Optionen sind die Werte all und all update old zulässig. Die Verwendung beider Optionen beschreiben wir anschließend.

»fn_cdc_get_all_changes ... all«

Die Angabe von all bewirkt, dass bei einer erfassten UPDATE-Anweisung nur der aktualisierte, nicht der ursprüngliche Zustand ausgegeben wird. Betrachten Sie dazu das folgende Beispiel:

Beispiel:

```
DECLARE @minLSN binary(10);
DECLARE @maxLSN binary(10);
SET @minLSN = sys.fn_cdc_get_min_lsn ('cdcVendor');
SET @maxLSN = sys.fn_cdc_get_max_lsn ();
SELECT * FROM cdc.fn_cdc_get_all_changes_cdcVendor (@minLSN, @maxLSN, 'all');
```

Wie Sie Abbildung 19.14 entnehmen können, sind die Informationen über den Zustand vor den UPDATE-Anweisungen im Ergebnis nicht vorhanden.

	__$start_lsn	__$seqval	__$operation	__$update_mask	BusinessEntityID	Name
1	0x0000003100002900006	0x0000003100002900002	2	0x03	5000	Simpson Bikes
2	0x0000003100002900006	0x0000003100002900004	4	0x02	5000	Springfield Bikes
3	0x0000003100002920008	0x0000003100002920002	1	0x03	5000	Springfield Bikes
4	0x0000003100002920008	0x0000003100002920002	2	0x03	5001	Springfield Bikes
5	0x0000003100002940004	0x0000003100002940002	4	0x02	1512	El Barto Bikes

Abbildung 19.14 Verwendung der Option »all« für alle Änderungen

»fn_cdc_get_all_changes ... all update old«

Über die Verwendung von all update old weisen Sie die Funktion an, auch die ursprünglichen Zustände in die Ausgabe einzubeziehen.

Beispiel:

```
DECLARE @minLSN binary(10);
DECLARE @maxLSN binary(10);
SET @minLSN = sys.fn_cdc_get_min_lsn ('cdcVendor');
SET @maxLSN = sys.fn_cdc_get_max_lsn ();
SELECT * FROM cdc.fn_cdc_get_all_changes_
cdcVendor (@minLSN, @maxLSN, 'all update old');
```

Wie Sie Abbildung 19.15 entnehmen können, sind nun die mit dem Operationstyp 3 markierten ursprünglichen Zustände im Abfrageergebnis enthalten.

	__$start_lsn	__$seqval	__$operation	__$update_mask	BusinessEntityID	Name
1	0x0000003100002900006	0x0000003100002900002	2	0x03	5000	Simpson Bikes
2	0x0000003100002900006	0x0000003100002900004	3	0x02	5000	Simpson Bikes
3	0x0000003100002900006	0x0000003100002900004	4	0x02	5000	Springfield Bikes
4	0x0000003100002920008	0x0000003100002920002	1	0x03	5000	Springfield Bikes
5	0x0000003100002920008	0x0000003100002920002	2	0x03	5001	Springfield Bikes
6	0x0000003100002940004	0x0000003100002940002	3	0x02	1512	Light Speed
7	0x0000003100002940004	0x0000003100002940002	4	0x02	1512	El Barto Bikes

Abbildung 19.15 Verwendung der Option »all update old« für alle Änderungen

»fn_cdc_get_net_changes()«

Der Aufruf dieser Funktion ähnelt dem der Funktion zur Abfrage aller Änderungen.

Syntax:

```
sys.fn_cdc_get_net_changes_instanzname (minLSN, maxLSN, option)
```

Als Optionen sind all, all with mask und all with merge zulässig.

»fn_cdc_get_net_changes...all«

Die Verwendung der Option all erzeugt ein Abfrageergebnis, mit dessen Hilfe Sie anhand der Metadaten und Nettoänderungen die resultierenden Änderungen rekonstruieren können.

Beispiel:

```
DECLARE @minLSN binary(10);
DECLARE @maxLSN binary(10);
SET @minLSN = sys.fn_cdc_get_min_lsn ('cdcVendor');
SET @maxLSN = sys.fn_cdc_get_max_lsn ();
SELECT * FROM cdc.fn_cdc_get_net_changes_cdcVendor (@minLSN, @maxLSN, 'all');
```

Das Abfrageergebnis dieses Beispiels zeigt Abbildung 19.16. Wie Sie in der Abbildung sehen, ergeben die im Beispiel vorgenommenen Änderungen ein INSERT des Datensatzes mit der ID 5001 und ein UPDATE des Datensatzes mit der ID 1512. Damit stehen alle notwendigen Informationen zur Verfügung, um einer Applikation beispielsweise die Synchronisierung mit einem anderen Datenbestand zu ermöglichen.

	$start_lsn	$operation	__$update_mask	BusinessEntityID	Name
1	0x00000031000002920008	2	NULL	5001	Springfield Bikes
2	0x00000031000002940004	4	NULL	1512	El Barto Bikes

Abbildung 19.16 Verwendung der Option »all« für Nettoänderungen

»fn_cdc_get_net_changes...all with mask«

Die Option all with mask bewirkt, dass im Falle einer UPDATE-Anweisung die Ausgabe der Bitmaske zur Markierung der geänderten Spalten erfolgt.

Beispiel:

```
DECLARE @minLSN binary(10);
DECLARE @maxLSN binary(10);
SET @minLSN = sys.fn_cdc_get_min_lsn ('cdcVendor');
SET @maxLSN = sys.fn_cdc_get_max_lsn ();
SELECT * FROM cdc.fn_cdc_get_net_changes_
cdcVendor (@minLSN, @maxLSN, 'all with mask');
```

Abbildung 19.17 zeigt das Ergebnis dieser Abfrage.

	$start_lsn	$operation	__$update_mask	BusinessEntityID	Name
1	0x00000031000002940004	4	0x02	1512	El Barto Bikes
2	0x00000031000002920008	2	NULL	5001	Springfield Bikes

Abbildung 19.17 Verwendung der Option »all with mask« für Nettoänderungen

Wie Sie bei einem Vergleich mit Abbildung 19.16 feststellen können, entsprechen sich die Inhalte beider Ausgaben fast vollständig. Der einzige Unterschied besteht darin, dass bei Verwendung der Option all für die UPDATE-Anweisung keine Bitmaske, sondern ein NULL-Wert zurückgegeben wurde.

»fn_cdc_get_net_changes...all with merge«

Bei Verwendung von all with merge werden nur zwei verschiedene Operationstypen zurückgegeben:

- 1: DELETE
- 5: INSERT oder UPDATE

Die Analyse, ob ein Datensatz eingefügt wurde oder ein bestehender Datensatz geändert wurde, muss also von der Applikation – z. B. durch Verwendung der MERGE-Anweisung – durchgeführt werden.

Beispiel:

```
DECLARE @minLSN binary(10);
DECLARE @maxLSN binary(10);
SET @minLSN = sys.fn_cdc_get_min_lsn ('cdcVendor');
SET @maxLSN = sys.fn_cdc_get_max_lsn ();
SELECT * FROM cdc.fn_cdc_get_net_changes_
cdcVendor (@minLSN, @maxLSN, 'all with merge');
```

Wie Sie dem Abfrageergebnis in Abbildung 19.18 entnehmen können, wird sowohl für das INSERT wie auch für das UPDATE der Operationstyp 5 ausgegeben.

	__$start_lsn	__$operation	__$update_mask	BusinessEntityID	Name
1	0x00000031000002920008	5	NULL	5001	Springfield Bikes
2	0x00000031000002940004	5	NULL	1512	El Barto Bikes

Abbildung 19.18 Verwendung der Option »all with merge« für Nettoänderungen

19.2.5 Zyklische Abfragen

Wenn Sie zyklisch Änderungen am Datenbestand abfragen müssen, sollten Sie sicherstellen, dass die Abfragen an eine ununterbrochene Kette von Protokollfolgenummern gestellt werden, um alle Transaktionen zu erfassen. Für solche zyklischen Abfragen sollten Sie die Funktion sys.fn_cdc_increment_lsn verwenden. Ein Beispiel für die Anwendung dieser Funktion zur lückenlosen Erfassung von Transaktionen finden Sie in dem Eintrag der SQL-Server-Dokumentation zu dieser Funktion (siehe Abbildung 19.19).

> **▲ Beispiele**
>
> Im folgenden Beispiel wird sys.fn_cdc_increment_lsn verwendet, um einen neuen unteren Grenzwert für eine Change Data Capture-Abfrage basierend auf der oberen Grenze zu generieren, die von einer vorherigen Abfrage gespeichert wurde und die in der @save_to_lsn-Variablen gespeichert ist.
>
> ```
> USE AdventureWorks2012;
> GO
> DECLARE @from_lsn binary(10), @to_lsn binary(10), @save_to_lsn binary(10);
> SET @save_to_lsn = <previous_upper_bound_value>;
> SET @from_lsn = sys.fn_cdc_increment_lsn(@save_to_lsn);
> SET @to_lsn = sys.fn_cdc_get_max_lsn();
> SELECT * from cdc.fn_cdc_get_all_changes_HumanResources_Employee( @from_lsn, @to_lsn,
> 'all' );
> GO
> ```

Abbildung 19.19 Beispiel für eine zyklische Abfrage (Quelle: Microsoft)

19.2.6 Abfragen auf einen Zeitbereich

Wenn Sie mit den bisher verwendeten Funktionen fn_cdc_get_all_changes und fn_cdc_get_net_changes Änderungen innerhalb eines bestimmten Zeitbereichs abfragen möchten, müssen Sie zunächst die entsprechenden Protokollfolgenummern ermitteln. Dazu können Sie die Funktion sys.fn_cdc_map_time_to_lsn verwenden. Der Aufruf dieser Funktion ist nachfolgend dargestellt.

Syntax:

sys.fn_cdc_map_time_to_lsn ('option', datum)

Als Optionen, um das Verhalten der Funktion zu steuern, stehen die Werte largest less than, largest less than or equal, smallest greater than und smallest greater than or equal zur Verfügung.

Das folgende Beispiel zeigt eine Abfrage auf einen Zeitbereich unter Verwendung dieser Funktion.

Beispiel:

```
DECLARE @minLSN binary(10);
DECLARE @maxLSN binary(10);
SET @minLSN = sys.fn_cdc_map_time_to_lsn
(
    'smallest greater than or equal',
    DATEADD(mi, -30, GETDATE())
);
SET @maxLSN = sys.fn_cdc_map_time_to_lsn
(
    'largest less than or equal',
    GETDATE()
);
SELECT * FROM cdc.fn_cdc_get_all_changes_
cdcVendor (@minLSN, @maxLSN, 'all update old');
```

Der Vollständigkeit halber sei erwähnt, dass in SQL Server auch eine Funktion zur Verfügung steht, mit der Sie das Datum zu einer gegebenen LSN ermitteln können.

19.2.7 Erstellung von Datetime-Wrapperfunktionen für die Abfrage auf Zeitbereiche

Die Verwendung des letzten Beispiels zur Abfrage auf einen Zeitbereich ist möglich, aber auch wenig komfortabel. Wenn Sie häufig entsprechende Abfragen stellen müssen, kann es von Vorteil sein, sich entsprechende Funktionen zu erstellen, die als *Datetime-Wrapperfunktionen* bezeichnet werden. Zu diesem Zweck können Sie die Systemprozedur sys.sp_cdc_generate_wrapper_function verwenden. Ein möglicher Aufruf dieser Prozedur für die Erstellung der entsprechenden Funktionen einer Aufzeichnungsinstanz Instanz ist in der nachfolgenden Syntax dargestellt.

Syntax:

EXECUTE sys.sp_cdc_generate_wrapper_function '*instanz*'

Für die Aufzeichnungsinstanz der *Vendor*-Tabelle könnten Sie also das folgende Beispiel verwenden.

Beispiel:

EXECUTE sys.sp_cdc_generate_wrapper_function 'cdcVendor';

Das Ergebnis dieses Aufrufs ist in Abbildung 19.20 wiedergegeben.

	function_name	create_script
1	fn_all_changes_cdcVendor	create function [fn_all_changes_cdcVendor] ...
2	fn_net_changes_cdcVendor	create function [fn_net_changes_cdcVendor] ...

Abbildung 19.20 Ausgabe der Prozedur zur Erstellung der Datetime-Wrapperfunktionen

Wie Sie in der Abbildung sehen, enthält die linke Spalte des Abfrageergebnisses die Namen der entsprechenden Funktionen, die rechte Spalte den Quelltext zu deren Erstellung. Sie müssen diesen Quelltext kopieren und ausführen lassen, die Funktionen werden nicht beim Ausführen der Systemprozedur erstellt. Ob die Ausgabe ein oder zwei Zeilen zurückliefert, ist abhängig davon, ob die Aufzeichnungsinstanz Nettoänderungen unterstützt oder nicht.

Wenn Sie die Funktionen erstellt haben, werden diese im OBJEKT-EXPLORER im gleichen Verzeichnis wie die bisher verwendeten Funktionen angezeigt (siehe Abbildung 19.21). Beachten Sie, dass die Funktionen nun Parameter vom Typ datetime anstelle von Protokollfolgenummern erwarten.

Abbildung 19.21 Datetime-Wrapperfunktionen im Objekt-Explorer

19.3 Änderungsnachverfolgung

Im Gegensatz zu Change Data Capture bietet die Änderungsnachverfolgung (engl.: *Change Tracking*) weitaus weniger Möglichkeiten, Details über die vorgenommenen Änderungen am Datenbestand einer Tabelle zu erfassen. Mit der Änderungsnachverfolgung können Sie lediglich feststellen, dass ein Datensatz geändert wurde. Die Feststellung, welche Änderung genau vorgenommen wurde, bleibt der Applikation überlassen.

Zur Demonstration der Änderungsnachverfolgung erstellen wir zunächst eine neue Datenbank.

Beispiel:

```
CREATE DATABASE dbVerfolgung;
```

Anschließend konfigurieren wir die neue Datenbank zur Verwendung der Änderungsnachverfolgung:

Beispiel:

```
ALTER DATABASE dbVerfolgung
SET CHANGE_TRACKING = ON
(
    CHANGE_RETENTION = 5 DAYS,
    AUTO_CLEANUP = ON
);
```

Wie Sie dem Beispiel entnehmen können, werden die Aufzeichnungen über Änderungen für fünf Tage vorgehalten und danach automatisch entfernt. Sie können die entsprechenden Einstellungen auch in der grafischen Oberfläche des Management Studios vornehmen, wie Abbildung 19.22 zeigt.

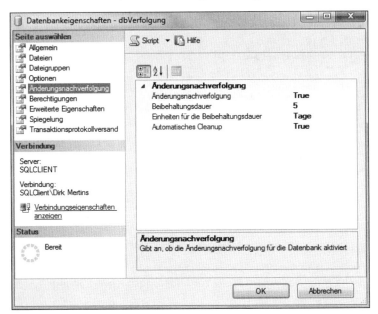

Abbildung 19.22 Konfiguration der Änderungsnachverfolgung im Management Studio

In der Datenbank erstellen wir nun die Tabelle *tblVerfolgung*.

Beispiel:

```
USE dbVerfolgung;
GO
CREATE TABLE tblVerfolgung
(
    a int PRIMARY KEY,
    b varchar(20)
);
```

Anschließend aktivieren wir die Tabelle für die Änderungsnachverfolgung.

Beispiel:

```
ALTER TABLE tblVerfolgung
ENABLE CHANGE_TRACKING
WITH (TRACK_COLUMNS_UPDATED = ON);
```

Die Option TRACK_COLUMS_UPDATED bewirkt, dass protokolliert wird, welche Spalten geändert wurden. Auch diese Optionen können Sie in der grafischen Oberfläche des Management Studios unter den Tabelleneigenschaften einstellen (siehe Abbildung 19.23).

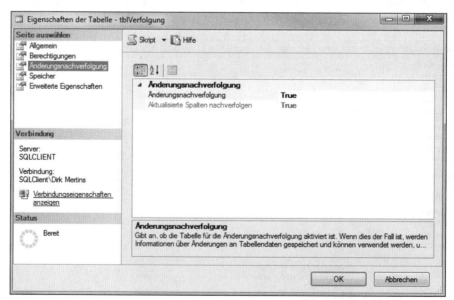

Abbildung 19.23 Eigenschaftendialog einer Tabelle zur Änderungsnachverfolgung

Zur Erfassung aller Änderungen an den Tabellen, die innerhalb einer Datenbank für die Änderungsnachverfolgung aktiviert sind, führt SQL Server einen Zähler mit. Dieser Zähler wird auch als *Versionswert* bezeichnet. Zur Abfrage dieses Zählers verwenden Sie die Funktion CHANGE_TRACKING_CURRENT_VERSION.

Beispiel:

SELECT CHANGE_TRACKING_CURRENT_VERSION();

In diesem Beispiel liefert der Aufruf der Funktion 0 zurück, da noch keine Änderungen registriert wurden, wie Abbildung 19.24 zeigt.

Abbildung 19.24 Zähler (Versionswert) bei noch nicht erfolgten Änderungen

Anschließend werden die folgenden DML-Anweisungen auf die Tabelle ausgeführt:

Beispiel:

```
INSERT INTO tblVerfolgung
VALUES (42, 'abc');

INSERT INTO tblVerfolgung
VALUES (43, 'xyz');

UPDATE tblVerfolgung
SET b='SQL'

DELETE FROM tblVerfolgung
WHERE a=43;
```

Unabhängig von der Anzahl der betroffenen Datensätze hat sich der Stand des Zählers auf 4 erhöht, wie Sie durch einen erneuten Aufruf von CHANGE_TRACKING_CURRENT_VERSION feststellen (siehe Abbildung 19.25).

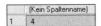

Abbildung 19.25 Zähler nach vier DML-Anweisungen

Die letzte verfügbare Version der vorgenommenen Änderungen können Sie über die Funktion CHANGE_TRACKING_MIN_VALID_VERSION abfragen.

Beispiel:

SELECT CHANGE_TRACKING_MIN_VALID_VERSION(OBJECT_ID ('tblVerfolgung'));

Mit dieser Information können Sie die CHANGETABLE-Funktion z. B. für alle verfügbaren Änderungen abfragen. Im folgenden Beispiel wird dies durch den Parameter 0 angegeben.

Beispiel:

```
SELECT ct.*
FROM CHANGETABLE(CHANGES tblVerfolgung, 0) AS ct;
```

Die Ausgabe dieses Aufrufs zeigt Abbildung 19.26.

	SYS_CHANGE_VERSION	SYS_CHANGE_CREATION_VERSION	SYS_CHANGE_OPERATION	SYS_CHANGE_COLUMNS	SYS_CHANGE_CONTEXT	a
1	3	1	I	NULL	NULL	42
2	4	2	D	NULL	NULL	43

Abbildung 19.26 Ausgabe von »CHANGETABLE«

Von besonderer Bedeutung für die Auswertung der dargestellten Informationen sind die folgenden in Abbildung 19.26 dargestellten Spalten:

- *SYS_CHANGE_VERSION*
  Versionswert der letzten Änderung des Datensatzes
- *SYS_CHANGE_CREATION_VERSION*
  Versionswert der INSERT-Anweisung des Datensatzes
- *SYS_CHANGE_OPERATION*
  Art der Operation (I: INSERT, U: UPDATE, D: DELETE)

Die Ausgabe des in Abbildung 19.25 dargestellten Ergebnisses müssen Sie mit dem Inhalt der verfolgten Tabelle über eine JOIN-Abfrage verknüpfen. Dabei ist es wichtig, dass Sie einen OUTER JOIN verwenden, da ansonsten gelöschte Datensätze nicht erkannt werden können, wie das folgende Beispiel mit falsch gewähltem LEFT OUTER JOIN zeigt.

Beispiel:

```
SELECT ct.a, ve.b
FROM CHANGETABLE(CHANGES tblVerfolgung, 0) AS ct
LEFT OUTER JOIN tblVerfolgung AS ve
ON ct.a = ve.a;
```

Das Ergebnis der Abfrage sehen Sie in Abbildung 19.27.

Abbildung 19.27 Ausgabe der Änderungsnachverfolgung für das Beispiel

Mithilfe der in Abbildung 19.26 dargestellten Informationen können Sie so Änderungen am Datenbestand in einem anderen Datenspeicher nachvollziehen. Wichtig dabei ist, dass Sie die Versionsnummer der letzten Synchronisierung innerhalb der Applikation zwischenspeichern, um die vorgenommenen Änderungen korrekt nachvollziehen zu können.

Kapitel 20
Temporal tables

Temporal tables ermöglichen es Ihnen, zeitliche Veränderungen am Datenbestand einfach nachzuvollziehen.

Manchmal besteht innerhalb von Datenbanken die Notwendigkeit, die Historie von Werten nachvollziehen zu können. Denken Sie dabei z. B. an die zeitlichen Änderungen von Artikelpreisen.

Mithilfe der in Kapitel 18 besprochenen DML-Trigger könnten Sie entsprechende Änderungen protokollieren, für die Auswertung dieser Informationen – z. B. welchen Preis ein Produkt an einem bestimmten Tag hatte – müssten Sie aber eine eigene Auswertelogik implementieren.

Um solche Nachverfolgungen zu vereinfachen, können Sie seit SQL Server 2016 die sogenannten *temporal tables* verwenden.

20.1 Die Funktionsweise von temporal tables

Eine temporal table besteht immer aus einer Kombination von zwei Tabellen: der temporal table selbst und einer zweiten Tabelle, die als *history table* bezeichnet wird. In dieser zweiten Tabelle werden die zeitlichen Änderungen am Datenbestand erfasst. Dieses Prinzip sehen Sie in Abbildung 20.1 dargestellt.

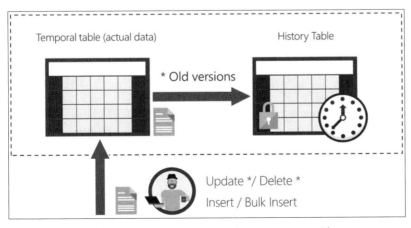

Abbildung 20.1 Prinzip der temporal tables (Quelle: Microsoft)

20.2 Erstellung von temporal tables

Temporal tables müssen über verschiedene Eigenschaften verfügen:

- Primärschlüssel
  Eine temporal table muss über eine PRIMARY KEY-Einschränkung verfügen.

- Spalten des zeitlichen Geltungsbereichs
  Weiterhin muss eine temporal table über zwei Datumsspalten verfügen, in denen der Gültigkeitsbereich des aktuellen Eintrags hinterlegt wird Diese beiden Spalten müssen als Datentyp eine Art des datetime2-Datentyps aufweisen und dürfen über keine NULL-Zulässigkeit verfügen.
  Die Spalte mit der zeitlich unteren Intervallgrenze muss mit dem Zusatz GENERATED ALWAYS AS ROW START, die Spalte mit der oberen Intervallgrenze mit dem Zusatz GENERATED ALWAYS AS ROW END versehen werden. Diese beiden Spalten sind in der Syntax unten mit ug bzw. og (für Untergrenze bzw. Obergrenze) bezeichnet.

- Angaben zur Zuordnung der Intervallgrenzen
  Über eine Option müssen Sie angeben, welche Spalten als Intervallgrenzen zu verwenden sind.

- Optionen zur temporal und history table
  In der WITH-Klausel müssen Sie mindestens die Option SYSTEM_VERSIONING = ON angeben, um eine temporale Tabelle zu erstellen. Optional können Sie nähere Angaben zur Erstellung bzw. Auswahl der History-Tabelle machen Weitere Informationen dazu finden Sie in den nächsten drei Abschnitten.

Die Syntax zur Definition einer temporal table hat die folgende grundlegende Struktur:

Syntax:

```
CREATE TABLE tabellenname
(
    spaltendefinition,
    .
    .
    .
    ug datetime2 GENERATED ALWAYS AS ROW START NOT NULL,
    og datetime2 GENERATED ALWAYS AS ROW END NOT NULL,
    PERIOD FOR SYSTEM_TIME (ug, og)
)
WITH (SYSTEM_VERSIONING = ON (angabe history-tabelle));
```

In den folgenden Abschnitten werden die verschiedenen Möglichkeiten zur Spezifikation der History-Tabelle verdeutlicht.

20.2.1 Eine temporal table mit einer automatisch angelegten history table erstellen?

Im folgenden Beispiel wird eine temporal table mit einer von SQL Server erstellten – und benannten – history table erstellt.

Dazu geben Sie einfach die Option SYSTEM_VERSIONING = ON ohne weitere Angabe zur History-Tabelle an.

Beispiel:

```
USE tempdb;
GO
CREATE TABLE tblTemporal1
(
ID int IDENTITY(1,1) CONSTRAINT pkID1 PRIMARY KEY,
Wert money,
von datetime2 GENERATED ALWAYS AS ROW START NOT NULL,
bis datetime2 GENERATED ALWAYS AS ROW END NOT NULL,
PERIOD FOR SYSTEM_TIME (von, bis)
)
WITH
(
SYSTEM_VERSIONING = ON
);
```

Das Ergebnis dieses Beispiels sehen Sie in Abbildung 20.2 dargestellt.

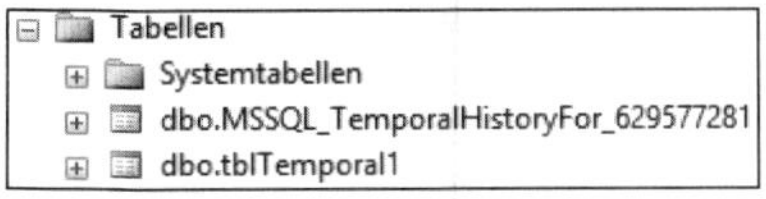

Abbildung 20.2 Die automatisch erstellte History-Tabelle mit Standardbenennung

SQL Server hat eine History-Tabelle mit einem Namen erstellt, der dem folgenden Schema folgt:

MSSQL_TemporalHistoryTableFor_object_id

Die Objekt-ID entspricht dabei der ID der zugrunde liegenden temporal table, wie Abbildung 20.3 zeigt.

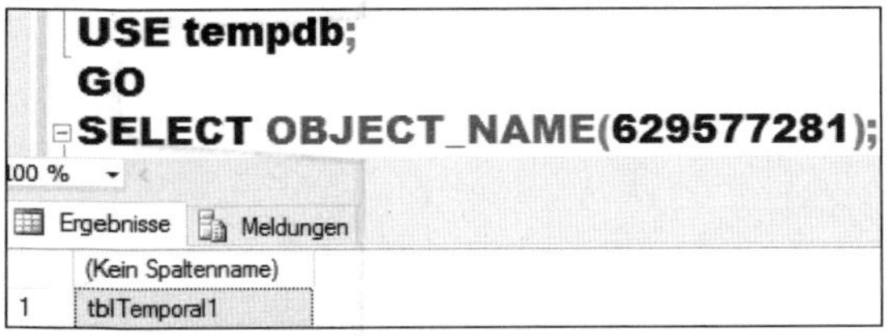

Abbildung 20.3 Abfrage zur Ermittlung des Objekt-Namens

Die Struktur der automatisch erstellten History-Tabelle sehen Sie in Abbildung 20.4.

```
dbo.MSSQL_TemporalHistoryFor_629577281
  Spalten
    ID (int, Nicht NULL)
    Wert (money, NULL)
    von (datetime2(7), Nicht NULL)
    bis (datetime2(7), Nicht NULL)
```

Abbildung 20.4 Struktur der automatisch erstellten History-Tabelle

Beachten Sie, dass in der History-Tabelle die IDENTITY-Eigenschaft der ID-Spalte entfernt und die Spalte automatisch mit der Option NOT NULL angelegt wurde!

20.2.2 Eine temporal table mit Anlegen einer benannten history table erstellen

Die im letzten Abschnitt besprochene Vorgehensweise zur Erstellung einer History-Tabelle stellt sicherlich die einfachste Möglichkeit dar, die notwendige Kombination aus einer temporal table und einer history table zu erstellen.

Wie weiter unten in diesem Kapitel beschrieben wird, ist zwar die Kenntnis des Namens der History-Tabelle für Abfragen auf den Verlauf von Werten nicht zwingend notwendig, für gezielte Abfragen auf die History-Tabelle – sollten sie denn notwendig sein – ist ein aussagekräftiger Name sicherlich von Vorteil.

Zu diesem Zweck können Sie den Namen der zu erstellenden History-Tabelle auch festlegen.

Im folgenden Beispiel wird der Name der zu verwendenden History-Tabelle in der Option HISTORY_TABLE explizit angegeben.

Beispiel:

```
CREATE TABLE tblTemporal2
(
ID int IDENTITY(1,1) CONSTRAINT pkID2 PRIMARY KEY,
Wert money,
von datetime2 GENERATED ALWAYS AS ROW START NOT NULL,
bis datetime2 GENERATED ALWAYS AS ROW END NOT NULL,
PERIOD FOR SYSTEM_TIME (von, bis)
)
WITH
(
SYSTEM_VERSIONING = ON (HISTORY_TABLE = dbo.tblTemporal2History)
);
```

Da keine entsprechend geeignete History-Tabelle unter diesem Namen existiert, legt SQL Server eine entsprechend benannte History-Tabelle an (siehe Abbildung 20.5).

```
┌─ Tabellen
│  ├─ Systemtabellen
│  ├─ dbo.MSSQL_TemporalHistoryFor_629577281
│  ├─ dbo.tblTemporal1
│  ├─ dbo.tblTemporal2
│  └─ dbo.tblTemporal2History
```

Abbildung 20.5 Die benannte History-Tabelle im Objekt-Explorer

Die Struktur dieser History-Tabelle entspricht der bereits in Abbildung 20.4 gezeigten Struktur.

20.2.3 Eine temporal table unter Verwendung einer vorhandenen history table erstellen

Im Gegensatz zu den ersten beiden Optionen, bei deren Verwendung eine History-Tabelle mit festgelegtem Schema erstellt wird, können Sie auch eine vorher definierte Tabelle für die Verwendung als History-Tabelle angeben.

Beachten Sie, dass bei der Anlage einer History-Tabelle u. a. folgende Einschränkungen bestehen:

- Eine History-Tabelle darf weder über eine PRIMARY- noch über eine FOREIGN KEY-Einschränkung verfügen.
- Eindeutige Indizes sind in einer History-Tabelle nicht erlaubt.
- Einschränkungen (Constraints) auf Tabellenebene sind ebenfalls nicht zulässig.
- Sie können keine Trigger auf History-Tabellen erstellen.

Das folgende Beispiel legt eine History-Tabelle für das darauf folgende Beispiel an.

Beispiel:

```
CREATE TABLE tblTemporal3History
(
ID int NOT NULL,
Wert money,
von datetime2 NOT NULL,
bis datetime2 NOT NULL,
);
```

Anschließend wird durch das folgende Beispiel die temporal table mit einem Verweis auf die bereits definierte History-Tabelle erstellt.

Beispiel:

```
CREATE TABLE tblTemporal3
(
ID int IDENTITY(1,1) CONSTRAINT pkID3 PRIMARY KEY,
```

```
Wert money,
von datetime2 GENERATED ALWAYS AS ROW START NOT NULL,
bis datetime2 GENERATED ALWAYS AS ROW END NOT NULL,
PERIOD FOR SYSTEM_TIME (von, bis)
)
WITH
(
SYSTEM_VERSIONING = ON (HISTORY_TABLE = dbo.tblTemporal3History)
);
```

Abbildung 20.6 zeigt die in den bisherigen Beispielen erstellten Kombinationen beider Tabellenarten.

Abbildung 20.6 Die temporal und history tables nach Ausführung des dritten Beispiels

20.3 Verwaltung der Einträge in der temporal und history table

Um die Verwaltung der Einträge in einer temporal bzw. history table zu verdeutlichen, soll das folgende Beispiel verwendet werden. Die temporal table *tblPreisArtikel* soll eine Tabelle zur Erfassung von Artikelpreisen darstellen, deren zeitliche Änderungen in der benannten history table *tblArtikelPreisHistory* erfasst werden.

Beispiel:

```
CREATE TABLE tblArtikelPreis
(
ID int IDENTITY(1,1) CONSTRAINT pkID PRIMARY KEY,
Artikel nvarchar(10),
Preis money,
von datetime2 GENERATED ALWAYS AS ROW START NOT NULL,
bis datetime2 GENERATED ALWAYS AS ROW END NOT NULL,
PERIOD FOR SYSTEM_TIME (von, bis)
)
WITH
(
SYSTEM_VERSIONING = ON (HISTORY_TABLE = dbo.tblArtikelPreisHistory)
);
```

20.3 Verwaltung der Einträge in der temporal und history table

Für die folgenden Beispiele wurden verschiedene DML-Anweisungen im Abstand von 10 Minuten auf die oben erstellte temporal table ausgeführt.

Im ersten Beispiel wird zunächst die GETDATE-Funktion aufgerufen, um das aktuelle Systemdatum und sowie die aktuelle Systemzeit zu ermitteln. Anschließend wird ein Datensatz in die Tabelle eingetragen.

Beispiel:

```
WAITFOR TIME '10:10:00';
SELECT GETDATE();
INSERT INTO tblArtikelPreis (Artikel, Preis)
VALUES('111-abc-22', 10.00);
```

Abbildung 20.7 zeigt die Ausgabe der GETDATE-Funktion.

	(Kein Spaltenname)
1	2016-08-11 10:10:00.003

Abbildung 20.7 Ausgabe der »GETDATE«-Funktion

Um sowohl den Inhalt der temporal table wie auch der history table ausgeben zu lassen, werden beide Tabellen anschließend abgefragt.

Beispiel:

```
SELECT * FROM tblArtikelPreis;
SELECT * FROM tblArtikelPreisHistory;
```

Das Ergebnis der beiden Abfragen zeigt Abbildung 20.8.

	ID	Artikel	Preis	von	bis
1	1	111-abc-22	10,00	2016-08-11 08:10:00.0056038	9999-12-31 23:59:59.9999999
	ID	Artikel	Preis	von	bis

Abbildung 20.8 Inhalt beider Tabellen nach dem Einfügen des Datensatzes

Der obere Teil der Abbildung gibt den Inhalt der temporal table, der untere Teil den Inhalt der history table nach der INSERT-Anweisung wieder.

Beachten Sie den Unterschied bei den Zeitangaben in Abbildung 20.7 und Abbildung 20.8.

Die Zeitangabe in Abbildung 20.7 bezieht sich auf die lokale Systemzeit, während der Eintrag in der Spalte *von* in Abbildung 20.8 eine Differenz von zwei Stunden aufweist. Der Grund dafür ist: Einträge im Zusammenhang mit temporal tables beziehen sich immer auf die UTC-Zeit (früher: Greenwich Mean Time)!

Beachten Sie weiterhin den Wert in der Spalte *bis*. Da dies die aktuell gültige Version des Datensatzes ist, wird von SQL Server hier der maximal mögliche Wert des verwendeten `dateteime2`-Datentyps eingetragen. Zehn Minuten später wird ein UPDATE auf den Datensatz ausgeführt und der Preis auf den Wert 20 geändert.

Beispiel:

```
WAITFOR TIME '10:20:00';
UPDATE tblArtikelPreis
SET Preis = 20
WHERE Artikel = '111-abc-22';
```

Die Abfrage der beiden Tabellen liefert das in Abbildung 20.9 dargestellte Ergebnis.

	ID	Artikel	Preis	von	bis
1	1	111-abc-22	20,00	2016-08-11 08:20:00.0036572	9999-12-31 23:59:59.9999999

	ID	Artikel	Preis	von	bis
1	1	111-abc-22	10,00	2016-08-11 08:10:00.0056038	2016-08-11 08:20:00.0036572

Abbildung 20.9 Inhalt beider Tabellen nach dem ersten »UPDATE«

Wie Sie der Abbildung entnehmen können, ist in der temporal table nun der aktuelle Preis mit der entsprechenden Gültigkeitsangabe in der Spalte *von* enthalten. In der Spalte *bis* ist – da es sich um den aktuellen Datensatz handelt – wiederum der maximal Wert des verwendeten Datentyps angegeben.

In der History-Tabelle hingegen befindet sich nun die Information der Gültigkeit des Datensatzes mit einem Preis von 10,00. Weitere 10 Minuten später wird ein zweites UPDATE auf den Datensatz ausgeführt.

Beispiel:

```
WAITFOR TIME '10:30:00';
UPDATE tblArtikelPreis
SET Preis = 30
WHERE Artikel = '111-abc-22';
```

Das Abfrageergebnis nach dem zweiten UPDATE zeigt Abbildung 20.10.

	ID	Artikel	Preis	von	bis
1	1	111-abc-22	30,00	2016-08-11 08:30:00.0088448	9999-12-31 23:59:59.9999999

	ID	Artikel	Preis	von	bis
1	1	111-abc-22	10,00	2016-08-11 08:10:00.0056038	2016-08-11 08:20:00.0036572
2	1	111-abc-22	20,00	2016-08-11 08:20:00.0036572	2016-08-11 08:30:00.0088448

Abbildung 20.10 Inhalt beider Tabellen nach dem zweiten »UPDATE«

Wie Sie Abbildung 20.10 entnehmen können, wiederholt sich die besprochene Vorgehensweise nach dem zweiten Update. In der temporal table sind nun wiederum die aktuellen Informationen enthalten (Preis = 30,00), während die History-Tabelle beide ältere Versionen mit Angabe der zeitlichen Gültigkeit enthält. Wiederum 10 Minuten später wird der Datensatz aus der Tabelle gelöscht.

Beispiel:

```
WAITFOR TIME '10:40:00';
DELETE FROM tblArtikelPreis
WHERE Artikel = '111-abc-22';
```

Der Inhalt beider Tabellen nach dem Löschvorgang ist in Abbildung 20.11 wiedergegeben.

	ID	Artikel	Preis	von	bis
	ID	Artikel	Preis	von	bis
1	1	111-abc-22	10,00	2016-08-11 08:10:00.0056038	2016-08-11 08:20:00.0036572
2	1	111-abc-22	20,00	2016-08-11 08:20:00.0036572	2016-08-11 08:30:00.0088448
3	1	111-abc-22	30,00	2016-08-11 08:30:00.0088448	2016-08-11 08:40:00.0142902

Abbildung 20.11 Inhalt beider Tabellen nach dem Löschen des Datensatzes

Wie Sie sehen, ist der Datensatz in der temporal table nicht mehr vorhanden, während alle Versionsänderungen in der history table mit dem jeweiligen zeitlichen Gültigkeitsbereich vorliegen.

Um die im nächsten Abschnitt beschriebenen Abfragetechniken besser nachvollziehen zu können, stellt Tabelle 20.1 die vorgenommenen Änderungen zusammengefasst dar.

Zeit	UTC	Preis
10:10	08:10	10.00
10:20	08:20	20.00
10:30	08:30	30.00
10:40	08:40	-

Tabelle 20.1 TU Tabelle zum zeitlichen Verlauf des Beispiels

20.4 Abfragen von temporal tables

Wie im letzten Abschnitt gezeigt, können Sie die aktuellen Werte eines Datensatzes jederzeit durch eine Abfrage auf die temporal table ermitteln. Der historische Versionsverlauf wird dabei in der history table nachgehalten.

Der Vorteil der Verwendung von temporal tables gegenüber anderen Möglichkeiten – wie z. B. DML-Triggern – besteht darin, dass Sie historische Versionen durch eine einfache Erweiterung der SELECT-Anweisung abfragen können (siehe Abbildung 20.12).

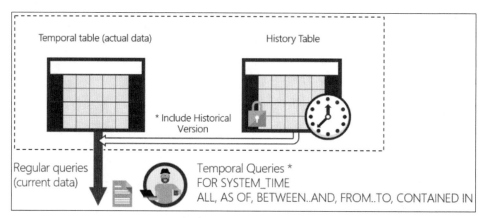

Abbildung 20.12 Prinzip der Abfragen auf zeitliche Verläufe (Quelle: Microsoft)

Die folgenden Optionen stehen ihnen dabei zur Verfügung.

20.4.1 »AS OF«

Mit der AS OF-Klausel können Sie die Version eines Datensatzes zu einem bestimmten Zeitpunkt ermitteln.

Syntax:

```
SELECT spaltenliste
FROM tabellenname
FOR SYSTEM_TIME AS OF 'zeitpunkt';
```

Das folgende Beispiel ermittelt den Datensatz, der um 10:15 (UTC: 08:15) gültig war.

Beispiel:

```
SELECT * FROM tblArtikelPreis
FOR SYSTEM_TIME AS OF '2016-08-11 08:15:00';
```

Das Ergebnis sehen Sie in Abbildung 20.13. Wie Sie der Abbildung entnehmen können, wird der zu diesem Zeitpunkt gültige Preis von 10,00 ausgegeben.

	ID	Artikel	Preis	von	bis
1	1	111-abc-22	10,00	2016-08-11 08:10:00.0056038	2016-08-11 08:20:00.0036572

Abbildung 20.13 Ergebnis unter Verwendung von »AS OF«

Der abgefragte Zeitpunkt des letzten Beispiels liegt in der Mitte zwischen zwei Änderungen. Bleibt zu fragen, welcher Wert zurückgegeben wird, wenn der Abfragezeitpunkt genau auf einer Änderungsgrenze liegt, wie im folgenden Beispiel gezeigt wird.

Als Abfragezeitpunkt wird in diesem Beispiel der genaue Zeitpunkt der Änderung des Preises von 10,00 auf 20,00 verwendet (vergleiche z. B. Abbildung 20.11).

Beispiel:

```
SELECT * FROM tblArtikelPreis
FOR SYSTEM_TIME AS OF '2016-08-11 08:20:00.0036572';
```

Das Ergebnis der Abfrage lautet 20,00, es wird in diesem Fall also der aktuelle Wert zurückgegeben, wie das in Abbildung 20.14 dargestellte Abfrageergebnis zeigt.

	ID	Artikel	Preis	von	bis
1	1	111-abc-22	20,00	2016-08-11 08:20:00.0036572	2016-08-11 08:30:00.0088448

Abbildung 20.14 Abfrage auf einen Änderungszeitpunkt

20.4.2 »BETWEEN...AND«

Die BETWEEN ... END- wie auch die im folgenden Abschnitt beschriebene FROM ... TO-Klausel dienen dazu, die gültigen Werte innerhalb eines bestimmten Zeitbereichs abzufragen.

Betrachten Sie dazu zunächst das folgende Beispiel.

Beispiel:

```
SELECT * FROM tblArtikelPreis
FOR SYSTEM_TIME BETWEEN '2016-08-11 08:15' AND '2016-08-11 08:35';
```

Das Ergebnis dieses Beispiels sehen Sie in Abbildung 20.15.

	ID	Artikel	Preis	von	bis
1	1	111-abc-22	10,00	2016-08-11 08:10:00.0056038	2016-08-11 08:20:00.0036572
2	1	111-abc-22	20,00	2016-08-11 08:20:00.0036572	2016-08-11 08:30:00.0088448
3	1	111-abc-22	30,00	2016-08-11 08:30:00.0088448	2016-08-11 08:40:00.0142902

Abbildung 20.15 Ausgabe unter Verwendung von »BETWEEN...AND«

Wie Abbildung 20.15 zeigt, werden in diesem Fall alle in dem angegebenen Zeitbereich gültigen Versionen des Datensatzes ausgegeben.

Auch in diesem Fall soll untersucht werden, wie sich die Angabe exakter Intervallgrenzen auf das Ergebnis auswirkt.

Beispiel:

```
SELECT * FROM tblArtikelPreis
FOR SYSTEM_TIME BETWEEN '2016-08-11 08:10:00.0056038' AND '2016-08-11 08:30:00.0088448';
```

Das Ergebnis dieser Abfrage entspricht Abbildung 20.15.

20.4.3 »FROM...TO«

Die zweite Möglichkeit, einen Bereich abzufragen, besteht in der Verwendung der Option FROM...TO.

Das erste Beispiel des letzten Abschnitts unter Verwendung dieser Option hätte die folgende Form:

Beispiel:

```
SELECT * FROM tblArtikelPreis
FOR SYSTEM_TIME FROM '2016-08-11 08:15' TO '2016-08-11 08:35';
```

Das Ergebnis dieses Beispiels entspricht wiederum Abbildung 20.15, in diesem Fall liefern beide Optionen also das gleiche Ergebnis zurück.

Ein Unterschied zwischen beiden Optionen zeigt sich bei der Angabe exakter Zeitpunkte.

Beispiel:

```
SELECT * FROM tblArtikelPreis
FOR SYSTEM_TIME FROM '2016-08-11 08:10:00.0056038' TO '2016-08-11 08:30:00.0088448';
```

Abbildung 20.16 zeigt die Ausgabe dieses Beispiels.

	ID	Artikel	Preis	von	bis
1	1	111-abc-22	10,00	2016-08-11 08:10:00.0056038	2016-08-11 08:20:00.0036572
2	1	111-abc-22	20,00	2016-08-11 08:20:00.0036572	2016-08-11 08:30:00.0088448

Abbildung 20.16 Ausgabe bei der Verwendung der Option »FROM...TO« bei exakter Intervallangabe

Wie Sie erkennen können, ist in diesem Beispiel die Obergrenze (Preis 30,00) im Gegensatz zu dem Beispiel oben (siehe Abbildung 20.15) nicht mehr im Abfrageergebnis enthalten. Die Verwendung von FROM...TO bietet sich daher also für solche Fälle an, in denen man Werteveränderungen seriell abfragen und dabei Duplikate vermeiden möchte.

20.4.4 »CONTAINED IN«

Mit der CONTAINED IN-Klausel können Sie die Werte abfragen, bei denen der Gültigkeitsbereich komplett im angegebenen Intervall liegt.

Beispiel:

```
SELECT * FROM tblArtikelPreis
FOR SYSTEM_TIME CONTAINED IN ('2016-08-11 08:15:00', '2016-08-11 08:35:00');
```

Die Ausgabe dieses Beispiels zeigt Abbildung 20.17.

	ID	Artikel	Preis	von	bis
1	1	111-abc-22	20,00	2016-08-11 08:20:00.0036572	2016-08-11 08:30:00.0088448

Abbildung 20.17 Ausgabe der Abfrage unter Verwendung von »COINTAINED IN«

20.4.5 »SYSTEM_TIME_ALL«

Die Option SYSTEM_TIME ALL liefert alle verfügbaren Einträge aus der temporal wie auch der history table zurück.

Beispiel:

```
SELECT * FROM tblArtikelPreis
FOR SYSTEM_TIME ALL;
```

Da der in den vorhergehenden Beispielen verwendete Datensatz im vorherigen Verlauf gelöscht wurde, entspricht die Ausgabe dieses Beispiels Abbildung 20.18.

	ID	Artikel	Preis	von	bis
1	1	111-abc-22	10,00	2016-08-11 08:10:00.0056038	2016-08-11 08:20:00.0036572
2	1	111-abc-22	20,00	2016-08-11 08:20:00.0036572	2016-08-11 08:30:00.0088448
3	1	111-abc-22	30,00	2016-08-11 08:30:00.0088448	2016-08-11 08:40:00.0142902

Abbildung 20.18 Ausgabe unter Verwendung der Option »SYSTEM_TIME_ALL«

20.5 Löschen von temporal tables

Um eine temporal oder history table löschen zu können, müssen Sie zunächst die Option SYSTEM_VERSIONING der temporal table auf OFF setzen.

Syntax:

```
ALTER TABLE temporal_table
SET (SYSTEM_VERSIONING = OFF);
```

Das folgende Beispiel zeigt diese Vorgehensweise für die in den Beispielen verwendete Tabelle *tblPreisHistory*.

Beispiel:

```
ALTER TABLE tblArtikelPreis
SET (SYSTEM_VERSIONING = OFF);
```

Danach können Sie sowohl die temporal als auch die history table über die DROP TABLE-Anweisung löschen.

Beispiel:

```
DROP TABLE tblArtikelPreis;
DROP TABLE tblArtikelPreisHistory;
```

Kapitel 21
Dynamische Datenmaskierung

Mit der dynamischen Datenmaskierung können Sie Tabelleninhalte teilweise oder ganz vor Benutzern verbergen.

Es kann in manchen Fällen notwendig sein, Felder von Datensätzen vor Benutzern ganz oder teilweise zu verbergen. Denken Sie z. B. an das Onlinebanking, wo Ihnen bei der Auswahl der Zahlungsart aus Sicherheitsgründen häufig nur die letzten Ziffern Ihres Bankkontos angezeigt werden.

Seit SQL Server 2016 können Sie dazu die dynamische Datenmaskierung (engl.: *dynamic data masking*) verwenden.

21.1 Funktionen zur Maskierung von Spalteninhalten

Für die Maskierung von Spalteninhalten stehen Ihnen vier verschiedene Funktionen zur Verfügung, die im Folgenden vorgestellt werden.

▶ default

Die `default`-Funktion ersetzt den realen Wert eines Eintrags durch einen Standardwert des jeweiligen Datentyps (siehe Abbildung 21.1).

Default	Full masking according to the data types of the designated fields.
	For string data types, use XXXX or fewer Xs if the size of the field is less than 4 characters (**char**, **nchar**, **varchar**, **nvarchar**, **text**, **ntext**).
	For numeric data types use a zero value (**bigint**, **bit**, **decimal**, **int**, **money**, **numeric**, **smallint**, **smallmoney**, **tinyint**, **float**, **real**).
	For date and time data types use 01.01.2000 00:00:00.0000000 (**date**, **datetime2**, **datetime**, **datetimeoffset**, **smalldatetime**, **time**).
	For binary data types use a single byte of ASCII value 0 (**binary**, **varbinary**, **image**).

Abbildung 21.1 Ersetzungen des realen Werts durch einen Standardwert des entsprechenden Datentyps (Quelle: Microsoft)

- email

  Die Funktion email ersetzt eine E-Mail-Adresse durch einen Ausdruck, der aus dem ersten Buchstaben der Adresse, dem @-Zeichen und der Endung *.com* besteht.

  Alle anderen Zeichen werden durch eine Folge des Zeichens X ersetzt.

- random

  Die random-Funktion gibt zufällige Werte zurück.

Die Syntax zur Anwendung dieser Funktion lautet:

Syntax:

random(*untere_grenze*, *obere_grenze*)

- partial

  Während die default-Funktion z. B. für Zeichenketten grundsätzlich für alphanumerische Datentypen eine Folge des Buchstabens X zurückgibt, können Sie mithilfe der partial-Funktion bestimmen, welche Zeichen ausgegeben werden sollen.

Die Syntax dieser Funktion lautet wie folgt:

Syntax:

partial(*präfix*, "*füllzeichen*", *suffix*)

> **Tipp**
>
> Die Kennzeichnung der oder des Füllzeichens erfolgt bei der partial-Funktion durch herkömmliche Anführungszeichen, also keine doppelten Hochkommata!

21.2 Beispiel zur Erstellung einer Tabelle mit dynamischer Datenmaskierung

Im folgenden Beispiel wird eine Tabelle mit dynamisch maskierten Spalten erstellt und mit Datensätzen aus der *AdventureWorks2016CTP3*-Datenbank gefüllt. Um eine Tabelle mit dynamischer Datenmaskierung für einzelne Spalten zu erstellen, verwenden Sie die folgende Syntax:

Syntax:

```
CREATE TABLE tabellenname
(
    spaltenname datentyp MASKED WITH (FUNCTION = 'maskierungsfunktion');
```

Die im folgenden Beispiel erstellte Tabelle soll die folgenden Spaltenmaskierungen aufweisen:

21.2 Beispiel zur Erstellung einer Tabelle mit dynamischer Datenmaskierung

- NationalIDNumber
  In der Ausgabe sollen das erste und die drei letzten Zeichen erscheinen. Alle Zeichen dazwischen sollen durch die Zeichenkette XX ersetzt werden.
- FirstName
  Die Ausgabe der Spalte FirstName soll aus dem ersten Buchstaben, gefolgt von einem einzelnen X bestehen.
- MiddleName
  Hier soll die Standardausgabe des entsprechenden Datentyps (nvarchar) verwendet werden.
- LastName
  In der Ausgabe der Spalte LastName soll der erste und letzte Buchstabe erscheinen, dazwischen soll eine Zeichenkette von zehn Zeichen des Buchstabens X ausgegeben werden.
- SickLeaveHours
  In dieser Spalte soll ein zufälliger Wert zwischen 1 und 10 ausgegeben werden.
- BirthDate
  Für die Ausgabe in der Spalte BirthDate soll der Standardwert des verwendeten Datentyps (date) verwendet werden.
- EmailAddress
  Die Ausgabe dieser Spalte soll unter Verwendung der email-Funktion erfolgen.

Für die Erstellung der Tabelle und das Auffüllen mit Datensätzen findet das folgende Beispiel Verwendung.

Beispiel:

```
USE AdventureWorks2016CTP3;
GO
CREATE TABLE tblSpaltenmaskierung

(
NationalIDNumber nvarchar(15) MASKED WITH (FUNCTION = 'partial(1,"X",3)'),
FirstName nvarchar(50) MASKED WITH (FUNCTION = 'partial(1,"X",0)'),
MiddleName nvarchar(50) MASKED WITH (FUNCTION = 'default()'),
LastName nvarchar(50) MASKED WITH (FUNCTION = 'partial(1,"XXXXXXXXXX",1)'),
SickLeaveHours smallint MASKED WITH (FUNCTION = 'random(0,10)'),
BirthDate date MASKED WITH (FUNCTION = 'default()'),
EmailAddress nvarchar(50) MASKED WITH (FUNCTION = 'email()')
);

INSERT INTO tblSpaltenmaskierung
SELECT e.NationalIDNumber,
```

```
p.FirstName,
p.MiddleName,
p.LastName,
e.SickLeaveHours,
e.BirthDate,
ea.EmailAddress
FROM HumanResources.Employee AS e
INNER JOIN Person.EmailAddress AS ea
ON e.BusinessEntityID = ea.BusinessEntityID
INNER JOIN Person.Person AS p
ON p.BusinessEntityID = e.BusinessEntityID;
```

21.3 Zugriff auf dynamisch maskierte Spalteninhalte

Um auf die unmaskierten Inhalte einer Tabelle mit dynamischer Datenmaskierung zugreifen zu können, muss ein Benutzer über die UNMASK-Berechtigung für diese Tabelle verfügen. Als Mitglied der *sysadmin*-Serverrolle haben Sie diese Berechtigung, und eine Abfrage auf die Tabelle liefert die in Abbildung 21.2 gezeigten ersten Zeilen der Ausgabe.

	NationalIDNumber	FirstName	MiddleName	LastName	SickLeaveHours	BirthDate	EmailAddress
1	295847284	Ken	J	Sánchez	69	1969-01-29	ken0@adventure-works.com
2	245797967	Terri	Lee	Duffy	20	1971-08-01	terri0@adventure-works.com
3	509647174	Roberto	NULL	Tamburello	21	1974-11-12	roberto0@adventure-works.com
4	112457891	Rob	NULL	Walters	80	1974-12-23	rob0@adventure-works.com
5	695256908	Gail	A	Erickson	22	1952-09-27	gail0@adventure-works.com
6	998320692	Jossef	H	Goldberg	23	1959-03-11	jossef0@adventure-works.com
7	134969118	Dylan	A	Miller	50	1987-02-24	dylan0@adventure-works.com
8	811994146	Diane	L	Margheim	51	1986-06-05	diane1@adventure-works.com
9	658797903	Gigi	N	Matthew	51	1979-01-21	gigi0@adventure-works.com
10	879342154	Michael	NULL	Raheem	64	1984-11-30	michael6@adventure-works.com

Abbildung 21.2 Die ersten Zeilen der Beispieltabelle in unmaskierter Darstellung

Für einen Benutzer, der zwar über die SELECT-Berechtigung, aber nicht über die UNMASK-Berechtigung verfügt, sieht die Ausgabe hingegen wie in Abbildung 21.3 aus.

	NationalIDNumber	FirstName	MiddleName	LastName	SickLeaveHours	BirthDate	EmailAddress
1	2XX284	KX	xxxx	SXXXXXXXXXz	0	1900-01-01	kXXX@XXXX.com
2	2XX967	TX	xxxx	DXXXXXXXXXy	7	1900-01-01	tXXX@XXXX.com
3	5XX174	RX	NULL	TXXXXXXXXXo	1	1900-01-01	rXXX@XXXX.com
4	1XX891	RX	NULL	WXXXXXXXXXs	3	1900-01-01	rXXX@XXXX.com
5	6XX908	GX	xxxx	EXXXXXXXXXn	0	1900-01-01	gXXX@XXXX.com
6	9XX692	JX	xxxx	GXXXXXXXXXg	10	1900-01-01	jXXX@XXXX.com
7	1XX118	DX	xxxx	MXXXXXXXXXr	9	1900-01-01	dXXX@XXXX.com
8	8XX146	DX	xxxx	MXXXXXXXXXm	6	1900-01-01	dXXX@XXXX.com
9	6XX903	GX	xxxx	MXXXXXXXXXw	6	1900-01-01	gXXX@XXXX.com
10	8XX154	MX	NULL	RXXXXXXXXXm	5	1900-01-01	mXXX@XXXX.com

Abbildung 21.3 Die ersten Zeilen der Beispieltabelle in maskierter Darstellung

Kapitel 22
Verschlüsselung von Spalten mit Always Encrypted

Always Encrypted bietet Ihnen eine sehr effektive neue Möglichkeit für die Verschlüsselung von Datenbankinhalten.

Wenn Sie die Datenbanken Ihres Unternehmens von einer Fremdfirma administrieren lassen, werden die dafür zuständigen Mitarbeiter häufig in die Serverrolle *sysadmin* aufgenommen, damit diese bei eventuell auftretenden Problemen über alle notwendigen Berechtigungen verfügen, die zur Lösung des Problems notwendig sind.

Weiterhin wird die Kommunikation von SQL Server zu einem Client standardmäßig – mit Ausnahme der Anmeldung – nicht verschlüsselt, sodass ein Erfassen der Kommunikation von Server und Client möglich ist. Denken Sie in diesem Zusammenhang auch an die Möglichkeit von SQL Server Azure, also die Möglichkeit, SQL Server in der Cloud zu betreiben.

In diesen Fällen besteht die Gefahr, dass entweder Mitarbeiter sensible Daten aus der Datenbank auslesen oder aber die Kommunikation zwischen den Clients und SQL Server abgehört wird.

Um sensible Daten zu schützen, steht Ihnen seit SQL Server 2016 eine Technologie zur Verschlüsselung von Spalten zur Verfügung, die als *Always Encrypted* bezeichnet wird.

Das Grundprinzip dieser Technik zeigt Abbildung 22.1.

Zunächst beachten Sie bitte die beiden in Abbildung 22.1 dargestellten Schlüsselarten. Die Applikation – in der linken Hälfte der Abbildung – muss über den sogenannten *Column Master Key* verfügen, während in SQL Server der *Column Encryption Key* vorhanden sein muss, damit Sie Always Enrypted einsetzen können.

Sind diese Voraussetzungen erfüllt, können Sie die Vorteile von Always Encrypted nutzen. Im Gegensatz zu den herkömmlichen Techniken zur Verschlüsselung von Daten in SQL Server bietet Always Encrypted einen entscheidenden Vorteil: Die Ver- und Entschlüsselung wird nicht von SQL Server selbst, sondern in der Applikation vorgenommen!

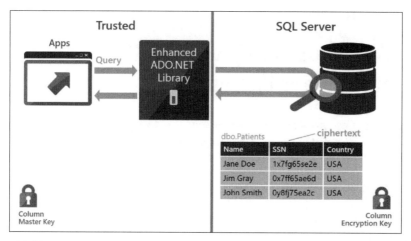

Abbildung 22.1 Die Funktionsweise von Always Encrypted (Quelle: Microsoft)

Das heißt: Sowohl die Kommunikation im Netzwerk als auch die Spaltendaten selbst sind verschlüsselt. Da die Ver- und Entschlüsselung auf der Anwendungsebene geschieht, sind die Daten – bei entsprechender Konfiguration – selbst für Mitglieder der *sysadmin*-Rolle nicht einsehbar.

22.1 Voraussetzungen einer Client-Applikation für die Verwendung von Always Encrypted

Um Always Encrypted verwenden zu können, muss eine Applikation die folgenden Bedingungen erfüllen:

- .NET Framework
  Die Client-Applikation muss das .NET Framework 4.6 (oder höher) unterstützen.
- Connection String
  In der Verbindungszeichenfolge (Connection String) der Applikation müssen Sie die Option `Column Encryption Setting = Enabled` angeben.

22.2 Beispiel für die Konfiguration von Always Encrypted

Sie können – in weiten Teilen – Always Encrypted auch über SQL-Anweisungen einrichten. Im Gegensatz zu den anderen Kapiteln dieses Buches wird im Folgenden an vielen Stellen auf den Einsatz von Assistenten zurückgegriffen, die bei der Einrichtung von Always Encrypted durchaus hilfreich sein können.

In diesem Abschnitt wird exemplarisch gezeigt, wie Sie Spalten einer bestehenden Tabelle nachträglich verschlüsseln können.

22.2.1 Anlegen der Beispieltabelle

Das folgende Beispiel erstellt die Datenbank *dbAlwaysEnrypted*, in der anschließend die Tabelle *tblAlwaysEncrypted* erstellt wird.

Beispiel:

```
CREATE DATABASE dbAlwaysEncrypted;
GO
USE dbAlwaysEncrypted;
GO
CREATE TABLE tblAlwaysEncrypted
(
    ID int IDENTITY(1,1),
    Anmeldename nvarchar(20),
    Passwort nvarchar(20)
);
```

Anschließend werden in die Tabelle zwei Datensätze mit identischen Werten der Spalten *Anmeldename* und *Passwort* eingetragen.

Beispiel:

```
INSERT INTO tblAlwaysEncrypted
VALUES ('TestLogin', 'Pa$$w0rd');
 INSERT INTO tblAlwaysEncrypted
VALUES ('TestLogin', 'Pa$$w0rd');
```

Den Inhalt der Tabelle nach Ausführung der bisherigen Beispiele zeigt Abbildung 22.2.

	ID	Anmeldename	Passwort
1	1	TestLogin	Pa$$w0rd
2	2	TestLogin	Pa$$w0rd

Abbildung 22.2 Unverschlüsselter Inhalt der Beispieltabelle

Um den Inhalt der Spalten *Anmeldename* und *Passwort* zu verschlüsseln, werden in den beiden folgenden Abschnitten die dazu benötigten Schlüssel erzeugt.

22.2.2 Erstellung des Spaltenhauptschlüssels

Um die beiden für Always Encrypted benötigten Schlüssel zu erstellen, erweitern Sie in der jeweiligen Datenbank zunächst den Eintrag SICHERHEIT und anschließend den Ordner IMMER VERSCHLÜSSELTE SPALTEN, wie in Abbildung 22.3 gezeigt.

Um den Spaltenhauptschlüssel zu erstellen, rufen Sie das Kontextmenü des entsprechenden Eintrags auf und wählen den Menüpunkt NEUER SPALTENHAUPTSCHLÜSSEL... aus.

22 Verschlüsselung von Spalten mit Always Encrypted

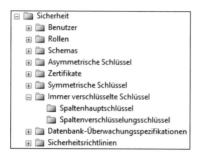

Abbildung 22.3 Die beiden von Always Encrypted verwendeten Schlüsselarten im Objekt-Explorer

Geben Sie in dem folgenden Dialog einen Namen für den Schlüssel an, und klicken Sie auf ZERTIFIKAT GENERIEREN, um ein neues Zertifikat zu erstellen (Abbildung 22.4).

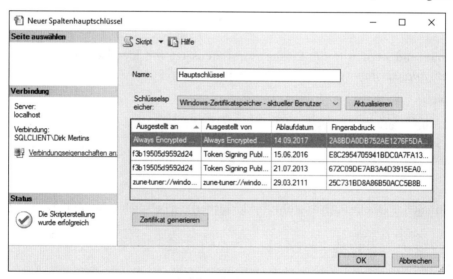

Abbildung 22.4 Generierung eines neuen Spaltenhauptschlüssels

Die von diesem Dialog generierte SQL-Anweisung zeigt das folgende Beispiel.

Beispiel:

```
USE [dbAlwaysEncrypted]
CREATE COLUMN MASTER KEY [Hauptschlüssel]
WITH
(
    KEY_STORE_PROVIDER_NAME = N'MSSQL_CERTIFICATE_STORE',
    KEY_PATH = N'CurrentUser/My/2A8BDA0DB752AE1276F5DA4C084A55A5D361929F'
)

GO
```

22.2.3 Erstellung des Spaltenverschlüsselungsschlüssels

Um den Spaltenverschlüsselungsschlüssel zu erstellen, gehen Sie ähnlich vor. Rufen Sie das Kontextmenü des Eintrags SPALTENVERSCHLÜSSELUNGSSCHLÜSSEL auf, und wählen Sie den Menüeintrag NEUER SPALTENVERSCHLÜSSELUNGSSCHLÜSSEL... aus.

Vergeben Sie im folgenden Dialog einen Namen für den Schlüssel, und wählen Sie aus dem Listenfeld SPALTENHAUPTSCHLÜSSEL den eben erstellten Hauptschlüssel aus, wie in Abbildung 22.5 gezeigt.

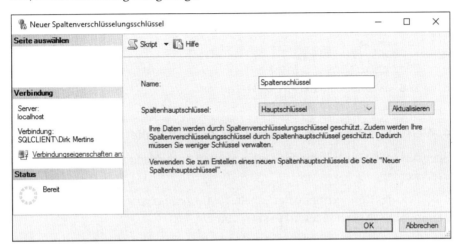

Abbildung 22.5 Konfiguration des Spaltenverschlüsselungsschlüssels

Auch hier zeigt das folgende Beispiel – auszugsweise – die durch den Dialog generierte SQL-Anweisung.

Beispiel:

```
USE [dbAlwaysEncrypted]
CREATE COLUMN ENCRYPTION KEY [Spaltenschlüssel]
WITH VALUES
(
    COLUMN_MASTER_KEY = [Hauptschlüssel],
    ALGORITHM = 'RSA_OAEP',
    ENCRYPTED_VALUE =
0x016E00000163007500720072006500 6E00740075007300650072002F006D0079002F0032006
.
.
.
49B0EAC8B201724819F5C827
)

GO
```

Die beiden erstellten Schlüssel werden Ihnen danach im Objekt-Explorer angezeigt (Abbildung 22.6).

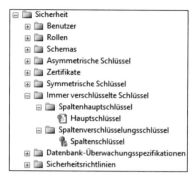

Abbildung 22.6 Erstellte Schlüssel im Objekt-Explorer

22.2.4 Verschlüsselung zweier Spalten der Beispieltabelle

Im Folgenden sollen die Inhalte der beiden Spalten *Anmeldename* und *Passwort* verschlüsselt werden.

Rufen Sie dazu das Kontextmenü der Tabelle *tblAlwaysEncrypted* auf, und wählen Sie den Menüpunkt SPALTEN VERSCHLÜSSELN... aus.

Abbildung 22.7 zeigt den Willkommensbildschirm des sich daraufhin öffnenden Assistenten.

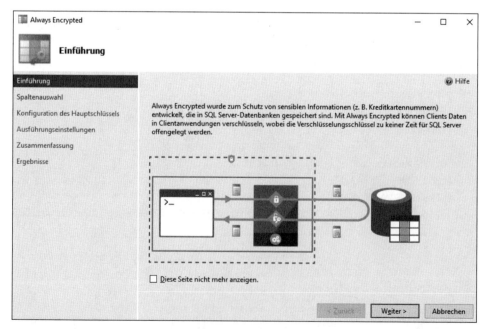

Abbildung 22.7 Willkommensbildschirm des Assistenten für die Spaltenverschlüsselung

Nehmen Sie im nächsten Dialog die in Abbildung 22.8 gezeigten Einstellungen vor.

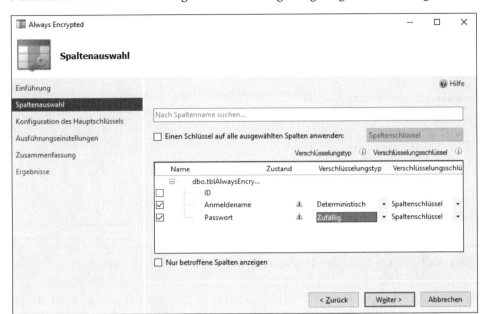

Abbildung 22.8 Einstellungen zur Verschlüsselung

Beachten Sie besonders die zwei verschiedenen Einträge in der Spalte VERSCHLÜSSELUNGSTYP:

▶ DETERMINISTISCH
Wenn Sie für eine Spalte eine deterministische Verschlüsselung auswählen, erzeugen identische unverschlüsselte Werte immer den gleichen verschlüsselten Eintrag. Vorteil dieser Verschlüsselungsart ist, dass Sie deterministisch verschlüsselte Spalten z. B. in der ON-Klausel von JOIN-Anweisungen verwenden können. Ein Nachteil dieser Verschlüsselungsart besteht in der größeren Gefahr, dass die Verschlüsselung decodiert werden könnte.

▶ ZUFÄLLIG
Bei der zufälligen Verschlüsselung ist die Sicherheit gegen eine mögliche Decodierung größer, da identische Ausgangswerte in unterschiedlichen verschlüsselten Werten resultieren. Der Nachteil dieser Verschlüsselungsart besteht darin, dass z. B. die oben angesprochene Verwendung in einer JOIN-Anweisung nicht möglich ist.

Auf die in Abbildung 22.8 dargestellten Warnsymbole in der Spalte ZUSTAND wird weiter unten in diesem Abschnitt eingegangen.

In dem darauf folgenden Dialog KONFIGURATION DES HAUPTSCHLÜSSELS (Abbildung 22.9) ist keine Aktion möglich bzw. notwendig, da der Hauptschlüssel bereits vorhanden ist.

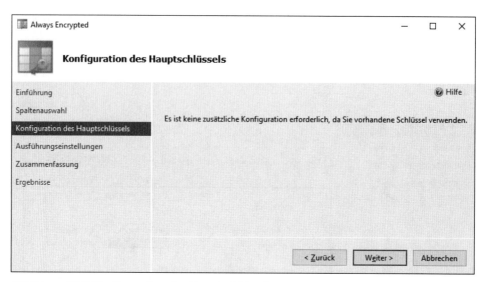

Abbildung 22.9 Konfiguration des Hauptschlüssels

Anschließend haben Sie die Möglichkeit, sich ein PowerShell-Skript zur Spaltenkonvertierung generieren zu lassen (Abbildung 22.10).

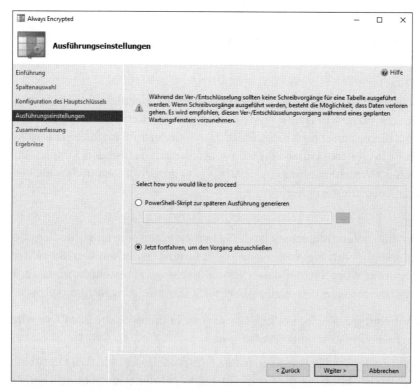

Abbildung 22.10 Option zur Erstellung eines PowerShell-Skripts

Daraufhin wird Ihnen eine Zusammenfassung der vorgenommenen Einstellungen angezeigt (Abbildung 22.11).

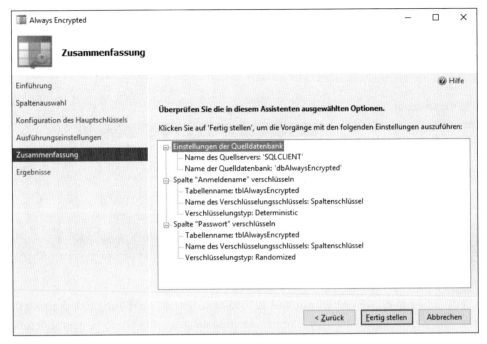

Abbildung 22.11 Zusammenfassung der Konvertierung

Über einen Klick auf FERTIG STELLEN starten Sie die Konvertierung.

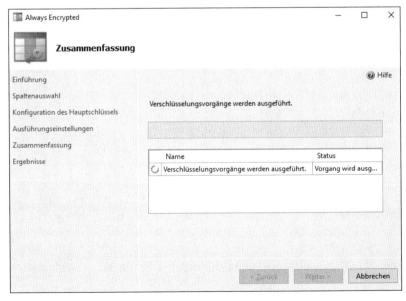

Abbildung 22.12 Durchführung der Konvertierung

Wenn die Konvertierung erfolgreich durchgeführt werden konnte, erhalten Sie die in Abbildung 22.13 gezeigte Erfolgsmeldung.

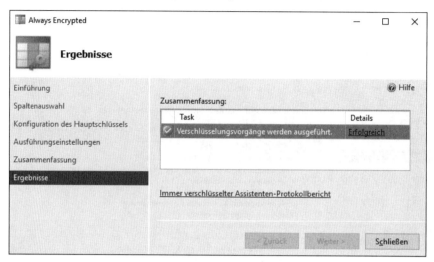

Abbildung 22.13 Erfolgreiche Konvertierung

Weiter oben in diesem Abschnitt wurde bereits auf die in Abbildung 22.8 dargestellten Warnsymbole eingegangen. Wenn Sie den Mauszeiger über das Warnsymbol führen, wird Ihnen folgender Hinweis angezeigt: *Die Sortierung wird von »Latin1_General_CI_AS in »Latin1_General_BIN2« geändert.*

Bei der Sortierung LATIN1_GENERAL_CI_AS handelt es sich um die Standardsortierung der verwendeten Datenbank (siehe Abbildung 22.14).

Das folgende Beispiel zeigt die von SQL Server generierte SQL-Anweisung zur Erstellung der Tabelle mit verschlüsselten Spalten.

Beispiel:

```
CREATE TABLE [dbo].[tblAlwaysEncrypted](
    [ID] [int] IDENTITY(1,1) NOT NULL,
    [Anmeldename] [nvarchar](20) COLLATE Latin1_General_BIN2 ENCRYPTED
WITH (COLUMN_ENCRYPTION_KEY = [Spaltenschlüssel], ENCRYPTION_TYPE =
Deterministic, ALGORITHM = 'AEAD_AES_256_CBC_HMAC_SHA_256') NULL,
    [Passwort] [nvarchar](20) COLLATE Latin1_General_
BIN2 ENCRYPTED WITH (COLUMN_ENCRYPTION_KEY = [Spaltenschlüssel],
ENCRYPTION_TYPE = Randomized, ALGORITHM = 'AEAD_AES_256_CBC_HMAC_SHA_256') NULL
) ON [PRIMARY]
```

Beachten Sie die COLLATE-Anweisung in den Spaltendefinitionen der verschlüsselten Spalten.

22.2 Beispiel für die Konfiguration von Always Encrypted

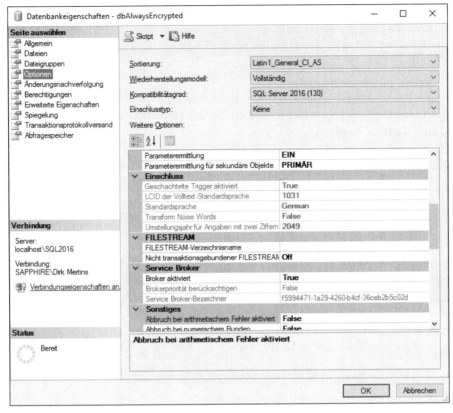

Abbildung 22.14 Optionen der verwendeten Datenbank

Für die verschlüsselten Spalten wird hier eine Sortierung angegeben, die auf BIN2 endet. Dies ist eine weitere Voraussetzung für den Einsatz von Always Encrypted: Verschlüsselte Spalten müssen über eine Sortierung des Typs binary2 verfügen!

22.2.5 Abfrage auf die Beispieltabelle

Wenn Sie nun eine Abfrage auf die Beispieltabelle ausführen, werden Sie das in Abbildung 22.15 gezeigte Ergebnis erhalten.

Abbildung 22.15 Verschlüsselte Spalten

Beachten Sie in Abbildung 22.15, dass die Spalte *Anmeldename* – die mit der deterministischen Verschlüsselung codiert wurde – die gleichen codierten Werte enthält, während die Spalte *Passwort* – die mit der zufälligen Verschlüsselung codiert wurde – unterschiedlich codierte Werte enthält.

22.3 Schlüsselmanagement

Um das Beispiel in diesem Kapitel einfach zu halten, wurden beide Schlüssel auf demselben Rechner angelegt.

> **Hinweis**
>
> In der Praxis sollten Sie die Schlüssel auf unterschiedlichen Rechner platzieren, wie in Abbildung 22.1 gezeigt.

Wenn beide Schlüssel auf demselben Server vorhanden sind, kann die Verschlüsselung durch Angabe der Verbindungsoption COLUMN ENRCYPTION SETTING = ENABLED leicht umgangen werden (siehe Abbildung 22.16).

Abbildung 22.16 Verbindungsoption

Unter Verwendung dieser Verbindungsoption liefert eine Abfrage auf die Tabelle den in Abbildung 22.2 gezeigten unverschlüsselten Inhalt der Tabelle zurück.

Kapitel 23
Zeilenbasierte Sicherheit

Die zeilenbasierte Sicherheit bietet Ihnen umfangreiche Möglichkeiten der Kontrolle des Zugriffs von Benutzern auf Daten Ihres Zuständigkeitsbereichs.

Mit den herkömmlichen Methoden der Rechtevergabe in SQL Server können Sie seit jeher steuern, ob ein Benutzer z. B. eine SELECT-Anweisung auf eine bestimmte Tabelle ausführen darf.

Häufig ist eine solche generelle Berechtigung aber nicht ausreichend, z. B. dann, wenn sichergestellt werden muss, dass ein Benutzer nur solche Datensätze sehen soll, die mit ihm in Beziehung stehen.

Denken Sie z. B. an einen Filialleiter, der nur die Umsätze seiner Filiale einsehen und auch keine Änderungen an den Daten anderer Filialen vornehmen können soll.

In gewissen Maßen bestand diese Möglichkeit bereits in vorherigen Versionen von SQL Server durch die Verwendung von Sichten, gespeicherten Prozeduren oder benutzerdefinierten Funktionen.

Seit SQL Server 2016 steht Ihnen dafür das Konzept der zeilenbasierten Sicherheit zur Verfügung.

23.1 Das Prinzip der zeilenbasierten Sicherheit

Die zeilenbasierte Sicherheit besteht aus zwei Komponenten:

23.1.1 Die Filterfunktion

Die Filterfunktion ist eine benutzerdefinierte Funktion – genauer gesagt, eine Inline-Funktion –, in der die Überprüfung vorgenommen wird, ob ein Zusammenhang zwischen dem Datensatz und dem Aufrufenden der entsprechenden SML-Anweisung besteht. Falls ein Zusammenhang gefunden wird, muss die Funktion für jeden Datensatz, für den ein Zusammenhang gefunden wurde, einen beliebigen Wert zurückgeben.

23.1.2 Die Sicherheitsrichtlinie

In der Sicherheitsrichtlinie (Policy) legen Sie fest, welche Spalte über die Filterfunktion analysiert wird und welche Einschränkungen für einen Benutzer gelten sollen. Innerhalb der Sicherheitsrichtlinie können Sie sogenannte FILTER- bzw. BLOCK-Prädikate verwenden.

- FILTER-Prädikate

  Mit einem FILTER-Prädikat können Sie lesende Zugriffe beschränken. Dies gilt sowohl für die SELECT-Anweisung wie auch für lesende Zugriffe in der WHERE-Klausel von UPDATE- und DELETE-Anweisungen.

- BLOCK-Prädikate

  Mit BLOCK-Prädikaten können Sie die Ausführung von DML-Anweisungen (INSERT, UPDATE und DELETE) beschränken.

  Mögliche Kombinationen für BLOCK-Prädikate sind:
  - AFTER INSERT
  - BEFORE UPDATE und AFTER UPDATE
  - BEFORE DELETE

Die Verwendung der einzelnen Prädikate wird im folgenden Abschnitt an verschiedenen Beispielen demonstriert.

23.2 Beispiel für die Implementierung der zeilenbasierten Sicherheit

Als Ausgangsbasis dieses Beispiels dient die Tabelle *Person.Person* der *AdventureWorks2016CTP3*-Datenbank.

Diese Tabelle verfügt über die Spalte *PersonType*, die im Folgenden als Kriterium für die Filterung verwendet werden soll. In dieser Spalte existieren die in Abbildung 23.1 dargestellten sechs verschiedenen Einträge.

	PersonType
1	IN
2	EM
3	SP
4	SC
5	VC
6	GC

Abbildung 23.1 Die verschiedenen Einträge in der Spalte »PersonType«

Um die INSERT-Anweisungen in den folgenden Beispielen kurz zu halten, wird zunächst eine Kopie dieser Tabelle angefertigt, die über lediglich vier Spalten der Originaltabelle verfügt.

Beispiel:

```
SELECT BusinessEntityID, PersonType, FirstName, LastName
INTO dbo.PersonKopie
FROM Person.Person;
```

Einige Datensätze aus dieser Tabelle, die in den folgenden Beispielen Verwendung finden, sehen Sie in Abbildung 23.2 dargestellt.

	BusinessEntityID	PersonType	FirstName	LastName
1	3	EM	Roberto	Tamburello
2	10	EM	Michael	Raheem
3	1977	SC	Gary	Vargas
4	1981	SC	Patricia	Vasquez
5	2000	SC	Helen	Vlass

Abbildung 23.2 In den folgenden Beispielen verwendete Datensätze

Anschließend wird ein Benutzer *EM* ohne Login erstellt, der im weiteren Verlauf zu Testzwecken dienen soll.

Beispiel:

```
CREATE USER EM
WITHOUT LOGIN;
```

Durch das folgende Beispiel werden dem Benutzer die SELECT-, INSERT-, UPDATE- und DELETE-Berechtigung auf die oben erstellte Tabelle gewährt.

Beispiel:

```
GRANT SELECT, INSERT, UPDATE, DELETE
ON dbo.PersonKopie
TO EM;
```

Zu diesem Zeitpunkt könnte der eben erstellte Benutzer noch beliebige Datensätze aus der eben erstellten Tabelle sehen sowie beliebige INSERT-, UPDATE- und DELETE-Anweisungen auf den Datenbestand der Tabelle ausführen.

Das folgende Beispiel, das durch die EXECUTE AS-Klausel im Kontext des Benutzers *EM* ausgeführt wird, liefert daher als Ergebnis alle Datensätze der Tabelle (Anzahl: 19972) zurück.

Beispiel:

```
EXECUTE AS USER = 'EM';
SELECT * FROM dbo.PersonKopie;
REVERT;
```

In den folgenden Abschnitten wird gezeigt, wie Sie mithilfe der zeilenbasierten Sicherheit den Zugriff des Benutzers auf die Datensätze der Tabelle einschränken können.

23.2.1 Erstellung der Filterfunktion

Um die Möglichkeiten der zeilenbasierten Sicherheit nutzen zu können, müssen Sie in einem ersten Schritt die Filterfunktion erstellen.

Innerhalb der Funktion muss überprüft werden, ob die einzelnen Datensätze der Tabelle für den Zugriff des Benutzers zur Verfügung stehen oder nicht. In diesem Beispiel soll gezeigt werden, wie Sie es einrichten können, dass der Benutzer *EM* nur auf solche Datensätze Zugriff erhält, deren Einträge in der Spalte *PersonType* seinem Namen entsprechen. Dazu wird im folgenden Beispiel die Funktion user_name verwendet, um auf den Benutzer *EM* vergleichen zu können.

Wichtig dabei ist, dass die Funktion bei einer erfolgreichen Prüfung nicht boolesche Werte wie true oder false, 1 oder 0 ausgeben muss. Die Funktion muss bei erfolgreicher Prüfung lediglich irgendeinen Wert zurückgeben, um den entsprechenden Datensatz als gültig zu kennzeichnen.

Im Beispiel wird daher für die Datensätze X ausgegeben, deren Werte in der übergebenen Spalte mit dem Namen des Benutzers übereinstimmen. Über die OR-Verknüpfung wird sichergestellt, dass die Filterfunktion die Gruppe der Datenbankbesitzer in ihren Möglichkeiten einschränkt.

Beispiel:

```
CREATE FUNCTION fnFilter
(@Spaltenname sysname)
RETURNS TABLE
WITH SCHEMABINDING
RETURN
(
    SELECT 'X' AS Ergebnis
    WHERE @Spaltenname = user_name()
    OR user_name() = 'dbo'
);
```

Wie Sie dem Beispiel entnehmen können, wird der Funktion bei dem späteren Aufruf ein Spaltenname übergeben, daher bietet sich als Datentyp für den Parameter sysname an.

Beachten Sie weiterhin, dass die Funktion mit der Option WITH SCHEMABINDING erstellt werden muss, um sie mit einer Sicherheitsrichtlinie verwenden zu können!

23.2.2 Sicherheitsrichtlinie mit »FILTER«-Prädikat

Zunächst soll der lesende Zugriff des Benutzers auf die Datensätze beschränkt werden, deren Einträge in der Spalte *PersonType* mit seinem Benutzernamen übereinstimmen.

23.2 Beispiel für die Implementierung der zeilenbasierten Sicherheit

Dazu wird eine Sicherheitsrichtlinie mit einem Filterprädikat erstellt.

Beispiel:

```
CREATE SECURITY POLICY dbo.PersonTypePolicy
ADD FILTER PREDICATE dbo.fnFilter(PersonType)
ON dbo.PersonKopie
WITH (STATE = ON);
```

Nach der Erstellung der Sicherheitsrichtlinie liefert die obige Abfrage auf alle Datensätze der Tabelle lediglich 273 Datensätze zurück. Dies entspricht der Anzahl der Datensätze mit dem Merkmal *EM* in der Spalte *PersonType*.

Die Sicherheitsrichtlinien einer Datenbank finden Sie im gleichnamigen Ordner unterhalb des Ordners *Sicherheit* (Abbildung 23.3).

Abbildung 23.3 Sicherheitsrichtlinien der Datenbank

23.2.3 Sicherheitsrichtlinie mit »BLOCK«-Prädikaten

Um die Verwendung von BLOCK-Prädikaten zu demonstrieren, wird im folgenden Beispiel zunächst das FILTER-Prädikat aus der Sicherheitsrichtlinie entfernt, um dem Benutzer *EM* wieder lesenden Zugriff auf den gesamten Datenbestand zu gewähren.

Weiterhin werden der Sicherheitsrichtlinie in diesem Beispiel zwei BLOCK-Prädikate für INSERT und DELETE hinzugefügt.

Beispiel:

```
ALTER SECURITY POLICY dbo.pol_PersonType
DROP FILTER PREDICATE
ON dbo.PersonKopie,
ADD BLOCK PREDICATE dbo.fnFilter(PersonType)
ON dbo.PersonKopie AFTER INSERT,
ADD BLOCK PREDICATE dbo.fnFilter(PersonType)
ON dbo.PersonKopie BEFORE DELETE;
```

Um die Funktion der beiden BLOCK-Prädikate zu testen, werden die folgenden Beispiele ausgeführt.

Das erste Beispiel soll einen Datensatz mit dem Merkmal *EM* in der Spalte *PersonType* in die Tabelle einfügen.

Beispiel:

```
EXECUTE AS USER = 'EM';
INSERT INTO dbo.PersonKopie
VALUES (30000, N'EM', N'Sheldon', N'Cooper')
REVERT;
```

Dieses Beispiel wird erfolgreich ausgeführt, da das Merkmal *EM* der Sicherheitsrichtlinie entspricht. Im folgenden Beispiel wird versucht, einen Datensatz mit dem Merkmal *SC* in die Spalte *PersonType* einzufügen.

Beispiel:

```
EXECUTE AS USER = 'EM';
INSERT INTO dbo.PersonKopie
VALUES (30001, N'SC', N'Sheldon', N'Cooper')
REVERT;
```

In diesem Fall liegt ein Verstoß gegen das INSERT-BLOCK-Prädikat vor, und die Anweisung wird mit einer Fehlermeldung beendet.

Mit dem folgenden Beispiel soll der eben eingetragene Datensatz aus der Tabelle gelöscht werden.

Beispiel:

```
EXECUTE AS USER = 'EM';
DELETE FROM dbo.PersonKopie
WHERE BusinessEntityID = 30000;
REVERT;
```

Da auch hier kein Verstoß gegen die Sicherheitsrichtlinie vorliegt, wird das Beispiel ohne Fehler ausgeführt.

Anders hingegen beim nachfolgenden Beispiel:

Beispiel:

```
EXECUTE AS USER = 'EM';
DELETE FROM dbo.PersonKopie
WHERE BusinessEntityID = 2000;
REVERT;
```

Hier wird versucht, den Datensatz mit der *BusinessEntityID 2000* zu löschen (siehe Abbildung 23.2). Wie Sie Abbildung 23.2 entnehmen können, beinhaltet dieser Datensatz in der Spalte *PersonType* das Merkmal *SC*, weswegen in diesem Fall ein Verstoß gegen das DELETE-BLOCK-Prädikat vorliegt und die Anweisung zu einem Fehler führt.

Im Gegensatz zu den BLOCK-Prädikaten von INSERT und DELETE, bei denen AFTER INSERT und BEFORE DELETE die einzigen gültigen Angaben darstellen, können Sie bei der UPDATE-Anweisung sowohl BEFORE UPDATE als auch AFTER UPDATE als BLOCK-Prädikat verwenden.

Warum es beim BLOCK-Prädikat für das UPDATE eine Unterscheidung zwischen BEFORE und AFTER gibt, liegt in der Natur der UPDATE-Anweisung begründet:

Ein Datensatz kann zum einen durch ein UPDATE so verändert werden, dass er nicht mehr dem Filterkriterium entspricht, zum anderen kann ein Datensatz durch ein UPDATE so verändert werden, dass er dem Filterkriterium entspricht.

Um es an dem Beispiel mit dem Filialleiter vom Anfang dieses Kapitels zur erklären: Mithilfe der zwei möglichen BLOCK-Prädikate der UPDATE-Anweisungen können Sie verhindern, dass ein Filialleiter einen Datensatz so ändert, dass die negativen Umsatzzahlen einer anderen Filiale zugordnet werden, oder einen positiven Datensatz so ändert, dass er seiner Filiale zugeordnet wird.

Die Angabe von BEORE bzw. AFTER bezieht sich dabei auf den Zeitpunkt, zu dem die Sicherheitsrichtlinie ausgewertet wird, also vor oder nach dem UPDATE.

Um die Auswirkungen dieser beiden Optionen zu verdeutlichen, wird der Sicherheitsrichtlinie zunächst ein BEFORE UPDATE-Prädikat hinzugefügt.

Beispiel:

```
ALTER SECURITY POLICY dbo.PersonTypePolicy
ADD BLOCK PREDICATE dbo.fnFilter(PersonType)
ON dbo.PersonKopie BEFORE UPDATE;
```

Anschließend wird das folgende Beispiel ausgeführt.

Beispiel:

```
EXECUTE AS USER = 'EM';
UPDATE dbo.PersonKopie
SET PersonType = 'SC'
WHERE BusinessEntityID = 10;
REVERT;
```

Da das BLOCK-Prädikat vor der UPDATE-Anweisung ausgewertet wird und der entsprechende Datensatz das Merkmal *EM* in der Spalte *PersonType* aufweist (Abbildung 23.2), wird die Anweisung ausgeführt. Beachten Sie in diesem Beispiel, dass durch die Anweisung das Merkmal in *PersonType* auf *SC* gesetzt wird, der Datensatz also aus der Sicherheitsrichtlinie quasi herausfällt!

Der Versuch, einen Datensatz, der nicht über das entsprechende Merkmal *EM* verfügt, über eine UPDATE-Anweisung zu ändern, schlägt – wie bei INSERT oder DELETE – erwartungsgemäß fehl, wie das folgende Beispiel zeigt.

Beispiel:

```
EXECUTE AS USER = 'EM';
UPDATE dbo.PersonKopie
SET PersonType = 'EM'
WHERE BusinessEntityID = 1981;
REVERT;
```

Mit dem BEFORE UPDATE-Prädikat können Sie also nicht verhindern, dass ein Datensatz nach dem UPDATE nicht mehr den Kriterien in der Filterfunktion entspricht. Wollen Sie dies erreichen, müssen Sie das AFTER UPDATE-Prädikat verwenden.

Das folgende Beispiel fügt ein entsprechendes Prädikat der Sicherheitsrichtlinie hinzu und entfernt das BEFORE UPDATE-Prädikat.

Beispiel:

```
ALTER SECURITY POLICY dbo.PersonTypePolicy
DROP BLOCK PREDICATE
ON dbo.PersonKopie BEFORE UPDATE,
ADD BLOCK PREDICATE dbo.fnFilter(PersonType)
ON dbo.PersonKopie AFTER UPDATE;
```

Auch im folgenden Beispiel wird nun versucht, den bestehenden Eintrag *EM* in der Spalte *PersonType* des Datensatzes mit der *BusinessEntityID 3* (siehe Abbildung 23.2) auf den Wert *SC* abzuändern.

Beispiel:

```
EXECUTE AS USER = 'EM';
UPDATE dbo.PersonKopie
SET PersonType = 'SC'
WHERE BusinessEntityID = 3;
REVERT;
```

Auch diese Anweisung wird mit einem Fehler beendet, da der Datensatz nach dem UPDATE nicht mehr der Filterfunktion entsprechen würde.

Da jedoch das BEFORE UPDATE-Prädikat aus der Sicherheitsrichtlinie entfernt wurde, wird das folgende Beispiel erfolgreich ausgeführt, indem das bestehende Merkmal *SC* in *EM* geändert wird.

Beispiel:

```
EXECUTE AS USER = 'EM';
UPDATE dbo.PersonKopie
SET PersonType = 'EM'
WHERE BusinessEntityID = 1977;
REVERT;
```

Kapitel 24
Ereignisbenachrichtigungen (Event Notifications)

Weitaus flexibler als Trigger erlauben Ereignisbenachrichtigungen die Reaktion auf nahezu beliebige Vorgänge innerhalb der Datenbank oder auf dem Server.

Der Server bietet eine umfassende Infrastruktur, um Nachrichten zwischen beliebigen Anwendungen zu senden und Kommunikation zwischen diesen zu unterstützen. Eine entsprechende Konversation wird in SQL Server über den sogenannten *Service Broker* realisiert. Die Verwendung des Service Brokers eröffnet auf der einen Seite weitaus umfangreichere Möglichkeiten als Trigger, auf ein Ereignis mit einer Benachrichtigung zu reagieren. Allerdings kann die Erstellung und Konfiguration der erforderlichen Service-Broker-Objekte recht aufwendig sein. Dies gilt beispielsweise insbesondere dann, wenn die Kommunikation zwischen verschiedenen Rechnern oder Instanzen von SQL Server erfolgen soll.

Die wesentlichen Komponenten eines Dialogs unter Verwendung des Service Brokers sind in Abbildung 24.1 dargestellt.

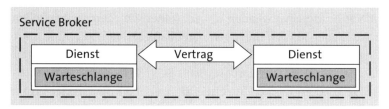

Abbildung 24.1 Grundlegende Struktur einer Kommunikation von Diensten in SQL Server

Die dargestellten Komponenten haben folgende Bedeutungen:

- **Dienst**
  Ein *Dienst* hat im Kontext des Service Brokers eine vollkommen andere Bedeutung als beispielsweise unter Windows. Ein Dienst stellt einen Endpunkt der Kommunikation, also einen Sender oder Empfänger, dar und wird daher auch als *Dienstendpunkt* bezeichnet.

- **Warteschlange**

  Einem Dienst wird eine *Warteschlange* zugeordnet, in der an den Dienst adressierte Nachrichten aufbewahrt werden, bis diese vom Dienst abgerufen werden. Der Dienst muss auf eine eingehende Nachricht also nicht unmittelbar reagieren, sondern kann durch die Verwendung der Warteschleife selbst steuern, wann er eine Nachricht abruft. Diese Vorgehensweise wird als *asynchrone Nachrichtenübermittlung* bezeichnet.

- **Vertrag**

  Mithilfe von *Verträgen* wird unter dem Service Broker u. a. festgelegt, welcher Nachrichtentyp verwendet wird und in welche Richtung (bzw. Richtungen) zwischen den Diensten eine Nachricht dieses Typs gesendet werden kann. Ein Vertrag stellt also das Protokoll des Dialogs dar.

Das in diesem Kapitel folgende Beispiel soll Ihnen die grundlegenden Techniken zur Verwendung des Service Brokers vermitteln. Zu diesem Zweck wird das Beispiel zur Vereinfachung lokal und innerhalb einer Datenbank, also nicht serverweit, implementiert. Weitere Vereinfachungen ergeben sich durch die Verwendung einer *Ereignisbenachrichtigung (Event Notification)*, für die bestimmte Service-Broker-Objekte bereits vorkonfiguriert zur Verfügung stehen. Sie müssen somit nicht alle Objekte selbst anlegen, die für eine Kommunikation unter Verwendung des Service Brokers erforderlich sind.

24.1 Konfiguration einer Datenbank zur Nutzung des Service Brokers

Wenn Sie die Event Notifications verwenden wollen, sollten Sie zuerst sicherstellen, dass der Service Broker in der zu verwendenden Datenbank aktiviert ist. Diese Information erhalten Sie durch eine Abfrage der Spalte *is_broker_enabled* der betreffenden Datenbank in der Systemsicht *sys.databases*. Falls dies nicht der Fall sein sollte – das entsprechende Flag also den Wert *0* aufweist –, aktivieren Sie den Service Broker für die Datenbank mit der ALTER DATABASE-Anweisung und der Option ENABLE_BROKER, wie das folgende Beispiel anhand der Datenbank *AdventureWorks2016CTP3* zeigt:

Beispiel:

```
IF (SELECT is_broker_enabled FROM sys.databases
WHERE name = 'AdventureWorks2016CTP3')=0
BEGIN
    ALTER DATABASE AdventureWorks2016CTP3
    SET ENABLE_BROKER;
END
```

Da im vorliegenden Beispiel eine Ereignisbenachrichtigung innerhalb einer Datenbank und nicht serverweit erstellt werden soll, müssen Sie nun in die Datenbank *AdventureWorks2016CTP3* wechseln:

Beispiel:

```
USE AdventureWorks2016CTP3;
```

24.2 Konfiguration des Zieldienstes

Anschließend erfolgt das Erstellen und Konfigurieren des Zieldienstes – also des Dienstes, der als Empfänger der Benachrichtigung fungieren soll – und der dazu notwendigen weiteren Service-Broker-Objekte.

24.2.1 Einrichtung der Warteschlange

Dazu müssen Sie zunächst die Warteschlange (engl.: *queue*) erstellen, in der eingehende Nachrichten für den Dienst zwischengespeichert werden, bis sie von diesem abgerufen werden:

Beispiel:

```
CREATE QUEUE WS_Ereignis;
```

24.2.2 Erstellung des Dienstes

Anschließend erfolgt die Konfiguration des Dienstes (engl.: *service*), also des Empfängers der Benachrichtigung. Wie Sie an der CREATE SERVICE-Anweisung erkennen, wird in ihr u. a. der Dienst mit der oben erstellten Warteschlange verknüpft:

Beispiel:

```
CREATE SERVICE SV_Ereignis
ON QUEUE WS_Ereignis
(
[http://schemas.microsoft.com/SQL/Notifications/PostEventNotification]
);
```

Die in eckige Klammern gesetzte Angabe stellt den Vertrag (engl.: *contract*) dar. Die eckigen Klammern gehören in diesem Fall nicht zur Syntax, sind aber notwendig, da der Vertragsname nicht den Regeln für gültige Bezeichner von Datenbankobjekten entspricht. Es handelt sich in diesem Fall um einen zur Verwendung von Ereignisbenachrichtigungen bereits vorkonfigurierten und in SQL Server enthaltenen Vertrag. Sie können dies Abbildung 24.2 entnehmen, die den entsprechenden Ordner innerhalb der Datenbank zeigt.

24 Ereignisbenachrichtigungen (Event Notifications)

Abbildung 24.2 Vorkonfigurierte Verträge in SQL Server

Entsprechen diese vorkonfigurierten Verträge nicht Ihren Erfordernissen, können Sie mithilfe der CREATE CONTRACT-Anweisung eigene Verträge erstellen.

24.2.3 Einrichtung der Route

Da der sogenannte *Zieldienst* nicht notwendigerweise innerhalb der gleichen SQL-Server-Instanz existieren muss, kann abschließend noch die Definition einer Route zu diesem Dienst notwendig sein. Im vorliegenden Beispiel ist diese Definition optional und recht trivial; es wird als Adresse des Dienstes lediglich LOCAL angegeben, da der Dienst SV_Ereignis innerhalb der aktuell verwendeten lokalen Instanz von SQL Server existiert. Dieses Beispiel dient also lediglich zur Verdeutlichung einer Routendefinition.

Beispiel:

```sql
CREATE ROUTE RO_Ereignis
WITH SERVICE_NAME = 'SV_Ereignis',
ADDRESS = 'LOCAL';
```

Abbildung 24.3 Service-Broker-Objekte im Objekt-Explorer

Sie können sich die bisher erstellten Service-Broker-Objekte im OBJEKT-EXPLORER im Ordner SERVICE BROKER anzeigen lassen. Abbildung 24.3 zeigt die neu erstellten Objekte in den jeweiligen Unterordnern.

24.3 Erstellen einer Ereignisbenachrichtigung

Nachdem Sie alle erforderlichen Service-Broker-Objekte eingerichtet haben, können Sie nun die eigentliche Ereignisbenachrichtigung erstellen. Wie Sie Abbildung 24.4 entnehmen können, ersetzt die Ereignisbenachrichtigung in der Rolle eines Senders den zweiten Dienstendpunkt, weshalb wir für dieses Beispiel nur einen Dienst konfigurieren mussten.

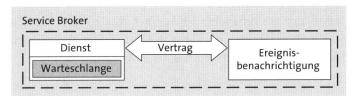

Abbildung 24.4 Eine Konversation unter Verwendung einer Ereignisbenachrichtigung

Sie können Ereignisbenachrichtigungen sowohl zur Überwachung von DDL-Ereignissen definieren, die Ihnen aus Kapitel 18, »Programmierung und Einsatz von Triggern«, bekannt sind, als auch zur Überwachung von Ablaufverfolgungsereignissen, die Ihnen vielleicht von der Arbeit mit dem SQL Server Profiler vertraut sind. Diese Tatsache ist einer der Gründe dafür, dass sich Ereignisbenachrichtigungen weitaus flexibler als Trigger einsetzen lassen.

Das folgende Beispiel zeigt die Erstellung einer Benachrichtigung, die gesendet wird, wenn in der Datenbank eine CREATE TABLE-Anweisung ausgeführt wird:

Beispiel:

```
CREATE EVENT NOTIFICATION NO_CREATE_TABLE
ON DATABASE
FOR CREATE_TABLE
TO SERVICE 'SV_Ereignis', 'current database';
```

Wie Sie an dem Beispiel erkennen können, erfolgt in der letzten Zeile die Definition des Zieldienstes. Der Ausdruck current database bewirkt, dass der Service Broker der aktuellen Datenbank angesprochen wird. Die für eine Datenbank erstellten Ereignisbenachrichtigungen lassen sich über eine Abfrage auf die Systemsicht *sys.event_notifications* ermitteln. Das folgende Beispiel zeigt eine entsprechende Abfrage auf die erstellte Benachrichtigung. Abbildung 24.5 gibt einen Teil der Ausgabe des Beispiels wieder.

Beispiel:

```
SELECT * FROM sys.event_notifications
WHERE name = 'NO_CREATE_TABLE';
```

name	object_id	parent_class	parent_class_desc	parent_id	create_date
1 NO_CREATE_TABLE	327672215	0	DATABASE	0	2010-09-25 11:00:15.950

Abbildung 24.5 Abfrage auf die Systemsicht »sys.event_notifications«

24.4 Auslösen und Empfangen einer Ereignisbenachrichtigung

Nachdem Sie den Zieldienst und die Ereignisbenachrichtigung erfolgreich erstellt haben, können Sie deren Funktion testen, indem Sie in einer zusätzlichen, zweiten Verbindung zum Server die RECEIVE-Anweisung, die zum Abrufen von Nachrichten aus der Warteschlange dient, ausführen lassen, wie das folgende Beispiel zeigt:

Beispiel:

```
USE AdventureWorks2016CTP3;
GO
WAITFOR (RECEIVE *, CAST (message_body AS xml)
FROM WS_Ereignis);
```

Die WAITFOR-Anweisung dient in diesem Fall dazu, so lange auf Nachrichten in der Warteschlange zu warten, bis eine Nachricht eintrifft. Die RECEIVE-Anweisung (in dieser Form verwendet) ruft *alle* eventuell vorhandenen Nachrichten in der Warteschlange ab. Da im Gegensatz zum verwendeten Beispiel in der Praxis mehrere Benachrichtigungen in der Warteschlange vorhanden sein können, müssen diese u. U. sequenziell abgerufen werden, was eine etwas andere Verwendung der RECEIVE-Anweisung erfordern kann. Wie Sie an der RECEIVE-Anweisung erkennen, ähnelt ihre Struktur mit der Verwendung von FROM der Struktur einer SELECT-Anweisung. In der Tat können Sie auch eine SELECT-Anweisung auf eine Warteschlange ausführen. Der Unterschied zwischen beiden Anweisungen besteht darin, dass ein SELECT auf eine Warteschlange deren Einträge lediglich ausliest, während ein RECEIVE die Einträge ausliest und aus der Warteschlange entfernt.

In der ersten Verbindung soll nun das auslösende Ereignis, also eine CREATE TABLE-Anweisung, ausgeführt werden:

Beispiel:

```
CREATE TABLE tblNotification
(
    a int
);
```

Direkt nach der Ausführung wird in der zweiten Verbindung das Ergebnis der RECEIVE-Anweisung ausgegeben. Wie Sie am Ergebnis erkennen, liefern die über das Sternchen abgefragten Spalten keine erkennbaren Informationen darüber, welche

Nachricht gesendet wurde. Lediglich die Spalte *message_body* enthält offensichtlich Informationen dieser Art, die aber in dieser Form nicht lesbar sind, wie Abbildung 24.6 zeigt.

```
message_body
0xFFFE3C004500560045004E0054005F0049004E005300540041004E00430045003E003C0045007...
```

Abbildung 24.6 Ausgabe der Spalte »message_body«

Zu diesem Zweck wurde innerhalb der Abfrage der Inhalt dieser Spalte durch die CAST-Anweisung in den Datentyp xml konvertiert. Abbildung 24.7 zeigt einen Teil der konvertierten Ausgabe.

```
(Kein Spaltenname)
<EVENT_INSTANCE><EventType>CREATE_TABLE</EventTy...
```

Abbildung 24.7 Ergebnis der Konvertierung in XML

Durch einen Mausklick auf diese Ausgabe stellt das Management Studio die XML-codierten Informationen anschaulich dar.

24.5 Service-Broker-Aktivierung

Die Bezeichnung *Aktivierung* für den nachfolgend beschriebenen Sachverhalt mag etwas irreführend sein. Damit ist nicht etwa ein Vorgang im Sinne von »Einschalten« gemeint, sondern die Konfiguration des Service Brokers für eine automatische Reaktion auf eingehende Nachrichten. In den folgenden Abschnitten zeigen wir, wie Sie den Service Broker so konfigurieren, dass eingehende Nachrichten automatisch durch eine gespeicherte Prozedur aus der Warteschlange ausgelesen werden, um die eingegangene Nachricht innerhalb der Prozedur weiterzuverarbeiten. Da die Reaktion auf den Nachrichteneingang aus einer SQL-Server-internen Komponente – nämlich der sogenannten *Aktivierungsprozedur* – besteht, wird diese Vorgehensweise auch als *interne Aktivierung* bezeichnet. Im folgenden Beispiel soll die Nachrichtenverarbeitung nicht zeitlich gesteuert verlaufen, was durch die Warteschlange ja ebenfalls möglich wäre, sondern die eingehenden Nachrichten sollen umgehend nach ihrem Eingang in die Warteschlange von der Aktivierungsprozedur verarbeitet werden.

24.5.1 Erstellung der Aktivierungsprozedur

Die Aktivierungsprozedur soll in diesem Beispiel dazu dienen, bestimmte Detailinformationen über eine eingegangene Nachricht in eine Protokolltabelle zu schreiben, abzuspeichern und die Nachricht aus der Warteschlange zu entfernen.

24 Ereignisbenachrichtigungen (Event Notifications)

Bei dem Entwurf von Aktivierungsprozeduren ist es von besonderer Wichtigkeit, zu berücksichtigen, wann eine Aktivierungsprozedur aufgerufen wird. Dieser Aufruf erfolgt *nicht*, wie man vielleicht vermuten würde, *bei jedem Eintreffen einer Nachricht*. Mit anderen Worten: Es wird *nicht* für jede eingehende Nachricht eine eigene Instanz der Aktivierungsprozedur aufgerufen. Der Aufruf der Aktivierungsprozedur erfolgt lediglich dann, wenn eine Nachricht in eine *leere Warteschlange* eintrifft! Unter der Annahme, dass mehrere Nachrichten zeitnah in der Warteschlange eintreffen können, heißt das für die Programmierung der Aktivierungsprozedur, dass in der Prozedur über eine Schleifenkonstruktion dafür Sorge getragen werden muss, dass alle in der Warteschlange vorhandenen Nachrichten verarbeitet und aus der Warteschlange entfernt werden. Erst wenn keine Nachrichten mehr in der Warteschlange vorhanden sind, kann die Prozedur beendet werden, um dann beim Eintreffen einer neuen Nachricht in die nun wieder leere Warteschlange erneut ausgeführt werden zu können. Eine mögliche Art der Programmierung zeigt das Beispiel der im Folgenden verwendeten Aktivierungsfunktion.

Beispiel:

```
CREATE PROCEDURE sp_Nachricht
AS
DECLARE
@message_sequence_number bigint,
@message_body xml;
hell:
WAITFOR
(
    RECEIVE TOP (1)
    @message_sequence_number = message_sequence_number,
    @message_body = CAST (message_body AS xml)
    FROM WS_Ereignis
), TIMEOUT 1000;
IF (@@ROWCOUNT = 0)
BEGIN
    RETURN;
END
INSERT INTO tbl_message_log
VALUES (GETDATE(), @message_sequence_number, @message_body);
GOTO hell;
```

Zu Beginn der Prozedur werden zunächst zwei Variablen definiert, die dazu dienen, Informationen zu einer Nachricht aus der Warteschlange aufzunehmen und diese im weiteren Verlauf in die Protokolltabelle zu schreiben. Die Schleife wird in diesem Beispiel durch Verwendung von GOTO und einer Sprungmarke realisiert, eine WHILE-

Schleife mit einer immer zutreffenden Schleifenbedingung wäre an dieser Stelle ebenfalls möglich. Der in der WAITFOR-Anweisung eingeschlossene RECEIVE-Befehl liest durch die Angabe von TOP(1) einen einzelnen Eintrag aus der Warteschlange aus und entfernt diesen Eintrag aus der Warteschlange. In Kombination damit erfolgt die Wertzuweisung der Spalten *message_sequence_number* und *message_body* an die oben erwähnten Variablen, wobei für den Wert von *message_body* eine Konvertierung in den Datentyp xml erfolgt. (Auf die an dieser Stelle verwendete WAITFOR-Anweisung gehen wir weiter unten ein.) Anschließend wird über den Aufruf von @@ROWCOUNT geprüft, ob die letzte RECEIVE-Anweisung einen Eintrag lesen konnte. Ist dies nicht der Fall, wird die Prozedur beendet, anderenfalls erfolgen das Schreiben der Variablen und eines Zeitstempels in die Protokolltabelle *tbl_message_log* und ein weiterer Schleifendurchlauf.

Vielleicht haben Sie bemerkt, dass die Verwendung von WAITFOR innerhalb der Prozedur nicht zwingend notwendig wäre. Allerdings bietet Ihnen die Verwendung von WAITFOR in Verbindung mit dem TIMEOUT-Parameter eine sehr einfache Möglichkeit, die Leistung der Nachrichtenverarbeitung zu optimieren. Über den TIMEOUT-Parameter bestimmen Sie, wie viele Millisekunden die WAITFOR-Anweisung warten soll, bis ein neuer Eintrag aus der Warteschlange vorhanden ist und von RECEIVE abgerufen werden konnte. Nachfolgend betrachten wir dazu drei Szenarien mit und ohne Verwendung von WAITFOR.

- **WAITFOR ohne TIMEOUT-Parameter**
  Die Verwendung von WAITFOR ohne Verwendung des TIMEOUT-Parameters würde bewirken, dass eine einmal gestartete Aktivierungsprozedur ununterbrochen ausgeführt würde, da sie ununterbrochen auf das Eintreffen einer neuen Nachricht warten würde. Eine permanent laufende gespeicherte Prozedur könnte jedoch durchaus negative Auswirkungen auf die Leistung von SQL Server haben.

- **Verzicht auf WAITFOR**
  Von der Funktion her würde das Beispiel ohne WAITFOR-Anweisung genauso funktionieren, es gäbe keinerlei Änderungen bezüglich der Ergebnisse. In der Praxis könnte jedoch häufig der Fall eintreten, dass unmittelbar nach der Beendigung der Aktivierungsprozedur eine neue Nachricht in der Warteschlange eintrifft. In diesem Fall muss die eben beendete Prozedur neu geladen und ausgeführt werden. Tritt dieser Umstand häufig auf, hat dies sicher auch negative Auswirkungen auf die Leistung des gesamten Systems.

- **WAITFOR mit TIMEOUT-Parameter**
  Den beiden bisher besprochenen negativen Auswirkungen auf die Leistung von SQL Server können Sie dadurch begegnen, dass Sie WAITFOR in Verbindung mit einem sinnvoll gewählten Wert für den TIMEOUT-Parameter verwenden, um die Aktivierungsprozedur so lange aktiv zu halten, bis der Wahrscheinlichkeit nach eine neue Nachricht eintrifft. Welchen Wert Sie für den TIMEOUT-Parameter wählen,

hängt von dem Nachrichtenaufkommen ab; im Beispiel haben wir ihn willkürlich mit 1000 (1 Sekunde) angegeben.

In einem weiteren Schritt müssen wir noch die in diesem Beispiel verwendete Protokolltabelle erstellen, in die aus der Prozedur Daten eingetragen werden sollen. Verwenden Sie dazu die folgende Anweisung.

Beispiel:

```
CREATE TABLE tbl_message_log
(
   message_date datetime,
   message_sequence_number bigint,
   message_body xml
);
```

In einem weiteren Schritt müssen wir nun noch die vorhandene Warteschlange ändern, um die Verwendung der Aktivierungsprozedur zu ermöglichen.

24.5.2 Modifizierung der Warteschlange zur Verwendung der internen Aktivierung

Um die Aktivierungsprozedur zu registrieren und die interne Aktivierung einzuschalten, können Sie das folgende Beispiel verwenden.

Beispiel:

```
ALTER QUEUE WS_Ereignis
WITH ACTIVATION
(
   STATUS = ON,
   PROCEDURE_NAME = sp_Nachricht,
   MAX_QUEUE_READERS = 10,
   EXECUTE AS SELF
);
```

In diesem Beispiel benutzen wir die ALTER QUEUE-Anweisung, da wir eine bestehende Warteschlange ändern. Sie können die entsprechenden Einstellungen selbstverständlich auch direkt bei der Neuerstellung einer Warteschlange vornehmen. Die verwendeten Parameter haben die folgenden Bedeutungen:

- STATUS
  dient dazu, die Aktivierung ein- bzw. auszuschalten.
- PROCEDURE_NAME
  bezeichnet die Aktivierungsprozedur.

- MAX_QUEUE_READERS

  Für die Verarbeitung von Nachrichten aus einer Warteschlange kann SQL Server bei Bedarf mehrere Instanzen der Aktivierungsprozedur starten. Mit diesem Parameter legen Sie die maximal erlaubte Anzahl dieser Instanzen fest.

- EXECUTE AS

  Über diesen Parameter legen Sie den Ausführungskontext der Aktivierungsprozedur fest.

Um die Funktion der internen Aktivierung zu testen, sollten Sie zunächst sicherstellen, dass sich keine Nachrichten mehr in der Warteschlange befinden. Ansonsten wird, wie oben erwähnt, die Aktivierungsprozedur nicht ausgelöst. Führen Sie zum Leeren der Warteschlange die folgende Anweisung aus.

Beispiel:

```
RECEIVE * FROM WS_Ereignis;
```

Wenn Sie nun eine weitere Tabelle in der Datenbank erstellen, sollte der Protokolltabelle ein Datensatz hinzugefügt worden sein, wie Sie ihn in Abbildung 24.8 sehen.

message_date	message_sequence_number	message_body
1	2010-08-30 10:05:23.297	4	<EVENT_INSTANCE><EventType>CREATE_TABLE</EventTy...

Abbildung 24.8 Struktur eines Datensatzes in der Protokolltabelle

24.6 Löschen der erstellten Objekte

Möchten Sie die *AdventureWorks2016CTP3*-Datenbank wieder in den ursprünglichen Zustand versetzen, führen Sie bitte die folgenden Anweisungen aus, mit denen die in diesem Beispiel erstellten Datenbankobjekte wieder gelöscht werden.

Beispiel:

```
DROP TABLE tblNotification;
GO
DROP EVENT NOTIFICATION NO_CREATE_TABLE
ON DATABASE;
GO
DROP ROUTE RO_Ereignis;
GO
DROP SERVICE SV_Ereignis;
GO
DROP QUEUE WS_Ereignis;
GO
```

```
DROP PROCEDURE sp_Nachricht;
GO
DROP TABLE tbl_message_log;
```

Beachten Sie, dass die Service-Broker-Objekte in der umgekehrten Reihenfolge ihrer Erstellung gelöscht werden müssen!

Kapitel 25
Erstellung und Einsatz eines Cursors

Cursor ermöglichen den Zugriff auf einzelne Datensätze aus der Ergebnismenge einer Abfrage.

Der Begriff *Cursor* wird nicht nur in der Datenbanktechnologie, sondern auch in anderen Bereichen der Datenverarbeitung verwendet. Der englische Begriff Cursor bedeutet übersetzt so viel wie *Positionsmarke* oder *Positionsanzeiger*. In diesem Sinne wird dieser Ausdruck z. B. auch in Textverarbeitungsprogrammen zur Bezeichnung der aktuellen Eingabeposition verwendet.

Ein SQL-Cursor dagegen ist in seiner Funktion – in beschränktem Umfang – eher mit den aus anderen Programmiersprachen bekannten *Arrays* vergleichbar. Ein Array stellt eine ein- oder mehrdimensionale Speicherstruktur von Variablen dar, die über eine Indizierung verfügen und über diese einzeln angesprochen werden können. Ein Beispiel dazu zeigt Abbildung 25.1, die schematisch ein eindimensionales Array darstellt.

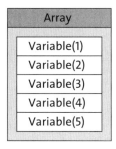

Abbildung 25.1 Schematische Darstellung eines Arrays

In SQL gibt es keine Möglichkeit, Arrays zu verwenden, aber Sie können ihre Funktionsweise in gewissem Maße über den Einsatz von Cursors abbilden.

25.1 Funktionsweise eines Cursors

Die bisher an SQL Server gestellten Abfragen wurden immer nach dem in Abbildung 25.2 dargestellten Prinzip bearbeitet: Ein Client stellte eine Abfrage an den Server, woraufhin dieser – bei fehlerfreier Ausführung der Abfrage – das Abfrageergebnis als Ganzes an den Client zurücklieferte.

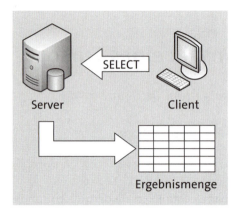

Abbildung 25.2 Rückgabe eines Ergebnissets vom Server an einen Client

Dies stellt das typische Verfahren dar, einen Datenbankserver abzufragen. Fast alle an einen Datenbankserver gestellten Abfragen erfolgen genau nach diesem Prinzip. Es gibt jedoch auch Fälle, in denen es notwendig ist, das Abfrageergebnis nicht als Ganzes, sondern sequenziell an den Client zu übermitteln.

Dies ist z. B. immer dann der Fall, wenn für jeden Datensatz innerhalb eines Ergebnisses dieselben Aktionen (z. B. das Versenden einer E-Mail an die in einer Kundentabelle enthaltenen E-Mail-Adressen) auszuführen sind oder wenn beispielsweise zur Ermittlung einer Stichprobe nur jeder x-te Datensatz einer Tabelle ausgewertet werden soll. In beiden Fällen wäre es sehr aufwendig, diese Ziele mit einer SQL-Programmierung zu erreichen, wenn die zugrunde liegende Tabelle nicht über eine fortlaufende, durchgängige Nummerierung verfügt (was auch bei Verwendung einer IDENTITY-Spalte nicht garantiert ist). Eine weitere wichtige Anwendung von Cursors haben wir bereits in Kapitel 18, »Programmierung und Einsatz von Triggern«, erwähnt, nämlich das Durchlaufen der *inserted* bzw. *deleted*-Tabelle innerhalb eines Triggers, wenn diese Tabellen eventuell mehrere Einträge enthalten, die z. B. auf Gültigkeit geprüft werden müssen.

Ein Cursor kann dieses Verfahren vereinfachen. Zu diesem Zweck wird bei der Erstellung eines Cursors – zunächst ähnlich einer Sicht – eine Abfrage angegeben. Es besteht aber ein grundlegender Unterschied zwischen einem Cursor und einer Sicht: nämlich der, dass in einem Cursor das Ergebnis der während der Cursorerstellung angegebenen Abfrage gespeichert wird, wodurch innerhalb des Cursors das Abfrageergebnis durchlaufen werden kann und einzelne Datensätze an den Client zurückgegeben werden können. Da dieses zwischengespeicherte Abfrageergebnis auf dem Server abgelegt wird, wird diese Cursorart als *serverseitiger Cursor* bezeichnet. Abbildung 25.3 verdeutlicht das Prinzip eines serverseitigen Cursors.

Dargestellt ist die Übermittlung der SELECT-Anweisung, die zur Erstellung des Cursors verwendet wird. Anstatt wie bisher das Ergebnis dieser Abfrage direkt an den Client zurückzugeben, wird es auf dem Server gespeichert. Von dort können Sie die im Abfrageergebnis enthaltenen Datensätze – je nach verwendetem Cursor – entweder nacheinander oder in beliebiger Reihenfolge vom Client abrufen.

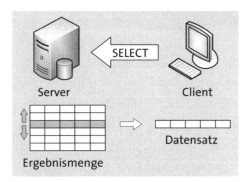

Abbildung 25.3 Serverseitiger Cursor

25.2 Erstellung eines Cursors

Ein weiterer grundlegender Unterschied zwischen einem Cursor und einer Sicht besteht darin, dass ein Cursor kein permanentes Datenbankobjekt, sondern eine Variable darstellt. Daher wird ein Cursor nicht mit CREATE, sondern über die Verwendung von DECLARE erstellt. Die grundlegende Syntax lautet:

Syntax:

```
DECLARE cursorname CURSOR
optionen
FOR selectanweisung;
```

Die Syntax unter Verwendung von DECLARE erinnert an die Deklaration einer lokalen Variablen. Allerdings besteht zwischen einem Cursor und einer lokalen Variablen ein wesentlicher Unterschied: Ein Cursor existiert – solange er nicht vorher gelöscht wird – für die Dauer einer Verbindung und nicht wie eine lokale Variable für die Dauer eines Stapels. Ein weiterer Unterschied zeigt sich auch in der Benennung eines Cursors, da der Cursorname – im Gegensatz zum Bezeichner einer lokalen Variablen – *nicht* mit dem @-Zeichen beginnen darf.

Über die in der Syntax angegebenen Optionen können Sie die Art und das Verhalten des Cursors beeinflussen. Eine Auswahl der als Optionen zulässigen Werte ist in der folgenden Zusammenstellung aufgeführt.

Zugriffsoptionen	Beschreibung
FORWARD_ONLY	**Vorwärtscursor**
	Erlaubt nur den seriellen Abruf einzelner Datensätze.
SCROLL	**Bildlauffähiger Cursor**
	Erlaubt beliebige Navigation im Ergebnisset.
Aktualisierungsoptionen	**Beschreibung**
STATIC	**Statischer Cursor**
	Keine Änderungen an den Datensätzen möglich, Änderungen an den Basistabellen sind im Cursor nicht sichtbar.
DYNAMIC	**Dynamischer Cursor**
	Änderungen an den Basistabellen sind im Cursor sichtbar.
Sperroptionen	**Beschreibung**
READ_ONLY	**Lesecursor**
	Daten können nicht aktualisiert werden.
SCROLL_LOCKS	**Sperrcursor**
	Datensätze, die sich in der Cursorauswahl befinden, sind für andere Benutzer gesperrt.
OPTIMISTIC	**Nichtsperrcursor**
	Datensätze, die sich in der Cursorauswahl befinden, sind für andere Benutzer nicht gesperrt.

Tabelle 25.1 Auszug von verfügbaren Cursoroptionen

Die Angabe dieser Optionen ist optional. Geben Sie mehrere Optionen an, trennen Sie diese *nicht* durch Kommas. Es sind nicht alle Optionen beliebig miteinander kombinierbar; einige Optionen schließen die Verwendung anderer Optionen aus.

Als Beispiel werden wir in diesem Kapitel einen Cursor erstellen, der die Vor- und Nachnamen einer Auswahl der in der Tabelle *tblAutor* vorhandenen Autoren, sortiert nach deren Nachnamen, enthält. Als Option geben wir lediglich SCROLL an, was notwendig ist, damit ein bildlauffähiger Cursor und kein FORWARD_ONLY-Cursor erstellt wird. Auf die Angabe einer Aktualisierungs- oder Sperroption verzichten wir, da wir für sie die Standardwerte des Transact-SQL-Cursors verwenden können.

Beispiel:

```
USE GalileoDB;
GO
```

```
DECLARE curAutor CURSOR
SCROLL
FOR SELECT Nachname, Vorname FROM tblAutor
WHERE Nachname LIKE ('[GKLMN]%')
ORDER BY Nachname;
```

Das Ergebnis der außerhalb der Cursordeklaration *separat ausgeführten* SELECT-Anweisung ist in Abbildung 25.4 dargestellt.

	Nachname	Vorname
1	Gnoth	Marcel
2	Kremer	Hans Willi
3	Kühnel	Andreas
4	Lubkowitz	Mark
5	Mertins	Dirk
6	Neumann	Jörg

Abbildung 25.4 Das Ergebnis der in der Cursordeklaration verwendeten Abfrage

Die zur Erstellung des Cursors angegebene SELECT-Anweisung wird während der Ausführung des Beispiels jedoch noch nicht ausgeführt. Durch die Deklaration werden SQL Server lediglich Informationen über die anzulegende Struktur des Cursors zur Verfügung gestellt, wie Abbildung 25.5 andeutet.

Nachname	Vorname

Abbildung 25.5 Struktur des Cursors

Bis zu diesem Zeitpunkt ist also lediglich das Gerüst des Cursors erstellt worden; der Cursor selbst enthält noch keine Datensätze.

25.3 Öffnen eines Cursors

Um einen Cursor verwenden zu können, müssen Sie ihn zuerst öffnen. Dazu dient die OPEN-Anweisung. Die Syntax dieser Anweisung lautet:

Syntax:

```
OPEN cursorname;
```

Um den eben deklarierten Cursor zu öffnen, müssen Sie also die folgende Anweisung an den Server senden:

Beispiel:

```
OPEN curAutor;
```

Erst durch die Ausführung der OPEN-Anweisung wird die in der Cursordeklaration angegebene SELECT-Anweisung ausgeführt und der Cursor mit Daten gefüllt, wie in Abbildung 25.6 dargestellt ist.

	Nachname	Vorname
1	Gnoth	Marcel
2	Kremer	Hans Willi
3	Kühnel	Andreas
4	Lubkowitz	Mark
5	Mertins	Dirk
6	Neumann	Jörg

Abbildung 25.6 Geöffneter, mit Datensätzen gefüllter Cursor

Beachten Sie, dass die in der Abbildung dargestellte Nummerierung nicht den jeweiligen IDs der Autoren entspricht, wie sie ihnen in der Tabelle *tblAutor* zugewiesen wurden. Diese Nummerierung wird vom Cursor intern generiert und kann für den Abruf von Daten aus dem Cursor verwendet werden, was erfolgen kann, nachdem der Cursor geöffnet wurde, wie Sie im nächsten Abschnitt sehen werden.

25.4 Das Abrufen von Datensätzen aus einem Cursor

Die Auswahl und Abfrage von Daten aus einem Cursor erfolgt über die FETCH-Anweisung. Diese Anweisung kann auf zwei verschiedene Arten angewendet werden. Welche Art der FETCH-Anweisung Sie verwenden, hängt von der weiteren Verarbeitung der zurückgegebenen Daten ab.

25.4.1 Aufruf einer »FETCH«-Anweisung ohne Verwendung von Variablen

Der einfachste Aufruf einer FETCH-Anweisung lautet:

Syntax:

```
FETCH positionsangabe
FROM cursorname;
```

Über die Positionsangabe wählen Sie den Datensatz aus, der aus dem Cursor abgerufen werden soll. Eine Übersicht über die möglichen Optionen, die Sie hier angeben können, folgt weiter unten.

Diese Art der FETCH-Anweisung kann von einer Applikation verwendet werden, um den aus dem Cursor ausgewählten und abgerufenen Datensatz in Form eines Abfrageergebnisses (in der Programmierung auch als *Recordset* bezeichnet) zu erhalten.

Die Auswertung und die weitere Verarbeitung des Datensatzes müssen in diesem Fall durch die Applikation erfolgen; eine weitere Verarbeitung durch SQL-Befehle ist in diesem Fall nicht möglich.

25.4.2 Aufruf einer »FETCH«-Anweisung unter Verwendung von Variablen

Es gibt nicht nur die Möglichkeit, dass eine für den Zugriff auf SQL Server programmierte Clientanwendung einen Cursor verwendet, um Datensätze in Form eines Recordsets zur weiteren Verarbeitung aus diesem abzurufen. Cursors können Sie in jedem SQL-Skript nutzen wie in dem Beispiel dieses Kapitels oder beispielsweise in einer gespeicherten Prozedur, die in SQL Server ausgeführt wird. In diesem Fall ist es wünschenswert und notwendig, dass die aus dem Cursor abgerufenen Daten nicht in Form eines Abfrageergebnisses – das unter SQL nicht ausgewertet werden könnte – ausgegeben, sondern zur weiteren Verarbeitung in SQL-Variablen gespeichert werden.

Die FETCH-Anweisung wird in diesem Fall in der nachfolgenden Form verwendet:

Syntax:

```
FETCH positionsangabe
FROM cursorname
INTO variablenliste;
```

Wie Sie an der Syntax erkennen, können Sie keine einzelnen Spalten des Cursors auswählen. Das heißt, die Variablenliste muss der Struktur des Cursors entsprechen.

Im nächsten Abschnitt gehen wir auf die Verwendung der Positionsangaben ein und erläutern die beiden Möglichkeiten des Aufrufs der FETCH-Anweisung durch Beispiele.

25.4.3 Die Verwendung von Positionsangaben zum Abruf von Daten aus einem Cursor

Die folgende Zusammenstellung gibt einen Überblick über die verfügbaren Optionen zur Auswahl von Daten aus einem Cursor.

Positionsangabe	Beschreibung
FIRST	erster Datensatz des Cursors
NEXT	nächster Datensatz des Cursors
PRIOR	vorheriger Datensatz des Cursors

Tabelle 25.2 Positionsangaben zur Steuerung der Cursorauswahl

Positionsangabe	Beschreibung
LAST	letzter Datensatz des Cursors
ABSOLUTE n	Datensatz an Position n n positiv: n-ter Datensatz vom Anfang des Cursors aus gezählt n negativ: n-ter Datensatz vom Ende des Cursors aus gezählt
RELATIVE n	Datensatz an n-ter Stelle relativ zur aktuellen Position n positiv: Datensatz nach aktueller Position im Cursor n negativ: Datensatz vor aktueller Position im Cursor

Tabelle 25.2 Positionsangaben zur Steuerung der Cursorauswahl (Forts.)

> **Hinweis**
>
> Beachten Sie, dass ein FORWARD_ONLY-Cursor – wie die Bezeichnung bereits andeutet – ein rein sequenzielles Durchlaufen der Datensätze in der Reihenfolge zulässt, in der die Datensätze im Cursor enthalten sind. Im Deutschen wird diese Cursorart daher auch als *Vorwärtscursor* bezeichnet. Bei der Verwendung eines FORWARD_ONLY-Cursors ist die Option NEXT daher die einzig zulässige Positionsangabe!

Der in diesem Kapitel verwendete Cursor wurde bereits deklariert und geöffnet. Abbildung 25.7 stellt diesen Anfangszustand dar.

	Nachname	Vorname
1	Gnoth	Marcel
2	Kremer	Hans Willi
3	Kühnel	Andreas
4	Lubkowitz	Mark
5	Mertins	Dirk
6	Neumann	Jörg

Abbildung 25.7 Der Anfangszustand des Cursors nach der »OPEN«-Anweisung

Der in der Abbildung links dargestellte Pfeil stellt in dieser und den folgenden Abbildungen die Positionsmarke dar, durch die der Cursor seinen Namen erhalten hat. Steht dieser Zeiger auf einem Datensatz, wird dieser auch als der *sich in der Cursorauswahl befindliche Datensatz* bezeichnet.

Da nach dem Öffnen des Cursors dieses Beispiels bisher noch kein Datensatz ausgewählt und abgerufen wurde, verweist dieser Zeiger auf eine Position vor dem ersten Datensatz des Cursors. Um den ersten Datensatz des Cursors auszulesen, müssen Sie diesen Datensatz über eine entsprechende FETCH-Anweisung auswählen. Da der Zeiger sich noch *vor* dem ersten Datensatz befindet, können Sie in diesem speziellen Fall FETCH NEXT verwenden, um den nächsten, also in diesem Fall den ersten Datensatz des Cursors auszuwählen. FETCH FIRST hingegen liefert bei Verwendung eines bildlauffähigen Cursors unabhängig von der bisherigen Position des Zeigers immer den ersten Datensatz des Cursors zurück. Als Beispiel soll eine FETCH NEXT-Anweisung ohne Verwendung von Variablen dienen:

Beispiel:

FETCH NEXT FROM curAutor;

Durch diese Anweisung wird der Zeiger auf den ersten Datensatz des Cursors gesetzt, wie Abbildung 25.8 zeigt.

	Nachname	Vorname
➡ 1	Gnoth	Marcel
2	Kremer	Hans Willi
3	Kühnel	Andreas
4	Lubkowitz	Mark
5	Mertins	Dirk
6	Neumann	Jörg

Abbildung 25.8 Auswahl des ersten Datensatzes im Cursor

Da wir die FETCH-Anweisung in diesem Beispiel ohne Variablenliste angewandt haben, gibt SQL Server das Abfrageergebnis unter dem Reiter ERGEBNISSE in der bekannten Form zurück (siehe Abbildung 25.9).

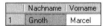

Abbildung 25.9 Recordset als Ergebnis der »FETCH«-Anweisung
ohne Verwendung von Variablen

Für SQL Server ist die Bearbeitung dieser Anweisung mit der Rückgabe an den Client – in diesem Fall das Management Studio – abgeschlossen. Eine entsprechend programmierte Datenbankanwendung könnte dieses Recordset auswerten und weiterverarbeiten. Über SQL-Code kann kein Zugriff mehr erfolgen, da ein solches Abfrageergebnis von SQL Server nicht gespeichert wird.

Wird ein Cursor z. B. in einer gespeicherten Prozedur verwendet, ist es aber in der Regel erwünscht, die Ausgabe des Cursors in der Prozedur weiterzuverarbeiten. Daher wird die FETCH-Anweisung in solch einem Fall typischerweise in der zweiten oben beschriebenen Art, also unter Verwendung von Variablen, aufgerufen.

Das folgende Beispiel zeigt einen entsprechenden Aufruf, in dem – diesmal durch die Positionsangabe FIRST – der gleiche Datensatz wie im letzten Beispiel ausgewählt wird. Im Unterschied zum letzten Beispiel wird nun jedoch das Ergebnis des Cursoraufrufs in Variablen eingelesen, deren Inhalt danach durch PRINT-Anweisungen ausgegeben wird, was die weitere Verarbeitung der Variableninhalte symbolisieren soll.

Beispiel:

```
DECLARE @Nachname varchar(50);
DECLARE @Vorname varchar(20);
FETCH FIRST FROM curAutor
INTO @Nachname, @Vorname;
PRINT 'Nachname: '+@Nachname;
PRINT 'Vorname: '+@Vorname;
```

Als Resultat werden wiederum die Daten des ersten Datensatzes im Cursor ausgegeben, diesmal lediglich auf dem Reiter MELDUNGEN:

```
Nachname: Gnoth
Vorname: Marcel
```

Da die Verwendung von FETCH in Kombination mit Variablen den typischen Fall in der SQL-Programmierung darstellt, geben wir die folgenden Beispiele ebenfalls in dieser Form an. Zum Nachvollziehen der Beispiele genügt allerdings auch die Ausführung des ersten Teils der FETCH-Anweisung.

Ein bildlauffähiger Cursor – wie der im Beispiel verwendete – unterstützt alle oben angegebenen Positionsangaben. So ist es, wie das folgende Beispiel zeigt, möglich, einen Datensatz im Cursor gezielt über seine Position innerhalb des Cursors auszuwählen. Dazu verwenden Sie ABSOLUTE n, wobei n für eine Zahl steht, die die Position des Datensatzes bezeichnet. Der dritte Datensatz im Cursor wird also durch das folgende Beispiel ausgelesen:

Beispiel:

```
DECLARE @Nachname varchar(50);
DECLARE @Vorname varchar(20);
FETCH ABSOLUTE 3 FROM curAutor
INTO @Nachname, @Vorname;
PRINT 'Nachname: '+@Nachname;
PRINT 'Vorname: '+@Vorname;
```

Auch hier beginnt die Zählung der Cursoreinträge mit 1, der Zeiger des Cursors befindet sich also an der in Abbildung 25.10 dargestellten Position.

Als Ergebnis des Beispiels wird der entsprechende Datensatz ausgegeben:

```
Nachname: Kühnel
Vorname: Andreas
```

	Nachname	Vorname
1	Gnoth	Marcel
2	Kremer	Hans Willi
→ 3	Kühnel	Andreas
4	Lubkowitz	Mark
5	Mertins	Dirk
6	Neumann	Jörg

Abbildung 25.10 Auswahl des dritten Datensatzes im Cursor

Die Positionsangabe ABSOLUTE können Sie auch in Verbindung mit negativen Werten verwenden. In diesem Fall beginnt die Zählung nicht am Anfang, sondern am Ende des Cursors.

Beispiel:

```
DECLARE @Nachname varchar(50);
DECLARE @Vorname varchar(20);
FETCH ABSOLUTE -2 FROM curAutor
INTO @Nachname, @Vorname;
PRINT 'Nachname: '+@Nachname;
PRINT 'Vorname: '+@Vorname;
```

Durch die Angabe von ABSOLUTE -2 wird der zweite Datensatz vom Ende des Cursors aus angewählt (siehe Abbildung 25.11).

	Nachname	Vorname
1	Gnoth	Marcel
2	Kremer	Hans Willi
3	Kühnel	Andreas
4	Lubkowitz	Mark
→ 5	Mertins	Dirk
6	Neumann	Jörg

Abbildung 25.11 Auswahl des vorletzten Datensatzes im Cursor

Die Ausgabe des Beispiels lautet also:

```
Nachname: Mertins
Vorname: Dirk
```

Neben der absoluten Positionsangabe über ABSOLUTE n können Sie auch eine relative Positionsangabe durch die Angabe von RELATIVE n verwenden.

Der Unterschied zwischen einer absoluten und einer relativen Positionsangabe besteht darin, dass der angegebene Wert – also n – bei der absoluten Positionsangabe die Position des Datensatzes *im Cursor* angibt, während er bei der relativen Positionsangabe die Position des Datensatzes *relativ zur Position des Zeigers* im Cursor angibt.

Nach der Ausführung des letzten Beispiels steht dieser Zeiger auf dem vorletzten Datensatz. Soll als Nächstes der zweite Datensatz des Cursors abgerufen werden, könnte dies in absoluter Form über die Angabe von ABSOLUTE 2 oder in relativer Form über die Angabe von RELATIVE -3 erfolgen, da sich der Datensatz drei Positionen *vor* dem aktuell ausgewählten Datensatz befindet.

Die aktuelle Auswahl des Cursors ist in Abbildung 25.12 dargestellt.

	Nachname	Vorname
1	Gnoth	Marcel
2	Kremer	Hans Willi
3	Kühnel	Andreas
4	Lubkowitz	Mark
5	Mertins	Dirk
6	Neumann	Jörg

Abbildung 25.12 Auswahl eines Datensatzes durch »RELATIVE −3«

Die Ausgabe des Beispiels lautet also in diesem Fall:

```
Nachname: Kremer
Vorname: Hans Willi
```

Die Angabe von positiven Werten ist selbstverständlich genauso möglich. In diesem Fall gibt der Wert die Position *nach* der aktuellen Position im Cursor an. Das nächste Beispiel verwendet die Angabe RELATIVE 4, womit der Zeiger auf den sechsten und in diesem Fall letzten Datensatz des Cursors gesetzt wird, wie Abbildung 25.13 zeigt.

Beispiel:

```
DECLARE @Nachname varchar(50);
DECLARE @Vorname varchar(20);
FETCH RELATIVE 4 FROM curAutor
INTO @Nachname, @Vorname;
PRINT 'Nachname: '+@Nachname;
PRINT 'Vorname: '+@Vorname;
```

Auch dieser Datensatz wird korrekt ausgelesen:

```
Nachname: Neumann
Vorname: Jörg
```

	Nachname	Vorname
1	Gnoth	Marcel
2	Kremer	Hans Willi
3	Kühnel	Andreas
4	Lubkowitz	Mark
5	Mertins	Dirk
6	Neumann	Jörg

Abbildung 25.13 Auswahl eines Datensatzes durch »RELATIVE 4«

In diesem speziellen Fall hätten wir diesen Datensatz in absoluter Form auch über LAST auswählen können. Die NEXT- und PRIOR-Positionsangaben hingegen können auch zur relativen Positionierung gezählt werden, da auch sie – ausgehend von der aktuellen Zeigerposition – den nächsten bzw. vorherigen Datensatz auslesen.

Durch eine FETCH NEXT-Anweisung untersuchen wir abschließend noch das Verhalten von SQL Server, wenn eine FETCH-Anweisung versucht, auf einen Bereich zuzugreifen, in dem sich kein Datensatz befindet. Wir betrachten also den Fall, dass die Anweisung die Grenzen des Cursors überschreiten würde. Da der Zeiger des Cursors nach der Ausführung des letzten Beispiels auf der letzten Cursorposition steht, können wir dieses Verhalten durch die FETCH NEXT-Anweisung des folgenden Beispiels überprüfen:

Beispiel:

```
DECLARE @Nachname varchar(50);
DECLARE @Vorname varchar(20);
FETCH NEXT FROM curAutor
INTO @Nachname, @Vorname;
PRINT 'Nachname: '+@Nachname;
PRINT 'Vorname: '+@Vorname;
```

Das Beispiel wird zwar ohne Fehler abgearbeitet, eine Ausgabe entsprechend den bisherigen Beispielen unterbleibt jedoch. Abbildung 25.14 zeigt eine Möglichkeit, dieses Verhalten anschaulich zu interpretieren.

	Nachname	Vorname
1	Gnoth	Marcel
2	Kremer	Hans Willi
3	Kühnel	Andreas
4	Lubkowitz	Mark
5	Mertins	Dirk
6	Neumann	Jörg

Abbildung 25.14 Durch eine »FETCH«-Anweisung überschrittene Grenze des Cursors

Durch die FETCH-Anweisung des letzten Beispiels wurde der Zeiger des Cursors auf eine Position hinter dem Cursorende gesetzt, ähnlich wie dieser Zeiger nach der Erstellung eines Cursors – wie oben erwähnt – auf eine Position vor dem Beginn des Cursors verweist.

Da nach dem letzten Datensatz des Cursors keine Informationen mehr abgerufen werden können, liefert die FETCH-Anweisung in diesem Fall für alle abgerufenen Werte NULL zurück, die im Beispiel den Variablen @Nachname und @Vorname zugewiesen werden. Die im Beispiel zur Ausgabe verwendete Textverkettung von Zeichenketten mit Variablen (deren Inhalt jetzt aus NULL-Werten besteht) führt dazu, dass die Zeichenverkettungen selbst auf NULL gesetzt werden, wodurch keine Ausgabe erfolgt.

Abschließend sei noch erwähnt, dass der Zeiger immer an der Position direkt vor oder nach dem Cursor verbleibt, wenn durch FETCH-Anweisungen die Grenzen eines Cursors überschritten werden. Mit anderen Worten: Unabhängig davon, wie oft Sie das letzte Beispiel ausführen lassen, bleibt der Zeiger an der Position nach dem letzten Datensatz des Cursors stehen. Das folgende Beispiel unter Verwendung von PRIOR zur Auswahl des vorherigen Datensatzes setzt den Zeiger des Cursors daher an die in Abbildung 25.13 dargestellte Position dieses Beispiels zurück und gibt somit den letzten Datensatz des Cursors aus:

Beispiel:

```
DECLARE @Nachname varchar(50);
DECLARE @Vorname varchar(20);
FETCH PRIOR FROM curAutor
INTO @Nachname, @Vorname;
PRINT 'Nachname: '+@Nachname;
PRINT 'Vorname: '+@Vorname;
```

Dementsprechend erfolgt auch für dieses Beispiel die folgende Ausgabe:

```
Nachname: Neumann
Vorname: Jörg
```

25.5 Schließen und Löschen eines Cursors

Die Verwendung eines Cursors stellt immer eine Ressourcenbelastung von SQL Server dar, die – abhängig von der verwendeten Cursorart – niedriger oder höher ausfallen kann. Ein statischer Cursor beispielsweise verbraucht weitaus weniger Ressourcen als ein dynamischer Cursor, dessen Inhalt fortlaufend aktualisiert werden muss. Generell gilt, dass ein Cursor, der momentan nicht mehr verwendet wird, zumindest geschlossen, wenn nicht ganz aus dem Datenbankserver entfernt werden sollte, um von dem Cursor belegte Ressourcen wieder freizugeben. Wenn Sie einen Cursor zeitweilig nicht benötigen, sollten Sie ihn schließen, was über die CLOSE-Anweisung geschieht:

Syntax:

CLOSE cursorname;

Den in diesem Kapitel verwendeten Cursor schließen wir also über das folgende Beispiel:

Beispiel:

CLOSE curAutor;

Das Schließen eines Cursors kann als Deaktivierung des Cursors verstanden werden. Der Cursor ist also weiterhin vorhanden, ein Zugriff auf ihn ist aber nicht mehr möglich. Einen mit CLOSE geschlossenen Cursor können Sie aber jederzeit durch die OPEN-Anweisung – ohne erneute Deklaration des Cursors – wieder öffnen, wobei die SELECT-Anweisung des Cursors erneut ausgeführt und der Inhalt des Cursors neu eingelesen wird.

Da auch ein geschlossener Cursor Ressourcen des Datenbankservers verbraucht, ist es sinnvoll, einen Cursor aus der Datenbank zu löschen, falls abzusehen ist, dass er in absehbarer Zeit nicht mehr verwendet wird. Um einen Cursor nicht nur zu deaktivieren, sondern komplett zu löschen, verwenden Sie die DEALLOCATE-Anweisung:

Syntax:

DEALLOCATE cursorname;

Beispiel:

DEALLOCATE curAutor;

DEALLOCATE können Sie sowohl auf einen geöffneten als auch auf einen geschlossenen Cursor anwenden. In beiden Fällen wird der Cursor aus der Datenbank entfernt, und die von ihm beanspruchten Ressourcen werden freigegeben. Sollte der Cursor zum Zeitpunkt der Ausführung von DEALLOCATE noch geöffnet sein, wird er gleichzeitig geschlossen. Das heißt, in diesem Fall müssen Sie den Cursor nicht erst über die Angabe von CLOSE schließen.

25.6 Schleifenprogrammierung zum automatischen Durchlaufen eines Cursors

In der Regel wird ein Cursor automatisch, also programmgesteuert, durchlaufen, wozu in SQL typischerweise eine WHILE-Schleife Verwendung findet. Ein wesentlicher Punkt bei der Programmierung einer solchen Schleife ist die Wahl der Schleifenbedingung, über die festgestellt werden muss, ob das Ende des Cursors bereits erreicht wurde oder ob noch weitere Daten abzurufen sind.

SQL Server stellt zwei Funktionen für die Programmierung einer solchen Schleife zur Verfügung:

Funktion	Beschreibung
@@CURSOR_ROWS	Anzahl der Datensätze im Cursor
@@FETCH_STATUS	Rückgabewert 0, wenn die letzte FETCH-Anweisung erfolgreich verlaufen ist
	Rückgabewert -1, wenn die letzte FETCH-Anweisung erfolglos verlaufen ist

Tabelle 25.3 Funktionen zur Cursorverwaltung

Obwohl sich die Funktion @@CURSOR_ROWS auf den ersten Blick zur Programmierung einer Schleife zum Durchlauf eines Cursors anbietet, wird sie dennoch relativ selten zu diesem Zweck verwendet. Dies liegt zum einen daran, dass der Einsatz dieser Funktion eine zusätzliche Zählervariable in der Schleife erfordert, über die festgestellt werden muss, ob das Ende des Cursors erreicht ist. Ein weiterer Grund, der die Verwendung von @@CURSOR_ROWS sogar vollkommen ausschließen kann, ist die Tatsache, dass diese Funktion nicht mit dynamischen Cursors verwendet werden kann. @@CURSOR_ROWS liefert bei der Verwendung mit einem dynamischen Cursor als Ergebnis immer 1 zurück, da sich die Anzahl der Datensätze in einem dynamischen Cursor permanent ändern kann und daher keine verlässliche Angabe über die Anzahl der Datensätze innerhalb des Cursors möglich ist.

Ein automatisches Durchlaufen eines Cursors wird daher typischerweise über die Abfrage der @@FETCH_STATUS-Funktion in der Schleifenbedingung einer WHILE-Schleife realisiert, da dieses Verfahren in Kombination mit allen Cursorarten eingesetzt werden kann. Über die Auswertung der @@FETCH_STATUS-Funktion im Schleifenkopf können Sie feststellen, ob der letzte Lesevorgang auf den Cursor erfolgreich war, ob also Datensätze zurückgeliefert wurden. Ist dies nicht der Fall, wurde das Ende des Cursors erreicht, und die Schleife muss beendet werden.

Im folgenden Beispiel untersuchen wir das Verhalten von @@FETCH_STATUS beim Durchlaufen eines Cursors. Dazu erstellen wir zunächst einen ähnlichen Cursor wie im letzten Beispiel. Da der Cursor nun aber nur rein sequenziell durchlaufen werden soll, reicht in diesem Fall ein FORWARD_ONLY-Cursor vollkommen aus. Der Cursor wird direkt im Anschluss durch OPEN geöffnet:

Beispiel:

```
DECLARE curAutor CURSOR
FORWARD_ONLY
```

```
FOR SELECT Nachname, Vorname FROM tblAutor
WHERE Nachname LIKE ('[GKLMN]%')
ORDER BY Nachname;
OPEN curAutor;
```

Nun simulieren wir den späteren Schleifendurchlauf durch wiederholte Ausführung des folgenden Beispielcodes, wobei jeweils das Ergebnis der FETCH-Anweisung wie auch der Wert der @@FETCH_STATUS-Funktion ausgegeben werden.

Beispiel:

```
DECLARE @Nachname varchar(50);
DECLARE @Vorname varchar(20);
FETCH NEXT FROM curAutor
INTO @Nachname, @Vorname;
SELECT @Nachname AS Nachname,
@Vorname AS Vorname,
@@FETCH_STATUS AS Status;
```

Jeder erfolgreich aus dem Cursor abgerufene Datensatz liefert dabei eine Ausgabe wie in Abbildung 25.15 (in der die Ausgabe des letzten Datensatzes des Cursors dargestellt ist), in der als Rückgabewert der @@FETCH_STATUS-Funktion der Wert 0 angezeigt wird, da der entsprechende Lesevorgang erfolgreich verlaufen ist.

	Nachname	Vorname	Status
1	Neumann	Jörg	0

Abbildung 25.15 Ausgabe eines erfolgreichen Lesevorgangs

Wird nun, nach dem Erreichen des letzten Datensatzes im Cursor, das Beispiel erneut ausgeführt, sehen Sie die in Abbildung 25.16 gezeigte Ausgabe.

	Nachname	Vorname	Status
1	NULL	NULL	-1

Abbildung 25.16 Ausgabe des nicht erfolgreichen Lesevorgangs

Dieser Lesevorgang wurde nicht erfolgreich abgeschlossen, was Sie daran sehen, dass die @@FETCH_STATUS-Funktion -1 zurückgibt. Die Ausgabe von NULL-Werten zeigt hier anschaulich das weiter oben beschriebene Verhalten der FETCH-Anweisung beim Überschreiten der Cursorgrenzen.

> **Hinweis**
>
> Abbildung 25.16 könnte zu der Vermutung verleiten, dass eine nur aus NULL-Werten bestehende Cursorausgabe als Zeichen für einen vollständigen Cursordurchlauf zu interpretieren sei und ein Vergleich auf NULL-Werte zur Schleifensteuerung verwendet werden könnte.

> Dieser Umkehrschluss gilt jedoch *nicht*! Eine Zeile innerhalb eines Cursors kann durchaus nur aus NULL-Werten bestehen, nämlich dann, wenn ein in den Cursor eingelesener Datensatz in allen im Cursor verwendeten Spalten einen NULL-Wert aufweist. Eine nur aus NULL-Werten bestehende Cursorausgabe ist daher in der Regel kein sicheres Anzeichen für das Erreichen einer Cursorgrenze.

Der verwendete Cursor wird nun noch in einem Zug geschlossen und aus dem Speicher entfernt.

Beispiel:

```
DEALLOCATE curAutor;
```

Wir implementieren den eben manuell ausgeführten Durchlauf durch einen Cursor nun mittels einer Schleife, in der wir die @@FETCH_STATUS-Funktion in der Schleifenbedingung verwenden, um das Erreichen des Cursorendes sicher feststellen zu können. Bei der Programmierung einer solchen Schleife kann ein Fehler auftreten, auf den wir an dieser Stelle näher eingehen.

Das folgende Beispiel zeigt einen ersten Entwurf eines SQL-Programms, bei dessen Ausführung automatisch ein dem letzten Beispiel entsprechender Cursor deklariert, geöffnet, durchlaufen und danach aus dem Speicher entfernt werden soll. Die benötigten Variablendeklarationen nehmen wir ebenfalls direkt im Skript vor.

Beispiel:

```
DECLARE @Nachname varchar(50);
DECLARE @Vorname varchar(20);
DECLARE curAutor CURSOR
FORWARD_ONLY
FOR SELECT Nachname, Vorname FROM tblAutor
WHERE Nachname LIKE ('[GKLMN]%')
ORDER BY Nachname;
OPEN curAutor;
WHILE @@FETCH_STATUS = 0
BEGIN
    FETCH NEXT FROM curAutor
    INTO @Nachname, @Vorname;
    SELECT @Nachname AS Nachname,
    @Vorname AS Vorname;
END;
DEALLOCATE curAutor;
```

Das Beispiel erscheint auf den ersten Blick vielleicht korrekt. Anfangs werden die benötigten Variablen und der Cursor deklariert, der anschließend geöffnet wird. Die vorhin manuell ausgelöste FETCH-Anweisung ist nun in eine WHILE-Schleife eingefasst, in der eine Kontrollausgabe der Variablen erfolgt und deren Schleifenbedingung korrekt gewählt und angegeben ist. Nach Beendigung der Schleife wird – bevor das Programm verlassen wird – noch der Cursor aus dem Speicher entfernt. In dem Programm ist auch kein Syntaxfehler enthalten, trotzdem hat es einen gravierenden Nachteil: Es *kann* – *muss* aber nicht – korrekt ausgeführt werden!

Ob das Programm wie erwartet die Autorendatensätze durchläuft oder nicht, hängt im Wesentlichen davon ab, welche Anweisungen *vorher* in der Verbindung verwendet wurden und ob diese sich auf den Rückgabewert von @@FETCH_STATUS ausgewirkt haben.

Zur Erläuterung gehen wir zunächst etwas näher auf die Funktion von @@FETCH_STATUS ein. Bei Anwendung dieser Funktion ist es wichtig, zu wissen, dass sich @@-FETCH_STATUS *nicht* auf einen *speziellen Cursor* bezieht, sondern als Information ausgibt, ob die letzte *in der Verbindung* ausgeführte FETCH-Anweisung erfolgreich war oder nicht!

Wenn Sie also die vorherigen Beispiele dieses Kapitels zusammen mit dem letzten Beispiel in einer Verbindung zum Server – also ohne sich erneut beim Server anzumelden – ausgeführt haben, hat @@FETCH_STATUS vor Beginn des letzten Beispiels den Wert 0 oder -1, je nachdem, ob die letzte von Ihnen ausgeführte FETCH-Anweisung erfolgreich war. Haben Sie die Beispiele genau wie im Kapitel ausgeführt, wird das Programm bei Ihnen ohne Fehler abgelaufen sein. Es wird aber keine Ausgabe erfolgt sein, was daran liegt, dass (siehe Abbildung 25.16) die zuletzt abgesetzte FETCH-Anweisung erfolglos war. Daher besitzt @@FETCH_STATUS den Wert -1, was dazu führt, dass nicht in die WHILE-Schleife eingetreten wird, da die Schleifenbedingung @@FETCH_STATUS = 0 nicht erfüllt ist.

War die letzte FETCH-Anweisung in der Verbindung erfolgreich, wird das Programm wie gedacht ausgeführt, und die Autoren werden ausgegeben. Trotzdem ist die hier verwendete Programmierung zum Durchlauf eines Cursors nicht korrekt, da das Eintreten in die WHILE-Schleife von dem Wert der @@FETCH_STATUS-Funktion abhängt, der sich nicht auf den aktuell verwendeten Cursor bezieht. Auch hier kann ein Fehler auftreten, nämlich dann, wenn @@FETCH_STATUS beim Erreichen des Schleifenkopfs zwar den Wert 0 besitzt, im Cursor aber kein Datensatz vorhanden ist. Das kann durchaus der Fall sein, wenn eine SELECT-Anweisung verwendet wurde, die ein leeres Ergebnisset zurückgegeben hat.

Damit das Beispiel unter allen Umständen korrekt funktioniert, müssen wir es folgendermaßen abändern:

Beispiel:

```
DECLARE @Nachname varchar(50);
DECLARE @Vorname varchar(20);
DECLARE curAutor CURSOR
```

```
    FORWARD_ONLY
    FOR SELECT Nachname, Vorname FROM tblAutor
    WHERE Nachname LIKE ('[GKLMN]%')
    ORDER BY Nachname;
    OPEN curAutor;
    FETCH NEXT FROM curAutor
      INTO @Nachname, @Vorname
    WHILE @@FETCH_STATUS = 0
    BEGIN
        SELECT @Nachname AS Nachname,
          @Vorname AS Vorname;
        FETCH NEXT FROM curAutor
          INTO @Nachname, @Vorname;
    END;
    DEALLOCATE curAutor;
```

Bei diesem Code fällt auf, dass – wie die grau unterlegten Abschnitte zeigen – die FETCH-Anweisung an zwei Stellen aufgerufen wird: einmal vor dem Schleifenkörper und ein weiteres Mal im Schleifenkörper. Da es sich bei der WHILE-Schleife um eine kopfgesteuerte Schleife handelt, in der die Überprüfung der Schleifenbedingung vor dem Eintritt in die Schleife stattfindet, ist diese Vorgehensweise zwingend notwendig.

Dadurch wird sichergestellt, dass vor dem Erreichen der Schleifenbedingung bereits eine FETCH-Anweisung an den aktuellen Cursor gestellt wurde, @@FETCH_STATUS also einen verlässlichen Wert enthält. Nur so kann das Schleifenverhalten korrekt gesteuert werden: War die FETCH-Anweisung vor Beginn der Schleife erfolgreich, wird in die Schleife eingetreten; war die FETCH-Anweisung nicht erfolgreich, enthält der Cursor keine Datensätze, also wird die Schleife übersprungen. Innerhalb der Schleife wurde noch die Reihenfolge der FETCH- und der SELECT-Anweisung getauscht, da – falls in die Schleife eingetreten wurde – die FETCH-Anweisung vor Schleifenbeginn ja bereits einen Datensatz ausgelesen hat, der zuerst ausgegeben werden muss, bevor die FETCH-Anweisung in der Schleife versucht, den nächsten Datensatz aus dem Cursor zu lesen.

25.7 Daten in der Cursorauswahl aktualisieren und löschen

Der aktuelle Datensatz eines Cursors kann verändert oder gelöscht werden. Die Syntax ist größtenteils identisch mit den bekannten Befehlen zum Ändern bzw. Löschen eines Datensatzes. Es wird in der WHERE-Klausel jedoch über CURRENT OF festgelegt, dass sich die Anweisung auf den aktuellen Datensatz des angegebenen Cursors bezieht.

25.7.1 Aktualisieren

Syntax:

```
UPDATE tabellenname
SET spaltenname = ausdruck
WHERE CURRENT OF cursorname;
```

25.7.2 Löschen

Syntax:

```
DELETE FROM tabellenname
WHERE CURRENT OF cursorname;
```

Das folgende Beispiel ersetzt den Umlaut aus dem Vornamen *Jörg* durch die Schreibweise *oe*. Dazu erstellen wir – wie schon zu Beginn des Kapitels – einen bildlauffähigen Cursor, in den die Autorennamen sortiert eingelesen werden. Der Cursorzeiger wird dann auf den letzten Datensatz im Cursor gesetzt und die entsprechende UPDATE-Anweisung ausgeführt.

Beispiel:

```
DECLARE curAutor CURSOR
SCROLL
FOR SELECT Nachname, Vorname FROM tblAutor
ORDER BY Nachname;
OPEN curAutor;
FETCH LAST FROM curAutor;
UPDATE tblAutor
SET Vorname = 'Joerg'
WHERE CURRENT OF curAutor;
DEALLOCATE curAutor;
```

Abbildung 25.17 zeigt den Tabelleninhalt mit dem durch die Cursorauswahl geänderten Datensatz.

	ID	Vorname	Nachname	KontoNr	BLZ
1	1	Hans Willi	Kremer	NULL	NULL
2	2	Andreas	Kühnel	NULL	NULL
3	3	Joerg	Neumann	NULL	NULL
4	4	Helmut	Vonhoegen	0000000000	NULL
5	5	Marcel	Gnoth	NULL	NULL
6	6	Dirk	Mertins	0000000000	NULL
7	7	Mark	Lubkowitz	NULL	NULL

Abbildung 25.17 Der über die Cursorposition in der Autorentabelle geänderte Datensatz

Kapitel 26
Sequenzen

Sequenzen sind Datenbankobjekte, die eine weitere Möglichkeit für die Generierung von Zahlenfolgen zur Verfügung stellen.

Die mit SQL Server 2012 eingeführten Sequenzen können Sie für die Generierung von Zahlenfolgen einsetzen. Auf den ersten Blick mag dies überflüssig erscheinen, immerhin stand ja bislang schon die IDENTITY-Spalteneigenschaft für die Generierung von Spaltenwerten zur Verfügung. Beide Möglichkeiten unterscheiden sich jedoch in wesentlichen Punkten: Während die IDENTITY-Eigenschaft einer Tabellenspalte zugeordnet wird, ist eine Sequenz ein alleinstehendes Objekt zur Generierung von sequenziellen Werten. Die von einer Sequenz generierten Werte können daher nicht nur in einer oder mehreren Tabellen, sondern in beliebigen Datenbankobjekten Verwendung finden. Außerdem erlauben Sequenzen ein zyklisches Durchlaufen, sie können also beliebig häufig Werte aus dem ihnen zugewiesenen Wertebereich liefern.

Sequenzen sind Datenbankobjekte; ihre Erstellung mittels SQL-Code muss daher in einer Verbindung zu der Datenbank erfolgen, in der sie angelegt werden sollen. Die in diesem Abschnitt folgenden Beispiele verwenden hierzu die *tempdb*-Systemdatenbank.

26.1 Erstellung einer Sequenz mit Standardeinstellungen

Sie erstellen eine Sequenz mit der CREATE SEQUENCE-Anweisung, die mehrere Parameter unterstützt. Im einfachsten Fall erstellen Sie eine Sequenz mit Standardwerten. Sie müssen dann bei der Erstellung der Sequenz lediglich den Sequenznamen angeben, für alle anderen möglichen Parameter werden deren Standardwerte verwendet.

Syntax:

```
CREATE SEQUENCE sequenzname;
```

Beispiel:

```
USE tempdb;
GO
CREATE SEQUENCE Sequenz1;
```

26.2 Informationen zu den vorhandenen Sequenzen in einer Datenbank

Informationen über die in einer Datenbank vorhandenen Sequenzen erhalten Sie im OBJEKT-EXPLORER sowie über eine Systemsicht. Im OBJEKT-EXPLORER finden Sie die SEQUENZEN in dem in Abbildung 26.1 dargestellten Verzeichnis PROGRAMMIERBARKEIT der jeweiligen Datenbank.

Abbildung 26.1 Die Darstellung einer Sequenz im Objekt-Explorer

Die Systemsicht *sys.sequences* liefert Ihnen Informationen zu den in der aktuellen Datenbank vorhandenen Sequenzen (siehe Abbildung 26.2).

	name	object_id	principal_id	schema_id	parent_object_id	type	type_desc
1	Sequenz1	309576141	NULL	1	0	SO	SEQUENCE_OBJECT

Abbildung 26.2 Ausschnitt aus der Rückgabe von »sys.sequences«

26.3 Abrufen von Sequenzwerten

Sequenzen erlauben zwei verschiedene Arten des Abrufs von Werten: zum einen den Abruf einzelner Sequenzwerte, zum anderen das Abrufen von Sequenzwertbereichen.

26.3.1 Abruf einzelner Sequenzwerte

Um Sequenzwerte einzeln aus der Sequenz abzurufen, verwenden Sie die NEXT VALUE-Funktion, der Sie den Namen der Sequenz als Argument übergeben.

Syntax:

```
NEXT VALUE FOR sequenzname
```

Das folgende Beispiel ruft den ersten Wert aus der oben erstellten Sequenz ab.

Beispiel:

```
SELECT NEXT VALUE FOR Sequenz1;
```

Das Ergebnis dieses Beispielaufrufs sehen Sie in Abbildung 26.3.

Abbildung 26.3 Der erste von der Sequenz mit Standardeinstellungen zurückgegebene Wert

Warum die Sequenz in diesem Beispiel den in Abbildung 26.3 dargestellten Wert als ersten Wert ausgibt, wird in einem der folgenden Abschnitte deutlich werden.

Führen Sie die NEXT VALUE-Anweisung erneut aus, erhalten Sie die auf den Wert in Abbildung 26.3 folgende Zahl, endend auf 807. (Beachten Sie, dass es sich bei der in Abbildung 26.3 dargestellten Zahl um eine negative Zahl handelt!) Eine mit Standardeinstellungen definierte Sequenz liefert also bei Verwendung der NEXT VALUE-Anweisung Sequenzwerte mit einer Schrittweite von 1 zurück.

26.3.2 Anfordern eines Wertebereichs

Um aus der Sequenz einen Bereich von Werten abzurufen, verwenden Sie die Prozedur `sp_sequence_get_range`. Diese Prozedur ermöglicht die Verwendung diverser Parameter; im folgenden Beispiel benutzen wir lediglich zwei Übergabe- und einen Rückgabeparameter. Mit dem Parameter `@sequence_name` geben Sie die abzufragende Sequenz vor; der Wert des Parameters `@range_size` gibt an, wie viele Werte der abzufragende Bereich umfassen soll. Die Rückgabe aus der Prozedur erfolgt über den OUTPUT-Parameter `@range_first_value`. Beachten Sie in dem folgenden Beispiel, dass Sie als Datentyp für diesen Parameter `sql_variant` verwenden müssen. Hierbei handelt es sich um einen Datentyp, der zur Speicherung von Inhalten verschiedenen Typs dient. In einer mit `sql_variant` deklarierten Variablen können Sie z. B. nacheinander eine Ganzzahl und eine Zeichenkette ablegen. Die Flexibilität dieses Datentyps erfordert jedoch einen erhöhten Aufwand zur Verwaltung der Inhalte, sodass Sie diesen Datentyp aus Leistungsgründen nur dann einsetzen sollten, wenn es – wie in diesem Beispiel – zwingend notwendig ist.

Beispiel:

```
DECLARE @Sequenzausgabe sql_variant;
EXECUTE sp_sequence_get_range
@sequence_name = 'Sequenz1',
@range_size = 3,
@range_first_value = @Sequenzausgabe OUTPUT;
SELECT @Sequenzausgabe;
```

Wenn Sie dieses Beispiel ausführen, erfolgt als Ausgabe die nächste ganze Zahl, die auf die letzte Ausgabe folgt. Wenn Sie die NEXT VALUE-Funktion – wie beschrieben – bereits zweimal ausgeführt haben, erhalten Sie also einen auf 806 endenden Sequenzwert. Der Aufruf der Prozedur in diesem Beispiel liefert also lediglich – wie der Name des Rückgabeparameters @range_first_value bereits andeutet – den ersten Wert des angeforderten Sequenzbereichs zurück. Die restlichen Werte des mit @range_size angeforderten Bereichs werden also nicht ausgegeben, sondern von der Sequenz als vergeben angesehen. Ein erneuter Aufruf von NEXT VALUE liefert daher eine gegenüber der Ausgabe des letzten Beispiels um 3 verringerte Zahl zurück, in diesem Beispiel also einen auf 803 endenden Wert.

26.4 Die Verwendung der Parameter »AS«, »START«, »INCREMENT«, »MINVALUE«, »MAXVALUE«, »CYCLE« und »CACHE«

Wie Sie im ersten Abschnitt dieses Kapitels gesehen haben, können Sie eine Sequenz mit Standardwerten erstellen, indem Sie sie lediglich unter Angabe des Sequenznamens erzeugen. Häufig werden Sie jedoch mehr Einfluss auf das Verhalten einer Sequenz nehmen wollen. Zu diesem Zweck stehen Ihnen mehrere Parameter zur Verwendung mit der CREATE SEQUENCE-Anweisung zur Verfügung.

26.4.1 »AS«, »START« und »INCREMENT«

»AS«

Mithilfe des Parameters AS legen Sie den Datentyp – und damit auch den maximalen Wertebereich – der Werte fest, die von der Sequenz generiert werden können.

Als mögliche Werte können Sie die in Tabelle 26.1 mit ihren Wertebereichen angegebenen Datentypen verwenden.

Datentyp	Wertebereich
tinyint	0–255
smallint	−32.768 – 32.767
integer	−2.147.483.648 – 2.147.483.647
bigint	−9.223.372.036.854.775.808 – 9.223.372.036.854.775.807
decimal/numeric (ohne Nachkommaanteil)	abhängig von Definition

Tabelle 26.1 Die in einer Sequenz verwendbaren Datentypen

26.4 Parameter »AS«, »START«, »INCREMENT«, »MINVALUE«, »MAXVALUE«, »CYCLE« und »CACHE«

Im ersten Beispiel in diesem Kapitel haben wir keinen Datentyp angegeben. Wie Sie bei einem Vergleich von Abbildung 26.3 mit der Tabelle der Datentypen erkennen, wurde daher als Datentyp `bigint` verwendet, der also den Standarddatentyp darstellt.

»START«

Über den Parameter `START` legen Sie den Startwert der Sequenz fest.

»INCREMENT«

Mit `INCREMENT` geben Sie die zu gewünschte Schrittweite an; möglich ist auch die Angabe negativer Werte, um absteigende Sequenzwerte zu generieren.

Das folgende Beispiel soll die Verwendung der Optionen `AS`, `START` und `INCREMENT` verdeutlichen. In dieser Sequenz soll der Datentyp `tinyint` verwendet werden, als Startwert wird 0 festgelegt, und als Schrittweite wird explizit 1 angegeben. Wie Sie dem unten abgebildeten Beispielcode entnehmen können, wird in diesem Fall jedoch nicht die bestehende Sequenz geändert, sondern eine neue Sequenz mit Namen `Sequenz2` erstellt. Der Grund hierfür ist, dass Sie zwar eine `ALTER SEQUENCE`-Anweisung zur Änderung einer bestehenden Sequenz ausführen, damit aber nicht den Datentyp einer Sequenz ändern können. Wenn Sie also in der Praxis den Datentyp einer bestehenden Sequenz ändern wollen, müssen Sie die bestehende Sequenz löschen und unter identischem Namen neu erstellen.

Syntax:

```
CREATE SEQUENCE sequenzname
AS datentyp
START WITH startwert
INCREMENT BY schrittweite;
```

Beispiel:

```
CREATE SEQUENCE Sequenz2
AS tinyint
START WITH 0
INCREMENT BY 1;
```

Mithilfe des folgenden Beispiels können Sie die Sequenz Wert für Wert durchlaufen.

Beispiel:

```
Marke:
SELECT NEXT VALUE FOR Sequenz2;
GOTO Marke;
```

Wenn der maximale Wert des Datentyps (hier: 255) überschritten wird, erfolgt die Ausgabe der folgenden Fehlermeldung:

Meldung 11728, Ebene 16, Status 1, Zeile 11
Das Sequenz2-Sequenzobjekt hat seinen minimalen oder maximalen Wert erreicht. Starten Sie das Sequenzobjekt neu, damit neue Werte generiert werden können.

Die in der Fehlermeldung angesprochene Möglichkeit, ein Sequenzobjekt neu zu starten, behandeln wir im nächsten Abschnitt.

Im Eigenschaftenfenster der Sequenz werden Sie auch darauf hingewiesen, dass die Sequenz keine weiteren Werte mehr zurückgeben kann (siehe Abbildung 26.4).

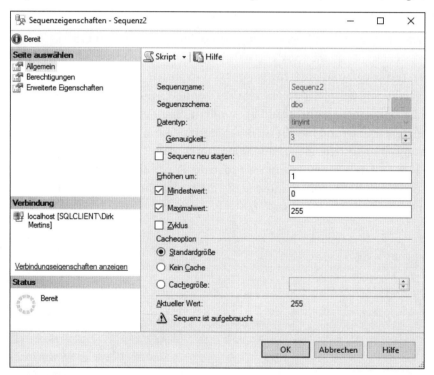

Abbildung 26.4 Die Eigenschaften der Sequenz mit dem Hinweis, dass die Sequenz aufgebraucht ist

26.4.2 »MAXVALUE«

Mithilfe der MAXVALUE-Option können Sie den maximalen von der Sequenz zurückgegebenen Wert einschränken. Die bereits bestehende Sequenz Sequenz2 soll mithilfe des MAXVALUE-Parameters über eine ALTER SEQUENCE-Anweisung so geändert werden, dass der maximale Wert der Sequenz auf den Wert 10 festgelegt wird. Allerdings ergibt sich bei Ausführung der bisherigen Beispiele an dieser Stelle ein Problem: Wie

26.4 Parameter »AS«, »START«, »INCREMENT«, »MINVALUE«, »MAXVALUE«, »CYCLE« und »CACHE«

Sie Abbildung 26.4 entnehmen können, beträgt der aktuelle Wert der Sequenz 255, was größer als der Wert ist, der mit MAXVALUE eingestellt werden soll. Die Sequenz muss daher neu gestartet werden, was Sie über die ALTER SEQUENCE-Anweisung unter Verwendung des Parameters RESTART erreichen können.

Syntax:

```
ALTER SEQUENCE sequenzname
RESTART;
```

Sie können auch einen neuen Startwert angeben, indem Sie die WITH-Option verwenden.

Syntax:

```
ALTER SEQUENCE sequenzname
RESTART WITH neuer startwert;
```

Um die Sequenz mit dem ursprünglichen Startwert neu zu starten, können Sie das folgende Beispiel verwenden.

Beispiel:

```
ALTER SEQUENCE Sequenz2
RESTART;
```

Ignorieren Sie in diesem und im nächsten Fall die Ihnen nach Ausführung der Beispiele angezeigte Meldungen bezüglich der Cachegröße.

Um den neuen Maximalwert zuzuweisen, verwenden Sie die ALTER SEQUENCE-Anweisung in der folgenden Form:

Syntax:

```
ALTER SEQUENCE sequenzname
MAXVALUE = maximalwert;
```

Führen Sie dazu das folgende Beispiel aus.

Beispiel:

```
ALTER SEQUENCE Sequenz2
MAXVALUE 10;
```

> **Hinweis**
>
> Es wäre auch möglich gewesen, RESTART und MAXVALUE in einer einzigen ALTER SEQUENCE-Anweisung zu verwenden. Da der Neustart einer Sequenz aber gesondert besprochen werden sollte, haben wir in diesem Fall getrennte Beispiele verwendet.

> Wenn Sie aus der eben erstellten Sequenz Werte abrufen und dabei den mit MAXSIZE festgelegten Wert überschreiten, löst dies ebenfalls die oben dargestellte Fehlermeldung aus. Im nächsten Abschnitt beschreiben wir daher die Möglichkeit, eine Sequenz für das zyklische Durchlaufen zu konfigurieren.

26.4.3 »CYCLE«

Um eine Sequenz zu erstellen, die zyklisch durchlaufen werden kann, verwenden Sie die Option CYCLE. Das folgende Beispiel zeigt die Anwendung dieser Option. Erstellt wird die neue Sequenz Sequenz3, deren Einstellungen – außer der CYCLE-Option – den aktuellen Einstellungen der Sequenz2 entspricht.

Beispiel:

```
CREATE SEQUENCE Sequenz3
AS smallint
START WITH 0
INCREMENT BY 1
MAXVALUE 10
CYCLE;
```

Wenn Sie diese Sequenz – in einer Schleife oder manuell – mit der NEXT VALUE-Anweisung durchlaufen, werden Sie feststellen, dass nach Erreichen des Sequenzwerts 10 keine Fehlermeldung mehr ausgegeben, sondern mit dem kleinsten verfügbaren Wert des Datentyps – beim tinyint-Datentyp ist dies 32768 – fortgefahren wird. Auch dieses Verhalten können Sie beeinflussen, wie wir im nächsten Abschnitt beschreiben.

26.4.4 »MINVALUE«

Das Beispiel in dem vorherigen Abschnitt hat gezeigt, wie Sie mit der CYCLE-Option eine Sequenz so konfigurieren können, dass sie nach einem Durchlauf mit dem kleinsten verfügbaren Wert einen neuen Durchlauf beginnt. Falls Sie einen anderen Wert als Startwert bei einem zyklischen Durchlauf festlegen wollen, verwenden Sie dazu den MINVALUE-Parameter.

Das folgende Beispiel ändert die Sequenz des letzten Beispiels so ab, dass bei einem erneuten Durchlauf 10 als neuer minimaler Wert verwendet wird, und startet die Sequenz neu.

Beispiel:

```
ALTER SEQUENCE Sequenz3
RESTART
MINVALUE -10;
```

Die so geänderte Sequenz gibt zunächst die Werte 0 bis 10 und danach zyklisch die Werte von 10 bis 10 zurück.

26.4.5 »CACHE«

Mithilfe der CACHE-Option können Sie Einfluss auf die Leistung einer Sequenz nehmen, indem Sie durch das Caching das Vorhalten von Sequenzwerten aktivieren. Die Vorteile der Verwendung eines Cache im Hinblick auf die Leistung zeigen sich besonders bei sehr stark abgefragten Sequenzen. Ihnen stehen insgesamt drei Optionen zur Verfügung, mit deren Hilfe Sie festlegen können, ob und wie eine Sequenz einen Cache verwendet:

»NO CACHE«

Wenn Sie die Option NO CACHE auswählen, wird für die Sequenz kein Cache erstellt. Das folgende Beispiel zeigt die Definition einer solchen Sequenz.

Beispiel:

```
CREATE SEQUENCE Sequenz4
AS smallint
START WITH 0
INCREMENT BY 1
MAXVALUE 10
CYCLE
NO CACHE;
```

Hiermit würde bei jedem Abruf eines Sequenzwerts dieser Wert in einer Systemtabelle eingetragen, was – gerade bei häufigen Abrufen von Sequenzwerten – zu einer erhöhten Belastung des E/A-Systems (Eingabe/Ausgabe) führen kann. Ein Vorteil dieser Option ist jedoch, dass bei einem nicht geplanten Stopp des Serverdienstes keine Lücken in den Sequenzwerten entstehen, da bei einem Neustart des Servers der letzte vergebene Sequenzwert aus der Systemtabelle gelesen werden kann.

»CACHE« (mit Wertangabe)

Sie können – wenn Sie für eine Sequenz einen Cache verwenden möchten – die Größe des Cache angeben.

Mit dem folgenden Beispiel erstellen Sie eine Sequenz mit einer Cachegröße von 20.

Beispiel:

```
CREATE SEQUENCE Sequenz5
AS smallint
START WITH 0
```

```
INCREMENT BY 1
MAXVALUE 10
CYCLE
CACHE 20;
```

Durch diese Anweisung würde SQL Server im Arbeitsspeicher die ersten 20 Sequenzwerte (0–19) vorrätig halten, in die oben angesprochene Systemtabelle würden jedoch nicht alle Sequenzwerte, sondern lediglich der letzte Sequenzwert des Cache eingetragen (also 19). Wenn alle Werte aus dem Cache abgerufen worden sind, wird die neue Obergrenze des Cache berechnet (39) und dieser Wert für die Aktualisierung der Systemtabelle verwendet. Dieses Verfahren bedeutet natürlich sehr viel weniger E/A-Last, als wenn kein Cache verwendet wird, was sich positiv auf die Leistung der Sequenz auswirkt. Da die Sequenzwerte des Cache jedoch im flüchtigen Arbeitsspeicher vorliegen, kann es bei Verwendung eines Cache zu Lücken innerhalb der Sequenzwerte kommen, nämlich dann, wenn der Serverdienst unerwartet beendet wird. Stellen Sie sich z. B. vor, aus der oben erstellten Sequenz wären die ersten 5 Werte (0–4) abgerufen worden und der Serverdienst würde unerwartet beendet. Wenn nach dem Neustart des Serverdienstes der nächste Wert aus der Sequenz abgerufen wird, liefert die Systemtabelle lediglich die Information, dass der höchste Sequenzwert des Cache 19 ist. Dieser Wert wird dann als nächster Sequenzwert verwendet, d. h., die Werte 5–18 würden nicht genutzt und würden so eine Lücke in der Nummerierung bilden. Wird der Serverdienst geplant heruntergefahren, wird der nächste zu verwendende Wert in die Systemtabelle geschrieben, nach dem Neustart ausgelesen und als erster Sequenzwert des Cache verwendet, sodass in diesem Fall keine Lücke in den Sequenzwerten entsteht.

»CACHE« (ohne Werteangabe)

Sie können die Option CACHE auch ohne Angabe der Cachegröße verwenden wie im folgenden Beispiel gezeigt.

Beispiel:

```
CREATE SEQUENCE Sequenz6
AS smallint
START WITH 0
INCREMENT BY 1
MAXVALUE 10
CYCLE
CACHE;
```

In diesem Fall wird die Größe des Cache von SQL Server festgelegt.

Kapitel 27
Indizes

Indizes stellen eine der wesentlichen Möglichkeiten zur Verfügung, die Leistung einer Datenbank zu optimieren, indem sie eine erhebliche Verbesserung der Abfrageleistung ermöglichen.

Das wohl wesentlichste Leistungsmerkmal einer Datenbank ist die Schnelligkeit, mit der angeforderte Daten ausgegeben werden. Wie schnell eine Abfrage ein Ergebnis zurückliefert, hängt primär davon ab, wie schnell die angeforderten Informationen gefunden werden können. Durch die Verwendung von Indizes können Sie die während einer Abfrage durchgeführten Suchvorgänge erheblich beschleunigen.

Zur Verdeutlichung der Vorteile, die Indizes bieten, wird häufig der Vergleich mit der Suche nach bestimmten Informationen in einem Buch herangezogen. Wenn sich die gewünschten Informationen über ein Schlüsselwort finden lassen, existieren prinzipiell zwei verschiedene Möglichkeiten, die gewünschten Informationen zu erhalten:

- Der Leser könnte das Buch von der ersten bis zur letzten Seite durchblättern, um alle Stellen zu finden, an denen das Schlüsselwort auftritt.
- Falls das Buch über einen Index verfügt, gelangt der Leser über eine Suche im Index in der Regel sehr viel schneller zu den Stellen im Buch, an denen das Schlüsselwort auftritt und die gesuchten Informationen stehen.

Wenn in diesem Beispiel das Buch durch eine Tabelle ersetzt wird, beschreibt dies ziemlich genau die beiden Arten, auf die Abfragen unter SQL Server ausgeführt werden können. Die erste Möglichkeit, ein Buch Seite für Seite zu durchblättern, wird in einer Datenbank als *Tabellenscan* bezeichnet. In diesem Fall wird eine Tabelle Datensatz für Datensatz durchsucht. Die Datensätze werden dabei auf Übereinstimmung mit der Abfrage verglichen und bei einem erfolgreichen Vergleich in das Abfrageergebnis übernommen. Der Index eines Buches lässt sich hingegen mit den Suchhilfen vergleichen, die in SQL Server zur Verfügung stehen. Diese Indexstrukturen von SQL Server verfügen zwar über einen anderen Aufbau als ein Buchindex, dienen aber dem gleichen Ziel, nämlich der möglichst schnellen Suche nach Informationen, im Fall einer Datenbank also nach Datensätzen. Wie Indizes in SQL Server aufgebaut sind und verwendet werden, zeigen wir in den folgenden Abschnitten.

27.1 Der nicht gruppierte Index auf einem Heap

Als erstes Beispiel für die Indizierung in SQL Server und für den Aufbau der entsprechenden Indexstrukturen betrachten wir die Indizierung eines Heaps durch einen nicht gruppierten Index. Mit dem Begriff *Heap* (engl., *Halde*, *Haufen*) wird der Umstand bezeichnet, dass für die Tabelle kein gruppierter Index definiert wurde und die Datensätze unsortiert vorliegen. Worin der Unterschied zwischen einem nicht gruppierten (*non-clustered*) und einem gruppierten (*clustered*) Index besteht, wird im nächsten Abschnitt deutlich werden.

Dieses erste Beispiel geht von einer Tabelle aus, in der Informationen zu den Mitarbeitern einer Firma abgelegt sind und für die bislang *kein* Index erstellt wurde. Eine solche Tabelle könnte z. B. über die in Abbildung 27.1 ansatzweise dargestellte Struktur verfügen.

| Personal_Nr | Vorname | Nachname | Geburtsdatum | ... |

Abbildung 27.1 Auszug aus der Struktur der Beispieltabelle

Einen Auszug aus der gedachten Beispieltabelle zeigt Abbildung 27.2. Die Punktierungen sollen entsprechend Abbildung 27.1 ausgelassene Spalten bzw. Datensätze andeuten.

Personal_Nr	Vorname	Nachname	Geburtsdatum	...
66-1-H-02	Hans	Hilbert	2.1.1966	...
70-1-K-01	Peter	Krause	7.8.1970	...
52-1-P-01	Karsten	Siebert	27.5.1952	...
...	...	...	...	...
75-2-A-05	Alfred	Abraham	20.9.1975	...
70-2-Z-05	Fred	Zywalski	10.6.1970	...
50-3-N-02	Martin	Niebold	25.3.1950	...
...	...	...	...	...
63-2-L-01	Anne	Leville	20.4.1963	...
63-2-L-02	Axel	Linnert	12.5.1963	...
60-2-J-01	Doris	Jablonski	2.10.1960	...

Abbildung 27.2 Auszug des Inhalts der Beispieltabelle

Wie wir weiter oben bereits erwähnt haben, würde die Speicherung dieser Tabelle in Form eines Heaps erfolgen. SQL Server verwendet als kleinste Speichereinheit die sogenannte *Seite* (engl.: *page*), die einem 8 KB großen Speicherbereich entspricht. Die Tabellendaten könnten also z. B. in der in Abbildung 27.3 dargestellten Form auf dem Datenträger vorliegen.

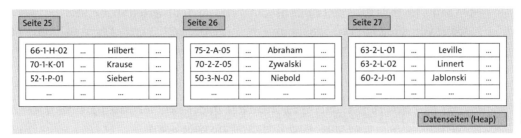

Abbildung 27.3 Speicherung der Daten in einem Heap

Auf diese Tabelle sollen häufig Abfragen gestellt werden, die Datensätze anhand der Personalnummer auswählen. Da diese Tabelle bisher aber über keinerlei Indizes verfügt, könnte SQL Server die entsprechenden Datensätze nur durch einen Tabellenscan und den Vergleich eines jeden Datensatzes mit dem Abfragekriterium auswählen und in das Abfrageergebnis übernehmen.

Um SQL Server die Suche nach den Personalnummern zu erleichtern, muss für diese Spalte ein Index erstellt werden oder, wie man auch sagt, diese Spalte *indiziert* werden. Eine solche Indizierung bewirkt in SQL Server das Anlegen einer Indexstruktur, deren einfachster Fall in Abbildung 27.4 dargestellt ist.

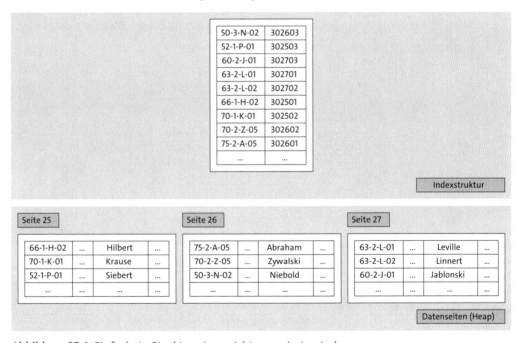

Abbildung 27.4 Einfachste Struktur eines nicht gruppierten Index

Das Datenvolumen der Tabelle soll zunächst noch relativ gering sein, sodass die Indexstruktur auf einer Seite, die ebenfalls die Größe von 8 KB besitzt, angelegt werden kann. Im Index werden zunächst die Werte der indizierten Spalte, also die in der Tabelle vorhandenen Personalnummern, *sortiert* erfasst. Zu jeder Personalnummer wird ein in der zweiten Indexspalte dargestellter Zeiger erfasst, der auf den Speicherort des jeweiligen Datensatzes verweist. Dieser Zeiger besitzt das folgende Format:

▶ **Datei-ID**
Die SQL-Server-interne ID der Datendatei, in der sich der Datensatz befindet. In diesem Beispiel wird eine Datei-ID von *30* angenommen.

▶ **Seitennummer**
die Seite der Datendatei, auf der sich der Datensatz befindet

▶ **Position**
die Position innerhalb der Seite, die der Datensatz einnimmt

Der erste Eintrag des Index enthält also die Information, dass der Datensatz mit dem Schlüsselwert *50-3-N-02* in der Datendatei mit der ID *30* auf Seite 26 an Position 3 zu finden ist.

Da auch für Indexseiten die Grenze von 8 KB gilt, wird durch das Hinzufügen von Datensätzen in die Tabelle, und damit auch von Schlüsselwerten im Index, diese eine Indexseite nicht mehr ausreichen, um den gesamten Index zu erfassen. SQL Server bildet in diesem Fall eine als *B-Baum* oder auf Englisch als *B-Tree* (bzw. *Balanced Tree*) bezeichnete Struktur im Index aus. Abbildung 27.5 zeigt dieses Vorgehen.

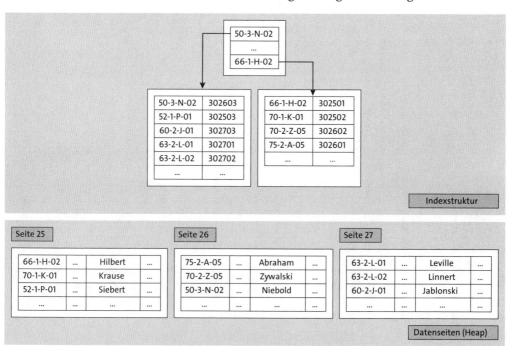

Abbildung 27.5 Baumstruktur eines nicht gruppierten Index

Zur besseren Übersichtlichkeit sind in der Abbildung keine neuen Datensätze abgebildet; sie sollen sowohl im Index als auch in den Datendateien durch Felder mit drei Punkten symbolisiert werden. Wie aus der Abbildung deutlich wird, entsteht eine Struktur, die an einen auf den Kopf gestellten Baum erinnert und sich von oben nach unten immer weiter auffächert. In Analogie dazu wird die erste, oberste Indexseite auf Englisch als *Root,* also Stamm bzw. Wurzel, und die unterste Ebene des Index als *Blattebene* (engl.: *Leaf Level*) bezeichnet. Alle in einem Index vorhandenen Ebenen, die nicht zur Blattebene gehören, werden auch *Non-Leaf Level* (Nicht-Blattebene) genannt.

> **Hinweis**
>
> In einem nicht gruppierten Index besteht die Blattebene aus Indexseiten wie in Abbildung 27.5 gezeigt.

Bei dem eben besprochenen nicht gruppierten Index auf einen Heap enthalten die Seiten der Blattebene Verweise auf den Speicherort des Datensatzes. Für eine Tabelle können in SQL Server 2016 maximal 999 nicht gruppierte Indizes erstellt werden.

27.1.1 Vorgehensweise beim Durchlaufen eines Index

Die Suche in einem Index soll nun anhand eines Beispiels erläutert werden. Eine Abfrage soll den Datensatz ausgeben, dessen Personalnummer *70-1-K-01* lautet. SQL Server beginnt mit der Suche im Index auf der obersten Indexseite und überprüft, ob der erste Eintrag *50-3-N-02* größer oder gleich dem gesuchten Eintrag ist. Da dies nicht der Fall ist, vergleicht SQL Server alle weiteren Einträge der ersten Indexseite, bis er zum letzten Eintrag *66-1-H-02* gelangt. Der gesuchte Eintrag ist größer oder gleich dem angegebenen Wert, und dieser Wert ist der letzte auf der Seite, also folgt SQL Server diesem Eintrag und setzt die Suche in der rechts in Abbildung 27.5 dargestellten Seite fort. Auch hier wird jeder Eintrag daraufhin überprüft, ob er größer oder gleich dem gesuchten Wert ist. Der erste Indexeintrag erfüllt diese Bedingung nicht, *66-1-H-02* ist kleiner als der gesuchte Wert. Der zweite Eintrag hingegen, *70-1-K-01*, erfüllt die Bedingung: Er ist größer oder gleich dem gesuchten Wert. SQL Server untersucht noch den nächsten Eintrag im Index, der *70-2-Z-05* lautet, und stellt fest, dass dieser Eintrag größer als der Suchbegriff ist. SQL Server folgt daher dem letzten Eintrag, dessen Zeiger auf Seite 25 zeigt. Mit dieser Information kann SQL Server die entsprechende Seite auslesen und den Datensatz zurückliefern.

27.2 Der gruppierte Index

Das Beispiel des letzten Abschnitts ging davon aus, dass für die Tabelle noch kein Index erstellt wurde und die Daten daher in Form eines Heaps in der Datendatei vorliegen. Die Speicherung in Form eines Heaps findet jedoch relativ selten statt, da die überwiegende Mehrheit von Datenbanktabellen über einen gruppierten Index verfügt, der standardmäßig bei der Erstellung eines Primärschlüssels angelegt wird.

> **Hinweis**
>
> Ein gruppierter Index zeichnet sich dadurch aus, dass die Daten nach den Indexwerten sortiert in doppelt verketteten Listen auf dem Datenträger gespeichert werden.

Der Aufbau einer solchen doppelt verketteten Liste ist in Abbildung 27.6 dargestellt.

25		26		27		28	
...	26	25	27	26	28	27	...

Abbildung 27.6 Datenseiten einer doppelt verketteten Liste

Wie immer verwendet SQL Server auch hier die bereits erwähnten 8 KB großen Seiten zur Informationsspeicherung; vier solcher Seiten sind in Abbildung 27.6 abgebildet. Jede Seite besitzt eine bestimmte Nummer, die in der oberen Zeile angegeben ist. Die Zahlen in der zweiten Reihe von oben geben die vorhergehende und die folgende Seite an. Seite 27 beispielsweise folgt auf Seite 26, und die nächste Seite ist Seite 28. Die vier Seiten sollen, durch die Striche angedeutet, voll beschrieben sein.

Wenn nun ein Datensatz der Tabelle hinzugefügt werden soll, der aufgrund der Sortierung in Seite 27 untergebracht werden muss, wäre dies nicht ohne Weiteres möglich, da diese Seite keinen Datensatz mehr aufnehmen kann. Eine Möglichkeit wäre, umfangreiche Kopieraktionen durchzuführen, um den nötigen Speicherplatz zu schaffen. Eine einfachere Möglichkeit steht SQL Server jedoch durch die Verwendung der verketteten Liste zur Verfügung.

Zunächst wird Platz für eine neue Seite reserviert, in Abbildung 27.7 trägt diese Seite die Nummer 29. Sie muss aber nicht im Anschluss an die bereits reservierten Seiten folgen, sondern kann sich an beliebiger Stelle in der Datendatei befinden.

25		26		27		28		29	
...	26	25	27	26	28	27	...		

Abbildung 27.7 Datenseiten mit reservierter Seite

Um den auf Seite 27 benötigten Speicherplatz zu schaffen, werden nun einfach die Verweise auf den Seiten 27, 28 und 29 angepasst, und etwa die Hälfte der Daten aus Seite 27 wird auf Seite 29 kopiert, wie Abbildung 27.8 zeigt.

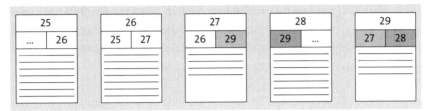

Abbildung 27.8 Verkettete Liste mit neuer Seite und aktualisierten Verknüpfungen

Durch diesen als *Seitenteilung* bezeichneten Vorgang kann SQL Server den durch die Sortierung der Datensätze an einer bestimmten Stelle erforderlichen Speicherplatz mit geringem Aufwand bereitstellen.

Auch für den gruppierten Index untersuchen wir nun anhand der Beispieltabelle, welche Auswirkungen sich auf die Speicherstruktur ergeben und welchen Aufbau die erstellte Indexstruktur hat. Hierbei soll, wie im ersten Beispiel, noch kein Index für die Tabelle erstellt worden sein. Wird für die Spalte *Personal_Nr* nun ein gruppierter Index erstellt – was standardmäßig dann geschieht, wenn diese Spalte als Primärschlüssel der Tabelle deklariert wird –, hat das für die Speicherstruktur zur Folge, dass die Daten nun nicht mehr in einem Heap vorliegen, sondern *nach den Indexwerten sortiert* in einer *doppelt verketteten Liste* gespeichert werden. Abbildung 27.9 zeigt einen möglichen Aufbau dieser Liste.

Seite 25			Seite 26			Seite 27			Seite 28		
...	26		25	27		26	28		27	...	
50-3-N-02	...	Niebold	...	60-2-J-01	...	Jablonski	...	66-1-H-02	...	Hilbert	...	70-2-Z-05	...	Zywalski	...
...	...	...	...	...	...	...	...	...	...	75-2-A-05	...	Abraham	...
52-1-P-01	...	Siebert	...	63-2-L-01	...	Leville	...	70-1-K-01	...	Krause	...	...	...	...	...
...	...	...	...	63-2-L-02	...	Linnert	...	...	...	...	...	...	...	...	...

Datenseiten (doppelt verkettete Liste)

Abbildung 27.9 Sortierte Anordnung der Daten in einer doppelt verketteten Liste

Dass bei der Verwendung eines gruppierten Index die Datensätze in der Datendatei nach den Indexwerten sortiert werden, ist der Grund dafür, dass für eine Tabelle – im Gegensatz zu den 999 möglichen nicht gruppierten Indizes einer Tabelle in SQL Server 2016 – nur ein gruppierter Index angelegt werden kann.

Ebenso ist unmittelbar einzusehen, dass Sie einen gruppierten Index möglichst frühzeitig erstellen sollten. Falls für eine Tabelle noch kein gruppierter Index definiert wurde und eventuell bereits vorhandene Daten daher in Form eines Heaps abgelegt sind, kann die Umwandlung des Heaps in eine doppelt verkettete Liste mit den notwendigen Sortiervorgängen je nach vorhandenem Datenvolumen einige Zeit und Ressourcen in Anspruch nehmen.

Die für einen gruppierten Index angelegte Struktur ist weitgehend identisch mit der Struktur eines nicht gruppierten Index. Auch in diesem Fall wird ein B-Baum angelegt, in dem die Suche nach den Indexwerten auf die oben beschriebene Weise erfolgt. Abbildung 27.10 zeigt ein vereinfachtes Beispiel eines gruppierten Index, der auf die Personalnummern der Beispieltabelle erstellt wurde.

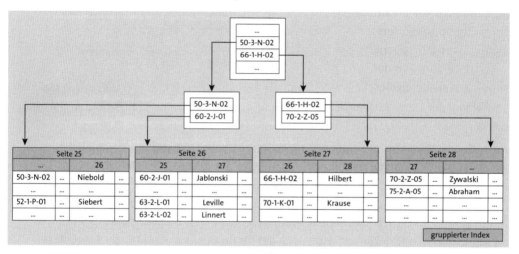

Abbildung 27.10 Die Struktur eines gruppierten Index

In dieser Darstellung zeigt sich (neben der Speicherung der Daten in einer doppelt verketteten Liste) ein weiterer wesentlicher Unterschied eines gruppierten Index zu einem nicht gruppierten Index: In einem nicht gruppierten Index stehen in der Blattebene Verweise – entweder der Speicherort oder eine andere Angabe, die wir im nächsten Abschnitt besprechen werden. In einem gruppierten Index verweist die unterste Nicht-Blattebene hingegen direkt auf die Seiten der Datendatei, in der sich der gesuchte Datensatz befindet. SQL Server muss dann nur noch die 8 KB große Seite der Datendatei nach dem entsprechenden Datensatz durchsuchen und diesen in das Abfrageergebnis aufnehmen.

Für den Unterschied zwischen den Strukturen eines gruppierten und eines nicht gruppierten Index gilt also:

> **Hinweis**
>
> Die Blattebene eines nicht gruppierten Index enthält Verweise, die Blattebene eines gruppierten Index sind die Seiten der doppelt verketteten Liste selbst. Die Seiten der Datendatei sind also bei der Verwendung eines gruppierten Index Teil dieses Index.

Diese enge Verkettung zwischen einem gruppierten Index und den Seiten, in denen die entsprechenden Tabellendaten gespeichert sind, erklärt auch, warum ein gruppierter Index – im Gegensatz zu den nicht gruppierten Indizes – immer an demselben Speicherort wie die Tabelle abgelegt werden muss.

Abschließend wollen wir noch auf eine Besonderheit bei der Verwendung eines gruppierten Index hinweisen, die dann auftritt, wenn ein gruppierter Index auf eine Spalte erstellt wird, die keine Eindeutigkeit erfordert. Um einen gruppierten Index zu verwenden, muss aber (schon der notwendigen Sortierung wegen) jeder Indexwert eindeutig sein. SQL Server fügt, wenn dieser Fall auftritt, einen zusätzlichen, 4 Byte großen Wert, den sogenannten *Uniquifier*, zu den Indexwerten hinzu, um mehrfache Indexwerte voneinander unterscheiden und sortieren zu können. Dies kann jedoch zur massiven Vergrößerung von Indexstrukturen führen, wenn diese so vorliegen wie im nächsten Abschnitt beschrieben.

27.3 Der nicht gruppierte Index auf einem gruppierten Index

Falls ein nicht gruppierter Index auf eine Tabelle erstellt wird, für die bereits ein gruppierter Index existiert, wird der nicht gruppierte Index *nicht* mit einem Verweis *auf den Speicherort*, sondern mit einem Verweis auf den entsprechenden Eintrag des *gruppierten Index* erstellt.

Abbildung 27.11 soll diesen Sachverhalt verdeutlichen. Im unteren Teil der Abbildung ist der aus Abbildung 27.10 bekannte gruppierte Index dargestellt, der auf die Spalte *Personal_Nr* erstellt wurde. Zusätzlich zu diesem bereits vorhandenen gruppierten Index soll im Beispiel nun ein nicht gruppierter Index auf die Spalte *Nachname* erstellt worden sein, um die Suche nach den Nachnamen der Mitarbeiter zu beschleunigen. In diesem Fall ergibt sich ein ganz wesentlicher Unterschied zu einem nicht gruppierten Index auf einem Heap: Während dort in der Blattebene des nicht gruppierten Index Verweise auf die *physischen Speicherorte* der Datensätze enthalten waren, werden im Fall eines vorhandenen gruppierten Index an dieser Stelle nun die *Indexwerte des gruppierten Index* angegeben!

Führen Sie also eine Suche nach einem Mitarbeiter anhand des Nachnamens aus, wird zunächst der nicht gruppierte Index durchlaufen. Auf der Blattebene dieses Index ist nun die Personalnummer des gesuchten Mitarbeiters eingetragen. Mit dieser Personalnummer, also dem Schlüsselwert des gruppierten Index, wird jetzt der gruppierte Index durchlaufen, bis der entsprechende Datensatz gefunden wird.

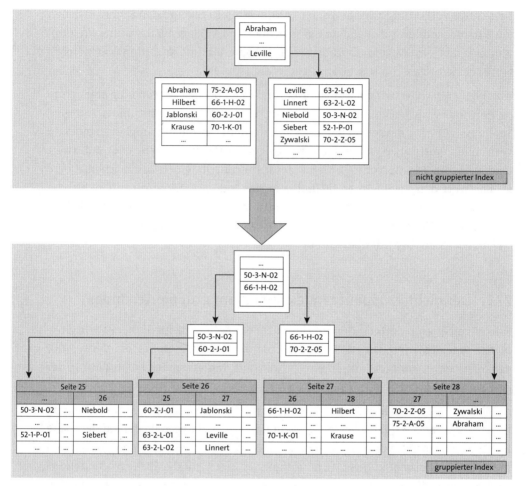

Abbildung 27.11 Ein nicht gruppierter Index auf einem gruppierten Index

In Abbildung 27.12 ist beispielhaft der Durchlauf beider Indexstrukturen für eine Abfrage dargestellt, die den Datensatz mit dem Nachnamen *Linnert* ausgeben soll. Im nicht gruppierten Index wird auf der untersten Ebene die Personalnummer dieses Mitarbeiters (*63-2-L-02*) gefunden, mit der dann der gruppierte Index durchlaufen wird. Als letzter Schritt wird dabei auf der Blattebene des gruppierten Index die Datenseite nach dem Datensatz durchsucht und dieser in das Abfrageergebnis übernommen.

27.3 Der nicht gruppierte Index auf einem gruppierten Index

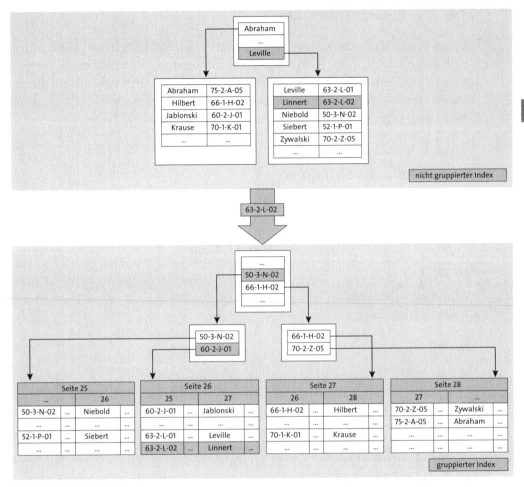

Abbildung 27.12 Der Durchlauf eines nicht gruppierten Index auf einem gruppierten Index

Dieses Verfahren, zunächst den nicht gruppierten Index und dann den gruppierten Index zu durchlaufen, mag auf den ersten Blick unnötig kompliziert erscheinen, und es stellt sich die Frage, warum nicht auch bei dem Vorhandensein eines gruppierten Index in den nicht gruppierten Indizes nach wie vor ein Zeiger auf den Speicherort abgelegt wird, wie es im Falle eines Heaps gehandhabt wird. Der Vorteil, in den nicht gruppierten Indizes die Schlüsselwerte des gruppierten Index zu verwenden, ist der, dass bei einer Seitenteilung – die ja eine Verschiebung des Speicherorts von Datensätzen bedeutet – die nicht gruppierten Indizes nicht angepasst werden müssen, der Schlüsselwert hat sich ja nicht geändert. Würden in den nicht gruppierten Indizes weiterhin Zeiger auf die Speicherposition verwendet, müssten diese nach einer Seitenteilung überprüft und angepasst werden. Durch die Verwendung der Schlüsselwerte des gruppierten Index ist diese Anpassung nicht nötig.

27.4 Der Columnstore-Index

Mit SQL Server 2012 wurde eine weitere Art von Index eingeführt: der Columnstore-Index. Diese Art von Index ist weniger für die Verwendung in OLTP-Datenbanken als vielmehr zur Verwendung in OLAP-Systemen – also Systemen zur Analyse großer Datenbestände – vorgesehen. Auf diese Art der Indizes werden wir in Kapitel 24, »Ereignisbenachrichtigungen (Event Notifications)«, näher eingehen.

27.5 Erstellung von Indizes

27.5.1 Manuelle Erstellung eines Index

Einen Index erstellen Sie durch die CREATE INDEX-Anweisung. Im einfachsten Fall verwenden Sie diese Anweisung in der folgenden Form:

Syntax:

```
CREATE INDEX indexname
ON tabellenname(spaltenname);
```

Beispiel:

```
USE GalileoDB;
GO
CREATE INDEX ixNachname
ON tblAutor(Nachname);
```

Ein Index kann auch mehrere Spalten umfassen. In diesem Fall geben Sie statt eines Spaltennamens eine Spaltenliste an.

Syntax:

```
CREATE INDEX indexname
ON tabellenname(spaltenliste);
```

Beispiel:

```
CREATE INDEX ixKontoNrBLZ
ON tblAutor (KontoNr, BLZ);
```

Zwischen den Schlüsselwörtern CREATE und INDEX können Sie die folgenden Optionen angeben, deren Angabe (wie an den bisherigen Beispielen zu sehen) optional ist:

- UNIQUE
  Durch UNIQUE wird ein Index erstellt, der nur eindeutige Werte zulässt.

Durch zwei weitere Optionen können Sie steuern, ob ein gruppierter oder ein nicht gruppierter Index erstellt wird:

- CLUSTERED

   Die Angabe von CLUSTERED erstellt einen gruppierten Index, sofern noch kein gruppierter Index für die Tabelle existiert.

- NONCLUSTERED

   Durch die Angabe von NONCLUSTERED wird ein nicht gruppierter Index erstellt.

Falls Sie die Option UNIQUE nicht angeben, lässt der Index mehrfache Werte zu, es wird also keine Eindeutigkeit sichergestellt. Geben Sie weder CLUSTERED noch NONCLUSTERED an, wird ein nicht gruppierter Index erstellt; NONCLUSTERED ist also die Standardeinstellung. In den beiden letzten Beispielen sind also nicht gruppierte Indizes erstellt worden, die doppelte Werte zulassen.

Im Management Studio lässt sich dieser Sachverhalt überprüfen, indem Sie die Struktur bis zum Ordner INDIZES einer Tabelle erweitern. Abbildung 27.13 zeigt die in den beiden letzten Beispielen erstellten Indizes in der Darstellung im Management Studio.

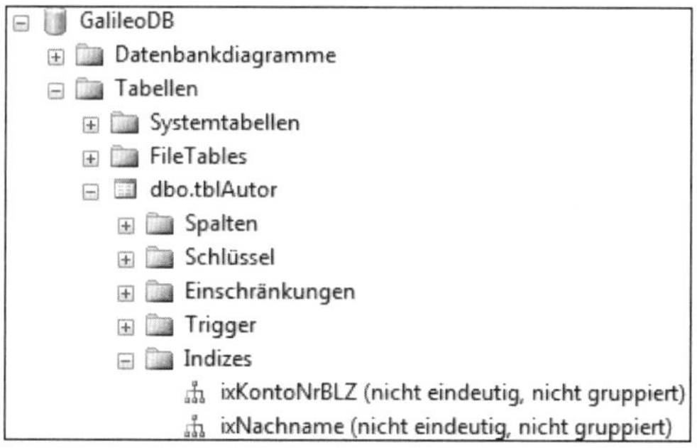

Abbildung 27.13 Die Darstellung der in den Beispielen erstellten Indizes im Objekt-Explorer

Wird UNIQUE verwendet, muss die Angabe vor einer eventuell vorhandenen Angabe von CLUSTERED oder NONCLUSTERED erfolgen.

Einen eindeutigen, nicht gruppierten Index auf die Spalte *Titel* der Tabelle *tblBuch* könnten Sie z. B. mit folgendem Code erstellen:

Beispiel:

```
CREATE UNIQUE NONCLUSTERED INDEX ixTitel
ON tblBuch (Titel);
```

Beachten Sie, dass die Optionen nicht durch ein Komma voneinander getrennt werden.

Neben diesen grundsätzlichen Eigenschaften des Index können Sie auf die Erstellung des Index durch weitere Optionen Einfluss nehmen, die Sie nach dem Schlüsselwort WITH angeben.

Syntax:

```
CREATE INDEX indexname
ON tabellenname(spaltenname)
WITH
(
    PAD_INDEX=[ON|OFF],
    FILLFACTOR = füllfaktor
);
```

Die angegebenen Optionen haben die folgende Bedeutung:

»FILLFACTOR«

Der nach FILLFACTOR angegebene Wert legt fest, zu wie viel Prozent die Seiten bei der *Erstellung* des Index gefüllt werden sollen. Die Angabe eines Füllfaktors ist daher nur sinnvoll, wenn sich bereits Daten in der Tabelle befinden. Eine spätere dynamische Verwaltung des freien Platzes auf einer Seite zur Beibehaltung dieses Werts wird von SQL Server *nicht* durchgeführt. Die Angabe bezieht sich auf die Blattebene des Index – bei einem nicht gruppierten Index also auf die Ebene, die Verweise enthält. Bei einem gruppierten Index hingegen stellen die Datenseiten die Blattebene dar. Daraus folgt, dass die Angabe direkten Einfluss auf den von der Tabelle genutzten Speicherplatz hat.

Die Wahl des Füllfaktors hat folgende Auswirkungen:

- Bei einer niedrigen Angabe des Füllfaktors können neue Datensätze schneller eingefügt werden, da mehr freier Speicherplatz zur Verfügung steht.
- Ein hoher Füllfaktor kann die Abfragegeschwindigkeit erhöhen, da auf weniger Seiten zugegriffen werden muss.

Wenn Sie keinen Wert für FILLFACTOR angeben, werden die Seiten fast vollständig gefüllt.

»PAD_INDEX«

Die Option PAD_INDEX kann nur zusammen mit FILLFACTOR benutzt werden. Sie bewirkt, dass die für FILLFACTOR angegebene Seitenfüllung auch für alle Indexseiten benutzt wird. Geben Sie PAD_INDEX nicht an, werden standardmäßig auch alle Indexseiten fast vollständig gefüllt.

Angenommen, in der Tabelle *tblBank* wäre eine ausreichende Anzahl von Datensätzen vorhanden, dann würde durch das folgende Beispiel ein nicht gruppierter, eindeutiger Index erstellt, in dem alle Seiten der Indexstruktur zu 40 % gefüllt wären.

Beispiel:

```
CREATE INDEX ixBank
ON tblBank(Bank)
WITH
(
    PAD_INDEX = ON,
    FILLFACTOR = 40
);
```

27.5.2 Automatische Erstellung von Indizes

Definieren Sie für eine Tabelle eine PRIMARY KEY- oder UNIQUE-Einschränkung, wird *immer* automatisch ein Index erstellt. Die Erklärung für dieses Verhalten liegt unmittelbar auf der Hand, wenn Sie sich vor Augen halten, welche Funktion die PRIMARY KEY- und die UNIQUE-Einschränkung haben: Sie sollen die Eindeutigkeit von Einträgen sicherstellen. Um zu überprüfen, ob ein Eintrag bereits existiert, müsste ohne einen vorhandenen Index die gesamte Spalte oder Spalten durchsucht werden, also ein Tabellenscan durchgeführt werden, was einen nicht unerheblichen Aufwand bedeuten könnte. Durch den automatisch angelegten Index kann der Aufwand sehr stark reduziert werden. Im Falle einer PRIMARY KEY-Einschränkung wird standardmäßig ein gruppierter Index erstellt, bei einer UNIQUE-Einschränkung wird ein nicht gruppierter Index erstellt. Die gewünschte Art von Index können Sie aber auch explizit bei der Definition der Einschränkung festlegen, indem Sie nach PRIMARY KEY bzw. UNIQUE entweder CLUSTERED oder NONCLUSTERED angeben. Dadurch umgehen Sie das Standardverhalten von SQL Server und legen z. B. einen Primärschlüssel unter Verwendung eines nicht gruppierten Index an.

Dass im Zuge der Definition des Primärschlüssels der Tabelle *tblAutor* tatsächlich, entsprechend dem Standardverhalten von SQL Server, ein gruppierter Index erstellt wurde, lässt sich ebenfalls der Darstellung im Management Studio entnehmen, wie Abbildung 27.14 am Beispiel des Index zeigt, der während der Definition des Primärschlüssels der Tabelle *tblAutor* unter dem gleichen Namen wie die Einschränkung als gruppierter Index erstellt wurde.

```
Indizes
    ixKontoNrBLZ (nicht eindeutig, nicht gruppiert)
    ixNachname (nicht eindeutig, nicht gruppiert)
    pkID (gruppiert)
```

Abbildung 27.14 Der gruppierte Index, der von SQL Server während der Definition des Primärschlüssels der Tabelle automatisch angelegt wurde

Alternativ verwenden Sie die gespeicherte Prozedur `sp_helpindex`, um Informationen zu den vorhandenen Indizes einer Tabelle zu erhalten.

Die Ausgabe von `sp_helpindex` umfasst die Namen der vorhandenen Indizes, eine Beschreibung des jeweiligen Indextyps und der Spalten, über die der Index erstellt wurde.

Syntax:

```
EXECUTE sp_helpindex 'tabellenname';
```

Beispiel:

```
EXECUTE sp_helpindex 'tblAutor';
```

Abbildung 27.15 zeigt die drei für die Tabelle *tblAutor* erstellten Indizes in der Ausgabe von `sp_helpindex`.

	index_name	index_description	index_keys
1	ixKontoNrBLZ	nonclustered located on PRIMARY	KontoNr, BLZ
2	ixNachname	nonclustered located on PRIMARY	Nachname
3	pkID	clustered, unique, primary key located on PRIMARY	ID

Abbildung 27.15 Das Ergebnis des Aufrufs von »sp_helpindex« für die Tabelle »tblAutor«

27.6 Verwaltung von Indizes

Gerade in stark mit DML-Anweisungen belasteten Systemen können Indizes einen gewissen Wartungsaufwand erfordern. So können Indizes – ähnlich wie Sie es von Daten auf einem PC-Laufwerk kennen – fragmentieren, wie wir im folgenden Abschnitt besprechen werden.

27.6.1 Fragmentierung

Durch häufige Änderungen im Datenbestand einer Datenbank kann es zu einer Fragmentierung von Daten- und Indexseiten ähnlich der Fragmentierung einer Festplatte kommen. Dies kann zu einer schlechteren Abfrageleistung führen, da durch nicht optimal angelegte Seiten, die u. U. auch noch einen niedrigen Füllgrad besitzen, innerhalb einer Abfrage auf mehr Seiten zugegriffen werden muss, als dies im optimalen Fall notwendig wäre.

Bis SQL Server 2000 bestand die einzige Möglichkeit, Informationen über die Fragmentierung eines Index oder einer Tabelle zu erhalten, in dem Aufruf von DBCC SHOW-CONTIG. Dieses (bei Datenbankadministratoren nicht unbedingt beliebte) Programm liefert eine Ausgabe in der folgenden Form:

```
DBCC SHOWCONTIG scannt die tblAutor-Tabelle...
Tabelle: 'tblAutor' (277576027); Index-ID: 1, Datenbank-ID: 5
Die TABLE-Ebene wurde gescannt.
- Gescannte Seiten..............................: 1
- Gescannte Blöcke..............................: 1
- Blockwechsel..................................: 0
- Seiten pro Block (Durchschnitt)......: 1.0
- Scandichte [Bester Wert:Tatsächlicher Wert].......: 100.00% [1:1]
- Logische Scanfragmentierung..................: 0.00%
- Blockscanfragmentierung..................: 0.00%
- Bytes frei pro Seite (Durchschnitt)....................: 7760.0
- Mittlere Seitendichte (voll)....................: 4.13%
Die DBCC-Ausführung wurde abgeschlossen. Falls DBCC Fehlermeldungen ausgegeben
hat, wenden Sie sich an den Systemadministrator.
```

Die Ausführung von DBCC SHOWCONTIG wird zwar unter SQL Server 2014 weiterhin unterstützt, in der Hilfe zu SQL Server 2014 ist diese Anweisung aber als veraltet gekennzeichnet und sollte daher in Zukunft nicht mehr verwendet werden. Als Ersatz für DBCC SHOWCONTIG stellt Microsoft seit SQL Server 2005 die Funktion sys.dm_db_index_physical_stats zur Verfügung, deren Verhalten Sie über mehrere Parameter detailliert steuern können. Ihr Ergebnis besteht aus zwanzig Spalten, von denen insbesondere die Spalten *avg_fragmentation_in_percent* und *avg_page_space_used_in_percent* hilfreich bei der Analyse der Fragmentierung einer Tabelle oder eines Index sind, da sie Informationen über die Fragmentierung bzw. über den verwendeten Speicherplatz enthalten.

Die Angabe aller Optionen und zurückgegebenen Werte würde den Rahmen dieses Kapitels bei Weitem sprengen; das folgende Beispiel zeigt den Aufruf dieser Funktion daher unter weitgehender Verwendung von Standardwerten. Um die Funktion für eine bestimmte Tabelle in einer bestimmten Datenbank aufzurufen, sind jedoch zwei Parameter erforderlich: die SQL-Server-interne ID der Datenbank und die ID der Tabelle. Die ID einer Datenbank erhalten Sie durch eine Abfrage auf die Systemsicht *sys.databases*. Für die aktuell ausgewählte Datenbank ermitteln Sie diese ID allerdings einfacher durch den Funktionsaufruf DB_ID(). Ähnliches gilt für die ID einer Tabelle: Hier könnten Sie *sys.objects* abfragen oder die Funktion OBJECT_ID verwenden, wie es im folgenden Beispiel für die Tabelle *tblAutor* geschehen ist:

Beispiel:

```
SELECT database_id, object_id, index_id,index_type_desc,
avg_fragmentation_in_percent,
avg_page_space_used_in_percent
FROM sys.dm_db_index_physical_stats
(DB_ID(),OBJECT_ID('tblAutor'), NULL, NULL, NULL);
```

Die in Abbildung 27.16 dargestellte Ausgabe dieses Funktionsaufrufs ist selbstverständlich nicht sehr aussagekräftig, da in der Tabelle *tblAutor* nur sehr wenige Datensätze enthalten sind.

database_id	object_id	index_id	index_type_desc	avg_fragmentation_in_percent	avg_page_space_used_in_percent
1 5	277576027	1	CLUSTERED INDEX	0	NULL
2 5	277576027	3	NONCLUSTERED INDEX	0	NULL
3 5	277576027	4	NONCLUSTERED INDEX	0	NULL

Abbildung 27.16 Ausgabe der Funktion »sys.dm_db_index_physical_stats«

Erfreulicherweise schuf Microsoft in SQL Server 2005 endlich eine komfortablere Möglichkeit, entsprechende Informationen über Indizes zu erhalten. Im Management Studio erweitern Sie dazu die Struktur des OBJEKT-EXPLORERS entsprechend Abbildung 27.13 bis zu den Indizes.

Über das Kontextmenü eines Index rufen Sie den in Abbildung 27.17 dargestellten Eigenschaftendialog auf, in dem durch Auswahl der Seite FRAGMENTIERUNG die entsprechenden Informationen angezeigt werden.

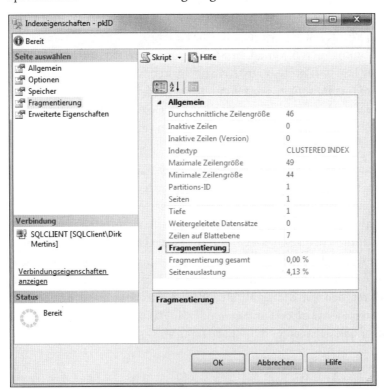

Abbildung 27.17 Darstellung der Fragmentierung in der grafischen Oberfläche des Management Studios

27.6.2 Neuerstellung von Indizes

Ist ein Index stark fragmentiert, kann es notwendig sein, ihn neu erstellen zu lassen, beispielsweise um einen gleichmäßigen Füllgrad wiederherzustellen. Einen Index können Sie selbstverständlich löschen und komplett neu erstellen; SQL Server bietet aber auch mehrere andere Möglichkeiten an, einen Index zu reorganisieren, d. h., einen Index neu aufzubauen, ohne ihn vorher löschen zu müssen. Eine Möglichkeit dazu liefert die CREATE INDEX-Anweisung in Kombination mit der Option DROP_EXISTING, die – anders als der Optionsname es vermuten lässt – den Index nicht löscht, sondern lediglich neu aufbaut. Die Syntax ähnelt der in Abschnitt 27.5.1, »Manuelle Erstellung eines Index«, beschriebenen Anweisung.

Syntax:

```
CREATE INDEX indexname
ON tabellenname(spaltenname)
WITH
(
    PAD_INDEX = [ON|OFF],
    FILLFACTOR = füllfaktor
    DROP_EXISTING = [ON|OFF]
);
```

Beispiel:

```
CREATE INDEX ixBank
ON tblBank(Bank)
WITH
(
    PAD_INDEX = ON,
    FILLFACTOR = 70,
    DROP_EXISTING = ON
);
```

In diesem Fall wird der in Abschnitt 27.5.1 erstellte Index neu erstellt, diesmal mit einem Füllfaktor von 70 %.

Die CREATE INDEX-Anweisung können Sie auch verwenden, um bei einer Neuerstellung eines Index auch andere Eigenschaften des Index zu ändern. So wandeln Sie einen nicht gruppierten Index in einen gruppierten Index um oder ändern die am Index beteiligten Spalten.

27.6.3 Löschen eines Index

Die Syntax zum Löschen eines Index weicht leicht von der gewohnten Form von DROP-Anweisungen ab.

Syntax:

DROP INDEX tabellenname.indexname;

Die Angabe des Indexnamens allein reicht nicht, da der Indexname nur in der Tabelle eindeutig ist. Sie müssen daher den Tabellennamen durch einen Punkt getrennt angeben:

Beispiel:

DROP INDEX tblBank.ixBank;

27.7 Statistiken

In Kapitel 16, »Programmierung von gespeicherten Prozeduren«, haben wir bereits erwähnt, dass eine an den SQL Server gestellte Abfrage vor der Abarbeitung vom Abfrageoptimierer analysiert und ein Ausführungsplan für die Abfrage erstellt wird. Ein wesentlicher Punkt dieser Analyse betrifft die Verwendung von Indizes. SQL Server überprüft, ob ein Index vorhanden ist und ob dieser zur Beschleunigung der Abfrage verwendet werden kann. Es ist nämlich keinesfalls so, dass ein vorhandener Index zwingend zur Bearbeitung einer Abfrage verwendet wird. Das eingangs dieses Kapitels verwendete Beispiel eines Buches kann diesen Sachverhalt verdeutlichen: Bestünde dieses Buch nur aus wenigen Seiten, würde die gewünschte Information wahrscheinlich eher über das Durchblättern des Buches als über das Nachschlagen im Index gefunden. Andererseits könnte der Fall eintreten, dass ein Schlagwort auf fast jeder Seite des Buches vorkommt; auch in diesem Fall wäre die Verwendung des Buchindex wahrscheinlich zeitaufwendiger als das Durchblättern des Buches.

Übertragen auf SQL Server heißt das, dass in beiden Fällen zwar festgestellt würde, dass ein Index vorhanden ist, dieser aber niemals verwendet würde. SQL Server würde sich in beiden Fällen für das »Durchblättern«, also einen Tabellenscan, entscheiden.

Damit der Abfrageoptimierer von SQL Server die Entscheidung treffen kann, ob es sinnvoll ist, einen Index zu verwenden, müssen entsprechende Informationen über die indizierten Tabellen und die Werte in den indizierten Spalten zur Verfügung stehen. SQL Server verwendet zu diesem Zweck Statistiken, die *automatisch* erstellt und aktualisiert werden. Diese statistischen Werte nutzt der Abfrageoptimierer, um zu entscheiden, ob die Verwendung eines vorhandenen Index sinnvoll ist oder nicht.

Dass SQL Server in der Standardeinstellung die notwendigen Statistiken automatisch erstellt und aktualisiert, lässt sich durch Aufruf der DATENBANKEIGENSCHAFTEN und Auswahl der Seite OPTIONEN zeigen, wie in Abbildung 27.18 am Beispiel der *GalileoDB*-Datenbank dargestellt ist. Sowohl die Option STATISTIKEN AUTOMATISCH ERSTELLEN als auch STATISTIKEN AUTOMATISCH AKTUALISIEREN werden als aktiviert angezeigt.

27.7 Statistiken

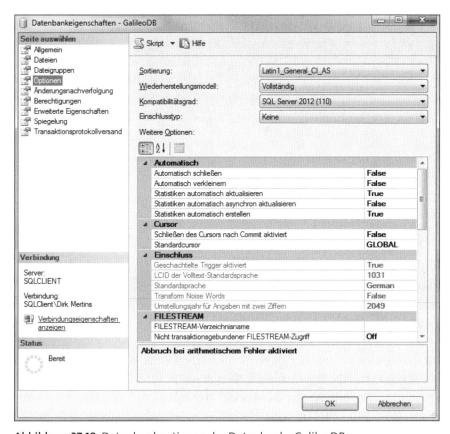

Abbildung 27.18 Datenbankoptionen der Datenbank »GalileoDB«

Dass SQL Server für die auf die Tabelle *tblAutor* definierten Indizes bereits Statistiken angelegt hat, lässt sich ebenfalls im OBJEKT-EXPLORER nachvollziehen. Abbildung 27.19 zeigt die zugehörigen Statistiken, die unter den gleichen Namen wie die Indizes angelegt wurden.

Abbildung 27.19 Die automatisch angelegten Statistiken der Tabelle »tblAutor«

Abbildung 27.20 Allgemeine Informationen zu einer Statistik

Zu den Statistiken selbst lassen sich ebenfalls weitere Details anzeigen, indem Sie über das Kontextmenü die Eigenschaften einer Statistik aufrufen. Dieser Dialog bietet auf der ersten Seite allgemeine Informationen zu der jeweiligen Statistik an, wie Abbildung 27.20 anhand der Statistik *pkID* zeigt, die für den gleichnamigen Primärschlüssel der Tabelle erstellt wurde. Neben Informationen über die entsprechende Spalte wird an dieser Stelle u. a. die letzte Aktualisierung der Statistik angezeigt.

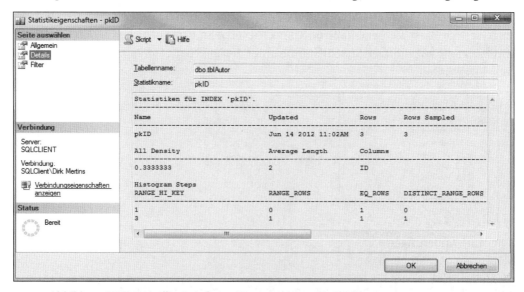

Abbildung 27.21 Detaillierte Informationen zu einer Statistik

Detaillierte Informationen liefert die in Abbildung 27.21 dargestellte zweite Seite des Dialogs. Hier werden die von SQL Server erfassten bzw. berechneten statistischen Werte angezeigt.

Statistiken werden von SQL Server nicht nur in Verbindung mit Indizes angelegt, auch die Verwendung einer WHERE-Klausel in einer Abfrage kann zur Erstellung einer Statistik führen. Die Ausführung des folgenden Beispiels löst – wie in Abbildung 27.22 gezeigt – die Erstellung einer neuen Statistik für die Tabelle *tblAutor* aus.

Beispiel:

```
SELECT * FROM tblAutor
WHERE Vorname = 'Dirk';
```

Abbildung 27.22 Zusätzliche, durch die »WHERE«-Klausel erzeugte Statistik

Obwohl seit der Einführung der automatischen Statistikverwaltung in SQL Server eigentlich nur noch in Ausnahmefällen manuell in die Statistikverwaltung eingegriffen werden muss, ist es trotzdem manchmal notwendig, eine Statistik von Hand zu löschen oder zu aktualisieren.

27.7.1 Löschen einer Statistik

Statistiken werden über die DROP-Anweisung gelöscht.

Syntax:

```
DROP STATISTICS tabellenname.statistikname;
```

Durch die folgende Anweisung wird die in Abbildung 27.22 gezeigte, durch die Verwendung der WHERE-Klausel erstellte Statistik wieder gelöscht:

Beispiel:

```
DROP STATISTICS tblAutor._WA_Sys_00000002_108B795B;
```

27.7.2 Aktualisieren einer Statistik

Relevante Änderungen am Datenbestand veranlassen SQL Server, Statistiken neu zu berechnen. Genau genommen muss es sich dabei um protokollierte Änderungen handeln; nicht protokollierte Änderungen am Datenbestand erkennt SQL Server nicht als Änderungen. Soll die sofortige Aktualisierung der Statistiken einer Tabelle erzwungen werden, so kann dies über UPDATE STATISTICS erfolgen.

Syntax:

UPDATE STATISTICS *tabellenname*;

Beispiel:

UPDATE STATISTICS tblAutor;

Durch diese Anweisung werden alle vorhandenen Statistiken der Tabelle *tblAutor* aktualisiert.

27.7.3 Informationen zu Statistiken abrufen

Informationen über die Statistiken innerhalb einer Datenbank liefert die Systemsicht *sys.stats*. Einen Ausschnitt aus dem Abfrageergebnis auf diese Sicht zeigt Abbildung 27.23.

	object_id	name	stats_id	auto_created	user_created	no_recompute	has_filter	filter_definition	is_temporary
175	245575...	pkBLZ	1	0	0	0	0	NULL	0
176	277576...	pkID	1	0	0	0	0	NULL	0
177	277576...	_WA_Sys_00000003_108B795B	2	1	0	0	0	NULL	0
178	277576...	ixNachname	3	0	0	0	0	NULL	0
179	277576...	ixKontoNrBLZ	4	0	0	0	0	NULL	0
180	341576...	pkISBN	1	0	0	0	0	NULL	0
181	341576...	_WA_Sys_00000003_145C0A3F	2	1	0	0	0	NULL	0
182	341576...	ixTitel	3	0	0	0	0	NULL	0
183	389576...	pkIDISBN	1	0	0	0	0	NULL	0

Abbildung 27.23 Ein Teil des Abfrageergebnisses auf »sys.stats«

Detailliertere Informationen über eine Statistik liefert DBCC unter Verwendung von SHOW_STATISTICS. Die Anweisung rufen Sie in der folgenden Form auf.

Syntax:

DBCC SHOW_STATISTICS(*tabellenname, objektname*)

Als *objektname* geben Sie einen Indexnamen, einen Statistiknamen oder einen Spaltenbezeichner an. Das folgende Beispiel ruft Informationen zu dem Index bzw. der Statistik *ixNachname* ab, da beide gleich benannt sind:

Beispiel:

DBCC SHOW_STATISTICS (tblAutor, ixNachname);

Dieser Aufruf von DBCC liefert die in Abbildung 27.24 dargestellte Ausgabe, die bis ins Detail gehende Informationen zu der Statistik enthält.

	Name	Updated	Rows	Rows Sampled	Steps	Density	Average key length	String Index	Filter Expression	Unfiltered Rows
1	ixNachname	Jun 15 2012 9:55PM	7	7	7	0	9	YES	NULL	7

	All density	Average Length	Columns
1	0,1428571	7	Nachname
2	0,1428571	9	Nachname, ID

	RANGE_HI_KEY	RANGE_ROWS	EQ_ROWS	DISTINCT_RANGE_ROWS	AVG_RANGE_ROWS
1	Gnoth	0	1	0	1
2	Kremer	0	1	0	1
3	Kühnel	0	1	0	1
4	Lubkowitz	0	1	0	1
5	Mertins	0	1	0	1
6	Neumann	0	1	0	1
7	Vonhoegen	0	1	0	1

Abbildung 27.24 Die Ausgabe von »DBCC SHOW_STATISTICS«

27.8 Planung des Einsatzes von Indizes

SQL Server 2016 erlaubt es, pro Tabelle einen gruppierten und 999 nicht gruppierte Indizes anzulegen, die vom Server verwaltet werden können. Diese hohe Anzahl an verfügbaren nicht gruppierten Indizes könnte zu dem Gedanken verleiten, vorsichtshalber möglichst viele Spalten (oder Spaltenkombinationen) zu indizieren, um eine möglichst schnelle Antwort der Datenbank auf jede erdenkliche Abfrage zu ermöglichen. Diese auf den ersten Blick verlockende Möglichkeit kann sich in der Praxis jedoch als hinderlich erweisen, wenn Sie sich den folgenden Sachverhalt vor Augen halten:

> **Hinweis**
> Indizes können Abfragen beschleunigen, da durch sie Datensätze schneller aufgefunden werden können. Eine übermäßige Indizierung wird die Leistung einer Datenbank, auch als *Performance* bezeichnet, in der Regel aber negativ beeinflussen, da DML-Anweisungen wie das Einfügen, Ändern oder Löschen von Datensätzen es erfordern, dass diese Änderungen in den vorhandenen Indizes eingepflegt werden. Indizierte Spalten sollten Sie daher sorgfältig auswählen; das Motto »Viel hilft viel« ist im Zusammenhang mit Indizes absolut nicht angebracht.

Spalten, die für eine Indizierung geeignet sein können, sind z. B.:

▶ **Spalten, die häufig in einer WHERE-Klausel verwendet werden**
Ein häufiger Fehler ist es, Spalten indizieren zu wollen, die im Abfrageergebnis ausgegeben werden. Welche Spalten eines Datensatzes im Abfrageergebnis ausgegeben werden, ist für die Verwendung eines Index hingegen vollkommen irrelevant. Ein Index kann die Suche nach einem Datensatz in Abhängigkeit von der angegebenen Bedingung in der WHERE-Klausel beschleunigen. Ist der entsprechende Datensatz gefunden, kann auf alle seine Spalten zugegriffen werden, da der Datensatz bereits in den Speicher geladen wurde. Ein Zusammenhang zwischen den Spalten des Abfrageergebnisses und einem Index besteht also nicht. Ein vorhandener Index

wird in diesem Fall lediglich dazu verwendet, die Bedingung der WHERE-Klausel möglichst schnell auszuwerten.

- **Spalten, die als Fremdschlüssel verwendet werden**
  Auch Spalten, die einen Fremdschlüssel darstellen, sind in der Regel Kandidaten für eine Indizierung, da in den für eine Fremd-/Primärschlüsselbeziehung typischen JOIN-Abfragen häufig komplexe Suchvorgänge nach Übereinstimmungen zwischen dem Primär- und dem Fremdschlüsselwert durchgeführt werden müssen.

- **Spalten mit vielen unterschiedlichen Werten**
  Spalten, die über viele unterschiedliche Spaltenwerte verfügen, können von der Indizierung besonders profitieren, da – wenn ein bestimmter Wert beispielsweise nur einmal in der Spalte vorhanden ist – der einmalige Durchlauf der relativ kompakten Indexstruktur ausreicht, um den entsprechenden Datensatz direkt zu finden. Sind in einer Spalte viele unterschiedliche Werte vorhanden, wird dies mit dem Begriff *hohe Selektivität* bezeichnet.

Spalten, die sich nicht zur Indizierung eignen, sind z. B.:

- **Spalten bestimmter Datentypen**
  Nicht alle Spalten können indiziert werden. Die Indizierung von Spalten bestimmter Datentypen, wie etwa des Datentyps bit, wird von SQL Server nicht unterstützt.

- **Spalten mit vielen gleichen Einträgen**
  Spalten, die über viele gleiche Einträge, also eine niedrige Selektivität, verfügen, sind ebenfalls nicht zur Indizierung geeignet. Eine Spalte, in der beispielsweise das Geschlecht einer Person durch die Einträge *m/w* abgespeichert ist, kann zwar indiziert werden, der Nutzen dieser Indizierung wäre aber zumindest fragwürdig.

Für Tabellen gilt generell, dass sie dann nicht zur Indizierung geeignet sind, wenn sie nur wenige Datensätze enthalten.

27.8.1 Verwenden des Datenbankmodul-Optimierungsratgebers

Die Planung zusätzlicher Indizes neben den von SQL Server automatisch erstellten erfordert in der Praxis neben Kenntnissen darüber, welche Art von Abfragen an die Datenbank gestellt werden, auch etwas Fingerspitzengefühl. Es gilt, Abfragen durch das Einrichten von Indizes zu beschleunigen, aber die Datenbank nicht übermäßig zu indizieren, da sich dies wiederum nachteilig auf die Leistung einer Datenbank auswirken kann. Schließlich müssen nach der Ausführung von DML-Anweisungen ja auch noch die Indizes gepflegt werden.

Um die Indizierung einer Datenbank zu analysieren, können Sie in SQL Server 2014 den *Datenbankmodul-Optimierungsratgeber* nutzen, der Hinweise auf notwendige oder nicht verwendete, also ineffektive Indizes liefert. Wir erläutern im Folgenden die grundlegende Vorgehensweise bei der Verwendung dieses Assistenten.

Die Auswahl sinnvoller Indizes hängt natürlich primär davon ab, welche Anweisungen typischerweise im laufenden Betrieb an die Datenbank gestellt werden. Der Optimierungsratgeber benötigt als Grundlage seiner Analyse daher entsprechende Informationen, die auch als *Arbeitsauslastung* (engl.: *workload*) bezeichnet werden. Diese Informationen können Sie dem Optimierungsratgeber auf verschiedene Weisen zur Verfügung stellen; ein manuell erstelltes SQL-Skript, das die typischen Anweisungen an die Datenbank umfasst, ist eine Möglichkeit. Einfacher ist es jedoch, den SQL Server Profiler zu verwenden, um die Arbeitsauslastung des Servers zu ermitteln. Der Grundgedanke dabei ist, eine Art Stichprobe der typischen Anweisungen an die Datenbank im täglichen Betrieb zu erhalten, die dann als Grundlage zur Analyse der Indizierung dient. Zu diesem Zweck rufen Sie zunächst den Profiler unter START • ALLE PROGRAMME • MICROSOFT SQL SERVER 2016 • LEISTUNGSTOOLS • SQL SERVER PROFILER 2016 auf. Nach dem Aufruf erscheint zunächst die leere Oberfläche des Profilers (siehe Abbildung 27.25).

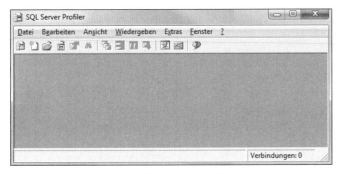

Abbildung 27.25 Die Oberfläche des Profilers direkt nach dem Aufruf des Programms

Der Profiler stellt das Überwachungstool von SQL Server dar. Mit seiner Hilfe kann eine Vielzahl der auf dem Server eingetretenen Ereignisse protokolliert werden. Ein typisches Einsatzgebiet des Profilers ist daher z. B. die Überwachung von Anmeldungen am Server, wenn der Verdacht der unrechtmäßigen Benutzung besteht. Eine Protokollierung wird im Profiler als *Ablaufverfolgung* bezeichnet und kann über den Menüpunkt DATEI • NEUE ABLAUFVERFOLGUNG gestartet werden. Nach erfolgreicher Authentifizierung am Server erscheint der in Abbildung 27.26 dargestellte Dialog, in dem Sie zunächst einen aussagekräftigen Namen für die zu erstellende Ablaufverfolgung eingeben sollten, in diesem Beispiel »Optimierung«.

Welche Ereignisse in einer Ablaufverfolgung protokolliert werden, können Sie über den Reiter EREIGNISAUSWAHL für jede Ablaufverfolgung einzeln festlegen. Sie können aber auch Vorlagen verwenden, in denen die zu überwachenden Ereignisse enthalten sind. SQL Server bietet einige bereits vordefinierte Vorlagen an, die Sie über das entsprechende Kombinationsfeld auswählen können. Zur Optimierung von Datenbanken sollten Sie die Vorlage TUNING auswählen. Abbildung 27.27 zeigt die durch diese Vorlage überwachten Ereignisse.

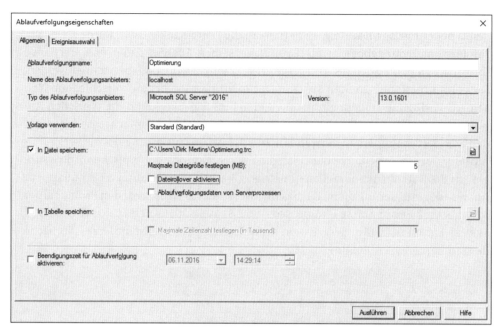

Abbildung 27.26 Einstellungen der Ablaufverfolgungseigenschaften

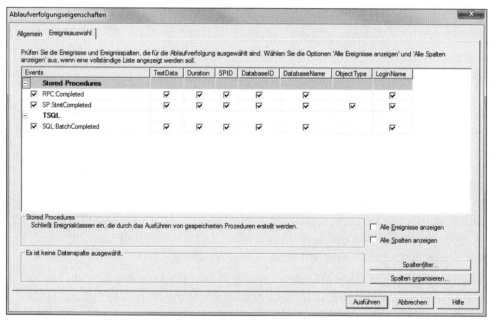

Abbildung 27.27 Die von der Vorlage »Tuning« überwachten Ereignisse

Eine Ablaufverfolgung kann als Datei und als Tabelle abgespeichert werden. Wenn Sie als Speicherart durch Anklicken des entsprechenden Kontrollkästchens die Speicherung in einer Datei auswählen, erscheint der für Windows typische Dialog, in dem die Speicherung der Datei unter dem Namen der Ablaufverfolgung und mit der Dateiendung *.trc* angeboten wird.

Das Kürzel *trc* steht hierbei für *Trace* (engl., *Verfolgung, Spur*). Soll die Speicherung in einer Tabelle erfolgen, markieren Sie das entsprechende Kontrollkästchen, worauf eine erneute Authentifizierung am Server erfolgen muss. Danach können Sie in dem in Abbildung 27.28 dargestellten Dialog festlegen, in welche Tabelle die Ablaufverfolgung gespeichert werden soll. Diese Tabelle legt SQL Server für die Ablaufverfolgung neu an.

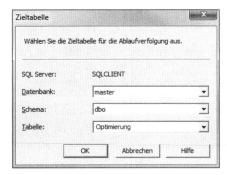

Abbildung 27.28 Dialog zur Auswahl der Zieltabelle einer Ablaufverfolgung

Im vorliegenden Fall wählen wir, wie in Abbildung 27.26, die Speicherung in eine Datei aus.

> **Hinweis**
>
> Häufig – gerade bei stark belasteten Systemen – ist die Auswahl einer Datei als Speicherort der Möglichkeit, die Ablaufverfolgung in einer Tabelle zu speichern, vorzuziehen, da die Speicherung in einer Tabelle zusätzliche Last für den Datenbankserver bedeutet. Bei stark belasteten Systemen ist es ebenfalls ratsam, den Profiler auf einem anderen Rechner ausführen zu lassen und von diesem aus (*remote*) auf den Datenbankserver zuzugreifen.

Über die Schaltfläche AUSFÜHREN starten wir die Ablaufverfolgung. Im Profiler wird nun das Ablaufverfolgungsfenster eingeblendet, das, wie Abbildung 27.29 zeigt, mindestens nur den Vermerk enthält, dass die Ablaufverfolgung gestartet wurde.

Bei einem Datenbankserver, der sich im realen Betrieb befindet, würde durch die Benutzung der Datenbanken durch die Anwender die Ablaufverfolgung kontinuierlich gefüllt. Die hierfür notwendige Dauer dieser Protokollierung müssen Sie abschätzen; die Ablaufverfolgung sollte mindestens so lange aktiv bleiben, bis Sie davon ausgehen können, dass alle typischen Abfragen an die Datenbank erfasst worden sind. Wählen Sie die Zeitspanne zu kurz, stehen nicht genügend Informationen zur Verfügung; wählen Sie sie zu lang, wirkt sich das natürlich auf die spätere Analysedauer aus.

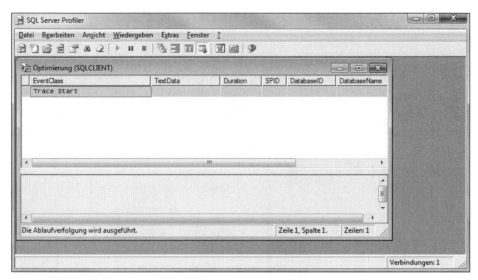

Abbildung 27.29 Das Ablaufverfolgungsfenster im Profiler

Um die Ablaufverfolgung dieses Beispiels zu füllen, senden wir nun aus dem Management Studio Abfragen an den Server. Im vorliegenden Fall verwenden wir dazu ein Skript, das die Beispiele aus Kapitel 5, »Grundlegende Abfragetechniken«, enthält. Der Profiler muss dabei natürlich weiterhin geöffnet bleiben. Nach der Ausführung des Skripts werden die von der Ablaufverfolgung protokollierten Anweisungen im Ablaufverfolgungsfenster dargestellt. In Abbildung 27.30 erkennen Sie im unteren Fenster einen Ausschnitt aus dem verwendeten Skript.

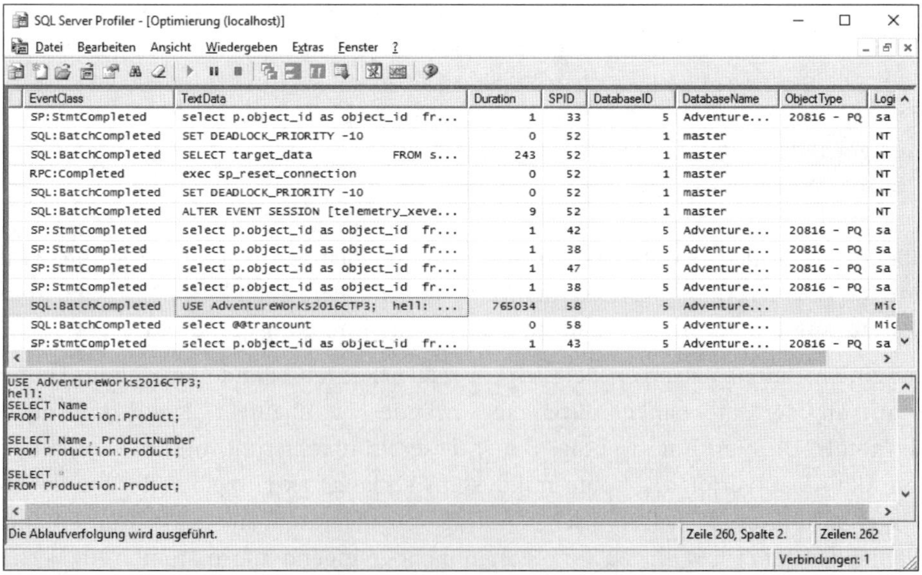

Abbildung 27.30 Von der Ablaufverfolgung erfasste Anweisungen

27.8 Planung des Einsatzes von Indizes

Die Ablaufverfolgung stoppen wir nun, z. B. über die Schaltfläche mit dem roten Quadrat. Da jetzt eine Arbeitsauslastungsdatei vorliegt, können wir den Datenbankoptimierungsratgeber aufrufen. Er befindet sich im selben Programmordner wie der Profiler, Sie können ihn aber auch direkt aus dem Profiler über den Menüpunkt EXTRAS • DATENBANKOPTIMIERUNGSRATGEBER starten. Auch nach dem Aufruf des Ratgebers muss zunächst eine Authentifizierung am Server erfolgen, woraufhin die Oberfläche des Optimierungsratgebers angezeigt wird.

Der Profiler wird nun nicht mehr benötigt und kann geschlossen werden. Im Optimierungsratgeber müssen Sie nun zunächst die zu verwendende Arbeitsauslastungsdatei bzw. -tabelle angeben. Wie Sie in Abbildung 27.31 sehen, erfolgt hier die Angabe zu der vom Profiler erstellten Datei *Optimierung.trc*. Als DATENBANK FÜR DIE ARBEITSAUSLASTUNGSANALYSE wählen Sie ADVENTUREWORKS2016CTP3 aus dem Kombinationsfeld aus.

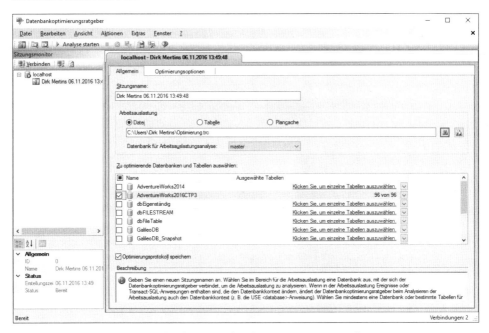

Abbildung 27.31 Die Oberfläche des Datenbankoptimierungsratgebers

Diese Bezeichnung ist etwas irreführend. An dieser Stelle ist nicht die Datenbank gemeint, in der die Analyse vorgenommen wird, sondern die Datenbank, mit der sich der Ratgeber bei der Analyse der Arbeitsauslastungsdatei verbindet. Da das verwendete SQL-Skript Abfragen auf die Datenbank *AdventureWorks2016CTP3* enthielt, geben Sie hier sicherheitshalber diese Datenbank an für den Fall, dass diese Datenbank nicht zu Beginn des Skripts mit USE ausgewählt wurde.

Da sich die Analyse auf die *AdventureWorks2016CTP3*-Datenbank beziehen soll, aktivieren Sie ihr Kontrollkästchen im unteren Bereich von Abbildung 27.31. Alle anderen Einstellungen können Sie für dieses Beispiel auf ihren Standardwerten belassen. Die Analyse wird über die Schaltfläche ANALYSE STARTEN ausgeführt.

Der Optimierungsvorgang wird, wie in SQL Server üblich, animiert dargestellt. Je nach Aufwand der Optimierung ist der in Abbildung 27.32 dargestellte Dialog durchaus längere Zeit zu sehen.

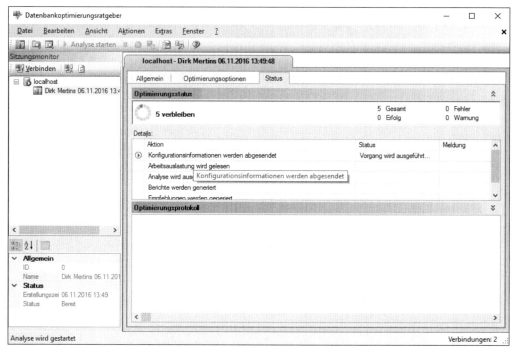

Abbildung 27.32 Laufende Analyse der AdventureWorks2016CTP3-Datenbank

Nach Beendigung der Analyse wird eine Zusammenfassung wie in Abbildung 27.33 angezeigt, die detaillierte Empfehlungen im Zusammenhang mit den Indizes der Datenbank enthält. Zu jeder Empfehlung besteht die Möglichkeit, über einen in der Abbildung nicht sichtbaren Link eine entsprechende SQL-Anweisung generieren zu lassen. Über den Menüpunkt AKTIONEN/EMPFEHLUNGEN ANWENDEN können Sie alle vom Optimierungsratgeber vorgeschlagenen Änderungen direkt in die Datenbank übernehmen.

27.8 Planung des Einsatzes von Indizes

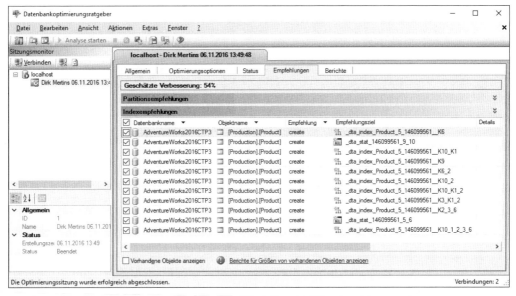

Abbildung 27.33 Empfehlungen des Optimierungsratgebers

27.8.2 Optimierung von Indizes mithilfe von Systemsichten

Wenn Sie den Profiler – z. B. in einer Produktivumgebung – nicht einsetzen können oder dürfen, besteht noch eine andere, keine Ressourcen verbrauchende Möglichkeit, fehlende Indizes zu identifizieren.

Betrachten Sie dazu das folgende Beispiel, in dem eine Abfrage auf die Tabelle *Sales.SalesOrderDetail* ausgeführt wird. Für die Abfrage soll der tatsächliche Ausführungsplan ausgegeben werden. Die Ausgabe des Ausführungsplans können Sie – bei geöffnetem Abfragefenster – über den Menüpunkt ABFRAGE • TATSÄCHLICHEN AUSFÜHRUNGSPLAN EINSCHLIESSEN erwirken.

Beispiel:

```
USE AdventureWorks2016CTP3;
GO
SELECT * FROM Sales.SalesOrderDetail
WHERE UnitPrice = 5.70;
```

Im Ausführungsplan (Abbildung 27.34) sehen Sie einen Hinweis auf einen fehlenden Index.

27 Indizes

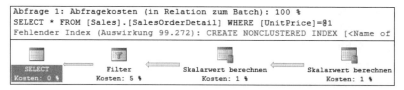

Abbildung 27.34 Hinweis auf einen fehlenden Index

SQL Server vermerkt diese Informationen in der Systemsicht *sys.dm_db_missing_index_details*.

Abbildung 27.35 zeigt einen Teil des Abfrageergebnisses auf diese Systemsicht.

index_handle	database_id	object_id	equality_columns	inequality_columns	included_columns
1	1	5	1474104292	[UnitPrice]	NULL	[SalesOrderID], [SalesOrderDetailID], [CarrierTr...

Abbildung 27.35 Vermerk des fehlenden Index in der Systemsicht

Beachten Sie, dass der Inhalt dieser Systemsicht bei jedem Start von SQL Server gelöscht wird. Sie sollten diese Möglichkeit also erst nach einer gewissen Laufzeit des Server-Dienstes und weitere zusammenhängende Systemsichten zur Analyse verwenden.

27.9 Weitere Optimierungsmöglichkeiten mithilfe von Indizes

Neben den bisher besprochenen grundlegenden Arten der Indizierung stehen Ihnen in SQL Server weitere Optimierungsmöglichkeiten im Zusammenhang mit Indizes zur Verfügung. Im Einzelnen sind dies:

- Indizes mit eingeschlossenen Spalten
- gefilterte Indizes
- indizierte Sichten
- partitionierte Indizes

In den folgenden Abschnitten gehen wir auf diese Möglichkeiten näher ein.

27.9.1 Indizes mit eingeschlossenen Spalten

Beim Anlegen eines nicht gruppierten Index kann es von Vorteil sein, neben der oder den zu indizierenden Spalten (*Schlüsselspalten* genannt) weitere Spalten in den Index einzubinden, um die Abfrageleistung weiter zu verbessern. Den Vorteil des Einbindens weiterer Spalten in einen nicht gruppierten Index können Sie anhand der in den vorhergehenden Abschnitten beschriebenen möglichen Strukturen dieses Indextyps herleiten: Die unterste Ebene, also die Blattebene, eines nicht gruppierten

Index enthält entweder einen Zeiger auf den Speicherort des entsprechenden Datensatzes oder aber – im Fall eines vorhandenen gruppierten Index – den im gruppierten Index verwendeten Schlüsselwert. In beiden Fällen ist letztendlich ein Zugriff auf die Datenseiten notwendig, um die weiteren Informationen des entsprechenden Datensatzes zu lesen. Diesen Zugriff vermeiden Sie durch das Anlegen eines Index mit eingeschlossenen Spalten, da in diesem Fall auf der Blattebene des nicht gruppierten Index neben dem Schlüsselwert des Datensatzes auch die entsprechenden eingeschlossenen Spalten (auch als *Nichtschlüsselspalten* bezeichnet) abgelegt werden. So können bei einer Abfrage auf diese Spalten die entsprechenden Informationen bereits aus dem Index gelesen werden, und es muss kein Zugriff auf die Datenseiten mehr erfolgen. Abbildung 27.36 verdeutlicht dies.

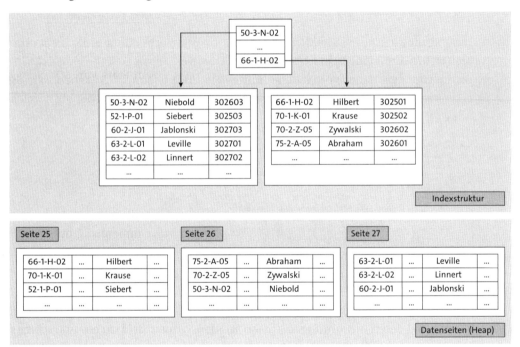

Abbildung 27.36 Nicht gruppierter Index mit eingeschlossenen Spalten

Ausgehend von einem der anfangs des Kapitels behandelten Beispiele ist hier der Fall dargestellt, dass ein nicht gruppierter Index mit einer eingeschlossenen Spalte (in der Abbildung der Nachname der Mitarbeiter) erstellt wurde. Wie Sie der Abbildung entnehmen können, wird in der untersten Ebene der Indexstruktur, also der sogenannten Blattebene, zusätzlich der Spaltenwert der eingeschlossenen Spalte eines jeden Datensatzes abgespeichert. Eine Abfrage, die auf den Nachnamen eines Mitarbeiters in Abhängigkeit von seiner Personalnummer gestellt würde, könnte daher alle notwendigen Informationen bereits aus dem Index beziehen, ohne auf den eigentlichen Speicherort des Datensatzes zugreifen zu müssen. Enthält bereits ein Index alle zur Bearbeitung der Abfrage notwendigen Informationen, wird dies auch als *Abdeckung* der Abfrage bezeichnet.

Zur Erstellung eines nicht gruppierten Index mit eingeschlossenen Spalten erweitern Sie die CREATE INDEX-Anweisung um die INCLUDE-Klausel und geben danach in Klammern die einzuschließende Spalte oder Spalten entsprechend der folgenden Syntax an:

Syntax:

```
CREATE INDEX indexname
ON tabellenname(spaltenliste)
INCLUDE (spaltenliste);
```

Das folgende Beispiel verdeutlicht die Definition und Verwendung eines nicht gruppierten Index mit eingeschlossenen Spalten. Dort werden wir die Tabelle *Sales.Customer* verwenden, deren vorhandene Indizes Sie in Abbildung 27.37 sehen. Wie Sie erkennen können, verfügt die Tabelle über einen gruppierten Index, der die Bezeichnung *PK_Customer_CustomerID* trägt.

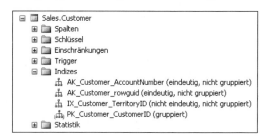

Abbildung 27.37 Vorhandene Indizes der Tabelle »Sales.Customer«

An den Server soll zunächst ohne Definition eines weiteren Index eine Abfrage gestellt und deren Ausführung analysiert werden. Öffnen Sie dazu ein Abfragefenster, und schalten Sie über den Menüpunkt ABFRAGE • TATSÄCHLICHEN AUSFÜHRUNGSPLAN EINSCHLIESSEN die Anzeige des grafischen Ausführungsplans ein. Lassen Sie danach das folgende Beispiel ausführen:

Beispiel:

```
USE AdventureWorks2016CTP3;
GO
SELECT TerritoryID, PersonID
FROM Sales.Customer
WHERE AccountNumber = 'AW00024000';
```

27.9 Weitere Optimierungsmöglichkeiten mithilfe von Indizes

Sie sehen nun im Ergebnisbereich den zusätzlichen Reiter AUSFÜHRUNGSPLAN, über den Sie sich die von SQL Server gewählte Strategie zur Bearbeitung der Abfrage anzeigen lassen können (siehe Abbildung 27.38).

Abbildung 27.38 Ausführungsplan ohne zusätzlichen Index

Wenn Sie nun mit dem Mauszeiger über den Eintrag SCHLÜSSELSUCHE fahren, werden Ihnen die in Abbildung 27.39 dargestellten Details zu diesem Teil der Abfrage angezeigt. Wie Sie der Abbildung unter dem Eintrag OBJEKT entnehmen können, erfolgte ein Zugriff auf den oben erwähnten gruppierten Index und damit auf die Datenseiten der Tabelle, die ja einen Bestandteil des gruppierten Index darstellen.

Schlüsselsuche (Clustered)	
Verwendet einen bereitgestellten Gruppierungsschlüssel, um in einer Tabelle nachzuschlagen, die einen gruppierten Index hat.	
Physischer Vorgang	Schlüsselsuche
Logischer Vorgang	Schlüsselsuche
Tatsächlicher Ausführungsmodus	Row
Geschätzter Ausführungsmodus	Row
Speicher	RowStore
Tatsächliche Anzahl von Zeilen	1
Tatsächliche Batchanzahl	0
Geschätzte E/A-Kosten	0,003125
Geschätzte Operatorkosten	0,0032831 (50 %)
Geschätzte CPU-Kosten	0,0001581
Geschätzte Unterstrukturkosten	0,0032831
Anzahl von Ausführungen	1
Geschätzte Anzahl von Ausführungen	1
Geschätzte Anzahl von Zeilen	1
Geschätzte Zeilengröße	15 B
Tatsächliche erneute Bindungen	0
Tatsächliche Zurückspulvorgänge	0
Sortiert	True
Knoten-ID	3

Objekt
[AdventureWorks2014].[Sales].[Customer].[PK_Customer_CustomerID]
Ausgabeliste
[AdventureWorks2014].[Sales].[Customer].PersonID;
[AdventureWorks2014].[Sales].[Customer].TerritoryID
SEEK-Prädikate
Suchschlüssel[1]: Präfix: [AdventureWorks2014].[Sales].[Customer].CustomerID = Skalaroperator ([AdventureWorks2014].[Sales].[Customer].[CustomerID])

Abbildung 27.39 Details zur Schlüsselsuche

Erstellen Sie nun mithilfe des folgenden Beispiels einen weiteren Index *ixAccountNumber* für die Tabelle:

Beispiel:

```
CREATE INDEX ixAccountNumber
ON Sales.Customer (AccountNumber)
INCLUDE (TerritoryID, PersonID);
```

Dieser Index wird auf die Spalte *AccountNumber* erstellt und schließt die in der Abfrage ausgewählten Spalten *TerritoryID* und *PersonID* ein. Lassen Sie danach die Abfrage erneut ausführen. Der Ausführungsplan entspricht danach Abbildung 27.40.

Abbildung 27.40 Ausführungsplan der Abfrage mit zusätzlichem Index

Rufen Sie die Details des Eintrags INDEX SEEK auf, werden Ihnen die in Abbildung 27.41 dargestellten Informationen angezeigt.

Index Seek (NonClustered)	
Scannt einen bestimmten Bereich von Zeilen aus einem nicht gruppierten Index.	
Physischer Vorgang	Index Seek
Logischer Vorgang	Index Seek
Tatsächlicher Ausführungsmodus	Row
Geschätzter Ausführungsmodus	Row
Speicher	RowStore
Tatsächliche Anzahl von Zeilen	1
Tatsächliche Batchanzahl	0
Geschätzte Operatorkosten	0,0032831 (100 %)
Geschätzte E/A-Kosten	0,003125
Geschätzte CPU-Kosten	0,0001581
Geschätzte Unterstrukturkosten	0,0032831
Anzahl von Ausführungen	1
Geschätzte Anzahl von Ausführungen	1
Geschätzte Anzahl von Zeilen	1
Geschätzte Zeilengröße	15 B
Tatsächliche erneute Bindungen	0
Tatsächliche Zurückspulvorgänge	0
Sortiert	True
Knoten-ID	0

Objekt
[AdventureWorks2014].[Sales].[Customer].[ixAccountNumber]
Ausgabeliste
[AdventureWorks2014].[Sales].[Customer].PersonID;
[AdventureWorks2014].[Sales].[Customer].TerritoryID
SEEK-Prädikate
Suchschlüssel[1]: Präfix: [AdventureWorks2014].[Sales].
[Customer].AccountNumber = Skalaroperator([@1])

Abbildung 27.41 Details zu »Index Seek«

Wie Sie, wiederum anhand des Eintrags OBJEKT, erkennen können, hat SQL Server offensichtlich festgestellt, dass der Index *ixAccountNumber* alle an der Abfrage beteiligten Spalten abdeckt, und hat ihn zur Bearbeitung der Abfrage verwendet. Ein Zugriff auf die eigentliche Tabelle war zur Bearbeitung dieser Abfrage also nicht notwendig.

Obwohl Indizes mit eingeschlossenen Spalten Abfragen beschleunigen können, sollten Sie sie jedoch mit Bedacht einsetzen, da durch die mehrfache Speicherung der eingeschlossenen Spaltenwerte (sowohl in der Tabelle als auch im Index) Einfüge-, Änderungs- und Löschanweisungen für den Server aufwendiger zu bearbeiten sind, was wiederum negative Auswirkungen auf die Performance des Systems haben kann.

27.9.2 Gefilterte Indizes

Mit SQL Server 2008 wurden die gefilterten Indizes eingeführt. Sie ermöglichen durch eine WHERE-Klausel in der Indexdefinition, einen Index nur für den Teil der Spaltenwerte zu erstellen, der der Auswahlbedingung entspricht. Dies kann bei umfangreichen Datenbeständen in einer Tabelle einen Vorteil bedeuten, da die Indexstruktur kleiner gehalten werden kann als bei einem Index über alle Spaltenwerte. Die Syntax ergibt sich aus der Standarddefinition eines Index, die durch eine WHERE-Klausel erweitert wird.

Syntax:

```
CREATE NONCLUSTERED INDEX indexname
ON tabellenname(spaltenliste)
WHERE auswahlbedingung;
```

Beachten Sie, dass Sie einen gefilterten Index nur als nicht gruppierten Index erstellen können. Das folgende Beispiel zeigt die Erstellung eines gefilterten Index auf die Spalte *Name* der *Production.Product*-Tabelle, der lediglich die Datensätze mit dem Eintrag *Black* in der Spalte *Color* berücksichtigt.

Beispiel:

```
CREATE NONCLUSTERED INDEX ixProductBlack
ON Production.Product(Name)
WHERE Color='Black';
```

Die Information, dass es sich um einen gefilterten Index handelt, wird Ihnen im OBJEKT-EXPLORER angezeigt (siehe Abbildung 27.42).

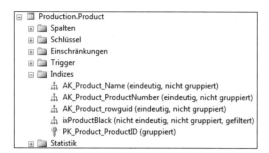

Abbildung 27.42 Darstellung des gefilterten Index im Objekt-Explorer

27.9.3 Indizierte Sichten

Bei allen bisher in diesem Buch behandelten Sichten handelte es sich um *Standardsichten*, denen gemein ist, dass sie lediglich für eine SELECT-Anweisung stehen und das Abfrageergebnis nicht in SQL Server gespeichert wird. Die Erstellung einer indizierten Sicht hingegen bewirkt das genaue Gegenteil: Das Abfrageergebnis der Sicht wird wie eine Tabelle in der Datenbank hinterlegt. Indizierte Sichten werden daher auch als *materialisierte Sichten* bezeichnet. Der Einsatz von indizierten Sichten kann sich dann positiv auswirken, wenn die zur Definition der Sicht verwendete SELECT-Anweisung sehr komplex und für den Server aufwendig zu bearbeiten ist.

Eine indizierte Sicht erstellen Sie in zwei Schritten: Zunächst legen Sie eine Sicht an, die Sie anschließend indizieren, wie das folgende Beispiel zeigt. In ihm soll eine indizierte Sicht für die Tabelle *Production.Product* eingerichtet werden. Zur Erstellung der Sicht verwenden Sie die gewohnte Syntax zur Definition einer Sicht. Hierbei sollten Sie allerdings beachten, dass Sie zwingend die Option SCHEMABINDING angeben müssen, die Änderungen an der Struktur der Basistabelle unterbindet. Die Syntax lautet also:

Syntax:

```
CREATE VIEW sichtname
WITH SCHEMABINDING
AS
selectanweisung;
```

Durch den folgenden Beispielcode erstellen Sie eine entsprechende Sicht auf die oben angegebene Tabelle.

Beispiel:

```
CREATE VIEW vwProduct
WITH SCHEMABINDING
AS
SELECT Name, ProductNumber, StandardCost, ListPrice
FROM Production.Product;
```

Für die eben erstellte Sicht generieren Sie nun in einem zweiten Schritt den Index, wozu wir für dieses Beispiel die folgende Syntax verwenden:

Syntax:

```
CREATE UNIQUE CLUSTERED INDEX indexname
ON sichtname(spaltenname);
```

Beachten Sie beim Erstellen des Index für eine indizierte Sicht, dass es sich dabei um einen *eindeutigen* (UNIQUE) und *gruppierten* (CLUSTERED) Index handeln muss. Jeder Versuch, für eine Sicht eine andere Art Index zu erstellen, führt zu einer Fehlermeldung. Verwenden Sie das folgende Beispiel, um den Index für die eben erstellte Sicht und damit eine indizierte Sicht anzulegen.

Beispiel:

```
CREATE UNIQUE CLUSTERED INDEX ixProduct
ON vwProduct (ProductNumber);
```

Obwohl die Definition des Index nur die Spalte *ProductNumber* umfasst, wird das gesamte Abfrageergebnis bei der Erstellung des Index in der Datenbank hinterlegt.

Auch für indizierte Sichten gelten ähnliche Überlegungen hinsichtlich der Leistung, wie wir sie schon im letzten Abschnitt dargestellt haben. Gerade wenn häufig Änderungen am entsprechenden Datenbestand vorgenommen werden, sollten Sie den Nutzen und die Kosten des Einsatzes von indizierten Sichten sehr sorgfältig abwägen, da SQL Server auch hier einen erhöhten Aufwand zur Pflege des abgespeicherten Abfrageergebnisses leisten muss.

Interessanterweise unterscheidet sich die Enterprise Edition von den anderen Editionen in der automatischen Verwendung von indizierten Sichten. Nähere Informationen dazu finden Sie in der SQL-Server-Dokumentation.

27.9.4 Partitionierte Indizes

Sie können Indizes ebenso wie Tabellen partitionieren und hierdurch eine weitere Verbesserung der Abfrageleistung erzielen. Die Partitionierung eines Index verläuft ähnlich der einer Tabelle, wie wir sie in Kapitel 9, »Erstellen von Tabellen«, bereits erläutert haben, und soll daher an dieser Stelle nicht noch einmal ausführlich beschrieben werden.

Kapitel 28
Columnstore-Indizes

Ein Columnstore-Index kann durch die verwendete Speicherart bestimmte Typen von Abfragen sehr stark beschleunigen.

Columnstore-Indizes wurden erstmals in SQL Server 2012 in Form von nicht gruppierten Columnstore-Indizes eingeführt. Diese Art der Columnstore-Indizes hatte für OLTP-Datenbanken einen entscheidenden Nachteil: Tabellen, für die ein nicht gruppierter Columnstore-Index erstellt wurde, sind schreibgeschützt. Nicht gruppierte Columnstore-Indizes stellten daher für OLTP-Datenbanken keine Alternative zu den herkömmlichen Indizes dar. Mit SQL Server 2014 wurde der gruppierte Columnstore-Index eingeführt, der die zugrunde liegende Tabelle aktualisierbar lässt.

> **Hinweis**
> Die Begriffe *gruppiert* und *nicht gruppiert* entsprechen bei Columnstore-Indizes in ihrer Funktion nicht den im letzten Kapitel besprochenen herkömmlichen Indizes!

Unabhängig von den beiden Ausprägungen dieser Art von Index erfolgt im folgenden Abschnitt die Beschreibung des grundlegenden Prinzips von Columnstore-Indizes.

28.1 Das Grundprinzip von Columnstore-Indizes

Indizes werden – ebenso wie Daten – in SQL Server klassischerweise zeilenbasiert gespeichert. Abbildung 28.1 zeigt schematisch die zeilenbasierte Speicherung von Datensätzen in einer Tabelle.

Die Spaltenwerte der einzelnen Spalten werden in dieser Abbildung durch die Einträge *A*, *B*, *C* und *D* symbolisiert.

Stellen Sie sich nun z. B. vor, dass Sie eine Aggregatfunktion – also z. B. eine Summenbildung – über alle in der Spalte *B* enthaltenen Werte bilden möchten.

Dies hätte zur Folge, dass SQL Server – obwohl nur Werte der Spalte *B* für das Abfrageergebnis benötigt werden – trotzdem alle vollständigen Datensätze inklusive der nicht benötigten Spalten *A*, *C* und *D* laden müsste (falls diese nicht schon im Speicher vorhanden sind). Diese Abfrage würde also einen erheblichen Overhead von Leseoperationen erfordern, die zur Verarbeitung der Abfrage eigentlich gar nicht benötigt werden.

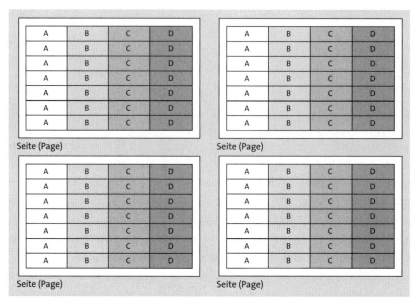

Abbildung 28.1 Das Prinzip der zeilenbasierten Speicherung

Zugriffe auf das Dateisystem können die Leistung eines Datenbanksystems aber negativ beeinflussen und sollten daher aus Optimierungsgründen möglichst minimiert werden.

Columnstore-Indizes verwenden daher anstelle eines zeilenorientierten einen spaltenorientierten Ansatz zur Speicherung von Daten. Betrachten Sie dazu Abbildung 28.2.

Wie Sie bei einem Vergleich mit Abbildung 28.1 erkennen können, speichern Columnstore-Indizes auf den einzelnen Seiten nur die Werte jeweils einer Tabellenspalte. Daher wird dieses Prinzip als *spaltenbasierte Speicherung* bezeichnet.

Dieses Verfahren kann sich in mehreren Hinsichten positiv auf die Abfrageleistung auswirken:

- Die zu ladende Datenmenge kann für Abfragen, die primär Spaltenwerte einzelner Spalten verarbeiten, deutlich reduziert werden, da nur die zur Verarbeitung der Abfrage benötigten Spaltenwerte – und damit nur die zur Speicherung dieser Spaltenwerte verwendeten Seiten – geladen werden müssen.
- Da die Werte innerhalb einer Spalte denselben Datentyp haben und oftmals wiederkehrende Werte aufweisen, können die jeweiligen Daten von SQL Server häufig effektiv komprimiert werden.

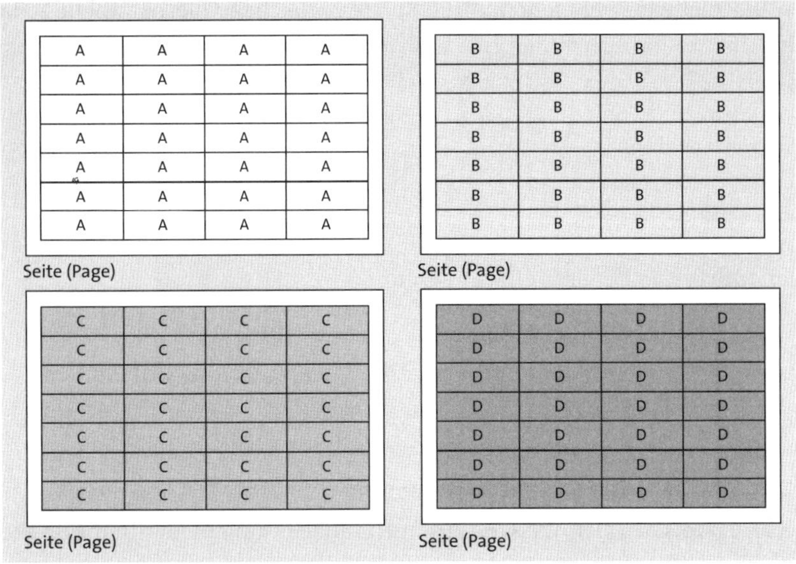

Abbildung 28.2 Das Prinzip der spaltenbasierten Speicherung

28.2 Erstellung eines nicht gruppierten Columnstore-Index

Einen nicht gruppierten Columnstore-Index können Sie für eine Auswahl von Tabellenspalten erstellen. Wir empfehlen Ihnen jedoch, den Index über alle Tabellenspalten zu erstellen. Die grundlegende Syntax zur Erstellung eines nicht gruppierten Columnstore-Index sehen Sie im Folgenden.

Syntax:
```
CREATE NONCLUSTERED COLUMNSTORE INDEX indexname
ON tabellenname (spaltenliste);
```

> **Hinweis**
>
> Die Angabe von NONCLUSTERED ist – wie bei den herkömmlichen nicht gruppierten Indizes – optional.

Das folgende Beispiel erstellt einen nicht gruppierten Columnstore-Index für die Spalte *CostRate* der *Production.Location*-Tabelle.

Beispiel:
```
USE AdventureWorks2016CTP3;
GO
CREATE NONCLUSTERED COLUMNSTORE INDEX ixCostRate
ON Production.Location (CostRate);
```

Im folgenden Beispiel wird versucht, auf die Spalte *Availability* dieser Tabelle – die nicht am Columnstore-Index beteiligt ist – eine Aktualisierung auszuführen.

Beispiel:

```
UPDATE Production.Location
SET Availability = 20
WHERE Name = 'Paint';
```

Dieser Versuch führt zu folgender Fehlermeldung:

Meldung 35330, Ebene 15, Status 1, Zeile 6

Fehler bei der UPDATE-Anweisung, weil Daten in einer Tabelle mit einem nicht gruppierten Columnstore-Index nicht aktualisiert werden können. Deaktivieren Sie vor der Ausgabe der UPDATE-Anweisung ggf. den Columnstore-Index, und erstellen Sie ihn nach Abschluss von 'UPDATE' erneut.

Dieses Beispiel zeigt anschaulich, dass die gesamte Tabelle – und nicht nur die Spalte, für die der Index erstellt wurde – bei einem vorhandenen nicht gruppierten Columnstore-Index schreibgeschützt ist.

28.2.1 Beispiel für den Leistungsvergleich eines regulären nicht gruppierten Index mit einem nicht gruppierten Columnstore-Index

Im folgenden Beispiel soll die Leistung eines herkömmlichen nicht gruppierten Index mit der eines nicht gruppierten Columnstore-Index verglichen werden, wenn eine Abfrage nur auf den Werten einzelner Spalten einer Tabelle basiert. Die folgenden Beispiele verwenden die Tabelle *Sales.PersonCreditCard*. Die in dieser Tabelle enthaltene Spalte *CreditCardID* hat einen numerischen Datentyp (*integer*). Diese Spalte wird in den folgenden Beispielen verwendet, um einen Leistungsvergleich zwischen einem herkömmlichen nicht gruppierten und einem nicht gruppierten Columnstore-Index zu ermöglichen.

Der Tabelle wird später ihr eigener Datenbestand mehrfach hinzugefügt. Der vorhandene Primärschlüssel würde dies verhindern, weswegen er über die folgende Anweisung gelöscht wird.

Beispiel:

```
ALTER TABLE Sales.PersonCreditCard
DROP CONSTRAINT PK_PersonCreditCard_BusinessEntityID_CreditCardID;
```

Nun wird zunächst ein nicht gruppierter Index auf die Spalte *CreditCardID* erstellt.

Beispiel:

```
CREATE NONCLUSTERED INDEX ixCreditCardID
ON Sales.PersonCreditCard (CreditCardID);
```

Anschließend wird der Tabelle durch das folgende Beispiel eine große Menge an Datensätzen hinzugefügt.

Beispiel:

```
INSERT INTO Sales.PersonCreditCard
SELECT * FROM Sales.PersonCreditCard;
GO 10
```

> **Hinweis**
>
> Die Anweisung GO 10 bewirkt, dass der vorangegangene Stapel – also die INSERT-Anweisung – zehnmal ausgeführt wird.

Diese Anweisung kann mehrere Minuten zur Ausführung benötigen, da die Datensätze in die Tabelle eingetragen und im Index eingepflegt werden müssen. Als Ergebnis verfügt die Tabelle anschließend über mehr als 19 Millionen Datensätze.

Um für den Vergleich identische Ausgangsbedingungen zu schaffen, wird zunächst der Seitencache von SQL Server geleert und anschließend eine Abfrage auf die Tabelle gestellt, die lediglich Daten aus der Spalte *CreditCardID* für Aggregationen verwendet. Die Abfrage nutzt die Spalte weiterhin zur Filterung der Datensätze sowie zur Gruppierung des Abfrageergebnisses. Innerhalb des Beispiels werden zusätzlich drei Anweisungen verwendet, die im Folgenden beschrieben werden:

```
SET STATISTICS IO ON
```

Diese Anweisung bewirkt, dass zusätzliche Informationen zur Abfrageausführung auf dem Reiter MELDUNGEN ausgegeben werden.

```
CHECKPOINT;
DBCC DROPCLEANBUFFERS;
```

DBCC CROPCLEANBUFFERS in Verbindung mit der CHECKPOINT-Anweisung dient dazu, den Buffer-Cache von SQL Server zu leeren. In den folgenden Beispielen dient die Kombination dieser Befehle dazu, gleiche Ausgangsbedingungen für die Abfrageausführung zu schaffen.

> **Hinweis**
>
> Das Leeren des Cache dient hier nur zu Testzwecken, in einem Produktivsystem sollten Sie dieses Beispiel nicht ausführen, weil es die Leistung des Servers stark vermindern kann!

Die Abfrage wird weiterhin unter Ausgabe des tatsächlichen Ausführungsplans ausgeführt. Die Ausgabe des tatsächlichen Ausführungsplans können Sie über den Menüpunkt ABFRAGE • TATSÄCHLICHEN AUSFÜHRUNGSPLAN EINSCHLIESSEN erreichen, während sich der Cursor im Abfragefenster befindet.

Beispiel:

```
SET STATISTICS IO ON;
CHECKPOINT;
DBCC DROPCLEANBUFFERS;
SELECT CreditCardID, COUNT(CreditCardID), SUM(CreditCardID), AVG(CreditCardID)
FROM Sales.PersonCreditCard
WHERE CreditCardID BETWEEN 1 AND 5000
GROUP BY CreditCardID;
```

Einen Teil des Ausführungsplans sehen Sie in Abbildung 28.3.

Abbildung 28.3 Ausführungsplan des Beispiels unter Verwendung eines nicht gruppierten Index

Wie Sie an dem rechten Eintrag in Abbildung 28.3 sehen können, hat SQL Server den oben erstellten Index *ixCreditCardID* für die Suche verwendet.

Hier sehen Sie einen Teil der Ausgabe von STATISTICS IO auf dem Reiter MELDUNGEN:

PersonCreditCard-Tabelle. Scananzahl 3, logische Lesevorgänge 20708, physische Lesevorgänge 1, Read-Ahead-Lesevorgänge 20994, logische LOB-Lesevorgänge 0, physische LOB-Lesevorgänge 0, Read-Ahead-LOB-Lesevorgänge 0.

Interessant ist hier die Anzahl der Read-Ahead-Lesevorgänge, die bei über 20.000 liegt. Diese Angabe besagt, wie viele Seiten zur Vorbereitung der Abfrageausführung in den Cache geladen wurden. Da vor der Ausführung der Abfrage der Cache geleert wurde, stellt dieser Wert eine Kennzahl für die benötigten Lesevorgänge auf dem Datenträger dar.

Das folgende Beispiel erstellt nun zum Vergleich einen nicht gruppierten Columnstore-Index für die Spalte *CreditCardID*.

Beispiel:

```
CREATE NONCLUSTERED COLUMNSTORE INDEX ixCreditCardID_CS
ON Sales.PersonCreditCard(CreditCardID);
```

Auch diese Anweisung kann mehrere Minuten zur Verarbeitung benötigen.

Abbildung 28.4 zeigt die Darstellung der beiden erstellten Indizes im OBJEKT-EXPLORER.

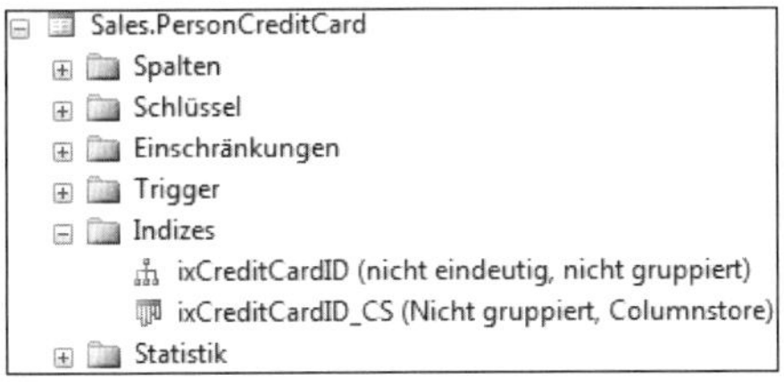

28.2 Erstellung eines nicht gruppierten Columnstore-Index

```
Sales.PersonCreditCard
    Spalten
    Schlüssel
    Einschränkungen
    Trigger
    Indizes
        ixCreditCardID (nicht eindeutig, nicht gruppiert)
        ixCreditCardID_CS (Nicht gruppiert, Columnstore)
    Statistik
```

Abbildung 28.4 Die erstellten Indizes im Objekt-Explorer

Wenn Sie nun die oben verwendete Abfrage erneut ausführen lassen – die erste Anweisung SET STATISTICS IO ON können Sie dabei auslassen, sie gilt für die gesamte Sitzung –, werden Sie zunächst feststellen, dass die Ausführungszeit nur einen Bruchteil der vorherigen Ausführungszeit beträgt. Am Ausführungsplan können Sie an dem in Abbildung 28.5 ganz rechts dargestellten Symbol ablesen, dass SQL Server für die Abfrageverarbeitung tatsächlich den Columnstore-Index verwendet hat.

Abbildung 28.5 Ausführungsplan des Beispiels unter Verwendung eines nicht gruppierten Columnstore-Index

Warum die Abfrage unter Verwendung des Columnstore-Index sehr viel schneller ausgeführt werden konnte, zeigt der Vergleich mit der Ausgabe von STATISTICS IO, deren in diesem Zusammenhang wichtigen Teil Sie im Folgenden abgedruckt sehen.

PersonCreditCard-Tabelle. Scananzahl 2, logische Lesevorgänge 6733, physische Lesevorgänge 9, Read-Ahead-Lesevorgänge 2234, logische LOB-Lesevorgänge 0, physische LOB-Lesevorgänge 0, Read-Ahead-LOB-Lesevorgänge 0.

Beachten Sie auch hier die Anzahl der Read-Ahead-Lesevorgänge. Sie liegt fast ein Zehntel unter den benötigten Lesevorgängen des ersten Beispiels. Durch diese erheblich reduzierte Anzahl von Lesevorgängen konnte SQL Server die Abfrage viel effektiver und schneller ausführen.

28.2.2 Steuerung der Verwendung nicht gruppierter Columnstore-Indizes

In der Regel entscheidet der Abfrageoptimierer von SQL Server, ob und welche Indizes er zur Ausführung einer Abfrage für hilfreich hält. Wenn Sie einen nicht gruppierten Columnstore-Index nicht verwenden möchten, können Sie den Abfragehinweis IGNORE_NONCLUSTERED_COLUMNSTORE_INDEX nutzen.

Das folgende Beispiel zeigt diesen Abfragehinweis.

Beispiel:

```
SET STATISTICS IO ON;
CHECKPOINT;
DBCC DROPCLEANBUFFERS;
SELECT CreditCardID, COUNT(CreditCardID), SUM(CreditCardID), AVG(CreditCardID)
FROM Sales.PersonCreditCard
WHERE CreditCardID BETWEEN 1 AND 5000
GROUP BY CreditCardID
OPTION(IGNORE_NONCLUSTERED_COLUMNSTORE_INDEX);
```

Wenn Sie sich den Ausführungsplan dieses Beispiels ansehen, werden Sie feststellen, dass er dem Ausführungsplan in Abbildung 28.3 entspricht, SQL Server also den herkömmlichen nicht gruppierten Index anstelle des Columnstore-Index für die Verarbeitung der Abfrage verwendet hat.

28.3   Erstellung eines gruppierten Columnstore-Index

Der mit SQL Server 2014 eingeführte gruppierte Columnstore-Index unterscheidet sich in wesentlichen Punkten vom nicht gruppierten Columnstore-Index:

- *Aktualisierbarkeit der Basistabelle*
  Der gruppierte Columnstore-Index verhindert nicht die Aktualisierung des Datenbestands der Basistabelle. Er ist daher auch zur Verwendung in OLTP-Systemen geeignet.
- *Indizierung aller Spalten der Basistabelle*
  Im Gegensatz zum nicht gruppierten Columnstore-Index muss ein gruppierter Columnstore-Index auf alle Spalten der Basistabelle gebildet werden.
- *Einziger Index der Tabelle*

  Für eine Tabelle, die über einen gruppierten Columnstore-Index verfügt, dürfen Sie in SQL Server 2014 keine weiteren Indizes erstellen. Seit SQL Server 2016 können Sie weitere Indizes verwenden.
- *Beschränkte Verwendung von Einschränkungen*
  Eine Tabelle mit einem gruppierten Columnstore-Index darf nicht über eine PRIMARY KEY-, FOREIGN KEY- oder UNIQUE-Einschränkung verfügen.
- *Änderung der Tabellenstruktur*
  Wenn Sie einen gruppierten Columnstore-Index für eine Tabelle erstellen, führt dies zu einer Änderung der Tabellenstruktur. Der Index wird nicht zusätzlich zu der Tabelle erstellt, wie z. B. bei nicht gruppierten Indizes, sondern die gesamte Tabelle wird spaltenorientiert gespeichert!

Wenn Sie einen gruppierten Columnstore-Index für eine bereits vorhandene Tabelle erstellen möchten, können einige der in der Aufzählung genannten Punkte einen erhöhten Aufwand und Änderungen an der Tabellenstruktur erfordern. Dies soll am folgenden Beispiel erläutert werden, in dem ein gruppierter Columnstore-Index für die *Production.ProductCostHistory*-Tabelle erstellt wird. Die Struktur der Tabelle mit den in ihr vorhandenen Schlüsseln und Indizes sehen Sie in Abbildung 28.6.

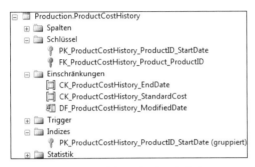

Abbildung 28.6 Schlüssel, Einschränkungen und Indizes der im Beispiel verwendeten Tabelle

Eine Tabelle mit einem gruppierten Columnstore-Index darf nicht über einen Primärschlüssel verfügen. Sie müssen diesen Schlüssel daher löschen.

Beispiel:

```
ALTER TABLE Production.ProductCostHistory
DROP CONSTRAINT PK_ProductCostHistory_ProductID_StartDate;
```

Das Löschen des Primärschlüssels bewirkt, dass der zugehörige gruppierte Index ebenfalls gelöscht wird. Darüber hinaus darf eine Tabelle mit einem gruppierten Columnstore-Index keinen Fremdschlüssel beinhalten. Die Tabelle verfügt jedoch über einen Fremdschlüssel, den Sie daher ebenfalls löschen müssen.

Beispiel:

```
ALTER TABLE Production.ProductCostHistory
DROP CONSTRAINT FK_ProductCostHistory_Product_ProductID;
```

Die weiteren in Abbildung 28.6 dargestellten CHECK- und DEFAULT-Einschränkungen müssen Sie bei der Erstellung des Columnstore-Index nicht beachten, sie haben keine Auswirkungen auf die Erstellung eines gruppierten Columnstore-Index.

Nun sind alle Voraussetzungen erfüllt, um für die Tabelle einen gruppierten Columnstore-Index zu benutzen. Dazu verwenden Sie die folgende Syntax.

Syntax:

```
CREATE CLUSTERED COLUMNSTORE INDEX indexname
ON tabellenname;
```

Da ein gruppierter Columnstore-Index immer für alle Spalten einer Tabelle erstellt wird, entfällt bei der Definition die Angabe einer Spaltenliste. Das folgende Beispiel erstellt den Index *ixProductCostHistory_CS* für die Tabelle *Production.ProductCostHistory*.

Beispiel:

```
CREATE CLUSTERED COLUMNSTORE INDEX ixProductCostHistory_CS
ON Production.ProductCostHistory;
```

Abbildung 28.7 zeigt die Darstellung des neu erstellten gruppierten Columnstore-Index im OBJEKT-EXPLORER.

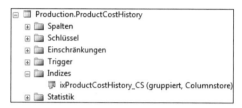

Abbildung 28.7 Darstellung des gruppierten Columnstore-Index im Objekt-Explorer

Dass die Tabelle in Form eines gruppierten Columnstore-Index vorliegt, können Sie auf der Seite SPEICHER der Tabelleneigenschaften am Eintrag des Feldes KOMPRIMIERUNGSTYP ablesen (siehe Abbildung 28.8).

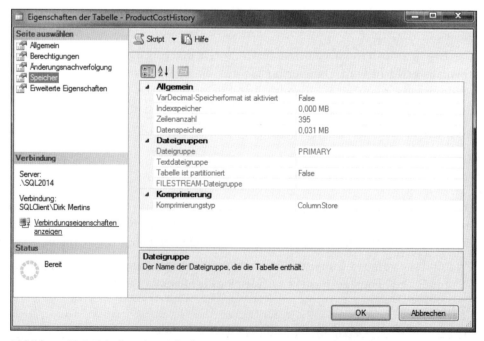

Abbildung 28.8 Tabelleneigenschaften

In diesem Beispiel wurde der gruppierte Index des Primärschlüssels beim Löschen der Einschränkung mitgelöscht. Falls eine Tabelle über einen gruppierten Index verfügt, können Sie die folgende Syntax verwenden, um einen nicht gruppierten Columnstore-Index zu erstellen, ohne den vorhandenen gruppierten Index zu löschen.

Syntax:

```
CREATE CLUSTERED COLUMNSTORE INDEX indexname
ON tabellenname
WITH (DROP_EXISTING = ON);
```

Beachten Sie, dass Sie in diesem Fall als Indexnamen den Namen des vorhandenen Index verwenden müssen!

Wie oben bereits erwähnt, verhindert ein gruppierter Columnstore-Index nicht die Aktualisierung von Datensätzen. Das folgende Beispiel wird daher fehlerfrei ausgeführt.

Beispiel:

```
UPDATE Production.ProductCostHistory
SET StandardCost = 100.00
WHERE ProductID = 707;
```

28.4 Abfragen von Informationen über vorhandene Columnstore-Indizes

Wie bei den herkömmlichen Indizes können Sie über die Systemsicht *sys.indexes* Informationen auch zu den in einer Datenbank vorhandenen Columnstore-Indizes erhalten.

Um nur Informationen zu Columnstore-Indizes zu erhalten, können Sie z. B. auf die Werte 5 und 6 in der Spalte *type* filtern, wie im folgenden Beispiel gezeigt.

Beispiel:

```
SELECT * FROM sys.indexes
WHERE type IN (5, 6);
```

Abbildung 28.9 zeigt einen Ausschnitt des Abfrageergebnisses. Sie sehen die in diesem Kapitel erstellten Columnstore-Indizes.

	object_id	name	index_id	type	type_desc
1	114099447	ixProductCostHistory_CS	1	5	CLUSTERED COLUMNSTORE
2	1621580815	ixCostRate	3	6	NONCLUSTERED COLUMNSTORE
3	1877581727	ixCreditCardID_CS	5	6	NONCLUSTERED COLUMNSTORE

Abbildung 28.9 Auflistung der erstellten Columnstore-Indizes

Kapitel 29
Transaktionen

Die Fähigkeit, Transaktionen zu verarbeiten, stellt ein wesentliches Merkmal moderner Datenbankmanagementsysteme dar. Transaktionen erlauben es, Anweisungen rückgängig zu machen und zu einem definierten Zustand zurückzukehren.

Der Begriff *Transaktion* ist den meisten Menschen eher aus der Banken- als aus der Datenbankenwelt bekannt: Bei einer Finanztransaktion handelt es sich z. B. um die Überweisung eines Geldbetrags von einem Konto auf ein anderes. Obwohl dieses Beispiel zunächst nur indirekt mit Datenbanken in Verbindung steht, wird es doch in nahezu jedem Buch, das sich mit SQL-Programmierung befasst, als *das* Beispiel zur Verdeutlichung der Funktion von Transaktionen verwendet. In der Tat ist es so, dass sich an diesem Beispiel typische Merkmale einer Transaktion innerhalb einer Datenbank sehr gut verdeutlichen lassen, weshalb wir es auch an dieser Stelle verwenden.

29.1 Einführung in Transaktionen

Eine Transaktion am Beispiel einer Überweisung stellt sich zunächst als ein Vorgang dar, eben als die Übertragung eines Geldbetrags von einem Konto auf ein anderes, wie Abbildung 29.1 darstellt.

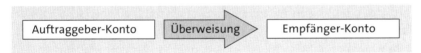

Abbildung 29.1 Eine Finanztransaktion

In der Realität ist dieser Vorgang weitaus komplexer. Eine Transaktion besteht aus mindestens zwei Vorgängen: einer Last- und einer Gutschrift, wie Abbildung 29.2 zeigt.

Genau an dieser Stelle kann nun die Analogie einer Finanztransaktion zu einer Transaktion in einer Datenbank hergestellt werden. Eine Finanztransaktion lässt sich nicht auf die beiden Vorgänge Last- und Gutschrift reduzieren, wesentlich ist, dass beide Vorgänge erfolgreich verlaufen sein müssen, damit die Transaktion gültig werden kann.

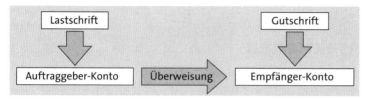

Abbildung 29.2 Aufteilung einer Finanztransaktion in zwei Komponenten

In diesem Beispiel bedeutet das, dass – wie in Abbildung 29.3 dargestellt – sowohl die Überprüfung der ausreichenden Deckung des Auftraggeber-Kontos wie auch die Überprüfung der Empfängerangaben erfolgreich sein muss, damit die Transaktion tatsächlich durchgeführt wird.

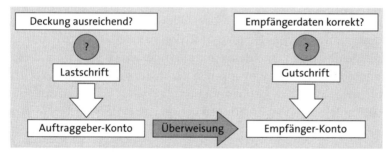

Abbildung 29.3 Prüfungen einer finanziellen Transaktion

Schlägt eine dieser zentralen Bedingungen fehl, muss auf jeden Fall eine bereits vorgenommene Gut- oder Lastschrift rückgängig gemacht, also der Zustand vor Beginn der Überweisung wiederhergestellt werden.

Einem entsprechenden Zweck dienen Transaktionen in Datenbanken. Sie werden verwendet, um sicherzustellen, dass eine Folge von Anweisungen entweder fehlerfrei ausgeführt wird oder – beim Auftreten eines gravierenden Fehlers – alle in der Transaktion bereits vorgenommenen Änderungen an der Datenbank wieder rückgängig gemacht werden. Häufig werden Transaktionen im Zusammenhang mit Folgen von DML-Anweisungen – also INSERT, UPDATE und DELETE – verwendet, wie in Abbildung 29.4 angedeutet ist, die das Prinzip einer Transaktion verdeutlicht. Die nach dem Beginn der Transaktion gegebenen DML-Anweisungen sollen entweder alle erfolgreich ausgeführt oder alle rückgängig gemacht werden, um den Zustand der Datenbank vor Beginn der Transaktion wiederherzustellen.

Wichtig im Zusammenhang mit der Programmierung von Transaktionen ist die Tatsache, dass SQL Server eine Transaktion in Abhängigkeit davon, ob in ihr ein Fehler aufgetreten ist oder nicht, *nicht selbstständig* verwirft oder bestätigt.

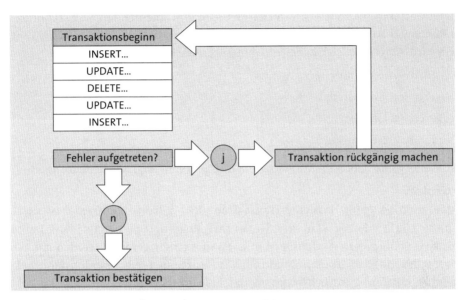

Abbildung 29.4 Prinzipieller Aufbau einer Transaktion

Für diese Entscheidung muss eine geeignete Fehlerbehandlung in die Transaktion implementiert werden, wie sie im unteren Teil der Abbildung 29.4 angedeutet ist. Die Aufgabe dieser zu programmierenden Fehlerbehandlung ist, festzustellen, ob ein wesentlicher Fehler während der Transaktion aufgetreten ist, der dem Sinn der Transaktion widerspricht. In diesem Fall muss SQL Server angewiesen werden, alle seit Beginn der Transaktion vorgenommenen Änderungen rückgängig zu machen. Sind alle Anweisungen erfolgreich ausgeführt worden, muss eine Anweisung an SQL Server erfolgen, die vorgenommenen Änderungen endgültig in der Datenbank vorzunehmen, die Transaktion also für gültig zu erklären.

Bezogen auf die Transaktionen in Datenbanken, stellt sich das eingangs verwendete Beispiel der Banküberweisung also so dar, dass, wenn die Empfängerangaben korrekt sind und die Deckung ausreichend ist – also kein Fehler aufgetreten ist –, die Überweisung in den Bankrechnern bestätigt und daher vorgenommen wird. Konnte die Überweisung nicht erfolgreich ausgeführt werden, weil mindestens eine Bedingung zur Ausführung nicht erfüllt war, müssen alle eventuell bereits vorgenommenen Änderungen an den Datensätzen der beteiligten Konten rückgängig gemacht werden – die Transaktion also für ungültig erklärt werden.

29.2 ACID

Die Verarbeitung von Transaktionen innerhalb einer Datenbank ist weitaus aufwendiger als eine einfache SELECT-Anweisung, und nicht jedes Datenbankprogramm unterstützt die Verwendung von Transaktionen. Damit ein Datenbanksystem als transaktionsfähig gilt, muss es – und damit die in ihm ablaufenden Transaktionen – eine Reihe von Forderungen erfüllen, die häufig durch die Abkürzung *ACID* ausgedrückt wird. ACID leitet sich dabei von den folgenden Begriffen ab:

- Atomicity (Atomarität)
- Consistency (Konsistenz)
- Isolation (Isolation)
- Durability (Beständigkeit)

Diese vier Begriffe haben im Kontext von Transaktionen folgende Bedeutungen:

- **Atomicity**
  Atomarität bedeutet, dass eine Transaktion nicht teilbar ist. Entweder ist sie als Ganzes gültig, oder sie ist in ihrer Gesamtheit ungültig, und bereits in der Datenbank vorgenommene Änderungen müssen rückgängig gemacht werden können. Die Forderung nach Atomarität und auch Transaktionen selbst werden daher gelegentlich mit dem Ausdruck »Alles oder nichts« umschrieben.

- **Consistency**
  Die Forderung nach Konsistenz beinhaltet, dass eine Datenbank durch eine Transaktion – ausgehend von einem konsistenten Zustand der Datenbank – in einen weiterhin konsistenten Zustand nach Beendigung der Transaktion überführt wird. Diese beiden Zustände müssen nicht notwendigerweise unterschiedlich sein, wie es z. B. bei einer rückgängig gemachten Transaktion der Fall ist. Der Begriff der Konsistenz, der im eigentlichen Sinne die fehlerfreie Speicherung von redundanten Daten bedeutet, wird in diesem Zusammenhang etwas abweichend verwendet: Unter Konsistenz wird hier die Tatsache verstanden, dass auch in einer Transaktion vorhandene Integritäts- und Geschäftsregeln überprüft werden und Änderungen, die gegen solche Regeln verstoßen, nicht zugelassen werden. Während einer Transaktion können temporäre Inkonsistenzen auftreten, nach Beendigung der Transaktion muss jedoch wieder ein konsistenter Zustand erreicht sein. Dieser Umstand lässt sich wiederum am Beispiel der finanziellen Transaktion verdeutlichen. Diese könnte – als Datenbanktransaktion betrachtet – aus zwei INSERT-Anweisungen bestehen. Die erste INSERT-Anweisung dient dabei beispielsweise zur Erfassung der Lastschrift von dem Auftraggeber-Konto, die zweite zur Erfassung der Gutschrift auf das Empfänger-Konto. Im Fall einer finanziellen Transaktion muss die Regel gelten, dass die Summe der Beträge von Gut- und Lastschrift null ergibt. Dies können Sie durch eine entsprechende Programmierung der Transaktion erreichen. Während der Durchführung der Transaktion hingegen wird auf jeden Fall an mindestens einer Stelle gegen die oben angegebene Regel verstoßen, nämlich genau dann, wenn die erste INSERT-Anweisung ausgeführt wurde, die zweite INSERT-Anweisung aber noch nicht. In diesem Augenblick ist die Konsistenz zumindest kurzfristig nicht gewahrt, es besteht also eine temporäre

Inkonsistenz. Erst nachdem auch die zweite `INSERT`-Anweisung erfolgreich ausgeführt wurde, befindet sich die Datenbank wieder in einem konsistenten Zustand.

- **Isolation**
Falls mehrere Transaktionen parallel zueinander ablaufen, kann es zu konkurrierenden Datenzugriffen kommen. Ein Datenbanksystem muss es daher ermöglichen, Transaktionen voneinander zu isolieren. Diese Isolation von Transaktionen verhindert, dass eine Transaktion auf Daten zugreift, die innerhalb einer noch laufenden anderen Transaktion bearbeitet werden. Eventuell vorgenommene Änderungen an diesen Daten sind daher noch nicht für gültig erklärt worden, da die Transaktion noch nicht erfolgreich beendet wurde. Ein Zugriff auf diese Daten könnte daher die Datenintegrität einer Datenbank kompromittieren. Dieser Umstand tritt beispielsweise dann auf, wenn eine Transaktion noch nicht bestätigte Daten einer anderen Transaktion ausliest, weiterverwertet und in der Datenbank abspeichert. Wird nun die ursprüngliche Transaktion aufgrund eines Fehlers rückgängig gemacht, werden die innerhalb dieser Transaktion vorgenommenen Änderungen verworfen. Da die andere Transaktion aber die geänderten, ungültigen Daten bereits verwendet, ist die Datenintegrität nicht mehr gewährleistet. Ein anderes Beispiel ist die Vermeidung des Zugriffs auf inkonsistente Daten, die – wie im letzten Punkt erwähnt – bei temporären Inkonsistenzen innerhalb von Transaktionen auftreten können. Nähme eine zweite Transaktion genau zu dem Zeitpunkt zwischen der ersten und der zweiten `INSERT`-Anweisung eine Summenbildung der Gut- und Lastschriften vor, wäre das Ergebnis ebenfalls inkonsistent, da die zweite `INSERT`-Anweisung noch nicht ausgeführt wurde. Moderne Datenbanksysteme erlauben es, den Grad der Isolation von Transaktionen in mehreren Stufen einzustellen. In Abschnitt 29.8, »Isolationsstufen auf Verbindungsebene«, gehen wir näher auf diesen Umstand ein.

- **Durability**
Unter dem Begriff der Beständigkeit wird die Tatsache verstanden, dass eine als gültig markierte Transaktion auch dann in der Datenbank Berücksichtigung finden muss, wenn nach ihrer Ausführung z. B. ein Systemfehler auftrat, der die Speicherung der vorgenommenen Änderungen in der Datendatei verhinderte. Eine wichtige Rolle spielt dabei das Transaktionsprotokoll, wie wir in Abschnitt 29.3, »Interne Transaktionsverarbeitung«, besprechen werden.

> **Hinweis**
> Die Bereitstellung der benötigten Funktionalität bzw. die Überwachung und Sicherstellung dieser Forderungen stellt eine wesentliche Aufgabe eines Datenbankmanagementsystems dar.

Wesentliche Teile der Transaktionsverarbeitung werden durch das Datenbankmanagementsystem selbst übernommen, Einfluss auf das Verhalten einer Transaktion können Sie durch Ihre Programmierung nur in relativ geringem Ausmaß nehmen. Ausnahmen stellen die Punkte Isolation und Konsistenz dar. Den Grad der Isolation können Sie durch die Programmierung einer Transaktion beeinflussen, die Konsistenz müssen Sie gegebenenfalls innerhalb der Transaktion durch eine entsprechende Programmierung gewährleisten.

29.3 Interne Transaktionsverarbeitung

Wenn SQL Server eine Transaktion ausführt, werden die vorgenommenen Änderungen nicht unmittelbar auf den Datenträger geschrieben, sondern in zwei Stufen verarbeitet. Abbildung 29.5 soll diesen Sachverhalt verdeutlichen. Dargestellt ist der prinzipielle Ablauf einer Transaktion, für deren Verarbeitung SQL Server ein sogenanntes *Write-ahead-Protokoll* verwendet. Die Bezeichnung dieses Protokolls deutet an, dass Änderungen an den Daten nicht direkt auf den Datenspeicher geschrieben werden, sondern *zuerst* im Transaktionsprotokoll *aufgezeichnet* und im Zwischenspeicher, dem *Cache*, bearbeitet werden.

Wir betrachten den Ablauf einer Transaktion nun anhand von Abbildung 29.5 genauer. Die nachfolgend beschriebenen Schritte sind in der Abbildung durch Ziffern markiert.

- Schritt ❶

  SQL Server erhält die Anweisung, eine Transaktion auszuführen. Der Beginn der Transaktion wird im Protokoll vermerkt, und die zur Durchführung benötigten Datenseiten werden in den Zwischenspeicher geladen. Werden nun Änderungen an Datensätzen z. B. durch INSERT, UPDATE oder DELETE durchgeführt, wird dies ebenfalls im Transaktionsprotokoll erfasst. Dass beispielsweise bei einer UPDATE-Anweisung tatsächlich der ursprüngliche und der geänderte Datensatz im Transaktionsprotokoll vermerkt werden, lässt sich anhand der innerhalb von Triggern zur Verfügung stehenden Tabellen *inserted* und *deleted* verdeutlichen, deren Datensätze durch das Auslesen des Transaktionsprotokolls gewonnen werden. Um die internen Abläufe einer Transaktion zu verstehen, müssen Sie wissen, dass alle Veränderungen an den Daten vorerst nur im Zwischenspeicher erfolgen. In diesem ersten Schritt wurden die Änderungen also nur im flüchtigen Speicher des Servers vorgenommen.

- Schritt ❷

  Um die vorgenommenen Änderungen endgültig in der Datendatei zu sichern, veranlasst SQL Server in unregelmäßigen Intervallen das Zurückschreiben der Datenseiten, die sich im Zwischenspeicher befinden. Ein solcher Zeitpunkt wird als *Prüfpunkt* (engl.: *checkpoint*) bezeichnet. Das Erreichen eines Prüfpunkts wird ebenfalls im Transaktionsprotokoll vermerkt.

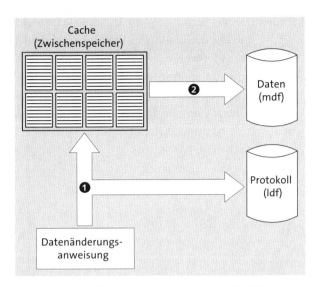

Abbildung 29.5 Transaktionsverarbeitung in SQL Server

Die Auslösung von Prüfpunkten erfolgt nicht in regelmäßigen zeitlichen Abständen, sondern wird von SQL Server gesteuert. Einen Prüfpunkt können Sie aber auch durch die folgende Anweisung erzwingen:

Syntax:

CHECKPOINT;

Ist eine Transaktion erfolgreich verlaufen, wird sie im Transaktionsprotokoll als gültig gekennzeichnet. Ist dies nicht der Fall, wird SQL Server angewiesen, die Änderungen an den Daten rückgängig zu machen. Da alle in einer Transaktion vorgenommenen Änderungen im Protokoll vermerkt sind, kann mit diesen Informationen der Ausgangszustand zu Beginn einer Transaktion wiederhergestellt werden.

29.4 Verhalten bei Systemfehlern

Besondere Vorteile hat die oben beschriebene Verarbeitung von Transaktionen für den Schutz einer Datenbank vor den Folgen von Systemfehlern oder Ausfällen, da eine Datenbank nach einem solchen Ereignis durch die Transaktionsverarbeitung wieder in einen definierten Zustand gebracht werden kann. Zu diesem Zweck analysiert SQL Server bei jedem Neustart das Transaktionsprotokoll. Um zu verdeutlichen, wie diese Analyse vorgenommen wird und die Einträge des SQL-Server-Protokolls verwendet werden, ist in Abbildung 29.6 ein Ausschnitt aus einem Transaktionsprotokoll skizziert, in dem Informationen zu drei Transaktionen erfasst sind. Auf der Zeitachse sind außerdem der letzte ausgelöste Prüfpunkt und der Zeitpunkt des Systemausfalls eingetragen. Im Folgenden werden wir zeigen, wie die drei Transaktionen bei einem Neustart von SQL Server und der damit einhergehenden Analyse des Transaktionsprotokolls von SQL Server bearbeitet werden. Hinweis: Für ein besseres Verständnis haben wir eine leicht vereinfachte Darstellung gewählt. In Anlehnung an die entsprechenden, in Abschnitt 29.5, »Programmierung expliziter Transaktionen«, vorgestellten SQL-Anweisungen soll das Kürzel *BT* den Beginn einer Transaktion und das Kürzel *CT* das Ende einer *bestätigten* Transaktion kennzeichnen.

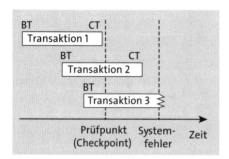

Abbildung 29.6 Zeitliche Abfolge von Transaktionen

▶ **Transaktion 1**
Diese Transaktion wurde fehlerfrei ausgeführt und somit als gültig gekennzeichnet. Da die Transaktion vor dem Auftreten des Prüfpunkts beendet war, wurden sämtliche vorgenommenen Änderungen bereits auf den Datenträger geschrieben und somit bereits vollständig in die Datenbank übernommen. Für diese Transaktion sind also keine weiteren Schritte mehr auszuführen, und die durch diese Transaktion erzeugten Protokolleinträge zu vorgenommenen Änderungen können übergangen werden.

▶ **Transaktion 2**
Auch diese Transaktion wurde fehlerfrei durchgeführt und daher bestätigt. Da während der Transaktion ein Prüfpunkt ausgelöst wurde, wurden alle bis zu diesem Zeitpunkt in der Transaktion vorgenommenen Änderungen bereits in die Datendatei geschrieben. Die nach dem Prüfpunkt in der Transaktion vorgenommenen Änderungen wurden hingegen nur im Zwischenspeicher vorgenommen und daher noch nicht in die Datendatei übertragen. Da sowohl der Zeitpunkt des Prüfpunkts als auch die danach erfolgten Änderungen im Protokoll vermerkt sind, müssen die nach dem Prüfpunkt erfolgten Änderungen lediglich aus dem Transaktionsprotokoll ausgelesen und erneut ausgeführt werden, um die Transaktion abzuschließen. Dieser Vorgang wird als *Rollforward* bezeichnet.

▶ **Transaktion 3**
Die dritte Transaktion war noch nicht abgeschlossen, also weder bestätigt noch verworfen, als sich der Systemfehler ereignete. Einige in der Transaktion vorgenommene Änderungen wurden allerdings bereits auf den Datenträger geschrie-

ben, da während der Transaktion ein Prüfpunkt ausgelöst wurde. Da diese Transaktion nicht ordnungsgemäß abgeschlossen wurde und es daher nicht sicher ist, ob die vorgenommenen Änderungen tatsächlich in die Datenbank übernommen werden sollten, macht SQL Server diese Transaktion rückgängig. Die nach dem Prüfpunkt vorgenommenen Änderungen muss SQL Server dabei nicht berücksichtigen, da sie zum Zeitpunkt des Systemausfalls lediglich im Zwischenspeicher vorgenommen wurden und daher spätestens bei dem Neustart des Servers verloren gehen. Die vor dem Erreichen des Prüfpunkts durchgeführten Änderungen müssen jedoch rückgängig gemacht werden, da sie bereits in die Datendatei geschrieben wurden. Da im Protokoll sowohl die Auslösung des Prüfpunkts als auch die bis zu diesem Zeitpunkt von der dritten Transaktion vorgenommenen Änderungen vermerkt sind, können die bereits in die Datendatei übernommenen Änderungen dieser Transaktion rückgängig gemacht werden. Eine solche Behandlung einer nicht abgeschlossenen Transaktion wird als *Rollback* bezeichnet. Eine Clientanwendung muss in diesem Fall die Transaktion erneut auslösen, da die Daten nun wieder in dem Zustand vor dem Beginn der Transaktion vorliegen.

29.5 Programmierung expliziter Transaktionen

Als *explizite Transaktionen* werden Transaktionen bezeichnet, deren Anfang und Ende im Programmcode angegeben werden. Bei den bis jetzt in diesem Kapitel erwähnten Transaktionen handelt es sich um explizite, also benutzerdefinierte Transaktionen. Transaktionen können in SQL Server auch auf andere Art und Weise ausgelöst werden, wie wir später in diesem Kapitel zeigen werden.

Die Einleitung einer expliziten Transaktion erfolgt durch die folgende Anweisung:

Syntax:

BEGIN TRANSACTION;

Für das Schlüsselwort TRANSACTION können Sie auch die Abkürzung TRAN verwenden. Optional vergeben Sie für eine Transaktion einen Namen. Dieser dient zur besseren Lesbarkeit von Programmcode und ist nützlich bei der Schachtelung von Transaktionen.

Syntax:

BEGIN TRANSACTION transaktionsname;

Da – wie oben bereits erwähnt – eine benutzerdefinierte Transaktion nicht in der Lage ist, auftretende Fehler selbstständig zu erkennen und entsprechend ein Rollforward oder Rollback auszulösen, müssen Sie eine Fehlerbehandlung implementieren.

Dazu bietet sich seit SQL Server 2005 die Verwendung eines TRY ... CATCH-Blocks an. Die Aufgabe dieser Fehlerbehandlung ist es, sicherzustellen, dass die Transaktion in Abhängigkeit davon, ob ein schwerwiegender Fehler aufgetreten ist oder nicht, korrekt abgeschlossen wird, wobei zwischen zwei Möglichkeiten unterschieden werden kann:

Transaktion erfolgreich (kein Fehler)

Sind alle Anweisungen innerhalb der Transaktion erfolgreich bearbeitet worden, muss die Transaktion als gültig gekennzeichnet und in die Datenbank übernommen werden. In diesem Fall wird die Transaktion mit folgendem Befehl beendet:

Syntax:

```
COMMIT TRANSACTION;
```

Transaktion fehlgeschlagen (Fehler aufgetreten)

Ist während der Transaktion ein Fehler aufgetreten, der es erforderlich macht, alle bereits vorgenommenen Änderungen rückgängig zu machen, muss ein Rollback ausgeführt werden, was sich auch in der Syntax der in diesem Fall zu verwendenden Anweisung ausdrückt.

Syntax:

```
ROLLBACK TRANSACTION;
```

Das folgende Beispiel zeigt den prinzipiellen Aufbau einer Transaktion unter Verwendung eines TRY ... CATCH-Blocks zur Fehlerbehandlung.

Beispiel:

```
USE GalileoDB;
GO
BEGIN TRANSACTION;
BEGIN TRY
    INSERT INTO tblBank
    VALUES ('44050199', 'Sparkasse Dortmund');
    INSERT INTO tblBank
    VALUES ('44050199', 'Sparkasse Dortmund');
    PRINT 'Transaktion erfolgreich';
    COMMIT TRANSACTION;
END TRY
BEGIN CATCH
    PRINT 'Transaktion nicht erfolgreich';
    ROLLBACK TRANSACTION;
END CATCH;
```

Wie zu erkennen ist, besteht die Transaktion im Wesentlichen aus zwei identischen INSERT-Anweisungen auf die *tblBank*-Tabelle. Durch die zweite INSERT-Anweisung wird eine Fehlerauslösung erzwungen, da sie eine Primärschlüsselverletzung auslöst. Würden beide INSERT-Anweisungen außerhalb einer Transaktion ausgeführt, würde folgende Meldung ausgegeben:

```
(1 Zeile(n) betroffen)
Meldung 2627, Ebene 14, Status 1, Zeile 3
Verletzung der PRIMARY KEY-Einschränkung 'pkBLZ'. Ein doppelter
Schlüssel kann in das dbo.tblBank-Objekt nicht eingefügt werden.
Der doppelte Schlüsselwert ist (44050199).
Die Anweisung wurde beendet.
```

Die erste INSERT-Anweisung wäre also fehlerfrei abgearbeitet worden, wie an dem ersten Teil der Meldung 1 Zeile(n) betroffen zu erkennen ist, und die zweite INSERT-Anweisung würde fehlschlagen, wie Sie an dem zweiten Teil der Meldung ablesen können. Als Ergebnis wäre der Tabelle *tblBank* ein neuer Datensatz hinzugefügt worden.

Ein anderes Verhalten zeigt sich bei der Einbindung beider Anweisungen in eine Transaktion wie in dem Beispiel oben. Auch hier wird die erste INSERT-Anweisung erfolgreich bearbeitet, das Fehlschlagen der zweiten INSERT-Anweisung führt nun jedoch zu einem Sprung in den CATCH-Block, wo ein Rollback der Transaktion ausgeführt wird. Als Ergebnis der Ausführung des Beispiels erfolgt also die Meldung:

```
(1 Zeile(n) betroffen)
(0 Zeile(n) betroffen)
Transaktion nicht erfolgreich
```

In der Tabelle ist nach Ausführung der Transaktion kein neuer Datensatz vorhanden, wie Abbildung 29.7 zeigt.

BLZ	Bank
NULL	*NULL*

Abbildung 29.7 Durch das ausgeführte Rollback weiterhin leere Tabelle »tblBank«

Das Beispiel soll nun so abgeändert werden, dass die zweite INSERT-Anweisung keine Primärschlüsselverletzung mehr auslöst.

Beispiel:

```sql
BEGIN TRANSACTION;
BEGIN TRY
    INSERT INTO tblBank
    VALUES ('44050199', 'Sparkasse Dortmund');
    INSERT INTO tblBank
```

```
    VALUES ('59351040', 'Sparkasse Merzig-Wadern');
    PRINT 'Transaktion erfolgreich';
    COMMIT TRANSACTION;
END TRY
BEGIN CATCH
    PRINT 'Transaktion nicht erfolgreich';
    ROLLBACK TRANSACTION;
END CATCH;
```

Da in diesem Fall beide INSERT-Anweisungen erfolgreich verarbeitet werden, wird nicht in den CATCH-Block verzweigt, sondern die Anweisung COMMIT TRANSACTION ausgeführt, wodurch die in der Transaktion vorgenommenen Änderungen dauerhaft in die Datenbank übernommen werden. Dass kein Fehler aufgetreten ist und beide Datensätze in die Tabelle aufgenommen wurden, zeigt auch die ausgegebene Meldung dieses Beispiels:

(1 Zeile(n) betroffen)
(1 Zeile(n) betroffen)
Transaktion erfolgreich

Der Tabelleninhalt nach Abschluss dieser Transaktion ist in Abbildung 29.8 dargestellt.

BLZ	Bank
44050199	Sparkasse Dortmund
59351040	Sparkasse Merzig-Wadern
NULL	NULL

Abbildung 29.8 Durch die bestätigte Transaktion eingefügte Datensätze

29.6 Implizite Transaktionen

Neben den bisher besprochenen expliziten Transaktionen unterstützt SQL Server auch implizite Transaktionen, wie sie in anderen Datenbanksystemen, wie z. B. Oracle, Verwendung finden. Ihre Verwendung ist unter SQL Server standardmäßig deaktiviert. Um implizite Transaktionen verwenden zu können, müssen Sie für die jeweilige Verbindung den sogenannten *impliziten Transaktionsmodus* aktivieren, was über die folgende Anweisung geschieht:

Syntax:

```
SET IMPLICIT_TRANSACTIONS ON;
```

In Abbildung 29.9 ist die Struktur einer expliziten Transaktion der Struktur einer impliziten Transaktion gegenübergestellt. Die explizite Transaktion zeichnet sich –

wie oben besprochen – dadurch aus, dass sie durch BEGIN TRANSACTION eingeleitet und durch COMMIT TRANSACTION bzw. ROLLBACK TRANSACTION abgeschlossen wird.

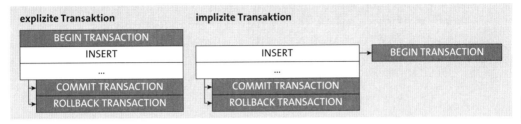

Abbildung 29.9 Gegenüberstellung einer expliziten und einer impliziten Transaktion

Implizite Transaktionen unterscheiden sich von expliziten Transaktionen lediglich dadurch, dass sie nicht explizit durch eine BEGIN TRANSACTION-Anweisung eingeleitet werden. Befindet sich die Verbindung im impliziten Transaktionsmodus, leiten z. B. die Anweisungen ALTER TABLE, CREATE, DELETE, DROP, FETCH, GRANT, INSERT, OPEN, REVOKE, SELECT, TRUNCATE TABLE und UPDATE eine Transaktion ein, wie in der Abbildung am Beispiel einer INSERT-Anweisung angedeutet ist. Es wird also quasi im Hintergrund eine BEGIN TRANSACTION-Anweisung ausgelöst. Da auch für eine implizite Transaktion nicht automatisch festgestellt wird, ob diese gültig ist oder nicht, müssen implizite Transaktionen – genau wie explizite Transaktionen – entweder durch ein COMMIT oder ein ROLLBACK abgeschlossen werden. Ist dies bei Beendigung der Verbindung zum Server nicht der Fall, wird ein ROLLBACK ausgeführt, und die vorgenommenen Änderungen werden rückgängig gemacht.

Ein einfaches Beispiel für die Verwendung einer impliziten Transaktion zeigt der folgende Code. Zuerst wird der implizite Transaktionsmodus für die aktuelle Verbindung zum Server eingeschaltet, danach wird eine INSERT-Anweisung auf die Tabelle *tblBank* ausgeführt, durch die eine implizite Transaktion gestartet wird, die direkt im Anschluss durch die ROLLBACK TRANSACTION-Anweisung für ungültig erklärt wird. Abschließend wird durch die Anweisung SET IMPLICIT_TRANSACTIONS OFF der implizite Transaktionsmodus für die Verbindung wieder deaktiviert.

Beispiel:

```
SET IMPLICIT_TRANSACTIONS ON;
INSERT INTO tblBank
VALUES ('43050001', 'Sparkasse Bochum');
ROLLBACK TRANSACTION;
SET IMPLICIT_TRANSACTIONS OFF;
```

Durch das Beispiel wird also kein neuer Datensatz in die Tabelle *tblBank* eingefügt. Der Datenbestand entspricht weiterhin dem in Abbildung 29.8 gezeigten.

Wie das Beispiel zeigt, kann im impliziten Transaktionsmodus eine Transaktion beendet werden, ohne vorher explizit durch BEGIN TRANSACTION eingeleitet worden zu sein. Allerdings kann auch im impliziten Transaktionsmodus eine Transaktion durch BEGIN TRANSACTION eingeleitet werden, wie das folgende Beispiel zeigt:

Beispiel:

```
SET IMPLICIT_TRANSACTIONS ON;
BEGIN TRANSACTION;
INSERT INTO tblBank
VALUES ('43050001', 'Sparkasse Bochum');
ROLLBACK TRANSACTION;
SET IMPLICIT_TRANSACTIONS OFF;
```

Auch durch dieses Beispiel wird kein neuer Datensatz in die Tabelle eingetragen, aber es stellt sich die Frage, ob nach Ausführung dieses Beispiels nicht noch eine Transaktion offen ist, die durch die INSERT-Anweisung ausgelöst wurde. Dies ist jedoch nicht der Fall. Wird bereits eine Transaktion ausgeführt, lösen auch im impliziten Transaktionsmodus die oben angegebenen Anweisungen keine weiteren Transaktionen aus. In diesem Beispiel wurde also lediglich *eine* Transaktion gestartet, die dann durch die ROLLBACK TRANSACTION-Anweisung ordnungsgemäß beendet wurde.

Ist der implizite Transaktionsmodus nicht aktiviert, befindet sich eine Verbindung zu SQL Server im sogenannten *Autocommit-Modus*. In diesem Modus wird jede außerhalb einer Transaktion durchgeführte Änderungsanweisung als einzelne Transaktion verarbeitet, für die automatisch ein COMMIT oder ein ROLLBACK ausgeführt wird – je nachdem, ob die Ausführung fehlerfrei verlief oder nicht. Alle INSERT-, UPDATE- und DELETE-Anweisungen der vorherigen Kapitel stellten also einzelne Transaktionen dar, bei denen SQL Server entschied, ob sie gültig waren oder nicht. Dies entspricht auch der Erfahrung. Ein INSERT, UPDATE oder DELETE wird niemals teilweise ausgeführt, ein Datensatz wird also niemals teilweise eingefügt, geändert oder gelöscht. Entweder wurde die jeweilige Anweisung erfolgreich ausgeführt und die Änderung in der Datenbank vorgenommen, oder sie wurde verworfen, und es wurden keine Änderungen an den Daten vorgenommen, was genau dem Verhalten einer benutzerdefinierten Transaktion entspricht.

29.7 Sperren

In engem Zusammenhang mit den Transaktionen steht der Begriff der *Sperre*, im Englischen als *Lock* bezeichnet. Sperren dienen dazu, Bereiche einer Datenbank, die von einer Verbindung genutzt werden, als belegt zu kennzeichnen und den Zugriff durch andere Verbindungen zu steuern. Die Errichtung von Sperren kann dabei durchaus andere Verbindungen, die Zugriff auf die gesperrten Bereiche der Datenbank benötigen, massiv einschränken. Sperren sollten daher möglichst kurz bestehen und schnell wieder freigegeben werden. Zu diesem Zweck legt SQL Server im Normalfall selbstständig fest, welche Sperre zu verwenden ist, errichtet sie und löst sie auf, wenn sie nicht mehr benötigt wird. Zuständig dafür ist der Abfrageoptimierer, der beispielsweise auch die Verwendung von Indizes regelt. Durch die weitgehend automatische Sperrverwaltung in SQL Server ist es nur selten notwendig, auf die Vergabe von Sperren Einfluss zu nehmen. In bestimmten Fällen warnt Microsoft sogar ausdrücklich davor, da der Abfrageoptimierer in der Regel die benötigte Sperre zutreffend wählt.

29.7.1 Sperrebenen

Je nach Art der Anweisung, die eine Sperre erfordert, können Sie Sperren auf verschiedenen Ebenen der Datenbank festlegen:

Sperrebene	Bedeutung
Datenbank	Die gesamte Datenbank wird gesperrt. Diese Sperrebene kann bei administrativen Aufgaben notwendig sein.
Tabelle	Eine gesamte Tabelle wird gesperrt. Diese Sperrebene kann bei einem Tabellenscan erforderlich sein.
Block	Sperrt einen Block (8 Seiten à 8 KB). Dies ist eine z. B. bei einer Seitenteilung mögliche Sperrebene.
Seite	Eine einzelne Seite wird gesperrt.
Datensatz/Schlüssel	Ein einzelner Datensatz wird gesperrt.

Tabelle 29.1 Sperrebenen

Die Aufteilung einer Datenbank in verschiedene Sperrebenen, die je nach Anforderung verwendet werden können, wird als *Sperrgranularität* bezeichnet.

29.7.2 Gemeinsame Sperren (Shared Locks)

Gemeinsame Sperren werden von SQL Server dann verwendet, wenn ein Lesezugriff erfolgt. Diese Art von Sperren bewirkt, dass kein schreibender Zugriff auf die gesperrten Daten erfolgen kann. Abbildung 29.10 soll diesen Umstand am Beispiel einer Sperre auf einen Datensatz verdeutlichen. Die in der Abbildung oben dargestellte SELECT-Anweisung soll zuerst Zugriff auf den markierten Datensatz erhalten, wodurch eine gemeinsame Sperre errichtet wird.

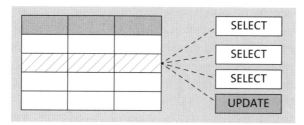

Abbildung 29.10 Gemeinsame Sperre auf einen Datensatz

Der Begriff *gemeinsame Sperr«* ist dadurch zu erklären, dass der Datensatz nicht exklusiv für diese eine SELECT-Anweisung gesperrt wird. Während der Dauer der Sperre kann weiteren SELECT-Anweisungen – in der Abbildung unterhalb der ursprünglichen SELECT-Anweisung dargestellt – ebenfalls lesender Zugriff auf den Datensatz gewährt werden, wodurch weitere gemeinsame Sperren aufgebaut werden.

Während das gleichzeitige Lesen eines Datensatzes keine Probleme aufwirft, darf auf den Datensatz aber unter keinen Umständen zeitgleich ein schreibender Zugriff erfolgen, weswegen SQL Server die unten in der Abbildung dargestellte UPDATE-Anweisung so lange nicht ausführt, bis alle Lesezugriffe beendet und alle damit verbundenen gemeinsamen Sperren aufgehoben wurden. In der Regel wird eine gemeinsame Sperre sofort nach erfolgtem Lesen aufgehoben, um den Datensatz nicht unnötig lange zu blockieren.

29.7.3 Exklusive Sperren (Exclusive Locks)

Exklusive Sperren werden z. B. durch eine INSERT-, UPDATE- oder DELETE-Anweisung – also im Gegensatz zu den gemeinsamen Sperren bei einem schreibenden Zugriff auf die Daten – errichtet. Das Prinzip einer exklusiven Sperre ist in Abbildung 29.11 dargestellt.

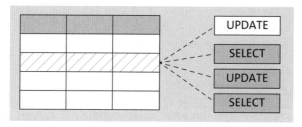

Abbildung 29.11 Exklusive Sperre auf einen Datensatz

Die erste UPDATE-Anweisung bewirkt eine exklusive Sperre, da während der Manipulation eines Datensatzes weder andere schreibende noch lesende Zugriffe vorgenommen werden dürfen. Der Datensatz wird ausschließlich, also exklusiv, für diese eine UPDATE-Anweisung gesperrt, und alle anderen Zugriffe werden durch die exklusive Sperre verhindert. Weitere gemeinsame Sperren durch die anstehenden SELECT-Anweisungen oder gar eine weitere exklusive Sperre durch die anstehende UPDATE-Anweisung können erst dann errichtet werden, wenn die ursprüngliche exklusive Sperre aufgehoben wurde.

> **Hinweis**
>
> Für den Zusammenhang zwischen gemeinsamen und exklusiven Sperren gilt also, dass eine exklusive Sperre nur dann errichtet werden kann, wenn alle anderen Sperren aufgehoben wurden, und eine gemeinsame Sperre kann nur dann errichtet werden, wenn keine exklusive Sperre vorliegt.

Neben der gemeinsamen und der exklusiven Sperre stellt SQL Server eine Vielzahl von weiteren Sperrmechanismen bereit. Da an dieser Stelle nur das Grundprinzip von Sperren verdeutlicht werden soll, gehen wir auf diese nicht näher ein.

29.8 Isolationsstufen auf Verbindungsebene

Gerade im Zusammenhang mit Transaktionen, die typischerweise aus Datenänderungsanweisungen bestehen, ist die Verwendung von Sperren durch SQL Server von herausragender Bedeutung, da durch konkurrierende Datenzugriffe von parallel ablaufenden Transaktionen Zugriffskonflikte entstehen können. Daher ist es erforderlich, gleichzeitig ablaufende Transaktionen voneinander zu isolieren. Den Grad dieser Isolation können Sie in SQL Server für eine Verbindung in verschiedenen Stufen anpassen, die daher als *Isolationsstufen* bezeichnet werden. Die Auswahl von Isolationsstufen kann unmittelbaren Einfluss auf die Leistung der Datenbank, aber auch auf die Datenkonsistenz haben, wie die folgenden Überlegungen am Beispiel einer niedrigen und einer hohen Isolationsstufe zeigen, wobei wir von zwei Transaktionen ausgehen.

Niedrige Isolationsstufe

In diesem Fall werden die Transaktionen nur geringfügig voneinander isoliert. Dies hat den Vorteil, dass beide Transaktionen schnell bearbeitet werden können, da SQL Server ein wenig restriktives Sperrverhalten anwendet, was zu einer *hohen Parallelität* führt. Andererseits können durch ein solches Sperrverhalten vermehrt Inkonsistenzen in der Datenbank auftreten, da die in den beiden Transaktionen verwendeten Daten nur unzureichend vor dem Zugriff der jeweils anderen Transaktion geschützt sind.

Hohe Isolationsstufe

Durch eine hohe Isolationsstufe wird ein genau gegenteiliges Verhalten erzielt. Da beide Transaktionen vollständig voneinander isoliert sind, werden Inkonsistenzen vermieden. Die Leistung der Datenbank kann sich jedoch verschlechtern, da SQL Server in diesem Fall ein sehr restriktives Sperrverfahren anwendet, was zu einer *niedrigen Parallelität* führt, sodass sich die Ausführungszeit der Transaktionen verlängern kann.

Um den Isolationsgrad von Transaktionen zwischen den beiden oben besprochenen Extremen differenzierter festzulegen, können Sie in SQL Server vier verschiedene Isolationsstufen verwenden. Um in einer Verbindung eine bestimmte Isolationsstufe zuzuweisen, müssen Sie die Option TRANSACTION ISOLATION LEVEL über die folgende SET-Anweisung auf den entsprechenden Wert setzen:

Syntax:

```
SET TRANSACTION ISOLATION LEVEL isolationsgrad;
```

Als *Isolationsgrad* können Sie einen der vier nachfolgend besprochenen Grade angeben, die von niedriger zu höherer Isolation aufgeführt sind. Seit der Einführung von SQL Server 2005 ist eine weitere Isolationsstufe (SNAPSHOT) verfügbar, auf die wir im Anschluss an die vier klassischen Isolationsstufen eingehen werden.

29.8.1 »READ UNCOMMITTED«

Die Verwendung von READ UNCOMMITTED als niedrigste Isolationsstufe bewirkt, dass eine Verbindung Datensätze, die in einer anderen Transaktion verwendet und eventuell bearbeitet werden, lesen und somit weiterverarbeiten kann, obwohl die Transaktion noch *nicht* abgeschlossen ist und eventuell vorgenommene Änderungen daher weder durch ein COMMIT bestätigt noch durch ein ROLLBACK verworfen sind.

Für diese und die weiteren Isolationsstufen geben wir im Folgenden jeweils ein Beispiel an, für das jeweils zwei Verbindungen – genannt *Verbindung 1* und *Verbindung 2* – erforderlich sind. Diese zwei Verbindungen können Sie einfach dadurch herstellen, dass Sie zwei Abfragefenster öffnen, in denen Sie als aktuelle Datenbank die *GalileoDB*-Datenbank auswählen.

Die Quellcodes der beiden Verbindungen sind nachfolgend dargestellt.

Verbindung 1:

```
BEGINN TRANSACTION
UPDATE tblBuch
SET Preis = 49,90
WHERE ISBN = '3-89842-684-X'
ROLLBACK TRANSACTION;
```

Verbindung 2:

```
SET TRANSACTION ISOLATION LEVEL READ UNCOMMITTED;
SELECT * FROM tblBuch
WHERE ISBN = '3-89842-684-X';
```

Wie Sie erkennen, wird in Verbindung 1 eine Transaktion begonnen, in der der Preis des Buches mit der ISBN-Nummer *3-89842-684-X*, der in der Tabelle *tblBuch* noch mit 0,00 angegeben ist, auf 49,90 gesetzt wird.

> **Hinweis**
>
> Zunächst soll in Verbindung 1 nur der grau unterlegte Teil des Quelltextes ausgeführt, die Transaktion also noch nicht abgeschlossen werden!

In Verbindung 2 wird der von der UPDATE-Anweisung betroffene Datensatz abgefragt. Ist die Transaktion aus Verbindung 1 noch nicht gestartet, gibt diese Abfrage erwartungsgemäß als Preis des Buches 0,00 aus, wie in Abbildung 29.12 gezeigt.

	ISBN	Titel	Preis
1	3-89842-684-X	Microsoft SQL Server 2005	0,00

Abbildung 29.12 Abfrageergebnis der zweiten Verbindung vor Beginn der Transaktion

Wird nun die Transaktion in Verbindung 1 gestartet und der Code aus Verbindung 2 erneut ausgeführt, wird als Buchpreis 49,90 ausgegeben, wie Abbildung 29.13 zeigt.

	ISBN	Titel	Preis
1	3-89842-684-X	Microsoft SQL Server 2005	49,90

Abbildung 29.13 Abfrageergebnis der zweiten Verbindung bei laufender Transaktion

Es wird in diesem Fall also der geänderte Wert ausgelesen, obwohl dieser noch gar nicht bestätigt wurde, also auch keine Aussage über die Gültigkeit dieses Werts getroffen werden kann. Dieser Umstand wird auf Englisch auch als *Dirty Read* bezeichnet. Welche negativen Auswirkungen dieses Verhalten auf die Datenkonsistenz haben kann, zeigt sich, wenn die Transaktion aus Verbindung 1 mit der Ausführung der ROLLBACK TRANSACTION-Anweisung abgeschlossen wird. Eine erneute Ausführung der Abfrage aus Verbindung 2 liefert nun wiederum den ursprünglich eingetragenen Preis von 0,00 zurück, das Abfrageergebnis entspricht also erneut Abbildung 29.12. Würde die Preisangabe in Verbindung 2 weiterverarbeitet und eventuell an anderer Stelle der Datenbank abgespeichert, hinge es also lediglich vom Zeitpunkt der Abfrage ab, ob ein bestätigter oder ein unbestätigter Wert verwendet wird.

Eine andere Möglichkeit, die Änderungen der Transaktion in Verbindung 1 ohne ein explizites ROLLBACK rückgängig zu machen, besteht darin, das Abfragefenster für Verbindung 1 zu schließen, also die Verbindung zum Server zu beenden. SQL Server erkennt, dass in dieser Verbindung noch eine offene Transaktion existiert, und bietet in dem in Abbildung 29.14 dargestellten Dialog an, diese zu bestätigen. Verneinen Sie dies, führt dies ebenfalls dazu, dass die Transaktion zurückgerollt wird.

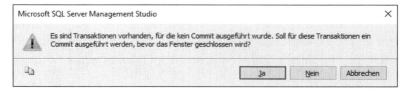

Abbildung 29.14 Durch eine offene Transaktion beim Schließen einer Verbindung ausgelöster Dialog

29.8.2 »READ COMMITTED«

Die Option READ COMMITTED verhindert das im letzten Abschnitt beschriebene Lesen noch nicht bestätigter Änderungen einer Transaktion aus einer anderen Verbindung heraus.

> **Hinweis**
> READ COMMITTED stellt in SQL Server die Standardeinstellung für die Isolationsstufe dar.

Auch hier verdeutlichen wieder zwei Codebeispiele die Auswirkung dieser Isolationsstufe.

Verbindung 1:

```
BEGIN TRANSACTION
UPDATE tblBuch
SET Preis = 49.90
WHERE ISBN = '89842-684-X'
COMMIT TRANSACTION;
```

Verbindung 2:

```
SET TRANSACTION ISOLATION LEVEL READ COMMITTED;
SELECT * FROM tblBuch
WHERE ISBN = '3-89842-684-X';
```

Wie Sie erkennen, besteht der einzige Unterschied in den Codes beider Verbindungen im Vergleich zum ersten Beispiel darin, dass in Verbindung 2 über die SET-Anweisung die Isolationsstufe READ COMMITTED ausgewählt wird. In einer neu erstellten Verbindung zum Server wäre die SET-Anweisung nicht notwendig, da SQL Server – wie oben erwähnt – READ COMMITTED als Standard verwendet.

Obwohl die Programmcodes beider Verbindungen dem Beispiel des letzten Abschnitts sehr ähnlich sind, zeigt sich während der Ausführung jedoch ein vollkommen anderes Verhalten. Um dies zu verdeutlichen, soll zunächst (entsprechend dem vorherigen Beispiel) lediglich der grau unterlegte Teil des Programmcodes für Verbindung 1 ausgeführt werden – die Transaktion also eingeleitet, aber noch nicht abgeschlossen werden. Anschließend soll der Programmcode aus Verbindung 2 ausgeführt werden, wobei ein entscheidender Unterschied zum vorherigen Beispiel deutlich wird: Die Abfrage aus Verbindung 2 liefert kein Ergebnis zurück, sie ist offensichtlich blockiert. Dieses Verhalten ist dadurch zu erklären, dass Verbindung 2 auf das Ende der Transaktion aus Verbindung 1 und die Aufhebung der durch Verbindung 1 ausgelösten Sperre wartet. Wird nun in Verbindung 1 das ausstehende COMMIT TRANSACTION ausgelöst, wird die Abfrage aus Verbindung 2 unmittelbar ausgeführt und gibt als Preis den aktualisierten Wert von 49,90 zurück. Wäre die Transaktion aus Verbindung 1 durch ein ROLLBACK abgeschlossen worden, wäre die Abfrage aus Verbindung 2 ebenfalls erst nach Beendigung der Transaktion ausgeführt worden. In diesem Fall wäre der ursprüngliche Preis von 0,00 ausgegeben worden.

Durch die Isolationsstufe READ COMMITTED werden also – im Gegensatz zu der Isolationsstufe READ UNCOMMITTED – Lesezugriffe aus anderen Verbindungen auf unbestätigte Änderungen der laufenden Transaktion unterbunden. Lesende Zugriffe auf die geänderten Daten aus der Verbindung, in der die Transaktion ausgeführt wird, sind – wie immer bei Transaktionen – weiterhin möglich. Eine SELECT-Anweisung auf die Tabelle *tblBuch* aus der nicht abgeschlossenen Transaktion aus Verbindung 1 liefert daher das in Abbildung 29.15 dargestellte Ergebnis.

	ISBN	Titel	Preis
1	3-89842-129-5	VB.NET	49,90
2	3-89842-141-1	SELECT * FROM SQL Server 2000	49,90
3	3-8984-2313-1	Webseiten programmieren und gestalten	39,90
4	3-89842-585-1	Visual Basic .NET Das umfassende Handbuch	49,90
5	3-89842-684-X	Microsoft SQL Server 2005	49,90

Abbildung 29.15 Das Ergebnis einer während der laufenden Transaktion in der entsprechenden Verbindung ausgeführten Tabellenabfrage

29.8.3 »REPEATABLE READ«

Während Sie über die Sperrstufen READ UNCOMMITTED und READ COMMITTED festlegen können, ob Abfragen anderer Verbindungen auf noch nicht bestätigte Änderungen einer Transaktion lesender Zugriff gewährt wird, dient die Sperrstufe REPEATABLE READ dazu, Daten, die in einer Transaktion verwendet werden, vor dem schreibenden Zugriff durch andere Verbindungen zu schützen.

Das folgende Beispiel soll dieses Verhalten am Beispiel der Autorentabelle verdeutlichen. Dazu werden wiederum zwei Verbindungen zur Datenbank aufgebaut, in deren Abfragefenster die folgenden Eintragungen erfolgen:

Verbindung 1:

```
SET TRANSACTION ISOLATION LEVEL REPEATABLE READ;
BEGIN TRANSACTION;
SELECT *
FROM tblAutor
WHERE Nachname = 'Kremer';
COMMIT TRANSACTION;
```

Verbindung 2:

```
UPDATE tblAutor
SET KontoNr = '0123456789'
WHERE Nachname = 'Kühnel';
UPDATE tblAutor
SET KontoNr = '0123456789'
WHERE Nachname = 'Kremer';
```

In der ersten Verbindung wird zunächst die Isolationsstufe REPEATABLE READ für die Verbindung ausgewählt und danach eine Transaktion eingeleitet, die aus lediglich einer SELECT-Anweisung auf den Datensatz des Autors mit Nachnamen *Kremer* besteht. Auch in diesem Fall soll zunächst nur der grau unterlegte Code ausgeführt, die Transaktion also noch nicht abgeschlossen werden. Aus der zweiten Verbindung heraus soll nun zunächst die erste UPDATE-Anweisung ausgeführt werden, durch die der Eintrag in der Spalte *KontoNr* des Autors *Kühnel* geändert wird. Da dieser Datensatz nicht innerhalb der Transaktion verwendet wird, wird das UPDATE unmittelbar ausgeführt und der entsprechende Datensatz geändert, wie das in Abbildung 29.16 dargestellte Ergebnis einer zu diesem Zeitpunkt ausgeführten Abfrage auf die Autorentabelle zeigt.

	ID	Vorname	Nachname	KontoNr	BLZ
1	1	Hans Willi	Kremer	NULL	NULL
2	2	Andreas	Kühnel	0123456789	NULL
3	3	Joerg	Neumann	NULL	NULL
4	4	Helmut	Vonhoegen	0000000000	NULL
5	5	Marcel	Gnoth	NULL	NULL
6	6	Dirk	Mertins	0000000000	NULL
7	7	Mark	Lubkowitz	NULL	NULL

Abbildung 29.16 Der Tabelleninhalt nach Ausführung der ersten »UPDATE«-Anweisung

Ein anderes Verhalten zeigt die zweite UPDATE-Anweisung. Da der von ihr zu verändernde Datensatz in der laufenden Transaktion verwendet wird, kann sie zunächst nicht abgeschlossen werden. Eine erneute Ausführung der in der expliziten Transaktion verwendeten SELECT-Anweisung liefert *immer* den unveränderten Datensatz des Autors *Kremer* zurück, wie Abbildung 29.17 zeigt.

ID	Vorname	Nachname	KontoNr	BLZ
1	1	Hans Willi	Kremer	NULL	NULL

Abbildung 29.17 Das Ergebnis der »SELECT«-Anweisung bei anstehendem »UPDATE«

Die Sperrstufe REPEATABLE READ stellt also – wie der Name es bereits andeutet – ein *wiederholbares Lesen* sicher. Das heißt, sie gewährleistet, dass mehrfache Lesevorgänge innerhalb einer Transaktion auf die gleichen Datensätze immer zu dem gleichen Ergebnis führen, solange die Datensätze nicht in der Transaktion selbst geändert worden sind. Wäre in der ersten Verbindung ein niedriger Sperrlevel gewählt worden, beispielsweise READ COMMITTED, wäre die zweite UPDATE-Anweisung auch während der laufenden Transaktion ausgeführt worden! Durch die Auswahl von REPEATABLE READ kann die zweite UPDATE-Anweisung jedoch erst dann ausgeführt werden, wenn die explizite Transaktion abgeschlossen ist. Da in der Transaktion keine Änderungen vorgenommen wurden, ist es für das Beispiel unerheblich, ob dies durch COMMIT oder ROLLBACK geschieht. Erst nach der Ausführung einer dieser Anweisungen wird auch der zweite Datensatz geändert, wie es in Abbildung 29.18 dargestellt ist.

	ID	Vorname	Nachname	KontoNr	BLZ
1	1	Hans Willi	Kremer	0123456789	NULL
2	2	Andreas	Kühnel	0123456789	NULL
3	3	Joerg	Neumann	NULL	NULL
4	4	Helmut	Vonhoegen	0000000000	NULL
5	5	Marcel	Gnoth	NULL	NULL
6	6	Dirk	Mertins	0000000000	NULL
7	7	Mark	Lubkowitz	NULL	NULL

Abbildung 29.18 Der Inhalt der Tabelle »tblAutor« nach Abschluss der Transaktion

29.8.4 »SERIALIZABLE«

Durch die Verwendung von SERIALIZABLE als der höchsten klassischen Sperrstufe werden Transaktionen vollständig voneinander isoliert. Die Bezeichnung dieser Sperrstufe deutet an, dass parallel ausgeführte Transaktionen – durch die vollständige Isolierung voneinander – sich so verhalten, als wären sie nacheinander, eben seriell, ausgeführt worden. Erreicht wird dies durch die Vermeidung von *Phantomwerten*. Als Phantomwerte werden Datensätze bezeichnet, die während einer laufenden Transaktion aus einer anderen Verbindung in die von der Transaktion verwendete Tabelle eingetragen werden. Wird in der laufenden Transaktion vor und nach dem Einfügen eine SELECT-Anweisung auf die Tabelle ausgeführt, geben die beiden Abfragen eine unterschiedliche Anzahl von Datensätzen aus, da während der zweiten SELECT-Anweisung die Phantomwerte berücksichtigt werden, die sich zum Zeitpunkt der ersten SELECT-Anweisung noch nicht in der Tabelle befanden. Dies weist eine gewisse Ähnlichkeit mit der Option REPEATABLE READ auf. Durch diese Sperrstufe werden jedoch nur Änderungen an den in der Transaktion verwendeten Datensätzen verhindert, nicht aber das Einfügen von neuen Datensätzen.

Die Auswirkung der Sperrstufe SERIALIZABLE lässt sich mit dem folgenden Beispiel demonstrieren:

Verbindung 1:

```
SET TRANSACTION ISOLATION LEVEL SERIALIZABLE;
BEGIN TRANSACTION;
SELECT *
FROM tblAutor;
COMMIT TRANSACTION;
```

Verbindung 2:

```
INSERT INTO tblAutor
VALUES ('Thomas', 'Theis', NULL, NULL);
```

Der in der ersten Verbindung verwendete Code ähnelt dem im letzten Beispiel verwendeten, lediglich die Sperrstufe ist angepasst, und in der Abfrage wurde die WHERE-Klausel entfernt – es wird also die gesamte Tabelle abgefragt. Wie in den vorherigen Beispielen soll zuerst lediglich der grau unterlegte Teil des Codes ausgeführt werden. In der zweiten Verbindung soll dann eine INSERT-Anweisung auf die Tabelle *tblAutor* ausgeführt werden, die so lange blockiert wird, bis die explizite Transaktion beendet ist. Bei laufender Transaktion ergibt die wiederholte Ausführung der SELECT-Anweisung immer das in Abbildung 29.18 dargestellte Ergebnis. Erst nach Beendigung der Transaktion wird die INSERT-Anweisung ausgeführt und der Datensatz in die Tabelle übernommen, wie Abbildung 29.19 zeigt.

	ID	Vorname	Nachname	KontoNr	BLZ
1	1	Hans Willi	Kremer	0123456789	NULL
2	2	Andreas	Kühnel	0123456789	NULL
3	3	Joerg	Neumann	NULL	NULL
4	4	Helmut	Vonhoegen	0000000000	NULL
5	5	Marcel	Gnoth	NULL	NULL
6	6	Dirk	Mertins	0000000000	NULL
7	7	Mark	Lubkowitz	NULL	NULL
8	8	Thomas	Theis	NULL	NULL

Abbildung 29.19 Der Tabelleninhalt von »tblAutor« nach Abschluss der Transaktion und Ausführung der »INSERT«-Anweisung

29.8.5 Snapshot

In SQL Server 2005 wurde eine weitere Isolationsstufe eingeführt: die Snapshot-Isolationsstufe. Diese Isolationsstufe verwendet – im Gegensatz zu den bisher besprochenen Isolationsstufen – eine Versionsverwaltung von Datensätzen. Die Speicherung dieser Versionswerte erfolgt typischerweise in der *tempdb*-Datenbank, weshalb Sie bei der Verwendung dieser Isolationsstufe sicherstellen müssen, dass genug Speicherplatz in dieser Systemdatenbank zur Verfügung steht. Das Verhalten der Snapshot-Isolationsstufe entspricht dem der Isolationsstufe SERIALIZABLE; durch die Verwendung der Versionsverwaltung wird auch hier das Auftreten von Phantomwerten verhindert.

29.8.6 Zusammenfassung der Eigenschaften von Sperrstufen

Die vier in SQL Server verfügbaren Isolationsstufen sind von Stufe zu Stufe restriktiver und bauen dabei aufeinander auf, d. h., eine höhere Isolationsstufe enthält immer auch die Einschränkungen niedrigerer Stufen. In Tabelle 29.2 lässt sich durch die Zusammenfassung der Eigenschaften der verschiedenen Isolationsstufen die zunehmende Isolation von Stufe zu Stufe ablesen.

	Lesen von unbestätigten Daten	Nicht wiederholbares Lesen	Lesen von Phantomwerten
READ UNCOMMITTED	ja	ja	ja
READ COMMITTED	nein	ja	ja
REPEATABLE READ	nein	nein	ja
SERIALIZABLE	nein	nein	nein
SNAPSHOT	nein	nein	nein

Tabelle 29.2 Information über die Sperrstufe einer Verbindung

	Set Option	Value
1	textsize	2147483647
2	language	Deutsch
3	dateformat	dmy
4	datefirst	1
5	lock_timeout	-1
6	quoted_identifier	SET
7	arithabort	SET
8	ansi_null_dflt_on	SET
9	ansi_warnings	SET
10	ansi_padding	SET
11	ansi_nulls	SET
12	concat_null_yields_null	SET
13	isolation level	read committed

Abbildung 29.20 Ausgabe der aktuellen Isolationsstufe der Verbindung durch »DBCC USEROPTIONS«

Durch Aufruf von DBCC USEROPTIONS bringen Sie – neben anderen Verbindungseinstellungen – die aktuelle Sperrstufe der Verbindung in Erfahrung. Der Aufruf aus einer Verbindung heraus, in der keine explizite Anweisung zur Sperrstufe gemacht wurde, liefert daher die in Abbildung 29.20 gezeigte Ausgabe.

29.8.7 Setzen eines Timeout-Werts

In den letzten drei Beispielen konnten Anweisungen aus der zweiten Verbindung erst dann ausgeführt werden, wenn die Transaktion der ersten Verbindung abgeschlossen war. Da dieses Verhalten in extrem langen Wartezeiten resultieren kann, können Sie für eine Verbindung ein Zeitintervall, also einen *Timeout-Wert*, definieren, nach dessen Ablauf der Versuch, die Anweisung auszuführen, abgebrochen wird. Standardmäßig wird – wie Sie anhand der Beispiele gesehen haben – kein Timeout-Wert verwendet. Ob und welcher Wert in einer Verbindung verwendet wird, können Sie ebenfalls über DBCC USEROPTIONS (siehe Abbildung 29.20) oder über die Funktion @@LOCK_TIMEOUT abfragen. Ist für eine Verbindung kein Timeout-Wert gesetzt, geben beide 1 zurück.

Sie setzen einen Timeout-Wert mit der folgenden Anweisung:

Syntax:

```
SET LOCK_TIMEOUT timeout;
```

Die Angabe des Timeout-Werts erfolgt dabei in Millisekunden.

Wenn Sie z. B. den Code der zweiten Verbindung aus Abschnitt 29.8.3, »›REPEATABLE READ‹«, um die Angabe eines Timeout-Werts ergänzen, Sie also den folgenden Code verwenden:

Verbindung 2:

```
SET LOCK_TIMEOUT 5000;
INSERT INTO tblAutor
VALUES ('Thomas', 'Theis', NULL, NULL);
```

bricht SQL Server, solange die Transaktion nicht vorher beendet wird, die Abarbeitung nach fünf Sekunden mit der folgenden Meldung ab:

```
Meldung 1222, Ebene 16, Status 48, Zeile 2
Das Timeout für Sperranforderung wurde überschritten.
Die Anweisung wurde beendet.
```

Rückgängig gemacht werden kann die Vergabe eines Timeout-Werts durch die erneute Zuweisung von -1 an LOCK_TIMEOUT. Ein Wert von 0 bewirkt, dass die Bearbeitung sofort abgebrochen wird, wenn eine Sperre auf die angeforderte Ressource vorhanden ist.

29.9 Sperrhinweise auf Tabellenebene

Die bisher besprochenen Sperrstufen gelten immer auf Verbindungsebene, also verbindungsweit. Beispielsweise wollen wir nun annehmen, dass für Transaktionen in einer Verbindung die Isolationsstufe READ COMMITTED in der Regel ausreichend sei, innerhalb einer Transaktion jedoch zwei SELECT-Anweisungen in einer zeitlichen Abfolge das gleiche Ergebnis liefern müssen, um die Datenkonsistenz zu wahren. Diese SELECT-Anweisungen würden also eine höhere Isolationsstufe, nämlich REPEATABLE READ, erfordern. Würde nun die Sperrstufe der ganzen Verbindung wegen dieser beiden SELECT-Anweisungen auf REPEATABLE READ gesetzt, würde die Parallelität von Transaktionen in unverhältnismäßiger Weise herabgesetzt. Aus diesem Grund können Sie für einzelne Anweisungen eine gesonderte Isolationsstufe definieren. Die Zuweisung einer Isolationsstufe an eine SELECT-Anweisung wird als *Sperrhinweis auf Tabellenebene* bezeichnet.

Syntax:

```
SELECT spaltenliste
FROM tabellenname WITH (sperrhinweis);
```

Als Sperrhinweise können Sie u. a. die folgenden Schlüsselwörter verwenden. Teilweise sind verschiedene Schlüsselwörter für einen Sperrhinweis verwendbar, diese sind in der Tabelle untereinander angegeben.

Sperrhinweis	Erläuterung
SERIALIZABLE HOLDLOCK	Entspricht der Sperrstufe SERIALIZABLE auf Verbindungsebene.
READUNCOMMITTED NOLOCK	Entspricht der Sperrstufe READ UNCOMMITTED auf Verbindungsebene.
PAGLOCK	Erzwingt eine Sperre auf Seitenebene.
READCOMMITTED	Entspricht der Sperrstufe READ COMMITTED auf Verbindungsebene.
REPEATABLEREAD	Entspricht der Sperrstufe REPEATABLE READ auf Verbindungsebene.
ROWLOCK	Erzwingt eine Sperre auf Zeilenebene.
TABLOCK	Erzwingt eine Sperre auf Tabellenebene.
TABLOCKX	Erzwingt eine exklusive Sperre auf Tabellenebene.
UPDLOCK	Verhindert ein UPDATE für die Dauer der Sperre, SELECT ist für andere Verbindungen erlaubt. Verhindert, dass Daten nach dem Lesen von anderen Verbindungen geändert werden.

Tabelle 29.3 Sperrhinweise

Beachten Sie, dass durch die Verwendung von Sperrhinweisen die dynamische Sperrverwaltung von SQL Server außer Kraft gesetzt wird, was negative Auswirkungen auf die Leistung der Datenbank haben kann. Microsoft empfiehlt daher, Sperrhinweise nur in begründeten Ausnahmefällen einzusetzen.

29.10 Informationen zu Sperren

Informationen zu vorhandenen Sperren erhalten Sie über eine Abfrage auf die Systemsicht *sys.dm_tran_locks*. Wird diese Abfrage direkt nach einem Neustart des Servers und ohne vorhandene Aktivität gestellt, liefert sie ein leeres Abfrageergebnis zurück. Starten Sie nun die Transaktion des Beispiels aus Abschnitt 29.8.3, »›REPEATABLE READ‹«, in der Datenbank *GalileoDB*, liefert diese Abfrage bereits einige Informationen zu vorhandenen Sperren zurück, wie Abbildung 29.21 zeigt.

	resource_type	resource_subtype	resource_database_id	resource_description	resource_associated_entity_id
1	DATABASE		5		0
2	DATABASE		5		0
3	DATABASE		5		0
4	DATABASE		5		0
5	PAGE		5	1:127	72057594039107584
6	OBJECT		5		277576027
7	KEY		5	(e1784bd73cba)	72057594039107584

Abbildung 29.21 Ausschnitt der von der Systemsicht »sys.dm_tran_locks« ausgegebenen Informationen

Die Erläuterung der von dieser Systemsicht zurückgegebenen Informationen würde den Rahmen dieses Kapitels sprengen, daher sei an dieser Stelle auf die SQL-Server-Dokumentation verwiesen, wo Sie bei Bedarf detaillierte Informationen zu dieser Systemsicht finden.

29.11 Deadlocks

Als *Deadlock* wird in einer Datenbank der Umstand bezeichnet, dass zwei Transaktionen sich so blockieren, dass keine der beiden beendet werden kann. Eine solche Situation kann dann entstehen, wenn die beiden Transaktionen Ressourcen mit Sperren belegt haben, auf die gegenseitig zugegriffen werden muss. Abbildung 29.22 zeigt die Ausgangssituation eines Deadlocks.

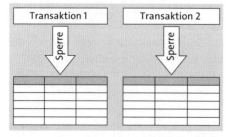

Abbildung 29.22 Tabellenzugriff von Transaktionen ohne gegenseitige Sperre

Die Abbildung zeigt symbolisch zwei Transaktionen, die jeweils exklusive Sperren auf eine Tabelle halten. Ein Deadlock kann aus dieser Situation heraus dann auftreten, wenn die beiden Transaktionen wechselseitig Zugriff auf die gesperrten Ressourcen der anderen Transaktion benötigen.

In Abbildung 29.23 sind diese Zugriffsversuche durch die Pfeile angedeutet. Da die benötigte Ressource der jeweils anderen Transaktion mit einer Sperre belegt und daher kein Zugriff darauf möglich ist, kann keine der beiden Transaktionen abgeschlossen werden, und die beiden Transaktionen befinden sich in einer Deadlocksituation.

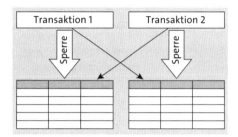

Abbildung 29.23 Entstehung eines Deadlocks

Das Auftreten eines Deadlocks wird von SQL Server automatisch erkannt. Da es keinen anderen Ausweg aus einer Deadlocksituation gibt, wird eine der beiden den Deadlock verursachenden Transaktionen abgebrochen und für diese ein ROLLBACK ausgeführt. Welche der beiden Transaktionen beendet wird, entscheidet sich in der Regel nach der bisherigen Verarbeitungszeit.

Die am längsten laufende Transaktion wird weitergeführt, die abgebrochene Transaktion wird dabei als *Deadlockopfer* bezeichnet. In der Verbindung des Deadlockopfers wird dabei die Fehlermeldung 1205 ausgelöst, die in manchen Versionen von SQL Server fehlerhaft angezeigt wird:

```
Meldung 1205, Ebene 13, Status 56, Zeile 5
Die Transaktion (Prozess-ID 54) befand sich auf Sperre Ressourcen
aufgrund eines anderen Prozesses in einer Deadlocksituation und wurde
als Deadlockopfer ausgewählt. Führen Sie die Transaktion erneut aus.
```

Diese Fehlermeldung 1205 muss von einer Clientanwendung abgefangen und die Transaktion dann neu gestartet werden.

Sollen die Transaktionen einer bestimmten Verbindung zum Server als bevorzugtes Deadlockopfer behandelt werden, setzen Sie die Eigenschaft DEADLOCK_PRIORITY auf LOW.

Syntax:

```
SET DEADLOCK_PRIORITY LOW;
```

Wenn Sie die Option NORMAL statt LOW verwenden, wird das Deadlockopfer nach dem oben beschriebenen Verfahren ausgewählt.

29.11.1 Vermeidung von Deadlocks

Das Auftreten von Deadlocks lässt sich nicht grundsätzlich vermeiden, jedoch hilft die Beachtung einiger Regeln bei der Erstellung von Transaktionen, die Wahrscheinlichkeit des Auftretens von Deadlocks zu verringern:

- Ressourcen sollten in allen Transaktionen immer in der gleichen Reihenfolge verwendet werden.
- Transaktionen sollten möglichst kurz sein, also nur wenige Anweisungen enthalten.
- Eine Transaktion sollte nur wenige Zeilen betreffen.

29.11.2 Beispiel zur Erzeugung eines Deadlocks

Mit dem folgenden Beispiel lässt sich das Auftreten eines Deadlocks erzwingen. Dazu legen wir zunächst – in diesem Fall in der *tempdb* – zwei Tabellen an, in die jeweils ein Datensatz geschrieben wird.

Beispiel:

```
USE tempdb;
GO
CREATE TABLE tblLockA
(SpalteA INT);
INSERT tblLockA
VALUES (1);

CREATE TABLE tblLockB
(SpalteA INT);
INSERT tblLockB
VALUES (1);
```

Anschließend werden zwei neue Abfragefenster mit Verbindung zur *tempdb*-Datenbank geöffnet, die folgende Inhalte haben:

Verbindung 1:

```
SET TRANSACTION ISOLATION LEVEL SERIALIZABLE;
BEGIN TRANSACTION;
UPDATE tblLockA
SET SpalteA = SpalteA + 100;
WAITFOR DELAY '00:00:05';
UPDATE tblLockB
SET SpalteA = SpalteA + 100;
```

Verbindung 2:

```
SET TRANSACTION ISOLATION LEVEL SERIALIZABLE;
BEGIN TRANSACTION;
UPDATE tblLockB
SET SpalteA = SpalteA + 100;
UPDATE tblLockA
SET SpalteA = SpalteA + 100;
```

Starten Sie nun zuerst die Verarbeitung von Verbindung 1 und direkt im Anschluss daran die Verarbeitung von Verbindung 2, wird kurz darauf die oben beschriebene Fehlermeldung 1205 in Verbindung 2 ausgelöst. Die Verzögerungsanweisung WAITFOR in der ersten Verbindung dient in diesem Fall lediglich dazu, während der Ausführung des Beispiels das rechtzeitige Errichten der ersten Sperre der zweiten Verbindung zu ermöglichen. Da die zweite Transaktion bereits von SQL Server beendet wurde, erscheint z. B. beim Schließen der Abfragefenster nur einmal der aus Abbildung 29.14 bereits bekannte Dialog, der auf eine offene Transaktion hinweist und in dem Sie die Transaktion abschließend bestätigen können.

29.11.3 Erfassung von Deadlocks im Profiler

Um Einzelheiten zu auftretenden Deadlocks zu erfassen, starten Sie eine SQL-Server-Profiler-Ablaufverfolgung. Aktivieren Sie in der EREIGNISAUSWAHL dazu das Ereignis DEADLOCK GRAPH – und alternativ DEADLOCK und DEADLOCK CHAIN – aus der Kategorie LOCKS (siehe Abbildung 29.24).

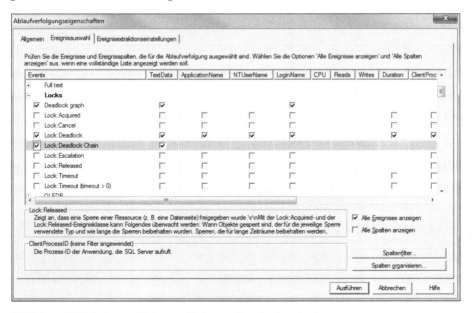

Abbildung 29.24 Auswahl der verfügbaren Deadlockereignisse

In SQL SERVER PROFILER können Sie sich nach dem Start der Ablaufverfolgung detaillierte Informationen zu aufgetretenen Deadlocks in grafischer Form anzeigen lassen, wie Abbildung 29.25 zeigt.

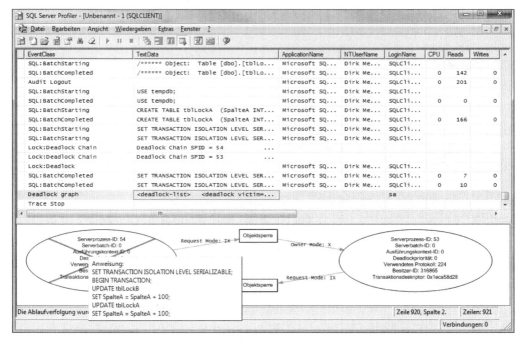

Abbildung 29.25 Grafische Darstellung des Deadlocks in der Ablaufverfolgung

Kapitel 30
Speicheroptimierte Tabellen

Speicheroptimierte Tabellen können die Leistung von Abfragen erheblich beschleunigen.

Selbst bei der Verwendung leistungsfähiger Hardware begrenzen die Laufwerke eines Datenbanksystems bis heute oftmals die Leistung des gesamten Systems. Viele Ansätze zur Optimierung der Abfrageleistung basieren daher auf der Minimierung des Inputs/Outputs (I/O) einer Datenbank. Eine Möglichkeit, den I/O zu minimieren, besteht darin, die Zugriffe auf den schnellen Arbeitsspeicher (RAM) anstelle der Datenträger zu richten.

Da heutzutage Server mit relativ großem RAM zur Verfügung stehen, sind von verschiedenen Herstellern Techniken entwickelt worden, die darauf zielen, entweder ganze Datenbanken oder Teile davon permanent im Arbeitsspeicher vorrätig zu halten, um von der hohen Leistung des Arbeitsspeichers zu profitieren.

SQL Server 2014 bot Ihnen erstmals die Möglichkeit, Tabellen im Arbeitsspeicher vorrätig zu halten. Diese Tabellen werden *speicheroptimierte Tabellen* genannt. Speicheroptimierte Tabellen und die in einem der nächsten Kapitel besprochenen *systemintern kompilierten gespeicherten Prozeduren* werden auch mit dem Oberbegriff *In-Memory OLTP* bezeichnet.

> **Hinweis**
> Die In-Memory-OLTP-Komponenten sind nur in der 64-Bit-Enterprise-Edition (oder einer vergleichbaren Edition wie Developer oder Evaluation Edition) verfügbar.

30.1 Grundlagen der speicheroptimierten Tabellen

Speicheroptimierte Tabellen werden in SQL Server als Objekte der Programmiersprache C erstellt. Für eine Anwendung ist diese Implementierung transparent, d. h., eine Applikation kann auf eine speicheroptimierte Tabelle auf dieselbe Art und Weise zugreifen wie auf eine herkömmliche (dateisystembasierte) Tabelle in einer SQL-Server-Datenbank.

30.1.1 Vor- und Nachteile speicheroptimierter Tabellen

Speicheroptimierte Tabellen können durch den Zugriff auf den Arbeitsspeicher einen sehr viel schnelleren Zugriff auf die Daten einer Tabelle sicherstellen. Außerdem verwenden speicheroptimierte Tabellen eine sogenannte *Multiversionsverwaltung*, deren Prinzip Sie in Abbildung 30.1 schematisch dargestellt sehen.

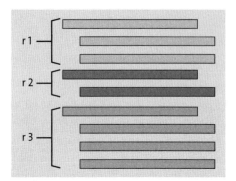

Abbildung 30.1 Multiversionsverwaltung von Datensätzen (Quelle: Microsoft)

Dargestellt sind drei Datensätze, die in verschiedenen Transaktionen verwendet werden. Jede Transaktion verwendet eine eigene Version der Datensätze, was in Abbildung 30.1 durch die eingerückten Kopien der Datensätze dargestellt ist. Der Vorteil dieses Verfahrens ist, dass keine Sperren verwendet werden müssen. Ein Nachteil speicheroptimierter Tabellen ist, dass es bei einem Systemabsturz u. U. zu einem Datenverlust kommen kann. Darüber hinaus unterliegen speicheroptimierte Tabellen nicht unerheblichen Einschränkungen gegenüber herkömmlichen Tabellen. So werden von speicheroptimierten Tabellen z. B. die Einschränkungsarten CHECK, FOREIGN KEY und UNIQUE nicht unterstützt. Eine Übersicht über die von speicheroptimierten Tabellen nicht unterstützten Funktionen können Sie unter folgendem Link einsehen:

http://msdn.microsoft.com/de-de/library/dn246937.aspx

30.2 Beständigkeit speicheroptimierter Tabellen

Seit SQL Server 2014 stehen Ihnen zwei Arten von speicheroptimierten Tabellen zur Verfügung. Beide Arten haben gemeinsam, dass sie die Tabellenstruktur und die enthaltenen Daten im flüchtigen Arbeitsspeicher vorrätig halten, außerdem ist die Tabellenstruktur bei beiden Arten beständig. Einmal erstellte speicheroptimierte Tabellen sind in einer Datenbank also auch nach einem Neustart des SQL-Server-Dienstes in der Datenbank vorhanden. Die beiden Arten unterscheiden sich jedoch in der Beständigkeit der in ihnen enthaltenen Daten.

30.2.1 Speicheroptimierte Tabellen mit nicht beständigen Inhalten

Bei dieser Art der speicheroptimierten Tabellen liegen die Tabellenstruktur und die in der Tabelle enthaltenen Daten *nur* im Arbeitsspeicher vor. Die Tabellenstruktur ist – wie oben bereits erwähnt – bei speicheroptimierten Tabellen immer beständig. Nach einem Neustart des SQL-Server-Dienstes ist bei der Verwendung dieser Art der speicheroptimierten Tabellen also die Tabelle selbst in der Datenbank vorhanden, da die Inhalte aber lediglich im Arbeitsspeicher vorlagen, sind in der Tabelle keine Datensätze mehr vorhanden. Diese Art der speicheroptimierten Tabellen verliert also nach einem Neustart des SQL-Server-Dienstes die in ihr enthaltenen Datensätze.

> **Hinweis**
>
> Warum die Tabellenstruktur beständig ist, die Datensätze aber nicht, obwohl beide im Arbeitsspeicher abgelegt werden, liegt daran, dass für die Tabellenstruktur von speicheroptimierten Tabellen eine DLL erzeugt wird. In Kapitel 28, »Columnstore-Indizes«, gehen wir auf diesen Umstand näher ein.

30.2.2 Speicheroptimierte Tabellen mit beständigen Inhalten

Diese Art der speicheroptimierten Tabellen verhält sich bei einem Neustart des SQL-Server-Dienstes wie eine herkömmliche dateisystembasierte Tabelle, d. h., die enthaltenen Daten sind auch nach einem Neustart vorhanden. Dies wird von SQL Server dadurch erreicht, dass eine Kopie der Tabelle im Dateisystem vorrätig gehalten wird. Im Vergleich zu der im vorangegangenen Abschnitt beschriebenen Art bedeutet die Verwendung dieser Art der speicheroptimierten Tabellen daher eine höhere Belastung des I/O-Systems. Da der Zugriff auf die Daten jedoch weiterhin über den Arbeitsspeicher erfolgt und die Daten außerdem beständig sind, stellt diese Art der speicheroptimierten Tabellen in der Praxis sicherlich häufig die erste Wahl dar.

30.3 Konfiguration einer Datenbank zur Verwendung speicheroptimierter Tabellen

Um in einer Datenbank speicheroptimierte Tabellen verwenden zu können, muss diese bestimmte Voraussetzungen erfüllen. In den folgenden Beispielen wird zunächst eine Datenbank erstellt, die anschließend für die Verwendung speicheroptimierter Tabellen konfiguriert wird. Sie könnten auch mehrere der im Folgenden dargestellten Schritte in der CREATE DATABASE-Anweisung zusammenfassen. Um die Beispiele einfach zu halten und die einzelnen Voraussetzungen zu trennen, werden sie im Folgenden in einzelne Schritte aufgeteilt. In einem ersten Schritt wird also zunächst die Datenbank *dbMemory* durch die folgende Anweisung erstellt.

30 Speicheroptimierte Tabellen

Beispiel:

```
CREATE DATABASE dbMemory;
```

Anschließend können Sie die Datenbank für die Verwendung von speicheroptimierten Tabellen konfigurieren.

30.3.1 Hinzufügen einer Dateigruppe zur Speicherung speicheroptimierter Tabellen

Die Verwendung speicheroptimierter Tabellen erfordert das Vorhandensein einer speziellen Dateigruppe. Sie können einer Datenbank durch die folgende Syntax eine entsprechende Dateigruppe hinzufügen.

Syntax:

```
ALTER DATABASE datenbankname
ADD FILEGROUP dateigruppenname
CONTAINS MEMORY_OPTIMIZED_DATA;
```

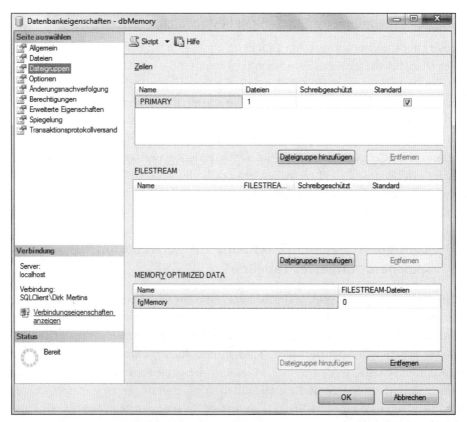

Abbildung 30.2 Die neu hinzugefügte Dateigruppe zur Verwendung von InMemory-OLTP

Das folgende Beispiel fügt der Datenbank *dbMemory* die Dateigruppe *fgMemory* zur Verwaltung speicheroptimierter Tabellen hinzu.

Beispiel:

```
ALTER DATABASE dbMemory
ADD FILEGROUP fgMemory
CONTAINS MEMORY_OPTIMIZED_DATA;
```

Die hinzugefügte Dateigruppe wird Ihnen im Management Studio bei den Eigenschaften der Datenbank auf der Seite DATEIGRUPPEN angezeigt, wie in Abbildung 30.2 dargestellt ist.

30.3.2 Hinzufügen einer Datei zur Speicherung speicheroptimierter Tabellen

Nachdem Sie die Dateigruppe erstellt haben, fügen Sie ihr eine Datei hinzu.

Verwenden Sie dazu die folgende Syntax.

Syntax:

```
ALTER DATABASE datenbankname
ADD FILE
NAME = dateiname,
FILENAME = dateipfad
TO FILEGROUP dateigruppenname;
```

Das folgende Beispiel erstellt die Datei *fiMemory* im Standarddatenverzeichnis von SQL Server.

Beispiel:

```
ALTER DATABASE dbMemory
ADD FILE
(
   NAME = 'FileMemory',
   FILENAME = 'C:\Program Files\Microsoft SQL Server\MSSQL13.MSSQLSERVER\
   MSSQL\DATA\fiMemory'
)
TO FILEGROUP fgMemory;
```

Auch diese Datei können Sie sich über die Eigenschaften der Datenbank auf dem Reiter DATEIEN anzeigen lassen (siehe Abbildung 30.3).

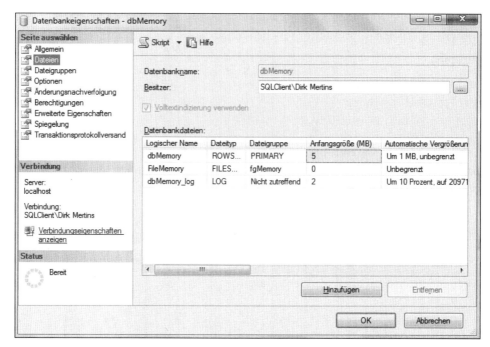

Abbildung 30.3 Datenbankdateien nach dem Hinzufügen der neuen Datei

30.3.3 Festlegung der Isolationsstufe für speicheroptimierte Tabellen

Abschließend müssen Sie die Datenbank noch so konfigurieren, dass sie für den Zugriff auf speicheroptimierte Tabellen die Isolationsstufe SNAPSHOT anwendet. Dazu verwenden Sie die folgende Syntax:

Syntax:

```
ALTER DATABASE datenbankname
SET MEMORY_OPTIMIZED_ELEVATE_TO_SNAPSHOT = ON;
```

Das folgende Beispiel legt diese Option für die *dbMemory*-Datenbank fest.

Beispiel:

```
ALTER DATABASE dbMemory
SET MEMORY_OPTIMIZED_ELEVATE_TO_SNAPSHOT = ON;
```

Nachdem Sie eine Datenbank entsprechend konfiguriert haben, können Sie in ihr speicheroptimierte Tabellen anlegen. Die dazu notwendigen SQL-Anweisungen werden im folgenden Abschnitt besprochen.

30.4 Erstellung speicheroptimierter Tabellen

Die Erstellung einer speicheroptimierten Tabelle erfolgt grundsätzlich ähnlich der einer herkömmlichen dateisystembasierten Tabelle. Die Syntax zur Erstellung speicheroptimierter Tabellen erfordert lediglich die Aktivierung einer Option der Tabellenerstellung. Daher wird in den folgenden Beispielen zur Tabellenerstellung auf die Angabe der – aus den vorangegangenen Kapiteln dieses Buches bekannten – Syntax zur Tabellenerstellung verzichtet.

30.4.1 Erstellung einer speicheroptimierten Tabelle mit beständigen Inhalten

Um eine inhaltlich dauerhafte speicheroptimierte Tabelle zu erstellen, erweitern Sie die CREATE TABLE-Anweisung im einfachsten Fall um die Option MEMORY_OPTIMIZED = ON.

Das folgende Beispiel erstellt die speicheroptimierte Tabelle *tblMemory1* mit beständigen Inhalten in der oben angelegten *dbMemory*-Datenbank.

Beispiel:

```
USE dbMemory;
GO
CREATE TABLE tblMemory1
(
    ID int NOT NULL PRIMARY KEY NONCLUSTERED,
    Text char(20)
)
WITH (MEMORY_OPTIMIZED = ON);
```

> **Hinweis**
>
> Speicheroptimierte Tabellen müssen über einen Primärschlüssel verfügen. Warum dieser in diesem Beispiel mit der Option NONCLUSTERED erstellt wurde, erfahren Sie im nächsten Kapitel.

Wie Sie beim Aufruf der Eigenschaften der eben erstellten Tabelle (siehe Abbildung 30.4) auf der Seite ALLGEMEIN an dem Eintrag SCHEMAANDDATA im Feld DAUERHAFTIGKEIT erkennen können, ist diese Tabelle sowohl im Hinblick auf das Schema als auch im Hinblick auf die enthaltenen Daten beständig.

Die Schema- und Datenbeständigkeit ist daher offensichtlich der Standard einer speicheroptimierten Tabelle, Sie können dieses Verhalten aber auch explizit über die Option DURABILITY = SCHEMA_AND_DATA angeben.

30 Speicheroptimierte Tabellen

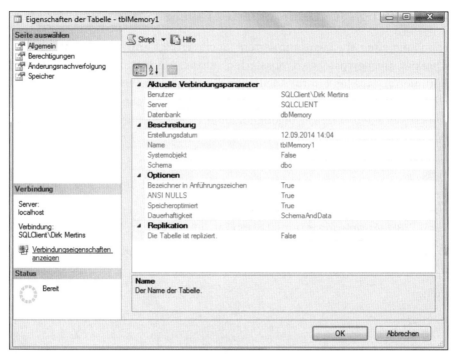

Abbildung 30.4 Eigenschaften der Tabelle mit beständigen Daten

Das folgende Beispiel entspricht daher dem vorangegangenen Beispiel.

Beispiel:

```
CREATE TABLE tblMemory1
(
ID int NOT NULL PRIMARY KEY NONCLUSTERED,
Text char(20)
)
WITH (MEMORY_OPTIMIZED = ON, DURABILITY = SCHEMA_AND_DATA);
```

30.4.2 Erstellung einer speicheroptimierten Tabelle mit nicht beständigen Inhalten

Um eine speicheroptimierte Tabelle zu erzeugen, deren Schema beständig ist, aber deren Daten es nicht sind, müssen Sie die Option DURABILITY = SCHEMA_ONLY verwenden. Das folgende Beispiel erstellt eine Tabelle mit nicht beständigen Daten in der Datenbank.

Beispiel:

```
CREATE TABLE tblMemory2
(
```

```
ID int NOT NULL PRIMARY KEY NONCLUSTERED,
Text char(20)
)
WITH (MEMORY_OPTIMIZED = ON, DURABILITY = SCHEMA_ONLY);
```

Die Eigenschaften dieser Tabelle sehen Sie in Abbildung 30.5. Beachten Sie, dass im Feld DAUERHAFTIGKEIT nun SCHEMAONLY angegeben ist.

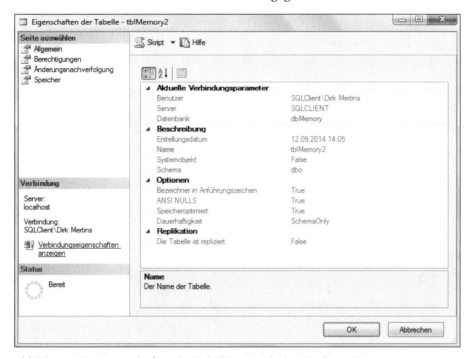

Abbildung 30.5 Eigenschaften der Tabelle mit nicht beständigen Daten

30.5 Vergleich des Verhaltens beider Arten von speicheroptimierten Tabellen

Um das Verhalten beider Arten von speicheroptimierten Tabellen näher zu untersuchen, wird durch das folgende Beispiel den beiden oben erstellten Tabellen *tblMemory1* und *tblMemory2* jeweils ein Datensatz hinzugefügt.

Beispiel:

```
INSERT INTO tblInMemory01
VALUES(42, 'abc');
INSERT INTO tblInMemory02
VALUES(42, 'abc');
```

Speicheroptimierte Tabellen können Sie, wie dateisystembasierte Tabellen auch, mithilfe der SELECT-Anweisung abfragen. So liefert eine SELECT-Anweisung auf jede der Tabellen – wie erwartet – den jeweils eingefügten Datensatz zurück.

Ein anderes Verhalten zeigt sich jedoch nach einem Neustart des SQL-Server-Dienstes: Danach ist lediglich in der Tabelle *tblMemory1* der eingefügte Datensatz weiterhin vorhanden. Die Tabelle *tblMemory2* ist nach dem Neustart zwar weiterhin in der Datenbank vorhanden, enthält aber keinen Datensatz mehr.

Kapitel 31
Indizierung speicheroptimierter Tabellen

Speicheroptimierte Tabellen unterscheiden sich in der Indizierung in mehreren Punkten von dateibasierten Tabellen.

Auch speicheroptimierte Tabellen erlauben die Verwendung von Indizes. Indizes von speicheroptimierten Tabellen gehören zwar zu den Objekten einer Datenbank, werden aber lediglich im Arbeitsspeicher vorrätig gehalten. Sie sind daher nach der Wiederherstellung einer Datenbank oder nach einem Neustart des SQL-Server-Dienstes weiterhin in der Datenbank vorhanden, ihr Inhalt muss in diesen Fällen jedoch neu aufgebaut werden.

Im Hinblick auf die herkömmlichen Indizes einer SQL-Server-Datenbank ergeben sich weitere Unterschiede, die im folgenden Abschnitt besprochen werden.

31.1 Unterschiede zwischen der Indizierung speicheroptimierter und dateibasierter Tabellen

Speicheroptimierte Tabellen unterscheiden sich hinsichtlich der Indizierung in einigen Punkten von herkömmlichen Tabellen:

- keine nachtägliche Indizierung möglich

  Regulären Tabellen, die im Dateisystem gespeichert werden, können Sie jederzeit weitere Indizes über die CREATE INDEX-Anweisung hinzufügen. Bei speicheroptimierten Tabellen muss die Indexerstellung immer im Zuge der Tabellenerstellung erfolgen. Eine nachträgliche Definition eines Index ist nicht möglich.

- keine Verwendung gruppierter Indizes möglich

  Speicheroptimierte Tabellen ermöglichen keine sortierte Speicherung von Datensätzen, daher können Sie keine gruppierten Indizes für speicheroptimierte Tabellen erstellen.

31.2 Indexarten für die Verwendung mit speicheroptimierten Tabellen

Wie oben erwähnt, können speicheroptimierte Tabellen nicht über gruppierte Indizes verfügen. Ausgehend von den traditionellen Datentypen in SQL Server, stehen Ihnen die beiden folgenden Indexarten zur Verfügung:

31.2.1 Nicht gruppierte Indizes

Nicht gruppierte Indizes können Sie wie bei den herkömmlichen dateibasierten Tabellen verwenden.

31.2.2 Nicht gruppierte Hash-Indizes

Speicheroptimierte Tabellen stellen eine weitere Indexart zur Verfügung: die nicht gruppierten Hash-Indizes. Hash-Indizes verwenden eine sogenannte *Hash-Funktion* für die Codierung der Indexwerte. Eine Hash-Funktion konvertiert Eingabewerte – auch unterschiedlicher Länge – in Ausgaben von fester Länge. Die Ausgabewerte werden auch als *Hash-Werte* bezeichnet. Diese Hash-Werte sind typischerweise Zahlen.

Hash-Funktionen sind deterministisch, d. h., sie liefern für dieselbe Eingabe immer die gleiche Ausgabe zurück. Hash-Funktionen sind aber nicht injektiv, d. h., dieselbe Ausgabe kann durch mehrere Eingaben hervorgerufen werden. Dieser Umstand wird im Folgenden noch von Bedeutung sein.

Betrachten Sie zunächst jedoch Abbildung 31.1, in der die Verwendung einer Hash-Funktion in einem Hash-Index beispielhaft dargestellt ist.

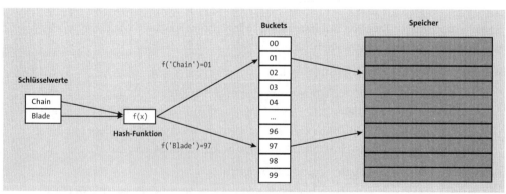

Abbildung 31.1 Darstellung des Prinzips eines Hash-Index

In dem Beispiel dargestellt ist ein Hash-Index auf eine angenommene speicheroptimierte Tabelle, die Daten aus der *Production.Product*-Tabelle enthält. Der Index soll in diesem Beispiel auf die Spalte *name*, in der die Produktnamen enthalten sind, erstellt worden sein.

31.2 Indexarten für die Verwendung mit speicheroptimierten Tabellen

Wie Sie der Abbildung entnehmen können, werden für beide Eingaben (*Chain* und *Blade*) als Ausgabe zwei – in diesem Beispiel – zweistellige Ziffernkombinationen erzeugt. Diese verweisen jeweils auf einen sogenannten *Bucket* (engl., Behälter).

> **Hinweis**
>
> Die in diesem Beispiel verwendeten Ausgaben der Hash-Funktion sind rein fiktiv und haben nichts mit der von SQL Server verwendeten Hash-Funktion zu tun. Sie dienen lediglich der Verdeutlichung!

In den einzelnen Buckets sind Verweise auf den jeweiligen Speicherort des dem Hash-Wert zugeordneten Datensatzes vorhanden. Die Buckets dienen also als Register zur Zuordnung der Hash-Werte zum eigentlichen Speicherort.

Bei der Suche nach einem bestimmten Schlüsselwert des Index muss SQL Server – im einfachsten Fall – also lediglich den Hash-Wert des Schlüssels berechnen und anschließend den Zeiger auf den Speicherort des jeweiligen Buckets auslesen.

Dieser gerade beschriebene einfachste Fall muss aber nicht immer zutreffen, und an dieser Stelle kommt die bereits oben erwähnte Tatsache, dass Hash-Funktionen nicht injektiv sind, zum Tragen.

Da unterschiedliche Eingaben zu gleichen Ausgaben – also gleichen Hash-Werten – führen können, kann der Fall eintreten, dass zwei unterschiedliche Produktnamen zu demselben Hash-Wert als Ausgabe der Hash-Funktion führen können. Betrachten Sie dazu Abbildung 31.2.

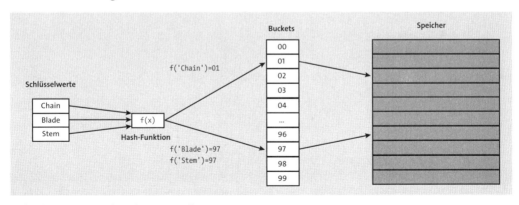

Abbildung 31.2 Hash-Index mit Kollision

In diesem Beispiel liefert die Hash-Funktion sowohl für die Eingabe *Blade* als auch für die Eingabe *Stem* denselben Hash-Wert. Beide Schlüsselwerte werden in der Folge demselben Bucket zugewiesen. In diesem Fall spricht man von einer *Kollision*.

SQL Server verwendet interne Mechanismen, um solche Kollisionen zu verarbeiten, aber die Zuordnung von verschiedenen Schlüsselwerten zu demselben Bucket – die auch bei einer zu geringen Anzahl von zur Verfügung stehenden Buckets auftreten kann – bedeutet einen erhöhten internen Aufwand zur Verwaltung des Index.

Erstellung nicht gruppierter Hash-Indizes

Sie können nicht gruppierte Hash-Indizes – wie gewohnt – auf Spalten- wie auch auf Tabellenebene definieren. Die folgende Syntax zeigt die Definition eines Hash-Index auf Spaltenebene.

Syntax:

```
CREATE TABLE tabellenname
(
   spaltenname datentyp NOT NULL INDEX indexname
   NONCLUSTERED HASH WITH (BUCKET_COUNT = bucketanzahl)
)
WITH (MEMORY_OPTIMIZED = ON);
```

Beachten Sie, dass Sie nicht gruppierte Hash-Indizes nur für Spalten definieren können, die keine NULL-Zulässigkeit besitzen. Sie müssen daher in der Spaltendefinition die Option NOT NULL angeben. Mit der Option BUCKET_COUNT legen Sie die Anzahl der zu erstellenden Buckets fest. Wie Sie einen geeigneten Wert für diese Option bestimmen, erfahren Sie im nächsten Abschnitt.

Die Definition auf Tabellenebene erfolgt – wie bei herkömmlichen Indizes auch – außerhalb der Spaltendefinition unter Angabe der am Index beteiligten Spalten, wie die folgende Syntax zeigt.

Syntax:

```
CREATE TABLE tabellenname
(
   spaltendefinition(en),
   INDEX indexname NONCLUSTERED HASH (spaltenliste) WITH
   (BUCKET_COUNT = bucketanzahl)
)
WITH (MEMORY_OPTIMIZED = ON);
```

Im folgenden Beispiel wird ein nicht gruppierter Hash-Index auf die Spalte *Text* unter der Verwendung der Definition auf Spaltenebene erstellt. Der Wert für BUCKET_COUNT ist in diesem Beispiel willkürlich auf den Wert 500 festgelegt worden.

Beispiel:

```
USE dbMemory;
GO
CREATE TABLE tblMemory3
```

31.2 Indexarten für die Verwendung mit speicheroptimierten Tabellen

```
(
    ID int NOT NULL PRIMARY KEY NONCLUSTERED,
    Text nvarchar(20) COLLATE Latin1_General_BIN2 NOT NULL
    INDEX ixText NONCLUSTERED HASH WITH (BUCKET_COUNT = 500)
)
WITH (MEMORY_OPTIMIZED = ON);
```

Wegen der Verwendung eines alphanumerischen Datentyps (nvarchar(20)) für die Spalte *Text* ergibt sich die Notwendigkeit der Angabe einer weiteren Option während der Erstellung des Index. Wie Sie der Definition der Spalte *Text* entnehmen können, wird durch Angabe von COLLATE eine Sortierung für diese Spalte angegeben. Typischerweise erben Tabellenspalten mit alphanumerischen Datentypen die Sortierung der Datenbank. Für die *dbMemory*-Datenbank wird die Sortierung LATIN1_GENERAL_CI_AS verwendet, wie Sie durch einen Vergleich mit den Optionen der Datenbank feststellen können (siehe Abbildung 31.3).

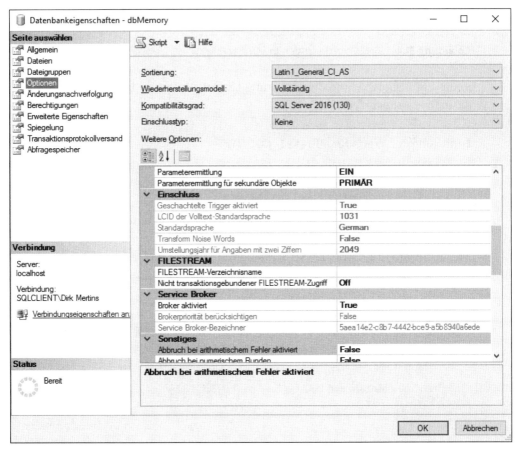

Abbildung 31.3 Optionen der Datenbank

Eine alphanumerische Spalte, für die ein nicht gruppierter Hash-Index erstellt werden soll, muss jedoch eine sogenannte *BIN2-Sortierung* verwendet werden.

Die Namen solcher Sortierungen enden in SQL Server auf die Zeichenfolge BIN2. Den Namen entsprechender Sortierungen können Sie daher durch die folgende Abfrage auf die Systemfunktion sys.fn_helpcollations erfahren.

Beispiel:

```
SELECT * FROM sys.fn_helpcollations()
WHERE name LIKE '%BIN2';
```

Einen Ausschnitt des Ergebnisses sehen Sie in Abbildung 31.4.

	name	description
1	Albanian_BIN2	Albanian, binary code point comparison sort
2	Albanian_100_BIN2	Albanian-100, binary code point comparison sort
3	Arabic_BIN2	Arabic, binary code point comparison sort
4	Arabic_100_BIN2	Arabic-100, binary code point comparison sort
5	Assamese_100_BIN2	Assamese-100, binary code point comparison sort
6	Azeri_Cyrillic_100_BIN2	Azeri-Cyrillic-100, binary code point comparison sort
7	Azeri_Latin_100_BIN2	Azeri-Latin-100, binary code point comparison sort

Abbildung 31.4 »BIN2«-Sortierungen in SQL Server

In diesem Beispiel wurde die Sortierung LATIN1_GENERAL_BIN2 als Sortierung für die indizierte Spalte gewählt.

Ermittlung des Werts für »BUCKET_COUNT«

Die Anzahl der zu erstellenden Buckets hängt primär von der Anzahl der unterschiedlichen Schlüsselwerte ab. Sie sollten diesen Wert lieber zu hoch als zu niedrig wählen, da bei einem zu niedrig gewählten Wert mehrere unterschiedliche Hash-Werte einem Bucket zugeordnet werden müssen, was sich negativ auf die Leistung des Index auswirken kann. Von Microsoft wird ein Wert, der ein- bis zweimal so groß wie die Anzahl unterschiedlicher Schlüsselwerte ist, als typisch empfohlen.

> **Hinweis**
>
> Beachten Sie außerdem, dass der angegebene Wert auf die nächsthöhere Zweierpotenz aufgerundet wird. Geben Sie für BUCKET_COUNT z. B. einen Wert von 50.000 an, führt das zu einer Bucket-Anzahl von 65.536, also dem Wert der nächsthöheren Zweierpotenz.
>
> Die maximale Anzahl von Buckets liegt bei 1.073.741.824.

31.3 Überlegungen zur Verwendung nicht gruppierter Indizes oder nicht gruppierter Hash-Indizes

Hash-Indizes wurden in SQL Server 2014 speziell für die Verwendung mit speicheroptimierten Tabellen implementiert. Auch sie liegen im Arbeitsspeicher vor und können daher eine erhöhte Abfrageleistung bewirken.

Es gibt jedoch einen Faktor, der sich negativ auf die Abfrageleistung von Hash-Indizes auswirken kann: eine hohe Anzahl mehrfach vorhandener Schlüsselwerte. In diesem Fall werden durch die Hash-Funktion mehrere unterschiedliche Datensätze denselben Buckets zugeordnet, was den Verwaltungsaufwand für SQL Server erhöht, ähnlich wie oben bei den Kollisionen beschrieben. Wenn Sie also einen Index auf eine Spalte mit vielen gleichen Werten planen, sollten Sie die Verwendung eines herkömmlichen nicht gruppierten Index in Erwägung ziehen.

31.4 Abfragen zu Indizes speicheroptimierter Tabellen

Informationen zu den für eine speicheroptimierte Tabelle erstellten Indizes erhalten Sie – wie gewohnt – über die Systemsicht *sys.indexes*.

Indizes für speicheroptimierte Tabellen erkennen Sie am Eintrag 7 in der Spalte *type* bzw. am Eintrag NONCLUSTERED HASH in der Spalte *type_desc*. Abbildung 31.5 zeigt einen Ausschnitt einer entsprechend gefilterten Abfrage auf diese Sicht.

	object_id	name	index_id	type	type_desc	is_unique
1	565577053	ixText	2	7	NONCLUSTERED HASH	0

Abbildung 31.5 Abfrageergebnis auf die Sicht »sys.indexes«

Informationen ausschließlich zu den in einer Datenbank vorhandenen Hash-Indizes erhalten Sie durch eine Abfrage auf die Systemsicht *sys.hash_indexes*. Um sich den Namen der jeweiligen Tabelle ausgeben zu lassen, wenden Sie die Funktion OBJECT_NAME auf die Spalte *object_id* an, wie im folgenden Beispiel dargestellt.

Beispiel:

```
SELECT OBJECT_NAME(object_id) AS name, object_id, index_id, type,
type_desc, bucket_count
FROM sys.hash_indexes;
```

Einen Teil der entsprechenden Ausgabe sehen Sie in Abbildung 31.6.

	name	object_id	index_id	type	type_desc	bucket_count
1	tblMemory3	565577053	2	7	NONCLUSTERED HASH	512

Abbildung 31.6 Abfrageergebnis auf die Sicht »sys.hash_indexes«

31 Indizierung speicheroptimierter Tabellen

Anhand der in Abbildung 31.6 dargestellten Spalte *bucket_count* können Sie erkennen, dass SQL Server die Anzahl der Buckets tatsächlich auf die nächsthöhere Zweierpotenz festgelegt hat. Zur Erinnerung: Der entsprechende Index wurde mit der Option BUCKET_COUNT = 500 erstellt.

Die richtige Wahl der Anzahl von Buckets hat – wie oben bereits erwähnt – Auswirkungen auf die Leistung des Index.

Um zu überprüfen, ob Sie die Anzahl der Buckets richtig gewählt haben, können Sie die Systemsicht *sys.dm_db_xtp_hash_index_stats* abfragen. Abbildung 31.7 zeigt das Abfrageergebnis für den oben erstellten Hash-Index.

object_id	index_id	total_bucket_count	empty_bucket_count	avg_chain_length	max_chain_length
565577053	2	512	512	0	0

Abbildung 31.7 Inhalt der Sicht »sys.dm_db_xtp_hash_index_stats«

Aus den Inhalten der Spalten *total_bucket_count* und *empty_bucket_count* können Sie den prozentualen Anteil leerer Buckets bestimmen. Microsoft empfiehlt ein Minimum von 33 % leerer Buckets.

In Abbildung 31.7 stimmen die Gesamtanzahl und die Anzahl der leeren Buckets natürlich überein, da dem Index noch keine Werte hinzugefügt worden sind.

Kapitel 32
Systemintern kompilierte gespeicherte Prozeduren

Systemintern kompilierte gespeicherte Prozeduren bieten einen effektiven Zugriff auf speicheroptimierte Tabellen.

Systemintern kompilierte gespeicherte Prozeduren wurden in SQL Server 2014 für den Zugriff auf speicheroptimierte Tabellen (siehe Kapitel 26) implementiert.

32.1 Überblick über systemintern kompilierte gespeicherte Prozeduren und deren Verwendung

Systemintern kompilierte gespeicherte Prozeduren – wie auch speicheroptimierte Tabellen – erstellen Sie zwar über SQL-Anweisungen, SQL Server verarbeitet diese Objekte jedoch unter Verwendung der Programmiersprache C und erstellt eine DLL (*Dynamic Link Library*) für diese Objekte.

Wie Sie in Kapitel 26, »Sequenzen«, bereits gesehen haben, können Sie trotzdem durch SQL-Befehle – also z. B. eine SELECT-Anweisung – auf diese intern gespeicherten Objekte zugreifen. Dazu verwendet SQL Server eine als *Query Interop* bezeichnete Technik (siehe Abbildung 32.1).

Diese Technik ermöglicht es Ihnen, speicheroptimierte Tabellen in Ad-hoc-Abfragen wie auch in herkömmlichen gespeicherten Prozeduren – wie gewohnt – über SQL-Anweisungen abzufragen.

Hier besteht ein wesentlicher Unterschied zu den systemintern kompilierten gespeicherten Prozeduren:

Während Sie auf speicheroptimierte Tabellen über die Query-Interop-Technik mit SQL-Anweisungen zugreifen können, ist ein Zugriff aus einer systemintern kompilierten Prozedur heraus auf herkömmliche dateisystembasierte Tabellen nicht möglich!

Zwischen den systemintern kompilierten und den herkömmlichen gespeicherten Prozeduren gibt es noch weitere Unterschiede. So werden systemintern kompilierte gespeicherte Prozeduren direkt bei der Erstellung und nicht – wie herkömmliche gespeicherte Prozeduren – bei der ersten Ausführung kompiliert. Dies hat zur Folge, dass – im Gegensatz zu herkömmlichen gespeicherten Prozeduren – viel mehr mögliche Fehler direkt bei der Erstellung der Prozedur entdeckt werden können. So findet z. B. bei der Erstellung einer systemintern kompilierten Prozedur keine verzögerte Namensauflösung statt, wie dies bei herkömmlichen Prozeduren der Fall ist. Die Verwendung eines nicht existierenden Objektnamens führt also bei einer systemintern kompilierten Prozedur direkt bei der Erstellung zu einem Fehler, während dieser Fehler bei einer herkömmlichen gespeicherten Prozedur erst beim ersten Aufruf der Prozedur auftreten würde.

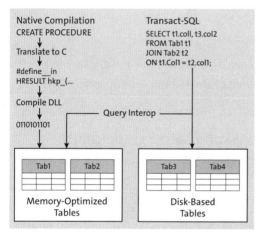

Abbildung 32.1 Zugriff auf speicheroptimierte Tabellen mit Query Interop (Quelle: Microsoft)

Nativ kompilierte gespeicherte Prozeduren unterstützen darüber hinaus nicht alle von herkömmlichen gespeicherten Prozeduren unterstützten SQL-Anweisungen. Ausführliche Informationen dazu, welche SQL-Anweisungen von systemintern kompilierten gespeicherten Prozeduren nicht unterstützt werden, finden Sie in der Dokumentation zu SQL Server 2016.

32.2 Erstellung systemintern kompilierter gespeicherter Prozeduren

Die Erstellung einer systemintern kompilierten gespeicherten Prozedur entspricht prinzipiell der einer herkömmlichen gespeicherten Prozedur. Die grundlegende Syntax für die Erstellung nativ kompilierter gespeicherter Prozeduren und die wesentlichen formalen Unterschiede hinsichtlich der Erstellung herkömmlicher gespeicherter Prozeduren werden im Folgenden beschrieben.

Zum Erstellen einer nativ kompilierten gespeicherten Prozedur verwenden Sie die folgende grundlegende Syntax:

Syntax:

```
CREATE PROCEDURE prozedurname
parameterliste
WITH NATIVE_COMPILATION,
SCHEMABINDING,
EXECUTE AS ausführungskontext
AS
BEGIN
ATOMIC WITH
(
    TRANSACTION ISOLATION LEVEL = isolationsstufe,
    LANGUAGE = sprache
)
    anweisungen
END;
```

Die oben angegebenen Optionen werden im Folgenden beschrieben:

- ▶ NATIVE_COMPILATION

  Über die Option NATIVE_COMPILATION geben Sie an, dass die Prozedur als systemintern kompilierte gespeicherte Prozedur erstellt werden soll. Wenn Sie diese Option angeben, *müssen* Sie auch die im Folgenden angegebenen Optionen bei der Erstellung der Prozedur verwenden.

- ▶ SCHEMABINDING

  Diese Option bewirkt, dass Tabellen – auf die aus der Prozedur heraus zugegriffen wird – nicht gelöscht oder verändert werden können. Die Option SCHEMABINDING hat bei systemintern kompilierten gespeicherten Prozeduren allerdings noch weitere Auswirkungen. So müssen Sie den Namen eines Objekts zwingend unter Angabe des Schemas – also in der Form *schema.objektname* – angeben. Diese Option hat im Kontext systemintern kompilierter gespeicherter Prozeduren aber auch eine Auswirkung, die man zunächst nicht erwarten würde: Die Verwendung des Sternsymbols (*) als Platzhalter für alle Spalten einer Tabelle ist in einer SELECT-Anweisung innerhalb einer systemintern kompilierten gespeicherten Prozedur nicht zulässig, Sie müssen daher eine Spaltenliste verwenden!

- ▶ EXECUTE AS

  Herkömmliche gespeicherte Prozeduren verwenden als Standard-Ausführungskontext CALLER (Aufrufender), dieser Kontext wird von systemintern kompilierten Prozeduren jedoch nicht unterstützt. Sie müssen daher eine der folgenden Optionen für EXECUTE AS angeben:

        OWNER
        SELF
        benutzer

- ATOMIC

    Die Anweisungen in einer systemintern kompilierten gespeicherten Prozedur werden atomar, also als Transaktion, ausgeführt. Weiter unten in diesem Kapitel finden Sie ein Beispiel, das die Atomarität systemintern kompilierter gespeicherter Prozeduren verdeutlicht.

- TRANSACTION ISOLATION LEVEL

    Mit dieser Option geben Sie die zu verwendende Isolationsstufe an. Mögliche Werte für diese Option in einer systemintern kompilierten Prozedur sind:

- REPEATABLE READ
- SERIALIZABLE
- SNAPSHOT

    Beachten Sie, dass der Standard-Isolationslevel von SQL Server (READ COMMITTED) an dieser Stelle nicht unterstützt wird!

- LANGUAGE

    Mit der Option LANGUAGE legen Sie den Sprachkontext der Prozedur fest. Die Spracheinstellung hat u. a. Auswirkungen auf die Ausgabe von Meldungen. Auch dazu finden Sie ein Beispiel weiter unten in diesem Kapitel. Die Eigenschaften der Spracheinstellungen erhalten Sie über eine Abfrage auf die Systemsicht *sys.syslanguages*, wie in Abbildung 32.2 auszugsweise gezeigt.

msglangid	name	alias	dateformat
1	1031	Deutsch	German	dmy
2	1041	日本語	Japanese	ymd

Abbildung 32.2 Abfrage auf die Systemsicht »sys.syslanguages«

32.2.1 Erstellung einer systemintern kompilierten gespeicherten Prozedur für den lesenden Zugriff auf eine speicheroptimierte Tabelle

Das folgende Beispiel erzeugt eine Prozedur, die lesend auf die in Kapitel 26 erstellte speicheroptimierte Tabelle *tblMemory1* in der *dbMemory*-Datenbank zugreift.

Beispiel:

```
USE dbMemory;
GO
CREATE PROCEDURE uspSELECT
WITH NATIVE_COMPILATION,
SCHEMABINDING,
EXECUTE AS OWNER
```

```
AS
BEGIN
ATOMIC WITH
(
   TRANSACTION ISOLATION LEVEL = SERIALIZABLE,
   LANGUAGE = 'German'
)
   SELECT ID, Text FROM dbo.tblMemory1;
END;
```

32.2.2 Erstellung einer nativ kompilierten Prozedur zur Demonstration der Optionen »ATOMIC« und »LANGUAGE«

Das folgende Beispiel soll die Atomarität und die Rolle der Spracheinstellung systemintern kompilierter gespeicherter Prozeduren verdeutlichen. Dazu wird eine Prozedur erstellt, die den Wert German für die Option LANGUAGE verwendet. Die Prozedur versucht, denselben Datensatz zweimal in die Tabelle *tblMemory1* einzufügen, was zu einer Primärschlüsselverletzung führt.

Beispiel:

```
CREATE PROCEDURE uspINSERT_de
WITH NATIVE_COMPILATION,
SCHEMABINDING,
EXECUTE AS OWNER
AS
BEGIN
ATOMIC WITH
(
   TRANSACTION ISOLATION LEVEL = SERIALIZABLE,
   LANGUAGE = 'German'
)
   INSERT INTO dbo.tblMemory1
   VALUES (43, 'abc');
   INSERT INTO dbo.tblMemory1
   VALUES (43, 'xyz');
END;
```

Der Aufruf dieser Prozedur führt zur Ausgabe der folgenden deutschen Fehlermeldung:

Meldung 2627, Ebene 14, Status 1, Prozedur uspINSERT_de, Zeile 49

Verletzung der PRIMARY KEY-Einschränkung 'PK__tblMemor__3214EC26D7605379'.
Ein doppelter Schlüssel kann in das tblMemory1-Objekt nicht eingefügt werden.
Der doppelte Schlüsselwert ist (43).

Wenn Sie anschließend den Inhalt der Tabelle *tblMemory1* abfragen, werden Sie feststellen, dass keine Änderung am Tabelleninhalt vorgenommen worden ist. SQL Server hat also die Prozedur als Transaktion ausgeführt und auch das prinzipiell fehlerfrei mögliche Einfügen des ersten Datensatzes rückgängig gemacht.

Das nächste Beispiel entspricht von der Programmlogik her dem vorangegangenen Beispiel, allerdings wird in diesem Fall der Wert Japanese für die Option LANGUAGE verwendet.

Beispiel:

```
CREATE PROCEDURE uspINSERT_ja
WITH NATIVE_COMPILATION,
SCHEMABINDING,
EXECUTE AS OWNER
AS
BEGIN
ATOMIC WITH
(
   TRANSACTION ISOLATION LEVEL = SERIALIZABLE,
   LANGUAGE = 'Japanese'
)
   INSERT INTO dbo.tblMemory1
   VALUES (43, 'abc');
   INSERT INTO dbo.tblMemory1
   VALUES (43, 'xyz');
END;
```

Die Ausführung der Prozedur führt nun zu einer Fehlermeldung auf Japanisch:

Meldung 2627, Ebene 14, Status 1, Prozedur uspINSERT_ja, Zeile 69

制約 'PK__tblMemor__3214EC26D7605379' の PRIMARY KEY 違反。オブジェクト 'tblMemory1' には重複するキーを挿入できません。重複するキーの値は (43) です。

32.3 Ändern einer systemintern kompilierten gespeicherten Prozedur

Die Änderung einer systemintern kompilierten gespeicherten Prozedur über die ALTER PROCEDURE-Anweisung ist *nicht* möglich! Sie müssen eine solche Prozedur löschen und anschließend neu erstellen. Damit Clientanwendungen, die Zugriff auf die Prozedur erfordern, keinen Fehler generieren, sollten Sie die Änderung in einem Zeitraum vornehmen, in dem kein Zugriff auf die Datenbank erfolgt.

32.4 Informationen zum Speicherort und den geladenen DLL-Dateien

Um sich die für speicheroptimierte Tabellen und systemintern gespeicherte Prozeduren angelegten DDL-Dateien anzeigen zu lassen, navigieren Sie zum Unterordner *xtp* des Standardspeicherorts von SQL Server für die Datenbankdateien. Bei einer Standardinstallation von SQL Server lautet der Pfad zu diesem Ordner wie folgt: *C:\Program Files\Microsoft SQL Server\MSSQL13.MSSQLSERVER\MSSQL\DATA\xtp*.

Unterhalb dieses Ordners finden Sie einen oder mehrere weitere Ordner, einen für jede Datenbank, in der speicheroptimierte Tabellen oder systemintern kompilierte gespeicherte Prozeduren erstellt wurden. Der Name dieses Ordners entspricht der Datenbank-ID der jeweiligen Datenbank.

> **Hinweis**
>
> Die ID einer Datenbank können Sie z. B. durch eine Abfrage auf die Systemsicht *sys.databases* herausfinden.

Abbildung 32.3 zeigt beispielhaft den Inhalt eines solchen Ordners.

Name	Änderungsdatum	Typ	Größe
xtp_p_8_709577566.c	12.09.2014 20:23	C Source	9 KB
xtp_p_8_709577566.dll	12.09.2014 20:23	Anwendungserweiterung	74 KB
xtp_p_8_709577566.obj	12.09.2014 20:23	Source Browser Database	89 KB
xtp_p_8_709577566.out	12.09.2014 20:23	OUT-Datei	1 KB
xtp_p_8_709577566.pdb	12.09.2014 20:23	Source Browser Database	579 KB
xtp_p_8_709577566.xml	12.09.2014 20:23	XML-Dokument	10 KB
xtp_p_8_741577680.c	12.09.2014 20:23	C Source	9 KB
xtp_p_8_741577680.dll	12.09.2014 20:23	Anwendungserweiterung	75 KB
xtp_p_8_741577680.obj	12.09.2014 20:23	Source Browser Database	92 KB
xtp_p_8_741577680.out	12.09.2014 20:23	OUT-Datei	1 KB
xtp_p_8_741577680.pdb	12.09.2014 20:23	Source Browser Database	579 KB
xtp_p_8_741577680.xml	12.09.2014 20:23	XML-Dokument	5 KB
xtp_t_8_277576027.c	12.09.2014 20:18	C Source	8 KB
xtp_t_8_277576027.dll	12.09.2014 20:18	Anwendungserweiterung	74 KB
xtp_t_8_277576027.obj	12.09.2014 20:18	Source Browser Database	85 KB
xtp_t_8_277576027.out	12.09.2014 20:18	OUT-Datei	1 KB
xtp_t_8_277576027.pdb	12.09.2014 20:18	Source Browser Database	595 KB
xtp_t_8_277576027.xml	12.09.2014 20:18	XML-Dokument	1 KB

Abbildung 32.3 Dateien von InMemory-OLTP-Objekten

Die Benennung der DLL-Dateien folgt dabei dem folgenden Schema:

xtp_[p|t]_datenbank-id_objekt-id.dll

Die durch Unterstriche getrennten Komponenten des DLL-Namens sind:

- die einleitende Zeichenfolge *xtp*
- *p* als Kennzeichen für eine systemintern kompilierte gespeicherte Prozedur, *t* als Kennzeichen für eine speicheroptimierte Tabelle
- die ID der Datenbank, in der das entsprechende Objekt existiert. Diese ID können Sie z. B. über die Sicht *sys.databases* abfragen.
- die ID des Objekts in der jeweiligen Datenbank. Den zugehörigen Objektnamen können Sie entweder über eine Abfrage auf die Systemsicht *sys.objects* oder über die Funktion OBJECT_NAME in Erfahrung bringen.

> **Hinweis**
>
> Die für speicheroptimierte Tabellen und systemintern kompilierte gespeicherte Prozeduren erstellten DLL-Dateien werden von SQL Server automatisch verwaltet. Ein manuelles Eingreifen zur Verwaltung der DLL-Dateien ist daher nicht notwendig!

Einen Überblick über die von SQL Server geladenen DLL-Dateien erhalten Sie über die folgende Abfrage auf die Systemsicht *sys.dm_os_loaded_modules*. Um nur Informationen zu InMemory-OLTP-Objekten zu erhalten, verwenden Sie die im folgenden Beispiel angewandte Filterung.

Beispiel:

```
SELECT *
FROM sys.dm_os_loaded_modules
WHERE description = 'XTP Native DLL';
```

Diese Systemsicht liefert Informationen zu den serverweit geladenen Modulen, die Ausgabe bezieht sich also nicht nur auf die aktuelle Datenbank!

Beachten Sie, dass Sie direkt nach einem Neustart des SQL-Server-Dienstes sowohl im Dateisystem wie auch bei einer Abfrage auf die Sicht *sys.dm_os_loaded_modules* nur Informationen zu den DLL-Dateien der speicheroptimierten Tabellen sehen. Die DLL-Dateien systemintern kompilierter gespeicherter Prozeduren werden nach einem Neustart erst beim nächsten Aufruf der jeweiligen Prozedur erstellt und geladen.

TEIL III
.NET-Programmierung

Kapitel 33
SQL Server als Laufzeitumgebung für .NET

»Um die Dinge ganz zu kennen, muss man um ihre Einzelheiten wissen.«
– François de La Rochefoucauld

Als SQL Server 2005 erschien, war wohl eine der schillerndsten Neuerungen die Integration der CLR (*Common Language Runtime*) in die Datenbank. Dieser *SQLCLR* genannte Mechanismus ermöglicht die serverseitige Programmierung mit einer beliebigen .NET-Sprache. Dies bringt zunächst einmal denen etwas, die mit T-SQL auf Kriegsfuß stehen. Wie Sie in den folgenden Kapiteln sehen werden, kann dies aber auch eingefleischten T-SQL-Programmierern einige Vorteile bringen. Es gibt jedoch auch einige Nachteile dieser Technik, die Sie verstehen müssen, bevor Sie mit der Implementierung beginnen.

33.1 Die Programmiermodelle im Vergleich

Bevor es um die Details der CLR-Integration geht, wollen wir zunächst einmal die Vor- und Nachteile der bisherigen Programmiermodelle beleuchten, um zu sehen, wofür SQLCLR in der Praxis nützlich sein kann.

33.1.1 T-SQL

Die klassische Art, serverseitige Logik in SQL Server zu implementieren, ist T-SQL. Hiermit können gespeicherte Prozeduren, benutzerdefinierte Funktionen und Trigger implementiert werden. Da T-SQL mit den nativen Datentypen von SQL Server arbeitet, ist dies sehr effizient, da keine Konvertierungen erfolgen müssen. Auf der anderen Seite wird T-SQL zur Laufzeit interpretiert, was bei komplexen Operationen, wie bei der Stringmanipulation oder bei der Verarbeitung von binären Daten, nicht ideal ist. T-SQL erlaubt auch die Erstellung eigener Datentypen, wobei diese stets auf den eingebauten Datentypen von SQL Server basieren müssen. Auch die Implementierung komplexer Logik ist hierbei nicht möglich. Kurzum, T-SQL ist auf performante Mengenoperationen spezialisiert, und somit wurde alles aus dem Funktionsumfang herausgelassen, was der Skalierung des Servers zuwiderläuft.

33.1.2 Erweiterte gespeicherte Prozeduren

Wenn sehr rechenintensive Operationen wie Stringmanipulation oder Kompression benötigt werden, bietet SQL Server die Möglichkeit, externe Bibliotheken einzubinden. Die sogenannten *erweiterten gespeicherten Prozeduren* (*Extended Stored Procedures*, *XPs*) werden in C++ programmiert und können aus gespeicherten Prozeduren oder Benutzerfunktionen heraus aufgerufen werden. XPs laufen nicht unter der Kontrolle von SQL Server und unterliegen daher auch nicht den Restriktionen von T-SQL-Prozeduren. So kann eine XP beispielsweise auf Betriebssystemdienste, das Dateisystem oder das Internet zugreifen.

Zu den Nachteilen von XPs zählen zunächst einmal die recht komplizierte Implementierung und das schwierige Debugging. Zudem kommen einige Sicherheitsaspekte zum Tragen, die bei der Implementierung berücksichtigt werden müssen. Da XPs in C++ programmiert werden, müssen sie explizit Speicher anfordern und entsorgen. Werden hierbei Fehler gemacht, so kann dies die Stabilität und Performance des gesamten Servers beeinträchtigen.

Außerdem müssen XPs für den Datenzugriff eine separate Verbindung zum hostenden Server, eine sogenannte *Loop-back-Connection*, aufnehmen. Dies ist erforderlich, da sie keine direkte Verbindung zur Datenbank haben. Dieser Verbindungsaufbau kostet nicht nur eine gewisse Zeit, sondern bindet auch zusätzliche Ressourcen auf dem Server. Abbildung 33.1 illustriert diesen Vorgang. Zudem werden bei Zugriffen über ODBC oder OLEDB Typkonvertierungen vorgenommen, die die Performance zusätzlich beeinträchtigen.

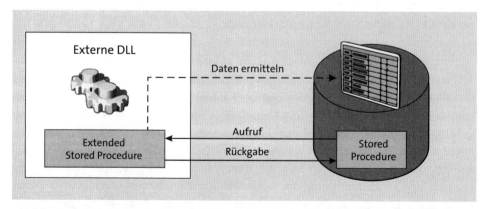

Abbildung 33.1 Erweiterte gespeicherte Prozeduren müssen für den Datenzugriff eine separate Verbindung zur Datenbank aufbauen.

Anders als bei CLR-Prozeduren kann ein Administrator den Sicherheitsbereich einer XP nicht steuern. Während bei der Installation von CLR-Bibliotheken beispielsweise eingestellt werden kann, ob diese auf das lokale Dateisystem zugreifen dürfen, gilt bei XPs stets das »Alles oder nichts«-Prinzip.

33.1.3 Einbindung von COM-Objekten

Als Alternative zu XPs bietet SQL Server ab der Version 2000 die Möglichkeit, COM-Objekte einzubinden und diese aus gespeicherten Prozeduren heraus aufzurufen. Die Einsatzgebiete sind ähnlich wie die der XPs; die Implementierung kann hierbei jedoch nicht nur in C++, sondern auch mit anderen COM-kompatiblen Sprachen wie Visual Basic erfolgen. Der Nachteil des separaten Verbindungsaufbaus besteht jedoch auch hier. Zudem ist der Overhead des COM-Modells ein wenig höher, was eine schlechtere Performance zur Folge hat.

33.1.4 Einsatz von Managed Code

Ab SQL Server 2005 bestand erstmals auch die Möglichkeit, serverseitige Logik in Managed Code zu implementieren. Hierbei wurde versucht, die Einschränkungen aller drei zuvor genannten Ansätze zu beheben und mehr Flexibilität bei der Programmierung zu ermöglichen. So bringt .NET nicht nur ein reichhaltiges Framework und eine Fülle verschiedener Programmiersprachen mit, sondern bietet auch eine ausgefeilte Sicherheitsinfrastruktur.

Der Hauptvorteil besteht aber darin, dass der .NET-Code direkt im SQL Server gespeichert und ausgeführt wird und nicht als externe Komponente läuft, wie dies bei XPs und COM der Fall war.

Zudem enthält das .NET Framework Funktionalität, die in T-SQL nicht vorhanden ist, wie beispielsweise die Verarbeitung von regulären Ausdrücken. Auch kann in .NET objektorientiert programmiert werden, was neben einer besseren Kapselung der Funktionalität auch eine bessere Strukturierung des Codes zur Folge hat.

Ein weiterer Vorteil ist, dass .NET-Funktionen direkt in ein T-SQL-Statement eingebunden werden können, was das Modell extrem flexibel macht. So können Sie beispielsweise im SELECT-Block einer Abfrage eine .NET-Funktion aufrufen, die die Werte zeilenweise verarbeitet.

XPs und COM können in SQL Server 2016 zwar noch verwendet werden, in den allermeisten Fällen ist .NET aber die bessere Wahl. Jedoch ersetzt SQLCLR nicht T-SQL. Grundsätzlich ist T-SQL nach wie vor der schnellste Weg, auf relationale Daten zuzugreifen. SQLCLR kann hingegen bei komplexen zeilenorientierten Operationen performanter sein. Bei der Auswahl der jeweils besten Variante sollten Sie die folgenden Regeln beachten:

- **Verwenden Sie T-SQL:**
  - bei mengenorientiertem Datenzugriff
  - wenn die Performance im Vordergrund steht
- **Verwenden Sie SQLCLR:**
  - bei zeilenorientierter Datenverarbeitung
  - bei umfangreichen Berechnungen, die nicht mit T-SQL bewerkstelligt werden können

Damit Sie sich einen guten Überblick über die Stärken und Schwächen der genannten Programmiermodelle machen können, finden Sie in Tabelle 33.1 eine vergleichende Übersicht.

	T-SQL	SQLCLR	XP	COM
Komplexe mengenbasierte Operationen	++	+	–	–
Komplexe zeilenorientierte Operationen	+	++	++	++
Performanter Datenzugriff	++	++	+	+
Sicherheit	++	++	–	+
Skalierbarkeit	++	+	–	–
Zugriff auf externe Ressourcen	–	+	++	++
Funktionsvielfalt	–	++	+	+
Deployment	++	++	+	–
Mit T-SQL kombinierbar	++	++	–	–

Tabelle 33.1 Vergleich zwischen T-SQL und CLR bei der Programmierung

Ein weiterer Vorteil von SQLCLR ist die Vielfalt der Datenbankobjekte, die erstellt werden können. Dies sind im Einzelnen:

- gespeicherte Prozeduren (Stored Procedures)
- benutzerdefinierte Funktionen (User-defined Functions)
- benutzerdefinierte Datentypen (User-defined Types)
- benutzerdefinierte Aggregate (User-defined Aggregates)
- benutzerdefinierte Trigger (User-defined Triggers)

Hierbei gibt es sogar einige Konstrukte, die nur mit SQLCLR implementiert werden können. Tabelle 33.2 vergleicht die Möglichkeiten, die die verschiedenen Programmiermodelle bieten.

Objekt	T-SQL	CLR	XP	COM
Prozeduren	X	X	X	X
Funktionen	X	X	–	–
Trigger	X	X	–	–
Datentypen	–	X	–	–
Aggregate	–	X	–	–

Tabelle 33.2 Programmierbare Datenbankobjekte im Vergleich

33.2 Die CLR-Integration im Detail

Für diejenigen unter Ihnen, die den Dingen gerne auf den Grund gehen, beleuchten wir im Folgenden die Details der CLR-Integration etwas näher. Dieses Wissen ist zwar nicht unabdingbar, um die neuen Möglichkeiten nutzen zu können, hilft aber, die internen Abläufe besser zu verstehen. Gerade wenn es zu »unerklärlichen Phänomenen« oder dramatischen Performanceeinbußen kommt, ist eine gute Kenntnis der Integration sehr hilfreich.

Schauen wir uns zunächst einmal die Anforderungen an, die an die CLR-Integration gestellt werden:

- Bei der Ausführung von .NET-Code sollen die Stabilität und Datenkonsistenz des Servers gewahrt bleiben.
- .NET-Assemblies sollen in der Datenbank gespeichert und in ihr ausgeführt werden.
- Aus Managed Code heraus soll der volle Zugriff auf die internen Daten und Methoden des Servers möglich sein.

Dem stehen jedoch grundlegende Unterschiede der internen Architektur gegenüber, und zwar:

- jeweils eigene Typsysteme
- unterschiedliche Threadmodelle
- andere Speicherverwaltung

Wie Sie sehen, sind die Schnittmengen zwischen CLR und SQL Server nicht besonders groß, was die CLR-Integration zu einer echten Herausforderung macht. Beispielsweise ist SQL Server bei der Speicherverwaltung sehr restriktiv. So überwacht er die Erstellung von Speicherfreigaben und verwaltet für die effiziente Nutzung verschiedene Caches, die zur Leistungssteigerung dienen.

Auch die Threadmodelle unterscheiden sich in wesentlichen Punkten. Um verschiedene Aufgaben gleichzeitig auszuführen, verwendet die .NET-Runtime Threads, die über einen internen Threadpool verwaltet werden. SQL Server setzt hingegen auf ein eigenes Modell, das auf Threads oder Fibern basieren kann und eine sehr feine Steuerung parallel laufender Operationen ermöglicht.

Um der Fülle von Unterschieden und Anforderungen Rechnung zu tragen, wurden die folgenden Punkte bei der Integration berücksichtigt:

- sicheres Hosting der CLR
- Anpassung des .NET-Speichermanagements
- Ersetzung des Assemblymanagements
- Erweiterung des AppDomain-Managements
- Eingriff in das CPU-Management und die Threadsynchronisation
- Implementierung von Mechanismen zur Deadlock-Erkennung
- Anpassung des .NET-Security-Managements
- Gewährleistung der Datenintegrität

Einige dieser Punkte erklären wir im Folgenden genauer.

33.2.1 CLR-Hosting

Die CLR ist eine Laufzeitumgebung, die von einem Prozess (*Host*) eingebunden wird. Über einen Erweiterungsmechanismus kann dieser Host auf das Verhalten der CLR reagieren oder auch eine bestimmte Funktionalität durch eine eigene Implementierung ersetzen. Dies betrifft beispielsweise das Laden von Assemblies oder die Sicherheitsprüfungen zur Laufzeit. Darüber hinaus können die Betriebssystemoperationen, die durch die CLR initiiert werden, angepasst werden. Hierbei spielen beispielsweise die Speicherverwaltung, die Erstellung von Threads oder deren Synchronisation eine Rolle.

Um diese Integration zu ermöglichen, bietet die CLR eine Sammlung von Interfaces, die der Host nach Bedarf implementieren kann. Zur Laufzeit werden dann diese »angehängten« Funktionalitäten von der Laufzeitumgebung entsprechend berücksichtigt. SQL Server macht sich diesen Mechanismus zunutze, um die CLR möglichst nahtlos in die eigene Umgebung zu integrieren.

Zwar boten bereits die Versionen 1.0 und 1.1 der .NET-CLR verschiedene Mechanismen, die es dem Host ermöglichten, beispielsweise die Größe des internen Threadpools zu verwalten. Diese deckten jedoch nur einen Bruchteil der Funktionalität ab, die SQL Server für ein sicheres Hosting benötigte.

33.2.2 Thread- und Speichermanagement

Um die verschiedenen Speicher- und Threading-Modelle von .NET und SQL Server zu verbinden, wurde das Erweiterungsmodell der Laufzeitumgebung massiv erweitert. Ab .NET 2.0 kann der Host bestimmte Funktionen, die sonst von der CLR oder durch Windows bereitgestellt wurden, durch eigene Implementierungen ersetzen. Dies versetzt SQL Server in die Lage, seine eigenen Speicher- und Threading-Modelle zu integrieren. Hierbei wird das Allozieren und Freigeben des Speichers vollständig vom Server kontrolliert, ohne auf das Betriebssystem zuzugreifen. Auch Speicherwarnungen und der Garbage Collector können hierbei vom Host verwaltet werden.

Damit die CLR auch unter anderen Threading-Modellen laufen kann, bietet sie sogenannte *Tasks* an. Ein Task ist eine abstrakte Abbildung eines Threads. Der Host kann nun die Kontrolle über diese Tasks übernehmen und so eigene Funktionalität zur Erstellung, Vernichtung und Synchronisation verwenden. Dieser Mechanismus ermöglicht es SQL Server, die Kontrolle über den internen .NET-Threadpool zu übernehmen und sein eigenes Threadmanagement zu integrieren. Hierbei prüft der Server u. a., ob ein Task das System übermäßig auslastet, und unterbricht diesen gegebenenfalls für einige Zyklen.

Auch das Verhalten bei Ressourcenproblemen nimmt SQL Server der CLR ab. Hierzu zählen u. a.:

- wie bei Speicherproblemen und Stapelüberläufen reagiert werden soll
- wie hoch der Timeout für Threadabbrüche und das Entladen von Application Domains ist

33.2.3 I/O-Zugriffe

Eine weitere Erweiterung ermöglicht es SQL Server, die Kontrolle über den I/O-Zugriff zu übernehmen, um beispielsweise asynchrone Zugriffe durch seine interne API zu realisieren. Hierbei gibt die CLR den Zugriff an den Host ab und wird nach der Operation durch diesen informiert.

33.2.4 Assemblies Loading

Auch der interne Lademechanismus für Assemblies wurde für SQL Server erweitert. Da eine Assembly normalerweise aus dem Dateisystem geladen wird, verwendet die CLR einen eingebauten Mechanismus im sogenannten *Assembly Resolver*. Dieser versucht selbstständig, eine angeforderte Assembly im Dateisystem zu lokalisieren. Der Host kann jedoch, falls die Assembly nicht gefunden werden konnte, einen eigenen Mechanismus implementieren und dem Assembly Resolver die Assembly in Form eines Byte-Arrays übergeben. Dies ist jedoch für SQL Server sehr ineffektiv, weil die

Assemblies stets in der Datenbank und nicht im Dateisystem gespeichert werden. Da jedoch standardmäßig zunächst im Dateisystem gesucht wird und erst im zweiten Schritt der Host zum Zuge kommt, bedeutet dies einen gewissen Overhead. Die Hosting-API der CLR bietet ab der Version 2.0 dem Host die Möglichkeit, den Standardmechanismus zu umgehen und den Lademechanismus selbst zu implementieren.

33.2.5 Application Domain Management

Innerhalb der CLR lebt jede Assembly in einer sogenannten *Application Domain* oder kurz *AppDomain*. Eine AppDomain ist eine Art virtueller Prozess, der von der CLR verwaltet wird. In einem physischen Prozess können mehrere AppDomains beheimatet sein, diese werden jedoch, was Speicher und Threads angeht, voneinander getrennt verwaltet.

Wie bereits erwähnt, implementiert SQL Server einen eigenen Mechanismus für die AppDomain-Verwaltung. Hierbei gelten die folgenden Regeln:

- Pro Assemblybenutzer und Datenbank wird eine AppDomain erstellt. Dies gilt auch, wenn ein Benutzer mehrere Assemblies besitzt.
- Aufrufe in andere AppDomains aus einer Assembly heraus sind nicht erlaubt.

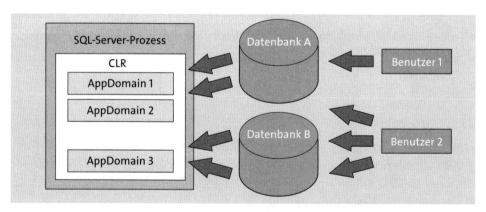

Abbildung 33.2 Das AppDomain-Management beim Zugriff auf Assemblies

Um die Effektivität der Ausführung in SQL Server zu steigern, wurden auch die Optionen für die Ausführung von AppDomain-neutralen Assemblies erweitert. Hierbei können alle AppDomains auf ein einziges JIT-Image (*Just-in-Time-Kompilierung*) zugreifen. Normalerweise findet in jeder AppDomain ein eigener Just-in-Time-Kompiliervorgang für eine Assembly statt, auch wenn die Assembly bereits in einer anderen AppDomain kompiliert wurde. Standardmäßig gab es in der CLR hierfür die Möglichkeit, entweder alle Assemblies AppDomain-neutral zu laden oder nur jene, die über einen starken Namen (*Strong Name*) verfügen. Die CLR bietet darüber hinaus die Möglichkeit, selbst zu entscheiden, welche Assemblies AppDomain-neutral geladen werden. SQL Server verwendet diesen Mechanismus, um Systemassemblies AppDomain-neutral zu laden, während Benutzerassemblies auf eine AppDomain beschränkt sind. Hierdurch können Benutzerassemblies dynamisch entladen werden, während die Systemassemblies weiterhin global zur Verfügung stehen.

33.3 Der Hosting-Layer

Die Implementierung des CLR-Hosts findet sich im sogenannten *Hosting-Layer* (siehe Abbildung 33.3). Er überwacht den ausführenden .NET-Code und übersetzt zwischen den verschiedenen Prozess- und Speichermodellen. Darüber hinaus ist der Hosting-Layer für folgende Aufgaben verantwortlich:

- die angeforderte Assembly zu laden
- einen Ausführungskontext der Assembly zur Verfügung zu stellen
- den Speicher zu verwalten, der von der Assembly verwendet wird
- die Sicherheitsrichtlinien zu überwachen, die mit der Assembly verknüpft sind
- die Stabilität der Assembly und des Systems zu gewährleisten
- die Threads zu verwalten, die für den Aufruf benötigt werden
- Deadlocks automatisch zu erkennen

Auf diese Weise wird es möglich, .NET- und T-SQL-Code zu vermengen und in einer Transaktion auszuführen.

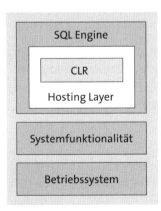

Abbildung 33.3 Der CLR-Hosting-Layer von SQL Server

Für die nötige Sicherheit sorgt zudem die .NET-Runtime selbst. So überwacht sie beispielsweise den Speicherzugriff, um Pufferüberläufe und Speicherkorruption zu verhindern. Außerdem verfügt sie mit der sogenannten *Code Access Security* über eine Sicherheitsinfrastruktur, die es ermöglicht, bei jedem Schritt in der Ausführungskette gegen bestimmte Berechtigungen zu prüfen.

Sowohl beim internen als auch beim externen Zugriff auf .NET-Assemblies, die von SQL Server verwaltet werden, greifen daher gleich zwei Schutzfunktionen, wie Abbildung 33.4 zeigt.

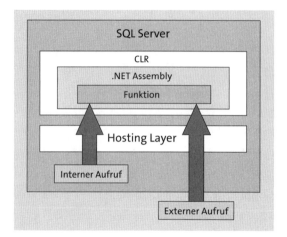

Abbildung 33.4 Interne und externe Zugriffe auf eine .NET-Funktion in SQL Server durchlaufen mehrere Sicherheitsschichten.

Zudem enthält SQL Server eine schwarze Liste mit den Namen bestimmter Klassen, die einen kritischen Zustand auf dem Server herbeiführen können oder im Kontext einer Datenbank keinen Sinn ergeben. Diese Liste wird automatisch beim Laden der CLR mit dem auszuführenden Code abgeglichen. Da alle auszuführenden und referenzierten Assemblies in der Datenbank gespeichert werden, kann auch kein externer Code diese Einschränkung unterwandern.

Grundsätzlich stehen auf SQL Server alle Klassen zur Verfügung, die im Namespace *System.** zu finden sind. Darüber hinaus können die meisten Klassen der folgenden Assemblies verwendet werden:

- *mscorlib.dll*
- *system.data.dll*
- *system.dll*
- *system.xml.dll*
- *system.security.dll*
- *system.web.services.dll*

Nicht enthalten sind u. a. die folgenden Namespaces, da sie nicht für den serverseitigen Einsatz geeignet sind:

- `System.Windows.Forms`
- `System.Drawing`
- `System.Web`

Darüber hinaus wurden einige Funktionalitäten, die in den unterstützten Assemblies enthalten sind, für den Zugriff gesperrt. Hierzu zählen beispielsweise die Environment.Exit()- oder die Console-Klasse. Eine vollständige Liste finden Sie in der SQL-Server-Dokumentation. Die Prüfung auf unterstützte Funktionalität wird hierbei über das neu eingefügte HostProtection-Attribut der CLR gewährleistet. Drittersteller können jedoch auch eigene Komponenten erstellen, die in SQL Server lauffähig sind.

Außerdem blockiert der Server potenziell unzuverlässige Funktionalitäten. Hierzu zählen beispielsweise:

- das Erstellen von Threads
- der gemeinsame Zugriff auf Ressourcen
- der Zugriff auf Sockets
- die Verwendung von Finalizern

Um zu verhindern, dass eine nicht unterstützte Komponente geladen wird, überwacht der Server den .NET Assembly Loader. Zusätzlich wird bei der Speicherung der Assembly der IL-Code (*Intermediate Language*) genau untersucht.

Abbildung 33.5 verdeutlicht das mehrstufige Sicherheitssystem bei Installation und Ausführung.

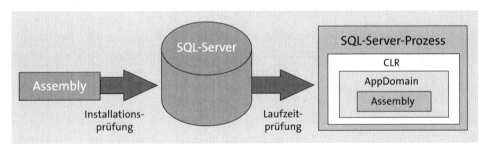

Abbildung 33.5 Installations- und Laufzeitprüfung bei der Assemblyverwaltung

33.4 Verwaltung von Assemblies

SQLCLR-Funktionen werden zunächst als normale .NET-Assemblies auf dem Client entwickelt. Nach der Kompilierung können sie über das T-SQL-Statement CREATE ASSEMBLY auf den Server übertragen werden.

Beispiel:

CREATE ASSEMBLY Orders FROM 'C:\Orders.dll'

Hier wird die Assembly *Orders.dll* auf dem Server installiert, und die enthaltenen Funktionen oder Datentypen werden entsprechend registriert. Interessant ist hierbei, dass nicht nur *Orders.dll*, sondern auch alle abhängigen Nicht-System-Assemblies mit übertragen werden. Wenn Sie also in Ihrem Orders-Projekt zusätzlich die Bibliothek Customer eingebunden haben, wird auch diese zum Server übertragen, da die *Orders*-Assembly sonst nicht lauffähig wäre.

Darüber hinaus ist zu beachten, dass die Anlage von Assemblies nur über die integrierte Windows-Sicherheit erfolgen kann. Dies liegt daran, dass für das Hinzufügen von Assemblies ein Dateisystemzugriff nötig ist und dieser von Windows verwaltet wird. Alternativ kann das *sa*-Konto von SQL Server verwendet werden, da dieses intern in den Administrator-Account der lokalen Maschine übersetzt wird.

Für das Entfernen einer Assembly aus dem Server bestehen verschiedene Optionen. So können Sie entweder nur die angegebene Assembly oder auch alle abhängigen Assemblies löschen.

Gespeichert werden alle Assemblies in den Systemtabellen von SQL Server. Hierbei ist es auch möglich, verschiedene Versionen einer Assembly parallel zu sichern. Die Namen der registrierten Methoden müssen sich hierbei jedoch unterscheiden, da diese global registriert werden.

Die Speicherung in der Datenbank hat zudem den Vorteil, dass SQL Server von seinen Caches Gebrauch machen kann und nicht in jedem Fall ein Plattenzugriff nötig ist. Außerdem werden die Assemblies auch beim Sichern und Wiederherstellen berücksichtigt, was für die Datenkonsistenz zwingend notwendig ist.

Beim Einfügen von Assemblies sollte auch immer der entsprechende Sourcecode mitgeliefert werden. Dies schafft nicht nur Transparenz, sondern ist auch für das serverseitige Debugging des Codes erforderlich. Das folgende Beispiel fügt einer Assembly den Sourcecode hinzu:

```
ALTER ASSEMBLY ADD FILE FROM ...
```

Mit ALTER ASSEMBLY aktualisieren Sie existierende Assemblies. Hierbei werden automatisch alle Prozeduren, die an die alte Assembly gebunden waren, auf die neue Assembly aktualisiert. Außerdem werden automatisch alle Abhängigkeiten geprüft, und ein Einfügen wird gegebenenfalls verhindert, falls eine Referenz nicht aufgelöst werden konnte.

Die Option UNCHECKED DATA bewirkt, dass beim Installieren der Assembly keine Prüfungen durchgeführt werden. Normalerweise versucht SQL Server bei Änderungen, alle von der Funktionalität abhängigen Assemblies neu zu binden und die Daten von berechneten Spalten zu aktualisieren. In einigen Fällen ist es jedoch sinnvoll, diese Prüfung zu unterbinden.

VISIBILITY kann auf ON oder OFF gestellt werden, wobei OFF bedeutet, dass die Assembly nicht für die Erstellung von CLR-Prozeduren, Funktionen, Datentypen oder Triggern verwendet werden kann, sondern ausschließlich von anderen Assemblies referenziert wird. Dies ist beispielsweise bei Bibliotheken der Fall, die gemeinsam genutzte Funktionalität, selbst jedoch keine Datenbanklogik enthalten. Die Änderung dieser Option von ON auf OFF ist nur möglich, wenn die Assembly noch nicht von anderen referenziert wird.

33.5 Sicherheitsstufen

Wie bereits erwähnt, überwacht SQL Server alle Operationen, die eine Assembly ausführt. Wie weit diese Überwachung geht, können Sie bei der Installation festlegen. Hierbei stehen die folgenden drei Berechtigungsstufen zur Auswahl:

- SAFE
  Die Assembly darf Verarbeitungen durchführen und mit lokalen Daten arbeiten.
- EXTERNAL_ACCESS
  Die Assembly darf auf das Dateisystem, die Registry und das Netzwerk zugreifen.
- UNSAFE
  Vergibt die volle Berechtigung einschließlich der Möglichkeit, Unmanaged Code auszuführen.

Diese Berechtigungen werden bei der Anlage der Assembly im Server festgelegt. Im folgenden Beispiel wird die Assembly *Order* beim Server angemeldet und ihr die Berechtigung SAFE zugewiesen:

```
CREATE ASSEMBLY Order FROM 'C:\Orders.dll'
WITH PERMISSION_SET = SAFE
```

Wenn Sie die PERMISSION_SET-Parameter nicht mit angeben, so wird die Assembly standardmäßig mit der Berechtigung SAFE registriert. Diese Berechtigung sollte nach Möglichkeit auch immer verwendet werden, da sie den besten Kompromiss zwischen Flexibilität auf der einen Seite bietet und den Anforderungen an Stabilität, Datenkonsistenz und Sicherheit auf der anderen Seite gerecht wird. Das Recht verhindert jedoch das Aufrufen von Unmanaged Code sowie den Zugriff auf lokale Ressourcen wie das Dateisystem oder die Registry.

Bei den Rechten EXTERNAL ACCESS und UNSAFE sollten Sie zusätzlich eine Impersonalisierung durchführen. Dies bedeutet, dass der Code stets im Kontext des aufrufenden Benutzers ausgeführt wird. Wenn Sie der Assembly beispielsweise über UNSAFE die Berechtigung für den Zugriff auf das lokale Dateisystem gegeben haben, kann ein Aufrufer nur auf die Dateisystemobjekte zugreifen, für die er eine entsprechende Betriebssystemberechtigung besitzt.

Das Recht UNSAFE sollten Sie nur in Ausnahmefällen verwenden, da hierdurch die Systemsicherheit kompromittiert werden kann. Daher ist die Anlage von UNSAFE-Assemblies auch nur Benutzern der Systemrolle *sysadmin* vorbehalten.

Nach Möglichkeit sollten Sie immer die niedrigste Berechtigungsstufe verwenden, die für die Ausführung nötig ist. Sollten höhere Stufen nötig sein, so ist die Auslagerung des Codes in eine separate Assembly empfehlenswert. Bei EXTERNAL_ACCESS verliert SQL Server die Kontrolle über den Code, was nicht nur Leistungseinbußen, sondern vor allem Sicherheitsrisiken mit sich bringen kann.

Kapitel 34
.NET-Programmierung

»Alles sollte so einfach wie möglich sein, aber nicht einfacher.«
— Albert Einstein

Nachdem in Kapitel 33, »SQL Server als Laufzeitumgebung für .NET«, die Theorie im Vordergrund stand, soll es in diesem Kapitel nun in die Praxis gehen. Hierbei lernen Sie, wie Sie eigene Prozeduren und Funktionen erstellen und welche Möglichkeiten Ihnen der serverseitige Teil von ADO.NET hierbei bietet. Zum Verständnis dieses Kapitels benötigen Sie grundlegende .NET-Kenntnisse. Außerdem ist die Verwendung von Visual Studio empfehlenswert, jedoch nicht zwingend erforderlich.

34.1 CLR-Unterstützung aktivieren

Bevor Sie mit der Entwicklung in Managed Code beginnen können, müssen Sie zunächst einmal die CLR-Unterstützung einschalten. Aus Sicherheitsgründen ist diese nämlich nach der Installation von SQL Server standardmäßig deaktiviert.

Am bequemsten führen Sie dies im Management Studio durch. Hierzu klicken Sie im OBJEKT-EXPLORER mit der rechten Maustaste auf den entsprechenden Serverknoten und wählen aus dem Kontextmenü den Punkt FACETS aus. Daraufhin erscheint der in Abbildung 34.1 dargestellte Dialog. Zum Aktivieren der CLR-Unterstützung setzen Sie den Punkt CLRINTEGRATIONENABLED auf TRUE.

Bei SQL Server 2005 ist die Konfiguration nicht ins Management Studio integriert, sondern wird über das separate Tool *SQL Server 2005-Oberflächenkonfiguration* angeboten, wie in Abbildung 34.2 dargestellt.

Die Aktivierung der CLR-Integration wirkt sich hierbei auf die komplette Serverinstanz aus, eine Aktivierung auf Datenbankebene ist nicht möglich.

Wenn SQL Server jedoch das sogenannte *Lightweight Pooling* (auch *Fiber Mode Scheduling* genannt) verwendet, können Sie die CLR-Integration nicht verwenden, da die CLR in diesem Modus nicht lauffähig ist.

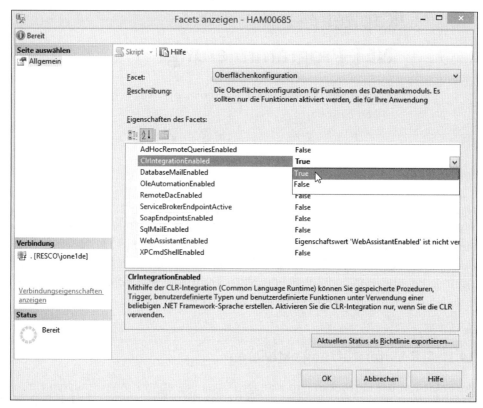

Abbildung 34.1 Aktivieren der CLR-Unterstützung im Management Studio von SQL Server 2008, SQL Server 2012, SQL Server 2014 und SQL Server 2016

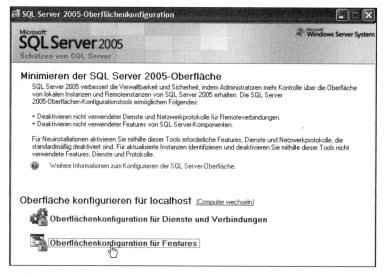

Abbildung 34.2 Das Oberflächenkonfigurationstool von SQL Server 2005

34.1.1 CLR-Unterstützung per Skript aktivieren

Alternativ können Sie die Aktivierung auch per SQL vornehmen. Dies bietet sich besonders in Fällen an, in denen Sie ein Installationsskript für Ihre Datenbank erstellen müssen. Hierzu rufen Sie die Systemprozedur sp_configure mit der Option clr enabled und dem Wert 1 auf. Zum Deaktivieren setzen Sie den Wert auf Null zurück. Damit die Änderung wirksam wird, müssen Sie zusätzlich das Kommando RECONFIGURE absetzen. Zusammen sieht dies dann wie folgt aus:

```
sp_configure 'clr enabled', 1
GO
RECONFIGURE
GO
```

34.2 CLR-Prozeduren und Funktionen

Bevor es um die konkrete Implementierung von CLR-Prozeduren und Funktionen geht, werden wir im Folgenden zunächst einige Aspekte beleuchten, die für beide Typen Bedeutung haben.

34.2.1 CLR vs. T-SQL

Grundsätzlich sollten Sie sich vor der Erstellung von CLR-Prozeduren oder Funktionen die Frage stellen, ob Sie die zu implementierende Funktionalität nicht effizienter mit T-SQL realisieren können. Wie bereits erwähnt, ist T-SQL beispielsweise bei mengenorientierten Operationen oft performanter als SQLCLR.

SQLCLR ist auch nicht dafür gedacht, eine Datenzugriffsschicht, die bisher in der Middle-Tier angesiedelt war, auf den Server auszulagern, da dieser Zusatzaufwand mit wertvoller Server-CPU-Zeit erkauft wird, die sinnvollerweise für die Verwaltung der Datenbank verwendet werden sollte.

34.2.2 Prozeduren vs. Funktionen

Bevor Sie sich entscheiden, eine bestimmte Datenbanklogik als CLR-Funktionalität zu implementieren, sollten Sie überlegen, ob Sie die Flexibilität einer Prozedur benötigen oder ob Sie das Gleiche auch mit einer benutzerdefinierten Funktion realisieren können. Hierbei sollten Sie das Für und Wider anhand der folgenden Punkte abwägen:

- ▸ Funktionen können nicht schreibend auf Daten zugreifen.
- ▸ Funktionen sind bei Lesezugriffen performanter als Prozeduren.
- ▸ Prozeduren können die Ergebnismenge variabel zur Laufzeit bestimmen; bei Funktionen muss das Ergebnis zur Entwurfszeit festgelegt werden.

- Prozeduren können mehrere Ergebnismengen und Werte ausgeben, Funktionen nur einen einzelnen Wert oder eine Ergebnismenge.
- Funktionen können keine Prozeduren aufrufen.
- Funktionen können aus Abfragen heraus aufgerufen werden.

Die Vorteile einer Prozedur gegenüber einer Funktion liegen in ihrer Flexibilität. So können Sie beispielsweise mehrere Abfragen definieren und zur Laufzeit anhand der übergebenen Parameterwerte entscheiden, welche Abfrage ausgeführt werden soll. Bei einer Funktion müssen Sie hingegen zur Entwurfszeit die Struktur der Ergebnismenge festlegen.

Darüber hinaus bietet eine Prozedur eine Reihe weiterer Ausgabemöglichkeiten:

- einen numerischen Rückgabewert
- mehrere Ausgabeparameter
- mehrere Ergebnismengen
- Meldungen
- Warnungen und Fehler

34.2.3 Veröffentlichung von Methoden

Prozeduren, Funktionen sowie alle anderen CLR-Objekte werden in Form von Klassenbibliotheken *(.dll)* bereitgestellt. Diese können eine oder mehrere Klassen enthalten, die die jeweilige Funktionalität in Form von Methoden abbilden. Welche Methoden hierbei in SQL Server veröffentlicht werden sollen, kann über entsprechende Attribute festgelegt werden. Diese bestimmen auch den späteren Zieltyp (Prozedur, Funktion) und enthalten Informationen über das Verhalten zur Laufzeit.

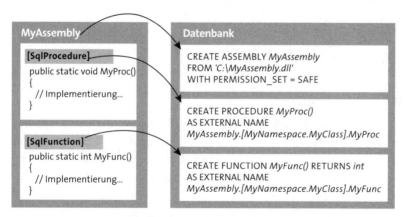

Abbildung 34.3 Eine Assembly und ihre entsprechenden Datenbankobjekte

Nach der Implementierung der Funktionalität muss die Assembly kompiliert und in SQL Server installiert werden. Hierbei müssen sowohl für die Assembly als auch für alle veröffentlichten Methoden entsprechende Datenbankobjekte angelegt werden. Dies ist notwendig, um einen späteren Zugriff aus T-SQL oder anderen CLR-Funktionen zu ermöglichen. Bei der Entwicklung haben Sie somit eine Zweiteilung zwischen der Implementierung in .NET und der Erstellung der entsprechenden Datenbankobjekte. Beispielsweise legen Sie für eine Methode, die mit dem SqlProcedure-Attribut ausgezeichnet ist, ein Procedure-Objekt in der Datenbank an. Abbildung 34.3 verdeutlicht diesen Prozess.

34.2.4 Implementierungsregeln

Bei der Implementierung der Methoden müssen Sie einige Restriktionen beachten, da SQL Server die Installation sonst verweigert.

Die zu veröffentlichenden Methoden müssen stets öffentlich (public) und statisch (static) sein, da SQL Server keinen Zugriff auf Instanzfunktionen erlaubt. Nicht öffentliche Unterfunktionen können natürlich auch als privat (private) implementiert werden, auf sie kann jedoch nur innerhalb der Klasse zugegriffen werden.

Auch das Veröffentlichen von Methoden aus untergeordneten Klassen ist nicht erlaubt. Das bedeutet: Wenn eine Klasse eine Unterklasse enthält und diese wiederum eine öffentliche Methode, die mit dem SqlProcedure-Attribut versehen ist, führt dies zu einem Fehler.

Des Weiteren sollten Sie beachten, dass SQL Server keine Methodenüberladungen unterstützt. Wenn Sie beispielsweise mehrere Methoden mit gleichem Namen implementieren, die sich nur durch die Typen oder Anzahl der Parameter unterscheiden, lehnt SQL Server die Installation ab.

Zum besseren Verständnis zeigt das folgende Beispiel einige unerlaubte Kombinationen. Wenn Sie versuchen, die Klasse in SQL Server zu installieren, werden entsprechende Fehler ausgelöst, und die Installation wird verweigert.

```
class MyClass
{
  [SqlProcedure()]
  public void MyNonStaticProc(){}

  [SqlProcedure()] // Überladung
  public void MyNonStaticProc(int i){}

  [SqlProcedure()]
  private static void MyPrivateProc(){}

  class MyInnerClass
  {
```

```
    [SqlProcedure()]
    public static void MySubProc(){}
  }
}
```

Listing 34.1 Ungültige Prozeduren

Die folgenden Kombinationen sind hingegen zulässig:

```
class MyClass
{
  [SqlProcedure()]
  public static void MyProc(){}

  private static void MyPrivateProc(){}

  public void MyNonStaticProc(){}

  class MyInnerClass
  {
    public static void MySubProc(){}
  }
}
```

Listing 34.2 Gültige Prozeduren

Hierbei wird einzig die MyProc-Methode veröffentlicht, da nur sie mit dem SqlProcedure-Attribut ausgestattet wurde. Alle anderen Methoden können nur innerhalb der Klasse aufgerufen werden.

34.2.5 Parameter und Rückgabewerte

Bei der Deklaration von Parametern und Rückgabewerten sollten Sie, wenn möglich, stets die nativen SQL-Server-Datentypen verwenden, die Sie im Namensraum System.Data.SqlTypes finden. Der Hauptgrund hierfür ist, dass einfache CLR-Typen keine NULL-Werte unterstützen. Wenn Sie beispielsweise eine Funktion mit einem int-Parameter versehen und diese dann mit einem NULL-Wert aufrufen, kommt es zu einem Fehler. SqlType-Datentypen können NULL-Werte hingegen transparent verarbeiten. Zudem bieten sie über die IsNull-Methode eine Eigenschaft, über die Sie sehr komfortabel auf NULL-Werte prüfen können.

In Tabelle 34.1 finden Sie die verschiedenen SqlType-Datentypen mit ihren Entsprechungen in CLR und SQL Server.

SqlType	CLR	SQL Server
SqlBinary	Byte[]	BINARY VARBINARY TIMESTAMP IMAGE
SqlInt64	Int64	BIGINT
SqlInt32	Int32	INT
SqlInt16	Int16	SMALLINT
SqlByte	Byte	TINYINT
SqlString	String	CHAR VARCHAR NCHAR NVARCHAR TEXT NTEXT
SqlDateTime	DateTime	DATETIME SMALLDATETIME
SqlDecimal	Decimal	DECIMAL NUMERIC
SqlDouble	Decimal	FLOAT
SqlSingle	Single	REAL
SqlMoney	Decimal	MONEY SMALLMONEY
SqlGuid	Guid	UNIQUEIDENTIFIER
SqlBoolean	Boolean	BIT

Tabelle 34.1 Vergleich der verschiedenen Datentypen

34.2.6 Sicherheitsaspekte

Bei der Implementierung Ihrer Funktionalität sollten Sie darauf achten, nur die Funktionalität aus dem .NET Framework zu verwenden, für die später auch eine entsprechende Berechtigung vorhanden ist. Wenn Sie aus Ihrer Funktion beispielsweise auf das lokale Dateisystem zugreifen wollen, so muss der Assembly bei der Installation in SQL Server die Berechtigung EXTERNAL_ACCESS zugewiesen werden. Wurde hier jedoch die Standardberechtigung SAFE verwendet, so führt der Aufruf der Funktion zu einem Fehler. Einzelheiten zu den Vor- und Nachteilen der verschiedenen Berechtigungsstufen finden Sie in Abschnitt 33.5, »Sicherheitsstufen«.

34.3 Gespeicherte Prozeduren

Gespeicherte Prozeduren sind die flexibelste Möglichkeit, serverseitige Datenbanklogik zu implementieren. In ihnen können Sie dynamische Abfragen absetzen, schreibend auf Datenbankobjekte zugreifen und Unterprozeduren aufrufen. Anders als Funktionen unterliegen sie auch keinen Restriktionen, was die Struktur der Rückgabe betrifft; sie können mehrere Ergebnismengen und einzelne Werte zurückgeben sowie Meldungen und Fehler auslösen.

34.3.1 Eine gespeicherte Prozedur mit Visual Studio erstellen

Für die Erstellung einer CLR-Prozedur verwenden Sie idealerweise Visual Studio 2013. Hierbei können Sie auch die kostenlose Express-Version verwenden. Bei letzterer Variante müssen Sie die Skripte jedoch manuell kompilieren und auf SQL Server installieren.

Wenn Sie Visual Studio 2005 einsetzen, benötigen Sie ein Upgrade, das die Unterstützung für SQL Server 2008 oder 2008 R2 nachrüstet. Dies betrifft nicht nur die entsprechenden Vorlagen für Datenbankprojekte, sondern auch die Möglichkeit, sich über den Visual Studio Server Explorer mit SQL Server 2008 zu verbinden. Das Upgrade bietet Microsoft im Internet zum kostenlosen Download an (*http://www.microsoft.com/downloads/details.aspx?FamilyID=E1109AEF-1AA2-408D-AA0F-9DF094F993BF*).

Verwenden Sie hingegen Visual Studio 2010 oder höher, so ist zunächst einmal die installierte Edition von Interesse. Die entsprechenden Projektvorlagen können nämlich nur für die Editionen *Team Suite* oder *Database Professional* nachgerüstet werden. Hierfür stellt Microsoft das Paket *Visual Studio Team System 2008 Database Edition GDR* zum kostenlosen Download bereit (*https://www.microsoft.com/downloads/details.aspx?FamilyID=bb3ad767-5f69-4db9-b1c9-8f55759846ed*).

Verwenden Sie Visual Studio 2010, so ist keine zusätzliche Installation erforderlich, da die benötigten Projektvorlagen bereits enthalten sind.

Setzen Sie eine andere Visual-Studio-Version ein, so müssen Sie die Entwicklung und Installation von Hand vornehmen. Hierzu erstellen Sie in Visual Studio zunächst ein Klassenbibliotheksprojekt und fügen diesem eine Referenz zu `Microsoft.SqlClient` hinzu. Nach der Entwicklung installieren Sie die Assembly manuell über das SQL Server Management Studio. Die hierfür notwendigen Schritte erläutern wir in Abschnitt 34.3.6, »Assembly ohne Visual Studio kompilieren«.

Im folgenden Beispiel erklären wir zunächst die notwendigen Schritte zur Erstellung einer CLR-Prozedur in Visual Studio.

Starten Sie Visual Studio, und wählen Sie aus dem Menü DATEI den Punkt NEU • PROJEKT. Im nun erscheinenden Dialog finden Sie auf der linken Seite den Punkt SQL SERVER (siehe Abbildung 34.4). Wählen Sie den Punkt an, und vergeben Sie einen Namen und einen Speicherort für Ihr Projekt.

34.3 Gespeicherte Prozeduren

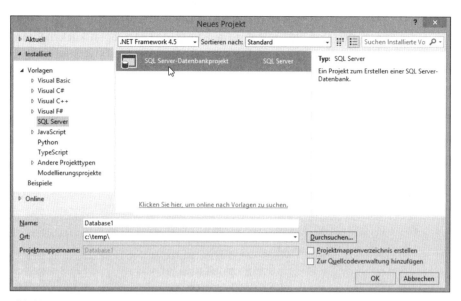

Abbildung 34.4 Ein neues Projekt in Visual Studio 2013 erstellen

Nachdem Sie die Eingabe bestätigt haben, erscheint der in Abbildung 34.5 dargestellte Dialog. Hier müssen Sie nun die notwendigen Verbindungsinformationen der gewünschten Datenbank angeben.

Abbildung 34.5 Einen Datenbankverweis anlegen

Nachdem Sie auch diesen Dialog bestätigt haben, erstellt Visual Studio das Grundgerüst eines SQL-Server-Projekts. Um nun eine neue Prozedur anzulegen, klicken Sie im PROJEKTMAPPEN-EXPLORER mit der rechten Maustaste Ihr Projekt an und wählen aus dem erscheinenden Kontextmenü den Punkt HINZUFÜGEN • NEUES ELEMENT aus (siehe Abbildung 34.6).

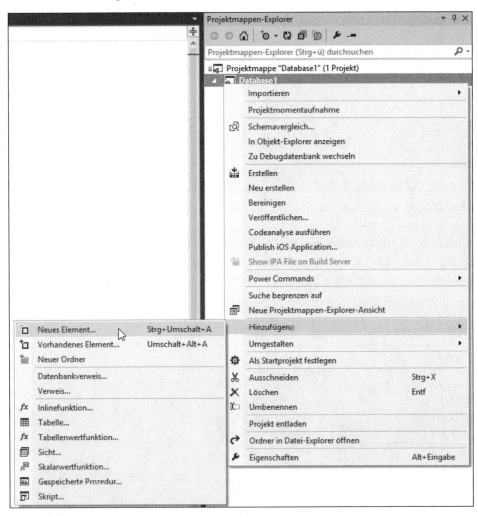

Abbildung 34.6 Dem Projekt eine gespeicherte Prozedur hinzufügen

Visual Studio öffnet daraufhin einen weiteren Dialog, in dem Sie auf der linken Seite den Punkt SQL CLR C# und auf der rechten Seite den Punkt SQL CLR C# – GESPEICHERTE PROZEDUR auswählen (siehe Abbildung 34.7).

34.3 Gespeicherte Prozeduren

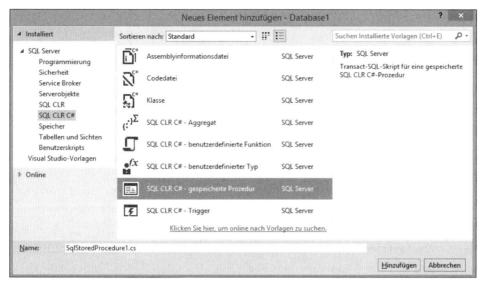

Abbildung 34.7 Eine neue Prozedur anlegen

Nachdem Sie auch diesen Dialog bestätigt haben, fügt Visual Studio dem Projekt eine neue Datei hinzu, deren Inhalt etwa wie folgt aussieht:

```
using System;
using System.Data;
using System.Data.SqlClient;
using System.Data.SqlTypes;
using Microsoft.SqlServer.Server;

public partial class StoredProcedures
{
    [Microsoft.SqlServer.Server.SqlProcedure]
    public static void StoredProcedure1()
    {
        // Fügen Sie hier Ihren Code ein.
    }
};
```

Listing 34.3 Der initiale Aufbau einer CLR-Prozedur in Visual Studio

Im oberen Teil werden zunächst alle benötigten Namensräume eingebunden. Besondere Bedeutung haben hierbei die Einträge System.Data.SqlTypes und Microsoft.SqlServer.Server. Während der erste die SQL-Server-spezifischen Datentypen enthält, stellt der zweite alle relevanten Klassen zur Verfügung, die Sie für die Entwicklung von serverseitigem CLR-Code benötigen.

34.3.2 Das »SqlProcedure«-Attribut

Eine weitere Auffälligkeit ist das Attribut `Microsoft.SqlServer.SqlProcedure`, das über der Methode `StoredProcedure1` notiert wurde. Wie bereits erwähnt, ist dies bei der späteren Installation der Assembly von zentraler Bedeutung, da SQL Server nur derart gekennzeichnete Methoden als CLR-Objekte veröffentlicht. Würde das Attribut hingegen fehlen, so können Sie aus Abfragen oder anderen CLR-Prozeduren nicht auf diese Funktionalität zugreifen.

Allerdings gilt dies nur bei der Verwendung von Visual Studio; SQL Server wertet das Attribut nämlich nicht aus. Visual Studio benutzt es, um zu ermitteln, welche Methode als öffentliche Prozedur oder Funktion im Server bereitgestellt werden soll. Wenn Sie die Installation hingegen von Hand erledigen, können Sie auch Methoden veröffentlichen, die nicht über das Attribut verfügen.

Optional haben Sie die Möglichkeit, eine Überladung des `SqlProcedure`-Attributs zu verwenden, um der Methode einen abweichenden öffentlichen Namen zu geben. Das folgende Beispiel demonstriert dies:

```
[SqlProcedure(Name = "Calc")]
public static SqlInt32 Calculate(int x, int y)
{
    ...
}
```

Hier wurde über den `Name`-Parameter des `SqlProcedure`-Attributs signalisiert, dass die Methode unter dem Namen `Calc` im Server veröffentlicht werden soll. Beim Bereitstellen der Assembly wertet Visual Studio das Attribut aus und erstellt für die Methode ein Datenbankobjekt mit dem Namen `Calc`. Folglich können Sie die Methode später nur über diesen Namen aufrufen.

34.3.3 Parameter und Rückgabe

Bei der Deklaration von Parametern können Sie die Datentypen aus dem Namensraum `System.Data.SqlTypes` sowie benutzerdefinierte CLR-Datentypen verwenden. Hierbei sollten Sie jedoch beachten, dass dem Benutzer oder der Rolle nicht nur die Berechtigung für den Aufruf der Prozedur, sondern auch für den benutzerdefinierten Datentyp eingeräumt werden muss. Nähere Einzelheiten zu benutzerdefinierten Datentypen finden Sie in Abschnitt 34.8, »Benutzerdefinierte Typen«.

Der Rückgabewert einer Prozedur kann vom Typ `void` (keine Rückgabe), `SqlInt16` oder `SqlInt32` sein. Hierbei ist jedoch zu beachten, dass SQL Server im Fehlerfall den Rückgabewert der Prozedur mit dem jeweiligen Fehlercode überschreibt. Der Einheitlichkeit wegen sollten Sie daher den Rückgabewert wenn möglich auch nur mit einem Status belegen, der Auskunft über die erfolgreiche Ausführung gibt. Andere Rückgabewerte geben Sie besser in Form von Ausgabeparametern zurück. Hierbei stellen Sie dem Parameter ein `ref` (C#) voran. Aus T-SQL-Sicht entspricht dies einem OUTPUT-Parameter. Das folgende Beispiel demonstriert die Vorgehensweise:

```
public class MyClass
{
  [SqlProcedure]
  public static void GetMyValue(ref SqlInt32 result)
  {
    result = 1;
  }
}
```

Listing 34.4 Eine einfache CLR-Prozedur

Der Aufruf der `GetMyValue`-Prozedur aus T-SQL könnte nun beispielsweise wie folgt aussehen:

```
DECLARE @result;
EXEC dbo.GetMyValue @result OUTPUT
SELECT @result
```

34.3.4 Temporäre Prozeduren

In T-SQL können Sie eine lokale oder globale Prozedur als temporär kennzeichnen, indem Sie eine oder zwei Rauten (#) vor den Prozedurnamen setzen. Hierbei wird die Prozedur in der Temporärdatenbank (*tempdb*) gespeichert und ist nur für die Laufzeit der aktiven Datenbank-Session (lokal) oder bis zum Neustart des Servers (global) verfügbar. CLR-Prozeduren bieten diese Möglichkeit nicht; sie werden stets permanent gespeichert.

34.3.5 Assembly bereitstellen

Nachdem Sie die gewünschte Funktionalität implementiert haben, können Sie mit Visual Studio die Assembly sehr leicht auf SQL Server installieren. Hierzu markieren Sie im PROJEKTMAPPEN-EXPLORER mit der rechten Maustaste das Projekt und wählen aus dem Kontextmenü den Punkt BEREITSTELLEN aus.

Visual Studio kümmert sich hierbei selbstständig darum, die Assembly in SQL Server zu installieren und die darin enthaltenen Funktionen zu veröffentlichen. Die hierfür nötigen Informationen ermittelt es aus den Attributen der Klasse. Die Berechtigungsstufe, unter der die Assembly laufen soll, müssen Sie allerdings an einer anderen Stelle einstellen. Hierfür rufen Sie die Eigenschaften des Projekts auf (siehe Abbildung 34.8).

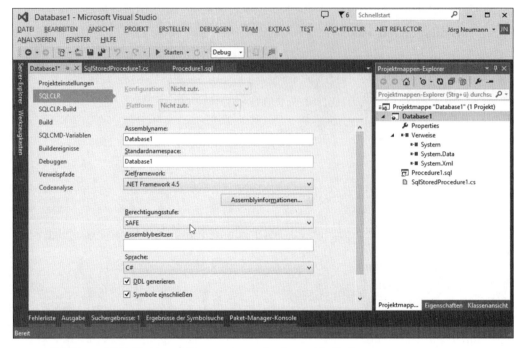

Abbildung 34.8 Die Berechtigungsebene der Assembly festlegen

34.3.6 Assembly ohne Visual Studio kompilieren

Wenn Sie nicht mit Visual Studio arbeiten, können Sie die einzelnen Schritte auch mithilfe der entsprechenden Kommandozeilentools vollziehen. Hierbei kompilieren Sie zunächst Ihr Projekt mit dem Compiler der verwendeten Programmiersprache. Bei C# ist dies *csc.exe* und bei VB.NET die Datei *vbc.exe*.

C#

```
csc /target:library MyAssembly.cs
```

VB.NET

```
vbc /target:library MyAssembly.vb
```

Nun können Sie die Assembly und die darin enthaltene Prozedur in SQL Server übertragen. Hierzu müssen Sie die folgenden T-SQL-Statements absetzen:

```
CREATE ASSEMBLY MyAssembly FROM 'C:\Test\MyAssembly.dll'
WITH PERMISSION_SET = SAFE
```

```
CREATE PROCEDURE MyProc(@Parameter1 INT) AS EXTERNAL NAME
MyAssembly.[MyNamespace.MyClass].MyProc
```

34.3.7 Installation mit »sqlcmd« durchführen

Für die Ausführung der Statements können Sie ebenfalls Visual Studio oder die Kommandozeile verwenden. Für letztere Variante bietet SQL Server das Tool sqlcmd, das zur Verwaltung der Datenbank und zum Absetzen von SQL-Statements dient. Die Installation der Assembly könnte mit sqlcmd beispielsweise wie folgt aussehen:

```
sqlcmd -d AdventureWorks -Q "CREATE ASSEMBLY MyAssembly FROM
%CD%\MyAssembly.dll WITH PERMISSION_SET = SAFE
```

Hierbei können Sie entweder den vollqualifizierten Pfad der Assembly angeben oder %CD%, wenn die Assembly im aktuellen Verzeichnis liegt.

Beim Bereitstellen der Assembly sollten Sie nach Möglichkeit nicht zwischen Visual Studio und sqlcmd wechseln. Der Grund hierfür ist, dass Visual Studio beim Installieren der Assembly Metadaten in die Datenbank schreibt, die für eine spätere Aktualisierung benötigt werden. Wenn Sie also mit sqlcmd die Assembly installieren und diese später mit Visual Studio aktualisieren wollen, kommt es zu einem Fehler, da die benötigten Informationen nicht gefunden werden. In diesem Fall müssen Sie die Assembly zunächst aus der Datenbank entfernen und erneut mit Visual Studio installieren.

34.3.8 Prozeduren mit Visual Studio debuggen

Wenn Sie im Fehlerfall feststellen wollen, was in einer Prozedur schiefläuft, können Sie den integrierten Debugger von Visual Studio verwenden. Mit diesem können Sie nicht nur T-SQL-Prozeduren, sondern auch jegliche CLR-Objekte debuggen. Um eine Debug-Session zu starten, klicken Sie im PROJEKTMAPPEN-EXPLORER mit der rechten Maustaste auf das Projekt und wählen im Kontextmenü den Punkt ZU DATENBANK WECHSELN aus.

Daraufhin öffnet sich der SQL SERVER OBJEKT EXPLORER. Wählen Sie hierin die gewünschte Prozedur aus. Als Nächstes rufen Sie aus dem Kontextmenü den Punkt PROZEDUR DEBUGGEN auf (siehe Abbildung 34.9).

Da der SQL-Server-Debugger über den TCP-Port 135 kommuniziert, kann es vorkommen, dass sich die Windows-Firewall mit der Frage meldet, ob der Zugriff erlaubt werden soll. Nachdem Sie dies bestätigt haben, sollte die Debug-Session beginnen.

Zum Testen erstellt Ihnen Visual Studio automatisch ein Skript, in dem die Ausführung Ihrer CLR-Prozedur vollzogen wird.

Nun müssen Sie nur noch an der gewünschten Stelle im Prozedurcode einen Haltepunkt einfügen und die Debug-Session starten (Menü DEBUGGEN • DEBUGGEN STARTEN oder Taste [F5] drücken).

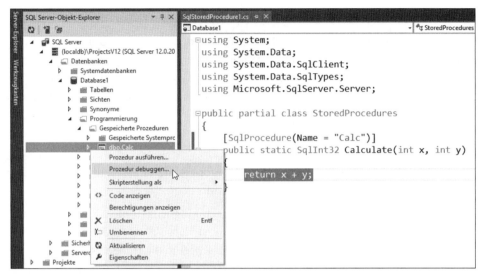

Abbildung 34.9 Starten einer Debug-Session im SQL Server-Objekt-Explorer

34.4 Benutzerdefinierte Funktionen

Benutzerdefinierte Funktionen teilen sich in zwei Gruppen: skalare Funktionen und tabellenwertige Funktionen. Während skalare Funktionen lediglich einen einzelnen Wert zurückliefern können, ist bei tabellenwertigen Funktionen die Rückgabe einer Ergebnismenge möglich.

34.4.1 Einschränkungen

Benutzerdefinierte Funktionen (*User-defined Functions*, *UDFs*) werden von SQL Server sehr effizient verarbeitet und bieten meist eine höhere Performance als Prozeduren. Dies hat jedoch seinen Preis. So unterliegen UDFs einer Reihe von Einschränkungen:

- Es ist nur lesender Zugriff auf Daten möglich.
- Es gibt keinen Zugriff auf den Ausgabedatenstrom (SqlPipe).
- Transaktionen können nicht initiiert, beendet oder zurückgerollt werden.
- Die Teilnahme an Service-Broker-Konversationen ist nicht möglich.
- Die Anlage von Datenbankobjekten ist nicht möglich.

Da in einer Funktion keine Daten direkt an den Client gesendet werden können, ist auch die Ausgabe von Fehlermeldungen oder sonstigen Informationen nicht möglich. Im Fehlerfall können Sie aber eine Ausnahme auslösen, die dann von der aufrufenden Prozedur oder Batchverarbeitung an den Client gesendet wird. Das folgende Beispiel demonstriert das Vorgehen:

```
if (myParameter.IsNull)
  throw new ArgumentNullException("myParameter");
```

Das explizite Abfangen von auftretenden Fehlern während der Verarbeitung ist hingegen nicht unbedingt notwendig. Falls eine Ausnahme auftritt, wird sie automatisch an den Aufrufer weitergeleitet.

34.4.2 Das »SqlFunction«-Attribut

Wie Prozeduren werden auch Funktionen mit einem speziellen Attribut gekennzeichnet. Das `SqlFunction`-Attribut findet sich im Namespace `Microsoft.SqlServer.Server` und enthält verschiedene Eigenschaften, die das Verhalten der Funktion zur Laufzeit bestimmen. So geben sie beispielsweise Auskunft darüber, ob die Funktion einen Datenzugriff durchführt oder auf Systemtabellen zugreift. Eine vollständige Liste der möglichen Eigenschaften finden Sie in Tabelle 34.2.

Besondere Beachtung sollten Sie den Eigenschaften `DataAccess` und `SystemDataAccess` schenken. Wenn Sie diese nicht angeben und in Ihrer Funktion trotzdem auf SQL-Server-Daten zugreifen, bekommen Sie zur Laufzeit einen Fehler. Während des Kompilierens und der Installation im Server wird dies nicht bemängelt.

Eigenschaft	Typ	Beschreibung
DataAccess	DataAccessKind	Bestimmt, ob die Funktion auf Daten der lokalen SQL-Server-Instanz zugreift.
FillRowMethodName	String	der Name der Funktion, die für das Auslesen einzelner Werte einer tabellenwertigen Funktion zuständig ist
IsDeterministic	Bool	Bestimmt, ob es sich um eine deterministische Funktion handelt.
IsPrecise	Bool	Gibt an, ob die Funktion genaue Werte zurückgibt oder ob die Ergebnisse ungenau sein können, weil beispielsweise Fließkommaoperationen durchgeführt werden.

Tabelle 34.2 Die Eigenschaften des »SqlFunction«-Attributs

Eigenschaft	Typ	Beschreibung
Name	String	der Name, unter dem die Funktion in SQL Server veröffentlicht werden soll
SystemDataAccess	SystemDataAccessKind	Bestimmt, ob die Funktion Zugriff auf den Systemkatalog oder virtuelle Systemtabellen benötigt.
TableDefinition	String	eine Zeichenfolge mit der Spaltendefinition der Rückgabetabelle, falls es sich um eine tabellenwertige Funktion handelt

Tabelle 34.2 Die Eigenschaften des »SqlFunction«-Attributs (Forts.)

34.4.3 Funktionen bereitstellen

Auch das Bereitstellen von CLR-Funktionen geschieht auf die gleiche Weise wie bei den Prozeduren. Allerdings verwenden Sie hierbei das CREATE FUNCTION-Statement, dessen Syntax wie folgt aufgebaut ist:

```
CREATE FUNCTION Funktionsname (Parameterliste)
RETURNS Rückgabedatentyp
WITH Optionen
AS
EXTERNAL NAME AssemblyName.[NamespaceName.KlassenName].MethodenName
```

Je nachdem, ob es sich um eine skalare oder eine tabellenwertige Funktion handelt, unterscheidet sich der Rückgabetyp. Während Sie bei skalaren Funktionen einen einfachen Datentyp angeben, müssen Sie bei tabellenwertigen Funktionen den Table-Typ inklusive der entsprechenden Spaltendefinition bestimmen.

Zusätzlich können Sie über das WITH-Schlüsselwort Optionen definieren, die sich auf das Verhalten der Funktion zur Laufzeit auswirken. Zur Auswahl stehen die folgenden Optionen:

- CALLED ON NULL INPUT
  bestimmt, dass die Funktion auch dann ausgeführt wird, wenn einer der Parameter einen NULL-Wert enthält. Dies ist der Standardwert, der automatisch verwendet wird, wenn keine Optionen angegeben wurden.
- RETURNS NULL ON NULL INPUT
  gibt an, dass die Funktion nicht ausgeführt wird, wenn einer der Parameter einen NULL-Wert enthält. Hierbei wird jedoch kein Fehler ausgelöst, sondern als Ergebnis ein NULL-Wert zurückgegeben. Diese Option kann nur bei skalaren und nicht bei tabellenwertigen Funktionen verwendet werden.

34.4.4 Skalare Funktionen

Eine skalare Funktion gibt stets einen einzelnen Wert zurück. Sie kann beispielsweise im SELECT-Bereich einer Abfrage verwendet werden, um auf Zeilenebene eine bestimmte Umrechnung durchzuführen. Einzelheiten zum Umgang und zur Implementierung von skalaren Funktionen in T-SQL finden Sie in Kapitel 16, »Programmierung von gespeicherten Prozeduren«.

Bei sehr rechenintensiven Operationen können skalare CLR-Funktionen sogar schneller sein als T-SQL-Funktionen, da der Funktionsrumpf in nativen Code kompiliert wird, während T-SQL-Statements zur Laufzeit interpretiert werden.

Skalare Funktionen können deterministisch oder nicht deterministisch implementiert werden. Deterministische Funktionen geben bei gleichen Eingangsdaten stets das gleiche Ergebnis zurück, während die Ergebnisse von nicht deterministischen Funktionen von Aufruf zu Aufruf variieren können. Ein Beispiel hierfür ist die GetDate()-Funktion von SQL Server. Sie liefert die aktuelle Uhrzeit, und die kann sich zwischen den Aufrufen ändern.

Ob eine Funktion deterministisch oder nicht deterministisch implementiert wurde, spielt unter bestimmten Umständen eine wichtige Rolle. So können Sie beispielsweise aus T-SQL-Funktionen keine nicht deterministischen Funktionen aufrufen.

34.4.5 Eine Skalarfunktion erstellen

Das folgende Beispiel erstellt die Skalarfunktion GetWeek(), die zu einem angegebenen Datum die Kalenderwoche ermittelt. Zwar bietet T-SQL mit dem DATEPART-Befehl eine ähnliche Funktionalität, jedoch geht diese bei der Ermittlung stets vom 1.1. des Jahres als Basis für die erste Woche aus. Im geschäftlichen Umfeld fängt die erste Woche des Jahres jedoch häufig erst am ersten Montag des Jahres an. Nun könnten Sie diese Regel zwar auch mit etwas Aufwand in T-SQL implementieren, dank der CLR-Integration können Sie diese Arbeit jedoch sehr viel leichter erledigen. Das .NET Framework enthält nämlich nicht nur eine Funktion zur Ermittlung der Woche, sondern bietet dafür auch verschiedene Kalenderregeln an. Eine Implementierung wäre beispielsweise wie folgt möglich:

```
[SqlFunction(IsDeterministic=true)]
public static int GetWeek(SqlDateTime date)
{
  DateTimeFormatInfo info = CultureInfo.CurrentCulture.DateTimeFormat;
  return info.Calendar.GetWeekOfYear(
    date.Value,
    CalendarWeekRule.FirstFullWeek,
    DayOfWeek.Monday);
}
```

Listing 34.5 Die »GetWeek()«-Prozedur

Der Aufruf könnte nun wie folgt aussehen:

SELECT dbo.GetWeek('01.05.2005')

Interessant ist hierbei der Vergleich mit dem DATEPART-Befehl von T-SQL. Während die GetWeek()-Funktion die Woche 17 ermittelt, gibt die folgende Anweisung 18 zurück:

SELECT DATEPART(wk, '01.05.2005')

Um noch flexibler bei der Kalenderwochenermittlung zu sein, könnten Sie auch den CalenderWeekRule-Parameter der GetWeekOfYear()-Funktion als Parameter der GetWeek()-Funktion definieren. Hierbei kann jedoch nicht die Enumeration CalenderWeekRule verwendet werden, sondern Sie nutzen einen int-Wert, der die entsprechende Regel repräsentiert.

34.4.6 Tabellenwertige Funktionen

Wie bereits erwähnt, liefern tabellenwertige Funktionen stets eine Ergebnismenge zurück. Am einfachsten können Sie sich tabellenwertige Funktionen wie Views mit Parametern vorstellen: Sie können in einer Abfrage wie normale Tabellen verwendet und auch mit diesen verknüpft werden. Dies ermöglicht einen weitaus flexibleren Einsatz, als dies mit Prozeduren möglich ist.

34.4.7 Unterschiede zwischen T-SQL- und CLR-Funktionen

Anders als bei CLR-Funktionen werden bei tabellenwertigen T-SQL-Funktionen die Ergebnisse in eine interne Tabelle geschrieben. Dies hat den Vorteil, dass die Daten mit *Constraints* und *Unique*-Indizes versehen werden können. Auf der anderen Seite geht dieser Komfort zulasten des Ressourcenverbrauchs und der Performance.

CLR-Funktionen unterstützen hingegen keine Constraints und Indizes, laufen dadurch jedoch wesentlich effizienter, da auf das Zwischenspeichern der Ergebnisse verzichtet wird. Man spricht in diesem Zusammenhang auch von *Streaming-Funktionen*: Hierbei werden die Daten der Funktion zeilenweise mit dem Ergebnis des Aufrufers vermengt. So muss die Query-Engine bei der Ausführung der Funktion nicht erst warten, bis diese die Daten vollständig ermittelt hat, was zu einem weitaus effizienteren Ausführungsplan führt. Gerade bei sehr großen Ergebnismengen macht sich dies sehr extrem in der Performance bemerkbar. Microsoft gibt hierbei einen Geschwindigkeitsvorteil von bis zu Faktor drei an. Wenn Sie in Ihrer CLR-Funktion dennoch Constraints oder Indizes benötigen, so müssen Sie diese selbst implementieren.

Um eine solche Dynamik zu realisieren, gibt eine CLR-Funktion statt einer Tabelle einen sogenannten *Iterator* zurück. Ein Iterator ist ein Konstrukt, mit dem – wie bei einem Cursor – zeilenweise über eine Liste iteriert werden kann.

In der Praxis könnte dies z. B. wie folgt aussehen:

```
public static IEnumerable MyFunction()
{
  ...
}
```

Die Rückgabe der Funktion ist hierbei vom Typ IEnumerable, einem Interface, das Funktionen zum Iterieren über eine Liste bereitstellt. Es wird von allen wichtigen Listenklassen des .NET Frameworks wie Arrays oder Collections implementiert.

Ein weiterer Vorteil von CLR-Funktionen gegenüber T-SQL ist der mögliche Zugriff auf externe Daten. So könnten Sie in einer CLR-Funktion beispielsweise eine Datei einlesen oder Ihren Mailserver als Datenquelle anbinden. Hierbei sollten Sie jedoch stets die Skalierbarkeit und die Systemsicherheit im Hinterkopf behalten.

34.4.8 Eine tabellenwertige Funktion erstellen

Nach all der grauen Theorie soll es nun in die Praxis gehen. Im folgenden Beispiel wird eine tabellenwertige Funktion erstellt, die eine kommaseparierte Zeichenkette übergeben bekommt und die darin enthaltenen Zahlen extrahiert und in Tabellenform zurückgibt. Eine solche Funktion kann beispielsweise in gespeicherten Prozeduren nützlich sein, da diese keine Arrays oder Table-Datentypen als Parameter definieren können. Wenn Sie in einer Prozedur oder Funktion jedoch eine undefinierte Anzahl an Parametern benötigen, übergeben Sie ihr eine Zeichenkette, die in kommaseparierter Form die jeweiligen Werte enthält. Das folgende Beispiel demonstriert diese Technik:

```
CREATE FUNCTION dbo.GetContacts(
@ContactIDList varchar(1000))
RETURNS TABLE
AS
RETURN
  SELECT  Contact.ContactID,
      Contact.FirstName,
      Contact.MiddleName,
      Contact.LastName
  FROM  Person.Contact Contact INNER JOIN
      dbo.ParseListInt(@ContactIDList) NumList
      ON Contact.ContactID = NumList.Value
```

Listing 34.6 Die »GetContacts()«-Funktion

Die Funktion `GetContacts` bekommt über den Parameter `@ContactIDList` eine Liste mit Kontakt-IDs übergeben und ermittelt für diese die Namen. Hierbei wird in der `FROM`-Klausel die Benutzerfunktion `ParseListInt` aufgerufen, die die Zahlen extrahiert und diese in Tabellenform bereitstellt. Da es sich bei `ParseListInt` um eine tabellenwertige Funktion handelt, kann sie mit anderen Tabellen, Views oder Funktionen verknüpft werden.

Die Implementierung könnten Sie sowohl mit T-SQL als auch mit SQLCLR realisieren. Um beide Varianten miteinander vergleichen zu können, sehen Sie im Folgenden zunächst einmal die T-SQL-Funktion:

```sql
CREATE FUNCTION dbo.ParseListInt (@list AS varchar(1500))
RETURNS @ReturnTable TABLE (Number int)
BEGIN
  DECLARE  @ItemCount int, @StringLen int,
       @CurrentItem int, @Buffer varchar(10),
       @ItemNumber int, @ItemString varchar(10)

  SELECT @list = RTRIM(@list)
  IF (RIGHT(@list, 1) <> ',') SELECT @list = @list + ','

  SET @StringLen = LEN(@list)
  SET @ItemCount = 1
  SET @CurrentItem = 1
  SET @ItemString = ''

  WHILE (@ItemCount <= @StringLen)
  BEGIN
    SET @Buffer = SUBSTRING(@list, @ItemCount, 1)
    IF (@Buffer = ',')
    BEGIN
      SET @CurrentItem = 1
      SET @ItemString = LTRIM(RTRIM(@ItemString))
      SET @ItemNumber = CAST(@ItemString AS int)
      INSERT INTO @ReturnTable SELECT @ItemNumber
      SELECT @ItemString = ''
    END
    IF ((@Buffer <> ',') AND (@CurrentItem = 1))
    BEGIN
      SET @ItemString = LTRIM(RTRIM(@ItemString)) + @Buffer
    END
    SET @ItemCount = @ItemCount + 1
  END
RETURN
END
```

Listing 34.7 Die »ParseListInt«-Funktion in T-SQL

Schauen Sie sich nun die Funktion als .NET-Implementierung an:

```
using System;
using System.Collections;
using System.Data.SqlTypes;
using Microsoft.SqlServer.Server;

public partial class ListParser
{
    [SqlFunction(
        FillRowMethodName = "FillRowInt",
        TableDefinition = "Value int")]
    public static IEnumerable ParseListInt(SqlString list)
    {
        if (list.IsNull)
        {
            return new string[] { };
        }
        return list.Value.Split(',');
    }


    public static void FillRowInt(object stringValue, out int value)
    {
        value = Convert.ToInt32(stringValue);
    }
}
```

Listing 34.8 »ParseListInt()« als CLR-Funktion

Wie Sie sehen, ist die CLR-Variante deutlich kompakter. Dies liegt daran, dass für die Zerlegung der Zeichenkette auf eine Funktion des .NET Frameworks zurückgegriffen werden kann, während dies in T-SQL manuell implementiert werden muss.

Die Klasse ListParser enthält die öffentlichen statischen Funktionen ParseListInt und FillRowInt, die zur Konvertierung der einzelnen Werte dienen. ParseListInt bekommt die kommaseparierte Werteliste in Form eines SqlString-Parameters übergeben und liefert ein Objekt vom Typ IEnumerable, über das die Werte abgerufen werden können.

In der Funktion wird zunächst geprüft, ob der übergebene list-Parameter einen NULL-Wert enthält. Ist dies der Fall, gibt ParseListInt ein leeres String-Array zurück. Wurde hingegen eine gültige Zeichenfolge angegeben, so zerlegt die Split-Funktion diese in ein String-Array, das die einzelnen Werte enthält. Als Trennzeichen wurde hier von einem Komma ausgegangen, möglich wäre aber auch, es als Parameter zu definieren.

Das wirklich Interessante spielt sich aber im Deklarationsbereich der Funktion ab. Wie Sie sehen, wurde hier das Attribut SqlFunction notiert, das verschiedene Parameter übergeben bekommt. Der Parameter FillRowMethodName verweist auf die FillRowInt-Funktion.

Dies ist erforderlich, da ParseListInt den Rückgabetyp IEnumerable definiert. SQL Server kann über diesen zwar die einzelnen Elemente auslesen, weiß jedoch nicht, welchen Datentyp diese besitzen, und somit auch nicht, wie sie ausgelesen werden sollen. Daher können Sie SQL Server über den FillRowMethodName-Parameter mitteilen, welche Funktion für das Auslesen und Konvertieren der Werte aufgerufen werden soll. Die hier angegebene FillRowInt-Funktion bekommt nun über den stringValue-Parameter den jeweils aktuellen Wert übergeben und liefert über den value-Ausgabeparameter den entsprechend konvertierten Wert. Wichtig ist hierbei, dass der Datentyp des Ausgabeparameters mit dem Typ übereinstimmt, der im TableDefinition-Parameter des SqlFunction-Attributs angegeben wurde.

34.5 Serverseitiger Datenzugriff mit ADO.NET

Für den serverseitigen Datenzugriff stellt SQL Server einen eigenen In-Memory-ADO.NET-Datenprovider zur Verfügung. Hierdurch kann eine .NET-Assembly direkt auf die Daten des Servers zugreifen, ohne eine separate Verbindung aufbauen zu müssen, was nicht nur die Performance verbessert, sondern gleichzeitig den Ressourcenverbrauch vermindert.

Die Klassen für den serverseitigen Datenzugriff finden sich im Namespace System.Data.SqlServer. Dieser ist nahezu identisch mit System.Data.SqlClient, enthält jedoch einige Erweiterungen für den serverseitigen Datenzugriff. Die folgenden Klassen können sowohl auf dem Client als auch auf dem Server verwendet werden:

- SqlConnection
  stellt die Verbindung zu einem Server her.
- SqlDataAdapter
  dient zum Absetzen von Abfragen und zum Füllen und Aktualisieren von DataSets.
- SqlCommand
  dient zur Ausführung von Abfragen.
- SqlParameter
  definiert den Parameter einer Abfrage.

Für den Zugriff auf die interne Umgebung des Servers stellt der Datenprovider zusätzliche Klassen bereit:

- SqlContext
  bietet Zugriff auf die Umgebung einer Prozedur oder Funktion.
- SqlPipe
  erlaubt das explizite Senden von Daten an den Client. Dies können einfache Resultsets, aber auch Warnungen, Informationen oder Fehler sein.
- SqlTriggerContext
  bietet Zugriff auf die Umgebungsdaten innerhalb eines Triggers.
- DataRecord
  dient zur Definition einer Datenzeile. Dies ist hilfreich, wenn Sie die Struktur der Rückgabe selbst definieren wollen.

34.5.1 Der Kontext

Wie bereits erwähnt, kann CLR-Funktionalität mit T-SQL vermengt werden. So ist es beispielsweise möglich, aus einer T-SQL-Prozedur auf eine CLR-Prozedur zuzugreifen. Alle Datenzugriffe finden hierbei im Kontext einer Benutzerverbindung statt. Dies ist nötig, um die Berechtigungen des aufrufenden Benutzers sowie die Verbindungsoptionen berücksichtigen zu können.

Innerhalb einer CLR-Prozedur haben Sie über die Klasse SqlContext Zugriff auf die aktuelle Benutzerverbindung. SqlContext definiert verschiedene Eigenschaften, die Ihnen beispielsweise Zugriff auf den Ausgabestrom bieten oder Ihnen Informationen über die Daten eines Triggers zur Verfügung stellen.

SqlContext enthält hierfür die folgenden Eigenschaften:

- IsAvailable
  gibt an, ob ein aktueller Kontext verfügbar ist. Diese Eigenschaft verwenden Sie, wenn Sie eine Assembly sowohl auf Server- als auch auf Clientseite nutzen. Mit IsAvailable ermitteln Sie hierbei, ob der Code serverseitig oder clientseitig läuft.
- Pipe
  gibt eine Instanz der Klasse SqlPipe zurück, mit der auf den Ausgabedatenstrom zugegriffen werden kann.
- TriggerContext
  gibt eine Instanz der Klasse SqlTriggerContext zurück, mit der auf die Umgebungsdaten eines Triggers zugegriffen werden kann.
- WindowsIdentity
  stellt eine Instanz der WindowsIdentity-Klasse zur Verfügung, die Informationen über die Identität des aufrufenden Benutzers enthält.

34.5.2 Verbindung zur Datenbank herstellen

Wenn Sie innerhalb einer CLR-Prozedur einen Datenbankzugriff durchführen wollen, benötigen Sie, wie auch beim Clientzugriff, ein SqlConnection-Objekt. Mit diesem können Sie entweder eine separate Verbindung zu einer Datenbank öffnen oder eine Referenz auf die aktuelle Verbindung ermitteln. Hierfür geben Sie als Verbindungszeichenfolge lediglich Context Connection = true an. Dadurch erkennt SQL Server, dass Sie über die aktive Verbindung auf die Datenbank zugreifen wollen. Das folgende Beispiel verdeutlicht dies:

```
SqlConnection connection = new SqlConnection(
  "Context connection=true");
```

34.6 Pipes

Ein zentraler Bestandteil des serverseitigen Datenzugriffs ist die Klasse SqlPipe, die im Namespace Microsoft.SqlServer.Server zu finden ist. Sie kann in einer Prozedur verwendet werden, um Daten direkt an den Client zu senden. Da die Klasse lediglich einen privaten Konstruktor definiert, können Sie SqlPipe nicht direkt instantiieren. Stattdessen greifen Sie auf die Pipe-Eigenschaft der SqlContext-Klasse zu. Sie liefert ein SqlPipe-Objekt, über das Sie Zugriff auf den aktuellen Ausgabestrom erhalten. Dieses Verfahren ist sehr effektiv, da hierüber alle Prozeduren und Batchverarbeitungen einer Session auf denselben Ausgabestrom zugreifen können. So kann beispielsweise eine Prozedur einige Daten ermitteln und diese schon an den Client senden, bevor sie eine Unterprozedur aufruft, die über denselben Ausgabestrom ebenfalls Daten zurückgibt. Abbildung 34.10 verdeutlicht die gemeinsame Nutzung von SqlPipe. Auf SqlPipe kann jedoch nur aus Prozeduren heraus zugegriffen werden, da Funktionen ihre Ausgabe stets an ihre Aufruf-Stapelverarbeitung zurückliefern.

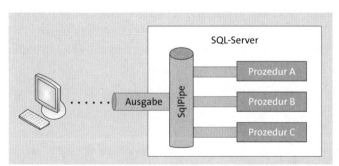

Abbildung 34.10 Die Funktionsweise von »SqlPipe«

Für das Senden von Daten stellt SqlPipe mehrere Methoden zur Verfügung, die je nach Einsatzfall verwendet werden können.

34.6.1 Die »Send«-Methode

Die Send-Methode ist die einfachste und zugleich flexibelste Möglichkeit, Daten an den Client zu senden. Sie enthält die folgenden Überladungen:

- Send(string message)
  sendet eine Zeichenfolge, die vom Client als Nachricht interpretiert wird. Die Methode ist vergleichbar mit dem PRINT-Statement in T-SQL.
- Send(SqlDataRecord record)
  sendet eine einzelne Datenzeile an den Aufrufer.
- Send(SqlDataReader reader)
  sendet die Ergebnismenge, die über das angegebene SqlDataReader-Objekt ausgelesen werden kann. Dies ist ein sehr effektives Verfahren, um die Daten, die zuvor über SQL ermittelt wurden, an den Aufrufer zurückzugeben.

»Send(string message)«

Mit Send(string message) können allgemeine Informationen über den Verlauf der Prozedur an den Client gesendet werden. T-SQL verwendet diesen Mechanismus beispielsweise, um nach dem Absetzen eines Statements die Anzahl der betroffenen Datensätze auszugeben. Aber auch das Versenden von Debug-Informationen wäre hierüber denkbar.

Auf der Clientseite können die Nachrichten über das InfoMessage-Ereignis der SqlConnection-Klasse empfangen werden. Das folgende Beispiel demonstriert dies:

```
[SqlProcedure]
public static void SayHello()
{
  SqlContext.Pipe.Send("Hallo!");
}
```

Listing 34.9 Die »SayHello()«-Prozedur

Der Clientcode könnte nun beispielsweise wie folgt aussehen:

```
private void GetHello()
{
  string connectionString =
    "Data Source=localhost;" +
    "Initial Catalog=AdventureWorks;" +
    "Integrated Security=True";
  SqlConnection connection =
    new SqlConnection(connectionString);
  connection.InfoMessage += new
```

```
        SqlInfoMessageEventHandler(connection_InfoMessage);

    SqlCommand command = new SqlCommand();
    command.Connection = connection;
    command.CommandType = CommandType.StoredProcedure;
    command.CommandText = "SayHello";

    connection.Open();
    command.ExecuteNonQuery();
    connection.Close();
}

private void connection_InfoMessage(object sender, SqlInfoMessageEventArgs e)
{
    MessageBox.Show(e.Message);
}
```

Listing 34.10 Der clientseitige Aufruf der »SayHello()«-Prozedur

Hier wurde eine Ereignisbehandlungsmethode für das InfoMessage-Ereignis definiert, die jedes Mal angesprungen wird, wenn der Server eine Meldung an den Client sendet.

»Send(SqlDataRecord record)«

Diese Überladung der Send()-Methode können Sie verwenden, um einen Datensatz an den Aufrufer zu senden. Sie nimmt ein SqlDataRecord-Objekt entgegen, das die Daten sowie Metadaten enthält, die den Datensatz beschreiben.

»Send(SqlDataReader reader)«

Dies ist die Überladung, die Sie wahrscheinlich am häufigsten verwenden werden. Sie nimmt ein DataReader-Objekt entgegen, ermittelt über dieses die Daten und sendet sie zum Aufrufer. Das folgende Beispiel verdeutlicht die Verwendung:

```
[SqlProcedure]
public static void GetContactsWithDataReader()
{
  SqlConnection connection = new SqlConnection(
  "Context connection=true");
  SqlCommand command = new SqlCommand(
  "SELECT * FROM Person.Contact");
  command.Connection = connection;
  connection.Open();
  SqlDataReader reader = command.ExecuteReader();
```

```
  SqlContext.Pipe.Send(reader);
  connection.Close();
}
```

Listing 34.11 Die Prozedur »GetContactsWithDataReader()« ermittelt die Daten über die »Send()«-Methode.

Hier wird zunächst ein neues `SqlConnection`-Objekt erzeugt, das auf die Verbindung der aktiven Session verweist. Das `SqlCommand`-Objekt definiert daraufhin den Datenzugriff und bekommt über die `Connection`-Eigenschaft die Verbindung übergeben. Schließlich generiert die `ExecuteReader`-Methode ein `SqlDataReader`-Objekt, das an die `Send`-Methode übergeben wird. Hierbei ist wichtig, dass die Verbindung vorher explizit mit `Open()` geöffnet wurde.

34.6.2 Die »ExecuteAndSend()«-Methode

Noch einfacher gestaltet sich die Rückgabe einer Datenbankabfrage mit der `ExecuteAndSend()`-Methode. Dieser übergeben Sie einfach das auszuführende `SqlCommand`-Objekt, und den Rest erledigt `ExecuteAndSend()` selbstständig.

```
[SqlProcedure]
public static void GetContactWithExecuteAndSend()
{
  SqlCommand command = new SqlCommand(
    "SELECT * FROM Person.Contact");
  SqlContext.Pipe.ExecuteAndSend(command);
}
```

Listing 34.12 Die Prozedur »GetContactsWithExecuteAndSend()« verwendet die »ExecuteAndSend()«-Methode zur Datenermittlung.

Wie Sie sehen, müssen Sie dem `SqlCommand`-Objekt noch nicht einmal eine Verbindung zuweisen.

Das folgende Beispiel geht noch einen Schritt weiter und definiert für den Datenzugriff den Parameter `contactID`, über den der Aufrufer die Daten eines bestimmten Kontakts ermitteln kann.

```
[SqlProcedure]
public static void GetContact(SqlInt32 contactID)
{
  string sql =
    "SELECT ContactID, FirstName " +
    "FROM Person.Contact " +
    "WHERE ContactID = @ContactID";
```

```
    SqlParameter parameter = new SqlParameter(
      "@ContactID", typeof(SqlInt32));
    parameter.Value = contactID;

    SqlCommand command = new SqlCommand(sql);
    command.Parameters.Add(parameter);
    SqlContext.Pipe.ExecuteAndSend(command);
  }
```

Listing 34.13 Die Prozedur »GetContacts()« ermittelt Daten anhand eines Parameters.

34.6.3 Ausgabestrom steuern

In manchen Fällen benötigen Sie noch mehr Kontrolle über den Aufbau der Daten, die Sie an den Client senden. Meist ist dies der Fall, wenn Sie auf externe Ressourcen zugreifen und diese keine Datenzeilen zurückliefern. Hierbei müssen Sie Metadaten bereitstellen, damit SQL Server diese in das TDS-Format (*Tabular Data Stream*) wandeln und an den Client senden kann. Diese Metadaten enthalten im einfachsten Fall eine Aufzählung der Spalten, deren Namen und Datentypen.

Hierfür stellt die SqlPipe-Klasse die Methoden SendResultsStart, SendResultsRow und SendResultsEnd bereit. Sie initiieren den Sendevorgang, übermitteln die Datensätze und beenden ihn wieder. Dies ist erforderlich, da die Daten hierbei »gestreamt« werden, d. h., dass zum Start des Sendevorgangs nicht bekannt ist, wie viele Daten insgesamt gesendet werden. Der Ausgabestrom wird einfach so lange offen gehalten, bis die Operation über SendResultsEnd beendet wird. Abbildung 34.11 illustriert die Funktionsweise dieses Prozesses.

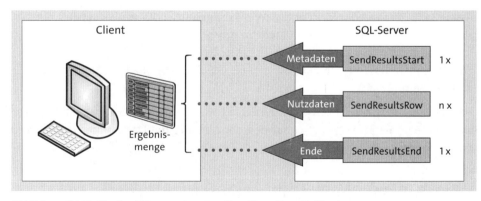

Abbildung 34.11 Die Funktionsweise der »SendResults«-Methoden

Hierbei hat das explizite Beginnen des Sendevorgangs über die SendResultsStart-Methode eine tiefere Bedeutung. Beim Versenden von Daten übermittelt SQL Server nämlich zunächst nur Metadaten, die die folgende Ergebnismenge beschreiben.

SendResultsStart und SendResultsRow nehmen im Konstruktor jeweils ein Objekt vom Typ SqlDataRecord entgegen, das die Metadaten und Spaltenwerte eines Datensatzes enthält. Um ein SqlDataRecord-Objekt zu erstellen, muss in dessen Konstruktor wiederum ein SqlMetaData-Objekt übergeben werden, das die Spaltendefinitionen enthält.

Das folgende Beispiel demonstriert die Verwendung von SendResultsStart, SendResultsRow und SendResultsEnd. Die Prozedur GetFiles ermittelt eine Liste von Dateien und sendet diese über das SqlPipe-Objekt an den Client.

```
[SqlProcedure]
public static void GetFiles()
{
  DirectoryInfo dirInfo = new DirectoryInfo(@"C:\");
  FileInfo[] fileInfos = dirInfo.GetFiles();

  SqlMetaData[] metaData = new SqlMetaData[]
  {
    new SqlMetaData(
      "Filename", SqlDbType.VarChar, 255),
    new SqlMetaData(
      "Size", SqlDbType.Int),
    new SqlMetaData(
      "LastChanged", SqlDbType.DateTime)
  };

  SqlDataRecord record = new SqlDataRecord(metaData);
  SqlContext.Pipe.SendResultsStart(record);

  foreach (FileInfo fileInfo in fileInfos)
  {
    record.SetValue(0, fileInfo.Name);
    record.SetValue(1, (SqlInt32)fileInfo.Length);
    record.SetValue(2, fileInfo.LastWriteTime);

    SqlContext.Pipe.SendResultsRow(record);
  }

  SqlContext.Pipe.SendResultsEnd();
}
```

Listing 34.14 Die »GetFiles()«-Prozedur ermittelt Daten aus dem Dateisystem.

Da das Beispiel auf externe Ressourcen zugreift, was mit der Standardberechtigung nicht erlaubt ist, müssen Sie vor dem Bereitstellen der Assembly die Berechtigungsebene auf EXTERNAL setzen. In Visual Studio ist dies mit wenigen Handgriffen erledigt: Hierzu klicken Sie im PROJEKTMAPPEN-EXPLORER mit der rechten Maustaste auf den Projekteintrag und wählen aus dem Kontextmenü den Eintrag EIGENSCHAFTEN. Im nun erscheinenden Dialog wählen Sie den Bereich DATENBANK aus und wechseln unter BERECHTIGUNGSEBENE auf den Eintrag EXTERNAL (siehe Abbildung 34.12).

Da externe Zugriffe die Sicherheit und Skalierung des Servers gefährden können, ist ein besonderes Vertrauensverhältnis zwischen der SQL-Server-Instanz und der entsprechenden Datenbank erforderlich. So reicht es nicht aus, dass einer Assembly die Berechtigungsstufe EXTERNAL zugeordnet wurde, solange SQL Server der Datenbank, in der die Assembly gespeichert ist, nicht vertraut.

Um dieses Vertrauensverhältnis herzustellen, müssen Sie die Datenbankeigenschaft TRUSTWORTHY auf ON stellen.

```
ALTER DATABASE AdventureWorks SET TRUSTWORTHY ON
GO
```

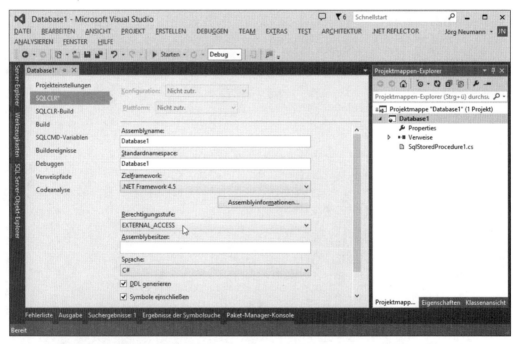

Abbildung 34.12 Der Assembly die Berechtigung für externe Zugriffe gewähren

Zusätzlich müssen Sie allen Benutzern, die diese Prozedur aufrufen sollen, explizit die Berechtigung für externe Zugriffe erteilen.

```
USE master
GO
```

```
GRANT EXTERNAL ACCESS ASSEMBLY TO [Benutzername]
GO
```

Nun können Sie die Assembly in SQL Server bereitstellen und mit der folgenden Anweisung testen:

```
USE AdventureWorks
GO
EXEC GetFiles
```

Das Ergebnis könnte in etwa so aussehen:

Filename	Size	LastChanged
AUTOEXEC.BAT	0	2005-03-14 12:05:27.070
boot.ini	208	2005-10-26 11:47:29.720
bootfont.bin	4952	2003-03-26 13:00:00.000
CONFIG.SYS	0	2005-03-14 12:05:27.070
IO.SYS	0	2005-03-14 12:05:27.080
MSDOS.SYS	0	2005-03-14 12:05:27.080
NTDETECT.COM	47772	2005-10-26 11:22:37.010
ntldr	297744	2005-10-26 11:22:36.940
pagefile.sys	402653184	2005-12-11 10:25:21.227

Tabelle 34.3 Das Ergebnis der »GetFiles()«-Prozedur

Bei der Verwendung dieser Technik sollten Sie beachten, dass nach dem Absetzen von SendResultsStart() nur Daten über die SendResultsRow()-Methode gesendet werden dürfen. Führen Sie beispielsweise die Send()-Methode aus, bevor Sie die Ausgabe mit SendResultsEnd() geschlossen haben, so tritt eine Ausnahme vom Typ InvalidOperation auf. Dies gilt auch für gegebenenfalls aufgerufene Unterprozeduren. Diese können jedoch über die IsSendingResultsets-Eigenschaft des SqlPipe-Objekts ermitteln, ob gerade eine Übertragung läuft.

34.7 Impersonalisierung

Wenn Sie aus einer Prozedur oder Funktion auf externe Ressourcen des Betriebssystems zugreifen, findet dieser Zugriff im Kontext des SQL-Server-Prozesses statt. Hierbei gleicht das Windows-Sicherheitssystem die Berechtigungen mit einem speziellen Benutzerkonto ab, unter dem der SQL-Server-Prozess läuft.

Bei externen Zugriffen ist es jedoch ratsam, den Code im Kontext des aufrufenden Benutzers auszuführen, da dieser sonst automatisch alle Berechtigungen erhält, die dem SQL-Server-Konto auf Betriebssystemebene zugeordnet wurden. Auf der anderen Seite kann es aber auch sein, dass der aufrufende Benutzer mehr Rechte besitzt, beispielsweise wenn vom Datenbankserver auf einen externen Dateiserver zugegriffen wird. In solchen Fällen ist es ratsam, eine sogenannte *Impersonalisierung* vorzunehmen.

Hierbei wechseln Sie auf das Benutzerkonto des Aufrufers, sodass die Verarbeitung in dessen Kontext und nicht in dem des SQL-Server-Kontos durchgeführt wird.

Schauen Sie sich das Beispiel aus Abschnitt 34.6.3 an. Dort wurde eine Prozedur erstellt, die Informationen aus dem Dateisystem des Servers ermittelte. Welche Informationen hierbei ermittelt wurden, hing von der Berechtigung des SQL-Server-Kontos ab. Dieses Beispiel soll im Folgenden so umgeschrieben werden, dass vor dem Zugriff auf das Dateisystem eine Impersonalisierung erfolgt.

Hierzu bietet die `SqlContext`-Klasse die Eigenschaft `WindowsIdentity`. Diese liefert eine Instanz der `System.Security.Principal.WindowsIdentity`-Klasse, über deren `Impersonate()`-Methode eine Impersonalisierung durchgeführt werden kann. Im Erfolgsfall liefert sie ein Objekt vom Typ `System.Security.Principal.WindowsImpersonationContext` zurück.

Das folgende Beispiel verdeutlicht die Verwendung:

```csharp
if (SqlContext.WindowsIdentity != null)
{
  System.Security.Principal.WindowsImpersonationContext user = null;
  try
  {
    user = SqlContext.WindowsIdentity.Impersonate();
    if (user != null)
    {
      // Methode für Datenermittlung aufrufen
      // ...
    }
  }
  catch { throw; }
  finally
  {
    if (user != null)
    {
      // Impersonalisierung rückgängig machen
      user.Undo();
```

      }
    }
}

Listing 34.15 Eine Impersonalisierung durchführen

Aus Sicherheitsgründen ist es hierbei äußerst wichtig, dass Sie die Impersonalisierung nach getaner Arbeit wieder rückgängig machen, damit keine weitere Funktionalität unter dem Benutzerkonto ausgeführt werden kann. SQL Server prüft dies sogar bei der Installation und erzeugt einen Fehler, wenn dies unterlassen wurde.

Zum Rückgängigmachen der Impersonalisierung bietet die WindowsImpersonationContext-Klasse die Undo()-Methode. Diese sollte unbedingt in einem finally-Block platziert werden, damit sie auch im Fehlerfall ausgeführt wird. Wichtig ist hierbei auch der leere catch-Block, in dem die aufgetretenen Ausnahmen lediglich weitergeleitet werden. Zwar geschähe dies im Fehlerfall auch automatisch, jedoch könnte ein Angreifer mit einem Exception-Filter diesen Prozess beeinflussen und die Ausführung des finally-Blocks unterbinden. Somit hätte er die Identität des Benutzers angenommen und könnte in dessen Namen Zugriffe durchführen.

Damit der Ausführungscode impersonalisiert läuft, darf er jedoch nicht innerhalb der Einstiegsprozedur notiert werden, da diese im Kontext des Systemkontos läuft. Daher müssen Sie die kontextsensitive Funktionalität in eine separate Methode auslagern und diese von der Einstiegsprozedur aufrufen. Abbildung 34.13 zeigt dies am Beispiel der GetFiles-Prozedur.

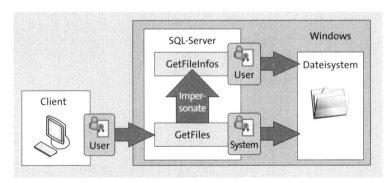

Abbildung 34.13 Kontextwechsel beim Zugriff auf das Dateisystem

Hierbei führt GetFiles() die Impersonalisierung durch und ruft für die Ermittlung der Informationen die GetFilesInfos()-Methode auf. Diese greift nun im Kontext des aufrufenden Benutzers auf das Dateisystem zu und gibt die Ergebnisse zurück. Diese Rückgabe ist nötig, da GetFilesInfos() keine öffentliche SQL-Server-Prozedur ist und sie daher die Daten nicht direkt an den Client senden kann.

In Listing 34.16 sehen Sie das komplette Beispiel.

```csharp
[SqlProcedure]
public static void GetFiles()
{
  FileInfo[] fileInfos = null;

  // Impersonalisierung durchführen
  if (SqlContext.WindowsIdentity != null)
  {
    System.Security.Principal.WindowsImpersonationContext
    user = null;
    try
    {
      user = SqlContext.WindowsIdentity.Impersonate();
      if (user != null)
      {
        // Dateiinformationen ermitteln
        fileInfos = GetFilesInfos();
      }
      else
      {
        return;
      }
    }
    catch
    {
      throw;
    }
    finally
    {
      if (user != null)
      {
        // Impersonalisierung rückgängig machen
        user.Undo();
      }
    }
  }

  // Daten zurückgeben
  SqlMetaData[] metaData = new SqlMetaData[]
        {
            new SqlMetaData("Filename", SqlDbType.VarChar, 255),
            new SqlMetaData("Size", SqlDbType.Int),
            new SqlMetaData("LastChanged", SqlDbType.DateTime)
```

```
      };
  SqlDataRecord record = new SqlDataRecord(metaData);
  SqlContext.Pipe.SendResultsStart(record);

  foreach (FileInfo fileInfo in fileInfos)
  {
    record.SetValue(0, fileInfo.Name);
    record.SetValue(1, (SqlInt32)fileInfo.Length);
    record.SetValue(2, fileInfo.LastWriteTime);

    SqlContext.Pipe.SendResultsRow(record);
  }
  SqlContext.Pipe.SendResultsEnd();
}
private static FileInfo[] GetFilesInfos()
{
  DirectoryInfo dirInfo = new DirectoryInfo("C:\\");
  return dirInfo.GetFiles();
}
```

Listing 34.16 Die impersonalisierte Version von »GetFiles«

Um eine Impersonalisierung durchzuführen, ist es jedoch zwingend erforderlich, dass sie beim Verbindungsaufbau auf Clientseite die integrierte Windows-Sicherheit verwendet. Dies bedeutet, dass Sie in der Verbindungszeichenfolge keinen SQL-Server-Benutzernamen und kein Passwort hinterlegen, sondern die Option `Integrated Security=True` angeben.

Wenn Sie mit Impersonalisierung arbeiten, kann es ganz hilfreich sein, den Namen des aufrufenden Benutzers zu ermitteln. Hierfür können Sie die folgende Prozedur verwenden:

```
private static string GetUserName()
{
  return System.Security.Principal.WindowsIdentity.GetCurrent().Name;
}
```

Darüber hinaus können Sie benutzerspezifische Informationen, wie z. B. den Pfad des Ordners *Eigene Dateien*, ermitteln:

```
private static string GetUserDocPath()
{
  return Environment.GetFolderPath(Environment.SpecialFolder. _
    MyDocuments);
}
```

34.8 Benutzerdefinierte Typen

Die Möglichkeit, benutzerdefinierte Datentypen zu definieren, bietet SQL Server bereits seit der Version 7. Diese mussten jedoch stets auf den vorhandenen SQL-Server-Datentypen basieren und konnten diese lediglich einschränken.

Der SQL Server bietet ab der 2005er-Version mit den benutzerdefinierten Typen (*User-defined Types*, *UDTs*) die Möglichkeit, das Typsystem des Servers zu erweitern. Hierbei müssen UDTs nicht auf SQL-Server-Datentypen basieren und können darüber hinaus Methoden bereitstellen. Sie werden in Form von .NET-Klassen abgebildet und können – anders als Prozeduren oder Funktionen – nicht mit T-SQL implementiert werden. Nachdem ein UDT in den Katalog von SQL Server eingefügt wurde, kann er in T-SQL-Abfragen, in lokalen Variablen oder als Datentyp einer Tabelle eingesetzt werden.

Die Verwendung von benutzerdefinierten Datentypen ist jedoch ein zweischneidiges Schwert: Auf der einen Seite bekommen die Daten eine »natürliche« Gestalt und können mit eigenen Validierungs- und Konvertierungsregeln versehen werden; die Nachteile sind jedoch:

- Der Aufwand für den Versand der Daten steigt, da es sich hierbei nicht mehr um einfache Datentypen handelt, sondern .NET-Typen über die Leitung geschickt werden.
- Die CPU-Belastung steigt beim Zugriff auf die Felder in einer Abfrage.
- Die Portierbarkeit der Datenbank auf andere RDBMS ist schwierig.
- Beim Clientzugriff muss die Versionierung von Assemblies berücksichtigt werden.

In SQL Server 2005 sind benutzerdefinierte Typen zudem auf eine Maximalgröße von 8.000 Bytes begrenzt. Mit SQL Server 2008 wurde diese Beschränkung jedoch aufgehoben. Somit können nun auch Inhalte mit einer Größe von bis zu zwei Gigabytes gespeichert werden.

Auch sollten benutzerdefinierte Typen nicht zur Abbildung von Geschäftsobjekten verwendet werden. Dies können Sie weitaus effizienter mit O/R-Mappern oder dem XML-Datentyp abbilden.

Wie Sie im Folgenden sehen werden, haben Sie verschiedene Möglichkeiten, benutzerdefinierte Datentypen zu implementieren. Hierbei sollten Sie nach Möglichkeit die folgenden Punkte beachten, um die Performance und Verfügbarkeit nicht unnötig zu beeinträchtigen:

- Der Typ sollte möglichst atomar sein und sich durch einen einzelnen Wert abbilden lassen.

- Für Vergleiche und Filterungen sollten keine separaten Eigenschaften oder Interfaces verwendet werden müssen.
- Der Typ sollte bestenfalls eine feste Größe aufweisen und sich effizient serialisieren lassen.

34.8.1 »Das SqlUserDefinedType«-Attribut

Wie bei gespeicherten CLR-Prozeduren und Funktionen werden auch benutzerdefinierte Typen mit einem speziellen Attribut versehen, das SQL Server mit Laufzeitinformationen versorgt. Das `SqlUserDefinedType`-Attribut enthält eine Reihe von Parametern, die detaillierte Informationen über den Aufbau des Typs geben und teilweise große Auswirkungen auf die Performance haben:

- `Format`
  ist der einzige Pflichtparameter. Er gibt an, in welcher Form der Typ serialisiert werden soll. Bei der Serialisierung wird der Typ in eine binäre Form gebracht, um ihn im Netzwerk versenden zu können. Die möglichen Werte des Parameters sind `Native` und `UserDefined`. Hierbei signalisiert `Native` SQL Server, dass der Typ automatisch mit dem Standardverfahren der CLR serialisiert werden soll. Bei `UserDefined` kümmert sich der Typ hingegen selbst um die Serialisierung.

- `IsByteOrdered`
  gibt an, ob SQL Server Vergleiche und Indizierungen dieses Typs anhand der Bytefolge vornehmen kann. Hierbei wird davon ausgegangen, dass zwei Instanzen eines Typs übereinstimmen, wenn diese die gleiche Bytefolge aufweisen. Der Parameter kann die Werte `true` und `false` annehmen und steht standardmäßig auf `false`.

- `IsFixedLength`
  signalisiert, dass Instanzen dieses Typs stets die gleiche Größe besitzen. Standardmäßig steht dieser Parameter auf `false`.

- `MaxByteSize`
  gibt die maximale Größe einer Instanz des Typs an. Dieser Parameter sollte nur gesetzt werden, wenn im `Format`-Parameter der Wert `UserDefined` angegeben wurde.

- `ValidationMethodName`
  Über diesen Parameter geben Sie optional den Namen der Validierungsmethode an, die bei außerordentlichen Prüfungen des Typs verwendet werden soll.

- `Name`
  gibt einen öffentlichen Namen des Typs an, der in T-SQL verwendet werden soll. Wurde dieser Parameter weggelassen, so wird der Klassenname des Typs verwendet.

34.8.2 Einen benutzerdefinierten Datentyp erstellen

Benutzerdefinierte Typen können in .NET als Strukturen oder Klassen implementiert werden. Für welche Variante Sie sich entscheiden, hängt beispielsweise davon ab, ob Sie Vererbung verwenden wollen, um abgeleitete Typen zu erstellen.

Der grundlegende Aufbau eines benutzerdefinierten Typs sieht wie folgt aus:

```
[Serializable]
[SqlUserDefinedType(Format.Native)]
public struct MyType : INullable
{
  public override string ToString() { }
  public bool IsNull { get; }
  public static MyType Null { get; }
  public static MyType Parse(SqlString s) {}
}
```

Listing 34.17 Der grundlegende Aufbau eines benutzerdefinierten Typs

Die einzelnen Bestandteile eines Typs beleuchten wir im Folgenden genauer.

34.8.3 Das »INullable«-Interface

Jeder benutzerdefinierte Datentyp muss das INullable-Interface implementieren. Dies ist erforderlich, um einen NULL-Zustand des Typs festzustellen bzw. um diesen herzustellen. Hierzu definiert das Interface die Eigenschaften Null und IsNull.

IsNull gibt den Wert true zurück, wenn die Instanz des Typs NULL ist. Dies bedeutet jedoch nicht, dass keine gültige Instanz vorliegt, wie dies bei der .NET-Programmierung der Fall ist, sondern dass die Instanz den Wert NULL darstellt, so wie Sie dies auch von anderen SQL-Server-Datentypen kennen.

Die Null-Eigenschaft gibt eine neue Instanz des Typs zurück. SQL Server ruft diese Eigenschaft jedes Mal auf, wenn eine neue Instanz des Typs benötigt wird, was beispielsweise bei einer Variablendeklaration der Fall ist. Sie dient als eine Art Konstruktor für den Typ, und daher sollten Sie auch eventuell erforderliche Variableninitialisierungen nicht im Konstruktor, sondern innerhalb der Null-Eigenschaft vornehmen.

IsNull und Null haben sehr große Auswirkungen auf die Art, wie die Query-Engine mit Daten dieses Typs umgeht. Daher sollten Sie bei der Implementierung sehr viel Sorgfalt walten lassen. Wenn die Query-Engine den NULL-Status der Typdaten fehlerhaft deutet, kann dies enorme Auswirkungen auf die Ergebnisse von Abfragen haben.

34.8.4 Die »ToString()«-Methode

Ebenfalls Pflicht bei der Erstellung eines benutzerdefinierten Typs ist die Implementierung der ToString()-Methode. Sie gibt eine textuelle Repräsentation der Typinstanz zurück. Dies hat insbesondere für den Client Bedeutung, da nicht alle SQL-Server-Zugriffsbibliotheken benutzerdefinierte Datentypen unterstützen. In solchen Fällen kann sich der Client durch Aufruf der ToString()-Methode in der Abfrage eine Zeichenkette anstelle des Typs zurückgeben lassen. Das folgende Beispiel demonstriert dies:

```
SELECT week.ToString() FROM MyTable
```

Bei der Implementierung der ToString()-Methode sollten Sie penibel darauf achten, dass die textuelle Repräsentation der Instanz mit der Parse()-Methode kompatibel ist.

34.8.5 »Die Parse()«-Methode

Die Parse()-Methode ist ebenfalls Pflichtbestandteil eines jeden benutzerdefinierten Typs und das Gegenstück der ToString()-Methode. Sie bekommt eine Zeichenkette übergeben, extrahiert die Bestandteile und erstellt daraus eine neue Instanz des Typs. SQL Server ruft Parse() jedes Mal auf, wenn der Typinstanz ein Wert zugewiesen wird. Ähnlich wie die Null-Eigenschaft fungiert auch die Parse()-Methode als eine Art Konstruktor. Dies bedeutet, dass Sie in ihr gegebenenfalls Mitglieder initialisieren müssen, für die keine Werte aus der übergebenen Zeichenkette extrahiert werden konnten.

34.8.6 Erstellung des »CalendarWeek«-Datentyps

Nach der grundlegenden Einführung in die Erstellung von benutzerdefinierten Typen soll im Folgenden die Umsetzung demonstriert werden. Hierbei wird ein Typ namens CalendarWeek erstellt, der die Kalenderwoche eines Jahres im Format *Jahr-Woche (yyyy-ww)* speichert. Die Implementierung sieht hierbei wie folgt aus:

```
using System;
using System.Data;
using System.Data.SqlClient;
using System.Data.SqlTypes;
using Microsoft.SqlServer.Server;

[Serializable]
[SqlUserDefinedType(
  Format.Native,
```

```csharp
    IsByteOrdered = true,
    IsFixedLength = true)]
public struct CalendarWeek : INullable
{
  private int m_year;
  private int m_week;

  public int Year
  {
    get { return m_year; }
    set { m_year = value; }
  }

  public int Week
  {
    get { return m_week; }
    set { m_week = value; }
  }

  public override string ToString()
  {
    string weekStr = (m_week > 9 ? m_week.ToString() :
                      "0" + m_week.ToString());
    return m_year.ToString() + "-" + weekStr;
  }

  public bool IsNull
  {
    get
    {
      if (m_year < 1 || m_week < 1)
        return true;
      else
        return false;
    }
  }

  public static CalendarWeek Null
  {
    get
    {
      CalendarWeek week = new CalendarWeek();
      week.Year = -1;
```

```
      week.Week = -1;
      return week;
    }
  }

  public static CalendarWeek Parse(SqlString s)
  {
    if (s.IsNull)
      return Null;

    string buffer = s.Value.Trim();
    int pos = buffer.IndexOf('-');

    if (buffer.Length < 6 || buffer.Length > 7 || pos != 4)
      throw new ArgumentException("Die Zeichenfolge hat ein
        ungültiges Format! CalendarWeek-Typen müssen im Format
        'yyyy-ww' angegeben werden!");

    CalendarWeek week = new CalendarWeek();
    week.Year = Convert.ToInt32(buffer.Substring(0, pos));
    week.Week = Convert.ToInt32(buffer.Substring(pos + 1));
    return week;
  }
}
```

Listing 34.18 Der »CalendarWeek«-Datentyp

Hier werden zunächst die Eigenschaften Year und Week definiert, über die das Jahr und die Kalenderwoche ausgelesen und zugewiesen werden können.

Die ToString()-Methode überschreibt die gleichnamige Methode der Basisklasse object und setzt die Bestandteile in eine Zeichenfolge des Formats *yyyy-ww* um.

Bei der Umsetzung der Eigenschaft IsNull wird geprüft, ob Jahr und Woche kleiner als eins sind. Wenn dem so ist, gibt die Methode true zurück, ansonsten false.

Die Null-Eigenschaft erstellt eine neue CalendarWeek-Instanz und initialisiert dabei die privaten Variablen für Woche und Jahr.

Die wirkliche Logik steckt jedoch in der Parse()-Methode: Sie sucht in der übergebenen Zeichenfolge das Minuszeichen, das als Trennzeichen fungiert. Daraufhin werden Jahr und Woche extrahiert und wird eine neue CalendarWeek-Instanz zurückgegeben. Konnte das Trennzeichen hingegen nicht gefunden werden, so löst Parse() eine Ausnahme vom Typ ArgumentException aus, in der sie den Benutzer auf den Missstand hinweist.

34.8.7 Den »CalendarWeek«-Typ installieren

Die Installation eines benutzerdefinierten Typs erfolgt analog zu der Vorgehensweise bei gespeicherten Prozeduren und Funktionen: Sie kompilieren die Assembly, installieren sie in SQL Server und veröffentlichen daraufhin den enthaltenen Typ. Da die ersten beiden Schritte bereits in vorherigen Abschnitten behandelt wurden, wollen wir an dieser Stelle lediglich das CREATE TYPE-Statement für die Veröffentlichung des Typs demonstrieren. Hierbei gehen wir davon aus, dass die Assembly, die den Typ enthält, den Namen *UserTypes* trägt.

```
CREATE TYPE CalendarWeek
EXTERNAL NAME UserTypes.CalendarWeek
```

Das Entfernen oder Verändern eines Typs erfolgt über DROP TYPE bzw. ALTER TYPE. Hierbei sollten Sie jedoch beachten, dass ein Typ nur dann gelöscht werden kann, wenn er von keinem anderen Datenbankobjekt verwendet wird.

Wenn Sie in Erfahrung bringen wollen, welche Typen bereits in Ihrer Datenbank installiert wurden, können Sie die Katalog-View sys.types aufrufen. Da hierbei auch T-SQL-Typen ermittelt werden, sollten Sie in der WHERE-Klausel das Feld is_assembly_type auf 1 filtern.

```
SELECT  *
FROM    sys.types
WHERE   is_assembly_type = 1
```

Bedenken Sie, dass hierbei nur die Typen der aktuellen Datenbank und nicht die der Serverinstanz gelistet werden.

34.8.8 Den »CalendarWeek-Typ« testen

Zum Testen des CalendarWeek-Typs können Sie das folgende Skript verwenden:

```
USE AdventureWorks
GO
DECLARE @week CalendarWeek
SET @week = '2006-01'

SELECT @week.ToString() AS 'ToString',
  @week.Year AS 'Year',
  @week.Week AS 'Week'
```

Listing 34.19 Beispiel zur Verwendung des »CalendarWeek«-Typs

Hier wurde zunächst eine lokale Variable des CalendarWeek-Typs deklariert und ihr über das SET-Statement ein Wert zugewiesen. Im anschließenden SELECT-Block wird auf drei verschiedene Arten auf den Typ zugegriffen. Der Aufruf der ToString()-Methode liefert eine Zeichenkette, während die Eigenschaften Year und Week das Jahr und die Woche liefern.

Das Ergebnis sieht somit wie folgt aus:

ToString	Year	Week
2006-01	2006	1

Tabelle 34.4 Das Ergebnis der Beispielabfrage

34.8.9 Validierungen

Bei der Zuweisung einer Kalenderwoche prüft der CalendarWeek-Typ in der Parse()-Methode, ob der angegebene Wert der entsprechenden Syntax folgt. Diese wird von SQL Server aufgerufen, wenn Sie beispielsweise über das INSERT-Statement einen Datensatz einfügen. Es gibt jedoch Fälle, in denen die Parse()-Methode nicht aufgerufen wird, wie beispielsweise beim Lauf des Bulk-Insert-Tools (*bcp*) oder beim Absetzen von BULK INSERT-Statements. Darüber hinaus bietet SQL Server eine Reihe von Prüflaufprozeduren an, die den vorhandenen Datenbestand auf Konsistenz prüfen. Hierzu zählen beispielsweise DBCC CHECKDB, DBCC CHECKFILEGROUP oder DBCC CHECKTABLE. Aber auch bei verteilten Abfragen oder wenn der Server über *Remote Procedure Calls* (*RPC*) angesprochen wird, ist eine gesonderte Prüfung nötig.

Für diese Fälle benötigt SQL Server vom benutzerdefinierten Typ die Information, welche Methode zum Validieren der Daten aufgerufen werden soll. Hierzu dient der ValidationMethodName-Parameter des SqlUserDefinedType-Attributs, der den Namen einer Validierungsmethode aufnimmt.

Für den CalendarWeek-Typ könnte dies beispielsweise wie folgt aussehen:

```
[SqlUserDefinedType(Format.Native,
IsByteOrdered=true, IsFixedLength=true,
ValidationMethodName="ValidateCalendarWeek")]
...
public bool ValidateCalendarWeek()
{
  if (m_week < 1 || m_week > 54 || m_year < 1000)
    return false;
  return true;
}
```

Listing 34.20 Die Methode »ValidateCalendarWeek()« dient zur Prüfung der Werte.

34.8.10 Methoden implementieren

Wie Sie anhand des Beispiels bereits sehen konnten, können benutzerdefinierte Typen auch Methoden implementieren. Diese können in einer Abfrage direkt auf Spaltenebene aufgerufen werden, um Werte auszulesen oder eine alternative Darstellung anzufordern. Hierbei können Sie sowohl statische Methoden als auch Instanzmethoden implementieren. Der Aufruf sieht jedoch je nach Typ ein wenig anders aus, wie das folgende Beispiel verdeutlicht:

```
SELECT  MyType.MyInstanceMethod(),
  MyType::MyStaticMethod()
FROM  MyTable
```

Wie Sie sehen, werden Instanzmethoden durch einen Punkt vom Typ getrennt, während bei statischen Methoden zwei Doppelpunkte notiert werden.

Das »SqlMethod«-Attribut

Bei der Definition einer Methode haben Sie die Möglichkeit, das Verhalten zur Laufzeit über das `SqlMethod`-Attribut zu steuern. Hierzu definiert es die folgenden Parameter:

- `DataAccess`
  signalisiert, ob die Methode Datenbankzugriffe auf der lokalen SQL-Server-Instanz durchführt. Der Standardwert ist `false`.
- `IsDeterministic`
  signalisiert, ob die Methode bei jedem Aufruf den gleichen Wert für die angegebenen Parameter zurückliefert. Der Standardwert ist `false`.
- `IsMutator`
  weist durch die Angabe von `true` darauf hin, dass die Methode den Wert des Typs verändert. Der Standardwert ist `false`.
- `IsPrecise`
  gibt an, ob die Methode ungenaue Operationen, wie beispielsweise Fließkommaberechnungen, durchführt. Der Standardwert ist `false`.
- `OnNullCall`
  bestimmt, ob die Methode auch dann aufgerufen werden soll, wenn ein oder mehrere Parameter den Wert `NULL` enthalten.

Alle oben genannten Parameter sowie das `SqlMethod`-Attribut als solches sind optional und müssen bei der Methodendeklaration nicht angegeben werden. Hierbei kann es jedoch u. U. zu Fehlermeldungen kommen, da SQL Server alle Standardwerte der Parameter verwendet, wenn durch das Attribut nichts Gegenteiliges definiert wurde. Ein guter Programmierstil ist es daher, das Attribut bei jeder Methode explizit anzugeben.

Mutator-Methoden

In einigen Szenarien sind sogenannte *Mutator-Methoden* sehr nützlich. Diese werden über das `SqlMethod`-Attribut mit dem `IsMutator`-Parameter gekennzeichnet und ändern den Wert des Typs. Wenn Sie beispielsweise in einem `UPDATE`-Statement die Werte zweier Eigenschaften eines Typs ändern wollen, lehnt T-SQL dies ab. Um dies dennoch zu erreichen, könnten Sie eine Mutator-Methode implementieren, der Sie die Eigenschaftswerte übergeben. Hierbei schreibt SQL Server jedoch vor, dass diese einzig den Rückgabetyp `void` definieren dürfen. Zudem ist der Aufruf von Mutator-Methoden nur bei Zuweisungsoperationen und nicht aus Abfragen heraus erlaubt.

Konstruktoren

Eine weitere Möglichkeit, einem Typ einen Wert zuzuweisen, sind Konstruktoren. Hierbei versehen Sie Ihren Typ mit einem öffentlichen Konstruktor, der den Wert oder die Werte in Form von Parametern entgegennimmt. Dies könnte beispielsweise so aussehen:

```
public MyType(int x, int y)
{
  m_x = x;
  m_y = y;
}
```

Eine Wertzuweisung könnte in T-SQL somit auch wie folgt erfolgen:

```
INSERT INTO MyTable (MyTypeCol) VALUES (MyType(1, 2))
```

Dies funktioniert jedoch nur, wenn Sie den Typ als Klasse implementieren. Realisieren Sie ihn jedoch als Struktur, können Sie keinen echten Konstruktor verwenden. In diesem Fall haben Sie jedoch die Möglichkeit, eine statische Methode zu erstellen, die sich wie ein Konstruktor aufrufen lässt. Für den `CalendarWeek`-Typ könnte dies beispielsweise so aussehen:

```
public static CalendarWeek SetWeek(int year, int week)
{
   CalendarWeek cw = new CalendarWeek();
   cw.Year = year;
   cw.Week = week;
   return cw;
}
```

Listing 34.21 Die »SetWeek()«-Prozedur kann zur Initialisierung des Typs verwendet werden.

Die Zuweisung könnte nun entweder über das Standardverfahren erfolgen, das intern die `Parse()`-Methode verwendet, oder über die statische `SetWeek`-Methode, wie das folgende Beispiel zeigt.

```
CREATE TABLE Wochen ( ID int, Week CalendarWeek )
INSERT INTO Wochen SELECT 1, '2006-01'
INSERT INTO Wochen SELECT 1, CalendarWeek::SetWeek(2006, 1)
```

Typen aktualisieren

Bei der Implementierung eines Typs sollten Sie sich gut überlegen, welche Funktionalität Sie benötigen, denn wenn Sie ihn erst einmal in einer Tabelle verwendet haben, können Sie ihn nicht ohne Weiteres aktualisieren.

Außerdem sollten Sie bedenken, dass nachträgliche Änderungen eines Typs Auswirkungen auf bereits vorhandene Daten haben können. Um dem vorzubeugen, sollten Sie die Logik in eine separate Klasse auslagern und im Typ lediglich dessen Methoden aufrufen. Wenn Sie später beispielsweise Änderungen am Algorithmus der `Parse()`-Methode vornehmen müssen, können Sie sie in der separaten Klasse durchführen, ohne die Implementierung des Typs ändern zu müssen.

Zudem sollten Sie für jeden Typ eine eigene Assembly anlegen. So vermeiden Sie, dass Sie alle Datenbankobjekte aller Typen der Assembly löschen müssen, wenn Sie einen Typ aktualisieren.

34.8.11 Serialisierung

Zum Speichern und Übertragen der Werte eines Typs ist eine Serialisierung erforderlich. Hierbei werden alle Daten des Typs in eine binäre Form gebracht. In welcher Form ein Typ serialisiert wird, hängt von den Datentypen der Mitglieder ab sowie von der Angabe im `Format`-Parameter des `SqlUserDefinedFunction`-Attributs. Hier stehen native und benutzerdefinierte Serialisierungen zur Auswahl.

Native Serialisierung

Bei der nativen Serialisierung werden die Mitglieder des Typs automatisch in eine binäre Form gebracht. Diese Methode ist am performantesten, jedoch an einige Bedingungen geknüpft. Zum einen muss der Typ in Form einer Struktur implementiert werden. Zum anderen müssen alle Mitglieder als Werttypen definiert sein. Hierzu zählen:

- `bool`, `SqlBoolean`
- `byte`, `sbyte`, `SqlByte`
- `short`, `ushort`, `SqlSingle`

- int, uint, SqlInt16, SqlInt32, SqlInt64
- long, ulong
- float, double, SqlDouble, SqlMoney
- DateTime, SqlDateTime

Wenn die Bedingungen erfüllt sind, können und sollten Sie den Format-Parameter des SqlUserDefinedFunction-Attributs mit dem Wert Native belegen. Die Angabe des Parameters MaxByteSize ist hierbei nicht notwendig.

Wenn die Größe der Mitglieder stets gleichbleibend ist, sollten Sie zusätzlich den Parameter IsFixedLength auf true setzen. Dies ist beispielsweise der Fall, wenn der Typ nur Mitglieder des Typs int enthält. SQL Server kann hierdurch den Typ effektiver verarbeiten, was sich positiv auf die Performance und den Ressourcenverbrauch auswirkt.

Benutzerdefinierte Serialisierung

Wenn die Mitglieder eines Typs Verweistypen sind oder den string-Datentyp verwenden, ist stets eine benutzerdefinierte Serialisierung erforderlich. Zwar ist string ein Werttyp, jedoch kann er nicht automatisch serialisiert werden, da er – anders als int – keine feste Größe besitzt. Um Strings und andere komplexe Datentypen zu serialisieren, ist daher ein wenig Mehraufwand nötig.

Zunächst einmal müssen Sie im SqlUserDefinedType-Attribut den Format-Parameter auf UserDefined setzen. Zusätzlich ist die Angabe des MaxByteSize-Parameters nötig, der die Maximalgröße der Instanz in Bytes angibt. Hier können Sie einen Wert zwischen 1 und 8000 angeben.

Darüber hinaus muss der Typ das IBinarySerialize-Interface implementieren. Es definiert die Methoden Write() und Read(), die für das Serialisieren bzw. Deserialisieren verantwortlich sind. Sie werden von SQL Server aufgerufen, wenn Instanzen des Typs materialisiert bzw. wiederhergestellt werden müssen.

Die Syntax der Methoden sieht wie folgt aus:

```
public void Read(System.IO.BinaryReader r)
public void Write(System.IO.BinaryWriter w)
```

Die Read()-Methode ist dafür zuständig, einen Binärdatenstrom in eine gültige Objektinstanz zu wandeln. Zum Auslesen des Stroms bekommt sie eine Instanz der BinaryReader-Klasse übergeben. Diese enthält Methoden zum Auslesen von Werten für die wichtigsten CLR-Datentypen.

Die Write()-Methode bekommt hingegen eine Instanz der BinaryWriter-Klasse übergeben, über deren Methoden die Daten des Typs serialisiert werden können.

Zur Veranschaulichung dieser Methoden soll das folgende Beispiel dienen. Es definiert den Typ `PersonName`, der einen Namen in der Form *Nachname, Vorname* entgegennimmt und die Bestandteile über die Eigenschaften `FirstName` und `LastName` anbietet.

```csharp
[Serializable]
[Microsoft.SqlServer.Server.SqlUserDefinedType(
    Format.UserDefined,
    MaxByteSize=202)]
public struct PersonName : INullable, IBinarySerialize
{
    private string m_firstName;
    private string m_lastName;

    public string FirstName
    {
        get { return m_firstName; }
        set { m_firstName = value; }
    }

    public string LastName
    {
        get { return m_lastName; }
        set { m_lastName = value; }
    }

    public override string ToString()
    {
        return m_lastName + ", " + m_firstName;
    }

    public bool IsNull
    {
        get
        {
            if (m_firstName == null || m_lastName == null)
                return true;
            return false;
        }
    }

    public static PersonName Null
    {
        get { return new PersonName(); }
```

```csharp
}

public static PersonName Parse(SqlString s)
{
    if (s.IsNull)
        return Null;
    PersonName name = new PersonName();
    int pos = s.Value.IndexOf(",");
    if (pos > -1)
    {
        name.LastName = s.Value.Substring(0, pos).Trim();
        name.FirstName = s.Value.Substring(pos + 1).Trim();

        if (name.FirstName.Length + name.LastName.Length > 100)
            throw new ArgumentOutOfRangeException("Der
                angegebene Name darf die Maximallänge von
                100 Zeichen nicht überschreiten!");
    }
    return name;
}

public void Read(System.IO.BinaryReader r)
{
    this.FirstName = r.ReadString();
    this.LastName = r.ReadString();
}

public void Write(System.IO.BinaryWriter w)
{
    w.Write(this.FirstName);
    w.Write(this.LastName);
}
}
```

Listing 34.22 Der »PersonName«-Typ

Die Maximalgröße des PersonName-Typs wurde mit 202 Bytes angegeben. Diese Zahl basiert auf der maximalen Länge des Namens von 100 Zeichen. Da Zeichenketten im Unicode-Format UTF-16 gespeichert werden, benötigen sie jedoch zwei Bytes pro Zeichen. Somit beträgt die Maximalgröße 200. Hierzu wurden zwei Bytes addiert, die für den Serialisierungsvorgang benötigt werden. Wenn Sie die Maximalgröße zu klein wählen und versuchen, dem Typ einen größeren Wert zuzuweisen, erzeugt SQL Server einen Fehler. Da diese Fehlermeldung recht kryptisch ist und den Benutzer nicht wirklich auf das Problem hinweist, sollten Sie in der Parse()-Methode eine eigene

Prüfung implementieren und den Benutzer durch das Absetzen einer `ArgumentOutOfRangeException` auf die Überschreitung hinweisen.

In den Methoden `Read()` und `Write()` findet die benutzerdefinierte Serialisierung statt. Hier werden jeweils die Eigenschaften `FirstName` und `LastName` in binäre Form gebracht bzw. in diese zurückgewandelt.

```
public void Read(System.IO.BinaryReader r)
{
  this.FirstName = r.ReadString();
  this.LastName = r.ReadString();
}
public void Write(System.IO.BinaryWriter w)
{
  w.Write(this.FirstName);
  w.Write(this.LastName);
}
```

Listing 34.23 Die Methoden »Read()« und »Write()« dienen zur Serialisierung/Deserialisierung des Werts.

Hierbei sollten Sie darauf achten, dass Sie beim Lesen und Schreiben die gleiche Reihenfolge einhalten, da die Eigenschaftswerte sonst vertauscht werden können.

34.8.12 Typen als Klassen abbilden

Das eigentliche Haupteinsatzgebiet von benutzerdefinierten Typen ist zwar die Erstellung von skalaren Typen, die lediglich einen einzelnen Wert repräsentieren, Sie können jedoch ebenso auch komplexe Typen implementieren. Wenn Sie hierbei Ihren Typ als Klasse implementieren, können Sie intern auch Vererbung einsetzen. Dies funktioniert jedoch etwas anders, als Sie dies vielleicht erwarten würden.

Nehmen Sie zur Veranschaulichung einmal das folgende Beispiel: Sie erstellen einen Typ `Tier` und leiten davon den Typ `Vogel` ab. Wenn Sie nun versuchen, in T-SQL eine Instanz von `Vogel` in den Typ `Tier` zu konvertieren, bekommen Sie einen Fehler. Ebenso abgelehnt wird der Versuch, von einer `Vogel`-Instanz auf Mitglieder der Basisklasse `Tier` zuzugreifen. Dies ist ausschließlich innerhalb des Typs möglich, da SQL Server die Vererbungsbeziehung beim Zugriff ignoriert.

34.8.13 Zugriff vom Client

Wenn Sie clientseitig auf benutzerdefinierte Typen zugreifen, haben Sie grundsätzlich zwei Möglichkeiten, die sich in erster Linie in der Flexibilität unterscheiden.

Am einfachsten ist es, wenn Sie in den Abfragen die benutzerdefinierten Typen nicht direkt verwenden, sondern lediglich eine Eigenschaft oder Methode des Typs aufrufen:

```
SELECT Week.Year, Week.Week, Week.ToString() FROM Wochen
```

In diesem Fall muss der Client den `CalendarWeek`-Typ nicht kennen, da vom Server lediglich einfache Datentypen zurückkommen.

Anders sieht es jedoch aus, wenn Sie auf der Clientseite mit dem Typ weiterarbeiten wollen. Hierbei müssen Sie die Assembly, die den benutzerdefinierten Typ enthält, in Ihr Projekt einbinden. Hierbei kann ADO.NET beim Ausführen der Abfrage den Typ transparent identifizieren und ihn beispielsweise als Spalte in einem `DataSet` abbilden.

Das folgende Beispiel demonstriert diese Variante. Um das Beispiel nachzuvollziehen, sollten Sie zuvor die folgende Tabelle anlegen:

```
USE AdventureWorks
GO
CREATE TABLE Wochen ( ID int, Week CalendarWeek )
INSERT INTO Wochen SELECT 1, '2006-01'
```

Der Zugriff vom Client könnte nun wie folgt aussehen:

```
SqlConnection connection = new SqlConnection("Data Source=localhost;
  Initial Catalog=AdventureWorks;Integrated Security=True");
SqlCommand command = new SqlCommand(
"SELECT Week FROM Wochen", connection);
SqlDataAdapter adapter = new SqlDataAdapter(command);
DataSet ds = new DataSet();
adapter.Fill(ds);

CalendarWeek week = (CalendarWeek)ds.Tables[0].Rows[0]["Week"];
MessageBox.Show(week.Year.ToString());
```

Listing 34.24 Abfrage eines benutzerdefinierten Typs vom Client

Wie Sie sehen, erfolgt der Datenzugriff genauso wie bei »normalen« Abfragen: Zunächst wird ein `SqlCommand`-Objekt erstellt und dieses mithilfe der `SqlDataAdapter`-Klasse ausgeführt. Die Ergebnisse werden wie gewohnt in ein `DataSet` gefüllt.

Zum Ermitteln des Werts wird die *Week*-Spalte der ersten Datenzeile ausgelesen und in den `CalendarWeek`-Typ gewandelt. Daraufhin kann das Jahr über die `Year`-Eigenschaft ausgelesen werden.

34.9 Benutzerdefinierte Aggregate

Bei der Aggregation sieht der ANSI-SQL-92-Standard lediglich die Statements COUNT, SUM, AVG, MIN und MAX vor. SQL Server 2000 enthält zwar einige mehr, ist aber in der Funktionsvielfalt nicht erweiterbar. Der SQL Server bietet – dank der CLR-Integration – die Möglichkeit, eigene Aggregate zu erstellen. Gerade wegen der Möglichkeit, eigene Datentypen zu definieren, ist dies auch nötig, da die Standardaggregate diese nicht verarbeiten können. Zudem sind sie in den Fällen nützlich, in denen klassischerweise Cursor verwendet werden. Im Gegensatz zu diesen können benutzerdefinierte Aggregate sehr effizient ausgeführt werden, was sich positiv auf die Performance auswirkt. Benutzerdefinierte Aggregate können jedoch nur in Managed Code implementiert werden, der Einsatz von T-SQL ist nicht möglich.

Aggregate ähneln vom Aufbau her sehr stark benutzerdefinierten Typen. Sie werden ebenfalls serialisiert und können sowohl als Struktur wie auch als Klasse implementiert werden.

34.9.1 Das »SqlUserDefinedAggregate«-Attribut

Ebenso wie alle anderen CLR-Typen verfügen auch Aggregate über ein Attribut zur Veröffentlichung von Laufzeitinformationen. Das SqlUserDefinedAggregate-Attribut definiert hierfür die folgenden Parameter:

- Format
  ist der einzige Pflichtparameter. Er gibt an, in welcher Form der Typ serialisiert werden soll. Die möglichen Werte des Parameters sind Native und UserDefined. Hierbei signalisiert Native SQL Server, dass der Typ automatisch mit dem Standardverfahren der CLR serialisiert werden soll. Bei UserDefined kümmert sich der Typ hingegen selbst um die Serialisierung.

- MaxByteSize
  gibt die maximale Größe einer Instanz des Typs an. Dieser Parameter sollte nur gesetzt werden, wenn im Format-Parameter der Wert UserDefined angegeben wurde.

- IsInvariantToDuplicates
  signalisiert, dass der Aggregattyp Duplikate bei der Berechnung berücksichtigt. Beispiele hierfür sind die SQL-Server-Aggregate MIN und MAX, die doppelte Werte bei der Ermittlung des minimalen bzw. maximalen Werts einbeziehen. Wenn Sie diesen Parameter auf true setzen, machen Sie dem Query Optimizer das Leben erheblich leichter, was sich positiv auf den Ausführungsplan und somit auf die Performance auswirkt. Der Standardwert ist false.

- IsInvariantToNulls
  gibt an, dass der Aggregattyp NULL-Werte bei der Berechnung berücksichtigt. Bei-

spielsweise bezieht das SUM-Aggregat NULL-Werte nicht ein, da sie das Ergebnis negativ beeinflussen würden. Der Standardwert ist false.

- IsInvariantToOrder
wird von SQL Server zurzeit nicht unterstützt und ist für spätere Versionen vorgesehen.

- IsNullIfEmpty
zeigt auf, ob der Aggregattyp NULL-Werte zurückliefert, wenn keine Werte aggregiert wurden. Dieser Parameter dient einzig zur Unterstützung des Query Optimizers und kann in einigen Fällen zu sehr effektiven Ausführungsplänen führen.

- Name
gibt für den Aggregattyp einen öffentlichen Namen an, der in T-SQL verwendet werden soll. Wurde dieser Parameter weggelassen, so wird der Klassenname des Typs verwendet.

Wie benutzerdefinierte Typen folgen auch Aggregate einem besonderen Aufbau. Hierbei sind die folgenden Methoden zwingend erforderlich:

- Init()
- Accumulate()
- Merge()
- Terminate()

Die Bedeutung dieser Methoden und in welcher Form sie implementiert werden, beleuchten wir im Folgenden genauer.

34.9.2 Die »Init()«-Methode

Vor dem Beginn der Aggregation ruft SQL Server zunächst die Init()-Methode auf. Sie dient zur Initialisierung des Status, sprich zum Zurücksetzen aller beteiligten Variablen. Dies ist notwendig, da eine Instanz des Aggregattyps mehrfach verwendet werden kann. Die Init()-Methode fungiert somit als eine Art Konstruktor.

34.9.3 Die »Accumulate()«-Methode

In der Accumulate()-Methode findet die eigentliche Arbeit statt. Sie wird für jeden Datensatz der Gruppe aufgerufen, und ihr wird der skalare Wert des zu aggregierenden Feldes übergeben. Was die Methode nun mit diesen Werten anstellt, hängt im Wesentlichen von der zu implementierenden Aggregatfunktion ab. Um beispielsweise eine Summierung durchzuführen, könnten die Werte in einer privaten Variablen addiert werden. Wichtig ist hierbei jedoch, dass in der Methode auf eingehende NULL-Werte geprüft wird.

34.9.4 Die »Merge()«-Methode

Aggregationen werden von SQL Server häufig parallel verarbeitet. Dies bedeutet im Extremfall, dass die Aggregation einer Spalte von mehreren Threads parallel durchgeführt wird. Um nun die Werte aller Aggregatinstanzen zusammenzuführen, ruft SQL Server die Merge()-Methode auf und übergibt ihr das Zwischenergebnis einer anderen Instanz. Im Falle einer Summierung müsste dieser Wert einfach zum aktuell gespeicherten Wert addiert werden.

34.9.5 Die »Terminate()«-Methode

Nachdem alle Datensätze durchlaufen wurden, ruft SQL Server die Terminate()-Methode auf, um den endgültigen Aggregatwert zu ermitteln. Hier können Sie nun entweder das Ergebnis anhand der zwischengespeicherten Werte berechnen oder – wie im Falle der Summierung – den bereits aggregierten Wert zurückgeben.

34.9.6 Ein Beispielaggregat

Ein häufiges Problem bei der Abfrage von Daten ist die richtige Behandlung von Datums- und Zeitbereichen. Nehmen Sie einmal das folgende Beispiel: Sie greifen auf eine Tabelle zu, die in den Feldern DateFrom und DateTil einen Datumsbereich gespeichert haben. Jetzt ist es schon schwer genug, die Anzahl der Tage innerhalb der Abfrage zu bestimmen. Noch schwieriger wird es, wenn Sie nur die Arbeitstage ermitteln wollen, und wenn dabei auch noch die Feiertage zu berücksichtigen sind, müssen Sie schon sehr tief in die Trickkiste greifen. Die Lage wird noch verschärft, wenn Sie darüber hinaus die Summe aller Arbeitstage oder den gesamten Datumsbereich einer ganzen Datensatzgruppe ermitteln wollen. Zwar lassen sich all diese Anforderungen auch mit T-SQL bewältigen, doch das Maß an Komplexität steigt hierbei beträchtlich.

Im folgenden Beispiel soll ein Aggregat implementiert werden, das Datumsbereiche des benutzerdefinierten Datentyps DateRange aggregiert. DateRange enthält hierbei die folgenden Elemente:

- DateFrom definiert das Startdatum.
- DateTil definiert das Enddatum.
- Days gibt die Anzahl der Tage des Datumsbereichs zurück.

Im praktischen Einsatz könnte der Datentyp beispielsweise wie folgt verwendet werden:

```
CREATE TABLE TimeRanges
(
  ID int,
```

```
   Range DateRange
)
INSERT INTO TimeRanges SELECT 1, '01.01.2006 - 01.02.2006'
INSERT INTO TimeRanges SELECT 1, '01.02.2006 - 20.02.2006'
```

Listing 34.25 Erstellung der Beispieltabelle »TimeRanges«

Durch Abfragen der Eigenschaften können daraufhin die Datumswerte sowie die Anzahl der Tage des Bereichs ermittelt werden:

```
SELECT  DateRange.DateFrom AS DatumVon,
DateRange.DateTil AS DatumBis,
DateRange.Days AS AnzahlTage
FROM  TimeRanges
```

Unser Ziel soll es nun sein, das Aggregat MaxRange zu erstellen, das den maximalen Datumsbereich einer Datensatzgruppe ermittelt und das Ergebnis wiederum in Form einer DateRange-Instanz zurückgibt. DateFrom soll hierbei das kleinste Startdatum und DateTil das maximale Enddatum der Gruppe enthalten. Im Ergebnis könnte dies beispielsweise wie folgt aussehen:

```
SELECT  dbo.MaxRange(Range).ToString() AS Range,
   dbo.MaxRange(Range).DateFrom AS DateFrom,
   dbo.MaxRange(Range).DateTil AS DateTil,
   dbo.MaxRange(Range).Days AS Days
FROM  TimeRanges
```

Listing 34.26 Abfrage des »DateRange«-Typs mit der Aggregatfunktion »MaxRange«

Da MaxRange() das Ergebnis in Form einer DateRange-Instanz zurückliefert, kann hierbei direkt auf deren Methoden und Eigenschaften zugegriffen werden. Auf Grundlage der oben eingefügten Werte liefert die Abfrage die folgenden Ergebnisse:

Range	DateFrom	DateTil	Days
01.01.2006 – 20.02.2006	2006-01-01	2006-02-20	50

Tabelle 34.5 Das Ergebnis der Beispielabfrage

Nachdem das Ziel klar ist, lassen Sie uns mit der Implementierung des MaxRange()-Aggregats beginnen.

34.9.7 Das »MaxRange«-Aggregat implementieren

Schauen Sie sich zunächst einmal das Grundgerüst des MaxRange-Aggregats an:

```
[Microsoft.SqlServer.Server.SqlUserDefinedAggregate(
    Format.UserDefined,
    IsInvariantToDuplicates = true,
    IsNullIfEmpty = true,
    MaxByteSize = 18)]
public struct MaxRange : IBinarySerialize
{
    private SqlDateTime m_minStartDate;
    private SqlDateTime m_maxEndDate;
    ...
}
```

Listing 34.27 Das Grundgerüst des »MaxRange«-Aggregats

Wie Sie sehen, wurde der Typ als Struktur implementiert und über das `SqlUserDefinedAggregate`-Attribut mit den entsprechenden Informationen versorgt. Die Parameter `IsInvariantToDuplicates` und `IsNullIfEmpty` signalisieren hierbei, dass `MaxRange` auch Duplikate verarbeiten kann und einen `NULL`-Wert zurückliefert, wenn die Eingangsdaten vom Typ `NULL` sind.

In den privaten Variablen `m_minStartDate` und `m_maxEndDate` werden die aktuell kleinsten bzw. größten Start- und Endzeitpunkte gespeichert.

Wie bereits erwähnt wurde, müssen Aggregate serialisiert werden. Da die privaten Variablen keine einfachen Datentypen sind, muss `MaxRange` eine benutzerdefinierte Serialisierung anbieten. Daher wurde der `Format`-Parameter im `SqlUserDefinedAggregate`-Attribut auf den Wert `UserDefined` gesetzt. Zusätzlich implementiert die Struktur das `IBinarySerialize`-Interface, das die Methoden für die Serialisierung bereitstellt.

In der `Init()`-Methode werden die privaten Variablen `m_minStartDate` und `m_maxEndDate` initialisiert. Wie bereits gesagt wurde, ist dies notwendig, da eine Instanz eines Aggregats mehrfach verwendet werden kann.

```
public void Init()
{
    m_minStartDate = new SqlDateTime();
    m_maxEndDate = new SqlDateTime();
}
```

Listing 34.28 Die »Init()«-Methode des Aggregats

Die `Accumulate()`-Methode wurde mit einem `DateRange`-Parameter versehen, der den Datumsbereich des aktuellen Datensatzes enthält. Dies ist möglich, da Sie den Parametertyp frei wählen können, je nachdem, welche Typen Sie in Ihrem Aggregat verarbeiten wollen.

```
public void Accumulate(DateRange Value)
{
    if (m_minStartDate.IsNull)
        m_minStartDate = Value.DateFrom;
    else if (Value.DateFrom.Value < m_minStartDate.Value)
        m_minStartDate = Value.DateFrom;

    if (m_maxEndDate.IsNull)
        m_maxEndDate = Value.DateTil;
    else if (Value.DateTil.Value > m_maxEndDate.Value)
        m_maxEndDate = Value.DateTil;
}
```

Listing 34.29 Die »Accumulate()«-Methode des Aggregats

Hier wird zunächst über die IsNull-Eigenschaft geprüft, ob die temporären Variablen noch keinen Wert enthalten. Wenn dem so ist, werden sie jeweils mit dem Start- bzw. Enddatum der übergebenen DateRange-Instanz belegt. Andernfalls wird geprüft, ob die übergebenen Werte den Startzeitpunkt unterschreiten bzw. den Endzeitpunkt überschreiten.

Die Merge()-Methode bekommt eine Instanz eines parallel laufenden Aggregats übergeben. Hier müssen nun die temporär zwischengespeicherten Daten miteinander abgeglichen werden.

```
public void Merge(MaxRange Group)
{
    if (Group.m_minStartDate.Value < m_minStartDate.Value)
        m_minStartDate = Group.m_minStartDate;

    if (Group.m_maxEndDate.Value > m_maxEndDate.Value)
        m_maxEndDate = Group.m_maxEndDate;
}
```

Listing 34.30 Die »Merge()«-Methode des Aggregats

Die Terminate()-Methode wird aufgerufen, wenn alle Datenzeilen durchlaufen wurden und das Ergebnis abgerufen werden soll. Sie liefert eine Instanz des DateRange-Typs, die die minimale Startzeit und die maximale Endzeit enthält. Hierfür muss sie lediglich die temporär gespeicherten Werte auslesen und durch Aufruf der Methode DateRage.Parse() eine neue Instanz erzeugen.

```
public DateRange Terminate()
{
    return DateRange.Parse(
  m_minStartDate.Value.ToString() + "-" +
m_maxEndDate.Value.ToString());
}
```

Listing 34.31 Die »Terminate()«-Methode des Aggregats

Was nun noch fehlt, ist die Implementierung des IBinarySerializable-Interface. Hier müssen die temporären Werte in binäre Form gebracht bzw. aus dieser ausgelesen werden.

```
public void Read(System.IO.BinaryReader r)
{
    this.m_minStartDate = new SqlDateTime(new DateTime(r.ReadInt64()));
    this.m_maxEndDate = new SqlDateTime(new DateTime(r.ReadInt64()));
}

public void Write(System.IO.BinaryWriter w)
{
    w.Write(this.m_minStartDate.Value.Ticks);
    w.Write(this.m_maxEndDate.Value.Ticks);
}
```

Listing 34.32 Die Methoden »Read()« und »Write()« des Aggregats

Da BinaryReader und BinaryWriter keine Methoden zum Serialisieren von Datumswerten bereitstellen, müssen die Werte in Form des Int64-Datentyps behandelt werden. Um dies zu ermöglichen, wurde die Ticks-Eigenschaft des DateTime-Datentyps verwendet, der eine numerische Repräsentation eines Datums liefert.

Bei der benutzerdefinierten Serialisierung ist – wie auch bei den benutzerdefinierten Typen – die Angabe der maximalen Bytezahl im SqlUserDefinedAggregate-Attribut erforderlich. Im Falle von MaxRange errechnet sich dieser aus der Bytezahl der beiden Int64-Werte (2 × 8 Bytes) plus zwei Bytes für Serialisierungsinformationen, also 18 Bytes.

34.9.8 Hinweise zur Implementierung

Wenn Sie benutzerdefinierte Aggregate mit SQL Server 2005 entwickeln, sollten Sie unbedingt die maximale Serialisierungsgröße von 8.000 Bytes im Hinterkopf behalten. Mit SQL Server 2008 wurde diese Begrenzung aufgehoben, sodass seitdem eine Maximalgröße von bis zu zwei Gigabytes möglich ist. Hierfür setzen Sie das MaxRange-Attribut auf den Wert -1.

Egal, welche Version Sie verwenden, Sie sollten es nach Möglichkeit vermeiden, komplette Ergebnismengen zwischenzuspeichern. Wenn das MaxRange-Aggregat beispielsweise sämtliche Daten zwischenspeichern würde, so könnten – im Falle von SQL Server 2005 – maximal 1.000 Datensätze verarbeitet werden (8.000 Bytes/8 Bytes pro Wert). Das Überschreiten dieser Datenmenge würde folglich zu einem Fehler führen. Außerdem steigen dabei die Kosten, was sich negativ auf Ressourcenverbrauch und Performance auswirkt. Wenn Ihr Aggregat für die Ermittlung des Werts dennoch die gesamte Datenbasis benötigt, sollten Sie stattdessen eine benutzerdefinierte Funktion oder eine gespeicherte Prozedur verwenden.

Außerdem sollten Sie beachten, dass Sie benutzerdefinierte Typen, die Sie in Ihrem Aggregat verwenden, nicht ohne Weiteres aktualisieren können. Wenn Sie also Ihren Typ ändern und neu bereitstellen wollen, müssen Sie vorher alle Aggregate deinstallieren, die den Typ verwenden.

34.9.9 Aggregate installieren

Die Bereitstellung eines benutzerdefinierten Aggregats erfolgt analog zu dem Verfahren, das Sie bei Typen, Funktionen und Prozeduren verwenden. Der einzige Unterschied ist das Statement zur Veröffentlichung. Für das MaxRange-Beispiel könnte dies wie folgt aussehen:

```
CREATE AGGREGATE MaxRange (@Value DateRange)
RETURNS DateRange
EXTERNAL NAME UserAggregates.MaxRange
```

Hinter dem Namen des Aggregats folgen die Definition des Eingangsparameters sowie der Typ des Ausgabewerts. EXTERNAL NAME gibt den Namen der Assembly sowie den Namen der Struktur oder Klasse an. Bedenken Sie, dass Sie hier gegebenenfalls den Namen des Namespace mit angeben müssen, sofern Sie ihn bei der Implementierung vergeben haben.

34.10 Benutzerdefinierte Trigger

Trigger sind Objekte, die ihre Logik ausführen, wenn eine bestimmte Aktion vorausgegangen ist. Nehmen Sie einmal das folgende Beispiel: Sie definieren eine Tabelle, die neben den Nutzdatenfeldern ein Zeitfeld enthält, in dem der Zeitpunkt der letzten Änderung des Datensatzes gespeichert wird. Die Aktualisierung dieses Feldes muss nun gegebenenfalls an mehreren Stellen erfolgen, da Sie vielleicht sowohl in einer Datenbankprozedur als auch vom Client aus schreibend auf die Tabelle zugreifen. Durch die Definition eines Triggers können Sie sich die Arbeit sparen und die Logik zentral in der Datenbank hinterlegen. Hierbei würden Sie den Trigger anweisen, das aktuelle Datum in das Feld zu schreiben, wenn ein Datensatz eingefügt oder aktualisiert wird.

Die Anlage von Triggern war auch bisher möglich, jedoch waren Sie hierbei auf T-SQL beschränkt. Dank der CLR-Integration können Sie Ihre Trigger auch in Managed Code implementieren und dabei den vollen Funktionsumfang des .NET Frameworks nutzen. SQL Server ermöglicht hierbei die Erstellung von zwei verschiedenen Arten von CLR-Triggern:

- **DML-Trigger (Data Manipulation Language)**
  für das Reagieren auf die Statements INSERT, UPDATE und DELETE
- **DDL-Trigger (Data Definition Language)**,
  um über die Erstellung oder Änderung von Datenbankobjekten, beispielsweise über CREATE TABLE, informiert zu werden

Bei DML-Triggern haben Sie zusätzlich die Wahl zwischen *AFTER*- und *INSTEAD OF*-Triggern. Während *AFTER*-Trigger jeweils nach der durchgeführten Aktion ausgelöst werden, bieten *INSTEAD OF*-Trigger die Möglichkeit, die eigentliche Aktion abzubrechen und stattdessen eine Alternativaktion durchzuführen.

Die Implementierung variiert ein wenig, je nachdem, welchen Typ von Trigger Sie erstellen möchten.

34.10.1 Das »SqlTrigger«-Attribut

Wie bei allen CLR-Datenbankobjekten müssen Sie auch benutzerdefinierte Trigger mit einem Attribut ausstatten, das Informationen über den Aufbau und die Verhaltensweise bereitstellt. Das UserDefinedTrigger-Attribut definiert hierfür die folgenden Parameter:

- Name
  bestimmt den Namen, den Visual Studio für die Veröffentlichung in der Datenbank angeben soll. Er entspricht dem Namen, der bei der Bereitstellung im CREATE TRIGGER-Statement angegeben wird.
- Target
  gibt das Zielobjekt an, das vom Trigger überwacht werden soll. Bei DML-Triggern ist dies der Name einer Tabelle. Bei DDL-Triggern können darüber hinaus Datenbanken oder alle Objekte des Servers (ALL SERVER) angegeben werden.
- Event
  gibt den Typ des Ereignisses an, auf das ein DML-Trigger reagiert. Mögliche Werte sind INSERT, UPDATE und DELETE. Je nachdem, ob es sich um einen AFTER- oder einen INSTEAD OF-Trigger handelt, wird diesem entweder FOR oder INSTEAD OF vorangestellt.

34.10.2 Die »TriggerContext«-Klasse

Über eine Veränderung informiert zu werden, ist zwar schön, jedoch nur die halbe Miete, wenn Sie innerhalb eines Triggers adäquat reagieren wollen. Daher bietet Ihnen die SqlContext-Klasse über die Eigenschaft TriggerContext Zugriff auf den aktuell betroffenen Datensatz.

Ereignistyp ermitteln

Darüber hinaus signalisiert die Eigenschaft TriggerContext über ihre TriggerAction-Eigenschaft den Typ des aufgetretenen Ereignisses. Sie liefert einen Wert der gleichnamigen Enumeration, die alle verfügbaren Ereignistypen enthält. Diese Information ist wichtig, da ein Trigger sich für mehr als ein Ereignis anmelden kann.

Um beispielsweise auf das UPDATE-Ereignis zu reagieren, können Sie wie folgt vorgehen:

```
if (SqlContext.TriggerContext.TriggerAction == TriggerAction.Update)
{
    ...
}
```

Im Falle von DML-Triggern kann TriggerAction die Werte Update, Insert und Delete zurückgeben, und für DDL-Trigger steht eine ganze Reihe weiterer Werte für die verschiedensten Ereignisse zur Verfügung. Eine komplette Liste finden Sie in der Onlinehilfe.

Datenstruktur ermitteln

Informationen über die Struktur der aktuellen Daten und deren Änderungen bieten die Eigenschaft ColumnCount sowie die Methode IsUpdatedColumn(). Während ColumnCount die Anzahl der Spalten des aktuellen Datensatzes zurückgibt, prüfen Sie mit IsUpdatedColumn(), welche Spalte Änderungen enthält. Das folgende Beispiel verdeutlicht die Verwendung:

```
if (SqlContext.TriggerContext.IsUpdatedColumn(0))
{
... // Spalte 0 wurde geändert
}
```

Wie Sie sehen, müssen Sie bei der Prüfung der aktualisierten Spalte einen Index und nicht den Namen verwenden. Dies sollten Sie bedenken, wenn Sie die Reihenfolge der Spalten in einer Tabelle verändern.

Geänderte Daten ermitteln

Die eigentlichen Daten werden hingegen nicht übergeben, sondern müssen explizit angefordert werden. Hierzu stellt SQL Server sogenannte *virtuelle Tabellen* bereit, die die Daten enthalten, die durch die aktuelle Abfrage beeinflusst wurden.

- *inserted* enthält die eingefügten Datensätze.
- *deleted* enthält die gelöschten Datensätze.

Bei Aktualisierungen stehen die jeweils neuen Werte in der Tabelle *inserted*, während die alten Daten in *deleted* zu finden sind.

Der Zugriff auf die virtuellen Tabellen gestaltet sich genauso wie bei normalen Tabellen, wie das folgende Beispiel zeigt:

```
SqlConnection con =
  new SqlConnection("Context connection=true");
SqlCommand cmd =
  new SqlCommand("SELECT * FROM DELETED",con);
con.Open();
SqlContext.Pipe.ExecuteAndSend(command);
```

Hier werden die durch die Abfrage gelöschten Daten ermittelt und über die `SqlPipe`-Klasse an den Aufrufer ausgegeben.

34.10.3 Trigger implementieren

Die verschiedenen Implementierungsvarianten eines Triggers werden wir im Folgenden anhand zwei einfacher Beispiele verdeutlichen.

Zeitstempel für Datensätze

Das erste Beispiel implementiert den oben erwähnten Zeitstempel für Datensätze. Hierbei soll jedes Mal, wenn ein Datensatz einer Tabelle manipuliert wird, das Zeitstempel-Feld aktualisiert werden. Um das Beispiel nachzuvollziehen, sollten Sie zunächst die folgende Tabelle anlegen und mit einigen Testdaten füllen:

```
CREATE TABLE TriggerTest
(
  ID int,
  LastModified DateTime
)
INSERT INTO TriggerTest (ID) VALUES (1)
INSERT INTO TriggerTest (ID) VALUES (2)
```

Listing 34.33 Erstellung der »TriggerTest«-Tabelle

Die Implementierung der Trigger-Klasse sieht wie folgt aus:

```
public partial class Triggers
{
  [SqlTrigger(
    Name="SetTimeStamp",
    Target="TriggerTest",
    Event="FOR UPDATE, INSERT")]
  public static void SetTimeStamp()
  {
    SqlConnection con = new SqlConnection("Context connection=true");
    SqlCommand cmd = new SqlCommand(
      "UPDATE TriggerTest SET LastModified = getdate()
      WHERE ID = (SELECT TOP 1 ID FROM INSERTED)", con);
    con.Open();
    SqlContext.Pipe.ExecuteAndSend(cmd);
  }
}
```

Listing 34.34 Die Implementierung des »SetTimeStamp«-Triggers

Zunächst einmal wurden über das `SqlTrigger`-Attribut der Name des Triggers sowie die Zieltabelle angegeben. Im `Event`-Parameter wurde über die Zeichenfolge "FOR UPDATE, INSERT" festgelegt, dass der Trigger sowohl bei Aktualisierungen als auch beim Einfügen neuer Datensätze aufgerufen werden soll.

Die eigentliche Implementierung der Trigger-Methode beschränkt sich auf lediglich drei Zeilen Code. Der interessante Teil spielt sich hierbei in der Deklaration des `SqlCommand`-Objekts ab. Hierin wird ein `UPDATE`-Statement, das den zu aktualisierenden Datensatz anhand einer Unterabfrage auf die virtuelle *inserted*-Tabelle ermittelt, auf die *TriggerTest*-Tabelle definiert.

Im Ergebnis wird nun jedes Mal, wenn ein Datensatz in die *TriggerTest*-Tabelle eingefügt oder ein Satz geändert wird, deren *LastModified*-Spalte mit einem Zeitstempel aktualisiert.

Gelöschte Tabellen protokollieren

Im nächsten Beispiel soll ein DDL-Trigger erstellt werden, der das Löschen von Tabellen protokolliert. Der Name der Tabelle sowie der Zeitpunkt des Löschvorgangs sollen dabei in eine Protokolltabelle geschrieben werden.

DDL-Trigger definieren eine ganze Reihe von Ereignissen, die verschiedenen Gruppen zugeordnet sind. So enthält beispielsweise die Gruppe `DDL_TABLE_EVENTS` die Ereignisse `CREATE TABLE`, `DROP TABLE` und `ALTER TABLE`. Eine vollständige Liste der verfügbaren DDL-Ereignisse finden Sie in der Onlinehilfe.

Bei der Definition eines DDL-Triggers geben Sie eine Ereignisgruppe sowie ein Ziel an. Hier haben Sie die Wahl zwischen DATABASE und ALL SERVER, je nachdem, ob Sie auf die Ereignisse der jeweiligen Datenbank oder des kompletten Servers reagieren wollen.

Um nun über die Löschvorgänge aller Tabellen einer Datenbank informiert zu werden, können Sie die Trigger-Methode wie folgt deklarieren:

```
[SqlTrigger(
  Name = "DropTableLog",
  Target = "DATABASE",
  Event = "FOR DDL_TABLE_EVENTS")]
public static void DropTableLog()
{
}
```

Listing 34.35 Grundlegender Aufbau des »DropTableLog«-Triggers

Da der Trigger für eine Ereignisgruppe registriert wird, müssen Sie innerhalb der Methode zunächst auf das gewünschte Ereignis filtern:

```
if (SqlContext.TriggerContext.TriggerAction == TriggerAction.
  DropTable)
{
...
}
```

Zur Bereitstellung der für das Ereignis relevanten Daten bietet die TriggerContext-Klasse die EventData-Eigenschaft. Sie liefert ein SqlTypes.SqlXml-Objekt zurück, das eine Referenz auf die spezifischen Ereignisdaten enthält. Da die Struktur der Daten vom entsprechenden Ereignis abhängt, werden die Informationen in XML-Form zur Verfügung gestellt. Abbildung 34.14 zeigt die Ereignisdaten des Beispieltriggers.

```xml
<EVENT_INSTANCE>
  <EventType>DROP_TABLE</EventType>
  <PostTime>2005-12-25T09:27:18.597</PostTime>
  <SPID>55</SPID>
  <ServerName>SERVER2003</ServerName>
  <LoginName>SERVER2003\Administrator</LoginName>
  <UserName>dbo</UserName>
  <DatabaseName>AdventureWorks</DatabaseName>
  <SchemaName>dbo</SchemaName>
  <ObjectName>TestTable</ObjectName>
  <ObjectType>TABLE</ObjectType>
  <TSQLCommand>
    <SetOptions ANSI_NULLS="ON" ANSI_NULL_DEFAULT="ON"
      ANSI_PADDING="ON" QUOTED_IDENTIFIER="ON"
      ENCRYPTED="FALSE" />
    <CommandText>DROP TABLE TestTable</CommandText>
  </TSQLCommand>
</EVENT_INSTANCE>
```

Abbildung 34.14 Die Ereignisdaten eines DDL-Triggers

Zur Verarbeitung können Sie entweder die Value-Eigenschaft verwenden, die eine Zeichenkette zurückliefert, oder die CreateReader()-Methode aufrufen. Diese liefert eine Instanz der XmlReader-Klasse, die zum sequenziellen Auslesen der XML-Daten verwendet werden kann.

```
XmlReader reader = SqlContext.TriggerContext.EventData.CreateReader();
try
{
  while (reader.Read())
  {
    if (reader.NodeType == XmlNodeType.Element &&
      reader.Name == "ObjectName")
    {
      string tableName = reader.ReadString();
      ...
    }
  }
}

finally
{
  reader.Close();
}
```

Listing 34.36 Verarbeitung der Event-Daten eines DDL-Triggers

Nachdem der Name der Tabelle ermittelt wurde, kann er in die Protokolltabelle eingefügt werden.

```
SqlConnection connection = new SqlConnection("Context connection=
  true");
SqlCommand command = new SqlCommand(
  string.Format("INSERT INTO DeletedTables SELECT '{0}', getdate()",
  tableName),
  connection);
connection.Open();
SqlContext.Pipe.ExecuteAndSend(command);
connection.Close();
```

Listing 34.37 Der dynamische Zugriff auf die Datenbank

34.10.4 Hinweise zur Implementierung

Bei der Erstellung eines Triggers sollten Sie stets die Verfügbarkeit des Servers im Hinterkopf behalten. Da Trigger implizit für jeden Datensatz oder jedes Objekt einer Änderungsabfrage ausgeführt werden, führt dies schnell zu einem Performanceproblem, wenn die Ausführung der Logik zu lange dauert. Darüber hinaus kann sich eine lange Laufzeit negativ auf das Sperrverhalten der Datenbank auswirken. Da jedes Statement in einer Transaktion läuft, werden, je nach Konfiguration, die beteiligten Daten für die Dauer der Ausführung für andere Benutzer gesperrt. Wenn also ein Trigger eine sehr komplexe Berechnung durchführt und für eine Abfrage mehrere Tausend Mal ausgeführt wird, können erhebliche Wartezeiten entstehen.

Sie sollten sich daher sehr genau überlegen, welche Operationen Sie in einem Trigger durchführen. Vermeiden sollten Sie in jedem Fall Zugriffe auf jegliche externe Ressourcen.

34.10.5 Trigger installieren

Die Installation von Trigger-Funktionen erfolgt über das CREATE TRIGGER-Statement. Für das SetTimeStamp-Beispiel könnte dies beispielsweise wie folgt aussehen:

```
CREATE TRIGGER SetTimeStamp
ON TriggerTest
FOR UPDATE, INSERT
AS
EXTERNAL NAME UserTriggers.Triggers.SetTimeStamp
```

Wenn Sie eine Liste der installierten Trigger benötigen, können Sie die System-View sys.triggers abrufen. Um nur CLR-Trigger angezeigt zu bekommen, sollten Sie das type-Feld auf den Wert TA filtern:

```
SELECT *
FROM sys.triggers
WHERE type = 'TA'
```

34.11 Administration und Monitoring von CLR-Objekten

Für die Administration des Servers ist es notwendig, detaillierte Informationen über die vorhandenen CLR-Objekte sowie deren Laufzeitverhalten zu ermitteln. Im Folgenden gehen wir auf einige Aspekte ein, die in diesem Zusammenhang von Bedeutung sind.

34.11.1 Informationen über die installierten Assemblies ermitteln

Zur Ermittlung der im Server installierten Assemblies und deren Objekte stellt SQL Server eine Reihe von Management-Views zur Verfügung. Je nachdem, welche Information Sie interessiert, greifen Sie auf eine der folgenden Views zu:

- `sys.assemblies`
  stellt Informationen über die installierten Assemblies zur Verfügung.
- `sys.assembly_files`
  liefert Informationen über die Dateien, die mit den installierten Assemblies verknüpft sind. Dies können pro Assembly neben den reinen Binärdaten auch Quellcodedateien sein.
- `sys.assemblies_modules`
  listet alle Prozeduren, Funktionen, Trigger und Datentypen auf, die auf der CLR basieren.
- `sys.assembly_types`
  gibt alle Typen (Klassen) der installierten Assemblies zurück.
- `sys.assembly_references`
  gibt die Beziehungen zurück, die einzelne Assemblies zu anderen Assemblies haben. Hierüber lassen sich sehr leicht Abhängigkeiten ermitteln.

Von allen Views wird auf die `sys.assemblies`-View referenziert. Sie enthält grundlegende Informationen über die installierten Assemblies. Dies umfasst neben dem Namen und der Erstellungszeit auch die Berechtigungsstufe, unter der sie laufen. Tabelle 34.6 beschreibt die einzelnen Felder von `sys.assemblies` und deren Bedeutung.

Spaltenname	Datentyp	Beschreibung
name	sysname	Name der Assembly
principal_id	int	ID des Besitzers
assembly_id	int	eindeutige ID der Assembly
permission_set	tinyint	die Berechtigungsstufe der Assembly (1 = Safe Access, 2 = External Access, 3 = Unsafe Access)
permission_set_desc	nvarchar(60)	der Name der Berechtigungsstufe (SAFE_ACCESS, EXTERNAL_ACCESS, UNSAFE ACCESS)
is_visible	bit	Bestimmt, ob die Assembly für T-SQL sichtbar ist (1) oder nur innerhalb von CLR-Objekten verwendet werden kann (0).
clr_name	nvarchar(4000)	Gibt den vollqualifizierten Namen inklusive Versionsnummer und Kulturinformation an.
create_date	datetime	das Datum der Registrierung
modify_date	datetime	das Datum der letzten Änderung

Tabelle 34.6 Die Spalten, die von »sys.assemblies« zurückgegeben werden

Um beispielsweise alle in einer SQL-Server-Instanz installierten CLR-Objekte (Prozeduren, Funktionen, Datentypen, Trigger) zu ermitteln, können Sie die folgende Abfrage absetzen:

SELECT * FROM sys.assembly_modules

Das Ergebnis könnte beispielsweise wie folgt aussehen:

object_id	assembly_id	assembly_class	assembly_method	null_on_null_input	execute_as_principal_id
775673811	65541	Stored-Procedures	Stored-Procedure1	0	NULL

Tabelle 34.7 Das Ergebnis der »sys.assembly_modules«-Abfrage

34.11.2 Laufzeitinformationen von CLR-Objekten ermitteln

Da gerade beim Einsatz von CLR-Objekten die Performance eine große Rolle spielt, stellt SQL Server verschiedene Mechanismen zur Verfügung, mit denen Sie das Laufzeitverhalten analysieren können. Je nachdem, ob Sie sich beispielsweise für die Anzahl der aktiven Application Domains oder die Ausführungszeit einer CLR-Funktion interessieren, können Sie auf eine der folgenden Quellen zugreifen:

- dynamische Management-Views
- SQL-Server-Profiler-Ereignisse
- Leistungsindikatoren

Laufzeitinformationen über System-Views ermitteln

SQL Server bietet zur Analyse von CLR-Objekten verschiedene dynamische Management-Views an, die detaillierte Informationen zum Laufzeitverhalten geben. Hierzu zählen u. a.:

- sys.dm_clr_appdomains
  liefert alle aktuell erstellten Application Domains im Server.
- sys.dm_clr_loaded_assemblies
  listet alle Benutzerassemblies auf, die in den SQL-Server-Prozessraum geladen wurden.
- sys.dm_clr_properties
  liefert Eigenschaften der laufenden CLR-Instanz, wie die Version und das Installationsverzeichnis des .NET Frameworks.
- sys.dm_clr_tasks
  liefert Informationen über die aktuell laufenden .NET-Tasks.

Um beispielsweise die Ladezeitpunkte der zurzeit ausgeführten Assemblies zu ermitteln, könnten Sie die folgende Abfrage ausführen:

```
SELECT asm.name, loaded.load_time
FROM sys.dm_clr_loaded_assemblies loaded INNER JOIN
sys.assemblies asm ON loaded.assembly_id = asm.assembly_id
```

Laufzeitverhalten mit dem Profiler überwachen

Eine weitere Möglichkeit, das Laufzeitverhalten von CLR-Code zu überwachen, ist der SQL Server Profiler. Dieser definiert einen Ereignistyp, der Informationen über die aktuell laufenden CLR-Aktivitäten bietet.

Um beispielsweise das Ladeverhalten von .NET-Assemblies beim Ausführen einer Abfrage zu überwachen, können Sie sich für das Ereignis CLR: Assembly Load anmelden. Dieses wird immer dann ausgeführt, wenn in einer Abfrage ein CLR-Objekt verwendet wird und die zugehörige Assembly in den Speicher geladen werden muss. Gerade bei Performanceproblemen hilft dieser Indikator, festzustellen, ob ein CLR-Objekt die Ursache ist. Abbildung 34.15 zeigt die entsprechende Ereignisauswahl im SQL Server Profiler.

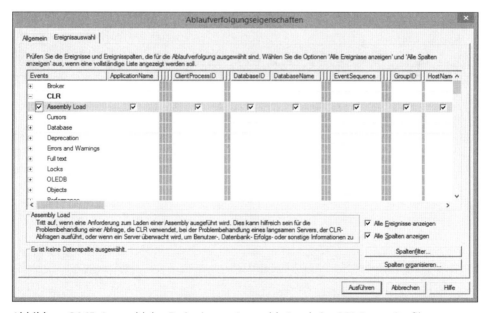

Abbildung 34.15 Auswahl des Ereignisses »Assembly Load« im SQL Server Profiler

Performance-Counter einsetzen

Speziell für die Performanceanalyse von CLR-Code stellt SQL Server den Leistungsindikator CLR Execution zur Verfügung. Dieser misst exakt die Zeit, die zur Ausführung einer CLR-Funktionalität innerhalb einer Abfrage benötigt wurde.

34 .NET-Programmierung

Wenn Sie den Indikator verwenden wollen, wählen Sie aus dem Startmenü den Punkt EINSTELLUNGEN • SYSTEMSTEUERUNG • VERWALTUNG • LEISTUNG aus. In der nun erscheinenden Managementanwendung fügen Sie einen neuen Leistungsindikator hinzu und wählen das LEISTUNGSOBJEKT SQL SERVER: CLR aus (siehe Abbildung 34.16).

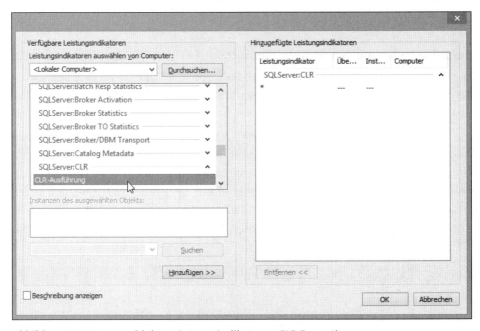

Abbildung 34.16 Auswahl des Leistungsindikators »CLR Execution«

Kapitel 35
T-SQL: erweiterte Themen

»Die Neugier steht immer an erster Stelle eines Problems, das gelöst werden will.«
– Galileo Galilei

In SQL Server 2005, 2008 und 2012 wurde die relationale Engine um eine ganze Reihe neuer Konzepte erweitert. Diese haben zum Teil auch Auswirkungen auf die Kompatibilität mit älteren Datenbanken. So wurde mit der Version 2005 beispielsweise ein völlig neues Sicherheitssystem eingeführt, das es in früheren SQL-Server-Versionen nicht gegeben hatte. Aus diesem Grund laufen ältere Datenbanken, wenn sie in den SQL Server importiert werden, in einem Kompatibilitätsmodus. Dies bedeutet, dass Verhalten und Funktionalität der SQL-Server-Version entsprechen, mit der die Version erstellt wurde. Somit können einige der Neuerungen im Kontext der alten Datenbank nicht verwendet werden. Welche Unterschiede hierbei im Einzelnen zum Tragen kommen, beschreibt die Onlinedokumentation detailliert.

35.1 Kompatibilität festlegen

Der Kompatibilitätsmodus, in dem eine Datenbank läuft, wird über die gespeicherte Systemprozedur `sp_dbcmplevel` festgelegt.

```
EXEC sp_dbcmptlevel 'MyLegacyDatabase', 100
GO
```

Sie bekommt als ersten Parameter den Namen der Datenbank übergeben, deren Kompatibilitätsmodus geändert werden soll. Dies bedeutet, dass sich der Kompatibilitätsmodus stets auf eine spezifische Datenbank und nicht auf den kompletten Server bezieht.

Als Versionsnummer sind die folgenden Werte zulässig:

- 60 = SQL Server 6.0
- 65 = SQL Server 6.5
- 70 = SQL Server 7.0
- 80 = SQL Server 2000
- 90 = SQL Server 2005

- 100 = SQL Server 2008 (+R2)
- 110 = SQL Server 2012
- 120 = SQL Server 2014
- 130 = SQL Server 2016

Bei der Verwendung von 60 und 65 wird jedoch eine Warnung angezeigt, da diese Versionen zukünftig nicht mehr unterstützt werden. Die Version 6.0 ist zudem in vielen Bereichen nicht kompatibel mit SMO (*Server Management Objects*) und dem Management Studio, was zu Fehlern beim Aufruf bestimmter Funktionen führen kann.

Als Ergebnis liefert die Prozedur 0, wenn die Umstellung erfolgreich war, und im Fehlerfall 1.

Mit sp_dbcmplevel können Sie aber auch den aktuellen Kompatibilitätsmodus einer Datenbank abfragen. Hierbei lassen Sie einfach den Versionsparameter aus.

```
EXEC sp_dbcmptlevel 'AdventureWorks'
GO
```

Der Server meldet hierbei:

```
Der aktuelle Kompatibilitätsgrad ist 130.
```

Diese Versionsumschaltung ist eine praktische Sache, jedoch rät Microsoft dazu, sie nur als Übergangslösung anzuwenden, da die Kompatibilität nicht zu 100 % gewährleistet werden kann. Nach Möglichkeit sollten Sie also nach dem Einspielen einer alten Datenbank den Kompatibilitätsmodus über die sp_dbcmplevel-Prozedur auf 130 stellen.

Es ist jedoch auch möglich, einige neue Funktionalitäten auf Datenbanken älterer Versionen anzuwenden. Hierbei müssen jedoch in vielen Fällen einige SET-Optionen angepasst werden. Einzelheiten hierzu finden Sie ebenfalls in der Onlinedokumentation.

Außerdem ist zu beachten, dass Sie den Kompatibilitätsmodus manuell setzen müssen. Eine Umschaltung innerhalb einer gespeicherten Prozedur, einer Stapelverarbeitung oder über die Ausführung von dynamischem SQL ist nicht möglich.

35.2 Änderungen der Kompatibilität ab SQL Server 2008

Ab der Version 2008 bietet der SQL Server eine weitere Option zur Konvertierung von Datenbanken. Hierbei wird die Kompatibilität über ein ALTER DATABASE-Statement festgelegt, wie das folgende Beispiel zeigt.

```
ALTER DATABASE AdventureWorks
SET compatibility_level = 120;
GO
```

Ab dem SQL Server 2016 sollten Sie zwingend diese Variante zur Umstellung verwenden, da die Prozedur `sp_dbcmplevel` nicht mehr unterstützt wird.

35.3 Änderungen bei nicht ANSI-konformen Abfragen

Anders als seine Vorgängerversionen unterstützt SQL Server 2016 nicht mehr vollständig die nicht ANSI-konforme Schreibweise bei Verknüpfungen. Hierzu ein kleines Beispiel. In SQL Server 2000 konnten Sie eine LEFT OUTER JOIN-Verknüpfung auch wie folgt formulieren:

```
USE AdventureWorks
GO
SELECT *
FROM Sales.SalesPerson AS Persons,
Sales.SalesTerritory AS Territories
WHERE Persons.TerritoryID *= Territories.TerritoryID
```

Listing 35.1 Eine »OUTER JOIN«-Abfrage, die nicht dem ANSI-Standard folgt

Die Verknüpfung mittels *= oder =* ist nun nicht mehr möglich und wird von SQL Server mit der folgenden Fehlermeldung quittiert:

```
Meldung 4147, Ebene 15, Status 1, Zeile 4
Die Abfrage verwendet Nicht-ANSI-Operatoren für äußere
Verknüpfungen ('*=' oder '=*'). Um diese Abfrage unverändert
auszuführen, legen Sie mit der gespeicherten Prozedur
sp_dbcmptlevel den Kompatibilitätsgrad für die aktuelle Datenbank
auf maximal 80 fest. Es wird dringend empfohlen, die Abfrage
umzuschreiben und ANSI-Operatoren für äußere Verknüpfungen
(LEFT OUTER JOIN, RIGHT OUTER JOIN) zu verwenden. In zukünftigen
Versionen von SQL Server werden Nicht-ANSI-Verknüpfungsoperatoren
nicht unterstützt, auch nicht in Abwärtskompatibilitätsmodi.
```

Daher müssen Sie OUTER JOIN-Abfragen jetzt stets mit der ANSI-konformen Schreibweise formulieren wie im folgenden Beispiel:

```
USE AdventureWorks
GO
SELECT *
FROM Sales.SalesPerson AS Persons
LEFT OUTER JOIN Sales.SalesTerritory AS Territories
ON Persons.TerritoryID = Territories.TerritoryID
```

Die Einschränkung betrifft jedoch nur OUTER JOIN-Abfragen; bei INNER JOIN-Abfragen können Sie auch weiterhin die alte Schreibweise verwenden.

Haben Sie in älteren Datenbanken noch Abfragen, die der alten Schreibweise folgen, so sollten Sie den Kompatibilitätsmodus erst auf die Version 9.0 oder Version 11.0 umstellen, wenn Sie Ihre Abfragen angepasst haben – in allen anderen Kompatibilitätsmodi ist diese Schreibweise nämlich noch zulässig.

35.4 »CROSS APPLY« und »OUTER APPLY«

Wie Sie in Kapitel 16, »Programmierung von gespeicherten Prozeduren«, gesehen haben, bieten tabellenwertige Benutzerfunktionen eine große Flexibilität. In SQL Server 2000 ist der Einsatz jedoch mit einer sehr unschönen Einschränkung belegt. So ist es nicht möglich, eine Verknüpfung zwischen einer Tabelle und den Parametern einer tabellenwertigen Funktion herzustellen, wie das folgende Beispiel demonstriert:

```
SELECT MeineTabelle.Feld1,
  func.Feld2
FROM  MeineTabelleCROSS JOIN
  MyFunction(MeineTabelle.Feld1) func
```

Listing 35.2 Eine »CROSS JOIN«-Abfrage

In SQL Server 2000 können die Parameter einer tabellenwertigen Funktion nur in Form von Variablen oder festen Werten übergeben werden. Genau hier setzen die neuen Operatoren CROSS APPLY und OUTER APPLY an. Sie ermöglichen die dynamische Verknüpfung von Tabellenwerten und den Parametern.

Im folgenden Beispiel wird eine tabellenwertige Funktion erstellt, die alle Bestellumsätze eines Kunden addiert und nach Produktlinien gruppiert:

```
CREATE FUNCTION GetOrderTotalsOnProductLine(@CustomerID int)
RETURNS TABLE
RETURN
  SELECT CASE prod.ProductLine
    WHEN 'R' THEN 'Road'
    WHEN 'M' THEN 'Mountain'
    WHEN 'T' THEN 'Touring'
    WHEN 'S' THEN 'Standard' END AS ProductLine,
    SUM(detail.LineTotal) AS Total
  FROM  Sales.SalesOrderDetail detail INNER JOIN
    Sales.SalesOrderHeader head ON detail.SalesOrderID =
head.SalesOrderID INNER JOIN
    Production.Product prod ON detail.ProductID = prod.ProductID
  WHERE  head.CustomerID = @CustomerID
  GROUP BY prod.ProductLine
```

Listing 35.3 Die »GetOrderTotalsOnProductLine()«-Funktion

Wenn Sie die Funktion für den Kunden eins aufrufen, sieht das Ergebnis beispielsweise wie folgt aus:

ProductLine	Total
Road	85107.867800
Standard	69.213400

Tabelle 35.1 Das Ergebnis einer Abfrage von »GetOrderTotalsOnProductLine()«

Nun soll diese Funktion für alle Kunden aufgerufen und zusätzlich der Kundenname angezeigt werden:

```
SELECT  cust.CustomerID,
  cont.FirstName + ' ' + cont.LastName AS Name,
  func.ProductLine,
  Total
FROM  Sales.Customer cust INNER JOIN
  Person.Contact cont ON cust.CustomerID = cont.ContactID CROSS APPLY
  GetOrderTotalsOnProductLine(cust.CustomerID) func
```

Listing 35.4 Eine »CROSS APPLY«-Abfrage

Wie Sie sehen, können Sie über CROSS APPLY die Funktion verknüpfen und ihre Parameter dynamisch mit dem Inhalt des *CustomerID*-Feldes füllen.

Das Ergebnis der Abfrage könnte somit wie folgt aussehen:

CustomerID	Name	ProductLine	Total
1	Gustavo Achong	Road	85107.867800
1	Gustavo Achong	Standard	69.213400
2	Catherine Abel	Mountain	22253.137792
2	Catherine Abel	Standard	2946.361600
3	Kim Abercrombie	Road	333029.360584
...	...	...	...

Tabelle 35.2 Das Ergebnis der »CROSS APPLY«-Abfrage

Bei CROSS APPLY werden alle Datensätze zurückgegeben, für die Werte auf der linken (Abfrage) und der rechten Seite (Funktion) der Abfrage ermittelt werden konnten.

Alternativ können Sie auch den OUTER APPLY-Operator verwenden, wenn Sie auch die Zeilen der rechten Seite (Funktion) ermitteln wollen, die für den Wert der linken Seite (Abfrage) keinen Wert zurückgegeben haben. In diesem Fall werden die entsprechenden Spalten der Funktion mit NULL gefüllt.

35.5 Kreuztabellen mit »PIVOT« erstellen

Bei der Darstellung von komplexen Daten geht in einer flachen Liste oft die Übersicht verloren. Gerade bei Ergebnismengen, die sowohl vertikale als auch horizontale Daten enthalten, fällt ein Vergleich der Werte schwer. Sollen beispielsweise alle Mitarbeiter (vertikal) und ihre Quartalsumsätze (horizontal) angezeigt werden, bietet sich die Darstellung in Form einer Kreuztabelle an. Auf diese Weise fällt nicht nur ein Vergleich der Mitarbeiter leichter, sondern wird auch der Verlauf des Umsatzes über die einzelnen Quartale sichtbar. Abbildung 35.1 verdeutlicht die Vorteile der Kreuztabellendarstellung in diesem Beispiel.

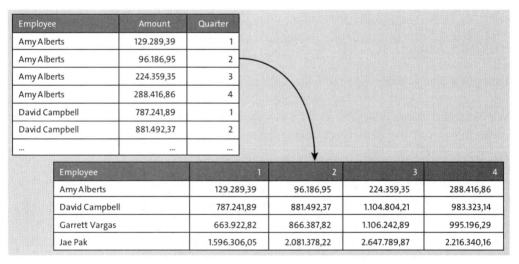

Abbildung 35.1 »PIVOT« transformiert ein flaches Resultset in eine Kreuztabelle.

Die Erstellung von Kreuztabellen war jedoch bis zum Erscheinen von SQL Server 2005 eine eher ungeliebte, weil sehr komplexe und zeitaufwendige Aufgabe. Da mussten Sie Daten zwischenspeichern, mit Unterabfragen arbeiten oder mit komplizierten CASE-Verschachtelungen filtern. Die Newsgroups sind voll von Tipps und Tricks zu diesem Thema. Das Problem bei den meisten Lösungen waren aber bisher nicht nur die sehr guten T-SQL-Kenntnisse, die zum Verständnis erforderlich waren, sondern vor allem die Komplexität der Abfragen, was die Wartung erschwerte.

35.5 Kreuztabellen mit »PIVOT« erstellen

Mit SQL Server 2005 wurde versucht, die Komplexität der Kreuztabellenerstellung zu verringern und die Transformation von Zeilen in Spalten durch einen deklarativen Ansatz zu erleichtern. Hierzu wurde T-SQL um die relationalen Operatoren PIVOT und UNPIVOT erweitert, die auf dem SQL-99-Standard basieren. PIVOT wandelt eine flache Ergebnismenge in eine Kreuztabelle, wobei bestimmte Werte in Form von Spalten dargestellt werden. UNPIVOT realisiert hingegen den umgekehrten Fall und wandelt eine Kreuztabelle wieder in eine flache Liste um.

Der PIVOT-Operator hat die folgende Syntax:

```
SELECT * FROM Quellobjekt
PIVOT ( Aggregatfunktion ( Quellspalte )
    FOR Pivot-Spalte
    IN ( <Spaltenliste> )
) Alias
```

Im ersten Teil der Abfrage wird zunächst eine Ergebnismenge aus *Quellobjekt* ermittelt, wobei *Quellobjekt* eine Tabelle oder eine tabellenwertige Funktion sein kann. Nun folgt der PIVOT-Block, in dem Sie über eine Spalte des Ergebnisses aggregieren können. Hierbei können Sie sowohl system- als auch benutzerdefinierte Aggregatfunktionen verwenden. Die FOR-Klausel bestimmt, welche Spalte die Daten enthält, die auf der x-Achse abgebildet werden sollen. Welche Werte zu Spalten gemacht werden sollen, definiert schließlich der IN-Block. Zuletzt bestimmt *Alias* den Namen, unter dem das Ergebnis veröffentlicht werden soll.

Zur Demonstration der Funktionalität soll das oben beschriebene Beispiel der Umsatzliste je Mitarbeiter und Quartal dienen. Schauen Sie sich dazu die in Abbildung 35.2 dargestellte Abfrage an, die eine Kreuztabelle erzeugt, wie sie in Abbildung 35.1 zu sehen ist.

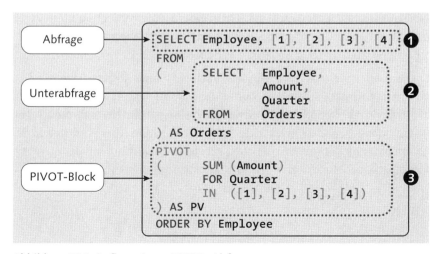

Abbildung 35.2 Aufbau einer »PIVOT«-Abfrage

Die Abfrage besteht aus drei Teilen: Zunächst werden in der Hauptabfrage ❶ die Darstellungsspalten ausgewählt, die im Ergebnis enthalten sein sollen. Diese beziehen sich sowohl auf das reale Datenbankfeld *Employee* als auch auf die künstlichen Datenspalten *1, 2, 3* und *4*, die die Quartale widerspiegeln. Nun folgt eine Unterabfrage, die alle für die Kreuztabelle relevanten Felder auswählt ❷. Hierbei werden Mitarbeiter, Umsatz und Quartal aus der *Orders*-Tabelle ermittelt. Die Aggregation der Umsätze pro Mitarbeiter ist an dieser Stelle noch nicht erforderlich, da diese im PIVOT-Block erfolgt ❸. Über die FOR-Klausel wird nun bestimmt, dass die Quartalsdaten auf der x-Achse abgebildet werden sollen. Für welche Quartale eine Spalte erzeugt werden soll, definiert schließlich die IN-Klausel. Nur die hier definierten Werte können als Spalte dargestellt werden, alle anderen werden ignoriert. Die im IN-Block angegebenen Werte entsprechen den Spaltennamen, die in der Hauptabfrage ❶ verwendet werden. Falls die Spalten einen anderen Namen bekommen sollen, so kann dies über Aliasse in der Hauptabfrage realisiert werden:

```
SELECT
  Employee AS Mitarbeiter,
  [1] AS [Quartal 1],
  [2] AS [Quartal 2],
  [3] AS [Quartal 3],
  [4] AS [Quartal 4]
...
```

Wie Sie an der Syntax des PIVOT-Operators gesehen haben, ist die Verwendung einer Unterabfrage nicht unbedingt notwendig, erleichtert jedoch die Gestaltung der Kreuztabelle. Zudem hilft sie in Situationen, in denen Daten dynamisch ermittelt oder Werte transformiert werden müssen. PIVOT erlaubt nämlich in seiner Aggregatfunktion und der FOR-Klausel keine Ausdrücke, sondern nur statische Spaltennamen. Wenn beispielsweise das Quartal nicht als Zahl in einer Spalte vorliegt, sondern dynamisch ermittelt werden muss, können Sie dies durch die Unterabfrage erledigen und die so ermittelten Daten über ein Spaltenalias dem PIVOT-Block zugänglich machen.

Das oben gezeigte Beispiel ist eine bewusst einfach gehaltene Abfrage. Eigentlich ist hier weitaus mehr erforderlich, um den Namen des Mitarbeiters, das Quartal oder den Umsatz zu ermitteln. Die benötigten Informationen sind nämlich in mehreren Tabellen gespeichert oder liegen – wie im Falle des Quartals – nicht in einer Form vor, in der man mit ihnen arbeiten könnte. Um die oben gezeigte Auswertung mit der *AdventureWorks*-Datenbank zu erstellen, ist in Wirklichkeit die folgende Abfrage nötig:

```
SELECT Employee AS Mitarbeiter,
  [1] AS [Quartal 1],
  [2] AS [Quartal 2],
  [3] AS [Quartal 3],
```

```
    [4] AS [Quartal 4]
FROM
(
  SELECT Person.Contact.FirstName + N' ' + Person.Contact.LastName
AS Employee,
         Sales.SalesOrderDetail.OrderQty * Sales.SalesOrderDetail.
UnitPrice AS Amount,
         DATEPART(quarter, OrderDate) AS Quarter
  FROM   Person.Contact INNER JOIN
         HumanResources.Employee ON Person.Contact.ContactID =
HumanResources.Employee.ContactID INNER JOIN
         Sales.SalesOrderHeader ON HumanResources.Employee.
EmployeeID = Sales.SalesOrderHeader.SalesPersonID INNER JOIN
         Sales.SalesOrderDetail ON Sales.SalesOrderHeader.SalesOrder
ID = Sales.SalesOrderDetail.SalesOrderID AND
         Sales.SalesOrderHeader.SalesOrderID = Sales.
SalesOrderDetail.SalesOrderID
) AS Orders
PIVOT
(
  SUM (Orders.Amount)
  FOR Orders.Quarter
  IN  ([1], [2], [3], [4])
) AS AmountPerQuarter
ORDER BY Mitarbeiter
```

Listing 35.5 Eine »PIVOT«-Abfrage zur Ermittlung der Mitarbeiterumsätze pro Quartal

Wie Sie sehen, müssen die Mitarbeiterdaten aus der Tabelle *Person.Contact* ermittelt und durch das Zusammenfügen von Vor- und Nachnamen in eine ansprechende Darstellungsform gebracht werden. Zudem wird der Umsatz durch die Multiplikation der Spalten *UnitPrice* (Einzelpreis) und *OrderQty* (Positionsmenge) errechnet. Die Ermittlung des Quartals erfolgt wiederum mithilfe der DATEPART-Funktion, der das Bestelldatum übergeben wird. Sie sehen also, dass häufig mit Ausdrücken gearbeitet werden muss, um die Daten für die Verarbeitung aufzubereiten.

Der Trick ist nun, dass diese Arbeiten in einer Unterabfrage erledigt werden und hierbei jede Spalte mit einem Alias versehen wird, über den der PIVOT-Operator im Anschluss zugreifen kann. In der äußeren Abfrage können Sie sich nun darauf beschränken, lediglich das Ergebnis mit den gewünschten Spalten zusammenzustellen und ansprechend zu formatieren. Diese Aufteilung hat nebenbei den Effekt, dass Datenzugriff, Transformation und Darstellung in logische Bereiche aufgeteilt sind, was die Abfrage transparenter und somit auch leichter wartbar macht.

35.5.1 Entscheidungstabellen mit »PIVOT« erstellen

Eine andere Variante der Darstellung sind Entscheidungstabellen. Sie bilden bestimmte Eigenschaften in Spaltenform ab und stellen je Zeile das Vorhandensein oder die Ausprägung der Eigenschaft dar. Beispielsweise könnten Sie eine Entscheidungstabelle erstellen, die auf der y-Achse die Produkte und auf der x-Achse alle verfügbaren Farben darstellt. Ist ein Produkt von einer bestimmten Farbe, so würde in der entsprechenden Spalte ein X hinterlegt. Das Ergebnis könnte beispielsweise wie in Tabelle 35.3 aussehen.

ProductName	Black	Silver	Blue	Red	Multi
AWC Logo Cap					X
Chain		X			
Chainring	X				
Chainring Bolts		X			
Chainring Nut		X			
Classic Vest, L			X		
HL Mountain Rear Wheel	X				
HL Road Frame – Red, 44				X	

Tabelle 35.3 Eine Entscheidungstabelle

Um eine solche Entscheidungstabelle zu erstellen, ist die folgende Abfrage nötig:

```
SELECT Name,
       REPLACE(Black, 'Black', 'X') AS Black,
       REPLACE(Silver, 'Silver', 'X') AS Silver,
       REPLACE(Blue, 'blue', 'X') AS Blue,
       REPLACE(Red, 'Red', 'X') AS Red,
       REPLACE(Multi, 'Multi', 'X') AS Multi
FROM (
      SELECT Name, Color
      FROM   Production.Product
) Products
PIVOT
(
      MAX (Color)
      FOR Color
```

```
          IN  ([Black], [Silver], [Blue], [Red], [Multi])
) AS ProductColor
```

Listing 35.6 Die Erstellung einer Entscheidungstabelle

Der Aufbau folgt dem der vorherigen Beispiele. Jedoch wird im PIVOT-Block die MAX-Funktion auf die Spalte *Color* angewendet. Dies ist eigentlich nicht nötig, doch da PIVOT eine Aggregatfunktion mit einem Spaltennamen voraussetzt, muss dieser Trick angewendet werden.

Nun würde eigentlich die Farbe in der entsprechenden Spalte dargestellt, doch da hier stattdessen ein X angezeigt werden soll, ist eine Umformatierung nötig. Im äußeren Statement werden daher die Farbwerte der einzelnen Spalten mithilfe der REPLACE-Funktion durch ein X ersetzt.

35.5.2 Kreuztabellen in flache Listen transformieren

Wie bereits erwähnt, ist auch die Transformation einer Kreuztabelle zurück in eine flache Liste möglich. Hierzu dient der UNPIVOT-Operator, der dem Aufbau von PIVOT sehr ähnlich ist. UNPIVOT ist in erster Linie dann erforderlich, wenn die zu ermittelnden Daten in einer Tabelle vorliegen, die nicht der Struktur der zu ermittelnden Ergebnismengen entspricht.

Zur Demonstration der Funktionsweise verwenden wir die im letzten Beispiel erzeugte Entscheidungstabelle. Hierbei wird das Ergebnis der Abfrage zunächst in einer TABLE-Variablen zwischengespeichert, und im Anschluss wird die Kreuztabellenstruktur mit UNPIVOT wieder in eine flache Liste umgewandelt.

Das Zwischenspeichern der Ergebnisse stellt sich wie folgt dar:

```
DECLARE @Temp table
(
  Name    nvarchar(50),
  Black   char(1),
  Silver  char(1),
  Blue    char(1),
  Red     char(1),
  Multi   char(1)
)
INSERT INTO @Temp
SELECT Name,
       REPLACE(Black, 'Black', 'X') AS Black,
       REPLACE(Silver, 'Silver', 'X') AS Silver,
       REPLACE(Blue, 'blue', 'X') AS Blue,
```

```
        REPLACE(Red, 'Red', 'X') AS Red,
        REPLACE(Multi, 'Multi', 'X') AS Multi
FROM (
        SELECT Name, Color
        FROM   Production.Product
        WHERE  NOT Color IS NULL
) Products
PIVOT
(
        MAX (Color)
        FOR Color
        IN  ([Black], [Silver], [Blue], [Red], [Multi])
) AS ProductColor
```

Listing 35.7 Die »PIVOT«-Abfrage wandelt ein flaches Ergebnis in eine Kreuztabelle um.

Nun können die Daten mit UNPIVOT in eine flache Liste transformiert werden:

```
SELECT Name, Color FROM @Temp
UNPIVOT
(
        XCol
        FOR Color
        IN  ([Black], [Silver], [Blue], [Red], [Multi])
) AS Products
```

Listing 35.8 Die »UNPIVOT«-Abfrage wandelt eine Kreuztabelle zurück in eine flache Liste.

Zunächst wird in der äußeren Abfrage auf die Spalten *Name* und *Color* zugegriffen. Hierbei wird *Color* jedoch nicht von der TABLE-Variablen @Temp, sondern vom UNPIVOT-Block geliefert. In diesem wird zunächst die virtuelle Spalte *XCol* definiert, die den Inhalt der in der FOR-Klausel angegebenen Spalte *Color* enthält. Über die IN-Klausel werden hierbei die Spalten der Ursprungstabelle angegeben, die als Inhalte in die *Color*-Spalte eingefügt werden sollen.

Das Ergebnis sieht somit aus wie in Tabelle 35.4.

Name	Color
AWC Logo Cap	Multi
Chain	Silver
Chainring	Black

Tabelle 35.4 Das Ergebnis der »UNPIVOT«-Abfrage

Name	Color
Chainring Bolts	Silver
Chainring Nut	Silver
Classic Vest, L	Blue
HL Mountain Rear Wheel	Black
HL Road Frame – Red, 44	Red

Tabelle 35.4 Das Ergebnis der »UNPIVOT«-Abfrage (Forts.)

35.6 Common Table Expressions

Je komplexer eine Abfrage ist, desto unübersichtlicher ist sie meist auch. Wenn mit mehreren Unterabfragen gearbeitet wird, fällt es oft schwer, den roten Faden zu behalten. Zudem ergibt sich oft das Problem von redundanten Abfragen.

Nehmen Sie z. B. an, Sie müssten eine Auswertung erstellen, die die Anzahl aller bestellten Produkte eines Kunden für ein Jahr ausgibt. Zusätzlich soll die durchschnittliche Bestellmenge aller Bestellungen zum Vergleich daneben angezeigt werden. Die Abfrage könnte nun wie folgt aussehen:

```
SELECT  detail.ProductID,
  product.Name AS ProductName,
  detail.OrderQty,
  AvgQty.AVGQty
FROM  Sales.SalesOrderHeader header INNER JOIN
  Sales.SalesOrderDetail detail ON header.SalesOrderID = detail.
SalesOrderID INNER JOIN
  Production.Product product ON detail.ProductID =
 product.ProductID LEFT OUTER JOIN
(
  SELECT  detail.ProductID,
    AVG(OrderQty) AS AVGQty
  FROM  Sales.SalesOrderHeader header INNER JOIN
    Sales.SalesOrderDetail detail ON header.SalesOrderID = detail.
SalesOrderID
  WHERE  header.CustomerID = 5 AND
    YEAR(header.OrderDate) = 2004
  GROUP BY ProductID
) AvgQty ON detail.ProductID = AvgQty.ProductID
```

```
WHERE  header.CustomerID = 5 AND
  YEAR(header.OrderDate) = 2004
ORDER BY ProductID
```

Listing 35.9 Bestellmenge eines Kunden pro Jahr ermitteln

Hier werden zunächst die Produkt-ID, der Name und die Bestellmenge ermittelt, und die WHERE-Klausel filtert auf den Kunden und das Bestelljahr. Die Durchschnittsmenge wird über eine Unterabfrage errechnet, die mit der Hauptabfrage über OUTER JOIN verbunden ist. Die Unterabfrage verwendet nun eine sehr ähnliche Abfrage, um Durchschnittswerte zu ermitteln. Sie fragt die Tabellen *OrderHeader* und *OrderDetail* ab und filtert ebenfalls auf den Kunden und das Jahr.

Sie sehen an diesem Beispiel nicht nur, dass eine einfache Auswertung sehr schnell in einer recht unübersichtlichen Abfrage endet, sondern vor allem, dass sich sehr schnell Redundanzen ergeben können. So basieren die beiden Teile der Auswertung im Grunde auf einer Abfrage, nämlich auf dem Ermitteln von Bestelldetails mit dem Filter auf Kunde und Jahr. Jetzt wäre es doch effizienter, die Abfrage der Bestelldaten mit dem besagten Filter nur einmal auszuführen und beim Zusammenfügen der Teile nur noch mit der Ergebnismenge zu arbeiten.

Genau diesen Ansatz verfolgen die *Common Table Expressions* (*CTEs*). Sie basieren auf dem SQL-99-Standard und sind nun auch in SQL Server verfügbar. Sie erlauben es, benannte Ergebnismengen zu definieren und diese in einer Abfrage mehrfach zu verwenden. Sie können sich CTEs wie Views vorstellen, die nur für eine Abfrage gelten.

Die Syntax einer CTE sieht wie folgt aus:

```
WITH <CTE-Name> (<Spaltennamen>)
AS
(
  <CTE-Abfrage>
)
SELECT * FROM <CTE-Name>
```

Über das WITH-Schlüsselwort wird der Definitionsbereich der CTE eingeleitet. Hierbei bekommt die CTE einen Namen, unter dem sie später angesprochen werden kann. Dahinter folgen in Klammern die Namen der Spalten, die in der Ergebnismenge enthalten sein sollen. Diese Angabe ist zwar optional, sie sollte aber aus Gründen der Transparenz und Performance erfolgen. Das AS-Schlüsselwort leitet schließlich die Abfrage ein, die die Daten in der angegebenen Struktur zur Verfügung stellt. Unterhalb der CTE folgt nun die eigentliche Abfrage, wobei diese auf die CTE wie auf eine normale Tabelle zugreifen kann.

Das obige Beispiel könnte unter Verwendung einer CTE jetzt wie folgt aussehen:

```
WITH Quantities
(
  ProductID,
  ProductName,
  OrderQty
) AS
(
  SELECT  detail.ProductID,
    product.Name AS ProductName,
    detail.OrderQty
  FROM  Sales.SalesOrderHeader header INNER JOIN
    Sales.SalesOrderDetail detail ON header.SalesOrderID = detail.SalesOrderID INNER JOIN
    Production.Product product ON detail.ProductID = product.ProductID
  WHERE  header.CustomerID = 5 AND
    YEAR(header.OrderDate) = 2004
)
SELECT  q1.ProductID,
  q1.ProductName,
  q1.OrderQty,
  q2.AVGQty
FROM  Quantities q1 LEFT OUTER JOIN
(
  SELECT  ProductID,
    AVG(OrderQty) AS AVGQty
  FROM  Quantities
  GROUP BY ProductID
) q2 ON q1.ProductID = q2.ProductID
ORDER BY ProductID
```

Listing 35.10 Die Verwendung von Common Table Expressions

Hier wird zunächst eine CTE mit dem Namen Quantities erstellt, die die Spalten *ProductID*, *ProductName* und *OrderQty* bereitstellt. Im AS-Block findet der eigentliche Datenzugriff statt, die darauf folgende Abfrage arbeitet nun ausschließlich mit dem Ergebnis der CTE.

Wenn Sie sich die untere Abfrage ansehen, werden Sie feststellen, dass sie deutlich »entschlackt« wurde: Man kann sehr viel besser erkennen, was hier passiert. Zudem sind die redundanten Abfragen verschwunden, da sowohl die Haupt- als auch die Unterabfrage auf die gleiche CTE zugreifen und die Daten lediglich anders verarbeiten. Alles, was den »harten« Datenzugriff betrifft, ist in kompakter Form in der CTE enthalten. Dies fördert nicht nur die Transparenz, sondern erleichtert auch die spätere Wartung, da beispielsweise die Filterbedingungen nicht an mehreren Stellen geändert werden müssen. Zudem kann der Query Optimizer einen effizienteren Ausführungsplan erstellen, was sich positiv auf die Performance auswirkt.

Wenn Sie es mit mehreren Unterabfragen zu tun haben, die redundant verwendet werden, können Sie auch mehrere CTEs in einer Abfrage definieren. Dies sieht dann wie folgt aus:

```
WITH CTE1 (Col1, Col2) AS (...),
CTE2 (ColA, ColB) AS (...)
```

Die CTEs werden hierbei einfach durch ein Komma getrennt, wobei die nachfolgenden CTEs direkt mit ihrem Namen beginnen – das WITH-Schlüsselwort muss hierbei nicht wiederholt werden.

Zudem kann jede CTE auch auf ihre jeweiligen Vorgänger zugreifen – eine Definition wie die folgende wäre somit möglich:

```
WITH CTE1 (Col1, Col2)
AS
(
SELECT  Col1, Col2
FROM  Table1
),
CTE2 (ColA, ColB, Col1, Col2)
AS
(
SELECT  Table2.ColA, Table2.ColB, CTE1.Col1, CTE1.Col2
FROM  Table2 INNER JOIN
CTE1 ON Table2.ColA  = CTE1.Col1
)
```

Jedoch ist es nicht möglich, dass eine CTE auf eine nachfolgende CTE zugreift, es sind immer nur die jeweiligen Vorgänger erlaubt.

Wenn die CTE-Definition nicht die erste Anweisung in einer Batchabfrage oder Prozedur ist, sollten Sie dem WITH-Schlüsselwort ein Semikolon (;) voranstellen, weil sonst Syntaxfehler auftreten können, da WITH auch in anderen SQL-Konstrukten zum Einsatz kommt.

Wie bereits erwähnt wurde, können CTEs nur innerhalb einer Abfrage verwendet werden. Sollen die Ergebnisse auch weiteren Abfragen zur Verfügung stehen, so sollten Sie mit TABLE-Variablen arbeiten. Hierbei ist es auch möglich, CTEs in einer Abfrage zu verwenden und die Ergebnisse für die spätere Verwendung in einer `TABLE`-Variablen zu speichern. Wenn beispielsweise in einer Prozedur mit den Bestelldaten des oberen Beispiels in einer nachfolgenden Abfrage weitergearbeitet werden soll, könnte dies wie folgt aussehen:

```
DECLARE @TempTable TABLE
(
  ProductID    int,
  ProductName  nvarchar(50),
  OrderQty     smallint,
  AVGQty       smallint
)

WITH Quantities
(
  ProductID,
  ProductName,
  OrderQty
) AS
(
  ...
)
INSERT INTO @TempTable
SELECT   q1.ProductID,
...
```

Listing 35.11 Das Speichern der Ergebnismenge in einer »TABLE«-Variablen

Wie Sie sehen, muss das `INSERT`-Statement hierbei vor der Abfrage und nicht etwa vor dem `WITH`-Block notiert werden.

35.6.1 Verarbeitung von hierarchischen Daten

Ihre volle Leistungsfähigkeit spielen CTEs jedoch bei der Verarbeitung hierarchischer Daten aus. Sie enthalten nämlich einen eingebauten Mechanismus, der es erlaubt, rekursive Abfragen innerhalb der CTE auszuführen. Rekursion ist eine häufig angewandte Technik beim Zugriff auf hierarchische Daten. Eine rekursive Funktion ruft sich hierbei so oft selbst auf, bis keine Daten mehr ermittelt werden können, sprich: bis die unterste Hierarchieebene erreicht ist.

Zur Verdeutlichung dieser Technik dient das folgende Beispiel: Es soll eine Liste aller Abteilungen eines Unternehmens inklusive aller untergeordneten Abteilungen erstellt werden. Die hierbei verwendete Hierarchie sehen Sie in Abbildung 35.3.

Abbildung 35.3 Die Abteilungshierarchie der Beispielabfrage

Die Abteilungen sind hierbei in der Tabelle *Departments* gespeichert, deren Aufbau Sie in Abbildung 35.4 sehen.

Department	ParentDepartment
Vorstand	Null
Produktion	Vorstand
Einkauf	Vorstand
Verkauf	Vorstand
Verkauf Inland	Verkauf
Verkauf Ausland	Verkauf
Finanzen	Vorstand
Controlling	Finanzen
Finanzbuchhaltung	Controlling
Lohnbuchhaltung	Controlling

Abbildung 35.4 Die Tabelle »Departments« enthält alle Abteilungen mit Verweisen auf die jeweils übergeordneten Abteilungen.

Um das Beispiel nachzuvollziehen, können Sie das folgende Skript verwenden:

```
CREATE TABLE Departments
(
  Department    varchar(25) NOT NULL,
```

```
    ParentDepartment  varchar(25)
)
GO
INSERT Departments VALUES ('Vorstand', NULL)
INSERT Departments VALUES ('Produktion', 'Vorstand')
INSERT Departments VALUES ('Einkauf', 'Vorstand')
INSERT Departments VALUES ('Verkauf', 'Vorstand')
INSERT Departments VALUES ('Verkauf Inland', 'Verkauf')
INSERT Departments VALUES ('Verkauf Ausland', 'Verkauf')
INSERT Departments VALUES ('Finanzen', 'Vorstand')
INSERT Departments VALUES ('Controlling', 'Finanzen')
INSERT Departments VALUES ('Finanzbuchhaltung','Controlling')
INSERT Departments VALUES ('Lohnbuchhaltung', 'Controlling')
GO
```

Listing 35.12 Die Erstellung der Beispieltabelle »Departments«

Wie Sie sehen, verweist jeder Datensatz über die *ParentDepartment*-Spalte auf die jeweils übergeordnete Abteilung. Um beispielsweise alle Unterabteilungen der Abteilung *Finanzen* zu ermitteln, könnten Sie wie folgt vorgehen:

```
SELECT  Department, ParentDepartment
FROM    Departments
WHERE   ParentDepartment = 'Finanzen'
```

Das Ergebnis sieht jedoch erwartungsgemäß enttäuschend aus: Es wird nämlich einzig die Abteilung *Controlling* zurückgegeben, was ja auch logisch ist, da nur diese der Abteilung *Finanzen* direkt untergeordnet ist.

Es gibt verschiedenste Ansätze, dieses Problem zu lösen: Das Spektrum reicht von Schleifen über Cursor bis hin zu rekursiven Prozeduraufrufen. Alle Lösungen haben jedoch eines gemeinsam: Sie sind nicht gerade trivial, alles andere als transparent und meist auch nicht besonders performant.

CTEs leisten in solchen Szenarien gute Dienste, da sie sehr effizient mit Rekursion arbeiten. Sehen Sie sich die folgende Abfrage an, die das oben geschriebene Problem löst:

```
WITH DepartmentsCTE (Department, ParentDepartment)
AS
(
  SELECT  Department,
    ParentDepartment
  FROM    Departments
  WHERE   ParentDepartment = 'Vorstand'
```

```
  UNION ALL

  SELECT  Departments.Department,
    Departments.ParentDepartment
  FROM  Departments INNER JOIN
    DepartmentsCTE ON Departments.ParentDepartment =
      DepartmentsCTE.Department
)
SELECT    Department
FROM    DepartmentsCTE
```

Listing 35.13 Eine hierarchische CTE-Abfrage

Zum besseren Verständnis ist die Abfrage in Abbildung 35.5 noch einmal in ihre Bestandteile zerlegt dargestellt.

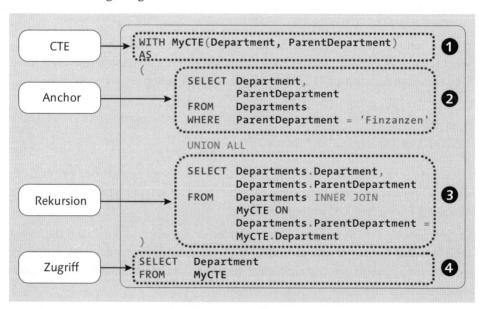

Abbildung 35.5 Der Aufbau einer rekursiven Common Table Expression

Zunächst wird in ❶ eine neue CTE mit den Spalten *Department* und *ParentDepartment* definiert. Nun folgt in ❷ die Startabfrage, *Anchor* genannt. Diese gleicht der Abfrage, die wir zuvor vergebens verwendet haben und die nur die direkt unter *Finanzen* angesiedelte Abteilung *Controlling* zurückgab. Der wirklich interessante Teil spielt sich nun in der Rekursionsabfrage ❸ ab, die über UNION ALL mit der Startabfrage verbunden ist. Die Rekursionsabfrage greift ebenfalls auf die *Departments*-Tabelle zu, verknüpft sie jedoch zusätzlich mit der CTE, wobei alle Abteilungen ermittelt werden, deren Oberabteilungen in der CTE zu finden sind. Beim ersten Durchlauf würden also alle Abteilungen ermittelt, die *Controlling* untergeordnet sind. Der Clou bei der Rekursionsabfrage ist nun, dass sie automatisch so lange wiederholt wird, bis keine Daten mehr ermittelt werden können. In der angehängten Abfrage ❹ muss letztlich nur noch auf die Spalten der CTE zugegriffen werden, um eine »flachgeklopfte« Liste der Abteilungen zu ermitteln.

35.6.2 Maximale Rekursionsstufe einstellen

Der beschriebene Rekursionsmechanismus ist durchaus nützlich, kann ein System aber auch sehr leicht in die Knie zwingen, wenn die Daten sehr tief verschachtelt sind. Aus diesem Grund ist beispielsweise bei gespeicherten Prozeduren die maximale Tiefe für rekursive Aufrufe auf 32 begrenzt.

CTEs sind da schon etwas flexibler, da sich bei ihnen die maximale Rekursionsstufe individuell einstellen lässt. Hierzu hängen Sie an die Abfrage einfach den Zusatz OPTION(MAXRECURSION *X*), wobei *X* die maximale Schachtelungstiefe angibt. Im obigen Beispiel könnte dies beispielsweise so aussehen:

```
WITH DepartmentsCTE(Department, ParentDepartment)
AS
(
...
)
SELECT   Department
FROM     DepartmentsCTE
OPTION(MAXRECURSION 2)
```

Listing 35.14 Einstellen der maximalen Rekursionsstufe

Wird nun diese Rekursionsstufe überschritten, so löst SQL Server einen Fehler aus, der auf die Überschreitung hinweist:

```
Msg 530, Level 16, State 1, Line 2
The statement terminated. The maximum recursion 2 has been exhausted before
statement completion.
```

35.7 Fehlerbehandlung

Die Fehlerbehandlung ist ein wichtiger Bestandteil bei der Programmierung von gespeicherten Prozeduren. Gerade wenn in ihnen Transaktionen durchgeführt werden, ist sie unerlässlich. Um einen aufgetretenen Fehler zu bemerken, war es bisher erforderlich, nach jedem abgesetzten Statement die globale Variable @@ERROR abzufragen. Hatte diese einen Wert ungleich null, so musste entsprechend reagiert werden.

Dies machte den Code jedoch schnell unübersichtlich, wie das folgende Beispiel zeigt:

```
BEGIN TRAN
INSERT INTO DataTable1 VALUES (@X, @Y)
IF @@ERROR <> 0
BEGIN
  ROLLBACK TRAN
  RAISERROR "Fehler beim Einfügen!"
END
UPDATE DataTable2 SET (Z = @Z)
IF @@ERROR <> 0
BEGIN
  ROLLBACK TRAN
  RAISERROR "Fehler beim Aktualisieren!"
END
COMMIT TRAN
```

Listing 35.15 Die klassische Fehlerbehandlung mit »@@ERROR«

Zwar kann man durch Setzen der Option SET XACT_ABORT ON ein automatisches Zurückrollen der Transaktionen im Fehlerfall erreichen, jedoch muss auch hier die @@ERROR-Variable abgefragt werden, um den Fehler festzustellen.

Mit SQL Server 2005 wurde eine strukturierte Fehlerbehandlung eingeführt, wie man sie beispielsweise von .NET kennt. Hierbei wird der eigentliche Ausführungscode von der Fehlerbehandlung getrennt. Die Syntax sieht dabei wie folgt aus:

```
BEGIN TRY
  { sql_statement | statement_block }
END TRY

BEGIN CATCH
  { sql_statement | statement_block }
END CATCH
```

Zunächst wird mit BEGIN TRY und END TRY ein Bereich definiert, für den eine Fehlerbehandlung erfolgen soll. Tritt nun ein Fehler auf, wird automatisch in den CATCH-Block gesprungen, wo Sie die Möglichkeit haben, auf die Situation zu reagieren. Hier könnte beispielsweise eine offene Transaktion zurückgerollt oder eine entsprechende Fehlermeldung an den Client gesendet werden.

Im einfachsten Fall könnte dies wie folgt aussehen:

```
BEGIN TRY
  BEGIN TRAN
```

```
  INSERT INTO DataTable1 VALUES (@a, @b)
  COMMIT TRAN
END TRY
BEGIN CATCH
  ROLLBACK TRAN
END CATCH
```

Listing 35.16 Ein Beispiel der exceptionbasierten Fehlerbehandlung

Hierbei ist zu beachten, dass die aktive Transaktion beim Eintritt in den CATCH-Block automatisch auf den Status *uncommited* gesetzt wird, was bedeutet, dass nur noch ein Zurückrollen oder ein lesender Zugriff möglich ist. Somit sind auch alle Statements, die im CATCH-Block abgesetzt werden, nicht mehr Bestandteil der Transaktion.

35.7.1 Informationen über den Fehler ermitteln

Um angemessen auf den Fehler reagieren zu können, bietet SQL Server eine Reihe neuer Systemfunktionen, die detaillierte Informationen über den zuletzt aufgetretenen Fehler zur Verfügung stellen. So ermitteln Sie beispielsweise über ERROR_MESSAGE() die Fehlermeldung. In Tabelle 35.5 sehen Sie die vorhandenen Funktionen und deren Bedeutung.

Funktion	Beschreibung
ERROR_NUMBER()	Liefert die Fehlernummer.
ERROR_SEVERITY()	Liefert den Schweregrad des Fehlers.
ERROR_STATE()	Liefert den Status des Fehlers.
ERROR_PROCEDURE()	Liefert den Namen der Prozedur, in der der Fehler aufgetreten ist.
ERROR_LINE()	Liefert die Nummer der Zeile in der Prozedur, in der der Fehler aufgetreten ist.
ERROR_MESSAGE()	Liefert den Fehlertext.

Tabelle 35.5 Die neuen Fehlerfunktionen von SQL Server

Die so ermittelten Informationen können Sie nun beispielsweise in eine separate Fehlertabelle schreiben oder direkt an den Client weiterleiten, damit dieser entsprechend reagieren kann. Das folgende Beispiel demonstriert eine solche Fehlerbehandlung.

Hierzu wird zunächst die Fehlertabelle *ErrorLog* angelegt, in der später die Protokollierung erfolgt:

35 T-SQL: erweiterte Themen

```sql
CREATE TABLE dbo.ErrorLog
(
  Number      int,
  Severity    int,
  State       int,
  ProcedureName  varchar(255),
  Line        int,
  ErrorMessage   varchar(255),
  date        datetime
)
GO
```

Listing 35.17 Die Erstellung der Fehlerprotokolltabelle »ErrorLog«

Darüber hinaus ist für das Beispiel die Tabelle *DataTable* erforderlich:

```sql
CREATE TABLE dbo.DataTable
(
  ColA int PRIMARY KEY,
  ColB int
)
```

In der Prozedur `AddData` ist nun die Fehlerbehandlung implementiert. Sie bekommt zwei Werte übergeben und versucht, diese in die Tabelle *DataTable* einzufügen.

```sql
CREATE PROCEDURE dbo.AddData (@a int, @b int)
AS
-- Fehlervariablen definieren
DECLARE  @Number    int,
  @Severity   int,
  @State      int,
  @ProcedureName  varchar(255),
  @Line       int,
  @ErrorMessage   varchar(255),
  @date    datetime

BEGIN TRY
  BEGIN TRAN

  INSERT INTO dbo.DataTable VALUES (@a, @b)

  COMMIT TRAN
END TRY
```

```
BEGIN CATCH
  -- Fehlerinformationen speichern
  SET @Number       = ERROR_NUMBER()
  SET @Severity     = ERROR_SEVERITY()
  SET @State        = ERROR_STATE()
  SET @ProcedureName = ERROR_PROCEDURE()
  SET @Line         = ERROR_LINE()
  SET @ErrorMessage = ERROR_MESSAGE()
  -- Transaktion zurückrollen
  ROLLBACK TRAN

  -- Fehlerinformationen in ErrorLog schreiben
  INSERT INTO dbo.ErrorLog
  VALUES (@Number, @Severity, @State,
  @ProcedureName, @Line, @ErrorMessage, GETDATE())
END CATCH
```

Listing 35.18 Die Prozedur »AddData()« verwendet die exceptionbasierte Fehlerbehandlung.

In der Prozedur wird zunächst eine Reihe von Variablen deklariert, die später die Fehlerinformationen aufnehmen soll. Dies ist erforderlich, da beim Auftreten eines Fehlers dieser in der *ErrorLog*-Tabelle gespeichert werden soll. Würden die Informationen im CATCH-Block hingegen sofort in die Tabelle geschrieben, so bezöge sich das darauf folgende ROLLBACK-Statement auf das Einfügen und nicht mehr auf die davor durchgeführte Transaktion. Andersherum kann auch nicht zuerst das ROLLBACK abgesetzt werden, da dann die Fehlerinformationen nicht mehr gültig wären, weil sie sich stets auf das zuletzt ausgeführte Statement beziehen. Daher werden die Informationen zunächst in den Variablen abgelegt und nach dem Zurückrollen gespeichert.

Zum Testen der Prozedur setzen Sie die folgenden Statements ab:

```
EXEC dbo.AddData 1, 1
EXEC dbo.AddData 2, 2
EXEC dbo.AddData 1, 3
```

Die Ausgabe sollte nun in etwa so aussehen:

```
(1 row(s) affected)     <- Korrekt
(1 row(s) affected)     <- Korrekt
(0 row(s) affected)     <- Fehler

(1 row(s) affected)     <- Satz in ErrorLog einfügen
Der Datensatz konnte nicht eingefügt werden!
Msg 50000, Level 1, State 1
```

Wie Sie sehen, wurden die ersten beiden Datensätze ordnungsgemäß eingefügt. Der dritte Aufruf von AddData führt jedoch zu einem Fehler, da hier versucht wird, einen Satz mit einem Primärschlüssel einzufügen, der bereits vorhanden ist.

Wenn Sie nun die *ErrorLog*-Tabelle abrufen, werden Sie erwartungsgemäß den aufgetretenen Fehler vorfinden:

SELECT * FROM ErrorLog

Number	Severity	State	Procedure-Name	Line	Error-Message	date
2627	14	1	AddData	17	Violation of PRIMARY KEY con-straint 'PK__DataTable__4924D839'. Cannot insert duplicate key in object 'dbo.DataTable'.	2005-10-06 20:26:35.387

Tabelle 35.6 Das Ergebnis der Fehlerprotokollabfrage

35.7.2 Eigene Fehler auslösen

In einigen Fällen ist es sinnvoll, eigene Fehler auszulösen – entweder weil ein logischer Fehler vorliegt, der von SQL Server nicht erkannt wird, oder weil der Client explizit informiert werden soll.

Hierfür können Sie wie gewohnt die RAISERROR-Funktion verwenden, die entweder einen Fehlertext oder eine Fehlernummer sowie den Schweregrad und den Status ausgibt.

RAISERROR('Fehler beim Einfügen!', 1, 1)

Wird der Fehler innerhalb eines TRY-Blocks ausgelöst, führt dies jedoch nicht zwingend dazu, dass in den CATCH-Block gesprungen wird. Dies ist abhängig vom angegebenen Schweregrad (*Severity*). Fehler mit einem Schweregrad von eins bis zehn werden von SQL Server lediglich als Warnungen interpretiert und somit auch nicht in der Fehlerbehandlung berücksichtigt. Bei einem Schweregrad von 11 bis 20 liegt hingegen ein echter Fehler vor, was eine entsprechende Behandlung nach sich zieht.

Das explizite Auslösen von Fehlern ergibt aber vor allem im CATCH-Block Sinn, da abgefangene Fehler nicht mehr zum Client gesendet werden und dieser somit keine Information über den Erfolg der Ausführung hat.

Hierbei ist jedoch zu beachten, dass Sie beim Weiterleiten der Fehlerinformationen die Systemfunktionen nicht direkt als Parameter von RAISERROR verwenden können, sondern dass Sie auch hier wieder mit Variablen arbeiten müssen. Das folgende Beispiel verdeutlicht dies:

```
-- Funktioniert nicht:
RAISERROR (ERROR_MESSAGE(), ERROR_SEVERITY(), ERROR_STATE())
-- Funktioniert:
RAISERROR (@ErrorMessage, @Severity, @State)
```

Außerdem ist es nicht möglich, die über ERROR_NUMBER() ermittelte Fehlernummer an RAISERROR zu übergeben, da hier nur benutzerdefinierte Fehlernummern ab 50001 zulässig sind. Da der Client jedoch mit einer Fehlernummer meist mehr anfangen kann als mit einem Text, sollten Sie eigene Fehler definieren und diese auslösen. Dies könnte beispielsweise wie folgt aussehen:

```
sp_addmessage
@msgnum =50001,
@severity =1,
@msgtext ='Fehler beim Einfügen der Daten!'

RAISERROR (50001, @Severity, @State)
```

Hierbei sollten Sie eine Fehlernummer größer 50000 wählen, da alle kleineren für SQL Server reserviert sind.

35.7.3 Verschachtelte Fehlerbehandlung

Bei komplexen Abfragen bietet es sich an, nicht nur einen TRY-CATCH-Block zu definieren, da gegebenenfalls auf verschiedene Fehler unterschiedlich reagiert werden soll. Hierbei können Sie entweder mehrere TRY-CATCH-Blöcke hintereinander anordnen oder eine geschachtelte Fehlerbehandlung verwenden. Letztere Variante könnte beispielsweise so aussehen:

```
BEGIN TRY
  BEGIN TRY
    ...
  END TRY

  BEGIN CATCH
    -- Lokale Fehlerbehandlung
  END CATCH
END TRY
```

```
BEGIN CATCH
    -- Globale Fehlerbehandlung
END CATCH
```

Auf diese Weise kann individueller auf einen Fehler reagiert werden, da es einen direkten Bezug zur vorherigen Aktion gibt. Dies macht den Code vielleicht etwas unübersichtlicher, hat aber den Vorteil der feineren Steuerung. Beachten Sie hierbei jedoch, dass der Sprung in einen lokalen CATCH-Block nicht den anschließenden Sprung in den globalen CATCH-Block zur Folge hat. Soll dies erreicht werden, so ist das manuelle Auslösen eines Fehlers über RAISERROR erforderlich. Wenn hingegen die gesamte Prozedur abgebrochen werden soll, so ist das RETURN-Statement zu verwenden.

Das gleiche Prinzip gilt auch bei verschachtelten Prozeduraufrufen. Wenn beispielsweise Prozedur A Prozedur B aufruft und in dieser ein Fehler auftritt, der nicht abgefangen wird, so wird automatisch in den CATCH-Block von Prozedur A gesprungen. Besitzt Prozedur B hingegen einen eigenen CATCH-Block, wird dieser angesprungen. Hierbei sollte Prozedur B den aufgetretenen Fehler zusätzlich über RAISERROR dem Aufrufer signalisieren, damit dieser seinerseits entsprechend reagieren kann.

35.8 Ranking- und Windowing-Funktionen

Wenn mit einer Abfrage Daten ermittelt werden, spielt oft die Reihenfolge der Datensätze eine Rolle – sei es, um dem Anwender mit einer alphabetischen Sortierung das Lesen der Ergebnisse zu erleichtern oder um die Sätze zu gewichten. Gerade bei letzterem Fall ist es oft hilfreich, diese Gewichtung in Form einer zusätzlichen Spalte kenntlich zu machen. So kommt es beispielsweise bei einer Hitliste vor, dass sich zwei Sätze den ersten Platz teilen. Diese Information ist jedoch nicht immer sofort ersichtlich, wenn das Ergebnis lediglich über ORDER BY sortiert wurde. Die Generierung einer solchen Ranking-Spalte war bisher aber nur über recht mühsame Zusatzarbeit möglich.

Hier setzt nun SQL Server mit seinen Ranking- und Windowing-Funktionen an. Diese folgen dem SQL-99-Standard und implementieren verschiedene Algorithmen. Im Einzelnen werden die folgenden Funktionen zur Verfügung gestellt:

- ROW_NUMBER()
- RANK()
- DENSE_RANK()
- NTILE()

Alle Funktionen werden nach dem gleichen Schema verwendet. Die Syntax sieht wie folgt aus:

```
SELECT <ranking function>
OVER([<partition clause>] <order by clause>)
FROM ...
```

35.8.1 Ergebnisse mit »RANK()« gewichten

Das folgende Beispiel erstellt eine Hitliste aller Mitarbeiter und deren Umsatzes. RANK() fügt hierbei eine Spalte mit der jeweiligen Platzierung ein.

```
SELECT  RANK() OVER (
  ORDER BY SUM(LineTotal) DESC
  ) AS Rang,
  FirstName + ' ' + LastName AS Name,
  SUM(LineTotal) AS Umsatz
FROM   Sales.SalesOrderHeader header
  INNER JOIN Sales.SalesOrderDetail detail
  ON header.SalesOrderID = detail.SalesOrderID
  INNER JOIN Person.Contact contact
  ON header.SalesPersonID = contact.ContactID
GROUP BY  FirstName + ' ' + LastName
ORDER BY  Rang
```

Listing 35.19 Beispiel einer »RANK()«-Abfrage

Bei allen Ranking-Funktionen wird über die OVER-Klausel ein ORDER BY-Ausdruck angegeben, nach dem die Gewichtung erfolgen soll. In diesem Fall wurde eine absteigende Sortierung nach der Summe des Umsatzes festgelegt, was dazu führt, dass der Mitarbeiter mit dem höchsten Umsatz den ersten Platz bekommt.

Rang	Name	Umsatz
1	Shelley Dyck	10.367.007,42
1	Linda Ecoffey	10.367.007,42
3	Maciej Dusza	9.293.903,00
4	Gail Erickson	8.503.338,64
5	Carol Elliott	7.171.012,74
6	Jauna Elson	6.427.005,55
7	Michael Emanuel	5.926.418,35

Tabelle 35.7 Das Ergebnis der »RANK()«-Abfrage

Rang	Name	Umsatz
8	Mark Erickson	4.509.888,93
9	Terry Eminhizer	3.729.945,34
10	Carla Eldridge	3.609.447,21

Tabelle 35.7 Das Ergebnis der »RANK()«-Abfrage (Forts.)

Wie Ihnen vielleicht aufgefallen ist, teilen sich Shelley Dyck und Linda Ecoffey den ersten Platz. Zudem fehlt der zweite Platz, stattdessen geht es direkt mit Platz drei weiter. Dies liegt daran, dass RANK() gleiche Werte mit dem gleichen Rang versieht und dabei Lücken erstellt, die sich nach der Anzahl der Wiederholungen richten. Hätten sich also drei Mitarbeiter den ersten Platz geteilt, so ginge es direkt mit Platz vier weiter.

35.8.2 Ranking ohne Lücken mit »DENSE_RANK()«

DENSE_RANK() funktioniert im Grunde genauso wie RANK(): Es lässt Mehrfachplatzierungen zu, erstellt hierbei jedoch keine Lücken. Zur Demonstration ersetzen Sie im obigen Beispiel einfach RANK() durch DENSE_RANK(). Sie erhalten das Ergebnis aus Tabelle 35.8.

Rang	Name	Umsatz
1	Shelley Dyck	10.367.007,42
1	Linda Ecoffey	10.367.007,42
2	Maciej Dusza	9.293.903,00
3	Gail Erickson	8.503.338,64
...	...	...

Tabelle 35.8 Das Ergebnis einer »DENSE_RANK()«-Abfrage

35.8.3 Gruppierte Ranglisten mit Windowing

In den bisherigen Beispielen sind wir stets davon ausgegangen, dass Sie eine Rangliste auf Grundlage des Gesamtumsatzes der Mitarbeiter ermitteln wollen. Doch was ist, wenn Sie eine Rangliste der Umsätze pro Mitarbeiter und Kunde benötigen?

Hierfür kann das sogenannte *Windowing* verwendet werden, bei dem es darum geht, die Gewichtung in mehrere Gruppen aufzuteilen. Dabei geben Sie optional in der

OVER-Klausel von `RANK()`, `DENSE_RANK()` und `ROW_NUMBER()`eine Spalte an, über die beim Ranking gruppiert werden soll.

Für das oben genannte Beispiel könnte dies wie folgt aussehen:

```
SELECT  cust.FirstName + ' ' + cust.LastName AS Kunde,
   DENSE_RANK() OVER
   (
   PARTITION BY cust.FirstName + ' ' + cust.LastName
   ORDER BY SUM(LineTotal) DESC
   ) AS Rang,
   empl.FirstName +' '+ empl.LastName AS Mitarbeiter,
   SUM(LineTotal) AS Umsatz
FROM   Sales.SalesOrderHeader header
   INNER JOIN Sales.SalesOrderDetail detail
   ON header.SalesOrderID = detail.SalesOrderID
   INNER JOIN Person.Contact empl
   ON header.SalesPersonID = empl.ContactID
   INNER JOIN Person.Contact cust
   ON header.CustomerID = cust.ContactID
GROUP BY  cust.FirstName + ' ' + cust.LastName,
   empl.FirstName + ' ' + empl.LastName
ORDER BY Rang
```

Listing 35.20 Eine Abfrage, die »RANK()« mit der »PARTITION BY«-Klausel verwendet

Wie Sie sehen, ist hier der OVER-Block um die PARTITION BY-Klausel erweitert worden, die den Namen des Kunden angibt. Dies führt dazu, dass die Gewichtung nun auf Ebene des Kunden erfolgt, wie Sie im Ergebnis erkennen:

Kunde	Rang	Mitarbeiter	Umsatz
Aaron Con	1	Maciej Dusza	67,53
Abigail Gonzalez	1	Martha Espinoza	384.365,64
	2	Shannon Elliott	93.591,62
Adam Barr	1	Carol Elliott	66.265,51
Adam Reynolds	1	Maciej Dusza	13.412,90
	2	Linda Ecoffey	10.398,35

Tabelle 35.9 Das Ergebnis der Windowing-Abfrage

35.8.4 Zeilen mit »ROW_NUMBER()« nummerieren

Bei großen Datenmengen ist es für den Anwender häufig hilfreich, wenn die einzelnen Zeilen mit einer Nummer versehen sind, an der er sich orientieren kann. Das folgende Beispiel verdeutlicht den Einsatz der ROW_NUMBER()-Funktion:

```
SELECT  ROW_NUMBER() OVER ( ORDER BY LastName ) AS Number,
  CustomerID,
  FirstName + ' ' + LastName AS Name
FROM   Sales.Customer customer
  INNER JOIN Person.Contact contact
  ON customer.CustomerID = contact.ContactID
```

Listing 35.21 Beispiel einer »ROW_NUMBER()«-Abfrage

Im Ergebnis hat nun jede Zeile ihre eigene Nummer:

Number	CustomerID	Name
1	2	Catherine Abel
2	3	Kim Abercrombie
3	4	Humberto Acevedo
4	1	Gustavo Achong
5	5	Pilar Ackerman

Tabelle 35.10 Das Ergebnis der »ROW_NUMBER()«-Abfrage

ROW_NUMBER() kann aber auch bei einem Ranking sinnvoll sein, in dem es keine Mehrfachplatzierungen geben soll. So könnte das oben gezeigte RANK()-Beispiel mit ROW_NUMBER() wie folgt aussehen:

```
SELECT  ROW_NUMBER() OVER (
  ORDER BY SUM(LineTotal) DESC,
  FirstName + ' ' + LastName
  ) AS Rang,
  FirstName + ' ' + LastName AS Name,
  SUM(LineTotal) AS Umsatz
FROM   Sales.SalesOrderHeader header
  INNER JOIN Sales.SalesOrderDetail detail
  ON header.SalesOrderID = detail.SalesOrderID
  INNER JOIN Person.Contact contact
  ON header.SalesPersonID = contact.ContactID
```

```
GROUP BY  FirstName + ' ' + LastName
ORDER BY  Rang
```

Listing 35.22 Verwendung von »ROW_NUMBER()« für Ranking-Abfragen

Die Abfrage erstellt nun erneut ein Ranking nach dem Mitarbeiterumsatz, berücksichtigt gleich große Umsätze jedoch nicht in der Platzierung. Stattdessen wurde die ORDER BY-Klausel um den Mitarbeiternamen erweitert, was dazu führt, dass bei gleichen Umsätzen die Platzierung nach der alphabetischen Sortierung des Namens erfolgt.

35.8.5 Paging mit »ROW_NUMBER()«

Ein weiteres Einsatzgebiet für ROW_NUMBER() ist das sogenannte *Paging*. Hier geht es darum, jeweils nur einen Ausschnitt der Gesamtergebnismenge zu ermitteln. Diese Technik wird häufig bei der Programmierung von Webseiten verwendet, um eine sehr lange Liste in mehrere Seiten aufzuteilen.

Im folgenden Beispiel wird die Prozedur CustomerList erstellt, die eine Liste von Kunden ermittelt. Über die Parameter Page und PageSize kann der Aufrufer angeben, welche Seite ermittelt werden soll und wie viele Zeilen eine Seite enthält. Die Prozedur gibt daraufhin die Daten des angegebenen Teilbereichs zurück.

```
CREATE PROCEDURE CustomerList
(@Page int = 1, @PageSize int = 2)
As
BEGIN
  WITH CustomerCTE (Number, CustomerID, Name) AS
  (
    SELECT  ROW_NUMBER()
      OVER (ORDER BY LastName) AS Number,
      CustomerID,
      FirstName + ' ' + LastName AS Name
    FROM  Sales.Customer cust
      INNER JOIN Person.Contact contact
      ON cust.CustomerID = contact.ContactID
  )
  SELECT  Number,
    CustomerID,
    Name
  FROM  CustomerCTE
  WHERE  Number BETWEEN
    ((@PageSize * @Page) - (@PageSize - 1)) AND
    (@PageSize * @Page)
END
```

Listing 35.23 Beispiel für die Verwendung von »ROW_NUMBER()« für ein Paging

Der eigentliche Datenzugriff, in dem auch die Nummerierung erfolgt, ist in eine Common Table Expression eingefasst, auf die die nachfolgende Abfrage zugreift. Dies ist erforderlich, da in der WHERE-Klausel auf die Zeilennummer gefiltert werden muss und die Verwendung von Ranking-Funktionen nur im SELECT-Bereich zulässig ist.

Zum Testen der Prozedur setzen Sie die folgenden drei Statements ab:

```
EXEC CustomerList 1, 2
EXEC CustomerList 2, 2
EXEC CustomerList 3, 2
```

Hier werden der Reihe nach die ersten drei Seiten der Kundenliste ermittelt, wobei die Seitengröße auf 2 Zeilen festgelegt wurde. Die Ergebnisse sehen Sie in Abbildung 35.6.

	Number	CustomerID	Name
1	1	2	Catherine Abel
2	2	3	Kim Abercrombie

	Number	CustomerID	Name
1	3	4	Humberto Acevedo
2	4	1	Gustavo Achong

	Number	CustomerID	Name
1	5	5	Pilar Ackerman
2	6	6	Frances Adams

Abbildung 35.6 Die Ergebnisse der drei »CustomerList«-Aufrufe

35.8.6 Daten mit »NTILE()« partitionieren

In manchen Fällen ist es ganz sinnvoll, die Ergebnismenge in gleich große Teile aufzuteilen. Dies ist die Stärke von NTILE(). Es nummeriert nicht einzelne Zeilen, sondern Blöcke von einer angegebenen Größe.

Das oben beschriebene Paging-Beispiel ließe sich hierdurch etwas flexibler gestalten. Bei der ROW_NUMBER()-Variante besteht das Problem, dass nicht klar ist, wie viele Seiten überhaupt ermittelt werden können. Es müsste daher zunächst die Gesamtzahl der Zeilen ermittelt und diese durch die gewünschte Seitengröße dividiert werden.

Bei NTILE() hingegen können Sie vorher definieren, wie viele Seiten benötigt werden, und die Zeilen werden dabei automatisch entsprechend verteilt. Das folgende Beispiel verdeutlicht diesen alternativen Ansatz:

```
CREATE PROCEDURE CustomerList2
(@Page int = 1, @PageSize int = 2)
As
BEGIN
  WITH CustomerCTE (Number, CustomerID, Name) AS
  (
```

```
    SELECT  NTILE(@PageSize)
      OVER (ORDER BY CustomerID) AS Number,
      CustomerID,
      FirstName + ' ' + LastName AS Name
    FROM  Sales.Customer cust
      INNER JOIN Person.Contact contact
      ON cust.CustomerID = contact.ContactID
    WHERE  cust.CustomerID < 10
  )
  SELECT  Number,
    CustomerID,
    Name
  FROM  CustomerCTE
  WHERE  Number = @Page
END
```

Listing 35.24 Beispiel einer »NTILE()«-Abfrage

Beim Aufruf geben Sie die gewünschte Seite sowie die Anzahl der Seiten an, in die das Ergebnis aufgeteilt werden soll.

```
EXEC CustomerList2 1, 3
EXEC CustomerList2 2, 3
EXEC CustomerList2 3, 3
```

Als Ergebnis bekommen Sie nun wie in Abbildung 35.7 drei gleich große Teile.

	Number	CustomerID	Name
1	1	1	Gustavo Achong
2	1	2	Catherine Abel
3	1	3	Kim Abercrombie

	Number	CustomerID	Name
1	2	4	Humberto Acevedo
2	2	5	Pilar Ackerman
3	2	6	Frances Adams

	Number	CustomerID	Name
1	3	7	Margaret Smith
2	3	8	Carla Adams
3	3	9	Jay Adams

Abbildung 35.7 »NTILE« teilt das Ergebnis in gleich große Teile auf.

35.9 Die »OUTPUT«-Klausel

Bei Aktualisierungsabfragen stellt sich oft das Problem, dass man nicht recht weiß, welche Daten von der Abfrage verändert wurden. Wenn der Client beispielsweise einen neuen Datensatz in eine Tabelle einfügt, die über eine *Identity*-Spalte verfügt, so wird diese datenbankseitig mit einem Wert belegt. Vielleicht enthalten einige Spalten auch Standardwerte, die automatisch vergeben werden, wenn der Client für diese NULL oder DEFAULT als Wert übergibt. Um nun die lokalen Daten mit den serverseitig generierten Werten zu aktualisieren, müsste der Client die Zeilen erneut von der Datenbank anfordern. Schön wäre es doch, wenn er als Ergebnis der Abfrage die geänderten Werte automatisch vom Server zurückbekäme.

Genau hier setzt OUTPUT an: Ähnlich wie bei Triggern kann hier auf die betroffenen Daten direkt zugegriffen werden. Hierfür stellt SQL Server sogenannte *virtuelle Tabellen* bereit, die alle durch die Abfrage geänderten Daten enthalten. Das folgende Beispiel verdeutlicht die Verwendung der OUTPUT-Klausel. Es verwendet die Tabelle *OutputTestTable*, die sowohl eine *Identity*-Spalte als auch eine Spalte mit Standardwert enthält:

```
CREATE TABLE dbo.OutputTestTable
(
  ColA int IDENTITY(1, 1),
  ColB int,
  ColC uniqueidentifier DEFAULT (newid())
)
```

Listing 35.25 Erstellung der Testtabelle »OutputTestTable«

Das Einfügen eines Satzes sieht nun wie folgt aus:

```
INSERT INTO dbo.OutputTestTable (ColB)
OUTPUT INSERTED.ColA, INSERTED.ColC
VALUES (20)
```

Listing 35.26 Beispiel einer »OUTPUT«-Abfrage

Wie Sie sehen, übergibt der Client hier lediglich einen Wert für die Spalte *ColB* und bestimmt über die OUTPUT-Klausel, dass die Werte von *ColA* und *ColC* der neu eingefügten Zeile zurückgeliefert werden sollen.

Das Ergebnis könnte somit wie folgt aussehen:

ColA	ColC
1	6F7538CF-2133-4B77-95C6-72B5414E7A1F

Tabelle 35.11 Das Ergebnis der »OUTPUT«-Abfrage

Nach dem gleichen Prinzip lassen sich auch die durch UPDATE oder DELETE betroffenen Daten ermitteln. Bei DELETE kann über die virtuelle Tabelle *deleted* auf die gelöschten

Datensätze zugegriffen werden. Im Falle von UPDATE sind die neuen Werte über die *inserted*-Tabelle und die vorherigen Werte über die *deleted*-Tabelle zugänglich.

Sehr nützlich ist die OUTPUT-Klausel auch in Prozeduren, da hier das Zwischenspeichern der Werte in einer TABLE-Variablen möglich ist. Wenn Sie beispielsweise alle durch ein UPDATE-Statement geänderten Werte in einer Historientabelle protokollieren wollen, könnten Sie wie folgt vorgehen:

```
DECLARE @TempTable table
(
  ColA int,
  ColB int,
  ColC uniqueidentifier
)
UPDATE   dbo.OutputTestTable
SET   ColB = 0
OUTPUT  DELETED.ColA, DELETED.ColB, DELETED.ColC
INTO   @TempTable
WHERE ColB > 0

INSERT INTO dbo.OutputTestHistory
SELECT * FROM @TempTable
```

Listing 35.27 Beispiel für die Verwendung von »TABLE«-Variablen in einer »OUTPUT«-Abfrage

Hier wird zunächst die TABLE-Variable @TempTable angelegt, die der Struktur der Historientabelle entspricht. Beim UPDATE werden nun die ursprünglichen Werte über OUTPUT INTO in @TempTable zwischengespeichert und im Anschluss in die Historientabelle eingefügt.

Einschränkungen

Leider gibt es auch einige Situationen, in denen die OUTPUT-Klausel nicht verwendet werden kann. So versagt sie beispielsweise beim Aktualisieren von Views ihren Dienst. Auch wenn Sie eine Tabelle eines angebundenen Servers aktualisieren, können Sie OUTPUT nicht verwenden.

35.10 Die »TABLESAMPLE«-Klausel

Mit dem SQL Server 2005 wurde die TABLESAMPLE-Klausel eingeführt. Mit ihr werden Daten nach dem Zufallsprinzip ausgewählt. Dies ist beispielsweise beim Aggregieren über sehr große Datenmengen sinnvoll, wenn nicht die exakte Zahl, sondern nur ein ungefährer Wert ermittelt werden muss.

Stellen Sie sich vor, Sie müssen den Mittelwert der Bestellmenge aus einer Million Datensätze ermitteln. Hierbei muss die Query-Engine alle Datensätze lesen, um die genaue Zahl zu ermitteln. Wenn Sie stattdessen aber nur 50 % der Datensätze einbeziehen, haben Sie meist schon einen Wert, der der genauen Zahl sehr nahekommt.

TABLESAMPLE sorgt nun dafür, dass Sie solche Abfragen sehr performant ausführen können. Denn anders als die TOP-Klausel arbeitet TABLESAMPLE nicht auf Datensatzebene, sondern greift auf komplette Tabellenseiten (*Table Pages*) zu. Hierbei werden jedoch nicht die Zeilen einer Seite per Zufall ausgewählt, sondern stets alle Zeilen einer Seite. Die Zufälligkeit ist dadurch zwar etwas grobkörnig, dafür ist die Performance aber sehr hoch.

Probieren Sie einmal das folgende Beispiel aus:

```
SELECT AVG(OrderQty)
FROM Sales.SalesOrderDetail
```

Hierbei wird der Mittelwert der Bestellmenge aus 121.317 Datensätzen ermittelt. Abhängig von den internen Statistiken und Caches kann diese Abfrage gut und gerne ein paar Sekunden dauern. Sie liefert im Ergebnis den Wert 2.

Erweitern Sie nun die Abfrage um die TABLESAMPLE-Klausel:

```
SELECT AVG(OrderQty)
FROM Sales.SalesOrderDetail TABLESAMPLE (50 PERCENT)
```

Wie Sie sehen, kommt auch hier der Wert 2 heraus, obwohl nur 62.119 Datensätze in die Berechnung einbezogen wurden. Die Ausführungszeit liegt hierbei jedoch weit unter der des oberen Beispiels. Sie können sich vorstellen, was dieser Performancevorteil bei Datenbeständen von mehreren Millionen Sätzen ausmachen kann.

Da TABLESAMPLE mit kompletten Seiten und nicht mit einzelnen Datensätzen arbeitet, kann die genaue Anzahl der verwendeten Sätze nicht garantiert werden. So mag es vorkommen, dass eine Seite nur zwei Datensätze enthält, während es in einer anderen 15 sind. Enthält die Tabelle lediglich eine Seite, so werden entweder alle Zeilen dieser Seite verwendet oder keine.

Wie gesagt, TABLESAMPLE ist sehr grobkörnig und daher eher für große Datenmengen geeignet. Wenn Sie eine exakte Zeilenanzahl benötigen, sollten Sie gegebenenfalls die TOP-Klausel verwenden.

Anstelle des Prozentwerts können Sie auch eine Zeilenanzahl angeben:

```
SELECT AVG(OrderQty)
FROM Sales.SalesOrderDetail TABLESAMPLE (60000 ROWS)
```

Doch auch hierbei können Sie sich nicht auf die exakte Zeilenanzahl verlassen. TABLESAMPLE rechnet die Zeilenanzahl nämlich intern in einen Prozentsatz um und verfährt auch hier nach dem oben beschriebenen Muster.

Wenn Sie beim Ausführen der gleichen Abfrage jedes Mal die gleichen Zeilen zurückbekommen möchten, so erweitern Sie die TABLESAMPLE um die REPEATABLE-Option:

```
SELECT ContactID, FirstName, LastName
FROM Person.Contact TABLESAMPLE (30 Rows) REPEATABLE (1)
```

Jedes Mal, wenn Sie die obere Abfrage mit dem gleichen REPEATABLE-Wert angeben, bekommen Sie dieselben Daten. Dies trifft jedoch nur so lange zu, wie kein anderer Benutzer die Daten ändert.

Einschränkungen

TABLESAMPLE können Sie ausschließlich beim direkten Zugriff auf Tabellen verwenden. Abgeleitete Tabellen, Tabellen aus Verbindungsservern, Rowset-Funktionen oder OPENXML-Abfragen werden nicht unterstützt. Zudem darf TABLESAMPLE nicht in der Definition einer View oder einer tabellenwertigen Inline-Benutzerfunktion vorkommen.

35.11 »EXCEPT«- und »INTERSECT«-Statement

EXCEPT und INTERSECT sind dem UNION-Statement sehr ähnlich: Sie können verwendet werden, um zwei Ergebnismengen in ein Resultat zusammenzufügen. Anders als bei UNION werden hierbei jedoch Regeln für das Vermengen angewandt.

▶ EXCEPT
vergleicht die erste Ergebnismenge mit der zweiten und gibt nur die Datensätze zurück, die nur in der ersten und nicht in der zweiten vorhanden sind.

▶ INTERSECT
vergleicht zwei Ergebnismengen und gibt die Zeilen zurück, die in beiden vorkommen.

Im folgenden Beispiel soll ermittelt werden, welcher Mitarbeiter an welchem Einsatzort tätig war. Als Grundlage dient die folgende Tabelle:

```
CREATE TABLE dbo.Einsatzorte
(
  Mitarbeiter varchar(50),
  Ort varchar(50)
)
GO
INSERT INTO dbo.Einsatzorte VALUES ('Meyer', 'Hamburg')
INSERT INTO dbo.Einsatzorte VALUES ('Meyer', 'Nürnberg')
```

```
INSERT INTO dbo.Einsatzorte VALUES ('Müller', 'Nürnberg')
INSERT INTO dbo.Einsatzorte VALUES ('Müller', 'Hamburg')
INSERT INTO dbo.Einsatzorte VALUES ('Schulze', 'Hamburg')
GO
```

Listing 35.28 Erstellung der Beispieltabelle »Einsatzorte«

Wie Sie sehen, waren die Mitarbeiter Meyer und Müller sowohl in Hamburg als auch in Nürnberg im Einsatz, während Schulze nur in Hamburg war.

Jetzt möchten Sie vielleicht feststellen, welche Mitarbeiter in Hamburg, aber nicht in Nürnberg im Einsatz waren. Mit SQL Server 2000 könnten Sie dies nur recht mühsam über eine Unterabfrage in der WHERE-Klausel bewerkstelligen:

```
SELECT Mitarbeiter
FROM   dbo.Einsatzorte
WHERE  Ort = 'Hamburg' AND
  Mitarbeiter NOT IN
   (SELECT Mitarbeiter
    FROM  dbo.Einsatzorte
    WHERE  Ort = 'Nürnberg')
```

Listing 35.29 Ermittlung der Mitarbeiter mit der »NOT IN«-Klausel

Mithilfe von EXCEPT könnte dies nun wie folgt aussehen:

```
SELECT Mitarbeiter FROM dbo.Einsatzorte WHERE Ort = 'Hamburg'
EXCEPT
SELECT Mitarbeiter FROM dbo.Einsatzorte WHERE Ort = 'Nürnberg'
```

Listing 35.30 Ermittlung der Mitarbeiter mit der »EXCEPT«-Klausel

Das Ergebnis beider Abfragen sieht wie in Tabelle 35.12 aus.

Mitarbeiter
Schulze

Tabelle 35.12 Das Ergebnis der »EXCEPT«-Abfrage

Wollen Sie hingegen wissen, welche Mitarbeiter sowohl in Hamburg als auch in Nürnberg im Einsatz waren, so können Sie INTERSECT verwenden:

```
SELECT Mitarbeiter FROM dbo.Einsatzorte WHERE Ort = 'Hamburg'
  INTERSECT
SELECT Mitarbeiter FROM dbo.Einsatzorte WHERE Ort = 'Nürnberg'
```

Listing 35.31 Ermittlung der Mitarbeiter mit der »INTERSECT«-Klausel

Die Abfrage liefert das Ergebnis aus Tabelle 35.13.

Mitarbeiter
Meyer
Müller

Tabelle 35.13 Das Ergebnis der »INTERSECT«-Abfrage

35.12 Tabellenwertparameter

Ein häufiges Problem bei der Entwicklung von gespeicherten Prozeduren ist der Umstand, dass nur skalare, fest definierte Werte als Parameter definiert werden dürfen. Oft ist die genaue Anzahl zur Entwurfszeit jedoch nicht bekannt, sondern ergibt sich erst zur Laufzeit. Hier behalf man sich oft mit Zeichenkettenparametern, aus denen dynamische SQL-Statements erzeugt wurden. Die Alternative war die Anlage von Temporärtabellen zur Wertübergabe. Beide Varianten erforderten nicht nur einige Handarbeit, sondern hatten teilweise erhebliche Sicherheits- und Performanceeinbußen zur Folge.

Der SQL Server beseitigte mit der Version 2008 mit den sogenannten *Tabellenwertparametern* (*Table-valued Parameters*) diesen Missstand und ermöglicht seitdem nicht nur die Übergabe von Listen, sondern erlaubt hierbei auch eine feste Typisierung.

35.12.1 Tabellenwertparameter definieren

Um Tabellenwertparameter zu definieren, müssen Sie zunächst einen benutzerdefinierten Tabellentyp mit der CREATE TYPE-Klausel erstellen. Im folgenden Beispiel wird der Tabellentyp Contact erstellt, der dazu dient, Kontaktdaten an eine Prozedur zu übergeben:

```
CREATE TYPE Contact AS TABLE
(
    ContactID int           NOT NULL,
    FirstName nvarchar(50)  NOT NULL,
    LastName  nvarchar(50)  NOT NULL
)
GO
```

Listing 35.32 Erstellung eines benutzerdefinierten Tabellentyps

Wie Sie sehen, werden die Typen wie Tabellen definiert.

35.12.2 Tabellenwertparameter verwenden

Daraufhin können Sie den benutzerdefinierten Tabellentyp als Parameter einer Prozedur verwenden:

```
CREATE PROCEDURE InsertContact (@Contact Contact READONLY)
AS
INSERT INTO Contacts (FirstName, LastName)
SELECT C.FirstName, C.LastName FROM @Contact C

GO
```

Listing 35.33 Verwenden eines benutzerdefinierten Tabellentyps in einer gespeicherten Prozedur

Die Prozedur `InsertContact()` nimmt einen Parameter vom Typ Contact entgegen, der die einzufügenden Kontakte enthält. Diese werden per INSERT INTO in die fiktive Tabelle *Contacts* eingefügt. Da der @Contact-Parameter mehr als einen Datensatz enthalten kann, erfolgt das Auslesen der Werte über die SELECT-Klausel.

Der übergebene Tabellenwertparameter kann von der Prozedur nicht mehr geändert werden. Daher müssen Sie hinter den Parameter stets das READONLY-Schlüsselwort anfügen.

Wenn Sie die eingefügten Zeilen abfragen wollen, beispielsweise um die von der Datenbank vergebenen Identity-Werte zu ermitteln, können Sie die OUTPUT-Klausel verwenden:

```
INSERT INTO Contacts (FirstName, LastName)
OUTPUT INSERTED.ContactID, INSERTED.FirstName, INSERTED.LastName
SELECT C.FirstName, C.LastName
FROM @Contact C
```

Hierbei werden die einfügten Datensätze inklusive der von der Datenbank vergebenen Werte automatisch an den Aufrufer der Prozedur zurückgegeben.

35.12.3 Prozeduren mit Tabellenwertparametern aufrufen

Um eine Prozedur mit einem Tabellenwertparameter aufzurufen, müssen Sie zunächst eine Variable des entsprechenden Typs anlegen und diese mit Werten füllen:

```
DECLARE @Contact AS Contact
INSERT INTO @Contact
  SELECT 1, 'Jörg', 'Neumann'
```

Daraufhin rufen Sie die Prozedur mit EXECUTE oder EXEC auf und übergeben die Variable:

EXEC InsertContact @Contact

35.12.4 Aufruf vom Client mit ADO.NET

Der Aufruf von Prozeduren mit Tabellenwertparametern mit ADO.NET vollzieht sich sehr ähnlich wie beim Aufruf normaler Prozeduren. Zunächst definieren Sie ein Sql-Command-Objekt, weisen ihm den Namen der Prozedur zu und erstellen den entsprechenden Parameter.

```
using (SqlConnection con = new SqlConnection(connectionString))
{
  con.Open();
  SqlCommand cmd = new SqlCommand(
    "dbo.InsertContact", con);
  cmd.CommandType = CommandType.StoredProcedure;
  SqlParameter param = cmd.Parameters.Add(
    "Contact", SqlDbType.Structured);
  param.TypeName = "Contact";
  ...
}
```

Hierbei weisen Sie dem Parameter den Typ SqlDbType.Structured zu und geben über die TypeName-Eigenschaft den Namen des benutzerdefinierten Tabellentyps an.

Anders als bei normalen Prozeduren füllen Sie den Parameter jedoch nicht mit einem einzelnen Wert, sondern mit einer Liste. Hierfür müssen Sie zunächst ein DataTable-Objekt erstellen, das der Struktur des Typs entspricht.

```
DataTable table = new DataTable();
table.Columns.Add("ContactID", typeof(int));
table.Columns.Add("FirstName", typeof(string));
table.Columns.Add("LastName", typeof(string));
```

Nun können Sie die DataTable mit den gewünschten Werten füllen:

```
table.Rows.Add(new object[] { 1, "Jörg", "Neumann" });
table.Rows.Add(new object[] { 2, "Hans", "Testmann" });
table.Rows.Add(new object[] { 3, "Hugo", "Mustermeier" });
```

Schließlich weisen Sie die Tabelle über die Value-Eigenschaft dem Parameter-Objekt zu und führen die Abfrage aus:

```
param.Value = table;
cmd.ExecuteNonQuery();
```

Hierbei wurde die `ExecuteNonQuery()`-Methode zur Ausführung verwendet, die die Prozedur aufruft und keine Ergebnismenge zurückgibt. Wollen Sie hingegen die eingefügten Datensätze im Anschluss auslesen, bringen Sie das Command über **ExecuteReader()** zur Ausführung. Das zurückgelieferte `SqlDataReader`-Objekt können Sie nun zum Auslesen der Ergebnisse verwenden.

```
using (SqlDataReader reader = cmd.ExecuteReader())
{
  while (reader.Read())
  {
    Console.WriteLine(
      reader.GetInt32(0) + ", " +
      reader.GetString(1) + ", " +
      reader.GetString(2));
  }
}
```

Wenn Sie die Daten nicht zeilenweise weiterverarbeiten, sondern beispielsweise an die Oberfläche Ihrer Anwendung binden wollen, bietet es sich an, den `SqlDataReader` in eine `DataTable` zu wandeln. Hierzu erstellen Sie zunächst eine neue Instanz von `DataTable` und befüllen sie über die `Load()`-Methode:

```
DataTable table = new DataTable();
table.Load(reader);
```

Alternativ füllen Sie einen Tabellenwertparameter mit dem Ergebnis einer zuvor abgesetzten Abfrage. Hierfür rufen Sie zunächst die Daten über `SqlCommand` ab und weisen das Ergebnis in Form eines `DataTable`- oder `SqlDataReader`-Objekts zu:

```
SqlCommand cmdInput = new SqlCommand(
  "SELECT ContactID, FirstName, LastName FROM Contacts",
  con);
SqlDataReader inputReader = cmdInput.ExecuteReader();

param.Value = inputReader;
cmd.ExecuteNonQuery();
```

Die Verwendung von Tabellenwertparametern hat beim Zugriff vom Client einen angenehmen Nebeneffekt: die Verminderung von Roundtrips. So muss nicht für jede Datenzeile ein Befehl an die Datenbank geschickt werden, sondern lediglich ein einziger. Dieses Verhalten können Sie sehr anschaulich im SQL Server Profiler verfolgen.

Statt mehrere Aufrufe der InsertContact()-Prozedur an den Server zu übermitteln, wird lediglich die folgende T-SQL-Batchverarbeitung übertragen:

```
declare @p1 dbo.Contact
insert into @p1 values(1,N'Jörg',N'Neumann')
insert into @p1 values(2,N'Hans',N'Testmann')
insert into @p1 values(3,N'Hugo',N'Mustermeier')
exec dbo.InsertContact @Contact=@p1
```

35.12.5 Limitationen

Es gibt jedoch auch einige Limitationen beim Einsatz von Tabellenwertparametern. So können Sie Tabellentypen nicht als Spalte einer Tabelle definieren. Darüber hinaus ist das Ändern, Löschen und Einfügen von Werten in übergebenen Parametern nicht möglich. Das Ändern der Typen über die ALTER TABLE-Klausel ist ebenfalls nicht möglich. Stattdessen müssen Sie den entsprechenden Typ per DROP TYPE entfernen und neu anlegen. Hierbei ist jedoch zu beachten, dass Sie einen Typ nur dann entfernen können, wenn er von keiner Prozedur verwendet wird.

Informationen zu den vorhandenen benutzerdefinierten Typen ermitteln Sie über die Systemkataloge sys.types und sys.table_types.

Kapitel 36
Einsatz von XML und JSON in der Datenbank

*»Einfachheit ist unabdingbare Voraussetzung
und Merkmal der Wahrheit.«*
— Leo N. Tolstoi

In einer offen kommunizierenden Welt haben allgemeingültige Datenformate eine besondere Bedeutung. Hier hat sich XML als Standard etabliert und wird beispielsweise im B2B(Business-to-Business)- oder auch im B2C(Business-to-Customer)-Bereich verstärkt eingesetzt. Es eignet sich hervorragend zur Interaktion mit anderen Systemen, da inzwischen auf allen wichtigen Plattformen XML-Implementierungen existieren.

XML hat einige Vorteile gegenüber »flachen« Ergebnismengen, wie sie typischerweise von T-SQL-Statements erzeugt werden: XML-Dokumente können sowohl strukturierte als auch unstrukturierte Daten darstellen, dabei sind sie selbstbeschreibend und können auch von Menschen leicht gelesen und geändert werden. Darüber hinaus bietet XML Unterstützung für verschiedene Sprachen und Codierungstypen. Zudem hat sich rund um den XML-Standard eine Reihe von domänenspezifischen Formaten etabliert, die beispielsweise auf die Abbildung von Geschäftsdaten spezialisiert sind. Ein weiterer Vorteil sind die funktionalen Erweiterungen, die im XML-Spektrum implementiert wurden. So wurden XPath für den Zugriff auf oder XSLT für die Darstellung und Transformation von XML-Daten geschaffen. Dies eröffnete dem Entwickler ein weites Feld an Möglichkeiten, die zuvor nur sehr aufwendig und proprietär implementiert werden konnten.

Bisher war es jedoch nicht ganz leicht, XML-Daten aus einer Datenbank zu ermitteln bzw. sie in einer Datenbank zu speichern. Zwar bieten einige Hersteller spezielle XML-Datenbanken, die diesen Schritt so gut wie überflüssig machen, jedoch dominieren relationale Datenbanken nach wie vor den Markt. In den vergangenen Jahren hat sich Microsoft jedoch bemüht, die Gräben zwischen dem relationalen Modell und dem semistrukturierten XML zu verkleinern. Wie Sie in diesem Kapitel sehen werden, verschwimmen die Grenzen zwischen diesen Welten in SQL Server zusehends, sodass es in bestimmten Szenarien keine große Rolle mehr spielt, in welcher Form die Ausgangsdaten vorliegen. Zum Verständnis dieses Kapitels sollten Sie über grundlegende XML-Kenntnisse verfügen.

36.1 Warum XML?

Zunächst einmal stellt sich die Frage, welchen Vorteil XML im Kontext einer Datenbank überhaupt bietet, schließlich funktionieren viele Anwendungen auch ganz gut ohne XML.

Relationale Datenbanken sind darauf spezialisiert, Daten in atomarer Form zu speichern. Hierbei stehen Datenintegrität, konkurrierende Zugriffe, Verfügbarkeit und Performance im Vordergrund. Die Daten werden daher in normalisierter Form gehalten.

XML geht eher den denormalisierten Weg und betrachtet die Daten nicht als eine Reihe von losen Relationen, sondern als Dokument. Hierbei enthält ein XML-Dokument alle benötigten Daten; eine Aufteilung in mehrere Dokumentinstanzen gibt es bewusst nicht. Anders als im relationalen Modell kann XML auch hierarchische Daten abbilden und sie mit zusätzlichen Attributen anreichern.

Der wahre Vorteil von XML liegt jedoch in seiner Einfachheit. In der Vergangenheit entwarfen die verschiedenen Hersteller für ihre Software eigene Formate und Protokolle, die nur schwerlich von anderen Anwendungen oder Systemen lesbar waren. XML enthält hingegen keine spezifischen Anforderungen, sondern definiert lediglich einen universellen Standard zur Abbildung von Daten.

Darüber hinaus können XML-Daten sehr leicht mit XSLT in die verschiedensten Formate transformiert werden. Dies ermöglicht nicht nur eine flexible Darstellung, sondern eröffnet auch eine Reihe von Möglichkeiten bei der Integration und Interoperation mit anderen Systemen.

Aufgrund des lesbaren Dateiformats eignet sich XML jedoch eher schlecht in Szenarien, in denen sehr große Datenmengen gefiltert oder aggregiert werden müssen. Auch bei Indizierungen oder konkurrierenden Schreibzugriffen ist das relationale Modell klar im Vorteil.

36.2 HTML und XML

Die Sprachen HTML und XML besitzen zwar gemeinsame Wurzeln und daher eine gewisse Ähnlichkeit, ihre Zielsetzungen sind allerdings sehr unterschiedlich. HTML hat sich als Sprache zur *Darstellung* von Dokumenten im Internet durchgesetzt. Ein wichtiger Ausgangspunkt dabei war, dass Dokumente – in diesem Fall Internetseiten – unabhängig vom verwendeten Rechner oder Betriebssystem identisch angezeigt werden sollten. Dies ist bis heute nicht vollständig gelungen; eine Internetseite wird unter verschiedenen Browsern, Betriebssystemen etc. eventuell unterschiedlich dargestellt. Da aber immer mehr Informationen zwischen beliebigen Rechnersystemen ausgetauscht werden müssen, könnte man doch einen Schritt weitergehen und sich überlegen, dass die Darstellung der Information (also das, was in HTML vorrangig ist) eigentlich zweitrangig ist. Wie die Information dargestellt wird, kann in einer Applikation, die die Daten weiterverarbeitet, implementiert werden. Viel wesentlicher ist es doch, eine universelle Sprache zur Übermittlung und zur Beschreibung der Daten zur Verfügung zu haben, eine universelle Sprache, die die Struktur eines Dokuments und dessen Inhalt beschreibt. Im Gegensatz zu HTML verfolgt XML genau diese Zielsetzung, nämlich nicht die *grafische Darstellung* von Inhalten, sondern eine Beschreibung der *Struktur und des Inhalts* der zu übertragenden Daten. Es ist unmittelbar einzusehen, dass gerade im Hinblick auf die Rolle von Datenbanken in der Informationstechnik und damit natürlich auf die Übertragung und Darstellung von Datensätzen in einer Applikation XML von großer Bedeutung ist. XML-Unterstützung war bereits in SQL Server 2000 vorhanden und wurde in den Folgeversionen stetig erweitert. Eine vollständige Übersicht würde den Rahmen dieses Kapitels bei Weitem sprengen, dieses Kapitel soll Sie vielmehr mit den ersten Grundlagen und der Möglichkeit der Verwendung von XML in Verbindung mit SQL Server vertraut machen. Dazu klären wir im nächsten Abschnitt zunächst, was unter den sogenannten Auszeichnungssprachen, zu denen HTML und XML gehören, zu verstehen ist.

36.2.1 Auszeichnungssprachen

Wie oben erwähnt, gehören HTML und XML zu einer Sprachfamilie, den sogenannten *Auszeichnungssprachen*, was an ihren Namen zu erkennen ist:

- **HTML: Hypertext Markup Language**
  Hypertext: Bezeichnet die Fähigkeit, Texte und Informationen zueinander in Beziehung zu setzen, wie Sie es aus dem Internet von Hyperlinks kennen.
- **XML: Extensible Markup Language**
  Extensible: Die Definition von benutzerdefinierten Auszeichnungen ist möglich, also keine Festlegung durch normierte Markups wie in HTML.

Was sogenannte Auszeichnungen (engl.: *markups*) sind und welche verschiedenen Arten es gibt, sollen die folgenden Beispiele verdeutlichen, die anhand eines einfachen Textes beschrieben werden, da in Texten zum einen die meisten Informationen gespeichert werden, zum anderen eine Textdatei die zwischen verschiedenen Rechnersystemen kompatibelste Form von Daten darstellt. Ein kurzer Beispieltext soll für die folgenden Beispiele als Ausgangspunkt dienen:

Autoren:
Dirk Mertins
Jörg Neumann
Andreas Kühnel

Für das menschliche Auge ist sofort zu erkennen, dass es sich hierbei um eine (kurze) Liste von Autoren handelt, der Text selbst enthält aber keinerlei Hinweise auf Darstellungsart oder Gliederung. Dies kann durch Auszeichnungen geändert werden, wie die folgenden Beispiele deutlich machen. Hierbei wird zunächst eine Darstellung in HTML sowie in Word benutzt, um die Grundbegriffe zu veranschaulichen.

> **Hinweis**
> Bei den XML betreffenden Beispielen in diesem Kapitel ist zu beachten, dass XML – im Gegensatz zu SQL – *case sensitive* ist, also zwischen Groß- und Kleinschreibung unterscheidet!

36.2.2 Auszeichnungen

Auszeichnungen werden in drei Arten unterteilt: die physischen, die logischen und die semantischen Auszeichnungen. Oftmals werden Auszeichnungen auch mit dem englischen Begriff *Tag* bezeichnet.

Physische Auszeichnungen

Physische Auszeichnungen werden dazu verwendet, das Erscheinungsbild eines Textes zu beeinflussen. Betrachten wir dazu das oben angegebene einfache Beispiel in der Form, dass der Begriff *Autoren* in Fettschrift formatiert wird:

Autoren:

Dirk Mertins
Jörg Neumann
Andreas Kühnel

Zum Vergleich ein entsprechender HTML-Code zur Darstellung der Autoreninformationen:

```
<HTML>
<HEAD>
    <TITLE>Tabelle</TITLE>
</HEAD>
<BODY>
    <B>Autoren:</B><BR>
    Dirk Mertins<BR>
    Jörg Neumann<BR>
    Andreas Kühnel<BR>
    </BODY>
</HTML>
```

Abbildung 36.1 zeigt die Darstellung des Codes im Internet Explorer.

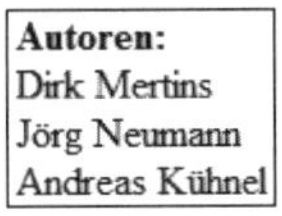

Autoren:
Dirk Mertins
Jörg Neumann
Andreas Kühnel

Abbildung 36.1 Darstellung im Internet Explorer

Die den Begriff *Autoren* umgebenden Zeichenfolgen <B> und </B> (für engl.: *bold*; fett) sind ein Beispiel für eine physische Auszeichnung. Sie weisen den Browser an, die in sie eingeschlossene Zeichenkette in Fettschrift darzustellen. Auszeichnungen werden nicht nur in HTML-Code, sondern beispielsweise auch in Textverarbeitungsprogrammen verwendet. Es ist leicht einzusehen, dass auch bei der Speicherung dieses Kapitels durch das Textverarbeitungsprogramm vermerkt wurde, dass im ersten Beispiel die entsprechende Zeile fett ausgegeben werden soll. Es existiert natürlich eine Menge weiterer Auszeichnungen; so können Sie in HTML wie in einer Textverarbeitung die Schriftart, Ausrichtung usw. wählen. Grundsätzlich aber sind der Verwendung von HTML-Auszeichnungen Grenzen gesetzt, es kann nur ein festgelegter Satz von Tags verwendet werden.

Logische Auszeichnungen

Logische Auszeichnungen dienen dazu, die Struktur eines Textes festzulegen. Betrachten wir dazu den Beispielcode in einer weiter veränderten Form:

```
<HTML>
<HEAD>
    <TITLE>Tabelle</TITLE>
</HEAD>
<BODY>
    <B>Autoren:</B>
    <TABLE BORDER>
    <TR>
        <TD>Dirk</TD><TD>Mertins</TD>
    </TR>
    <TR>
        <TD>Jörg</TD><TD>Neumann</TD>
    </TR>
    <TR>
        <TD>Andreas</TD><TD>Kühnel</TD>
    </TR>
    </TABLE>
</BODY>
</HTML>
```

Wie Sie Abbildung 36.2 entnehmen können, wurde die Ausgabe nun mit einer Tabelle gestaltet.

Abbildung 36.2 Tabellendarstellung

Im Gegensatz zu den physischen Auszeichnungen wird durch das TABLE-Tag die Darstellung in einer Tabelle erzwungen. Logische Auszeichnungen dienen also der Strukturierung eines Dokuments. Weitere Auszeichnungen dieser Art sind beispielsweise Überschriften und Absätze.

Semantische Auszeichnungen

Physische und logische Auszeichnungen dienen, wie an den bisherigen Beispielen gesehen, allein der Darstellung von Text, seinem Erscheinungsbild oder seiner Strukturierung. Betrachten wir noch einmal die bisherigen Beispiele: Weder in der Form eines Word-Dokuments noch aus dem HTML-Code könnte ein Programm erkennen, welche Informationen (nämlich die Vor- und Nachnamen von Autoren) in diesem Dokument enthalten sind, geschweige denn, an welcher Stelle sich die Informationen befinden. Zum Austausch, zur Interpretation und Weiterverarbeitung von Daten auf textbasierter Grundlage sind solche Formate also denkbar ungeeignet. Sicher könnte man eine Software entwickeln, die den Tabelleninhalt extrahiert und ausgibt, aber woher sollte die Information stammen, was der Vor- und was der Nachname ist? Ganz abgesehen davon, dass – wenn die Überschrift etwas komplexer wäre – nicht zu erkennen wäre, dass es sich um Autoren handelt. Aber gerade dieser Sachverhalt war ja die oben erwähnte Aufgabenstellung: textbasierte Informationen und deren Struktur bereitzustellen. Man bräuchte also Auszeichnungen, die nicht die grafische Darstellung betreffen, sondern anzeigen, was für einen Inhalt die entsprechenden Daten darstellen. Also im Beispiel, dass es sich bei den Daten um Autoren und deren Vor- und Nachnamen handelt. Genau diesen Zweck erfüllen die semantischen Auszeichnungen (Semantik: Lehre der Bedeutung von Wörtern), die in XML eine wesentlich wichtigere Rolle spielen als die physischen und logischen Auszeichnungen. Dies zeigen wir in den nächsten Abschnitten anhand von Ausgaben von SQL Server im XML-Format.

36.3 XML-Fähigkeiten von SQL Server

Wie Sie sehen, haben sowohl das relationale Modell als auch das XML-Format ihre Vorteile. Die Herausforderung besteht nun darin, die beiden Welten miteinander zu verbinden, um in den verschiedenen Szenarien das jeweils Beste zu nutzen. SQL Server versucht genau diesen Spagat und bietet hierfür die folgenden Möglichkeiten:

- XML-Daten können nativ gespeichert und abgefragt werden.
- Die Ergebnisse von Abfragen können in XML-Form angefordert werden.
- XML-Daten können in ein relationales Modell überführt werden.
- Abfragen können in XML-Form gestellt werden.

Im Folgenden stellen wir die verschiedenen Möglichkeiten vor. Hierbei untersuchen wir auch, in welchen Szenarien der Einsatz von XML sinnvoll ist und wann Sie besser das klassische Modell verwenden sollten.

36.4 Der XML-Datentyp

Bereits SQL Server 2000 verfügte über eine Funktionalität, die es erlaubte, relationale Daten in Form von XML abzubilden. Die Speicherung war jedoch nur in Form einer »flachen« Zeichenkette möglich. Der Zugriff auf die darin enthaltenen Daten musste daher stets auf dem Client oder auf entsprechenden Middle-Tier-Systemen erfolgen. Dies war vor allem ein Problem, wenn es darum ging, mehrere XML-Dokumente anhand bestimmter Regeln auszuwählen, da kein Zugriff auf die im Dokument enthaltenen Daten möglich war.

36.4.1 Vor- und Nachteile der XML-Datenspeicherung

Mit dem SQL Server 2005 wurde XML als vollwertiger Datentyp etabliert. Bei der Implementierung wurde dem ISO-SQL-2003-Standard gefolgt. Dies ermöglicht nicht nur eine Indizierung der XML-Daten, sondern auch Abfragen, in denen verschiedene Hierarchieebenen mehrerer Dokumente eingeschlossen werden können. Selbst der schreibende Zugriff auf Attribut- und Elementdaten ist möglich, wodurch SQL Server zu einer vollwertigen XML-Datenbank wird.

Dies bringt für den Anwendungsentwickler eine Reihe von Vorteilen:

- Sowohl strukturierte als auch semistrukturierte Daten lassen sich transparent in der Datenbank speichern.
- In Datenbankprozeduren können Variablen des XML-Datentyps definiert werden, was den Zugriff und die Weiterverarbeitung der Daten vereinfacht.
- Es ermöglicht die Anlage von Datenbanken, die einem objektorientierten, denormalisierten Aufbau folgen. Dies kann besonders in Fällen sinnvoll sein, in denen sich die Daten nur schwerlich in einem relationalen Modell abbilden lassen.
- Es erleichtert Anwendungen die Arbeit, die Daten schwerpunktmäßig in Form von XML oder anderen deklarativen Sprachen wie HTML auszugeben.

Auf der anderen Seite kann der Einsatz des XML-Datentyps auch einige Nachteile mit sich bringen. Hierzu zählen:

- erhöhter Ressourcenverbrauch für Speicherung und Indizierung der Daten
- längere Zugriffszeiten bei Abfragen
- größerer Verwaltungsaufwand bei konkurrierenden Zugriffen

Daher sollten Sie sich gut überlegen, in welchen Fällen Sie den XML-Datentyp verwenden und wann Sie besser den klassischen relationalen Weg gehen. Die folgenden Empfehlungen helfen Ihnen hierbei:

- Haben die Daten immer die gleichen Attribute, so ist eine relationale Ablage sinnvoll.
- Wenn die Daten sehr unterschiedlich in ihrer Beschaffenheit sind und nicht zwingend in einer normalisierten Form vorliegen müssen, bietet sich der XML-Datentyp an.
- Bei hochfrequentierten Datenbanken mit konkurrierenden Schreibzugriffen sollten Sie den XML-Datentyp vermeiden, bei hauptsächlich lesendem Zugriff ist er hingegen sehr gut geeignet.

Doch für welche Szenarien eignet sich der XML-Datentyp denn nun konkret? Wenn Sie beispielsweise Office-Dokumente in XML-Form in der Datenbank speichern wollen, bietet sich der XML-Datentyp an. Hierbei können Sie sehr leicht Abfragen erstellen, die Ihnen beispielsweise alle Dokumente eines bestimmten Autors ermitteln. Denkbar wäre aber auch, dass Sie in Word-Dokumenten bestimmte Felder oder Formatierungen definieren und diese abfragen. Dies können Sie jedoch auch, wenn Sie die Dokumente binär speichern und die Abfragefelder als Tabellenspalten definieren würden. Hierbei müssten Sie aber die entsprechenden Daten vor dem Einfügen in die Datenbank manuell auslesen. Wenn Sie im Nachhinein weitere Felder abfragen wollen, müssten Sie außerdem die entsprechenden Erweiterungen sowohl auf Client- als auch auf Serverseite vornehmen. Bei der Verwendung des XML-Datentyps müssten Sie hingegen lediglich die Abfrage anpassen. Darüber hinaus können Sie die Daten eines XML-Feldes in eine Volltextsuche einbeziehen, was sich besonders bei der Suche in Dokumenten lohnt. Wie Sie sehen, liegen die Vorteile des XML-Datentyps hauptsächlich in der Flexibilität.

Ein weiterer Vorteil der XML-Dokumentspeicherung besteht in der Validierung. Während Sie bei der relationalen Speicherung die Datenintegrität durch Constraints, Trigger und manuelle Codierung gewährleisten müssen, reicht bei XML die Hinterlegung eines Schemas.

Bei der Verwendung des XML-Datentyps sollten Sie sich jedoch nicht nur auf die flexible Speicherung und Abfrage konzentrieren, sondern auch die spätere Weiterverarbeitung im Auge behalten. Beispielsweise können Formulardaten sehr leicht über den XML-Datentyp gespeichert werden; eine Aggregation der Daten ist jedoch nicht ganz so leicht möglich wie im relationalen Modell. Zudem sind die Zugriffszeiten bei XML-Abfragen um einiges höher als bei klassischen T-SQL-Abfragen. Hinzu kommt ein erhöhter Arbeitsaufwand für die Indexerstellung der Daten. So kann der Speicherverbrauch bis auf das Dreifache der Nutzdatengröße anwachsen.

Letztendlich bestimmen die jeweiligen Anforderungen an die Anwendung und die Datenbank, ob XML als natives Speicherformat geeignet ist. Doch wie Sie in den folgenden Abschnitten sehen werden, gibt es neben dem XML-Datentyp weitere Möglichkeiten, XML und relationale Daten in Einklang zu bringen. Sie müssen daher keine explizite »Alles oder nichts«-Entscheidung treffen, sondern können für den jeweiligen Fall aus den verschiedenen XML-Funktionalitäten von SQL Server auswählen.

36.4.2 XML-Felder anlegen

Bei XML-Datenbankfeldern wird zwischen typisiertem und untypisiertem XML unterschieden. Von *typisiertem XML* spricht man, wenn das XML-Dokument mit einem Schema verknüpft ist, das die Elemente, Attribute und gültigen Werte definiert, sowie über einen Namespace eindeutig benannt wurde. Hierbei prüft SQL Server beim Einfügen die XML-Daten gegen das hinterlegte Schema und meldet einen Fehler, wenn eine Abweichung vorliegt.

Ein *untypisiertes XML-Feld* ist hingegen mit keinem Schema verknüpft und wird daher auch nicht validiert. Sowohl bei typisierten als auch bei untypisierten XML-Feldern werden jedoch die eingefügten Daten automatisch auf Wohlgeformtheit geprüft. Dies bedeutet, dass sie der formalen Struktur des XML-Standards entsprechen müssen.

Die Definition eines XML-Datenbankfeldes vollzieht sich genauso wie bei Feldern anderer Datentypen. Im folgenden Beispiel wird eine neue Tabelle angelegt und mit einem XML-Feld versehen:

```
CREATE TABLE Orders
(
  OrderID int,
  OrderDate datetime,
  CustomerID int,
  OrderItems xml
)
```

Listing 36.1 Die Erstellung einer Tabelle mit einem XML-Feld

Auch innerhalb von gespeicherten Prozeduren oder Benutzerfunktionen können Sie den XML-Datentyp benutzen. Hierbei kann er sowohl für die Definition von Parametern und Rückgabewerten als auch für die Deklaration von Variablen dienen, wie das folgende Beispiel zeigt:

```
DECLARE @OrderItems xml
SELECT @OrderItems = OrderItems FROM Orders
```

Anders als bei den Datentypen `varchar` oder `nvarchar` muss der XML-Typ bei der Deklaration nicht mit einer Standardgröße belegt werden, da er stets ein Maximalvolumen von zwei Gigabytes Daten aufnehmen kann.

Bei der Speicherung der XML-Daten verwendet SQL Server ein internes Format, um den Ressourcenverbrauch und die Zugriffszeit zu optimieren. Dies kann jedoch dazu führen, dass Namespace-Deklarationen, vorhandene Leerzeichen oder die Reihenfolge von Attributen bei einem erneuten Abruf nicht mehr dem Ursprungsdokument entsprechen. Somit ist es nicht möglich, zwei XML-Dokumente oder Fragmente auf textueller Basis zu vergleichen. Falls Sie also ein genaues Abbild Ihres XML-Dokuments benötigen, müssen Sie hierfür auch weiterhin die Datentypen `nvarchar` oder `text` verwenden.

Zum Füllen eines XML-Feldes können Sie die folgenden Datentypen nutzen:

- varchar
- nvarchar
- text
- ntext

Hierbei können sowohl XML-Dokumente (enthalten ein einzelnes Wurzelelement) als auch XML-Fragmente (enthalten mehrere Wurzelelemente) eingefügt werden. Im folgenden Beispiel wird die oben definierte Tabelle mit einem Datensatz gefüllt:

```
DECLARE @items nvarchar(200)
SET @Items =
  N'<Items>
    <Item ProductID="1" Quantity="10"/>
  </Items>'

INSERT INTO Orders
VALUES
(1, GetDate(), 1, @Items)
```

Listing 36.2 Das Füllen eines XML-Feldes

Darüber hinaus können Sie die oben genannten Datentypen explizit mit den T-SQL-Funktionen `CAST` und `CONVERT` in den XML-Datentyp wandeln:

```
DECLARE @ItemsXML xml
SET @ItemsXML = CAST(@Items AS xml)
```

oder:

```
SET @ItemsXML = CONVERT(xml, @Items)
```

Bei der Tabellendeklaration können Sie – wie auch bei allen anderen Datentypen – Standardwerte definieren. Für ein XML-Feld könnte dies beispielsweise wie folgt aussehen:

```
CREATE TABLE Orders
(
  OrderID int,
  OrderItems DEFAULT CAST(N'<Items/>' AS XML)
)
```

Listing 36.3 Die Zuweisung eines Standardwerts

36.4.3 XML-Felder mit einem Schema verknüpfen

XML-Schemas werden in sogenannten *Schema-Collection*-Objekten verwaltet. Dies sind Container, die ein oder mehrere Schemas enthalten können. Die einzelnen Schemas werden hierbei durch einen eindeutigen Namespace identifiziert. Schema-Collections werden gesondert in der Datenbank gespeichert und können von XML-Dokumenten über das `targetNamespace`-Attribut referenziert werden.

Sie werden mit dem CREATE XML SCHEMA COLLECTION-Statement erstellt, dessen Syntax wie folgt aussieht:

```
CREATE XML SCHEMA COLLECTION sql_identifier AS Expression
```

Während `sql_identifier` den eindeutigen T-SQL-Schlüsselnamen angibt, enthält Expression die eigentliche Definition. Im folgenden Beispiel wird eine neue Collection erstellt und mit einem Schema gefüllt:

```
CREATE XML SCHEMA COLLECTION ItemsSchemaCollection
AS
N'<?xml version="1.0"?>
<xsd:schema xmlns:xsd="http://www.w3.org/2001/XMLSchema"
            targetNamespace="urn:Items"
            elementFormDefault="qualified">
  <xsd:element name="Items">
    <xsd:complexType>
      <xsd:choice maxOccurs="unbounded">
        <xsd:element name="Item">
          <xsd:complexType>
```

```
              <xsd:attribute name="ProductID" form="unqualified"
                type="xsd:string" />
              <xsd:attribute name="Quantity" form="unqualified"
                type="xsd:string" />
          </xsd:complexType>
        </xsd:element>
      </xsd:choice>
    </xsd:complexType>
  </xsd:element>
</xsd:schema>'
```

Listing 36.4 Die Erstellung einer Schema-Collection

Um einzelne Schemas in eine bestehende Collection einzufügen oder aus dieser zu entfernen, verwenden Sie das ALTER XML SCHEMA COLLECTION-Statement bzw. DROP XML SCHEMA COLLECTION zum Löschen der kompletten Collection:

```
DROP XML SCHEMA COLLECTION ItemsSchemaCollection
```

Hierbei ist zu beachten, dass nur Collections gelöscht werden können, deren Schemas von keinen XML-Feldern in Tabellen, Prozeduren oder Funktionen referenziert werden.

Soll ein XML-Datenbankfeld bei der Anlage mit einem Schema verknüpft werden, so ist der Name des Schemas in Klammern hinter dem XML-Datentyp anzugeben.

```
CREATE TABLE Orders
(
  OrderID int,
  OrderItems xml (ItemsSchemaCollection)
)
```

Listing 36.5 Ein XML-Feld an ein Schema binden

Beim Einfügen von Daten in das Feld ist keine zusätzliche Angabe nötig, jedoch muss das XML dem hinterlegten Schema entsprechen. Das folgende Beispiel fügt ein XML-Dokument, das intern mit einem Schema verknüpft ist, in die Datenbank ein:

```
INSERT INTO Orders
VALUES
(1,
'<?xml version="1.0" ?>
<Items xmlns="urn:Items">
  <Item ProductID="1" Quantity="10"/>
</Items>')
```

Listing 36.6 Füllen eines schemagebundenen XML-Feldes

XML-Schema-Collections verwalten

Um alle in einer Datenbank gespeicherten Schema-Collections zu ermitteln, können Sie die System-View `sys.xml_schema_collections` verwenden:

```
SELECT * FROM sys.xml_schema_collections
```

Wenn Sie hingegen prüfen möchten, ob ein bestimmter Namespace bereits in einer der Schema-Collections definiert wurde, ist die View `sys.xml_schema_namespaces` sehr hilfreich:

```
SELECT * FROM sys.xml_schema_namespaces
```

36.5 Auf gespeicherte XML-Daten zugreifen

36.5.1 Eine kurze Einführung in XPath

Für den Zugriff auf XML-Daten kommt an vielen Stellen in SQL Server XPath zum Einsatz. Für die Arbeit mit XML ist daher ein grundlegendes Verständnis dieser Abfragesprache zwingend erforderlich.

Den vollen Funktionsumfang von XPath zu beschreiben würde an dieser Stelle den Rahmen sprengen, daher soll lediglich ein kurzer Einstieg in das Thema folgen. Zudem unterstützt SQL Server nicht den vollen Funktionsumfang, sondern nur Teilbereiche.

Daten mit XPath selektieren

Um auf die Nutzdaten in einem XML-Dokument zuzugreifen, bedarf es einer Abfragesprache. XPath ist eine Sprache, die auf das Selektieren von XML-Daten spezialisiert ist. Wie der Name schon vermuten lässt, erfolgt die Selektion über Pfadangaben, die auf die jeweilige Stelle im XML-Baum verweisen. Hierbei können sowohl Elemente als auch Elementtexte, Attribute und Kommentare ermittelt werden.

Doch bevor es um die konkreten Möglichkeiten von XPath geht, hier zunächst ein einfaches XML-Dokument, auf das wir in den folgenden Beispielen zugreifen:

```xml
<?xml version="1.0" encoding="utf-8" ?>
<Customers>
    <Customer CustomerID="ALFKI" ContactName="Maria Anders"
    City="Berlin">Alfreds Futterkiste</Customer>
    <Customer CustomerID="ANATR" ContactName="Ana Trujillo"
    City="México D.F.">Ana Trujillo Emparedados y helados</Customer>
    <Customer CustomerID="ANTON" ContactName="Antonio Moreno"
    City="México D.F.">Antonio Moreno Taquería</Customer>
    <Customer CustomerID="AROUT" ContactName="Thomas Hardy"
```

```
        City="London">Around the Horn</Customer>
    <Customer CustomerID="BERGS" ContactName="Christina Berglund"
        City="Luleâ">Berglunds snabbköp</Customer>
    <Customer CustomerID="WOLZA" ContactName="Zbyszek Piestrzeniewicz"
        City="Warszawa">Wolski  Zajazd</Customer>
</Customers>
```

Für die Selektion von Knoten wird zwischen relativer und absoluter Pfadangabe unterschieden. Während die relative Angabe meist bei XSLT zum Einsatz kommt, unterstützt SQL Server an den meisten Stellen lediglich absolute Angaben. Hierbei wird der Pfad vollständig qualifiziert, also ausgehend vom jeweiligen Wurzelknoten. Das folgende Beispiel selektiert beispielsweise alle Customer-Elemente unterhalb des Customers-Wurzelknotens:

`/Customers`

Hierbei muss dem Wurzelknoten stets ein Schrägstrich (/) vorangestellt werden, um zu signalisieren, dass es sich um eine absolute Pfadangabe handelt. Alle Unterelemente werden ebenfalls durch einen Schrägstrich getrennt, z. B.:

`/Customers/Customer`

Um ein einzelnes Element zu selektieren, können Sie z. B. den jeweiligen Index angeben. In folgendem Beispiel wird der erste Customer-Knoten ermittelt:

`/Customers/Customer[1]`

Auch die Ermittlung von Attributwerten ist möglich. Attributknoten werden in einem XPath-Ausdruck mit einem At-Zeichen (@) deklariert. Der folgende Ausdruck ermittelt den Wert des ContactName-Attributs des ersten Customer-Elements:

`/Customers/Customer[1]/@ContactName`

Wollen Sie hingegen alle Attributwerte eines bestimmten Knotens ermitteln, können Sie das *-Kürzel verwenden.

`/Customers/Customer/@*`

Darüber hinaus können Sie Elemente nach bestimmten Attributwerten filtern. Um beispielsweise das Customer-Element zu ermitteln, dessen ContactName-Attribut den Wert Maria Anders enthält, könnten Sie den folgenden Ausdruck verwenden:

`/Customers/Customer[@ContactName = 'Maria Anders']`

Wenn Sie hingegen lediglich alle Elemente selektieren wollen, die ein bestimmtes Attribut enthalten, könnten Sie einen Ausdruck wie den folgenden angeben:

`/Customers/Customer[@City]`

Es werden lediglich die Elemente zurückgegeben, die ein `City`-Attribut enthalten.

XPath-Funktionen

XPath definiert eine Reihe von Funktionen, die Sie in Ihren Ausdrücken verwenden können.

Die wohl einfachste XPath-Funktion ist `text()`. Sie ermittelt lediglich den Elementtext des jeweiligen Knotens, z. B.:

`/Customers/Customer[1]/text()`

Zusätzlich können Sie mit der `contains()`-Methode die Ergebnisse auf einen bestimmten Text filtern. So gibt der folgende Ausdruck alle Elementtexte zurück, die ein A enthalten:

`/Customers/Customer/text()[contains(.,'A')]`

Darüber hinaus definiert XPath sehr viel mehr Funktionen, deren Erläuterung hier jedoch den Rahmen sprengen würde. Im Folgenden beschreiben wir die wichtigsten Funktionen mit einer kurzen Beschreibung und einem Beispiel:

- `position()`
  ermittelt ein Element an einer angegebenen Stelle. Beispielsweise erfragt `/Customers/Customer[position()=2]` den zweiten Customer-Knoten.

  `count()`
  liefert die Anzahl der Knoten in der Ergebnismenge. Beispielsweise ermittelt der folgende Ausdruck alle Elemente, die genau zwei Attribute enthalten:

  `/Customers/Customer[count(@*)=2]/`

- `substring()`
  gibt eine Teilzeichenkette zurück. Hierbei übergeben Sie der Funktion neben der Ursprungszeichenkette die Startposition sowie die Länge. In folgendem Beispiel werden alle `ContactName`-Attributwerte ermittelt, die an Position 7 ein A enthalten:

  `/Customers/Customer[1]/@ContactName[substring(.,7,1) = 'A']`

- `sum()`
  summiert Werte einer Ergebnismenge. Beispiel:

  `sum(/products/product/price)`

36.5.2 XQuery als Abfragesprache

Für die Selektion und Änderung der im XML-Dokument enthaltenen Daten bietet der SQL Server die Abfragesprache *XQuery*, die auf den Zugriff auf hierarchische Daten spezialisiert ist.

Entwickelt wurde XQuery von der *XML Query Working Group* des *World Wide Web Consortiums* (*W3C*). Es basiert auf XPath 2.0, das eine pfadbasierte Lokalisierung von XML-Elementen und Attributen ermöglicht. XQuery erweitert XPath um die Fähigkeiten Sortierung, Validierung, Navigation etc. Wenn Sie bereits Erfahrung im Umgang mit XPath haben, sollte Ihnen der Umgang mit XQuery leichtfallen. Wie Sie im Folgenden sehen werden, kommen Sie an vielen Stellen auch mit reinen XPath-Ausdrücken aus und müssen nicht zwingend die neuen Möglichkeiten von XQuery nutzen.

Darüber hinaus hat Microsoft in SQL Server eine Erweiterung des XQuery-Standards implementiert, die *XML DML* (*XML Data Modification Language*) genannt wird. Sie ermöglicht die Änderung von XML-Instanzen, die in Datenbankfeldern gespeichert sind, ohne das komplette Dokument laden und speichern zu müssen.

Aufgrund der Komplexität von XQuery können wir an dieser Stelle keine grundlegende Einführung in die Sprachsyntax geben. Vielmehr zeigen wir die Möglichkeiten auf, die Ihnen SQL Server zur Nutzung von XQuery bietet.

36.5.3 Die Methoden des XML-Datentyps

XQuery wurde in SQL Server in Form von Methoden des XML-Datentyps implementiert. Tabelle 36.1 beschreibt diese Methoden und zeigt deren Syntax.

Methode	Syntax	Beschreibung
query()_	XML = x.query(string xquery)	Ermittelt eine Instanz des XML-Datentyps mit dem Ergebnis der angegebenen Abfrage.
exist()_	bit = x.exist(string xquery)	Gibt 1 zurück, wenn die angegebene Abfrage Elemente zurückliefert, andernfalls 0.
value()_	Wert = x.value(string xquery, Datentyp)	Ermittelt einen einzelnen Wert und gibt ihn in Form des angegebenen Datentyps zurück.
nodes()_	Table = x.nodes(string xquery)	Eine tabellenwertige Funktion, die XML in relationale Daten übersetzt und für jedes gefundene Element eine Zeile zurückliefert.
modify()_	x.modify(string XML-DML-Statement)	Ändert die Daten der angegebenen Elemente oder Attribute.

Tabelle 36.1 Die Methoden des XML-Datentyps

In den folgenden Beispielen greifen wir auf die Tabelle *Orders* zu, die folgenden Aufbau hat:

```
CREATE TABLE Orders
(
  OrderID int PRIMARY KEY,
  OrderDate datetime,
  OrderNumber nvarchar(25),
  CustomerID int,
  OrderDetails xml
)
GO
```

Listing 36.7 Die Erstellung der Beispieltabelle »Orders«

Die verwendeten Beispieldaten sehen wie folgt aus:

```
INSERT INTO Orders
(OrderID, OrderDate, OrderNumber, CustomerID, OrderDetails)
VALUES (43659, '2001-07-01 00:00:00.000', 'SO43659', 676,
N'<Root><OrderDetail OrderDetailID="1" OrderID="43659"
  Quantity="1" ProductID="776" UnitPrice="2024.9940" />
<OrderDetail OrderDetailID="2" OrderID="43659" Quantity="3"
  ProductID="777" UnitPrice="2024.9940" />
<OrderDetail OrderDetailID="3" OrderID="43659" Quantity="1"
  ProductID="778" UnitPrice="2024.9940" />
...</Root>')
```

Listing 36.8 Füllen der Beispieltabelle

Die »query()«-Methode

Die query()-Methode dient zur Selektion von XML-Instanzen in einer Tabelle. Sie bekommt eine XQuery-Abfrage übergeben und liefert neu erstellte Instanzen eines untypisierten XML-Datentyps zurück. Eine typische Abfrage könnte etwa wie folgt aussehen:

```
SELECT OrderDetails.query('/Root/OrderDetail[@ProductID = 776]')
AS OrderDetails
FROM Orders
```

Listing 36.9 Zugriff auf XML-Instanzen über die »query()«-Methode

Hierbei werden alle XML-Instanzen zurückgegeben, die Produkte mit der ID 776 enthalten. Neben diesem XPath-basierten Zugriff können Sie auch schleifenbasierte XQuery-Abfragen durchführen. Das folgende Beispiel ermittelt die gleichen Daten wie oben, verwendet jedoch eine Schleife:

```
SELECT OrderDetails.query('
   for $i in /Root/OrderDetail
   where /Root/OrderDetail[@ProductID = 776]
   return $i
') AS OrderDetails
FROM Orders
```

Listing 36.10 Eine einfache XQuery-Anweisung

Dies hat den Vorteil, dass Sie die erweiterte Sprachsyntax von XQuery nutzen können. So bietet beispielsweise die `contains()`-Anweisung die Möglichkeit, nach Teilbereichen einer Zeichenkette zu suchen. Eine ausführliche Beschreibung der XQuery-Syntax finden Sie in der Onlinehilfe.

Das Ergebnis beider Abfragen könnte beispielsweise wie folgt aussehen:

OrderDetails

`<OrderDetail OrderDetailID="1" OrderID="43659" Quantity="1"`
`  ProductID="776" UnitPrice="2024.9940" />`
`<OrderDetail ... />`
`<OrderDetail OrderDetailID="15" OrderID="43661" Quantity="1"`
`  ProductID="745" UnitPrice="809.7600" />`
`<OrderDetail ... />`

Tabelle 36.2 Das Ergebnis der XQuery-Abfrage

Hierbei werden alle Zeilen der Tabelle *Orders* zurückgegeben. Jedoch enthalten nur die Zeilen einen Wert, in denen mindestens ein *OrderDetail*-Satz enthalten ist, der das gewünschte Produkt enthält.

Die »exist()«-Methode

Die `exist()`-Methode ist immer dann hilfreich, wenn Sie komplette XML-Instanzen anhand von Filterregeln ermitteln wollen. Anders als die `query()`-Methode gibt sie lediglich 0 oder 1 zurück und wird daher größtenteils in der WHERE-Klausel von Abfragen verwendet. Die folgende Abfrage ermittelt ebenfalls alle Bestellpositionen, die Produkte mit der ID 776 enthalten, verwendet jedoch die `exist()`-Methode zur Filterung.

```
SELECT OrderDetails
FROM Orders
WHERE OrderDetails.exist('/Root/OrderDetail[@ProductID = 776]') = 1
```

Listing 36.11 Zugriff auf XML-Instanzen über die »exist()«-Methode

Hierbei werden nur die Zeilen zurückgegeben, in deren *OrderDetails*-Spalte *OrderDetail*-Elemente mit dem gesuchten Produkt enthalten sind.

Die »value()«-Methode

Die value()-Methode verwenden Sie, wenn Sie einen einzelnen Wert aus der XML-Instanz auslesen wollen. Das folgende Beispiel ermittelt die Produkt-ID der Bestellposition 1:

```
SELECT OrderDetails.value('(/Root/OrderDetail/@ProductID)[1]', 'int')
AS ProductID
FROM Orders
WHERE OrderDetails.exist('/Root/OrderDetail[@OrderDetailID = 1]') = 1
```

Listing 36.12 Zugriff auf XML-Instanzen über die »value()«-Methode

Die »nodes()«-Methode

Die Methode nodes() ist hilfreich, wenn Sie das Ergebnis einer Abfrage in Form einer flachen Ergebnismenge zurückgeliefert bekommen möchten. nodes() agiert hierbei wie ein Rowset-Provider: Sie extrahiert die Daten der Abfrage und gibt sie als relationale Tabelle zurück. Auf die so generierten Daten kann daraufhin im SELECT-Bereich der Abfrage zugegriffen werden. Wollen Sie also beispielsweise die *OrderDetail*-Elemente als einzelne Datenzeilen ermitteln, könnten Sie die Abfrage wie folgt aufbauen:

```
SELECT Orders2.OrderDetails.query('.') AS OrderDetails
FROM Orders
CROSS APPLY OrderDetails.nodes('/Root/OrderDetail[@OrderDetailID]')
AS Orders2(OrderDetails)
```

Listing 36.13 Zugriff auf XML-Instanzen über die »nodes()«-Methode

Hierbei wird auf die Tabelle *Orders* zugegriffen und diese über CROSS APPLY mit den Ergebnissen der nodes()-Methode verbunden. Um die Ergebnismenge eindeutig zu identifizieren, müssen Sie ein Tabellenalias vergeben, das in Klammern das betroffene Feld angibt (AS Orders2(OrderDetails)). Über dieses Alias können Sie daraufhin im SELECT-Bereich auf die Daten zugreifen. Das Ergebnis der Abfrage sieht somit wie folgt aus:

OrderDetails

`<OrderDetail OrderDetailID="1" OrderID="43659" Quantity="1" ProductID="776" UnitPrice="2024.9940" />`
 `<OrderDetail OrderDetailID="2" OrderID="43659" Quantity="3" ProductID="777" UnitPrice="2024.9940" />`
 `<OrderDetail OrderDetailID="3" OrderID="43659" Quantity="1" ProductID="778" UnitPrice="2024.9940" />`
 `...`

Tabelle 36.3 Das Ergebnis der »nodes()«-Abfrage

Die »modify()«-Methode

Die modify()-Methode ist immer dann erforderlich, wenn Sie die Daten von gespeicherten XML-Instanzen manipulieren wollen. Hierbei verwenden Sie eine Sprachsyntax, die sich *XML DML* (*XML Data Modification Language*) nennt und Anweisungen zum Einfügen, Ersetzen und Löschen definiert. Der Vorteil der modify()-Methode ist, dass Sie die zu ändernden XML-Instanzen nicht erst komplett auslesen, ändern und danach wieder speichern müssen, sondern direkt in den Daten arbeiten können. Dies spart besonders bei großen Dokumenten viel Zeit und Ressourcen.

Daten mit dem »insert«-Statement einfügen

Zum Einfügen von Attributen oder Elementinhalten definiert XML DML das insert-Statement, dessen Syntax wie folgt aufgebaut ist:

```
insert
  Expression1 (
    {as first | as last} into | after | before
      Expression2
  )
```

Eine Abfrage könnte beispielsweise folgendermaßen aussehen:

```
DECLARE @OrderDetails xml
SET @OrderDetails =
'<Root>
  <OrderDetail OrderDetailID="1"/>
</Root>'
SET @OrderDetails.modify('
insert <OrderDetail OrderDetailID="2"/>
into (/Root)[1]')
```

Listing 36.14 XML-Instanzen mit der »modify()«-Methode ändern

Hier wird zunächst eine lokale xml-Variable angelegt, mit einem *OrderDetail*-Element gefüllt und über die modify()-Methode um einen Satz erweitert. An welcher Stelle das Element eingefügt werden soll, können Sie hierbei über die Schlüsselwörter first, last, before, after und into bestimmen. Das folgende Beispiel fügt das Element am Anfang der *OrderDetails*-Liste ein:

```
SET @OrderDetails.modify('
insert <OrderDetail OrderDetailID="2"/>
as first
into (/Root)[1]')
```

Listing 36.15 XML-Instanz am Anfang mit dem »first«-Schlüsselwort einfügen

Die `modify()`-Methode kann nur innerhalb einer `SET`-Anweisung eines `UPDATE`-Statements oder einer Variablen definiert werden. Zudem gibt es Beschränkungen, was die Änderung bestimmter Daten betrifft. So können beispielsweise die Attribute `xmlns`, `xmlns:*` und `xml:base` nicht eingefügt, gelöscht oder ersetzt werden. Zudem dürfen in typisierten XML-Instanzen die Attribute `xsi:nil` und `xsi:type` nicht verändert werden. Auch sollten Sie darauf achten, dass die Änderungen dem Schema der XML-Instanz entsprechen, da dies nach der Operation geprüft wird.

Daten mit dem »delete«-Statement löschen

Zum Löschen von Elementen oder Werten definiert XML DML das `delete`-Statement. Im folgenden Beispiel wird das Element gelöscht, dessen *OrderDetailID*-Attribut den Wert 1 enthält:

```
SET @OrderDetails.modify('
delete /Root/OrderDetail[@OrderDetailID = 1]')
```

Listing 36.16 Daten löschen mit der »delete()«-Methode

Wenn Sie hingegen lediglich den Text eines Elements löschen wollen, können Sie die Abfrage wie folgt aufbauen:

```
SET @OrderDetails.modify('
delete /Root/OrderDetail/text()')
```

Listing 36.17 Den Inhalt eines Elements mit »modify()« löschen

Daten mit dem »replace value of«-Statement ändern

Das Ändern von Elementen und Attributen geschieht in XML DML über das `replace value of`-Statement. Hierbei definieren Sie zunächst das zu ändernde Element oder Attribut und weisen ihm über das `with`-Schlüsselwort den neuen Wert zu.

Im folgenden Beispiel wird im ersten Element das *OrderDetailID*-Attribut auf 100 gesetzt:

```
SET @OrderDetails.modify('
replace value of (/Root/OrderDetail/@OrderDetailID)[1]
with 100')
```

Listing 36.18 Die Verwendung von »replace value of«

36.5.4 Indizierung von XML-Feldern

Wenn Sie XQuery in einer Abfrage verwenden, werden standardmäßig alle betroffenen XML-Instanzen der entsprechenden Tabelle geladen und im Speicher zerlegt, um die entsprechenden Filterregeln anzuwenden. Daher bietet es sich an, für XML-Felder

Indizes zu definieren. Genauso wie bei normalen Datentypen werden auch Abfragen auf XML-Felder wesentlich effektiver verarbeitet, wenn ein Index herangezogen wird. Die Query-Engine analysiert hierbei den zwischengespeicherten Indexbaum und erstellt dann einen kostenbasierten Zugriffsweg, der den effektivsten Weg zu den gewünschten Daten ermittelt.

Der primäre Index

Der SQL Server bietet vier verschiedene Indextypen, wobei diese sich in einen primären Index und drei sekundäre Indizes gliedern. Der primäre Index eines XML-Feldes ist stets ein gruppierter Index, der in Form einer internen Tabelle erstellt wird, der sogenannten *Node-Table*. Diese enthält eine Zeile für jedes Element aller enthaltenen XML-Instanzen sowie zusätzliche Informationen wie den Datentyp, einen Zeiger auf den Inhalt oder die Position im Dokument. Nach Anlage des primären Index ist der XQuery-Prozessor in der Lage, auf der Basis dieser Daten die Abfrage zu verarbeiten. Die Größe dieses Index kann bis auf die dreifache Größe der Nutzdaten anwachsen. Dies sollten Sie unbedingt berücksichtigen, wenn Sie die Größe Ihrer Datenbank kalkulieren.

Die Erstellung eines XML-Primary-Index erfolgt über das CREATE XML INDEX-Statement, wie das folgende Beispiel demonstriert:

```
CREATE PRIMARY XML INDEX OrderIdx
ON Orders (OrderDetails);
GO
```

Listing 36.19 Einen primären XML-Index erstellen

Der primäre XML-Index wird nach dem Inhalt des Feldes gruppiert, das als Primärschlüssel der Basistabelle definiert wurde. Dies bedeutet, dass der XML-Primärindex nicht der Primärindex der Tabelle ist, wenngleich er von diesem abhängig ist. Daher ist es auch zwingend erforderlich, dass die Tabelle, in der sich das XML-Feld befindet und für das Sie einen primären XML-Index erstellen wollen, über einen primären Tabellenindex verfügt. Durch diese Abhängigkeit kann der XQuery-Prozessor auch auf den primären XML-Index zurückgreifen, um Abfragen zu verarbeiten, in denen die Ergebnisse über JOIN-Bedingungen verknüpft werden. Der primäre XML-Index kann jedoch nicht als Primärindex der Tabelle definiert werden. Hieraus resultiert die Tatsache, dass Sie keine Tabelle erstellen können, die einzig ein XML-Feld enthält, falls Sie für dieses auch einen primären XML-Index erstellen wollen.

Der primäre Index ist immer dann von Vorteil, wenn Sie die Existenz eines Elements über die exist()-Methode des XML-Datentyps prüfen. Solche Abfragen können allein mit dem primären Index sehr performant ausgeführt werden. Jedoch ist es bei fast allen Abfragevarianten ratsam, zusätzlich einen sekundären Index anzulegen, um die Performance weiter zu erhöhen.

Die sekundären Indizes

Bei den sekundären Indizes werden die Typen PATH, PROPERTY und VALUE unterschieden. Sekundäre Indizes bilden jedoch keinen Zugriffsweg zu den XML-Instanzen, sondern lediglich zu den entsprechenden Sätzen in der Primärindextabelle. Daher muss für die Anlage eines sekundären Index auch stets ein primärer XML-Index vorhanden sein.

Die Erstellung von sekundären Indizes können Sie mit der Erstellung des XML-Primärindex kombinieren, wie das folgende Beispiel zeigt:

```
CREATE XML INDEX OrderPathIdx ON Orders(OrderDetails)
USING XML INDEX OrderIdx FOR PATH
```

Listing 36.20 Einen sekundären Index erstellen

Welchen der drei Indextypen Sie verwenden, hängt von der Art und Weise ab, wie Sie später auf die Daten zugreifen wollen.

»PATH«-Index

Der PATH-Index ist immer dann von Vorteil, wenn Sie in Ihren Abfragen den Pfad zu den gewünschten Elementinstanzen vorgeben. Hierbei können Sie auf die Verweise zu Pfad und Inhalt zurückgreifen, die in einer PATH-Indextabelle gespeichert werden. Die folgende Abfrage würde somit von einem PATH-Index profitieren:

```
SELECT * FROM Orders
WHERE OrderDetails.exist('/Root/OrderDetail[@OrderDetailID = 1]') = 1
```

Listing 36.21 Einen »PATH«-Index erstellen

Bei der Ausführung dieses Beispiels könnte sowohl der primäre als auch der sekundäre PATH-Index verwendet werden. Der Query Optimizer gäbe hier jedoch dem sekundären Index den Vorzug, da sowohl die Pfadsuche als auch die Wertfilterung mit diesem performanter ausgeführt werden.

Auch Abfragen, die die Methoden value() oder query() verwenden, profitieren von einem PATH-Index. Damit dieser jedoch seinen vollen Nutzen entfalten kann, sollten Sie in Abfragen stets den vollen Pfad angeben und keine Wildcards verwenden.

»VALUE«-Index

Wenn Sie es mit Abfragen zu tun haben, in denen Sie mit Wildcards im Pfad, Attribut oder Wert arbeiten, ist der VALUE-Index hilfreich. Die folgende Abfrage demonstriert dies:

```
SELECT OrderDetails.query('/Root/OrderDetail[@* = 1]')
FROM Orders
```

Listing 36.22 Einen »VALUE«-Index erstellen

Hier wird zwar das Element *OrderDetail* angegeben, jedoch nicht das Attribut, nach dessen Wert gesucht wird.

»PROPERTY«-Index

Der PROPERTY-Index ist immer dann hilfreich, wenn Sie in Ihrer Abfrage auf viele gleichartige Elemente einer relativ flachen Hierarchie filtern. Beispielsweise besteht das Beispiel-XML aus einer Reihe von *OrderDetail*-Elementen und würde sich daher für den Einsatz eines PROPERTY-Index eignen. Das folgende Beispiel demonstriert dies:

```
SELECT OrderDetails.value('(/Root/OrderDetail/@OrderDetailID)[1]', 'int')
AS OrderDetailID,
OrderDetails.value('(/Root/OrderDetail/@ProductID)[1]', 'int') AS
ProductID
FROM Orders
WHERE OrderID = 43659
```

Listing 36.23 Einen »PROPERTY«-Index erstellen

36.6 Darstellung von Abfrageergebnissen im XML-Format

Die bisher behandelten SELECT-Anweisungen lieferten als Resultat immer Ergebnisse in einem Tabellenformat, also in Form von Zeilen und Spalten, zurück. Über eine Erweiterung der SELECT-Anweisung ändern Sie dieses Verhalten und weisen SQL Server an, ein Abfrageergebnis stattdessen im XML-Format auszugeben. Sie erreichen dies durch die Angabe der FOR XML-Klausel am Ende einer SELECT-Anweisung, wie die folgende grundlegende Syntax zeigt:

```
SELECT spaltenliste
FROM tabellenname
FOR XML modus;
```

Als Werte für den zu übergebenden modus-Parameter stehen Ihnen in SQL Server die folgenden vier Modi zur Verfügung:

- RAW
- AUTO
- PATH
- EXPLICIT

Allen Modi ist gemein, dass sie eine Ausgabe im XML-Format ermöglichen. Sie unterscheiden sich jedoch hinsichtlich der Möglichkeiten, Einfluss auf die Form des Abfrageergebnisses zu nehmen. Einhergehend damit bestehen beträchtliche Unterschiede bezüglich der Komplexität ihrer Anwendung, wie Sie bei der Besprechung der einzelnen Modi sehen werden. Um ihre Anwendung zu verdeutlichen, werden wir von einer Abfrage ausgehen, die Informationen aus den in Abbildung 36.3 dargestellten Tabellen abruft.

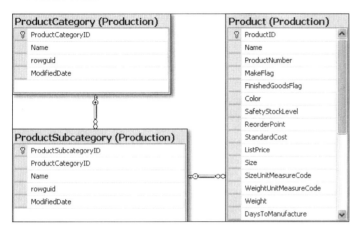

Abbildung 36.3 Die im Beispiel verwendeten Tabellen

Es handelt sich dabei um die bereits bekannte Tabelle *Production.Product* sowie die beiden Tabellen *Production.ProductCategory* und *Production.ProductSubcategory*, die Informationen zu den Kategorien und Unterkategorien der Produkte enthalten. Das folgende Beispiel zeigt den Quelltext dieser Abfrage:

```
SELECT pc.Name AS Category,
ps.Name AS Subcategory,
p.ProductID,
p.Name AS ProductName
FROM Production.ProductCategory AS pc
INNER JOIN Production.ProductSubcategory AS ps
ON pc.ProductCategoryID = ps.ProductCategoryID
INNER JOIN Production.Product AS p
ON ps.ProductSubcategoryID = p.ProductSubcategoryID
WHERE ps.Name IN ('Forks', 'Brakes', 'Fenders');
```

Wie Sie dem Beispiel entnehmen können, werden für alle Spalten mit dem Originalbezeichner *Name* Aliasse vergeben, da – im Gegensatz zu einem regulären Abfrageergebnis – gleichlautende Spaltenbezeichner in der XML-Darstellung zu Fehlern führen würden. Abbildung 36.4 zeigt das Abfrageergebnis in konventioneller Darstellung.

	Category	Subcategory	ProductID	ProductName
1	Components	Forks	802	LL Fork
2	Components	Forks	803	ML Fork
3	Components	Forks	804	HL Fork
4	Accessories	Fenders	878	Fender Set - Mountain
5	Components	Brakes	907	Rear Brakes
6	Components	Brakes	948	Front Brakes

Abbildung 36.4 Das Ergebnis der Beispielabfrage

Beachten Sie, dass es bei den ausgewählten Datensätzen zu einer Kategorie mehrere Unterkategorien und Produkte gibt. Wir werden auf diesen Umstand später noch zurückkommen. Ausgehend von diesem Beispiel, wollen wir im nächsten Abschnitt zunächst die Anwendung des RAW-Modus besprechen.

36.6.1 Der »RAW«-Modus

Der RAW-Modus stellt die am einfachsten anzuwendende Möglichkeit dar, ein Abfrageergebnis in XML-Form zu konvertieren, wie das folgende Beispiel verdeutlicht:

```
SELECT pc.Name AS Category,
ps.Name AS Subcategory,
p.ProductID,
p.Name AS ProductName
FROM Production.ProductCategory AS pc
INNER JOIN Production.ProductSubcategory AS ps
ON pc.ProductCategoryID = ps.ProductCategoryID
INNER JOIN Production.Product AS p
ON ps.ProductSubcategoryID = p.ProductSubcategoryID
WHERE ps.Name IN ('Forks', 'Brakes', 'Fenders')
FOR XML RAW;
```

Wenn Sie das Beispiel ausführen lassen, erhalten Sie im Ergebnisbereich zunächst eine Abbildung 36.5 entsprechende Ausgabe.

	XML_F52E2B61-18A1-11d1-B105-00805F49916B
1	<row Category="Components" Subcategory="Forks" P...

Abbildung 36.5 Vorläufige Ausgabe der XML-Abfrage

Klicken Sie auf das als Link dargestellte Ergebnis, so wird Ihnen das gesamte Abfrageergebnis entsprechend Abbildung 36.6 angezeigt.

```
<row Category="Components" Subcategory="Forks" ProductID="802" ProductName="LL Fork" />
<row Category="Components" Subcategory="Forks" ProductID="803" ProductName="ML Fork" />
<row Category="Components" Subcategory="Forks" ProductID="804" ProductName="HL Fork" />
<row Category="Accessories" Subcategory="Fenders" ProductID="878" ProductName="Fender Set - Mountain"
<row Category="Components" Subcategory="Brakes" ProductID="907" ProductName="Rear Brakes" />
<row Category="Components" Subcategory="Brakes" ProductID="948" ProductName="Front Brakes" />
```

Abbildung 36.6 Das gesamte XML-Abfrageergebnis

36.6 Darstellung von Abfrageergebnissen im XML-Format

Wie Sie bei einem Vergleich mit dem konventionellen Abfrageergebnis (siehe Abbildung 36.4) feststellen können, wird jede Zeile des dort dargestellten Ergebnisses in ein XML-Element konvertiert, das den Bezeichner row erhält. Die Spalten des Abfrageergebnisses werden als Attribute der einzelnen Elemente dargestellt, wobei die Attributsnamen in diesem Fall den in der Abfrage verwendeten Aliassen entsprechen. Falls Sie keine Darstellung der Spaltenwerte als Attribute, sondern als Unterelemente wünschen, erweitern Sie die FOR XML-Klausel um die Option ELEMENTS:

```
SELECT spaltenliste
FROM tabellenname
FOR XML RAW, ELEMENTS;
```

Das folgende Beispiel zeigt die entsprechend geänderte SELECT-Anweisung:

```
SELECT pc.Name AS Category,
ps.Name AS Subcategory,
p.ProductID,
p.Name AS ProductName
FROM Production.ProductCategory AS pc
INNER JOIN Production.ProductSubcategory AS ps
ON pc.ProductCategoryID = ps.ProductCategoryID
INNER JOIN Production.Product AS p
ON ps.ProductSubcategoryID = p.ProductSubcategoryID
WHERE ps.Name IN ('Forks', 'Brakes', 'Fenders')
FOR XML RAW, ELEMENTS;
```

In Abbildung 36.7 sehen Sie den Beginn des zurückgelieferten Abfrageergebnisses mit der Ausgabe der an der Abfrage beteiligten Spalten in Form von Elementen.

```xml
<row>
    <Category>Components</Category>
    <Subcategory>Forks</Subcategory>
    <ProductID>802</ProductID>
    <ProductName>LL Fork</ProductName>
</row>
<row>
    <Category>Components</Category>
    <Subcategory>Forks</Subcategory>
    <ProductID>803</ProductID>
    <ProductName>ML Fork</ProductName>
</row>
<row>
    <Category>Components</Category>
    <Subcategory>Forks</Subcategory>
    <ProductID>804</ProductID>
    <ProductName>HL Fork</ProductName>
</row>
```

Abbildung 36.7 Das Abfrageergebnis mit Unterelementen

Für die Verarbeitung des Abfrageergebnisses ist es u. U. notwendig, den von SQL Server generierten Bezeichner row durch einen selbstgewählten zu ersetzen. Geben Sie dazu den gewünschten Bezeichner entsprechend der folgenden Syntax nach RAW an:

```
SELECT spaltenliste
FROM tabellenname
FOR XML RAW ('bezeichner');
```

Im folgenden Beispiel wird der automatisch generierte Bezeichner durch den Bezeichner CP – für **C**ategory und **P**roduct – ersetzt:

```
SELECT pc.Name AS Category,
ps.Name AS Subcategory,
p.ProductID,
p.Name AS ProductName
FROM Production.ProductCategory AS pc
INNER JOIN Production.ProductSubcategory AS ps
ON pc.ProductCategoryID = ps.ProductCategoryID
INNER JOIN Production.Product AS p
ON ps.ProductSubcategoryID = p.ProductSubcategoryID
WHERE ps.Name IN ('Forks', 'Brakes', 'Fenders')
FOR XML RAW ('CP');
```

Das Ergebnis dieser Abfrage ist in Abbildung 36.8 dargestellt.

```
<CP Category="Components" Subcategory="Forks" ProductID="802" ProductName="LL Fork" />
<CP Category="Components" Subcategory="Forks" ProductID="803" ProductName="ML Fork" />
<CP Category="Components" Subcategory="Forks" ProductID="804" ProductName="HL Fork" />
<CP Category="Accessories" Subcategory="Fenders" ProductID="878" ProductName="Fender Set - Mountain" />
<CP Category="Components" Subcategory="Brakes" ProductID="907" ProductName="Rear Brakes" />
<CP Category="Components" Subcategory="Brakes" ProductID="948" ProductName="Front Brakes" />
```

Abbildung 36.8 Die Abfrage mit geändertem Elementnamen

Auch in diesem Beispiel wurde die Ausgabe der Spaltenwerte in Form von Attributen gewählt. Selbstverständlich können Sie auch hier durch Angabe von ELEMENTS die Ausgabe der Spaltenwerte in Form von Unterelementen erreichen.

36.6.2 Allgemeine Optionen der »FOR XML«-Klausel

Neben Optionen, die nur in *einzelnen* Modi der XML-Klausel Anwendung finden können (wie z. B. die im letzten Abschnitt behandelte ELEMENTS-Option), gibt es drei Optionen, die Sie im Zusammenhang mit *jedem* Modus einsetzen können. Diese werden auch als *Direktiven* bezeichnet. Diese drei Direktiven sind:

- ROOT
- TYPE
- BINARY BASE64

Die oben angegebenen Direktiven geben Sie nach dem Modus und eventuell vorhandenen Optionen an. Ohne Angabe weiterer Optionen hat die allgemeine Syntax zur Verwendung dieser Direktiven folgende Form:

```
SELECT spaltenliste
FROM tabellenname
FOR XML modus, direktive;
```

Die Verwendung der Direktiven und ihre Auswirkung auf das Abfrageergebnis verdeutlichen wir im Folgenden.

Die »ROOT«-Direktive

Betrachten Sie die bisherigen mit der FOR XML-Klausel generierten Abfrageergebnisse, werden Sie feststellen, dass es sich dabei nicht um sogenannte *wohlgeformte* XML-Dokumente handelt. Wohlgeformte XML-Dokumente müssen über ein Tag verfügen, das das gesamte restliche Dokument einschließt. Dieses Tag wird als ROOT-Tag (engl.: *root*; Stamm, Wurzel) bezeichnet. Um einer XML-Abfrage ein solches ROOT-Tag hinzuzufügen, verwenden Sie die folgende Syntax:

```
SELECT spaltenliste
FROM tabellenname
FOR XML modus, ROOT ('bezeichner');
```

Die Angabe eines Bezeichners ist hierbei optional. Wenn Sie lediglich ROOT angeben, verwendet SQL Server standardmäßig den Bezeichner root. Das folgende Beispiel zeigt die Abfrage mit hinzugefügtem ROOT-Tag CategoryProduct:

```
SELECT pc.Name AS Category,
ps.Name AS Subcategory,
p.ProductID,
p.Name AS ProductName
FROM Production.ProductCategory AS pc
INNER JOIN Production.ProductSubcategory AS ps
ON pc.ProductCategoryID = ps.ProductCategoryID
INNER JOIN Production.Product AS p
ON ps.ProductSubcategoryID = p.ProductSubcategoryID
WHERE ps.Name IN ('Forks', 'Brakes', 'Fenders')
FOR XML RAW, ROOT ('CategoryProduct');
```

In Abbildung 36.9 sehen Sie das Abfrageergebnis mit hinzugefügtem ROOT-Tag.

```
<CategoryProduct>
  <row Category="Components" Subcategory="Forks" ProductID="802" ProductName="LL Fork" />
  <row Category="Components" Subcategory="Forks" ProductID="803" ProductName="ML Fork" />
  <row Category="Components" Subcategory="Forks" ProductID="804" ProductName="HL Fork" />
  <row Category="Accessories" Subcategory="Fenders" ProductID="878" ProductName="Fender Set - Mountain" />
  <row Category="Components" Subcategory="Brakes" ProductID="907" ProductName="Rear Brakes" />
  <row Category="Components" Subcategory="Brakes" ProductID="948" ProductName="Front Brakes" />
</CategoryProduct>
```

Abbildung 36.9 Das Abfrageergebnis mit »ROOT«-Tag

Vielleicht ist Ihnen bereits aufgefallen, dass in den bisherigen Abbildungen der XML-Abfrageergebnisse jeweils das zweite Element von SQL Server mit einer Zickzacklinie versehen wurde (z. B. in Abbildung 36.8), die in Abbildung 36.9 nicht mehr vorhanden ist. Den Hintergrund dieses Verhaltens können Sie Abbildung 36.10 entnehmen, in der die Meldung dargestellt ist, die erscheint, wenn Sie den Mauszeiger auf eine solche Linie bewegen.

```
<CP Category="Components" Subcategory="Forks" ProductID="803"
 XML-Dokument kann nicht über mehrere Stammebenenelemente verfügen. ID="804"
```

Abbildung 36.10 Warnung vor unzulässigem XML-Format

Wie Sie erkennen, interpretiert SQL Server jeden Elementbezeichner als Stammelement und warnt vor dessen mehrfacher Verwendung. Durch die Verwendung von ROOT haben wir dem Dokument *ein* Stammelement hinzugefügt. Das Dokument ist also wohlgeformt, und die Linie wird nicht mehr angezeigt.

Die »TYPE«-Direktive

Die Ergebnisse von XML-Abfragen werden von SQL Server standardmäßig in Textform, also als Zeichenkette, zurückgeliefert. Durch Angabe der TYPE-Direktive erzwingen Sie eine Konvertierung des Ergebnisses in den neuen XML-Datentyp. Verwenden Sie dazu die folgende Syntax:

```
SELECT spaltenliste
FROM tabellenname
FOR XML modus, TYPE;
```

Beim Verwenden von TYPE werden Sie keinen Unterschied in der Ausgabe feststellen. Diese erfolgt in gewohnter Form, da sich lediglich der Rückgabedatentyp geändert hat. Diese einfache Möglichkeit der Konvertierung ist sehr nützlich, wenn Sie das Abfrageergebnis direkt in Form des XML-Datentyps weiterverarbeiten wollen.

Die »BINARY BASE64«-Direktive

Mit der BINARY BASE64-Direktive können Sie das Format der Rückgabe von Binärdaten beeinflussen. Verwenden Sie hierzu die folgende Syntax:

```
SELECT spaltenliste
FROM tabellenname
FOR XML modus, BINARY BASE64;
```

Hierdurch erfolgt die Ausgabe von Binärdaten im Base64-Format. Ein Beispiel hierzu finden Sie in der Onlinedokumentation auf der Seite *Verwendung des RAW-Modus*.

36.6.3 Der »AUTO«-Modus

Im Gegensatz zum RAW-Modus, in dem jede Zeile des Abfrageergebnisses in ein einzelnes XML-Element umgewandelt wird, versucht SQL Server beim Verwenden des AUTO-Modus – wie es der Name bereits vermuten lässt – eine automatische Analyse der Struktur des Abfrageergebnisses und eine entsprechende Umsetzung in XML. Dies ist besonders dann hilfreich, wenn eine geschachtelte Ausgabe erfolgen soll. Damit SQL Server eine entsprechende Struktur erkennen kann, ist u. a. die Reihenfolge der Spalten im Abfrageergebnis von besonderer Wichtigkeit. Um die korrekte Anwendung des AUTO-Modus zu verdeutlichen, gehen wir zunächst wiederum von der Beispielabfrage, diesmal mit Angabe des Modus AUTO, aus:

```
SELECT pc.Name AS Category,
ps.Name AS Subcategory,
p.ProductID,
p.Name AS ProductName
FROM Production.ProductCategory AS pc
INNER JOIN Production.ProductSubcategory AS ps
ON pc.ProductCategoryID = ps.ProductCategoryID
INNER JOIN Production.Product AS p
ON ps.ProductSubcategoryID = p.ProductSubcategoryID
WHERE ps.Name IN ('Forks', 'Brakes', 'Fenders')
FOR XML AUTO;
```

Diese Abfrage erzeugt das in Abbildung 36.11 dargestellte Ergebnis.

Wie Sie bei einem Vergleich mit dem konventionellen Abfrageergebnis (siehe Abbildung 36.4) feststellen, hat SQL Server dieses zeilenweise analysiert und dabei die einzelnen Spalten von links nach rechts ausgewertet. Identische Spaltenwerte bei aufeinanderfolgenden Datensätzen bewirken dabei eine Schachtelung; bei unterschiedlichen Werten wird ein neues Element erstellt, sodass sich die abgebildete Struktur ergibt. Dabei bildet SQL Server die Tags aus den Tabellennamen bzw. Aliassen. Da die Auswertung der Spalten von links nach rechts erfolgt, ist die richtige Reihenfolge der an der Abfrage beteiligten Spalten zur Analyse zwingend notwendig.

```
<pc Category="Components">
  <ps Subcategory="Forks">
    <p ProductID="802" ProductName="LL Fork" />
    <p ProductID="803" ProductName="ML Fork" />
    <p ProductID="804" ProductName="HL Fork" />
  </ps>
</pc>
<pc Category="Accessories">
  <ps Subcategory="Fenders">
    <p ProductID="878" ProductName="Fender Set - Mountain" />
  </ps>
</pc>
<pc Category="Components">
  <ps Subcategory="Brakes">
    <p ProductID="907" ProductName="Rear Brakes" />
    <p ProductID="948" ProductName="Front Brakes" />
  </ps>
</pc>
```

Abbildung 36.11 Strukturierte Ausgabe durch Verwendung des »AUTO«-Modus

Da die Analyse sowohl spalten- als auch zeilenweise erfolgt, ist neben der richtigen Reihenfolge der Spalten auch die richtige Reihenfolge der Datensätze von Bedeutung, um eine optimale Strukturierung innerhalb der XML-Ausgabe zu erreichen. Betrachten Sie dazu bitte noch einmal Abbildung 36.11. Da der Datensatz der Kategorie Accessoires in der ersten Spalte einen anderen Wert aufweist als die vorhergehenden Datensätze mit dem Spaltenwert Components, erstellt SQL Server ein neues Element in der Struktur. Der folgende Datensatz weist einen anderen Spaltenwert auf, was zur Erstellung der dritten Gruppe führt, deren Datensätze ebenfalls der Kategorie Components angehören, also eigentlich mit den Datensätzen der ersten Gruppe zusammen ausgegeben werden sollten. Um dieses Ziel zu erreichen, müssen die Datensätze entsprechend sortiert werden. Da sowohl die erste als auch die zweite Spalte für die Gruppierung wesentlich sind, wird die Abfrage nach diesen beiden sortiert. Das folgende Beispiel zeigt dies:

```
SELECT pc.Name AS Category,
ps.Name AS Subcategory,
p.ProductID,
p.Name AS ProductName
FROM Production.ProductCategory AS pc
INNER JOIN Production.ProductSubcategory AS ps
ON pc.ProductCategoryID = ps.ProductCategoryID
INNER JOIN Production.Product AS p
ON ps.ProductSubcategoryID = p.ProductSubcategoryID
WHERE ps.Name IN ('Forks', 'Brakes', 'Fenders')
ORDER BY pc.Name, ps.Name
FOR XML AUTO;
```

Das nun ausgegebene und richtig strukturierte XML-Dokument sehen Sie in Abbildung 36.12.

```
<pc Category="Accessories">
    <ps Subcategory="Fenders">
        <p ProductID="878" ProductName="Fender Set - Mountain" />
    </ps>
</pc>
<pc Category="Components">
    <ps Subcategory="Brakes">
        <p ProductID="907" ProductName="Rear Brakes" />
        <p ProductID="948" ProductName="Front Brakes" />
    </ps>
    <ps Subcategory="Forks">
        <p ProductID="802" ProductName="LL Fork" />
        <p ProductID="803" ProductName="ML Fork" />
        <p ProductID="804" ProductName="HL Fork" />
    </ps>
</pc>
```

Abbildung 36.12 Die durch die Sortierung richtig strukturierte Ausgabe

Auch der AUTO-Modus unterstützt die Option ELEMENTS zur elementzentrierten Darstellung des Ergebnisses.

36.6.4 Der »PATH«-Modus

Der Modus PATH erlaubt eine weitaus größere Einflussnahme auf die Struktur des Abfrageergebnisses als die beiden bisher besprochenen Modi RAW und AUTO. Er stellt ebenfalls eine Alternative zu dem im nächsten Abschnitt besprochenen Modus EXPLICIT dar, da er sehr viel einfacher als dieser zu handhaben ist.

Betrachten wir zunächst die Beispielabfrage unter Verwendung der Option PATH:

```sql
SELECT pc.Name AS Category,
ps.Name AS Subcategory,
p.ProductID,
p.Name AS ProductName
FROM Production.ProductCategory AS pc
INNER JOIN Production.ProductSubcategory AS ps
ON pc.ProductCategoryID = ps.ProductCategoryID
INNER JOIN Production.Product AS p
ON ps.ProductSubcategoryID = p.ProductSubcategoryID
WHERE ps.Name IN ('Forks', 'Brakes', 'Fenders')
FOR XML PATH;
```

Dieses Beispiel erzeugt eine Ausgabe wie in Abbildung 36.7, entspricht also dem RAW-Modus unter Verwendung der Option ELEMENTS. Für jeden Datensatz wird also ein row-Tag erzeugt, und die Spaltenwerte sind als Elemente dieser Tags dargestellt. Der Name des Modus PATH (engl.: Pfad) deutet bereits an, dass Sie in diesem Modus durch die Definition von Pfaden das Format der Ausgabe beeinflussen können. Die entsprechenden Formatvorgaben übergeben Sie der Abfrage dabei in Form von Spaltenaliassen, in denen Sie verschiedene Sonderzeichen verwenden können. Im nachfolgenden Beispiel werden wir die folgenden beiden Sonderzeichen verwenden:

- **das At-Zeichen (@)**
  Das At-Zeichen als erstes Zeichen eines Alias bewirkt die Darstellung der entsprechenden Spalte als Attribut.

- **der Schrägstrich (/)**
  Ein Schrägstrich im Alias bewirkt das Anlegen eines Unterelements in der XML-Ausgabe.

Das nächste Beispiel verdeutlicht die Anwendung dieser beiden Sonderzeichen. Das Abfrageergebnis soll die Informationen zu den Kategorien eines Produkts als Attribute darstellen, die eigentlichen Produktinformationen sollen in ein Unterelement namens Product eingebettet werden.

```sql
SELECT pc.Name AS "@Category",
ps.Name AS "@Subcategory",
p.ProductID AS "Product/ProductID",
```

```
p.Name AS "Product/ProductName"
FROM Production.ProductCategory AS pc
INNER JOIN Production.ProductSubcategory AS ps
ON pc.ProductCategoryID = ps.ProductCategoryID
INNER JOIN Production.Product AS p
ON ps.ProductSubcategoryID = p.ProductSubcategoryID
WHERE ps.Name IN ('Forks', 'Brakes', 'Fenders')
FOR XML PATH;
```

Beachten Sie bei diesem Beispiel, dass Sie die entsprechenden Bezeichner in Anführungszeichen einschließen müssen. Abbildung 36.13 gibt das Ergebnis der Abfrage wieder.

```
<row Category="Components" Subcategory="Forks">
  <Product>
    <ProductID>802</ProductID>
    <ProductName>LL Fork</ProductName>
  </Product>
</row>
<row Category="Components" Subcategory="Forks">
  <Product>
    <ProductID>803</ProductID>
    <ProductName>ML Fork</ProductName>
  </Product>
</row>
<row Category="Components" Subcategory="Forks">
  <Product>
    <ProductID>804</ProductID>
    <ProductName>HL Fork</ProductName>
  </Product>
</row>
```

Abbildung 36.13 Das Ergebnis der »PATH«-Abfrage

Wie Sie erkennen, zeigt das Ergebnis tatsächlich die gewünschte Formatierung: Die Kategorie und die Unterkategorie werden als Attribute dargestellt, die Produkt-ID und der Produkt-Name sind als Elemente im Tag Product eingeschlossen.

Auch im PATH-Modus können Sie (wie bereits im Abschnitt über den RAW-Modus erwähnt) das von SQL Server standardmäßig generierte Tag row durch eine selbst gewählte Bezeichnung ersetzen.

36.6.5 Der »EXPLICIT«-Modus

Der EXPLICIT-Modus bietet Ihnen das höchste Maß an Einflussnahme auf die Struktur der generierten XML-Ausgabe. Dieses hohe Maß an Flexibilität wird durch eine vollkommen andere Art der Anwendung erreicht, die den EXPLICIT-Modus von allen bisher besprochenen Modi unterscheidet. Unter Umständen führt dies zu einem sehr stark erhöhten Aufwand bei der Abfrageerstellung, wie Sie an dem später in diesem Abschnitt behandelten Beispiel sehen werden. Falls Sie mehr Einfluss auf das Format des XML-Ergebnisses ausüben müssen, als es unter Verwendung von RAW oder AUTO möglich ist, sollten Sie prüfen, ob der PATH-Modus nicht bereits ausreichende Möglichkeiten zum Erreichen der Anforderungen bietet.

Um den EXPLICIT-Modus zu verwenden, müssen Sie die Abfrage so gestalten, dass sie eine sogenannte *Universaltabelle* generiert, anhand deren SQL Server das Abfrageergebnis in XML konvertiert. Abbildung 36.14 zeigt die in dem folgenden Beispiel verwendete Universaltabelle.

	Tag	Parent	Cat!1!Category	Sub!2!Subcategory	Pro!3!ProductID	Pro!3!ProductName
1	1	NULL	Accessories	NULL	NULL	NULL
2	2	1	Accessories	Fenders	NULL	NULL
3	3	2	Accessories	Fenders	878	Fender Set - Mou...
4	1	NULL	Components	NULL	NULL	NULL
5	2	1	Components	Brakes	NULL	NULL
6	3	2	Components	Brakes	907	Rear Brakes
7	3	2	Components	Brakes	948	Front Brakes
8	2	1	Components	Forks	NULL	NULL
9	3	2	Components	Forks	802	LL Fork
10	3	2	Components	Forks	803	ML Fork
11	3	2	Components	Forks	804	HL Fork

Abbildung 36.14 Die Universaltabelle der Beispielabfrage

Betrachten Sie zunächst die ersten beiden Spalten dieser Tabelle, *Tag* und *Parent*. Diese Spalten stellen SQL Server die benötigten Informationen über die Hierarchie des zu erstellenden XML-Dokuments zur Verfügung. Die Spalte *Tag* steht dabei für die Tag-Nummer des zu erstellenden Elements, die Spalte *Parent* für die Tag-Nummer des übergeordneten Elements eines Eintrags innerhalb der Hierarchie. Beachten Sie, dass die Namen und die Position dieser beiden Spalten fest vorgegeben sind und nicht frei gewählt werden können.

Die übrigen Spalten der Universaltabelle tragen einen mindestens dreiteiligen Bezeichner, der folgendermaßen strukturiert ist:

Elementname!Tag-Nummer!Attributname

Das XML-Abfrageergebnis verfügt also über Elemente mit den Bezeichnungen *Cat*, *Sub* und *Pro* für die Kategorien, Unterkategorien und Produkte. Die Tag-Nummer ermöglicht SQL Server die Zuweisung der einzelnen Spalten zu den verschiedenen Ebenen der Hierarchie. Über den dritten Teil des Bezeichners legen Sie den Attributnamen fest. Es mag zunächst verwundern, dass – wie Sie an den beiden letzten Spalten der Tabelle feststellen können – über die beiden Spaltenbezeichner eine mehrfache Zuweisung des Elementnamens an die entsprechende Tag-Nummer erfolgt. Diese mehrfache Zuweisung wäre eigentlich nicht notwendig, ist aber durch die zu verwendende Struktur des Bezeichners in SQL Server vorgegeben.

Bei der Analyse einer solchen Universaltabelle im EXPLICIT-Modus verfährt SQL Server ähnlich der im Abschnitt über den AUTO-Modus beschriebenen Vorgehensweise. Sie müssen also sicherstellen, dass die Universaltabelle in einer Form vorliegt, die es SQL Server ermöglicht, ihre Struktur und ihren Inhalt korrekt in XML abzubilden. Die

Verwendung einer Universaltabelle unterscheidet den EXPLICIT-Modus von allen anderen XML-Modi, in denen das Ergebnis einer Abfrage – mehr oder weniger beeinflusst – durch den jeweiligen Modus in XML konvertiert wurde. Hier besteht der wesentliche Unterschied in der Anwendung zum EXPLICIT-Modus, in dem Sie die Struktur des zu erstellenden XML-Dokuments durch die Form der Abfrage vordefinieren. Das Ergebnis dieser Abfrage bildet dann die Universaltabelle, die anschließend in XML umgesetzt wird.

Im Folgenden besprechen wir die Schritte, die zur Erstellung der in diesem Beispiel verwendeten Universaltabelle (siehe Abbildung 36.14) notwendig sind. Die einzelnen Schritte hängen sehr stark von dem jeweils gewünschten Ergebnis ab, daher kann dieses Beispiel nicht als allgemeingültig angesehen werden. Die im Beispiel verwendete Universaltabelle verfügt über insgesamt drei Tag-Nummern. Im EXPLICIT-Modus müssen Sie daher drei Abfragen schreiben, um die entsprechenden Informationen in der Universaltabelle bereitzustellen. Die erste Abfrage soll die unterschiedlichen Kategorien ermitteln. Sie hat folgende Form:

```
SELECT DISTINCT
1 AS Tag,
NULL AS Parent,
pc.Name AS [Cat!1!Category],
NULL AS [Sub!2!Subcategory],
NULL AS [Pro!3!ProductID],
NULL AS [Pro!3!ProductName]
FROM Production.ProductCategory AS pc
INNER JOIN Production.ProductSubcategory AS ps
ON pc.ProductCategoryID = ps.ProductCategoryID
INNER JOIN Production.Product AS p
ON ps.ProductSubcategoryID = p.ProductSubcategoryID
WHERE ps.Name IN ('Forks', 'Brakes', 'Fenders')
```

Beachten Sie, dass die Spaltenaliasse in eckigen Klammern angegeben werden müssen. Die Abfrage liefert das in Abbildung 36.15 dargestellte Ergebnis.

	Tag	Parent	Cat!1!Category	Sub!2!Subcategory	Pro!3!ProductID	Pro!3!ProductName
1	1	NULL	Accessories	NULL	NULL	NULL
2	1	NULL	Components	NULL	NULL	NULL

Abbildung 36.15 Abfrage auf das erste Tag

Wie Sie an der Abfragedefinition und am Ergebnis erkennen, wird für die beiden Kategorien die Tag-Nummer 1 fest zugewiesen. Als Parent-Eintrag wird NULL gewählt, da diese beiden Einträge die höchste Ebene in der zu erstellenden Hierarchie darstellen und daher keinen übergeordneten Knoten besitzen. Für alle untergeordneten Knoten wird ebenfalls der feste Wert NULL vorgegeben.

Die nun folgende Abfrage dient zur Ausgabe der unterschiedlichen Einträge des Knotens der Unterkategorien. Sie hat die folgende Form:

```
SELECT DISTINCT
2 AS Tag,
1 AS Parent,
pc.Name,
ps.Name,
NULL,
NULL
FROM Production.ProductCategory AS pc
INNER JOIN Production.ProductSubcategory AS ps
ON pc.ProductCategoryID = ps.ProductCategoryID
INNER JOIN Production.Product AS p
ON ps.ProductSubcategoryID = p.ProductSubcategoryID
WHERE ps.Name IN ('Forks', 'Brakes', 'Fenders')
```

Die Abfrage weist den Kategorien die Tag-Nummer 2 zu. Als übergeordneter Knoten in *Parent* wird die Tag-Nummer der Kategorien – also 1 – angegeben. Beachten Sie, dass diese Abfrage ebenfalls die Informationen des Kategorienamens, also des übergeordneten Knotens, enthalten muss. Den beiden letzten Spalten wird wiederum ein NULL-Wert zugewiesen. Abbildung 36.16 zeigt das Ergebnis dieser Abfrage mit den drei unterschiedlichen Unterkategorien.

	Tag	Parent	Name	Name	(Kein Spaltenname)	(Kein Spaltenname)
1	2	1	Accessories	Fenders	NULL	NULL
2	2	1	Components	Brakes	NULL	NULL
3	2	1	Components	Forks	NULL	NULL

Abbildung 36.16 Abfrage auf das zweite Tag

Die dritte Abfrage dient dazu, die eigentlichen Produktinformationen auszuwählen. In diesem Fall wird die Tag-Nummer 3 vergeben, der übergeordnete Knoten ist der Knoten mit der Tag-Nummer 2. Auch hier müssen alle Informationen zu den übergeordneten Knoten in der Ausgabe enthalten sein, weshalb wir die folgende Abfrage verwenden:

```
SELECT
3 AS Tag,
2 AS Parent,
pc.Name,
ps.Name,
p.ProductID,
p.Name
FROM Production.ProductCategory AS pc
INNER JOIN Production.ProductSubcategory AS ps
```

```
ON pc.ProductCategoryID = ps.ProductCategoryID
INNER JOIN Production.Product AS p
ON ps.ProductSubcategoryID = p.ProductSubcategoryID
WHERE ps.Name IN ('Forks', 'Brakes', 'Fenders')
```

In Abbildung 36.17 sehen Sie das Ergebnis dieser Abfrage.

	Tag	Parent	Name	Name	ProductID	Name
1	3	2	Components	Forks	802	LL Fork
2	3	2	Components	Forks	803	ML Fork
3	3	2	Components	Forks	804	HL Fork
4	3	2	Accessories	Fenders	878	Fender Set - Mountain
5	3	2	Components	Brakes	907	Rear Brakes
6	3	2	Components	Brakes	948	Front Brakes

Abbildung 36.17 Abfrage auf das dritte Tag

Um nun mit diesen Informationen die Universaltabelle zu erstellen, müssen die drei Abfragen über UNION ALL miteinander verknüpft werden. Außerdem muss das Abfrageergebnis, damit es von SQL Server korrekt in XML abgebildet werden kann, nach den Kategorien und den Unterkategorien (also nach der dritten und vierten Spalte) sortiert werden. Das Beispiel des EXPLICIT-Modus könnte also in der folgenden Form angegeben werden:

```
SELECT DISTINCT
1 AS Tag,
NULL AS Parent,
pc.Name AS [Cat!1!Category],
NULL AS [Sub!2!Subcategory],
NULL AS [Pro!3!ProductID],
NULL AS [Pro!3!ProductName]
FROM Production.ProductCategory AS pc
INNER JOIN Production.ProductSubcategory AS ps
ON pc.ProductCategoryID = ps.ProductCategoryID
INNER JOIN Production.Product AS p
ON ps.ProductSubcategoryID = p.ProductSubcategoryID
WHERE ps.Name IN ('Forks', 'Brakes', 'Fenders')

UNION ALL

SELECT DISTINCT
2 AS Tag,
1 AS Parent,
pc.Name,
ps.Name,
NULL,
```

```
NULL
FROM Production.ProductCategory AS pc
INNER JOIN Production.ProductSubcategory AS ps
ON pc.ProductCategoryID = ps.ProductCategoryID
INNER JOIN Production.Product AS p
ON ps.ProductSubcategoryID = p.ProductSubcategoryID
WHERE ps.Name IN ('Forks', 'Brakes', 'Fenders')

UNION ALL

SELECT
3 AS Tag,
2 AS Parent,
pc.Name,
ps.Name,
p.ProductID,
p.Name
FROM Production.ProductCategory AS pc
INNER JOIN Production.ProductSubcategory AS ps
ON pc.ProductCategoryID = ps.ProductCategoryID
INNER JOIN Production.Product AS p
ON ps.ProductSubcategoryID = p.ProductSubcategoryID
WHERE ps.Name IN ('Forks', 'Brakes', 'Fenders')

ORDER BY 3,4
FOR XML EXPLICIT;
```

Abbildung 36.18 zeigt die XML-Ausgabe dieses Beispiels.

Die in Abbildung 36.14 dargestellte Universaltabelle, die SQL Server zur Generierung des XML-Ergebnisses verwendet, lassen Sie sich ausgeben, indem Sie das Beispiel ohne die FOR XML-Klausel ausführen.

```
<Cat Category="Accessories">
  <Sub Subcategory="Fenders">
    <Pro ProductID="878" ProductName="Fender Set - Mountain" />
  </Sub>
</Cat>
<Cat Category="Components">
  <Sub Subcategory="Brakes">
    <Pro ProductID="907" ProductName="Rear Brakes" />
    <Pro ProductID="948" ProductName="Front Brakes" />
  </Sub>
  <Sub Subcategory="Forks">
    <Pro ProductID="802" ProductName="LL Fork" />
    <Pro ProductID="803" ProductName="ML Fork" />
    <Pro ProductID="804" ProductName="HL Fork" />
  </Sub>
</Cat>
```

Abbildung 36.18 Die resultierende XML-Ausgabe des verwendeten Beispiels

Wie oben bereits erwähnt, bestehen die im EXPLICIT-Modus verwendeten Spaltenaliasse aus mindestens drei Komponenten. Abbildung 36.18 zeigt, dass die einzelnen Spaltenwerte in diesem Fall als Attribute ausgegeben werden. Sie können einem Spaltenalias jedoch eine weitere, vierte Komponente – als *Direktive* bezeichnet – hinzufügen und das Alias in der folgenden Form angeben:

Elementname!Tag-Nummer!Attributname!Direktive

Als Direktiven stehen Ihnen mehrere Optionen zur Verfügung. Als Beispiel behandeln wir hier die Direktive *element*, durch die Sie die Ausgabe als Element statt als Attribut erzwingen. Abbildung 36.19 zeigt das Ergebnis der verwendeten Beispielabfrage unter Angabe der Direktive für das Spaltenalias der Unterkategorien. Wie Sie der Abbildung entnehmen können, werden die Spalteneinträge nicht länger als Attribute, sondern jetzt als Elemente dargestellt.

```
<Cat Category="Accessories">
  <Sub>
    <Subcategory>Fenders</Subcategory>
    <Pro ProductID="878" ProductName="Fender Set - Mountain" />
  </Sub>
</Cat>
<Cat Category="Components">
  <Sub>
    <Subcategory>Brakes</Subcategory>
    <Pro ProductID="907" ProductName="Rear Brakes" />
    <Pro ProductID="948" ProductName="Front Brakes" />
  </Sub>
  <Sub>
    <Subcategory>Forks</Subcategory>
    <Pro ProductID="802" ProductName="LL Fork" />
    <Pro ProductID="803" ProductName="ML Fork" />
    <Pro ProductID="804" ProductName="HL Fork" />
  </Sub>
</Cat>
```

Abbildung 36.19 Das Ergebnis unter Verwendung der Direktive »element«

Mit dieser Direktive steuern Sie das Format des auszugebenden XML-Dokuments bei der Verwendung des EXPLICIT-Modus sehr detailliert.

36.7 XML-Schema ermitteln

Eine weitere nützliche Option ist XMLSCHEMA. Hierbei wird ein sogenanntes *XSD-Schema (W3C XML Schema)* erstellt und in das Ergebnisdokument eingebettet. Dieses Schema kann beispielsweise bei der Weiterverarbeitung der Daten auf Clientseite verwendet werden. Auch ist dies sinnvoll, wenn im XML eigene Typen verwendet werden, die über ein Schema beschrieben werden müssen.

Um ein Schema in die XML-Ausgabe einzubetten, hängen Sie die Direktive XMLSCHEMA an die FOR XML-Klausel an:

```
SELECT ProductID, Name, ListPrice
FROM Production.Product Product
FOR XML AUTO, XMLSCHEMA
```

Listing 36.24 Ein XSD-Schema in die Ausgabe einbetten

Das Ergebnis sähe hierbei wie folgt aus:

```
<xsd:schema targetNamespace="urn:schemas-microsoft-
com:sql:SqlRowSet1" xmlns:schema="urn:schemas-microsoft-
com:sql:SqlRowSet1" xmlns:xsd="http://www.w3.org/2001/
XMLSchema" xmlns:sqltypes="http://schemas.microsoft.com/sqlserver/2004/
sqltypes" elementFormDefault="qualified">
  <xsd:import namespace="http://schemas.microsoft.com/sqlserver/2004/
sqltypes" schemaLocation="http://schemas.microsoft.com/sqlserver/
2004/sqltypes/sqltypes.xsd" />
  <xsd:element name="Product">
    <xsd:complexType>
      <xsd:attribute name="ProductID" type="sqltypes:int"
      use="required" />
      <xsd:attribute name="Name" use="required">

        <xsd:simpleType sqltypes:sqlTypeAlias="[AdventureWorks].
        [dbo].[Name]">
          <xsd:restriction base="sqltypes:nvarchar"
          sqltypes:localeId="1033" sqltypes:sqlCompareOptions=
          "IgnoreCase IgnoreKanaType IgnoreWidth"
          sqltypes:sqlSortId="52">
            <xsd:maxLength value="50" />
          </xsd:restriction>
        </xsd:simpleType>
      </xsd:attribute>
      <xsd:attribute name="ListPrice" type="sqltypes:money"
      use="required" />
    </xsd:complexType>
  </xsd:element>
</xsd:schema>
<Product xmlns="urn:schemas-microsoft-com:sql:SqlRowSet1"
  ProductID="1" Name="Adjustable Race" ListPrice="0.0000" />
...
```

Listing 36.25 Das Ergebnis der »XMLSCHEMA«-Abfrage

Wie Sie sehen, wurde im oberen Teil der XML-Ergebnismenge eine Schemadeklaration eingefügt, auf die in den folgenden Nutzdaten verwiesen wird.

Darüber hinaus haben Sie die Möglichkeit, den Namen des Schemas selbst zu vergeben. Hängen Sie ihn einfach in Klammern hinter die XMLSCHEMA-Option:

```
FOR XML AUTO, XMLSCHEMA('MySchema')
```

Die XMLSCHEMA-Option können Sie im RAW- sowie im AUTO-Modus einsetzen.

Aus Kompatibilitätsgründen wird auch weiterhin die XMLDATA-Option von SQL Server 2000 unterstützt. Diese bettet ebenfalls ein Schema ein, hierbei handelt es sich jedoch um ein XDR-Schema (*XML-Data Reduced*). Dies ist ein älteres Schemamodell, das Microsoft implementierte, als XSD-Schemas noch nicht standardisiert waren.

Die XMLDATA-Option können Sie ebenfalls in den Modi RAW, AUTO und EXPLICIT verwenden.

36.8 XML-Daten in einem relationalen Modell speichern

Wie Sie relationale Daten nach XML transformieren, haben Sie im letzten Abschnitt gelernt. Jetzt werden wir den umgekehrten Weg beschreiben, also die Transformation von XML in ein relationales Tabellenmodell. Hierzu bietet SQL Server den OPENXML-Rowset-Provider. Dieser transformiert XML-Fragmente in einzelne Zeilen und verhält sich gegenüber der Query-Engine wie eine relationale Datenquelle. So können Sie über eine SELECT-Abfrage auf ein XML-Dokument zugreifen, als wären die Inhalte in einer Tabelle gespeichert. Wenn Sie dies mit einem INSERT-Statement verbinden, können Sie die Daten sehr leicht in ein relationales Modell überführen.

Die Syntax von OPENXML sieht auf den ersten Blick vielleicht etwas kompliziert aus. Wie Sie jedoch im Folgenden sehen werden, gestaltet sich die Handhabung denkbar einfach.

```
OPENXML
(
  idoc int [in],
  rowpattern nvarchar[in],
  [flags byte[in]]
)
[WITH (SchemaDeclaration | TableName)]
```

Im idoc-Parameter müssen Sie einen Zeiger übergeben, der auf eine Speicheradresse verweist, unter der auf das XML-Dokument zugegriffen werden kann. Dies ist notwendig, da OPENXML auf Basis von *XML DOM* (*XML Document Object Model*) arbeitet. Das bedeutet, dass die XML-Daten bereits eingelesen, validiert und in eine Baumstruktur gebracht worden sein müssen. Dies können Sie mithilfe der Prozedur sp_xml_preparedocument bewerkstelligen. Sie bekommt das XML übergeben und liefert über einen Ausgabeparameter den entsprechenden Zeiger zurück.

Im rowpattern-Parameter geben Sie einen XPath-Ausdruck an, der den Pfad der auszulesenden Daten bestimmt.

Über den flags-Parameter geben Sie optional an, in welcher Form die Daten eingelesen werden sollen. Hierbei haben Sie die Wahl zwischen attributzentriert (0), elementzentriert (2) oder einer Mischung aus beiden (1).

Im WITH-Block legen Sie optional das aufzubauende Tabellenschema fest. Hierbei nehmen Sie individuell darauf Einfluss, in welcher Form die einzelnen Felder ausgelesen und nach außen dargestellt werden sollen.

36.8.1 Ein XML-Dokument in eine Tabelle importieren

Das folgende Beispiel verdeutlicht den Transformationsprozess. Hierbei wird ein XML-Dokument mit Produktinformationen eingelesen und in der *Products*-Tabelle gespeichert. Um das Beispiel nachzuvollziehen, sollten Sie zunächst die Tabelle wie folgt anlegen:

```
CREATE TABLE Products
(
  ProductID int IDENTITY PRIMARY KEY,
  ProductCode int,
  Description nvarchar(100),
  UnitPrice money
)
```

Listing 36.26 Erstellung der Beispieltabelle »Products«

Anschließend werden die zu importierenden XML-Daten in eine lokale Variable geladen.

```
DECLARE @doc xml
SET @doc =
'<Products>
  <Product Code="1" Name="Produkt1" Price="10.5"/>
  <Product Code="2" Name="Produkt2" Price="12.38"/>
  <Product Code="3" Name="Produkt3" Price="2.55"/>
</Products>'
```

Listing 36.27 Speichern der Beispieldaten

Zunächst übergeben Sie der sp_xml_preparedocument-Prozedur die XML-Daten sowie eine Variable, die den Dokumentenzeiger speichert.

```
DECLARE @idoc int
EXEC sp_xml_preparedocument idoc OUTPUT, @doc
```
Listing 36.28 XML-Dokument erstellen

Das XML übergeben Sie hierbei in Form der Datentypen varchar, nvarchar, text, ntext oder xml.

Jetzt folgt das INSERT-Statement, das mit dem Ergebnis einer SELECT-Abfrage die *Products*-Tabelle füllt. Dieses greift wiederum über den OPENXML-Provider auf XML zu und gibt dieses in Zeilenform zurück.

```
INSERT INTO Products (ProductCode, Description, UnitPrice)
SELECT * FROM
OPENXML(@idoc, 'Products/Product', 0)
WITH
(
  ProductCode  int            '@Code',
  Description  varchar(100)   '@Name',
  UnitPrice    money          '@Price'
)
```
Listing 36.29 Daten über »OPENXML« importieren

Da die XML-Daten andere Attributbezeichner als die entsprechenden Tabellenspalten haben, findet im WITH-Block eine Zuordnung statt. Neben dem Tabellenfeldnamen sowie dem zugehörigen Datentyp wird ein XPath-Ausdruck angegeben, der den Zugriff auf die XML-Daten bestimmt. Wie Sie sehen, beschränkt sich dies auf das bloße Auslesen der Attributwerte. Denkbar wäre jedoch auch die Angabe von Unterelementwerten.

Zuletzt sollten Sie den Speicherbereich durch Aufruf der Prozedur sp_xml_removedocument explizit freigeben:

```
EXEC sp_xml_removedocument @idoc
```
Listing 36.30 XML-Dokument freigeben

In diesem Zusammenhang ist eine Neuerung, die mit SQL Server 2005 eingeführt wurde, ganz interessant: Während Dokumentenzeiger in SQL Server 2000 unmittelbar nach dem Verlassen des aktiven Ausführungsbereichs bzw. der Sitzung zerstört wurden, bleiben sie in SQL Server 2005 oder höher bis zum Ende des Stapellaufs (*Batch*) bestehen. Dies verringert den Ressourcenverbrauch des Servers bei mehrstufigen Abfragen. Umso wichtiger ist es daher, die Freigabe explizit zu veranlassen.

36.9 Bereitstellung von Daten im JSON-Format

In den letzten Jahren hat sich neben XML ein weiteres Datenaustauschformat etabliert: *JSON (JavaScript Object Notation)*. Hierbei handelt es sich um eine Teilmenge von JavaScript, die im Web, aber auch zunehmend in Intranet-Szenarien Verwendung findet. Im Vergleich zu XML ist es deutlich kompakter und zudem sehr einfach zu erstellen.

Aus diesem Grund hat Microsoft JSON in SQL Server 2016 als weiteres Datenformat bereitgestellt. Auf diese Weise kann in einer verteilten Anwendung die Ergebnismenge einer Abfrage direkt an den Client zurückgegeben werden, ohne dass diese separat ins JSON-Format gebracht werden muss.

36.9.1 Eine kurze Beschreibung des JSON-Formats

Einfach gesagt, ist JSON eine einfache Abbildung von Objekten, Arrays oder beidem. Ein Objekt ist hierbei eine unsortierte Liste von Name/Wert-Paaren, welche die Eigenschaften des Objekts repräsentieren. Eingeschlossen wird ein Objekt durch geschweifte Klammern, wie das folgende Beispiel zeigt:

```
{"FirstName":"Ken","LastName":"Sánchez", "IsActive":true, "Age":32, "Phone":null}
```

Der Name der Eigenschaft wird hierbei in Anführungszeichen gesetzt und vom Inhalt durch einen Doppelpunkt getrennt. Die Formatierung des jeweiligen Werts hängt von dessen Datentyp ab. Während Zeichenfolgen ebenfalls in Anführungszeichen gesetzt werden, können numerische, boolesche und NULL-Werte direkt zugewiesen werden.

Arrays werden hingegen als unsortierte Liste von Werten notiert, welche von eckigen Klammern umschlossen sind.

```
["Ken","Sánchez", true, 32, null]
```

Für die Formatiertung der Werte gelten dieselben Regeln wie bei Objekten.

Darüber hinaus können Arrays und Objekte auch kombiniert werden, wie das folgende Beispiel zeigt:

```
{
   "Employees":[
      {
         "FirstName":"Ken",
         "LastName":"Sánchez",
         "IsActive":true,
```

```
            "Age":32,
            "Phone":null
        },
        {
            "FirstName":"Terri",
            "LastName":"Duffy",
            "IsActive":true,
            "Age":52,
            "Phone":"819-555-0175"
        }
    ]
}
```

Listing 36.31 Kombination von Arrays und Objekten

Hier wurden zwei Employee-Objekte in einem Array zusammengefasst. Darüber hinaus ist auch die Abbildung von komplexen Objektgraphen möglich. Hierbei wird der Wert einer Eigenschaft wiederum in Form von Name/Wert-Paaren notiert und in geschweifte Klammern gesetzt.

```
[{
  "FirstName":"Ken",
  "LastName":"Sánchez",
  "Address":
  {
    "Street":"Mainstreet",
    "City":"Boston"
  }
}]
```

Listing 36.32 Objekte beschreiben

36.9.2 Die »FOR JSON«-Direktive

Anders als bei XML wurde JSON nicht als eigenständiger Datentyp, sondern lediglich als Exportformat in SQL Server bereitgestellt. Die Verwendung orientiert sich hierbei an der FOR XML-Funktionalität.

Um beispielsweise eine Mitarbeiterliste in JSON-Form zu ermitteln, hängen Sie einfach die FOR JSON-Direktive an die Abfrage.

```
SELECT FirstName,
MiddleName,
LastName
```

```
FROM HumanResources.vEmployee
WHERE BusinessEntityID = 1
FOR JSON AUTO;
```

Listing 36.33 Eine einfache JSON-Abfrage

Die Ergebnismenge wird hierbei als einfache JSON-formatierte Zeichenfolge zurückgegeben.

```
[{"FirstName":"Ken","MiddleName":"J","LastName":"Sánchez"}]
```

36.9.3 Der »AUTO«-Modus

Ebenso wie bei der FOR XML-Direktive unterstützt FOR JSON die Modi AUTO und PATH. Während AUTO selbstständig den Aufbau von JSON aus der Ergebnismenge bestimmt, kann mit AUTO Einfluss auf die Zusammensetzung genommen werden.

Um zu verstehen, wie der AUTO-Modus arbeitet, werden in folgendem Beispiel zwei Tabellen verknüpft und JSON-formatiert ausgegeben:

```
SELECT p.FirstName,
p.MiddleName,
p.LastName,
e.BirthDate,
e.NationalIDNumber
FROM HumanResources.Employee e
INNER JOIN Person.Person p
  ON e.BusinessEntityID = p.BusinessEntityID
WHERE e.BusinessEntityID in (2, 3)
FOR JSON AUTO;
```

Listing 36.34 Verknüpfte Abfrage im AUTO-Modus

Das Ergebnis sieht hierbei wie folgt aus (zur besseren Lesbarkeit in expandierter Darstellung):

```
[
   {
      "FirstName":"Terri",
      "MiddleName":"Lee",
      "LastName":"Duffy",
      "e":[
         {
            "BirthDate":"1971-08-01",
            "NationalIDNumber":"245797967"
```

```
            }
          ]
      },
      {
        "FirstName":"Roberto",
        "LastName":"Tamburello",
        "e":[
            {
                "BirthDate":"1974-11-12",
                "NationalIDNumber":"509647174"
            }
          ]
      }
]
```

Listing 36.35 Ergebnis der verknüpften Abfrage

Die Reihenfolge der Eigenschaften in JSON orientiert sich hierbei an der Reihenfolge der Spalten im SELECT-Statement. Der Tabellenalias wird hierbei als Eigenschaftenname in der JSON-Zeichenfolge verwendet.

36.9.4 Der »PATH«-Modus

Besonders die Abbildung von Unterobjekten bei verknüpften Tabellen ist oft unerwünscht. Stattdessen sollen solche Daten oftmals als flache Ergebnisse im JSON-Objektbaum abgebildet werden. Hierbei kann der PATH-Modus hilfreich sein.

Die folgende Abfrage ist mit der oberen identisch – hier wurde lediglich das Schlüsselwort AUTO durch PATH ersetzt:

```
SELECT p.FirstName,
p.MiddleName,
p.LastName,
e.BirthDate,
e.NationalIDNumber
FROM HumanResources.Employee e
INNER JOIN Person.Person p
   ON e.BusinessEntityID = p.BusinessEntityID
WHERE e.BusinessEntityID IN (2, 3)
FOR JSON PATH;
```

Listing 36.36 Abfrage im PATH-Modus

Hierbei werden alle Daten der verknüpften Tabelle als flache Werte dem übergeordneten Objekt zugewiesen.

```
[
  {
    "FirstName":"Terri",
    "MiddleName":"Lee",
    "LastName":"Duffy",
    "BirthDate":"1971-08-01",
    "NationalIDNumber":"245797967"
  },
  {
    "FirstName":"Roberto",
    "LastName":"Tamburello",
    "BirthDate":"1974-11-12",
    "NationalIDNumber":"509647174"
  }
]
```

Listing 36.37 Ergebnismenge der PATH-Abfrage

Die Art der Verschachtelung kann jedoch auch explizit gesteuert werden. Hierfür definieren Sie für jede Spalte im SELECT-Statement einen zweiteiligen Alias, der den Objekt- und Eigenschaftennamen enthält. In folgendem Beispiel wird pro Datensatz ein Objekt mit zwei untergeordneten Objekten erzeugt:

```
SELECT
  p.FirstName AS [Name.First],
  p.MiddleName AS [Name.Middle],
  p.LastName AS [Name.Last],
  e.BirthDate AS [Identity.BirthDate],
  e.NationalIDNumber AS [Identity.NID]
FROM HumanResources.Employee e
INNER JOIN Person.Person p
  ON e.BusinessEntityID = p.BusinessEntityID
WHERE e.BusinessEntityID in (2, 3)
FOR JSON PATH;
```

Listing 36.38 Verschachtelte Ausgaben im PATH-Modus

Hierdurch wird das JSON-Fragment in Form von Name- und Identity-Unterobjekten gebildet.

```
[
  {
    "Name":{
      "First":"Terri",
      "Middle":"Lee",
```

```
            "Last":"Duffy"
         },
         "Identity":{
            "BirthDate":"1971-08-01",
            "NID":"245797967"
         }
      },
      {
         "Name":{
            "First":"Roberto",
            "Last":"Tamburello"
         },
         "Identity":{
            "BirthDate":"1974-11-12",
            "NID":"509647174"
         }
      }
]
```

Listing 36.39 Die verschachtelte Ergebnismenge der Abfrage

In manchen Fällen wollen Sie vielleicht die Objekte wiederum durch ein übergeordnetes Objekt zusammenfassen. Um dies zu erreichen, ergänzen Sie die FOR JSON-Direktive um das ROOT-Schlüsselwort.

Das folgende Beispiel verdeutlicht die Verwendung:

```
SELECT
  p.FirstName AS [Name.First],
  p.MiddleName AS [Name.Middle],
  p.LastName AS [Name.Last],
  e.BirthDate AS [Identity.BirthDate],
  e.NationalIDNumber AS [Identity.NID]
FROM HumanResources.Employee e INNER JOIN Person.Person p
  ON e.BusinessEntityID = p.BusinessEntityID
WHERE e.BusinessEntityID IN (2, 3)
FOR JSON PATH, ROOT('Employees');
```

Listing 36.40 Eine PATH-Abfrage mit dem ROOT-Schlüsselwort

Wie Sie im Ergebnis sehen, werden die Objekte nun in einem Employees-Objekt zusammengefasst, statt in Form eines flachen Arrays abgebildet zu werden.

```
{
   "Employees":[
      {
```

```
      "Name":{
         "First":"Terri",
         "Middle":"Lee",
         "Last":"Duffy"
      },
      "Identity":{
         "BirthDate":"1971-08-01",
         "NID":"245797967"
      }
   },
   {
      "Name":{
         "First":"Roberto",
         "Last":"Tamburello"
      },
      "Identity":{
         "BirthDate":"1974-11-12",
         "NID":"509647174"
      }
   }
 ]
}
```

Listing 36.41 Ergebnismenge der PATH-Abfrage mit dem ROOT-Schlüsselwort

Standardmäßig werden NULL-Werte nicht explizit in die JSON-Objektstruktur mit aufgenommen. Dies führt dazu, dass Eigenschaften, deren Wert NULL ist, nicht deklariert werden. Wenn Sie dies jedoch wollen, müssen Sie die FOR JSON-Directive um das Schlüsselwort INCLUDE_NULL_VALUES ergänzen.

```
SELECT
  p.FirstName AS [Name.First],
  p.MiddleName AS [Name.Middle],
  p.LastName AS [Name.Last],
  e.BirthDate AS [Identity.BirthDate],
  e.NationalIDNumber AS [Identity.NID]
FROM HumanResources.Employee e INNER JOIN Person.Person p
  ON e.BusinessEntityID = p.BusinessEntityID
WHERE e.BusinessEntityID in (2, 3)
FOR JSON PATH, ROOT('Employees'), INCLUDE_NULL_VALUES;
```

Listing 36.42 Abfrage mit dem INCLUDE_NULL_VALUES-Schlüsselwort

In diesem konkreten Beispiel sorgt INCLUDE_NULL_VALUES dafür, dass die Eigenschaft Middle im zweiten Datensatz explizit mit NULL belegt wird.

```
{
   "Employees":[
      {
         "Name":{
            "First":"Terri",
            "Middle":"Lee",
            "Last":"Duffy"
         },
         "Identity":{
            "BirthDate":"1971-08-01",
            "NID":"245797967"
         }
      },
      {
         "Name":{
            "First":"Roberto",
            "Middle":null,
            "Last":"Tamburello"
         },
         "Identity":{
            "BirthDate":"1974-11-12",
            "NID":"509647174"
         }
      }
   ]
}
```

Listing 36.43 Ergebnismenge der Abfrage mit dem INCLUDE_NULL_VALUES-Schlüsselwort

36.9.5 JSON-Daten mit »OPENJSON« konvertieren

Neben der beschriebenen Möglichkeit, Daten im JSON-Format zu ermitteln, bietet SQL Server auch einen Mechanismus für den umgekehrten Fall. Hierbei würden Sie beispielsweise ein JSON-Fragment als Parameter an eine gespeicherte Prozedur übergeben, um die enthaltenen Daten zu speichern.

Hierfür bietet SQL Server ab Version 2016 die Funktion OPENJSON. Sie nimmt ein JSON-Fragment entgegen und liefert dessen Struktur zurück. In folgendem Beispiel wird zunächst ein JSON-Fragment in Form einer Variablen erzeugt und daraufhin über OPENJSON ermittelt:

```
DECLARE @json NVARCHAR(MAX) = N'
{
  "FirstName":Terri,
  "LastName":"Duffy",
```

```
  "NID":245797967
}';

SELECT * FROM OPENJSON(@json);
```

Listing 36.44 Daten mit der OPENJSON-Funktion ermitteln

Die Ergebnismenge enthält drei Spalten: den Namen der Eigenschaft, dessen Wert sowie einen Code, der den Datentyp beschreibt.

key	value	type
FirstName	Terri	0
LastName	Duffy	1
NID	245797967	2

Tabelle 36.4 Das Ergebnis der OPENJSON-Abfrage

Der Datentypcode steht hierbei für die in folgender Tabelle dargestellten Typen:

Typcode	Datentyp
0	NULL
1	String
2	Int
3	boolescher Wert
4	Array
5	Objekt

Tabelle 36.5 Die Datentypencodes der Ausgabe

Etwas komplizierter wird es, wenn Sie auf geschachtelte JSON-Objekte, wie in folgendem Beispiel, zugreifen müssen.

```
{
   "Employees":[
      {
         "Name":{
            "First":"Terri",
            "Middle":"Lee",
            "Last":"Duffy"
         },
```

```
              "Identity":{
                 "BirthDate":"1971-08-01",
                 "NID":"245797967"
              }
           },
           {
              "Name":{
                 "First":"Roberto",
                 "Middle":null,
                 "Last":"Tamburello"
              },
              "Identity":{
                 "BirthDate":"1974-11-12",
                 "NID":"509647174"
              }
           }
        ]
   }
```

Listing 36.45 Eine Eingabe mit verschachtelter Struktur

Hierbei würde die oben gezeigte OPENJSON-Abfrage lediglich eine Zeile zurückgeben:

key	value	type
Employees	[{"Name":{"First":"Terri","Middle":"Lee","Last":"Duffy"}, "Identity":{"BirthDate":"1971-08-01","NID":"245797967"}}, {"Name":{"First":"Roberto","Middle":null,"Last":"Tamburello"}, "Identity":{"BirthDate":"1974-11-12","NID":"509647174"}}]	4

Tabelle 36.6 Ergebnis der OPENXML-Funktion bei verschachtelter Eingabe

Um dies zu vermeiden, können Sie der OPENJSON-Funktion einen Zugriffspfad mitgeben, unterhalb dem die Daten ermittelt werden sollen.

```
SELECT * FROM OPENJSON(@json, '$.Employees');
```

Die Ergebnismenge würde sich hierbei lediglich auf die beiden enthaltenen Employee-Objekte beschränken.

key	value	type
0	{"Name":{"First":"Terri","Middle":"Lee","Last":"Duffy"}, "Identity":{"BirthDate":"1971-08-01","NID":"245797967"}}	4

Tabelle 36.7 Ergebnismenge bei Verwendung eines Zugriffspfads

key	value	type
1	{"Name":{"First":"Roberto","Middle":null,"Last":"Tamburello"}, "Identity":{"BirthDate":"1974-11-12","NID":"509647174"}}	4

Tabelle 36.7 Ergebnismenge bei Verwendung eines Zugriffspfads (Forts.)

Hierbei erhalten Sie für jedes Objekt eine Ergebniszeile. Wollen Sie jedoch lediglich das erste Objekt innerhalb des JSON-Fragments ermitteln, geben Sie zusätzlich einen Indexer an:

```
SELECT * FROM OPENJSON(@json, '$.Employees[0]');
```

Hierbei würden Sie wiederum für jede Eigenschaft des Objekts eine separate Zeile zurückbekommen.

key	value	type
Name	{"First":"Terri","Middle":"Lee","Last":"Duffy"}	4
Identity	{"BirthDate":"1971-08-01","NID":"245797967"}	4

Tabelle 36.8 Ergebnismenge bei der Ermittlung eines JSON-Fragments

Da es sich bei der Name-Eigenschaft wiederum um ein Objekt handelt, könnten Sie die folgende Abfrage absetzen, wenn Sie lediglich dessen Bestandteile ermitteln wollen:

```
SELECT * FROM OPENJSON(@json, '$.Employees[0].Name');
```

Somit enthält die Ergebnismenge lediglich Namen und Werte des Name-Objekts:

key	value	type
First	Terri	1
Middle	Lee	1
Last	Duffy	1

Tabelle 36.9 Die Bestandteile des ermittelten Objekts

Der wirkliche Mehrwert der OPENJSON-Funktion ergibt sich jedoch erst in Kombination mit dem WITH-Schlüsselwort. Hiermit haben Sie nämlich die Möglichkeit, eine eigene Spaltendefinition zu hinterlegen. Hierbei können Sie nicht nur festlegen, welche Eigenschaften des JSON-Objekts in der Ergebnismenge erscheinen, sondern auch, welchen Namen und Datentyp diese haben sollen.

Das folgende Beispiel verdeutlicht die Verwendung:

```
SELECT *
FROM OPENJSON(@json, '$.Employees')
WITH(
  Vorname NVARCHAR(25) '$.Name.First',
  Nachname NVARCHAR(25) '$.Name.Last',
  Geburtsdatum DATE '$.Identity.BirthDate',
  Nationalität INT '$.Identity.NID');
```

Listing 36.46 Ergebnismenge über das WITH-Schlüsselwort strukturieren

Hier wurden über das WITH-Schlüsselwort der Darstellungsname der Eigenschaft sowie der entsprechende Datentyp und zuletzt der Zugriffspfad angegeben. Das Dollarzeichen steht als Platzhalter für das aktuelle Objekt.

Das Ergebnis sieht wie folgt aus:

Vorname	Nachname	Geburtsdatum	Nationalität
Terri	Duffy	1971-08-01	245797967
Roberto	Tamburello	1974-11-12	509647174

Tabelle 36.10 Die Ergebnismenge der WITH-Abfrage

36.9.6 Weitere JSON-Funktionen in SQL Server 2016

Neben den beschriebenen Möglichkeiten bietet SQL Server 2016 eine Reihe weiterer Funktionen, die den Umgang mit JSON-basierten Strukturen erleichtern.

So bietet beispielsweise die Funktion ISJSON eine einfache Möglichkeit, zu prüfen, ob es sich bei den übergebenen Daten um ein syntaktisch korrektes JSON-Fragment handelt.

```
SELECT ISJSON(@json)
```

Hierbei liefert ISJSON den Wert 0 zurück, wenn die übergebene Zeichenkette Fehler enthält, während 1 oder höher auf fehlerfreies JSON hindeutet.

In manchen Fällen wollen Sie vielleicht nur einen einzelnen Wert aus dem übergebenen JSON-Fragment extrahieren. Hierfür bietet die Funktion JSON_VALUE einen einfachen Weg.

In folgendem Beispiel wird lediglich der Vorname der Name-Struktur im ersten Objekt ermittelt:

```
SELECT JSON_VALUE(@json, '$.Employees[0].Name.First') as Vorname;
```

Hierbei liefert die Funktion stets einen Skalarwert zurück. Geben Sie in der JSON_VALUE-Funktion jedoch einen Pfad an, der ein Objekt adressiert, ist das Ergebnis stets NULL. Wenn Sie stattdessen lieber einen Fehler auslösen wollen, so können Sie dem Pfad das Schlüsselwort strict voranstellen.

Die folgende Abfrage löst einen Fehler aus:

```
SELECT JSON_VALUE(@json, 'strict $.Employees[1].Name') as Name;
```

Die Fehlermeldung signalisiert, dass die Pfadangabe zu keinem skalaren Ergebnis führt:

```
Meldung 13623, Ebene 16, Status 1, Zeile 10
Scalar value cannot be found in the specified JSON path.
```

Durch das Schlüsselwort lax kann dieser Fehler unterbunden werden.

```
SELECT JSON_VALUE(@json, 'lax $.Employees[1].Name') as Name;
```

Da lax standardmäßig verwendet wird, ist ein explizites Notieren jedoch nicht nötig.

Um einzelne Fragmente aus einer JSON-Zeichenkette zu extrahieren, bietet SQL Server die Funktion JSON_QUERY. Ebenso wie JSON_VALUE nimmt sie ebenfalls die JSON-Zeichenkette sowie einen Pfad entgegen.

Die folgende Zeile ermittelt das erste Objekt im JSON-Objektbaum und gibt dieses in Form einer Zeichenkette zurück:

```
SELECT JSON_QUERY(@json, '$.Employees[1].Name') as Name;
```

Das Ergebnis sieht wie folgt aus:

```
{"First":"Roberto","Middle":null,"Last":"Tamburello"}
```

In einigen Fällen wollen Sie vielleicht auch schreibend auf ein JSON-Fragment zugreifen. Hierfür bietet SQL Server die Funktion JSON_MODIFY. Sie nimmt eine JSON-Zeichenkette, einen Zugriffspfad sowie den zu schreibenden Wert auf.

In folgendem Beispiel wird der Vorname des ersten Datensatzes in Bob geändert:

```
SELECT JSON_MODIFY(@json, '$.Employees[0].Name.First', 'Bob')
```

Im Anschluss gibt die Funktion das modifizierte JSON-Fragment zurück.

```
{"Employees":[{"Name":{"First":"Bob","Middle":"Lee","Last":"Duffy"},
"Identity":{"BirthDate":"1971-08-01","NID":"245797967"}},
{"Name":{"First":"Roberto","Middle":null,"Last":"Tamburello"},
"Identity":{"BirthDate":"1974-11-12","NID":"509647174"}}]}
```

Kapitel 37
Datenbankzugriff mit ADO.NET

In den vorhergehenden Kapiteln haben Sie eine Menge erfahren, um SQL Server 2016 als Programmierplattform und Datenmanagement-Server zu nutzen. Eine Datenbank kann aber immer nur ein Mittel zum Zweck sein: Sie soll Dateninformationen speichern, organisieren und sicher verwalten. Das unter Berücksichtigung aller Aspekte zu realisieren bedarf, wie Sie gesehen haben, eines immensen Aufwands hinsichtlich der Datenbankmodellierung und -administration.

37.1 Einleitung

In diesem Kapitel wenden wir uns der anderen Seite zu, der des Benutzers, der an einem mehr oder weniger gut ausgestatteten Rechner sitzt und sich für die in einer Datenbank vorgehaltenen Daten interessiert. Dabei werden wir vereinfachend nur von einer zweischichtigen Unternehmensanwendung ausgehen, die einerseits die Datenbankschicht und andererseits die Benutzersoftware umfasst. Mehrschichtige Anwendungen, in denen heutzutage meistens auch noch ein Webserver eine tragende Rolle spielt, sind verhältnismäßig komplex. Sie zu beschreiben würde nicht nur den Rahmen dieses Kapitels, sondern auch den des gesamten Buches sprengen. Also lassen wir diesen Aspekt unberücksichtigt.

Wir gehen davon aus, dass auf dem Rechner des Anwenders eine Software installiert ist, die zur Laufzeit auf die Dateninformationen der Datenbank zugreift, sie auswertet und möglicherweise auch ändert. Dazu gibt es verschiedene Technologien, angefangen beim elementaren Programmieren der ODBC-API-Schnittstelle bis hin zu diversen Klassenhierarchien, die von den Entwicklern eingesetzt werden. Dieses Buch ist ein Buch über Microsoft SQL Server 2016, und daher stellen wir Ihnen hier die Datenzugriffstechnologie aus dem Hause Microsoft vor: ADO.NET.

Sie dürfen nicht erwarten, dass Sie hier lernen zu programmieren. Dafür gibt es andere Bücher, die Sie massenweise in den Regalen der Buchhändler finden. Stattdessen werden wir uns hier einzig und allein ADO.NET widmen. Sie sollten daher zumindest schon Ihre ersten Gehversuche mit dem .NET Framework hinter sich haben, um den Code auf den folgenden Seiten zu verstehen.

Es war nicht einfach, eine Entscheidung darüber zu fällen, in welcher Entwicklungssprache der Beispielcode gezeigt werden soll, da sich im Umfeld von .NET in den letzten Jahren sehr viele Sprachen angesiedelt haben, die wegen der offenen Spezifikation der *Common Language Runtime* (CLR) nicht zwangsläufig nur von Microsoft stammen. Herauskristallisiert haben sich aber zwei: C# und Visual Basic.NET.

.NET-Programme können sogar mit dem Microsoft-Editor entwickelt und mit einem sprachspezifischen Compiler kompiliert werden. Machen wir uns aber nichts vor: Das ist wenig komfortabel und macht auch letztendlich keinen Spaß. Auf den Internetseiten von Microsoft finden Sie jedoch eine »leichtgewichtige« Version des Visual Studio, die *Visual C# 2015 Community Edition*. Zum Zeitpunkt der Drucklegung dieses Buches konnte diese Version kostenlos aus dem Internet geladen werden. Sie finden sie unter der URL *https://www.visualstudio.com/de-de/products/visual-studio-community-vs.aspx*. Im Vergleich zu den verschiedenen »Vollversionen« von Visual Studio 2015 müssen Sie mit dieser Umgebung natürlich auf viele Möglichkeiten ganz oder teilweise verzichten.

Ein Wort zu ADO.NET. Hierbei handelt es sich um eine Klassenhierarchie, mit deren Hilfe der Zugriff auf Datenbanken wie SQL Server 2016 mit relativ einfachen Mitteln möglich ist. Datenbanken sind aber ausgesprochen komplexe Gebilde, die den unterschiedlichsten Anforderungen gerecht werden müssen – manche Datenbanken befinden sich in einem lokalen Netzwerk, andere sind im Internet angesiedelt. Manchmal reicht die reine Datenanzeige aus, ein andermal soll es den Benutzern ermöglicht werden, Daten zu editieren. Eine quasi gleichzeitige Aktualisierung durch mehrere Benutzer kann aber zu Konflikten führen.

Wie Sie vielleicht an dieser unvollständigen Aufzählung erkennen, sind die Anforderungen an eine Datenbank vielseitig. Das führt dazu, dass Technologien wie ADO.NET Lösungen für möglichst alle denkbaren Situationen bereitstellen müssen. Um ADO.NET vollständig zu erfassen und auszuleuchten, reicht dieses Kapitel daher nicht aus. Trotzdem stellen wir im Folgenden die wichtigsten Klassen mit ihren Methoden und Eigenschaften vor, sodass Sie, wenn Sie den nächsten Seiten aufmerksam folgen, am Ende nicht nur einfache Dateninformationen von SQL Server 2015 abrufen, sondern diese auch aktualisieren können.

37.1.1 Projekte anlegen und speichern

Da dieser Abschnitt voraussetzt, dass Sie Programmierkenntnisse mit dem .NET Framework haben, müssten Sie Entwicklungsumgebungen und deren Bedienung bereits kennen. Daher scheint es nicht erforderlich zu sein, hier auf alle Bedienelemente einzugehen. Ein grober Leitfaden sollte daher vollkommen ausreichen.

Nach erfolgreicher Installation starten Sie das Visual Studio. Im geöffneten Hauptfenster wählen Sie im linken Bereich den Link NEUES PROJEKT aus. Daraufhin öffnet sich ein Dialog, in dem mehrere Projektvorlagen angeboten werden, beispielsweise auch Windows- und Konsolenanwendungen. Markieren Sie den gewünschten Projekttyp, und tragen Sie in das Eingabefeld unten im Fenster den Projektnamen ein.

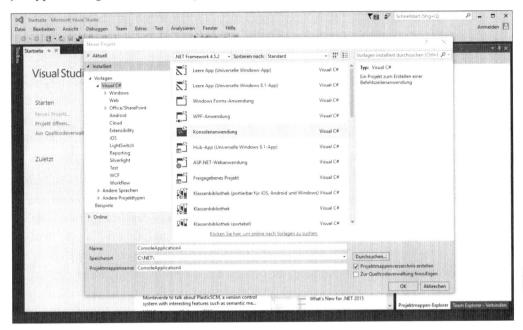

Abbildung 37.1 Ein neues Projekt im Visual Studio anlegen

37.1.2 Die Beispieldatenbank

Wie Sie wissen, wird SQL Server 2016 standardmäßig mit der Beispieldatenbank *AdventureWorks* ausgeliefert. Es lässt sich vortrefflich darüber streiten, ob diese Datenbank dazu geeignet ist, Sachverhalte auf möglichst einfache und anschauliche Weise zu erklären. Wir meinen, eher nicht, da die Struktur für einfache Übungs- oder Testzwecke deutlich zu komplex ist. Der folgende Beispielcode greift daher auf eine Beispieldatenbank zurück, die u. a. mit SQL Server 2000 ausgeliefert worden ist. Es handelt sich um die Datenbank *Northwind*.

Auch für SQL Server 2016 ist *Northwind* sehr gut geeignet. Sie können die Datenbankinstallationsdatei *SQL2000SampleDb.msi* unter *http://www.microsoft.com/en-us/download/details.aspx?id=23654* kostenlos herunterladen Wenn Sie auf die Datei doppelklicken, werden Sie durch einen Installationsprozess geführt, der das Verzeichnis *SQL Server 2000 Sample Databases* erzeugt und dort die entsprechenden Skriptdateien ablegt. Im Microsoft *SQL Server Management Studio* können Sie über DATEI • ÖFFNEN • DATEI die Skriptdatei auswählen. Abschließend klicken Sie noch auf den Button AUSFÜHREN in der Symbolleiste. Das war's.

Die Datenbank enthält insgesamt nur elf Tabellen und ist folglich viel überschaubarer als *AdventureWorks*. Sie sollten im Management Studio die Beziehungen zwischen den einzelnen Tabellen studieren.

37.2 Die Datenprovider

Vor der Einführung von ADO.NET im Jahr 2002 hatte Microsoft verschiedene Datenzugriffstechnologien für den Zugriff und das Speichern von Daten eingesetzt. Der direkte Vorgänger von ADO.NET war Microsoft *ActiveX Data Objects* (ADO), eine verbindungsorientierte Datenzugriffstechnologie, der allerdings Schlüsselfunktionen fehlen, um auch sehr große verteilte Anwendungen zu erstellen.

ADO.NET integriert sich mit seinen Klassen in mehrere Namespaces des .NET Frameworks. Von der Idee her soll ADO.NET den Entwicklern dabei helfen, effiziente mehrschichtige Datenbankanwendungen über Intranets und das Internet hinweg zu erstellen. Daraus resultiert eine zweischichtige Klassenarchitektur: Es gibt Klassen, deren Objekte mit der Datenbank verbunden sind, und Klassen, deren Objekte als unverbundene Objekte bezeichnet werden. Zu den verbundenen Objekten zählen u. a. die Klassen `Connection`, `Command` und `DataAdapter`, zu den unverbundenen die Klassen `DataSet` und `DataTable`. Auf alle werden wir im Verlauf dieses Kapitels noch eingehen.

Um ADO.NET vollständig zu erfassen und auszuleuchten, reicht dieses Kapitel nicht aus. Dafür ist das Objektmodell mit all seinen Möglichkeiten einfach zu komplex und würde für sich allein ein ganzes Buch füllen. Wir werden aber versuchen, Ihnen die unserer Ansicht nach wichtigsten Klassen vorzustellen, und Ihnen zeigen, wie Sie Daten abrufen und eine Datenbank aktualisieren. Es werden zwar noch viele Fragen bleiben, aber mit diesem Kapitel sollten Sie zumindest ein gutes Fundament haben, um problemlos eigene Datenbankanwendungen zu programmieren.

Bevor Sie auf die Dateninformationen in einer Datenbank zugreifen können, müssen Sie eine Verbindung zu der Datenquelle herstellen. ADO.NET stellt dazu passende Klassen zur Verfügung, mit denen Sie eine Verbindung aufbauen und steuern.

Die erste Frage, die es zu klären gilt, ist die nach dem Typ des Datenspeichers. Damit entscheidet sich auch, welcher Datenprovider zum Einsatz kommt. Das .NET Framework stellt mehrere zur Verfügung, u. a.:

- SqlClient-Provider
- OleDb-Provider
- Odbc-Provider

Ein Datenprovider ist eine Ansammlung von Klassen, die den Zugriff auf einen bestimmten Datenspeichertyp ermöglichen. Jeder .NET-Datenprovider implementiert dabei die gleichen Basisklassen, beispielsweise `Connection`, `Command` oder `DataAdapter`. Der tatsächliche Name hängt vom gewählten Provider ab. So bietet der SqlClient-Provider beispielsweise die Klasse `SqlConnection` an und der OleDb-Datenprovider die Klasse `OleDbConnection`. Unabhängig davon, für welchen Datenprovider Sie sich entscheiden, bleiben die Schnittstellen und damit die Funktionalitäten gleich. Nahezu unabhängig von der Providerwahl ist auch der Programmcode. Sollten Sie gezwungenermaßen zu einem späteren Zeitpunkt den Provider wechseln, brauchen Sie möglicherweise den Programmcode überhaupt nicht zu überarbeiten.

Häufig sind Sie nicht auf einen einzigen Datenprovider festgelegt, sondern können für den Zugriff auf eine Datenquelle zwischen mehreren auswählen. Ist die Datenquelle ein Microsoft SQL Server in der Version 7.0 oder höher, empfiehlt sich der SqlClient-Datenprovider, weil dieser für die genannten Versionen von SQL Server optimiert ist.

Jeder .NET-Datenprovider hat einen eigenen Namespace, der ein Unternamespace von `System.Data` ist und mit `using` bekannt gegeben werden sollte. In den Beispielen dieses Kapitels werden wir ausschließlich den SqlClient-Datenprovider benutzen.

37.3 Die Verbindung zu einer Datenbank herstellen

Wollen Sie aus einer Anwendung heraus auf eine Datenbank zugreifen, ist die erste Entscheidung, die Sie treffen müssen, die des eingesetzten Datenproviders. Oben wurden die entscheidenden Kriterien erörtert, die die Wahl beeinflussen. Für die einzelnen Klassen jedes .NET-Datenproviders ist ein separater Namespace in der .NET-Klassenbibliothek vorgesehen. Thema dieses Abschnitts ist der Aufbau einer Verbindung zu SQL Server unter Einsatz des SqlClient-Datenproviders. Daher sollten Sie mit

```
using System.Data.SqlClient;
```

den entsprechenden Namespace zuerst bekannt geben.

Die Verbindung zu einer Datenbank wird durch ein `Connection`-Objekt beschrieben. Um präzise zu sein, gibt es die Klasse `Connection` unter ADO.NET nicht. Stattdessen wird, abhängig vom verwendeten .NET-Datenprovider, ein Präfix vorangestellt. Benutzen Sie den SqlClient-Datenprovider, heißt die Klasse `SqlConnection`, beim OleDb-Datenprovider `OleDbConnection`. Der Einfachheit halber wird aber im Folgenden oft einfach nur vom `Connection`-Objekt die Rede sein. Damit wird die Allgemeingültigkeit dieses Typs unterstrichen, denn wie Sie in den folgenden Abschnitten noch sehen werden, unterscheiden sich die providerspezifischen `Connection`-Objekte nur geringfügig.

Um auf eine Datenquelle wie Microsoft SQL Server 2016 zuzugreifen, werden mehrere Informationen benötigt:

- der Name des Rechners, auf dem die SQL-Server-Instanz läuft
- der Name der Datenbank, deren Dateninformationen ausgewertet oder manipuliert werden sollen
- die Anmeldeinformationen, mit denen sich der Anwender authentifiziert

Diese Verbindungsinformationen werden nach einem bestimmten Muster in einer Zeichenfolge zusammengefasst, die als *Verbindungszeichenfolge* bezeichnet wird. Grundsätzlich haben Sie drei Möglichkeiten, die Verbindungsinformationen zu einer Datenquelle anzugeben:

- Sie rufen den parameterlosen Konstruktor der `Connection`-Klasse auf und übergeben dem erzeugten Objekt die Verbindungsinformationen.
- Sie rufen einen parametrisierten Konstruktor auf.
- Sie benutzen die Klasse `SqlConnectionStringBuilder`.

37.3.1 Die Verbindungszeichenfolge

Sehen wir uns zuerst den parameterlosen Konstruktor an:

```
SqlConnection con = new SqlConnection();
```

Damit erzeugen wir bereits das Verbindungsobjekt, das aber noch sehr »dumm« ist, da ihm sämtliche Informationen fehlen, die für den Aufbau einer Verbindung zu einer Datenquelle notwendig sind. Diese müssen der Eigenschaft `ConnectionString` des `Connection`-Objekts zugewiesen werden:

```
SqlConnection con = new SqlConnection();
con.ConnectionString = "<Verbindungszeichenfolge>";
```

Der parametrisierte Konstruktor gestattet es, die Verbindungszeichenfolge direkt als Argument zu übergeben:

```
SqlConnection con = new SqlConnection("<Verbindungszeichenfolge>");
```

Die Werte der Verbindungszeichenfolge

Alle Informationen, die für den Aufbau einer Verbindung zu einer Datenquelle erforderlich sind, werden in der Verbindungszeichenfolge beschrieben. Eine Verbindungszeichenfolge besteht aus einer Reihe von Attributen (bzw. Schlüsseln), denen Werte zugewiesen werden. Die Attribute sind untereinander durch ein Semikolon getrennt. Die allgemeine Syntax lässt sich wie folgt beschreiben:

```
string strCon = "Attribut1=Wert1;Attribut2=Wert2;Attribut3=Wert3;...";
```

Die Bezeichner der einzelnen Attribute sind festgelegt und hängen vom verwendeten .NET-Datenprovider ab. In Tabelle 37.1 sind die Bezeichner des SqlClient-Datenproviders aufgeführt. Groß-/Kleinschreibung spielt dabei ebenso wenig eine Rolle wie die Reihenfolge der Attribute. Beachten Sie, dass es meistens mehrere Attributbezeichner gibt, die gleichwertig eingesetzt werden können.

Schlüssel	Beschreibung
Connect Timeout, Connection Timeout	Dieser Schlüssel beschreibt die Zeitdauer in Sekunden, die auf eine Verbindung zum Server gewartet werden soll, bevor der Versuch abgebrochen und ein Fehler generiert wird. Der Standardwert beträgt 15 Sekunden.
Data Source, Server, Address, Addr, Network Address	entweder der Name oder die Netzwerkadresse der Instanz von SQL Server, mit dem eine Verbindung hergestellt werden soll
Initial Catalog, Database	Hier wird der Name der Datenbank angegeben.
Integrated Security, Trusted_Connection	Bei false werden die Benutzer-ID und das Kennwort für die Verbindung angegeben. Bei true werden die aktuellen Anmeldeinformationen des Windows-Kontos für die Authentifizierung verwendet. Gültige Werte sind true, false, yes, no und sspi, das äquivalent zu true ist.
Packet Size	Gibt die Größe der Netzwerkpakete in Byte an, die zum Kommunizieren mit einer Instanz von SQL Server verwendet werden. Die Standardgröße eines Pakets beträgt 8.192 Bytes, kann aber zwischen 512 und 32.767 variieren.
Password, Pwd	das Kennwort für das SQL-Server-Konto
User ID	das SQL-Server-Anmeldekonto
Workstation ID	der Name des Computers, der mit SQL Server eine Verbindung aufbauen möchte

Tabelle 37.1 Attribute der Verbindungszeichenfolge des SQL-Datenproviders

37.3.2 Die Verbindung mit einer bestimmten SQL-Server-Instanz aufbauen

Befindet sich SQL Server auf dem lokalen Rechner und beabsichtigen Sie, auf die Beispieldatenbank *Northwind* zuzugreifen, könnte die Verbindungszeichenfolge wie folgt lauten:

```
SqlConnection con = new SqlConnection();
con.ConnectionString = "Data Source=(local);" +
```

```
                    "Initial Catalog=Northwind;" +
                    "Integrated Security=sspi";
```

`Data Source` beschreibt den Rechner, auf dem sich die laufende SQL-Server-Instanz befindet. Hier können Sie den Rechnernamen und eine TCP/IP-Adresse eintragen. Handelt es sich dabei um den lokalen Rechner, dürfen Sie anstatt des Rechnernamens auch (`local`), `localhost` oder einen Punkt angeben – die beiden Letztgenannten allerdings ohne runde Klammern.

Auf einem Computer können durchaus mehrere Instanzen von SQL Server installiert sein. Das Codefragment oben greift auf die sogenannte *Standardinstanz* zu. Möchten Sie auf eine andere benannte Instanz zugreifen, geben Sie zuerst den Rechnernamen und darauf folgend einen Backslash (\) an. Dahinter folgt die Angabe der SQL-Server-Instanz. Hinter `Initial Catalog` ist die Datenbank angegeben, zum Schluss folgen noch Informationen zur Authentifizierung.

Gleichwertig können Sie auch dem parametrisierten Konstruktor des `Connection`-Objekts die Verbindungszeichenfolge übergeben:

```
SqlConnection con = new SqlConnection("Data Source=.;" +
                    "Initial Catalog=Northwind;" +
                    " Integrated Security=sspi");
```

Sie müssen nicht unbedingt alle Attribute verwenden. Das Attribut `Packet Size` wird beispielsweise nicht benutzt. Somit werden alle Daten auf der Verbindung in 8.192 Byte großen Paketen verschickt. Müssen große Datenmengen vom Server geladen werden, z. B. Bilder, können größere Pakete die Leistung durchaus deutlich steigern.

Die Authentifizierung

Soll die Verbindung zu einer Datenbank aufgebaut werden, muss sich der Anwender bei der Datenbank einloggen. Das `Connection`-Objekt benutzt hierfür die Authentifizierungsinformationen, die in der Verbindungszeichenfolge enthalten sind. Diese werden vom Datenbankserver überprüft.

SQL Server kennt zwei Verfahren zur Authentifizierung:

- **die integrierte Windows-Authentifizierung**
  Zur Authentifizierung benutzt SQL Server das Authentifizierungssystem von Windows. Mit Ausnahme der Benutzer mit administrativen Rechten muss der Datenbankadministrator für jeden anderen Benutzer eine entsprechende Datenbankanmeldung definieren.

- **die SQL-Server-Authentifizierung**
  Die SQL-Server-Authentifizierung basiert auf der internen Benutzerliste, die von SQL Server verwaltet wird. Die Liste enthält keine Windows NT-Benutzer. Benutzer

werden mithilfe des SQL Server Management Studios erstellt und konfiguriert. Den Benutzern werden die gewünschten Berechtigungen für die entsprechende Datenbank eingerichtet. (Hinweis: Bei der SQL Server Express Edition ist nur die Windows-Authentifizierung möglich.)

Die Authentifizierungsart können Sie bereits bei der Installation von SQL Server festlegen. Per Vorgabe ist die SQL-Server-Authentifizierung deaktiviert. Sie können aber auch einen gemischten Modus aus beiden Authentifizierungen wählen. Eine nachträgliche Änderung der Server-Authentifizierung erfolgt im SQL Server Management Studio. Markieren Sie hierzu die SQL-Server-Instanz, öffnen Sie über deren Kontextmenü die Eigenschaftsliste, und wählen Sie den Reiter SICHERHEIT.

Bei der integrierten Windows-Authentifizierung muss weder ein Benutzername noch ein Passwort explizit gesendet werden. Mit der Angabe von Integrated Security=sspi verwendet das System automatisch das Windows-Benutzerkonto des aktuellen Users, bestehend aus Benutzername und Passwort, und reicht es an SQL Server weiter. Vorausgesetzt, der Kontoinhaber hat ausreichende Rechte, kann damit die Verbindung zur Datenbank hergestellt werden.

Die SQL-Server-Authentifizierung setzt voraus, dass der Administrator von SQL Server ein Benutzerkonto mit Passwort eingerichtet hat. Sowohl der Benutzername als auch das Passwort müssen bei diesem Authentifizierungsverfahren in der Verbindungszeichenfolge stehen, beispielsweise folgendermaßen:

```
SqlConnection con = new SqlConnection();
con.ConnectionString = "Data Source=DBServer;" +
            "Initial Catalog=Northwind;" +
            "User ID=Testuser;" +
            "Password=26gf28";
```

SQL Server führt die Authentifizierung durch, indem er überprüft, ob ein SQL-Server-Anmeldekonto mit diesem Namen eingerichtet ist und ob das angegebene Kennwort stimmt. Falls die übermittelten Anmeldeinformationen falsch sind, misslingt die Authentifizierung, und der Benutzer erhält eine Fehlermeldung.

Es ist natürlich grundsätzlich nicht empfehlenswert, die Daten zur Benutzerauthentifizierung statisch in der Verbindungszeichenfolge zu speichern. Besser ist es, in einem Dialog den Anwender zur Eingabe von Benutzername und Passwort aufzufordern und mit diesen Informationen zur Laufzeit die Verbindungszeichenfolge zu bilden.

Änderung des Passwortes bei der SQL-Server-Authentifizierung
Bei der SQL-Server-Authentifizierung bilden Benutzername und Passwort eine Einheit, die den Zugriff auf Datenressourcen ermöglicht. Seit ADO.NET 2.0 und auch nur im Zusammenspiel mit SQL Server 2014 kann der Benutzer sein Passwort ändern, ohne

dass der Datenbankadministrator eingreifen muss. Hier hilft die statische Methode `ChangePassword` der Klasse `SqlConnection` weiter. Vorausgesetzt, es wurde zuvor mit bekannten Verbindungsinformationen die Verbindung zu der Datenbank geöffnet, kann unter vorheriger Angabe der alten Authentifizierungsinformationen (Benutzername und Kennwort) im zweiten Argument das neue Kennwort übermittelt werden.

```
SqlConnection con = new SqlConnection();
con.ConnectionString = "Data Source=DBServer;" +
                       "Initial Catalog=Northwind;" +
                       "User ID=Testuser;" +
                       "Password=26gf28";
con.Open();
SqlConnection.ChangePassword("User ID=Testuser;PWD=26gf28",
                       "4711password");
```

Diese Technik bietet sich besonders an, wenn das alte Kennwort abgelaufen ist.

Verbindungszeichenfolgen mit dem »SqlConnectionStringBuilder«-Objekt

Sie könnten nun auf die Idee kommen, dem Anwender einen Dialog anzubieten, in dem er seinen Benutzernamen und das Passwort einträgt. Nehmen wir weiter an, Sie wollen beide Angaben mittels einer Zeichenfolgenverknüpfung der Eigenschaft `ConnectionString` hinzufügen. Die Idee ist sehr schlecht, denn es besteht die Gefahr, dass »böse Buben« in einem der Eingabefelder zusätzliche Parameter eintragen (Stichwort: SQL-Injection). In Abbildung 37.2 wird das gezeigt. Im Extremfall kann dies zu Sicherheitsproblemen führen.

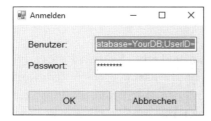

Abbildung 37.2 Böswillige Manipulation der Verbindungszeichenfolge

Neben der beabsichtigten Böswilligkeit könnte der Anwender aber auch Zeichen gewählt haben, die in der Verbindungszeichenfolge eine besondere Bedeutung haben, beispielsweise ; oder =. Die Eingabe dieser Zeichen würde zu einer Fehlermeldung führen.

Um diesen Problemen aus dem Weg zu gehen, benutzen Sie die Klasse `SqlConnectionStringBuilder`. Diese Klasse stellt für alle Attribute der Verbindungszeichenfolge Eigenschaften zur Verfügung, denen Sie nur noch die passenden Werte zuweisen müssen. Das Ergebnis wird der Eigenschaft `ConnectionString` des `SqlConnection`-

StringBuilder-Objekts zugeführt. Sie müssen diese Eigenschaft am Ende nur noch dem Konstruktoraufruf von SqlConnection übergeben.

```
SqlConnectionStringBuilder conBuilder = new SqlConnectionStringBuilder();
conBuilder.DataSource = ".";
conBuilder.InitialCatalog = "Northwind";
conBuilder.UserID = "Testuser";
conBuilder.Password = "26gf28";
SqlConnection con = new SqlConnection(conBuilder.ConnectionString);
```

Lassen Sie sich die erzeugte Verbindungszeichenfolge im Befehlsfenster ausgeben, wird Folgendes angezeigt:

```
Data Source=.;Initial Catalog=Northwind;User ID=Testuser;Password=26gf28
```

37.3.3 Öffnen und Schließen einer Verbindung

Das Instanziieren der Klasse SqlConnection und Bekanntgeben der Verbindungszeichenfolge reichen noch nicht aus, um die Verbindung zu einer Datenbank zu öffnen und auf deren Daten zuzugreifen. Dazu muss noch die Methode Open auf das Connection-Objekt aufgerufen werden:

```
SqlConnection con = new SqlConnection("Data Source=localhost;" +
      "Initial Catalog=Northwind;" +
      "Trusted_Connection=yes");
con.Open();
```

Weist die Verbindungszeichenfolge keinen Fehler auf, können Sie nun auf die Daten von *Northwind* zugreifen. Es gibt allerdings eine Reihe potenzieller Fehlerquellen, die zu einem Laufzeitfehler beim Verbindungsaufbau führen können:

▶ Ein Fehler befindet sich in der Verbindungszeichenfolge.
▶ Der Anwender hat keine Zugriffsrechte auf die Datenbank.
▶ SQL Server ist nicht gestartet.
▶ Der Rechner, auf dem die SQL-Server-Instanz läuft, ist im Netzwerk nicht erreichbar.

Sie sollten daher das Öffnen einer Datenbankverbindung immer in einen Fehlerbehandlungsblock einschließen.

```
try {
  SqlConnection con = new SqlConnection(...);
  con.Open();
}
catch(Exception e) {
```

```
    // Anweisungen
}
```

Wenn in diesem Buch in den folgenden Codebeispielen auf die Fehlerbehandlung verzichtet wird, dient dies dazu, den Programmcode übersichtlich zu halten.

Versuchen Sie, ein bereits geöffnetes `SqlConnection`-Objekt ein zweites Mal zu öffnen, wird die Ausnahme `InvalidOperationException` ausgelöst. Sollten Sie sich über den Zustand der Verbindung nicht im Klaren sein, können Sie sie mit der Eigenschaft `State` abfragen:

```
if(con.State == ConnectionState.Closed)
  con.Open();
```

Obwohl die Enumeration `ConnectionState` insgesamt sechs verschiedene Zustände beschreibt, sind aktuell nur zwei, nämlich `Closed` und `Open`, abfragbar. Alle anderen sind für zukünftige Versionen reserviert.

Die Verbindung schließen

Man könnte der Meinung sein, dass eine geöffnete Verbindung geschlossen wird, wenn das `Connection`-Objekt aufgegeben wird. Das wäre z. B. der Fall, wenn die Referenz des `Connection`-Objekts auf `null` gesetzt wird oder die Objektvariable ihren Gültigkeitsbereich verlässt. Das stimmt aber nur aus Sicht des zugreifenden Prozesses, denn tatsächlich werden auch auf dem Datenbankserver Ressourcen für die Verbindung reserviert, die nicht freigegeben werden, wenn das `Connection`-Objekt nur aufgegeben, aber noch nicht vom Garbage Collector bereinigt wird. Stellen Sie sich dazu vor, Sie hätten den folgenden Code im `Click`-Ereignis einer Schaltfläche programmiert:

```
private void button1_Click(object sender, EventArgs e)
{
  SqlConnection con = new SqlConnection(...);
  con.Open();
}
```

Das `SqlConnection`-Objekt wird innerhalb des Ereignishandlers erzeugt. Anschließend wird die Verbindung geöffnet. Mit dem Öffnen werden auch Ressourcen auf SQL Server für die Verbindung reserviert. Obwohl das clientseitige Objekt nach dem Verlassen des Handlers `null` ist, nimmt der Datenbankserver von dieser Tatsache keine Notiz. Er wird weiterhin die Verbindung als geöffnet betrachten. Sie können das sehr schön sehen, wenn Sie im SQL Server Management Studio das Tool *SQL Server Profiler* öffnen und eine Ablaufverfolgung starten. Klicken Sie mehrfach auf die Schaltfläche, wird der Datenbankserver auch mehrere Verbindungen als Log-in registrieren, ohne dass es zu einem Log-out kommt. Erst nach dem Schließen der Anwendung werden auch alle Verbindungen seitens der Datenbank geschlossen (siehe Abbildung 37.3).

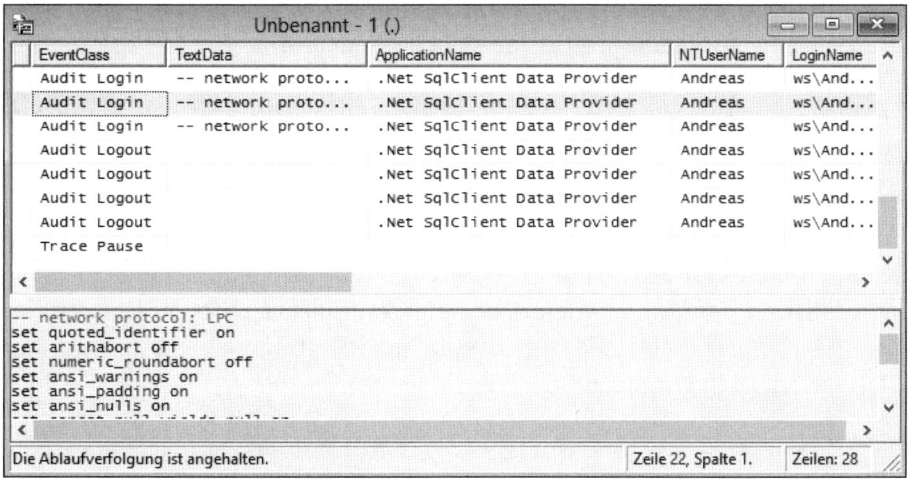

Abbildung 37.3 Die Ablaufverfolgung im Tool SQL Server Profiler

Sie sollten daher immer so schnell wie möglich eine geöffnete Verbindung durch Aufruf der `Close`-Methode auf das `Connection`-Objekt wieder schließen.

```
[...]
con.Open();
// Anweisungen
con.Close();
```

In unserem Beispiel mit der Schaltfläche wurde zu keinem Zeitpunkt `Close` aufgerufen. Dass dennoch spätestens beim Beenden der Anwendung die Datenbankressourcen für die Verbindungen freigegeben werden, liegt daran, dass der Garbage Collector mit dem Schließen der Windows-Anwendung implizit die `Close`-Methode aufruft. Der Aufruf von `Close` auf eine geschlossene Verbindung löst übrigens keine Exception aus.

Die Möglichkeiten zum Schließen einer Datenbankverbindung sind damit aber noch nicht ausgeschöpft. Sie können auch die Methode `Dispose` des `SqlConnection`-Objekts aufrufen, die ihrerseits implizit `Close` aufruft. Sie sollten sich aber darüber bewusst sein, dass Sie das Verbindungsobjekt damit endgültig aus dem Speicher entfernen.

Kurzlebige Ressourcen können auch innerhalb eines `using`-Blocks geöffnet werden, so auch das `SqlConnection`-Objekt:

```
using(SqlConnection con = new SqlConnection())
{
  [...]
  con.Open();
  [...]
}
```

using stellt sicher, dass die Dispose-Methode am Ende des Blocks aufgerufen wird, selbst wenn eine Ausnahme auftritt, die nicht behandelt wird.

Die Dauer des Verbindungsaufbaus

Standardmäßig wird 15 Sekunden lang versucht, die Verbindung aufzubauen. Verstreicht diese Zeit, ohne dass der Datenbankserver erreicht wird, wird eine Ausnahme ausgelöst. Äußere Umstände wie die Netzwerk- oder Serverbelastung können dazu führen, dass diese Zeitspanne unter Berücksichtigung aller Umstände zu knapp bemessen ist. In der Verbindungszeichenfolge kann daher mithilfe des Attributs Connect Timeout (bzw. Connection Timeout) eine andere Zeitspanne eingestellt werden. Die Angabe erfolgt in Sekunden:

```
SqlConnection con = new SqlConnection("Data Source=localhost;" +
    "Initial Catalog=Northwind;" +
    "Connect Timeout=30;" +
    "Trusted_Connection=yes");
```

Das SqlConnection-Objekt verfügt auch über eine Eigenschaft ConnectionTimeout, die allerdings schreibgeschützt ist. Ihr kann daher auch keine vom Standard abweichende Zeitspanne zugewiesen werden. Somit verbleibt Ihnen nur, eine etwaige Änderung der Standardvorgabe über die Verbindungszeichenfolge vorzunehmen.

Wie lange sollte eine Verbindung geöffnet bleiben?

Grundsätzlich sollte eine Verbindung so schnell wie möglich wieder geschlossen werden, um die dafür beanspruchten Ressourcen eines Datenbankservers möglichst gering zu halten. Im Zusammenhang mit mehrschichtigen Anwendungen (ASP.NET, Webservices), bei denen man davon ausgehen kann, dass zu einem gegebenen Zeitpunkt sehr viele User gleichzeitig Dateninformationen bearbeiten wollen, ist diese Grundregel immer zu beherzigen.

Etwas anders könnte die Argumentation ausfallen, wenn es sich bei dem Client um ein Windows-Programm handelt, aus dem heraus die Datenbank direkt ohne Zwischenschaltung einer weiteren Schicht auf die Datenressourcen zugreift. Nehmen wir an, dass zur Laufzeit des Programms immer wieder Daten abgerufen und geändert werden und nicht sehr viele Anwender gleichzeitig dieses Programm einsetzen. Sie haben dann die Wahl, sich zwischen zwei Strategien zu entscheiden:

1. Sie lassen die Verbindung offen. Damit beansprucht das Programm während der gesamten Laufzeit den Datenbankserver, ist jedoch hinsichtlich der Performance optimal ausgerüstet.
2. Sie öffnen die Verbindung nur, wenn Sie Befehle gegen die Datenbank absetzen, und schließen die Verbindung anschließend umgehend. Die Datenbank ist dann

nicht so belastet wie bei einer permanent geöffneten Verbindung, Sie bezahlen diesen Vorteil aber mit einem Performanceverlust.

An dieser Stelle sei bereits darauf hingewiesen, dass einige ADO.NET-Objekte Ihnen nur eine eingeschränkte Entscheidungsfreiheit zugestehen. Hier sei die `Fill`-Methode des `SqlDataAdapter`-Objekts als Beispiel angeführt, die Sie später noch kennenlernen.

Es kann keinen auf alle denkbaren Einsatzfälle projizierbaren Tipp geben, um Ihnen die Entscheidung abzunehmen. Zu viele Kriterien können dafür entscheidend sein. Wenn Sie keine Entscheidungstendenz erkennen, sollten Sie das Verhalten von Anwendung und Datenbankserver zumindest in einer simulierten Realumgebung einfach testen.

37.3.4 Das Verbindungspooling

Stellen Sie sich eine Datenbank im Internet vor. Es könnte sich dabei beispielsweise um eine Datenbank handeln, in der die Angebote eines Touristikunternehmens enthalten sind. Man kann davon ausgehen, dass sich innerhalb einer kurzen Zeitspanne mehrere Anwender über die Angebote des Touristikunternehmens informieren wollen. Das ständige Auf- und Abbauen der Verbindungen ist jedoch nachteilig, denn mit jedem Aufbau und Abbau einer physischen Verbindung werden die Ressourcen belastet, was zu einer schlechteren Antwortzeit des Datenbankservers führt.

Um die Leistung von Datenbankanwendungen zu verbessern, unterstützt ADO.NET das Konzept der Verbindungspools. Eben wurde noch gesagt, dass mit dem Aufruf der Methode `Close` die Verbindung zu der Datenbank geschlossen wird. Wollen wir präzise sein, stimmt diese Aussage nicht (wenn man von den Standardeinstellungen ausgeht). `Close` bewirkt lediglich, dass die Verbindung in einen Pool geschoben wird. Die physische Verbindung bleibt auch dann bestehen, wenn das `SqlConnection`-Objekt aufgegeben wird.

Ein Verbindungspool beherbergt nur Verbindungen, die exakt dieselbe Verbindungszeichenfolge aufweisen. Unterscheidet sich diese, wird ein neuer, zusätzlicher Pool eröffnet. Versucht ein Client, die Verbindung mit einer Datenbank herzustellen, werden zunächst alle vorhandenen Pools daraufhin untersucht, ob es nicht bereits einen Pool mit einer passenden Verbindung gibt. Wenn ja, wird sie dem anrufenden Client zugeordnet, wenn nicht, wird die angeforderte Verbindung neu erstellt. Der Client bearbeitet auf dieser Verbindung die Daten und kann sie am Ende mit `Close` wieder aufgeben. In jedem Fall wird die Verbindung danach einem Pool zugeführt.

Ein Verbindungspool beherbergt nur Datenbankverbindungen, deren Verbindungszeichenfolge identisch ist. Für jeden Client, der nicht aus einem vorhandenen Verbindungspool versorgt werden kann, wird eine neue Verbindung erstellt. Bei stark frequentierten Datenbanken würde das auf die Dauer zu einem inakzeptablen Anwachsen des Pools führen. Daher wird eine Verbindung aus dem Pool gelöscht, wenn sie eine bestimmte Zeit nicht mehr aktiviert worden ist. Standardmäßig ist das nach ca. fünf Minuten der Fall.

ADO.NET gestattet es Ihnen, das Poolen der Verbindungen zu steuern. Sie können sowohl die maximale als auch die minimale Poolgröße festlegen, gepoolte Verbindungen manuell freigeben und das Verbindungspooling sogar deaktivieren.

Beispiel für ein Verbindungspooling

Wir wollen uns das Poolen jetzt an einem Beispiel verdeutlichen. Dazu wird im folgenden Code eine Verbindung zehnmal angefordert.

```
class Program
{
  static void Main(string[] args)
  {
    SqlConnection con = new SqlConnection(
            "Data Source=.;" +
            "Initial Catalog=Northwind;" +
            "Integrated Security=sspi");
// Verbindung zehnmal öffnen und schließen
    for (int i = 0; i < 10; i++) {
      con.Open();
      con.Close();
      Thread.Sleep(100);
    }
    Console.ReadLine();
  }
}
```

Listing 37.1 Beispielprogramm »Verbindungspooling«

Weiter oben in diesem Kapitel haben wir bereits das Tool SQL Server Profiler aus dem SQL Server Management Studio eingesetzt, um uns von den Auswirkungen der Methode `Close` zu überzeugen. Natürlich spielte auch bei diesen Beispielen das Verbindungspooling eine Rolle, musste aber zum grundlegenden Verständnis der `Close`-Methode noch nicht berücksichtigt werden.

Nun verwenden wir den Profiler, um das Poolen von Verbindungen zu erleben. In Abbildung 37.4 sehen Sie die Aufzeichnung nach dem Ausführen des Beispielprogramms *Verbindungspooling*. Beachten Sie, dass im Code zwar zehnmal eine Verbindung aufgebaut wird, aber dennoch nur ein Log-in- und ein abschließendes Log-out-Ereignis auftreten. Dies geschieht, weil jede Verbindung nach dem Öffnen und dem sich anschließenden Schließen mit `Close` zwar aus Sicht des Clients geschlossen wird, tatsächlich jedoch in einen Pool wandert, aus dem sie bei jedem weiteren Schleifendurchlauf mit `Open` wieder in Anspruch genommen wird.

37.3 Die Verbindung zu einer Datenbank herstellen

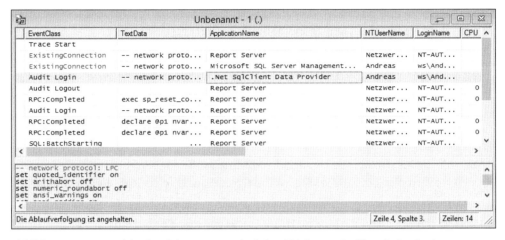

Abbildung 37.4 Das Ablaufverfolgungsprotokoll des SQL Server Profilers beim Poolen

Deaktivieren des Verbindungspoolings

Standardmäßig ist das Pooling aktiviert. Um es zu deaktivieren, ergänzen Sie die Verbindungszeichenfolge wie folgt:

```
SqlConnection con = new SqlConnection(
                "Data Source=.;" +
                "Initial Catalog=Northwind;" +
                "Integrated Security=sspi;" +
                "Pooling=False");
```

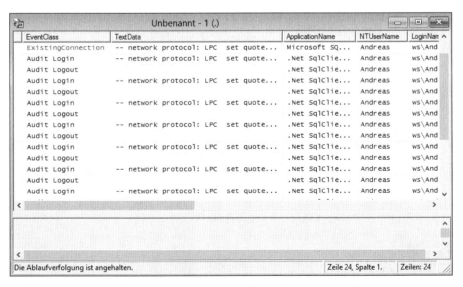

Abbildung 37.5 Das Ablaufverfolgungsprotokoll des SQL Server Profilers, wenn das Poolen abgeschaltet ist

1005

Erzeugen Sie die Verbindungszeichenfolge mit einem SqlConnectionStringBuilder-Objekt, so legen Sie dessen Eigenschaft Pooling auf False fest.

In SQL Server Profiler kann der Effekt, den das Abschalten des Poolings nach sich zieht, wieder anschaulich beobachtet werden. Für jedes Verbindungsgesuch werden ein Log-in- und ein Log-out-Ereignis protokolliert. Abbildung 37.5 zeigt das Protokoll des Beispiels *Verbindungspooling*, nunmehr jedoch mit ausgeschaltetem Pooling.

Beeinflussen der Verbindungspoolgröße

Sowohl die Maximalgröße als auch die Minimalgröße eines Verbindungspools lassen sich steuern. Per Vorgabe ist die Minimalgröße auf 0 festgelegt, die Maximalgröße auf 100 gepoolte Verbindungen.

Betrachten wir zuerst die Minimalgröße etwas genauer. Fordert ein Client eine Verbindung an, die sich in keinem Pool befindet, und ist die Minimalgröße auf 10 Verbindungen festgelegt, werden über die angeforderte Verbindung hinaus neun weitere geöffnet und im Pool abgelegt. Es gibt dann also mindestens zehn Verbindungen im Pool. Diese bedienen eventuell anfordernde Clients. Sind mehr Verbindungen notwendig, wird der Pool vergrößert, aber die Mindestanzahl wird nicht mehr unterschritten, auch wenn zeitweise keine Verbindung mehr benötigt wird. Die Lebensdauer von ca. fünf Minuten, die ansonsten für gepoolte Verbindungen gilt, betrifft nicht die zehn Verbindungen, die zur Sicherung der Mindestpoolgröße erforderlich sind.

Die Festlegung der Maximalpoolgröße gewährleistet, dass ein Datenbankserver zu Spitzenzeiten nicht überstrapaziert wird. Zu einem gegebenen Zeitpunkt könnte der Pool ausgeschöpft sein, weil alle darin enthaltenen Verbindungen aktiv von Clients beansprucht werden. Kommt es dann zu einem weiteren Verbindungsgesuch, wird versucht, für die Zeitspanne, die in Connect Timeout festgelegt ist, dem anfordernden Client eine Verbindung bereitzustellen. Gelingt das nicht innerhalb der Zeitspanne, wird eine Exception (InvalidOperation-Exception) ausgelöst.

Zur Festlegung der minimalen und maximalen Verbindungspoolgröße dienen uns wieder zwei Attribute in der Verbindungszeichenfolge: Min Pool Size und Max Pool Size. Passend dazu werden von einem SqlConnectionStringBuilder-Objekt die beiden Eigenschaften MinPoolSize und MaxPoolSize angeboten.

```
SqlConnection con = new SqlConnection(
            "Data Source=wsak\\SQL2008;" +
            "Initial Catalog=Northwind;" +
            "Integrated Security=sspi;" +
            "Min Pool Size=5;Max Pool Size=200");
```

Freigabe gepoolter Verbindungen

Gepoolte Verbindungen können mit den beiden statischen Methoden ClearPool und ClearAllPools freigegeben werden.

Die Methode `ClearPool` erwartet als Argument ein `SqlConnection`-Objekt.

`SqlConnection.ClearPool(con);`

Das `Connection`-Objekt ist notwendig, weil die Methode daraus die Verbindungszeichenfolge bezieht, um zu wissen, in welchem Verbindungspool die Verbindungen aufgegeben werden sollen. Dabei handelt es sich nur um die freien Verbindungen und nicht um die, die in diesem Moment aktiv sind, also von anderen Clients beansprucht werden.

Die Methode `ClearAllPools` definiert keinen Parameter. Sie löscht alle freien Verbindungen in den Verbindungspools.

37.3.5 Die Ereignisse eines »Connection«-Objekts

Mit `InfoMessage` und `StateChange` besitzt das `SqlConnection`-Objekt nur zwei Ereignisse.

Das Ereignis »InfoMessage«

Bei auftretenden Problemen gibt SQL Server eine Informationsmeldung an den Aufrufer zurück, die das Problem beschreibt. Ein Problem kann mehr oder weniger schwerwiegend sein. Um das genauer zu beschreiben, unterscheidet SQL Server Fehler in ihrem Schweregrad und definiert dazu 25 Stufen. Die Schweregrade 0 bis 10 stehen ausschließlich für Informationsmeldungen zur Verfügung. Fehler des Schweregrads 11 bis 16 kann ein Anwender selbst beheben, ab Schweregrad 17 muss der Datenbankadministrator aktiv werden.

Das `InfoMessage`-Ereignis wird ausgelöst, wenn SQL Server eine Meldung mit einem Schweregrad von 10 oder weniger zurückgibt. Im folgenden Beispiel wird die Anweisung `PRINT` an SQL Server geschickt. Die hinter `PRINT` angeführte Zeichenfolge wird von der Datenbank als Informationsquelle an den Client gesendet, was zur Auslösung des `InfoMessage`-Ereignisses führt. Die Servermeldung wird der Eigenschaft `Message` des `Args`-Objekts entnommen. Wenn Sie sich den Programmcode dieses Beispiels ansehen, sollten Sie die Anweisungen nach dem Öffnen der Verbindung ignorieren, da Sie die dazu notwendigen Informationen erst im nächsten Abschnitt erhalten.

```
class Program
{
  static void Main(string[] args)
  {
    SqlConnection con = new SqlConnection();
    con.ConnectionString = "...";
    con.InfoMessage += new SqlInfoMessageEventHandler(con_InfoMessage);
    con.Open();
    SqlCommand cmd = con.CreateCommand();
```

```
        cmd.CommandText = "PRINT 'Informationsmeldung'";
        cmd.ExecuteNonQuery();
        con.Close();
        Console.ReadLine();
    }
    static void con_InfoMessage(object obj,SqlInfoMessageEventArgs e)
    {
        Console.WriteLine("Meldung vom Server: {0}", e.Message);
    }
}
```

Listing 37.2 Beispielprogramm »InfoMessageEvent«

Das `InfoMessage`-Ereignis wird normalerweise nur bei Informations- und Warnmeldungen des Servers ausgelöst. Bei einem tatsächlichen Fehler wird eine Ausnahme ausgelöst. Das könnte im Zusammenhang mit den Methoden `ExecuteNonQuery` oder `ExecuteReader`, die wir im nächsten Abschnitt behandeln, der Fall sein.

Wollen Sie die Verarbeitung der restlichen Anweisungen unabhängig von den vom Server erzeugten Fehlern dennoch fortsetzen, legen Sie die `FireInfoMessageEventOnUserErrors`-Eigenschaft des `SqlConnection`-Objekts auf true fest. Bei dieser Vorgehensweise wird beim Auftreten von Fehlern von der Verbindung das `InfoMessage`-Ereignis ausgelöst, anstatt eine Ausnahme auszulösen und die Verarbeitung zu unterbrechen.

Das Ereignis »StateChange«

Das Ereignis `StateChange` tritt auf, wenn sich die `State`-Eigenschaft ändert. Im Ereignishandler können Sie die Eigenschaften `OriginalState` und `CurrentState` des Args-Objekts auswerten, um den alten und neuen Zustand der Verbindung zu überprüfen.

```
class Program
{
  static void Main(string[] args) {
    SqlConnection con = new SqlConnection();
    con.ConnectionString = "...";
    con.StateChange +=
        new StateChangeEventHandler(con_StateChange);
    con.Open();
    con.Close();
    Console.ReadLine();
  }
  static void con_StateChange(object obj,
                              StateChangeEventArgs e) {
    Console.Write("Zustand: von {0}",
```

```
                    e.OriginalState.ToString());
    Console.WriteLine(" nach {0}",
                    e.CurrentState.ToString());
  }
}
```

Listing 37.3 Beispielprogramm »StateChangeEvent«

37.3.6 Verbindungszeichenfolgen aus einer Konfigurationsdatei abrufen

Bisher haben wir die Verbindungszeichenfolgen immer im Code geschrieben (und werden es auch weiterhin tun). Das spiegelt die Anforderungen in der täglichen Praxis nicht wider, denn Sie werden nur selten eine Datenbankanwendung entwickeln, die unter Einbeziehung der Produktionsserverdatenbank getestet wird. Stattdessen werden Sie bestenfalls mit einer Kopie der Datenbank arbeiten, die sich auf einem anderen Rechner befindet und somit eine andere Verbindungszeichenfolge erfordert als die Produktionsdatenbank. Nach dem bisherigen Kenntnisstand bedeutet dies, dass Sie nach dem erfolgreichen Testen und vor Auslieferung und Installation der Anwendung die Verbindungsinformationen abschließend ändern und noch einmal kompilieren müssen.

Auch ein anderes typisches Szenario ist denkbar: Die Produktionsdatenbank wird »verschoben«, beispielsweise auf einem anderen Rechner installiert, oder der Rechner, auf dem die Datenbank installiert ist, erhält eine andere TCP/IP-Adresse. Auch hier muss die Anwendung neu kompiliert werden, um mit der neuen Verbindungszeichenfolge den Zugriff auf die Dateninformationen zu gewährleisten.

Eine gute Lösung ist es, die Verbindungszeichenfolge isoliert zu betrachten. .NET bietet mit den Konfigurationsdateien dazu die passende Lösung an. Konfigurationsdateien gibt es auf mehreren Ebenen: beispielsweise die Maschinenkonfigurationsdatei für eine lokale Maschine oder die Anwendungskonfigurationsdatei für ein bestimmtes Programm. Konfigurationsdateien werden, soweit vorhanden, vor dem Starten einer .NET-Anwendung ausgewertet. Verbindungszeichenfolgen lassen sich in Konfigurationsdateien hinterlegen. Der Vorteil dabei ist, dass eine Verbindungszeichenfolge ohne Neukompilierung der Anwendung geändert werden kann, sogar mit jedem einfachen Texteditor, denn Konfigurationsdateien sind XML-Dateien.

An einem Beispiel werden wir Ihnen zeigen, wie Sie nicht nur eine Anwendungskonfigurationsdatei hinsichtlich der Verbindungszeichenfolge auswerten können, sondern auch, wie Sie mittels Programmcode in die Konfigurationsdatei schreiben.

```
class Program
{
  static void Main(string[] args)
  {
```

```csharp
        ConnectionStringSettings setting =
            ConfigurationManager.ConnectionStrings["SQL2014"];
        // Prüfen, ob es in der Konfigurationsdatei einen
        // Eintrag 'SQL2014' gibt
      if (setting == null) {
        setting = new ConnectionStringSettings();
        setting.Name = "SQL2014";
        setting.ConnectionString = "Data Source=.;Initial Catalog=Northwind;" +
                                   "Integrated Security=sspi";
        Configuration config = ConfigurationManager.OpenExeConfiguration
               (ConfigurationUserLevel.None);
        config.ConnectionStrings.ConnectionStrings.Add(setting);
        config.Save();
      }
      SqlConnection con = new SqlConnection(setting.ConnectionString);
      con.Open();
      Console.WriteLine("Verbindung geöffnet");
      con.Close();
      Console.ReadLine();
    }
}
```

Listing 37.4 Beispielprogramm »ConnectionstringInAppConfig«

Beachten Sie bitte, dass Sie die Bibliothek *System.Configuration.dll* unter VERWEISE einbinden müssen. Im Code wird zuerst überprüft, ob es in der Anwendungskonfigurationsdatei einen Eintrag namens SQL2014 gibt. Wenn nicht, wird er angelegt und eine Verbindungszeichenfolge definiert. Sollte es noch keine Anwendungskonfigurationsdatei geben, wird diese im Code erzeugt. Danach wird der entsprechende Eintrag aus der Konfigurationsdatei als Argument dem SqlConnection-Konstruktoraufruf übergeben.

Nun sollten wir uns auch noch die Anwendungskonfigurationsdatei ansehen.

```xml
<?xml version="1.0" encoding="utf-8"?>
<configuration>
    [...]
    <connectionStrings>
        <add name="SQL2014"
             connectionString="Data Source=.;
                               Initial Catalog=Northwind;
                               Integrated Security=sspi" />
    </connectionStrings>
</configuration>
```

Anwendungskonfigurationsdateien werden standardmäßig im Verzeichnis der ausführbaren Programmdatei (*.exe*-Datei) gespeichert. Der Dateibezeichner lautet genauso wie der Dateibezeichner der ausführbaren Datei, ergänzt um *.config*. Innerhalb des Stammelements <configuration> kann eine Vielzahl auswertbarer untergeordneter Elemente definiert werden, zu denen auch <connectionStrings> zählt. Jeder Eintrag einer Verbindungszeichenfolge wird mit dem Element <add> eingeleitet, das sich <connectionStrings> unterordnet. <add> definiert drei Attribute, von denen zwei zwingend angegeben werden müssen: connectionString und name. Das dritte, providerName, ist optional und hat die Standardeinstellung System.Data.SqlClient. Es gestattet, den Datenprovider für die beschriebene Verbindungszeichenfolge festzulegen.

Ändert sich im laufenden Betrieb die Verbindungszeichenfolge, beispielsweise wegen einer Änderung der TCP/IP-Adresse des Datenbankservers, passen Sie die Verbindungszeichenfolge in der Konfigurationsdatei entsprechend an. Eine Neukompilierung der Anwendung mit nachfolgender Neuverteilung ist nicht notwendig.

37.3.7 Die Klasse »SqlConnection« im Überblick

An dieser Stelle stellen wir Ihnen alle wichtigen Eigenschaften und Methoden der Klasse SqlConnection vor, die mit dem Aufbau einer Datenbankverbindung in Zusammenhang stehen. Darüber hinaus verfügt die Klasse über Fähigkeiten, das Schema einer Datenbank zu erkunden, und ist Ausgangspunkt von Transaktionen.

Eigenschaften eines »Connection«-Objekts

Eigenschaft	Beschreibung
ConnectionString	Enthält alle Informationen zum Verbindungsaufbau.
ConnectionTimeout	(schreibgeschützt) Ruft die Zeitspanne ab, die dem Versuch zum Aufbau der Verbindung zu einer Datenquelle zugestanden wird.
Database	(schreibgeschützt) Bei Datenquellen, die mehrere Datenbanken unterstützen (z. B. SQL Server), liefert diese Eigenschaft den Namen der Datenbank.
DataSource	(schreibgeschützt) Liefert den Namen des Rechners, auf dem der Server installiert ist.
FireInfoMessageEventOnUserErrors	Legt fest, ob das Ereignis InfoMessage beim Auftreten von Exceptions ausgelöst wird.

Tabelle 37.2 Die Eigenschaften eines »Connection«-Objekts

Eigenschaft	Beschreibung
PacketSize	(schreibgeschützt) Gibt die verwendete Paketgröße für die Kommunikation mit dem Datenbankserver über das Netzwerk zurück.
ServerVersion	(schreibgeschützt) Liefert die Versionsnummer des verwendeten Servers. Das Abrufen dieser Eigenschaft ist beispielsweise dann sinnvoll, wenn ein bestimmtes Feature erst ab einer bestimmten Version zur Verfügung steht.
State	(schreibgeschützt) Beschreibt den aktuellen Zustand der Verbindung.
StatisticsEnabled	Legt fest, ob die Statistikdatenerhebung für die Verbindung aktiviert ist. Die Vorgabe ist false.
WorkstationID	(schreibgeschützt) Gibt den Netzwerknamen des Clientrechners zurück.

Tabelle 37.2 Die Eigenschaften eines »Connection«-Objekts (Forts.)

Methoden des »Connection«-Objekts

Die primäre Aufgabe eines Connection-Objekts ist das Öffnen und Schließen einer Datenbankverbindung. Dazu dienen die Methoden Open und Close. Damit sind aber noch nicht alle Fähigkeiten angesprochen.

Einige Datenbankserver, beispielsweise SQL Server, unterstützen mehrere Datenbanken. Arbeiten Sie mit SQL Server, müssen Sie zum Wechsel der Datenbank den USE-Befehl verwenden:

```
USE Northwind
```

Im folgenden Abschnitt werden Sie lernen, wie ein Befehl gegen eine Datenbank abgesetzt wird. Es sei an dieser Stelle vorab und ohne weitere Erklärung gezeigt:

```
SqlCommand cmd = con.CreateCommand();
cmd.CommandText = "USE Northwind";
cmd.ExecuteNonQuery();
```

Mit der Methode ChangeDatabase des Connection-Objekts erreichen Sie das Gleiche deutlich einfacher. Vorausgesetzt wird dabei nur eine geöffnete Verbindung.

```
con.Open();
con.ChangeDatabase("Northwind");
```

In Tabelle 37.3 sind die Methoden eines SqlConnection-Objekts aufgeführt. Sie werden darin u. a. mit BeginTransaction, CreateCommand und GetSchema Methoden finden, die weitere Fähigkeiten eines Verbindungsobjekts kennzeichnen, aber nicht mit dem Erstellen einer Verbindung in Zusammenhang stehen.

Methode	Beschreibung
BeginTransaction	Leitet eine Transaktion ein.
ChangeDatabase	Wechselt die Datenbank auf einer geöffneten Verbindung.
ClearAllPools	Löscht alle freien Verbindungen in allen Pools.
ClearPool	Löscht alle freien Verbindungen in dem Pool, der der angegebenen Verbindungszeichenfolge entspricht.
Close	Schließt die Verbindung zu einer Datenbank.
CreateCommand	Erstellt ein SqlCommand-Objekt.
EnlistTransaction	Trägt die Verbindung manuell in eine Transaktion ein.
GetSchema	Gibt die Struktur einer Datenbank zurück.
Open	Öffnet die Verbindung zu einer Datenbank.
ResetStatistics	Setzt die Statistikdaten für die aktuelle Verbindung zurück.
RetrieveStatistics	Gibt die Statistikdaten für die aktuelle Verbindung zurück.

Tabelle 37.3 Methoden eines »SqlConnection«-Objekts

37.3.8 Verbindungen mit dem OleDb-Datenprovider

Im Gegensatz zum SqlClient-Datenprovider, der nur den Zugriff auf SQL Server ermöglicht, ist der OleDb-Datenprovider flexibel einsetzbar. Sie können ihn zur Kommunikation mit SQL Server benutzen. Er unterstützt aber gleichzeitig auch alle anderen OLE-DB-Datenbanken, zu denen beispielsweise Oracle und Access zählen.

Prinzipiell ändert sich nur wenig, wenn Sie anstelle des SqlClient-Datenproviders den OleDb-Provider einsetzen. Sie sollten aber daran denken, vorher den richtigen Namespace bekannt zu geben:

```
using System.Data.OleDb;
```

Zum Aufbau einer Verbindung benötigt auch der OleDb-Provider ein Connection-Objekt. Der exakte Name der Klasse lautet, angelehnt am ausgewählten Provider, OleDbConnection. Die Verbindungszeichenfolge wird ebenfalls entweder über den parametrisierten Konstruktor oder über die Eigenschaft ConnectionString bereitgestellt. Die Attribute der Verbindungszeichenfolge gleichen denen des SqlClient-Datenproviders, werden jedoch noch um das Attribut Provider ergänzt, mit dem die

Datenquelle genauer zu spezifizieren ist. In Tabelle 37.4 sind die wichtigsten Attribute aufgeführt.

Wert	Beschreibung
SQLOLEDB	der SQL-Server-Datenprovider
Microsoft.Jet.OLEDB.4.0	Datenprovider der Jet-Datenbanken (MS Access)
MSDAORA	OleDb-Datenprovider für Oracle

Tabelle 37.4 Werte des Attributs »Provider« (Auszug)

In Tabelle 37.4 ist ein Wert für den Zugriff auf ODBC-Datenquellen nicht angegeben, denn für diese sollten die Klassen des Namespace System.Data.Odbc benutzt werden.

Verbindungsaufbau zu einer SQL-Server-Datenbank

Das folgende Codefragment zeigt, wie eine Verbindung zur Beispieldatenbank *Northwind* einer SQL-Server-Instanz hergestellt wird, die sich auf dem Rechner *wsak* befindet. Als OleDb-Provider dient der Providername SQLOLEDB. Der Authentifizierungsmodus ist bei diesem Codefragment die SQL-Server-Authentifizierung.

```
string strCon = "Provider=SQLOLEDB;Data Source=wsak;" +
                "Initial Catalog=Northwind;" +
                "User ID=testuser;" +
                "Password=2zz6sl3";
OleDbConnection con = new OleDbConnection(strCon);
con.Open();
[...]
con.Close();
```

Verbindungsaufbau zu einer Access-Datenbank

Um die Verbindung zu einer Access-Datenbank herzustellen, wird der spezifische Datenprovider *Microsoft.Jet.OLEDB.4.0* benutzt. Handelt es sich um eine andere Version der Datenbank, müssen Sie nur die Ziffern austauschen, die die Version beschreiben. Die Verbindungszeichenfolge sieht etwas anders aus als die, mit der Sie die Verbindung zu SQL Server herstellen. Hinter dem Attribut Data Source wird nun nicht mehr der Rechnername angegeben, sondern die Pfadangabe zur *.mdb*-Datei, da es sich um eine dateibasierte Datenbank handelt.

```
OleDbConnection con = new OleDbConnection();
con.ConnectionString = @"Provider=Microsoft.Jet.OLEDB.4.0;" +
                        "Data Source=C:\FPNWIND.mdb";
con.Open();
```

Um die Verbindung genauer zu beschreiben, steht eine Reihe weiterer Schlüsselwörter zur Verfügung. Sie können diese der *Microsoft Data Access SDK* entnehmen.

37.4 Die Datenbankabfrage

Grundlage einer Datenbankabfrage ist die Verbindung zu der Datenquelle. Wie Sie das `SqlConnection`-Objekt dafür erzeugen, hat der letzte Abschnitt gezeigt. Nun gehen wir den nächsten Schritt und wollen uns damit beschäftigen, wie Daten aus der Datenbank abgerufen werden. Damit wird auch in einem Zug erklärt, wie Daten in der Originaldatenbank verändert, hinzugefügt und gelöscht werden. Für solche Operationen stellt ADO.NET eine weitere Klasse zur Verfügung, die je nach eingesetztem Datenprovider `SqlCommand`, `OleDbCommand` oder `OdbcCommand` heißt. `Command`-Objekte gehören zur Gruppe derjenigen Objekte, die auf die Verbindung zum Datenbankserver angewiesen sind.

Neben der Klasse `SqlCommand` werden Sie weitere wichtige Klassen kennenlernen, allen voran die Klasse `SqlDataReader`, die die Datensätze einer Ergebnisliste durchläuft oder Schemainformationen einer Tabelle abruft. `SqlDataReader` ist tatsächlich in der gesamten ADO.NET-Klassenbibliothek das einzige Objekt, das Dateninformationen abrufen kann. Auch wenn wir uns später mit der Klasse `SqlDataAdapter` beschäftigen, die über die Methode `Fill` ein `DataSet` zu füllen vermag, hält der `DataReader` im Hintergrund die Fäden in der Hand. Von außen betrachtet, können wir das allerdings nicht direkt erkennen. Am Ende des ADO.NET-Teils dieses Buches werden Sie noch einmal dem `SqlCommand`-Objekt begegnen, wenn wir abweichend von der Standardvorgabe unsere eigene Aktualisierungslogik codieren.

37.4.1 Das »SqlCommand«-Objekt

Das `SqlCommand`-Objekt repräsentiert einen SQL-Befehl oder eine gespeicherte Prozedur. In der Eigenschaft `CommandText` wird die SQL-Anweisung oder die gespeicherte Prozedur festgelegt. Die Ausführung wird mit einer der `Execute`-Methoden gestartet.

Als kleinen Vorgeschmack möchten wir Ihnen ein Beispiel zeigen. Es wird darin die Verbindung zu der Beispieldatenbank *Northwind* von SQL Server aufgebaut. In der Tabelle *Products*, in der alle Artikel geführt sind, ist u. a. ein Artikel mit der Bezeichnung *Chai* (Spalte *ProductName*) vorhanden. Angenommen, dieser sei falsch und soll nun in *Sojasauce* geändert werden. Dazu übergeben wir der Eigenschaft `CommandText` des `SqlCommand`-Objekts ein entsprechendes `UPDATE`-Kommando und führen es mit `ExecuteNonQuery` aus.

```
class Program
{
  static void Main(string[] args)
```

```
    {
        SqlConnection con = new SqlConnection("...");
        SqlCommand cmd = new SqlCommand();
        cmd.CommandText = "UPDATE Products " +
                          "SET ProductName='Sojasauce' " +
                          "WHERE ProductName='Chai'";
        cmd.Connection = con;
        con.Open();
        cmd.ExecuteNonQuery();
        con.Close();
    }
}
```

Listing 37.5 Beispielprogramm »ExecuteNonQueryDemo«

Die genaue Angabe der Verbindungszeichenfolge ist hier ausgelassen – so wie in den meisten folgenden Beispielen auch. Sie können diese dem vorherigen Abschnitt entnehmen und, falls notwendig, entsprechend Ihrer eigenen lokalen Installation anpassen.

Vom Erfolg der Operation können Sie sich mit dem Tool SQL Server Management Studio von SQL Server 2016 überzeugen und sich den Inhalt der nun geänderten Tabelle anzeigen lassen.

Erzeugen eines »SqlCommand«-Objekts

Um ein Kommando gegen eine Datenbank abzusetzen, wird ein `SqlCommand`-Objekt benötigt. Es spielt dabei keine Rolle, ob es sich um eine Auswahlabfrage (`SELECT`) oder Aktionsabfrage (`INSERT`, `UPDATE` oder `DELETE`) handelt. Das SQL-Kommando wird der Eigenschaft `CommandText` des `SqlCommand`-Objekts zugewiesen. Das ist aber noch nicht ausreichend, denn zusätzlich zum Befehl muss das `SqlCommand`-Objekt auch den Datenbankserver und die Datenbank kennen. Das heißt nichts anderes, als dass das `SqlCommand`-Objekt »wissen« muss, welches `SqlConnection`-Objekt die Verbindung zur Datenbank beschreibt.

Um diese Anforderungen zu erfüllen, stehen Ihnen mehrere Konstruktoren zur Verfügung. Sie können, wie im Beispiel zuvor gezeigt, den parameterlosen Konstruktor bemühen, müssen dann aber der Eigenschaft `SqlConnection` des `SqlCommand`-Objekts die Referenz auf `SqlConnection` mitteilen. Einer anderen Konstruktorüberladung können Sie neben der Referenz auf das `SqlConnection`-Objekt auch das abzusetzende Kommando als Zeichenfolge übergeben.

```
SqlCommand cmd = new SqlCommand("UPDATE Products " +
                                "SET ProductName='Sojasauce' " +
                                "WHERE ProductName='Chai'";
```

Die Methode »CreateCommand« des »Connection«-Objekts

Es gibt noch eine zweite Variante, eine Referenz auf ein `SqlCommand`-Objekt zu erhalten. Dazu wird die Methode `CreateCommand` auf das `Sqlonnection`-Objekt aufgerufen, die als Rückgabewert das providerspezifische `SqlCommand`-Objekt liefert.

```
SqlConnection con = new SqlConnection("...");
SqlCommand cmd = con.CreateCommand();
```

Ausführen des »SqlCommand«-Objekts

Die `CommandText`-Eigenschaft legt das Kommando fest, das ausgeführt werden soll. Es kann sich dabei um ein SQL-Kommando oder um eine gespeicherte Prozedur handeln. Bei den SQL-Kommandos werden zwei Kategorien unterschieden:

- Auswahlabfragen
- Aktionsabfragen

Eine Auswahlabfrage basiert auf dem `SELECT`-Statement und liefert immer ein Ergebnis zurück. Dazu gehören auch die Abfragen, die eine Aggregatfunktion wie `SUM` oder `COUNT` aufrufen und nur einen Ergebniswert liefern. Eine typische Auswahlabfrage wäre z. B.:

```
SELECT ProductName, UnitPrice FROM Products WHERE UnitPrice < 100
```

Das Resultat dieser Abfrage bilden alle Datensätze der Tabelle *Northwind*, die diejenigen Produkte beschreiben, deren Preis kleiner 100 ist.

Eine Aktionsabfrage manipuliert die Datenbank. Dabei kann es sich um Folgendes handeln:

- die Aktualisierung der Daten (DML-Abfrage = Data-Manipulation-Language-Abfrage) oder
- die Änderung der Datenbankstruktur (DDL-Abfrage = Data-Definition-Language-Abfrage)

Mit

```
UPDATE Products
SET ProductName='Sojasauce'
WHERE ProductName='Chai'
```

hatten wir eingangs eine DML-Abfrage abgesetzt, die zwar einen Datensatz in *Products* änderte, selbst aber keine Ergebnismenge lieferte.

Wie Sie sehen, führt das Absetzen eines Befehls zu ganz unterschiedlichen Reaktionen des Datenbankservers. Das `SqlCommand`-Objekt trägt dem Rechnung und stellt mit

- ExecuteNonQuery
- ExecuteReader
- ExecuteScalar

drei Methoden zur Verfügung, die speziell auf die einzelnen Abfragen abgestimmt sind und synchron ausgeführt werden. Synchron bedeutet, dass die Clientanwendung nach dem Methodenaufruf so lange wartet, bis das Ergebnis der Frage vom Datenbankserver eintrifft. Gegebenenfalls kann das eine längere Zeitspanne beanspruchen. Daher wurde mit der Einführung von ADO.NET 2.0 auch die Möglichkeit eingeräumt, Datenbankabfragen asynchron auszuführen. Der Client muss dann nicht warten, bis die Abfrageausführung beendet ist, sondern kann weiterarbeiten, bis ihm signalisiert wird, dass die Ergebnisse vollständig vorliegen.

Die Eigenschaft »CommandTimeout« des »SqlCommand«-Objekts

Wird eine Abfrage mit `ExecuteScalar`, `ExecuteNonQuery` oder `ExecuteReader` ausgeführt, wartet das `SqlCommand`-Objekt per Vorgabe 30 Sekunden auf das Eintreffen der ersten Abfrageergebnisse. Das Überschreiten der eingestellten Zeit hat zur Folge, dass eine Ausnahme ausgelöst wird. Mittels der Eigenschaft `CommandTimeout` kann die Voreinstellung verändert werden. Mit der Einstellung 0 wartet das `SqlCommand`-Objekt eine unbegrenzte Zeit. Empfehlenswert ist das allerdings nicht. Eine Abfrage könnte durchaus so lange andauern, dass die voreingestellte Zeit überschritten wird. Das hat keine weiteren Auswirkungen, weil eine laufende Abfrage nicht unterbrochen wird.

Aktionsabfragen absetzen

Abfragen, die Änderungen an den Originaldaten der Datenbank nach sich ziehen (`UPDATE`, `DELETE`, `INSERT`) oder die Struktur einer Datenbank verändern (`CREATE TABLE`), werden mit der Methode `ExecuteNonQuery` abgesetzt.

```
public int ExecuteNonQuery();
```

Handelt es sich bei dem Befehl um ein `UPDATE`-, `INSERT`- oder `DELETE`-Kommando, können Sie über den Rückgabewert die Anzahl der von der Anweisung betroffenen Datenzeilen feststellen.

Datensätze hinzufügen

Im folgenden Beispielprogramm wird der Tabelle *Products* ein Datensatz hinzugefügt. Dabei wird der parametrisierte Konstruktor der Klasse `SqlCommand` verwendet, der im ersten Parameter den SQL-Befehl und im zweiten die Referenz auf das `SqlConnection`-Objekt entgegennimmt.

```
class Program
{
```

```csharp
  static void Main(string[] args)
  {
    SqlConnection con = new SqlConnection("...");
    // SQL-Befehl
    string strSQL =
        "INSERT INTO Products(ProductName, Discontinued) " +
        "VALUES('Schweizer Käse',0)";
    try {
      con.Open();
      SqlCommand cmd = new SqlCommand(strSQL, con);
      // Kommando absetzen
      cmd.ExecuteNonQuery();
    }
    catch (Exception e) {
      Console.WriteLine("Fehlermeldung: {0}", e.Message);
    }
    con.Close();
  }
}
```

Listing 37.6 Beispielprogramm »DatensatzHinzufügen«

Datensätze löschen

Der Datensatz aus dem vorhergehenden Beispiel soll nun wieder gelöscht werden. Da wir nun daran interessiert sind, ob und wie viele Datenzeilen von einer Löschanweisung betroffen sind, werten wir den Rückgabewert der Methode `ExecuteNonQuery` an der Konsole aus.

```csharp
class Program
{
  static void Main(string[] args)
  {
    SqlConnection con = new SqlConnection("...");
    try {
      con.Open();
      string strSQL = "DELETE FROM Products " +
                      "WHERE ProductName='Schweizer Käse'";
      SqlCommand cmd = new SqlCommand(strSQL, con);
      Console.Write("Anzahl der gelöschten Datensätze = ");
      Console.WriteLine(cmd.ExecuteNonQuery());
    }
    catch (Exception e) {
      Console.WriteLine("Fehlermeldung: {0}", e.Message);
    }
```

```
        con.Close();
        Console.ReadLine();
    }
}
```

Listing 37.7 Beispielprogramm »DatensatzLöschen«

Nach dem ersten Start des Programms wird der im Abschnitt zuvor hinzugefügte Datensatz gelöscht. An der Konsole sehen wir das bestätigt, da die Zahl 1 ausgegeben wird. Rufen wir das Programm ein zweites Mal auf, wird kein Datensatz gefunden, der dem Kriterium `ProductName='Schweizer Käse'` entspricht. Das spiegelt sich in der Ausgabe

```
Die Anzahl der gelöschten Datensätze = 0
```

wider.

Datensätze ändern

Zu Beginn dieses Abschnitts wurde in dem Beispiel *ExecuteNonQueryDemo* bereits gezeigt, wie Sie Datensätze in der Datenbank editieren. Daher soll an dieser Stelle auf ein weiteres Beispiel verzichtet werden.

37.4.2 Abfragen, die genau ein Ergebnis liefern

Mit der `SELECT`-Anweisung rufen Sie eine Datensatzliste nach bestimmten Auswahlkriterien aus einer Datenbank ab. Der Befehl `SELECT` wird aber auch dann benutzt, wenn eine Aggregatfunktion definiert werden soll. Aggregatfunktionen liefern ein Ergebnis zurück. Beispielsweise können Sie mit

```
SELECT COUNT(*) FROM Northwind
```

die Anzahl der Artikel in der Tabelle *Products* ermitteln und mit

```
SELECT COUNT(*) FROM Products WHERE CategoryID = 1
```

feststellen, wie viele Artikel zur Kategorie 1 gehören. Neben `COUNT` stehen weitere Aggregatfunktionen zur Verfügung: `SUM`, um die Summe eines numerischen Ausdrucks zu ermitteln, `AVG`, um einen Durchschnittswert zu bilden, sowie `MIN` und `MAX`, um aus einem gegebenen Ausdruck den Minimal- bzw. Maximalwert zu erhalten.

Um den Rückgabewert einer Aggregatfunktion entgegenzunehmen, rufen Sie die Methode `ExecuteScalar` auf das `SqlCommand`-Objekt auf. Der Typ der Rückgabe ist `Object`, daher muss das Ergebnis noch in den passenden Datentyp konvertiert werden.

```
string strSQL = "SELECT COUNT(*) FROM Products WHERE CategoryID=1";
SqlCommand cmd = new SqlCommand(strSQL, con);
int anzahlDS = Convert.ToInt32(cmd.ExecuteScalar());
```

37.5 Das »SqlDataReader«-Objekt

Mit der Methode `ExecuteNonQuery` des `SqlCommand`-Objekts können Sie Datensätze in der Originaldatenbank manipulieren und mit `ExecuteScalar` ein einzelnes Abfrageergebnis abrufen. Möchten Sie sich die Datensätze einer Tabelle in einer Anwendung anzeigen lassen, rufen Sie die Methode `ExecuteReader` des `SqlCommand`-Objekts auf.

```
public SqlDataReader ExecuteReader();
```

Das Ergebnis des Methodenaufrufs ist ein Objekt vom Typ `SqlDataReader`. Dieses ähnelt den anderen `Reader`-Objekten des .NET Frameworks (`TextReader`, `StreamReader` usw.). Ein `SqlDataReader`-Objekt liest aus einer Ergebnisliste, die schreibgeschützt ist und sich in einem serverseitigen Puffer befindet, also auf der Seite der Datenbank. Sie sollten daher beherzigen, die Ergebnisliste so schnell wie möglich abzurufen, damit die beanspruchten Ressourcen wieder freigegeben werden.

Beabsichtigen Sie, an den Datensätzen Änderungen vorzunehmen, ist der `SqlDataReader` völlig ungeeignet. In einer von einem `SqlDataReader`-Objekt bereitgestellten Datensatzliste kann immer nur zum folgenden Datensatz navigiert werden. Eine beliebige Navigation ist nicht möglich. Damit hat ein `SqlDataReader` nur sehr eingeschränkte operationelle Möglichkeiten. Dieses Manko wird aber durch die sehr gute Performance wettgemacht. Genau das ist die Stärke von `SqlDataReader`, der sich insbesondere dann anbietet, wenn Komponenten wie List- oder Comboboxen gefüllt werden sollen.

Das Erzeugen eines `DataReader`-Objekts funktioniert nur über den Aufruf der Methode `ExecuteReader` auf die `SqlCommand`-Referenz, denn die Klasse `SqlDataReader` weist keinen öffentlichen Konstruktor auf.

```
SqlDataReader dr = cmd.ExecuteReader();
```

37.5.1 Datensätze einlesen

Im folgenden Beispielprogramm wird ein `SqlDataReader` dazu benutzt, alle Artikel zusammen mit ihrem Preis nach dem Preis sortiert auszugeben.

```
class Program
{
  static void Main(string[] args)
  {
    SqlConnection con = new SqlConnection("...");
    string strSQL = "SELECT ProductName, Unitprice " +
                "FROM Products " +
                "ORDER BY[UnitPrice]";
    SqlCommand cmd = new SqlCommand(strSQL, con);
```

```csharp
      // Verbindung öffnen
      con.Open();
      SqlDataReader dr = cmd.ExecuteReader();
      // Einlesen der Datenzeilen und Ausgabe an der Konsole
      while (dr.Read())
        Console.WriteLine("{0,-35}{1}",
                 dr["ProductName"], dr["UnitPrice"]);
      // DataReader schließen
      dr.Close();
      // Verbindung schließen
      con.Close();
      Console.ReadLine();
   }
}
```

Listing 37.8 Beispielprogramm »DataReaderDemo«

Zuerst wird die Zeichenfolge des SELECT-Statements definiert, die im nächsten Schritt zusammen mit der Referenz auf das SqlConnection-Objekt dazu dient, ein SqlCommand-Objekt zu erzeugen. Auf das SqlCommand-Objekt wird nach dem Öffnen der Verbindung die Methode ExecuteReader ausgeführt. Der Rückgabewert wird in der Objektvariablen dr vom Typ SqlDataReader gespeichert.

SqlDataReader liefert alle Datensätze, die der Reihe nach durchlaufen werden müssen. Um auf die Datensätze zuzugreifen, gibt es nur eine Möglichkeit: die Methode Read des DataReader-Objekts.

```csharp
public override bool Read();
```

Jeder Aufruf von Read legt die Position des SqlDataReaders neu fest. Die Ausgangsposition vor dem ersten Read-Aufruf ist vor dem ersten Datensatz. Nach dem Aufruf von Read ist der Rückgabewert true, falls noch eine weitere Datenzeile abgerufen werden kann. Ist der Rückgabewert false, ist kein weiterer Datensatz mehr verfügbar. Damit eignet sich Read, um die Datensatzliste in einer while-Schleife zu durchlaufen.

Beabsichtigen Sie, wiederholt die Datensätze im SqlDataReader auszuwerten, müssen Sie die Methode ExecuteReader erneut aufrufen.

Auswerten der einzelnen Spalten in »DataReader«

Mit Read wird die Position von SqlDataReader auf die folgende Datenzeile verschoben. In unserem Beispiel hat jede Datenzeile zwei Feldinformationen, nämlich die der Spalten *ProductName* und *UnitPrice*. Die einzelnen Spalten einer Abfrage werden in einer Auflistung geführt, auf die über den Index des SqlDataReader-Objekts zugegriffen werden kann:

```csharp
dr[0]
```

Sie können auch den Spaltenbezeichner angeben, also:

dr["ProductName"]

Diese Angaben sind gleichwertig. Bezüglich der Performance gibt es jedoch einen Unterschied: Geben Sie den Spaltennamen an, muss das `SqlDataReader`-Objekt zuerst die Spalte in der Auflistung suchen – und das bei jeder Datenzeile.

```
while (dr.Read())
  Console.WriteLine("{0,-35}{1}", dr["ProductName"], dr["UnitPrice"]);
```

Um die Leistung Ihrer Anwendung zu steigern, sollten Sie daher den Index der betreffenden Spalte angeben:

```
while(dr.Read())
  Console.WriteLine("{0,-35}{1}",dr[0], dr[1]);
```

Ist Ihnen nur der Spaltenbezeichner, jedoch nicht der dazugehörige Index bekannt, haben Sie mit der Methode `GetOrdinal` der Klasse `DataReader` unter Angabe des Spaltenbezeichners die Möglichkeit, vor dem Aufruf von `Read` den Index zu ermitteln:

```
int intName = dr.GetOrdinal("ProductName");
int intPrice = dr.GetOrdinal("UnitPrice");
while(dr.Read())
    Console.WriteLine("{0,-20}{1,-20}{2,-20}",dr[intName], dr[intPrice]);
```

Spalten mit den typspezifischen Methoden abrufen

Mit dem Indexer der Methode `ExecuteReader` werden die Spaltenwerte vom Typ `Object` zurückgegeben. Das hat Leistungseinbußen zur Folge, weil der tatsächliche Typ erst in `Object` umgewandelt werden muss. Anstatt über den Indexer die Daten auszuwerten, können Sie auch eine der vielen `GetXxx`-Methoden anwenden, die für die wichtigsten .NET-Datentypen bereitgestellt werden, beispielsweise `GetString`, `GetInt32` oder `GetBoolean`. Sie müssen nur die passende Methode aus einer (langen) Liste auswählen und beim Aufruf die Ordinalzahl der entsprechenden Spalte übergeben. Wählen Sie eine nicht typgerechte Methode aus, kommt es zur Ausnahme `InvalidCastException`.

```
SqlDataReader reader = cmd.ExecuteReader();
while (reader.Read()) {
  Console.WriteLine(reader.GetString(0));
  Console.WriteLine(reader.GetString(1));
}
```

Auch wenn der Programmieraufwand größer ist, zur Laufzeit werden Sie dafür mit einem besseren Leistungsverhalten belohnt.

»NULL«-Werte behandeln

Spalten einer Tabelle können, soweit zugelassen, NULL-Werte enthalten. In der Tabelle *Products* betrifft das z. B. die Spalte *UnitPrice*. Rufen Sie die Datenwerte über eine der typisierten Methoden ab und ist der Spaltenwert NULL, führt das zu einer Ausnahme.

Um diesem Problem zu begegnen, können Sie mit der Methode IsDBNull von SqlDataReader prüfen, ob die entsprechende Spalte einen gültigen Wert oder NULL enthält.

```
SqlDataReader reader = cmd.ExecuteReader();
while (reader.Read()) {
  Console.WriteLine(reader.GetString(0));
  if(! reader.IsDBNull(1))
    Console.WriteLine(reader.GetString(1));
}
```

37.5.2 Schließen des »SqlDataReader«-Objekts

Der SqlDataReader blockiert standardmäßig das SqlConnection-Objekt. Solange SqlDataReader durch den Aufruf von ExecuteReader geöffnet ist, können keine anderen Aktionen auf Basis der Verbindung durchgeführt werden, auch nicht das Öffnen eines zweiten SqlDataReader-Objekts. Daher sollte die Sperre so schnell wie möglich mit

```
dr.Close();
```

aufgehoben werden.

37.5.3 MARS (Multiple Active Resultsets)

ADO.NET unterstützt eine Technik, die es gestattet, mehrere Anforderungen auf einer Verbindung auszuführen. Damit wird eine Verbindung nicht mehr blockiert, wenn sie einem geöffneten SqlDataReader zugeordnet ist. Diese Neuerung in der aktuellen Version von SQL Server wird als *Multiple Active Resultsets*, kurz MARS, bezeichnet.

MARS ist per Vorgabe deaktiviert und muss zuvor aktiviert werden, um es zu nutzen. Sie aktivieren MARS entweder durch Ergänzen der Verbindungszeichenfolge um

```
MultipleActiveResultSets=True;
```

oder durch Setzen der gleichnamigen Eigenschaft im SqlConnectionStringBuilder.

MARS bietet sich an, wenn auf Basis der Ergebnismenge eines SqlDataReaders eine untergeordnete Tabellenabfrage gestartet werden soll. Das folgende Beispiel demonstriert dies. Dazu soll zu jedem Artikel auch der dazugehörige Lieferant ausgegeben werden. Damit stehen die beiden Tabellen *Products* und *Suppliers* im Mittelpunkt unserer Betrachtung. Für jede Tabelle werden ein SqlCommand-Objekt sowie ein Sql-

DataReader-Objekt benötigt. Das erste DataReader-Objekt durchläuft die Artikeltabelle. Mit der in der Spalte *SupplierID* enthaltenen ID des Lieferanten wird eine untergeordnete Ergebnisliste, die der Tabelle *Suppliers*, durchlaufen. Hier wird die ID des Lieferanten gesucht und dessen Firmenbezeichnung zusätzlich zum Artikel ausgegeben.

```
class Program
{
  static void Main(string[] args)
  {
    SqlConnection con = new SqlConnection(
                " ...;MultipleActiveResultSets=true");
    string strProducts =
        "SELECT ProductName, UnitsInStock, SupplierID " +
        "FROM Products";
    string strSupplier = "SELECT CompanyName FROM Suppliers " +
                        "WHERE SupplierID=@SupplierID";
    // SqlCommand-Objekte definieren
    SqlCommand cmdProducts, cmdSupplier;
    cmdProducts = new SqlCommand(strProducts, con);
    cmdSupplier = new SqlCommand(strSupplier, con);
    SqlParameter param = cmdSupplier.Parameters.Add(
                "@SupplierID", SqlDbType.Int);
    // Verbindung öffnen
    con.Open();
    SqlDataReader drProducts = cmdProducts.ExecuteReader();
    // Einlesen der Datenzeilen und Ausgabe an der Konsole
    while (drProducts.Read()) {
      // Ausgabe des Produktnames und Lagerbestands
      Console.Write("{0,-35}{1,-6}",
          drProducts["ProductName"], drProducts["UnitsInStock"]);
      param.Value = drProducts["SupplierID"];
      SqlDataReader drSupplier = cmdSupplier.ExecuteReader();
      while (drSupplier.Read()) {
        Console.WriteLine(drSupplier["Companyname"]);
      }
      drSupplier.Close();
      Console.WriteLine(new string('=', 80));
    }
    drProducts.Close();
    con.Close();
    Console.ReadLine();
  }
}
```

Listing 37.9 Beispielprogramm »MARSDemo«

Der Vorteil von MARS wird in diesem Beispiel deutlich: Es genügt eine Verbindung, um mit den drei SqlDataReader-Objekten zu operieren. Selbstverständlich kann die dem Programmcode zugrunde liegende Forderung auch ohne die Nutzung von MARS erfüllt werden. Allerdings wären dazu zwei Verbindungen notwendig, die einen gewissen Overhead verursachen. Die SQL-Statements sind als parametrisierte Abfragen ausgebildet. SqlCommand-Objekte unterstützen diese durch eine spezielle Parameterauflistung.

37.5.4 Batchabfragen mit »NextResult« durchlaufen

Wissen Sie bereits im Voraus, dass Sie mehrere Abfragen hintereinander absetzen müssen, können Sie bei einigen Datenbanken eine Batchabfrage ausführen. SQL Server gehört dazu.

Nehmen wir an, Sie benötigen alle Datensätze sowohl der Tabelle *Orders* als auch der Tabelle *Customers*. Um eine syntaktisch korrekte Batchabfrage zu generieren, formulieren Sie die beiden SELECT-Statements und trennen diese durch ein Semikolon:

```
SELECT * FROM Orders;SELECT * FROM Customers
```

Der Vorteil einer Batchabfrage ist, dass Sie nicht mehrfach die Methode ExecuteReader aufrufen und zwischendurch den DataReader schließen müssen. Selbstverständlich sind Batchabfragen nicht nur auf zwei SELECT-Anweisungen beschränkt, es können beliebig viele festgelegt werden.

Das von einer Batchabfrage gefüllte SqlDataReader-Objekt enthält nach dem Aufruf der ExecuteReader-Methode mehrere Ergebnislisten. Um zwischen diesen zu wechseln, verwendet man die Methode NextResult. Die Funktionsweise ähnelt der von Read. Sie liefert true, wenn eine Datensatzliste durchlaufen wurde und sich noch eine weitere im DataReader befindet.

```
do
{
  while(dr.Read())
    Console.WriteLine("{0}{1}{2}", dr[0], dr[1], dr[2]);
  Console.WriteLine();
} while(dr.NextResult());
```

Die Überprüfung mit NextResult muss in jedem Fall im Schleifenfuß erfolgen. Eine Prüfung im Schleifenkopf hätte zur Folge, dass die erste Datensatzliste überhaupt nicht durchlaufen würde.

Gemischte Batchabfragen

Manchmal ist es erforderlich, eine Batchabfrage zu definieren, die sich aus einer oder mehreren Auswahl- und Aktionsabfragen zusammensetzt. Vielleicht möchten Sie eine SELECT-, eine DELETE- sowie eine UPDATE-Abfrage in einer Batchabfrage behandeln? Kein Problem. Erstellen Sie eine solche Abfrage genauso wie jede andere, also beispielsweise mit:

```
SELECT * FROM Products;
UPDATE Products SET ProductName='Senfsauce'
WHERE ProductName='Chai'
```

In dieser Weise gemischte Abfragen rufen Sie ebenfalls mit der Methode `ExecuteReader` auf.

37.5.5 Das Schema eines »SqlDataReader«-Objekts untersuchen

Haupteinsatz des `SqlDataReader`-Objekts ist sicherlich die Abfrage von Daten. Darüber hinaus ermöglicht dieser Typ aber auch, Metadaten abzufragen. Das sind Informationen über die einzelnen Spalten. Im Einzelnen handelt es sich dabei um folgende Fähigkeiten:

- Abrufen der Schemadaten der Spalten mit der Methode `GetSchemaTable`. Die gelieferten Informationen beschreiben u. a., ob eine Spalte eine Primärschlüsselspalte ist, ob sie schreibgeschützt ist, ob der Spaltenwert innerhalb der Tabelle eindeutig ist oder ob die Spalte einen NULL-Wert zulässt.
- Es lässt sich der Name einer bestimmten Spalte mit der Methode `GetName` ermitteln.
- Die Ordinalposition einer Spalte lässt sich anhand des Spaltenbezeichners ermitteln. Die Methode `GetOrdinal` liefert den entsprechenden Index.

Die Methode »GetSchemaTable«

Die Rückgabe der Methode `GetSchemaTable` ist ein Objekt vom Typ `DataTable`. An dieser Stelle wollen wir diesen Typ nicht weiter betrachten. Es genügt, am Anfang zu wissen, dass sich ein `DataTable`-Objekt aus Datenzeilen und Spalten zusammensetzt, ähnlich einer Excel-Tabelle.

Dieser Tabelle liegt ein SELECT-Statement zugrunde, das mit `ExecuteReader` gegen die Datenbank ausgeführt wird. `ExecuteReader` haben wir bisher nur parameterlos kennengelernt; es akzeptiert aber auch einen Übergabeparameter vom Typ der Enumeration `CommandBehavior`. Der Member `CommandBehavior.SchemaOnly` gibt vor, dass die Abfrage nur Spalteninformationen zurückliefert.

```
SqlDataReader reader = cmd.ExecuteReader(CommandBehavior.SchemaOnly);
```

Auf die `SqlDataReader`-Referenz rufen wir anschließend die Methode `GetSchemaTable` auf. Das ist vorteilhaft, denn die übermittelten Metadaten werden nun für alle Spalten, die im SELECT-Statement angegeben sind, in die Tabelle eingetragen. Dabei wird

37 Datenbankzugriff mit ADO.NET

für jede im SELECT-Statement angegebene Spalte der Originaltabelle eine Datenzeile geschrieben.

```
DataTable table = reader.GetSchemaTable();
```

Die Spalten in der Schematabelle werden durch festgelegte Bezeichner in einer bestimmten Reihenfolge ausgegeben. Die erste Spalte ist immer ColumnName, die zweite ColumnOrdinal, die dritte ColumnSize. Insgesamt werden 28 Spalten zur Auswertung bereitgestellt. Falls Sie nähere Informationen benötigen, sehen Sie sich in der .NET-Dokumentation die Hilfe zur Methode GetSchemaTable an.

Das folgende Beispiel untersucht die Spalten *ProductID*, *ProductName* und *UnitsInStock* der Tabelle *Products*. Es soll dabei genügen, nur die ersten vier Metainformationen zu ermitteln.

```
class Program
{
  static void Main(string[] args)
  {
    SqlConnection con = new SqlConnection("...");
    string strSQL = "SELECT ProductID, ProductName, " +
                    "UnitsInStock FROM Products";
    SqlCommand cmd = new SqlCommand(strSQL, con);
    con.Open();
    // Schemainformationen einlesen
    SqlDataReader reader =
         cmd.ExecuteReader(CommandBehavior.SchemaOnly);
    // Schematabelle erstellen
    DataTable table = reader.GetSchemaTable();
    // Ausgabe der Schematabelle
    for(int col = 0; col < 4; col++)
      Console.Write("{0,-15}", table.Columns[col].ColumnName);
    Console.WriteLine("\n" + new string('-', 60));
    for(int i = 0; i < table.Rows.Count; i++) {
      for(int j = 0; j < 4; j++) {
        Console.Write("{0,-15}", table.Rows[i][j]);
      }
      Console.WriteLine();
    }
    Console.ReadLine();
  }
}
```

Listing 37.10 Beispielprogramm »GetSchemaTable«

Die resultierende Konsolenausgabe sehen Sie in Abbildung 37.6.

```
ColumnName      ColumnOrdinal   ColumnSize   NumericPrecision
--------------------------------------------------------------
ProductID       0               4            10
ProductName     1               40           255
UnitsInStock    2               2            5
```

Abbildung 37.6 Ausgabe des Beispiels »GetSchemaTable«

Ermitteln des Bezeichners einer Spalte

Möchten Sie den Bezeichner einer bestimmten Spalte in der Ergebnisliste ermitteln, rufen Sie die Methode `GetName` des `SqlDataReader`-Objekts auf und übergeben dabei den Index der betreffenden Spalte in der Ergebnisliste. Der Rückgabewert ist eine Zeichenfolge.

```
Console.WriteLine(reader.GetName(3));
```

Ermitteln des Index einer Spalte

Ist der Index einer namentlich bekannten Spalte in der Ergebnisliste nicht bekannt, können Sie ihn mit `GetOrdinal` unter Angabe des Spaltenbezeichners ermitteln.

```
Console.WriteLine(reader.GetOrdinal("UnitPrice"));
```

Ermitteln des Datentyps einer Spalte

Sie können sowohl den .NET-Datentyp als auch den Datenbank-Datentyp eines bestimmten Feldes im `SqlDataReader` abfragen. Interessieren Sie sich für den .NET-Datentyp, rufen Sie die Methode `GetFieldType` von `DataReader` auf, ansonsten `GetDataTypeName`.

```
Console.WriteLine(reader.GetFieldType(4));
Console.WriteLine(reader.GetDataTypeName(0));
```

Beide Methoden erwarten den Ordinalwert der betreffenden Spalte.

37.6 Parametrisierte Abfragen

Die Suche nach einem bestimmten Datensatz einer Tabelle wird durch die WHERE-Klausel einer SELECT-Abfrage bestimmt:

```
SELECT ProductName FROM Products WHERE ProductName='Tunnbröd'
```

Unstrittig ist, dass die Hartcodierung dieser Abfrage nicht anwendergerecht ist. Was ist, wenn dieser nicht nach dem Artikel *Tunnbröd* suchen möchte, sondern die Informationen über den Artikel *Tofu* benötigt? Die Abfrage muss allgemeiner formuliert werden, und zwar so, dass der Anwender zur Laufzeit des Programms den Artikel beliebig bestimmen kann.

Die Lösung lautet: Wir müssen eine parametrisierte Abfrage formulieren. Berücksichtigen Sie bei den folgenden Ausführungen jedoch, dass die Wahl des .NET-Datenproviders maßgeblich die Syntax des SELECT-Statements und des Programmcodes einer parametrisierten Abfrage beeinflusst.

37.6.1 Parametrisierte Abfragen mit dem SqlClient-Datenprovider

Ist die Entscheidung auf den SqlClient-Datenprovider gefallen, könnte das Statement wie folgt lauten:

```
SELECT * FROM Products WHERE ProductName = @Productname OR Category
ID = @CatID
```

@ProductName und @CatID sind benannte Parameter, denen das @-Zeichen vorangestellt wird. Dieses gilt jedoch nur im Zusammenhang mit dem SqlClient-Datenprovider. Die Datenprovider OleDb und Odbc unterstützen benannte Parameter nicht, sondern nur den generischen Parametermarker. Dabei handelt es sich um das Fragezeichen (?). Der Grund für diese Abweichung der Datenprovider ist sehr einfach: Während der OleDb- und der Odbc-Datenprovider eine datenbankunabhängige Syntax erlauben, ist der SqlClient-Provider für den SQL Server gedacht, der benannte Parameter mit diesem Präfix unterstützt.

Die Parameter einer parametrisierten Abfrage werden vom SqlCommand-Objekt gesammelt. Dieses besitzt dazu eine Parameters-Auflistung, der die einzelnen Parameter hinzugefügt werden. Verwenden Sie den SqlClient-Datenprovider, handelt es sich um den Typ SqlParameter. Sie fügen einen Parameter hinzu, indem Sie entweder die Add-Methode der Auflistung oder die Methode AddWithValue aufrufen. Das Beispiel *ParametrisierteAbfrage* verwendet zum Hinzufügen die Methode AddWithValue. Die beiden Parameter werden mit statischen Werten gefüllt. In der Praxis würden Sie die Werte dem Eingabestrom oder beispielsweise einer Textbox entnehmen.

```
class Program
{
  static void Main(string[] args)
  {
    SqlConnection con = new SqlConnection("...");
    string strSQL = "SELECT * FROM Products " +
                    "WHERE ProductName = @Productname OR " +
```

```
                            "CategoryID = @CatID";
    SqlCommand cmd = new SqlCommand(strSQL, con);
    // Parameter hinzufügen und Werte übergeben
    cmd.Parameters.AddWithValue("@Productname", "Konbu");
    cmd.Parameters.AddWithValue("@CatID", "1");
    con.Open();
    SqlDataReader rd = cmd.ExecuteReader();
    while (rd.Read())
      Console.WriteLine("{0,-5}{1,-35}{2}",
           rd["ProductID"], rd["ProductName"], rd["UnitPrice"]);
    rd.Close();
    con.Close();
    Console.ReadLine();
  }
}
```

Listing 37.11 Beispielprogramm »ParametrisierteAbfrage«

Bei benannten Parametern ist die Reihenfolge der Parameter innerhalb der `Parameters`-Auflistung des `SqlCommand`-Objekts unbedeutend.

Bei beiden Parametern handelt es sich in diesem Beispiel um Zeichenfolgen, die auch als solche an die Datenbank weitergeleitet werden. Sie können hier jeden Datentyp angeben, denn das zweite Argument von `AddWithValue` ist vom Typ `Object` definiert.

Einen Haken kann der sehr einfache Einsatz der Methode `AddWithValue` dennoch haben. Verwenden Sie bei der Wertübergabe einen ungeeigneten Datentyp, behandelt die Datenbank die im Parameter gespeicherte Information vielleicht nicht so, wie Sie es erwarten. Unter Umständen gibt SQL Server sogar eine Ausnahme vom Typ `SqlException` zurück, weil der übermittelte Parameter mit der Typdefinition der entsprechenden Spalte nicht übereinstimmt. Sie können das sehr leicht selbst testen, indem Sie im Code des Beispiels anstelle des Artikelbezeichners *Konbu* eine Integerzahl eintragen.

Der Datenbank diese Verantwortung zu übertragen, ist weder eine elegante noch eine gute Lösung. Der richtige Datentyp sollte zumindest weitgehend im Code des Clients sichergestellt sein. Dazu bietet sich die vielfach überladene Methode `Add` an, die über den Parameterbezeichner hinaus den an die Datenbank übergebenen Datentyp steuert. Zudem gibt es die Möglichkeit, den Datentyp genauer zu spezifizieren. Beispielsweise können Zeichenfolgen eine unterschiedliche Länge aufweisen. Die Länge kann als drittes Übergabeargument bekannt gegeben werden. In unserem Beispiel oben könnten die beiden Anweisungen

```
cmd.Parameters.AddWithValue("@Name", "Konbu");
cmd.Parameters.AddWithValue("@CatID", 1);
```

durch

```
cmd.Parameters.Add("@Productname", SqlDbType.VarChar, 40).Value = "Konbu";
cmd.Parameters.Add("@CatID", SqlDbType.Int).Value = 1;
```

ersetzt werden.

Übergeben Sie einem der beiden Parameter einen Integerwert, wird keine Ausnahme ausgelöst. Das Ergebnis erscheint im ersten Moment ernüchternd und scheint der vorher gemachten Aussage zu widersprechen, die Methode Add gewährleiste eine Typüberprüfung. Die Ursache ist allerdings einfach zu erklären: Die Integerzahl wird implizit als Zeichenfolge im Parameter eingetragen. Anders sieht es jedoch aus, wenn ein Parameter als Integer festgelegt wird und Sie versuchen, ihm eine Zeichenfolge zuzuweisen:

```
cmd.Parameters.Add("@Param", SqlDbType.Int).Value = "White";
```

Beim Aufruf von ExecuteReader wird die Ausnahme FormatException ausgelöst. Diese stammt nicht von SQL Server, sondern wird von ADO.NET in der Clientanwendung ausgelöst. Damit haben wir ein Ziel erreicht: die Entlastung der Datenbank.

Der Datentyp, den Sie der Add-Methode übergeben, stammt aus der Enumeration SqlDbType. Die Mitglieder dieser Aufzählung beschreiben die Datentypen, die SQL Server standardmäßig bereitstellt.

37.6.2 Die Klasse »SqlParameter«

Solange nicht ausdrücklich Parameter hinzugefügt werden, ist die Parameters-Auflistung des SqlCommand-Objekts leer. Die Referenz auf die Auflistung erhalten Sie über die Eigenschaft Parameters. Ein Parameter wird unter Aufruf der Methode Add oder AddWithValue hinzugefügt. Alle anderen Methoden der Auflistung gleichen denen aller anderen üblichen Auflistungen von .NET: Mit Count rufen Sie die Anzahl der Parameter ab, mit Remove löschen Sie einen Parameter usw.

Die Methode Add ist vielfach überladen, AddWithValue überhaupt nicht. Beiden ist aber eins gemein: Der Rückgabewert ist die Referenz auf das hinzugefügte SqlParameter-Objekt.

```
public SqlParameter Add(string, SqlDbType, int);
```

Meistens können Sie den Rückgabewert ignorieren. Er ist dann interessant, wenn Sie die Eigenschaften des Parameters auswerten oder vor dem Absetzen des SQL-Kommandos ändern möchten.

Zum Füllen des Parameters wird der Eigenschaft Value des SqlParameter-Objekts der entsprechende Wert zugewiesen:

```
cmd.Parameters["@ParameterName"].Value = "Chai";
```

Sie rufen den Indexer der `SqlParameterCollection` auf und übergeben den Bezeichner des Parameters. Alternativ können Sie auch den Index des entsprechenden `Parameter`-Objekts in der Auflistung verwenden.

37.6.3 Asynchrone Abfragen

Rufen Sie eine der Methoden `ExecuteReader`, `ExecuteNonQuery` oder `ExecuteXmlReader` auf, kann die Anwendung erst in dem Moment weiterarbeiten, wenn SQL Server die Abfrage verarbeitet und die erste Datenzeile der Ergebnismenge zurückliefert. Dauert die Operation eine längere Zeit, wirkt die Clientanwendung wie eingefroren.

ADO.NET 2.0 löst dieses Problem durch die Bereitstellung asynchroner Methoden. Diese ergänzen die oben beschriebenen synchron operierenden. Ersetzt werden die synchronen Methoden dabei durch jeweils zwei Methoden, die mit dem Präfix `Begin` bzw. dem Präfix `End` ausgestattet sind. Die asynchrone Variante von `ExecuteReader` lautet dann beispielsweise `BeginExecuteReader` und `EndExecuteReader`. Nachfolgend zeigen wir Ihnen die Definitionen beider Methoden, von der `BeginExecuteReader` jedoch mehrfach überladen ist.

```
public IAsyncResult BeginExecuteReader(AsyncCallback, Object)
public SqlDataReader EndExecuteReader(IAsyncResult result)
```

Mit `BeginExecuteReader` wird die asynchrone Operation gestartet. Der aufrufende Code wartet jedoch nicht, bis das Resultat vorliegt, sondern führt die Anweisungen aus, die dem asynchronen Aufruf folgen. Es stellt sich nur noch die Frage, wie das Clientprogramm darüber informiert wird, dass die asynchrone Operation beendet ist, und wie die Ergebnismenge abgefragt werden kann. Dazu bieten sich zwei Möglichkeiten an:

- Sie fragen in einer Schleife permanent ab, ob die asynchrone Operation bereits beendet ist. Dieses Verfahren wird als *Polling* bezeichnet.
- Sie definieren eine Rückrufmethode (*Callback-Methode*), die aufgerufen wird, sobald das Ergebnis vorliegt.

Beide Varianten werden wir Ihnen gleich an einem Beispiel vorstellen.

Asynchrone Operationen sind per Vorgabe nicht aktiviert. Damit das `SqlConnection`-Objekt auch asynchrone Abfragen ermöglicht, muss die Verbindungszeichenfolge um

```
Asynchronous Processing=true
```

ergänzt werden. Alternativ steht Ihnen auch die Eigenschaft `AsynchronousProcessing` von `SqlConnectionStringBuilder` zur Verfügung.

Damit wir in den folgenden beiden Beispielprogrammen auch eine Verzögerung der SQL-Server-Anfrage simulieren können, schreiben wir eine Batchabfrage, der wir als erste Anweisung `WAITFOR DELAY` übergeben. Dieser Anweisung teilen wir mit, wie lange die Batchabfrage blockiert werden soll, beispielsweise zwei Sekunden:

`WAITFOR DELAY '00:00:02'`

Das Polling-Verfahren

Sehen wir uns zuerst den gesamten Beispielcode an.

```
class Program
{
  static void Main(string[] args)
  {
    SqlConnection con = new SqlConnection("..;Asynchronous Processing=true");
    string strSQL = "WAITFOR DELAY '00:00:01';SELECT * FROM Products";
    SqlCommand cmd = new SqlCommand(strSQL, con);
    con.Open();
    IAsyncResult result = cmd.BeginExecuteReader();
    int counter = 0;
    while (!result.IsCompleted) {
      DoSomething(counter);
      counter++;
    }
    Console.WriteLine("Das Ergebnis liegt vor: .....");
    SqlDataReader rd = cmd.EndExecuteReader(result);
    while(rd.Read())
      Console.WriteLine(rd["ProductName"]);
    Console.ReadLine();
  }
  static void DoSomething(int counter) {
    Console.WriteLine(counter);
  }
}
```

Listing 37.12 Beispielprogramm »Polling«

Beim Polling wird nicht darauf gewartet, dass das Vorliegen der Ergebnismenge der Clientanwendung signalisiert wird. Stattdessen wird in einer Schleife abgefragt, ob der Datenbankserver die Abfrage fertig bearbeitet hat. Der Aufruf der Methode `Begin-ExecuteReader` liefert ein Objekt zurück, das die Schnittstelle `IAsyncResult` implementiert. Dieses Objekt beschreibt den Status der asynchronen Abfrage, u. a. durch die Eigenschaft `IsCompleted`. Der Wert lautet `false`, falls die Abfrage noch nicht beendet ist, ansonsten `true`. Beachten Sie, dass in diesem Beispiel die parameterlose Methode `BeginExecuteReader` eingesetzt wird.

Wir werten im Beispielprogramm `IsCompleted` aus. Solange die Ergebnismenge noch nicht vorliegt, wird von der Clientanwendung eine andere Aufgabe erledigt. Hierbei handelt es sich um den Aufruf der Methode `DoSomething`, die einen einfachen Zählerstand in das Konsolenfenster schreibt. Ist die Anfrage an den Datenbankserver beendet, kann das Ergebnis geholt werden. Dazu dient die Methode `EndExecuteReader`, die ihrerseits die Referenz auf ein `SqlDataReader`-Objekt bereitstellt, das wir zur Ausgabe der Spalte *ProductName* benutzen.

Bereitstellen einer Rückrufmethode

Während beim Polling fortwährend geprüft wird, ob der Datenbankserver die Abfrage bearbeitet hat, wird durch das Bereitstellen einer Rückrufmethode auf das Signal der Datenbank gewartet, dass die Operation beendet ist. Das Signal ist der Aufruf einer Methode im Client, der sogenannten *Rückrufmethode*.

Die »Adresse« der Rückrufmethode, die im folgenden Beispiel `CallbackMethod` heißt, wird dem ersten Parameter der überladenen Methode `BeginExecuteReader` übergeben. Es handelt sich dabei um einen Parameter vom Typ des Delegaten `AsyncCallback`, der eine Rückrufmethode vorschreibt, die einen Parameter vom Typ `IAsyncResult` hat und die ihrerseits selbst `void` ist. `BeginExecuteReader` definiert mindestens noch einen zweiten Parameter. Dieser ist vom Typ `Object` und akzeptiert somit jedes beliebige Objekt. Das Objekt wird der Eigenschaft `AsyncState` der `IAsyncResult`-Schnittstelle zugewiesen und kann in der Callback-Methode abgerufen werden. Im Beispiel wird die Referenz auf das `SqlCommand`-Objekt übergeben.

Nach Beendigung der asynchronen Operation wird die Rückrufmethode ausgeführt, aus der heraus `EndExecuteReader` aufgerufen wird. Das dazu notwendige `SqlCommand`-Objekt wurde dem zweiten Parameter der Methode `BeginExecuteReader` übergeben und kann nach Auswertung der Eigenschaft `AsyncState` des `IAsyncResult`-Parameters und vorheriger Konvertierung benutzt werden. Danach steht auch der `DataReader` zur Verfügung.

Nun aber das vollständige Beispiel:

```
class Program
{
  static void Main(string[] args)
  {
    SqlConnection con = new SqlConnection("..;Asynchronous Processing=true");
    string strSQL = "SELECT * FROM Products";
    SqlCommand cmd = new SqlCommand(strSQL, con);
    con.Open();
    // Delegaten initialisieren
    AsyncCallback callback = new AsyncCallback(CallbackMethod);
    // Asynchrone Operation starten
    cmd.BeginExecuteReader(callback, cmd);
```

```
    // Hier können weitere Anweisungen stehen
    Console.ReadLine();
  }
  static void CallbackMethod(IAsyncResult result) {
    SqlCommand cmd = (SqlCommand)result.AsyncState;
    SqlDataReader rd = cmd.EndExecuteReader(result);
    while(rd.Read())
      Console.WriteLine(rd["ProductName"]);
    rd.Close();
  }
}
```

Listing 37.13 Beispielprogramm »Callback«

37.6.4 Gespeicherte Prozeduren (Stored Procedures)

Bei einer gespeicherten Prozedur (*Stored Procedure*) handelt es sich um eine Gruppe von SQL-Anweisungen, die kompiliert werden. Das hat einen entscheidenden Vorteil: Die Leistung verbessert sich deutlich, wenn die gespeicherte Prozedur ausgeführt wird, da die SQL-Anweisungen nicht bei jedem Aufruf neu kompiliert werden müssen.

Eine gespeicherte Prozedur ist nicht schwierig zu verstehen. Wir wollen uns das an einem Beispiel ansehen.

```
CREATE PROCEDURE SearchProducts
(
   @Price money,
   @OrderedUnits smallint
)
AS
   SELECT *
   FROM Products
   WHERE UnitPrice < @Price AND UnitsOnOrder > @OrderedUnits
```

Diese gespeicherte Prozedur beschreibt eine Auswahlabfrage, die alle Artikel der Tabelle *Products* liefert, die eine bestimmte Preisgrenze unterschreiten und eine bestimmte Anzahl von Bestelleinheiten haben. Damit ist die Stored Procedure gleichbedeutend mit dem SqlClient-Datenprovider-Befehl

```
SELECT *
FROM Products
WHERE UnitPrice < @Price AND UnitsOnOrder > @OrderedUnits
```

Gespeicherte Prozeduren bieten sich besonders an, wenn ein Kommando sehr häufig ausgeführt werden soll. Sie sind nicht nur leistungsfähiger als normale SQL-Kommandos, sondern bieten darüber hinaus weitergehende Möglichkeiten: Stored Procedures können Berechnungen ausführen, Ein- und Ausgabeparameter entgegennehmen (ähnlich Wert- und Referenzparameter) oder ein Resultat an den Aufrufer liefern.

Mehr werden wir Ihnen an dieser Stelle nicht zu den gespeicherten Prozeduren sagen. Es gibt ausgiebige Literatur zu diesem Thema. Wir werden Ihnen aber weiter unten in diesem Abschnitt in einem komplexeren Beispiel zeigen, wie gespeicherte Prozeduren, die die aufgeführten Features haben, mit ADO.NET-Code behandelt werden.

Gespeicherte Prozeduren im Visual Studio 2015 erstellen

Ein herkömmlicher SQL-Befehl wird vom Client gegen die Datenbank abgesetzt. Gespeicherte Prozeduren sind, soweit die Datenbank diese unterstützt, Elemente der Datenbank selbst, so wie beispielsweise die Tabellen oder Sichten. Wenn Sie wollen, können Sie sehr einfach aus Visual Studio heraus gespeicherte Prozeduren zu einer Datenbank hinzufügen. Öffnen Sie dazu den SERVER-EXPLORER in Visual Studio. In diesem finden Sie den Knoten DATENVERBINDUNGEN. Im Kontextmenü dieses Knotens wählen Sie VERBINDUNG HINZUFÜGEN. Es öffnet sich ein Dialog, wie in Abbildung 37.7 zu sehen ist.

Abbildung 37.7 Dialog zum Hinzufügen einer Datenbankverbindung

Tragen Sie im oberen Kombinationslistenfeld den Servernamen ein, auf dem die SQL-Server-Datenbank installiert ist, zu der Sie Verbindung aufnehmen wollen. Per Vorgabe ist der Dialog bereits so voreingestellt, dass davon ausgegangen wird, es handle sich um SQL Server. Sie können die Verbindung natürlich auch zu einer anderen Datenbank aufbauen, müssen dann aber zuvor die eingetragene DATENQUELLE entsprechend anpassen.

Haben Sie die Installationsvorgaben von SQL Server unverändert übernommen, so ist die Windows-Authentifizierung eingestellt, und Sie brauchen, soweit Sie mit entsprechenden administrativen Rechten ausgestattet sind, keine Änderungen an den Anmeldeinformationen vorzunehmen. Anschließend wählen Sie die gewünschte Datenbank aus. Sie können die eingestellten Verbindungsdaten nun testen.

Im SERVER-EXPLORER wird die neue Verbindung zur Datenbank eingetragen. Unter den datenbankspezifischen Knoten finden Sie nun auch GESPEICHERTE PROZEDUREN. Klicken Sie dann im Kontextmenü des Knotens auf NEUE GESPEICHERTE PROZEDUR HINZUFÜGEN. Im Codeeditor wird daraufhin ein weiteres Fenster geöffnet, in dem bereits die elementare Struktur der Stored Procedure vorgegeben ist.

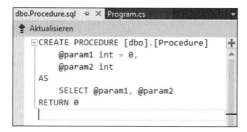

Abbildung 37.8 Das Fenster einer neuen gespeicherten Prozedur im Codeeditor

Als Erstes sollten Sie der Stored Procedure einen beschreibenden Namen geben, z. B. SearchProducts. Parameter werden im Block zwischen CREATE PROCEDURE und AS definiert. Dabei wird zuerst der Parametername angegeben, der das Präfix @ haben muss. Dahinter folgt der Datentyp. Mehrere Parameter in einer Stored Procedure werden durch ein Komma voneinander getrennt.

Nachdem Sie den SQL-Code im Codeeditor eingetragen haben, können Sie die Stored Procedure speichern. Gespeichert wird die Stored Procedure allerdings nicht im Projekt, sondern in der Datenbank, was Sie auch sofort im SERVER-EXPLORER erkennen. Beim Speichervorgang wird die Syntax überprüft. Sollte die SQL-Syntax einen Fehler aufweisen, werden Sie mit einer Fehlermeldung darauf aufmerksam gemacht.

Damit hört die Unterstützung des Visual Studio aber nicht auf. Sie können Ihre neue gespeicherte Prozedur auch in der Entwicklungsumgebung testen. Dazu sollten Sie im SERVER-EXPLORER die neu hinzugefügte Stored Procedure suchen und markieren. Öffnen Sie dann das Kontextmenü, und wählen Sie AUSFÜHREN. Es öffnet sich ein

Dialog, wie in Abbildung 37.9 zu sehen ist, in dem Sie in der Spalte WERT den Parametern die gewünschten Daten zuweisen.

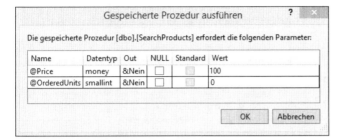

Abbildung 37.9 Dialog, um den Parametern Werte zuzuweisen

Wenn Sie anschließend auf OK klicken, sehen Sie im Fenster AUSGABE das Ergebnis des Aufrufs.

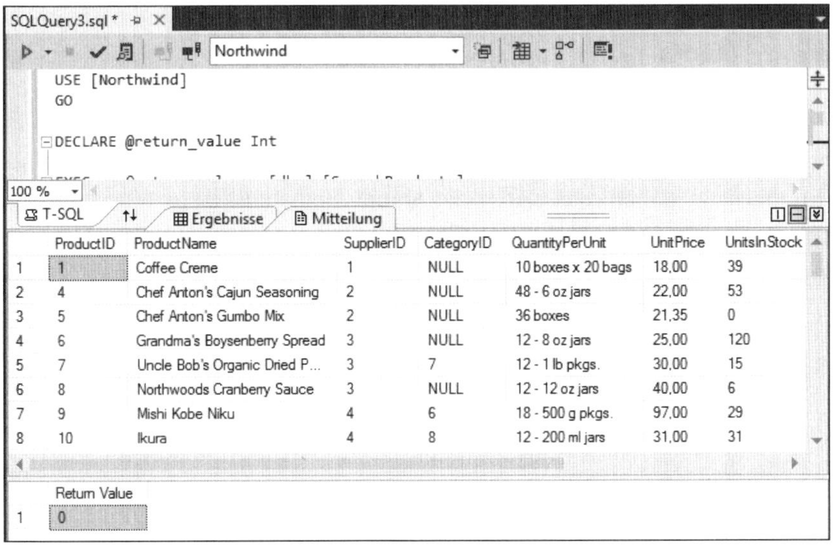

Abbildung 37.10 Das Ergebnis des Aufrufs der Stored Procedure »SearchProducts«

Eine gespeicherte Prozedur aufrufen

Die soeben entwickelte gespeicherte Prozedur *SearchProducts* soll nun aufgerufen werden. Prinzipiell ist der Weg ähnlich dem, den wir beim Aufruf einer parametrisierten Abfrage beschritten haben. Es gibt aber einen ganz wichtigen Unterschied: Wir müssen dem SqlCommand-Objekt ausdrücklich mitteilen, dass es kein SQL-Kommando, sondern eine gespeicherte Prozedur ausführen soll. Um dem Objekt den Typ eines Kommandos mitzuteilen, wird der Eigenschaft CommandType die passende Information übergeben.

```
public override CommandType CommandType {get; set;}
```

Die Eigenschaft ist vom Typ der gleichnamigen Enumeration, die angibt, wie das unter der Eigenschaft CommandText angegebene Kommando zu interpretieren ist.

Member	Beschreibung
StoredProcedure	CommandText enthält den Namen einer gespeicherten Prozedur.
TableDirect	CommandText enthält den Namen einer Tabelle.
Text	(Standard) CommandText enthält ein SQL-Kommando.

Tabelle 37.5 Die Mitglieder der Enumeration »CommandType«

> **Hinweis**
>
> Lautet die Einstellung CommandType.TableDirect, können Sie der Eigenschaft CommandText einen Tabellennamen zuweisen. Das ist gleichwertig mit dem SQL-Befehl SELECT * FROM <Tabellenname>.

Bisher haben wir die Eigenschaft CommandType nicht benutzt, weil wir immer ein SQL-Kommando abgesetzt haben, das durch die Standardeinstellung Text beschrieben wird. Da wir nun eine Stored Procedure ausführen wollen, müssen wir CommandType den Wert CommandType.StoredProcedure zuweisen. Das SqlCommand-Objekt benutzt diese Information, um die Syntax für den Aufruf der gespeicherten Prozedur zu generieren.

```
class Program
{
  static void Main(string[] args)
  {
    SqlConnection con = new SqlConnection("...");
    con.Open();
    // SqlCommand vorbereiten
    SqlCommand cmd = new SqlCommand();
    cmd.Connection = con;
    cmd.CommandType = CommandType.StoredProcedure;
    cmd.CommandText = "SearchProducts";
    // Parameter-Auflistung füllen
    cmd.Parameters.Add("@Price", SqlDbType.Money);
    cmd.Parameters.Add("@OrderedUnits", SqlDbType.SmallInt);
    cmd.Parameters["@Price"].Value = 10;
    cmd.Parameters["@OrderedUnits"].Value = 0;
    // SqlCommand ausführen
    SqlDataReader dr = cmd.ExecuteReader();
```

```
      while (dr.Read())
        Console.WriteLine(dr["ProductName"]);
      dr.Close();
      con.Close();
      Console.ReadLine();
    }
}
```

Listing 37.14 Beispielprogramm »SimpleStoredProcedure«

Komplexe gespeicherte Prozeduren

Eine gespeicherte Prozedur ist nicht immer so einfach aufgebaut wie *SearchProducts*, die nur Datensätze als Ergebnis der Ausführung zurückliefert. Eine gespeicherte Prozedur kann sowohl über die Parameterliste als auch über RETURN Werte an den Aufrufer zurückliefern. Dazu ein Beispiel:

```
CREATE PROCEDURE GetProduct
(
  @id int,
  @Artikel varchar(40) OUTPUT,
  @Preis money OUTPUT
)
AS
  SELECT @Artikel=ProductName, @Preis=UnitPrice
  FROM Products
  WHERE ProductID=@id
RETURN @@ROWCOUNT
```

Die Stored Procedure definiert neben dem Eingabeparameter @id mit @zuname und @vorname auch zwei Ausgabeparameter, denen beim Aufruf zwar kein Wert übergeben wird, die aber einen Wert zurückliefern. Der Rückgabewert @@ROWCOUNT ist eine Systemfunktion von SQL Server, die die Anzahl der Zeilen angibt, auf die sich die letzte Anweisung ausgewirkt hat.

```
class Program
{
  static void Main(string[] args)
  {
    SqlConnection con = new SqlConnection("...");
    // SqlCommand-Objekt definieren
    SqlCommand cmd = new SqlCommand();
    cmd.Connection = con;
    cmd.CommandType = CommandType.StoredProcedure;
    cmd.CommandText = "GetProduct";
```

```csharp
      // SqlParameter definieren
      cmd.Parameters.Add("@RetValue", SqlDbType.Int);
      cmd.Parameters.Add("@id", SqlDbType.Int);
      cmd.Parameters.Add("@Artikel", SqlDbType.VarChar, 40);
      cmd.Parameters.Add("@Preis", SqlDbType.Money);
      // Richtung der Parameter spezifizieren
      cmd.Parameters["@RetValue"].Direction =
                           ParameterDirection.ReturnValue;
      cmd.Parameters["@Artikel"].Direction =
                           ParameterDirection.Output;
      cmd.Parameters["@Preis"].Direction =
                           ParameterDirection.Output;
      // Übergabewert angeben
      cmd.Parameters["@id"].Value = 1;
      con.Open();
      cmd.ExecuteNonQuery();
      // SqlParameterCollection auswerten
      if ((int)(cmd.Parameters["@RetValue"].Value) == 1) {
        Console.WriteLine("Zuname: {0}",
                cmd.Parameters["@Artikel"].Value);
        Console.WriteLine("Vorname:{0}",
                cmd.Parameters["@Preis"].Value);
      }
      Console.WriteLine("{0} Datensatz gefunden.",
                   cmd.Parameters["@RetValue"].Value);
      con.Close();
      Console.ReadLine();
   }
}
```

Listing 37.15 Beispielprogramm »KomplexeStoredProcedure«

Im ersten Schritt wird nach dem Öffnen der Verbindung das `SqlCommand`-Objekt definiert. Anschließend wird für jeden Parameter der gespeicherten Prozedur der Parameter-Auflistung ein `SqlParameter`-Objekt hinzugefügt. Als Parameter wird auch der von `RETURN` gelieferte Rückgabewert verstanden. Damit benötigt der Aufruf insgesamt vier `SqlParameter`-Objekte.

`SqlParameter` können unterschiedliches Verhalten haben. Dies muss ADO.NET wissen, um die gespeicherte Prozedur richtig zu verarbeiten. Standardmäßig beschreibt ein `SqlParameter`-Objekt einen Eingabeparameter. Abweichungen davon müssen über die `Direction`-Eigenschaft des `Parameters`-Objekts festgelegt werden, die vom Typ `ParameterDirection` ist, einer Enumeration mit vier Konstanten.

Member	Beschreibung
Input	Der Parameter ist ein Eingabeparameter.
InputOutput	Der Parameter unterstützt sowohl die Eingabe als auch die Ausgabe.
Output	Der Parameter ist ein Ausgabeparameter.
ReturnValue	Der Parameter stellt einen Rückgabewert dar.

Tabelle 37.6 Mitglieder der Enumeration »ParameterDirection«

Jetzt muss die Parameterliste gefüllt werden, um das `SqlCommand`-Objekt anschließend auszuführen. Dazu wird dem Parameter `@id` die Spalte *ProductID* zugewiesen, anhand derer der gesuchte Artikel identifiziert werden soll. Weil die gespeicherte Prozedur keine Datensatzliste zurückgibt, genügt der Aufruf der Methode `ExecuteNonQuery` auf das `SqlCommand`-Objekt. Das Ergebnis des Aufrufs kann danach ausgewertet werden, indem der Inhalt des Rückgabewerts wie auch der Inhalt der Ausgabeparameter abgerufen werden.

37.7 Der »SqlDataAdapter«

37.7.1 Was ist ein »DataAdapter«?

Weiter oben haben Sie erfahren, wie Sie ein SQL-Kommando gegen eine Datenbank absetzen. Sie wissen, dass Sie mit der Methode `ExecuteNonQuery` des `SqlCommand`-Objekts eine Aktionsabfrage ausführen und `ExecuteReader` ein `SqlDataReader`-Objekt zurückliefert, in dem wir eine Datenzeile nach der anderen durchlaufen. Für ganz einfache Anforderungen mag das durchaus genügen. Für die Praxis sind die Anforderungen damit aber nicht ausreichend abgedeckt.

Was ist, wenn wir es dem Anwender ermöglichen wollen, beliebig zwischen den einzelnen Datensätzen zu navigieren? Wie kann ein Anwender die eingelesenen Datensätze aktualisieren? Wie kann seitens der Anwendung sichergestellt werden, dass bei der Aktualisierung Einschränkungen (*Constraints*) berücksichtigt werden?

Grundsätzlich ließen sich diese und viele weitere Fragen mit dem `SqlCommand`- und dem `SqlDataReader`-Objekt beantworten. Aber denken wir einen Schritt weiter. Beide Objekte sind von einer geöffneten Verbindung zur Datenbank abhängig. Wollen wir es einem Anwender ermöglichen, durch die Datensätze zu navigieren, müssten wir entweder die Verbindung zur Datenquelle für einen längeren Zeitraum geöffnet halten oder die einzelnen Datensätze lokal zwischenspeichern.

Eine Verbindung länger als unbedingt notwendig geöffnet zu halten ist aus vielerlei Hinsicht nicht akzeptabel. Stellen Sie sich beispielsweise eine Datenbank im Internet vor: Eine geöffnete Verbindung kostet Geld, und die Netzwerkressourcen werden belastet. Zudem ist die Anzahl der gleichzeitigen Zugriffe auf eine Datenbank begrenzt.

Eine optimale Lösung müsste mindestens die folgende Fähigkeit haben: Einlesen und Zwischenspeichern aller Datensätze im lokalen Speicher. Wir brauchen diesen Ansatz jedoch nicht selbst zu programmieren, er wird uns von ADO.NET offeriert. Als Bindeglied zwischen der Datenquelle und dem lokalen Speicher dient dazu ein spezielles Objekt vom Typ `SqlDataAdapter`. Es hat die Fähigkeit, Daten aus einer Datenquelle abzufragen und sie in einer oder mehreren Tabellen des lokalen Speichers abzulegen. Darüber hat ein `SqlDataAdapter`-Objekt aber auch Änderungen in den Tabellen des lokalen Speichers an die Datenquelle zu übermitteln. Um die Netzwerk- und Datenbankbelastung so gering wie möglich zu halten, baut das `SqlDataAdapter`-Objekt nur dann eine Verbindung zur Datenbank auf, wenn dies notwendig ist. Sind alle Operationen beendet, wird die Verbindung wieder geschlossen.

Im Zusammenhang mit einem `SqlDataAdapter` spielen auch `SqlConnection`- und `SqlCommand`-Objekte eine wichtige Rolle. Alle drei sind providerspezifisch und zählen zu den verbundenen Typen des ADO.NET-Objektmodells. Die Daten im lokalen Speicher, die von speziellen Objekten verwaltet und organisiert werden, werden zu den unverbundenen Typen des ADO.NET-Objektmodells gerechnet. Ein `SqlDataAdapter` kann daher als Bindeglied zwischen den verbundenen und den unverbundenen Objekten angesehen werden.

Ein `SqlDataAdapter` spielt in zwei Situationen eine wichtige Rolle:

- beim Füllen eines `DataSets` oder einer `DataTable`
- beim Aktualisieren der geänderten Inhalte von `DataSet` oder `DataTable`

In diesem Abschnitt werden wir uns ausschließlich mit dem Abrufen von Dateninformationen und dem sich daran anschließenden Füllen der lokalen Objekte beschäftigen. Die andere Fähigkeit von `SqlDataAdapter` sehen wir uns an, wenn wir das `DataSet` ausgiebig studiert haben.

Ein Programmbeispiel

Ehe wir uns mit dem `DataAdapter`-Objekt genauer beschäftigen, stellen wir Ihnen ein Beispiel vor, das einen `SqlDataAdapter` benutzt, um den lokalen Speicher mit allen Datensätzen der Tabelle *Products* zu füllen. Abgefragt werden nur die Spalten *ProductName* und *UnitPrice*. Die lokale Datensatzliste wird anschließend an der Konsole ausgegeben. Dazu werden alle Datensätze in einer Schleife durchlaufen.

```
class Program
{
  static void Main(string[] args)
  {
```

```
    SqlConnection con = new SqlConnection("...");
    string strSQL = "SELECT ProductName, UnitPrice FROM products";
    SqlDataAdapter da = new SqlDataAdapter(strSQL, con);
    DataTable tbl = new DataTable();
    da.Fill(tbl);
    // Anzeige der Daten im lokalen Speicher
    for (int i = 0; i < tbl.Rows.Count; i++) {
      DataRow row = tbl.Rows[i];
      Console.WriteLine("{0,-35} {1} ", row[0], row[1]);
    }
    Console.ReadLine();
  }
}
```

Listing 37.16 Beispielprogramm »DataAdapterDemo«

Vorausgesetzt, Sie haben die Verbindungszeichenfolge so eingerichtet, dass Sie die *Northwind*-Datenbank auf Ihrem eigenen Rechner adressiert haben, sollten Sie das Ergebnis im Konsolenfenster sehen. Auf die genaue Erklärung des Codes soll hier noch verzichtet werden.

37.7.2 Die Konstruktoren der Klasse »DataAdapter«

Der `SqlDataAdapter` stellt die Verbindung zwischen einer Datenquelle und einem `DataSet` oder einer `DataTable` her und füllt diese mit den angefragten Daten. Die `DataAdapter`-Klassen (`OleDbDataAdapter`, `SqlDataAdapter` und `OdbcDataAdapter`) verfügen jeweils über vier Konstruktoren mit identischer Parameterliste.

```
public SqlDataAdapter();
public SqlDataAdapter(SqlCommand command);
public SqlDataAdapter(string selectCommand, SqlConnection);
pulic SqlDataAdapter(string selectCommand, string connectionString);
```

Der `SqlDataAdapter` muss wissen, auf welcher Verbindung er einen Befehl absetzen soll; ebenso muss er selbstverständlich auch den Befehl kennen. Die Konstruktoren bieten daher mehrere Kombinationsmöglichkeiten an, dem `SqlDataAdapter` die von ihm benötigten Informationen zu übergeben.

Das »Connection«-Objekt dem Konstruktor übergeben

Verwenden Sie in Ihrer Anwendung mehrere `SqlDataAdapter`-Objekte, sollten Sie den Konstruktor mit Bedacht wählen. Übergeben Sie den Konstruktoraufrufen der SqlDataAdapter-Objekte eine Zeichenfolge, wird für jedes DataAdapter-Objekt eine neue Verbindung eingerichtet, also beispielsweise:

```
string strCon = "Data Source=.;" +
        "Initial Catalog=northwind;Trusted_Connection=Yes";
SqlDataAdapter da1 = new SqlDataAdapter(strSQL1, strCon);
SqlDataAdapter da2 = new SqlDataAdapter(strSQL2, strCon);
```

War das von Ihnen beabsichtigt, gibt es daran nichts zu kritisieren. Reicht Ihnen aber eine Verbindung aus, sollten Sie stattdessen den Konstruktor verwenden, der neben der Abfragezeichenfolge die Referenz auf das SqlConnection-Objekt erwartet.

37.7.3 Die Eigenschaft »SelectCommand«

Verwenden Sie den parameterlosen Konstruktor, müssen Sie der Eigenschaft Select-Command die Referenz auf ein Command-Objekt zuweisen.

```
SqlDataAdapter da = new SqlDataAdapter();
da.SelectCommand = cmd;
```

Die Klasse SqlDataAdapter stellt weder eine Eigenschaft noch eine Methode bereit, mit der wir eine Verbindungszeichenfolge oder ein SqlConnection-Objekt festlegen können. Das ist aber nicht von Bedeutung, da das SqlCommand-Objekt seinerseits selbst alle Verbindungsinformationen enthält.

```
string strCon = "Data Source=.;" +
"Initial Catalog=Northwind;Trusted_Connection=yes";
SqlConnection con = new SqlConnection(strCon);
SqlCommand cmd = new SqlCommand("SELECT * FROM Products", con);
// Der parameterlose DataAdapter-Konstruktor
SqlDataAdapter da = new SqlDataAdapter();
da.SelectCommand = cmd;
```

37.7.4 Den lokalen Datenspeicher mit »Fill« füllen

Es lässt sich trefflich darüber streiten, welche Methode eines bestimmten Typs die wichtigste ist. Bei einem SqlDataAdapter-Objekt sind es wohl zwei Methoden, die den Kern dieses Typs ausmachen:

- die Methode Fill
- die Methode Update

Mithilfe der Methode Fill wird der lokale Datenspeicher mit dem Ergebnis einer SELECT-Abfrage gefüllt. Dazu wird für die Dauer der Operation eine Verbindung zur

Datenquelle geöffnet und nach ihrer Beendigung wieder geschlossen. Die empfangenen Daten werden in einem DataTable-Objekt vorgehalten, das sich in einem DataSet befindet. DataTable beschreibt alle Spalten, die in der SELECT-Abfrage angegeben sind; die Spaltenbezeichner werden aus der Originaldatenbank übernommen. Der Anwender kann die Daten ändern, Datensätze löschen oder neue hinzufügen. Während dieser Zeit besteht kein Kontakt zur Datenbank. Somit wird er (zunächst) nichts von den Änderungen im DataSet bzw. in der DataTable erfahren.

Zu irgendeinem Zeitpunkt sollen die Änderungen natürlich in die Originaldatenquelle zurückgeschrieben werden. Dazu muss die Methode Update des SqlDataAdapters aufgerufen werden. Der SqlDataAdapter sorgt dann dafür, dass die Verbindung erneut aufgebaut wird und die geänderten Daten in die Originaldatenbank geschrieben werden. Ist die Aktualisierung beendet, wird die Verbindung automatisch geschlossen. Die Aktualisierung der Datenquelle ist ein komplexes Thema, auf das wir in Abschnitt 37.10 noch genauer eingehen.

Die Methode Fill wollen wir an dieser Stelle etwas genauer betrachten. Fill ist vielfach überladen. Zwei Überladungen stellen wir hier vor:

```
public int Fill(DataTable);
public int Fill(DataSet);
```

Dem Aufruf wird im einfachsten Fall entweder ein DataTable- oder ein DataSet-Objekt übergeben. Beide Typen sind unabhängig vom .NET-Datenprovider und gehören zum Namespace System.Data. Ein DataTable-Objekt entspricht einer Tabelle in der Datenbank. Es hat die Spalten, die in der SELECT-Abfrage angegeben worden sind, und enthält die Datensätze, die das Ergebnis der SELECT-Abfrage bilden. Der Rückgabewert der Fill-Methode gibt Auskunft darüber, wie viele Datenzeilen dem DataSet oder der DataTable hinzugefügt worden sind.

Ein DataSet-Objekt können Sie sich als einen Container für mehrere DataTable-Objekte vorstellen. Im Beispiel oben hätten wir auch anstelle eines DataTable-Objekts ein DataSet füllen können. Allerdings sähe der Code in der Schleife ein wenig anders aus:

```
...
DataSet ds = new DataSet();
da.Fill(ds);
for(int i=0; i < ds.Tables[0].Rows.Count; i++)
{
  DataRow row = ds.Tables[0].Rows[i];
  Console.WriteLine("{0,1-35} {1}", row[0], row[1]);
}
```

Nach dem Füllen einer DataTable oder eines DataSets gibt es keine Verbindung mehr zum SqlDataAdapter. Das bedeutet, dass der SqlDataAdapter weder eine Referenz auf das Objekt besitzt, das er gefüllt hat, noch dass das gefüllte Objekt weiß, von wem es gefüllt worden ist.

Öffnen und Schließen von Verbindungen

Kommen wir noch einmal auf das einführende Beispiel oben zurück. Mit

```
SqlDataAdapter da = new SqlDataAdapter(strSQL, con);
```

wird das `SqlDataAdapter`-Objekt erzeugt und dabei u. a. die Referenz auf das Verbindungsobjekt `con` übergeben. Es fällt auf, dass die `Open`-Methode nicht aufgerufen wird, um die Abfrage zu übermitteln. Das ist auch nicht nötig, denn mit

```
da.Fill(tbl);
```

wird der `DataAdapter` die Verbindung selbstständig öffnen, die Ergebnisse abfragen und die Verbindung ebenso selbstständig schließen. Das steht ganz im Gegensatz zu den `Execute`-Methoden des `SqlCommand`-Objekts, die dieses Verhalten nicht zeigen und auf das explizite Öffnen der Verbindung angewiesen sind.

Sie können allerdings explizit eine Verbindung vor dem Aufruf von `Fill` mit `Open` öffnen. Der `SqlDataAdapter` wird das bemerken und weigert sich schlichtweg, die Verbindung von sich aus zu schließen, wenn die Resultate der Abfrage eingetroffen sind. Es liegt dann in Ihrer Verantwortung, die offene Verbindung zu schließen.

```
[...]
con.Open();
da.Fill(tbl);
con.Close();
```

Doppelter Aufruf der »Fill«-Methode

Angenommen, Sie rufen zweimal hintereinander die `Fill`-Methode auf, ohne vor dem zweiten Aufruf das `DataSet` oder die `DataTable` zu leeren:

```
[...]
da.Fill(tbl);
da.Fill(tbl);
```

Die Idee, die dem doppelten Aufruf zugrunde liegt, könnte die Aktualisierung des `DataSets` sein. Allerdings werden nun die Datensätze in der Tabelle doppelt erscheinen. Mit dem ersten Aufruf der `Fill`-Methode wird das `DataTable`-Objekt erzeugt, und die Datensätze werden hineingeschrieben. Mit dem zweiten Aufruf werden die Datensätze einfach noch einmal aus der Datenquelle bezogen und in die schon vorhandene Tabelle kopiert.

Grund für dieses im ersten Moment etwas sonderbare Verhalten ist, dass die Primärschlüsselspalte der Originaltabelle nicht automatisch zur Primärschlüsselspalte der `DataTable` wird. Primärschlüssel dienen u. a. zur Vermeidung von duplizierten Datensätzen und müssen in der Datenquelle festgelegt werden. Die `DataTable` übernimmt Primärschlüssel jedoch nicht.

> **Hinweis**
>
> Das `DataTable`-Objekt besitzt die Eigenschaft `PrimaryKey`. Wird diese gesetzt, wird der `DataAdapter` die doppelten Zeilen finden und die alten Werte verwerfen. Mehr Informationen darüber erhalten Sie in Kapitel 5, »Grundlegende Abfragetechniken«.

Mehrere »DataAdapter«-Objekte aufrufen

Wird die Methode `Fill` hintereinander auf verschiedene `DataAdapter` aufgerufen, wird jeweils eine neue Verbindung benötigt. Daran ändert sich auch nichts, wenn allen Aufrufen die gleiche Verbindungszeichenfolge zugrunde liegt.

```
[...]
SqlDataAdapter daProducts = new SqlDataAdapter(strSQL1, con);
SqlDataAdapter daCategories = new SqlDataAdapter(strSQL2, con);
DataSet dsProducts = new DataSet();
DataSet dsCategories = new DataSet();
daProducts.Fill(dsProducts);
[...]
daCategories.Fill(dsCategories);
```

Obwohl sich der Aufruf von `Fill` auf `daCategories` aus dem Verbindungspool bedient, darf das nicht darüber hinwegtäuschen, dass in diesem Codefragment unnötigerweise Leistungseinbußen in Kauf genommen werden müssen, weil in jedem Fall ein impliziter `Open`- bzw. `Close`-Aufruf auf die Verbindung erfolgt.

Wollen Sie sicherstellen, dass eine Verbindung von beiden `SqlDataAdapter`-Objekten gleichermaßen benutzt wird, müssen Sie die Steuerung selbst übernehmen und mit der `Open`-Methode die Verbindung vor dem ersten Füllen des `DataSets` oder der `DataTable` öffnen.

```
[...]
con.Open();
daProducts.Fill(dsProducts);
daCategories.Fill(dsCategories);
con.Close();
```

Die Spalten- und der Tabellenbezeichner einer »DataTable«

Intern bedient sich ein `SqlDataAdapter` des `SqlDataReader`-Objekts, um die Ergebnisse einer Abfrage abzurufen. Bevor die Resultate der Abfrage in der `DataTable` gespeichert werden, benutzt der `SqlDataAdapter` das `SqlDataReader`-Objekt, um sich elementare Schemainformationen zu besorgen. Dazu gehören die Spaltenbezeichner und die Datentypen. Aus diesem Grund können Sie über die Spaltenbezeichner auf bestimmte Spalten zugreifen, wenn Sie die Datenzeilen auswerten. Der `SqlDataReader` ist jedoch nicht in der Lage, den Tabellennamen zu liefern. Standardmäßig heißt die erste Tabelle *Table*, die zweite *Table1*, die dritte *Table2* usw. Im nächsten Abschnitt werden wir uns in diesem Zusammenhang mit der `TableMappingsCollection` des `SqlDataAdapters` beschäftigen. Anstatt einer `TableMapping`-Auflistung einen Eintrag hinzuzufügen, können Sie auch eine Überladung der `Fill`-Methode benutzen, der Sie im zweiten Parameter den Namen der Tabelle übergeben.

```
daProducts.Fill(dsProducts, "Artikel");
```

Nun wird die im `DataSet` befindliche Tabelle unter dem Namen `Artikel` angesprochen, nicht mehr unter `Table`.

Paging mit der »Fill«-Methode

Eine interessante Überladung der `Fill`-Methode werden wir Ihnen zum Abschluss noch vorstellen. Sie gestattet es, die `DataTable` mit nur einem Teil des Abfrageergebnisses zu füllen.

```
daProducts.Fill(dsProducts, 0, 10, "Artikel");
```

Dieser Aufruf bewirkt, dass nur die ersten zehn Datenzeilen des nullbasierten Abfrageergebnisses im `DataSet` gespeichert werden. Tatsächlich werden dabei aber immer noch alle Datenzeilen von der Abfrage zurückgegeben. Der `SqlDataAdapter`, der sich bekannterweise intern des `SqlDataReaders` bedient, ruft dabei nur zehnmal die `Read`-Methode des `SqlDataReaders` auf.

37.7.5 Tabellenzuordnung mit »TableMappings«

Um ein `DataSet` mit mehreren Tabellen zu füllen, können Sie eine Batchabfrage absetzen:

```
string strSQL = "SELECT * FROM Products;" +
                "SELECT * FROM Suppliers;" +
                "SELECT * FROM Categories";
SqlDataAdapter da = new SqlDataAdapter(strSQL, con);
DataSet ds = new DataSet();
da.Fill(ds);
```

Das `DataSet` beherbergt nun drei Tabellen. In jeder sind alle Datensätze der entsprechenden Originaltabellen *Products*, *Suppliers* und *Categories* enthalten. Allerdings stehen wir vor der Frage: Wie können wir eine bestimmte Tabelle im `DataSet` ansprechen, wenn dieses mehrere Tabellen enthält?

Ein `DataSet` verwaltet alle in ihm enthaltenen Tabellen in einer Auflistung vom Typ `DataTableCollection`. Die Referenz auf diese Auflistung liefert die Eigenschaft `Tables` des `DataSet`-Objekts.

```
public DataTableCollection Tables {get;}
```

Jetzt sollte man auch noch wissen, dass ein `DataTable`-Objekt seinen Tabellennamen über die Eigenschaft `TableName` preisgibt. Mit diesen Kenntnissen können wir jetzt die Namen der Tabellen im `DataSet` abfragen:

```
foreach(DataTable table in ds.Tables)
  Console.WriteLine(table.TableName);
```

Die Ausgabe wird nicht – wie vielleicht zu vermuten wäre – *Products*, *Suppliers* und *Categories* lauten, sondern, wie schon vorher behauptet:

```
Table
Table1
Table2
```

Die Zuordnung von *Table* zu *Products*, *Table1* zu *Suppliers* und *Table2* zu *Categories* ist aber in den meisten Fällen nicht wünschenswert. Besser geeignet wären sprechende Bezeichner, die zudem zur Verbesserung der Codelesbarkeit beitragen. Der `SqlDataAdapter` bietet daher einen Mechanismus, um den Tabellen im Abfrageergebnis einen anderen Namen zuzuordnen: die Eigenschaft `TableMappings`, die die Referenz auf ein `DataTableMappingCollection`-Objekt liefert.

```
public DataTableMappingCollection TableMappings {get;}
```

In der Auflistung `DataTableMappingCollection` werden Objekte vom Typ `DataTableMapping` verwaltet. Jedes dieser Objekte ordnet einer Tabelle im `DataSet` einen Tabellennamen zu.

Am einfachsten ist es, mit der `Add`-Methode die Auflistung zu füllen. Dazu wird dem ersten Parameter die Zeichenfolge übergeben, unter der die Tabelle per Vorgabe in das `DataSet` gefüllt wird. Dem zweiten Parameter teilen Sie den gewünschten Tabellennamen mit.

```
public DataTableMapping Add(string, string);
```

Das folgende Codefragment zeigt, wie Sie die `DataTableMappingCollection` des `DataAdapter`-Objekts füllen können. Dabei wird davon ausgegangen, dass die oben angeführte Batchabfrage abgesetzt wird. Die Zuordnung muss vor dem Füllen des DataSets mit Fill erfolgen, ansonsten bleibt sie wirkungslos.

```
da.TableMappings.Add("Table", "Artikel");
da.TableMappings.Add("Table1", "Lieferanten");
da.TableMappings.Add("Table2", "Kategorien");
DataSet ds = new DataSet();
da.Fill(ds);
[...]
```

Add ruft implizit den DataTableMapping-Konstruktor auf. Sie können das natürlich auch selbst in die Hand nehmen, müssen dann aber jeder Tabelle über die Eigenschaft SourceTable sagen, welchen Standardnamen sie im DataSet hat, und über DataSetTable, welcher Bezeichner der Tabelle neu zugeordnet werden soll. Das folgende Beispiel zeigt, wie der Code dazu aussieht.

```
DataTableMapping dtm1 = new DataTableMapping();
dtm1.SourceTable = "Table";
dtm1.DataSetTable = "Artikel";
da.TableMappings.Add((object)dtm1);
DataTableMapping dtm2 = new DataTableMapping();
dtm2.SourceTable = "Table1";
dtm2.DataSetTable = "Lieferanten";
da.TableMappings.Add((object)dtm2);
DataTableMapping dtm3 = new DataTableMapping();
dtm3.SourceTable = "Table2";
dtm3.DataSetTable = "Kategorien";
da.TableMappings.Add((object)dtm3);
DataSet ds = new DataSet();
da.Fill(ds);
[...]
```

Die Klasse DataTableMapping gehört zum Namespace System.Data.Common, der vorher mit using bekannt gegeben werden sollte. Sie erkennen, dass diese Art der Zuordnung mehr Programmieraufwand bedeutet.

Spaltenzuordnungen in einem »DataSet«

Jeder Spalte der SELECT-Abfrage wird eine Spalte in der DataTable zugeordnet. Als Spaltenbezeichner verwendet ADO.NET dabei den Spaltennamen der Originaltabelle in der Datenbank. Fragen Sie die Datenquelle mit

```
SELECT ProductName, UnitPrice FROM Products
```

ab, lauten die Spalten in der DataTable ebenfalls *ProductName* und *UnitPrice*. Wünschen Sie andere Spaltenbezeichner, können Sie im SELECT-Statement für die einzelnen Spalten ein Alias angeben, z. B.:

SELECT ProductName AS Artikelname, UnitPrice As Einzelpreis FROM Products

Nun würden in der DataTable die Spaltenbezeichner *Artikelname* und *Einzelpreis* lauten. Sie können aber auch alternativ einen anderen Mechanismus einsetzen. Ein DataTableMapping-Objekt hat eine eigene Auflistung, mit der den obligatorischen Spaltenbezeichnern neue zugeordnet werden können. Diese Auflistung ist vom Typ DataColumnMappingCollection und enthält DataColumnMapping-Objekte. Jedes DataColumnMapping-Objekt beschreibt für sich eine Neuzuordnung eines Spaltenbezeichners in einer DataTable. Die vielleicht ein wenig komplex anmutenden Zusammenhänge zwischen DataAdapter, DataTableMapping und DataColumnMapping sind in Abbildung 37.11 anschaulich dargestellt.

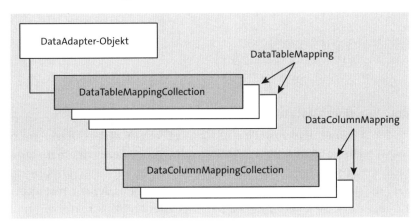

Abbildung 37.11 Die Hierarchie der Zuordnungsklassen

Die Referenz auf die DataColumnMappingCollection stellt die Eigenschaft ColumnMappings der Klasse DataTableMapping bereit:

public DataColumnMappingCollection ColumnMappings {get;}

Um eine Neuzuordnung festzulegen, bietet sich auch hier der Weg über die Add-Methode des DataColumnMappingCollection-Objekts an.

public DataColumnMapping Add(string, string);

Analog zur Add-Methode der DataTableMappingCollection wird dem ersten Parameter der ursprüngliche Spaltenbezeichner und dem zweiten Parameter der gewünschte Bezeichner übergeben.

Das folgende Codefragment zeigt den kompletten Code, der notwendig ist, um neben dem Tabellennamen auch die Spaltenbezeichner einer Abfrage neu festzulegen. Zum Schluss werden die Spaltenneuzuordnungen zur Bestätigung an der Konsole ausgegeben. Der Code im Schleifenkopf zur Ausgabe der Spaltenbezeichner dürfte ohne weitere Erläuterungen verständlich sein.

```
string strCon = @"Data Source=.;" +
"Initial Catalog=Northwind;Trusted_Connection=yes";
SqlConnection con = new SqlConnection(strCon);
string strSQL = "SELECT ProductName, UnitPrice FROM Products";
SqlDataAdapter da = new SqlDataAdapter(strSQL, con);
// Neuzuordnung des Tabellennamens
DataTableMapping dtm = da.TableMappings.Add("Table", "Autoren");
// Neuzuordnung der Spaltenbezeichner
dtm.ColumnMappings.Add("ProductName", "Artikelname");
dtm.ColumnMappings.Add("UnitPrice", "Einzelpreis");
DataSet ds = new DataSet();
da.Fill(ds);
// Konsolenausgabe der Spaltenbezeichner
foreach(DataColumn column in ds.Tables[0].Columns)
    Console.WriteLine(column.ColumnName);
```

Spaltenzuordnungen einer »DataTable«

Übergeben Sie der `Fill`-Methode anstelle eines `DataSet`- ein `DataTable`-Objekt, müssen Sie ein wenig anders vorgehen, um die Spalten mit eigenen Bezeichnern im lokalen Datenspeicher anzusprechen. Dazu erzeugen Sie wieder ein `DataTableMapping`-Objekt, dem Sie die gewünschten Spaltenbezeichner zuordnen. Bei der Instantiierung von `DataTable` rufen Sie allerdings den parametrisierten Konstruktor auf und übergeben ihm den im `DataTableMapping` zugeordneten Tabellennamen.

```
[...]
DataTableMapping dtm = da.TableMappings.Add("Table", "Products");
// Neuzuordnung der Spaltenbezeichner
dtm.ColumnMappings.Add("ProductName", "Artikelname");
dtm.ColumnMappings.Add("UnitPrice", "Einzelpreis");
DataTable tbl = new DataTable("Artikel");
da.Fill(tbl);
[...]
```

Die Eigenschaft »MissingMappingAction« von »DataAdapter«

Die Neuzuordnung der Tabellen- und Spaltenbezeichner ist eine Option, die vor dem Aufruf der Methode `Fill` wahrgenommen werden kann. Der `DataAdapter` prüft vor dem Füllen des `DataSets`, ob die Zuordnungsauflistungen gefüllt sind. Dabei interessiert er sich besonders für die Spaltenzuordnungen.

Für jede Spalte des Abfrageergebnisses überprüft der `DataAdapter`, ob dafür eine Zuordnung in der `DataColumnMappingCollection` angegeben ist. Existiert eine solche nicht, überprüft er im nächsten Schritt seine `MissingMappingAction`-Eigenschaft. Hier findet er die Antwort darauf, wie er mit einer fehlenden Spaltenangabe umzugehen hat. Wie Sie bereits erfahren haben, werden Spalten, die nicht im `DataColumnMapping`-Objekt angegeben sind, mit dem Namen, den sie in der Originaltabelle haben, in die entsprechende `DataTable` eingetragen. Der `DataAdapter` kann aber auch angewiesen werden, alle Spalten, die nicht in der Zuordnungstabelle enthalten sind, zu ignorieren. Eine dritte Möglichkeit wäre es, eine Ausnahme auszulösen, wenn keine Zuordnung angegeben ist.

`MissingMappingAction` ist vom Typ der gleichnamigen Enumeration `MissingMappingAction`. Die drei Member der Enumeration lauten `Error`, `Ignore` und `Passthrough`. Letztere ist die Standardeinstellung.

Member	Beschreibung
Error	Fehlt eine Spaltenzuordnung, wird eine Ausnahme ausgelöst.
Ignore	Fehlt eine Spaltenzuordnung, wird die Spalte in der `DataTable` ignoriert.
Passthrough	Fehlt eine Spaltenzuordnung, wird die Spalte unter ihrem ursprünglichen Namen der `DataTable` hinzugefügt.

Tabelle 37.7 Mitglieder der Enumeration »MissingMappingAction«

37.7.6 Das Ereignis »FillError« des »SqlDataAdapters«

Sollte beim Füllen des `DataSets` oder der `DataTable` ein Fehler auftreten, löst der `SqlDataAdapter` das Ereignis `FillError` aus. Sie können das Ereignis z. B. dazu benutzen, die Ereignisursache zu protokollieren. Per Vorgabe wird nach Beendigung des Ereignisses eine Exception ausgelöst. Sie können die Ausnahme im Code behandeln, was allerdings nicht sinnvoll ist, weil dazu eigentlich schon der Ereignishandler dient. Sie haben aber auch die Möglichkeit, im Ereignishandler die Fortsetzung des Programms ohne Ausnahme zu erzwingen. Dazu übergeben Sie der Eigenschaft `Continue` des zweiten Parameters des Ereignishandlers mit `true` die entsprechende Anweisung.

Im folgenden Programmbeispiel wird ein Fehler beim Füllen des `DataSets` ausgelöst, indem die Eigenschaft `MissingMappingAction` des `SqlDataAdapters` auf `Error` gesetzt wird. Im Ereignishandler wird die Folgeausnahme mit `e.Continue=true` unterdrückt.

```
class Program
{
  static void Main(string[] args)
  {
    SqlConnection con = new SqlConnection();
    con.ConnectionString = "...";
    SqlCommand cmd = new SqlCommand();
    cmd.Connection = con;
    cmd.CommandText = "SELECT * FROM Products";
    DataSet ds = new DataSet();
    SqlDataAdapter da = new SqlDataAdapter();
    da.FillError += new FillErrorEventHandler(da_FillError);
    da.SelectCommand = cmd;
    da.MissingMappingAction = MissingMappingAction.Error;
    da.Fill(ds, "Artikel"); // InvalidOperationException
    Console.ReadLine();
  }
  static void da_FillError(object sender, FillErrorEventArgs e) {
    Console.WriteLine(e.Errors.Message);
    e.Continue = true;
  }
}
```

Listing 37.17 Beispielprogramm »FillErrorDemo«

37.8 Daten im lokalen Speicher – das »DataSet«

Wäre man gezwungen, eine Rangfolge der ADO.NET-Typen nach ihrer Wichtigkeit aufzustellen, stünde DataSet zweifelsfrei an erster Position. Diese Klasse bildet den Kern von ADO.NET, um den herum sich fast alles andere rankt.

Ein DataSet ist in erster Linie ein Datencontainer. Organisiert und verwaltet werden die Daten in Form von Tabellen. Wenn Sie sich darunter Tabellen ähnlich denen von MS Excel vorstellen, liegen Sie gar nicht so ganz falsch. Ob es sich um eine oder auch um mehrere Tabellen handelt, hängt von der zugrunde liegenden Abfrage ab, die durch das SqlCommand-Objekt beschrieben wird. Enthält das DataSet mehrere Tabellen, so können zwischen den Tabellen Beziehungen eingerichtet werden – ganz so wie in der Originaldatenbank.

In Abschnitt 37.5 haben Sie den Typ SqlDataReader kennengelernt. Mit einem Objekt dieses Typs können Sie Daten basierend auf einer Abfrage abrufen. Ein SqlDataReader ist aber nicht so weit ausgebildet, die üblichen Aufgaben einer Datenbankanwendung zu erfüllen. Wie Sie wissen, können Sie nur vorwärts navigieren, zudem sind die Daten schreibgeschützt. Damit ist der SqlDataReader in seiner Funktionalität sehr eingeschränkt. Vorteil des SqlDataReaders ist hingegen seine enorme Effizienz, denn er ist auf Performance ausgelegt. Ein DataSet hingegen ist im Vergleich dazu deutlich leistungsfähiger.

Die Daten im DataSet stehen in keinem Kontakt zur Datenbank. Nachdem das DataSet über das SqlDataAdapter-Objekt gefüllt worden ist, gibt es keine Verbindung zwischen DataSet und Datenbank mehr. Nimmt ein Anwender Änderungen an den Daten vor, schreiben sich diese nicht sofort in die Originaldatenbank zurück, sondern werden vielmehr zunächst im DataSet gespeichert. Zum Zurückschreiben der geänderten Daten muss ein »Anstoß« erfolgen. Häufig kann man sich dazu wieder des SqlDataAdapters bedienen, der die notwendige Aktualisierungslogik bereitstellt. Sollten Sie Erfahrungen mit Datenbanken haben, werden Sie jetzt sicherlich sofort einwenden, dass damit Konfliktsituationen vorprogrammiert sind, wenn ein zweiter Anwender zwischenzeitlich Änderungen am gleichen Datensatz vorgenommen hat. Der Einwand ist korrekt, andererseits gibt uns ADO.NET alle Mittel an die Hand, eine benutzerdefinierte Konfliktsteuerung und Konfliktanalyse zu codieren. Darüber hinaus können Sie eine Konfliktlösung realisieren, ganz so, wie Sie es sich vorstellen. Mit der Aktualisierung der Originaldatenbank werden wir uns in diesem Abschnitt jedoch noch nicht beschäftigen.

Damit sind noch nicht alle Fähigkeiten des DataSets erwähnt. In einem DataSet lässt sich die Ansicht der Abfrageergebnisse ändern. Sie können die Daten basierend auf einer oder auf mehreren Spalten sortieren. Setzen Sie im DataSet einen Filter, sehen Sie nur Daten, die bestimmte Kriterien erfüllen. Zudem ist die Zusammenarbeit eines DataSets mit XML ausgezeichnet. Der Inhalt eines DataSets kann als XML-Dokument in einer Datei gespeichert und der Inhalt einer XML-Datei in ein DataSet eingelesen werden. Darüber hinaus lassen sich die Schemainformationen eines DataSets in einer XML-Schemadatei speichern.

37.8.1 Verwenden des »DataSet«-Objekts

Ein »DataSet«-Objekt erzeugen

Die Klasse DataSet befindet sich, wie viele andere nicht providerspezifische Klassen auch, im Namespace System.Data. In den meisten Fällen ist der parameterlose Konstruktor vollkommen ausreichend, um ein DataSet-Objekt zu erzeugen.

```
DataSet ds = new DataSet();
```

Soll das DataSet einen Namen erhalten, bietet sich alternativ der 1-fach-parametrisierte Konstruktor an:

```
DataSet ds = new DataSet("DSAutoren");
```

Der Name kann auch über die Eigenschaft DataSetName festgelegt oder abgerufen werden.

Die Anatomie einer »DataTable«

Zum Leben erweckt wird ein `DataSet`-Objekt nicht durch die Instantiierung der Klasse, sondern vielmehr durch den Aufruf der `Fill`-Methode des `DataAdapters`.

```
[...]
string strSQL = "SELECT * FROM Products";
SqlDataAdapter da = new SqlDataAdapter(strSQL, con);
DataSet ds = new DataSet();
da.Fill(ds);
[...]
```

Das Ergebnis der Abfrage enthält alle Datensätze der Tabelle *Products*. Die Datensätze sind in einer Tabelle enthalten, die durch ein `DataTable`-Objekt beschrieben wird. Ein `DataTable`-Objekt beschreibt die Spalten, die im `SELECT`-Statement der Abfrage angegeben sind. Jede Spalte wird dabei als Objekt vom Typ `DataColumn` behandelt. Um eine einfache Verwaltung und einen einfachen Zugriff auf bestimmte Spalten zu gewährleisten, werden alle Spalten in eine Auflistung der `DataTable` eingetragen. Über die Eigenschaft `Columns` der `DataTable` erhalten Sie Zugriff auf die `DataColumnCollection`.

In ähnlicher Weise ist auch das Ergebnis der Abfrage organisiert. Jeder zurückgelieferte Datensatz wird durch ein Objekt vom Typ `DataRow` beschrieben. Alle Datenzeilen in einer Tabelle werden von einer Auflistung verwaltet, der `DataRowCollection`, auf die Sie über die `DataTable`-Eigenschaft `Rows` zugreifen können.

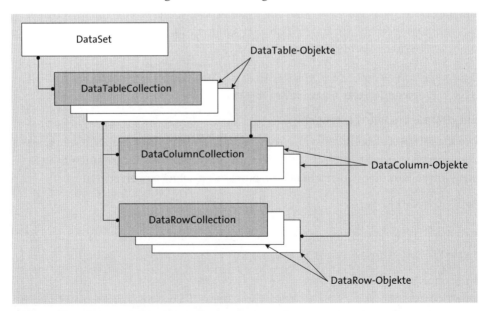

Abbildung 37.12 Die Struktur eines »DataSets«

Eine `DataTable` hat eine `DataColumn`- und eine `DataRowCollection`. Da ein `DataSet` nicht nur eine, sondern prinzipiell beliebig viele Tabellen enthalten kann, muss auch der Zugriff auf eine bestimmte `DataTable` im `DataSet` möglich sein. Wie kaum anders zu erwarten ist, werden auch alle Tabellen in einem `DataSet` von einer Auflistung organisiert. Diese ist vom Typ `DataTableCollection`, deren Referenz die Eigenschaft `Tables` des `DataSets` liefert.

Der Zugriff auf eine Tabelle im »DataSet«

Wenn `ds` das `DataSet`-Objekt beschreibt, genügt eine Anweisung wie die folgende, um auf eine bestimmte Tabelle im `DataSet` zuzugreifen:

`ds.Tables[2]`

Enthält das `DataSet` mehrere Tabellen, lassen sich die Indizes oft nur schwer einer der Tabellen zuordnen. Wie Sie wissen, weist der `SqlDataAdapter` per Vorgabe den Tabellen im `DataSet` ebenfalls Bezeichner (*Table*, *Table1*, *Table2* usw.) zu. Sowohl die Indizes als auch die Standardbezeichner sind aber wenig geeignet, um den Code gut lesbar zu gestalten. Der `SqlDataAdapter` unterstützt eine `DataTableMappingCollection`, um lesbare Tabellennamen abzubilden. Zudem bietet die Überladung der Methode von `Sql-DataAdapter` die Möglichkeit, einer Tabelle einen sprechenden Bezeichner zuzuordnen. Sie sollten beherzigen, eines dieser Angebote zu nutzen, denn die Anweisung

`ds.Tables["Artikel"]`

wird Ihnen später eher hilfreich sein, den eigenen Programmcode zu verstehen, als die Angabe eines nur schlecht zuzuordnenden Index.

Der Zugriff auf die Ergebnisliste

Ein `DataRow`-Objekt stellt den Inhalt eines Datensatzes dar und kann sowohl gelesen als auch geändert werden. Um in einer `DataTable` von einem Datensatz zum anderen zu navigieren, benutzen Sie die Eigenschaft `Rows` der `DataTable`, die die Referenz auf das `DataRowCollection`-Objekt der Tabelle zurückgibt und alle Datensätze enthält, die Ergebnis der Abfrage sind. Die einzelnen `DataRows` sind über den Index der Auflistung adressierbar.

Mit der folgenden Anweisung wird der Verweis auf die dritte Datenzeile in der ersten Tabelle des `DataSets` der Variablen `row` zugewiesen.

`DataRow row = ds.Tables["Artikel"].Rows[2];`

Eine Datenzeile nur zu referenzieren ist sicher nicht das von Ihnen verfolgte Ziel. Vielmehr werden Sie daran interessiert sein, den Inhalt einer oder mehrerer Spalten der betreffenden Datenzeile auszuwerten. Dazu veröffentlicht die `DataRow` einen

Indexer, dem Sie entweder den Namen der Spalte, deren Index in der `DataColumnCollection` der `DataTable` (die Ordinalposition) oder die Referenz auf die gewünschte Spalte übergeben.

```
public object this[string spaltenbezeichner] {get; set;}
public object this[int index] {get; set;}
public object this[DataColumn spalte] {get; set;}
```

Der Rückgabewert ist jeweils vom Typ `Object` und enthält die Daten der angegebenen Spalte. Häufig ist eine anschließende Konvertierung in den richtigen Datentyp notwendig. Setzen Sie die Überladung ein, die den Spaltenbezeichner erwartet, müssen Sie zwei Ausgangssituationen beachten: Per Vorgabe setzen Sie diejenigen Spaltenbezeichner ein, die auch in der Originaldatenbank bekannt sind. Haben Sie jedoch der `DataColumnMappingCollection` Spaltenzuordnungen hinzugefügt, müssen Sie diese angeben.

Wir werden uns dies nun in einem Beispiel ansehen.

```
class Program
{
  static void Main(string[] args)
  {
    SqlConnection con = new SqlConnection();
    con.ConnectionString = "...";
    SqlCommand cmd = new SqlCommand();
    cmd.Connection = con;
    cmd.CommandText = "SELECT ProductName, UnitPrice " +
                      "FROM Products WHERE UnitsOnOrder > 0";
    DataSet ds = new DataSet();
    SqlDataAdapter da = new SqlDataAdapter(cmd);
    da.Fill(ds, "Artikel");
    // Ausgabe der Ergebnisliste
    DataTable tbl = ds.Tables["Artikel"];
    for (int i = 0; i < tbl.Rows.Count; i++) {
      Console.WriteLine("{0,-35}{1}",
        tbl.Rows[i]["ProductName"], tbl.Rows[i]["UnitPrice"]);
    }
    Console.ReadLine();
  }
}
```

Listing 37.18 Beispielprogramm »ShowDataRows«

Gefragt ist nach allen Artikeln, zu denen aktuell Bestellungen vorliegen. Nach dem Füllen des `DataSets` wird die Ergebnisliste in einer Schleife durchlaufen. Der Schleifenzähler wird dabei als Index der Datenzeile eingetragen. Damit die einzelnen Anweisungen nicht zu lang werden, wird vor Beginn des Schleifendurchlaufs die `DataTable` im `DataSet` in einer Variablen gespeichert.

```
DataTable tbl = ds.Tables["Artikel"];
```

Da alle Datenzeilen von einer Auflistung verwaltet werden, stehen die üblichen Methoden und Eigenschaften zur Verfügung. In diesem Code wird die Eigenschaft `Count` abgefragt, um festzustellen, wie viele Datenzeilen sich in der Ergebnisliste befinden.

Sie können auch statt der `for`-Schleife eine `foreach`-Schleife einsetzen. Der folgende Codeausschnitt ersetzt daher vollständig die `for`-Schleife unseres Beispiels.

```
foreach(DataRow row in tbl.Rows)
  Console.WriteLine("{0,-35}{1}", row["ProductName"], row["UnitPrice"]);
```

37.8.2 Dateninformationen in eine XML-Datei schreiben

Sie können die Dateninformationen eines `DataSets` in eine XML-Datei schreiben und später im Bedarfsfall auch wieder laden. Hierzu stehen Ihnen mit `WriteXml` und `ReadXml` die passenden Methoden zur Verfügung, die auf die Referenz des `DataSet`-Objekts aufgerufen werden. Beiden Methoden können Sie als Parameter den Namen der Datei angeben, in die die Daten gespeichert bzw. aus der die XML-Daten gelesen werden sollen:

```
ds.WriteXml(@"C:\Daten\ContentsOfDataset.xml");
[...]
ds.ReadXml(@"C:\Daten\ContentsOfDataset.xml");
```

Der Parameter beschränkt sich nicht nur auf Dateien. Sie können auch einen `TextReader`, einen `Stream` oder einen `XmlReader` angeben.

Nachfolgend sehen Sie den Teilausschnitt eines XML-Dokuments, dem die Abfrage

```
SELECT ProductID, ProductName FROM Products
```

zugrunde liegt:

```xml
<?xml version="1.0" standalone="yes"?>
<NewDataSet>
  <Table>
    <ProductID>1</ProductID>
    <ProductName />
  </Table>
  <Table>
    <ProductID>17</ProductID>
```

```
        <ProductName>Alice Mutton</ProductName>
    </Table>
    <Table>
        <ProductID>3</ProductID>
        <ProductName>Aniseed Syrup</ProductName>
    </Table>
    <Table>
        <ProductID>40</ProductID>
        <ProductName>Boston Crab Meat</ProductName>
    </Table>
    <Table>
        <ProductID>60</ProductID>
        <ProductName>Camembert Pierrot</ProductName>
    </Table>
    ...
</NewDataSet>
```

37.8.3 Dem »DataSet« Schemainformationen übergeben

Die Daten in einer `DataTable` können editiert werden. Sie können auch neue Datenzeilen hinzufügen oder vorhandene löschen. Wie das gemacht wird, werden Sie in Abschnitt 37.8.9 sehen. Unabhängig davon, welche Änderungen Sie vorgenommen haben, betreffen diese zunächst nur das `DataSet`. Die Produktionsdatenbank weiß davon nichts. Erst zu einem späteren Zeitpunkt werden die Aktualisierungen mit der `Update`-Methode des `SqlDataAdapters` zur Originaldatenbank übermittelt und dort gespeichert.

Viele Spalten der Tabelle in der Datenbank unterliegen Gültigkeitsregeln: Beispielsweise lassen einige nur eine maximale Zeichenanzahl zu, andere schreiben einen eindeutigen Eintrag innerhalb der Datensätze der Tabelle vor oder lassen keinen `NULL`-Wert zu. Eine `DataTable`, die wir mit `Fill` füllen, ist hingegen sehr »dumm«. Sie enthält zwar alle angeforderten Daten, weiß aber nichts von den Gültigkeitsregeln, die in der Datenbank festgelegt sind. Die Folge ist, dass in der Anwendung die Daten beliebig verändert werden können, ohne dass eine Überprüfung erfolgt. Der anschließende Versuch, die Änderungen in die Datenbank zu schreiben, wird jedoch möglicherweise scheitern, weil die Datenbank vor der endgültigen Aktualisierung zuerst die Änderungen mit den Gültigkeitsregeln vergleicht und eine Verletzung feststellt. Es kommt zu einer Ausnahme.

Im folgenden Beispielprogramm können Sie dies ausprobieren. Hierzu dient uns wieder die schon reichlich bekannte Tabelle *Products* der Datenbank *Northwind*. Das Programm ermöglicht es, den Bezeichner des ersten Artikels – es handelt sich dabei um *Chai* – zu ändern. Dazu werden Sie an der Konsole aufgefordert. Die Änderung wird zuerst in das `DataSet` geschrieben, anschließend wird die Originaldatenbank aktualisiert. Die Aktualisierungslogik mit der Methode `Update` des `SqlDataAdapters` sowie das zuvor erzeugte Objekt vom Typ `SqlCommandBuilder` sollen uns an dieser Stelle nicht interessieren.

```csharp
class Program
{
  static void Main(string[] args)
  {
    SqlConnection con = new SqlConnection();
    con.ConnectionString = "...";
    SqlCommand cmd = new SqlCommand();
    cmd.Connection = con;
    cmd.CommandText = "SELECT ProductID, ProductName, UnitsInStock " +
                      "FROM Products";
    DataSet ds = new DataSet();
    SqlDataAdapter da = new SqlDataAdapter(cmd);
    da.Fill(ds);
    // Ausgabe der Ergebnisliste
    Console.WriteLine("Abfrageergebnis:\n");
    foreach (DataRow row in ds.Tables[0].Rows)
      Console.WriteLine("{0,-35}{1}", row[0], row[1]);
    Console.WriteLine(new string('-',60));
    // Datenänderung
    Console.Write("Namensänderung von 'Chai': ");
    ds.Tables[0].Rows[0]["ProductName"] = Console.ReadLine();
    SqlCommandBuilder cmb = new SqlCommandBuilder(da);
    da.Update(ds);
    Console.ReadLine();
  }
}
```

Listing 37.19 Beispielprogramm »FehlschlagendeAktualisierung«

Beachten Sie bitte, dass das Feld *ProductName* in der Datenbank auf eine Maximallänge von 40 Zeichen begrenzt ist. Ändern Sie den Artikelbezeichner innerhalb dieser Grenzen, wird die Datenbank die Änderung annehmen. Sollten Sie jedoch gegen die Beschränkung verstoßen, wird eine Ausnahme vom Typ `SqlException` ausgelöst, die von der Datenbank initiiert wird. Die geänderte Spalte im `DataSet` hatte keinen Einwand gegen die vorgenommene Änderung, denn bekanntlich sind die Daten im `DataSet` »dumm«. Der Versuch der endgültigen Aktualisierung scheitert jedoch an der Feldlängenbegrenzung in der Datenbank.

Obwohl aufgrund der Einschränkungen in der Datenbank sichergestellt ist, dass keine unzulässigen Daten geschrieben werden, stellt der gezeigte Ansatz keine gute Lösung dar. Denken Sie nur an eine stark frequentierte Datenbank im Internet. Jeder

Anwender, der unzulässige Daten übermittelt, würde von der Datenbank in Form einer Ausnahme über das Scheitern der Aktualisierung informiert. Der Datenfluss von der Datenbank zum Anwender würde nicht nur das Netz belasten, sondern darüber hinaus die Performance der Anwendung verschlechtern.

37.8.4 Schemainformationen bereitstellen

Besser ist es, wenn bereits das `DataSet` die Gültigkeitsregeln kennt. Das hat zur Folge, dass Änderungen überprüft werden, bevor sie der Datenbank übermittelt werden. In unserem Beispiel hätte dann das `DataSet` eine Änderung des Artikelbezeichners abgelehnt, ohne dabei die Datenbank zu kontaktieren.

Um eine Gültigkeitsüberprüfung vom `DataSet` vornehmen zu lassen, werden Schemainformationen benötigt, die Sie einer Anwendung auf drei verschiedenen Wegen bereitstellen können:

1. Die Schemainformationen werden mittels Programmcode für alle betreffenden Tabellen und Spalten explizit festgelegt.
2. Die Schemainformationen werden von der Datenbank mit dem `SqlDataAdapter` bezogen. Dazu bieten sich die Methode `FillSchema` sowie die Eigenschaft `MissingSchemaAction` an.
3. Die Schemainformationen werden aus einer XML-Schemadatei bezogen.

Schemainformationen beschreiben Datenüberprüfungsmechanismen, die sogenannten *Einschränkungen* (*Constraints*). Dabei handelt es sich um Einschränkungen auf Spalten- und Tabellenebene, die auch von einer `DataTable` und einer `DataColumn` unterstützt werden. Ehe wir Ihnen zeigen, wie Sie ein `DataSet` davon überzeugen, eine Gültigkeitsüberprüfung vorzunehmen, sollten wir uns ansehen, wie die Beschränkungen von ADO.NET realisiert werden.

37.8.5 Eigenschaften einer »DataColumn«, die der Gültigkeitsprüfung dienen

Um die in der Anwendung eingegebenen Daten mittels Programmcode zu überprüfen, veröffentlicht das `DataColumn`-Objekt, mit dem eine Spalte der Abfrage beschrieben wird, einige Eigenschaften.

Eigenschaft	Beschreibung
`AllowDBNull`	Mit dieser Eigenschaft legen Sie fest, ob eine Spalte den Wert `NULL` akzeptiert oder nicht.
`MaxLength`	Mit dieser Eigenschaft legen Sie die Länge einer Zeichenfolge in einer Spalte fest.

Tabelle 37.8 Gültigkeitsbeschreibende Eigenschaften einer »DataColumn«

Eigenschaft	Beschreibung
ReadOnly	Sollen die Daten einer Spalte schreibgeschützt sein, setzen Sie diese Eigenschaft für die betreffende Spalte auf true.
Unique	Mit dieser Eigenschaft geben Sie an, ob die Werte in einer Spalte eindeutig sein müssen. Ist diese Eigenschaft einer Spalte auf true gesetzt, prüft ADO.NET die Werte in jeder Zeile dieser Tabelle, wenn Sie in einer Datenzeile den Wert einer UNIQUE-Spalte ändern oder einen neuen Datensatz hinzufügen. Wird gegen die Regel verstoßen, wird die Ausnahme ConstraintException ausgelöst.

Tabelle 37.8 Gültigkeitsbeschreibende Eigenschaften einer »DataColumn« (Forts.)

37.8.6 Die Constraints-Klassen einer «DataTable«

Die folgenden beiden Klassen beschreiben Einschränkungen einer DataTable:

- UniqueConstraint
- ForeignKeyConstraint

Beide Klassen sind von der gleichen Basisklasse Constraint abgeleitet. Da eine DataTable mehrere Einschränkungen beschreiben kann, werden alle Constraint-Objekte in einer Auflistung (Typ: ConstraintCollection) verwaltet. Die Eigenschaft Constraint der DataTable liefert die Referenz auf diese Collection.

Die Klasse »UniqueConstraint«

Ein UniqueConstraint-Objekt wird automatisch angelegt, wenn die Eigenschaft Unique einer Spalte auf true gesetzt wird. Gleichzeitig wird das Objekt der ConstraintCollection hinzugefügt. Sie können ein UniqueConstraint-Objekt natürlich auch per Code erzeugen und dessen Eigenschaft Columns der Spalte übergeben, auf der die Einschränkung gesetzt wird. Das Setzen der Eigenschaft Unique einer Spalte ist aber einfacher. Trotzdem kann das explizite Erzeugen sinnvoll sein. Das ist der Fall, wenn Sie sicherstellen müssen, dass die Kombination von Werten aus mehreren Spalten eindeutig ist.

Die Klasse »ForeignKeyConstraint«

Mit einem ForeignKeyConstraint-Objekt können Sie festlegen, wie sich eine Beziehung zwischen Tabellen bezüglich Datenänderungen auswirken soll. In der Tabelle *Products* der *Northwind*-Datenbank muss die Spalte *CategoryID* einen Wert enthalten, der in der Tabelle *Categories* enthalten ist. Der Spalte *CategoryID* wird dazu ein ForeignKeyConstraint-Objekt zugeordnet. Allerdings müssen Sie dieses nicht explizit erzeugen. Wenn Sie im DataSet eine Beziehung zwischen zwei Tabellen einrichten, wird automatisch ein ForeignKeyConstraint-Objekt erzeugt. Wir werden auf das

Thema der Einrichtung einer Beziehung zwischen zwei Tabellen in Abschnitt 37.9 noch einmal zurückkehren.

Primärschlüsselfelder

Primärschlüssel werden in der `DataTable` definiert. Die entsprechende Eigenschaft lautet `PrimaryKey`. Dass ein Primärschlüssel nicht die Eigenschaft einer `DataColumn` besitzt, liegt daran, dass viele Tabellen mehrere Spalten zu einem gemeinsamen Primärschlüssel kombinieren. Die `PrimaryKey`-Eigenschaft der `DataTable` beschreibt deshalb auch ein Array von `DataColumn`-Objekten. Beim Festlegen der `PrimaryKey`-Eigenschaft wird ein `UniqueConstraint`-Objekt erzeugt, um die Primärschlüsseleinschränkung durchzusetzen.

37.8.7 Das Schema mit Programmcode erzeugen

Verhältnismäßig aufwendig ist die Bereitstellung eines Schemas. Mit den Eigenschaften `AllowDBNull`, `MaxLength` und `Unique` einer `DataColumn` sowie `PrimaryKey` einer `DataTable` können Sie Datenmechanismen implementieren. Mit `ReadOnly=true` haben Sie zudem die Möglichkeit, gültige Daten vor einer Veränderung durch den Benutzer zu schützen.

Auch im folgenden Beispiel soll der Artikelbezeichner eines Produkts der Tabelle *Products* geändert werden. Ein ähnliches Beispiel haben wir ein paar Seiten zuvor schon einmal gezeigt. Diesmal wird die `DataTable` im `DataSet` jedoch mit den Schemainformationen für die abgefragten Felder gefüllt. Aus Gründen der Übersicht haben wir den entsprechenden Programmcode in eine spezielle Methode ausgelagert, die nach dem Füllen des `DataSets` aufgerufen wird.

```
class Program
{
  static void Main(string[] args)
  {
    SqlConnection con = new SqlConnection();
    con.ConnectionString = "...";
    SqlCommand cmd = new SqlCommand();
    cmd.Connection = con;
    cmd.CommandText = "SELECT ProductID, ProductName, CategoryID, " +
        "QuantityPerUnit, Discontinued FROM Products";
    DataSet ds = new DataSet();
    SqlDataAdapter da = new SqlDataAdapter(cmd);
    da.Fill(ds);
    FillSchemaInfos(ds.Tables[0]);
    // Der Artikelbezeichner des Artikels in der ersten
    // Datenzeile soll geändert werden
```

```
    DataRow row = ds.Tables[0].Rows[0];
    Console.Write("Produktname ändern: ");
    row["ProductName"] = Console.ReadLine();
    // Änderung in die Originaldatenbank zurückschreiben
    SqlCommandBuilder cmb = new SqlCommandBuilder(da);
    da.Update(ds);
    Console.WriteLine("Aktualisierung erfolgreich.");
    Console.ReadLine();
  }
  // Diese Methode füllt die Tabelle mit Schemainformationen
  static void FillSchemaInfos(DataTable tbl) {
    // Feld 'ProductID'
    tbl.PrimaryKey = new DataColumn[]{ tbl.Columns["ProductID"]};
    // Feld 'ProductName'
    tbl.Columns["ProductName"].MaxLength = 40;
    tbl.Columns["ProductName"].AllowDBNull = false;
    // Feld 'QuantityPerUnit'
    tbl.Columns["QuantityPerUnit"].MaxLength = 20;
    // Feld 'Discontinued'
    tbl.Columns["Discontinued"].AllowDBNull = false;
  }
}
```

Listing 37.20 Beispielprogramm »SchemaPerCode«

Sie können selbst bestimmen, welchen Bezeichner der Artikel bekommen soll. Entscheiden Sie sich für einen Bezeichner mit maximal 40 Zeichen, wird die Änderung in die Datenbank geschrieben. Geben Sie aber mehr als 40 Zeichen ein, wird eine Ausnahme vom Typ ArgumentException ausgelöst. Vielleicht erinnern Sie sich an das ähnliche Aktualisierungsbeispiel weiter oben. Dort wurde das Überschreiten der zulässigen Maximallänge des Feldes *ProductName* mit einer Ausnahme vom Typ SqlException beantwortet. Diese kam von SQL Server. Die Ausnahme ArgumentException hingegen wird von ADO.NET in der Clientanwendung ausgelöst.

Vergleichen Sie auch, in welcher Codezeile die Ausnahme auslöst wird: Aktualisieren Sie ohne Schemainformationen, ist die Update-Methode des SqlDataAdapters der Urheber. Liegen Schemainformationen im DataSet vor und wird gegen die Einschränkungen verstoßen, handelt es sich um die Anweisung mit der fehlschlagenden Zuweisung, in unserem Beispiel also:

```
row["ProductName"] = Console.ReadLine();
```

Das DataSet nimmt die Änderung überhaupt nicht entgegen. Damit ist gezeigt, dass ein DataSet mit Schemainformationen zur Entlastung des Datenbankservers beiträgt.

37.8.8 Schemainformationen mit »SqlDataAdapter« abrufen

Schemainformationen mit »FillSchema« abrufen

Enthält ein DataSet mehrere Tabellen mit jeweils verhältnismäßig vielen Spalten, kann die Codierung der Schemainformationen ziemlich aufwendig sein. Ebenso können Sie mit der Methode FillSchema des SqlDataAdapters alle Schemainformationen für das DataSet oder die DataTable abrufen.

Die Methode ruft das Schema bei der Datenbank ab. Grundlage ist dabei das in SelectCommand beschriebene SELECT-Kommando. Als Ergebnis des Methodenaufrufs werden die Eigenschaften ReadOnly, AllowDBNull, AutoIncrement, Unique und MaxLength der in der Abfrage enthaltenen Spalten gesetzt. Außerdem werden die Eigenschaften PrimaryKey und Constraints der entsprechenden Tabelle festgelegt.

FillSchema ist mehrfach überladen. Alle Überladungen erwarten ein Argument vom Typ der Enumeration SchemaType. Die Aufzählung hat zwei Mitglieder: Source und Mapped. Über diese Parameter wird gesteuert, ob der SqlDataAdapter die Zuordnungen, die in der DataTableMappingCollection und der DataColumnMappingCollection angegeben sind, verwenden soll.

Member	Beschreibung
Mapped	Der SqlDataAdapter verwendet die Zuordnungen der Spalten in der TableMappings-Auflistung.
Source	Der SqlDataAdapter ignoriert die Zuordnungen der Spalten in der TableMappings-Auflistung.

Tabelle 37.9 Die Werte der Enumeration »SchemaType«

Beschreiben Sie mittels Programmcode die Gültigkeitsregeln, können Sie diese zu jedem beliebigen Zeitpunkt setzen. Es muss nur vor der Aktualisierung der Daten im DataSet sein. Benutzen Sie dagegen die Methode FillSchema, muss diese vor dem Füllen des DataSets aufgerufen werden.

```
[...]
DataSet ds = new DataSet();
da.FillSchema(ds, SchemaType.Source);
da.Fill(ds);
[...]
```

Der Aufruf der Methode ist einerseits natürlich sehr bequem, aber andererseits dürfen Sie nicht vergessen, dass dabei sowohl das Netzwerk als auch die Datenbank selbst belastet werden.

Die Eigenschaft »MissingSchemaAction« von »SqlDataAdapter«

Per Vorgabe ist der SqlDataAdapter so eingestellt, dass Spalten einer DataTable hinzugefügt werden, wenn sie in der DataTable noch nicht existieren. Damit stellt der SqlDataAdapter sicher, die Ergebnisse einer Abfrage speichern zu können. Gesteuert wird dieses Verhalten von der Eigenschaft MissingSchemaAction, die Werte der gleichnamigen Aufzählung beschreibt.

Wert	Beschreibung
Add	Fügt die erforderlichen Spalten zum Vervollständigen des Schemas hinzu.
AddWithKey	Findet der SqlDataAdapter eine Spalte, die noch nicht in der DataTable existiert, fügt er die Spalte hinzu und setzt die Eigenschaften MaxLength und AllowDBNull. Falls die DataTable noch nicht existiert, wird die Datenbank zudem nach Primärschlüsselinformationen abgefragt.
Error	Wenn die angegebene Spaltenzuordnung fehlt, wird die Ausnahme InvalidOperation ausgelöst.
Ignore	Ignoriert die zusätzlichen Spalten.

Tabelle 37.10 Die Werte der Enumeration »MissingSchemaAction«

Legen Sie die Eigenschaft MissingSchemaAction auf den Wert AddWithKey fest, werden ähnlich wie mit der Methode FillSchema die Schemainformationen abgerufen. Diese sind jedoch auf den Primärschlüssel der Tabelle sowie die Einschränkungen AllowDBNull und MaxLength der Spalten beschränkt. Unique, AutoIncrement und ReadOnly werden hierbei nicht berücksichtigt.

Schemainformationen aus einer XML-Schemadatei beziehen

Nun kennen Sie zwei Varianten, Metadaten einer Tabelle im DataSet bereitzustellen. Sie wissen, dass es sehr einfach ist, mit FillSchema oder MissingSchemaAction=AddWithKey zu arbeiten. Nachteil dabei ist die erhöhte Belastung des Netzes und der Datenbank. Daher ist dies wohl eher nur für Ad-hoc-Abfragen geeignet. Alternativ können Sie die Schemainformationen auch mittels Programmcode beschreiben. Zur Laufzeit ist das sicher effektiv, weil das Netz und die Datenbank nur die tatsächlich benötigten Dateninformationen liefern müssen, während die Metadaten im Code beschrieben werden. Allerdings bedeutet das einen nicht zu vernachlässigenden Programmieraufwand.

Die nun vorgestellte dritte Möglichkeit ist wohl in den meisten Fällen diejenige, die sich am besten eignet. Ausgangspunkt sind zwei Methoden des DataSets: WriteXml-

Schema und ReadXmlSchema. Mit WriteXmlSchema können Sie die Schemainformationen eines DataSets in ein XML-Dokument schreiben und es später mit ReadXmlSchema auswerten. Das Schema enthält Definitionen von Tabellen, Beziehungen und Einschränkungen. XML-Schemadateien haben üblicherweise die Dateiendung *.xsd*.

Bevor Sie das Schema eines DataSets in einer Schemadatei speichern, muss das Schema im DataSet bekannt sein. Sie können sich dieses daher zur Entwicklungszeit mit FillSchema besorgen und anschließend mit WriteXmlSchema in einer Datei speichern.

```
ds.WriteXmlSchema(@"C:\MyDataSetSchema.xsd");
```

Die erzeugte Schemadatei muss zusammen mit der Anwendung ausgeliefert werden. In Abbildung 37.13 sehen Sie die Schemadatei, die auf einer Abfrage basiert, die die Spalten *ProductID* und *ProductName* der Tabelle *Products* wiedergibt.

```
<?xml version="1.0" standalone="yes"?>
<xs:schema id="NewDataSet" xmlns="" xmlns:xs="http://www.w3.org/2001/XMLSchema" xm
  <xs:element name="NewDataSet" msdata:IsDataSet="true" msdata:UseCurrentLocale="t
    <xs:complexType>
      <xs:choice minOccurs="0" maxOccurs="unbounded">
        <xs:element name="Table">
          <xs:complexType>
            <xs:sequence>
              <xs:element name="ProductID" type="xs:int" minOccurs="0" />
              <xs:element name="ProductName" type="xs:string" minOccurs="0" />
            </xs:sequence>
          </xs:complexType>
        </xs:element>
      </xs:choice>
    </xs:complexType>
  </xs:element>
</xs:schema>
```

Abbildung 37.13 Beispiel einer mit der Methode »WriteXmlSchema« erzeugten Schemadatei

Sie erkennen, dass die Spalte *ProductID* die Primärschlüsselspalte der Tabelle beschreibt. AutoIncrement=True signalisiert, dass der Spaltenwert bei einer neu hinzugefügten Spalte automatisch erhöht wird. Infolgedessen gilt für die Spalte *ProductID* auch ReadOnly=True. Die Spalte *ProductName* weist lediglich eine Einschränkung auf, nämlich die Begrenzung auf maximal 40 Zeichen.

Die Auswertung einer Schemadatei ist sehr einfach. Zur Laufzeit erzeugen Sie zuerst das DataSet-Objekt, lesen anschließend die Schemadatei ein und füllen danach das DataSet mit den Daten.

```
[...]
DataSet ds = new DataSet();
ds.ReadXmlSchema(@"C:\MyDataSetSchema.xsd");
da.Fill(ds);
```

Dateninformationen und Schemadaten in eine Datei schreiben

Mit `WriteXmlSchema` erzeugen Sie eine Schemadatei, die die Metadaten des `DataSets` enthält. Mit der einfach parametrisierten Methode `WriteXml` des `DataSets` lassen sich die Daten in einer XML-Datei sichern.

Benötigen Sie beide Informationen, müssen Sie nicht zwangsläufig Metadaten und Dateninformationen jeweils in einer separaten Datei speichern. Mit einer Überladung von `WriteXml` lässt sich der aktuelle Inhalt des `DataSets` als XML-Daten mit den Metadaten als XSD-Inlineschema beschreiben. Sowohl Daten als auch Schema sind in einer Datei gespeichert.

```
ds.WriteXml(@"C:\ContentsOfdataSet.xml", XmlWriteMode.WriteSchema);
```

Der Vorgabewert von `XmlWriteMode` ist `IgnoreSchema`. Das ist die Einstellung, wenn Sie die einfach parametrisierte Methode aufrufen.

37.8.9 Änderungen in einer »DataTable« vornehmen

Sehen wir uns nun an, wie wir einer `DataTable` eine neue `DataRow` hinzufügen und eine vorhandene `DataRow` löschen oder editieren können. Um einen wichtigen Punkt gleich vorwegzunehmen: Jegliche Änderung betrifft zunächst nur das `DataSet`. Die Originaldatenbank weiß davon nichts. Erst zu einem späteren Zeitpunkt werden alle Änderungen zur Datenbank übermittelt. Wir behandeln daher in diesem Abschnitt nur die lokalen Aktualisierungen. Später werden wir uns der Aktualisierung der Originaldatenquelle zuwenden.

Editieren einer »DataRow«

Es gibt drei Möglichkeiten, eine Zeile zu aktualisieren. Im einfachsten Fall weisen Sie der betreffenden Spalte nur den neuen Inhalt zu:

```
ds.Tables[0].Rows[3]["ProductName"] = "Kirschkuchen";
```

Die Änderung wird sofort in die angegebene Spalte der entsprechenden Datenzeile geschrieben.

Die zweite Möglichkeit puffert die Änderung. Dazu wird vor Beginn der Änderung die Methode `BeginEdit` auf die zu ändernde Datenzeile aufgerufen und die Änderung mit `EndEdit` bestätigt. Sie können die eingeleitete Änderung auch zurücksetzen und anstelle von `EndEdit` die Methode `CancelEdit` aufrufen. Die Zeile wird dann in den Zustand zurückversetzt, den sie vor `BeginEdit` hatte.

```
DataRow row = ds.Tables[0].Rows[3];
row.BeginEdit();
row["ProductName"] = "Kirschkuchen";
```

```
row.EndEdit();
// Alternativ: row.Canceledit()
```

Die Pufferung der Änderung ist nicht der einzige Unterschied zwischen den beiden Aktualisierungsmöglichkeiten. Die `DataTable` verfügt über mehrere Ereignisse, die nur im Zusammenhang mit `BeginEdit` und `EndEdit` ausgelöst werden. Es handelt sich hierbei um:

- RowChanging
- RowChanged
- ColumnChanging
- ColumnChanged

Diese Ereignisse spielen eine Rolle, wenn Änderungen an einer Datenzeile oder Spalte überprüft werden müssen. Die Ereignisse werden nicht ausgelöst, wenn Sie `CancelEdit` aufrufen. Wenn wir uns später dem Zurückschreiben der Änderungen in die Originaldatenbank zuwenden, werden wir noch einmal auf diese Ereignisse zurückkommen.

Die dritte Möglichkeit bietet uns die Eigenschaft `ItemArray`, die ein `Object`-Array beschreibt. Mit dieser Eigenschaft können Sie den Inhalt einer Datenzeile abrufen oder verändern. `ItemArray` arbeitet mit einem Array, in dem jedes Element einer Spalte entspricht. Mit einer Codezeile können Sie mehrere Spaltenwerte abrufen und editieren. Ist in einer Zeile nur eine Teilmenge der verfügbaren Werte zu modifizieren, verwenden Sie `null`, um anzuzeigen, dass der Wert dieser Spalte nicht geändert werden soll.

Im folgenden Codefragment werden drei Spalten der Tabelle *Products* abgefragt. In der ersten Datenzeile soll mit der Eigenschaft `ItemArray` der Produktbezeichner modifiziert werden. Weil der Schlüsselwert nicht geändert wird, muss an der ersten Position `null` in das Objekt-Array geschrieben werden.

```
SqlCommand cmd = new SqlCommand();
cmd.Connection = con;
cmd.CommandText = "SELECT ProductID,ProductName,UnitPrice FROM Products";
DataSet ds = new DataSet();
SqlDataAdapter da = new SqlDataAdapter(cmd);
da.Fill(ds);
DataRow row = ds.Tables[0].Rows[0];
row.ItemArray = new Object[] {null, "Kirschkuchen"};
```

Den Spaltenwert auf »NULL« festlegen

Möchten Sie den Wert einer Spalte auf `NULL` setzen, verwenden Sie die Klasse `DBNull`, die sich im Namespace `System` befindet. Mit der Eigenschaft `Value` legen Sie den Wert einer Spalte in einer `DataRow` auf `NULL` fest.

```
DataRow row = ds.Tables[0].Rows[4];
row["UnitPrice"] = DBNull.Value;
```

Löschen einer Datenzeile

Das Löschen einer Datenzeile ist sehr einfach: Sie rufen hierzu die Methode `Delete` der `DataRow` auf, die gelöscht werden soll.

```
row.Delete();
```

Es ist falsch, anzunehmen, dass die betreffende Datenzeile nun aus der `DataTable` entfernt wird. Sie ist immer noch vorhanden, allerdings kennzeichnet ADO.NET sie als gelöscht. Hintergrund der Markierung ist, dass das Löschen zunächst nur das aktuelle `DataSet` betrifft und zu einem späteren Zeitpunkt der Originaldatenbank mitgeteilt werden muss. Es wäre daher auch falsch, eine Datenzeile mit `Remove` oder `RemoveAt` aus der `DataRowCollection` der Tabelle zu entfernen, denn dann findet der Aktualisierungsprozess die Datenzeile nicht mehr.

Eine neue Datenzeile hinzufügen

Eine Datenzeile einer `DataTable` hinzuzufügen ist auch nicht schwierig. Allerdings stellt die Klasse `DataRow` keinen öffentlichen Konstruktor zur Verfügung, denn woher sollte ein auf diese Weise konstruiertes `DataRow`-Objekt etwas von den Spalten wissen, die es beschreibt?

ADO.NET bietet Ihnen genauso wie zum Editieren einer Datenzeile drei Varianten an, eine neue Datenzeile einer `DataTable` hinzuzufügen. Zunächst einmal sei die Methode `NewRow` der `DataTable` erwähnt. Eine so erzeugte neue Zeile enthält alle Informationen über die Spalten in der Tabelle. Werden im Schema keine Standardwerte vorgegeben, sind die Inhalte der Spalten auf `NULL` gesetzt. Haben Sie alle Einträge in der neuen Zeile vorgenommen, müssen Sie die neue Zeile der `DataRowCollection` anhängen, denn das leistet der Aufruf von `NewRow` nicht.

```
DataTable tbl = ds.Tables[0];
DataRow row = tbl.NewRow();
row["ProductName"] = "Erbsensuppe";
row["UnitPrice"] = 2;
row["SupplierID"] = 3;
[...]
tbl.Rows.Add(row);
```

Die zweite Möglichkeit, eine neue Datenzeile hinzuzufügen, bietet eine Überladung der Methode `Add` der `DataRowCollection`. Übergeben Sie dem Methodenaufruf die Spaltenwerte in der Reihenfolge, die der Reihenfolge der Spalten in der `SELECT`-Abfrage entspricht. Basierend auf der Auswahlabfrage

```
SELECT ProductName, Unitprice, UnitsInStock FROM Products
```

könnte eine neue Datenzeile wie folgt hinzugefügt werden:

```
ds.Tables[0].Rows.Add("Mehl", 20, 0);
```

Im Gegensatz zur Methode `NewRow` wird die neue Datenzeile automatisch der `DataRow`-Collection hinzugefügt.

Die dritte Möglichkeit stellt die Methode `LoadDataRow` der `DataTable` dar. Diese Methode arbeitet ähnlich wie die zuvor gezeigte `Add`-Methode der `DataRowCollection`, verlangt aber die Angabe von zwei Parametern. Geben Sie im ersten Parameter ein Array von Werten an, dessen Elemente den Spalten in der Tabelle entsprechen. Tragen Sie im zweiten Parameter `false` ein. Hintergrund ist, dass die so gekennzeichnete Datenzeile als neue Datenzeile interpretiert wird. `LoadDataRow` eignet sich nämlich auch dazu, eine bestimmte Datenzeile zu suchen und zu modifizieren. Dann muss dem zweiten Parameter jedoch `true` übergeben werden.

```
ds.Tables[0].LoadDataRow(new object[] {"Mehl", 20, 0}, false);
```

Der Sonderfall: Autoinkrementspalten

Viele Tabellen in Datenbanken beschreiben das Primärschlüsselfeld mit Autoinkrementwerten. Das ist vorteilhaft, weil eine zentrale Logik immer eindeutige Ganzzahlen erzeugt. Fügen wir jedoch einer `DataTable` eine neue Datenzeile hinzu, die ein solches Schlüsselfeld definiert, haben wir keine Verbindung zur Originaldatenbank. Mit anderen Worten: Wir kennen den neuen Wert des Schlüsselfeldes nicht. Den erfahren wir erst, wenn wir die Datenbank aktualisiert haben und eine entsprechende Abfrage starten.

ADO.NET unterstützt uns mit drei Eigenschaften der `DataColumn`, um auch diese scheinbare Problematik zu lösen:

- `AutoIncrement`
- `AutoIncrementSeed`
- `AutoIncrementStep`

Um in einer `DataTable` Autoinkrementwerte von ADO.NET generieren zu lassen, muss die Eigenschaft `AutoIncrement` der betreffenden Spalte auf `true` gesetzt werden. Mit `AutoIncrementSeed` und `AutoIncrementStep` werden die von ADO.NET erzeugten Werte gesteuert. `AutoIncrementSeed` beschreibt dabei den Startwert der Autoinkrementspalte für die erste neu hinzugefügte Datenzeile. `AutoIncrementStep` gibt die Schrittweite an, mit der neue Schlüsselwerte generiert werden. Legen Sie für eine Autoinkrementspalte beispielsweise `AutoIncrementSeed=1` und `AutoIncrementStep=2` fest, lauten die Werte für die drei nachfolgend hinzugefügten Datenzeilen 1, 3 und 5.

Die Werte, die ADO.NET erzeugt, müssen Sie als Platzhalter verstehen. Sie werden später bei der Aktualisierung der Originaldatenbank nicht mit zurückgeschrieben. Die tatsächlichen Schlüsselwerte erzeugt die Datenbank selbst.

Doch welche Werte sollten Sie in der `DataTable` vergeben? Eigentlich müssen Sie nur sicherstellen, dass neue Schlüsselwerte nicht mit den alten in Konflikt geraten. Dabei können Sie davon ausgehen, dass negative Werte in der Datenbank nicht verwendet werden. Empfehlenswert ist daher, die beiden Eigenschaften `AutoIncrementSeed` und `AutoIncrementStep` auf jeweils 1 festzulegen. Zudem sollten diese Einstellungen erfolgen, ehe das `DataSet` mit den Daten gefüllt wird.

Sehen wir uns dazu nun ein Beispiel an.

```csharp
class Program
{
  static void Main(string[] args)
  {
    SqlConnection con = new SqlConnection();
    con.ConnectionString = "...";
    SqlCommand cmd = new SqlCommand();
    cmd.Connection = con;
    cmd.CommandText = "SELECT ProductID, ProductName FROM Products";
    DataSet ds = new DataSet();
    SqlDataAdapter da = new SqlDataAdapter(cmd);
    // Schemainformationen abrufen
    da.FillSchema(ds, SchemaType.Source);
    // Festlegen, wie die neuen Schlüsselwerte erzeugt werden
    ds.Tables[0].Columns[0].AutoIncrementSeed = -1;
    ds.Tables[0].Columns[0].AutoIncrementStep = -1;
    // DataSet füllen
    da.Fill(ds);
    // Neue Datenzeilen hinzufügen
    DataRow row = ds.Tables[0].NewRow();
    row["ProductName"] = "Kaffee";
    ds.Tables[0].Rows.Add(row);
    row = ds.Tables[0].NewRow();
    row["ProductName"] = "Milch";
    ds.Tables[0].Rows.Add(row);
    row = ds.Tables[0].NewRow();
    row["ProductName"] = "Zucker";
    ds.Tables[0].Rows.Add(row);
    // Ausgabe des DataSets
    foreach (DataRow tempRow in ds.Tables[0].Rows)
```

```
            Console.WriteLine("{0,-6}{1}",tempRow[0],tempRow[1]);
        Console.ReadLine();
    }
}
```

Listing 37.21 Beispielprogramm »AutoIncrementDemo«

Damit der Code überschaubar bleibt, werden aus der Datenbank nur zwei Spalten der Tabelle *Products* abgefragt. Die Primärschlüsselspalte *ProductID* ist als Autoinkrementspalte definiert. Mit `FillSchema` werden die Metadaten der Tabelle bezogen. In der Praxis würde man diese Methode in einer Anwendung wohl aus den weiter oben angeführten Gründen nicht benutzen, aber für ein Beispielprogramm ist sie durchaus geeignet. Da `FillSchema` auch `AutoIncrement=true` für die Spalte *ProductID* setzt, muss diese Eigenschaft der `DataColumn` nicht mehr gesetzt werden.

Später werden der `DataTable` drei Datenzeilen hinzugefügt. Der temporäre Schlüsselwert der ersten ist auf 1 festgelegt. Alle weiteren neuen Schlüsselwerte werden mit der Schrittweite 1 generiert, sodass der Schlüsselwert der zweiten neuen Datenzeile 2 ist, der der dritten neuen Datenzeile 3. Beachten Sie, dass die Autoinkrementeigenschaften vor dem Füllen des `DataSets` gesetzt werden müssen. Ansonsten wirken sich die Eigenschaftswerte nicht auf die Autoinkrementwerte aus, die die `DataTable` generiert.

Zum Abschluss unserer Betrachtungen zu den Autoinkrementwerten noch eine Anmerkung: Vergessen Sie nicht, dass die generierten Schlüsselwerte nur Platzhalter innerhalb der `DataTable` darstellen. Erst nach der Übermittlung zur Originaldatenbank werden die tatsächlichen und endgültigen Schlüsselwerte von der Datenbank erzeugt. Sie sollten daher vermeiden, die temporären Schlüsselwerte dem Anwender anzuzeigen. Es könnte zu unabsehbaren Folgen führen, wenn der Anwender sich eine ADO.NET-Schlüsselnummer notiert, die später nach der Aktualisierung nicht mehr existiert.

37.8.10 Was bei einer Änderung einer Datenzeile passiert

Die Eigenschaft »RowState«

Ein `DataSet` ist im lokalen Cache der Anwendung abgelegt. Während des Löschens, Änderns und Hinzufügens von Datenzeilen besteht zu der Originaldatenbank keine Verbindung. Wenn der Benutzer die geänderten Daten später an die Datenbank übermitteln möchte, muss sich das `DataSet` daran erinnern können, welche Zeilen von einer Änderung betroffen sind, und natürlich auch, welcher Natur diese Änderung ist. Haben Sie beispielsweise eine Datenzeile gelöscht, muss für die betreffende Datenzeile ein `DELETE`-SQL-Statement zur Datenbank geschickt werden, das das Löschen in der Originaltabelle bewirkt. Haben Sie eine Datenzeile geändert, bedarf es eines passend formulierten UPDATE-Statements. Wie die Aktualisierungsabfragen erzeugt werden, sei an dieser Stelle noch nicht erläutert. Das werden wir uns im Detail in Abschnitt 37.10.3 noch ansehen. Aber Sie sollten an dieser Stelle erkennen, wie wichtig es ist, dass jede Datenzeile ihren eigenen Aktualisierungszustand beschreiben kann.

ADO.NET speichert die notwendigen Zustandsinformationen in der Eigenschaft RowState jeder Datenzeile. Die Eigenschaft wird durch die Enumeration DataRowState beschrieben, wie in Tabelle 37.11 aufgelistet.

Member	Beschreibung
Added	Die Zeile wurde einer DataRowCollection hinzugefügt.
Deleted	Die Zeile wurde mit der Delete-Methode der DataRow gelöscht.
Detached	Die Zeile wurde erstellt, ist jedoch nicht Teil einer DataRowCollection. Eine DataRow befindet sich in diesem Zustand, wenn sie unmittelbar nach ihrer Erstellung noch keiner Auflistung hinzugefügt wurde oder wenn sie aus einer Auflistung entfernt wurde.
Modified	Die Zeile wurde geändert.
Unchanged	Die Zeile wurde nicht geändert.

Tabelle 37.11 Mitglieder der Enumeration »DataRowState«

Der ursprüngliche und der aktualisierte Inhalt einer Datenzeile

Sie wissen nun, dass eine Datenzeile beschreibt, ob und wie sie modifiziert wurde. Um später die Änderung zur Datenbank zu übermitteln, reicht das aber noch nicht aus: Es fehlen noch dringend notwendige Informationen. Stellen Sie sich dazu nur vor, Sie würden den Artikelbezeichner einer Datenzeile der Tabelle *Products* ändern und die Änderung mit einem UPDATE-Statement der Datenbank mitteilen. Das SQL-Statement könnte wie folgt lauten:

```
UPDATE Products
SET ProductName = @Param1
WHERE ProductID = @Param2 AND ProductName = @Param3
```

Im Parameter @Param1 wird der geänderte, also neue Wert übermittelt, in @Param2 der Schlüsselwert der Datenzeile und in @Param3 der ursprüngliche Wert der Spalte *ProductID*. Setzen Sie ein solches Statement ab, darf natürlich zwischen dem Abrufen der Dateninformationen und der Aktualisierung kein zweiter Benutzer den Produktnamen geändert haben. Die Folge wäre eine Konfliktsituation, weil die anstehende Änderung nicht in die Datenbank geschrieben werden kann. Dieser (scheinbaren) Problematik wollen wir an dieser Stelle noch nicht weiter nachgehen.

Sie sollten erkennen: Um das UPDATE-Statement erfolgreich absetzen zu können, bedarf es neben der geänderten Werte auch des Originalwerts, um die Datenzeile in der Datenbank zu identifizieren. Für diesen Zweck ist der Indexer einer DataRow überladen. Anstatt mit

row["Productname"]

den aktuellen, also möglicherweise geänderten Wert der Spalte *ProductName* abzurufen, können Sie auch mit

row["Productname", DataRowVersion.Original]

auf den von der Datenbank bezogenen Originalwert zurückgreifen.

DataRowVersion ist eine Aufzählung, mit der die gewünschte Version der betreffenden Spalte in der Datenzeile angegeben werden kann.

Member	Beschreibung
Current	Die Zeile enthält aktuelle Werte.
Default	Die Zeile enthält einen vorgeschlagenen Wert.
Original	die Standardversion der Zeile, dem aktuellen DataRowState entsprechend
Proposed	Die Zeile enthält ihre ursprünglichen Werte.

Tabelle 37.12 Die Werte der Enumeration »DataRowVersion«

Sie können sich jetzt sicher vorstellen, dass es von jeder DataRow immer zwei Versionen gibt: zunächst einmal DataRowVersion.Original für die Werte, die aus der Datenbank bezogen worden sind, und unter DataRowVersion.Current die aktuellen und möglicherweise geänderten Werte. Jetzt wird auch verständlich, warum nach der Einleitung einer Änderung mit BeginEdit es mittels CancelEdit möglich ist, den ursprünglichen Zustand einer DataRow wiederherzustellen.

Rufen Sie mit

row["ProductName"]

den Inhalt einer Spalte ab, wird immer DataRowVersion.Current ausgewertet. Das ist wichtig zu wissen, denn sollten Sie die DataRowCollection in einer Schleife durchlaufen, innerhalb der z. B. auf Spalten aller geänderten Zeilen zugegriffen wird, dürfen Sie von einer gelöschten Zeile nicht DataRowVersion.Current abrufen. Sie können aber sehr wohl DataRowVersion.Original auswerten, weil eine als gelöscht markierte Datenzeile nicht aus der DataRowCollection entfernt wird.

37.8 Daten im lokalen Speicher – das »DataSet«

Das nächste Beispiel zeigt Ihnen die prinzipielle Vorgehensweise: Nachdem das Data-Set aus der Artikeltabelle mit Daten gefüllt ist, wird zuerst ein weiterer Datensatz hinzugefügt. Anschließend wird in der Tabelle nach einem bestimmten Artikel gesucht (*Tofu*). Hierzu wird die Methode Select der DataTable aufgerufen, die mehrere Überladungen aufweist. Benutzt wird in diesem Beispiel die einfach parametrisierte Version, der ein Suchkriterium als Zeichenfolge übergeben wird. Die Zeichenfolge entspricht der WHERE-Klausel in einer SELECT-Abfrage ohne die Angabe von WHERE. Zum Schluss wird auch noch die fünfte Datenzeile aus der Liste »gelöscht«.

An der Konsole werden abschließend nur die Datenzeilen angezeigt, die in irgendeiner Form gegenüber dem Original eine Änderung erfahren haben.

```csharp
class Program
{
  static void Main(string[] args)
  {
    SqlConnection con = new SqlConnection();
    con.ConnectionString = "...";
    SqlCommand cmd = new SqlCommand();
    cmd.Connection = con;
    cmd.CommandText = "SELECT ProductID, ProductName, UnitsInStock " +
                      "FROM Products";
    DataSet ds = new DataSet();
    SqlDataAdapter da = new SqlDataAdapter(cmd);
    da.FillSchema(ds, SchemaType.Source);
    ds.Tables[0].Columns["ProductID"].AutoIncrementSeed = -1;
    ds.Tables[0].Columns["ProductID"].AutoIncrementStep = -1;
    da.Fill(ds);
    // Neue Datenzeile hinzufügen
    DataRow newRow = ds.Tables[0].NewRow();
    newRow["ProductName"] = "Camembert";
    newRow["UnitsInStock"] = 100;
    ds.Tables[0].Rows.Add(newRow);
    // Datenzeile ändern
    DataRow[] editRow = ds.Tables[0].Select("ProductName='Tofu'");
    if (editRow.Length == 1) {
      editRow[0].BeginEdit();
      editRow[0]["UnitsInStock"] = 1000;
      editRow[0].EndEdit();
    }
    else
      Console.WriteLine("Datenzeile 'Tofu' nicht gefunden.");
    // Datenzeile löschen
    ds.Tables[0].Rows[4].Delete();
```

```
            // Ausgabe der DataTable
            foreach (DataRow tempRow in ds.Tables[0].Rows) {
              if (tempRow.RowState == DataRowState.Added)
                Console.WriteLine("Neue Datenzeile: {0}",
                          tempRow["Productname"]);
              else if (tempRow.RowState == DataRowState.Modified) {
                Console.WriteLine("Modifiziert: {0}",
                          tempRow["Productname"]);
                Console.WriteLine("Alter Wert: {0}",
                          tempRow["UnitsInStock", DataRowVersion.Original]);
                Console.WriteLine("Neuer Wert: {0}",
                            tempRow["UnitsInStock"]);
              }
              else if (tempRow.RowState == DataRowState.Deleted)
                Console.WriteLine("Gelöscht: {0}",
                      tempRow["ProductName", DataRowVersion.Original]);
              else
                continue;
              Console.WriteLine(new string('-', 40));
            }
            Console.ReadLine();
          }
        }
```

Listing 37.22 Beispielprogramm »AusgabeModifizierterDaten«

37.8.11 Manuelles Steuern der Eigenschaft »DataRowState«

Die Eigenschaft `RowState` ist für jede Datenzeile nach dem Füllen des `DataSets` auf `Unchanged` gesetzt. Je nachdem, ob Sie eine Datenzeile ändern, löschen oder hinzufügen, wird ihr Zustand automatisch auf `Modified`, `Deleted` oder `Added` gesetzt.

Mit zwei Methoden können Sie den `RowState` per Code beeinflussen: `AcceptChanges` und `RejectChanges`. Es handelt sich hierbei um Methoden, die Sie auf dem `DataSet`, der `DataTable` oder einer bestimmten `DataRow` aufrufen können.

Die Methode »AcceptChanges«

`AcceptChanges` setzt den `RowState` einer Datenzeile von `Added` oder `Modified` auf `Unchanged`. Dabei wird der Inhalt von `DataRowVersion.Original` durch den von `DataRowVersion.Current` beschriebenen Inhalt ersetzt.

Trifft die Methode auf eine gelöschte Datenzeile, wird die Datenzeile aus der `DataRowCollection` entfernt und `RowState=DataRowState.Detached` gesetzt. Rufen Sie `AcceptChanges` auf die Referenz des `DataSets` auf, wird mit allen Datenzeilenänderungen in sämtlichen Tabellen so verfahren. Der Aufruf auf eine bestimmte Tabelle im `DataSet` wirkt sich dementsprechend nur auf die betreffenden Datenzeilen der Tabelle aus. Analog können Sie auch den Zustand einer bestimmten Datenzeile ändern.

Die Methode »RejectChanges«

Mit `RejectChanges` verwerfen Sie alle Änderungen. Die Methode setzt die aktuellen Werte der `DataRow` auf ihre ursprünglichen Werte zurück. Dabei werden die in der `DataRow` enthaltenen Änderungen verworfen, also:

`DataRowVersion.Current = DataRowVersion.Original`

Der `RowState` hängt nach dem Aufruf von `RejectChanges` vom anfänglichen `RowState` ab. Der Zustand `Deleted` oder `Modified` wird zu `Unchanged`, eine hinzugefügte Datenzeile wird zu `Detached`.

Die Methoden »SetAdded« und »SetModified«

`SetAdded` ändert den Zustand einer Datenzeile in `Added` und kann nur für eine `DataRow` aufgerufen werden, deren `RowState` den Wert `Unchanged` oder `Added` hat. Ist der Ausgangszustand ein anderer, wird die Ausnahme `InvalidOperationException` ausgelöst.

Dementsprechend ändert `SetModified` den Zustand in `Modified`. Der Einsatz dieser Methode beschränkt sich auf Datenzeilen, deren Ausgangszustand `Unchanged` ist. Ansonsten wird ebenfalls die eben erwähnte Ausnahme ausgelöst.

37.9 Mit mehreren Tabellen arbeiten

37.9.1 Der Weg über »JOIN«-Abfragen

Bisher haben wir immer nur eine Tabelle im `DataSet` betrachtet. Das entspricht aber nur in wenigen Fällen den üblichen Anforderungen in der Praxis. Um beispielsweise die Frage zu beantworten, welche Artikel von den einzelnen Lieferanten stammen, sind zwei Tabellen notwendig: *Products* und *Suppliers*. Die meisten Tabellen einer Datenbank stehen mit anderen Tabellen in Beziehung. Meistens handelt es sich dabei um eine 1:n-Beziehung. Beispielsweise stammen von einem Lieferanten mehrere Artikel. Allerdings berücksichtigt die *Northwind*-Datenbank nicht, dass ein bestimmtes Produkt durchaus auch von mehreren Lieferanten angeboten werden könnte. Dann müsste die Beziehung zwischen den beiden Tabellen durch eine m:n-Beziehung beschrieben werden, die normalerweise in drei Tabellen aufgelöst wird, die zueinander jeweils in einer 1:n-Beziehung stehen.

Wenden wir uns für die weiteren Ausführungen nun den beiden Tabellen *Products* und *Suppliers* zu, deren Beziehung Sie in Abbildung 37.14 sehen.

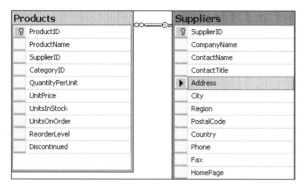

Abbildung 37.14 Die Beziehung zwischen den Tabellen »Products« und »Suppliers«

Um Daten aus mehreren Tabellen auszuwerten, werden üblicherweise JOIN-Abfragen benutzt. Wollen Sie z. B. wissen, welche Produkte von den einzelnen Lieferanten angeboten werden, könnte die Abfrage wie folgt lauten:

```
SELECT Suppliers.CompanyName, Suppliers.ContactName,
     Products.ProductName, Products.UnitPrice
FROM Suppliers INNER JOIN
    Products ON Suppliers.SupplierID = Products.SupplierID
```

Das Ergebnis der Abfrage sehen Sie in Abbildung 37.15.

JOIN-Abfragen haben einige Vorteile:

- Das Ergebnis lässt sich filtern.
- Das Resultat steht in einer überschaubaren Ergebnismenge.
- JOIN-Abfragen sind anerkannter Standard.

Bei kritischer Betrachtung stehen den Vorteilen auf der anderen Seite aber auch schwerwiegende Nachteile gegenüber:

- Die Daten einer JOIN-Abfrage sind schwierig zu aktualisieren. Insbesondere beim Löschen oder Hinzufügen einer Datenzeile in einer JOIN-Abfrage wird die Problematik deutlich. Löschen Sie beispielsweise eine Datenzeile, stellt sich sofort die Frage, ob nur die Datenzeile in der Detailtabelle, also auf der n-Seite einer Beziehung, gelöscht werden soll oder gleichzeitig auch die Datenzeile in der übergeordneten Mastertabelle, also auf der 1-Seite.
- JOIN-Abfragen geben redundante Daten zurück. Lassen Sie sich beispielsweise die Artikelliste und zu jedem Artikel auch die notwendigen Informationen des entsprechenden Lieferanten ausgeben, werden die Lieferanteninformationen mehrfach zurückgeliefert.
- Änderungen in einer JOIN-Abfrage sind schwer zu synchronisieren. Firmiert sich einer der Lieferanten um und tragen Sie das im Abfrageergebnis ein, muss die

Änderung sofort zur Datenbank übermittelt und die gesamte Abfrage erneut ausgeführt werden.

	CompanyName	ContactName	ProductName	UnitPrice
1	Exotic Liquids	Charlotte Cooper	Chai	18,00
2	Exotic Liquids	Charlotte Cooper	Chang	19,00
3	Exotic Liquids	Charlotte Cooper	Aniseed Syrup	10,00
4	New Orleans Cajun Delights	Shelley Burke	Chef Anton's Cajun Seasoning	22,00
5	New Orleans Cajun Delights	Shelley Burke	Chef Anton's Gumbo Mix	21,35
6	Grandma Kelly's Homestead	Regina Murphy	Grandma's Boysenberry Spread	25,00
7	Grandma Kelly's Homestead	Regina Murphy	Uncle Bob's Organic Dried Pears	30,00
8	Grandma Kelly's Homestead	Regina Murphy	Northwoods Cranberry Sauce	40,00
9	Tokyo Traders	Yoshi Nagase	Mishi Kobe Niku	97,00
10	Tokyo Traders	Yoshi Nagase	Ikura	31,00
11	Cooperativa de Quesos 'Las Cabras'	Antonio del Valle Saavedra	Queso Cabrales	21,00
12	Cooperativa de Quesos 'Las Cabras'	Antonio del Valle Saavedra	Queso Manchego La Pastora	38,00
13	Mayumi's	Mayumi Ohno	Konbu	6,00
14	Mayumi's	Mayumi Ohno	Tofu	23,25
15	Mayumi's	Mayumi Ohno	Genen Shouyu	15,50

Abbildung 37.15 Ergebnisliste einer »JOIN«-Abfrage

37.9.2 Mehrere Tabellen in einem »DataSet«

ADO.NET löst die Nachteile, die eine JOIN-Abfrage hat, auf eine eigene Art und Weise. Dazu wird die JOIN-Abfrage in Einzeltabellen aufgeteilt, die miteinander in Beziehung gesetzt werden. Mit anderen Worten: Es wird ein Teil der Originaldatenbank abgebildet. Die Beziehung zwischen zwei Tabellen wird durch ein Objekt vom Typ DataRelation beschrieben.

Obschon ein solchermaßen strukturiertes DataSets schwer zu filtern ist, überwiegen die Vorteile. So werden weniger Daten zurückgegeben als bei einer JOIN-Abfrage. Damit werden sowohl die Netzbelastung als auch die Auslastung des lokalen Speichers so gering wie möglich gehalten. Zudem ist es viel einfacher, Daten zu aktualisieren. Löschen Sie z. B. einen Datensatz aus der Detailtabelle (n-Seite), möchten Sie vermutlich nicht auch gleichzeitig den entsprechenden Datensatz der Mastertabelle (1-Seite) löschen. Beide Informationen sind in einer JOIN-Abfrage jedoch in einer Datenzeile zusammengefasst. Operieren Sie mit einer DataRelation zwischen zwei DataTable-Objekten, lässt sich der Datensatz aus der Detailtabelle löschen, ohne dass zwangsläufig auch die entsprechende Datenzeile der Mastertabelle gelöscht wird.

37.9.3 Eine »DataRelation« erzeugen

Mithilfe einer DataRelation werden zwei DataTable-Objekte über DataColumn-Objekte miteinander verknüpft. In der *Products-Suppliers*-Beziehung ist die Tabelle *Suppliers* das übergeordnete und die Tabelle *Products* das untergeordnete Element der Beziehung. Dies ist vergleichbar mit einer Primärschlüssel-Fremdschlüssel-Beziehung.

Beziehungen werden zwischen einander entsprechenden Spalten in der übergeordneten und der untergeordneten Tabelle erstellt. Das heißt, dass der Datentyp für beide Spalten identisch sein muss.

Aus einer längeren Liste werden wir Ihnen einen der `DataRelation`-Konstruktoren vorstellen.

```
pulic DataRelation(string relationName, DataColumn parentColumn,
DataColumn childColumn);
```

Dem ersten Parameter teilen Sie mit, unter welchem Namen die `DataRelation` angesprochen werden soll, der zweite Parameter erwartet die Referenz auf die übergeordnete Spalte der Mastertabelle (1-Seite), der dritte Parameter die Referenz auf die untergeordnete Spalte der Detailtabelle (n-Seite).

Nachdem eine `DataRelation` erzeugt worden ist, muss sie dem `DataSet` bekannt gegeben werden. Dazu enthält das `DataSet` eine Auflistung vom Typ `DataRelationCollection`. Die Eigenschaft `Relations` des `DataSets` gibt die Referenz auf die Auflistung zurück.

Das folgende Beispiel zeigt, wie die Beziehung zwischen den beiden Tabellen *Suppliers* und *Products* festgelegt wird.

```
SqlConnection con = new SqlConnection();
con.ConnectionString = "...";
SqlCommand cmd = new SqlCommand();
cmd.Connection = con;
cmd.CommandText = "SELECT * FROM Suppliers; SELECT * FROM Products";
DataSet ds = new DataSet();
SqlDataAdapter da = new SqlDataAdapter(cmd);
da.TableMappings.Add("Table", "Lieferanten");
da.TableMappings.Add("Table1", "Produkte");
da.Fill(ds);
// Erzeugen der Beziehung zwischen den beiden Tabellen
DataColumn colMaster = ds.Tables["Lieferanten"].Columns["SupplierID"];
DataColumn colDetail = ds.Tables["Produkte"].Columns["SupplierID"];
DataRelation rel = new DataRelation("LieferantenProdukte",
                        colMaster, colDetail);
ds.Relations.Add(rel);
```

37.9.4 »DataRelations« und Einschränkungen

Erzeugen Sie eine `DataRelation` zwischen zwei Tabellen wie zuvor gezeigt, werden ein `UniqueConstraint` auf der Mastertabelle sowie ein `ForeignKeyConstraint` auf der Detailtabelle erstellt.

Haben Sie vor dem Erstellen der DataRelation Einschränkungen definiert, die einer Unique- und einer Fremdschlüsseleinschränkung entsprechen, übernimmt die neue DataRelation die vorhandenen Einschränkungen und erzeugt implizit keine neuen.

Andererseits können Sie auch das implizite Erzeugen der Einschränkungen unterdrücken. Dazu übergeben Sie dem Konstruktor der DataRelation im vierten Parameter false:

```
DataRelation rel = new DataRelation("LieferantenProdukte",
               colMaster, colDetail, false);
```

Das »ForeignKeyConstraint«-Objekt im Detail

Das ForeignKeyConstraint-Objekt gehört zur ConstraintCollection der Detailtabelle, also der Tabelle auf der n-Seite einer 1:n-Beziehung. Es weist nicht nur eine Reihe von Eigenschaften auf, um die Beziehung zwischen den beiden Tabellen zu untersuchen, sondern legt darüber hinaus fest, wie sich die beiden Tabellen verhalten, wenn in der übergeordneten Mastertabelle Daten geändert oder Datenzeilen gelöscht werden.

Das folgende Codefragment zeigt, wie Sie die Eigenschaften Table, RelatedTable, Columns und RelatedColumns auswerten. Die Auswertung basiert auf der Beziehung, die im letzten Abschnitt zwischen den beiden Tabellen *Suppliers* und *Products* codiert worden ist.

```
ConstraintCollection constr = ds.Tables["Produkte"].Constraints;
foreach (Constraint cTemp in constr) {
  if (cTemp is ForeignKeyConstraint) {
    Console.Write("Untergeordnete Tabelle: ");
    Console.WriteLine(((ForeignKeyConstraint)cTemp).Table);
    Console.Write("Untergeordnete Spalte(n): ");
    foreach (DataColumn col in ((ForeignKeyConstraint)cTemp).Columns)
      Console.WriteLine(col.ColumnName);
    Console.Write("Übergeordnete Tabelle: ");
    Console.WriteLine(((ForeignKeyConstraint)cTemp).RelatedTable);
    Console.Write("Übergeordnete Spalte(n): ");
    foreach (DataColumn col in ((ForeignKeyConstraint)cTemp).
    RelatedColumns)
      Console.WriteLine(col.ColumnName);
  }
}
```

Table liefert die Referenz auf die untergeordnete Tabelle, RelatedTable die auf die übergeordnete Tabelle (Mastertabelle). Columns beschreibt die Spalten der untergeordneten Tabelle der Einschränkung, RelatedColumns die der übergeordneten Tabelle. Beide zuletzt genannten Eigenschaften liefern ein DataColumn-Array zurück, weil mehrere Spalten ein gemeinsames Merkmal für die Beziehung zwischen zwei Tabellen darstellen können.

Wichtiger als die Auswertung der Eigenschaften einer Beziehung sind diejenigen Eigenschaften, über die das Verhalten der Relation festgelegt wird. Löschen Sie beispielsweise eine Datenzeile in der Mastertabelle, stellt sich die Frage, wie sich die verknüpften Datenzeilen in der untergeordneten Detailtabelle verhalten sollen. Sollen sie ebenfalls gelöscht werden? Oder sollen sie in der Detailtabelle erhalten bleiben? Was ist, wenn in der Mastertabelle ein Wert geändert wird? Wird dann der Wert in der untergeordneten Tabelle ebenfalls aktualisiert?

Die Steuerung dieses Verhaltens wird von den Eigenschaften UpdateRule und DeleteRule bestimmt. Beide Eigenschaften sind vom Typ Rule. Dabei handelt es sich um eine Enumeration im Namespace System.Data. Die Werte der Enumeration sind in Tabelle 37.13 angegeben.

Wert	Beschreibung
Cascade	Hierbei handelt es sich um den Standardwert. Wird eine Datenzeile in der Mastertabelle gelöscht (geändert), werden auch alle Detaildatenzeilen gelöscht (geändert).
None	Es wird keine Aktion ausgeführt und stattdessen eine Ausnahme ausgelöst.
SetDefault	Die Werte in den verknüpften Datenzeilen der Detailtabelle werden auf Standardwerte eingestellt. Die Standardwerte werden über die Eigenschaft DefaultValue des DataColumn-Objekts festgelegt.
SetNull	Die Werte in den verknüpften Datenzeilen werden auf DBNull festgelegt.

Tabelle 37.13 Die Werte der Enumeration »Rule«

Eine dritte Eigenschaft, die in diesem Zusammenhang auch noch erwähnt werden sollte, ist AcceptRejectRule. Sie gibt an, wie mit den verknüpften Datenzeilen umgegangen wird, wenn in der Mastertabelle AcceptChanges oder RejectChanges aufgerufen wird.

Die Eigenschaft kann nur zwei Werte annehmen: entweder AcceptRejectRule.None oder AcceptRejectRule.Cascade. Der Vorgabewert ist None. Das bedeutet, dass der Aufruf von AcceptChanges oder RejectChanges auf eine Datenzeile sich nicht auf die untergeordneten Datenzeilen auswirkt. Wenn Sie die Eigenschaft AcceptRejectRule auf Cascade setzen, wird die Aktion an diejenige untergeordnete Datenzeile weitergegeben, die vom ForeignKeyConstraint-Objekt definiert ist.

Auf der Website zum Buch (*https://www.rheinwerk-verlag.de/sql-server-2016_4082/*) finden Sie das Beispielprogramm *DataRelationDemo*, das einige der im Zusammenhang mit der DataRelation stehenden Features enthält.

37.9.5 In Beziehung stehende Daten suchen

`DataRelation`-Objekte werden hauptsächlich dazu benutzt, Daten, die in verschiedenen `DataTable`-Objekten enthalten sind, zu suchen. Zu diesem Zweck stellt eine `DataRow` drei Methoden zur Verfügung, die auf einer `DataRelation` basieren:

- `GetChildRows`
- `GetParentRow`
- `GetParentRows`

`GetChildRows` sucht, ausgehend von einer Datenzeile in der Mastertabelle, alle zugehörigen untergeordneten Datenzeilen in der Detailtabelle. Dazu übergeben Sie der Methode die `DataRelation`, die beide Tabellen miteinander verknüpft. Sie erhalten als Ergebnis ein `DataRow`-Array.

`DataRow[] GetChildRows(DataRelation);`

Ausgehend von der untergeordneten Zeile einer Detailtabelle ruft `GetParentRow` die zugehörige übergeordnete Datenzeile aus einer Mastertabelle ab. Auch dieser Methode müssen Sie die `DataRelation` zwischen den beiden Tabellen angeben; der Rückgabewert ist eine einzige Datenzeile.

`DataRow GetParentRow(DataRelation);`

Sollte zwischen zwei Tabellen eine n:m-Beziehung bestehen, können Sie die `GetParentRows`-Methode einsetzen.

`DataRow[] GetParentRows(DataRelation);`

Wir werden Ihnen nun in einem Beispielprogramm die Benutzung der Methoden zeigen. Die Aufgabenstellung dazu lautet, dass zu den einzelnen Aufträgen (Tabelle *Orders*) die bestellten Produkte (Tabelle *Products*) aufgelistet werden sollen. Zwischen diesen beiden Tabellen besteht eine m:n-Beziehung, die durch die Tabelle *Order Details* in zwei 1:n-Beziehungen aufgelöst wird (siehe Abbildung 37.16).

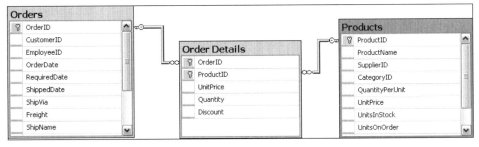

Abbildung 37.16 Die Beziehungen zwischen den Tabellen »Orders«, »Order Details« und »Products«

```csharp
static void Main(string[] args)
{
  SqlConnection con = new SqlConnection();
  con.ConnectionString = "...";
  SqlCommand cmd = new SqlCommand();
  cmd.Connection = con;
  cmd.CommandText = "SELECT * FROM Orders; " +
                    "SELECT * FROM [Order Details]; " +
                    "SELECT * FROM Products";
  DataSet ds = new DataSet();
  SqlDataAdapter da = new SqlDataAdapter(cmd);
  da.TableMappings.Add("Table", "Bestellungen");
  da.TableMappings.Add("Table1", "Bestelldetails");
  da.TableMappings.Add("Table2", "Produkte");
  da.Fill(ds);
  // DataRelation zwischen 'Orders' und
  // 'Order Details' erzeugen
  DataColumn colMaster = ds.Tables["Bestellungen"].Columns["OrderID"];
  DataColumn colDetail = ds.Tables["Bestelldetails"].Columns
  ["OrderID"];
  DataRelation rel = new DataRelation("Bestellungen_Bestelldetails",
                                      colMaster, colDetail);
  ds.Relations.Add(rel);
  // DataRelation zwischen 'Order Details' und
  // 'Products' erzeugen
  colMaster = ds.Tables["Produkte"].Columns["ProductID"];
  colDetail = ds.Tables["Bestelldetails"].Columns["ProductID"];
  rel = new DataRelation("Produkte_Bestelldetails", colMaster, colDetail);
  ds.Relations.Add(rel);
  // Zu jeder Bestellung die bestellten Artikel anzeigen
  foreach (DataRow rowOrder in ds.Tables["Bestellungen"].Rows)
  {
    Console.WriteLine("Autor: {0}", rowOrder["OrderID"]);
    foreach (DataRow rowOrderDetail in rowOrder.GetChildRows(
             ds.Relations["Bestellungen_Bestelldetails"]))
    {
      DataRow rowProduct;
      rowProduct = rowOrderDetail.GetParentRow(
                   ds.Relations["Produkte_Bestelldetails"]);
      Console.WriteLine("Artikel: {0}", rowProduct["ProductName"]);
    }
    Console.WriteLine(new string('-', 40));
```

```
    }
    Console.ReadLine();
}
```

Listing 37.23 Beispielprogramm »DataRelationNavigation«

In diesem Beispiel werden vor dem Füllen des DataSets den drei beteiligten Tabellen zunächst über TableMappings sprechende Bezeichner zugewiesen. Hier ist ein solches Vorgehen besonders empfehlenswert, um den Code besser lesbar zu gestalten. Nachdem der SqlDataAdapter die Daten abgerufen hat, werden in einer äußeren foreach-Schleife alle Datenzeilen der Tabelle *Orders* nacheinander durchlaufen. Auf jeder Datenzeile (also Bestellnummer) wird GetChildRows aufgerufen. Diese Methode liefert ein DataRow-Array zurück, das alle Datenzeilen aus *Order Details* enthält, die dieser Bestellnummer entsprechen. Aus der gefundenen Datenzeile wird anschließend das Feld *ProductID* extrahiert und mit GetParentRow die entsprechende Datenzeile in der Tabelle *Products* gesucht. Letztere liefert uns den Artikelnamen.

37.9.6 Ergänzung zum Speichern von Schemainformationen in einer XML-Schemadatei

In Abschnitt 37.8.8 haben wir gezeigt, wie Sie die Schemainformationen mit der Methode WriteXmlSchema des DataSets in einer XML-Schemadatei speichern können. Wir hatten Ihnen das auch an einem Beispiel demonstriert, das die Metadaten einer Tabelle in die Schemadatei schrieb. Sie können selbstverständlich auf die gleiche Weise auch die Metadaten mehrerer sich in einem DataSet befindlicher Tabellen in einer Datei bereitstellen. Allerdings gibt es dabei einen besonderen Punkt zu beachten: Beabsichtigen Sie, auch die Beziehungen zwischen den Tabellen in der Schemadatei zu speichern, müssen Sie die Beziehungen zwischen den Tabellen zuerst mit Programmcode definieren, bevor Sie die Methode WriteXmlschema aufrufen.

37.10 Aktualisieren der Datenbank

37.10.1 Aktualisieren mit dem »CommandBuilder«-Objekt

Eine DataTable können Sie mit Daten aus jeder Datenquelle füllen. Handelt es sich dabei um eine Datenbank und können die Benutzer die Daten auch ändern, müssen die Änderungen zu einem bestimmten Zeitpunkt an die Datenbank übermittelt werden. Des Öfteren haben wir bereits die Update-Methode des DataAdapters erwähnt, die eine Verbindung zu der Datenbank aufbaut, um deren Datenbestand zu aktualisieren. Vielleicht haben Sie auch schon die Update-Methode getestet, nachdem Sie Zeilen Ihres DataSets geändert hatten. Sie werden dabei bestimmt einen Laufzeitfehler erhalten haben. Sehen Sie sich dazu das folgende Beispiel an, in dem eine neue Datenzeile hinzugefügt und eine vorhandene geändert wird. Nach Abschluss der Änderungen wird die Methode Update des SqlDataAdapters aufgerufen.

```csharp
static void Main(string[] args)
{
  SqlConnection con = new SqlConnection();
  con.ConnectionString = "...";
  SqlCommand cmd = new SqlCommand();
  cmd.Connection = con;
  cmd.CommandText = "SELECT ProductID, ProductName, " +
                    "UnitsInStock, Discontinued FROM Products";
  DataSet ds = new DataSet();
  SqlDataAdapter da = new SqlDataAdapter(cmd);
  da.FillSchema(ds, SchemaType.Source);
  ds.Tables[0].Columns["ProductID"].AutoIncrementSeed = -1;
  ds.Tables[0].Columns["ProductID"].AutoIncrementStep = -1;
  da.Fill(ds);
  // Neue Datenzeile hinzufügen
  DataRow newRow = ds.Tables[0].NewRow();
  newRow["ProductName"] = "Camembert";
  newRow["UnitsInStock"] = 100;
  newRow["Discontinued"] = false;
  ds.Tables[0].Rows.Add(newRow);
  // Datenzeile ändern
  DataRow[] editRow = ds.Tables[0].Select("ProductName='Tofu'");
  if (editRow.Length == 1) {
    editRow[0].BeginEdit();
    editRow[0]["UnitsInStock"] = 1000;
    editRow[0].EndEdit();
  }
  else
    Console.WriteLine("Datenzeile 'Tofu' nicht gefunden.");
  // Datenbank aktualisieren
  int count = da.Update(ds);
  Console.WriteLine("{0} Datenzeilen aktualisiert", count);
  Console.ReadLine();
}
```

Listing 37.24 Beispielprogramm »CommandBuilderDemo«

Wo liegt aber nun die Ursache für den Lautzeitfehler in der Anweisung, die die Methode Update aufruft?

Denken wir einmal daran, wie die Abfolge ist, bis der `SqlDataAdapter` eine Auswahlabfrage an die Datenbank schickt. Wir hatten ein `SqlCommand`-Objekt erzeugt und diesem das SELECT-Statement übergeben. Bei der Instantiierung haben wir dem `SqlDataAdapter` das `SqlCommand`-Objekt über den Konstruktoraufruf bekannt gegeben. Der `SqlDataAdapter` speichert das in seiner Eigenschaft `SelectCommand`.

Der `SqlDataAdapter` hat aber noch drei weitere Eigenschaften, die nach einem `SqlCommand`-Objekt verlangen:

- `InsertCommand`
- `DeleteCommand`
- `UpdateCommand`

So, wie über `SelectCommand` die vom `SqlDataAdapter` abzusetzende Auswahlabfrage bekannt ist, benötigt der Adapter auch noch `SqlCommand`-Objekte, die die SQL-Statements INSERT, DELETE und UPDATE beschreiben.

Erfreulicherweise stellt der `SqlDataAdapter` nicht automatisch nach festgeschriebenen Regeln Aktualisierungsstatements bereit, obwohl er das durchaus könnte. Dieses im ersten Moment als Mangel erscheinende Verhalten gibt uns jedoch die Möglichkeit, selbst Einfluss auf die Aktualisierung zu nehmen. Darauf werden wir in Abschnitt 37.10.4 genauer eingehen. Die Folge ist jedenfalls, dass die Eigenschaften `Insert-`, `Update-` und `DeleteCommand` den Inhalt `null` haben.

Das automatische Erzeugen einer Aktualisierungslogik bietet uns ADO.NET über die Klasse `SqlCommandBuilder` an. Übergeben Sie bei der Instantiierung dieser Klasse dem Konstruktor die Referenz auf den `SqlDataAdapter`.

```
SqlCommandBuilder cmb = new SqlCommandBuilder(da);
```

Da der `SqlCommandBuilder` nun das `SqlDataAdapter`-Objekt kennt, weiß er, wie die SELECT-Auswahlabfrage aussieht. Auf dieser Grundlage erzeugt `SqlCommandBuilder` die SQL-Befehle INSERT, DELETE und UPDATE, verpackt sie in eine Zeichenfolge und weist sie jeweils einem neuen `SqlCommand`-Objekt zu. Die drei `SqlCommand`-Objekte werden den Eigenschaften `UpdateCommand`, `InsertCommand` und `DeleteCommand` des `SqlDataAdapters` übergeben. Unabhängig davon, ob im `DataSet` eine Zeile gelöscht, hinzugefügt oder editiert worden ist, wird der `SqlDataAdapter` mit den vom `SqlCommandBuilder` erzeugten Kommandos die Originaldatenbank aktualisieren.

Kommen wir zu dem eingangs gezeigten Beispiel zurück. Wenn Sie vor dem Aufruf von `Update` ein `SqlCommandBuilder`-Objekt erzeugen und dessen Konstruktor die Instanz des `SqlDataAdapters` übergeben, wird die Aktualisierung erfolgreich sein.

```
[...]
SqlCommandBuilder cmb = new SqlCommandBuilder(da);
da.Update(ds);
```

Die von »SqlCommandBuilder« generierten Aktualisierungsstatements

`SqlCommandBuilder` erzeugt Aktualisierungscode auf Grundlage des `SELECT`-Statements. Doch wie sieht die Aktualisierungslogik exakt aus?

Wir werden uns das nun noch kurz ansehen. Grundlage dazu bildet die Abfrage:

```
SELECT ProductID, ProductName, UnitsInStock FROM Products
```

Sie können sich die Aktualisierungsstatements ausgeben lassen, indem Sie die Methoden `GetUpdateCommand`, `GetInsertCommand` oder `GetDeleteCommand` des `SqlCommandBuilders` aufrufen. Alle liefern ein Objekt vom Typ `SqlCommand`, über dessen Eigenschaft `CommandText` Sie das jeweilige SQL-Statement abfragen können. Es genügt, wenn wir uns nur eines der drei ansehen.

```
UPDATE [Products]
SET [ProductName] = @p1, [UnitsInStock] = @p2
WHERE ((([ProductID] = @p3) AND ([ProductName] = @p4) AND
((@p5 = 1 AND [UnitsInStock] IS NULL) OR ([UnitsInStock] = @p6)))
```

Sie erkennen, dass hinter der `WHERE`-Klausel alle Spalten der `SELECT`-Abfrage als Suchkriterium nach dem zu editierenden Datensatz aufgeführt sind. Die Parameter `@p3` bis `@p6` werden mit den Daten gefüllt, die unter `DataRowVersion.Original` aus dem `Dataset` bezogen werden, `@p1` bis `@p3` erhalten die Daten aus `DataRowVersion.Current`. In gleicher Weise generiert der `SqlCommandBuilder` auch die `INSERT`- und `DELETE`-Anweisungen.

37.10.2 Manuell gesteuerte Aktualisierungen

Das Aktualisieren einer Datenquelle mit dem `SqlCommandBuilder`-Objekt ist sehr einfach. Aber diese Einfachheit hat ihren Preis, denn wir müssen uns mit den Charakteristiken des Objekts abfinden und haben keinen Einfluss darauf, wie die Daten zurückgeschrieben werden. Der `SqlCommandBuilder` generiert, wie eben gesehen, Abfragen, die zur Identifikation einer Datenzeile in der Tabelle einer Datenbank alle Spalten einschließt, die mit `SELECT` abgefragt worden sind.

Was passiert, wenn der `SqlDataAdapter` versucht, eine Datenzeile zu aktualisieren, die ein anderer Benutzer zwischenzeitlich geändert hat? Nehmen wir an, Anwender A hätte die Tabelle *Products* in ein `DataSet` geladen und den Datensatz des Artikels *Chai* editiert. Anwender B hat, nachdem Anwender A die angeforderten Daten erhalten hat, die gleichen Daten abgefragt. Anwender B aktualisiert ebenfalls Daten des Artikels *Chai* und speichert die Änderungen in der Datenbank. Anschließend versucht Anwender B, seine geänderten Daten in der Datenbank zu speichern.

Versucht anschließend Anwender A, die geänderten Daten in der Datenbank zu speichern, wird der Datensatz nicht mehr gefunden, denn einer der Spalteneinträge hat sich durch Anwender B geändert. Die Folge ist, dass die Änderungen durch Anwender A nicht von der Datenbank übernommen werden. Es kommt zu einem Parallelitätskonflikt.

Möglicherweise entspricht das den Anforderungen an die Datenbankanwendung. Wie müssen Entwickler aber vorgehen, wenn ein *Last in wins*-Aktualisierungsszenario gefordert ist, in dem grundsätzlich immer derjenige, der als Letzter eine Datenzeile zurückschreibt, die ihm unbekannten Änderungen durch einen anderen Anwender überschreiben soll?

Es gibt noch andere denkbare Ansätze, wann ein Konflikt auftreten soll oder wann Änderungen an dem gleichen Datensatz durch zwei oder mehr Benutzer gleichermaßen akzeptiert werden können. Stellen wir uns dazu vor, Anwender A hätte das Feld *ProductName* des Artikels *Chai* geändert, weil ein Eingabefehler vorlag. Anwender B wiederum könnte die Mitteilung erhalten haben, dass sich der Einzelpreis desselben Artikels geändert hat. Sie werden mir zustimmen, dass im Grunde genommen beide mit ihren Änderungen zu ihrem Recht kommen müssten, weil beide Änderungen begründet sind.

Mit den beiden letztgenannten Szenarien kann der `SqlCommandBuilder` nicht umgehen. Er scheidet deshalb aus. Wir müssen die gewünschte Aktualisierung selbst formulieren. Vom Ansatz her ist das sehr einfach. Erinnern wir uns nur, welche Aufgabe der `CommandBuilder` hat: Er erzeugt auf Basis der `SELECT`-Abfrage SQL-Statements für das Editieren (`UPDATE`), Einfügen (`INSERT INTO`) und Löschen (`DELETE`) einer Datenzeile `Command`-Objekte, die er an den `DataAdapter` weitergibt.

Wollen Sie ein eigenes Aktualisierungsszenario beschreiben, lassen Sie den `SqlCommandBuilder` aus dem Spiel und stellen eigene `SqlCommand`-Objekte bereit, deren SQL-Abfragestatements sich an den aktuellen Forderungen orientieren. Hier können Sie zwei Ansätze verfolgen:

- Sie rufen für jede geänderte Datenzeile die `ExecuteNonQuery`-Methode des `Command`-Objekts auf. Dazu müssen Sie Code bereitstellen, der alle geänderten Datenzeilen einer `DataTable` erfasst.
- Sie überlassen weiterhin dem `DataAdapter` die Aufgabe, in der `DataTable` nach geänderten Datenzeilen zu suchen und diese der Reihe nach an die Datenbank zu übermitteln.

Im Folgenden werden wir Ihnen beide Lösungen zum `CommandBuilder` vorstellen.

37.10.3 Aktualisieren mit »ExecuteNonQuery«

Bereitstellen der »Command«-Objekte

Ehe wir uns ansehen, wie Sie mit `ExecuteNonQuery` des `Command`-Objekts eine anwendungsspezifische Aktualisierung implementieren, wollen wir die Forderung spezifizieren. Dabei soll hier exemplarisch die schon bekannte Tabelle *Products* die Daten bereitstellen, die wir ändern wollen. Die Abfrage lautet wie folgt:

```
SELECT ProductID, ProductName, UnitPrice, Discontinued FROM Products
```

Gehen wir also davon aus, dass immer die letzte Änderung Vorrang vor allen anderen haben soll. Es ist die Formulierung des *Last in wins*-Szenarios. Eine in einer `DataTable` geänderte Datenzeile muss, wenn sie an die Originaldatenbank übermittelt werden soll, dort auch identifiziert werden können. Dazu dienen die Primärschlüsselspalten. Das `UPDATE`-Statement könnte dann beispielsweise wie folgt aussehen:

```
UPDATE Products SET ProductID = x, ProductName = y,
                    Unitprice = z, ...
WHERE ProductID = abcd
```

Findet der Aktualisierungsprozess in der Originaltabelle *Products* den Datensatz mit dem Primärschlüssel `abcd`, trägt er alle hinter `SET` aufgeführten Spalteninhalte ein. Dabei interessiert nicht, ob sich die Inhalte seit dem Generieren des `DataSets` auf Benutzerseite geändert haben. Beachten Sie, dass sich dieses `UPDATE`-Statement deutlich von dem, was ein `SqlCommandBuilder` erzeugen würde, unterscheidet.

Unser Ziel ist, jede geänderte Datenzeile mit `ExecuteNonQuery` zu übermitteln. Also benötigen wir zuerst ein `SqlCommand`-Objekt, das die parametrisierte Abfrage beschreibt. Dafür schreiben wir eine Methode.

```
// UpdateCommand erzeugen
static SqlCommand GetUpdateCommand(SqlConnection con)
{
  string strSQL = "UPDATE Products SET ProductName=@Name,
    UnitPrice=@Preis, Discontinued=@Conti WHERE ProductID=@ID AND
    ProductName=@NameOld";
  SqlCommand cmd = new SqlCommand(strSQL, con);
  // Die Parameter der Parameters-Auflistung hinzufügen
  SqlParameterCollection col = cmd.Parameters;
  col.Add("@Name", SqlDbType.VarChar, 40, "ProductName");
  col.Add("@Preis", SqlDbType.Money,8, "UnitPrice");
  col.Add("@Conti", SqlDbType.Bit,1, "Discontinued");
  col.Add("@ID", SqlDbType.Int, 4, "ProductID");
  SqlParameter param;
  param = col.Add("@NameOld", SqlDbType.VarChar, 40, "ProductName");
  param.SourceVersion = DataRowVersion.Original;
  return cmd;
}
```

UPDATE enthält die Angabe der drei Spalten *ProductID*, *ProductName* und *UnitsInStock*. Diese werden, wie auch die Angabe des Suchkriteriums, als Parameter des `SqlCommand`-Objekts definiert. Die Methode `GetUpdateCommand` liefert dem aufrufenden Code ein `SqlCommand`-Objekt als Rückgabewert, das vollständig ausgebildet ist.

Ehe mit einer Anweisung wie

```
myCommand.ExecuteNonQuery();
```

aktualisiert werden kann, müssen die Parameter gefüllt werden. Dazu dient eine eigene Methode. Weil nach dem Füllen der Parameter das `SqlCommand`-Objekt ausführungsfertig ist, kann sogar schon innerhalb der Methode `ExecuteNonQuery` aufgerufen werden. Dazu muss der Methode neben dem von `GetUpdateCommand` generierten `SqlCommand`-Objekt nur die zu aktualisierende Datenzeile bekannt sein. Beide übergeben wir der Parameterliste der Methode, die wir `SubmitUpdateRow` nennen.

Der Aufruf von `ExecuteNonQuery` liefert eine Zahl zurück, die Auskunft darüber gibt, wie viele Datenzeilen aktualisiert wurden. Darauf wollen wir nicht verzichten, denn sie kann uns dabei behilflich sein, etwaige Konflikte, die beim Aktualisieren auftreten, zu behandeln. Stellen Sie sich dazu nur vor, ein anderer Anwender hätte zwischenzeitlich den betreffenden Datensatz gelöscht. Der Rückgabewert von `ExecuteNonQuery` und damit auch unserer benutzerdefinierten Methode wäre 0.

```
static int SubmitUpdatedRow(SqlCommand cmd, DataRow row)
{
  // Parameter füllen
  cmd.Parameters["@Name"].Value = row["ProductName"];
  cmd.Parameters["@Preis"].Value = row["UnitPrice"];
  cmd.Parameters["@Conti"].Value = row["Discontinued"];
  cmd.Parameters["@ID"].Value = row["ProductID"];
  cmd.Parameters["@NameOld"].Value = row["ProductName",
                  DataRowVersion.Original];
  // Anzahl der betroffenen Zeilen zurückliefern
  return cmd.ExecuteNonQuery();
}
```

Beim Füllen der Parameter müssen Sie immer bedenken, welche Datenversion Sie in den jeweiligen Parameter eintragen müssen. Die hinter SET aufgeführten Spalten beschreiben die zu ändernden Werte. Es sind also die, die unter `DataRowVersion.Current` der entsprechenden Datenzeile für die Spalte zu finden sind. Übergeben Sie der Eigenschaft `Value` des Parameters beispielsweise mit

```
row["ProductName"]
```

einen Wert, wird diese Version automatisch genommen. Um den Code besser lesbar zu machen, ist aber ausdrücklich DataRowVersion mit angegeben.

Etwas anders ist der Sachverhalt, wenn es darum geht, das Suchkriterium für die Aktualisierung festzulegen. Die Primärschlüsselspalte der Tabelle *Products* ist nicht editierbar. Gäben Sie aber eine weitere Spalte als Suchkriterium an, beispielsweise *ProductName*, könnte eine Datenänderung dieser Spalte vom Anwender vorgenommen worden sein. Die zu ändernde Datenzeile in der Datenbank wird aber nur dann gefunden, wenn der Originalwert übermittelt wird. Deshalb ist es unerlässlich, dass die hinter WHERE angegebenen Spalten immer DataRowVersion.Original-Werte enthalten.

In ähnlicher Weise können Sie auch Command-Objekte bereitstellen, die gelöschte und hinzugefügte Datenzeilen beschreiben.

```
// DeleteCommand erzeugen
static SqlCommand GetDeleteCommand(SqlConnection con)
{
  string strSQL = "DELETE FROM Products WHERE ProductID=@ID";
  SqlCommand cmd = new SqlCommand(strSQL, con);
  // Die Parameter der Parameters-Auflistung hinzufügen
  cmd.Parameters.Add("@ID", SqlDbType.Int, 4);
  return cmd;
}
// InsertCommand erzeugen
static SqlCommand GetInsertCommand(SqlConnection con)
{
  string strSQL = "INSERT INTO Products (ProductName, UnitPrice,
  Discontinued) Values(@Name, @Preis, @Conti)";
  SqlCommand cmd = new SqlCommand(strSQL, con);
  // Die Parameter der Parameters-Auflistung hinzufügen
  cmd.Parameters.Add("@Name", SqlDbType.VarChar, 40);
  cmd.Parameters.Add("@Preis", SqlDbType.Money, 8);
  cmd.Parameters.Add("@Conti", SqlDbType.Bit,1);
  return cmd;
}
static int SubmitDeletedRow(SqlCommand cmd, DataRow row)
{
  // Parameter füllen
  cmd.Parameters["@ID"].Value = row["ProductID"];
  // Anzahl der betroffenen Zeilen zurückliefern
  return cmd.ExecuteNonQuery();
}
static int SubmitAddedRow(SqlCommand cmd, DataRow row)
{
```

```
// Parameter füllen
cmd.Parameters["@Name"].Value = row["ProductName"];
cmd.Parameters["@Preis"].Value = row["UnitPrice"];
cmd.Parameters["@Conti"].Value = row["Discontinued"];
// Anzahl der betroffenen Zeilen zurückliefern
return cmd.ExecuteNonQuery();
}
```

Alle Änderungen an die Datenquelle übermitteln

Nun müssen wir uns überlegen, wie wir diese drei Methodenpaare benutzen können. Setzen wir voraus, dass wir eine zur Aktualisierung anstehende Datenzeile über row referenzieren, könnte der Aufruf wie folgt lauten:

```
SqlCommand cmdUpdate = GetUpdateCommand(con);
int countDS = SubmitUpdatedRow(cmdUpdate, row);
if (countDS == 1)
  // Aktualisierung ist gelungen
```

Damit ist der Grundstock gelegt. Aber wie kommen wir an die Referenz einer geänderten DataRow?

Liegt ein DataSet vor, das viele Datenzeilen enthält, von denen wir nicht wissen, ob eine einzelne Datenzeile geändert, hinzugefügt oder gelöscht worden ist, gilt es, einen Weg zu finden, die Datensätze daraufhin zu untersuchen. Hier bietet sich eine Überladung der Methode Select der DataTable an.

```
public DataRow[] Select(string, string, DataRowViewState);
```

Der erste Parameter beschreibt eine Zeichenfolge zum Filtern der Datenzeilen, der zweite eine Zeichenfolge für die Sortierrichtung. Der dritte Parameter vom Typ DataRowViewState ist derjenige, der uns die Lösung liefert. DataRowViewState ist eine Enumeration, deren Member bitweise kombiniert werden können.

Member	Beschreibung
Added	Beschreibt eine hinzugefügte Datenzeile.
Deleted	Beschreibt eine gelöschte Datenzeile.
ModifiedCurrent	Beschreibt eine geänderte Datenzeile.

Tabelle 37.14 Member-Liste Enumeration »DataRowViewState« (Auszug)

Wir können der Select-Methode der DataTable angeben, nach welchen Datenzeilenversionen wir suchen wollen. Handelt es sich um gelöschte, hinzugefügte und editierte, fassen wir das Suchkriterium in einer Variablen zusammen:

```
DataViewRowState drvs = DataViewRowState.Added |
                        DataViewRowState.Deleted |
                        DataViewRowState.ModifiedCurrent;
```

Select liefert ein Array derjenigen Datenzeilen, die sich in irgendeiner Weise vom Original in der Datenbank unterscheiden. Das Array durchlaufen wir elementweise und prüfen dabei jeweils die Eigenschaft RowState der aktuellen DataRow. Je nachdem, ob es sich um eine gelöschte, eine editierte oder eine hinzugefügte Zeile handelt, reagieren wir mit dem Aufruf einer unserer drei SubmitXxx-Methoden.

```
foreach (DataRow row in ds.Tables[0].Select("", "", drvs)) {
  switch (row.RowState) {
    case DataRowState.Added:
      countDS = SubmitAddedRow(cmdInsert, row);
      break;
    case DataRowState.Deleted:
      countDS = SubmitDeletedRow(cmdDelete, row);
      break;
    case DataRowState.Modified:
      countDS = SubmitUpdatedRow(cmdUpdate, row);
      break;
  }
  if (countDS == 1)
    // Aktualisierung war erfolgreich
  else
    // Aktualisierung ist fehlgeschlagen}
```

Das »DataSet« mit »AcceptChanges« aktualisieren

Der Aufruf der Methode ExecuteNonQuery liefert uns als Ergebnis eine Zahl, die die Anzahl der betroffenen Datensätze angibt. Da wir für jede einzelne Datenzeile die Methode aufrufen, wird uns die Rückgabe der Zahl 1 signalisieren, ob unser Aktualisierungsversuch von der Originaldatenquelle akzeptiert worden ist. Für uns ist dieses Ergebnis von elementarer Bedeutung, denn wir haben den Aktualisierungsprozess selbst in die Hand genommen und müssen ihn nun auch noch zu einem erfolgreichen Ende bringen.

Die Update-Methode des DataAdapters sorgt automatisch dafür, dass das DataSet nach erfolgreicher Aktualisierung auf den aktuellen Stand gebracht wird. Dazu werden die Daten, die unter DataRowVersion.Original zu finden sind, durch die Daten in DataRowVersion.Current ersetzt. Außerdem wird der RowState der betreffenden Datenzeile angepasst: Zeilen, die Added oder Modified sind, werden auf Unchanged gesetzt. Gelöschte Zeilen werden endgültig aus dem DataSet entfernt.

Ist die Aktualisierung mit `ExecuteNonQuery` erfolgreich verlaufen, müssen wir das unsererseits ebenfalls im `DataSet` mitteilen, um den letzten Originalzustand im `DataSet` widerzuspiegeln. Es gilt demnach, den `DataRowState` der betreffenden Datenzeilen auf `DataRowState.Unchanged` zu setzen bzw. erfolgreich gelöschte Datenzeilen aus dem `DataSet` zu entfernen. Zudem muss bei allen geänderten Datenzeilen `DataRowVersion.Current` in `DataRowVersion.Original` übernommen werden. Diese Anpassungen müssen wir jedoch nicht für jede Datenzeile der Reihe nach manuell vornehmen, denn hier hilft uns die Methode `AcceptChanges` weiter, die auf das `DataSet`, eine `DataTable` oder eine `DataRow` aufgerufen werden kann. Die Änderungen wirken sich nur auf dasjenige Objekt aus, auf das die Methode aufgerufen wird.

Gelingt die Aktualisierung nicht, wäre der Aufruf von `AcceptChanges` falsch, und Sie können darauf reagieren. Zumindest wollen wir aber sicherstellen, dass der Anwender eine Information über den misslungenen Aktualisierungsversuch erhält. Es bietet sich hier an, der Eigenschaft `RowError` der betreffenden `DataRow` eine Zeichenfolge zu übergeben, die auf den Fehlversuch hinweist. Gleichzeitig wird die Eigenschaft `HasErrors=true` gesetzt.

```
if (countDS == 1)
  row.AcceptChanges();
else
  row.RowError = "Änderung wurde nicht akzeptiert";
```

Das Beispielprogramm

Wir wollen uns nun ein Beispielprogramm ansehen, das unsere insgesamt sechs Methoden dazu benutzt, Änderungen an den Datenzeilen via `ExecuteNonQuery` zur *Northwind*-Datenbank zu senden. Im Code werden die Änderungen hartcodiert. Dazu wird der Datensatz, der zu dem Artikel *Chai* gehört, in der Weise editiert, dass wir den Artikel in *Kuchen* umbenennen. Zudem wird ein neuer Datensatz hinzugefügt, der neben den Feldern *ProductID*, *ProductName* und *UnitPrice* auch in der Spalte *Discontinued* einen Wert einträgt, da diese `NULL`-Werte nicht erlaubt.

```
static void Main(string[] args)
{
  string strSQL = "SELECT ProductID, ProductName, UnitPrice,
  Discontinued FROM Products";
  string strCon = "...";
  SqlConnection con = new SqlConnection(strCon);
  SqlDataAdapter da = new SqlDataAdapter(strSQL, con);
  DataSet ds = new DataSet();
  da.Fill(ds);
  // Festlegen der Command-Objekte
  SqlCommand cmdInsert = GetInsertCommand(con);
```

```csharp
  SqlCommand cmdUpdate = GetUpdateCommand(con);
  SqlCommand cmdDelete = GetDeleteCommand(con);
  // Datenzeilen editieren
  foreach (DataRow row in ds.Tables[0].Rows)
  {
    if (row["ProductName"].ToString() == "Chai")
      row["ProductName"] = "Kuchen";
  }
  // Datenzeile hinzufügen
  ds.Tables[0].Columns[0].AutoIncrement = true;
  ds.Tables[0].Columns[0].AutoIncrementSeed = -1;
  ds.Tables[0].Columns[0].AutoIncrementStep = -1;
  DataRow newRow = ds.Tables[0].NewRow();
  newRow["ProductName"] = "Camembert";
  newRow["UnitPrice"] = 10;
  newRow["Discontinued"] = 0;
  ds.Tables[0].Rows.Add(newRow);
  // Definition einer Variablen vom Typ DataViewRowState,
  // die alle zu berücksichtigenden Änderungen beschreibt
  DataViewRowState drvs = DataViewRowState.Added | DataViewRowState.
Deleted | DataViewRowState.ModifiedCurrent;
  // Geänderte Datenzeilen in die Datenquelle schreiben
  int countDS = 0;
  con.Open();
  foreach (DataRow row in ds.Tables[0].Select("", "", drvs))
  {
    switch (row.RowState)
    {
      case DataRowState.Added:
        Console.Write("DS hinzufügen...");
        countDS = SubmitAddedRow(cmdInsert, row);
        break;
      case DataRowState.Deleted:
        Console.Write("DS löschen...");
        countDS = SubmitDeletedRow(cmdDelete, row);
        break;
      case DataRowState.Modified:
        Console.Write("DS ändern...");
        countDS = SubmitUpdatedRow(cmdUpdate, row);
        break;
    }
    if (countDS == 1){
      Console.WriteLine("erfolgreich");
```

```
      row.AcceptChanges();
    }
    else
    {
      Console.WriteLine("mißlungen");
      row.RowError = "Eine Änderung wurde nicht akzeptiert";
    }
  }
  Console.WriteLine("Datenbank wurde aktualisiert");

  con.Close();
  Console.ReadLine();
}
```

Listing 37.25 Beispielprogramm »ManuelleAktualisierungMitExecuteNonQuery«

37.10.4 Manuelles Aktualisieren mit dem »DataAdapter«

Änderungen an den Datenzeilen können sowohl das Löschen als auch das Hinzufügen oder Editieren einer `DataRow` sein. Liegen gleichzeitig verschiedenartige Änderungen vor und sollen beispielsweise nur alle gelöschten Datenzeilen der Originaldatenbank mitgeteilt werden, bietet sich der Einsatz von `ExecuteNonQuery` an, wie es im Abschnitt zuvor beschrieben worden ist. Sie stellen damit sicher, dass nicht alle – in diesem Fall unerwünschten – Änderungen gleichzeitig mitgesendet werden. Wollen Sie das `DataSet` aber vollständig aktualisieren, gibt es einen eleganteren und auch einfacheren Weg. Er führt über den `DataAdapter` und dessen `Update`-Methode.

Die `Update`-Methode arbeitet im Grunde genommen sehr ähnlich dem Code, den wir im letzten Abschnitt in `Main` geschrieben hatten. Sie sucht in einem `DataSet` oder in der `DataTable` nach den Datenzeilen, deren `DataRowState` nicht `Unchanged` ist. Trifft die Methode auf eine in welcher Weise auch immer geänderte Datenzeile, greift sie auf ein entsprechendes `Command`-Objekt zurück, weist die entsprechenden Parameter zu und setzt die Änderung ab.

Der entscheidende Punkt ist, dass der `DataAdapter` sich nicht dafür interessiert, wie das `Command`-Objekt gestaltet ist und aus welcher Quelle es stammt. Wichtig ist ihm nur, dass ein gültiges `Command`-Objekt vorliegt.

Damit haben wir auch schon den ersten Ansatz gefunden. Wir stellen eigene `Command`-Objekte zur Verfügung – nennen wir sie `updateCommand`, `deleteCommand` und `insertCommand` – und weisen sie den entsprechenden Eigenschaften des `DataAdapters` zu:

```
<SqlDataAdapter>.UpdateCommand = updateCommand;
<SqlDataAdapter>.InsertCommand = insertCommand;
<SqlDataAdapter>.DeleteCommand = deleteCommand;
```

Alle drei Eigenschaften sind vom Typ SqlCommand. Ein Command-Objekt kennt durch seine Eigenschaft CommandText das SQL-Kommando, das gegen die Datenbank abgesetzt werden soll. Damit sind alle Forderungen, die die Methode Update des DataAdapters stellt, erfüllt.

Die Implementierung der Methoden

Sehen wir uns nun die Methode an, die für das Erzeugen des Kommandos zum Absetzen einer Datenzeilenänderung verantwortlich ist. Auch bei dieser Methode sei angenommen, dass zwischenzeitliche Änderungen durch andere Benutzer bei der Aktualisierung überschrieben werden. Dabei sei gefordert, dass etwaige Änderungen eines anderen Benutzers in der Spalte *ProductName* nicht akzeptiert werden können und zu einer Konfliktsituation führen sollen. Im Suchkriterium sind daher die Angabe des Primärschlüssels sowie die Angabe des Originalwerts der Spalte *ProductName* erforderlich.

```
public static SqlCommand CreateUpdateCommand(SqlConnection con)
{
  string strSQL = "UPDATE Products SET ProductName=@Name, UnitPrice=
  @Preis, Discontinued=@Conti WHERE ProductID=@ID AND ProductName=
  @NameOld";
  SqlCommand cmd = new SqlCommand(strSQL, con);
  // Die Parameter der Parameters-Auflistung hinzufügen
  SqlParameterCollection col = cmd.Parameters;
  col.Add("@Name", SqlDbType.VarChar, 40, "ProductName");
  col.Add("@Preis", SqlDbType.Money, 8, "UnitPrice");
  col.Add("@Conti", SqlDbType.Bit, 1, "Discontinued");
  col.Add("@ID", SqlDbType.Int, 4, "ProductID");
  SqlParameter param;
  param = col.Add("@NameOld", SqlDbType.VarChar, 40, "ProductName");
  param.SourceVersion = DataRowVersion.Original;
  return cmd;
}
```

Wird der DataAdapter zur Aktualisierung eingesetzt, muss jedem Parameter mitgeteilt werden, aus welcher Spalte der zu editierenden DataRow der Wert für den betreffenden Parameter abgerufen werden soll, beispielsweise:

```
cmd.Parameters.Add("@Name", SqlDbType.VarChar, 40, "ProductName");
```

Hier teilen wir dem Parameter mit, dass er den Wert aus der Spalte *ProductName* beziehen soll. Standardmäßig wird der Wert aus DataRowVersion.Current bezogen. Vergessen Sie die Angabe des vierten Parameters, kann der DataAdapter die Datenzeile nicht an die Datenbank übermitteln. Haben Sie eine explizite Referenz auf den Parameter, können Sie die Spalte auch der Eigenschaft SourceColumn bekannt geben.

Die Parameter der Suchkriterien benötigen den Originalwert, um die betreffende Datenzeile in der Tabelle der Datenbank aufzuspüren. Damit der `DataAdapter` die erforderlichen Werte aus `DataRowVersion.Original` einträgt, teilen Sie das dem Parameter in seiner Eigenschaft `SourceVersion` mit:

```
param.SourceVersion = DataRowVersion.Original;
```

Das auf diese Weise in der Methode erzeugte `Command`-Objekt wird an den Aufrufer zurückgeliefert. Wie Sie weiter oben schon gesehen haben, weisen wir dessen Referenz der Eigenschaft `UpdateCommand` des `DataAdapters` zu, der automatisch die Parameter füllt, wenn er auf eine geänderte Datenzeile trifft.

In ähnlicher Weise codieren wir auch die Methoden zum Löschen und Hinzufügen von Datenzeilen.

```csharp
public static SqlCommand CreateDeleteCommand(SqlConnection con)
{
  string strSQL = "DELETE FROM Products WHERE ProductID=@ID";
  SqlCommand cmd = new SqlCommand(strSQL, con);
  // Die Parameter der Parameters-Auflistung hinzufügen
  SqlParameter param;
  param = cmd.Parameters.Add("@ID", SqlDbType.Int,4,"ProductID");
  param.SourceVersion = DataRowVersion.Original;
  return cmd;
}
public static SqlCommand CreateInsertCommand(SqlConnection con)
{
  string strSQL = "INSERT INTO Products (ProductName, UnitPrice,
  Discontinued) Values(@Name, @Preis, @Conti)";
  SqlCommand cmd = new SqlCommand(strSQL, con);
  // Die Parameter der Parameters-Auflistung hinzufügen
  cmd.Parameters.Add("@Name", SqlDbType.VarChar, 40,"ProductName");
  cmd.Parameters.Add("@Preis", SqlDbType.Money,8, "UnitPrice");
  cmd.Parameters.Add("@Conti", SqlDbType.Bit,1,"Discontinued");
  return cmd;
}
```

Das Beispielprogramm

Planen Sie die manuelle Aktualisierung unter Zuhilfenahme des `DataAdapters`, unterscheidet sich der Programmcode kaum von dem, den Sie auch unter Benutzung des `CommandBuilders` schreiben würden. Anstatt den `CommandBuilder` zu erzeugen, weisen Sie lediglich den Eigenschaften `InsertCommand`, `DeleteCommand` und `UpdateCommand` des `DataAdapters` die richtigen `Command`-Objekte zu und rufen anschließend `Update` auf. Das ist bereits alles.

Das folgende Beispielprogramm zeigt Ihnen die Vorgehensweise. Wie schon im Beispiel zuvor wird ein Datensatz hinzugefügt und der Artikel *Chai* umbenannt. Sie sollten, bevor Sie das Beispielprogramm ausprobieren, etwaige Änderungen, die aus dem letzten Beispiel stammen, in der Originaldatenbank zurücksetzen.

```
static void Main(string[] args)
{
  string strSQL = "SELECT ProductID, ProductName, UnitPrice,
  Discontinued FROM Products"
  SqlConnection con = new SqlConnection("...");
  SqlDataAdapter da = new SqlDataAdapter(strSQL, con);
  DataSet ds = new DataSet();
  da.Fill(ds);
  //Datenzeilen editieren
  foreach (DataRow row in ds.Tables[0].Rows)
  {
    if (row["ProductName"].ToString() == "Chai")
      row["ProductName"] = "Kuchen";
  }
  // Datenzeile hinzufügen
  ds.Tables[0].Columns[0].AutoIncrement = true;
  ds.Tables[0].Columns[0].AutoIncrementSeed = -1;
  ds.Tables[0].Columns[0].AutoIncrementStep = -1;
  DataRow newRow = ds.Tables[0].NewRow();
  newRow["ProductName"] = "Kuchen";
  newRow["UnitPrice"] = 11.30;
  newRow["Discontinued"] = 0;
  ds.Tables[0].Rows.Add(newRow);
  // Festlegen der Command-Objekte
  da.InsertCommand = CreateInsertCommand(con);
  da.UpdateCommand = CreateUpdateCommand(con);
  da.DeleteCommand = CreateDeleteCommand(con);
  da.Update(ds);
  Console.WriteLine("Aktualisierung beendet");
  Console.ReadLine();
}
```

Listing 37.26 Beispielprogramm »ManuellesAktualisierenMitDataAdapter«

37.10.5 Den zu aktualisierenden Datensatz in der Datenbank suchen

Problembeschreibung

Ein `DataSet` enthält einen Teilausschnitt einer Datenbank. Sie können sich die Daten anzeigen lassen, sie ändern, neue Datensätze hinzufügen oder Datensätze löschen.

Sie wissen inzwischen auch, dass Sie eine Aktualisierung auf einfache Weise mit einem `CommandBuilder` in die Wege leiten können. Das ist ausgesprochen simpel zu programmieren und funktioniert tadellos. Wir haben Ihnen zudem gezeigt, wie Sie ohne den `CommandBuilder` eine eigene Aktualisierungslogik bereitstellen. Der Code ist vielleicht spannend, aber andererseits könnten Sie auch zu der Erkenntnis kommen, dass die investierte Zeit nicht besonders effektiv genutzt worden sei.

Dem ist bei Weitem nicht so. Wahrscheinlich werden Sie sogar sehr häufig eine eigene Aktualisierungslogik generieren müssen. Wir werden Ihnen das am Beispiel von `CommandBuilder` beweisen. Gehen wir davon aus, dass einer Abfrage das folgende SELECT-Statement zugrunde liegt:

```
SELECT ProductID, ProductName, UnitPrice FROM Products
```

Auf dieser Grundlage wird der `CommandBuilder` ein `UpdateCommand`-Objekt erzeugen, das wie folgt aussieht:

```
UPDATE Products SET ProductName=@p1, UnitPrice=@p2
WHERE ProductID=@p3 AND ProductName=@p4 AND UnitPrice=@p5
```

In der WHERE-Klausel der UPDATE-Anweisung sind alle Spalten enthalten, die in SELECT angegeben worden sind. Die Parameter `@p3` bis `@p5` werden bei der Aktualisierung mit den Werten aus `DataRowVersion.Original` gefüllt.

Nehmen wir nun an, der Benutzer der Datenbankanwendung hätte einen Datensatz mit den folgenden Feldinhalten bezogen:

```
ProductID = 1
ProductName = "Chai"
UnitPrice = 18
```

Ändert der Anwender den Artikelbezeichner in *Kuchen*, wird der `CommandBuilder` folgendes UPDATE-Statement erzeugen:

```
UPDATE Products SET ProductName="Kuchen", UnitPrice=18
WHERE ProductID=1 AND ProductName="Chai" AND
UnitPrice=18
```

Auf der Datenbank wird jetzt ein Datensatz in der Tabelle gesucht, der genau den Kriterien entspricht, die die WHERE-Klausel beschreibt. Wird der Datensatz gefunden, werden in den in SET aufgeführten Spalten die entsprechenden Werte eingetragen. Die Aktualisierung war erfolgreich.

Dies wird nicht immer gleichermaßen einfach zu lösen sein, wenn mehrere Anwender ihre Änderungen an die Datenbank übermitteln. Nehmen wir an, Anwender A ändert wie gezeigt in seinem `DataSet` den Datensatz, während Anwender B ebenfalls eine Änderung am gleichen Datensatz vornimmt, jedoch nicht in der Spalte *Product-Name*, sondern in der Spalte *UnitPrice*. Aktualisiert Anwender B zuerst, werden seine editierten Daten problemlos in die Datenbank geschrieben. Versucht anschließend Anwender A, seine Änderungen zu übermitteln, schlägt der Versuch fehl, weil der Datensatz, der überschrieben werden soll, nicht mehr gefunden wird.

Sie müssen also schon im Vorfeld der Entwicklung klären, wie Sie unter Berücksichtigung mehrerer Benutzer die Datenbank aktualisieren wollen. Je nach Ausgangssituation und den angegebenen Suchkriterien werden die Daten entweder erfolgreich in die Datenbank geschrieben, oder die Aktualisierung verursacht einen Konflikt.

Grundsätzlich können wir hinsichtlich der Kriterien zur Identifizierung eines zur Aktualisierung anstehenden Datensatzes zwischen drei Fällen unterscheiden:

- Die WHERE-Klausel enthält alle Spalten der SELECT-Abfrage einschließlich der Primärschlüsselspalte.
- Die WHERE-Klausel enthält nur die Primärschlüsselspalte.
- Die WHERE-Klausel enthält die Angabe der geänderten Spalten und der Primärschlüsselspalte.

Wir sollten uns nun mit den Konsequenzen dieser drei Möglichkeiten vertraut machen, denn die Entscheidung hat auch Einfluss darauf, wie wir mit den eventuell auftretenden Konflikten umgehen und sie lösen.

Die »WHERE«-Klausel enthält alle Spalten

Standardmäßig nimmt der CommandBuilder alle Spalten in der WHERE-Klausel auf, die mit SELECT abgefragt worden sind. Die Folge ist, dass der Code keine Änderungen in einer DataRow überschreiben kann, die zwischenzeitlich von anderen Anwendern vorgenommen wurden.

Dazu ein Beispiel. Angenommen, Anwender A und Anwender B rufen die gleiche Datenzeile in der Produkttabelle auf. Ändert Anwender A die Spalte *ProductName*, werden alle Spalten der Abfrage in die WHERE-Klausel aufgenommen. Das UPDATE-Statement könnte dann beispielsweise wie folgt aussehen:

```
UPDATE Products
SET ProductName="Kuchen", UnitPrice=18
WHERE ProductID=1 AND ProductName="Chai" AND
UnitPrice=18
```

In der Zwischenzeit könnte auch Anwender B die Datenzeile mit dem Artikel geändert haben, jedoch nicht wie Anwender A die Spalte *ProductName*, sondern die Spalte *UnitPrice*.

```
UPDATE Products
SET ProductName="Chai", UnitPrice=56
WHERE ProductID=1 AND ProductName="Chai" AND
UnitPrice=18
```

Hat Anwender A seine Änderungen zuerst übermittelt, scheitert der Aktualisierungsversuch von Anwender B, weil keine Zeile in der Tabelle den Kriterien der WHERE-Klausel entspricht.

Bei diesem Szenario »gewinnt« immer der Anwender, der als Erster seine Änderungen an die Datenbank übermittelt. Der Anwender, der seine Änderungen später zur Datenbank schickt, hat das Nachsehen. Sein Aktualisierungsversuch misslingt.

Die »WHERE«-Klausel enthält die Primärschlüsselspalte

Aktualisierungsszenarien, die anders ablaufen sollen als das zuvor beschriebene, erfordern das Bereitstellen benutzerdefinierter Command-Objekte. Ein denkbarer Ansatz wäre, jede Aktualisierung grundsätzlich immer in den entsprechenden Datensatz der Datenbank zu schreiben. Zwischenzeitliche Änderungen durch andere Anwender werden ohne Kenntnis darüber, was ein zweiter Anwender geändert hat, überschrieben. Deshalb wird diese Art der Aktualisierung auch als *Last in wins* bezeichnet.

Bei dieser Form der Aktualisierung muss nur der betroffene Datensatz eindeutig identifiziert werden. Deshalb wird hinter der WHERE-Klausel lediglich der Primärschlüssel der Datenzeile angegeben.

Halten wir uns nun die Situation vor Augen. Wieder helfen uns die beiden fiktiven Anwender A und B dabei, den Sachverhalt zu verstehen. Beide Anwender rufen parallel die gleiche Datenzeile ab und nehmen Änderungen an einer der Spalten vor. Anwender A aktualisiert die Originaldatenbank zuerst. Wie das UPDATE-Statement aussieht, spielt dabei keine Rolle. Anwender B übermittelt seine Änderung erst später. Nehmen wir an, Anwender B hätte den Inhalt in der Spalte *UnitPrice* verändert, so könnte sein vollständiges Aktualisierungsstatement wie folgt lauten:

```
UPDATE Products
SET ProductName="Chai", UnitPrice=56
WHERE ProductID=1
```

Die Aktualisierung wird erfolgreich sein, wenn der Datensatz mit der angegebenen *ProductID* in der Tabelle gefunden wird. Die Änderungen von Anwender A sieht Anwender B nicht; er wird vielleicht auch niemals erfahren, welche Daten Anwender A geändert hat. Die Identifizierung der zu ändernden Datenzeile nur anhand der Primärschlüsselspalte ist folglich auch denkbar ungeeignet, wenn Sie vermeiden müssen, dass Anwender B unwissentlich geänderte Daten überschreibt. Können Sie davon ausgehen, dass die letzte Aktualisierung zweifelsfrei diejenige mit den »besten« Daten ist, sollten Sie sich für diese Variante entscheiden.

Angabe der geänderten Spalten

Die beiden zuvor beschriebenen Szenarien sind ausgesprochen gegensätzlich: Entweder wird eine vorhergehende Aktualisierung kompromisslos überschrieben, oder der Anwender, der als Zweiter versucht, seine Änderungen zu übermitteln, hat sich mit einem Konflikt auseinanderzusetzen.

Dadurch, dass Sie mit ADO.NET selbst die Aktualisierungslogik bereitstellen können, ist es möglich, in der WHERE-Klausel neben der Primärschlüsselspalte auch diejenigen Spalten anzugeben, die der Anwender selbst verändert hat.

Wir beschreiben kurz die Situation. Anwender A und Anwender B rufen gleichzeitig die gleiche Zeile mit Produktdaten ab. Anwender A ändert die Spalte *ProductName*, Anwender B die Spalte *UnitPrice*. Anwender A übermittelt als Erster seine Änderungen. Das UPDATE-Statement sieht wie folgt aus:

```
UPDATE Products
SET ProductName="Camembert"
WHERE ProductID=1 AND ProductName="Chai"
```

Bei den Spalteninhalten, die hinter WHERE aufgeführt sind, handelt es sich um die Originaldaten, die der Anwender beim Füllen des DataSets erhalten hat.

Die UPDATE-Abfrage, die Anwender B nach Anwender A an die Datenbank sendet, sucht allerdings nach anderen Gesichtspunkten den zu aktualisierenden Datensatz:

```
UPDATE Products
SET UnitPrice=34
WHERE ProductID=1 AND UnitPrice=18
```

Der Datensatz kann auch bei der später erfolgenden Aktualisierung immer noch eindeutig in der Tabelle der Artikel identifiziert werden. Damit werden auch die Änderungen, die Anwender B vorgenommen hat, in die Tabelle geschrieben, ohne dass die Änderungen von Anwender A überschrieben werden. Beide Anwender kommen zu ihrem Recht, solange sie unterschiedliche Spalten editiert haben.

Es sollte an dieser Stelle erwähnt werden, dass die Aktualisierungslogik des Command-Objekts dynamisch zur Laufzeit erzeugt werden muss, da Sie nicht wissen, welche Spalten von den Änderungen des jeweiligen Benutzers betroffen sind. Hierzu vergleichen Sie DataRowVersion.Current und DataRowVersion.Original jeder Spalte einer Datenzeile und »bauen« sich auf diese Weise die Zeichenfolge des UPDATE-Befehls zusammen, bevor Sie das Command-Objekt damit füttern. Die Codierung dazu kann, je nachdem, wie viele Spalten die Datenzeile hat, relativ aufwendig werden. Das ist der große Nachteil dieser Aktualisierung.

Fazit

Einen Tipp zu geben, welche Suchkriterien zu bevorzugen sind, ist nicht möglich. Sie müssen Ihre Vorstellungen oder die Ihres Kunden genau analysieren. Wahrscheinlich werden Sie damit sogar heftige Diskussionen auslösen. Aber das liegt in der Natur der Sache, denn jede Datenbank ist spezifisch, und jede Datenbankanwendung muss anderen Kriterien genügen.

Wichtig ist es, zu wissen, dass Sie mit ADO.NET ein Werkzeug in den Händen halten, das alle Möglichkeiten bereitstellt. Wenn Sie Glück haben, genügt die Aktualisierungslogik des CommandBuilders den Ansprüchen. Dann ist die Aktualisierung leicht. Wenn nicht, erzeugen Sie ein UPDATE-Statement nach den Vorgaben, die an die Anwendung gestellt werden.

37.10.6 Den Benutzer über fehlgeschlagene Aktualisierungen informieren

Stehen mehrere Datenzeilen zur Aktualisierung an, wird der DataAdapter versuchen, eine nach der anderen an die Datenbank zu senden. Wie aber wird sich der DataAdapter verhalten, wenn eine der Datenzeilen einen Konflikt verursacht? Der DataAdapter wird eine DBConcurrencyException auslösen und die verbleibenden Änderungen nicht mehr an die Datenbank schicken. Dies ist das Standardverhalten.

Sie können den DataAdapter auch anweisen, nach einem etwaigen Konflikt seine Aufgabe fortzusetzen und die verbleibenden Änderungen zu übermitteln. Dazu setzen Sie die Eigenschaft ContinueUpdateOnError=true. Das hat weitreichende Konsequenzen, denn nun verursacht ein fehlgeschlagener Aktualisierungsversuch keine Ausnahme mehr. Stattdessen wird die Eigenschaft HasErrors des entsprechenden DataRow-Objekts auf true gesetzt, ebenso die gleichnamige Eigenschaft des DataSets und der DataTable. Eine DataRow besitzt auch eine Eigenschaft RowError. Diese enthält nach dem misslungenen Versuch eine Fehlermeldung.

Im folgenden Beispielcode wird der Einsatz der Eigenschaften ContinueUpdateOnError, HasErrors und RowError gezeigt. Die Command-Objekte werden von den schon bekannten Methoden CreateUpdateCommand, CreateDeleteCommand und CreateInsertCommand generiert. Um eine etwas größere »Spielwiese« zu haben, ist das Suchkriterium von CreateUpdateCommand um eine Spalte (*ProductName*) ergänzt worden.

Geändert wird erneut der Datensatz des Artikels *Chai* in der Tabelle *Products*. Sorgen Sie deshalb vor dem ersten Ausführen dafür, den Ursprungszustand der Tabelle wiederherzustellen. Außerdem wird erneut ein Datensatz der Tabelle hinzugefügt. In Main wird die laufende Anwendung nach dem Füllen des DataSets unterbrochen. Das ist der Moment, um beispielsweise mit dem Management Studio von SQL Server den

Datensatz des Artikels *Chai* ebenfalls zu editieren. Damit simulieren Sie den zweiten Anwender. Ändern Sie dabei die Spalte *ProductName*, erzeugen Sie einen Parallelitätskonflikt. Es erscheint an der Konsole eine Fehlermeldung. Editieren Sie jedoch eine andere Spalte, akzeptiert die Datenbank beide Aktualisierungen.

```csharp
static void Main(string[] args)
{
  string strSQL = "SELECT ProductID, ProductName, UnitPrice,
  Discontinued FROM Products";
  string strCon = "...";
  SqlConnection con = new SqlConnection(strCon);
  SqlDataAdapter da = new SqlDataAdapter(strSQL, con);
  DataSet ds = new DataSet();
  da.Fill(ds);
  // Hier wird angehalten, um einen Konflikt zu provozieren
  Console.Write("Ändern Sie jetzt in der Originaldatenbank.");
  Console.WriteLine("Weiter mit <Enter>.");
  Console.ReadLine();
  // Datenzeile editieren
  foreach (DataRow row in ds.Tables[0].Rows)
  {
    if (row["ProductName"].ToString() == "Chai")
      row["ProductName"] = "Camembert";
  }
  // Neue Datenzeile
  ds.Tables[0].Columns[0].AutoIncrement = true;
  ds.Tables[0].Columns[0].AutoIncrementSeed = -1;
  ds.Tables[0].Columns[0].AutoIncrementStep = -1;
  DataRow newRow = ds.Tables[0].NewRow();
  newRow["ProductName"] = "Fischer";
  newRow["UnitPrice"] = 144;
  newRow["Discontinued"] = 0;
  ds.Tables[0].Rows.Add(newRow);
  // Festlegen der Command-Objekte
  da.InsertCommand = CreateInsertCommand(con);
  da.UpdateCommand = CreateUpdateCommand(con);
  da.DeleteCommand = CreateDeleteCommand(con);
  da.ContinueUpdateOnError = true;
  da.Update(ds);
  // Prüfen, ob ein Konflikt aufgetreten ist
  if (ds.HasErrors)
  {
```

```csharp
      string message = "Folgende zeilen konnten nicht aktualisiert
      werden:";
      foreach (DataRow row in ds.Tables[0].Rows)
        if (row.HasErrors)
        {
          Console.WriteLine(message);
          Console.WriteLine("ID: {0}, Fehler: {1}", row["ProductID"],
          row.RowError);
        }
   }
   else
     Console.WriteLine("Die Aktualisierung war erfolgreich.");
   Console.ReadLine();
}
public static SqlCommand CreateUpdateCommand(SqlConnection con)
{
   string strSQL = "UPDATE Products SET ProductName=@Name, UnitPrice=
@Preis, Discontinued=@Conti WHERE ProductID=@ID AND ProductName=
@NameOld";
   SqlCommand cmd = new SqlCommand(strSQL, con);
   // Die Parameter der Parameters-Auflistung hinzufügen
   SqlParameterCollection col = cmd.Parameters;
   col.Add("@Name", SqlDbType.VarChar, 40, "ProductName");
   col.Add("@Preis", SqlDbType.Money, 8, "UnitPrice");
   col.Add("@Conti", SqlDbType.Bit, 1, "Discontinued");
   col.Add("@ID", SqlDbType.Int, 4, "ProductID");
   SqlParameter param;
   param = col.Add("@NameOld", SqlDbType.VarChar, 40, "ProductName");
   param.SourceVersion = DataRowVersion.Original;
   return cmd;
}
```

Listing 37.27 Beispielprogramm »Konfliktbeschreibung«

Nach dem Aufruf von Update auf den DataAdapter wird zuerst mit

```csharp
if (ds.HasErrors)
```

das DataSet dahingehend untersucht, ob tatsächlich ein Konflikt vorliegt. HasErrors ist false, wenn die Datenbank die Änderungen angenommen hat. true signalisiert hingegen, dass wir alle Datenzeilen in der Tabelle des DataSets durchlaufen müssen, um die konfliktverursachenden Zeilen zu finden. Der Code wird fündig, wenn er auf eine Datenzeile mit HasErrors=true trifft.

```
foreach (DataRow row in ds.Tables[0].Rows)
  if (row.HasErrors) {
    ...
  }
```

Jetzt können wir reagieren. Im einfachsten Fall lassen wir uns zumindest die ID des betreffenden »Übeltäters« ausgeben – so wie in diesem Beispiel. Sie können die Information natürlich auch benutzen, um dem Benutzer die Möglichkeit zu geben, die Konfliktursache zu beseitigen, denn der Verursacher ist ermittelt.

37.10.7 Konfliktverursachende Datenzeilen bei der Datenbank abfragen

Meist genügt es nicht nur zu wissen, wer Konfliktverursacher ist. Es wird darüber hinaus auch eine Lösung angestrebt. Dies bedarf aber einer genaueren Analyse der Umstände.

Wird versucht, einen bereits vorhandenen Primärschlüssel für einen neuen Datensatz ein zweites Mal zu vergeben, scheint die Lösung des Problems noch recht einfach zu sein: Es muss nur ein anderer Primärschlüssel vergeben werden. Aber das könnte eine falsche Entscheidung sein. Können Sie denn sicherstellen, dass nicht zwei Anwender versuchen, den gleichen Datensatz der Tabelle hinzuzufügen? Falls Sie diese Situation nicht berücksichtigen, liegen im schlimmsten Fall zwei identische Datensätze vor.

Ebenso stellt sich auch die Frage, warum eine geänderte Datenzeile nicht erfolgreich aktualisiert werden konnte. Die Ursache könnte sein, dass ein anderer Anwender seinerseits den Datensatz geändert hat, es könnte aber auch sein, dass der Datensatz gar nicht mehr existiert, weil er in der Originaltabelle gelöscht wurde.

Es fehlen uns also Informationen, um präzise Lösungen erarbeiten und codieren zu können. Der Ansatz zur Lösungsfindung ist aber nicht im aktuellen DataSet zu finden, sondern in der Datenbank selbst. Was wir brauchen, ist eine neue Originalversion der konfliktverursachenden Datenzeile.

Der DataAdapter hilft uns weiter. Er löst nämlich für jede zu aktualisierende Datenzeile zwei Ereignisse aus, wenn anstehende Änderungen über die Methode Update an die Datenbank übermittelt werden:

- RowUpdating
- RowUpdated

RowUpdating wird ausgelöst, bevor eine Zeile übermittelt wird, RowUpdated tritt unmittelbar nach der Übermittlung auf. Für unsere Lösung untersuchen wir im Ereignishandler nach der Übermittlung den zweiten Parameter vom Typ SqlRowUpdatedEventArgs. Mehrere Eigenschaften dieses Typs unterstützen uns bei unserem weiteren Vorgehen.

Eigenschaft	Beschreibung
Command	Ruft das beim Aufruf von Update ausgeführte SqlCommand-Objekt ab.
Errors	Ruft alle Fehler ab, die während der Ausführung generiert wurden.
RecordsAffected	Ruft die Anzahl der durch die Ausführung der SQL-Anweisung geänderten, eingefügten oder gelöschten Zeilen ab.
Row	Ruft die durch ein Update gesendete DataRow ab.
StatementType	Ruft den Typ der ausgeführten SQL-Anweisung ab.
Status	Ruft einen Wert der Enumeration UpdateStatus ab oder legt diesen fest.
TableMapping	Ruft das durch ein Update gesendete DataTableMapping ab.

Tabelle 37.15 Die Eigenschaften des »SqlRowUpdatedEventArgs«-Objekts

Der Vollständigkeit halber folgt jetzt auch noch die Tabelle mit den Membern der Enumeration UpdateStatus, die von der Eigenschaft Status des SqlRowUpdatedEventArgs-Objekts offengelegt wird.

Member	Beschreibung
Continue	Der DataAdapter soll mit der Verarbeitung von Zeilen fortfahren.
ErrorsOccured	Der Ereignishandler meldet, dass die Aktualisierung als Fehler behandelt werden soll.
SkipAllRemainingRows	Die aktuelle Zeile und alle restlichen Zeilen sollen nicht aktualisiert werden.
SkipCurrentRow	Die aktuelle Zeile soll nicht aktualisiert werden.

Tabelle 37.16 Die Member der Enumeration »UpdateStatus«

Wie können wir nun das Ereignis zu unserem Nutzen einsetzen?

Es gilt zunächst herauszufinden, ob das Update einer Datenzeile zu einem Konflikt geführt hat. Hierzu prüfen wir, ob die Eigenschaft Status des SqlRowUpdatedEventArgs-Objekts den Enumerationswert UpdateStatus.ErrorsOccured aufweist.

```
private void da_RowUpdated(object sender, SqlRowUpdatedEventArgs e) {
  if (e.Status == UpdateStatus.ErrorsOccurred) {
    ...
```

        }
}

Alle konfliktverursachenden Datenzeilen können in einem `DataSet` zusammengefasst werden, das sich nach kompletter Aktualisierung auswerten lässt. Dazu muss der aktuelle Stand der konfliktverursachenden Datenzeilen aus der Originaldatenbank bezogen werden, damit Benutzer oder Programmcode die Basis für eine Konfliktlösung haben. Im Ereignishandler wird deshalb eine parametrisierte Abfrage, die gegen die Datenbank abgesetzt werden soll, zusammengestellt (aber zunächst noch nicht ausgeführt). Sinnvollerweise wird dabei als Parameter nur der Primärschlüssel der konfliktverursachenden Datenzeile verwendet. Es werden von der Datenbank die Inhalte aller im Zusammenhang mit der Aktualisierung interessierenden Spalten abgefragt.

```
string strSQL = "SELECT ProductID, ProductName, UnitPrice, Discontinued ";
strSQL += "FROM Products WHERE ProductID=@ID";
SqlCommand cmd = new SqlCommand(strSQL, con);
cmd.Parameters.Add("@ID", SqlDbType.Int, 4, "ProductID");
daConflict.SelectCommand = cmd;
daConflict.SelectCommand.Parameters[0].Value = e.Row["ProductID"];
```

`daConflict` ist hierbei die Referenz auf ein `SqlDataAdapter`-Objekt.

Grundsätzlich können beim Aktualisieren einer Datenzeile zwei verschiedene Exceptions auftreten:

- SqlException
- DBConcurrencyException

`SqlException` beschreibt eine Ausnahme, wenn SQL Server einen Fehler zurückgibt. Das wäre beispielsweise der Fall, wenn ein Datensatz mit einem Primärschlüssel hinzugefügt würde, der in der Tabelle bereits existiert.

`DBConcurrencyException` hingegen wird ausgelöst, wenn eine Parallelitätsverletzung vorliegt. Das ist der Fall, wenn die Anzahl der aktualisierten Datenzeilen 0 ist.

Um festzustellen, welche Ausnahme ausgelöst worden ist, brauchen Sie nur den in der Eigenschaft `Errors` des `SqlRowUpdatedEventArgs`-Objekts enthaltenen Ausnahmetyp zu untersuchen. Ist dieser bekannt, können Sie die parametrisierte Abfrage starten. Die Anzahl der zurückgelieferten Datenzeilen – es kann sich dabei nur um eine oder keine handeln – lässt weitere Rückschlüsse auf das Scheitern der Aktualisierung zu.

Betrachten wir zuerst den Fall, dass `Errors` ein `SqlException`-Objekt enthält.

```
if (e.Errors.GetType() == typeof(SqlException))
{
  if (daConflict.Fill(dsConflict) == 1)
```

```
    Console.WriteLine(e.Row.RowError = "Der PS existiert bereits.");
}
```

Es wird die `Fill`-Methode des `DataAdapters` aufgerufen, um das Konfliktdataset zu füllen. Die parametrisierte Abfrage enthält dabei in ihrem Parameter `@ID` den Primärschlüssel der Datenzeile, die den Konflikt verursacht hat. Zur Erinnerung: Es handelt sich dabei um den Primärschlüssel eines Datensatzes, der neu hinzugefügt werden soll, wobei die Vermutung naheliegt, dass der Primärschlüssel bereits in der Originaltabelle vergeben ist. Liefert die parametrisierte Abfrage eine Datenzeile zurück, bestätigt sich die Vermutung.

Handelt es sich in `Errors` um `DBConcurrencyException`, wurde der Versuch, die Änderung an einer Datenzeile in die Originaltabelle zu schreiben, abgelehnt. Die Parallelitätsverletzung kann zwei Ursachen haben:

- Ein anderer Anwender hat den Datensatz zwischenzeitlich geändert.
- Der Datensatz wurde von einem anderen Anwender gelöscht.

Es ist sehr einfach, festzustellen, welcher der beiden Punkte zum Konflikt geführt hat. Denn nach dem Absetzen der parametrisierten Abfrage muss nur der Rückgabewert untersucht werden. Ist das Ergebnis 0, der entsprechende Datensatz wurde also anhand des Primärschlüssels nicht gefunden, existiert er nicht mehr – er wurde gelöscht.

```
if (e.Errors.GetType() == typeof(DBConcurrencyException)) {
  if (daConflict.Fill(dsConflict) == 1)
    Console.WriteLine(e.Row.RowError = "Ein anderer User hat den
    Datensatz geändert.");
  else
    Console.WriteLine("Datensatz existiert nicht in der Datenbank.");
```

Wie mit dem Inhalt des `DataSets` umgegangen wird, das den aktuellen Stand der konfliktverursachenden Zeilen enthält, richtet sich nach den individuellen Bedürfnissen des Kunden, der die Anwendung einsetzt. Die Lösung kann sehr unterschiedlich ausfallen und dabei auch sehr komplex sein. Wir wollen daher an dieser Stelle darauf verzichten und uns stattdessen die entscheidenden Ansätze in einem Beispielprogramm im Zusammenhang ansehen.

```
class Program
{
static SqlDataAdapter daConflict = new SqlDataAdapter();
static DataSet dsConflict = new DataSet();
static SqlConnection con;
static void Main(string[] args)
{
```

```csharp
      string strSQL = "SELECT ProductID, ProductName, UnitPrice,
      Discontinued FROM Products";
      string strCon = "...";
      con = new SqlConnection(strCon);
      SqlDataAdapter da = new SqlDataAdapter(strSQL, con);
      DataSet ds = new DataSet();
      da.Fill(ds);
      // Datenzeilen editieren
      foreach (DataRow row in ds.Tables[0].Rows)
      {
        if (row["ProductName"].ToString() == "Chai")
           row["ProductName"] = "Camembert";
      }
      // Datenzeile hinzufügen
      ds.Tables[0].Columns[0].AutoIncrement = true;
      ds.Tables[0].Columns[0].AutoIncrementSeed = -1;
      ds.Tables[0].Columns[0].AutoIncrementStep = -1;
      DataRow newRow = ds.Tables[0].NewRow();
      newRow["ProductName"] = "Kuchen";
      newRow["UnitPrice"] = 13.5;
      newRow["Discontinued"] = 0;
      ds.Tables[0].Rows.Add(newRow);
      // Aktualisierung vorbereiten
      Console.WriteLine("Jetzt das ProductName-Feld des Datensatzes im
                        SQL-Server ändern.");
      Console.ReadLine();
      da.UpdateCommand = CreateUpdateCommand(con);
      da.InsertCommand = CreateInsertCommand(con);
      da.DeleteCommand = CreateDeleteCommand(con);
      da.ContinueUpdateOnError = true;   da.RowUpdated +=
     new SqlRowUpdatedEventHandler(da_RowUpdated);
      da.Update(ds);
      Console.ReadLine();
    }
    // Wird beim Versuch der Datensatzänderung ausgelöst
    static void da_RowUpdated(object sender, SqlRowUpdatedEventArgs e)
    {
      if (e.Status == UpdateStatus.ErrorsOccurred)
      {
        // Vorbereitung auf die Datenbankabfrage
        string strSQL = "SELECT ProductID, ProductName, UnitPrice,
        Discontinued ";
        strSQL += "FROM Products WHERE ProductID=@ID";
        SqlCommand cmd = new SqlCommand(strSQL, con);
```

```
    cmd.Parameters.Add("@ID", SqlDbType.Int,4, "ProductID");
    daConflict.SelectCommand = cmd;
    daConflict.SelectCommand.Parameters[0].Value = e.Row["ProductID"];
    if (e.Errors != null)
      if (e.Errors.GetType() == typeof(SqlException))
      {
        // Prüfen, ob es einen DS mit einem bestimmten PS gibt
        if (daConflict.Fill(dsConflict) == 1)
          Console.WriteLine(e.Row.RowError = "Der PS existiert
          bereits.");
      }
      else if (e.Errors.GetType() == typeof(DBConcurrencyException))
      {
        // Ist Anzahl=1 -> anderer Benutzer hat DS geändert
        if (daConflict.Fill(dsConflict) == 1)
          Console.WriteLine(e.Row.RowError = "Ein anderer User hat
          den Datensatz geändert.");
        else
          // Anzahl=0 bedeutet, dass der Datensatz gelöscht worden ist
          Console.WriteLine("Datensatz existiert nicht in der
          Datenbank.");
      }
    }
  }
}
```

Listing 37.28 Beispielprogramm »KonfliktDataSet«

In Main werden zuerst einige Daten aus der Artikeltabelle der *Northwind*-Datenbank abgefragt, und einer der Datensätze wird editiert. Zudem wird ein neuer Datensatz hinzugefügt. Die benutzerdefinierten Methoden CreateUpdateCommand, CreateDeleteCommand und CreateInsertCommand sind bereits bekannt und werden deshalb hier nicht noch einmal wiedergegeben.

Wenn Sie das Beispielprogramm ausprobieren, sollten Sie sicherstellen, dass es den Artikel *Chai* auch tatsächlich gibt. Wir haben weiter oben nämlich schon des Öfteren dessen Namen geändert. Nach dem Start wird eine Konsolenausgabe angezeigt. In ihr werden Sie dazu aufgefordert, das Feld *ProductName* des Artikels *Chai* zu ändern. Diese Änderung nehmen Sie in einer anderen Anwendung vor. SQL Server Management Studio ist z. B. gut dazu geeignet. Damit provozieren Sie einen Parallelitätskonflikt, der auch als solcher an der Konsole beschrieben wird.

Kapitel 38
LINQ

LINQ ist eine Sprachergänzung von .NET, die mit .NET 3.5 eingeführt worden ist. Die Idee, die sich hinter LINQ verbirgt, ist, die Abfrage von Daten aus verschiedenen Datenquellen zu vereinfachen.

LINQ (*Language Integrated Query*) stellt ein Programmiermodell zur Verfügung, mit dem einheitlich auf Daten aus verschiedensten Datenquellen zugegriffen werden kann, beispielsweise auf SQL-Datenbanken, auf XML-Dokumente und .NET-Auflistungen. Das Besondere ist dabei, dass Abfragen direkt als Code in C# oder andere .NET-Sprachen eingebunden werden können und nicht nur wie bisher als Zeichenfolge. Infolgedessen muss man also nicht mehr zwangsläufig SQL lernen, um Datenbanken abzufragen, oder XML Query, um Daten aus einem XML-Dokument zu lesen.

38.1 Was ist LINQ?

LINQ (*Language Integrated Query*) stellt ein Programmiermodell zur Verfügung, mit dem einheitlich auf Daten aus verschiedensten Datenquellen zugegriffen werden kann, beispielsweise auf SQL-Datenbanken, auf XML-Dokumente und .NET-Auflistungen. Das Besondere ist dabei, dass Abfragen direkt als Code in C# oder andere .NET-Sprachen eingebunden werden können und nicht nur wie bisher als Zeichenfolge. Infolgedessen muss man also nicht mehr zwangsläufig SQL lernen, um Datenbanken abzufragen, oder XML Query, um Daten aus einem XML-Dokument zu lesen.

Die Syntax von LINQ ähnelt verblüffend den Abfragebefehlen von SQL, und so sind auch in LINQ Sprachelemente wie `select`, `from` oder `where` zu finden. Ein weiterer Vorteil von LINQ ist, dass dieses Abfragemodell als Teil der Sprache kompiliert werden kann und damit von IntelliSense unterstützt wird. Anders als etwa bei SQL-Abfragen, die erst zur Laufzeit ausgeführt werden, können Fehler so viel schneller gefunden werden.

Das folgende Beispiel soll Ihnen einen ersten Eindruck von LINQ vermitteln.

```csharp
class Program
{
  static void Main(string[] args)
```

```
    {
      Person[] persons = {
                          new Person { Name = "Meier", Age = 34 },
                          new Person { Name = "Müller", Age = 51 },
                          new Person { Name = "Schmidt", Age = 30 },
                          new Person { Name = "Fischer", Age = 25 },
                          new Person { Name = "Schulz", Age = 67 },
                      };
      var query = from pers in persons
                  where pers.Age >= 50
                  select pers;
      foreach (var item in query)
        Console.WriteLine("{0,-8}{1}", item.Name, item.Age);
      Console.ReadLine();
    }
  }
class Person
{
  public string Name { get; set; }
  public int Age { get; set; }
}
```

Listing 38.1 Beispielprogramm »FirstLINQSample«

Im Beispiel wird ein Array aus mehreren Personen gebildet, das anschließend in der Weise gefiltert wird, dass nur alle Personen, die 50 Jahre alt sind oder älter, in die Ergebnismenge aufgenommen werden. Zur Bildung der Ergebnismenge wird ein LINQ-Ausdruck verwendet:

```
var query = from pers in persons
            where pers.Age >= 50
            select pers;
```

Listing 38.2 Abfrage-Syntax

Die von LINQ verwendete Syntax ähnelt der, die Sie vielleicht von SQL her kennen. An dieser Stelle sei bereits angedeutet, dass auch die Formulierung eines LINQ-Ausdrucks mit Erweiterungsmethoden möglich ist und zum gleichen Resultat führt:

```
var query = persons
            .Where(p => p.Age >= 50)
            .Select(p => p);
```

Listing 38.3 Erweiterungsmethodensyntax

Es spielt keine Rolle, woher die Daten in der Liste der Personen stammen: Es könnte sich z. B. auch um die Ergebnismenge einer Datenbankabfrage handeln. LINQ ist in jedem Fall datenquellenneutral.

Die Einführung von LINQ mit C# 3.5 zwang das .NET-Entwicklerteam dazu, die .NET-Sprachen zu ergänzen. Dazu gehören Lambda-Ausdrücke, implizite Typisierung, Objektinitialisierer, anonyme Typen und Erweiterungsmethoden. Diese Sprachfeatures haben wir uns in den vergangenen Kapiteln bereits angesehen.

Sie können LINQ-Abfragen in C# mit SQL-Server-Datenbanken, XML-Dokumenten, ADO.NET-Datasets schreiben sowie jede Auflistung von Objekten abfragen. Es gibt allerdings dabei eine wichtige Bedingung zu beachten: Die Liste muss das Interface `IEnumerable<T>` implementieren.

38.1.1 Verzögerte Ausführung

LINQ-Abfragen haben ein besonderes Charakteristikum. Sie werden nämlich nicht sofort ausgeführt, sondern erst, wenn die Ergebnismenge benötigt wird. Das könnte beispielsweise eine `foreach`-Schleife sein, innerhalb deren die Abfrageresultate verarbeitet werden.

Greifen Sie wiederholt auf die Ergebnismenge zu, wird die Abfrage jedes Mal erneut ausgeführt – die Ergebnismenge wird also nicht gecacht. Hat sich die Datenquelle in der Zwischenzeit geändert, erhalten Sie die aktualisierten Daten und profitieren von diesem Verhalten. Andererseits geht die erneute Ausführung natürlich auch zulasten der Leistung.

Ob das Verhalten der verzögerten Ausführung positiv oder eher negativ zu bewerten ist, hängt vom Einzelfall ab. In einer Anwendung, die mehrfach auf die Abfrageresultate zugreifen muss, können Sie mit den Methoden `ToArray`, `ToList` oder `ToDictionary` die Ergebnismenge zwischenspeichern. Keine Angst, Sie haben noch nichts verpasst, denn auf die genannten Methoden werden wir später noch eingehen.

38.1.2 LINQ-Erweiterungsmethoden an einem Beispiel

Das Fundament von LINQ sind die zahlreichen Erweiterungsmethoden, die im Namespace `System.Linq` definiert sind. Ehe wir uns eingehender mit LINQ beschäftigen, werde ich Ihnen zeigen, wie eine LINQ-Erweiterungsmethode zustande kommt.

Dazu erzeugen wir ein `String`-Array mit mehreren Vornamen. Unser Ziel soll es sein, nur die Namen auszugeben, die einer bestimmten Maximallänge entsprechen. Für die Ausgabe soll eine Methode namens `GetShortNames` implementiert werden. Normalerweise würde die Überprüfung der Länge der einzelnen Namen in dieser Methode codiert. Um möglichst flexibel zu sein, wird die Überprüfung in eine andere Methode ausgelagert, die `FilterName` lauten soll. Der Methode `GetShortNames` wird neben dem Zeichenfolgen-Array auch ein Delegat auf `FilterName` übergeben.

```csharp
class Program
{
  delegate bool FilterHandler(string name);
  static void Main(string[] args) {
    string[] arr = {"Peter", "Uwe", "Willi", "Udo", "Gernot"};
    FilterHandler del = FilterName;
    GetShortNames(arr, del);
    Console.ReadLine();
  }
  static void GetShortNames(string[] arr, FilterHandler del) {
    foreach (string name in arr)
      if (del(name)) Console.WriteLine(name);
  }
  static bool FilterName(string name) {
    if (name.Length < 4) return true;
    return false;
  }
}
```

Listing 38.4 Filtern eines Zeichenfolgen-Arrays

So weit funktioniert der Code einwandfrei. Was würden Sie aber machen, wenn Sie in einem anderen Kontext nicht die Namen selektieren wollen, die weniger als vier Buchstaben aufweisen, sondern beispielsweise mehr als sieben? Richtig, Sie würden eine weitere Methode bereitstellen, die genau das leistet. Und nun eine ganz gemeine Frage: Wie viele unterschiedliche Methoden wären Sie bereit zu implementieren, um möglichst viele Filter zu berücksichtigen?

Es geht auch anders, denn dasselbe Ergebnis wie in Listing 38.4 erreichen Sie, wenn Sie einen Lambda-Ausdruck benutzen. Der Code zur Überprüfung der Zeichenfolgenlänge wird hierbei direkt in der Parameterliste von `GetShortNames` aufgeführt.

```csharp
class Program
{
  static void Main(string[] args) {
    string[] arr = { "Peter", "Uwe", "Willi", "Udo" };
    GetShortNames(arr, name => name.Length < 4);
    Console.ReadLine();
  }
  static void GetShortNames<T>(T[] names, Func<T, bool> getNames) {
    foreach (T name in names)
      if (getNames(name))
```

```
        Console.WriteLine(name);
    }
}
```

Listing 38.5 Filtern eines Zeichenfolgen-Arrays mit einem Lambda-Ausdruck

Beachten Sie bitte den zweiten Parameter der Methode `GetShortNames`. Dessen Typ `Func<T, bool>` wird durch das .NET Framework bereitgestellt. Dabei handelt es sich um einen generischen Delegaten. Schauen wir uns dessen Definition an:

```
public delegate TResult Func<T, TResult>(T arg)
```

Der Delegat kann auf eine Methode zeigen, die einen Parameter entgegennimmt. Der generische Typ `T` beschreibt den Typ des Übergabeparameters, `TResult` den Typ der Rückgabe.

> **Hinweis**
>
> Im .NET Framework sind noch zahlreiche weitere `Func`-Delegaten vordefiniert. Damit werden Methoden beschrieben, die nicht nur einen, sondern bis zu 16 Parameter definieren. Eines haben aber alle `Func`-Definitionen gemeinsam: Der letzte generische Typparameter beschreibt immer den Datentyp der Ergebnismenge.

Vielleicht erinnern Sie sich: Ein Delegat kann auch durch einen Lambda-Ausdruck beschrieben werden. Das haben wir in Listing 38.5 durch die Übergabe von

```
Func<T, bool> getNames = name => name.Length < 4
```

genutzt. Der Übergabewert ist hier ein `String`, das Ergebnis der Operation ein boolescher Wert.

Wichtig ist, dass Sie erkennen, dass die Methode `GetShortNames` jetzt mit ganz unterschiedlichen Filtern aufgerufen werden kann. Vielleicht wollen Sie beim nächsten Mal alle Namen selektieren, die mit dem Buchstaben H beginnen. Kein Problem: Sie brauchen dazu keine weitere Methode zu schreiben und können die vorliegende benutzen, da der Lambda-Ausdruck in der Methode `GetShortNames` zur Auswertung herangezogen wird.

Rufen wir uns an dieser Stelle noch einmal das einführende LINQ-Beispiel des Listing 38.3 ins Gedächtnis zurück:

```
var query = persons
            .Where(p => p.Age >= 50)
            .Select(p => p);
```

Sieht die Filterung mit `GetShortNames` in Listing 38.5 nicht bereits sehr ähnlich der Filterung mit der `Where`-Methode aus?

Es gibt aber noch einen entscheidenden Unterschied: Wir übergeben der Methode GetShortNames die zu sortierende Liste als Argument. Besser wäre es, wir würden die Methode auf das Listenobjekt aufrufen. Dazu muss die Methode als Erweiterungsmethode definiert werden, wobei sich noch die Frage stellt, welche Klassen erweitert werden sollen und welchen Rückgabewert die Methode haben soll. Um die Allgemeingültigkeit der Methode sicherzustellen, legen wir fest, dass die Methode die Klassen erweitern soll, die IEnumerable<T> implementieren. Diese Schnittstelle soll auch gleichzeitig den Rückgabewert beschreiben, um damit zu gewährleisten, dass die Ergebnismenge in einer foreach-Schleife durchlaufen werden kann.

Diese Überlegungen erfordern es, dass der Code in Listing 38.5 an die Erweiterungsmethode GetShortNames angepasst werden muss. Bekanntlich müssen Erweiterungsmethoden in einer statischen Klasse definiert sein. Im folgenden Listing 38.6 ist daher eine weitere Klasse definiert, die unsere Erweiterungsmethode enthält. Darüber hinaus wird der Bezeichner GetShortNames in Where geändert.

```
using System;
using System.Collections.Generic;
using System.Collections;
class Program
{
  static void Main(string[] args)
  {
    string[] arr = { "Peter", "Uwe", "Willi", "Udo" };
    IEnumerable<string> query = arr.Where(name => name.Length < 4);
    foreach (string item in query)
      Console.WriteLine(item);
    Console.ReadLine();
  }
}
static class Extensionmethod
{
  // Erweiterungsmethode
  public  static IEnumerable<T> Where<T>(this IEnumerable<T> liste,
                                         Func<T, bool> filter)
  {
    List<T> result = new List<T>();
    foreach (T name in liste)
      if (filter(name))
        result.Add(name);
    return result;
  }
}
```

Listing 38.6 Beispielprogramm »UserDefinedFilter«

Das Resultat zur Laufzeit wird dasselbe wie vorher sein. Allerdings haben wir nun eine Erweiterungsmethode entwickelt, die nicht nur ein `String`-Array nach einer bestimmten Bedingung filtern kann, sondern jede x-beliebige Liste – vorausgesetzt, sie implementiert das Interface `IEnumerable<T>`. Tatsächlich funktioniert die LINQ-Erweiterungsmethode `Where` in derselben Weise. Werfen wir deshalb einen Blick auf die Definition der Methode von LINQ:

```
public static IEnumerable<TSource> Where<TSource>(
                  this IEnumerable<TSource> source,
                  Func<TSource, bool> predicate);
```

Der erste Parameter kennzeichnet `Where` als Erweiterungsmethode für alle Typen, die die Schnittstelle `IEnumerable<T>` implementieren. Der zweite Parameter ist ein Delegat, der im ersten generischen Parameter den in der Liste enthaltenen Typ beschreibt. Der zweite Typparameter gibt den Rückgabewert `Boolean` des Delegaten an.

38.2 LINQ to Objects

38.2.1 Musterdaten

Wir werden uns in den folgenden Abschnitten mit den wichtigsten Erweiterungsmethoden von LINQ beschäftigen. Dazu müssen wir uns noch eine passende Datenquelle beschaffen. Die meisten Beispiele in diesem Kapitel arbeiten daher mit Daten, die von einer Klassenbibliothek bereitgestellt werden, die *Musterdaten* genannt wird.

> **Anmerkung**
> Sie finden das Projekt *Musterdaten* in den Materialien zum Buch auf der Verlagswebseite (*www.rheinwerk-verlag.de/4082*).

In der Bibliothek *Musterdaten* sind die vier Klassen `Customer`, `Product`, `Order` und `Service` sowie die Enumeration `Cities` definiert.

```
public class Order {
  public int OrderID { get; set; }
  public int ProductID { get; set; }
  public int Quantity { get; set; }
  public bool Shipped { get; set; }
}
public class Customer {
  public string Name { get; set; }
  public Cities City { get; set; }
  public Order[] Orders { get; set; }
}
```

```csharp
public class Product {
  public int ProductID { get; set; }
  public string ProductName { get; set; }
  public double Price { get; set; }
}
public enum Cities {
  Aachen,
  Bonn,
  Köln
}
```

Listing 38.7 Die elementaren Klassen der »Musterdaten«

In der Klasse Service werden drei Arrays definiert, die mehrere Produkte, Kunden und Bestellungen beschreiben. Beachten Sie bitte, dass die einzelnen Bestellungen den Kunden direkt in einem Feld zugeordnet werden. Zudem sind in Service drei Methoden implementiert, die als Datenlieferant entweder die Liste der Kunden, der Bestellungen oder der Produkte zurückliefern. Sämtliche Klassenmitglieder sind statisch definiert.

```csharp
public class Service
{
  public static Product[] GetProducts() { return product; }
  public static Customer[] GetCustomers() { return customers; }
  public static Order[] GetOrders() { return orders; }
  public static Product[] product =
  {
    new Product{ ProductID = 1, ProductName = "Käse", Price = 10},
    new Product{ ProductID = 2, ProductName = "Wurst", Price = 5},
    new Product{ ProductID = 3, ProductName = "Obst", Price = 8.56},
    new Product{ ProductID = 4, ProductName = "Gemüse", Price = 4},
    new Product{ ProductID = 5, ProductName = "Fleisch", Price = 17.5},
    new Product{ ProductID = 6, ProductName = "Süßwaren", Price = 3},
    new Product{ ProductID = 7, ProductName = "Bier", Price = 2.8},
    new Product{ ProductID = 8, ProductName = "Pizza", Price = 7}
  };
  public static Order[] orders =
  {
    new Order{ OrderID= 1, ProductID = 4, Quantity = 2, Shipped = true},
    new Order{ OrderID= 2, ProductID = 1, Quantity = 1, Shipped = true},
    new Order{ OrderID= 3, ProductID = 5, Quantity = 4, Shipped = false},
    new Order{ OrderID= 4, ProductID = 4, Quantity = 5, Shipped = true},
    new Order{ OrderID= 5, ProductID = 8, Quantity = 6, Shipped = true},
```

```csharp
    new Order{ OrderID= 6, ProductID = 3, Quantity = 3, Shipped = false},
    new Order{ OrderID= 7, ProductID = 7, Quantity = 2, Shipped = true},
    new Order{ OrderID= 8, ProductID = 8, Quantity = 1, Shipped = false},
    new Order{ OrderID= 9, ProductID = 4, Quantity = 1, Shipped = false},
    new Order{ OrderID= 10, ProductID = 1, Quantity = 8, Shipped = true},
    new Order{ OrderID= 11, ProductID = 3, Quantity = 3, Shipped = true},
    new Order{ OrderID= 12, ProductID = 6, Quantity = 6, Shipped = true},
    new Order{ OrderID= 13, ProductID = 1, Quantity = 4, Shipped = false},
    new Order{ OrderID= 14, ProductID = 6, Quantity = 3, Shipped = true},
    new Order{ OrderID= 15, ProductID = 5, Quantity = 7, Shipped = true},
    new Order{ OrderID= 16, ProductID = 1, Quantity = 9, Shipped = true}
  };
public static Customer[] customers =
{
   new Customer{ Name = "Herbert", City = Cities.Aachen,
       Orders = new Order[]{orders[3], orders[2],orders[8], orders[10]}},
   new Customer{ Name = "Willi", City = Cities.Köln,
       Orders = new Order[]{orders[6], orders[7], orders[9] } },
   new Customer{ Name = "Hans", City = Cities.Bonn,
       Orders = new Order[]{orders[4], orders[11], orders[14] } },
   new Customer{ Name = "Freddy", City = Cities.Bonn,
       Orders = new Order[]{orders[1], orders[5], orders[13] } },
   new Customer{ Name = "Theo", City = Cities.Aachen,
       Orders = new Order[]{orders[15], orders[12] } }
 };
}
```

Listing 38.8 Die Klasse »Service« der »Musterdaten«

Sollten Sie selbst in einem eigenen Projekt mit den Daten experimentieren, müssen Sie die Assembly *Musterdaten.dll* unter VERWEISE in das Projekt einbinden und den Namespace Musterdaten mit using bekannt geben.

38.2.2 Die allgemeine LINQ-Syntax

> **Anmerkung**
> Viele der folgenden Listings in diesem Kapitel finden Sie in den Materialien zum Buch auf der Verlagswebseite in der Anwendung ..*Listings*.
>
> Die Beispiele sind entsprechend mit der Listingnummer gekennzeichnet. Wenn Sie die Listings ausprobieren wollen, müssen Sie nur die entsprechende Auskommentierung der Listingnummer aufheben.

Beginnen wir mit einer einfachen Abfrage, die alle bekannten Kunden aus den Musterdaten der Reihe nach ausgibt. Dabei soll sich die Ausgabe auf die Kunden beschränken, deren Name weniger als sechs Buchstaben hat. In die Ergebnismenge soll der Name des Kunden sowie sein Wohnort aufgenommen werden. Sie können die entsprechende LINQ-Abfrage auf zweierlei Arten definieren: entweder als **Abfrage-Syntax** oder als **Erweiterungsmethoden-Syntax**. Sehen wir uns zuerst die Abfrage-Syntax an:

```
Customer[] customers = Service.GetCustomers();
var cust = from customer in customers
           where customer.Name.Length < 6
           select new {customer.Name, customer.City};
foreach (var item in cust)
  Console.WriteLine("Name: {0}, Ort: {1}", item.Name, item.City);
```

Listing 38.9 Dieses Listing finden Sie auch auf der Buch-Website.

Grundsätzlich beginnt eine LINQ-Abfrage mit `from` und nicht wie bei einem SQL-Statement mit `select`. Der Grund dafür ist, dass zuerst die Datenquelle ausgewählt sein muss, auf der alle nachfolgenden Operationen Element für Element ausgeführt werden. Das ist auch der Grund, warum die Datenquelle das Interface `IEnumerable<T>` implementieren muss. Die Angabe der Datenquelle zu Beginn gestattet es uns darüber hinaus, mit der IntelliSense-Hilfe im Codeeditor zu arbeiten. Mit `where` wird das Filterkriterium beschrieben, und `select` legt fest, welche Daten tatsächlich in die Ergebnisliste eingetragen werden. Das Ergebnis wird einer implizit typisierten Variablen zugewiesen, die mit `var` beschrieben wird. Diese Anweisung könnte auch durch

```
IEnumerable<string> cust = from customer in customers ...
```

ersetzt werden, da eine LINQ-Abfrage als Resultat eine Liste liefert, die die Schnittstelle `IEnumerable<T>` implementiert.

In unserer Ergebnisliste wollen wir die einzelnen `Customer`-Objekte nicht mit allen ihren Eigenschaften aufnehmen. Um bestimmte Eigenschaften zu filtern, übergeben Sie dem `select` einen anonymen Typ, der sich aus den gewünschten Elementen zusammensetzt. In unserem Beispielcode handelt es sich um die Eigenschaften `Name` und `City`. Die Ausgabe der Ergebnismenge erfolgt in einer `foreach`-Schleife. Die Laufvariable wird vom Typ `var` deklariert.

Die zweite Variante ist die Erweiterungsmethoden-Syntax. Mit dieser können Sie die Abfrage auch wie folgt formulieren:

```
var cust = customers
           .Where(customer => customer.Name.Length < 6)
           .Select(c => new {c.Name, c.City});
```

Listing 38.10 Die Abfrage des Listing 38.9 als Erweiterungsmethoden-Syntax formuliert

Welche der beiden Varianten Sie bevorzugen, bleibt Ihnen überlassen. Die Abfrage-Syntax sieht auf den ersten Blick etwas einfacher aus, aber mit etwas Übung gewöhnen Sie sich auch schnell an die Erweiterungsmethoden-Syntax.

> **Hinweis**
> Zwischen der Abfrage-Syntax und der Erweiterungsmethoden-Syntax gibt es noch einen Unterschied zu beachten: Verwenden Sie nämlich die Abfrage-Syntax, müssen Sie auch select angeben, um damit den Typ der Ergebnisliste zu beschreiben. Bei Verwendung der Erweiterungsmethoden-Syntax ist jedoch die Angabe des Abfrageoperators Select nicht zwingend vorgeschrieben.

38.3 Die Abfrageoperatoren

38.3.1 Übersicht über die Abfrageoperatoren

LINQ stellt Ihnen zahlreiche Erweiterungsmethoden zur Verfügung, die auch als Abfrageoperatoren bezeichnet werden. Sie sind alle in der Klasse Enumerable des Namespace System.Linq definiert.

In Tabelle 38.1 sind alle LINQ-Abfrageoperatoren angegeben.

Operatortyp	Operator
Aggregatoperatoren	Aggregate, Average, Count, LongCount, Min, Max, Sum
Konvertierungsoperatoren	Cast, OfType, ToArray, ToDictionary, ToList, ToLookup
Elementoperatoren	DefaultIfEmpty, ElementAt, ElementAtOrDefault, First, FirstOrDefault, Last, LastOrDefault, Single, SingleOrDefault
Gleichheitsoperatoren	EqualAll
Sequenzoperatoren	Empty, Range, Repeat
Gruppierungsoperatoren	GroupBy
Join-Operatoren	Join, GroupJoin
Sortieroperatoren	OrderBy, ThenBy, OrderByDescending, ThenByDescending, Reverse
Aufteilungsoperatoren	Skip, SkipWhile, Take, TakeWhile
Quantifizierungsoperatoren	All, Any, Contains

Tabelle 38.1 Die LINQ-Abfrageoperatoren

Operatortyp	Operator
Restriktionsoperatoren	Where
Projektionsoperatoren	Select, SelectMany
Set-Operatoren	Concat, Distinct, Except, Intersect, Union

Tabelle 38.1 Die LINQ-Abfrageoperatoren (Forts.)

Wir werden im weiteren Verlauf des Kapitels auf viele der hier aufgeführten LINQ-Abfrageoperatoren genauer eingehen.

38.3.2 Die »from«-Klausel

Ein LINQ-Abfrageausdruck beginnt mit der from-Klausel. Diese gibt vor, welche Datenquelle abgefragt werden soll, und definiert eine lokale Bereichsvariable, die ein Element in der Datenquelle repräsentiert. Die Datenquelle muss entweder die Schnittstelle IEnumerable<T> oder IEnumerable implementieren. Zu den abfragbaren Datenquellen zählen auch diejenigen, die sich auf IQueryable<T> zurückführen lassen.

> **Anmerkung**
>
> Die LINQ-Abfragen arbeiten mit Methoden, die meist Sequenzen verwenden. Diese Objekte implementieren entweder die IEnumerable<T>- oder die IQueryable<T>-Schnittstelle. Es stellt sich oft die Frage nach dem Unterschied, weil in beiden Fällen die Methode GetEnumerator() veröffentlicht wird.
>
> Mit IEnumerable<T> kann man gut mit einer Datenstruktur im Speicher arbeiten. Die einzelnen Erweiterungsmethoden arbeiten im Prinzip wie sequenzielle Filter – das Ergebnis des ersten Filters ist der Input für den zweiten Filter usw. Mit einer externen Datenquelle will man so normalerweise nicht arbeiten, denn es wäre extrem ineffizient, zunächst eine ganze Tabelle in den Cache zu laden und diese als IEnumerable<T> zu repräsentieren, um dann anschließend und auf der Ergebnisliste eine Where-Filterbedingung anzuwenden. Deshalb arbeiten IQueryable<T>-implementierende Objekte so, dass sie erst mal den kompletten Abfrageausdruck zusammenbauen, der dann als Ganzes gegen die Datenquelle abgesetzt wird.

Datenquelle und Bereichsvariable sind streng typisiert. Wenn Sie mit

```
from customer in customers
```

das Array aller Kunden als Datenquelle angeben, ist die Bereichsvariable vom Typ Customer.

Etwas anders ist der Sachverhalt, wenn die Datenquelle beispielsweise vom Typ `ArrayList` ist. Wie Sie wissen, können in einer `ArrayList` Objekte unterschiedlichsten Typs verwaltet werden. Um auch solche Datenquellen abfragen zu können, muss die Bereichsvariable explizit typisiert werden, z. B.:

```
ArrayList arr = new ArrayList();
arr.Add(new Circle());
arr.Add(new Circle());
var cust = from Circle kreis in arr
           select kreis;
```

Listing 38.11 »from«-Klausel und »ArrayList«

Manchmal kommt es vor, dass jedes Element einer Datenquelle seinerseits selbst eine Liste untergeordneter Elemente beschreibt. Ein gutes Beispiel dafür ist in unserer Anwendung zu finden, die unsere Musterdaten für dieses Kapitel bereitstellt.

```
public class Customer {
  public string Name {get; set;}
  public Cities City {get; set;}
  public Order[] Orders {get; set;}
}
```

Jedem Kunden ist ein Array vom Typ `Order` zugeordnet. Um die Bestellungen abzufragen, muss eine weitere `from`-Klausel angeführt werden, die auf die Bestellliste des jeweiligen Kunden zugreift. Jede `from`-Klausel kann separat mit `where` gefiltert oder beispielsweise mit `orderby` sortiert werden.

```
Customer[] customers = Service.GetCustomers();
var query = from customer in customers
            where customer.Name == "Hans"
            from order in customer.Orders
            where order.Quantity > 6
            select new {order.OrderID, order.ProductID};
```

Listing 38.12 Filtern einer untergeordneten Menge (Abfrage-Syntax)

In diesem Codefragment wird die Liste aller Kunden zuerst nach `Hans` durchsucht. Die gefundene Dateninformation extrahiert anschließend die Bestellinformationen und beschränkt das Ergebnis auf alle Bestellungen von `Hans`, die eine Bestellmenge > 6 haben.

Es sei an dieser Stelle auch dieselbe Abfrage in der Erweiterungsmethoden-Syntax gezeigt:

```
Customer[] customers = Service.GetCustomers();
var query = customers
            .Where(c => c.Name == "Hans")
            .SelectMany(c => c.Orders)
            .Where(order => order.Quantity > 6)
            .Select(order => new {order.OrderID, order.ProductID});
```
Listing 38.13 Untergeordnete Menge mit »SelectMany«

Enthält ein gefundenes Element eine Untermenge (hier werden die Bestellungen eines Customer-Objekts durch ein Array beschrieben), benötigen wir den Operator SelectMany. An diesem Beispiel können Sie erkennen, dass sich in manchen Fällen Abfrage-Syntax und Erweiterungsmethoden-Syntax doch deutlich unterscheiden.

38.3.3 Mit »where« filtern

Angenommen, Sie möchten alle Kunden auflisten, deren Wohnort *Aachen* ist. Um eine Folge von Elementen zu filtern, verwenden Sie den Where-Operator.

```
Customer[] customers = Service.GetCustomers();
var result = from cust in customers
             where cust.City == Cities.Aachen
             select cust;
foreach (var item in result)
  Console.WriteLine(item);
```
Listing 38.14 Die »where«-Klausel

Mit dem Select-Operator geben Sie das Element an, das in die Ergebnisliste aufgenommen werden soll. In diesem Fall ist das der Name jeder entsprechend durch den Where-Operator gefundenen Person. Die Ergebnisliste wird in der foreach-Schleife durchlaufen und an der Konsole ausgegeben. Sie werden Herbert und Theo in der Ergebnisliste finden.

Sie können die Abfrage-Syntax auch durch die Erweiterungsmethoden-Syntax ersetzen. Geben Sie dabei direkt das zu durchlaufende Array an. An der Codierung der Konsolenausgabe ändert sich nichts.

```
var result = customers
            .Where(cust => cust.City == Cities.Aachen)
```
Listing 38.15 Die »where«-Klausel (Erweiterungsmethoden-Syntax)

Auch mehrere Filterkriterien zu berücksichtigen ist nicht weiter schwierig. Sie müssen nur den where-Operator ergänzen und benutzen zur Formulierung des Filters die

C#-spezifischen Operatoren. Im nächsten Codefragment werden alle noch nicht ausgelieferten Bestellungen gesucht, deren Bestellmenge größer 3 ist.

```
Order[] orders = Service.GetOrders();
var result = from order in orders
             where order.Quantity > 3 && order.Shipped == false
             select order.OrderID;
```

Oder:

```
 var result = orders
            .Where(order => order.Quantity > 3 && order.Shipped == false)
            .Select(ord => ord.OrderID);
```

Listing 38.16 Mehrere Filterkriterien

Die Überladungen des »Where«-Operators

Wenn Sie sich die .NET-Dokumentation des Where-Operators ansehen, finden Sie die beiden folgenden Signaturen:

```
public static IEnumerable<T> Where<T>(
      this IEnumerable<T> source,
      Func<T, bool> predicate
public static IEnumerable<T> Where<T>(
      this IEnumerable<T> source,
      Func<T, int, bool> predicate
```

Die erste wird für Abfragen verwendet, wie wir sie weiter oben eingesetzt haben. Die IEnumerable<T>-Collection wird dabei komplett gemäß den Filterkriterien durchsucht.

Mit der zweiten Signatur können Sie den Bereich der Ergebnisliste einschränken, und zwar anhand des nullbasierten Index, der als Integer angegeben wird. Nehmen wir an, Sie interessieren sich für alle Bestellungen, deren Bestellmenge > 3 ist. Allerdings möchten Sie, dass die Ergebnisliste sich auf Indizes in der Datenquelle beschränkt, die < 10 sind. Es werden demnach nur die Indizes 0 bis einschließlich 9 in der Datenquelle *orders* berücksichtigt.

```
Order[] orders = Service.GetOrders();
var result = orders
            .Where((order, index) => order.Quantity > 3 && index < 10)
            .Select(ord => ord.OrderID, ord.ProductID, ord.Quantity});
foreach (var item in result)
  Console.WriteLine("{0,-5}{1,-
5}{2}", item.OrderID, item.ProductID, item.Quantity);
```

Listing 38.17 Resultate mit »where« einschränken

Das Ergebnis wird mit den Bestellungen gebildet, die die OrderIDs 3, 4, 5 und 10 haben.

Wie funktioniert der »Where«-Operator?

Betrachten wir noch einmal die folgende Anweisung:

```
var result = customers.Where(cust => cust.City == Cities.Aachen)
```

Where ist eine Erweiterungsmethode der Schnittstelle IEnumerable<T> und gilt auch für das Array vom Typ Customer. Der Ausdruck

```
cust => cust.City == Cities.Aachen
```

ist ein Lambda-Ausdruck, im eigentlichen Sinne also der Delegat auf eine anonyme Methode. In der Definition des Where-Operators wird dieser Delegate durch den Delegaten

```
Func<T, bool> predicate
```

beschrieben (siehe Definition von Where weiter oben). Der generische Typparameter T wird durch den Datentyp der Elemente in der zugrunde liegenden Collection beschrieben, die bekanntlich die Schnittstelle IEnumerable<T> implementiert. In unserer Anweisung handelt es sich um Customer-Objekte. Daher können wir bei korrekter Codierung innerhalb des Lambda-Ausdrucks auch auf die IntelliSense-Liste zurückgreifen. Der zweite Parameter teilt uns mit, von welchem Datentyp der Rückgabewert des Lambda-Ausdrucks ist. Hier wird ein boolescher Typ vorgegeben, denn über true weiß LINQ, dass auf das untersuchte Element das Suchkriterium zutrifft und bei einer Rückgabe von false eben nicht.

Das Zusammenspiel zwischen den Lambda-Ausdrücken und Erweiterungsmethoden im Kontext generischer Typen und Delegaten ist hier sehr gut zu erkennen. In ähnlicher Weise funktionieren auch viele andere Operatoren. Ich werde daher im Folgenden nicht jedes Mal erneut das komplexe Zusammenspiel der verschiedenen Operatoren erörtern.

38.3.4 Die Projektionsoperatoren

Der »Select«-Operator

Der Select-Operator macht die Ergebnisse der Abfrage über ein Objekt verfügbar, das die Schnittstelle IEnumerable<T> implementiert, z. B.:

```
var result = from order in orders
             select order.OrderID;
```

Oder alternativ:

```
var result = orders.Select(order => order.OrderID);
```

Die Rückgabe ist in beiden Fällen eine Liste mit den Bestellnummern der in der Liste vertretenen Bestellungen.

Soll der Select-Operator eine Liste neu strukturierter Objekte liefern, müssen Sie einen anonymen Typ als Ergebnismenge definieren:

```
var result = from customer in customers
             select new {customer.Name, customer.City};
```

Hierbei wird auch von einer *Selektion* gesprochen.

Der Operator »SelectMany«

SelectMany kommt dann zum Einsatz, wenn es sich bei den einzelnen Elementen in einer Elementliste um Arrays handelt, deren Einzelelemente von Interesse sind. In der Anwendung *Musterdaten* trifft das auf alle Objekte vom Typ Customer zu, weil die Bestellungen in einem Array verwaltet werden.

```
var query = customers
            .Where(c => c.Name == "Hans")
            .SelectMany(c => c.Orders)
            .Where(order => order.Quantity > 6)
            .Select(order => new {order.OrderID, order.ProductID});
```

Listing 38.18 Der Operator »SelectMany«

In Listing 38.13 hatten wir bereits dieses Beispiel, sodass an dieser Stelle auf weitere Ausführungen verzichtet wird.

38.3.5 Die Sortieroperatoren

Sortieroperatoren ermöglichen eine Sortierung von Elementen in Ausgabefolgen mit einer angegebenen Sortierrichtung. Mit dem Operator OrderBy können Sie auf- und absteigend sortieren, mit OrderByDescending nur absteigend. Nachfolgend sehen Sie ein Beispiel für eine aufsteigende Sortierung. Dabei werden die Bestellmengen aller Bestellungen der Reihe nach in die Ergebnisliste geschrieben.

```
Order[] orders = Service.GetOrders();
var result = from order in orders
             orderby order.Quantity
             select new { order.OrderID, order.Quantity };
foreach (var item in result)
  Console.WriteLine("ID: {0,-3}{1}", item.OrderID, item.Quantity);
```

Listing 38.19 Sortieren mit »orderby« in Abfrage-Syntax

Sehen wir uns diese LINQ-Abfrage noch in der Erweiterungsmethoden-Syntax an:

```
var result = orders
            .OrderBy(order => order.Quantity)
            .Select(order => new {order.OrderID, order.Quantity});
```

Listing 38.20 Sortieren mit »OrderBy« in Erweiterungsmethoden-Syntax

Durch die Ergänzung von descending lässt sich ebenfalls eine absteigende Sortierung erzwingen:

```
orderby order.Quantity descending
```

Das folgende Listing 38.21 zeigt, wie Sie mit dem Operator OrderByDescending zum gleichen Ergebnis kommen:

```
var result = orders
            .OrderByDescending(order => order.Quantity)
            .Select(order => new {order.OrderID, order.Quantity});
```

Listing 38.21 Sortieren mit »OrderByDescending«

Möchten Sie mehrere Sortierkriterien festlegen, helfen Ihnen die beiden Operatoren ThenBy bzw. ThenByDescending weiter. Deren Einsatz setzt aber die vorhergehende Verwendung von OrderBy oder OrderByDescending voraus. Nehmen wir an, die erste Sortierung soll die Bestellmenge berücksichtigen und die zweite, ob die Bestellung bereits ausgeliefert ist. Der Programmcode dazu lautet:

```
Order[] orders = Service.GetOrders();
var result = orders
            .OrderBy(order => order.Quantity)
            .ThenBy(order => order.Shipped)
            .Select(order =
>   new {order.OrderID, order.Quantity, order.Shipped});
foreach (var item in result)
  Console.WriteLine("ProductID: {0,-3}Menge:{1,-4} Geliefert:{2}",
          item.OrderID, item.Quantity, item.Shipped);
```

Listing 38.22 Sortieren mit »OrderByDescending«

Manchmal kann es vorkommen, dass Sie die gesamte Ergebnisliste in umgekehrter Reihenfolge benötigen. Hier kommt der Operator Reverse zum Einsatz, der am Ende auf die Ergebnisliste angewendet wird:

```
var result = orders
            .Select(order => new {order.ProductID, order.Quantity})
            .Reverse();
```

Listing 38.23 Ergebnisliste mit »Reverse« umkehren

Wie Sie wissen, werden einige Abfrageoperatoren als Schlüsselwörter von C# angeboten und gestatten die sogenannte Abfrage-Syntax. Reverse und ThenBy zählen nicht dazu. Möchten Sie die von einer Abfrage-Syntax gelieferte Ergebnismenge umkehren, können Sie sich eines kleinen Tricks bedienen. Sie schließen die Abfrage-Syntax in runde Klammern ein und können darauf den Punktoperator mit folgendem Reverse angeben:

```
var result = (from order in orders
              select new {order.ProductID, order.Quantity})
              .Reverse();
```

Listing 38.24 Sortieren mit »OrderByDescending« (Abfrage-Syntax)

38.3.6 Gruppieren mit »GroupBy«

Manchmal ist es notwendig, Ergebnisse anhand spezifischer Kriterien zu gruppieren. Dazu dient der Operator GroupBy. Machen wir uns das zuerst an einem Beispiel deutlich. Ausgangspunkt sei das Array mit Customer-Objekten. Es sollen die Kunden (Customer-Objekte) nach deren Wohnsitz (Cities) gruppiert werden.

```
Customer[] customers = Service.GetCustomers();
var result = customers
             .GroupBy(cust => cust.City);
foreach (IGrouping<Cities, Customer> temp in result) {
  Console.WriteLine(new string('=', 40));
  Console.WriteLine("Stadt: {0}", temp.Key);
  Console.WriteLine(new string('-', 40));
  foreach (var item in temp)
    Console.WriteLine("     {0}", item.Name);
}
```

Listing 38.25 Gruppieren der Ergebnisliste

Die Ausgabe in der Konsole sehen Sie in Abbildung 38.1.

Der Operator GroupBy ist vielfach überladen. Sehen wir uns eine davon an:

```
public static IEnumerable<IGrouping<K,T>> GroupBy<T,K>(
    this IEnumerable<T> source, Func<T,K> keyselector);
```

Alle Überladungen geben dabei den Typ IEnumerable<IGrouping<K,T>> zurück. Die Schnittstelle IGrouping<K,T> ist eine spezialisierte Form von IEnumerable<T>. Sie definiert die schreibgeschützte Eigenschaft Key, die den Wert der zu bildenden Gruppe abruft.

Abbildung 38.1 Die Ausgabe von Listing 38.25

```
public interface IGrouping<K,T> : IEnumerable<T> {
   K key { get; }
}
```

Im Beispiel oben werden mittels key die Städte aus dem generischen Typ K (also Cities) abgefragt. Betrachten wir nun die äußere Schleife:

```
foreach (IGrouping<Cities, Customer> temp in result)
```

Sie müssen der Schnittstelle IGrouping im ersten Typparameter in unserem Beispiel Cities zuweisen, den Datentyp des Elements, nach dem gruppiert werden soll. Der zweite Typparameter beschreibt den Typ des zu gruppierenden Elements.

Die äußere Schleife durchläuft die einzelnen Gruppen und gibt als Resultat alle Elemente zurück, die zu der entsprechenden Gruppe gehören. In unserem Beispielcode wird diese Untergruppe mit der Variablen item beschrieben. In der inneren Schleife werden anschließend alle Elemente von temp erfasst und die gewünschten Informationen ausgegeben.

Der GroupBy-Operator kann auch in der Schreibweise der Abfrage-Syntax dargestellt werden.

```
var result = from customer in customers
             group customer by customer.City
```

38.3.7 Verknüpfungen mit »Join«

Mit dem Join-Operator definieren Sie Beziehungen zwischen mehreren Auflistungen, ähnlich wie Sie in SQL mit dem gleichnamigen JOIN-Statement Tabellen miteinander in Beziehung setzen.

38.3 Die Abfrageoperatoren

In unseren Musterdaten liegen insgesamt 16 Bestellungen vor. Es soll nun für jede Bestellung die Bestellnummer des bestellten Artikels, die Bestellmenge und der Einzelpreis des Artikels ausgegeben werden. Die Listen der Produkte und Bestellungen spielen in diesem Fall eine entscheidende Rolle.

```
Order[] orders = Service.GetOrders();
Product[] products = Service.GetProducts();
var liste = orders
            .Join(products,
                ord => ord.ProductID,
                prod => prod.ProductID, (a, b) => new {a.OrderID,
                                                      a.ProductID,
                                                      b.Price,
                                                      a.Quantity
                                                     });
foreach(var m in liste)
  Console.WriteLine("Order: {0,-3} Product: {1} Menge: {2} Preis: {3}",
    m.OrderID, m.ProductID, m.Quantity, m.Price);
```

Listing 38.26 Einsatz des »Join«-Operators

Der `Join`-Operator ist überladen. In diesem Beispiel haben wir den folgenden benutzt:

```
public static IEnumerable<V> Join<T, U, V, K>(
    this Enumerable<T> outer,
    IEnumerable<U> inner,
    Func<T, K> outerKeySelector,
    Func<U, K> innerKeySelector,
    Func<T, U, V> resultSelector);
```

`Join` wird als Erweiterungsmethode der Liste definiert, auf die `Join` aufgerufen wird. In unserem Beispiel ist es die durch `orders` beschriebene Liste aller Bestellungen. Die innere Liste wird durch das erste Argument beschrieben und ist in unserem Beispielcode die Liste aller Produkte `products`. Als zweites Argument erwartet `Join` im Parameter `outerKeySelector` das Schlüsselfeld der äußeren Liste (hier: `orders`), das mit dem im dritten Argument angegebenen Schlüsselfeld der inneren Liste in Beziehung gesetzt wird.

Im vierten Argument wird die Ergebnisliste festgelegt. Dazu werden zwei Parameter übergeben: Der erste projiziert ein Element der äußeren Liste, der zweite ein Element der inneren Liste in das Ergebnis der `Join`-Abfrage.

Beachten Sie, dass in der Definition von `Join` der generische Typ `T` die äußere Liste beschreibt und der Typ `U` die innere. Die Schlüssel (in unserem Beispiel werden dazu die Felder genommen), die die ProductID beschreiben, verstecken sich hinter dem generischen Typ K, die Ergebnisliste hinter V.

Sie können eine Join-Abfrage auch in Abfrage-Syntax notieren:

```
var liste = from ord in orders
            join prod in products
            on ord.ProductID equals prod.ProductID
            select new { ord.OrderID, ord.ProductID, prod.Price, ord.Quantity}
;
```

Listing 38.27 Joins mit der Abfrage-Syntax

Die Ergebnisliste sehen Sie in Abbildung 38.2.

```
Order:  1   Product: 4 Menge: 2 Preis: 4
Order:  2   Product: 1 Menge: 1 Preis: 10
Order:  3   Product: 5 Menge: 4 Preis: 17,5
Order:  4   Product: 4 Menge: 5 Preis: 4
Order:  5   Product: 8 Menge: 6 Preis: 7
Order:  6   Product: 3 Menge: 3 Preis: 8,56
Order:  7   Product: 7 Menge: 2 Preis: 2,8
Order:  8   Product: 8 Menge: 1 Preis: 7
Order:  9   Product: 4 Menge: 1 Preis: 4
Order: 10   Product: 1 Menge: 8 Preis: 10
Order: 11   Product: 3 Menge: 3 Preis: 8,56
Order: 12   Product: 6 Menge: 6 Preis: 3
Order: 13   Product: 1 Menge: 4 Preis: 10
Order: 14   Product: 6 Menge: 3 Preis: 3
Order: 15   Product: 5 Menge: 7 Preis: 17,5
Order: 16   Product: 1 Menge: 9 Preis: 10
```

Abbildung 38.2 Resultat der »Join«-Abfrage

Sie sollten darauf achten, dass Sie beim Vergleich links von equals den Schlüssel der äußeren Liste angeben, rechts davon den der inneren. Wenn Sie beide vertauschen, erhalten Sie einen Compilerfehler.

Der Operator »GroupJoin«

Join führt Daten aus der linken und rechten Liste genau dann zusammen, wenn die angegebenen Kriterien alle erfüllt sind. Ist eines oder sind mehrere der Kriterien nicht erfüllt, befindet sich kein Datensatz in der Ergebnismenge. Damit ist der Join-Operator mit dem INNER JOIN-Statement einer SQL-Abfrage vergleichbar.

Suchen Sie ein Äquivalent zu einem LEFT OUTER JOIN oder RIGHT OUTER JOIN, hilft Ihnen der GroupJoin-Operator weiter. Nehmen wir an, Sie möchten wissen, welche Bestellungen für die einzelnen Produkte vorliegen. Sie können die LINQ-Abfrage dann wie folgt definieren:

```
Product[] products = Service.GetProducts();
Customer[] customers = Service.GetCustomers();
var liste = products
            .GroupJoin(customers.SelectMany(cust => cust.Orders),
              prod => prod.ProductID,
              ord => ord.ProductID,
                (a, b) => new { a.ProductID, Orders = b });
foreach (var t in liste) {
  Console.WriteLine("ProductID: {0}", t.ProductID, t.Orders);
  foreach (var order in t.Orders)
     Console.WriteLine("   OrderID: {0}", order.OrderID);
}
```

Listing 38.28 »LEFT OUTER JOIN« mit dem Operator »GroupJoin«

GroupJoin arbeitet sehr ähnlich wie der Join-Operator. Der Unterschied zwischen den beiden Operatoren besteht darin, was in die Ergebnismenge aufgenommen wird. Mit Join sind es nur Daten, deren Schlüssel sowohl in der *outer*-Liste als auch in der *inner*-Liste vertreten sind. Findet Join in der *inner*-Liste kein passendes Element, wird das *outer*-Element nicht in die Ergebnisliste aufgenommen.

Ganz anders ist das Verhalten von GroupJoin. Dieser Operator nimmt auch dann ein Element aus der *outer*-Liste in die Ergebnisliste auf, wenn keine entsprechenden Daten in *inner* vorhanden sind. Sie können das sehr schön in Abbildung 38.3 sehen, denn der Artikel mit der ProductID=2 ist in keiner Bestellung zu finden.

Sie können den GroupJoin-Operator auch in einem Abfrageausdruck beschreiben. Er wird mit join... into... definiert.

```
Product[] products = Service.GetProducts();
Customer[] customers = Service.GetCustomers();
var liste = from cust in customers
            from ord in cust.Orders
              select ord;
var expr = from prod in products
           join custord in liste
              on prod.ProductID equals custord.ProductID into allOrders
              select new { prod.ProductID, Orders = allOrders};
```

Listing 38.29 »LEFT OUTER JOIN« in der Abfrage-Syntax

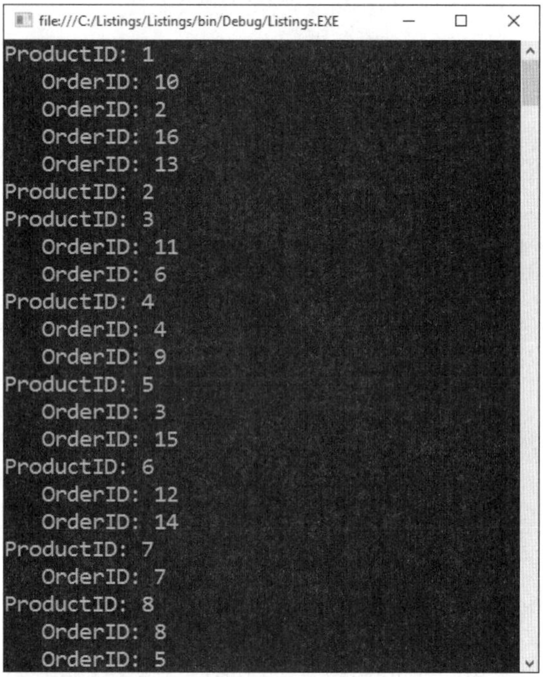
file:///C:/Listings/Listings/bin/Debug/Listings.EXE
ProductID: 1
OrderID: 10
OrderID: 2
OrderID: 16
OrderID: 13
ProductID: 2
ProductID: 3
OrderID: 11
OrderID: 6
ProductID: 4
OrderID: 4
OrderID: 9
ProductID: 5
OrderID: 3
OrderID: 15
ProductID: 6
OrderID: 12
OrderID: 14
ProductID: 7
OrderID: 7
ProductID: 8
OrderID: 8
OrderID: 5

Abbildung 38.3 Ergebnisliste der LINQ-Abfrage mit dem »GroupJoin«-Operator

38.3.8 Die Set-Operatoren-Familie

Der Operator »Distinct«

Vielleicht kennen Sie die Wirkungsweise von DISTINCT bereits von SQL. In LINQ hat der Distinct-Operator die gleiche Aufgabe: Er garantiert, dass in der Ergebnismenge ein Element nicht doppelt auftritt.

```
string[] cities = {"Aachen", "Köln", "Bonn", "Aachen", "Bonn", "Hof"};
var liste = (from p in cities select p).Distinct();
foreach (string city in liste)
  Console.WriteLine(city);
```

Listing 38.30 Der Operator »Distinct«

Im Array cities kommen die beiden Städte Aachen und Bonn je zweimal vor. Der auf die Ergebnismenge angewendete Distinct-Operator erkennt dies und sorgt dafür, dass jede Stadt nur einmal angezeigt wird.

Der Operator »Union«

Der Union-Operator verbindet zwei Listen miteinander. Dabei werden doppelte Vorkommen ignoriert.

```
string[] cities = {"Aachen", "Bonn", "Aachen", "Frankfurt"};
string[] namen = {"Peter", "Willi", "Hans"};
var listeCities = from c in cities
                  select c;
var listeNamen  = from n in namen
                  select n;
var listeComplete = listeCities.Union(listeNamen);
foreach (var p in listeComplete)
  Console.WriteLine(p);
```

Listing 38.31 Der »Union«-Operator

In der Ergebnisliste werden der Reihe nach Aachen, Köln, Bonn, Frankfurt, Peter, Willi und Hans erscheinen.

Der Operator »Intersect«

Der Intersect-Operator bildet eine Ergebnisliste aus zwei anderen Listen. In der Ergebnisliste sind aber nur die Elemente enthalten, die in beiden Listen gleichermaßen enthalten sind. Intersect bildet demnach eine Schnittmenge ab.

```
string[] cities1 = {"Aachen", "Köln", "Bonn", "Aachen", "Frankfurt"};
string[] cities2 = {"Düsseldorf", "Bonn", "Bremen", "Köln"};
var listeCities1 = from c in cities1
                   select c;
var listeCities2 = from n in cities2
                   select n;
var listeComplete = listeCities1.Intersect(listeCities2);
foreach (var p in listeComplete)
  Console.WriteLine(p);
```

Listing 38.32 Der Operator »Intersect«

Das Ergebnis wird durch die Städte Köln und Bonn gebildet.

Der Operator »Except«

Während Intersect die Gemeinsamkeiten aufspürt, sucht der Operator Except nach allen Elementen, durch die sich die Listen voneinander unterscheiden. Dabei sind nur die Elemente in der Ergebnisliste enthalten, die in der ersten Liste angegeben sind und in der zweiten Liste fehlen.

Verwenden Sie in Listing 38.32 anstelle von Intersect den Operator Except, enthält die Ergebnisliste die Orte Aachen und Frankfurt.

38.3.9 Die Familie der Aggregatoperatoren

LINQ stellt mit `Count`, `LongCount`, `Sum`, `Min`, `Max`, `Average` und `Aggregate` eine Reihe von Aggregatoperatoren zur Verfügung, um Berechnungen an Quelldaten durchzuführen.

Die Operatoren »Count« und »LongCount«

Sehr einfach einzusetzen sind die beiden Operatoren `Count` und `LongCount`. Beide unterscheiden sich dahingehend, dass `Count` einen `int` als Typ zurückgibt und `LongCount` einen `long`. Um `Count` zu testen, wollen wir zuerst wissen, wie viele Bestellungen insgesamt eingegangen sind:

```
Order[] orders = Service.GetOrders();
var anzahl = (from x in orders
              select x).Count();
Console.WriteLine("Anzahl der Bestellungen gesamt = {0}", anzahl);
```

Listing 38.33 Der Operator »Count«

Alternativ können Sie auch Folgendes formulieren:

```
var anzahl = orders.Count();
```

Das Ergebnis lautet 16.

Vielleicht interessiert uns auch, wie viele Bestellungen jeder einzelne Kunde aufgegeben hat. Wir müssen dann den folgenden Code schreiben:

```
Customer[] customers = Service.GetCustomers();
var orderCounts = from c in customers
                  select new { c.Name, OrderCount = c.Orders.Count() };
foreach (var k in orderCounts)
  Console.WriteLine("{0} - {1}", k.Name, k.OrderCount);
```

Listing 38.34 Anzahl der Elemente einer untergeordneten Menge

Der Operator »Sum«

`Sum` ist grundsätzlich zunächst einmal sehr einfach einzusetzen. Der Operator liefert eine Summe als Ergebnis der LINQ-Abfrage. Im folgenden Codefragment wird die Summe aller Integer-Werte ermittelt, die das Array bilden. Das Ergebnis lautet 114.

```
int[] arr = new int[] {1, 3, 7, 4, 99};
var sumInt = arr.Sum();
Console.WriteLine("Integer-Summe = {0}", sumInt);
```

Listing 38.35 Der einfache Einsatz des Operators »Sum«

38.3 Die Abfrageoperatoren

Das folgende Listing 38.36 ist nicht mehr so einfach. Hier soll der Gesamtbestellwert über alle Produkte für jeden Kunden ermittelt werden.

```
var allOrders =
   from cust in customers
   from ord in cust.Orders
   join prod in products on ord.ProductID equals prod.ProductID
   select new { cust.Name, ord.ProductID,
                OrderAmount = ord.Quantity * prod.Price};
var summe =
   from cust in customers
   join ord in allOrders
   on cust.Name equals ord.Name into custWithOrd
   select new { cust.Name, TotalSumme = custWithOrd.Sum(s => s.OrderAmount) };
foreach(var s in summe)
  Console.WriteLine("Name: {0,-7} Bestellsumme: {1}", s.Name, s.TotalSumme);
```

Listing 38.36 Der Operator »Sum«

Analysieren wir den Code schrittweise, und überlegen wir, was das Resultat des folgenden Abfrageteilausdrucks ist.

```
var allOrders = from cust in customers
   from ord in cust.Orders
   join prod in products on ord.ProductID equals prod.ProductID
   select new { cust.Name, ord.ProductID, OrderAmount =
ord.Quantity * prod.Price };
```

Zuerst ist es notwendig, die Bestellungen aus jedem Customer-Objekt zu filtern. Danach wird ein Join gebildet, der die ProductIDs aus den einzelnen Bestellungen eines Kunden mit der ProductID aus der Liste der Artikel verbindet. Das Ergebnis ist eine Art Tabelle mit Spalten für den Besteller, die ProductID und die Gesamtsumme für diesen Artikel, die anhand der Bestellmenge gebildet wurde (siehe Abbildung 38.4).

Nun gilt es noch, die Ergebnisliste nach den Kunden zu gruppieren und dann die Gesamtsumme aller Bestellungen zu bilden:

```
var summe =
   from cust in customers
   join ord in allOrders
   on cust.Name equals ord.Name into custWithOrd
   select new { cust.Name,
        TotalSumme = custWithOrd.Sum(s => s.OrderAmount) };
```

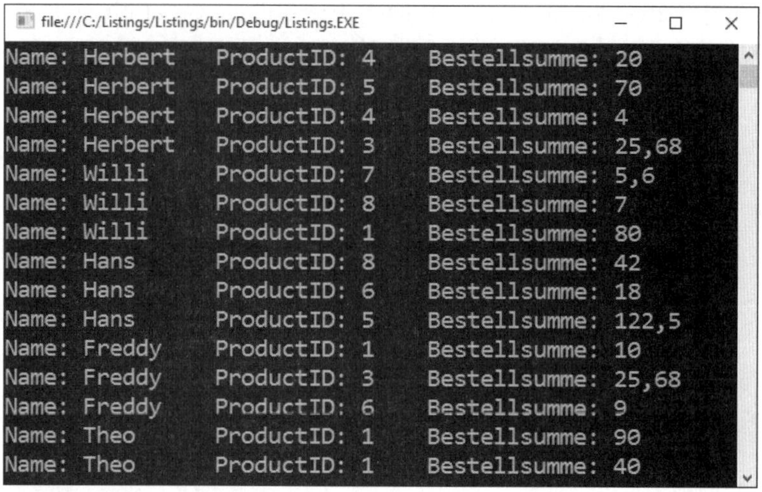

```
Name: Herbert    ProductID: 4    Bestellsumme: 20
Name: Herbert    ProductID: 5    Bestellsumme: 70
Name: Herbert    ProductID: 4    Bestellsumme: 4
Name: Herbert    ProductID: 3    Bestellsumme: 25,68
Name: Willi      ProductID: 7    Bestellsumme: 5,6
Name: Willi      ProductID: 8    Bestellsumme: 7
Name: Willi      ProductID: 1    Bestellsumme: 80
Name: Hans       ProductID: 8    Bestellsumme: 42
Name: Hans       ProductID: 6    Bestellsumme: 18
Name: Hans       ProductID: 5    Bestellsumme: 122,5
Name: Freddy     ProductID: 1    Bestellsumme: 10
Name: Freddy     ProductID: 3    Bestellsumme: 25,68
Name: Freddy     ProductID: 6    Bestellsumme: 9
Name: Theo       ProductID: 1    Bestellsumme: 90
Name: Theo       ProductID: 1    Bestellsumme: 40
```

Abbildung 38.4 Der Operator »Sum«

Wir sollten uns daran erinnern, dass der GroupJoin-Operator (hier vertreten durch das Schlüsselwort join) mit diesen Fähigkeiten ausgestattet ist. Es müssen zuerst die beiden Listen customers und allOrders zusammengeführt werden. Sie können sich das so vorstellen, dass die Gruppierung mit GroupJoin zur Folge hat, dass für jeden Customer eine eigene »Tabelle« erzeugt wird, in der alle seine Bestellungen beschrieben sind. Die Variable s steht hier für ein Gruppenelement, letztendlich also für eine Bestellung. Die Gruppierung nach Customer-Objekten gestattet es uns nun, mit dem Operator Sum den Inhalt der Spalte OrderAmount zu summieren.

Das Resultat der kompletten LINQ-Abfrage sehen Sie in Abbildung 38.5.

```
Name: Herbert  Bestellsumme: 119,68
Name: Willi    Bestellsumme: 92,6
Name: Hans     Bestellsumme: 182,5
Name: Freddy   Bestellsumme: 44,68
Name: Theo     Bestellsumme: 130
```

Abbildung 38.5 Ergebnis der Abfrage der Gesamtbestellsumme

Die Operatoren »Min«, »Max« und »Average«

Die Aggregatoperatoren Min und Max ermitteln den minimalen bzw. maximalen Wert in einer Datenliste, Average das arithmetische Mittel. Der Einsatz der Operatoren ist sehr einfach, wie das folgende Codefragment exemplarisch an Max zeigt:

```
var max = (from p in products
           select p.Price).Max();
```

Das funktioniert aber auch nur, solange numerische Werte als Datenquelle vorliegen. Sie brauchen den Code nur wie folgt leicht zu ändern, um festzustellen, dass nun eine `ArgumentException` geworfen wird.

```
var max = (from p in products
           select new {p.Price}).Max();
```

Die Meldung zu der Exception besagt, dass mindestens ein Typ die `IComparable`-Schnittstelle implementieren muss. In der ersten funktionsfähigen Version des Codes stand in der Ergebnisliste ein numerischer Wert, der der Forderung entspricht. Im zweiten, fehlerverursachenden Codefragment hingegen wird ein anonymer Typ beschrieben, der die geforderte Schnittstelle nicht implementiert.

Die Lösung dieser Problematik ist nicht schwierig. Die Operatoren sind alle so überladen, dass auch ein Selektor übergeben werden kann. Dazu geben Sie das gewünschte Element aus der Liste der Elemente, die den anonymen Typ bilden, als Bedingung an.

```
var max = (from p in products
           select new {p.Price}).Max(x => x.Price);
```

38.3.10 Quantifizierungsoperatoren

Beabsichtigen Sie, die Existenz von Elementen in einer Liste anhand von Bedingungen oder definierten Regeln zu überprüfen, helfen die Quantifizierungsoperatoren Ihnen weiter.

Der Operator »Any«

`Any` ist ein Operator, der ein Prädikat auswertet und einen booleschen Wert zurückliefert. Nehmen wir an, Sie möchten wissen, ob der Kunde `Willi` auch das Produkt mit der `ProductID = 7` bestellt hat. `Any` hilft, das festzustellen.

```
Customer[] customers = Service.GetCustomers();
bool result = (from cust in customers
               from ord in cust.Orders
               where cust.Name == "Willi"
               select new { ord.ProductID })
              .Any(ord => ord.ProductID == 7);
if (result)
  Console.WriteLine("ProductID=7 ist enthalten");
else
  Console.WriteLine("ProductID=7 ist nicht enthalten");
```

Listing 38.37 Der Operator »Any«

Die Elemente werden so lange ausgewertet, bis der Operator auf ein Element stößt, das die Bedingung erfüllt.

Der Operator »All«

Während Any schon true liefert, wenn für ein Element die Bedingung erfüllt ist, liefert der Operator All nur dann true, wenn alle untersuchten Elemente der Bedingung entsprechen. Möchten Sie beispielsweise feststellen, ob die Preise aller Produkte > 3 sind, genügt die folgende LINQ-Abfrage:

```
bool result = (from prod in products
               select prod).All(p => p.Price > 3);
```

38.3.11 Aufteilungsoperatoren

Mit where und select filtern Sie eine Datenquelle nach vorgegebenen Kriterien. Das Ergebnis ist eine Datenmenge, die den vorgegebenen Kriterien entspricht. Möchten Sie nur eine Teilmenge der Datenquelle betrachten, ohne Filterkriterien einzusetzen, eignen sich die Aufteilungsoperatoren.

Der Operator »Take«

Sie könnten z. B. daran interessiert sein, nur die ersten drei Produkte aus der Liste aller Produkte auszugeben. Mit dem Take-Operator ist das sehr einfach zu realisieren:

```
Product[] prods = Service.GetProducts();
var result = prods.Take(3);
foreach (var prod in result)
  Console.WriteLine(prod.ProductName);
```

Wir greifen in unserem Beispiel auf eine Datenquelle zu, die uns der Aufruf der Methode GetProducts liefert. Natürlich kann die zu untersuchende Datenquelle zuvor durch einen anderen LINQ-Ausdruck gebildet werden:

```
Product[] prods = Service.GetProducts();
var result = (from prod in prods
              where prod.Price > 3
              select new {prod.ProductName, prod.Price}).Take(3);
foreach (var prod in result)
  Console.WriteLine("{0,-7}{1}", prod.ProductName, prod.Price);
```

Listing 38.38 Der Operator »Take«

Der Operator »TakeWhile«

Der Operator Take basiert auf einem Integer als Zähler. Sehr ähnlich arbeitet auch TakeWhile. Im Unterschied zum Operator Take können Sie eine Bedingung angeben, die als Filterkriterium angesehen wird. TakeWhile durchläuft die Datenquelle und gibt das gefundene Element zurück, wenn das Ergebnis der Bedingungsprüfung true ist. Beendet wird der Durchlauf unter zwei Umständen:

1. Das Ende der Datenquelle ist erreicht.
2. Das Ergebnis einer Untersuchung lautet false.

Wir wollen uns das an einem Beispiel ansehen. Auch dabei wird als Quelle auf die Liste der Produkte zurückgegriffen. Das Prädikat sagt aus, dass die Produkte in der Ergebnisliste erfasst werden sollen, deren Preis höher als 3 ist:

```
Product[] prods = Service.GetProducts();
var result = (from prod in prods
              select new {prod.ProductName, prod.Price})
              .TakeWhile(n => n.Price > 3);
foreach (var prod in result)
  Console.WriteLine("{0,-7}{1}", prod.ProductName, prod.Price);
```

Listing 38.39 Operationen mit »TakeWhile«

Es werden die folgenden Produkte angezeigt: Käse, Wurst, Obst, Gemüse und Fleisch. Beachten Sie, dass in der Ergebnisliste das Produkt Pizza nicht enthalten ist, da die Schleife beendet wird, ehe Pizza einer Untersuchung unterzogen werden kann, weil das erste Produkt, das die Bedingung nicht mehr erfüllt (Süßwaren, siehe die Liste der Produkte in 38.2.1), das Ende der Schleife erzwingt.

Die Operatoren »Skip« und »SkipWhile«

Take und TakeWhile werden um Skip und SkipWhile ergänzt. Skip überspringt eine bestimmte Anzahl von Elementen in einer Datenquelle. Der verbleibende Rest bildet die Ergebnismenge. Um z. B. die ersten beiden in der Liste enthaltenen Produkte aus der Ergebnisliste auszuschließen, codieren Sie die folgenden Anweisungen:

```
Product[] prods = Service.GetProducts();
var result = (from prod in prods
              select new {prod.ProductName, prod.Price})
              .Skip(2);
```

SkipWhile erwartet ein Prädikat. Die Elemente werden damit verglichen. Dabei werden die Elemente so lange übersprungen, wie das Ergebnis der Überprüfung true liefert. Sobald eine Überprüfung false ist, werden das betreffende Element und auch alle Nachfolgeelemente in die Ergebnisliste aufgenommen.

Das Prädikat im folgenden Codefragment sucht in der Liste aller Produkte nach dem ersten Produkt, für das die Bedingung nicht gilt, dass der Preis > 3 ist. Dieses und alle darauf folgenden Elemente werden in die Ergebnisliste geschrieben.

```
Product[] prods = Service.GetProducts();
var result = (from prod in prods
```

```
            select new {prod.ProductName, prod.Price})
            .SkipWhile(x => x.Price > 3);
```

Ausgegeben werden folgende Produkte: *Süßwaren*, *Bier* und *Pizza*.

38.3.12 Die Elementoperatoren

Bisher lieferten uns alle Operatoren immer eine Ergebnismenge zurück. Möchten Sie aber aus einer Liste ein bestimmtes Element herausfiltern, stehen Ihnen zahlreiche weitere Operatoren zur Verfügung. Diesen wollen wir uns nun widmen.

Der Operator »First«

Der First-Operator sucht das erste Element in einer Datenquelle. Dabei kann es sich um das erste Element aus einer Liste handeln oder um das erste Element einer mit einem Prädikat gebildeten Ergebnisliste. Daraus können Sie den Schluss ziehen, dass der First Opcrator überladen ist.

Das folgende Beispiel zeigt, wie einfach der Einsatz von First ist. Aus der Gesamtliste aller Produkte soll nur das an erster Position stehende Produkt als Resultat zurückgeliefert werden.

```
Product[] prods = Service.GetProducts();
var result = (from prod in prods
              select new {prod.ProductName})
              .First();
Console.WriteLine("{0}", result.ProductName);
```

Listing 38.40 Der Operator »First«

Als Ergebnis wird *Käse* an der Konsole ausgegeben. Vielleicht möchten Sie aber eine Liste aller Produkte haben, deren Preis kleiner 10 ist, und aus dieser Liste nur das erste Listenelement herausfiltern. Dazu können Sie mit einem Lambda-Ausdruck eine Bedingung formulieren, die als Argument an First übergeben wird.

```
Product[] prods = Service.GetProducts();
var result = (from prod in prods
              select new {prod.ProductName, prod.Price})
              .First(item => item.Price < 10);
Console.WriteLine("{0}", result.ProductName);
```

Listing 38.41 Der Operator »First« mit Filterung

Hier lautet das Produkt Wurst. Dasselbe Resultat erreichen Sie natürlich auch, wenn Sie stattdessen die LINQ-Abfrage wie folgt formulieren:

```
var result = (from prod in prods
              where prod.Price < 10
              select new {prod.ProductName, prod.Price}).First();
```

Der Operator »FirstOrDefault«

Versuchen Sie einmal, das letzte Beispiel mit dem Prädikat

```
item => item.Price < 1
```

auszuführen. Sie werden eine Fehlermeldung erhalten, weil kein Produkt in der Datenquelle enthalten ist, das der genannten Bedingung entspricht. In solchen Fällen empfiehlt es sich, anstelle des Operators First den Operator FirstOrDefault zu benutzen. Wird kein Element gefunden, liefert der Operator default(T) zurück. Handelt es sich um einen Referenztyp, ist das null.

FirstOrDefault liegt ebenfalls in zwei Überladungen vor. Sie können neben der parameterlosen Variante auch die parametrisierte Überladung benutzen, der Sie das gewünschte Prädikat übergeben.

```
Product[] prods = Service.GetProducts();
var result = (from prod in prods
              select new {prod.ProductName, prod.Price})
              .FirstOrDefault(item => item.Price < 1);
if (result == null)
  Console.WriteLine("Kein Element entspricht der Bedingung.");
else
  Console.WriteLine("{0}", result.ProductName);
```

Listing 38.42 Der Operator »FirstOrDefault« mit Filterung

Die Operatoren »Last« und »LastOrDefault«

Sicherlich können Sie sich denken, dass die beiden Operatoren Last und LastOrDefault Ergänzungen der beiden im Abschnitt zuvor behandelten Operatoren sind. Beide operieren auf die gleiche Weise wie First und FirstOrDefault, nur dass das letzte Element der Liste das Ergebnis bildet.

```
Product[] prods = Service.GetProducts();
var result = (from prod in prods
              select new {prod.ProductName, prod.Price})
              .LastOrDefault(item => item.Price < 5);
if (result == null)
  Console.WriteLine("Kein Element entspricht der Bedingung.");
else
  Console.WriteLine("{0}", result.ProductName);
```

Listing 38.43 Der Operator »LastOrDefault« mit Filterung

Die Operatoren »Single« und »SingleOrDefault«

Alle bislang vorgestellten Elementoperatoren lieferten eine Ergebnismenge, aus der ein Element herausgelöst wurde: Entweder liefern sie das erste oder das letzte Element. Mit Single bzw. SingleOrDefault können Sie nach einem bestimmten *eindeutigen* Element Ausschau halten. Eindeutig bedeutet in diesem Zusammenhang, dass es kein Zwischenergebnis gibt, aus dem anschließend ein Element das Ergebnis bildet. In der Musterdaten-Anwendung ist beispielsweise das Feld ProductID eindeutig, vergleichbar mit der Primärschlüsselspalte einer Datenbanktabelle.

Mit Single und SingleOrDefault können Sie nach einem eindeutig identifizierbaren Element suchen. Werden mehrere gefunden, wird eine InvalidOperationException ausgelöst. Auch für dieses Operator-Pärchen gilt: Besteht die Möglichkeit, dass kein Element gefunden wird, sollten Sie den Operator SingleOrDefault einsetzen, der ebenfalls default(T) als Rückgabewert liefert und keine Ausnahme auslöst, wie das bei dem Einsatz von Single der Fall wäre.

Sie können beide Operatoren parameterlos aufrufen oder ein Prädikat angeben.

```
Product[] prods = Service.GetProducts();
var result = (from prod in prods
              select new {prod.ProductID, prod.ProductName})
             .Single( p => p.ProductID == 2);
if (result == null)
  Console.WriteLine("Kein Element entspricht der Bedingung.");
else
  Console.WriteLine("{0}", result.ProductName);
```

Listing 38.44 Der Operator »Single« mit Filterung

Die Operatoren »ElementAt« und »ElementOrDefault«

Möchten Sie ein bestimmtes Element aus einer Liste anhand seiner Position extrahieren, sollten Sie entweder die Methode ElementAt oder die Methode ElementAtOrDefault verwenden. ElementAtOrDefault liefert wieder den Standardwert, falls der Index negativ oder größer als die Elementanzahl ist.

Bekanntermaßen werden Listenelemente mit Indizes versehen. Den beiden Methoden übergeben Sie einfach nur den Index des gewünschten Elements aus der Liste. Sind Sie z. B. am vierten Element aus einer Liste interessiert, übergeben Sie die Zahl 3 als Argument an ElementAt oder ElementAtOrDefault, z. B.:

```
Product[] prods = Service.GetProducts();
var result = (from prod in prods
              select new {prod.ProductID, prod.ProductName})
             .ElementAtOrDefault(3);
if (result == null)
```

```
  Console.WriteLine("Kein Element entspricht der Bedingung.");
else
  Console.WriteLine("{0}", result.ProductName);
```

Listing 38.45 Der Operator »ElementAtOrDefault«

Der Operator »DefaultIfEmpty«

Standardmäßig liefert dieser Operator eine Liste von Elementen ab. Sollte die Liste jedoch leer sein, führt dieser Operator nicht sofort zu einer Exception. Stattdessen ist der Rückgabewert dann entweder default(T) oder – falls Sie die überladene Fassung von DefaultIfEmpty eingesetzt haben – ein spezifischer Wert.

```
List<string> liste = new List<string>();
liste.Add("Peter");
liste.Add("Uwe");
foreach (string tempStr in liste.DefaultIfEmpty("leer")) {
  Console.WriteLine(tempStr);
}
```

Listing 38.46 Der Operator »DefaultIfEmpty«

In diesem Codefragment wird vorgegeben, dass bei einer leeren Liste die Zeichenfolge leer das Ergebnis der Operation darstellt.

38.3.13 Die Konvertierungsoperatoren

Die Konvertierungsoperatoren dienen dazu, eine Sequenz in eine andere Collection umzuwandeln. Insbesondere die Operatoren ToList und ToArray sind oft hilfreich, wenn die sofortige Ausführung einer Abfrage gewünscht wird und das Resultat zwischengespeichert werden soll. Das Abfrageergebnis ist eine Momentaufnahme der Daten. Dabei speichert ToList das Abfrageergebnis in einer List<T> und ToArray in einem typisierten Array.

Die beiden folgenden Listings zeigen den Einsatz der Methoden ToList und ToArray.

```
IEnumerable<string> names = (Service.GetCustomers()
                    .Select(cust => cust.Name).ToArray());
```

Listing 38.47 Die Konvertierungsmethode »ToArray«

```
List<string> customers = (Service.GetCustomers()
                    .Select(cust => cust.Name).ToList());
```

Listing 38.48 Die Konvertierungsmethode »ToList«

Kapitel 39
Einführung in das ADO.NET Entity Framework

ADO.NET Entity Framework ermöglicht es Ihnen, eigene Datenzugriffsanwendungen zu erstellen. Der entscheidende Vorteil ist, dass der Umfang des Codes und der Wartungsaufwand deutlich verringert werden.

Mit dem Visual Studio 2008 Service Pack 1 wurde die erste Version des ADO.NET Entity Frameworks als neue Plattform für den Datenzugriff veröffentlicht. Das Entity Framework trat damit in Konkurrenz zum klassischen ADO.NET, das bereits mit dem ersten Release von .NET veröffentlicht worden war. Das Entity Framework kann man als Aufsatz auf ADO.NET verstehen, der die Differenzen zwischen der objektorientierten Programmierung und den relationalen Datenbanken adressiert.

Das Entity Framework ist noch verhältnismäßig jung, hat aber schon eine recht bewegte Geschichte hinter sich. Es wurde erstmals mit .NET Framework SP1 veröffentlicht. Diese erste Version war eigentlich nicht mehr als eine Beta-Version der elementarsten Grundlagen, sie war voller Fehler, Unstimmigkeiten, unvollständig.

Erst mit .NET Framework 4 änderte sich das. Neben vielen notwendigen Verbesserungen wurde gleichzeitig zum ersten Mal der Ansatz *Model First* eingeführt, der es gestattete, ein Modell gegen eine noch nicht existierende Datenbank zu entwerfen. Diese Version des Entity Frameworks wird auch als EF 4.0 bezeichnet.

Schon mit EF 4.1 kam es zu einer weiteren Verbesserung: Es wurde die DbContext-API eingeführt, um den Code-First-Ansatz zu vereinfachen. Es folgten noch EF 4.3, EF 5.0, EF 6.0 und EF 7.0 – jeweils immer mit weiteren Verbesserungen und Ergänzungen. Stellvertretend sei an dieser Stelle die Unterstützung von Enumerationen genannt und insbesondere die Performanceverbesserungen ab EF 5.0. Ab EF 6.0 wird nur noch die DbContext-API unterstützt und der alte Ansatz als eher zweitrangig angesehen. Nichtsdestotrotz genießt dieser weiterhin sehr viel Beachtung und wird – zumindest momentan – von den Entwicklern meistens bevorzugt.

39.1 Kritische Betrachtung von ADO.NET

In einer Datenbank werden die Daten in Tabellen in Zeilen gespeichert. Jede Zeile setzt sich aus mehreren Spalten zusammen. Dieses tabellenartige Format wurde von vielen Entwicklern übernommen, um die Daten in Anwendungen verfügbar zu machen. Nicht anders ist auch ADO.NET konzeptioniert.

`DataSet` und `DataReader` sind in ADO.NET elementare Typen, um Daten verfügbar zu machen. Der Einsatz dieser beiden Klassen ist mit wenigen Zeilen Programmcode relativ einfach zu realisieren. Allerdings bestimmt die Datenbank, wie die Daten in der Anwendung strukturiert werden. Eine Änderung der Datenbank kann sich deshalb katastrophal auf die Anwendung auswirken.

Um die Zellen innerhalb einer `DataRow` auszuwerten, wird meist mit dem Bezeichner der Spalte gearbeitet und nicht mit dem Index der Spalte, z. B.:

```
Object pName = ds.Tables[0].Rows["ProductName"];
```

Dabei handelt es sich um eine Zeichenfolge, die im Code hoffentlich korrekt angegeben wird, denn ansonsten wird die Anweisung beim Testen eine Ausnahme auslösen. Noch schlimmer wäre es, wenn sich nach dem Verteilen der Anwendung der Spaltenbezeichner ändert – eine Situation, die häufiger auftritt, als Sie vielleicht erwarten. Die Folge wird bestenfalls sein, dass die unweigerlich auftretende Ausnahme zwar behandelt wird, aber die Anwendung nicht mehr richtig funktioniert. Im schlimmsten Fall, wenn nämlich in dem entsprechenden Codeabschnitt keine Ausnahmebehandlung codiert ist, wird die Anwendung unweigerlich abstürzen.

Sehen Sie sich eine ähnliche Anweisung an, die den Inhalt der Spalte UnitsInStock auswertet:

```
int pStock = (int)ds.Tables[0].Rows["UnitsInStock"];
```

Hier offenbart sich ein weiteres Problem: Der Rückgabewert von `Rows[...]` ist immer vom Typ `Object`. Sie müssen die Rückgabe also entsprechend konvertieren. Ein Integer ist jedoch ein Wertetyp, und die Konvertierung eines Wertetyps in einen Referenztyp (bzw. umgekehrt) geht zulasten der Performance, da sich dabei Vorgänge abspielen, die als *Boxing* und *Unboxing* bekannt sind.

> **Anmerkung**
>
> Wertetypen werden zur Laufzeit auf dem Stack gespeichert, Referenztypen im Heap. Die Typkonvertierung eines Wertetyps in einen Referenztyp bezeichnet man als *Boxing*, die Umkehrung des Vorgangs als *Unboxing*.

Bohren wir ADO.NET weiter auf, und betrachten wir den Typ `DataSet` nun etwas genauer im Detail. Jede Instanz dieses Typs enthält eine oder mehrere `DataTable`-

Objekte. Diese wiederum beschreiben eine mehr oder weniger große Anzahl von `Data-Rows` und natürlich, nicht zu vergessen, die Spalten vom Typ `DataColumn`. Die Spalten unterstützen die Versionierung der Datenzeile, enthalten also neben den aktuellen auch die von der Datenbank bezogenen Originalwerte. Hinzu kommen die Beziehungen zwischen den Tabellen, die als Objekte vom Typ `DataRelation` innerhalb des `DataSets` verwaltet werden.

Obwohl in manchen Fällen viele der genannten Features nicht genutzt werden, erzeugt das `DataSet` intern zumindest leere Collections. Häufig werden die Daten auch nur zum Lesen angeboten und können nicht verändert werden. In diesem Fall ist die Versionierung der Datenzeilen innerhalb einer `DataTable` nutzlos. Das mag in einer Standalone-Anwendung durchaus noch akzeptabel sein, aber in einer Umgebung, bei der man von sehr vielen gleichzeitigen Benutzern ausgehen muss, ist das wenig akzeptabel, beispielsweise in einer Webanwendung.

Vielleicht halten Sie die Argumente gegen ADO.NET für übertrieben. Schließlich sind in der Vergangenheit unzählige Anwendungen auf Basis von ADO.NET entwickelt worden und verrichten ihre Dienste auch nach Jahren noch völlig ohne Probleme. Das wird mit Sicherheit auch noch in Zukunft so sein, man sollte aber auch nicht auf der Stelle verharren, denn Stillstand bedeutet gleichzeitig einen Rückschritt. Zum einen werden immer mehr Anwendungen entwickelt, die von vielen Usern in einer n-Tier-Umgebung gleichzeitig genutzt werden. Andererseits sind wir als Entwickler doch immer bestrebt, besseren und gut wartbaren Code zu schreiben. Hier sind durch ADO.NET Grenzen vorgegeben, die erst durch den konsequenten Einsatz der objektbasierten Programmierung durchbrochen werden können. Genau an dieser Stelle betritt das Entity Framework die Bühne.

39.1.1 Die Organisation der Daten in Klassen

Mit ADO.NET werden die Daten in einen `DataReader` oder in ein `DataSet` eingelesen. Diese beiden Typen verwalten jedoch nur Tabellenstrukturen, die in einer Datenbank definiert sind, und stellen nichts anderes dar als untypisierte Container für untypisierte Daten.

Im Gegensatz dazu programmieren Sie mit dem Entity Framework nicht gegen die Datenbank, sondern gegen ein Datenmodell, das vom Entity Framework in Form von Klassen bereitgestellt wird. Die Welt relationaler Datenbanken muss dazu auf das Datenmodell projiziert – man sagt auch *gemappt* – werden. Daher taucht im Zusammenhang mit dem Entity Framework auch immer der Begriff *ORM* auf. ORM ist die Abkürzung für *Object-Relational Mapping*.

Daten, die das Resultat einer Datenbankabfrage bilden, werden mit dem Entity Framework nicht mehr in tabellenähnliche Strukturen überführt, sondern an Objekte übergeben. Einfach gesprochen, wird für jeden Datensatz aus der Ergebnismenge ein neues Objekt erzeugt. Die Umsetzung einer Tabellenstruktur in Objekte und auch der umgekehrte Weg bei der Speicherung einer Änderung werden vom Entity Framework durchgeführt.

Das Bindeglied zwischen der Datenbank und der Anwendung wird durch das *Entity Data Model*, kurz EDM, beschrieben. Das EDM repräsentiert nicht nur das Datenmodell, das auch als *konzeptionelle Schicht* bezeichnet wird. Das Entity Data Model enthält auch eine Beschreibung der Datenbankstruktur, die *logische Schicht* genannt wird. Die logische Schicht und die konzeptionelle Schicht müssen miteinander in Beziehung stehen, damit die Daten aus einer Schicht auch den korrespondierenden Punkt der anderen Schicht finden. Für die Umsetzung ist die dritte Schicht im Entity Data Model verantwortlich, die sinnvollerweise im Deutschen auch als *Zuordnungsschicht* bezeichnet wird.

Das Entity Data Model (EDM) bildet den Kern des Entity Frameworks. Sie arbeiten mit den Klassen, die von der konzeptionellen Schicht des EDM bereitgestellt werden. Das Entity Framework seinerseits sorgt dafür, dass die Verbindung zur Datenbank hergestellt wird, es generiert die SQL-Kommandos, um Daten abzufragen, führt die Abfrage aus und überführt die zurückgelieferten Daten in die entsprechenden Objekte. Darüber hinaus verfolgt das EDM alle Aktualisierungen und schreibt die Änderungen in die Datenbank.

39.2 Ein erstes Entity Data Model (EDM) erstellen

Ehe wir uns noch weiter in die Details vertiefen, sollten wir an dieser Stelle zuerst unser erstes Entity Data Model erstellen und dessen Struktur anschließend analysieren. Wir erstellen dazu als Erstes ein neues Projekt vom Typ einer Konsolenanwendung.

Als Grundlage dient uns an dieser Stelle die bereits vertraute *Northwind*-Datenbank. Wir wollen ein Entity Data Model erzeugen, das aus dieser Datenbank die beiden Tabellen *Products* und *Categories* beschreibt. Dazu markieren Sie im PROJEKTMAPPEN-EXPLORER zuerst das Projekt und öffnen mit der rechten Maustaste das Kontextmenü. Wählen Sie hier HINZUFÜGEN • NEUES ELEMENT. Es öffnet sich ein Dialogfenster, in dem Sie die Vorlage ADO.NET ENTITY DATA MODEL auswählen (siehe Abbildung 39.1).

Mit dieser Vorlage wird eine *EDMX*-Datei erzeugt, der Sie den Namen *Northwind* geben sollten.

Nachdem Sie auf die Schaltfläche HINZUFÜGEN geklickt haben, öffnet sich sofort der in Abbildung 39.2 gezeigte nächste Dialog.

39.2 Ein erstes Entity Data Model (EDM) erstellen

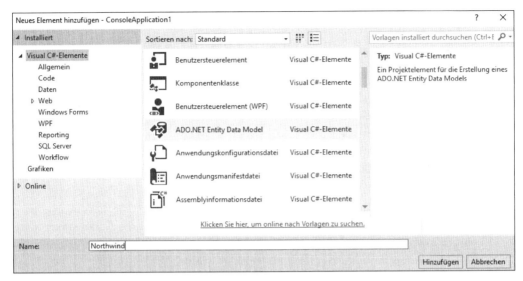

Abbildung 39.1 Entity Data Model hinzufügen

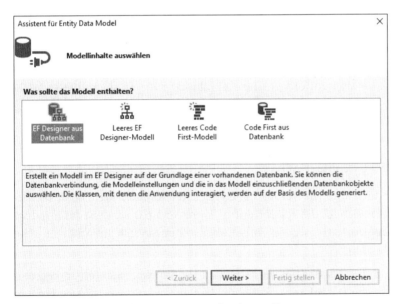

Abbildung 39.2 Modell aus einer Datenbank erstellen

Hier bieten sich mehrere Optionen an. Sie markieren hier EF DESIGNER AUS DATENBANK und klicken anschließend auf die Schaltfläche WEITER.

> **Anmerkung**
>
> Mit der von Ihnen ausgewählten Option EF DESIGNER AUS DATENBANK wird ein Entity Data Model generiert, das eine existierende Datenbank voraussetzt. Das dürfte in

1159

den meisten Fällen den typischen Praxisanforderungen entsprechen. Das Entity Framework geht aber über die Fähigkeiten noch hinaus, denn es stehen noch drei weitere Optionen zur Verfügung:

LEERES EF DESIGNER-MODEL: Möchten Sie eine neue Datenbank unter Zuhilfenahme des visuellen Designers des Entity Frameworks entwerfen? Dann sind Sie mit dieser Option bestens bedient. Sie erstellen das Entity Data Model mit einem Designer und können auch bereits den Datenzugriffscode schreiben. Aus dem EDM können Sie später die Datenbank generieren. Dazu wird das erforderliche SQL vom Designer erzeugt und als SQL-Datei gespeichert. Zudem können Sie mit dieser Option auch bereits vorhandene Datenbanken erweitern.

LEERES CODE FIRST-MODEL: Mit dieser Option schreiben Sie zuerst die Klassen und den Datenzugriffscode und können diesen sogar testen, obwohl die Datenbank noch nicht existiert. Insbesondere zur Umsetzung von Code-First wurde die DbContext-API entworfen, die wir uns in Kapitel 34 ansehen werden.

CODE FIRST AUS DATENBANK: Ohne die Zuhilfenahme des visuellen Designers des Entity Data Models schreiben Sie den Datenzugriffscode gegen eine existierende Datenbank.

Nachdem Sie mit dem dann folgenden Assistenten die Verbindung zur Datenbank festgelegt haben, öffnet sich ein Dialog, der Sie zur Angabe der zu verwendenden Entity-Framework-Version auffordert (siehe Abbildung 39.3). Es sei an dieser Stelle bereits angedeutet, dass Sie mit zwei verschiedenen Kernklassen EF-Entwicklung betreiben können:

- ObjectContext (auch als *.NET 4-ObjectContext* bezeichnet)
- DbContext aus der DbContext-API

Beide sind sich ähnlich, und wir werden in den nächsten Kapiteln auch beide behandeln. Entscheiden Sie sich für die Version Entity Framework 6.0, schließt das in jedem Fall die Verwendung von ObjectContext aus. Daher sollten Sie sich am Anfang für die Version 5.0 entscheiden.

Im nächsten Schritt des Assistenten werden Ihnen alle Tabellen, Sichten und gespeicherten Prozeduren der Datenbank angeboten. Wählen Sie für unsere folgenden Beispiele die beiden Tabellen *Products* und *Categories* aus. Achten Sie in diesem Dialog bitte unbedingt darauf, dass Sie die Option GENERIERTE OBJEKTNAMEN IN DEN SINGULAR ODER PLURAL SETZEN ausgewählt haben (siehe Abbildung 39.4). Versäumen Sie das, werden Bezeichner generiert, die suggerieren, es würde sich um eine Menge handeln und nicht um einzelne Objekte. Ein Objekt, das einen Artikel beschreibt, wäre dann vom Typ Products und nicht, wie im Grunde genommen zu erwarten ist, vom Typ Product.

39.2 Ein erstes Entity Data Model (EDM) erstellen

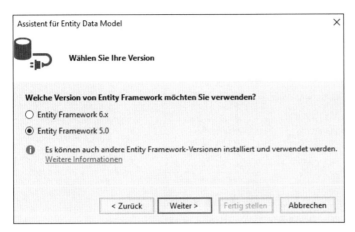

Abbildung 39.3 Auswahl der Version des Entity Frameworks

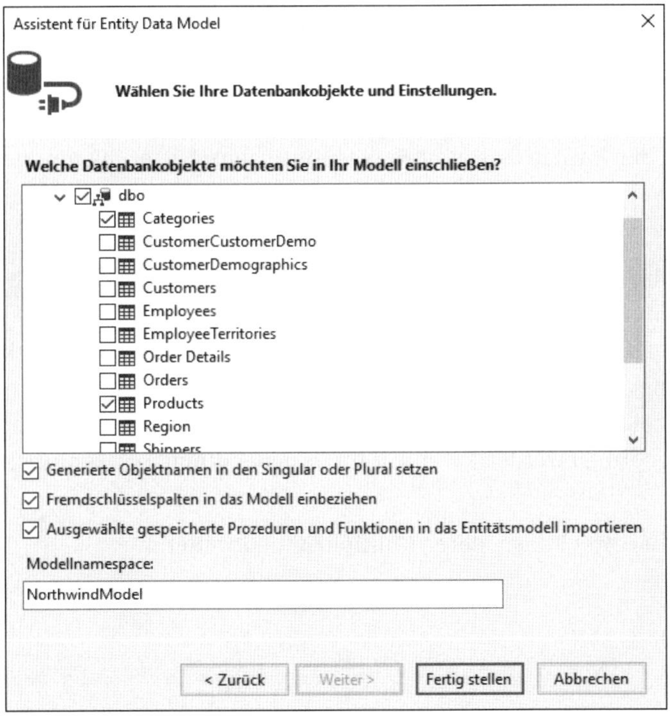

Abbildung 39.4 Auswahl der Tabellen für das Entity Data Model

Anschließend können Sie den Assistenten beenden.

In der Designer-Ansicht des Visual Studios wird anschließend das erzeugte Entity Data Model angezeigt. Es zeigt die Umsetzung der Tabellen *Products* und *Categories* in die beiden Entitäten Product und Category (siehe Abbildung 39.5).

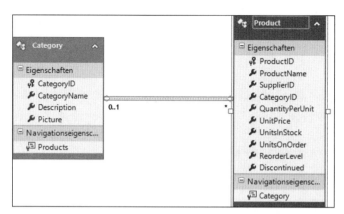

Abbildung 39.5 Das Entity Data Model (EDM) mit den Entitäten »Product« und »Category«

Die beiden Tabellen *Categories* und *Products* stehen in der *Northwind*-Datenbank miteinander in einer 1:n-Beziehung. Im EDM wird diese Beziehung übernommen und von Navigationseigenschaften unterstützt. In unserem Beispiel handelt es sich um die Navigationseigenschaft Category in der Entität Product und um die Navigationseigenschaft Products der Entität Category. Navigationseigenschaften bieten die Möglichkeit, zwischen zwei Entitätstypen zu navigieren und Daten aus der in Beziehung stehenden Tabelle abzurufen.

Die Pluralisierung der Navigationseigenschaft Products deutet an, dass einer bestimmten Kategorie mehrere Produkte zugeordnet werden können, während andererseits die Navigationseigenschaft Category in der Entität Product zum Ausdruck bringt, dass ein bestimmtes Produkt genau einer Kategorie zugeordnet wird. Eigentlich muss ich an dieser Stelle präziser sagen, dass ein Produkt entweder genau einer oder keiner Kategorie zugeordnet werden kann, was im Designer durch 0..1 kenntlich gemacht wird.

Jede Beziehung im EDM hat zwei Enden, deren Multiplizität entweder durch

- 1 (eins),
- 0..1 (keins oder eins) oder
- * (viele)

beschrieben wird. Von den Navigationseigenschaften wird entweder ein Objekt zurückgegeben, wenn die Multiplizität 0 oder 1 ist, oder mehrere Objekte, wenn die Multiplizität * ist.

Sie haben an dieser Stelle Ihr erstes Entity Data Model (EDM) erstellt und sind nun in der Lage, unter Zuhilfenahme des EDM Daten abzufragen. Aber ehe wir uns in Kapitel 40, »Abfragen mit .NET 4 Framework-ObjectContext«, damit beschäftigen, wollen wir uns das Entity Data Model im Detail ansehen, um es besser zu verstehen.

39.3 Das Entity Data Model im Designer

39.3.1 Die übergeordneten Eigenschaften einer Entität

Jede Entität wird im Entity Data Model durch allgemeine Eigenschaften spezifiziert. Damit sind nicht die Eigenschaften gemeint, die die Daten eines bestimmten Objekts vom Typ der Entität speichern (gewissermaßen also die Spalten einer Datenzeile), sondern die Eigenschaften, die den Entitätstyp ganzheitlich beschreiben. Wenn Sie im Designer die Entität Product markieren und dann das Eigenschaftsfenster öffnen, werden Sie diese allgemeinen Eigenschaften sehen (siehe Abbildung 39.6).

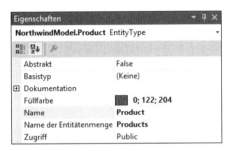

Abbildung 39.6 Die allgemeinen Eigenschaften der Entität »Product«

- ABSTRAKT: Im Entity Framework können Sie innerhalb des EDM die Vererbung benutzen, um Entitäten miteinander in eine Vererbungsbeziehung zu setzen. Mit dieser Eigenschaft lässt sich festlegen, ob die Entität als abstrakte Basisklasse ihre Eigenschaften nur den ableitenden Entitäten zur Verfügung stellen soll.

- BASISTYP: Handelt es sich bei der Entität um eine ableitende Klasse, gibt diese Eigenschaft die Basisklasse an.

- DOKUMENTATION: Diese Eigenschaft gestattet es, entweder eine kurze oder lange (oder beides) Beschreibung der Entität hinzuzufügen. Die kurze Beschreibung entspricht dem <summary>-Element eines XML-Kommentars, die lange wird in die XML-Dokumentationsdatei des Ausgabeverzeichnisses geschrieben, wenn die entsprechende Option im Projekteigenschaftsfenster aktiviert ist.

- NAME: Diese Eigenschaft gibt den Bezeichner der Entität an. Sollten Sie im Assistenten die Option GENERIERTE OBJEKTNAMEN IN DEN SINGULAR ODER PLURAL SETZEN nicht ausgewählt haben, würde ein pluralisierender Bezeichner generiert, beispielsweise Products.

- NAME DER ENTITÄTENMENGE: Diese Eigenschaft legt fest, wie die Eigenschaft heißt, mit der später eine Menge vom Typ der jeweiligen Entität im Code abgefragt werden kann.

- ZUGRIFF: Es sollte eigentlich klar sein, dass mit dieser Eigenschaft die Sichtbarkeit der Entität festgelegt wird.

39.3.2 Eigenschaftstypen eines Entitätsobjekts

Eine Entität, wie wir sie im Designer des EDM sehen, kann man als Container verstehen, der drei verschiedene Eigenschaftstypen enthalten kann:

- skalare Eigenschaften
- komplexe Eigenschaften
- Navigationseigenschaften

Skalare Eigenschaften

Unter den skalaren Eigenschaften sind diejenigen zu verstehen, die im Grunde genommen die Spalten einer Datenbanktabelle abbilden. Dabei wird jede Spalte der Tabelle in der Entität durch eine Eigenschaft dargestellt.

Jede Spalte einer Tabelle wird ihrerseits durch eine Reihe von Eigenschaften spezifiziert, beispielsweise durch einen Datentyp, ob sie NULL zulässt oder eine feste Länge hat. Sie können sich die Eigenschaften einer Spalte (besser sollte ich schreiben: »einer skalaren Eigenschaft«) im Eigenschaftsfenster der Entwicklungsumgebung ansehen, wenn Sie im Designer eine Eigenschaft selektieren. Abbildung 39.7 zeigt das anhand der Eigenschaft ProductName der Entität Product.

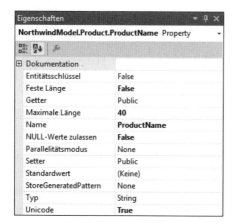

Abbildung 39.7 Die Eigenschaft »ProductName«

In Tabelle 39.1 die Eigenschaften erläutert.

Eigenschaft	Beschreibung
Dokumentation	siehe die gleichnamige Eigenschaftsbeschreibung in Abschnitt 39.3, »Das Entity Data Model im Designer«

Tabelle 39.1 Eigenschaften einer Entitätseigenschaft

Eigenschaft	Beschreibung
Entitätsschlüssel	Diese Eigenschaft gibt an, ob es sich bei der Spalteneigenschaft um den Primärschlüssel handelt. Jede Entität muss mindestens eine solche Eigenschaft haben. Hat die zugrunde liegende Tabelle der Entität einen zusammengesetzten Primärschlüssel, können auch mehrere Entitätseigenschaften die Einstellung Entitätsschlüssel = true haben.
Feste Länge	Gibt vor, ob diese Entitätseigenschaft eine feste Länge aufweist.
Getter/Setter	Legt den Zugriff auf die Entitätseigenschaft fest.
Maximale Länge	Bestimmt die Maximallänge der Entitätseigenschaft. Als Werte sind neben einer individuell eingestellten Länge auch None und Max möglich.
NULL-Werte zulassen	Gibt an, ob die Entitätseigenschaft NULL zulässt oder nicht.
Parallelitätsmodus	Diese Eigenschaft hängt mit der Aktualisierung zusammen und beschreibt, ob die genannte Eigenschaft während der Aktualisierung überprüft werden soll.
Standardwert	Legt den Standardwert der Entitätseigenschaft fest.
StoreGeneratedPattern	Gibt an, was geschehen soll, wenn eine Datenzeile hinzugefügt oder geändert werden soll.
Typ	Legt den Datentyp der Entitätseigenschaft fest. Abhängig davon, welche Einstellung hier gewählt ist, werden nur die Eigenschaften im Eigenschaftsfenster angezeigt, die im Zusammenhang mit dem Datentyp sinnvoll sind.
Unicode	Diese Eigenschaft ist nur im Zusammenhang mit dem Datentyp String relevant. Sie legt fest, ob die Zeichenfolge im Unicode abgelegt werden soll oder nicht.

Tabelle 39.1 Eigenschaften einer Entitätseigenschaft (Forts.)

Komplexe Eigenschaften

Komplexe Typen sind eine Möglichkeit, mehrere skalare Eigenschaften zusammenzufassen. Angenommen, die beiden Entitäten Mitarbeiter und Kundeninformation eines EDM würden die Adressinformationen von Personen beschreiben, beispielsweise den Namen, den Wohnort und die Strasse. Es böte sich an, aus diesen drei Eigenschaften den komplexen Typ Address zu bilden und ihn zu einer Eigenschaft der beiden Entitäten Mitarbeiter und Kundeninformation zu machen.

Komplexe Typen werden als Klassen definiert. Sie können mit komplexen Typen den Code und das Entity Data Model zwar besser strukturieren, sie können aber nicht direkt abgefragt oder separat in der Datenbank gespeichert werden.

Navigationseigenschaften

Widmen wir uns nun der dritten Gruppe der Eigenschaften, den Navigationseigenschaften. Exemplarisch sehen wir uns dazu die Navigationseigenschaft Category in der Entität Product an. Wie skalare Eigenschaften werden auch Navigationseigenschaften durch eigenschaftsspezifische Einstellungen beschrieben, die im Eigenschaftsfenster vom Visual Studio angezeigt werden, wenn die entsprechende Navigationseigenschaft im Designer ausgewählt ist (siehe Abbildung 39.8).

Navigationseigenschaften beschreiben, wie zu einer in Beziehung stehenden Entität navigiert wird. Dabei greifen die Navigationseigenschaften auf die im EDM definierte Beziehung (Assoziation) zurück, die die Charakteristik der Beziehung zwischen zwei Entitäten exakt beschreibt. In unserem Beispiel lautet der Bezeichner der Beziehung FK_Products_Categories.

Die Verknüpfung der Navigationseigenschaft einer Entität zu einer bestimmten Assoziation erfolgt mit der Eigenschaft Zuordnung.

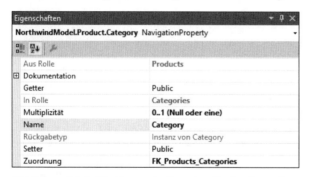

Abbildung 39.8 Die Eigenschaften der Navigationseigenschaft »Category« der Entität »Product«

Die Eigenschaft Multiplizität gibt an, wie viele Entitäten beim Aufruf der Navigationsmethode als Resultat geliefert werden können. In unserem Beispiel ist es keins, weil ein Produkt nicht zwangsläufig einer Kategorie zugeordnet werden muss, oder genau eins. Der Rückgabetyp ist mit der schreibgeschützten Eigenschaft Rückgabetyp ebenfalls angegeben.

Betrachten wir nun die zweite Entität in unserem EDM: Category. Die Navigationsmethode lautet hier Products und suggeriert uns, dass mit dem Aufruf

Category.Products

eine Liste von Produkten zurückgeliefert wird, unabhängig davon, ob die Liste leer ist, nur ein Produkt oder viele enthält. Es sei schon an dieser Stelle erwähnt, dass die Liste vom Typ EntityCollection<T> oder, um es präzise auszudrücken, vom Typ EntityCollection<Product> ist.

39.3.3 Assoziationen im Entity Data Model

Die Beziehung zwischen zwei Tabellen in einer Datenbank wird im Entity Data Model durch *Assoziationen*, auch als *Zuordnungen* bezeichnet, abgebildet. Navigationseigenschaften benutzen Assoziationen, um von einer Entität auf in Beziehung stehende Entitäten zuzugreifen.

Wir sollten nun einen Blick auf die Zuordnung zwischen den beiden Entitäten Product und Category im Designer werfen. Da Zuordnungen auch durch Eigenschaften beschrieben werden, markieren wir die Zuordnung im Designer und wenden danach unsere Aufmerksamkeit dem Eigenschaftsfenster zu, in dem nunmehr die Eigenschaften der Assoziation angezeigt werden (siehe Abbildung 39.9).

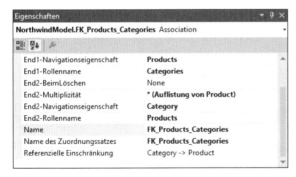

Abbildung 39.9 Eigenschaften einer Assoziation

Eine Assoziation beschreibt mit *End1* und *End2* zwei Endpunkte. Bei *End1* handelt es sich um den Endpunkt der Assoziation aufseiten der Entität Category, *End2* ist der Endpunkt aufseiten der Entität Product. Der jeweilige Bezeichner der Endpunkte wird von den Eigenschaften END1-ROLLENNAME und END2-ROLLENNAME festgelegt.

Die Multiplizität des jeweiligen Endpunkts wird mit der Eigenschaft END1-MULTIPLIZITÄT bzw. END2-MULTIPLIZITÄT beschrieben. Wie schon weiter oben erwähnt, können die Endpunkte durch 0..1 (null oder einen), 1 (einen) oder * (viele) beschrieben werden. Die Navigationseigenschaft der zu einem Endpunkt zugeordneten Entität legt die Eigenschaft END1-/END2-NAVIGATIONSEIGENSCHAFT fest.

39.3.4 Der Kontext der Entitäten

Wir haben in den letzten Abschnitten einen Blick auf die Entitäten und deren Beziehungen untereinander geworfen. Im Grunde genommen wird noch eine weitere

Komponente im Designer dargestellt, die jedoch keine grafische Präsentation hat. Es ist das Entity Model selbst mit allen seinen Eigenschaften zur Generierung und Verwaltung. Sie können sich seine Eigenschaften im Eigenschaftsfenster anzeigen lassen, indem Sie einfach in den freien Bereich des Designers klicken (siehe Abbildung 39.10).

Auf alle Eigenschaften an dieser Stelle einzugehen würde zu weit führen. Aber auf eine Eigenschaft möchte ich Sie aufmerksam machen: Es ist die Eigenschaft ENTITÄTSCONTAINERNAME, die in unserem Modell auf *NorthwindEntities* eingestellt ist. Hier wird der Bezeichner des Containers angegeben, von dem standardmäßig alle Entitäten verwaltet werden. Ohne ein Objekt dieses Containers geht fast nichts; er bildet das Herzstück der EF-Anwendung.

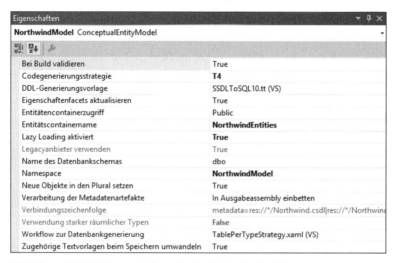

Abbildung 39.10 Eigenschaften des Entity Data Models

39.4 Der Aufbau des Entity Data Models

Das Entity Data Model können Sie sich als das Bindeglied zwischen der Datenbank und Ihrem Programmcode vorstellen. Nachdem wir uns im letzten Abschnitt den visualisierten Teil des EDM angesehen haben, wollen wir nun ein wenig hinter die Kulissen blicken, um die Zusammenhänge besser zu verstehen.

Da ein Doppelklick auf die *EDMX*-Datei nur die Designansicht aufruft, wollen wir diese Datei nun auf andere Weise öffnen. Dazu markieren Sie die *EDMX*-Datei im PROJEKTMAPPEN-EXPLORER und öffnen mit der rechten Maustaste das Kontextmenü. Wählen Sie hier ÖFFNEN MIT. Aus der Ihnen angebotenen Liste von Tools zum Öffnen der *EDMX*-Datei sollten Sie die Option XML EDITOR auswählen. Sollte in diesem Moment die *EDMX*-Datei in der Designansicht noch geöffnet sein, werden Sie noch darauf hingewiesen und gefragt, ob die geöffnete Datei geschlossen werden soll. Sie können das bestätigen. Im Visual Studio werden Ihnen daraufhin gewissermaßen die »Rohdaten« des Entity Data Models im XML-Format angezeigt.

Im ersten Moment hinterlässt die Datei einen verwirrenden Eindruck. Aber bei genauer Betrachtung gliedert sie sich in zwei Hauptabschnitte: einen Abschnitt Runtime, der Laufzeitinformationen enthält, und einen Abschnitt Designer mit Informationen für die Darstellung in der Designansicht. Der Abschnitt Runtime seinerseits beschreibt drei untergeordnete Abschnitte:

- **CSDL (Conceptual Schema Definition Language)**

  Dieser Abschnitt beherbergt das konzeptionelle Modell und beschreibt somit die Schicht, gegen die Sie Ihren Programmcode schreiben.

- **SSDL (Storage Schema Definition Language)**

  Diese Schicht beschreibt das Schema der Datenbank.

- **MSL (Mapping Specification Language)**

  Diese Schicht bildet das konzeptionelle Modell (CSDL) auf das Schema der Datenbank (SSDL) ab.

Abbildung 39.11 zeigt die drei Hauptabschnitte im zusammengeklappten Zustand.

```
Northwind.edmx
    <?xml version="1.0" encoding="utf-8"?>
    <edmx:Edmx Version="3.0" xmlns:edmx="http://schemas.microsoft.com/ado/2009/11/edmx">
        <!-- EF Runtime content -->
        <edmx:Runtime>
            <!-- SSDL content -->
            <edmx:StorageModels>...</edmx:StorageModels>
            <!-- CSDL content -->
            <edmx:ConceptualModels>...</edmx:ConceptualModels>
            <!-- C-S mapping content -->
            <edmx:Mappings>...</edmx:Mappings>
        </edmx:Runtime>
        <!-- EF Designer content (DO NOT EDIT MANUALLY BELOW HERE) -->
        <Designer xmlns="http://schemas.">...</Designer>
    </edmx:Edmx>
```

Abbildung 39.11 Struktur des Entity Data Models

Der Abschnitt »SSDL« (Store Schema Definition Language)

Dieser Abschnitt, der häufig auch als *physikalisches Modell* oder *Speichermodell* bezeichnet wird, bildet die Daten der Datenquelle durch XML ab. Diese Sektion wird durch das <Schema>-Element beschrieben, das mit <EntityContainer>, <EntityType> und <Association> weiter aufgegliedert wird.

Neben dem Namespace-Attribut werden im <Schema>-Element die Attribute Provider und ProviderManifestToken angeführt. Die letztgenannten Attribute geben an, über welchen Provider die Verbindung zur Datenbank aufgenommen wird, bzw. repräsentieren deren Version.

Das `<EntityContainer>`-Element beschreibt die Struktur der zugrunde liegenden Datenquelle und gliedert sich selbst in die beiden untergeordneten Elemente `<EntitySet>` und `<AssociationSet>`. EntitySet stellt eine Tabelle der Datenbank dar, AssociationSet die Beziehung zwischen den Tabellen des aktuellen Entity Data Models. Sehen wir uns zunächst den Abschnitt an, der die Tabelle *Categories* beschreibt.

```xml
<EntityType Name="Categories">
  <Key>
    <PropertyRef Name="CategoryID" />
  </Key>
  <Property Name="CategoryID" Type="int" Nullable="false"
          StoreGeneratedPattern="Identity" />
  <Property Name="CategoryName" Type="nvarchar" Nullable="false"
          MaxLength="15" />
  <Property Name="Description" Type="ntext" />
  <Property Name="Picture" Type="image" />
</EntityType>
```

Sie erkennen, dass jede Spalte der Tabelle hinsichtlich des Namens, des Datentyps und ihrer Einschränkungen durch Attribute des `<Property>`-Elements angegeben ist. Bei den Datentypangaben handelt es sich um die datenbankspezifischen, in unserem Fall um die des SQL Servers. Die Primärschlüsselfelder sind durch das `<Key>`-Element namentlich aufgeführt.

Das `<Association>`-Element definiert die Beziehungen zwischen den in unserem Entity Data Model enthaltenen Tabellen.

```xml
<Association Name="FK_Products_Categories">
  <End Role="Categories" Type="NorthwindModel.Store.Categories"
                      Multiplicity="0..1" />
  <End Role="Products" Type="NorthwindModel.Store.Products"
                      Multiplicity="*" />
  <ReferentialConstraint>
    <Principal Role="Categories">
      <PropertyRef Name="CategoryID" />
    </Principal>
    <Dependent Role="Products">
      <PropertyRef Name="CategoryID" />
    </Dependent>
  </ReferentialConstraint>
</Association>
```

Eine Beziehung zwischen zwei Tabellen hat zwei Endpunkte. Diese werden, ergänzt um die Angabe der Multiplizität, zuerst angegeben. `<ReferentialConstraint>` definiert die Charakteristik der referenziellen Einschränkung: Die Tabelle *Products* ist die abhängige (engl.: *dependent*) Seite, also die Detailtabelle, die Tabelle *Categories* die Mastertabelle. In beiden Tabellen lauten die Spalten, zwischen denen die referenzielle Einschränkung definiert ist, `CategoryID`.

Immer dann, wenn Daten zur Datenbank gesendet werden, wird das Entity Framework mithilfe des Abschnitts `<ReferentialConstraint>` prüfen, ob gegen die referenzielle Einschränkung verstoßen wird. Sollte das der Fall sein, werden die Daten nicht gesendet.

Der Abschnitt »CSDL« (Conceptual Schema Definition Language)

Der Abschnitt `CSDL` stellt das konzeptionelle Schema dar und beschreibt die Schicht, gegen die Sie später programmieren werden. Natürlich werden Sie nicht die XML-Elemente mit dem Code ansprechen, vielmehr dient dieses Schema dem Assistenten dazu, daraus Klassen zu generieren. Diese werden wir uns in Abschnitt 39.5.1 noch ansehen.

Der `CSDL`-Abschnitt der .*edmx*-Datei ähnelt sehr stark dem `SSDL`-Abschnitt. Er enthält ein `<EntityContainer>`-Element, für jede abgebildete Tabelle ein `<EntityType>`-Element und ein Element `<Association>`, um die referenziellen Einschränkungen der Tabellen zu definieren. Dennoch sind einige Unterschiede durchaus erwähnenswert. Beispielsweise bezieht sich der Datentyp in den spaltenbeschreibenden `<Property>`-Elementen nicht mehr auf datenbankspezifische Typen, sondern bildet die Datentypen des .NET Frameworks ab. Einen weiteren wesentlichen Unterschied stellen wir bei den Eigenschaften fest, die Zeichenfolgen beschreiben. Hier werden zusätzliche Attribute angegeben, um z. B. die Länge einer Zeichenfolge festzulegen. Zu den Eigenschaften gesellt sich zudem ein Element `<NavigationProperty>`. Dieses beschreibt, wie zwischen den an einer Beziehung beteiligten Entitäten navigiert wird. Das folgende Codefragment zeigt den Abschnitt `<EntityType>` der Entität `Category`.

```
<EntityType Name="Category">
  <Key>
    <PropertyRef Name="CategoryID" />
  </Key>
  <Property Name="CategoryID" Type="Int32" Nullable="false"
            annotation:StoreGeneratedPattern="Identity" />
  <Property Name="CategoryName" Type="String" Nullable="false"
            MaxLength="15" Unicode="true" FixedLength="false" />
  <Property Name="Description" Type="String" MaxLength="Max" Unicode="true"
            FixedLength="false" />
  <Property Name="Picture" Type="Binary" MaxLength="Max"
            FixedLength="false" />
  <NavigationProperty Name="Products"
```

```
                    Relationship="NorthwindModel.FK_Products_Categories"
                    FromRole="Categories" ToRole="Products" />
</EntityType>
```

Der Abschnitt »MSL« (Mapping Specification Language)

Die beiden zuvor beschriebenen Abschnitte `SSDL` und `CSDL` müssen miteinander in Bezug gesetzt werden. Diese Aufgabe übernimmt die dritte Schicht im Entity Data Model.

Die Mappingsektion der *.edmx*-Datei lässt sich in einem separaten Fenster visualisieren. Markieren Sie dazu in der Designansicht des Entity Data Models eine Entität, und wählen Sie im Kontextmenü die Option TABELLENMAPPING. Die Mappinginformationen der entsprechenden Entität werden danach im Fenster ZUORDNUNGSDETAILS angezeigt (siehe Abbildung 39.12).

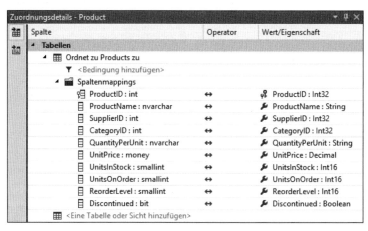

Abbildung 39.12 Die visualisierten Mappingdetails

Die Abbildung zeigt, wie die Entität Product auf die Tabelle Products der SSDL abgebildet wird. Es ist zu erkennen, dass es sich um ein 1:1-Mapping zwischen der konzeptionellen und der Speicherschicht handelt. In der Liste SPALTENMAPPINGS sind auf der linken Seite die Spalten der Speicherschicht angegeben, auf der rechten die entsprechenden Eigenschaften im konzeptionellen Modell. Das erkennen Sie daran, dass links Datentypen des SQL Servers angegeben sind, auf der rechten Seite die Entsprechungen im .NET Framework.

39.5 Die Klassen des Entity Data Models (EDM)

Jetzt haben wir uns das Umfeld des Entity Data Models angesehen und kennen seine Struktur und können damit auch elementar arbeiten. Das ist aber nur die eine Seite des Entity Frameworks. Die andere Seite sind Klassen, die uns bereitgestellt werden.

Weiter oben habe ich bereits erwähnt, dass es zwei Wege gibt, das Entity Framework zu programmieren:

- mit einer zentralen Klasse `ObjectContext`
- mit der DbContext-API

Die Klasse `ObjectContext` wird uns in den folgenden 3 Kapiteln dieses Buches beschäftigen. Auf die DbContext API gehen wir in Kapitel 43, »Die DbContext-API«, ein.

39.5.1 Die Klassen für die DbContext-API

Standardmäßig werden vom EDM zunächst Klassen erzeugt, die die Basis der DbContext-API bilden. Sie finden diese im PROJEKTMAPPEN-EXPLORER unterhalb des Knotens der Datei *Northwind.edmx*. Gemeint sind die beiden Dateien *Northwind.Context.tt* und *Northwind.tt*. Hierbei handelt es sich um sogenannte T4-Dateien, die als Schablone für die Erzeugung der eigentlichen Entitätsklassen dienen. Die Entitäten `Product` und `Category` werden dabei in den Dateien *Product.cs* und *Category.cs* beschrieben. Dazu gesellt sich mit *Northwind.Context.cs* noch eine weitere Quellcodedatei, die die Klasse `NorthwindEntities` beschreibt, die von `DbContext` abgeleitet ist.

Sehen wir uns exemplarisch die mit *Northwind.tt* erstellte Quellcodedatei *Category.cs* an.

```csharp
public partial class Category
{
  public Category()
  {
    this.Products = new HashSet<Product>();
  }
  public int CategoryID { get; set; }
  public string CategoryName { get; set; }
  public string Description { get; set; }
  public byte[] Picture { get; set; }
  public virtual ICollection<Product> Products { get; set; }
}
```

Listing 39.1 Der Code der Entität »Category«

Klassen mit dieser Struktur werden als POCOs bezeichnet. Dabei steht POCO für *Plain Old CLR Object*. Neben dem Konstruktor werden in einer POCO-Klasse alle Spalten der Tabelle als Eigenschaften abgebildet. Darüber hinaus finden wir die virtuelle Navigationseigenschaft wieder, die eine Liste von Produkten beschreibt.

Das soll an dieser Stelle reichen. Wir werden uns mit der DbContext-API in Kapitel 43, »Die DbContext-API«, beschäftigen und wenden uns zuerst dem .NET-4-ObjektContext zu.

39.5.2 Die Entitäten für .NET Framework-4-ObjectContext

Per Vorgabe werden immer zuerst die Klassen für die DbContext-API erstellt. Wir müssen deshalb Vorbereitungen treffen, um mit der Klasse ObjectContext arbeiten zu können. Dazu wird im ersten Schritt im Eigenschaftsfenster des Entity Models die Codegenerierungsstrategie von T4 auf LEGACY-OBJECTCONTEXT umgestellt (siehe Abbildung 39.13).

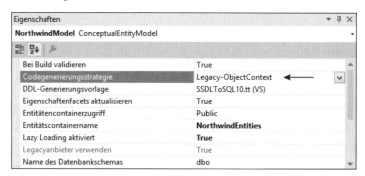

Abbildung 39.13 Änderung der Eigenschaft »Codegenerierungsstrategie«

Anschließend müssen Sie auch die beiden Dateien *Northwind.Context.tt* und *Northwind.tt* im PROJEKTMAPPEN-EXPLORER löschen.

> **Anmerkung**
> Sie können nur dann eine Umstellung von der DbContext-API auf .NET 4 Framework-ObjectContext erreichen, wenn Sie im Assistenten zur Erstellung des Entity Data Models die Entity-Framework-Version 5.0 ausgewählt haben (siehe Abbildung 39.3). Eine Umstellung ist mit Entity-Framework-Version 6.0 nicht mehr möglich, da die Option CODEGENERIERUNGSSTRATEGIE deaktiviert ist.

Das ist bereits alles. Im PROJEKTMAPPEN-EXPLORER ist unterhalb des Knotens der EDMX-Datei nun die Datei *Northwind.Designer.cs* zu sehen. Diese Datei beschreibt die Klassen, die die konzeptionelle Schicht umsetzen. Bezogen auf das von uns erstellte EDM handelt es sich um die Klassen Product und Category. Außerdem wird in der Datei eine Klasse namens NorthwindEntities beschrieben. Diese stellt den Kontext bereit, innerhalb dessen die Entitäten abgefragt und bearbeitet werden können.

Die Entitätsklassen

Im Entity Framework arbeiten Sie nicht direkt mit Datensätzen. Stattdessen werden die von der Datenbank bezogenen Daten eines Datensatzes in einem Entitätsobjekt materialisiert. Die entsprechende Entitätsklasse mit allen erforderlichen Membern beschreibt das Entity Data Model. Wir wollen uns nun die Entität Product ansehen, die die Tabelle *Products* der *Northwind*-Datenbank abbildet. Dabei gehen wir auch in diesem Beispiel davon aus, dass im EDM neben der Entität Product auch die Entität Category beschrieben wird.

Jede Entitätsklasse wird von der Basis EntityObject abgeleitet:

```
[EdmEntityType(NamespaceName="NorthwindModel", Name="Product")]
[Serializable()]
[DataContract(IsReference=true)]
public partial class Product : EntityObject
{[...]}
```

Damit hat eine Entität von Anfang an eine gewisse Basisfunktionalität. Da ein Objekt vom Typ einer Entität häufig auch die Prozessgrenzen verlassen muss (beispielsweise bei einer Webanwendung), ist die Fähigkeit zur Serialisierung sehr wichtig. Aus diesem Grund ist jede Entitätsklasse mit den Attributen Serializable und DataContract verknüpft.

Zu den von der Basis EntityObject geerbten Membern gehören die beiden Eigenschaften EntityState und EntityKey. Beide spielen im Zusammenhang mit der Zustandsverfolgung und der Aktualisierung einer Entität eine wichtige Rolle. Darüber hinaus erbt eine Entität die beiden Ereignisse PropertyChanging und PropertyChanged, die über die Methoden OnPropertyChanging und OnPropertyChanged ausgelöst werden können.

Der Code einer Entität

Sehen wir uns nunmehr den automatisch erzeugten Programmcode in einer Entität an.

Jede Entität, die zugleich in Beziehung zu einer anderen im Entity Data Model steht, wird durch drei Methodengruppen beschrieben:

- eine Factory-Methode
- primitive Eigenschaften
- Navigationsmethoden

Betrachten wir zuerst die Factory-Methode ganz am Anfang der Entitätsklasse.

```
public static Product CreateProduct(Int32 productID,
                                    String productName,
                                    Boolean discontinued)
{
   Product product = new Product();
   product.ProductID = productID;
   product.ProductName = productName;
   product.Discontinued = discontinued;
```

```
    return product;
}
```
Listing 39.2 Die Factory-Methode in der Entität «Product«

Grundsätzlich können Sie natürlich eine neue Entität immer durch den Aufruf des Konstruktors erzeugen. Das ist beispielsweise dann von Interesse, wenn Sie die neue Entität in die Datenbank als neuen Datensatz zurückschreiben wollen. Da es aber keinen parametrisierten Konstruktor gibt, bleibt Ihnen in diesem Fall aber nichts anderes übrig, als allen Feldern, die nicht `NULL` sein dürfen, ausdrücklich einen Wert zu übergeben. Die Factory-Methode in der Entitätsklasse unterstützt Sie dabei in der Weise, dass für jedes nicht-`NULL`-fähige Feld ein Parameter definiert ist, dem Sie beim Methodenaufruf ein Argument übergeben müssen.

Jede Spalte in der Datenbank wird in der Entitätsklasse durch eine Eigenschaft abgebildet, die den zugehörigen Wert in einem privaten Feld speichert. Exemplarisch sei an dieser Stelle die Eigenschaft `ProductName` der Entität `Product` gezeigt:

```
[EdmScalarPropertyAttribute(EntityKeyProperty=false, IsNullable=false)]
[DataMemberAttribute()]
public String ProductName
{
  get { return _ProductName; }
  set
  {
    OnProductNameChanging(value);
    ReportPropertyChanging("ProductName");
    _ProductName = StructuralObject.SetValidValue(value, false);
    ReportPropertyChanged("ProductName");
    OnProductNameChanged();
  }
}
private String _ProductName;
partial void OnProductNameChanging(String value);
partial void OnProductNameChanged();
```
Listing 39.3 Die Property »ProductName« in der Entität »Product«

Entitätseigenschaften sind mit den Attributen `EdmScalarProperty` und `DataMember` verknüpft. Das `DataMember`-Attribut kennzeichnet Eigenschaften, die beim Aufruf eines Services (z. B. beim Einsatz innerhalb der WCF – Windows Communication Foundation) serialisiert werden müssen. Interessanter ist momentan das Attribut `EdmScalarProperty`. Dessen Eigenschaft `EntityKeyProperty` gibt an, ob die mit diesem Attribut verknüpfte Entitätseigenschaft Teil des Entitätsschlüssels (der in der Regel dem Primärschlüssel entspricht) ist. Wie wir wissen, trifft das nicht auf `ProductName` zu. Die `IsNullable`-Eigenschaft wiederum gibt an, ob die Entitätseigenschaft den Wert `NULL` aufweisen kann. Das ist für `ProductName` nicht der Fall.

Über den `get`-Zweig der Eigenschaft muss eigentlich kein weiteres Wort verloren werden. Er liefert ausschließlich den Wert der Eigenschaft zurück. Etwas aufwendiger ist der `set`-Zweig implementiert. Inmitten der insgesamt fünf Anweisungen finden wir die Zuweisung des Werts an das private Feld `_ProductName`. Davor wird das Ereignis `ReportPropertyChanging` ausgelöst sowie die partielle Methode `OnProductNameChanging` aufgerufen. Ähnliches spielt sich auch nach der Wertzuweisung ab: die Auslösung des Ereignisses `ReportPropertyChanged` und der Aufruf einer partiellen Methode `OnProductNameChanged`.

Wir sollten zuerst über die beiden Ereignisse sprechen. Die Entitätsklasse kann natürlich von mehreren Methoden in der Anwendung genutzt werden. Es ist durchaus vorstellbar, dass im Zusammenhang mit der Zuweisung an die Eigenschaft `ProductName` innerhalb der Methoden unterschiedliche Reaktionen verbunden werden sollen. Vielleicht soll beim Aufruf einer Methode vor der Eigenschaftswertänderung die Aktion in ein Protokoll geschrieben werden, während eine andere Methode nur eine Information an den Anwender sendet. In solchen Fällen, in denen es zu unterschiedlichen Reaktionen kommen soll, bieten sich die Ereignisse `ReportPropertyChanging` und `ReportPropertyChanged` an.

Einen anderen Zweck verfolgt die Bereitstellung der beiden partiellen Methoden `OnProductNameChanging` und `OnProductNameChanged`. Diese dienen dazu, Code bereitzustellen, der immer dann ausgeführt wird, wenn sich die Eigenschaft ändert. Im ersten Moment scheint nichts dagegen zu sprechen, den gewünschten Code direkt in den `set`-Zweig der Eigenschaft zu schreiben. Es gibt aber dennoch ein gewichtiges Gegenargument: Wird das Entity Data Model aus der Datenbank aktualisiert, geht der benutzerdefinierte Code verloren. Er wird schlicht und ergreifend »wegaktualisiert«. Dieser unerwünschte Effekt wird mit partiellen Methoden vermieden. Partielle Methoden werden in einer partiellen Teildefinition der Klasse implementiert. Bei einer Aktualisierung des Entity Data Models ist der partielle Teil mit der Implementierung der partiellen Methoden davon nicht betroffen.

> **Anmerkung**
> Sie erreichen eine Aktualisierung des Entity Data Models, wenn Sie im Designer des EDM in den freien Bereich klicken, das Kontextmenü öffnen und dort MODELL AUS DATENBANK AKTUALISIEREN wählen.

Zum Schluss unserer Betrachtungen werden wir noch die Navigationseigenschaften erwähnen. In der Entität `Product` lauten sie `Category` und `CategoryReference`. Der Einfachheit halber sei an dieser Stelle nur die Struktur wiedergegeben:

```
public Category Category
{
  [...]
}
public EntityReference<Category> CategoryReference
{
  [...]
}
```

Listing 39.4 Die Navigationseigenschaften der Entität »Product«

Die Navigationseigenschaften dienen dazu, eine bestehende Beziehung zu nutzen, um von einer Entität zu in einer in Beziehung stehenden Entität zu navigieren. In den beiden folgenden Kapiteln werden Sie den Einsatz der Navigationsmethoden kennenlernen.

39.5.3 Der »ObjectContext«

Neben den im Abschnitt zuvor beschriebenen Entitäten ist der Objektkontext das zentrale Element des Entity Frameworks. Der Objektkontext wird durch ein Objekt beschrieben, das von der Basis ObjectContext abgeleitet ist. Ohne den Objektkontext, der zugleich der Cache für die Entitätsobjekte ist, können Sie keine Abfragen ausführen oder Objektänderungen speichern. Darüber hinaus überwacht der Objektkontext die Änderungen an den Entitätsobjekten und berücksichtigt dabei auch die Einhaltung der im EDM enthaltenen Assoziationen.

Sehen wir uns nun die elementare Struktur der Klassendefinition des Objektkontextes in unserem EDM in Abbildung 39.14 an.

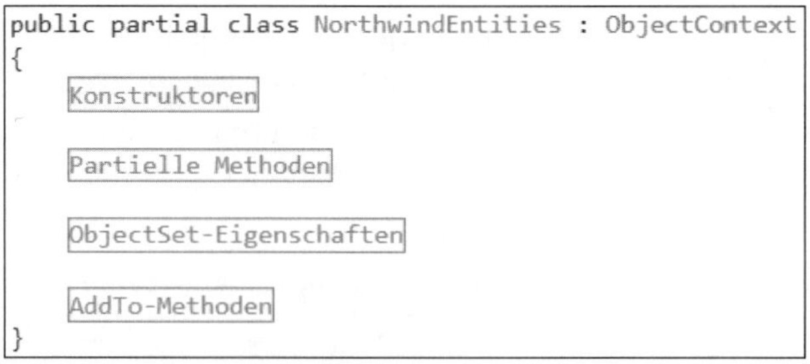

```
public partial class NorthwindEntities : ObjectContext
{
    Konstruktoren

    Partielle Methoden

    ObjectSet-Eigenschaften

    AddTo-Methoden
}
```

Abbildung 39.14 Elemente einer »ObjectContext«-Klasse

Der Objektkontext definiert mehrere Konstruktoren.

```
public NorthwindEntities() : base("name=NorthwindEntities",
                        "NorthwindEntities")
{
```

```
  this.ContextOptions.LazyLoadingEnabled = true;
  OnContextCreated();
}
public NorthwindEntities(string connectionString) : base(connectionString,
                                                        "NorthwindEntities")
{
  this.ContextOptions.LazyLoadingEnabled = true;
  OnContextCreated();
}
public NorthwindEntities(EntityConnection connection) : base(connection,
                                                             "NorthwindEntities")
{
  this.ContextOptions.LazyLoadingEnabled = true;
  OnContextCreated();
}
```

Listing 39.5 Die Konstruktoren der Klasse »ObjectContext«

Der parameterlose Konstruktor verwendet die in der Konfigurationsdatei (*app.config*) hinterlegte Verbindungszeichenfolge zum Aufbau der Verbindung zur Datenbank. Darüber hinaus haben Sie die Möglichkeit, eine Verbindungszeichenfolge explizit anzugeben oder ein EntityConnection-Objekt zu übergeben.

In den Konstruktoren wird die Methode OnContextCreated aufgerufen. Hierbei handelt es sich um eine partielle Methode, die es Ihnen ermöglicht, bei der Instantiierung der ObjectContext-Klasse eigenen Code hinzuzufügen.

Für jede im Entity Data Model beschriebene Entität wird durch den Objektkontext eine schreibgeschützte Eigenschaft bereitgestellt, die die Menge aller Objekte des entsprechenden Entitätstyps beschreibt. In unserem EDM-Beispiel handelt es sich um die Eigenschaften Products und Categories. Der Rückgabewert ist jeweils vom Typ ObjectSet<T>.

```
private ObjectSet<Category> _Categories;
private ObjectSet<Product> _Products;
public ObjectSet<Category> Categories
{
  get {
    if ((_Categories == null)) {
      _Categories = base.CreateObjectSet<Category>("Categories");
    }
    return _Categories;
  }
}
public ObjectSet<Product> Products
```

```
{
  get {
    if ((_Products == null)) {
      _Products = base.CreateObjectSet<Product>("Products");
    }
    return _Products;
  }
}
```

Listing 39.6 Eigenschaften, die die Menge aller Entitäten zurückgeben

Wenn wir im nächsten Kapitel unsere LINQ-Abfragen codieren, ist die Menge der Entitäten immer Ausgangspunkt aller weiteren Überlegungen.

39.6 Die Architektur des Entity Frameworks

Inzwischen können Sie ein eigenes Entity Data Model erstellen und wissen, wie es strukturiert ist und welche Elemente es enthält. An dieser Stelle werden wir den Bogen etwas weiter spannen und uns das Entity Framework mit seinen Fähigkeiten aus der Vogelperspektive anschauen.

39.6.1 Object Services

Der eigentliche ORM des Entity Frameworks wird durch die *Entity Framework Object Services* beschrieben. Bei den Object Services handelt es sich um die Klassen aus dem Namespace `System.Data.Objects` sowie um die erzeugten Entitäts- und `ObjectContext`-Klassen. Um Ihnen ein Gefühl dafür zu geben, welche Aufgaben in die Verantwortung der Object Services fallen, hier eine unvollständige Liste der Dienste:

- Abfragen von Daten aus Objekten
- Ändern, Hinzufügen und Löschen von Objekten
- Serialisieren von Objekten
- Materialisieren von Objekten
- Verwalten der Beziehung zwischen den Objekten
- Speichern von Änderungen
- Datenbindung an Steuerelemente
- und viele andere

Object Services stehen damit an der Spitze des Entity Frameworks und arbeiten direkt mit den Objekten. Der Objektkontext steht innerhalb der Object Services im Mittelpunkt der Betrachtungen.

39.6.2 Die Schichten des Entity Frameworks

Wenn Sie Daten von einer Datenquelle abfragen, stehen Ihnen mehrere Möglichkeiten zur Verfügung:

- Vermutlich werden in den meisten Fällen LINQ-to-Entities-Abfragen benutzt. *LINQ to Entities* ist eine LINQ-basierte Abfragesprache, die auf die Object Services des Entity Frameworks spezialisiert ist.
- Eine weitere Möglichkeit eröffnen Abfragen mit Entity SQL, auch kurz eSQL genannt. Das mit dem Entity Framework eingeführte eSQL ist ein datenbankneutraler SQL-Dialekt.
- Der *EntityClient-Provider* wurde ebenfalls mit dem Entity Framework eingeführt. Dieser Provider kann auch dazu benutzt werden, im Stil des klassischen ADO.NET unter Zuhilfenahme von eSQL Datenabfragen abzusetzen.
- Sie können auch Abfragen absetzen, die direkt auf ADO.NET zugreifen.

Abbildung 39.15 zeigt die Architektur des Entity Frameworks und das Einsatzgebiet der verschiedenen Abfragemöglichkeiten.

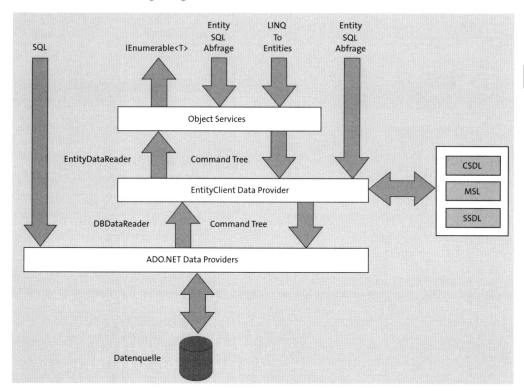

Abbildung 39.15 Die Architektur des ADO.NET Entity Frameworks

Wie Sie sehen, gibt es mehrere Möglichkeiten, mit dem Entity Framework Daten abzufragen. Bis auf bestimmte Abfragen mit Entity SQL und den ebenfalls möglichen direkten Zugriff auf ADO.NET spielen dabei die Object Services eine tragende Rolle.

Die im Abschnitt zuvor beschriebenen Object Services können direkt von Abfragen, die in LINQ to Entities oder Entity SQL formuliert worden sind, genutzt werden. Unterhalb des Layers für die Object Services wird die nächste Schicht vom *EntityClient Data Provider* gebildet. Dieser fungiert als Bindeglied zwischen dem konzeptionellen Modell und den datenbankspezifischen ADO.NET-Providern (z. B. MS SQL Server oder Oracle), die natives SQL erzeugen.

> **Hinweis**
> Die Abbildung bezieht sich ausschließlich auf die Architektur im Dunstkreis der Klasse ObjectContext. Nicht berücksichtigt ist darin die DbContext-API.

Kapitel 40
Abfragen mit .NET 4 Framework-ObjectContext

Im letzten Kapitel haben Sie alles Wesentliche rund um das Konzept des Entity Frameworks erfahren. Sie kennen die Strukturen und auch alle wichtigen und grundlegenden Komponenten. In diesem Kapitel wollen wir uns mit den gegen das Entity Data Model (EDM) abgesetzten Datenabfragen beschäftigen und deren Möglichkeiten ausloten.

Ganz am Anfang sei vorab Folgendes klargestellt. Grundsätzlich stehen Ihnen drei verschiedene Techniken zur Datenabfrage mit dem .NET 4 Framework-ObjectContext zur Verfügung:

1. LINQ to Entities
2. Entity SQL
3. der EntityClient-Provider

Abfragen mit LINQ to Entities sind verhältnismäßig einfach zu formulieren, wenn man sich mit LINQ und den dazugehörigen Spracherweiterungen in C# oder VB.NET vertraut gemacht hat. LINQ kann vorteilhaft in allen Szenarien eingesetzt werden, in denen eine Datenmenge abgefragt, gefiltert oder sortiert werden soll. LINQ hat sich daher zu einem regelrechten Standard entwickelt. Beim Einsatz des Entity Frameworks ist LINQ to Entities in den meisten Fällen die erste Wahl, während Entity SQL und der EntityClient-Provider eher eine Sonderstellung einnehmen.

Entity SQL wurde entwickelt, bevor LINQ offiziell das Licht der Welt erblickte. Dass das Entity Framework trotz Einführung von LINQ to Entities auch Entity SQL unterstützt, hat einen simplen Grund: Nicht alle .NET-Sprachen unterstützen LINQ, wie es C# tut. Entwickler, die auf eine .NET-fähige Sprache setzen, die LINQ nicht unterstützt, haben daher mit Entity SQL trotzdem die Möglichkeit, die Vorzüge des Entity Frameworks zu nutzen. Allerdings sei angemerkt, dass Entity SQL trotz der Ähnlichkeit mit SQL (bzw. T-SQL) nicht ganz einfach ist und ein Umdenken erforderlich macht.

Eher selten wird der EntityClient-Provider eingesetzt. Dieser ähnelt in vielfacher Hinsicht den klassischen ADO.NET-Providern. Der wesentliche Unterschied zwischen LINQ to Entities und dem EntityClient-Provider besteht darin, wie die Daten dem Client zur Verfügung gestellt werden. Während LINQ to Entities Objekte »materialisiert«, ist das Resultat von EntityClient eine Ansammlung von nicht editierbaren Spalten und Zeilen, ähnlich dem `DataReader` von ADO.NET.

Ich werde Ihnen in diesem Kapitel alle drei Techniken vorstellen. Dabei werden wir uns vorrangig mit LINQ to Entities beschäftigen, weil es eine herausragende Position einnimmt.

40.1 Abfragen mit LINQ to Entities

40.1.1 Allgemeine Begriffe in LINQ

In LINQ werden Begriffe verwendet, die Sie am Anfang schon einmal gehört haben sollten, da wir sie in diesem Kapitel häufiger verwenden werden: Operatoren und Sequenzen.

Operatoren: Methoden, die speziell auf LINQ zugeschnitten sind, werden als Operatoren bezeichnet. Für LINQ gibt es über 100 Operatoren, die teilweise auch noch überladen sind. Mit Operatoren lassen sich Entitätsmengen (auch Sequenzen genannt, siehe weiter unten) filtern, sortieren und gruppieren. Die Möglichkeiten, die uns durch die Operatoren geboten werden, sollten eigentlich keine Wünsche mehr offen lassen – und wenn doch, können Sie natürlich auch eine eigene, spezifische LINQ-Methode schreiben. LINQ-Abfragen werden samt ihren Operatoren in ein SQL-Statement übersetzt, das von der Datenbank verstanden wird.

Sequenzen: Elementmengen, die sich im Speicher befinden, werden im Allgemeinen als Auflistungen bezeichnet. Im Zusammenhang mit LINQ wird auch der Begriff Sequenz benutzt. Während herkömmliche Auflistungen – wie erwähnt – immer vollständig im Speicher liegen, werden die Elemente einer Sequenz immer erst dann ermittelt, wenn sie benötigt werden. Eine Sequenz ist immer ein Objekt, das die Schnittstelle `IEnumerable<T>` implementiert.

40.1.2 Einfache Abfragen

Lassen Sie uns mit einer Konsolenanwendung beginnen, der wir ein Entity Data Model (EDM) mit dem Bezeichner *Northwind.edmx* hinzufügen. Das EDM soll die beiden Tabellen *Products* und *Categories* der *Northwind*-Datenbank beschreiben. Wenn Sie die singuläre und pluralisierende Namensgebung berücksichtigt haben (siehe Abbildung 39.4), werden in der Datei *Northwind.Designer.cs* die drei Klassen `NorthwindEntities`, `Product` und `Category` erzeugt. Dabei ist `NorthwindEntities` die Klasse, die von `ObjectContext` abgeleitet ist, während `Product` und `Category` die Entitäten beschreiben, die von der Basis `EntityObject` abgeleitet sind. Mit diesen drei Klassen werden wir in diesem Kapitel durchweg arbeiten.

Die denkbar einfachste Abfrage ist die, die uns alle Artikel der Tabelle *Products* zurückliefert. Dazu schreiben wir den folgenden Code in der Methode `Main`:

```
using (NorthwindEntities context = new NorthwindEntities())
{
  var products = context.Products;
  foreach (var prod in products)
    Console.WriteLine("{0,-5}{1}", prod.ProductID, prod.ProductName);
}
```

Listing 40.1 Die denkbar einfachste LINQ-Abfrage

Zuerst wird eine Instanz der Klasse `NorthwindEntities` erzeugt. Sie sollten dazu die `using`-Anweisung verwenden, damit der Objektkontext nach seiner Verwendung sofort ordentlich mit `Dispose` geschlossen wird. Der Objektkontext ist, neben der eigentlichen Abfrage, auch dafür verantwortlich, dass die Verbindung zur Datenbank aufgebaut wird.

Das `NorthwindEntities`-Objekt veröffentlicht mit `Categories` und `Products` zwei Eigenschaften, die jeweils die Menge aller angeforderten Entitäten zurückliefern, also entweder eine Sequenz aller Artikel oder aller Kategorien. Beide Eigenschaften sind vom Typ `ObjectSet<T>` (oder präziser: vom Typ `ObjectSet<Product>` und `ObjectSet<Category>`). Die generische Klasse `ObjectSet<>` gehört zum Namespace `System.Data.Objects` und liefert eine typisierte Menge von Entitäten zurück, in Listing 40.1 alle Produkte. Daher ließe sich das Abfragestatement auch wie folgt formulieren:

```
ObjectSet<Product> products = context.Products;
```

Da das Ergebnis einer LINQ-Abfrage vom Typ `IEnumerable<T>` ist, wäre auch die Formulierung

```
IEnumerable<Product> products = context.Products;
```

möglich. Sollten Sie jedoch später im Programmcode auf eine spezifische Methode der Klasse `ObjectSet<T>` zugreifen wollen, wäre eine vorhergehende Typkonvertierung notwendig.

Im Haltemodus von Visual Studio können Sie sich sehr einfach den Typ der Rückgabe anzeigen lassen, wenn Sie die Maus über den Bezeichner `products` ziehen (siehe Abbildung 40.1).

```
using (NorthwindEntities context = new NorthwindEntities())
{
    var products = context.Products;
    foreach ⊞ ● products {System.Data.Objects.ObjectSet<EF_Samples.Product>}
        Console.WriteLine("{0,-5}{1}", prod.ProductID, prod.ProductName);
}
```

Abbildung 40.1 Anzeige des Rückgabedatentyps des Listing 40.1

Ausgeführt wird die LINQ-Abfrage genau dann, wenn zum ersten Mal die Ergebnismenge benötigt wird. In Listing 40.1 ist das beim ersten Durchlauf der foreach-Schleife der Fall. Dabei wird die LINQ-Abfrage in eine SQL-Abfrage übersetzt, die von der Datenbank verstanden wird. Wir können uns das SQL-Statement im SQL Server ansehen, wenn wir aus dem SQL Server Management Studio heraus den SQL Server Profiler starten und ein neues Ablaufverfolgungsprotokoll erstellen. Anschließend starten wir die Laufzeit von Visual Studio und können uns nun im Protokoll die tatsächlich gegen die *Northwind*-Datenbank abgesetzte SQL-Abfrage ansehen. Sie lautet:

```
SELECT
[Extent1].[ProductID] AS [ProductID],
[Extent1].[ProductName] AS [ProductName],
[Extent1].[SupplierID] AS [SupplierID],
[Extent1].[CategoryID] AS [CategoryID],
[Extent1].[QuantityPerUnit] AS [QuantityPerUnit],
[Extent1].[UnitPrice] AS [UnitPrice],
[Extent1].[UnitsInStock] AS [UnitsInStock],
[Extent1].[UnitsOnOrder] AS [UnitsOnOrder],
[Extent1].[ReorderLevel] AS [ReorderLevel],
[Extent1].[Discontinued] AS [Discontinued]
FROM [dbo].[Products] AS [Extent1]
```

Das SQL-Statement sieht natürlich anders aus als die LINQ-Abfrage und entspricht eher dem, was ein T-SQL-Entwickler kennt und benutzt.

> **Anmerkung**
> Der SQL Server Profiler bietet den Vorteil, alle mit einem SQL-Statement zusammenhängenden Ereignisse zu protokollieren. Sollten Sie sich jedoch nur für das abgesetzte SQL-Statement interessieren, können Sie auch die Methode ToTraceString der Klasse ObjectSet<> aufrufen, z. B.:
>
> Console.WriteLine(products.ToTraceString());

Die Verbindungszeichenfolge

Sobald mit den Daten einer Abfrage Operationen durchgeführt werden sollen, baut der Objektkontext automatisch eine Verbindung zur Datenbank auf. Hierzu holt sich der Objektkontext alle notwendigen Informationen aus einer Verbindungszeichenfolge, die in der Konfigurationsdatei definiert ist. Die Verbindungszeichenfolgen sind im Grunde genommen von ADO.NET her bekannt, allerdings im Entity Framework etwas komplexer.

Nachfolgend sehen Sie die Verbindungszeichenfolge unseres Entity Data Models.

```
<connectionStrings>
  <add name="NorthwindEntities"
       connectionString="metadata=res://*/Northwind.csdl|
                         res://*/Northwind.ssdl|
                         res://*/Northwind.msl;
       provider=System.Data.SqlClient;
       provider connection string=&quot;
       data source=.;
       initial catalog=Northwind;
       integrated security=True;
       multipleactiveresultsets=True;
       App=EntityFramework&quot;"
       providerName="System.Data.EntityClient" />
</connectionStrings>
```

Neben den allgemein üblichen Informationen wie der Angabe des Providers und der klassischen Verbindungszeichenfolge werden durch das metadata-Attribut auch die Dateien angegeben, die die Beschreibungen für das EDM enthalten (CSDL, MSL und SSDL). Da hier eine Verschachtelung von zwei Verbindungszeichenfolgen vorliegt, wird die innere Verbindungszeichenfolge mit &quot eingeschlossen, womit Anführungszeichen beschrieben werden.

Projektionen

Das Beispiel in Listing 40.1 stellt die einfachste Form einer Abfrage dar und liefert alle Daten, die sich in der Tabelle *Products* befinden. In SQL-Syntax entspricht das der Abfrage SELECT * FROM Products. In der Regel wird man aber Abfragen formulieren, die nur ganz bestimmte Eigenschaften der Entität in die Sequenz aufnehmen. Hierbei spricht man von einer *Projektion*. Greifen wir auf unser Beispiel aus dem letzten Abschnitt zurück und beschränken uns nun auf die Ausgabe der drei Eigenschaften ProductID, ProductName und UnitPrice. Zusätzlich sollen die abgefragten Daten gefiltert werden, sodass nur die Artikel, deren Preis größer oder gleich 50 ist, die Ergebnismenge bilden. Dazu ändern wir unsere LINQ-Abfrage wie folgt ab:

```
using (NorthwindEntities context = new NorthwindEntities())
{
  var products = context.Products
          .Where(p => p.UnitPrice >= 50)
          .Select(p => new { p.ProductID, p.ProductName, p.UnitPrice});
  foreach (var prod in products)
    Console.WriteLine("{0,-5}{1,-35}{2}",
                      prod.ProductID, prod.ProductName, prod.UnitPrice);
}
```

Listing 40.2 Projektion und Filterung (Abfrage-Syntax)

Interessant ist für uns an dieser Stelle weniger das Ergebnis der Abfrage. Vielmehr interessiert uns der Datentyp der Ergebnismenge. Schließlich projizieren wir nur einen Teil der tatsächlichen Spalten der Tabelle *Products* in unsere Ergebnismenge. Um den Typ in Erfahrung zu bringen, legen wir einen Haltepunkt in der Entwicklungsumgebung fest, z. B. in der foreach-Zeile. Starten Sie danach die Anwendung, und gehen Sie mit dem Mauszeiger auf die Variable products. Sie werden feststellen, dass die Ergebnismenge nun vom Typ ObjectQuery<T> ist, bei dem der generische Typparameter einen anonymen Typ beschreibt (siehe Listing 40.2).

```
using (NorthwindEntities context = new NorthwindEntities())
{
    var products = context.Products
        ⊞ ● products {System.Data.Objects.ObjectQuery<<>f_AnonymousType0<int,string,decimal?>>} ⇦
        .Select(p => new { p.ProductID, p.ProductName, p.UnitPrice});
```

Abbildung 40.2 »ObjectQuery<T>« als Rückgabetyp einer Selektion

Die beiden Klassen ObjectQuery<T> und ObjectSet<T> sind sich sehr ähnlich. Allerdings ist ObjectSet<T> spezialisierter als ObjectQuery<T>, da es sich um eine typisierte Entitätenmenge handelt, während es sich bei ObjectQuery<T> nur um eine typisierte Abfrage, also u. U. auch mit einer definierten Projektion, handelt. Die Ähnlichkeit spiegelt sich auch in den Klassendefinitionen wider: Der Typ ObjectSet<T> ist von ObjectQuery<T> abgeleitet. Gegenüber der Basis weist ObjectSet<T> zusätzliche Funktionalitäten auf, beispielsweise für das Hinzufügen oder Löschen von Objekten.

Einzelne Entitäten abrufen

Unsere bisherigen Abfragen lieferten als Ergebnis Objekte, die die Schnittstelle IEnumerable<T> implementieren. Dabei handelt es sich um Sequenzen vom Typ ObjectSet<T> oder ObjectQuery<T>. Um die einzelnen Entitäten auszuwerten, musste die Ergebnismenge in einer Schleife durchlaufen werden.

Manchmal reicht es aus, wenn das Resultat einer LINQ-Abfrage nur eine bestimmte Entität zurückliefert. Beispielsweise könnte es sich dabei um den Artikel mit der ProductID=22 handeln. Für diese Fälle stellt uns das Entity Framework vier Methoden zur Verfügung:

1. Single
2. SingleOrDefault
3. First
4. FirstOrDefault

First bzw. FirstOrDefault bieten sich an, wenn aus einer Sequenz nur das erste Element zurückgegeben werden soll. Single bzw. SingleOrDefault sind dann geeignet, wenn nur ein Element als Resultat der Abfrage erwartet werden kann.

Es bleibt noch zu klären, was der Unterschied zwischen Single und SingleOrDefault bzw. First und FirstOrDefault ist. Die Erklärung ist sehr einfach: Wird kein passendes Element gefunden, lösen Single und First eine Ausnahme vom Typ InvalidOperationException aus, SingleOrDefault und FirstOrDefault liefern in dieser Situation hingegen den Rückgabewert null.

> **Hinweis**
>
> Im Zusammenhang mit den beiden Methoden Single und SingleOrDefault gibt es noch eine weitere Situation, die zu der genannten Ausnahme führt. Das ist nämlich genau dann der Fall, wenn in der Ergebnismenge mehrere Resultate stehen, während beide Methoden nur ein Resultat erwarten. Sie sollten dann First oder FirstOrDefault benutzen.

Abfragen, die Sequenzen als Resultat liefern, werden per Vorgabe erst in dem Moment ausgeführt, wenn auf die Elemente der Sequenz zugegriffen wird. Ganz anders verhalten sich die vier in diesem Abschnitt angesprochenen Methoden, die nur ein Element in der Ergebnismenge haben: Sie werden sofort ausgeführt, das Objekt steht also sofort zur Verfügung.

Mit diesen Kenntnissen ausgestattet, ist es nun sehr einfach, den Artikel mit der ProductID 22 abzurufen.

```
using (NorthwindEntities context = new NorthwindEntities())
{
  var query = (context.Products
                   .Where(p => p.ProductID == 22))
                   .SingleOrDefault();
  if (query != null)
    Console.WriteLine("{0,-20}", query.ProductName);
  else
    Console.WriteLine("Kein entsprechendes Element gefunden.");
}
```

Listing 40.3 Die Methode »SingleOrDefault«

Sie können die Abfrage auch noch einfacher definieren, denn SingleOrDefault (aber auch Single, First und FirstOrDefault) ist in der Weise überladen, dass die Filterbedingung als Argument des Methodenaufrufs angegeben werden kann, z. B.:

```
var query = context.Products.SingleOrDefault(p => p.ProductID == 22);
```

Abfragen mit Paging

Vielleicht wünschen Sie, dass Ihre Abfrage nur einen bestimmten Teilbereich der Tabelle in das Abfrageresultat projiziert. Dann müssen Sie die Technik des Pagings benutzen. Umgesetzt wird das Paging in LINQ to Entities mit den beiden Operatoren Skip und Take. An den Operator Skip übergeben Sie dabei die Anzahl der Elemente, die übersprungen werden sollen, Take erwartet die Anzahl der zurückzugebenden Elemente.

Listing 40.4 zeigt den Einsatz der beiden Operatoren. Dabei muss berücksichtigt werden, dass Skip nur auf sortierte Mengen angesetzt werden kann und die Sortierung ausschlaggebend dafür ist, welche Elemente in die Ergebnismenge aufgenommen werden.

```
using (NorthwindEntities context = new NorthwindEntities())
{
  Console.Write("Wie viele DS überspringen?");
  int skip = Convert.ToInt32(Console.ReadLine());
  Console.Write("Wie viele DS anzeigen?");
  int count = Convert.ToInt32(Console.ReadLine());
  var query = (context.Products
                    .OrderBy(prod => prod.ProductID))
                    .Skip(skip).Take(count);
  foreach (var item in query)
    Console.WriteLine("{0,-4}{1}", item.ProductID, item.ProductName);
}
```

Listing 40.4 Das Paging mit »Skip« und »Take« umsetzen

Operatoren mit sofortiger Ausführung

Sowohl Single/SingleOrDefault als auch First/FirstOrDefault werden sofort ausgeführt. Aber auch eine Abfrage, die mehrere Objekte als Resultat liefert, lässt sich sofort ausführen. Die Operatoren, die dazu in der Lage sind, können Sie Tabelle 40.1 entnehmen.

Operator	Beschreibung
ToList	Erstellt aus einem IEnumerable<T>-Objekt ein List<T>-Objekt.
ToDictionary	Erstellt aus einem IEnumerable<T>-Objekt ein Dictionary<TKey, TValue>-Objekt.
ToLookup	Erstellt aus einem IEnumerable<T>-Objekt ein Lookup<TKey, TElement>-Objekt.
ToArray	Erstellt aus einem IEnumerable<T>-Objekt ein Array.

Tabelle 40.1 Operatoren mit sofortiger Ausführung

Dazu auch noch ein Listing, das den Einsatz des ToList-Operators zeigt:

```
using (NorthwindEntities context = new NorthwindEntities())
{
  List<Product> query = (context.Products
                                .Where(prod => prod.UnitPrice < 10))
                                .ToList();
  foreach (Product item in query)
    Console.WriteLine("{0,-35}{1}", item.ProductName, item.UnitPrice);
}
```

Listing 40.5 Der »ToList«-Operator

Anzumerken sei an dieser Stelle, dass auch die Aggregatoperatoren von LINQ wie beispielsweise `Count` oder `Max` zu einer sofortigen Ausführung der Abfrage führen. Weiter unten werden wir auf diese Operatoren noch zu sprechen kommen.

40.1.3 Navigieren in Abfragen

Unser EDM bildet die beiden Tabellen *Products* und *Categories* ab, zwischen denen in der Datenbank eine 1:n-Beziehung besteht: Ein Produkt wird genau einer (oder keiner) Kategorie zugeordnet, während zu einer Kategorie mehrere Produkte gehören können.

Im Entity Framework haben Sie zwei Möglichkeiten, um die Beziehung zwischen zwei Entitäten zu nutzen:

1. die Navigationseigenschaften
2. die Fremdschlüsselspalte von abhängigen Entitäten

Navigationseigenschaften ermöglichen es, sehr einfach in Beziehung stehende Entitäten abzurufen. Bezogen auf unser EDM wird die Beziehung zwischen den Entitäten `Product` und `Category` mit den beiden Navigationseigenschaften `Products` (in der Entität `Category`) und `Category` (in der Entität `Product`) umgesetzt. Die Umsetzung der Fremdschlüsselspalte in eine Eigenschaft der Entität (in `Product` handelt es sich um die Eigenschaft `CategoryID`) lässt sich ebenfalls zur Abbildung einer Beziehung nutzen.

In diesem Moment stellt sich die Frage, warum uns zwei Varianten angeboten werden.

Um diese Frage zu beantworten, müssen wir in der Historie des Entity Frameworks ein wenig zurückblicken. In der ersten Version, EF 3.5, hatten die Entitäten nur Navigationseigenschaften. Es war dies die strikte Einhaltung eines objektorientierten Ansatzes und dessen Umsetzung im konzeptionellen Modell, in dem auch die Beziehung durch ein Element abgebildet wird.

Nicht in allen Fällen haben sich die Navigationseigenschaften als vorteilhaft erwiesen. Als typisches Beispiel sei hier die Datenbindung erwähnt. Hier war es nur mit verhältnismäßig hohem Programmieraufwand möglich, aus dem Resultat der Navigationseigenschaft den Fremdschlüsselwert zu ermitteln. Das EF-Entwicklerteam sah sich daher gezwungen, den abhängigen Entitäten eine Eigenschaft hinzuzufügen, die den Fremdschlüssel repräsentiert.

> **Hinweis**
>
> Die Fremdschlüsselspalten werden seit dem EF 4.0 automatisch in den betreffenden Entitäten berücksichtigt. Möchten Sie auf diese Spalten verzichten, haben Sie bei der Definition des Entity Data Models dazu die Möglichkeit, wenn Sie die Auswahl im entsprechenden Optionsschalter des Dialogs (siehe auch Abbildung 39.4) abwählen.

Navigation von der n-Seite zur 1-Seite einer Zuordnung

Jeder `Product`-Entität wird genau eine `Category`-Entität zugeordnet. Uns interessiert zunächst im folgenden Beispiel die Kategorie, die jedem Produkt zugeordnet ist. Die Ergebnismenge soll dazu den Produkt- und den Kategoriebezeichner enthalten.

```
using (NorthwindEntities context = new NorthwindEntities())
{
  var query = context.Products
          .Select(p => new { p.ProductName, p.Category.CategoryName});
  foreach (var item in query)
    Console.WriteLine("{0,-35}{1}", item.ProductName, item.CategoryName);
}
```

Listing 40.6 Einsatz der Navigationsmethode »Category«

Wir rufen die Navigationseigenschaft `Category` der `Product`-Entität auf. Die Navigationseigenschaft liefert die Referenz auf die dem Produkt zugeordnete `Category`-Entität, von der wir die Eigenschaft `CategoryName` abrufen.

Das Ergebnis der Abfrage ist ein anonymer Typ, der sich aus der Eigenschaft `ProductName` der Entität `Product` und der Eigenschaft `CategoryName` der Entität `Category` zusammensetzt. Die Sequenz ist vom Typ `ObjectQuery<T>`.

Sollte Ihnen die Ausgabe nicht gefallen, lässt sich die Ergebnisliste auch sortieren oder filtern. Auch dabei unterstützt uns die Navigationseigenschaft `Category` der Entität `Product`. Im folgenden Listing wird primär nach `CategoryName` sortiert, anschließend innerhalb der Kategorie nach `ProductName`.

```
var query = context.Products
            .OrderBy(p => p.Category.CategoryName)
            .ThenBy(p => p.ProductName)
            .Select(p => new { p.ProductName, p.Category.CategoryName });
```

Navigation von der 1-Seite zur n-Seite einer Zuordnung

Die Navigation von der 1-Seite einer Zuordnung zu der n-Seite der Zuordnung sieht etwas anders aus. Eine solche Navigation wird in unserem Entity Data Model durch die Eigenschaft Products der Entität Category beschrieben: Jeder Kategorie sind viele Produkte zugeordnet (oder auch keins). Also liefert uns die Navigationseigenschaft Products nicht maximal ein Objekt zurück, sondern u. U. sehr viele.

Betrachten Sie dazu Listing 40.7, in dem alle Produkte abgerufen werden, die entweder der Kategorie Beverages (CategoryID=1) oder der Kategorie Seafood (CategoryID=8) zugeordnet sind.

```
using (NorthwindEntities context = new NorthwindEntities())
{
  var query = context.Categories
            .Where(cat => cat.CategoryID == 1 || cat.CategoryID == 8)
            .Select(cat => new { cat.CategoryName, Artikel =
 cat.Products });
  foreach (var item in query)
  {
    Console.WriteLine("{0}", item.CategoryName);
    foreach (var prod in item.Artikel)
      Console.WriteLine("... {0}", prod.ProductName);
    Console.WriteLine();
  }
}
```

Listing 40.7 Einsatz der Navigationseigenschaft »Products«

Die Ergebnismenge setzt sich aus dem Bezeichner der Kategorie und einer Liste der zu der betreffenden Kategorie gehörenden Produkte zusammen, die durch die Eigenschaft Artikel beschrieben wird. Diese Eigenschaft ist vom Typ EntityCollection<T> und kann mit einer foreach-Schleife durchlaufen werden.

Eingebettete Abfragen

In Listing 40.7 ist das von der Datenbank gelieferte Datenvolumen zur Materialisierung sehr groß, weil alle Produkte mit allen ihren Eigenschaften in die Ergebnismenge geschrieben werden. Interessieren uns aber nicht alle Eigenschaften, sollten wir nur die für uns wesentlichen abrufen. Dazu ist eine Selektion bezogen auf die von der Navigationseigenschaft zurückgelieferten Produkte notwendig. Unsere Abfrage wollen wir daher im nächsten Schritt verbessern und nur die beiden Eigenschaften ProductName und UnitPrice der Product-Entität in die Ergebnismenge aufnehmen. Aus diesem Grund ersetzen wir in der LINQ-Abfrage den Teilausdruck

```
Artikel = cat.Products
```

durch eine Projektion, in der die beiden erwähnten Eigenschaften aufgenommen werden. Dazu formulieren wir eine innere, eingebettete Abfrage, wie im folgenden Codefragment gezeigt wird:

```
using (NorthwindEntities context = new NorthwindEntities())
{
  var query = context.Categories
          .Where(cat => cat.CategoryID == 1 || cat.CategoryID == 8)
          .Select(cat => new
          {
              cat.CategoryName, Artikel = from prod in cat.Products
                                         select new { prod.ProductName,
                                                      prod.UnitPrice }
          });
  foreach (var item in query)
  {
    Console.WriteLine(item.CategoryName);
    foreach (var item2 in item.Artikel)
      Console.WriteLine("...{0,-35}{1}",item2.ProductName, item2.UnitPrice);
  }
}
```

Listing 40.8 Navigationseigenschaft mit Selektion

Nun wird die Eigenschaft `Artikel` in der Ergebnismenge nicht mehr durch ein Objekt vom Typ `EntityCollection<T>`, sondern durch eine Liste (Typ: `List<T>`) anonymer Typen beschrieben. Jedes der Listenelemente wird aus den Eigenschaften `Product-Name` und `UnitPrice` der Entität `Product` gebildet.

Vielleicht haben Sie auch noch eine andere Idee, das Vorhaben zu realisieren, und schreiben die folgende LINQ-Abfrage:

```
var query = context.Products
          .Where(prod => prod.CategoryID == 1 || prod.CategoryID == 8)
          .OrderBy(prod => prod.CategoryID)
          .Select(prod => new
                      {
                          prod.Category.CategoryName,
                          prod.ProductName,
                          prod.UnitPrice
                      });
```

Beachten Sie, dass nun die Abfrage gewissermaßen umgedreht worden ist: Es wird als Ausgangsmenge der LINQ-Abfrage nicht mehr `Categories`, sondern `Products` verwendet. Zuerst werden die Produkte anhand der `CategoryID`-Eigenschaft gefiltert, anschließend nach Kategorien sortiert. Die Sequenz wird durch einen anonymen Typ gebildet, der alle erforderlichen Eigenschaften enthält, nämlich `CategoryName`, `ProductName` und `UnitPrice`.

Diese LINQ-Abfrage führt offensichtlich zum gleichen Resultat. Dennoch gibt es einen Unterschied: Sobald einer Kategorie mehrere Produkte zugeordnet werden (was in unserer Datenquelle tatsächlich der Fall ist), ist der Kategoriebezeichner (`CategoryName`) mehrfach in der Ergebnismenge enthalten. Das war im ersten Beispiel nicht der Fall.

Filtern einer »EntityCollection«

Stellen wir uns nun die folgende Aufgabe: Es sollen alle Kategorien ausgegeben werden, die von einem bestimmten Lieferanten bereitgestellt werden können. Nehmen wir an, es würde sich dabei um den Lieferanten *Exotic Liquids* handeln, der in der Tabelle *Suppliers* unter `SupplierID=1` geführt wird. (Hinweis: Die Entität `Product` stellt mit der Eigenschaft `SupplierID` den Bezug zu dem Lieferanten her. Allerdings ist die Aufgabenstellung so einfach gehalten, dass wir unser EDM nicht durch eine Entität `Supplier` erweitern müssen.)

Ein erster, etwas naiver Ansatz der Formulierung der LINQ-Abfrage könnte wie folgt aussehen:

```
// ACHTUNG: Falsche LINQ-Abfrage
var query = context.Categories
            .Where(cat => cat.Products.SupplierID == 1)
```

Der LINQ-Ausdruck wird zu einem Fehler führen, da der Teilausdruck `cat.Products` vom Typ `EntityCollection<T>` ist und nicht die Eigenschaft `SupplierID` veröffentlicht, die zur Filterung der Daten notwendig ist.

In dieser Situation hilft uns die Methode `Any` weiter. `Any` stellt fest, ob ein Element in einer Menge vom Typ `IEnumerable<T>` eine bestimmte Bedingung erfüllt. In unserem Fall handelt es sich um die durch `cat.Products` gebildete Menge vom Typ `EntityCollection<T>`, die auch die erforderliche Schnittstelle implementiert. Die Lösung der Aufgabenstellung mit `Any` beschreibt Listing 40.9.

```
using (NorthwindEntities context = new NorthwindEntities())
{
  var query = context.Categories
              .Where(cat => cat.Products.Any(prod => prod.SupplierID == 1));
  foreach (var item in query)
    Console.WriteLine(item.CategoryName);
}
```

Listing 40.9 Filtern einer »EntityCollection«

Any entnimmt aus der EntityCollection ein Element nach dem anderen und untersucht, ob die Bedingung SupplierID = 1 erfüllt ist oder nicht. Alle Kategorien, die mindestens ein Produkt enthalten, das die gestellte Bedingung erfüllt, gehören zur Ergebnismenge der LINQ-Abfrage.

40.1.4 Aggregatmethoden

Aggregate, Average, Count, LongCount, Min, Max und Sum sind LINQ-Aggregatoperatoren und ermöglichen einfache mathematische Operationen mit den Elementen einer Sequenz. Wie weiter oben schon erwähnt, stellen alle Aggregatmethoden das Resultat der Abfrage sofort zur Verfügung.

Im Folgenden wollen wir uns den Einsatz der LINQ-Abfrageoperatoren an Beispielen ansehen. Dabei werde ich Ihnen exemplarisch für alle anderen die beiden Aggregatmethoden Count und Max vorstellen.

Der »Count«-Operator

Starten wir mit einer sehr einfachen Abfrage, die uns die Gesamtanzahl aller Produkte angibt:

```
int count = context.Products.Count();
Console.WriteLine("Anzahl der Produkte: {0}", count);
```

Hier kommt der Operator Count zum Einsatz, der einen Integer als Rückgabewert hat. Sollte die Menge sehr groß sein, d. h. den Wertebereich des Integers überschreiten, würde sich alternativ LongCount anbieten, denn dieser Operator hat den Rückgabedatentyp long.

Zum tieferen Verständnis sollten wir uns die Definition von Count ansehen, wobei es sich selbstverständlich um eine Erweiterungsmethode handelt:

```
public static int Count<T>(this IEnumerable<T> source)
```

Der Parameter deutet an, dass Count die Typen erweitert, die die Schnittstelle IEnumerable<T> implementieren. Damit rechtfertigt sich auch, dass wir Count auf context.Products aufrufen, weil der Teilausdruck context.Products vom Typ ObjectSet<T> ist und somit das genannte Interface implementiert.

Count ist überladen. Wir können auch eine Bedingung formulieren, unter deren Berücksichtigung wir ein gefiltertes Resultat haben wollen. Die Bedingung wird als Lambda-Ausdruck formuliert. Die Definition der Überladung sieht wie folgt aus:

```
public static int Count<T>(this IEnumerable<T> source, Func<T, bool> predicate)
```

Um Ihnen ein Beispiel zur Count-Überladung zu zeigen, nehmen wir an, dass wir wissen wollen, wie viele Produkte einen Preis haben, der größer oder gleich 50 ist.

```
int count = context.Products.Count(p => p.UnitPrice >= 50);
Console.WriteLine("Anzahl der Produkte: {0}", count);
```

Ist doch überhaupt nicht schwer, oder?

Etwas mehr wird uns abverlangt, wenn wir wissen wollen, wie viele Produkte zu jeder Kategorie gehören. Natürlich hilft uns auch hier Count weiter.

```
using (NorthwindEntities context = new NorthwindEntities())
{
  var query = context.Categories
            .Select(cat => new { cat.CategoryName, Count =
                                 cat.Products.Count()});
  foreach (var item in query)
    Console.WriteLine("{0,-15}{1}", item.CategoryName, item.Count);
}
```

Listing 40.10 Weiterer Einsatz von »Count«

Zuerst wird das ObjectSet<Category> gebildet. In die Ergebnismenge werden anschließend der Kategoriebezeichner aufgenommen und der Wert, der die Anzahl der Produkte widerspiegelt. Dazu wird für jedes Element in der Ergebnismenge – also für jede Kategorie – die Navigationsmethode Products aufgerufen, die alle Produkte der entsprechenden Kategorie liefert. Mit Count zählen wir allerdings nur die Produkte und verzichten auf weitere Angaben.

Der »Max«-Operator

Der Max-Operator liefert einen Maximalwert aus einer Menge zurück, die die Schnittstelle IEnumerable<T> implementiert. Einen relativ einfachen Einsatz des Max-Operators zeigt Listing 40.11, das dazu dient, aus allen Produkten das mit dem höchsten Preis herauszufiltern.

```
using (NorthwindEntities context = new NorthwindEntities())
{
  var query = context.Products
        .Where(prod => prod.UnitPrice ==
                     context.Products.Max(p => p.UnitPrice))
        .Select(prod => new { prod.ProductName, prod.UnitPrice });
  foreach (var item in query)
```

```
        Console.WriteLine("{0}, {1}", item.ProductName, item.UnitPrice);
}
```

Listing 40.11 Der Operator »Max«

In diesem Listing wird Max innerhalb der Filterung mit Where dazu benutzt, aus allen Produkten den Höchstpreis festzustellen. Mit diesem werden alle Produkte verglichen und bei Übereinstimmung in die Ergebnismenge eingetragen. In unserem Beispiel handelt es sich zwar um genau ein Produkt, aber es könnten durchaus auch mehrere sein.

40.1.5 Joins in LINQ definieren

Inner Joins

In Listing 40.8 haben wir die Navigationsmethoden dazu benutzt, uns alle Produkte der beiden Kategorien Beverages (CategoryID=1) und Seafood (CategoryID=8) ausgeben zu lassen. Wir können die LINQ-Abfrage auch ohne Einsatz der Navigationsmethoden formulieren, indem wir mit Join diese Assoziation nachbilden. Mit anderen Worten, wir bilden die Beziehung zwischen den beiden Entitäten Product und Category nach, ohne die Navigationsmethoden zu bemühen. Anders als in Listing 40.8 wollen wir uns aber nicht auf die zwei Kategorien beschränken, sondern alle berücksichtigen.

```
using (NorthwindEntities context = new NorthwindEntities())
{
  var query = from cat in context.Categories
              join prod in context.Products
              on cat.CategoryID equals prod.CategoryID
              orderby cat.CategoryName
              select new { cat.CategoryName, prod.ProductName };
  foreach (var item in query)
    Console.WriteLine("{0}...{1}", item.CategoryName, item.ProductName);
}
```

Listing 40.12 Inner Join

Auf diese Weise haben wir einen inneren Join erzeugt, der nur die Entitäten berücksichtigt, die eine gemeinsame CategoryID aufweisen. Alle Kategorien, die keine Entsprechung auf der Seite der Produkte finden, gehören nicht zum Ergebnis der Abfrage. Da es in der *Northwind*-Datenbank eine solche Kategorie nicht gibt, sollten Sie in der Tabelle *Categories* der *Northwind*-Datenbank eine weitere Kategorie hinzufügen, z. B. Magazines, und die LINQ-Abfrage noch einmal starten. Magazines wird nicht in der Ergebnisliste geführt, weil der neuen Kategorie kein Produkt zugeordnet worden ist.

> **Hinweis**
> Wollen Sie in Ihrer LINQ-Abfrage einen Join verwenden, sollten Sie die Abfrage-Syntax einsetzen. Der Programmcode der Abfrage-Syntax ist deutlich lesbarer als der der Methodensyntax.

Left Outer Joins mit LINQ

Ein *Left Outer Join* ist ein Join, in dem jedes Element aus der zuerst genannten Elementmenge auch dann aufgeführt wird, wenn in der zweiten Auflistung kein korrelierendes Element existiert. Um einen Left Outer Join mit LINQ zu formulieren, bilden Sie einen *Group Join* und rufen auf diesen `DefaultIfEmpty` auf. Das klingt kompliziert, daher dazu auch sofort ein Beispiel. Um tatsächlich auch ein Ergebnis zu finden, sollten Sie spätestens jetzt die Kategorie `Magazines` in die Tabelle *Categories* der *Northwind*-Datenbank eintragen.

```
using (NorthwindEntities context = new NorthwindEntities())
{
  var results = from cat in context.Categories
                join prod in context.Products
                on cat.CategoryID equals prod.CategoryID
                into listProd
                from p in listProd.DefaultIfEmpty()
                select new { CatName = cat.CategoryName,
                             ProdName = p.ProductName };
  foreach (var item in results)
    Console.WriteLine("{0,-15} ... {1}", item.CatName, item.ProdName);
}
```

Listing 40.13 Left Outer Join

Die Sequenz `Categories` ist hier die linke Auflistung, die Sequenz `Products` die rechte. Ein Group Join, der in LINQ mit `into` abgebildet wird, erzeugt eine hierarchische Ergebnismenge, in der die Elemente aus der rechten Sequenz dem entsprechenden Element aus der linken Sequenz zugeordnet werden. Ein Group Join kann man sich damit als eine Menge von Objekt-Arrays vorstellen. In unserem Beispiel wird für jedes Element der linken Sequenz, also der Kategorien, mit `into` ein Array gebildet.

Wenn für ein Element der linken Sequenz keine korrespondierenden Elemente aus der rechten Sequenz zugeordnet werden können, erzeugt die `join`-Klausel ein leeres Array.

Anschließend muss jedes Element der linken Elementmenge in die Ergebnisliste aufgenommen werden, selbst wenn dieses Element keine Entsprechung in der rechten Auflistung hat. Dazu rufen Sie `DefaultIfEmpty` für jede Sequenz von übereinstimmenden Elementen aus dem Group Join auf. Die Ausgabe in der Konsole überzeugt:

Tatsächlich finden wir die neue Kategorie Magazines wieder, obwohl keine entsprechenden Produkte zugeordnet werden können.

Vielleicht interessieren Sie sich nur für die Kategorien, denen noch keine Produkte zugeordnet worden sind. Basierend auf der LINQ-Abfrage von Listing 40.13, müssen wir nur eine kleine Ergänzung vornehmen und die Elemente aus der Ergebnisliste herausfiltern, die den Wert null haben, also:

```
var results = from cat in context.Categories
              join prod in context.Products
              on cat.CategoryID equals prod.CategoryID
              into listProd
              from p in listProd.DefaultIfEmpty()
              where p == null
              [...]
```

Right Outer Joins mit LINQ

Unter einem *Right Outer Join* wird die Umkehrung des Left-Outer-Join-Prinzips verstanden: Es werden alle Elemente der zweiten Elementmenge in die Ergebnisliste aufgenommen – auch wenn sich kein entsprechendes Element in der ersten Elementliste befindet. Bezogen auf unsere Tabellen *Products* und *Categories* würde das bedeuten, dass wir alle Produkte in das Abfrageresultat schreiben, auch wenn das Produkt keiner Kategorie zugeordnet wird (das Feld CategoryID darf tatsächlich per Definition in der Datenbank *Northwind* null sein).

LINQ unterstützt von Haus aus keine Right Outer Joins. Auch wenn das im ersten Moment ernüchternd klingt, gibt es aber sehr wohl einen Weg, einen Right Outer Join nachzubilden: Wir müssen dazu nur einen Left Join definieren und die Reihenfolge der angeführten Elementlisten hinter from umdrehen.

```
using (NorthwindEntities context = new NorthwindEntities())
{
  var results = from prod in context.Products
                join cat in context.Categories
                on prod.CategoryID equals cat.CategoryID
                into listCategory
                from category in listCategory.DefaultIfEmpty()
                select new {
                        CatName = category.CategoryName,
                        ProdName = prod.ProductName
                };
  foreach (var item in results)
    Console.WriteLine("{0,-35}{1}", item.ProdName, item.CatName);
}
```

Listing 40.14 Right Outer Join

> **Hinweis**
>
> Wenn Sie dieses Beispiel ausprobieren möchten, sollten Sie zuvor der Tabelle *Products* einen weiteren Artikel hinzufügen, aber ohne eine Kategorie anzugeben. Dann können Sie erkennen, dass auch das neue Produkt in die Ergebnisliste aufgenommen worden ist.

> **Tipp**
>
> Die Unterscheidung zwischen Left Outer Join und Right Outer Join macht vielen Entwicklern immer wieder ein Problem. Daher an dieser Stelle noch einmal klar formuliert:
>
> In Listing 40.13 (Left Outer Join) interessierten uns alle Kategorien – auch diejenigen, denen kein Produkt zugeordnet ist. Die Menge der Kategorien wird daher am Anfang des LINQ-Ausdrucks angegeben, anschließend die Produkte:
>
> ```
> from cat in context.Categories
> join prod in context.Products
> ```
>
> In Listing 40.14 (Right Outer Join) wollten wir alle Produkte abfragen, auch wenn einem Produkt keine Kategorie zugeordnet ist. Wir interessierten uns also primär für die Menge der Produkte, die daher wieder als Erstes im LINQ-Ausdruck abgefragt wird:
>
> ```
> from prod in context.Products
> join cat in context.Categories
> ```
>
> Geben Sie also zuerst die Menge an, danach »joinen« Sie die in Beziehung stehende Tabelle.

40.1.6 In Beziehung stehende Daten laden

Lazy Loading

In den bisherigen Beispielen lieferten uns die LINQ-Abfragen immer das gewünschte Ergebnis. Wir haben uns keine Gedanken darüber gemacht, wann und wie die Daten tatsächlich bereitgestellt werden – das Entity Framework hat das für uns im Hintergrund automatisch erledigt. Dennoch müssen wir uns darüber bewusst sein, dass auch hinsichtlich des Ladens der Daten aus der Datenbank Vorgänge ablaufen, die wir beeinflussen können, besser noch, die wir manchmal sogar beeinflussen müssen.

Zur Verdeutlichung der Problematik sehen Sie sich bitte Listing 40.15 an. Die LINQ-Abfrage liefert eine Menge anonymer Typen, in der alle Kategorien sowie die Anzahl der Produkte der betreffenden Kategorie enthalten sind.

```
using (NorthwindEntities context = new NorthwindEntities())
{
  var query = context.Categories
```

```
          .Select(cat => new { cat, Anzahl = cat.Products.Count() });
  foreach (var item in query)
    Console.WriteLine("Kategorie: {0,-15} Anzahl der Produkte: {1}",
                      item.cat.CategoryName, item.Anzahl);
}
```

Listing 40.15 Anzahl der einer Kategorie zugeordneten Produkte

Dasselbe Resultat liefert auch die LINQ-Abfrage von Listing 40.16. Wir fragen wieder alle Kategorien ab und bilden ein Objekt vom Typ `ObjectQuery<Category>`. Innerhalb der `foreach`-Schleife wird bei der Ausgabe über die Navigationseigenschaft `Products` die Summe aller Produkte gebildet, die zu der betreffenden Kategorie gehören.

```
using (NorthwindEntities context = new NorthwindEntities())
{
  var query = context.Categories;
  foreach (var item in query)
    Console.WriteLine("Kategorie: {0,-15}Anzahl der Produkte: {1}",
                      item.CategoryName, item.Products.Count());
}
```

Listing 40.16 Anzahl der einer Kategorie zugeordneten Produkte (Lazy Loading)

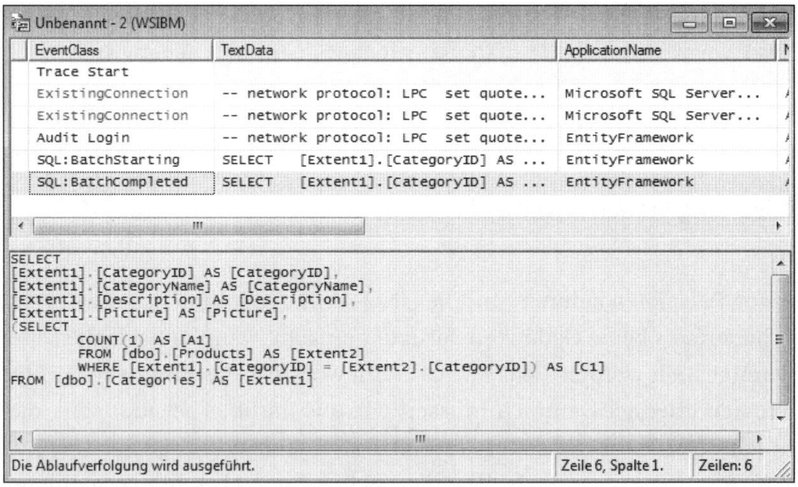

Abbildung 40.3 Ablaufprotokoll von Listing 40.15

Obwohl die Konsolenausgabe ganz offensichtlich identisch ist, unterscheidet sich die Ausführung der beiden Listings deutlich. Wir können uns davon überzeugen, wenn wir den SQL Server Profiler starten und uns den Ablauf der Ausführung protokollieren lassen. In den Abbildungen 40.3 und 40.4 sind sowohl für Listing 40.15 als auch für die vom SQL Server Profiler aufgezeichneten Protokolle dargestellt.

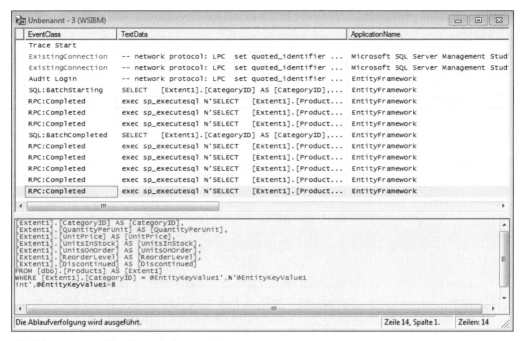

Abbildung 40.4 Ablaufprotokoll von Listing 40.16

Es fällt auf, dass im Fall der Ausführung von Listing 40.15 nur eine Abfrage an den SQL Server geschickt wird, die dann alle erforderlichen Daten enthält.

Fragen wir jedoch zuerst nur alle Kategorien ab und rufen innerhalb der Schleife die Navigationseigenschaft auf, um die Summe aller Produkte zu ermitteln, wird für jede Kategorie eine neue Abfrage auf dem SQL Server ausgeführt. Das Verhalten, bei dem beim Zugriff auf eine Navigationseigenschaft automatisch Daten aus der Datenquelle geladen werden, wird als *Lazy Loading* oder *Deferred Loading* bezeichnet.

Lazy Loading ist die Standardvorgabe des Entity Frameworks und führt zu mehr oder weniger vielen zusätzlichen Datenbankabfragen. Das Verhalten ist nicht effizient und kann wegen der damit verbundenen hohen Datenbankaktivität zu Problemen führen. Wenn Sie sich Abbildung 40.4 noch einmal ansehen, werden Sie zudem feststellen, dass alle Produktdaten abgerufen werden. Eine Filterung der zu ladenden Daten ist mit Lazy Loading nicht möglich. Dieser Problematik des Lazy Loadings sollten Sie sich bewusst sein und nach Möglichkeit darauf verzichten. Es gibt auch noch andere Möglichkeiten, um die in Beziehung stehenden Daten zu laden.

Lazy Loading unterdrücken

Lazy Loading ist per Vorgabe aktiviert und wird in den Konstruktoren der von `Object-Context` abgeleiteten Klasse (in unseren Beispielen `NorthwindEntities`) festgelegt. Sie können es jedoch auf zwei verschiedene Weisen abschalten:

1. mit Programmcode
2. in der Entwicklungsumgebung

Die Deaktivierung erfolgt über die Eigenschaft ContextOptions des ObjectContext-Objekts. ContextOptions beschreibt die Referenz auf ein Objekt vom Typ ObjectContextOptions, mit dem mehrere spezifische Eigenschaften des ObjectContext-Objekts beschrieben werden. In unserem aktuellen Fall interessiert uns die Abschaltung des Lazy Loadings, die wir durch Setzen der Eigenschaft LazyLoadingEnabled auf false erreichen können.

```
using (NorthwindEntities context = new NorthwindEntities())
{
  context.ContextOptions.LazyLoadingEnabled = false;
  [...]
}
```

Zum Abschalten in der Entwicklungsumgebung markieren Sie das EDM im Designer, damit dessen Eigenschaften im Eigenschaftsfenster angezeigt werden. Danach stellen Sie die Eigenschaft Lazy Loading aktiviert auf false ein (siehe Abbildung 39.10).

Mit dem deaktivierten Lazy Loading sollten Sie noch einmal Listing 40.16 ausführen. Sie werden feststellen, dass nun die Daten der Produkte nicht mehr nachgeladen werden und somit auch der Count-Aufruf wirkungslos verpufft: Die Anzeige lautet für jede Kategorie Anzahl der Produkte: 0.

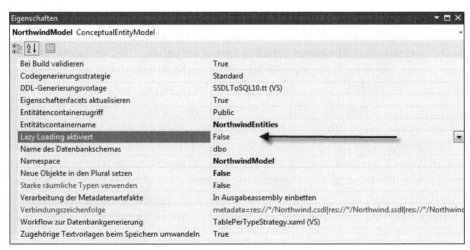

Abbildung 40.5 Die Eigenschaft »Lazy Loading« des konzeptionellen Modells

Explizites Laden verbundener Objekte

Mit der Deaktivierung des Lazy Loadings haben wir uns zunächst einmal der Möglichkeit beraubt, die Anzahl der zu einer Kategorie gehörenden Produkte zu ermitteln. Dennoch lassen sich die Produkte für jede Kategorie explizit laden. Dazu rufen wir die Methode `Load` auf `Products` in der Schleife auf. `Load` ist eine Methode der Klasse `EntityCollection<T>`.

```
using (NorthwindEntities context = new NorthwindEntities())
{
  context.ContextOptions.LazyLoadingEnabled = false;
  var query = context.Categories;
  foreach (var item in query)
  {
    item.Products.Load();
    Console.WriteLine("{0,-20} 'Anzahl: {1}",
                      item.CategoryName, item.Products.Count);
  }
}
```

Listing 40.17 Explizites Laden mit der Methode »Load«

Wenn Sie sich das Ablaufprotokoll im SQL Server Profiler ansehen, werden Sie keinen Unterschied zum Lazy Loading feststellen, denn für jede Kategorie wird weiterhin ein Server-Roundtrip erforderlich. Dennoch hat der explizite Aufruf von `Load` einen Vorteil gegenüber dem Lazy Loading: Sie können nämlich steuern, zu welcher Kategorie die Anzahl der Produkte angezeigt werden soll. Dadurch wird sichergestellt, dass eine Abfrage nicht ohne eine explizite Anforderung der verknüpften Entität ausgeführt wird. Das ist ein großer Vorteil im Vergleich zum standardmäßigen Lazy Loading.

Listing 40.18 zeigt, wie der Code dazu geschrieben werden muss, wenn ausschließlich die Anzahl der Produkte der Kategorie `Beverages` interessiert.

```
using (NorthwindEntities context = new NorthwindEntities())
{
  context.ContextOptions.LazyLoadingEnabled = false;
  var query = context.Categories;
  foreach (var item in query)
  {
    Console.WriteLine(item.CategoryName);
    if (item.CategoryName == "Beverages") {
      item.Products.Load();
      Console.WriteLine("Anzahl: {0}", item.Products.Count());
    }
    Console.WriteLine();
  }
}
```

Listing 40.18 Explizites Laden mit der Methode »Load«

Eager Loading

Wenn bekannt ist, dass nicht nur die Kategorien, sondern darüber hinaus auch viele Produkte und deren Details von Interesse sind, ist es eine gute Lösung, die Produkte direkt von der LINQ-Anfrage zurückgeben zu lassen. Dass man das mit einem `Select` in einer Projektion erreichen kann, haben Sie schon erfahren. Die Methode `Include`, die auf ein `ObjectQuery`-Objekt aufgerufen wird, ist eine andere Variante und wird als *Eager Loading* bezeichnet.

`Include` hat gegenüber einer Projektion den Vorteil, dass das Abfrageergebnis Entitäten liefert und nicht nur anonyme Typen. Andererseits ermöglicht `Include` keine Filterung, was mit einer Selektion wiederum möglich ist. `Include` wird entweder auf Objekte der Klassen `ObjectQuery` oder der Klasse `ObjectSet` aufgerufen. Im Zusammenhang mit Projektionen kann `Include` nicht verwendet werden.

Kommen wir nun zu unserem Beispiel von oben zurück und rufen die Produkte als Entitäten ab. Dazu übergeben wir den Bezeichner der Navigationseigenschaft `Products` als Zeichenfolge an die Methode `Include`. Um auf die `Product`-Entitäten zuzugreifen, können wir in der Ausgabe die Navigationseigenschaft nutzen, ohne dass es zu einem Server-Roundtrip kommt.

```
using (NorthwindEntities context = new NorthwindEntities())
{
  var query = context.Categories.Include("Products");
  foreach (var item in query)
  {
    Console.WriteLine(item.CategoryName);
    foreach (Product prod in item.Products)
      Console.WriteLine("   {0}", prod.ProductName);
  }
}
```

Listing 40.19 Eager Loading mit »Include«

Hinweis

Mit `Load` und `Include` lassen sich explizit in Beziehung stehende Daten nachladen. Sie werden immer wieder in die Situation kommen, eine Entscheidung zugunsten der einen oder anderen Variante treffen zu müssen. `Load` hat, wie oben erwähnt, den großen Nachteil, immer wieder Daten aus der Datenbank nachladen zu müssen. Der Datenbankserver wird damit u. U. erheblich belastet. `Load` genießt aber andererseits den Vorteil, dass man nur dann Daten einer Beziehung nachladen kann, wenn sie tatsächlich benötigt werden. Demgegenüber begnügt sich `Include` mit einem Aufruf, lädt aber alle Daten, ob Sie sie benötigen oder nicht. Die Entscheidung, ob `Include` oder `Load`, kommt der Entscheidung »Pest oder Cholera« gleich. Einen allgemeingültigen Tipp kann man nicht geben, es ist im Einzelfall zu entscheiden, welcher Variante man den Vorzug einräumt.

40.2 Abfragen mit Entity SQL

Entity SQL (kurz: eSQL) ist eine Alternative zu LINQ to Entities. Entity SQL ist ein datenbankunabhängiger SQL-Dialekt, der direkt mit dem konzeptionellen Modell arbeitet. Die Syntax ähnelt der des traditionellen T-SQL und ist auf die Belange der Entitäten hin geprägt. Allerdings wird das einfache Übernehmen einer T-SQL nach Entity SQL zu einem Fehler führen – und natürlich auch in umgekehrter Richtung.

Warum eine weitere Abfragevariante? Zunächst einmal ist festzustellen, dass die Entwicklung von eSQL begann, als es LINQ noch nicht gab. Dass man später eSQL trotz LINQ weiterverfolgte, hat einen recht einfachen Grund: LINQ ist Teil der Sprache von C# geworden, wird aber nicht von allen .NET-fähigen Sprachen unterstützt. Außerdem werden in manchen Situationen keine Entitäten (also Objekte) benötigt – beispielsweise wenn nur »nackte« Daten gewünscht werden und die Materialisierung in Entitäten nicht von Interesse ist, ähnlich wie bei den DataReader-Objekten von ADO.NET. Solche Anforderungen können mit eSQL gelöst werden. Ein weiterer Vorteil von eSQL ist, eine Abfrage erst zur Laufzeit erzeugen zu können. Das ist mit LINQ nicht möglich.

eSQL unterstützt genauso wie LINQ nur Abfragen. Es gibt daher in eSQL zwar ein SELECT, aber keine Aktualisierungsstatements wie UPDATE, INSERT oder DELETE.

40.2.1 Ein erstes Beispiel mit Entity SQL

Sehen Sie sich noch einmal Abbildung 39.15 im vorhergehenden Kapitel an. Sie können darin erkennen, dass Sie die Object Services des Entity Frameworks direkt ansprechen können oder die Entity-SQL-Abfrage dem EntityClient-Provider übergeben können. Das folgende erste Beispiel einer Entity-SQL-Abfrage soll die Object Services nutzen.

```
using (NorthwindEntities context = new NorthwindEntities())
{
  var query = "SELECT VALUE p FROM NorthwindEntities.Products AS p " +
              "WHERE p.UnitPrice > 50";
  ObjectQuery<Product> products = context.CreateQuery<Product>(query);
  foreach (Product item in products)
    Console.WriteLine(item.ProductName);
}
```

Listing 40.20 Einfache Entity-SQL-Abfrage

Die Variable query beschreibt das Entity-SQL-Statement. Anschließend wird ein Objekt vom Typ ObjectQuery erzeugt. Dazu wird auf dem Objektkontext dessen Methode CreateQuery aufgerufen und das Entity-SQL-Statement übergeben. Sie sehen, das Entity-SQL-Statement sieht anders aus als ein T-SQL-Statement. Das sollte aber auch nicht verwundern, denn Entitäten unterscheiden sich deutlich von relationalen Daten.

In Listing 40.20 wird ein Objekt vom Typ `ObjectQuery` durch den Aufruf der Methode `CreateQuery` auf den Objektkontext erzeugt. Sie können alternativ auch den Konstruktor der Klasse `ObjectQuery` benutzen, dem Sie zuerst die das Entity SQL beschreibende Zeichenfolge und anschließend die Referenz auf den Objektkontext übergeben. Bezogen auf Listing 40.20 sähe die Anweisung wie folgt aus:

```
ObjectQuery<Product> products = new ObjectQuery<Product>(query, context);
```

40.2.2 Die fundamentalen Regeln der Entity-SQL-Syntax

Sehen wir uns das Entity-SQL-Statement des Listing 40.20 genauer an und ignorieren dabei die `WHERE`-Klausel.

```
SELECT VALUE p FROM NorthwindEntities.Products AS p
```

In jeder eSQL-Abfrage muss das Entitätenmodell angegeben werden, auf das sich die Abfrage bezieht. In unserem Fall ist das `NorthwindEntities.Products`. Die Groß- oder Kleinschreibung findet hier keine Berücksichtigung.

Die `VALUE`-Klausel wird benötigt, wenn die einzelnen Resultate nur einen bestimmten Typ beschreiben. Dabei kann es sich um eine Entität, eine Eigenschaft oder auch eine Liste von Entitäten handeln. Um alle Produktbezeichner abzufragen, wären die folgenden Anweisungen notwendig:

```
var query =
  "SELECT VALUE p.ProductName FROM NorthwindEntities.Products AS p";
var products = context.CreateQuery<string>(query);
```

> **Hinweis**
> Ohne `VALUE` wird das Resultat der Abfrage tabellarisch geliefert. Um die Daten zu erhalten, muss dann durch die Zeilen und Spalten navigiert werden.

Gehören mehrere Elemente zu einem Rückgabeelement, können Sie auf `VALUE` verzichten. Angenommen, jedes Element der Ergebnismenge soll durch `ProductName` und `UnitPrice` beschrieben werden, würde das Entity-SQL-Statement wie folgt lauten:

```
var query = "SELECT p.ProductName, p.UnitPrice FROM ... AS p";
```

Etwas Probleme macht nun die Ausgabe an der Konsole, denn wir haben es mit einer Projektion zu tun, die unter LINQ zu einem anonymen Typ wird, womit LINQ problemlos umgehen kann. Entity SQL kann das jedoch nicht. Anderseits benötigt die

Methode CreateQuery eine genaue Typangabe. Die Lösung ist sehr einfach: Tragen Sie den Typ DbDataRecord ein, der sich im Namespace System.Data.Common befindet. Der Code würde einschließlich des Entity-SQL-Statements wie folgt lauten:

```
using (NorthwindEntities context = new NorthwindEntities())
{
  var query = "SELECT p.ProductName, p.UnitPrice FROM ... AS p";
  var products = new ObjectQuery<DbDataRecord>(query, context);
  foreach (var item in products)
    Console.WriteLine(item.GetValue(0));
}
```

Listing 40.21 Entity-SQL-Statement

Den Einsatz von VALUE kennen Sie nun. Erwähnt werden muss in diesem Statement noch, dass mit AS eine Variable deklariert wird, die die Ergebnismenge darstellt.

> **Hinweis**
> Entity SQL unterstützt nicht das *-Zeichen, um alle Spalten an den Aufrufer zurückzuliefern. Das bedeutet, dass alle Spalten, auf die der Aufrufer zugreifen soll, ausdrücklich genannt werden müssen.

40.2.3 Filtern mit Entity SQL

Eine der wichtigsten Operationen einer Abfrage ist das Filtern von Daten. Wie in der klassischen SQL-Syntax verwendet auch Entity SQL zum Filtern von Daten die WHERE-Klausel. Listing 40.22 zeigt, wie diejenigen Produkte in die Ergebnismenge geschrieben werden können, die mit Discontinued=true als Auslaufprodukte gekennzeichnet sind.

```
using (NorthwindEntities context = new NorthwindEntities())
{
  string query = "SELECT VALUE p FROM northwindentities.products AS p " +
                 "WHERE p.Discontinued = true";
  ObjectQuery<Product> products = new ObjectQuery<Product>(query, context);
  foreach (var item in products)
    Console.WriteLine(item.ProductName);
}
```

Listing 40.22 Alle Auslaufprodukte mit Entity SQL herausfiltern

Alle Filteroperatoren von Entity SQL aufzuführen würde den Rahmen sprengen. Nichtsdestotrotz sollen hier die wichtigsten erwähnt werden.

Logische Operatoren

Sie können in Entity SQL die üblichen logischen Operatoren NOT, OR und AND benutzen. Sollten mehrere logische Operatoren verwendet werden, spiegelt die Reihenfolge NOT, OR und AND auch die Prioritätsreihenfolge wider. In C# ist es auch möglich, diese Operatoren durch die sprachspezifischen zu ersetzen. Daher können Sie eine Entity-SQL-Abfrage entweder mit

```
SELECT VALUE p FROM NorthwindEntities.Products AS p
WHERE p.UnitPrice > 20 AND p.UnitsInStock <10
```

oder mit

```
SELECT VALUE p FROM NorthwindEntities.Products AS p
WHERE p.UnitPrice > 20 && p.UnitsInStock <10
```

formulieren.

Vergleichsoperatoren

Zum Vergleich von Werten bietet Entity SQL die üblichen »Verdächtigen« an (siehe Tabelle 40.2):

Operator	Beschreibung
<	Kleiner als ...
>	Größer als ...
>=	Größer als oder gleich ...
<=	Kleiner als oder gleich ...
=	Gleich. In C# kann für diesen Operator auch == benutzt werden.
<>	Ungleich. In C# kann für diesen Operator auch != benutzt werden.

Tabelle 40.2 Logische Operatoren von Entity SQL

Mustervergleiche mit Zeichenfolgen

Auch hinsichtlich des Mustervergleichs mit LIKE ähnelt Entity SQL dem klassischen SQL. Mit Platzhaltern wird geprüft, ob die Zeichenkette passend zu einer Vorgabe ist.

Die folgende Entity-SQL-Abfrage liefert beispielsweise alle Artikel, die mit dem Buchstaben C im Produktnamen beginnen.

```
SELECT VALUE p FROM ... AS p WHERE p.ProductName LIKE 'C%'
```

Im folgenden Statement wird der Filter erweitert in der Weise, dass alle Produkte, deren erster Buchstabe des Produktbezeichners im Bereich von A bis D liegt, zurückgeliefert werden.

```
SELECT VALUE p FROM ... AS p WHERE p.ProductName LIKE '[A-D]%'
```

Das %-Zeichen dient als Platzhalter für x-beliebig viele Zeichen, mit den eckigen Klammern wird der gewünschte Bereich definiert.

Die Festlegung des Bereichs kann auch negiert werden. Wollen Sie beispielsweise alle Produkte abfragen, die sich nicht im Bereich A bis D befinden, muss die WHERE-Klausel wie folgt definiert werden:

```
... WHERE p.ProductName LIKE '[^A-D]%'
```

Bereiche von Werten prüfen

Um zu prüfen, ob ein Wert sich innerhalb eines bestimmten Bereichs befindet, benutzen Sie den BETWEEN-Operator. Das folgende Statement liefert alle Produkte zurück, deren Preis zwischen einschließlich 10 und 20 liegt.

```
SELECT VALUE p FROM ... AS p WHERE p.UnitPrice BETWEEN 10 AND 20
```

Anzumerken sei noch, dass sich der BETWEEN-Operator mit NOT negieren lässt.

Der Operator »IS NULL«

Tabellenspalten einer Datenbank können den Wert NULL haben. Mit den logischen Operatoren wie = oder <> ein Feld auf NULL hin zu prüfen erzeugt zwar keinen Fehler, liefert aber andererseits auch nichts zurück, weil ein Wert weder NULL noch ungleich NULL sein kann. Um gegen NULL zu prüfen, gibt es daher in Entity SQL den Operator IS NULL.

Das nächste Entity-SQL-Statement fragt nach allen Datensätzen, die im Feld CategoryID den Wert NULL haben. Standardmäßig hat das kein Datensatz in der Tabelle *Products*. Wenn Sie tatsächlich ein Ergebnis sehen wollen, sollten Sie vorher eine Datenzeile hinzufügen, die in dem betreffenden Feld NULL aufweist.

```
SELECT VALUE p FROM ... AS p WHERE p.CategoryID IS NULL
```

40.2.4 Parametrisierte Abfragen

Die meisten Filter einer Datenabfrage sind nicht statisch, sondern dynamisch. Mit anderen Worten heißt das, dass die meisten Abfragen parametrisiert sind. Auch in diesen Fällen unterstützt uns das ObjectQuery-Objekt durch die Bereitstellung einer Parameter-Collection, die über die Eigenschaft Parameters angesprochen werden kann. Die Parameter werden, angelehnt an T-SQL, mit einem @-Zeichen eingeleitet und mit der Add-Methode der Parameterliste des ObjectQuery-Objekts hinzugefügt.

Dabei muss jedoch beachtet werden, dass beim Hinzufügen das @-Zeichen nicht mit angegeben wird.

```
using (NorthwindEntities context = new NorthwindEntities())
{
  string query = "SELECT VALUE p " +
                 "FROM NorthwindEntities.Products AS p " +
                 "WHERE p.UnitPrice > @preis";
  ObjectQuery<Product> products = context.CreateQuery<Product>(query);
  products.Parameters.Add(new ObjectParameter("preis", 50));
  foreach (Product item in products)
    Console.WriteLine("{0,-35}{1}", item.ProductName, item.UnitPrice);
}
```

Listing 40.23 Parametrisierte Abfrage mit Entity SQL

40.3 Der EntityClient-Provider

Neben LINQ und Entity SQL gibt es noch eine dritte Möglichkeit, das Entity Data Model abzufragen: mit dem EntityClient-Provider, der alle erforderlichen Klassen und Schnittstellen im Namespace `System.Data.EntityClient` zur Verfügung stellt.

Es gibt zwischen dem EntityClient-Provider und LINQ einen großen Unterschied: Mit dem EntityClient-Provider werden die Abfrageresultate nicht als Objekte materialisiert. Stattdessen werden die Daten in Form von Zeilen und Spalten als Objekte vom Typ `EntityDataReader` an den Aufrufer zurückgeliefert. Dieses Objekt ist dem `DataReader` von ADO.NET sehr ähnlich. Das bedeutet auch, dass die Daten nur gelesen, aber nicht verändert werden können.

Sollten Sie mit dem SqlClient-, OleDb- oder einem anderen ADO.NET-Provider Erfahrung gesammelt haben, werden Sie sehr schnell feststellen, dass der EntityClient-Provider diesen sehr ähnlich ist. Das macht sich beispielsweise auch in den Klassenbezeichnern bemerkbar. Statt `SqlConnection` heißt die entsprechende Klasse des EntityClient-Providers `EntityConnection`, statt `SqlCommand` gibt es die Klasse `EntityCommand`.

Da EntityClient nur Daten bereitstellt, die nicht verändert werden können, werden Sie Klassen analog zum `DataSet` oder zum `SqlDataAdapter` vergeblich suchen. Im Wesentlichen beschränkt sich der EntityClient-Provider auf die folgenden Klassen:

1. EntityConnection
2. EntityCommand
3. EntityParameter
4. EntityDataReader
5. EntityTransaction

Die Eigenschaften und Methoden sind denen der entsprechenden Klassen der ADO.NET-Provider sehr ähnlich. Natürlich gibt es kleine Unterschiede, insbesondere hinsichtlich der Abfragezeichenfolge, die nicht in SQL, sondern in Entity SQL formuliert wird. Dabei sollten Sie nicht vergessen, dass sich der EntityClient-Provider nicht direkt mit der Datenbank verbindet, sondern immer von dem ADO.NET-Datenprovider abhängt (siehe Abbildung 39.15).

Sehen wir uns nun ein Beispielprogramm an.

```
EntityConnection con = new EntityConnection("Name=NorthwindEntities");
con.Open();
string query = "SELECT VALUE p FROM NorthwindEntities.Products As p";
EntityCommand cmd = new EntityCommand();
cmd.CommandText = query;
cmd.Connection = con;
EntityDataReader reader =
          cmd.ExecuteReader(System.Data.CommandBehavior.SequentialAccess);
while (reader.Read())
{
  Console.WriteLine("{0,-4}{1}", reader["ProductID"], reader["ProductName"]);
}
reader.Close();
con.Close();
```

Listing 40.24 Beispiel mit EntityClient-Provider

Sollten Sie sich mit den ADO.NET-Datenprovidern beschäftigt haben, werden Sie die Ähnlichkeit sofort erkennen. Das Beispiel selbst ist sehr einfach gestrickt: Es wird zuerst eine Datenverbindung aufgebaut, danach ein Kommando definiert und die Abfrage ausgeführt. Die Resultate werden in die Konsole geschrieben.

40.3.1 Verbindungen mit »EntityConnection«

Ein Objekt vom Typ `EntityConnection` ist dafür verantwortlich, die Verbindung zum darunter liegenden ADO.NET-Provider aufzubauen. Der Konstruktor ist selbstredend überladen. In Listing 40.24 wurde die Variante gewählt, die eine formatierte Zeichenfolge entgegennimmt. Diese beginnt mit `Name=`. Dahinter wird der Bezeichner der Verbindungszeichenfolge aus der Konfigurationsdatei angegeben, also:

`Name=NorthwindEntities`

Im Zusammenhang mit dem Typ `EntityConnection` ist die Eigenschaft `StoreConnection` erwähnenswert. Diese Eigenschaft filtert aus der für den Objektkontext hinterlegten Verbindungszeichenfolge denjenigen Teil heraus, der die Verbindung zur physikalischen Datenbank beschreibt. Die Eigenschaft `StoreConnection` ist vom Typ

DbConnection. Es wird Ihnen damit ermöglicht, direkt ein SQL-Statement zur Datenbank zu schicken. Beachten Sie bitte, dass ich »SQL-Statement« geschrieben habe und nicht »Entity SQL«! Denn Letzteres wird zu einer Ausnahme führen. Listing 40.25 zeigt, wie Sie die Eigenschaft StoreConnection im Programmcode benutzen können.

```
using(NorthwindEntities context = new NorthwindEntities())
{
  DbConnection con =
      (context.Connection as EntityConnection).StoreConnection;
  con.Open();
  Console.WriteLine("Verbindungszeichenfolge:");
  Console.WriteLine(con.ConnectionString + "\n");
  DbCommand cmd = con.CreateCommand();
  cmd.CommandText = "SELECT * FROM Products";
  DbDataReader reader = cmd.ExecuteReader();
  while (reader.Read())
  {
    Console.WriteLine(reader[1]);
  }
}
```

Listing 40.25 Die Eigenschaft »StoreConnection«

Es bleibt noch die Frage zu klären, in welchen Situationen sich der Direktzugriff auf die Datenbank anbietet, der mit StoreConnection eingeleitet wird. Dazu muss man sich darüber im Klaren sein, dass das Entity Framework nicht alle denkbaren Szenarien unterstützt. Um Ihnen ein Beispiel zu nennen: Derzeit werden gespeicherte Prozeduren nicht unterstützt, wenn sie mehrere Ergebnislisten liefern. Allerdings muss in diesem Zusammenhang auch erwähnt werden, dass es noch andere Möglichkeiten gibt, SQL-basierte Abfragen gegen eine Datenbank abzusetzen.

40.3.2 Die Klasse »EntityCommand«

Die Klasse EntityCommand dient dazu, Entity-SQL-Abfragen oder gespeicherte Prozeduren aufzuführen, und unterscheidet sich nicht von den Command-Klassen der anderen ADO.NET-Datenprovider: Der Eigenschaft Connection wird das Connection-Objekt übergeben und der CommandText-Eigenschaft eine Zeichenfolge, die die Abfrage beschreibt. Beim EntityClient-Provider handelt es sich um ein Entity-SQL-Statement.

Ähnlich wie bei den ADO.NET-Providern wird die Abfrage mit den Methoden ExecuteReader, ExecuteNonQuery oder ExcecuteScalar abgesetzt, vorausgesetzt, die durch das EntityConnection-Objekt beschriebene Verbindung ist geöffnet.

Die ExecuteReader-Methode weist eine Besonderheit auf: Sie müssen einen Parameter vom Typ CommandBehavior.SequentialAccess übergeben. Das hat Konsequenzen, wenn Sie die Spalten der Rückgabe auswerten, denn Sie müssen die Spalten in der Reihenfolge abgreifen, in der sie eintreffen. Wir können uns das sehr einfach verdeutlichen, wenn wir uns noch einmal den Ausgabecode von Listing 40.25 ansehen:

```
Console.WriteLine("{0,-4}{1}",
            reader["ProductID"], reader["ProductName"]);
```

Da die Spalte `ProductID` mit Index=0 vor `ProductName` mit Index=1 steht, haben wir keine Probleme. Vertauschen wir jedoch die Positionen, also

```
Console.WriteLine("{0}{1}", reader["ProductName"], reader["ProductID"]);
```

wird eine `InvalidOperationException` ausgelöst. Genau in diesem Punkt unterscheidet sich ein `EntityCommand`-Objekt von den `Command`-Objekten der ADO.NET-Provider, bei denen der Zugriff auf die Spalten innerhalb des Readers beliebig ist. Allerdings müssen wir nicht alle Spalten der Reihe nach auswerten, sondern können uns durchaus nur für diejenigen entscheiden, an denen wir interessiert sind. Hauptsache, die sequenzielle Reihenfolge wird eingehalten.

40.4 Abfrage-Generator-Methoden (QueryBuilder-Methoden)

In einem großen Teil dieses Kapitels haben wir uns den Abfragen mit LINQ und Entity SQL gewidmet. Sie können aber eine Mischung aus beiden Abfragetechniken verwenden, die Methoden der Klasse `ObjectQuery`. Diese Methoden verwenden Entity-SQL-Fragmente und ersetzen mit diesen die Lambda-Ausdrücke.

Sehen wir uns dazu sofort ein Beispiel an, das uns alle Artikel zurückgibt, die einen bestimmten Preis übersteigen:

```
var query = context.Products
            .Where("it.UnitPrice >= 50");
```

Es fällt bei dieser Abfrage auf, dass der Methode `Where` kein Lambda-Ausdruck übergeben wird, sondern stattdessen eine Zeichenfolge, die an Entity SQL erinnert. `Where` ist hier die sogenannte QueryBuilder-Methode, die zu der Klasse `ObjectQuery` gehört. Um es ganz deutlich zu sagen: Es handelt sich dabei nicht um eine Erweiterungsmethode.

Ungewöhnlich ist die Verwendung des Präfixes `it`. Dabei handelt es sich um eine implizite Festlegung der Referenz auf das `ObjectQuery`-Objekt.

In der Klasse `ObjectQuery` sind einige QueryBuilder-Methoden definiert: `Where`, `Select`, `GroupBy`, `OrderBy`, `Skip` – um nur einige zu nennen. Allerdings wird auch nicht jede LINQ-Erweiterungsmethode durch eine QueryBuilder-Methode ersetzt. Sollten Sie sich für alle QueryBuilder-Methoden interessieren, informieren Sie sich bitte in der Dokumentation der Klasse `ObjectQuery`.

Lambda-Ausdrücke übergeben Parameter an eine Methode. Mit den QueryBuilder-Methoden werden die Parameter nun durch Zeichenfolgen auf Basis von Entity SQL beschrieben. Das ist der wesentliche Unterschied zwischen den QueryBuilder-Methoden und LINQ to Entities.

Ein etwas aufwendigeres Beispiel beschreibt Listing 40.26. Es werden zuerst Daten abgefragt, die als Parameter der Abfrage dienen. Damit wird die Methode Where ausgeführt.

```
using(NorthwindEntities context= new NorthwindEntities())
{
  Console.Write("Preise ab: ");
  decimal price = Convert.ToDecimal(Console.ReadLine());
  Console.Write("Kategorie-ID: ");
  int catID = Convert.ToInt32(Console.ReadLine());
  var query = context.Products
              .Where("it.Unitprice > @price AND it.CategoryID==@cat",
                  new ObjectParameter("price", price),
                  new ObjectParameter("cat", catID))
              .Select("it.ProductName, it.UnitPrice");
  foreach (var item in query)
    Console.WriteLine("{0,-35}{1}", item.GetValue(0), item.GetValue(1));
}
```

Listing 40.26 QueryBuilder-Methoden

Sie können der Where-Methode beliebig viele Parameter übergeben. Jeder Parameter muss aber durch ein ObjectParameter-Objekt genau definiert werden. Die entsprechenden Referenzen werden an den zweiten Parameter der Where-Methode übergeben, bei dem es sich um einen params-Parameter handelt. Das Bemerkenswerte ist dabei die Tatsache, dass die Typen der Parameter korrekt sein müssen.

Listing 40.26 enthält mit Select noch eine weitere QueryBuilder-Methode, mit der in unserem Beispiel die Eigenschaften ProductName und UnitPrice in die Ergebnismenge projiziert werden.

40.5 SQL-Direktabfragen

Nun kennen Sie bereits mehrere Varianten, um eine Abfrage gegen eine Datenbank abzusetzen und das Ergebnis zu materialisieren. Das ist aber immer noch nicht alles. Tatsächlich können Sie sogar ein datenbankspezifisches SQL-Statement absetzen.

Zum Absetzen eines SQL-Statements stellt die Klasse ObjectContext drei Methoden bereit, die Sie Tabelle 40.3 entnehmen können.

Methode	Beschreibung
ExecuteStoreCommand	Diese Methode führt einen SQL-Befehl aus, der auch Parameter enthalten kann. Der Rückgabewert der Methode beschreibt die Anzahl der Datensätze, die von dem Befehl erfasst worden sind. Die Methode dient zur Ausführung von Befehlen, die keine Ergebnismenge liefern, eignet sich daher für INSERT, DELETE und UPDATE. ExecuteStoreCommand ähnelt somit der Methode ExecuteNonQuery der Klasse DbCommand.
ExecuteStoreQuery<T>	Diese Methode ist das Gegenstück zur Methode ExecuteReader der Klasse DbCommand und liefert typisierte Ergebnisse zurück.
Translate<T>	Diese Methode übersetzt ein DbDataReader-Objekt in Objekte des angeforderten Entitätstyps.

Tabelle 40.3 Methoden des Objektkontextes zur Ausführung von SQL-Statements

In Listing 40.27 wird gezeigt, wie Sie die Methode ExecuteStoreQuery einsetzen können, um bestimmte Produkte mit einem T-SQL-Statement aus der Datenbank abzurufen.

```
using (NorthwindEntities context = new NorthwindEntities())
{
  Console.Write("Preise ab ... ");
  decimal price = Convert.ToDecimal(Console.ReadLine());
  var query = context.ExecuteStoreQuery<Product>(
         "SELECT * FROM Products WHERE UnitPrice > @price",
           new object[] {new SqlParameter("@price", price)});
  foreach (var item in query)
    Console.WriteLine(item.ProductName);
}
```

Listing 40.27 Absetzen eines T-SQL-Statements mit der Methode »ExecuteStoreQuery«

Kapitel 41
Entitätsaktualisierung und Zustandsverwaltung

Der Typ »ObjectContext« spielt im EDM (Entity Data Model) eine zentrale Rolle. Im vorherigen Kapitel haben wir ein Objekt dieses Typs dazu benutzt, einen Kontext zu beschreiben, um Abfragen gegen eine Datenbank abzusetzen. Die Resultate der Abfragen wurden materialisiert oder, mit anderen Worten, als Objekte an die Laufzeitumgebung zurückgeliefert.

Allein mit der Abfrage von Daten werden Sie sich auf die Dauer nicht zufriedengeben. Sie wollen die Daten oder, besser gesagt, Entitäten sicherlich auch ändern oder löschen. Oder Sie wollen neue Entitäten erzeugen. Alle Änderungen sollen natürlich auch in der Datenquelle gespeichert werden. Das wird der Schwerpunkt in diesem Kapitel sein. Darüber hinaus werden wir einen Blick in den Hintergrund des Entity Frameworks werfen und verstehen, warum neben dem `ObjectContext` und den Entitäten im Datencache weitere Objekte eine wichtige Rolle spielen.

41.1 Aktualisieren von Entitäten

41.1.1 Entitäten ändern

Änderungen an einer Entität vorzunehmen ist sehr einfach. Zuerst gilt es, sich die Referenz auf die zu editierende Entität zu besorgen. Dazu kann man ein `ObjectQuery`-Objekt entsprechend filtern oder das gewünschte Objekt direkt abfragen.

```
using (NorthwindEntities context = new NorthwindEntities())
{
  var prod = context.Products
                    .SingleOrDefault(p => p.ProductID == 1);
  if (prod != null) {
    prod.ProductName = "Aachener Printen";
    prod.UnitsInStock = 0;
    // Änderung in die Datenbank schreiben
    context.SaveChanges();
```

```
      Console.WriteLine("Datenbank aktualisiert...");
    }
    else
      Console.WriteLine("Der Artikel wurde nicht gefunden.");
}
```

Listing 41.1 Änderung einer Entität mit anschließender Speicherung

Ein bestimmter Datensatz eines Produkts kann aus der Datenbank mit der Methode Single oder SingleOrDefault abgefragt werden. Beiden Methoden kann die Filterbedingung als Methodenargument übergeben werden (eine Alternative zur Where-Erweiterungsmethode). Single und SingleOrDefault unterscheiden sich hinsichtlich der Reaktion, wenn das entsprechende Produkt in der Datenbank nicht gefunden wird: Single löst eine Ausnahme aus, während SingleOrDefault den Rückgabewert null liefert.

In der LINQ-Abfrage von Listing 41.1 ist keine Selektion angegeben. Damit handelt es sich bei dem Resultat der LINQ-Abfrage um den Typ Product. Im Code werden die beiden Eigenschaften ProductName und UnitsInStock der Entität aktualisiert.

Mit der Methode SaveChanges des Objektkontextes wird die an der Entität vorgenommene Änderung in die Datenbank geschrieben. Dabei wird die Änderung in ein passendes SQL-UPDATE-Statement umgesetzt. Sie können sich dieses ansehen, wenn Sie im SQL Server Management Studio das Tool SQL Server Profiler öffnen und ein neues Ablaufprotokoll starten. Sie werden dann das folgende SQL-Statement finden:

```
exec sp_executesql N'update [dbo].[Products]
set [ProductName] = @0, [UnitsInStock] = @1
where ([ProductID] = @2)
',N'@0 nvarchar(40),@1 smallint,@2 int',@0=N'Aachener Printen',@1=0,@2=1
```

Erwähnenswert ist, dass nur die Spalten im UPDATE-Statement angegeben sind, die auch tatsächlich einen geänderten Wert haben. In unserer Abfrage handelt es sich um ProductName und UnitsInStock. Die WHERE-Klausel hingegen enthält nur die Angabe des Primärschlüssels des betroffenen Datensatzes.

Mehrere Entitäten editieren

Mit SaveChanges werden alle Änderungen, die an einer Entität vorgenommen worden sind, in die Datenbank geschrieben. In Listing 41.1 handelte es sich nur um eine Entität, nun wollen wir mehrere ändern. Dazu stellen wir uns vor, wir hätten die Absicht, den Lagerbestand aller Artikel, von denen aktuell 20 Stück oder weniger im Lager vorrätig sind, durch eine Nachbestellung auf 100 zu erhöhen. Natürlich könnten wir eine LINQ-Abfrage schreiben, die direkt die Produkte abfragt, die unserer Bedingung genügen. Dabei nehmen wir an, dass sich bereits alle Produkte der Tabelle *Products* im Datencache befinden. Wir müssen dann eine LINQ-Abfrage gegen den Datencache absetzen.

```
using (NorthwindEntities context = new NorthwindEntities())
{
  // Alle Produkte abfragen
  var query = context.Products.Select(p => p).ToList();
  // Produkte herausfiltern, deren Lagerbestand <= 20 ist
  var prods = query
              .Where(p => p.UnitsInStock <= 20)
              .Select(p => p);
  // Lagerbestand erhöhen
  foreach (var item in prods)
    item.UnitsInStock = 100;
  int count = context.SaveChanges();
  Console.WriteLine("Datenbank aktualisiert ({0} Datensätze).", count);
}
```

Listing 41.2 Lagerbestand mehrerer Artikel gleichzeitig erhöhen

Im ersten Schritt besorgen wir uns mit der Methode `ToList` alle Artikel. Die Methode sorgt dafür, dass die Abfrage sofort gegen die Datenbank abgesetzt und die Ergebnismenge gebildet wird. Anschließend bilden wir die Menge der Produkte, die unserer Bedingung hinsichtlich des Lagerbestands entsprechen, und erhöhen diesen auf 100.

Die Methode `SaveChanges` hat einen Rückgabewert, der darüber Auskunft gibt, wie viele Entitäten von der Änderung betroffen sind. Diesen Wert lassen wir uns an der Konsole zur Information ausgeben.

41.1.2 Hinzufügen neuer Entitäten

Um eine neue Entität zu erzeugen und diese so weit vorzubereiten, dass sie in die Datenbank geschrieben werden kann, sind zwei Schritte notwendig:

Erzeugen einer neuen Entität: Im ersten Schritt muss die neue Entität erstellt werden. Dazu wird entweder der Konstruktor aufgerufen oder die `CreateX`-Methode (X steht hier für den Bezeichner der Entität), die von jeder Entitätsklasse bereitgestellt wird.

Entität dem Objektkontext hinzufügen: Ist die neue Entität erzeugt, hat sie keinen Bezug zum Objektkontext. Daher ist die neue Entität im zweiten Schritt dem Objektkontext bekannt zu geben, damit dieser zu einem späteren Zeitpunkt das Objekt in die Datenbank schreiben kann. Dazu bieten sich ebenfalls mehrere Varianten an:

- die Methoden `AddToX` oder `AddObject` des `ObjectContext`-Objekts
- die Methode `AddObject` des `ObjectSet<>`-Objekts

Erzeugen einer neuen Entität

Sehen wir uns zuerst den ersten Schritt an, das Erzeugen einer neuen Entität. Dazu können Sie den parameterlosen Konstruktor der Entitätsklasse aufrufen und weisen anschließend den Eigenschaften die gewünschten Werte zu, beispielsweise:

```
Product product = new Product();
product.UnitsInStock = 0;
product.ProductName = "Schokolade";
product.Discontinued = false;
```

Neben dem parameterlosen Standardkonstruktor ist in den Entitätsklassen auch eine statische Methode definiert (Factory-Methode), die eine neue Entität der entsprechenden Klasse erzeugt und deren Referenz über den Rückgabewert bereitstellt. In der Klasse `Product` lautet diese Methode `CreateProduct`, in der Klasse `Category` analog dazu `CreateCategory`.

Das folgende Codefragment zeigt die vom Assistenten generierte Methode `CreateProduct` in der Klasse `Product`.

```
public static Product CreateProduct(int productID, String productName,
                                    bool discontinued) {
  Product = new Product();
  product.ProductID = productID;
  product.ProductName = productName;
  product.Discontinued = discontinued;
  return product;
}
```

Die Factory-Methoden haben im Gegensatz zum parameterlosen Konstruktor den Vorteil, eine Parameterliste zu definieren, in der neben dem Primärschlüssel auch die Eigenschaften berücksichtigt werden, die nicht null sein dürfen. Für die Entität vom Typ `Product` sind das neben dem Primärschlüsselfeld die Eigenschaften `ProductName` und `Discontinued`. Daher erwartet die Factory-Methode Werte für diese drei Eigenschaften, z. B.:

```
Product newProduct = Product.CreateProduct(12, "Wurst", false);
```

Die Factory-Methode garantiert, dass eine Entität in allen Feldern, die keinen null-Wert zulassen, gültige Daten enthält. Diese Garantie hat man beim Aufruf des Konstruktors nicht.

Hinzufügen zum Objektkontext mit der Methode »AddToX«

Nach dem Erzeugen einer neuen Entität muss diese dem Objektkontext übergeben werden, da nur die Entitäten beim Aufruf der Methode SaveChanges erfasst werden, die dem Objektkontext bekannt sind.

Für jede im EDM enthaltene Entitätsklasse stellt das Entity Framework dem Objektkontext dazu eine spezielle Methode bereit. In unserem Beispiel beschreibt das EDM die beiden Entitäten Category und Product. Folglich stellt der Objektkontext unseres EDM die beiden Methoden

- AddToCategories(Category category)
- AddToProducts(Product product)

bereit. Die neue Entität wird dabei der Methode als Argument übergeben.

Listing 41.3 zeigt das Erzeugen eines neuen Artikels, das anschließende Hinzufügen zum Objektkontext und die Aktualisierung der Datenbank im kompletten Zusammenhang.

```
using (NorthwindEntities context = new NorthwindEntities())
{
  Product product = new Product();
  product.ProductName = "Kuchen";
  product.Discontinued = false;
  // Alternativ: Product product = Product.CreateProduct(-1, "Kuchen", false);
  context.AddToProducts(product);
  context.SaveChanges();
  Console.WriteLine("Datenbank aktualisiert...");
  Console.WriteLine("Neue ID: {0}", product.ProductID);
}
```

Listing 41.3 Erzeugen einer neuen Entität mit anschließender DB-Aktualisierung

Im ersten Augenblick scheint der Code des Listings nichts Besonderes zu bieten. Spektakulär ist aber beim genaueren Hinsehen die Ausgabe am Ende des Listings. Zur Erinnerung: Der Primärschlüssel der Tabelle *Products* wird durch einen Autoinkrementwert beschrieben, der natürlich von der Datenbank erzeugt wird. An der Konsole wird nach der Aktualisierung der Wert angezeigt, den die Datenbank für den neuen Datensatz generiert hat. Demnach wird beim erfolgreichen Hinzufügen einer neuen Entität der zugeteilte Primärschlüssel automatisch vom Objektkontext übernommen. Ein sehr nettes Feature, das uns einiges an Programmierarbeit erspart.

Hinzufügen zum Objektkontext mit der Methode »AddObject«

Es gibt mit der Methode AddObject noch eine zweite Variante, ein neues Objekt dem Objektkontext zu übergeben. Die Methode wird von zwei Klassen bereitgestellt:

1. ObjectContext
2. ObjectSet

Beide Varianten unterscheiden sich nur in der Anzahl der erwarteten Argumente. Während AddObject beim Aufruf auf die Instanz des Objektkontextes die Angabe des Bezeichners der Entitätenmenge und der Referenz auf die hinzuzufügende Entität erwartet, begnügt sich die Methode beim Aufruf auf ObjectSet nur mit der Angabe der neuen Entität.

Um ein neues Produkt, dessen Referenz product lautet, dem Objektkontext bekannt zu geben, können Sie demnach entweder die Anweisung

```
context.Products.AddObject(product);
```

oder

```
context.AddObject("Products", product);
```

codieren.

> **Hinweis**
>
> Wird ein Datensatz mit einem bereits existierenden Primärschlüssel der Datenbank hinzugefügt, wird eine InvalidOperationException ausgelöst. Das kann jedoch im Zusammenhang mit den beiden Entitäten Product und Category nicht passieren, da hier die Primärschlüssel durch Autoinkrementwerte beschrieben werden.

Hinzufügen zu Master- und Detailtabelle

Im praktischen Alltag werden häufig Master- und Detailtabelle gleichzeitig ergänzt. Angenommen, es soll der Tabelle *Products* ein Produkt hinzugefügt werden, das einer Kategorie zugeordnet werden muss, die noch nicht von der Tabelle *Categories* beschrieben wird. In üblichen Szenarien wird man zuerst die neue Kategorie in die Tabelle *Categories* eintragen und dann den neuen Schlüsselwert abrufen. Mit diesem kann anschließend auch das Produkt in die Tabelle *Products* eingetragen werden.

Das Entity Framework ist wesentlich intelligenter, denn SaveChanges macht das alles selbstständig. Das sehen wir uns in Listing 41.4 an.

```
using (NorthwindEntities context = new NorthwindEntities())
{
  Category newCat = Category.CreateCategory(-1, "Backwaren");
  Product newProduct = new Product();
  newProduct.ProductID = 0;
  newProduct.ProductName = "Jubels Eierkuchen";
  newProduct.Discontinued = false;
```

```
    newProduct.Category = newCat;
    context.AddToCategories(newCat);
    context.SaveChanges();
    Console.WriteLine("Datenbank aktualisiert ...");
}
```

Listing 41.4 Gleichzeitige Aktualisierung von Master- und Detailtabelle

Im Listing werden zuerst eine neue Kategorie und ein neuer Artikel erzeugt. Die Referenz auf die neue Kategorie wird der Eigenschaft Category des Artikels zugewiesen, und danach wird die neue Kategorie mit der Methode AddToCategories dem Objektkontext bekannt gemacht. Weil der neue Artikel seinerseits selbst mit der neuen Kategorie in Beziehung steht, ordnet er sich ebenfalls automatisch dem Objektkontext zu.

Der Objektkontext weiß nun, dass zwei Entitäten hinzugefügt worden sind, die miteinander in Beziehung stehen, und aktualisiert beim Aufruf von SaveChanges in der erforderlichen Reihenfolge: Zuerst fügt er die neue Kategorie der Datenbank hinzu, anschließend das neue Produkt.

Davon können wir uns im SQL Server Profiler überzeugen. Es werden der Reihe nach die entsprechenden SQL-UPDATE-Statements abgesetzt. Als Erstes wird

```
exec sp_executesql N'insert [dbo].[Categories]([CategoryName],
                    [Description], [Picture])
values (@0, null, null)
select [CategoryID]
from [dbo].[Categories]
where @@ROWCOUNT > 0 and [CategoryID] = scope_identity()',
                    N'@0 nvarchar(15)',@0=N'Backwaren'
```

abgesetzt, danach:

```
exec sp_executesql N'insert [dbo].[Products]([ProductName], ...)
values (@0, null, @1, null, null, null, null, null, @2)
select [ProductID]
from [dbo].[Products]
where @@ROWCOUNT > 0 and [ProductID] = scope_identity()',
N'@0 nvarchar(40),@1 int,@2 bit',@0=N'Jubel''s Eierkuchen',@1=10,@2=0
```

Auch hier werden automatisch die neuen, von der Datenbank generierten Primärschlüssel bezogen.

41.1.3 Löschen einer Entität

Kommen wir nun zur dritten Aktualisierungsmöglichkeit, dem Löschen. Die Methode dazu lautet DeleteObject, die Sie entweder auf das ObjectContext-Objekt aufrufen können oder auf das `ObjectSet`. Damit wären die beiden folgenden Anweisungen möglich, falls `product` die Referenz auf die zum Löschen anstehende Entität beschreibt:

```
context.DeleteObject(product);
context.Products.DeleteObject(product);
```

Natürlich wollen wir uns auch dazu ein komplettes Listing ansehen.

```
using (NorthwindEntities context = new NorthwindEntities())
{
  var prod = context.Products.Single(p => p.ProductID == 78);
  context.DeleteObject(prod);
  context.SaveChanges();
  Console.WriteLine("Artikel gelöscht.");
}
```

Listing 41.5 Löschen einer Entität

Nach dem Aufruf von `SaveChanges` ist das betreffende Produkt in der Datenbank gelöscht.

> **Anmerkung**
>
> Sollten Sie das Beispiel des Listing 41.5 erfolgreich ausführen wollen, sollten Sie sicherstellen, dass Sie vorher auch einen neuen Artikel mit der `ProductID` = 78 hinzugefügt haben, denn ursprünglich weist die Tabelle *Products* nur Produkte bis zum Schlüsselwert 77 auf, die alle in Beziehung zu einem Eintrag in der Tabelle *Order_Details* stehen.

Löschen von in Beziehung stehenden Daten

Beim Löschen eines Datensatzes kann es passieren, dass gegen die referenzielle Integrität verstoßen wird, weil der zu löschende Datensatz in Beziehung zu mindestens einem weiteren Datensatz in einer anderen Tabelle steht und die Beziehung eine Löschweitergabe nicht erlaubt. In diesem Fall wird eine Ausnahme vom Typ UpdateException ausgelöst. Das würde beispielsweise bei dem Versuch passieren, aus der *Northwind*-Datenbank einen Artikel zu löschen, auf den sich ein Datensatz in der Tabelle *Order_Details* bezieht.

Möchte man dennoch einen Artikel löschen, ist es notwendig, auch die in Beziehung stehenden Datensätze aus der Tabelle *Order_Details* zu löschen. Dazu wäre zuerst ein entsprechendes Entity Data Model Voraussetzung, in dem zumindest die beiden Entitäten `Product` und `Order_Detail` enthalten sind. Sie können dazu das bereits vorhandene EDM um die erforderliche zusätzliche Entität ergänzen, indem Sie im Bereich des Designers mit der rechten Maustaste das Kontextmenü öffnen und hier MODELL AUS der Datenbank aktualisieren... auswählen. Bereits im nächsten Schritt können Sie das EDM um die Entität Order_Details ergänzen (siehe Abbildung 41.1).

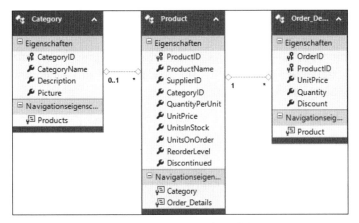

Abbildung 41.1 Das Entity Data Model (EDM) für Listing 41.6

Den Ablauf zum Löschen des Artikels sehen Sie in Listing 41.6.

```
using (NorthwindEntities context = new NorthwindEntities())
{
  var prod = context.Products.Single(p => p.ProductID == 2);
  var orders = context.Order_Details
              .Where(order => order.ProductID == prod.ProductID);
  context.DeleteObject(prod);
  foreach (var item in orders)
    context.DeleteObject(item);
  context.SaveChanges();
  Console.WriteLine("Artikel samt der Bestellungen gelöscht.");
}
```

Listing 41.6 Löschen von in Beziehung stehenden Daten

Zuerst wird das zu löschende Produkt in den Objektkontext geladen und mit dessen ID-Wert die entsprechenden Bestellungen abgerufen. Normalerweise würde man zuerst die Bestellungen löschen und anschließend das Produkt, aber beim Entity Framework spielt die Reihenfolge keine Rolle, dafür sorgt die Methode SaveChanges. Sie können sich davon wieder im Ablaufverfolgungsprotokoll des SQL Server Profilers überzeugen. Demnach werden zuerst alle Bestellungen mit

```
exec sp_executesql N'delete [dbo].[Order Details]
where (([OrderID] = @0) and ([ProductID] = @1))',
        N'@0 int,@1 int',@0=11077,@1=2
```

gelöscht. Anschließend kommt es zum Löschen des entsprechenden Artikels.

41 Entitätsaktualisierung und Zustandsverwaltung

```
exec sp_executesql N'delete [dbo].[Products]
where ([ProductID] = @0)',N'@0 int',@0=2
```

Ist die Beziehung mit Löschweitergabe zwischen zwei Tabellen definiert, ist es sehr einfach, diese zu nutzen. Angenommen, in der *Northwind*-Datenbank wäre das bei der Beziehung zwischen den beiden Tabellen *Products* und *Order_Details* der Fall. Dann würde es genügen, die betreffende Product-Entität im Objektkontext zu löschen und die Methode SaveChanges aufzurufen.

```
var product = context.Products.First(prod => prod.ProductID == 32);
context.DeleteObject(product);
context.SaveChanges();
```

In der Datenbank würden automatisch alle entsprechenden Einträge in der Tabelle *Order_Details* ebenfalls gelöscht.

41.2 Der Lebenszyklus einer Entität im Objektkontext

41.2.1 Der Zustand einer Entität

Wie Sie eine Entität ändern, löschen oder hinzufügen und anschließend die Aktualisierungen in die Datenbank schreiben können, haben Sie im letzten Abschnitt gelernt. Bei genauerer Analyse der Listings, die alle die Aktualisierung der Datenbank mit der Methode SaveChanges enthielten, stellt sich die Frage, woher das Entity Framework die Informationen nimmt, ob eine Entität verändert, gelöscht oder hinzugefügt worden ist. Diese Information ist nicht nur entscheidend dafür, welches SQL-Statement (UPDATE, DELETE oder INSERT) gegen die Datenbank abgesetzt werden muss. Die Lösung ist sehr einfach: Jede Entität wird durch einen Zustand beschrieben. Auskunft über den aktuellen Zustand der Entität gibt die Eigenschaft EntityState. Diese Eigenschaft ist vom Typ der gleichnamigen Enumeration (siehe Tabelle 41.1).

Wert	Beschreibung
Added	Die Entität wurde dem Objektkontext hinzugefügt.
Deleted	Die Entität wurde aus dem Objektkontext gelöscht.
Detached	Die Entität existiert bereits, wurde aber dem Objektkontext noch nicht hinzugefügt. Dieser Zustand gilt auch für Entitäten, die nicht mehr vom Objektkontext verwaltet werden.
Modified	Die Entität wurde verändert.
Unchanged	Die Entität wurde nicht verändert.

Tabelle 41.1 Die Werte der Enumeration »EntityState«

41.2.2 Das Team der Objekte im Überblick

Die Organisation der Zustandsverwaltung der Entitäten gehört zu komplexeren Szenarien des Entity Frameworks. Vielleicht haben Sie im Moment den Eindruck, dass alles vom Objektkontext gesteuert wird. Dem ist aber nicht so, denn bei genauer Betrachtung betreten drei weitere Typen die Bühne des Entity Data Models:

- `ObjectStateManager`
- `ObjectStateEntry`
- `EntityKey`

Im Zusammenspiel mit dem Objektkontext bilden diese vier ein Team, das für die Zustandsverwaltung zuständig ist und uns mit allen erforderlichen Informationen versorgen kann. Auf die genauen Zusammenhänge und den Nutzen für uns bei der Programmierung gehen wir noch genauer ein, aber lassen Sie uns zuerst einen kurzen allgemeinen Blick auf die drei erwähnten Typen werfen.

Der Typ »ObjectStateManager«

Wird der Zustand einer Entität durch Löschen, Hinzufügen oder eine Änderung modifiziert, muss das protokolliert werden, damit die Änderung später an die Datenbank weitergegeben werden kann. Dafür ist ein Objekt vom Typ `ObjectStateManager` verantwortlich, das mit dem Objektkontext fest verbunden ist. Jedem Objektkontext ist genau ein `ObjectStateManager`-Objekt zugeordnet. Die Referenz darauf stellt die Eigenschaft `ObjectStateManager` des `ObjectContext`-Objekts bereit:

```
ObjectStateManager osm = context.ObjectStateManager;
```

Tatsächlich ist der `ObjectStateManager` sogar für die meisten Abläufe im Objektkontext verantwortlich.

Der Typ »ObjectStateEntry«

Jede zustandsverfolgte Entität ist mit einem `ObjectStateEntry`–Objekt verknüpft. Dieses hat nicht nur die Aufgabe, den aktuellen Zustand der verknüpften Entität zu beschreiben, sondern enthält darüber hinaus eine Reihe weiterer Informationen. Beispielsweise können wir mit Unterstützung des `ObjectStateEntry`–Objekts neben den aktuellen auch die ursprünglichen Werte der Entitätseigenschaften abrufen oder in Erfahrung bringen, welche Eigenschaften der Entität verändert worden sind.

Der Typ »EntityKey«

Um den Überblick über alle am Lebenszyklus und der Zustandsverwaltung einer Entität beteiligten Objekte zu vervollständigen, muss an dieser Stelle auch noch ein drittes Objekt erwähnt werden: der `EntityKey`. Dieses stellt das Bindeglied zwischen einem `ObjectStateEntry`-Objekt und der zugehörigen Entität dar.

41.2.3 Neue Entitäten im Objektkontext

Entitäten, die nicht zum Objektkontext gehören, werden nicht zustandsüberwacht. Das ist z. B. der Fall, wenn Sie eine neue Entität durch den Aufruf des Konstruktors erzeugen:

```
Product product = new Product();
```

Das Objekt `product` gehört in diesem Moment nicht zum Objektkontext. Der Zustand wird mit der Eigenschaft `EntityState` zwar als `Detached` beschrieben, dennoch hat die Entität noch kein verknüpftes `ObjectStateEntry`-Objekt und wird damit auch nicht zustandsverfolgt. Der Aufruf der `SaveChanges`-Methode würde die neue Entität folglich nicht in die Tabelle *Products* eintragen.

Neue Entitäten, die durch den Aufruf des Konstruktors der Entitätsklasse erzeugt werden, müssen mit einer `AddToX`-Methode zum Objektkontext hinzugefügt werden. X steht dabei für das gleichnamige `EntitySet`. In unserem Entity Data Model heißt daher die Methode `AddToProducts`. Der Methode wird als Argument die Referenz auf die neue Entität übergeben, z. B.:

```
context.AddToProducts(product);
```

In diesem Moment wird die neue Entität mit einem `ObjectStateEntry`-Objekt verknüpft – eine Voraussetzung, damit es später von `SaveChanges` erfasst werden kann.

Entitäten einem anderen Objektkontext übergeben

Es gibt Szenarien, in denen eine Entität den Kontext wechselt. Wie sich dabei der Zustand einer Entität verändert, kann u. U. von entscheidender Bedeutung sein. Sehen Sie sich dazu bitte Listing 41.7 an.

```
using (NorthwindEntities context1 = new NorthwindEntities())
{
  Product product = context1.Products.First();
  product.ProductName = "Brathering";
  Console.WriteLine("Im context1: {0}", product.EntityState);
  // Entfernen der Entität aus dem aktuellen Objektkontext
  context1.Detach(product);
  Console.WriteLine("Ohne Context: {0}", product.EntityState);
  using (NorthwindEntities context2 = new NorthwindEntities())
  {
    // Hinzufügen der Entität zu einem anderen Objektkontext
```

```
      context2.Attach(product);
      Console.WriteLine("Im context2: {0}", product.EntityState);
   }
}
```

Listing 41.7 Eine Entität einem anderen Objektkontext übergeben

Im ersten Schritt wird das erste Produkt aus der Tabelle *Products* abgefragt und dessen Eigenschaft `ProductName` geändert. Danach wird der Zustand in die Konsole geschrieben. Er lautet `Modified`.

Mit der Methode `Detach` des `ObjectContext`-Objekts erfolgt im nächsten Schritt die Deregistrierung der Entität bei seinem aktuellen Objektkontext. Es unterliegt danach nicht mehr der vom Objektkontext zur Verfügung gestellten Zustandsüberwachung. Sein Zustand ist `Detached`. Auch das sehen wir in der Konsolenausgabe.

Anschließend wird ein zweiter Objektkontext erstellt. So, wie mit der Methode `Detach` des Objektkontextes eine Entität der Verwaltung des Objektkontextes entzogen wird, kann mit der Methode `Attach` eine Entität hinzugefügt werden. Genau das wird mit der Produktreferenz `product` gemacht, mit darauf folgender Ausgabe des Zustands. Er lautet nicht, wie möglicherweise erwartet, `Modified`, sondern `Unchanged`.

> **Anmerkung**
>
> Eine Entität kann nicht gleichzeitig von zwei `ObjectContext`-Objekten verwaltet werden. Daher ist es notwendig, die Entität zuerst mit `Detach` bei seinem aktuellen Objektkontext abzumelden, bevor sie einem anderen Objektkontext mit `Attach` hinzugefügt wird. Lassen Sie uns die wichtige Erkenntnis, die das Beispiel liefert, allgemein formulieren:
>
> Der Zustand der Entitäten reflektiert nicht den Zustand im Vergleich zum korrespondierenden Datensatz in der Datenbank. Der Entitätszustand ist nur innerhalb seines umgebenden Objektkontextes zu betrachten. Man könnte auch sagen, dass der Objektkontext in der Anwendung hinsichtlich der Entitäten die Rolle der Datenbank übernimmt.

Hätte der Zustand einer Entität Bezug zum korrespondierenden Datensatz in der Datenbank, hätte er sich im zweiten Objektkontext nicht verändert. Stattdessen wird der Zustand aber auf `Unchanged` gesetzt, weil der neue Objektkontext nichts von der Änderung am Produktnamen weiß, die in einem anderen Objektkontext erfolgt ist.

41.2.4 Die Zustände einer Entität

Die Mitglieder der Enumeration `EntityState` beschreiben die möglichen Zustände einer Entität (siehe Tabelle 41.1). Die Zustände können sich ändern. Bis auf das Ändern einer Eigenschaft sind dabei immer Methodenaufrufe im Spiel. Einige habe ich Ihnen zu Beginn des Kapitels schon gezeigt: beispielsweise DeleteObject und AddToX. Beide haben zur Folge, dass der Zustand der Entität automatisch angepasst wird. Im letzten Abschnitt habe ich in Listing 41.7 die Methode Attach benutzt, um eine Entität bei einem Objektkontext zu registrieren, und Detach, um die Entität dem Objektkontext zu entziehen. Auch diese beiden Methoden bewirken eine Zustandsänderung.

Es gibt noch ein paar weitere Methoden, die eine Zustandsänderung zur Folge haben. Dabei können die Zustände nicht x-beliebig wechseln. So ist es z. B. nicht möglich (und würde auch keinen Sinn ergeben), eine als Deleted gekennzeichnete Entität in den Zustand Modified zu überführen.

Die Zusammenhänge der einzelnen Zustandsübergänge und die dazugehörigen Methoden können Sie Abbildung 37.2 entnehmen.

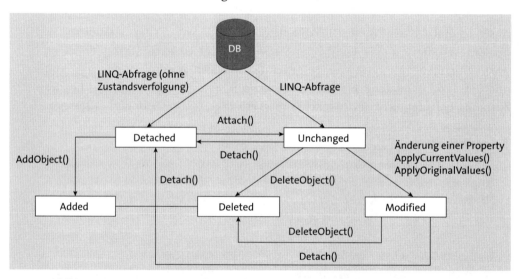

Abbildung 41.2 Die Zusammenhänge der Zustandsänderungen im Objektkontext

An dieser Stelle werden wir auf die einzelnen Zustände im Detail eingehen.

Der Zustand »Unchanged«

Eine Entität ist nach dem Ausführen einer LINQ-Abfrage zuerst im Zustand Unchanged. In diesem Zustand befindet sich eine Entität auch dann, nachdem sie mit der Methode Attach bei einem Objektkontext registriert wurde. Diese Erfahrung haben wir in Listing 41.7 machen können.

Der Zustand »Modified«

Den Zustand Modified kann eine Entität nur annehmen, wenn sie sich vorher im Zustand Unchanged befunden hat und einen korrespondierenden Datensatz in der

Datenbank hat. Dass die Änderung einer Eigenschaft zu diesem Zustand führt, wissen Sie. Es gibt aber mit `ApplyCurrentValues` und `ApplyOriginalValues` noch zwei andere Methoden, die wir bisher noch nicht behandelt haben.

Aus dem `Modified`-Zustand kann eine Entität in `Deleted` oder `Detached` überführt werden, aber ein Rollback von `Deleted` bzw. `Detached` zurück nach `Modified` ist nicht möglich – zumindest nicht auf direktem Weg.

Der Zustand »Added«

Eine Entität kann nur dann den Zustand `Added` annehmen, wenn sie vorher `Detached` war. Ändern Sie eine `Added`-Entität, wird sie nicht in den Zustand `Modified` überführt, da die Entität keinen korrespondierenden Datensatz in der Datenbank hat. Gleiches gilt auch für `Deleted`.

Der Zustand »Deleted«

Damit eine Entität den Zustand `Deleted` annimmt, muss auf eine als `Unchanged` oder `Modified` gekennzeichnete Entität die Methode `DeleteObject` aufgerufen werden.

Der Zustand »Detached«

Eine Entität gilt als `Detached`, solange sie an keinen Objektkontext gebunden ist. Für die Entität bedeutet das, dass Sie alles mit der Entität machen können, für das EDM ist das jedoch bedeutungslos. Es gibt keine Zustandsverfolgung, und die Entität agiert autark. In Konsequenz dessen bedeutet das aber auch, dass `Detached` der Standardzustand für jede neu erzeugte Entität ist, die nicht aufgrund einer LINQ-Abfrage erstellt wird.

41.2.5 Zusätzliche Entitäten in den Datencache laden

Sollte eine Datenabfrage Entitäten liefern, die sich bereits im Objektkontext befinden, werden die im Objektkontext befindlichen Entitäten per Vorgabe nicht ersetzt. Nur Entitäten, die sich zum Zeitpunkt der Abfrage noch nicht im Objektkontext befinden, werden diesem hinzugefügt. Gleichzeitig werden alle Entitäten eines Objektkontextes zustandsüberwacht. Das ist das Standardverhalten.

Die Zustandsverfolgung mit »MergeOption« steuern

In Abbildung 41.2 ist zu erkennen, dass nicht jede LINQ-Abfrage zwangsläufig zu einer Zustandsverfolgung führt. Sie können diese auch abschalten. Das wäre beispielsweise sinnvoll, wenn die Entitäten nur der Datenansicht dienen.

Das Verhalten, wie die von einer Abfrage zurückgegebenen Entitäten dem Objektkontext hinzugefügt werden sollen, kann mit der Eigenschaft `MergeOption` des `Object-Query`- oder `ObjectSet`-Objekts beeinflusst werden. Die Eigenschaft ist vom Typ der gleichnamigen Aufzählung MergeOption, deren mögliche Werte Sie Tabelle 41.2 entnehmen können.

Membername	Beschreibung
AppendOnly	(Standardeinstellung) Entitäten, die im Objektkontext nicht vorhanden sind, werden dem Objektkontext hinzugefügt. Sind die Objekte bereits im ObjectContext, werden sie nicht aus der Datenquelle geladen.
OverwriteChanges	Objekte, die im Objektkontext nicht vorhanden sind, werden an den Kontext angefügt. Wenn ein Objekt bereits im Kontext vorhanden ist, werden die ursprünglichen Werte mit den neuen Werten aus der Datenquelle überschrieben.
PreserveChanges	Die Objekte werden immer aus der Datenquelle geladen. Änderungen an im Kontext befindlichen Objekten werden dabei nicht überschrieben.
NoTracking	Objekte erhalten den Detached-Zustand. Der Zustand dieser Objekte wird nicht vom ObjectStateManager verfolgt.

Tabelle 41.2 Die Memberliste der Aufzählung »MergeOption«

In Listing 41.8 werden die Produkte abgerufen, die ein bestimmtes Preislimit überschreiten. Aus dieser Menge wird zu Testzwecken das erste Produkt abgerufen, nachdem die Eigenschaft MergeOption des LINQ-Abfrageresultats auf NoTracking festgelegt worden ist. Da das Ergebnis einer LINQ-Abfrage vom Typ IEnumerable ist, muss das Abfrageresultat in den Typ ObjectQuery konvertiert werden, damit darauf die Eigenschaft MergeOption aufgerufen werden kann.

```
using (NorthwindEntities context = new NorthwindEntities())
{
  var query1 = context.Products
                .Where(p => p.UnitPrice >= 50);
  ((ObjectQuery)query1).MergeOption = MergeOption.NoTracking;
  var query2 = query1.First();
  Console.WriteLine(query2.EntityState);
}
```

Listing 41.8 Die Eigenschaft »MergeOption« eines Abfrageresultats

Die Ausgabe des Entitätszustands ist Detached. Kommentieren Sie die Anweisung, die die Eigenschaft MergeOption festlegt, aus, wird der Zustand Unchanged sein, also dem Standard entsprechen.

41.2 Der Lebenszyklus einer Entität im Objektkontext

In Listing 41.8 wird `MergeOption` auf ein `ObjectQuery`-Objekt festgelegt. Bei der Festlegung der Eigenschaft `MergeOption` auf ein `ObjectSet` müssen Sie etwas vorsichtiger sein, da hier die Position der entsprechenden Anweisung entscheidend ist. Sehen Sie sich hierzu Listing 41.9 an, das sich von dem Code in Listing 41.8 nur geringfügig unterscheidet.

```
using (NorthwindEntities context = new NorthwindEntities())
{
  var query1 = context.Products
                      .Where(p => p.UnitPrice >= 50);
  context.Products.MergeOption = MergeOption.NoTracking;
  var query2 = query1.First();
  Console.WriteLine(query2.EntityState);
}
```

Listing 41.9 Festlegung der Eigenschaft »MergeOption« auf ein »ObjectSet« (falsch)

Wenn Sie den Programmcode in Listing 41.9 testen, werden Sie feststellen, dass der Zustand der Entität `query2` weiterhin `Unchanged` ist, obwohl sich im Vergleich zu Listing 41.8 nur sehr wenig geändert hat – nur das der Eigenschaft `MergeOption` zugrunde liegende Objekt hat sich verändert. Anscheinend ist die Festlegung `MergeOption.NoTracking` wirkungslos, und es bleibt die Standardvorgabe aktiv.

Um den erwarteten Zustand `Detached` zu erreichen, muss die Eigenschaft `MergeOption` vor der Definition der LINQ-Abfrage eingestellt werden, wie in Listing 41.10 gezeigt wird.

```
using (NorthwindEntities context = new NorthwindEntities())
{
  context.Products.MergeOption = MergeOption.NoTracking;
  var query1 = context.Products
                      .Where(p => p.UnitPrice >= 50);
  var query2 = query1.First();
  Console.WriteLine(query2.EntityState);
}
```

Listing 41.10 Festlegung der Eigenschaft »MergeOption« auf ein »ObjectSet« (richtig)

Dieses sehr unterschiedliche Verhalten lässt sich sehr einfach erklären, wenn wir den Ausdruck

`context.Products`

genauer analysieren. Mit `context.Products` wird die Property `Products` in der Klasse `NorthwindEntities` des EDM aufgerufen. Diese Eigenschaft liefert als Rückgabe ein Objekt vom Typ `ObjectSet<Product>`, wie das folgende Codefragment zeigt:

```
public ObjectSet<Product> Products {
  get {
    if ((_Products == null)) {
      _Products = base.CreateObjectSet<Product>("Products");
    }
    return _Products;
  }
}
```

Beim ersten Aufruf von `context.Products` wird ein `ObjectSet`-Objekt erstellt und danach gecacht. Gecacht werden dabei natürlich auch die Eigenschaften mit den Werten, die in dem Moment für das `ObjectSet` gesetzt sind. In Listing 41.9 ist das für `MergeOption` die Standardeinstellung `AppendOnly`. Das spätere Setzen auf `NoTracking` hat keine Auswirkungen mehr, weil der Ausdruck `query1.First()` das gecachte `ObjectSet` abruft. In Listing 41.10 hingegen wird das `ObjectSet` mit der gewünschten Einstellung `MergeOption.NoTracking` gecacht. Deshalb wirkt sich diese Einstellung auf den Zustand von Objekt `query2` wie erwartet aus.

41.3 Das »ObjectStateEntry«-Objekt

Sobald der Objektkontext eine Entität erzeugt und die Zustandsverwaltung aktiviert ist, stellt der Objektkontext zu jeder Entität ein Objekt vom Typ `ObjectStateEntry` bereit. Wir können also sagen, dass jede Materialisierung mit Zustandsverfolgung im Grunde genommen zwei Objekte zur Folge hat:

1. das Entitätsobjekt
2. das zur Entität gehörende `ObjectStateEntry`-Objekt

Das `ObjectStateEntry`-Objekt ist für die Zustandsverfolgung der zugeordneten Entität zuständig und stellt dafür entsprechende Eigenschaften und Methoden bereit, während die Entität im Grunde genommen nur die aus der Datenquelle bezogenen Daten kapselt. Da der Zustand einer Entität nicht unbedingt verfolgt werden muss, ist die Trennung zwischen Entität und `ObjectStateEntry` auch durchaus sinnvoll.

Sie erhalten die Referenz auf ein `ObjectStateEntry`-Objekt einer bestimmten Entität, wenn Sie die Methode `GetObjectStateEntry` des `ObjectStateManagers` unter Übergabe der Referenz der Entität aufrufen, z. B.:

```
ObjectStateManager osm = context.ObjectStateManager;
ObjectStateEntry entry = osm.GetObjectStateEntry(prod);
```

In diesem Codefragment repräsentiert die Variable `prod` die Entität, deren zugeordnetes `ObjectStateEntry`-Objekt abgefragt wird.

> **Hinweis**
> Wird eine Entität durch Aufruf der Methode Detach vom Objektkontext getrennt, wird das zugehörige ObjectStateEntry-Objekt aus dem Objektkontext entfernt.

Das ObjectStateEntry-Objekt beschreibt mit seiner Eigenschaft State nicht nur den Zustand der zugeordneten Entität (die dafür ihrerseits selbst die Eigenschaft Entity-State hat, die der Eigenschaft State des zugeordneten ObjectStateEntry-Objekts entspricht). Darüber hinaus werden auch die Referenzen auf das übergeordnete ObjectStateManager-Objekt und das EntitySet geliefert, zu dem die Entität gehört.

Ein Überblick über die wichtigsten Eigenschaften der Klasse ObjectStateEntry ist in Tabelle 41.3 zu sehen.

Eigenschaft	Beschreibung
CurrentValues	Ruft die aktuellen Eigenschaftswerte des Objekts ab. Diese Eigenschaft ist im Grunde genommen ein Array und hat den Rückgabetyp DbDataRecord.
Entity	Ruft das Objekt ab, das dem ObjectStateEntry zugeordnet ist.
EntityKey	Ruft den EntityKey ab, der dem ObjectStateEntry-Objekt zugeordnet ist.
EntitySet	Ruft das EntitySet des Objekts ab, das dem ObjectState-Entry-Objekt zugeordnet ist.
IsRelationship	Diese Eigenschaft beschreibt einen booleschen Wert, der angibt, ob das ObjectStateEntry-Objekt eine Beziehung darstellt. Die meisten anderen Eigenschaften sind null, wenn diese Eigenschaft auf true gesetzt ist.
ObjectStateManager	Ruft den ObjectStateManager des ObjectStateEntry-Objekts ab.
OriginalValues	Ruft die originalen Eigenschaftswerte des Objekts ab. Diese Eigenschaft ist im Grunde genommen ein Array und hat den Rückgabetyp DbDataRecord.
State	Ruft den Zustand des ObjectStateEntry-Objekts ab.

Tabelle 41.3 Eigenschaften der Klasse »ObjectStateEntry«

Von besonderem Interesse sind die Werte, die von den Eigenschaften CurrentValues und OriginalValues bereitgestellt werden. OriginalValues enthält dabei die Daten, die ursprünglich aus der Datenquelle bezogen worden sind. Sie spiegeln somit Werte des

Datensatzes in der Datenbank wider. `CurrentValues` beschreibt hingegen die aktuellen Daten der Entität im Objektkontext, die u. U. vom Anwender geändert worden sind.

> **Hinweis**
>
> In Kapitel 37, »Datenbankzugriff mit ADO.NET«, haben Sie erfahren, dass Entitäten durch drei verschiedene Eigenschaften beschrieben werden: skalare Eigenschaften, komplexe Eigenschaften und Navigationseigenschaften. Es sei an dieser Stelle darauf hingewiesen, dass nur skalare Eigenschaften vom `ObjectStateEntry`-Objekt verfolgt werden, nicht jedoch komplexe Eigenschaften oder Navigationseigenschaften.

41.3.1 Die Current- und Originalwerte abrufen

Listing 41.11 zeigt, wie die Originalwerte und aktuellen Werte einer Entität mit den Eigenschaften `CurrentValues` und `OriginalValues` abgerufen werden können.

```csharp
using (NorthwindEntities context = new NorthwindEntities())
{
  var cat = context.Categories
                   .Single(c => c.CategoryID == 1);
  // Kategoriebezeichner ändern
  cat.CategoryName = "Getränke";
  // ObjectStateEntry abfragen
  ObjectStateManager osm = context.ObjectStateManager;
  ObjectStateEntry entry = osm.GetObjectStateEntry(cat);
  // Aktuellen Wert abrufen
  DbDataRecord actValues = entry.CurrentValues;
  Console.WriteLine("Aktueller Wert: {0}",
              actValues.GetValue(actValues.GetOrdinal("CategoryName")));
  // Originalwert abrufen
  DbDataRecord origValues = entry.OriginalValues;
  Console.WriteLine("Originalwert: {0}",
              origValues.GetValue(origValues.GetOrdinal("CategoryName")));
}
```

Listing 41.11 »CurrentValue« und »OriginalValue« einer Entität abrufen

Im Beispiel wird zuerst die zu ändernde Kategorie in den Objektkontext geholt, danach die Eigenschaft `CategoryName` geändert. Wie wir wissen, kann das `ObjectStateEntry`-Objekt Auskunft über die aktuellen Werte und die Originalwerte der Eigenschaften liefern. Folglich benötigen wir die Referenz auf das entsprechende `ObjectStateEntry`-Objekt unserer Entität im Objektkontext. Hier hilft uns die Methode `GetObjectStateEntry` des `ObjectStateManager`-Objekts weiter, der wir als Argument die Referenz auf die Entität übergeben.

Die Eigenschaft CurrentValues (und im Folgenden auch OriginalValues) liefert ein Objekt vom Typ System.Data.Common.DbDataRecord zurück, in dem mehrere Einzelwerte zusammengefasst werden. Bei uns ist das die Liste der Eigenschaften der Entität. Aus der gilt es den Wert der betreffenden Eigenschaft zu ermitteln. Im Grunde genommen reicht dazu die Methode GetValue aus. Allerdings erwartet GetValue einen Integer, der den Ordinalwert der gewünschten Spalte beschreibt. Deshalb rufen wir auf die DbDataRecord deren Methode GetOrdinal auf und übergeben dabei den Eigenschaftsnamen als Zeichenfolge.

Übergeben Sie an GetObjectStateEntry ein Objekt, das nicht zustandsverwaltet wird, hat das die Ausnahme InvalidOperationException zur Folge.

41.3.2 Die Methode »TryGetObjectStateEntry«

Dasselbe Ziel wie die Methode GetObjectStateEntry verfolgt die Methode TryGetObjectStateEntry. Beide unterscheiden sich darin, wie sie auf die Angabe einer nicht vom ObjectStateManager verwalteten Entität reagieren. Während GetObjectStateEntry eine Ausnahme auslöst, sollte die gewünschte Entität nicht gefunden werden, gibt TryGetObjectStateEntry den booleschen Wert false zurück. Damit eignet sich die Methode sehr gut zur Formulierung einer Bedingung. In Listing 41.12 wird das gezeigt.

```
using (NorthwindEntities context = new NorthwindEntities())
{
  Product prod = new Product {ProductName = "Kuchen", Discontinued = false};
  context.AddToProducts(prod);
  var osm = context.ObjectStateManager;
  ObjectStateEntry entry;
  if(osm.TryGetObjectStateEntry(prod, out entry))
  {
    var ordinal = entry.CurrentValues.GetOrdinal("ProductName");
    Console.WriteLine( entry.CurrentValues.GetValue(ordinal));
  }
  else
    Console.WriteLine("Objekt nicht im 'ObjectContext'");
}
```

Listing 41.12 Die Methode »TryGetObjectStateEntry«

Wenn Sie TryGetObjectStateEntry verwenden, müssen Sie vor dem Aufruf eine Variable vom Typ ObjectStateEntry deklarieren. An diese übergibt die Methode über den out-Parameter die Referenz des korrespondierenden ObjectStateEntry-Objekts, falls eine entsprechende Entität gefunden wird.

> **Hinweis**
>
> Sowohl die Methode `GetObjectStateEntry` als auch die Methode `TryGetObjectStateEntry` sind überladen. Anstatt der Angabe einer Entität können Sie auch ein Objekt vom Typ `EntityKey` angeben. Mit dem Typ `EntityKey` werden wir uns weiter unten beschäftigen.

41.3.3 Geänderte Entitäten mit »GetObjectStateEntries« abrufen

Vielleicht sind Sie daran interessiert, welche Entitäten dem Objektkontext hinzugefügt oder geändert worden sind. Vielleicht möchten Sie auch gleichzeitig alle Entitäten abrufen, deren Zustand von Unchanged abweicht. Dazu müssen Sie alle `ObjectStateEntry`-Objekte, die Ihrer Bedingung entsprechen, aus dem Objektkontext herausfiltern. Auch dabei ist Ihnen eine Methode des `ObjectStateManagers` behilflich: `GetObjectStateEntries`. Die Methode erwartet als Argument einen oder auch mehrere Member der Enumeration `EntityState`, beispielsweise

```
osm.GetObjectStateEntries(EntityState.Modified | EntityState.Added);
```

Der Rückgabewert der Methode ist vom Typ `IEnumerable`.

In Listing 41.13 wird ein Artikel aus der Tabelle *Products* abgefragt und dessen Produktbezeichner geändert. Danach wird ein neuer Artikel erzeugt und dem Objektkontext mit der Methode `AddToProducts` hinzugefügt. Über die Methode `GetObjectStateEntries` werden alle `ObjectStateEntry`-Objekte abgefragt, deren Zustand durch Modified oder Added beschrieben wird. Die Ergebnisliste wird in einer Schleife durchlaufen und die Current-Version des Artikelnamens in die Konsole geschrieben.

```
using (NorthwindEntities context = new NorthwindEntities())
{
  // Einen Artikel dem Kontext zuordnen und editieren
  var prod = context.Products.Single(p => p.ProductID == 1);
  prod.ProductName = "Spülmittel";
  // Einen neuen Artikel anlegen
  Product product = new Product {ProductName = "Senf",Discontinued = false};
  context.AddToProducts(product);
  // Alle Produkte abfragen, die geändert oder hinzugefügt worden sind
  ObjectStateManager osm = context.ObjectStateManager;
  var items =
 osm.GetObjectStateEntries(EntityState.Modified | EntityState.Added);
  foreach (var item in items)
  {
    var values = item.CurrentValues;
```

```
      Console.WriteLine(values.GetValue(values.GetOrdinal("ProductName")));
   }
}
```

Listing 41.13 Ausgabe aller editierten und hinzugefügten Entitäten

41.3.4 Die Methode »GetModifiedProperties«

Das `ObjectStateEntry`-Objekt weist noch eine sehr interessante Methode auf: `GetModifiedProperties`. Die Methode gibt an den Aufrufer eine `IEnumerable<string>`-Liste der Eigenschaften einer Entität zurück, die sich verändert haben, also als `Modified` gekennzeichnet sind.

In Listing 41.14 wird der Einsatz der Methode anhand der Änderung von drei Eigenschaften eines Artikels gezeigt.

```
using (NorthwindEntities context = new NorthwindEntities())
{
  var product = context.Products.Single(prod => prod.ProductID == 1);
  product.ProductName = "Orangensaft";
  product.UnitPrice = (decimal?)2.98;
  product.UnitsInStock = 10;
  ObjectStateManager osm = context.ObjectStateManager;
  ObjectStateEntry entry = osm.GetObjectStateEntry(product);
  // Die Liste der veränderten Eigenschaften ausgeben
  foreach (var item in entry.GetModifiedProperties())
    Console.WriteLine(item);
  Console.ReadLine();
}
```

Listing 41.14 Einsatz der Methode »ObjectStateEntry.GetModifiedProperties«

In der Konsole werden die Eigenschaften `ProductName`, `UnitPrice` und `UnitsInStock` der Entität `Product` angezeigt.

41.4 Die Klasse »EntityKey«

Jede vom Objektkontext verwaltete Entität hat ein korrespondierendes `ObjectStateEntry`-Objekt, in dem u. a. die aktuellen und originalen Werte der Entitätseigenschaften verfolgt werden. Der Zustand der Entitäten wird von einem `ObjectStateManager`-Objekt verwaltet, das dem Objektkontext zugeordnet ist.

Handelt es sich bei der Entität und dem `ObjectStateEntry`-Objekt um korrespondierende Objekte, werden beide über ein `EntityKey`-Objekt miteinander verknüpft. Im

EDM hat ein `EntityKey` dieselbe Aufgabe, die einem Primärschlüssel in einer relationalen Datenbank zukommt, nämlich Eindeutigkeit zu gewährleisten. Das `EntityKey`-Objekt wird automatisch erstellt, wenn die Abfrage ein Objekt zurückliefert und materialisiert. In der Regel entspricht der von `EntityKey` beschriebene Wert dem Wert in der Primärschlüsselspalte der zugrunde liegenden Tabelle.

`EntityKey`-Objekte weisen nicht allzu viele spezifische Merkmale auf. `EntityKeyValues` und `IsTemporary` sind die beiden Eigenschaften, die an dieser Stelle erwähnt werden sollen. `EntityKeyValues` liefert ein Array von `EntityKeyMember`-Objekten. Eigentlich logisch, denn ein Schlüssel kann sich auch aus mehreren einzelnen Schlüsseln bilden.

`IsTemporary` spielt im Zusammenhang mit dem Hinzufügen neuer Entitäten eine Rolle. Erzeugen Sie eine neue Entität und ordnen diese dem Objektkontext zu, wird die neue Entität dem `ObjectStateManager` mit einem temporären Schlüssel bekannt gegeben.

Sowohl Entitäten als auch `ObjectStateEntry`-Objekte verfügen über die Eigenschaft `EntityKey`, mit der das zugeordnete `EntityKey`-Objekt abgerufen werden kann.

41.4.1 Die Methoden »GetObjectByKey« und »TryGetObjectByKey«

Die weiter oben behandelten Methoden `GetObjectStateEntry` und `TryGetObjectStateEntry` setzen voraus, dass sich die entsprechende Entität bereits im Datencache befindet, und liefern als Resultat des Aufrufs ein `ObjectStateEntry`-Objekt zurück.

`GetObjectByKey` und `TryGetObjectByKey` hingegen liefern auf Grundlage eines Keys die Referenz auf eine Entität zurück. Sollte sich diese nicht im Objektkontext befinden, wird eine Abfrage gegen die Datenbank abgesetzt. Wird der angegebene Schlüssel auch in der Datenbank nicht gefunden, löst `GetObjectByKey` eine Ausnahme vom Typ `ObjectNotFoundException` aus, während `TryGetObjectByKey` einen booleschen Wert zurückliefert, der Auskunft gibt, ob das Objekt mit dem angegebenen `EntityKey` gefunden wurde (true) oder nicht (false). In Listing 41.15 wird der Einsatz der Methode `TryGetObjectByKey` demonstriert, bei dem eine Entität angefordert wird, die sich nicht im Cache befindet.

```
using (NorthwindEntities context = new NorthwindEntities())
{
  EntityKey key = new EntityKey("NorthwindEntities.Products",
                     "ProductID", 92);
  object @object;
  if (context.TryGetObjectByKey(key, out @object))
  {
    Product product = (Product)@object;
    Console.WriteLine(product.ProductName);
```

```
    Console.WriteLine(
            context.ObjectStateManager.GetObjectStateEntry(product).State);
  }
  else
    Console.WriteLine("Kein passendes Objekt gefunden.");
}
```

Listing 41.15 Ein Objekt mit der Methode »TryGetObjectByKey« abrufen

Um eine Entität auf Basis ihres Keys abzurufen, muss dieser erstellt werden. Dazu wird die Klasse EntityKey instanziiert, deren Konstruktor mehrfach überladen ist. Im einfachsten Fall geben Sie zuerst die Entitätsmenge als Zeichenfolge an, die durch Voranstellung des EntityContainers qualifiziert werden muss. Das zweite Argument gibt das Schlüsselfeld als Zeichenfolge an und das dritte den Schlüsselwert.

Das gebildete EntityKey-Objekt wird an den ersten Parameter der Methode TryGetObjectByKey übergeben. Der zweite Parameter ist ein out-Parameter, in den die Methode die gefundene Entität einträgt. Sie können nun, wie im Listing, Eigenschaften abfragen, Sie können die Entität aber auch editieren oder löschen.

In die Ausgabe des Beispiels aus Listing 41.15 wird auch der Zustand der Entität geschrieben. Er ist Unchanged und nicht Detached. Die abgefragte Entität wird somit dem ObjectContext-Objekt übergeben.

41.5   Komplexere Szenarien

Entitäten, die der Objektkontext verwaltet, werden per Vorgabe zustandsüberwacht durch Schaltung eines korrespondierenden ObjectStateObject-Objekts. Wir haben uns diesem Thema in diesem Kapitel bereits gewidmet. Allerdings waren die Szenarien sehr einfach, denn sie beschrieben im Grunde genommen nur Clientanwendungen, aus denen heraus direkt mithilfe des Entity Frameworks auf die Datenquelle zugegriffen wurde.

Interessanter wird es, wenn die Entitäten über Prozessgrenzen hinweg ausgetauscht werden müssen. Das wäre z. B. in n-Tier-Anwendungen wie dem Webdienst der Fall, der die Clients mit Entitäten versorgt und bei dem die Clients die Entitäten bearbeiten und danach speichern können.

Wie Sie wissen, muss dem Zustand der Entitäten beim Austausch über Prozessgrenzen hinweg besondere Aufmerksamkeit geschenkt werden. Wechselt nämlich eine Entität von einem Objektkontext zu einem anderen (und das wäre zum Aktualisieren in einer Webdienstanwendung ausgehend vom Client in Richtung des Webdienstes der Fall), dann muss die vom Client übermittelte Entität dem Objektkontext des

Webdienstes mit der Methode Attach hinzugefügt werden. Dabei wechselt der Zustand der Entität auf Unchanged, auch wenn die Entität verändert worden ist.

Sehen wir uns zur Abrundung dieses Kapitels noch weitere Möglichkeiten an, mit denen wir den Zustand einer Entität beeinflussen können, und die Konsequenzen, die diese mit sich bringen.

41.5.1 Die Methode »ChangeState«

Mit der Methode ChangeState, die auf ein ObjectStateEntry-Objekt aufgerufen wird, können Sie den Zustand einer Entität auf Added, Deleted, Modified oder Unchanged festlegen. Im folgenden Codefragment wird z. B. der Zustand einer Entität auf Added gesetzt.

```
using (NorthwindEntities context = new NorthwindEntities())
{
  var prod = context.Products.First();
  ObjectStateEntry ose = context.ObjectStateManager.GetObjectStateEntry(prod);
  ose.ChangeState(EntityState.Added);
  [...]
}
```

Man muss sich natürlich dessen bewusst sein, dass die manuelle Zustandsänderung Folgen hat. In diesem Fall weist die Entität danach keine Originalwerte mehr auf. Bei einem folgenden Aufruf von SaveChanges wird die Entität in die Datenbank geschrieben, da deren Zustand von Unchanged abweicht. Im schlimmsten Fall hätten Sie dann u. U. das Produkt sogar zweimal in der Tabelle *Products*.

Ändern Sie den Zustand einer unveränderten Entität in Modified, hätte das nicht so gravierende Auswirkungen. Allerdings wird nun jede Eigenschaft der Entität als Modified gekennzeichnet, was zu einem UPDATE-Statement führt, in dem alle Eigenschaften aufgeführt sind.

Unsere Betrachtungen bezogen sich bis hierher auf ursprünglich unveränderte Entitäten. Bei der manuellen Zustandsänderung mit ChangeState ist noch eine weitere Situation zu betrachten. Diese stellt sich ein, wenn der Zustand einer Entität Modified ist und dann auf Unchanged gesetzt wird. In diesem Fall werden alle Current-Werte in die korrespondierenden Originalwerte geschrieben – obwohl man im ersten Moment vermuten würde, der Vorgang müsste sich genau andersherum abspielen.

Summa summarum sollten Sie also die Methode ChangeState nur mit Bedacht aufrufen und sich immer der möglichen Folgen bewusst sein.

41.5.2 Die Methoden »ApplyCurrentChanges« und »ApplyOriginalChanges«

Ein Entitätsobjekt ist fest mit seinem Objektkontext verbunden. Darüber hinaus darf eine Entität auch nur einem Objektkontext angehören. Das führt dazu, dass der Code in Listing 41.16 zu einer Ausnahme führt, weil versucht wird, die Entität über den Methodenaufruf von DoSomething einem anderen Objektkontext, hier context2, zu übergeben.

```
static void Main(string[] args) {
  using (NorthwindEntities context1 = new NorthwindEntities())
  {
    var prod = context1.Products.First();
    prod.ProductName = "Currywurst";
    DoSomething(prod);
  }
}
static void DoSomething(Product product) {
  using (NorthwindEntities context2 = new NorthwindEntities())
  {
    context2.Attach(product);
  }
}
```

Listing 41.16 Fehlerhafte Zuweisung an einen zweiten Objektkontext

Es gibt nur eine Möglichkeit, diesen Fehler zu vermeiden, indem man vor dem Aufruf der Methode DoSomething in Main die Entität mit Detach beim ersten Objektkontext abmeldet. Damit lautet der Code in Main wie in Listing 41.17 gezeigt:

```
using (NorthwindEntities context1 = new NorthwindEntities())
{
  var prod = context1.Products.First();
  prod.ProductName = "Currywurst";
  context1.Detach(prod);
  DoSomething(prod);
}
```

Listing 41.17 Abmelden einer Entität bei seinem aktuellen Objektkontext

Widmen wir unser Augenmerk nun dem Code in der Methode DoSomething. Da wir die Entität mit Attach dem Objektkontext context2 hinzufügen, wird der Zustand der Current- und Originalwerte anschließend identisch sein. Dabei geht aber nicht die Änderung der Eigenschaft ProductName verloren. Stattdessen wird der neue Wert

(Currywurst) an OriginalValue übergeben, wie sich sehr einfach durch Ergänzung der Methode DoSomething beweisen lässt.

```
static void DoSomething(Product prod)
{
  using (NorthwindEntities context2 = new NorthwindEntities())
  {
    context2.Attach(prod);
    ObjectStateEntry ose =
 context2.ObjectStateManager.GetObjectStateEntry(prod);
    Console.WriteLine("Current: {0}", ose.CurrentValues.GetValue(1));
    Console.WriteLine("Original: {0}\n", ose.OriginalValues.GetValue(1));
  }
}
```

Listing 41.18 Ausgabe der Current- und Originalwerte nach dem Kontextwechsel

Mit dieser Erkenntnis müssen wir feststellen, dass wir in einem Dilemma stecken. Soll nämlich DoSomething dazu dienen, die Entitätsänderung durch Aufruf der Methode SaveChanges in die Datenbank zu schreiben, wird kein UPDATE-Statement erzeugt, weil der Zustand Unchanged lautet.

In dieser Situation hilft uns die Methode ApplyOriginalValues weiter, die entweder auf den Objektkontext oder ein EntitySet aufgerufen werden kann. Sie können die Methode dann benutzen, wenn die zustandsverfolgte Entität zwar die richtigen Current-Werte aufweist, aber die Originalwerte nicht stimmen. Das ist in unserem Beispiel genau der Fall. Sehen wir uns zunächst an, wie die Methode DoSomething implementiert werden muss.

```
static void DoSomething(Product prod)
{
  using (NorthwindEntities context2 = new NorthwindEntities())
  {
    // Original-Entität aus der Datenbank abrufen
    var dbprod = context2.Products
                     .Where(p => p.ProductID == prod.ProductID)
                     .Single();
    context2.Detach(dbprod);
    // Entität zum Objektkontext hinzufügen
    context2.Attach(prod);
    Console.WriteLine("Zustand (vorher):  {0}", prod.EntityState);
    // Originalwerte neu festlegen
    context2.Products.ApplyOriginalValues(dbprod);
```

```
    // Ausgabe
    ObjectStateEntry ose =
            context2.ObjectStateManager.GetObjectStateEntry(prod);
    Console.WriteLine("Zustand (nachher): {0}", prod.EntityState);
    Console.WriteLine("Current:  {0}", ose.CurrentValues.GetValue(1));
    Console.WriteLine("Original: {0}\n", ose.OriginalValues.GetValue(1))
  }
}
```

Listing 41.19 Wiederherstellung der Originalwerte einer Entität

`ApplyOriginalChanges` benötigt die Originalwerte für die übergebene Entität. Dazu wird in der Methode zuerst eine Entität aus der Datenbank abgerufen, deren Schlüsselwert dem Schlüsselwert des Objekts entspricht, das dem Parameter übergeben wird.

In einem Objektkontext kann sich zu einem gegebenen Zeitpunkt immer nur ein Objekt mit einer bestimmten Schlüsselinformation befinden. Da wir wissen, dass wir die im Parameter `prod` der Methode `DoSomething` empfangene Entität zur Zustandsverwaltung hinzufügen müssen, wird zuerst die von der Datenbank bezogene Entität `dbprod` beim Objektkontext mit

`context2.Detach(dbprod);`

abgemeldet. Dass sich dabei der Zustand in `Detached` ändert und alle Originalwerte verloren gehen, hat keinen Einfluss. Letztendlich sind die erforderlichen Informationen immer noch unter `CurrentValues` verfügbar.

Nach dem Aufruf von `ApplyOriginalValues` hat die Entität `prod` alle benötigten Originalwerte, und der Zustand hat sich in `Modified` geändert. Damit wäre das Objekt so weit vorbereitet, die Änderung am `ProductName` erfolgreich in die Datenbank zu schreiben.

Sehr ähnlich arbeitet auch die Methode `ApplyCurrentValues`. Während `ApplyOriginalValues` aber die Daten eines Objekts an die Originalwerte einer Entität übergibt, sind es mit `ApplyCurrentValues` die Current-Werte der Entität.

Kapitel 42
Konflikte behandeln

»Das Ziel eines Konflikts oder einer Auseinandersetzung soll nicht der Sieg, sondern der Fortschritt sein.«
– Joseph Joubert

Nehmen wir an, Sie möchten über das Internet eine Reise buchen und haben bereits eine passende bei einem Anbieter gefunden. Allerdings vergeht eine mehr oder weniger lange Zeit zwischen dem Auffinden der Reise und Ihrer Entscheidung, diese auch zu buchen. Nun könnte es bei dem Versuch der Buchung passieren, dass ein anderer Interessent Ihnen die gewählte Reise regelrecht vor der Nase weggeschnappt hat. Das war, im Datenbankjargon, ein Konflikt, der allerdings nicht von der Software behandelt werden muss und schlicht und ergreifend der Rubrik »Pech gehabt« zugeordnet werden kann.

Konflikte treten immer dann auf, wenn in verbindungslosen Umgebungen mit Daten gearbeitet wird. In diesem Kapitel wollen wir uns mit der Behandlung von Konflikten innerhalb des Entity Frameworks beschäftigen und erläutern, welche Möglichkeiten wir beim Auftreten von Konflikten haben, um auf diese zu reagieren.

42.1 Allgemeine Betrachtungen

Was ist überhaupt ein Konflikt? Stellen wir uns zur Beantwortung dieser Frage das folgende Szenario vor. In einem Unternehmen arbeiten mehrere Mitarbeiter mit einer Software, die auf eine Datenbank zugreift. Die Mitarbeiter sollen die Datenbank pflegen, also bestehende Datensätze ändern und ergänzen, andere löschen. Nicht selten kann es dabei vorkommen, dass ein Mitarbeiter des Unternehmens, nennen wir ihn einfach User1, denselben Datensatz wie User2 bearbeitet. Wenn User2 seine Änderungen in der Datenbank speichert, bevor User1 seine eigenen Änderungen zurückschreibt, wie soll die Anwendung reagieren, wenn User1 seine Änderungen zurückschreiben möchte? Sollen die Änderungen von User2 durch diejenigen von User1 überschrieben werden? Oder soll eine Ausnahme User1 darauf aufmerksam machen, dass ein anderer Kollege dieselbe Datenzeile bereits geändert hat?

Die Problematik dürfte grundsätzlich klar sein, ist aber auch nicht neu. Das führte in der Vergangenheit dazu, dass zwei Sperrstrategien entwickelt worden sind:

1. optimistische Sperren
2. pessimistische Sperren

Lassen Sie uns diese beiden Strategien etwas näher betrachten.

42.1.1 Das pessimistische Sperren

Wenn man sichergehen will, dass eine Änderung nicht zu einem Konflikt führt, ist das exklusive physikalische Sperren der Daten in der Datenbank der sicherste Weg. Solange die Daten bedingt durch eine Änderung gesperrt sind, können andere Benutzer nicht schreibend – und in manchen Fällen auch nicht lesend – darauf zugreifen. Niemand kann die Daten ändern, bis die Sperre aufgehoben wird. Dieses Verhalten wird als pessimistisches Sperren bezeichnet.

Der Vorteil des pessimistischen Sperrens ist der garantiert exklusive und infolge dessen problemlose Zugriff eines Users auf Daten. Andererseits werden durch pessimistisches Sperren andere Probleme auftreten, wie beispielsweise eine schlechtere Performance und eine schlechte Skalierbarkeit. Möchte ein anderer User auf gesperrte Daten zugreifen, ist er darauf angewiesen, dass der Benutzer, der die Sperre verursacht hat, möglichst schnell die Sperre aufhebt – die Produktivität sinkt. Stellt man sich zudem vor, dass viele Benutzer gleichzeitig auf die Daten zugreifen wollen, stellt das pessimistische Sperren wegen der schlechten Verfügbarkeit der Daten einen völlig indiskutablen Lösungsansatz dar.

42.1.2 Das optimistische Sperren

Pessimistisches Sperren hat Vor- und Nachteile. Oftmals wiegen die Nachteile stärker als die Vorteile. Das optimistische Sperren, ein ganz anderer Lösungsansatz, geht die Problematik anders an: Dabei spielt die Idee, dass der gleichzeitige schreibende Datenzugriff nicht sehr häufig auftritt, die tragende Rolle. Werden Daten nicht sehr häufig geändert und ist die Wahrscheinlichkeit, dass dieselben Daten quasi parallel geändert werden, nicht sehr hoch, dann müssen die Daten tatsächlich nur in dem Moment gesperrt werden, in dem der schreibende Zugriff erfolgt.

Optimistische Sperren erhöhen die Produktivität durch Verbesserung der Performance einer Anwendung, da allen Benutzern gleichermaßen das Recht eingeräumt wird, Daten zu lesen und zu ändern. Allerdings muss beim Zurückschreiben geänderter Daten geprüft werden, ob sich der Datensatz seit dem Lesevorgang verändert hat. Die beste Lösung ist in vielen Fällen, eine Spalte einer Tabelle hinzuzufügen, deren Wert sich mit jeder Änderung an der Datenzeile ebenfalls ändert und somit gewissermaßen eine Art Versionierung darstellt. In einer Umgebung mit mehreren Benutzern wird der erste Benutzer seine Änderung problemlos in die Datenbank schreiben können, alle folgenden Aktualisierungsversuche werden scheitern.

Der SQL Server verwendet für die Versionierung *Timestamp*-Spalten (bzw. *RowVersion*-Spalten), deren Wert sich bei jedem Einfüge- oder Aktualisierungsvorgang automatisch verändert. Um festzustellen, ob sich seit dem Lesevorgang eine Datenzeile geändert hat, muss der Wert der Timestamp-Spalte, der beim Lesen der Datenzeile aktuell war, zusammen mit dem Primärschlüssel in die WHERE-Klausel aufgenommen werden, z. B.:

```
UPDATE ... SET ... WHERE ID = ... AND VersionColumn = ...
```

Kann die Datenzeile nicht aktualisiert werden, weil sich in der Zwischenzeit der Wert der Timestamp-Spalte geändert hat, liegt ein Parallelitätskonflikt vor.

Nicht jede Tabelle hat eine Timestamp-Spalte. In solchen Fällen bleibt nichts anderes übrig, als die Spalten, die als konfliktverursachend angesehen werden, in die WHERE-Klausel mit aufzunehmen.

Optimistisches Sperren sichert einer Anwendung hohe Verfügbarkeit und Skalierbarkeit. Allerdings kaufen wir uns diese Vorteile durch einen höheren Programmieraufwand ein, da wir bei einem auftretenden Konflikt darauf reagieren müssen.

42.2 Konkurrierende Zugriffe mit dem Entity Framework

42.2.1 Das Standardverhalten des Entity Frameworks

Das Entity Framework unterstützt nur das optimistische Sperren, nicht aber das pessimistische. Es speichert Objektänderungen in der Datenbank, ohne die Parallelität zu überprüfen. Sehen wir uns zuerst das Standardverhalten an, wenn mehrere Benutzer gleichzeitig dieselbe Datenzeile aktualisieren. Dazu dient folgendes Listing 42.1.

```
using (NorthwindEntities context = new NorthwindEntities())
{
  var query = context.Products
                  .First(p => p.ProductID == 1);
  query.ProductName = "Kuchen";
  // Konflikt simulieren
  Console.WriteLine("2. User simulieren ...");
  Console.ReadLine();
  // Änderungen speichern
  context.SaveChanges();
  Console.WriteLine("DB aktualisiert.");
}
```

Listing 42.1 Das Standardverhalten bei konkurrierenden Zugriffen

Wir besorgen uns die erste Datenzeile aus der Tabelle *Products* und ändern die Eigenschaft `ProductName`. Das Listing erlaubt es, einen zweiten Benutzer zu simulieren. Dazu können Sie beispielsweise in Visual Studio das Fenster SERVER-EXPLORER öffnen und eine Verbindung zur Datenbank *Northwind* herstellen. Öffnen Sie dann die Tabelle *Products*, und editieren Sie die erste Datenzeile. Dabei spielt es keine Rolle, ob Sie die Spalte `ProductName` editieren oder eine andere. Am Ende wird, nach Fortsetzung des Konsolenprogramms, die Änderung des Produktbezeichners aus der Anwendung heraus in »Kuchen« erfolgreich verlaufen. Es liegt kein Konflikt vor.

Sehen wir uns an, welches SQL-Statement vom Entity Framework gegen die Datenbank abgesetzt wird.

```
exec sp_executesql N'update [dbo].[Products]
set [ProductName] = @0
where ([ProductID] = @1)
',N'@0 nvarchar(40),@1 int',@0=N'Kuchen',@1=1
```

Die alles entscheidende WHERE-Klausel enthält nur die Angabe der Primärschlüsselspalte. Solange die Datenzeile in der Datenbank nicht gelöscht worden ist, wird die Aktualisierung zu einem erfolgreichen Abschluss führen.

42.2.2 Das Aktualisierungsverhalten mit »Fixed« beeinflussen

Angenommen, Sie würden eine Datenbankanwendung mit dem Entity Framework entwickeln. Sie wollen bei der Entwicklung berücksichtigen, dass zwei Anwender, nennen wir sie der Einfachheit halber A und B, gleichzeitig dieselbe Datenzeile editieren. Deshalb müssen Sie sicherstellen, dass eine Änderung von Benutzer A im Feld `ProductName` nicht blindlings von Benutzer B überschrieben wird. Um das zu gewährleisten, muss die Eigenschaft `ProductName` der `Product`-Entität in die WHERE-Klausel aufgenommen werden.

Diese Forderung lässt sich sehr einfach umsetzen, wenn man die Eigenschaft `ConcurrencyMode` (in der deutschen Version von Visual Studio in `Parallelitätsmodus` übersetzt) der Entitätseigenschaft `ProductName` im Eigenschaftsfenster des EDM-Designers auf `Fixed` einstellt (siehe Abbildung 42.1). Bei der Verwendung dieses Attributs wird die Datenbank vom Entity Framework vor dem Speichern von Änderungen auf Änderungen hin geprüft.

Diese Eigenschaftsänderung bewirkt auch eine Anpassung der Beschreibung der Eigenschaft `ProductName` im konzeptionellen Modell:

```
<Property Name="ProductName" Type="String" Nullable="false" MaxLength="40"
        Unicode="true" FixedLength="false" ConcurrencyMode="Fixed" />
```

42.2 Konkurrierende Zugriffe mit dem Entity Framework

Abbildung 42.1 Setzen des Parallelitätsmodus einer Eigenschaft

Führen Sie Listing 42.1 mit dieser Änderung noch einmal aus und simulieren den konkurrierenden Zugriff auf `ProductName`, kommt es zu einer Ausnahme vom Typ `OptimisticConcurrencyException`. Interessanter ist für uns aber in diesem Moment zunächst das SQL-Statement, das gegen die Datenbank abgesetzt wird:

```
exec sp_executesql N'update [dbo].[Products]
set [ProductName] = @0
where (([ProductID] = @1) and ([ProductName] = @2))
',N'@0 nvarchar(40),@1 int,@2 nvarchar(40)',@0=N'Kuchen',@1=1,@2=N'Chai'
```

Es ist zu erkennen, dass die Einstellung `Fixed` der Eigenschaft `ProductName` dafür gesorgt hat, dass die Spalte in die `WHERE`-Klausel aufgenommen wird. Das gilt nicht nur für eine Aktualisierung mit `UPDATE`, sondern auch dann, wenn eine Datenzeile mit `DELETE` gelöscht werden soll.

Möchten wir, dass jede Änderung eines anderen Benutzers zu der Ausnahme führt, müssen wir alle Eigenschaften der Entität entsprechend auf `Fixed` einstellen. In solchen Fällen ist es besser, sich spätestens jetzt Gedanken über eine Timestamp-Spalte in der Tabelle zu machen.

42.2.3 Auf die Ausnahme »OptimisticConcurrencyException« reagieren

Um auf die Ausnahme `OptimisticConcurrencyException` des Listing 42.1 zu reagieren, benötigen wir einen entsprechenden `try-catch`-Block. Zumindest die ausnahmeauslösende Methode `SaveChanges` muss hier innerhalb des `try`-Blocks codiert werden.

```
using (NorthwindEntities context = new NorthwindEntities())
{
```

```csharp
    var query = context.Products.First(p => p.ProductID == 1);
    query.ProductName = "Kuchen";
    // Konflikt simulieren
    Console.WriteLine("2. User simulieren ...");
    Console.ReadLine();
    // Änderungen speichern
    try
    {
      context.SaveChanges();
    }
    catch (OptimisticConcurrencyException ex)
    {
      Console.WriteLine(ex.Message);
      Console.ReadLine();
      return;
    }
    Console.WriteLine("DB aktualisiert.");
}
```

Listing 42.2 Behandlung der Ausnahme »OptimisticConcurrencyException«

Damit behandeln wir zwar die aufgetretene Ausnahme, aber eine Lösung des Konflikts haben wir noch nicht erreicht. Wie könnte die Lösung überhaupt aussehen?

Grundsätzlich stehen Ihnen im Entity Framework zwei allgemeine Lösungsansätze zur Verfügung:

1. Entweder der Benutzer setzt seine Änderungen gegenüber den Änderungen in der Datenbank durch, die ein anderer Benutzer gemacht hat. Dieser Ansatz wird als *ClientWins* bezeichnet.
2. Die Änderungen des Benutzers werden verworfen. Dieser Ansatz heißt *StoreWins*.

Wir werden uns nun diese beiden Konzepte genauer ansehen.

42.2.4 Das ClientWins-Szenario

Das ClientWins-Szenario arbeitet nach dem folgenden Prinzip: Tritt ein Parallelitätskonflikt auf, werden die neuen aktuellen Werte der betreffenden Datenzeile bei der Datenbank abgefragt und zu den neuen Originalwerten der Entität im Objektkontext. Die Current-Werte, die auch die Änderungen durch den Benutzer beinhalten, bleiben unverändert. Zudem werden alle Eigenschaften als `Modified` gekennzeichnet.

Zur Aktualisierung der Werte der konfliktverursachenden Entität veröffentlicht der Objektkontext die Methode `Refresh`, die zwei Parameter definiert. Dem ersten Parameter wird entweder die Option `RefreshMode.ClientWins` oder `RefreshMode.StoreWins` übergeben. Damit wird festgelegt, wie die Werte der Entität weiter behandelt werden. Der zweite Parameter erwartet die Referenz auf die konfliktverursachende Entität.

In Listing 42.3 wird das ClientWins-Szenario genutzt, um bei einem auftretenden Konflikt die Änderungen des Benutzers gegenüber den zuvor erfolgten Änderungen durchzusetzen.

```
using (NorthwindEntities context = new NorthwindEntities())
{
  var query = (context.Products).FirstOrDefault(p => p.ProductID == 1);
  query.ProductName = "Kuchen";
  // Konflikt simulieren
  Console.WriteLine("2. User simulieren ...");
  Console.ReadLine();
  try
  {
    // Änderungen speichern
    context.SaveChanges();
  }
  catch (OptimisticConcurrencyException ex)
  {
    context.Refresh(RefreshMode.ClientWins, ex.StateEntries[0].Entity);
    context.SaveChanges();
  }
  Console.WriteLine("DB aktualisiert.");
}
```

Listing 42.3 Konfliktlösung mit dem ClientWins-Ansatz

Im `catch`-Zweig wird mit der ersten Anweisung zunächst die konfliktverursachende Entität ermittelt. Die entsprechende Information wird durch die Eigenschaft `State-Entries` des `Exception`-Objekts bereitgestellt, bei der es sich um eine schreibgeschützte Collection von `ObjectStateEntry`-Objekten handelt. Danach wird auf den Objektkontext dessen Methode `Refresh` aufgerufen unter Bekanntgabe der Option `RefreshMode.ClientWins`.

Die `Refresh`-Methode sorgt dafür, dass die in dem Moment aktuellen Werte der konfliktverursachenden Datenzeile aus der Datenbank abgerufen und an `OriginalValues` des `ObjectStateEntry`-Objekts der konfliktverursachenden Entität eingetragen werden. Nun kann die Methode `SaveChanges` erneut aufgerufen werden. Da nun in der `WHERE`-Klausel die in dem Moment tatsächlich vorliegenden Werte zur Identifizierung des Datensatzes herangezogen werden, wird die Aktualisierung nun gelingen. Der Client hat sich gegenüber den zuvor erfolgten Änderungen durchgesetzt.

Sie können sich das ansehen, wenn Sie den catch-Zweig des Listing 42.3 wie nachfolgend gezeigt ergänzen:

```
catch (OptimisticConcurrencyException ex)
{
  context.Refresh(RefreshMode.ClientWins, ex.StateEntries[0].Entity);
  // Ausgabe der Current-Werte des ObjectStateEntry-Objekts
  Console.WriteLine("Current\n" + new string('-', 50));
  DbDataRecord actual = ex.StateEntries[0].CurrentValues;
  for (int i = 0; i < actual.FieldCount - 1; i++)
    Console.WriteLine("{0,-35}{1}", actual.GetName(i), actual.GetValue(i));
  // Ausgabe der Current-Werte des ObjectStateEntry-Objekts
  DbDataRecord orig = ex.StateEntries[0].OriginalValues;
  Console.WriteLine("\nOriginal\n" + new string('-', 50));
  for (int i = 0; i < orig.FieldCount - 1; i++)
    Console.WriteLine("{0,-35}{1}", orig.GetName(i), orig.GetValue(i));
  // Daten speichern
  context.SaveChanges();
}
```

Listing 42.4 Änderung des »catch«-Zweiges aus Listing 42.3

> **Hinweis**
>
> Vielleicht stellen Sie sich die Frage nach dem Unterschied zu dem Szenario, in dem der Konflikt komplett ignoriert wird (die WHERE-Klausel enthält in dem Fall zur Identifizierung der zu ändernden Datenzeile in der Datenbank nur den Primärschlüssel). Die Antwort ist in den Spalten zu finden, die an die Datenbank übermittelt werden. Wird der Parallelitätskonflikt ignoriert, werden im SQL-Aktualisierungsstatement mit SET nur die Spalten angegeben, die tatsächlich durch den Benutzer verändert worden sind. Das ist das Standardverhalten.
>
> Beim Updaten nach dem Aufruf der Refresh-Methode mit der Option RefreshMode.ClientWins hingegen werden jedoch *alle Felder* angegeben. Damit werden natürlich alle Änderungen, die ein Benutzer zuvor an einer Datenzeile vorgenommen hat, überschrieben.

Wiederholter Aufruf der Methode »SaveChanges«

Wird im catch-Zweig SaveChanges erneut aufgerufen, besteht die Gefahr, dass erneut eine Ausnahme ausgelöst wird. Auch darauf muss reagiert werden, damit die Anwendung im schlimmsten Fall nicht durch einen unbehandelten Fehler beendet wird.

Theoretisch müsste man sehr viele ineinander verschachtelte try-catch-Zweige programmieren. Das ist natürlich eine schlechte Lösung, die am Ende immer noch ein

42.2 Konkurrierende Zugriffe mit dem Entity Framework

Restrisiko in sich birgt. Hier gibt es einen besseren Lösungsansatz, wenn man die von der Klasse `ObjectContext` geerbte Methode `SaveChanges` überschreibt. Bezogen auf unser Entity Data Model, in dem die Klasse `NorthwindEntities` den Objektkontext beschreibt, müsste eine partielle Klasse bereitgestellt werden, innerhalb derer die Methode `SaveChanges` rekursiv aufgerufen wird.

Listing 42.5 zeigt das Prinzip des rekursiven Aufrufs von `SaveChanges`.

```
public partial class NorthwindEntities
{
  public override int SaveChanges(SaveOptions options)   {
    try
    {
      return base.SaveChanges(options);
    }
    catch (OptimisticConcurrencyException ex)
    {
      Refresh(RefreshMode.ClientWins, ex.StateEntries[0].Entity);
      return SaveChanges(options);
    }
    catch (UpdateException ex)
    {
      throw ex;
    }
  }
}
```

Listing 42.5 Überschreiben der Methode »SaveChanges«

42.2.5 Das StoreWins-Szenario

Im zweiten denkbaren Konfliktbehandlungsszenario werden die Benutzerdaten im Objektkontext durch die aktuellen Daten aus der Datenbank ersetzt. Dabei gehen natürlich auch sämtliche Änderungen des Benutzers verloren. So wenig verlockend dieses Szenario im ersten Moment auch klingt, es kann bei einigen Anwendungen durchaus die beste Lösung darstellen. Zwar muss der Benutzer alle seine Daten neu eingeben, aber das kann natürlich auch von der Anwendung übernommen werden – falls die Änderungen des Anwenders vorher gesichert worden sind.

Kapitel 43
Die DbContext-API

Die DbContext-API ist neben .NET 4 Framework-ObjectContext eine weitere Möglichkeit, mit dem Entity Framework Daten zu bearbeiten.

Die Klasse `ObjectContext` steht im Mittelpunkt einer API, die meist auch als .NET 4 Framework-ObjectContext bezeichnet wird. Damit wurde das Entity Framework in .NET 3.5 SP1 ins Leben gerufen. Es stellte sich aber schnell heraus, dass diese API für die meisten Szenarien zu komplex ist und die Entwickler die Möglichkeiten nur zu einem Teil ausschöpften. Zudem ist die Architektur nicht einfach aufgebaut, sodass es sich für viele Entwickler als schwierig erwies, die passenden Features aufzuspüren. Das Entity-Framework-Entwicklerteam sah sich daher dazu genötigt, eine einfacher zu programmierende API anzubieten. Daher wurde die DbContext-API ins Leben gerufen und erstmals mit .NET 4.1 veröffentlicht.

So, wie in EF4 die Klasse `ObjectContext` die zentrale Schaltstation ist, übernimmt nun die Klasse `DbContext` diese Aufgabe. `DbContext` vereinfacht den Zugriff auf die am häufigsten gebrauchten Features. Aus demselben Grund ersetzt die Klasse `DbSet<>` die Klasse `ObjectSet<>` und die Change Tracker API die Klasse `ObjectContext.ObjectStateManager`.

Hat man die Entwicklung des Entity Frameworks verfolgt, kann man feststellen, dass die DbContext-API anfangs als NuGet-Paket zusätzlich geladen werden musste, ab EF 5 war es sofort verfügbar und das EF4-Entity-Framework nur noch eine Alternative. Mit EF 6 kann man nur noch mit der DbContext-API arbeiten. Anscheinend sieht Microsoft hier die Zukunft künftiger Datenbankanwendungen.

43.1 Datenabfragen mit »DbContext«

Zunächst müssen wir uns die Grundlage dafür schaffen, Datenabfragen abzusetzen. Dazu erstellen wir ein Entity Data Model der *Northwind*-Datenbank, in dem die beiden Tabellen *Products* und *Categories* enthalten sind. Wir haben damit dieselbe Basis wie in den Kapiteln zuvor.

Am Anfang werfen wir einen Blick auf die automatisch erzeugte Klasse `NorthwindEntities`, die von `DbContext` abgeleitet ist.

43 Die DbContext-API

```
public partial class NorthwindEntities : DbContext
{
  [...]
  public DbSet<Category> Categories { get; set; }
  public DbSet<Product> Products { get; set; }
}
```

Listing 43.1 Teilausschnitt der Klasse »DbContext«

Wir finden mit `Categories` und `Products` zwei Eigenschaften, die ein Objekt vom Typ `DbSet<>` zurückliefern. Das erinnert uns stark an die gleichnamigen Eigenschaften in der von `ObjectContext` abgeleiteten Klasse, die den Typ `ObjectSet<>` haben. Mit dieser ersten Erkenntnis können wir nun unsere erste Abfrage formulieren.

Die einfachste Abfrage ist die, die uns alle Datensätze einer bestimmten Entität liefert. Dazu benötigen wir ein `DbSet<Product>`-Objekt, welches wir anschließend in einer Schleife durchlaufen.

```
using(NorthwindEntities context = new NorthwindEntities())
{
  var query = context.Products;
  foreach (var item in query)
    Console.WriteLine(item.ProductName);
}
```

Listing 43.2 Eine einfache »DbSet<>«-Abfrage

Wenn Sie diesen Code ausführen, werden im Konsolenfenster alle Produktnamen aufgelistet. Im Hintergrund geschieht dabei dasselbe, als hätten wir `ObjectContext` verwendet: Sobald in der Schleife das erste Ergebnis erwartet wird, schickt das Entity Framework eine SQL-Abfrage zum Datenbankserver. Wenn Sie möchten, können Sie sich das SQL-Statement im SQL Server Profiler ansehen.

Abfragen sind meistens nicht so einfach wie in Listing 43.2 formuliert. Daten müssen gefiltert werden, die Rückgabemenge soll möglicherweise auch sortiert werden. Hier helfen Ihnen wiederum LINQ-Abfragen, um zu den gewünschten Resultaten zu kommen. In Listing 43.3 werden alle Produkte abgefragt, die in der Preisspanne zwischen 40 und 100 angesiedelt sind. Die Ergebnismenge wird nach den Namen sortiert.

```
using (NorthwindEntities context = new NorthwindEntities())
{
  var query = context.Products
                .Where(prod => prod.UnitPrice >= 40 &&
                               prod.UnitPrice <= 100)
                .OrderBy(prod => prod.ProductName);
```

```
    foreach (var item in query)
       Console.WriteLine("{0,-35}{1}", item.ProductName, item.UnitPrice);
}
```

Listing 43.3 Abfrage mit Filter, Ausgabe sortiert

43.1.1 Eine Entität mit »DbSet<>.Find« suchen

Mit Single und SingleOrDefault bietet uns LINQ zwei Methoden, nach einem bestimmten Objekt zu suchen. Die DbContext-API bietet uns mit der Methode Find eine weitere Variante. Find wird auf DbSet<> aufgerufen und liefert das gesuchte Objekt zurück oder, falls dieses nicht gefunden wird, das Resultat null.

Mit den beiden Methoden Single und SingleOrDefault wird sofort eine Datenbankabfrage abgesetzt. Das macht die Find-Methode anders, denn es wird nach einem vordefinierten Ablauf nach dem entsprechenden Objekt gesucht:

1. Zuerst wird im aktuellen Speicher nach einer Entität gesucht. Dabei dient das DbContext-Objekt als Basis der Objektsuche.
2. Sollte der erste Schritt zu keinem Ergebnis führen, wird die Find-Methode in der Liste der möglicherweise dem DbContext neu hinzugefügten Objekte nach der Entität suchen.
3. Falls die beiden ersten Schritte nicht zum Erfolg geführt haben, wird erst im letzten Schritt nach der Entität in der Datenbank gefahndet.

Die Find-Methode sucht nach einer Entität auf Basis des Primärschlüssels. In Listing 43.4 wollen wir das Verhalten testen.

```
using (NorthwindEntities context = new NorthwindEntities())
{
  var query = context.Products;
  foreach (var item in query)
    Console.WriteLine(item.ProductName);
  Console.Write("\n\nGesuchte ID: ");
  int id = Convert.ToInt32(Console.ReadLine());
  var result = query.Find(id);
  if(result == null)
    Console.WriteLine("Dieses Produkt gibt es nicht.");
  else
    Console.WriteLine(result.ProductName);
}
```

Listing 43.4 Die Methode »Find« des »DbSet<>«-Objekts

Zuerst wird das `DbSet`-Objekt erstellt. Damit die Abfrage auch gegen die Datenbank abgesetzt wird, ist eine Schleife notwendig. Anschließend wird nach der ID einer bestimmten Entität gefragt. Je nachdem, ob der sich daran anschließende Aufruf der `Find`-Methode zum Erfolg geführt hat oder nicht, wird eine entsprechende Konsolenausgabe angezeigt.

Um die besondere Charakteristik der `Find`-Methode zu erforschen, nämlich zuerst im aktuellen Kontext nach der Entität zu suchen, ist uns wieder der SQL Server Profiler behilflich. Diesen sollten Sie starten, bevor Sie das Listing ausführen. Sie werden dann erkennen, dass in jedem Fall zuerst die allgemeine Abfrage abgesetzt wird, die das `DbSet<>`-Objekt bereitstellt. Bei der Eingabe der ID ist der Sachverhalt aber anders: Befindet sich die Entität mit der gewünschten ID bereits in der Ergebnismenge, wird keine weitere Datenbankabfrage gestartet. Anders, wenn es sich um eine ID handelt, die nicht existiert. Der SQL Server Profiler liefert uns den Beweis, dass es nun tatsächlich zu einer zweiten Abfrage kommt – die in unserem Fall natürlich keine Entität zurückliefern wird.

Die Tabelle *Products* hat nur einen einfachen Primärschlüssel. Andere Tabellen besitzen kombinierte Primärschlüssel, die sich aus den Angaben in zwei oder mehr Spalten zusammensetzen. Ein gutes Beispiel ist die Tabelle *OrderDetails* der *Northwind*-Datenbank. Auch deren Daten können Sie mit der `Find`-Methode abfragen, wenn Sie die einzelnen IDs wie folgt angeben:

```
Context.OrderDetails.Find(10248, 11)
```

Dabei müssen Sie allerdings beachten, dass die Reihenfolge der Schlüssel dieselbe ist wie die der Entitätsklasse.

> **Hinweis**
> Wenn Sie nach einer Entität nicht anhand der ID suchen, können Sie die Erweiterungsmethoden `Single` oder `SingleOrDefault` benutzen.

43.1.2 Lokale Daten mit »Load« und »Local«

Die Anweisung

```
var query = context.Products;
```

legt fest, welche Daten aus der Datenbank abgefragt und materialisiert werden sollen. Das Resultat ist ein `DbSet<>`, das aber erst dann gefüllt wird, wenn zum ersten Mal auf die Daten zugegriffen wird, beispielsweise in einer Schleife. In vielen Fällen möchte man jedoch die Daten sofort zur Verfügung stellen. Hier stellen die bekannten Erweiterungsmethoden `ToList` oder beispielsweise `ToArray` durchaus eine Option dar.

Die Methode `Load` des `DbSet<>`-Objekts ist eine andere Alternative. `Load` ist eine Erweiterungsmethode von `IQueryable<>` und materialisiert die Daten, jedoch ohne dabei eine Liste zurückzuliefern, wie es z. B. `ToList` macht.

> **Hinweis**
>
> Um die Methode `DbSet<>.Load` benutzen zu können, müssen Sie den Namespace `System.Data.Entity` mit `using` bekannt geben.

Der Aufruf ist recht einfach. Mit der folgenden Anweisung werden alle Produkte der Tabelle *Products* materialisiert und der Verwaltung des `DbContext` hinzugefügt.

```
context.Products.Load();
```

`Load` lässt sich auch einsetzen, um die zurückgelieferten Daten zu filtern, z. B.:

```
context.Products.Where(p => p.SupplierID == 1).Load();
```

Mit dieser Anweisung werden alle Produkte in den lokalen Speicher geladen, die dem Lieferanten mit der angegebenen ID zugeordnet werden.

Die Erweiterungsmethode `Load` ist `void`. Daher stellt sich nun die Frage, wie wir auf die Entitäten zugreifen können. Auch hier hilft uns das `DbSet<>` weiter, denn die lokalen Daten, die durch ein `DbSet` beschrieben werden, können mit dessen Eigenschaft `Local` adressiert werden. Der Rückgabewert von `Local` ist vom Typ `ObservableCollection<>`.

In Listing 43.4 werden mit `Local` alle zuvor mit der `Load`-Methode materialisierten Daten zuerst gefiltert und dann dem Artikelnamen nach sortiert. Da der Zugriff auf die bereits im lokalen Datencache befindlichen Objekte erfolgt, wird nach dem Eintritt in die Schleife kein erneuter Datenbankzugriff ausgeführt.

```
using (NorthwindEntities context = new NorthwindEntities())
{
  context.Products.Load();
  var query = context.Products.Local
                  .Where(p => p.UnitsInStock < 10)
                  .OrderBy(p => p.ProductName);
  foreach (var item in query)
    Console.WriteLine(item.ProductName);
}
```

Listing 43.5 Zugriff auf die Daten im lokalen Datencache

`Local` stellt nicht nur die Daten zur Verfügung, die vorher aus der Datenbank geladen worden sind, sondern darüber hinaus auch alle eventuell neu hinzugefügten Daten. Gelöschte Daten sind nicht sichtbar.

> **Anmerkung**
> Wie schon erwähnt, ist der Rückgabewert von Local vom Typ ObservableCollection<>. Diesem Listentyp kommt eine besondere Bedeutung zu, da mit jeder Änderung der Liste der Event CollectionChanged ausgelöst wird. Die Windows Presentation Foundation (WPF) kann davon besonders gut profitieren. Binden Sie nämlich das ObservableCollection<>-Objekt an ein WPF-Control, beispielsweise an eine ListBox, wird bei einer Änderung der Liste das angebundene Control sofort über die Änderung informiert und passt seine Anzeige der neuen Situation entsprechend an.

43.1.3 In Beziehung stehende Daten laden

Im Zusammenhang mit dem Entity Framework ist immer wieder die Frage interessant, zu welchem Zeitpunkt die Daten tatsächlich geladen werden. Obwohl wir uns bereits in den Kapiteln zuvor dieser Frage gestellt haben, greifen wir sie an dieser Stelle noch einmal auf.

Im Zusammenhang mit der DbContext-API bieten sich drei verschiedene Varianten an:

- Lazy Loading
- Eager Loading
- Explicit Loading

Diese wollen wir nun im Detail analysieren.

Lazy Loading

Lazy Loading ist von allen drei genannten Möglichkeiten am einfachsten einzusetzen. Das Verfahren basiert auf dem Verhalten, die Daten genau in dem Moment zu laden, wenn sie benötigt werden. Stellen Sie sich dazu vor, Sie würden alle Produkte benötigen, die der Kategorie Condiments zugeordnet sind. Das können Sie mit den folgenden Anweisungen erreichen:

```
using (NorthwindEntities context = new NorthwindEntities())
{
  var result = context.Categories
          .SingleOrDefault(cat => cat.CategoryName == "Condiments");
  if (result != null)
    foreach (var item in result.Products)
      Console.WriteLine(item.ProductName);
}
```

Listing 43.6 Alle Produkte, die zu »Condiments« gehören

Der Code des Listings führt dazu, dass die Datenbank zweimal abgefragt wird. Die erste Abfrage wird beim Aufruf der Methode `Single` ausgeführt und liefert die gewünschte Kategorie. Die zweite Abfrage wird beim Eintritt in die Schleife ausgeführt und stellt die zum Abfrageergebnis der ersten Abfrage zugehörigen Produkte bereit.

Ein leichtfertiger Umgang mit Lazy Loading kann dazu führen, dass eine Datenbank mehrfach abgefragt wird. Nehmen wir an, es würde nicht nur die Kategorie `Condiments` interessieren, sondern darüber hinaus auch `Seafood`. Mit kleinen Anpassungen des Listing 43.6 wäre das sehr schnell zu erreichen.

```csharp
using (NorthwindEntities context = new NorthwindEntities())
{
  var result = context.Categories.Where(cat =>
              cat.CategoryName == "Condiments" ||
              cat.CategoryName == "Seafood").ToList();
  foreach (var catItem in result)
  {
    Console.WriteLine(catItem.CategoryName);
    foreach (var prodItem in catItem.Products)
      Console.WriteLine("... {0}", prodItem.ProductName);
  }
}
```

Listing 43.7 Mehrfache Datenbankabfrage

Die Folge ist, dass nunmehr bereits drei Mal eine Abfrage gegen die Datenbank abgesetzt wird. Im SQL Server Profiler ist das sehr schön zu erkennen. Berücksichtigen wir alle Kategorien, werden schon neun Abfragen abgesetzt, da in der Tabelle *Categories* acht Einträge enthalten sind. Nun stellen Sie sich nur vor, es würde sich um eine reale Datenbank mit Hunderten Einträgen handeln – ein völlig indiskutables Verhalten. Das führt uns zum Eager Loading.

Eager Loading

Eine Lösung, um mehrfaches Abfragen der Datenbank zu vermeiden, bietet Eager Loading, das im nächsten Beispiel basierend auf Listing 43.7 gezeigt werden soll.

```csharp
using (NorthwindEntities context = new NorthwindEntities())
{
  var result = context.Categories
              .Where(cat => cat.CategoryName == "Condiments" ||
                     cat.CategoryName == "Seafood")
              .Include(cat => cat.Products);
  foreach (var catItem in result)
  {
```

```
      Console.WriteLine(catItem.CategoryName);
      foreach (var prodItem in catItem.Products)
        Console.WriteLine("... {0}", prodItem.ProductName);
  }
}
```

Listing 43.8 Datenbankabfrage mit Eager Loading

Der alles entscheidende Punkt ist der Einsatz der Methode `Include`. Mit der Methode teilen wir mit, dass alle Produkte der gefundenen Kategorien gleichzeitig mit geladen werden sollen. Wenn Sie sich das SQL-Statement im SQL Server Profiler ansehen, werden Sie feststellen, dass das Entity Framework nur eine Abfrage absetzt und dafür einen Join erzeugt.

> **Hinweis**
>
> Der Einsatz der Erweiterungsmethode `Include` setzt voraus, dass der Namespace `System.Data.Entity` mit using bekannt gegeben wird.

Die Methode `Include` hat einen Nachteil: Derzeit kann nur der gesamte Datenbestand abgefragt werden, den die Navigationsmethode liefert. Das bedeutet in unserem Fall, dass sämtliche Daten der Produkte im lokalen Datencache vorliegen. Eine Filterung ist derzeit nicht möglich. Bedenkt man jetzt, dass `Include` in einer Anweisung auch mehrfach aufgerufen werden kann, führt das u. U. zu sehr großen Datenmengen, die übertragen werden. Im Extremfall kann das dazu führen, dass mehrere einzelne Abfragen schneller ausgeführt werden als eine Abfrage mit `Include`.

Explicit Loading

Das explizite Laden von Daten ähnelt dem des Lazy Loadings. Allerdings sind Sie nicht auf das automatische Laden angewiesen, sondern können dieses exakt steuern.

Ausgangspunkt ist die Methode `Entry` des `DbContext`-Objekts, dem als Argument eine Entität übergeben wird. `Entry` liefert ein Objekt vom Typ `DbEntityEntry`, das Informationen zu der Entität bereitstellt. Abhängig davon, ob die Navigationseigenschaft auf eine Liste in Beziehung stehender Daten verweist (wie beispielsweise `Products` in der Tabelle *Categories*) oder sich nur auf einen einzelnen Eintrag bezieht (z. B. in der Tabelle *Products* die Navigationseigenschaft `Category`), wird auf das `DbEntityEntry`-Objekt entweder die Methode `Collection` oder die Methode `Reference` aufgerufen. Danach kann durch Aufruf von `Load` eine Abfrage zur Datenbank geschickt werden, um den Inhalt der Navigationseigenschaft abzurufen.

Sehen wir uns das an einem Beispiel an.

```
using (NorthwindEntities context = new NorthwindEntities())
{
```

```
    var result = context.Categories
                    .Where(cat => cat.CategoryName == "Seafood")
                    .SingleOrDefault();
    context.Entry(result).Collection("Products").Load();
    foreach (var item in result.Products)
      Console.WriteLine(item.ProductName);
}
```

Listing 43.9 Alle zu einer Kategorie gehörenden Produkte laden

Zuerst wird ein LINQ-Ausdruck verwendet, um die Entität Seafood zu beschreiben. Die zweite Anweisung ist die entscheidende. Die Entität wird der Entry-Methode übergeben, die Liste mit Collection beschrieben und danach die Methode Load aufgerufen.

Sehr ähnlich sieht der Code auch aus, wenn wir zu einer Product-Entität die dazugehörende Category-Entität abrufen. Allerdings verwenden wir dazu die Methode Reference.

```
using (NorthwindEntities context = new NorthwindEntities())
{
  var result = context.Products
                    .Where(p => p.ProductID == 1)
                    .First();
  context.Entry(result).Reference("Category").Load();
  Console.WriteLine("{0}, {1}",
                    result.ProductName, result.Category.CategoryName);
}
```

Listing 43.10 Laden der zu einem Produkt gehörenden Kategorie

Die Eigenschaft »IsLoaded«

Wollen Sie die Daten explizit laden, kann es zu einer Situation kommen, bei der Sie nicht wissen, ob sich die Daten bereits im lokalen Cache befinden oder nicht. Hier hilft Ihnen die Eigenschaft IsLoaded weiter, die vom Typ bool ist, z. B.:

```
[...]
if(! context.Entry(result).Reference(s => s.Category).IsLoaded)
  context.Entry(result).Reference(s => s.Category).Load();
[...]
```

Listing 43.11 Prüfen, ob alle Daten geladen sind

Sie können IsLoaded sowohl auf Reference als auch auf Collection aufrufen.

Navigationseigenschaft mit »Query« abfragen

Mit der Methode Collection erhalten Sie als Abfrageresultat die Gesamtmenge der Entitäten, die von der Navigationseigenschaft beschrieben wird. Häufig werden Sie allerdings nur eine Untermenge dessen benötigen, was die Navigationseigenschaft liefert. Nehmen wir dazu an, Sie würden sich für alle Produkte einer bestimmten Kategorie interessieren, die einen bestimmten Preis unterschreiten. Es könnte eine erste Idee sein, eine Filterung wie in Listing 43.12 gezeigt zu schreiben:

```
using (NorthwindEntities context = new NorthwindEntities())
{
  var result = context.Categories
                     .Where(cat => cat.CategoryName == "Condiments")
                     .SingleOrDefault();
  var pricespan = result.Products
                     .Where(prod => prod.UnitPrice < 20);
  foreach (var item in pricespan)
    Console.WriteLine(item.ProductName);
}
```

Listing 43.12 Laden einer Untermenge

Selbstkritisch müssen wir feststellen, dass aufgrund des damit verbundenen Lazy Loadings weitaus mehr Daten bereitgestellt werden, als uns tatsächlich interessieren. Ausschlaggebend dafür ist der Teilausdruck

result.Products

Der Filter wirkt sich erst auf die bereits geladene Menge aller Produkte aus. Definitiv werden also zu viele Daten geladen, mehr als eigentlich benötigt werden.

Das Entity Framework bietet uns mit der Methode Query eine bessere Lösung an. Diese sieht wie folgt aus:

```
using (NorthwindEntities context = new NorthwindEntities())
{
  var result = context.Categories
                     .Where(cat => cat.CategoryName == "Condiments")
                     .SingleOrDefault();
  var prod = context.Entry(result).Collection(p => p.Products).Query();
  var query = prod.Where(p => p.UnitPrice < 20);
  foreach (var item in query)
    Console.WriteLine("{0,-35}{1}", item.ProductName, item.UnitPrice);
}
```

Listing 43.13 Laden einer Untermenge mit der Methode »Query«

Die Methode Query gibt die Menge aller Daten an, die zur Abfrage der Datenbank verwendet wird, aber Query führt die Abfrage noch nicht aus, sondern erst beim Eintritt in die Schleife. Nunmehr beschreibt die Variable query eine Datenabfrage mit einem Filter, der nur die gewünschten Daten materialisiert.

43.2 Ändern von Entitäten

In Abschnitt 43.1 haben wir uns mit dem Abfragen von Daten beschäftigt. Das wird für die meisten Anwendungen jedoch nicht ausreichen, denn oft müssen die Daten geändert, neue Daten hinzugefügt oder bestehende gelöscht werden. Und selbstverständlich müssen die Aktualisierungen auch in die Datenbank zurückgeschrieben werden.

Genau das werden wir uns nun ansehen. Sie werden feststellen, dass sich die Vorgänge in EF4 und DbContext-API nicht wesentlich unterscheiden. Lassen Sie uns daher sofort anfangen.

43.2.1 Entitäten ändern

Nehmen wir an, der Artikelbezeichner des ersten Artikels in der Tabelle *Products* soll von *Chai* in *Creme Coffee* geändert werden. Wie das gemacht wird, zeigt Listing 43.14.

```
using(var context = new NorthwindEntities())
{
  var prod = context.Products
                    .Where(p => p.ProductName == "Creme Coffee")
                    .SingleOrDefault();
  if (prod != null)
  {
    prod.ProductName = "Chai";
    context.SaveChanges();
    Console.WriteLine("Datenbank aktualisiert.");
  }
  else
    Console.WriteLine("Artikel nicht gefunden.");
}
```

Listing 43.14 Ändern einer Entität

Dazu müssen wir zuerst *Chai* mit einem LINQ-Ausdruck in den Speicher laden. Nach der Änderung wird mit der Methode SaveChanges des DbContext-Objekts die Änderung in die Datenbank geschrieben. Das Vorgehen ist dasselbe, als würden wir mit dem ObjectContext des Entity Frameworks arbeiten. Wir erinnern uns, auch hier dient die Methode SaveChanges zum Aktualisieren der Datenbank.

Das passende SQL-Statement zur Aktualisierung wird im Hintergrund vom Entity Framework erzeugt. Dabei benutzt das EF den Primärschlüssel, um den zu ändernden Datensatz in der Datenbank zu lokalisieren.

```
exec sp_executesql N'update [dbo].[Products]
set [ProductName] = @0
where ([ProductID] = @1)
',N'@0 nvarchar(40),@1 int',@0=N'Coffee Creme',@1=1
```

Listing 43.15 Ausgabe des SQL-Statements im SQL Server Profiler

43.2.2 Hinzufügen einer neuen Entität

Zum Hinzufügen einer neuen Entität wird die Methode Add des DbSet-Objekts verwendet, dem eine neue Entität als Argument übergeben wird. Damit wird die neue Entität auch sofort von DbContext verwaltet, und es reicht der Aufruf der Methode SaveChanges, um das Objekt in die Datenbank zu schreiben.

Nehmen wir an, wir möchten die Tabelle *Products* um den Artikel *Mustard* ergänzen und anschließend die Datenbank aktualisieren. Wie der Code dazu aussieht, zeigt Listing 43.16.

```
using (var context = new NorthwindEntities())
{
  var product = new Product { ProductName = "Mustard",
                              Discontinued = false };
  context.Products.Add(product);
  context.SaveChanges();
  Console.WriteLine("ID = {0}", product.ProductID);
}
```

Listing 43.16 Hinzufügen einer neuen Entität

Sie werden bemerken, dass die letzte Ausgabe in der Konsole den Primärschlüssel nach der Aktualisierung der Datenbank anzeigt. Es handelt sich dabei um den Primärschlüssel, den die Datenbank dem neuen Produkt zugeordnet hat (zur Erinnerung: Die Primärschlüsselspalte beschreibt einen AutoIncrement-Wert).

Auch hier werden wir uns im folgenden Listing 43.17 ansehen, welches SQL-Statement der SQL Server vom Entity Framework empfängt.

```
exec sp_executesql N'insert [dbo].[Products]([ProductName], [SupplierID],
[CategoryID], [QuantityPerUnit], [UnitPrice], [UnitsInStock],
[UnitsOnOrder], [ReorderLevel], [Discontinued])
values (@0, null, null, null, null, null, null, null, @1)
select [ProductID]
```

```
from [dbo].[Products]
where @@ROWCOUNT > 0 and [ProductID] = scope_
identity()',N'@0 nvarchar(40),@1 bit',@0=N'Mustard',@1=0
```

Listing 43.17 »INSERT«-Statement des Entity Frameworks

43.2.3 Löschen einer Entität

Im Grunde genommen ist das Löschen einer Entität genauso einfach wie das Hinzufügen. Sie müssen nur anstelle der Add-Methode die Methode Remove auf das DbSet aufrufen. Das ist sehr einfach. Dennoch müssen wir das Löschen aus zwei weiteren Blickwinkeln betrachten:

- Sie können auch dann eine Entität löschen, wenn sie sich nicht im lokalen Datencache befindet.
- Wie können Entitäten gelöscht werden, die sich in Beziehung mit Entitäten einer anderen Tabelle befinden?

Starten wir mit einem Beispiel, das die im vorhergehenden Abschnitt hinzugefügte Entität (Mustard) löscht.

```
using(var context = new NorthwindEntities())
{
  var product = context.Products
                       .Where(p => p.ProductName == "Mustard")
                       .FirstOrDefault();
  if (product != null)
  {
    context.Products.Remove(product);
    context.SaveChanges();
    Console.WriteLine("Datenbank aktualisiert.");
  }
  else
    Console.WriteLine("Kein Datensatz gefunden.");
}
```

Listing 43.18 Löschen einer Entität

In Listing 43.18 wird mit FirstOrDefault die Entität in den lokalen Cache geladen. An dieser Stelle könnte auch mit SingleOrDefault gearbeitet werden. Sollten Sie aber im Abschnitt zuvor zwei Entitäten Mustard hinzugefügt haben, würde das zu Problemen führen.

Wie weiter oben bereits angedeutet, können Sie auch eine Entität löschen, die sich nicht im lokalen Datencache befindet, also nicht von der Datenbank bezogen worden ist. Das setzt voraus, dass Sie zumindest den Primärschlüssel der zum Löschen anstehenden Entität kennen. Umgesetzt wird diese Variante mit einem Stellvertreter, den wir in das DbSet<Products> mit der Methode Attach »einklinken«. Anschließend wird die Methode Remove aufgerufen, um die Entität als zu löschende Entität zu markieren, damit SaveChanges die Entität (oder besser: den Stellvertreter) erfassen kann.

```
using (var context = new NorthwindEntities())
{
  try
  {
    var product = new Product { ProductID = 79 };
    context.Products.Attach(product);
    context.Products.Remove(product);
    context.SaveChanges();
    Console.WriteLine("Datenbank aktualisiert.");
  }
  catch(Exception ex)
  {
    Console.WriteLine("Keinen entsprechenden DS gefunden.");
  }
}
```

Listing 43.19 Löschen unter Zuhilfenahme eines Stellvertreters

Sollte der Primärschlüssel in der Datenbank nicht vorhanden sein, wird eine Exception ausgelöst. Sie sollten daher für diesen Fall den Code um ein try-catch ergänzen, um auf die Ausnahme zu reagieren.

Löschen von in Beziehung stehender Daten

In Listing 43.18 und Listing 43.19 haben wir aus der Tabelle *Products* einen Artikel gelöscht. Das hat uns keine Schwierigkeiten bereitet. *Products* steht, wie Sie wissen, in Beziehung zur Tabelle *Categories*. *Categories* ist die Mastertabelle, *Products* die Detailtabelle.

Zuvor haben wir einen Eintrag in der Detailtabelle gelöscht. Nun wollen wir einen Eintrag in der Mastertabelle *Categories* löschen. *Categories* und *Products* stehen miteinander in einer 1:n-Beziehung. Diese ist nicht kaskadierend, mit anderen Worten: Wenn ein Eintrag in *Categories* gelöscht wird, werden die Produkte, die der zu löschenden Kategorie zugeordnet sind, nicht automatisch mit gelöscht. Stattdessen wird die Fremdschlüsselspalte (CategoryID) den Inhalt null aufweisen.

Wir wollen in Listing 43.20 die Kategorie mit der ID=1 löschen. Ein erster, zugegebenermaßen naiver Ansatz könnte wie folgt aussehen:

```
using (var context = new NorthwindEntities())
{
  var cat = context.Categories.SingleOrDefault(c => c.CategoryID == 1);
  if (cat != null)
  {
    context.Categories.Remove(cat);
    context.SaveChanges();
    Console.WriteLine("Datenbank aktualisiert.");
  }
}
```

Listing 43.20 Löschen mit der Folge einer Exception

Wenn Sie versuchen sollten, diesen Code auszuführen, werden Sie mit einer Ausnahme des Typs `DbUpdateException` konfrontiert. Eine Analyse der Fehlermeldung besagt, dass der Fehler aufgrund der Beziehung zwischen *Categories* und *Products* aufgetreten ist. Was im ersten Moment erstaunen mag, ist aber sehr einfach zu erklären: Alle Produkte, die der zum Löschen anstehenden Kategorie zugeordnet sind, würden in ihrer Fremdschlüsselspalte einen Wert aufweisen, der in der Mastertabelle nicht mehr existiert.

Die Lösung der Problematik gestaltet sich recht einfach: Wir müssen alle betroffenen Produkte ebenfalls in den lokalen Datencache laden (siehe Listing 43.21).

```
using (var context = new NorthwindEntities())
{
  var cat = context.Categories.SingleOrDefault(c => c.CategoryID == 2);
  if (cat != null)
  {
    context.Entry(cat).Collection(c => c.Products).Load();
    context.Categories.Remove(cat);
    context.SaveChanges();
    Console.WriteLine("Datenbank aktualisiert.");
  }
}
```

Listing 43.21 Löschen einer Entität der Mastertabelle

Sehen Sie sich an, was der SQL Server Profiler uns nach Ausführung des Listings anzeigt. Für jedes betroffene Produkt wird mit

```
update [dbo].[Products]
set [CategoryID] = null
where ([ProductID] = @0)
```

eine Aktualisierung des Werts in der Spalte `CategoryID` angestoßen. Wir können feststellen, dass das Entity Framework die entsprechenden Änderungen automatisch im lokalen Datencache vorgenommen hat. Erst am Ende erfolgt das Löschen der Kategorie mit

```
delete [dbo].[Categories]
where ([CategoryID] = @0)
```

> **Anmerkung**
> Etwas anders stellt sich der Sachverhalt dar, wenn eine Beziehung mit Löschweitergabe in der Datenbank definiert ist. Es besteht dann keine Notwendigkeit, die Daten der Detailtabelle in den lokalen Datencache zu laden, da die Datenbank selbstständig die in Beziehung stehenden Daten löscht.

43.3 Change Tracking (Änderungsnachverfolgung)

Änderungen, die an den Objekten vorgenommen werden, müssen vom Entity Framework verfolgt werden. Dazu setzt das Entity Framework auf eine Technik, die als *Change Tracker* bezeichnet wird. In der deutschen Dokumentation wird der Begriff *Änderungsnachverfolgung* benutzt, ich halte aber den englischen Begriff für ausdrucksstärker und werde ihn daher im Folgenden auch weiter verwenden.

Das Entity Framework speichert die Informationen über die Entitäten, die vo, Change Tracking erfasst sind. Es handelt sich dabei nicht nur um die aktuellen Werte, die in den Eigenschaften einer Entität vorliegen, sondern auch um die aus der Datenbank bezogenen Originalwerte und die Information, ob überhaupt eine Eigenschaft verändert worden ist.

Wir müssen zwei Möglichkeiten unterscheiden, mit denen das Change Tracking umgesetzt wird: das *Snapshot Change Tracking* und *Change Tracking Proxies*.

Snapshot Change Tracking: POCO-Klassen sind sehr einfach aufgebaut und bieten keine Möglichkeit, das Entity Framework darüber zu informieren, ob sich eine Eigenschaft geändert hat. Deshalb macht das Entity Framework Schnappschüsse (Snapshots) von jeder Eigenschaft, wenn ein Objekt den Kontext neu betritt. Das kann z. B. der Fall sein, wenn eine Abfrage ausgeführt oder ein Objekt dem `DbSet` hinzugefügt wird. Benötigt das Entity Framework zu einem späteren Zeitpunkt die Informationen über alle vorliegenden Änderungen, wird jede Eigenschaft eines jeden Objekts im Kontext hinsichtlich des aktuellen Werts und des Werts im Snapshot verglichen. Der Vergleich aller Werte jedes Objekts wird von der Methode `DetectChanges` des Change Trackers durchgeführt.

Change Tracking Proxies: Neben dem standardmäßigen Snapshot Change Tracking gibt es noch die Variante, den Kontext über Änderungen mit Change Tracking Proxies zu informieren. Diese Änderungsnachverfolgung benötigt nicht die Methode DetectChanges, setzt aber andererseits eine Umstrukturierung der POCO-Klassen voraus. Die Laufzeit wird die geänderten Klassen dazu benutzen, temporär Ableitungen zu bilden, die den Kontext über Änderungen in Kenntnis setzen.

43.3.1 Snapshot Change Tracking

Das Snapshot Change Tracking ist das Standardverhalten der DbContext-API. Die Methode DetectChanges spielt dabei eine zentrale Rolle. Diese wird immer dann automatisch aufgerufen, wenn eine der folgenden Aktionen stattfindet:

- Ausführung einer LINQ-Abfrage mit einer DbSet-Rückgabe
- Aufruf der Methoden Add, Find, Remove, Attach und Local auf DbSet
- Aufruf der Methode SaveChanges, GetValidationErrors und Entry auf DbContext
- Aufruf der Methode Entries auf DbChangeTracker

Sie sehen, dass sehr viele Operationen dazu führen, dass DetectChanges aufgerufen wird. Im Allgemeinen wird das nicht zu Performanceproblemen führen, es sei denn, Sie haben wirklich sehr viele Objekte im lokalen Datenspeicher, deren Eigenschaften verändert werden. Sollte das der Fall sein, bietet es sich an, das Verhalten des automatischen Aufrufs von DetectChanges auszuschalten und erst dann wieder zu aktivieren, wenn es benötigt wird.

Um den automatischen Aufruf von DetectChanges abzuschalten, muss die folgende Anweisung programmiert werden:

```
context.Configuration.AutoDetectChangesEnabled = false;
```

Wir werden das Verhalten sofort an einem Beispiel studieren.

```
using (NorthwindEntities context = new NorthwindEntities())
{
  context.Configuration.AutoDetectChangesEnabled = false;
  var prod = context.Products
                .Where(p => p.ProductID == 2).SingleOrDefault();
  Console.WriteLine(prod.ProductName);
  prod.ProductName = "Limonade";
  Console.WriteLine("Vorher: {0}", context.Entry(prod).State);
  // context.ChangeTracker.DetectChanges();
  Console.WriteLine("Nachher: {0}", context.Entry(prod).State);
```

```
    Console.WriteLine("Anzahl der Aktualisierungen: {0}",
                                    context.SaveChanges());
}
```

Listing 43.22 Das Verhalten von »DetectChanges« testen

Zuerst wird der automatische Aufruf von `DetectChanges` unterdrückt. Danach wird aus der Tabelle *Products* ein Eintrag in den Kontext geladen und der Eigenschaft `ProductName` ein neuer Artikelbezeichner zugewiesen. Die Methode `Entry` des `DbContext`-Objekts liefert uns `DbEntityEntry`-Objekt, dessen Zustand wir mit der Eigenschaft `State` in Erfahrung bringen. Beachten Sie, dass die folgende Anweisung, der Aufruf der Methode `DetectChanges`, hier zunächst auskommentiert ist. Anschließend erfolgt noch einmal der Abruf des Objektzustands.

In der vorletzten Anweisung rufen wir `SaveChanges` auf mit der Absicht, die Änderung in die Datenbank zu schreiben. Der Rückgabewert von `SaveChanges` liefert uns die Anzahl der Aktualisierungen.

Starten wir das Beispiel, wird uns an der Konsole das Folgende angezeigt:

```
Chang
Vorher: Unchanged
Nachher: Unchanged
Anzahl der Aktualisierungen: 0
```

Das Entity Framework hat also von unserer Änderung nichts mitbekommen. Der Zustand der Entität ist auch nach der Änderung auf `Unchanged`. Somit wird der Versuch, die Änderung in die Datenbank zu schreiben, auch scheitern.

Im zweiten Testlauf heben wir die Kommentierung auf und gestatten den Aufruf von `DetectChanges`. Nunmehr ist das Ergebnis ein völlig anderes:

```
Chang
Vorher: Unchanged
Nachher: Modified
Anzahl der Aktualisierungen: 1
```

Durch den aktivierten Aufruf von `DetectChanges` wird der Zustand der Entität von `Unchanged` auf `Modified` gesetzt. Damit ist die Voraussetzung erfüllt, dass die Änderung in die Datenbank geschrieben wird, was uns die Ausgabe an der Konsole auch bestätigt.

`DetectChanges` wirkt sich nur auf die Objekte aus, deren Eigenschaften verändert worden sind. Sollten Sie hingegen ein Objekt dem Kontext hinzufügen oder ein Objekt aus dem Kontext löschen, hat die Aktivierung von `DetectChanges` keine Auswirkungen. Das hat einen recht einfachen Grund: Die Methoden `Add` und `Remove` rufen ihrerseits selbst `DetectChanges` auf. Sehen Sie sich Listing 43.23 an:

43.3 Change Tracking (Änderungsnachverfolgung)

```
using (NorthwindEntities context = new NorthwindEntities())
{
  context.Configuration.AutoDetectChangesEnabled = false;
  var pr1 = context.Products.Add(new Product{ProductName = "Garnelen",
                                              Discontinued = false });
  Console.WriteLine("Zustand (neu): {0}", context.Entry(pr1).State);
  var pr2 = context.Products.Where(p => p.ProductID == 81)
                   .SingleOrDefault();
  context.Products.Remove(pr2);
  Console.WriteLine("Zustand (gelöscht): {0}", context.Entry(pr2).State);
  Console.WriteLine("Anzahl der Aktualisierungen: {0}",
                                  context.SaveChanges());
}
```

Listing 43.23 Löschen und Hinzufügen von Entitäten

Vielleicht werden Sie sich nun die Frage stellen, warum trotz Deaktivierung des Change Trackers die Änderungen mit den beiden Entitäten dennoch gespeichert werden. Aber bedenken Sie, dass `AutoDetectChangesEnabled` des Kontextes deaktiviert wird, die Methoden `Add` und `Remove` aber auf `DbSet` erfolgen. Der Abgleich findet also auf einer anderen Ebene statt.

Change Tracking über eine Assoziation hinweg

Nehmen wir an, die Angabe der Kategorie wäre für ein Produkt der Tabelle *Products* falsch angegeben. Es muss die Kategoriezugehörigkeit, beschrieben durch die Eigenschaft `CategoryID`, geändert werden. Nehmen wir weiter an, dass nicht nur das Produkt selbst an bindungsfähige Steuerelemente gebunden werden soll (Stichwort: Windows Presentation Foundation, WPF), sondern auch die Liste der den Kategorien zugeordneten Produkte. Dann müssen wir dafür sorgen, dass alle Navigationseigenschaften gleichzeitig synchronisiert werden.

Auch hier hilft uns `DetectChanges` weiter, wie uns Listing 43.24 beweist.

```
using (NorthwindEntities context = new NorthwindEntities())
{
  var prod = context.Products
                   .Where(p => p.ProductName == "Chai")
                   .Single();
  var newcat = context.Categories
                   .Where(c => c.CategoryID == 2)
                   .Single();
  newcat.Products.Add(prod);
  Console.WriteLine("Vorher: {0}", prod.Category.CategoryName);
```

```
        context.ChangeTracker.DetectChanges();
        Console.WriteLine("Nachher: {0}", prod.Category.CategoryName);
    }
```

Listing 43.24 Änderung über eine Beziehung hinweg

Es wird das Produkt geladen, dessen Kategorie geändert werden soll, anschließend auch noch die Kategorie, der das Produkt *Chai* hinzugefügt werden soll. Das Produkt wird der Navigationseigenschaft `Products` der neuen Kategorie hinzugefügt, anschließend `DetectChanges` aufgerufen. An der Konsole wird die folgende Ausgabe erscheinen:

```
Vorher: Beverages
Nachher: Condiments
```

Wir können festhalten: Vor dem Aufruf von `DetectChanges` gehört *Chai* immer noch der Kategorie `Beverages` an. Erst nach dem Aufruf ist die neue Zuordnung synchronisiert.

43.3.2 Change Tracking Proxies

Change Tracking Proxies informiert die Laufzeitumgebung sofort, wenn eine Änderung an den Objekten vorliegt. Damit lassen sich einerseits Performanceprobleme beseitigen, die die Methode `DetectChanges` verursachen kann, wenn zu viele Objekte im lokalen Cache liegen, andererseits werden die Änderungen sofort signalisiert und nicht erst zeitverzögert beim Aufruf von `DetectChanges`.

Um diese Änderungsnachverfolgung nutzen zu können, sind an den automatisch erzeugten POCO-Klassen Anpassungen vorzunehmen bzw. bestimmte Regeln zu berücksichtigen:

- Die Klassen müssen `public` sein.
- Die Klassen dürfen nicht `sealed` sein.
- Jede Eigenschaft muss `virtual` signiert werden.
- `get` und `set` sind für alle Eigenschaften Pflicht.
- Die Navigationseigenschaften, die eine Liste beschreiben, müssen vom Typ `ICollection<T>` sein.

Mit diesen Vorgaben können wir die beiden Klassen `Product` und `Category` wie folgt implementieren:

```
public class Category
{
    public Category()  { }
    public virtual int CategoryID { get; set; }
```

```
  public virtual string CategoryName { get; set; }
  public virtual string Description { get; set; }
  public virtual byte[] Picture { get; set; }
  public virtual ICollection<Product> Products { get; set; }
}
public partial class Product
{
  public virtual int ProductID { get; set; }
  public virtual string ProductName { get; set; }
  public virtual Nullable<int> SupplierID { get; set; }
  public virtual Nullable<int> CategoryID { get; set; }
  public virtual string QuantityPerUnit { get; set; }
  public virtual Nullable<decimal> UnitPrice { get; set; }
  public virtual Nullable<short> UnitsInStock { get; set; }
  public virtual Nullable<short> UnitsOnOrder { get; set; }
  public virtual Nullable<short> ReorderLevel { get; set; }
  public virtual bool Discontinued { get; set; }
  public virtual Category Category { get; set; }
}
```

Listing 43.25 Änderung an den POCO-Klassen

Zur Laufzeit erzeugt das Entity Framework aus diesen Klassen Ableitungen, die als *dynamische Proxies* bezeichnet werden. Diese implementieren die Schnittstelle IEntityWithChangeTracker, die die Änderungsnachverfolgung sicherstellt.

An einem einfachen Beispiel wollen wir uns nun den Effekt ansehen.

```
using (NorthwindEntities context = new NorthwindEntities())
{
  var prod = context.Products.Where(p => p.ProductName == "Chai").Single();
  prod.ProductName = "Steak";
  Console.WriteLine("Zustand: {0}", context.Entry(prod).State);
}
```

Listing 43.26 Änderung an den POCO-Klassen

Es wird in dem Beispiel nur ein Produktbezeichner verändert. Mit Snapshot Change Tracking würde der Zustand des Objekts weiterhin Unchanged lauten, nunmehr wird Modified angezeigt.

> **Anmerkung**
>
> Es ist sinnvoll, für die Beispiele mit Change Tracking Proxies ein neues Projekt anzulegen, um mit dem neuen EDM arbeiten zu können, ohne dass die anderen Listings von den Änderungen an den POCOs betroffen sind. Der Beispielcode auf der Website zum Buchst daher in der Projektmappe *ChangeTrackerProxies* zu finden.

Erzeugen neuer Proxy-Objekte

Erstellen Sie eine Abfrage, werden vom Entity Framework automatisch neue Proxy-Objekte erstellt. Natürlich müssen Sie auch selbst neue Objekte erstellen, beispielsweise um die Tabelle *Products* zu erweitern. Der übliche Weg geht bekanntlich über den Konstruktor, aber in diesem Fall werden keine Proxy-Objekte erzeugt. Sie können also nicht in jeder Situation von den Vorteilen der Change Tracking Proxies profitieren.

Nutzen Sie stattdessen die Methode Create, die auf das DbSet-Objekt aufgerufen wird, beispielsweise:

```
var newProd = context.Products.Create();
newProd.ProductName = "Espresso";
newProd.Discontinued = false;
```

Listing 43.27 Erstellen eines neuen Proxy-Objekts

Entitäten ohne Änderungsnachverfolgung

Die Änderungsnachverfolgung geht immer ein wenig zulasten der Performance. Wenn es nur darum geht, Daten anzuzeigen, ohne dass eine Änderung der Daten erfolgt, sollte das Change Tracking daher abgeschaltet werden.

Das Entity Framework bietet uns mit AsNoTracking eine Methode, die die Änderungsnachverfolgung komplett deaktiviert. AsNoTracking ist eine Erweiterungsmethode der Schnittstelle IQueryable<T> und kann sowohl beim Abruf der Daten als auch in einer LINQ-Abfrage verwendet werden, also entweder:

```
var query = context.Products.AsNoTracking;
```

oder:

```
var query = context.Products;
foreach(var item in query.AsNoTracking)
   [...]
```

Sollte dennoch versucht werden, ein Objekt der Ergebnismenge zu ändern, wird die Aktualisierung mit SaveChanges scheitern.

43.4 Kontextlose Entitäten ändern

In den Beispielen zuvor haben wir Entitäten an der Konsole abgefragt, wir haben gesehen, wie eine Entität geändert, gelöscht oder einem DbSet neu hinzugefügt wird. Dabei haben die Entitäten niemals den Kontext verlassen, in den sie geladen worden sind. Somit war es auch für die Änderungsnachverfolgung kein Problem, die durchgeführten Änderungen mit SaveChanges in die Datenbank zu schreiben.

Ehrlicherweise müssen wir aber zugeben, dass unsere Beispiele einen großen Teil der realen Anwendungen nicht widerspiegeln, weil die Entitäten sehr häufig ihren Kontext verlassen müssen. Das ist z. B. in einer n-Tier-Anwendung der Fall. Hier würde der Server den Datenkontext bilden, die Entitäten möglicherweise laden und anschließend die Objekte serialisieren und zum Client senden. Der Client empfängt dann Objekte, die aus dem Kontext gerissen worden sind, ändert sie und schickt sie an den Server zurück. Da die Objekte nicht im Datenkontext verändert worden sind, konnten die Änderungen auch nicht vom Change-Tracking-Prozess erfasst werden.

Uns stellt sich somit die Frage: Wie schaffen wir es, die Änderungen an den Entitäten dennoch in die Datenbank zu schreiben? Genau das werden wir uns nachfolgend ansehen. Dabei werden wir keine komplexen mehrschichtigen Anwendungen erstellen, sondern zur Verdeutlichung der Programmiertechnik weiterhin mit Konsolenanwendungen arbeiten. Denn im Grunde genommen dreht sich alles nur um die Frage: Wie behandelt man kontextlose Entitäten?

43.4.1 Entitätszustände

Entitäten können ihren Status beschreiben. Er spiegelt wider, was mit einer Entität geschehen ist. Die möglichen Zustände können Sie Tabelle 43.1 entnehmen, sie werden mit der Enumeration `EntityState` beschrieben.

Zustand	Beschreibung
Unchanged	Die Änderung befindet sich in dem Zustand, in dem sie von der Datenbank bezogen worden ist.
Added	Die Entität befindet sich im Datenkontext, existiert aber nicht in der Datenbank.
Deleted	Die Entität befindet sich in der Datenbank, wurde aber im Datenkontext als gelöscht signiert.
Modified	Die Entität befindet sich in der Datenbank und im Datenkontext. Im Kontext ist aber zumindest eine Eigenschaft verändert worden.
Detached	Dieser Zustand besagt, dass die Entität nicht Mitglied eines Datenkontextes ist.

Tabelle 43.1 Zustände einer Entität (die Enumeration »EntityState«)

In den Beispielen zuvor haben wir bereits öfters den Zustand der Entitäten abgefragt. Dazu haben wir die gewünschte Entität mit der Methode `Entry` des `DbContext` ermittelt. Der Methode wurde dabei die Referenz auf die Entität übergeben:

```
context.Entry(product).State
```

Glücklicherweise ist die Eigenschaft State nicht schreibgeschützt. Damit ist es uns gestattet, jederzeit manuell den Zustand festzulegen:

```
context.Entry(product).State = EntityState.Added;
```

Wir werden diese Fähigkeit nutzen, wenn wir veränderte Entitäten einem Kontext hinzufügen.

43.4.2 »DbContext« eine neue Entität hinzufügen

Von allen drei Aktualisierungsvarianten Ändern, Löschen und Hinzufügen ist sicherlich das Hinzufügen einer neuen Entität am einfachsten. Das neue Objekt muss, genauso wie zuvor schon gezeigt, dem Datenkontext mit der Add-Methode hinzugefügt werden.

```
class Program {
  static void Main(string[] args) {
    Client.CreateNewProduct();
    Console.ReadLine();
  }
}
class Client {
  public static void CreateNewProduct() {
    var newProduct = new Product { ProductName = "Whiskey",
                                   Discontinued = false };
    Server.ChangeDatabase(newProduct);
  }
}
class Server {
  public static void ChangeDatabase(Product prod) {
    using(var context = new NorthwindEntities())
    {
      context.Products.Add(prod);
      context.SaveChanges();
      Console.WriteLine("Datenbank aktualisiert ...");
    }
  }
}
```

Listing 43.28 Das Beispielprogramm »Add_Contextless«

In dem Beispiel repräsentiert die Klasse Client die Clientseite, die Klasse Server die Serverseite. Beide Klassen weisen jeweils eine Methode auf. In der Methode CreateNewProduct wird eine neue Product-Entität erstellt. Dieses wird anschließend der

Methode ChangeDatabase des Servers als Argument übergeben. In der Methode des Servers wird das neue Produkt mit Add dem aktuellen Datenkontext hinzugefügt und anschließend die Datenbank unter Aufruf von SaveChanges aktualisiert.

Es genügt übrigens auch, wenn Sie anstatt des Aufrufs der Methode Add einfach nur den Zustand in Added ändern. Also:

context.Entry(prod).State = EntityState.Added;

Diese Erkenntnis können wir nutzen, wenn es sich um eine geänderte Entität handelt.

43.4.3 »DbContext« eine geänderte Entität hinzufügen

Jetzt werden wir den Fall durchspielen, in dem ein Client eine kontextlose Entität, die er vorher abgefragt hat, ändert. Die geänderte Entität soll einem DbContext hinzugefügt werden, innerhalb dessen die Datenbank wiederum aktualisiert werden soll. Die Grundstruktur dieses Beispiels ist ähnlich dem vorangegangenen Beispiel: Die Klassen Client und Server dienen uns als Demonstrationsobjekte. Die Klasse Server wurde um die Methode GetProduct ergänzt, die dem Client aus der Tabelle *Products* eine ganz bestimmte Entität bereitstellt.

```
class Program
{
  static void Main(string[] args)
  {
    Client.ChangeProduct();
    Console.ReadLine();
  }
}
class Client
{
  public static void ChangeProduct()
  {
    var prod = Server.GetProduct(23);
    Console.Write("Artikel: {0}. Neueingabe: ", prod.ProductName);
    prod.ProductName = Console.ReadLine();
    Server.ChangeDatabase(prod);
  }
}
class Server
{
  public static void ChangeDatabase(Product prod)
  {
    using (var context = new NorthwindEntities())
```

```
      {
        context.Entry(prod).State = EntityState.Modified;
        Console.WriteLine("Datenbank aktualisiert ({0} Datensatz)",
                                      context.SaveChanges());
      }
    }
    public static Product GetProduct(int id)
    {
      using (var context = new NorthwindEntities())
      {
        var prod = (context.Products
                      .Where(p => p.ProductID == id)).Single();
        return prod;
      }
    }
  }
```

Listing 43.29 Das Beispielprogramm »Modified_Contextless«

43.4.4 »DbContext« eine zu löschende Entität angeben

Eine Entität, die mit der Methode Remove gelöscht werden soll, muss sich zuerst im Datenkontext befinden und von diesem überwacht werden. Sehen Sie sich dazu auch noch einmal Listing 43.19 an. In diesem Beispiel wurde ein neues Produkt mit der ID der zu löschenden Entität erstellt, dieses mit Attach dem Datenkontext hinzugefügt und daran anschließend Remove aufgerufen.

Auf gleiche Weise teilen wir nunmehr der Klasse Server mit, dass eine bestimmte Entität gelöscht werden soll. Dazu übergibt der Client die Referenz des zu löschenden Produkts an die Methode ChangeDatabase. Nach dem Aufruf von Attach kann die Entität danach mit Remove als zum Löschen anstehend gekennzeichnet werden.

```
class Program {
  static void Main(string[] args) {
    Client.ChangeProduct();
    Console.ReadLine();
  }
}
class Client {
  public static void ChangeProduct() {
    var prod = Server.GetProduct(23);
    Console.Write("Artikel: {0}. Neueingabe: ", prod.ProductName);
    prod.ProductName = Console.ReadLine();
    Server.ChangeDatabase(prod);
```

```csharp
    }
}
class Server {
  public static void ChangeDatabase(Product prod) {
    using (var context = new NorthwindEntities()) {
      context.Entry(prod).State = EntityState.Modified;
      Console.WriteLine("Datenbank aktualisiert ({0} Datensatz)",
                 context.SaveChanges());
    }
  }
  public static Product GetProduct(int id) {
    using (var context = new NorthwindEntities()) {
      var prod = (context.Products
                    .Where(p => p.ProductID == id)).Single();
      return prod;
    }
  }
}
```

Listing 43.30 Das Beispielprogramm »Delete_Contextless«

Alternativ kann der Client dem Server die ID des zu löschenden Produkts mitteilen. Dann muss innerhalb der Servermethode ein Objekt erzeugt werden, das diese ID hat. Daran würde sich der Aufruf von Attach und Remove anschließen – genauso wie in Listing 43.19.

Index

- (Subtraktion) 163
_ (Platzhalter) 186
!< (Vergleichsoperator) 165
!= (Vergleichsoperator) 164
!> (Vergleichsoperator) 165
.NET-Typen 850
(local) [local] 106
[] (Klammeroperator) 187
@@ERROR 905
@@ROWCOUNT 649
* (Multiplikation) 163
* (Platzhalter) 169
/ (Division) 163
% (Platzhalter) 185
+ (Addition) 163
< (Vergleichsoperator) 164
<= (Vergleichsoperator) 164
<> (Vergleichsoperator) 164
= (Subtraktion) 163
= (Vergleichsoperator) 164
> (Vergleichsoperator) 164
>= (Vergleichsoperator) 164

A

Abfrage
   an Datenbankmodul 118
   analysieren 123
   ausführen 121
   Ausführung abbrechen 123
   Duplikate eliminieren 172
   Ergebnis einschränken 176
   Ergebnis sortieren 173
   Ergebnisse zusammenfassen 198
   neue 118
   rekursive 901
   Unterabfrage 192
Abfrageausführung 125
   abgebrochene 127
   erfolgreiche 125, 127
   nicht erfolgreiche 126, 127
Abfrage-Designer 128
Abfrage-Editor 118
Abfrageergebnis 125, 198
Abfrageerstellung, grafische 128
Abfragefenster 118
   IntelliSense 132

Access 128
Accumulate-Methode 867
Addition 163
Add-Methode
   DbSet<> 1270
AdventureWorks2016CTP3 112
AFTER-Trigger 874
Aggregat 866
   benutzerdefiniertes 866
   installieren 873
Aggregatfunktion 189
   AVG 189
Aktivierungsprozedur 647
Alias 891
ALL 195
ALL SERVER-Option 874
ALTER DATABASE 311
ALTER TYPE-Statement 856
Always Encrypted 621
   Abfrage 631
   Client-Anforderungen 622
   Datenbank-Sortierung 630
   Deterministische Verschlüsselung ... 627
   Durchführung der Verschlüsselung ... 626
   Grundprinzip 621
   Konfiguration 622
   Schlüsselmanagement 632
   Spalten verschlüsseln 626
   Spaltenhauptschlüssel 623
   Spaltenverschlüsselungsschlüssel ... 625
   Verbindungsoption 632
   Verschlüsselungstyp 627
   Zertifikat generieren 624
   Zufällige Verschlüsselung 627
Analysis Services 102
AND 166
Änderungsnachverfolgung → Change Tracking
Anmeldedialog 101
ANSI SQL-92-Standard 866
ANSI-konforme Abfrage 887
ANY 195
ArgumentException-Klasse 855
ArgumentOutOfRangeException-Klasse ... 864
AS 170, 898
Assembly
   bereitstellen 825
   kompilieren 816

Index

Assembly (Forts.)
  mit sqlcmd bereitstellen 827
  ohne Visual Studio kompilieren 826
  Versionierung 850
Attach-Methode
  DbSet<> 1272
Ausführungsplan 832
Ausgabe mit PRINT und SELECT 211
Ausgabestrom steuern 842
Auswahloperator 181
  IN 184
  IS 181
Authentifizierung 101, 106
  SQL Server 106
  Windows 106
AutoDetectChangesEnabled 1277
AVG 189

B

BEGIN TRY 906
BeginExecuteReader (Methode) 1033
Benutzerdefinierte Funktion 828
  Aufruf mit EXECUTE 541
Benutzerdefinierte Serialisierung 861
Benutzerdefinierter Datentyp 850
  aktualisieren 860
  erstellen 852
  Zugriff vom Client 864
Benutzerdefinierter Trigger 873
  installieren 880
Benutzerdefiniertes Aggregat 866
  installieren 873
Benutzername 106
Berechnete Spalte 171
Berichtsdatei 124
Bezeichner 155
  begrenzter 156
  regulärer 155
bigint 156
BinaryReader-Klasse 861
BinaryWriter-Klasse 861
Bit 157
BULK INSERT 857

C

CALLED ON NULL INPUT-Option 830
CASE-Funktion
  komplexe 236
CATCH-Block 847, 906

Change Tracking 1274
char(n) 157, 158
CLR enabled 815
CLR Execution Performance-Counter 883
CLR vs. T-SQL 815
CLR-Datentypen 824
CLR-Funktion 832
  skalare 828
  tabellenwertige 828
CLR-Objekt 816
  administrieren 880
  Laufzeitinformationen 882
  Monitoring 880
CLR-Unterstützung
  aktivieren 813
  per Skript aktivieren 815
  See clr_en 815
  See RECON 815
  See sp_conf 815
Collection-Methode 1266
Constraint 832
Contract 642
Copy-on-Write 325
COUNT(*) 191
CREATE ASSEMBLY-Statement 826
CREATE DATABASE 299
CREATE FUNCTION-Statement 830, 833
CREATE PROCEDURE-Statement 826
CREATE TRIGGER-Statement 880
CREATE TYPE-Statement 856
CROSS APPLY-Statement 888
Crystal Reports 103
CTE 897
CUBE-Operator 206, 208

D

Data Control Language 154
Data Definition Language 154
Data Manipulation Language 154
Data Mart 103
Data Query Language 154
Data Transformation Services 103
Data Warehouse 103
DataAccess-Parameter 829, 858
Database Consistency Checker 317
Database Console Commands 317
DataReader-Klasse 840
DataRecord-Klasse 837
Datei öffnen 119
Dateigruppe 301, 313

1288

Index

Dateivergrößerung	303
Datenabfragesprache	154
Datenbank	109
ändern	311
benutzerdefinierte	109
Dateien löschen	313
erstellen	299
erstellen mit mehreren Dateien	308
Inhalt	112
löschen	308
Standard-	121
Struktur	112
System-	109
verfügbare	121
verkleinern	316
Datenbankdatei	300
Eigenschaften ändern	312
hinzufügen	311
nachträgliche Änderung	311
verkleinern	318
Datenbankdiagramm	112
ausdrucken	115
erstellen	112
Seitenumbrüche anzeigen	115
speichern	116
Tabelle entfernen	115
Tabelle hinzufügen	113, 115
Tabellen anordnen	114
Unterstützung installieren	113
verknüpfte Tabellen hinzufügen	116
Datenbank-Hauptschlüssel	330
Datenbankmodul	102, 105
Datenbankmodul-Abfrage	118
Datenbank-Momentaufnahme	112, 320
Datenbankobjekt, temporäres	111
Datenbanksicherung	111
Datendatei	301
primäre	300, 302
sekundäre	301, 302, 308
Datendefinitionssprache	154
Datenmanipulationssprache	154
Datensteuerungssprache	154
Datentyp	850
Datentypen in SQL Server	
bigint	156
bit	157
char(n)	157
datetime	157
decimal	157
float	157
money	157
Datentypen in SQL Server (Forts.)	
nchar(n)	157
numeric	157
nvarchar(n)	157
real	157
smalldatetime	157
smallmoney	157
tinyint	156
varbinary(max)	161
varchar(n)	157
Datenverschlüsselung, transparente	329
DATEPART	832, 893
datetime	157, 158
Datums-/Uhrzeitfunktionen	157
DBCC	317
DBCC CHECKDB	857
DBCC CHECKFILEGROUP	857
DBCC CHECKTABLE	857
DBCC SHRINKDATABASE	317
DBCC SHRINKFILE	318
DbContext	1259
DbContext-API	1259
DbEntityEntry	1266
DbSet<>	1260
DbUpdateException	1273
DCL	154
DDL	154
DDL-Trigger	874
decimal	157, 158
DEFAULT-Wert	920
deleted	876, 920
DENSE_RANK-Funktion	912
DENSE_RANK-Methode	914
DetectChanges-Methode	1275
Dienst	103, 138, 641
Dienstendpunkt	641
Diensthauptschlüssel	330
DirectoryInfo-Klasse	848
Division	163
DML	154
DML-Trigger	874
DQL	154
DROP DATABASE	308
DROP TYPE-Statement	856
DTS	103
Dynamische Datenmaskierung	617
Beispiel	618
default-Funktion	617
email-Funktion	618
Funktionen zur Maskierung	617
partial-Funktion	618

Dynamische Datenmaskierung (Forts.)
  random-Funktion 618
  UNMASK-Berechtigung 620
  Zugriff auf Spalteninhalte 620
Dynamische Management-View 882
Dynamische SQL-Anweisung
  EXECUTE 262
  sp_executesql 262

E

Eager Loading 1265
Eigenschaften-Fenster 127
Einzug
  vergrößern 124
  verkleinern 125
END TRY 906
EndExecuteReader (Methode) 1033
Endlosschleife 123
EntityState 1281
Entry-Methode 1266
Entscheidungstabelle mit PIVOT erstellen   894
Ereignisbenachrichtigung 641
  auslösen 646
  empfangen 646
  erstellen 645
  Löschen von Objekten 651
Ergebnis 125
  in Datei 123
  in Raster 123
  in Text 123
Ergebnisbereich 125
Error-Funktionen
  ERROR_LINE-Funktion 907
  ERROR_MESSAGE-Funktion 907
  ERROR_NUMBER-Funktion 907
  ERROR_PROCEDURE-Funktion .. 907
  ERROR_SEVERITY-Funktion 907
  ERROR_STATE-Funktion 907
Event Notification/
  Ereignisbenachrichtigung 641
EventData-Eigenschaft 878
Event-Parameter 874
Except 209, 210
EXCEPT-Statement 923
EXEC 120
EXECUTE 120, 262, 511
EXECUTE AS 537, 791
  Benutzername 537
  CALLER 537

EXECUTE AS (Forts.)
  OWNER 537
  SELF 537
ExecuteAndSend()-Methode 841, 876
ExecuteNonQuery (Methode) 1018
ExecuteReader (Methode) 1018
ExecuteScalar (Methode) 1018
ExecuteStore
  Command-Methode 1217
  Query-Methode 1217
Explicit Loading 1266
EXTERNAL 844
EXTERNAL_ACCESS 819

F

Farbcodierung 119
  Blau 120
  Dunkelgrau 120
  Dunkelgrün 120
  Grün 120
  Magenta 120
  Rot 120
  Rotbraun 120
Fehler auslösen 910
  RAISERROR-Funktion 910
Fehlerbehandlung 905
  verschachtelte 911
Festkommazahl 157
FETCH 202
FILEGROWTH 300, 303, 307
FILENAME 300, 302, 307
FillRowMethodName-Parameter 829, 836
finally-Block 847
Find_Methode
  DbSet 1261
float 157
FOR DELETE-Klausel 877
FOR INSERT-Klausel 877
FOR UPDATE-Klausel 877
FOR-Klausel 891
Format-Parameter 851, 866
Fremdschlüssel 161
Funktion
  bereitstellen 830

G

Ganzzahl 156
Gemischter Modus 107

Gespeicherte Prozedur 820
   mit Visual Studio erstellen 820
Get-PSDrive 145
Gleitkommazahl 157
GROUP BY 204
   CUBE 206, 208
   GROUPING SETS 206, 207
   ROLLUP 206, 208
GROUP BY ... HAVING 205
GROUPING SETS-Operator 206, 207
Gruppierte Rangliste mit Windowing 914

H

Hauptschlüssel
   Datenbank 330
   Dienst 330
Hierarchische Datenverarbeitung 901
History table 603

I

IBinarySerialize-Interface 861, 870
Identity-Spalte 920
IEnumerable-Interface 833, 835
Impersonalisierung 845
Impersonate-Methode 846
IN 184
InfoMessage (Ereignis) 839
Init-Methode 867
In-Memory-ADO.NET-Datenprovider 836
inserted-Tabelle 876, 921
Instanz 104
   Standard- 104
INSTEAD OF-Trigger 874
Integrated Security-Option 849
Integration Services 103
IntelliSense 132
   Objektauswahl 132
   Vorschlag übernehmen 132
INTERSECT 209, 210
INTERSECT-Statement 923
INullable-Interface 852
IS 181
IsByteOrdered-Parameter 851
IsDeterministic-Parameter 829, 858
IsFixedLength-Parameter 851
IsInvariantToDuplicates-Parameter 866
IsInvariantToNulls-Parameter 866
IsInvariantToOrder-Parameter 867
IsLoaded-Eigenschaft 1267

IsMutator-Parameter 858
IsNullIfEmpty-Parameter 867
IsNull-Methode 852
IsPrecise-Parameter 829, 858
isql (Dienstprogramm) 139
IsSendingResultsets-Eigenschaft 845
Iterator 832

K

Kennwort 106
   speichern 106
Kennzeichnung 162
   von Zahlenwerten 162
   von Zeichenketten 162
Klammeroperator 187
Klassenbibliothek 816
Kommentar 120
   entfernen 124
   hinzufügen 124
Kompatibilität festlegen 885
Komplexe Eigenschaften 1165
Konfigurations-Manager 138
Kontext 837
Kopie bei Schreibvorgang 325
Kreuztabelle
   in flache Listen transformieren 895
   mit PIVOT erstellen 890

L

Laufzeitinformationen 882
Lazy Loading 1264
Leistungsindikator 882, 883
Load
   DbSet<> 1262
Local
   DbSet<> 1262
localhost 106
LOG 300
LOG ON 300
Logische Operatoren"
   NOT 166

M

Management Studio
   Abfrage-Designer 128
   Eigenschaften-Fenster 127
   Ergebnisbereich 125
   neue Abfrage 118

Management Studio (Forts.)
Oberfläche 107
Skriptgenerierung 136
verbinden 107
Vorlagen-Explorer 133
Management-View, dynamische 882
master (Systemdatenbank) 110
MaxByteSize-Parameter 851, 866
MAXSIZE 300, 303, 307
Meldungen 125
Merge-Methode 867
Methodenüberladung 817
Microsoft.SqlServer.Server-Namespace 823, 829, 838
model 306
model (Systemdatenbank) 110
model-Datenbank 303
MODIFY FILE 312
Momentaufnahme
erstellen 320
interne Verwaltung 323
mit mehreren Dateien 327
money 157, 158
msdb (Systemdatenbank) 111
Multiplikation 163
Mutator-Methode 859

N

NAME 300, 301, 307
Name-Parameter 830, 851, 867, 874
Native Serialisierung 860
nchar(n) 157, 158
Netzwerkserver 105
Neue Abfrage 118
Neustart 111
NICHT 166
NOT 166, 181
NTILE-Funktion 912
NTILE-Methode 918
NULL 181
Null-Eigenschaft 852
NULL-Wert 818, 920
numeric 157, 158
nvarchar(n) 157, 158

O

O/R-Mapper 850
Objekt-Explorer 108
OFFSET 202

OLAP 103
ON 300
Online Analytical Processing 103
OnNullCall-Parameter 858
OPENXML-Abfragen 923
Operator 120
Auswahl 181
Operatorenrangfolge 166, 178
OPTION(MAXRECURSION X) 905
OR 166
Oracle 103
ORDER BY-Klausel 173
osql (Dienstprogramm) 139
OUTER APPLY-Statement 888
OUTER JOIN 887
OUTPUT-Klausel 919, 920, 921
OUTPUT-Parameter 825
OVER-Klausel 915

P

Paging 202
mit ROW_NUMBER 917
Parameter 818
Parse-Methode 852, 853
PARTITION BY-Klausel 915
Performance 850
Performance-Counter 883
Pipe 838
PIVOT-Anweisung 890
Primäre Datendatei 300, 302
Primärschlüssel 161
PRIMARY 301
PRINT 122, 211
Procedure-Objekt 817
Produktivumgebung 138
Profiler 883
Programmcode
farbige Markierung 119
Projektion 169
Protokolldatei 300, 301, 302
Prozedur
mit Visual Studio debuggen 827
temporäre 825
vs. Funktion 815
Prozessorauslastung 111

Q

Query Optimizer 900
Query-Engine 832, 922

Query-Methode 1268
Queue 642

R

RAISERROR-Funktion 910
RANK-Funktion 912
Ranking- und Windowing-Funktionen 912
RANK-Methode 913
real 157
RECEIVE 646
RECONFIGURE 815
Recordset 125
    leeres 126
Reference-Methode 1266
Regulärer Bezeichner 155
Reiter 118
    Ergebnisse 125
    Meldungen 125
Rekursionsstufe einstellen 905
Remote Procedure Call 857
Remove-Methode
    DbSet<> 1271
REPEATABLE-Option 923
REPLACE-Funktion 895
Reporting Services 103
Ressourcencenter 131
RETURNS NULL ON NULL INPUT-Option ... 830
RETURN-Statement 912
ROLLBACK-Statement 909
ROLLUP-Operator 206, 208
Route 644
ROW_NUMBER-Funktion 912
ROW_NUMBER-Methode 916, 917
RPC 857
Rückgabewert 818

S

SAFE 819
SaveChanges-Methode 1276
Schlüsselsymbol 161
Schlüsselwort 120
Schriftart 120
Seitenweises Abrufen von Datensätzen 202
Sekundäre Datendatei 301, 302
SELECT ... FROM 168
SELECT-Anweisung 168
    * (Platzhalter) 169
    AS 170
    berechnete Spalte 171

SELECT-Anweisung (Forts.)
    DISTINCT 172
    GROUP BY ... HAVING-Klausel 205
    GROUP BY-Klausel 204
    ORDER BY-Klausel 173
    Spaltenliste 169
    TOP 199
    TOP (n) WITH TIES 201
    UNION 198
    WHERE-Klausel 176
Selektion 177
Send-Methode 839
SendResultsEnd-Methode 842, 848
SendResultsRow-Methode 842
SendResultsStart-Methode 842, 848
Serialisierung 860
    benutzerdefinierte 861
    native 860
Serializable-Attribut 852
Server
    verfügbarer 105
Server Management Objects 886
Servereigenschaften 108
Servername 104, 106
    Suche fortsetzen 104
Servertyp 102
    Analysis Services 102
    Datenbankmodul 102
    Integration Services 103
    Reporting Services 103
Service 641
Service Broker 642
    aktivieren 647
    Aktivierungsprozedur 647
    Datenbankkonfiguration 642
    interne Aktivierung 647
    Modifizierung der Warteschlange 650
SET-Statement 856
Severity 910
Shape2SQL.exe 412
Sicherheit
    zeilenbasiert 633
SIZE 300, 303, 307
Skalare CLR-Funktion 828, 831
    erstellen 831
Skript 119
Skriptgenerierung 136
smalldatetime 157, 158
smallint 156
smallmoney 157, 158
SMO 886

Sortierung
  verschachtelte 175
sp_configure 815
sp_dbcmplevel 885
sp_executesql 262
sp_help 319
sp_helpdb 305, 319
sp_helpfile 320
sp_spaceused 320
Spalte
  berechnete 171
Spaltenalias 170
SQL
  Bezeichner 155
SQL Server (Dienst) 138
SQL Server 2008
  IntelliSense 132
SQL Server 2016
  Dokumentation 131
  Hilfe zu 131
SQL Server 7.0 .... 102, 103
SQL Server Integration Services 103
SQL-99-Standard 891, 898
SQL-Abfrage-Editor 118
SQL-Anweisung 118
  bearbeiten 118
SqlBinary 819
SqlBoolean 819
SqlByte 819
SQLCLR 815
sqlcmd (Dienstprogramm) 139
  Abfrage ausführen 141
  Parameter 139
sqlcmd-Tool 827
SqlCommand-Klasse 836, 841
SqlConnection-Klasse 836, 839
SqlContext-Klasse 837, 838, 846, 875
SqlDataAdapter-Klasse 836, 865
SqlDataReader-Klasse 839
SqlDataRecord-Klasse 843
SqlDateTime 819
SqlDecimal 819
SqlDouble 819
SqlFunction-Attribut 829, 836
SqlGuid 819
SqlInfoMessageEventHandler 839
SqlInt16 819
SqlInt32 819
SqlInt64 819
SqlMetaData-Klasse 848

SqlMethod-Attribut 858
SqlMoney 819
SqlParameter-Klasse 836
SqlPipe-Klasse 837, 838, 842
SqlPipe-Objekt 828
SqlProcedure-Attribut 817, 824
sqlps 144
SQL-Server-Browser 139
SQL-Server-Cmdlet 149
SQL-Server-Datentypen 850
SQL-Server-Dienst 138
  SQL Server 138
  SQL-Server-Agent 138, 139
  SQL-Server-Browser 139
SQL-Server-Konfigurations-Manager 138
SQL-Server-Profiler-Ereignis 882
SqlSingle 819
SqlString 819
SqlTrigger-Attribut 874
SqlTriggerContext-Klasse 837
SqlTypes.SqlXml-Klasse 878
SqlUserDefinedAggregate-Attribut 866, 870
SqlUserDefinedType-Attribut 851, 857
SSIS 103
Standarddatenbank 121
State-Eigenschaft 1282
Streaming-Funktion 832
String 120
Subtraktion 163
Suche fortsetzen 104
Syntaxprüfung 123
sys.assemblies_modules-View 881
sys.assemblies-View 881
sys.assembly_files-View 881
sys.assembly_types-View 881
sys.dm_clr_appdomains-View 882
sys.dm_clr_loaded_assemblies-View 882
sys.dm_clr_properties-View 882
sys.dm_clr_tasks-View 882
sys.triggers-View 880
sys.types-View 856
System.Data.SqlClient-Namespace 836
System.Data.SqlServer-Namespace 836
System.Data.SqlTypes 824
System.Data.SqlTypes-Namespace 818
System.Security.Principal.
  WindowsIdentity-Klasse 846
System.Security.Principal.
  WindowsImpersonationContext-Klasse 846
SystemDataAccess-Parameter 830

Index

Systemdatenbank 109
   master 110
   model 110
   msdb 111
   tempdb 111
Systemdatentypen 156
Systemfunktion 120
Systemintern kompilierte gespeicherte
   Prozedur
   Option EXECUTE AS 791
Systemobjekt 120
Systemprozedur 120
Systemsicht 110

T

Tabelle
   Information zu Datentypen 161
Tabelle mit Versionsangabe → Temporal table
Tabelleninhalt anzeigen 116
Tabellenseite 922
Tabellenstruktur anzeigen 116
Tabellenwertige CLR-Funktion 828, 832
   erstellen 833
Table Page 922
TableDefinition-Parameter 830, 836
TABLESAMPLE-Klausel 921
   REPEATABLE-Option 923
TABLE-Variable 895, 921
Tabular Data Stream 842
Target-Parameter 874
TDE 329
TDS-Format 842
tempdb (Systemdatenbank) 111
Template 133
Temporal table 603
   Abfragen 611
   Anlegen mit automatisch erstellter
      History-Tabelle 605
   Anlegen mit benannter history table 606
   Anlegen mit vorhandener history
      table 607
   AS OF 612
   BETWEEN...AND 613
   CONTAINED IN 614
   Erstellung 604
   FROM...TO 614
   History table 603
   Löschen 615
   SYSTEM_TIME_ALL 615

Temporäre Prozedur 825
Terminate-Methode 867
Textdatei 103
tinyint 156
TOP 199
TOP (n) WITH TIES 201
TOP-Klausel 922
ToString-Methode 852, 853
Transaktionsprotokolldatei 301
Transparente Datenverschlüsselung 329
Trigger 874
   benutzerdefinierter 873
   implementieren 876
   installieren 880
TriggerAction-Eigenschaft 875
TriggerContext-Klasse 875, 878
TRUSTWORTHY-Eigenschaft 844
TRY-CATCH-Block 911
Typ als Klasse abbilden 864

U

Uncommited-Status 907
Undo()-Methode 847
Unicode 159
Unicode-Format 863
UNION 198
Unique-Index 832
UNPIVOT-Anweisung 891
Unterabfrage 192
   ALL 195
   ANY 195
   korrelierte 197
User-defined Function 828
User-defined Type 850
UTF-16 863

V

ValidationMethodName-Parameter 851
varchar(n) 157, 158
Verbinden 107
Verfügbare Datenbanken 121
Verfügbarkeit 850
Verschachtelte Sortierung 175
Vertrag 642
Visual Studio .NET 103
Vorlage 133
   Parameterwerte angeben 135
Vorlagen-Explorer 133

W

Währung	157
WAITFOR	649
Warteschlange	642
Wartungsaufgabe	111
Wertebereich	156
WHERE-Klausel	176
Windowing-Funktion	912

Windows PowerShell
- *allgemeiner Aufruf* ... 143
- *anwendbare Laufwerksbefehle* ... 145
- *Aufruf aus dem Management Studio* ... 145
- *Get-PSDrive* ... 145
- *ISE (Integrated Scripting Environment)* ... 143
- *ISE-Oberfläche* ... 143
- *Oberfläche* ... 143
- *Pfadangabe* ... 146
- *Quick Reference* ... 143
- *Skriptsprache* ... 142
- *sqlps* ... 144
- *SQL-Server-Cmdlets* ... 149
- *SQL-Server-Integration* ... 142, 144

WindowsIdentity-Eigenschaft	846
WindowsIdentity-Klasse	846
WindowsImpersonationContext-Klasse	846
Windows-Systemsteuerung	138, 139
WITH PERMISSION_SET-Direktive	826
WITH-Schlüsselwort	898

X

XACT_ABORT-Anweisung	906

XML
- *Indexerstellung* ... 939
- *XmlReader-Klasse* ... 879

Z

Zahlenwert	162
Zeichen	157
Zeichenkette	120, 162
Zeilenbasierte Sicherheit	633

- *Beispiel* ... 634
- *BLOCK-Prädikat* ... 634
- *Erstellung der Filterfunktion* ... 636
- *Filterfunktion* ... 633
- *FILTER-Prädikat* ... 634
- *Prinzip* ... 633
- *Sicherheitsrichtlinie* ... 634
- *Sicherheitsrichtlinie mit BLOCK-Prädikaten* ... 637
- *Sicherheitsrichtlinie mit FILTER-Prädikat* ... 636

Zertifikat	330
Zieldienst	643

71,90

Wie hat Ihnen dieses Buch gefallen?
Bitte teilen Sie uns mit, ob Sie zufrieden waren,
und bewerten Sie das Buch auf:
www.rheinwerk-verlag.de/feedback

Ausführliche Informationen zu unserem aktuellen
Programm samt Leseproben finden Sie ebenfalls
auf unserer Website. Besuchen Sie uns!

www.rheinwerk-verlag.de